structure des articles français-allemand

Toutes les **entrées** sont présentées dans l'ordre alphabétique et imprimées en couleur.

Les exposants en chiffre arabe indiquent s'il s'agit de mots identiques avec des sens différents **(homographes)**.

La **tilde** remplace l'entrée dans les exemples et tournures idiomatiques.

Les **formes irrégulières au pluriel des substantifs et des adjectifs** sont indiquées entre chevrons.

Le **numéro** suivant l'infinitif du verbe et la marque **irr** renvoie aux tableaux de conjugaison en annexe.

Les chiffres romains subdivisent une entrée en différentes **catégories grammaticales**.
Les chiffres arabes subdivisent une entrée en ses différents **sens**.

De nombreuses **balises sémantiques** permettent de trouver la bonne traduction:
indication du **domaine**

définitions et **synonymes**, **sujets** et **objets** typiques et autres **explications**

indication des **régionalismes**

indication du **niveau de langue**

A
B
C
D
E
F
G
H
I
J
K
L

PONS

Praxiswörterbuch
mit Sprachführer

Französisch – Deutsch
Deutsch – Französisch

PONS GmbH
Stuttgart

PONS Praxiswörterbuch

Französisch

mit Sprachführer

Bearbeitet von: Frédéric Auvrai, Anette Dralle,
Monika Kopyczinski, Heidi Steger

Neuentwicklung auf der Basis
des Praxiswörterbuchs Französisch
ISBN 978-3-12-517463-4

Warenzeichen, Marken und gewerbliche Schutzrechte
Wörter, die unseres Wissens eingetragene Warenzeichen oder
Marken oder sonstige gewerbliche Schutzrechte darstellen,
sind als solche – soweit bekannt – gekennzeichnet. Die jeweiligen Berechtigten sind und bleiben Eigentümer dieser Rechte.
Es ist jedoch zu beachten, dass weder das Vorhandensein
noch das Fehlen derartiger Kennzeichnungen die Rechtslage
hinsichtlich dieser gewerblichen Schutzrechte berührt.

1. Auflage 2011 (1,04 – 2013)

© PONS GmbH, Stuttgart 2011
Alle Rechte vorbehalten.

PONS Produktinfos und Shop: www.pons.de
E-Mail: info@pons.de
PONS Online-Wörterbuch: www.pons.eu

Projektleitung: Christiane Mackenzie, Gabriela Neumann
Sprachdatenverarbeitung: Dr. Wolfgang Schindler
Logoentwurf: Erwin Poell, Heidelberg
Logoüberarbeitung: Sabine Redlin, Ludwigsburg
Titelfoto: Thinkstock
Satz: Dörr + Schiller, Stuttgart
Druck: L.E.G.O. S.p.A, Lavis (TN)
Printed in Italy

ISBN 978-3-12-517637-9

Französisch-Deutsch	Inhalt und Aufbau

Alle **Stichwörter** sind alphabetisch geordnet und farbig hervorgehoben.

DOM [dɔm] *m* ...
domaine [dɔmɛn] *m* ...

Hochgestellte arabische Ziffern unterscheiden gleich geschriebene Wörter mit unterschiedlicher Bedeutung (**Homographen**).

adresse[1] [adʀɛs] *f a.* INFORM Adresse *f*; ...
adresse[2] [adʀɛs] *f* Geschicklichkeit *f*

Die **Tilde** ersetzt in Anwendungsbeispielen und Redewendungen das Stichwort.

Pacifique [pasifik] *m:* **le ~** der Pazifik

In Spitzklammern stehen Angaben zu **abweichenden** Pluralformen der Substantive und Adjektive.

cheval [ʃ(ə)val] <-aux> *m* ...
œil [œj] <yeux> *m* ...
beau [bo] <x> *m* ...

Bei **Verben** verweist eine **Zahl** oder die Markierung *irr* auf die Verbtabellen im Anhang.

chanter [ʃãte] <1> ...
boire [bwaʀ] <irr> *vt, vi* trinken

Römische Ziffern dienen zur Unterscheidung verschiedener **Wortarten**. Arabische Ziffern kennzeichnen die unterschiedlichen **Bedeutungen** eines Stichworts.

convertir [kɔ̃vɛʀtiʀ] <8> I. *vt* ❶ ~ **qn à une religion** jdn zu einer Religion bekehren ❷ *(transformer)* **~ des dollars en euros** Dollar in Euro umrechnen INFORM konvertieren II. *vpr:* **se ~** konvertieren

Zahlreiche **Wegweiser** führen zur jeweils treffenden Übersetzung:
– Angabe des **Sachgebiets**

lentille [lãtij] *f* ❶ BOT, OPT Linse *f* ❷ *pl* GASTR Linsen *pl*

– **Definitionen** und **Synonyme**, typische **Subjekte** und **Objekte** und andere **Erklärungen**

multiple [myltipl] I. *adj* ❶ *(nombreux)* vielfach ❷ *(aspects, raisons)* vielfältig II. *m:* ...

– Angaben zur **regionalen Verbreitung**

assemblée [asãble] *f* ... **l'Assemblée fédérale** SCHWEIZ Rat *m* (SCHWEIZ)

– Angabe zur **Stilebene**

bac[2] [bak] *m (fam) abr de* **baccalauréat** ≈ Abi *nt*

3

Verwendete Lautschriftzeichen
Signes utilisés pour la transcription phonétique

Die französische Phonetik		Die deutsche Phonetik	
[ː]	longueur vocalique	[ː]	Längezeichen
[ø]	Europe	[']	Betonungszeichen
[a]	bac	[ʔ]	Knacklaut
[ɑ]	classe	[ø]	Amöbe
[ɛ]	caisse	[a]	Mechanik
[ɑ̃]	chanson	[ɑ]	Hardware
[b]	beau	[ɛ]	Tabelle
[d]	du	[ɑ̃]	Branche
[e]	état	[æ]	Jazz
[ə]	menace	[b]	Getriebe
[ɛ̃]	afin	[ç]	Teich
[f]	feu	[dʒ]	Dschungel
[g]	gant	[e]	Gremium
[']	héros (h aspiré)	[ə]	Tempel
[i]	diplôme	[ɛ̃]	Bulletin
[j]	yaourt	[f]	Hafen
[ʒ]	jour	[g]	Hagebutte
[k]	cœur	[h]	Hagel
[l]	loup	[i]	Hindi
[m]	marché	[ɪ]	Brille

Die französische Phonetik		Die deutsche Phonetik	
[n]	nature	[i]	Emission
[ɲ]	digne	[j]	Injektion
[ŋ]	camping	[ʒ]	Etage
[o]	auto	[k]	Insekt
[ɔ]	obtenir	[l]	Luft
[œ]	cœur	[m]	Macht
[5]	bonbon	[n]	Abnahme
[œ̃]	aucun	[ŋ]	Gedanke
[p]	page	[o]	Abo
[ʀ]	règle	[ɔ]	Rolle
[s]	sel	[o̞]	Pointe
[ʃ]	chef	[õ]	Bronze
[t]	timbre	[œ]	Töpfer
[u]	coup	[ɔy]	Freude
[v]	vapeur	[p]	Abstinenz
[w]	wallon	[pf]	Gipfel
[y]	nature	[r]	Reise
[ɥ]	huile	[e]	Hafer
[z]	zèbre	[ɛ]	Herd
		[s]	Respekt
		[ʃ]	Flasche
		[θ]	Thriller
		[ts]	Ziel
		[tʃ]	Kitsch
		[ʊ]	Runde

Die französische Phonetik		Die deutsche Phonetik
	[ʌ]	Publicity
	[x]	Sprache
	[ʏ]	Stück

Zeichen und Abkürzungen
Symboles et abréviations

|	zusammengesetztes, trennbares Verb	verbe composé séparable	
=	Kontraktion	contraction	=
*	Partizip ohne ge-	pas de ge- au participe passé	
≈	entspricht etwa	correspond	≈
–	Sprecherwechsel	changement d'interlocuteur	–
®	Warenzeichen	marque déposée	®
a.	auch	aussi	*a.*
A	österreichisch	autrichien	
Abk	Abkürzung	abréviation	*abr*
adj	Adjektiv	adjectif	*adj*
ADMIN	Verwaltung	administration	ADMIN
adv	Adverb	adverbe	*adv*
AGR	Landwirtschaft	agriculture	AGR
akk	Akkusativ	accusatif	
ANAT	Anatomie	anatomie	ANAT
app	Apposition	apposition	*app*
ARCHIT	Architektur	architecture	ARCHIT
art	Artikel	article	*art*
	Kunst	beaux-arts	ART
ASTRO	Astrologie, Astronomie	astrologie, astronomie	ASTRO

AUT	Auto, Transport und Verkehr	automobile, moyens de transport	AUT
aux	Hilfsverb	auxiliaire	*aux*
AVIAT	Luftfahrt, Raumfahrt	aviation, espace	AVIAT
	belgisch	belge	BELG
BIO	Biologie	biologie	BIO
BOT	Botanik, Gartenbau	botanique, horticulture	BOT
	kanadisch	canadien	CAN
CH	schweizerisch	suisse	CH
	Jagd	chasse	CHASSE
	Eisenbahn	chemin de fer	CHEMDFER
CHEM	Chemie	chimie	CHIM
CINE	Film, Kino	cinéma	CINE
COM	Handel	commerce	COM
	Komparativ	comparatif	*comp*
	Ergänzung, Objekt	complément	*compl*
conj	Konjunktion	conjonction	*conj*
COUT	Mode	couture	COUT
dat	Dativ	datif	
déf	bestimmt	défini	*déf*
dém	demonstrativ	démonstratif	*dém*
	Begleiter des Substantivs	déterminant	*dét*
E SENBAHN	Eisenbahn	chemin de fer	
	Ökologie	écologie	ECOL
	Wirtschaft	économie	ECON

ELEC	Elektrizität	électricité	ELEC
	Kindersprache	langage enfantin	*enfantin*
etw	etwas	quelque chose	
f	Femininum	féminin	*f*
fam	umgangssprachlich	familier	*fam*
fig	figurativ, übertragen	figuré	*fig*
FIN	Finanzen, Börse	finances, bourse	FIN
form	förmlicher Sprach-gebrauch	langage formel	*form*
GASTR	Gastronomie	gastronomie	GASTR
geh	gehobener Sprach-gebrauch	soutenu	
gen	Genitiv	génitif	
GEO	Geographie, Geologie	géographie, géologie	GEO
HIST	Geschichte	histoire	HIST
IND	Industrie	industrie	IND
indef	unbestimmt	indéfini	*indéf*
indic	Indikativ	indicatif	*indic*
INFORM	Informatik	informatique	INFORM
interj	Interjektion	interjection	*interj*
interrog	fragend	interrogatif	*interrog*
inv	unveränderlich	invariable	*inv*
iron	ironisch, scherzhaft	ironique, humoristi-que	*iron*
JAGD	Jagd	chasse	
irr	unregelmäßig	irrégulier	*irr*
jd	jemand	qn (nominatif)	

jdm	jemandem	qn (datif)	
jdn	jemanden	qn (accusatif)	
jds	jemandes	qn (génitif)	
	Spiele	jeux	JEUX
JUR	Jura, Recht	juridique	JUR
Kinderspr.	Kindersprache	langage enfantin	
KUNST	Kunst	beaux-arts	
LING	Linguistik, Grammatik	linguistique, grammaire	LING
LITER	Literatur	littérature	LITTER
m	Maskulinum	masculin	*m*
MATH	Mathematik, Geometrie	mathématiques, géométrie	MATH
MED	Medizin, Pharmazie	médecine, pharmacie	MED
MEDIA	(audiovisuelle) Medien	médias, audiovisuel	MEDIA
METEO	Meteorologie	météorologie	METEO
MIL	Militär	militaire	MIL
MIN	Bergbau	industrie minière	MIN
MINER	Mineralogie	minéralogie	MINER
MUS	Musik	musique	MUS
NAUT	Seefahrt	navigation	NAUT
nom	Nominativ	nominatif	
	nordfranzösisch	du Nord	NORD
nt	Neutrum	neutre	
num	Zahlwort	numéral	*num*
o	oder	ou	*o*

ÖKOL	Ökologie	écologie	
ÖKON	Wirtschaft	éconcmie	
opp	Gegenteil	opposé, antonyme	*opp*
OPT	Optik	optique	OPT
	Angeln	pêche	PECHE
pej	abwertend	péjoratif	*péj*
pers	persönlich	personnel	*pers*
Pers	Person	personne	*pers.*
PHILOS	Philosophie	philosophie	PHILOS
PHOT	Fotografie	photcgraphie	PHOT
PHYS	Physik	physique	PHYS
Pl	Plural	pluriel	*pl*
POL	Politik	politique	POL
poss	possessiv	possessif	*poss*
POST	Post	poste	POST
PP	Partizip Perfekt	participe passé	
präp	Präposition	prépcsition	*prép*
PRESSE	Presse	presse	PRESSE
pron	Pronomen	pronom	*pron*
prov	sprichwörtlich	proverbe	*prov*
PSYCH	Psychologie	psychologie	PSYCH
	etwas	quelque chose	*qc*
	jemand	quelqu'un	*qn*
RADIO	Rundfunk	radio	RADIO
refl	reflexiv	réfléchi	
reg	regelmäßig	régulier	

rel	relativ	relatif	*rel*
REL	Religion	religion	REL
s.	siehe	voir	
S.	Sache	chose	
SCI	Naturwissenschaften	sciences naturelles	SCI
SCHULE	Schulwesen	école	SCOL
SDEUTSCH	süddeutsch	allemand du Sud	
Sing	Singular	singulier	*sing*
SOZIOL	Soziologie	sociologie	SOCIOL
	gehoben	soutenu	*soutenu*
SPIEL	Spiele	jeux	
SPORT	Sport	sport	SPORT
	Konjunktiv	subjonctif	*subj*
	Substantiv	substantif	*subst*
Superl	Superlativ	superlatif	*superl*
TECH	Technik	technique	TECH
TELEC	Nachrichtentechnik	télécommunications	TELEC
TEXTIL	Textilien	textile	TEXTIL
THEAT	Theater	théâtre	THEAT
TV	Fernsehen	télévision	TV
TYP	Buchdruck	typographie	TYP
UNIV	Universität	université	UNIV
	siehe	voir	*v.*
vi	intransitives Verb	verbe intransitif	*vi*
vr	reflexives Verb	verbe pronominal	*vpr*
vt	transitives Verb	verbe transitif	*vt*

vulg	vulgär	vulgaire	*vulg*
ZOOL	Zoologie	zoologie	ZOOL

A a

A, a [a] *m inv* A *nt*, a *nt*

à [a] <à + le = au, à la, à + les = aux> *prép* ❶ *(temps)* ~ **8 heures** um acht [Uhr]; ~ **Noël** an Weihnachten; **au printemps** im Frühling; ~ **demain!** bis morgen! ❷ *(lieu avec déplacement)* in +*akk*; **aller ~ la mer/à Paris** ans Meer/nach Paris fahren; **aller au Japon** nach Japan fliegen; *(lieu sans déplacement)* in +*dat*; ~ **la page 36** auf Seite 36 ❸ **c'est ~ moi** das gehört mir; ~ **2 zu zwei**; **c'est ~ mourir de rire** das ist zum Totlachen

abaisser [abese] <1> **I.** *vt* niedriger stellen **II.** *vpr:* **s'~** sich erniedrigen

abandon [abādɔ̃] *m* ❶ Verlassen *nt* ❷ *(des études) a.* SPORT Aufgabe *f*

abandonner [abādɔne] <1> **I.** *vt* verlassen **II.** *vi* aufgeben **III.** *vpr:* **s'~ au désespoir** sich der Verzweiflung hingeben

abats [aba] *mpl* Innereien *pl*

abattre [abatʀ] <irr> **I.** *vt* ❶ abreißen ❷ *(animal de boucherie)* schlachten **II.** *vpr:* **s'~** ❶ umstürzen ❷ *(fondre sur)* sich stürzen auf +*akk*

abattu(e) [abaty] *adj* geschwächt

abbaye [abei] *f* Abtei *f*

abbé [abe] *m* ❶ Priester *m* ❷ *(supérieur d'une abbaye)* Abt *m*

abcès [apsɛ] *m* Abszess *m*

abdication [abdikasjɔ̃] *f* Abdankung *f*

abdomen [abdɔmɛn] *m* Bauch *m*

abeille [abɛj] *f* Biene *f*

abîme(e) *adj* [abime] verdorben, faul

abîmer [abime] <1> **I.** *vt* beschädigen **II.** *vpr* ❶ **s'~** sich abnutzen ❷ *(détériorer)* **s'~ la santé** seine Gesundheit ruinieren

aboiement [abwamā] *m* Bellen *nt*

abolir [abɔliʀ] <8> *vt* abschaffen

abominable [abɔminabl] *adj* abscheulich

abondamment [abɔ̃damā] *adv* reichlich

abondance [abɔ̃dās] *f* Fülle *f*; ❷ **en ~** in Hülle und Fülle

abonder [abɔ̃de] <1> *vi* reichlich vorhanden sein

abonnement [abɔnmā] *m* Abonnement *nt*; *(au téléphone)* Anschluss *m*; ~ **hebdomadaire/mensuel** Wochen-/Monatskarte *f*

abonner [abɔne] <1> *vpr:* **s'~ à qc** etw abonnieren

abord [abɔʀ] *m* ❶ **les ~s d'une ville** die unmittelbare Umgebung einer Stadt **[tout]** d'~ zu[aller]erst

aborder [abɔʀde] <1> **I.** *vt* ❶ ansprechen ❷ *(sujet)* herangehen an +*akk* **II.** *vi* anlegen

aboutir [abutiʀ] <8> vi ❶ Erfolg haben ❷ (se terminer par) führen zu

aboyer [abwaje] <6> vi bellen

abrégé [abʀeʒe] m ❶ gekürzte Fassung; **en** ~ abgekürzt ❷ (ouvrage) Abriss m

abréger [abʀeʒe] <2a, 5> vt verkürzen

abreuver [abʀœve] <1> vt: ~ **qn de compliments** jdn mit Komplimenten überhäufen

abréviation [abʀevjasjɔ̃] f Abkürzung f

abri [abʀi] m ❶ Schutz m ❷ (lieu aménagé) Hütte f; **être à l'~** (personne) in Sicherheit sein; (vélo) untergestellt sein

abribus [abʀibys] m Wartehäuschen nt

abricot [abʀiko] m Aprikose f, Marille f (ÖSTERR)

abriter [abʀite] <1> I. vt schützen vor +dat II. vpr ❶ **s'~** sich unterstellen ❷ (fig) **s'~ derrière qn/qc** sich hinter jdm/etw verstecken

abrupt(e) [abʀypt] adj steil

abruti(e) [abʀyti] adj blöd

abrutissant(e) [abʀytisɑ̃] adj stumpfsinnig; (musique) (ohren)betäubend

absent(e) [apsɑ̃] adj ❶ abwesend ❷ (air) (geistes)abwesend

absolu(e) [apsɔly] m: **l'~** das Absolute

absolu(e) [apsɔly] adj absolut

absolument [apsɔlymɑ̃] adv ❶ unbedingt; ~ **pas** überhaupt nicht ❷ (remarquable) ganz; (vrai) voll-

kommen ❸ ~! genau!; **mais** ~! aber sicher!

absorbant(e) [apsɔʀbɑ̃] adj saugfähig

absorber [apsɔʀbe] <1> vt ❶ zu sich nehmen ❷ (s'imbiber) aufsaugen

absorption [apsɔʀpsjɔ̃] f Einnahme f

abstenir [apstəniʀ] <9> vpr ❶ **s'~ de qc** auf etw (akk) verzichten ❷ (ne pas voter) **s'~** sich der Stimme enthalten

abstinence [apstinɑ̃s] f Enthaltsamkeit f

abstraction [apstʀaksjɔ̃] f: **faire ~ de qc** etw außer Acht lassen

abstrait(e) [apstʀɛ] adj abstrakt

absurde [apsyʀd] adj absurd

absurdité [apsyʀdite] f ❶ Absurdität f ❷ (bêtise) Unsinn m

abus [aby] m ❶ ~ **d'alcool** übermäßiger Alkoholgenuss ❷ (usage abusif) Missbrauch m

abuser [abyze] <1> I. vi ❶ übertreiben; ~ **de l'alcool** zu viel trinken ❷ (faire un usage excessif, violer) missbrauchen ❸ (exploiter) ~ **de la confiance de qn** jds Vertrauen ausnutzen II. vpr: **si je ne m'abuse** wenn ich [mich] nicht irre

académie [akademi] f ❶ Akademie f ❷ SCOL, UNIV Schule f

Académie [akademi] f Akademie f; **l'~ française** die Académie française

accablant(e) [akablɑ̃] adj drückend

accabler [akable] <1> vt: ~ **qn**

① auf jdm lasten **③** *(confondre)* jdn belasten

accaparer [akapaʀe] <1> *vt (conversation)* an sich *(akk)* reißen

accéder [aksede] <5> *vi* **①** gelangen zu **②** *(atteindre)* ~ **à un poste** eine Stelle erlangen

accélérateur [akseleʀatœʀ] *m* Gaspedal *nt*

accélérer [akselere] <5> I. *vt* beschleunigen II. *vpr:* **s'~** schneller gehen

accent [aksɑ̃] *m* **①** ~ **aigu/grave/circonflexe** e Akut *m*/Gravis *m*/Zirkumflex *m* **②** *(manière de prononcer)* Akzent *m* **③** *(accentuation)* Betonung *f*

accentuation [aksɑ̃tɥasjɔ̃] *f* Verschlimmerung *f*

accentué(e) [aksɑ̃tɥe] *adj* betont

accentuer [aksɑ̃tɥe] <1> I. *vt* betonen II. *vpr:* **s'~** sich verstärken

acceptation [aksɛptasjɔ̃] *f* Zustimmung *f*

accepter [aksɛpte] <1> I. *vt* annehmen II. *vi* akzeptieren

accès [aksɛ] *m* **①** Eingang *m*; *(véhicules)* Zufahrt *f*; ~ **interdit** kein Zutritt, Zugang *m*; ~ **sans marche** stufenloser Zugang *m* **②** INFORM Zugang *m*

accessibilité [aksesibilite] *f* Zugänglichkeit *f*

accessible [aksesibl] *adj* **①** zugänglich **②** *(prix)* erschwinglich

accessoire [akseswaʀ] I. *adj* nebensächlich II. **③** Zubehörteil *nt* **②** THEAT, CINE Requisit *nt*

accident [aksidɑ̃] *m* Unfall *m*;

~ **de parcours** Missgeschick *nt;* **avoir un** ~ verunglücken

accidenté(e) [aksidɑ̃te] *adj* **①** uneben **②** *(personne)* verunglückt; *(voiture)* Unfall-

accidentel(le) [aksidɑ̃tɛl] *adj (dû au hasard)* zufällig

accidentellement [aksidɑ̃tɛlmɑ̃] *adv* **②** zufällig **②** **mourir** ~ tödlich verunglücken

acclamer [aklame] <1> *vt:* ~ **qn** jdm zujubeln

acclimater [aklimate] <1> *vpr:* **s'~** sich gewöhnen an +*akk*

acclimatiser [aklimatize] <1> *vpr:* **s'~** sich akklimatisieren

accommoder [akɔmɔde] <1> I. *vt* GASTR accommodieren II. *vpr:* **s'~ de qc** mit etw zufrieden sein

accompagnateur, -trice [akɔ̃paɲatœʀ] *m, f* Begleiter(in) *m(f)*

accompagner [akɔ̃paɲe] <1> *vt* begleiten

accomplir [akɔ̃pliʀ] <8> I. *vt* erledigen II. *vpr:* **s'~** sich erfüllen

accord [akɔʀ] *m* **①** Einverständnis *nt*; **donner son ~ à qn** jdm seine Zustimmung geben; **d'~!** einverstanden! **②** *(convention)* Vereinbarung *f* **③** JUR **se mettre d'~** sich einigen

accorder [akɔʀde] <1> I. *vt* **①** *(crédit)* *(permission)* erteilen; *(faveur)* erweisen **②** *(attribuer)* ~ **de l'importance à qc** einer S. *(dat)* Gewicht beilegen II. *vpr:* **s'~ avec qn** sich mit jdm einigen

accoster [akɔste] <1> I. *vi* anlegen II. *vt (aborder)* ansprechen

accouchement [akuʃmã] *m* Geburt *f*

accoucher [akuʃe] <1> *vt, vi* MED entbinden; **– d'une fille** ein Mädchen zur Welt bringen

accoupler [akuple] <1> *vpr* ZOOL **s'~** sich paaren

accourir [akuRiR] <irr> *vi* herbeieilen

accoutumé(e) [akutyme] *adj* gewohnt

accro [akʀo] *adj (fam)* abr de **accroché** süchtig

accroc [akʀo] *m* Riss *m*

accrochage [akʀɔʃaʒ] *m* [leichter] Zusammenstoß

accrocher [akʀɔʃe] <1> **I.** *vt* ❶ aufhängen ❷ *(entrer en collision)* streifen **II.** *vpr* ❶ *(se tenir à qc)* **s'~ à qc** sich an etw *(dat)* festklammern ❷ *(persévérer)* **s'~** durchhalten ❸ *(se disputer)* **s'~ avec qn** sich mit jdm in die Haare kriegen

accroissement [akʀwasmã] *m* Zunahme *f*

accroître [akʀwatʀ] <irr> **I.** *vt* vermehren **II.** *vpr:* **s'~** zunehmen

accroupir [akʀupiʀ] <8> *vpr:* **s'~** in die Hocke gehen; **être accroupi** kauern

accueil [akœj] *m* Empfang *m*

accueillir [akœjiʀ] <irr> *vt* empfangen

accumulateur [akymylatœʀ] *m* Akku *m*

accumulation [akymylasjɔ̃] *f* Anhäufung *f*

accumuler [akymyle] <1> **I.** *vt* an-

häufen **II.** *vpr:* **s'~** sich sammeln

accusation [akyzasjɔ̃] *f* Anschuldigung *f*; JUR Anklage *f*

accusé(e) [akyze] *m(f)* JUR Angeklagte(r) *f(m)*

accuser [akyze] <1> *vt* beschuldigen; JUR anklagen

acharné(e) [aʃaʀne] *adj* verbissen

acharnement [aʃaʀnəmã] *m* Hartnäckigkeit *f*

achat [aʃa] *m* Kauf *m*; **faire des ~s** einkaufen

acheter [aʃ(ə)te] <4> *vt* kaufen

acheteur, -euse [aʃtœʀ] *m*, *f* Käufer(in) *m(f)*

achèvement [aʃɛvmã] *m* Fertigstellung *f*

achever [aʃ(ə)ve] <4> *vt (œuvre)* vollenden

acide [asid] **I.** *adj* sauer **II.** *m* CHIM Säure *f*

acier [asje] *m* ❶ Stahl *m* ❷ *(industrie)* **l'~** die Stahlindustrie

acné [akne] *f* Akne *f*

acompte [akɔ̃t] *m* Anzahlung *f*

à-coup [aku] <à-coups> *m* Ruck *m*

acoustique [akustik] *f* Akustik *f*

acquéreur [akeʀœʀ] *m* Käufer *m*

acquérir [akeʀiʀ] <irr> *vt* ❶ erwerben ❷ *(expérience)* sammeln

acquis [aki] *mpl* Errungenschaften *pl*

acquis(e) [aki] *adj* ❶ erworben ❷ *(reconnu)* feststehend

acquisition [akizisjɔ̃] *f* ❶ *(action)* Erwerb *m* ❷ *(objet acquis)* Anschaffung *f*

acquitter [akite] <1> **I.** *vt* freisprechen **II.** *vpr:* **s'~ d'une dette**

eine Schuld begleichen

âcre [ɑkʀ] *adj* herb

acrylique [akʀilik] **I.** *adj* acrylhaltig **II.** ① THEAT Acryl *m*

acte [akt] *m* ① *(action)* Tat *f* ② JUR Urkunde *f* ③ THEAT Akt *m*

acteur, -trice [aktœʀ] *m, f*, Schauspieler(in) *m(f)*; **~/-trice de cinéma** Filmschauspieler(in) *m(f)*

actif, -ive [aktif] *adj* aktiv

action [aksjɔ̃] *f* ① Tat *f* ② CINE, THEAT Handlung *f* ③ FIN Aktie *f*

activer [aktive] <1> **I.** *vt* ① *(feu)* anfangen *(processus)* beschleunigen ② INFORM aktivieren **II.** *vi* ein bisschen schneller machen; **faire ~ qn** jdn antreiben

activité [aktivite] *f* ① *(fait d'être actif)* Aktivität *f* ② *(professionnelle)* Tätigkeit *f*; **~ économique** Wirtschaft *f*

actualiser [aktɥalize] <1> *vt* aktualisieren

actualité [aktɥalite] *f* ① Aktualität *f*; **d'~** aktuell ② *pl* TV, RADIO Nachrichten *pl*

actuel(le) [aktɥɛl] *adj* aktuell

actuellement [aktɥɛlmɑ̃] *adv* zurzeit

acuponcture, acupuncture [akypɔ̃ktyʀ] *f* Akupunktur *f*

adaptateur [adaptatœʀ] *m* Adapter *m*

adaptation [adaptasjɔ̃] *f* ① Anpassung *f* ② CINE, THEAT Bearbeitung *f*

adapter [adapte] <1> **I.** *vt* ① anbringen; **~ qc à qc** etw mit etw verbinden ② CINE, THEAT bearbeiten **II.** *vpr*: **s'~** sich anpassen

addictif, -ive [adiktif, -iv] *adj* Sucht-; **comportement** ~ Suchtverhalten *nt*

addition [adisjɔ̃] *f* ① Addition *f* ② *(facture)* Rechnung *f*

additionner [adisjɔne] <1> **I.** *vt* zusammenzählen **II.** *vpr*: **s'~** sich summieren

adepte [adɛpt] *mf* Anhänger(in) *m(f)*

adéquat(e) [adekwa] *adj* passend

adhérence [adeʀɑ̃s] *f* Haftung *f*

adhésif [adezif] *m* ① Heftpflaster *nt* ② *(ruban adhésif)* Klebeband *nt*

adhésif, -ive [adezif] *adj* haftend

adhésion [adezjɔ̃] *f* ① Zustimmung *f* ② *(inscription)* Beitritt *m*

adieu [adjø] <x> **I.** *m*: **les ~x** Abschied *m* **II.** *interj* lebe wohl!/leben Sie wohl!

adjectif [adʒɛktif] *m* Adjektiv *nt*

adjoint(e) [adʒwɛ̃] *adj* stellvertretend

adjuger [adʒyʒe] <2a> *vt*: **être adjugé à qn** an jdn gehen

admettre [admɛtʀ] *irr* *vt* ① dulden ② SCOL, UNIV zulassen ③ *(reconnaître)* zugeben

administratif, -ive [administratif] *adj* *(démarche)* administrativ; **services ~** Verwaltung *f*

administration [administʀasjɔ̃] *f* Verwaltung *f*

administrer [administʀe] <1> *vt* ① verwalten; *(pays)* regieren ② *(médicament)* verabreichen

admirable [admiʀabl] *adj* bewundernswert

admiration [admirasjɔ̃] *f* Bewunderung *f*

admirer [admire] <1> *vt* bewundern

admission [admisjɔ̃] *f* ❶ ~ **dans un club** Aufnahme *f* in einem Klub; ~ **dans une discothèque** Zutritt *m* zu einer Diskothek ❷ SCOL, UNIV Zulassung *f*

ADN [adeɛn] *m abr de* **acide désoxyribonucléique** DNS *f*

adolescent(e) [adɔlesɑ̃] *adj* jugendlich

adopter [adɔpte] <1> *vt* ❶ *(enfant)* adoptieren ❷ *(point de vue)* einnehmen

adoptif, -ive [adɔptif] *adj* Adoptiv-

adoption [adɔpsjɔ̃] *f* ❶ JUR Adoption *f* ❷ *(approbation)* Annahme *f*

adorable [adɔrabl] *adj* süß; *(gentil)* sehr lieb

adoration [adɔrasjɔ̃] *f* Verehrung *f*

adorer [adɔre] <1> *vt* ❶ sehr mögen; *(musique)* schwärmen für; ~ **faire qc** etw sehr gern tun ❷ REL anbeten

adoucir [adusir] <8> I. *vt (linge)* weich machen; *(voix)* dämpfen; *(peine)* lindern II. *vpr:* **s'~** milder werden

adresse[1] [adrɛs] *f a.* INFORM Adresse *f*; **changer d'~** umziehen; ~ **électronique** E-Mail-Adresse

adresse[2] [adrɛs] *f* Geschicklichkeit *f*

adresser [adrese] <1> I. *vt*

❷ schicken ❸ *(parler)* ~ **la parole à qn** jdn ansprechen II. *vpr:* **s'~ à qn** sich an jdn wenden

adroit(e) [adrwa] *adj* geschickt

adulte [adylt] *adj* erwachsen

adultère [adylter] *m* Ehebruch *m*

advenir [advənir] <9> *vi* geschehen; **que va-t-il ~ de moi?** was wird aus mir?

adverbe [adverb] *m* Adverb *nt*

adversaire [adverser] *mf* Gegner(in) *m(f)*

adverse [advers] *adj* feindlich; *(équipe)* gegnerisch

aération [aerasjɔ̃] *f* Lüftung *f*

aérer [aere] <5> *vt* [aus]lüften

aérobic [aerɔbik] *m* Aerobic *nt*

aérodrome [aerɔdrom] *m* Flugplatz *m*

aéroglisseur [aeroglisœr] *m* Luftkissenboot *nt*

aéroport [aerɔpɔr] *m* Flughafen *m*

aérosol [aerɔsɔl] *m* Spray *m o nt*

affaiblir [afeblir] <8> I. *vt* schwächen II. *vpr:* **s'~** nachlassen

affaire [afɛr] *f* ❶ Angelegenheit *f*; **c'est mon ~** das ist meine Sache ❷ *pl (commerce)* Geschäfte *pl* ❸ **avoir ~ à qn/qc** es mit jdm/etw zu tun haben

affaisser [afese] <1> *vpr:* **s'~** senken

affamé(e) [afame] *adj* hungrig

affectation [afɛktasjɔ̃] *f (mise à disposition)* l'~ **d'une somme à qc** die Verwendung einer Summe für etw

affecté(e) [afɛkte] *adj* unecht

affecter [afɛkte] <1> vt ❶ vortäuschen ❷ (émouvoir) ~ **qn** jdm nahegehen

affection [afɛksjɔ̃] f ❶ Zuneigung f ❷ MED Erkrankung f

affectueusement [afɛktɥøzmɑ̃] adv liebevoll; **je vous embrasse** ~ liebe Grüße [und Küsse]

affectueux, -euse [afɛktɥø] adj liebevoll

affiche [afiʃ] f ❶ Plakat nt; ADMIN Aushang m ❷ THEAT [Theater]programm nt

afficher [afiʃe] <1> I. vt ❶ (placarder) aufhängen; (résultat) aushängen ❷ INFORM, TECH anzeigen ❸ (opinions politiques) bekanntgeben II. vi: **défense d'~!** Plakate ankleben verboten! III. vpr: **s'~** sich zur Schau stellen

affilié(e) [afilje] adj: **être ~ à la Sécurité sociale** in der gesetzlichen Krankenkasse sein

affiner [afine] <1> vt verfeinern

affinité [afinite] f Gemeinsamkeit f

affirmatif [afirmatif] interj (fam) ja[wohl]; TELEC positiv

affirmatif, -ive [afirmatif] adj zustimmend; **être ~** sich sicher sein

affirmer [afirme] <1> vt behaupten

affluent [aflyɑ̃] m Zufluss m

afflux [afly] m Ansturm m

affoler [afɔle] <1> I. vt sehr erschrecken II. vpr: **s'~** in Panik geraten

affranchir [afrɑ̃ʃir] <8> vt ❶ POST

frankieren ❷ (esclave) freilassen

affreux, -euse [afrø] adj ❶ furchtbar hässlich ❷ (horrible) schrecklich

affront [afrɔ̃] m (soutenu) Beleidigung f

affronter [afrɔ̃te] <1> I. vt ❶ a. SPORT ~ **qn** jdm gegenübertreten ❷ (situation difficile) konfrontiert werden mit II. vpr: **s'~** aufeinandertreffen

affûter [afyte] <1> vt schärfen

afin [afɛ̃] prép: ~ **de...** um zu...; ~ **que...** +subj damit...

africain(e) [afrikɛ̃] adj afrikanisch

Africain(e) [afrikɛ̃] m(f) Afrikaner(in) m(f)

Afrique [afrik] f: l'~ Afrika nt; l'~ **du Nord/Sud** Nord-/Südafrika; l'~ **noire** Schwarzafrika

afro-américain(e) [afroamerikɛ̃] <afro-américains> adj afroamerikanisch

agaçant(e) [agasɑ̃] adj äußerst ärgerlich

âge [aʒ] m ❶ Alter nt; **quel ~ as-tu?** wie alt bist du? ❷ (ère) Zeitalter nt ❸ **le troisième ~** die Senioren; ~ **de la retraite** Pensionsalter nt

âgé(e) [aʒe] adj alt; **un enfant ~ de 10 ans** ein Kind im Alter von 10 Jahren

agence [aʒɑ̃s] f (bancaire) [Bank]niederlassung f; (commerciale) Geschäftsstelle f; ~ **de voyages** Reisebüro nt

agenda [aʒɛ̃da] m [Termin]kalender m

agent [aʒɑ̃] m ❶ ~ [**de police**]

Polizist(in) *m(f)* ❷ ECON Vertreter(in) *m(f)*; *(immobilier)* Makler(in) *m(f)*

agglomération [aglɔmeʀasjɔ̃] *f* ❶ Ortschaft *f* ❷ *(banlieue)* Großraum *m*

aggravation [agʀavasjɔ̃] *f* Verschlechterung *f*; *(du chômage)* Zunahme *f*

agile [aʒil] *adj* geschickt

agilité [aʒilite] *f* Beweglichkeit *f*

agir [aʒiʀ] <8> I. *vi* ❶ handeln ❷ MED wirken II. *vpr*: **il s'agit de qn/qc** es handelt sich um jdn/etw

agitation [aʒitasjɔ̃] *f* ❶ geschäftiges Treiben ❷ *(excitation)* Aufregung *f*

agiter [aʒite] <1> I. *vt (drapeau)* schwenken; *(mouchoir)* winken mit; *(bouteille)* schütteln II. *vpr*: **s'~** *(s'énerver)* unruhig werden

agneau, agnelle [aɲo] <x> *m, f* Lamm *nt*

agoniser [agɔnize] <1> *vi* im Sterben liegen

agrafer [agʀafe] <1> *vt* zusammenheften

agraire [agʀɛʀ] *adj (politique)* Agrar-; *(réforme)* Boden-

agrandir [agʀɑ̃diʀ] <8> I. *vt* ❶ größer machen *(rendre plus large)* erweitern II. *vpr*: **s'~** ❶ größer werden; *(entreprise)* sich vergrößern

agréable [agʀeabl] *adj* angenehm

agréablement [agʀeablɑ̃mɑ̃] *adv* angenehm

agréer [agʀee] <1> *vt (soutenu)* annehmen; **veuillez ~, Ma-**

dame/Monsieur, mes salutations distinguées ≈ mit freundlichen Grüßen

agresser [agʀese] <1> *vt* überfallen; *(verbalement)* angreifen

agressif, -ive [agʀesif] *adj* aggressiv

agression [agʀesjɔ̃] *f* Überfall *m*; *(personne)* Aggression *f*

agressivité [agʀesivite] *f* Aggressivität *f*

agricole [agʀikɔl] *adj* landwirtschaftlich

agriculteur, -trice [agʀikyltœʀ] *m, f* Landwirt(in) *m(f)*

agriculture [agʀikyltyʀ] *f* Landwirtschaft *f*

agrumes [agʀym] *mpl* Zitrusfrüchte *pl*

ah [ɑ] *interj* ah; **~ non** ach nein; **~ oui** *(confirmation)* doch, doch

ahurissant(e) [ayʀisɑ̃] *adj* verblüffend

aide [ɛd] I. *f* Hilfe *f*; **à l'~!** [zu] Hilfe! II. *mf* Aushilfe *f*

aide-ménagère [ɛdmenaʒɛʀ] <aides-ménagères> *f* Haushaltshilfe *f*

aider [ede] <1> I. *vt*: **~ qn** jdm helfen II. *vpr (utiliser)* **s'~ de qc** etw zu Hilfe nehmen

aïe [aj] *interj* ❶ au ❷ *(problème)* oje ◆ **~ ~!** *(fam)* auweia!

aigle [ɛgl] *mf* Adler, Adlerweibchen *m, f*

aigre [ɛgʀ] *adj* ❶ sauer ❷ *(critique)* scharf

aigreur [ɛgʀœʀ] *f* Säure *f*; **~s d'estomac** Sodbrennen *nt*

aigu(ë) [egy] *adj (angle)* spitz;

(voix) schrill; *(douleur)* stechend

aiguille [egɥij] *f* ❶ Nadel *f*; *(d'une montre)* Zeiger *m*

ail [aj] *m* Knoblauch *m*

aile [ɛl] *f* ❶ Flügel *m* ❷ *(d'un véhicule)* Kotflügel *m*; *(d'un avion)* Tragfläche *f* ❸ **voler de ses propres ~s** auf eigenen Füßen stehen

aileron [ɛlʀɔ̃] *m* Flosse *f*

ailleurs [ajœʀ] *adv* ❶ woanders; **nulle part ~** nirgendwo anders; **partout ~** überall sonst ❷ **d'~, ...** übrigens; **par ~** außerdem

aimable [ɛmabl] *adj* freundlich

aimant [ɛmɑ̃] *m* Magnet *m*

aimer [eme] <1> **I.** *vi (apprécier)* **tu aimes?** gefällt es dir? **II.** *vt* ❶ *(éprouver de l'amour)* lieben ❷ *(apprécier)* mögen ❸ *(souhaiter)* **j'aimerais ...** ich würde gern ... **III.** *vpr:* **s'~** *(d'amour)* sich lieben

aîné(e) [ene] *adj* ❶ *(plus âgé de deux)* ältere(r, s) ❷ *(plus âgé de plusieurs)* älteste(r, s)

ainsi [ɛ̃si] *adv* ❶ *(de cette manière)* so; **et ~ de suite** und so weiter; **pour ~ dire** sozusagen ❷ REL ~ **soit-il!** amen! ❸ ~ **que** *(comparaison)* [so] wie; *(énumération)* und [auch]

air¹ [ɛʀ] *m* Luft *f*; ~ **conditionné** Klimaanlage *f*; **en plein ~** im Freien

air² [ɛʀ] *m* ❶ Aussehen *nt* ❷ *(ressemblance)* Ähnlichkeit *f* ❸ *(expression)* Miene *f* ❹ *(apparence)* **ça a l'~ délicieux** es sieht appetitlich aus

aire [ɛʀ] *f* Platz *m*; ~ **de jeux** Spielplatz *m*; ~ **de repos** Rastplatz *m*; ~ **de service** Rastplatz *m*

aisance [ɛzɑ̃s] *f* ❶ Wohlstand *m* ❷ *(facilité)* Leichtigkeit *f*

aise [ɛz] *f:* **se sentir à l'~** sich wohl fühlen; **se mettre à l'~** es sich *(dat)* bequem machen

aisé(e) [eze] *adj* wohlhabend

aisselle [ɛsɛl] *f* Achsel *f*

Aix-la-Chapelle [ɛkslaʃapɛl] Aachen *nt*

ajouter [aʒute] <1> **I.** *vt* hinzufügen ❷ *(additioner)* dazurechnen **II.** *vpr:* **s'~ à qc** zu etw [noch] hinzukommen

ajuster [aʒyste] <1> *vt* TECH richtig einstellen

alarme [alaʀm] *f* ❶ Alarm *m* ❷ *(dispositif)* Alarmanlage *f*

alarmer [alaʀme] <1> **I.** *vt* alarmieren **II.** *vpr:* **s'~ de qc** sich wegen etw ängstigen

album [albɔm] *m* ❶ Album *nt* ❷ *(volume illustré)* Bildband *m*; ~ **à colorier** Malbuch *m*

alcool [alkɔl] *m* ❶ CHIM Alkohol *m*; ~ **à brûler** [Brenn]spiritus *m*; **sans ~** alkoholfrei ❷ *(spiritueux)* Spirituose *f*

alcoolique [alkɔlik] *adj* alkoholabhängig

alcootest® [alkɔtɛst] *m* Alkoholtest *m*

alémanique [alemanik] **I.** *adj* alemannisch; **la Suisse ~** die deutschsprachige Schweiz **II.** *m* Alemannisch *nt*

alentours [alɑ̃tuʀ] *mpl* ❶ Umge-

A

bung f ❶ *(fig)* aux ~ de midi
gegen Mittag
alerte [alɛʀt] I. *adj* schwungvoll
II. f Alarm m
alerter [alɛʀte] <1> *vt* alarmieren
Alger [alʒe] Algier nt
Algérie [alʒeʀi] f: l'~ Algerien nt
algue [alg] f Alge f
alibi [alibi] m Alibi nt
aligner [aliɲe] <1> I. *vt (rendre
conforme)* angleichen II. *vpr:*
s'~ sich [in einer Reihe] aufstellen
aliment [alimɑ̃] m Lebensmittel
nt
alimentation [alimɑ̃tasjɔ̃] f
❶ *(d'une personne)* Ernährung
f; *(d'un animal)* Fütterung f
❷ *(produits)* Nahrungsmittel
pl; **magasin d'~** Lebensmittelgeschäft nt
alimenter [alimɑ̃te] <1> I. *vt*
❶ ernähren ❷ *(approvisionner)*
~ **qc en eau** etw mit Wasser
versorgen II. *vpr:* **s'~** Nahrung
zu sich nehmen
alinéa [alinea] m ❶ Einzug m
❷ *(paragraphe)* Absatz m
allaiter [alete] <1> *vt, vi* stillen
allécher [aleʃe] <5> *vt* anlocken
allée [ale] f ❶ Allee f ❷ *(passage)*
~ **centrale** (Mittel)gang m
allégé(e) [aleʒe] *adj* fettarm
alléger [aleʒe] <2a, 5> *vt*
❶ leichter machen ❷ *(impôts)*
senken
Allemagne [alman] f: l'~
Deutschland nt; l'~ **fédérale**
die Bundesrepublik Deutschland; **la réunification des deux**

~s die [Wieder]vereinigung
Deutschlands; **aller en ~** nach
Deutschland fahren
allemand [almɑ̃] m Deutsch nt
allemand(e) [almɑ̃] *adj* deutsch
Allemand(e) [almɑ̃] m(f) Deut-
sche(r) f(m)
aller¹ [ale] <irr> I. *vi* ❶ gehen; ~ **se
coucher** zu Bett gehen
❷ *(rouler/voler)* fahren/fliegen
❸ *(faire un voyage)* reisen
❹ *(oser)* ~ **jusqu'à faire qc** so
weit gehen etw zu tun ❺ *(se porter)* **comment ça va/vas-tu/al-
lez-vous?** wie geht's?/wie geht
es dir?/Ihnen? ❻ *(convenir à qn)*
ça peut ~ es geht schon; **ça [te]
va?** [bist du damit] einverstanden? ❼ *(être seyant)* ~ **bien/
mal à qn** jdm gut/nicht stehen
❽ *(être coordonné)* ~ **bien avec
qc** gut zu etw passen II. *aux:*
~ **faire qc** gleich etw tun
III. *vpr:* **s'en** ~ ❶ *(partir: à pied)*
[weg]gehen; *(en voiture)* [weg]
fahren; *(en avion)* [weg]fliegen;
s'en ~ **en vacances** in Urlaub
fahren ❷ *(disparaître)* weggehen
IV. *interj* ❶ *(fam)* **vas-y/allons-
y/allez-y!** los geht's!; **allez, au
revoir!** also dann, auf Wiedersehen! ❷ *(voyons)* **un peu de
calme, allons!** etwas Ruhe,
bitte!
aller² [ale] m ❶ Hinweg m
❷ *(voyage)* Hinreise f ❸ *(billet)*
~ **simple** einfache Hinfahrt
allergie [alɛʀʒi] f Allergie f
allergique [alɛʀʒik] *adj* allergisch
alliance [aljɑ̃s] f ❶ Bündnis nt

A

❷ *(anneau)* Ehering *m*

allié(e) [alje] *adj* POL verbündet

allier [alje] <1> *vpr*: **s'~ à qn** sich mit jdm verbünden

allô [alo] *interj* hallo

allocation [alɔkasjɔ̃] *f*: **~ chômage/logement** Arbeitslosen-/ Wohngeld *nt*; **~s familiales** Kindergeld *nt*, Familienbeihilfe *f* (ÖSTERR)

allocution [alɔkysjɔ̃] *f* Ansprache *f*

allonger [alɔ̃ʒe] <2a> **I.** *vi* länger werden **II.** *vt* (rendre plus long) verlängern **III.** *vpr*: **s'~** *(se coucher)* sich hinlegen

allumage [alymaʒ] *m* AUT Zündung *f*

allume-barbecue [alymbarbəky] *m* Grillanzünder *m*

allume-cigare [alymsigar] <allume-cigares> *m* Zigarettenanzünder *m*

allumer [alyme] <1> **I.** *vt* ❶ anzünden ❷ (lampe) anmachen; *(four)* einschalten **II.** *vi* [das] Licht [an]machen

allumette [alymɛt] *f* Streichholz *nt*

allure [alyr] *f* ❶ Geschwindigkeit *f* ❷ (apparence) Aussehen *nt* ❸ *pl (airs)* Gebaren *nt*

allusion [a(l)lyzjɔ̃] *f* Anspielung *f*

alors [alɔr] **I.** *adv* ❶ *(à ce moment-là)* damals; **jusqu'~** bis dahin ❷ *(par conséquent)* da ❸ *(dans ce cas)* **~**, **je comprends!** ja dann verstehe ich das! ❹ *(fam: impatience)* **~**, **tu viens?** also, kommst du jetzt [endlich]? ❺ **ça ~!** na, so

was!; **et ~?** na und? *(fam)*; *(suspense)* und dann?; **~ là!** ja, dann! **II.** *konj* **~ que** *(pendant que)* während ❷ *(bien que)* obwohl

alouette [alwɛt] *f* Lerche *f*

alourdir [alurdir] <8> *vt* ❶ schwer[er] machen ❷ *(charges)* erhöhen

Alpes [alp] *fpl*: **les ~** die Alpen

alphabet [alfabɛ] *m* Alphabet *nt*

alphabétique [alfabetik] *adj* alphabetisch

alpinisme [alpinism] *m* Bergsteigen *nt*

alpiniste [alpinist] *mf* Bergsteiger(in) *m(f)*

Alsace [alzas] *f*: **l'~** das Elsass

alsacien(ne) [alzasjɛ̃] *adj* elsässisch

altermondialiste [altɛrmɔ̃djalist] *mf* Globalisierungsgegner(in) *m(f)*

alternance [altɛrnɑ̃s] *f* Wechsel *m*; **en ~ avec** im Wechsel mit

alternative [altɛrnativ] *f* Alternative *f*

alterner [altɛrne] <1> *vi* abwechseln

altitude [altityd] *f* Höhe *f*

amabilité [amabilite] *f* ❶ Liebenswürdigkeit *f* ❷ *pl (politesses)* Höflichkeiten *pl*

amande [amɑ̃d] *f* Mandel *f*

amant [amɑ̃] *m* Liebhaber *m*; **les ~s** die Liebenden

amas [amɑ] *m* Haufen *m*

amasser [amɑse] <1> **I.** *vt* anhäufen **II.** *vpr*: **s'~** *(personnes)* sich drängen

amateur [amatœr] *m* ❶ Amateur(in) *m(f)* ❷ *(connaisseur)* ~ **d'art** Kunstliebhaber(in) *m(f)*

ambassade [ābasad] *f* Botschaft *f*

ambigu(ë) [ābigy] *adj* mehrdeutig

ambiguïté [ābigyite] *f* Mehrdeutigkeit *f*

ambitieux, -euse [ābisjø] *adj* ehrgeizig

ambition [ābisjɔ̃] *f* Ehrgeiz *m*

ambulance [ābylãs] *f* Krankenwagen *m*

âme [ɑm] *f* Seele *f*

améliorer [ameljɔre] <1> I. *vt* verbessern; *(production)* steigern II. *vpr:* **s'~** sich bessern

aménagement [amenaʒmã] *m* ❶ Einrichtung *f* ❷ *(modification)* Umstellung *f*

aménager [amenaʒe] <2a> *vt* ❶ einrichten; *(modifier)* umstellen; *(par des travaux)* umbauen

amende [amãd] *f* Geldstrafe *f*

amener [am(ə)ne] <4> *vt* ❶ *(fam: apporter)* mitbringen ❷ *(mener)* bringen; **qu'est-ce qui t'amène ici?** was führt dich hierher? ❸ *(provoquer)* verursachen ❹ *(entraîner)* ~ **qn à faire qc** jdn dazu bringen etw zu tun

amenuiser [amənɥize] <1> *vpr:* **s'~** sich verringern

amer, -ère [amɛr] *adj* bitter

américain(e) [amerikɛ̃] *adj* amerikanisch

Américain(e) [amerikɛ̃] *m(f)* Amerikaner(in) *m(f)*

Amérique [amerik] *f:* **l'~** Amerika *nt;* **l'~ centrale/latine/du Nord/du Sud** Mittel-/Latein-/Nord-/Südamerika

amertume [amɛrtym] *f* Bitterkeit *f*

ami(e) [ami] *m(f)* Freund(in) *m(f);* **être ~s** befreundet sein

amiable [amjabl] *adj* einvernehmlich; **à l'~** gütlich

amical(e) [amikal] <-aux> *adj* ❶ freundschaftlich; *(attitude)* freundlich ❷ SPORT **match ~** Freundschaftsspiel *nt*

amicalement [amikalmã] *adv* herzliche Grüße

amincir [amɛ̃sir] <8> I. *vt* schlank[er] machen II. *vpr:* **s'~** schlanker werden

amitié [amitje] *f* Freundschaft *f;* **~s** *(formule de fin de lettre)* alles Liebe; **faire toutes ses ~s à qn** jdn herzlich grüßen lassen

amnésie [amnezi] *f* Gedächtnisschwund *m*

amnistie [amnisti] *f* Amnestie *f*

amocher [amɔʃe] <1> *vt (fam)* ramponieren

amoindrir [amwɛ̃drir] <8> I. *vt* schwächen II. *vpr:* **s'~** abnehmen

amont [amɔ̃] *m:* **vers l'~** flussaufwärts

amorcer [amɔrse] <2> I. *vt* ❶ scharf machen ❷ PECHE beködern II. *vpr:* **s'~** *(dialogue)* in Gang kommen

amortir [amɔrtir] <8> *vt* ❶ dämpfen; *(chute)* bremsen ❷ *(dette)* tilgen

amortisseur [amɔrtisœr] *m* Stoßdämpfer *m*

amour [amuʀ] *m* ❶ Liebe *f*; **faire l'~** miteinander schlafen ❷ *(personne)* Liebe *f*; **mon ~** [mein] Liebling *m* ❸ *(attachement)* **~ du prochain** Nächstenliebe ❹ **pour l'~ de Dieu** um Gottes willen

amoureusement [amuʀøzmɑ̃] *adv* liebevoll

amoureux, -euse [amuʀø] *adj* verliebt; **tomber ~ de qn** sich in jdn verlieben

amphithéâtre [ɑ̃fiteatʀ] *m* Amphitheater *nt*

ample [ɑ̃pl] *adj* ❶ weit ❷ *(sujet)* umfangreich

ampleur [ɑ̃plœʀ] *f* ❶ Weite *f* ❷ *(d'une catastrophe)* Ausmaß *nt*

ampli [ɑ̃pli] *m (fam) abr de* **amplificateur**

amplificateur [ɑ̃plifikatœʀ] *m* Verstärker *m*

amplifier [ɑ̃plifje] <1> **I.** *vt* ❶ verstärken ❷ *(exagérer)* aufblähen **II.** *vpr:* **s'~** ❶ *(bruit)* anschwellen ❷ *(mouvement)* sich ausweiten

ampoule [ɑ̃pul] *f* ❶ ELEC [Glüh]-birne *f* ❷ MED Ampulle *f*

amputation [ɑ̃pytasjɔ̃] *f* Amputation *f*

amputer [ɑ̃pyte] <1> *vt* amputieren

amusant(e) [amyzɑ̃] *adj* ❶ unterhaltsam ❷ *(drôle)* lustig

amusement [amyzmɑ̃] *m* Vergnügen *nt*, Spaß *m*

amuser [amyze] <1> **I.** *vt* ❶ unterhalten ❷ *(faire rire)* amüsieren **II.** *vpr:* **s'~** ❶ *(jouer)* spielen ❷ *(se divertir)* **amuse-toi/amu-**

sez-vous bien! viel Spaß!

amygdale [amidal] *f* Mandel *f*

an [ɑ̃] *m* Jahr *nt*; **avoir cinq ~s** fünf [Jahre alt] sein; **l'~ dernier/prochain** letztes/nächstes Jahr; **par ~** jährlich; **en l'~ 200 avant Jésus-Christ** [im Jahr] 200 vor Christus; **le premier de l'~** Neujahr *nt*

anal(e) [anal] <-aux> *adj* anal

analogie [analɔʒi] *f* Analogie *f*

analphabète [analfabɛt] *mf* Analphabet(in) *m(f)*

analyse [analiz] *f* Untersuchung *f*

analyser [analize] <1> *vt* ❶ analysieren ❷ MATH, MED untersuchen

ananas [anana(s)] *m* Ananas *f*

anarchie [anaʀʃi] *f* Chaos *nt*, POL Anarchie *f*

anarchiste [anaʀʃist] *adj* anarchistisch

anatomie [anatɔmi] *f* Anatomie *f*

ancêtre [ɑ̃sɛtʀ] *mf* ❶ *(aïeul)* Vorfahr(in) *m(f)* ❷ *(précurseur)* Vorläufer(in) *m(f)*

anchois [ɑ̃ʃwa] *m* Sardelle *f*

ancien(ne) [ɑ̃sjɛ] *adj* ❶ *(bâtiment)* alt; *(objet d'art, culture)* antik; *(livre)* antiquarisch ❷ *(ex-)* ehemalig ❸ *(qui a de l'ancienneté)* **être ~ dans le métier** schon lange im Beruf sein

ancre [ɑ̃kʀ] *f* Anker *m*

âne [ɑn] *m* Esel *m*; **être têtu comme un ~** störrisch wie ein Esel sein

anéantir [aneɑ̃tiʀ] <8> *vt* ❶ zunichtemachen ❷ *(déprimer)* niederdrücken

anecdote [anɛkdɔt] *f* Anekdote *f*

ânerie [ɑnʀi] *f* Dummheit *f*

anesthésie [anɛstezi] *f* Narkose *f*

ange [ɑ̃ʒ] *m* Engel *m*; **~ gardien** Schutzengel

angine [ɑ̃ʒin] *f* Angina *f*

anglais [ɑ̃glɛ] *m* Englisch *nt*

anglais(e) [ɑ̃glɛ] *adj* ❶ englisch ❷ **filer à l'~e** sich [auf] französisch verabschieden

Anglais(e) [ɑ̃glɛ] *m(f)* Engländer(in) *m(f)*

angle [ɑ̃gl] *m* Ecke *f*; MATH Winkel *m*

Angleterre [ɑ̃glətɛʀ] *f*: **l'~** England *nt*

angoisse [ɑ̃gwas] *f* Angst *f*

angoisser [ɑ̃gwase] <1> *vt* ängstigen

anguille [ɑ̃gij] *f* Aal *m*

animal [animal] *m* <-aux> *m* Tier *nt*; **~ domestique** Haustier

animal(e) [animal] *adj (matières)* tierisch; *(fonctions)* animalisch

animateur, -trice [animatœʀ] *m*, *f* ❶ Betreuer(in) *m(f)*; *(d'un club de sport)* Leiter(in) *m* ❷ RADIO, TV Moderator(in) *m(f)*

animation [animasjɔ̃] *f* ❶ *(rege)* Betriebsamkeit ❷ *(conduite de groupe)* Leitung ❷ CINE Animation *f*

animé(e) [anime] *adj (discussion)* lebhaft; *(rue)* belebt; **dessin ~** Zeichentrickfilm *m*

animer [anime] <1> I. *vt* ❶ *(débat)* leiten; ❷ *(émission)* moderieren ❸ *(mouvoir)* bewegen ❹ *(égayer)* beleben II. *vpr*: **s'~**

sich beleben

animosité [animozite] *f* Feindseligkeit *f*

anis [anis] *m* Anis *m*

anneau [ano] <x> *m* Ring *m*

année [ane] *f* Jahr *nt*; **tout au long de l'~** das ganze Jahr [über]; **~ de naissance** Geburtsjahr; **les ~s trente** die dreißiger Jahre; **bonne ~!** ein gutes neues Jahr!; **~ prochaine** nächstes Jahr

année-lumière [anelymjɛʀ] *f* années-lumière ❶ Lichtjahr *nt*

anniversaire [anivɛʀsɛʀ] *m (d'une personne)* Geburtstag *m*; **bon ~!** alles Gute zum Geburtstag!

annonce [anɔ̃s] *f* ❶ Ankündigung *f* ❷ *(information officielle)* Bekanntgabe *f*; MEDIA Meldung *f* ❸ *(texte)* **les petites ~s** die Kleinanzeigen

annoncer [anɔ̃se] <2> *vt, vpr*: **s'~** *(sich)* ankündigen

annotation [anɔtasjɔ̃] *f* Anmerkung *f*

annuaire [anɥɛʀ] *m* Jahrbuch *nt*; **~ téléphonique** Telefonbuch

annuel(le) [anɥɛl] *adj* jährlich; *(congé)* Jahres-

annulation [anylasjɔ̃] *f* Stornierung *f*; *(d'un contrat)* Annullierung *f*

annuler [anyle] <1> *vt* ❶ stornieren; *(rendez-vous)* absagen ❷ INFORM abbrechen

anonyme [anɔnim] *adj* anonym

anorak [anɔʀak] *m* Anorak *m*

anorexie [anɔʀɛksi] *f* Magersucht *f*

anormal(e) [anɔʀmal] <-aux> *adj*

ungewöhnlich

Antarctique [ɑ̃taʀktik] *m:* **l'~** die Antarktis

antenne [ɑ̃tɛn] *f* ❶ Antenne *f* ❷ RADIO, TV Sender *m* ❸ ZOOL Fühler *m*

antérieur(e) [ɑ̃teʀjœʀ] *adj* ❶ *(précédent)* frühere(r, s); **être ~ à qc** vor etw *(dat)* liegen ❷ *(patte)* Vorder-

antibiotique [ɑ̃tibjɔtik] *m* Antibiotikum *nt*

anticipation [ɑ̃tisipasjɔ̃] *f:* **par ~** im Voraus

anticiper [ɑ̃tisipe] <1> *vi* vorgreifen

antigel [ɑ̃tiʒɛl] *m* Frostschutzmittel *nt*

antillais(e) [ɑ̃tije] *adj* antillisch

Antilles [ɑ̃tij] *fpl:* **les ~** die Antillen

antipathie [ɑ̃tipati] *f:* **~ pour qn/qc** Abneigung *f* gegen jdn/etw

antipathique [ɑ̃tipatik] *adj* unsympathisch

antique [ɑ̃tik] *adj* antik

antiquités [ɑ̃tikite] *fpl* Antiquitäten *pl*

antiseptique [ɑ̃tisɛptik] *adj* antiseptisch

anti-virus [ɑ̃tivirys] *adj inv* INFORM Antiviren-

antivol [ɑ̃tivɔl] *m* [Fahrrad]schloss *nt*

anus [anys] *m* After *m*

anxiété [ɑ̃ksjete] *f* Angst *f*

anxieux, -euse [ɑ̃ksjø, øz] *adj* ängstlich

août [u(t)] *m* August *m*

apaiser [apeze] <1> I. *vt* beruhi-

gen II. *vpr:* **s'~** nachlassen

apatride [apatʀid] *mf* Staatenlose(r) *f(m)*

apercevoir [apɛʀsəvwaʀ] <12> I. *vt* ❶ flüchtig wahrnehmen ❷ *(remarquer)* bemerken II. *vpr* *(se voir)* **s'~** sich sehen

aperçu [apɛʀsy] *m* kurzer Überblick; INFORM Seitenansicht *f*

apéritif [apeʀitif] *m* Aperitif *m*

apéro [apeʀo] *m* *(fam)* v. **apéritif**

apeuré(e) [apœʀe] *adj* verängstigt

apitoyer [apitwaje] <6> *vpr:* **s'~ sur qn/qc** jdn/etw bemitleiden

aplatir [aplatiʀ] <8> I. *vt* platt drücken II. *vpr:* **s'~ contre qc** sich gegen etw drücken

apogée [apɔʒe] *m* Höhepunkt *m*

apothéose [apɔteoz] *f* Höhepunkt *m*

apôtre [apotʀ] *m* Apostel *m*

apparaître [apaʀɛtʀ] *<irr> vi* erscheinen

appareil [apaʀɛj] *m* ❶ Gerät *nt*; **~ photo** Fotoapparat *m*; **~ [photo] numérique** Digitalkamera *f*; **~ ménagers** Haushaltsgeräte *pl*, Apparat *m*; **~ photo digital** Digitalkamera *f*; **~ photos étanche** Unterwasserkamera *f* ❷ *(dentaire)* Zahnspange *f*

appareiller [apaʀeje] <1> I. *vi* ablegen II. *vt* NAUT klarmachen

apparemment [apaʀamɑ̃] *adv* anscheinend; *(vraisemblablement)* offensichtlich

apparence [apaʀɑ̃s] *f* [An]schein *m*; **~ physique** äußeres Erschei-

A

nungsbild

apparent(e) [aparã] *adj* sichtbar; *(évident)* offensichtlich

apparenté(e) [aparãte] *adj:* ~ **à qn/qc** mit jdm/etw verwandt

apparition [aparisjõ] *f* Erscheinen *nt*

appart [apart] *m (fam) abr de* **appartement**

appartement [apartəmã] *m* Wohnung *f*

appartenance [apartənãs] *f* Mitgliedschaft *f*

appartenir [apartənir] <9> *vi:* ~ **à qn** jdm gehören; ~ **à qc** einer S. *(dat)* angehören

appauvrir [apovrir] <8> *vt* arm machen

appauvrissement [apovrismã] *m* Verarmung *f*

appel [apɛl] *m* ❶ Ruf *m* ❷ TELEC Anruf *m;* ~ **en P.C.V.** R-Gespräch *m;* ~ **pour l'étranger** Auslandsgespräch *nt* ❸ INFORM Aufruf *m* ❹ **faire** ~ Berufung einlegen

appeler [aple] <4> I. *vt* ❶ rufen ❷ *(téléphoner à)* anrufen ❸ *(nommer)* nennen; ~ **qn par son prénom** jdn mit seinem Vornamen anreden ❹ INFORM aufrufen II. *vpr:* **s'~** heißen

appellation [apelasjõ] *f* Bezeichnung *f;* ~ **d'origine** Herkunftsbezeichnung

appendicite [apɛ̃disit] *f* Blinddarmentzündung *f*

appétit [apeti] *m* Appetit *m*

applaudir [aplodir] <8> I. *vi* [Beifall] klatschen II. *vt:* ~ **qn/**

qc jdm/etw applaudieren

applaudissements [aplodismã] *mpl* Beifall *m*

application [aplikasjõ] *f* ❶ Auftragen *nt* ❸ *(utilisation) a.* INFORM Anwendung *f*

appliqué(e) [aplike] *adj* fleißig

appliquer [aplike] <1> I. *vt* ❶ auftragen ❷ *(mettre en pratique)* [praktisch] anwenden II. *vpr:* **s'~ à faire qc** sich *(dat)* Mühe geben etw zu tun

apporter [aporte] *vt* ❶ bringen ❷ *(avec soi)* mitbringen ❸ *(preuve)* liefern

apposer [apoze] <1> *vt (timbre)* aufkleben; *(signature)* setzen

appréciation [apresjasjõ] *f* Beurteilung *f*

apprécier [apresje] <1> *vt* ❶ abschätzen ❷ *(aimer)* schätzen

appréhension [apreãsjõ] *f* Befürchtung *f*

apprendre [aprãdr] <13> *vt, vi* lernen

apprentissage [aprãtisaʒ] *m* Lehre *f*

apprêter [aprete] <1> *vpr:* **s'~ à faire qc** im Begriff sein etw zu tun

apprivoiser [aprivwaze] <1> *vt* zähmen

approbation [aprɔbasjõ] *f* Zustimmung *f*

approcher [aprɔʃe] <1> I. *vi* näher kommen II. *vt* ❶ *(mettre plus près)* ~ **qc de qn** etw an jdn näher heranschieben ❷ *(venir plus près)* ~ **qn** sich jdm nähern III. *vpr:* **s'~ de qn/qc** sich jdm/einer S. nähern

approfondir [aprɔfɔ̃diːr] <8> vt
vertiefen

approprier [aprɔprije] <1> vpr:
s'~ qc sich (dat) etw aneignen

approuver [apruve] <1> vt ① zustimmen; **~ que** +subj es begrüßen, dass ② JUR annehmen

approvisionner [aprɔvizjɔne]
<1> I. vt beliefern II. vpr: **s'~
en qc** sich mit etw versorgen

approximation [aprɔksimasjɔ̃] f
[ungefähre] Schätzung f

approximativement
[aprɔksimativmɑ̃] adv ungefähr

appui [apɥi] m ① Stütze f ② (aide)
Unterstützung f

appuyer [apɥije] <6> I. vi
① drücken (insister sur)
~ sur qc etw betonen II. vt
① (poser) **~ qc contre/sur qc**
etw gegen etw lehnen/auf etw
(akk) stützen ② (soutenir) unterstützen III. vpr: **s'~ contre qn/
qc** sich an jdn/etw [an]lehnen;
s'~ sur qn/sur qc (compter
sur) sich auf jdn/etw verlassen

après [aprɛ] I. prép ① nach +dat
② (derrière) hinter +dat ③ **d'~
qn/qc** nach jdn/etw ④ (plus tard,
ensuite) danach; **longtemps/peu ~**
viel später/bald darauf ⑤ (plus
loin) dahinter ⑥ **d'~** danach;
et ~? (fam) [na] und?; **~ tout**
schließlich III. conj: **~ que**
nachdem

après-demain [apʀedmɛ̃] adv
übermorgen

après-midi [apʀemidi] I. m of
inv Nachmittag m; **cet[te] ~**

heute Nachmittag; **[dans] l'~**
am Nachmittag II. adv: **mardi ~**
[am] Dienstagnachmittag; **demain ~** morgen Nachmittag

après-rasage [apʀeʀazaʒ] m inv
Rasierwasser nt

apte [apt] adj geeignet

aptitude [aptityd] f Eignung f

aquarelle [akwaʀɛl] f Aquarell nt,
Aquarellmalen nt

aquarium [akwaʀjɔm] m Aquarium nt

Aquitaine [akitɛn] f: **l'~** Aquita-
nien nt

arabe [aʀab] I. adj arabisch II. m
Arabisch nt

Arabe [aʀab] mf Araber(in) m(f)

araignée [aʀeɲe] f Spinne f

arbitraire [aʀbitʀɛʀ] adj willkürlich

arbitre [aʀbitʀ] mf SPORT Schieds-
richter(in) m(f)

arborescence [aʀbɔʀesɑ̃s] f
INFORM Baumstruktur f

arbre [aʀbʀ] m ① BOT Baum m
② TECH Welle f

arc [aʀk] m Bogen m

arc-en-ciel [aʀkɑ̃sjɛl] <arcs-en-
ciel> m Regenbogen m

archaïque [aʀkaik] adj archaisch;
(mot) veraltet

arche [aʀʃ] f ① Bogen m ② REL
~ de Noé Arche f Noah

archéologie [aʀkeɔlɔʒi] f Archäologie f

architecte [aʀʃitɛkt] mf Archi-
tekt(in) m(f)

architecture [aʀʃitɛktyʀ] f Architektur f; INFORM Struktur f

archive [aʀʃiv] f Archiv nt

A

archiver [aʀ∫ive] <1> vt archivieren

arctique [aʀktik] adj arktisch; *(pôle)* Nord-

Arctique [aʀktik] m: l' ~ die Arktis

ardent(e) [aʀdɑ̃] adj ❶ glühend ❷ *(fig)* brennend

ardeur [aʀdœʀ] f ❶ glühende Hitze ❷ *(force vive)* Heftigkeit f ❸ *(zèle)* Begeisterung f

arène [aʀɛn] f Arena f

arête [aʀɛt] f Gräte f

argent [aʀʒɑ̃] m ❶ Geld nt ❷ *(métal)* Silber nt

argenté(e) [aʀʒɑ̃te] adj silberfarben

argentin(e) [aʀʒɑ̃tɛ̃] adj argentinisch

Argentine [aʀʒɑ̃tin] f: l' ~ Argentinien nt

argile [aʀʒil] f Ton m

argot [aʀɡo] m ❶ Argot m o nt ❷ *(langage particulier)* Jargon m

argument [aʀɡymɑ̃] m Argument nt

argumenter [aʀɡymɑ̃te] <1> vi argumentieren

aridité [aʀidite] f Trockenheit f

aristocratie [aʀistɔkʀasi] f Aristokratie f

aristocratique [aʀistɔkʀatik] adj aristokratisch

arme [aʀm] f Waffe f; **~s de destruction massive** Massenvernichtungswaffen pl

armé(e) [aʀme] adj bewaffnet

Arménie [aʀmeni] f: l' ~ Armenien nt

armer [aʀme] <1> I. vt ❶ bewaffnen ❷ *(fusil)* laden ❸ *(équi-*

per) ausrüsten II. vpr ❶ s' ~ bewaffnen ❷ *(fig)* s' ~ **de patience** sich mit Geduld wappnen

armoire [aʀmwaʀ] f Schrank m

arnaquer [aʀnake] <1> vt *(fam)* übers Ohr hauen

arobas [aʀoba(z)] m INFORM at nt

aromatiser [aʀɔmatize] <1> vt würzen

arôme, arome [aʀom] m Aroma nt; *(d'un vin)* Bouquet nt

arracher [aʀa∫e] <1> I. vt ❶ herausreißen ❷ *(affiche)* abreißen ❸ *(prendre)* ~ **qc des mains de qn** jdm etw aus den Händen reißen II. vpr ❶ *(se disputer)* s' ~ **qn/qc** sich um jdn/etw reißen ❷ s' ~ **les cheveux** sich *(dat)* die Haare ausreißen

arrangement [aʀɑ̃ʒmɑ̃] m ❶ Zusammenstellung f ❷ *(accord)* Einigung f ❸ MUS Arrangement nt

arranger [aʀɑ̃ʒe] <2a> I. vt ❶ ordnen ❷ *(organiser)* organisieren; *(rencontre)* arrangieren ❸ *(régler)* regeln II. vpr: s' ~ ❶ *(se mettre d'accord)* sich einigen ❷ *(s'améliorer)* sich regeln ❸ *(se débrouiller)* s' ~ **pour que** +subj sich *(dat)* so einrichten, dass

arrestation [aʀɛstasjɔ̃] f Verhaftung f

arrêt [aʀɛ] m ❶ Abschalten nt; ~ **cardiaque** Herzstillstand m; **sans ~** unaufhörlich ❷ AUT Halt m; **dix minutes d'** ~ zehn Minuten Aufenthalt ❸ *(station)* Haltestelle f

arrêté(e) [arete] adj fest; (péj) festgefahren

arrêter [arete] <1> I. vi aufhören II. vt (stopper) anhalten; (télé) ausmachen ❷ (terminer) aufhören mit ❸ (faire prisonnier) verhaften III. vpr: s'~ ❶ (s'immobiliser) stehen bleiben; (véhicule) [an]halten; (cesser) aufhören

arrière [arjɛr] m ❶ Heck nt ❷ SPORT Verteidiger(in) m(f) ❸ se pencher en ~ sich zurückbeugen; rester en ~ hinten bleiben; aller en ~ rückwärtsgehen; à l'~ hinten

arrière-goût [arjɛrgu] <arrière-goûts> m Nachgeschmack m

arrière-grand-mère [arjɛrgrɑ̃mɛr] <arrière-grands-mères> f Urgroßmutter f

arrière-grand-père [arjɛrgrɑ̃pɛr] <arrière-grands-pères> m Urgroßvater m **arrière-grands-parents** [arjɛrgrɑ̃parɑ̃] mpl Urgroßeltern pl **arrière-pays** [arjɛrpei] m inv Hinterland nt **arrière-petite-fille** [arjɛrpətitfij] <arrière-petites-filles> f Urenkelin f **arrière-petit-fils** [arjɛrpətifis] <arrière-petits-fils> m Urenkel m **arrière-petits-enfants** [arjɛrpətizɑ̃fɑ̃] mpl Urenkel pl **arrière-saison** [arjɛrsɛzɔ̃] <arrière-saisons> f Nachsaison f

arrivage [arivaʒ] m Lieferung f **arrivée** [arive] f ❶ Ankunft f ❷ (endroit) Ziel nt ❸ TECH Anschluss m

arriver [arive] <1> vi ❶ ankommen ❷ (aller jusque) ~ aux genoux bis an die Knie gehen ❸ (atteindre) ~ à qc etw erreichen ❹ (réussir) qn arrive à faire qc es gelingt jdm etw zu tun ❺ (se produire) qu'est-ce qu'il est arrivé? was ist dir denn passiert?

arrogance [arɔgɑ̃s] f Arroganz f **arrogant(e)** [arɔgɑ̃] adj arrogant

arrondir [arɔ̃dir] <8> I. vt ❶ rund machen ❷ (simplifier) auf-/abrunden II. vpr: s'~ [immer] runder werden

arrondissement [arɔ̃dismɑ̃] m Arrondissement nt

arroser [aroze] <1> vt gießen

art [ar] m Kunst f; ~ graphique Grafik f; ~ nouveau Jugendstil m; ~s décoratifs Kunstgewerbe nt

artère [artɛr] f ANAT Arterie f **artichaut** [artiʃo] m Artischocke f **article** [artikl] m ❶ (marchandise) Artikel m; ~s d'hygiène Drogerieartikel pl; ~s de papeterie Schreibwaren pl; ~s ménagers Haushaltswaren pl ❷ JUR Paragraph m

articulation [artikylasjɔ̃] f Gelenk nt

articuler [artikyle] <1> vt artikulieren

artifice [artifis] m Trick m **artificiel(le)** [artifisjɛl] adj künstlich

artisan(e) [artizɑ̃] m(f) Handwerker(in) m(f)

artisanal(e) [artizanal] <-aux>
adj handwerklich

artiste [artist] mf Künstler(in)
m(f)

artistique [artistik] adj künstlerisch

as [as] m Ass nt

ascendance [asɑ̃dɑ̃s] f Abstammung f

ascenseur [asɑ̃sœr] m Aufzug m

ascension [asɑ̃sjɔ̃] f ❶ Aufstieg m
❷ REL **l'Ascension** Christi Himmelfahrt

asiatique [azjatik] adj asiatisch

Asie [azi] f: **l'~** Asien nt; **l'~ cen-
trale/Mineure** Zentral-/Klein-
asien

asile [azil] m Asyl nt

asocial(e) [asɔsjal] <-aux> adj
asozial

aspect [aspɛ] m ❶ Aussehen nt
❷ (point de vue) Aspekt m

asperge [aspɛrʒ] f Spargel m

asperger [aspɛrʒe] <2a> I. vt bespritzen II. vpr: **s'~** sich bespü-
hen

asphyxie [asfiksi] f Ersticken nt

aspirateur [aspiratœr] m Staubsauger m; **passer l'~** staubsaugen

aspiration [aspirasjɔ̃] f ❶ Einatmen nt ❷ (élan) Streben nt

aspirer [aspire] <1> I. vt einatmen II. vi (désirer) **à qc** sich
nach etw sehnen

aspirine [aspirin] f Aspirin® nt

assagir [asaʒir] <8> vpr: **s'~** ruhi-
ger werden

assaisonnement [asɛzɔnmɑ̃] m
Dressing nt

assaisonner [asɛzɔne] <1> vt
(plat) würzen; (salade) anmachen

assassin [asasɛ̃] m Mörder(in)
m(f)

assassiner [asasine] <1> vt er-
morden

assécher [aseʃe] <5> vt trocken-
legen

assemblage [asɑ̃blaʒ] m Zusam-
menbauen nt; (de couleurs) Zusammenstellung f

assemblée [asɑ̃ble] f Versammlung f; **l'Assemblée nationale**
die Nationalversammlung; **l'Assemblée fédérale** SCHWEIZ Parlament m (SCHWEIZ)

assembler [asɑ̃ble] <1> I. vt zu-
sammensetzen II. vpr: **s'~** sich
versammeln

asseoir [aswar] <irr> I. vt: faire
qn jdn bitten sich zu setzen;
être/rester assis sitzen/sitzen
bleiben II. vpr: **s'~** sich [hin]set-
zen

assez [ase] adv ❶ genug ❷ (plutôt) ziemlich ❸ (quantité suffi-
sante) **c'est/ce n'est pas ~**
das reicht/reicht nicht

assiette [asjɛt] f Teller m;
~ creuse Suppenteller m

assigner [asiɲe] <1> vt zuteilen
❷ JUR **~ qn à comparaître** jdn
vorladen

assimilation [asimilasjɔ̃] f ❶ (fig)
Aneignen f; ❷ (intégration) **à
qc** Eingliederung f in etw (akk)

assimiler [asimile] <1> I. vt ❶ vergleichen ❷ (connaissances) sich
(dat) aneignen, aufnehmen ❸ (intégrer) eingliedern II. vpr: **s'~**

qc sich in etw *(akk)* integrieren

assis(e) [asi] *adj* sitzend

assistance [asistɑ̃s] *f* ❶ *(public)* Publikum *nt* ❷ *(secours)* Hilfe *f*; *(médicale)* Betreuung; **demander ~ à qn** jdn um Hilfe bitten

assistant(e) [asistɑ̃] *m(f)* *(aide)* Assistent(in) *m(f)*; MED *[Arzt]* helfer(in) *m(f)*

assisté(e) [asiste] *adj* AUT **direction ~e** Servolenkung *f*

assister [asiste] <1> I. *vi*: **~ à qc** bei etw anwesend sein II. *vt*: **~ qn dans qc** jdm bei etw helfen

association [asɔsjasjɔ̃] *f* ❶ Vereinigung *f* ❷ *(action de s'associer)* Zusammenschluss *m* ❸ *(groupement)* Organisation *f*; *(opp: société)* Verein *m*; **~ de handicapés** Behindertenverband *m*

associer [asɔsje] <1> I. *vt* [miteinander] verbinden II. *vpr* ❶ **s'~** sich zusammenschließen ❷ *(participer à)* **s'~ à qc** sich an etw *(dat)* beteiligen

assoiffé(e) [aswafe] *adj* [sehr] durstig

assombrir [asɔ̃bʀiʀ] <8> *vt, vpr*: **[s']~** [sich] verdunkeln

assommer [asɔme] <1> *vt* bewusstlos schlagen

Assomption [asɔ̃psjɔ̃] *f* Mariä Himmelfahrt *f*

assortiment [asɔʀtimɑ̃] *m* Sortiment *nt*

assortir [asɔʀtiʀ] <8> *vt* zusammenstellen

assouplir [asupliʀ] <8> *vt* ❶ geschmeidig machen ❷ *(règlement)* lockern

assouplissant [asuplisɑ̃] *m* Weichspüler *m*

assumer [asyme] <1> *vt* auf sich *(akk)* nehmen

assurance [asyʀɑ̃s] *f* ❶ Selbstbewusstsein *nt* ❷ *(garantie)* Zusicherung *f* ❸ *(contrat)* Versicherung *f*; **~ au tiers** Teilkasko *nt*; **~ tous risques** Vollkasko *nt*

assuré(e) [asyʀe] *adj* sicher

assurer [asyʀe] <1> I. *vt* ❶ versichern ❷ *(avenir)* sichern II. *vpr*: **s'~** ❶ sich versichern ❷ *(vérifier)* sich überzeugen

astérisque [asteʀisk] *m* Sternchen *nt*

asthmatique [asmatik] *adj* asthmatisch

asthme [asm] *m* Asthma *nt*

astre [astʀ] *m* ASTRO Stern *m*

astreignant(e) [astʀɛɲɑ̃] *adj* anstrengend

astreinte [astʀɛ̃t] *f* Zwang *m*

astrologie [astʀɔlɔʒi] *f* Astrologie *f*

astrologue [astʀɔlɔg] *mf* Astrologe, Astrologin *m, f*

astronaute [astʀɔnot] *mf* Astronaut(in) *m(f)*

astronomie [astʀɔnɔmi] *f* Astronomie *f*

astuce [astys] *f* Raffiniertheit *f*

asymétrique [asimetʀik] *adj* asymmetrisch

atelier [atalje] *m* Werkstatt *f*

athée [ate] *adj* atheistisch

Athènes [atɛn] Athen *nt*

athlète [atlɛt] *mf* Leichtathlet(in) *m(f)*

athlétisme [atletism] *m* Leichtathletik *f*

atlantique [atlɑ̃tik] *adj* atlantisch; *(côte)* Atlantik-

Atlantique [atlɑ̃tik] *m:* **l'~** der Atlantik

atlas [atlas] *m* Atlas *m*

atmosphère [atmɔsfɛʀ] *f* Atmosphäre *f*

atomique [atɔmik] *adj* atomar

atomiseur [atɔmizœʀ] *m* Zerstäuber *m*

atout [atu] *m* Trumpf *m*

atroce [atʀɔs] *adj* grauenhaft

attache [ataʃ] *f* Befestigung *f*

attachement [ataʃmɑ̃] *m* Anhänglichkeit *f*

attacher [ataʃe] <1> I. *vt* ❶ festmachen ❷ *(lacets)* binden; *(montre)* zumachen ❸ *(cheveux)* zusammenbinden II. *vpr* ❶ *(mettre sa ceinture de sécurité)* **s'~** sich anschnallen ❷ *(se lier d'affection)* **s'~ à qn** jdn/etw lieb gewinnen

attaque [atak] *f* ❶ Angriff *m* ❷ MED Anfall *m*

attaquer [atake] <1> I. *vt* ❶ angreifen ❷ *(commencer)* beginnen II. *vpr:* **s'~ à qc** etw in Angriff nehmen

attarder [ataʀde] <1> *vpr:* **s'~** sich verspäten

atteindre [atɛ̃dʀ] *<irr> vt* ❶ erreichen ❷ *(personne)* treffen

atteinte [atɛ̃t] *f* Beeinträchtigung *f*

attelle [atɛl] *f* Schiene *f*

attendre [atɑ̃dʀ] <14> I. *vt, vi* warten II. *vpr:* **s'~ à qc** etw erwarten

attendri(e) [atɑ̃dʀi] *adj* gerührt

attendrir [atɑ̃dʀiʀ] <8> I. *vt* rüh-

ren II. *vpr:* **s'~ sur soi-même** sich selbst bemitleiden

attente [atɑ̃t] *f* ❶ Warten *nt* ❷ *(espoir)* **contre toute ~** wider Erwarten

attentif, -ive [atɑ̃tif] *adj* aufmerksam

attention [atɑ̃sjɔ̃] *f* Aufmerksamkeit *f*; **~!** Vorsicht!

atténuer [atenɥe] <1> I. *vt* lindern; *(bruit)* dämpfen II. *vpr:* **s'~** nachlassen

atterrir [ateʀiʀ] <8> *vi* landen

atterrissage [ateʀisaʒ] *m* Landung *f*

attestation [atɛstasjɔ̃] *f* Bescheinigung *f*, Attest *nt*

attester [atɛste] <1> *vt* bestätigen

attirant(e) [atiʀɑ̃] *adj* anziehend

attirer [atiʀe] <1> *vt, vpr:* **[s']~** [sich] anziehen

attitude [atityd] *f* Haltung *f*

attractif, -ive [atʀaktif] *adj* interessant

attraction [atʀaksjɔ̃] *f* ❶ Anziehungskraft *f* ❷ *(divertissement)* Attraktion *f*

attrape [atʀap] *f* Scherzartikel *m*

attraper [atʀape] <1> I. *vt* ❶ fangen; *(train)* erreichen ❷ *(maladie)* bekommen II. *vpr:* **s'~** *(maladie)* sich übertragen

attribuer [atʀibɥe] <1> *vt* verleihen

attribution [atʀibysjɔ̃] *f* Zuweisung *f*

attrister [atʀiste] <1> *vt* traurig machen

au [o] = **à le** *v.* **à**

aube [ob] *f* Morgendämmerung *f*

auberge [oberʒ] f [Land]gasthaus nt; ~ **de jeunesse** Jugendherberge f

aucun(e) [okœ̃] **I.** adj: ~ ... **ne ...**, **ne ... > ...** kein(e); **sans** ~ ohne **II.** pron: ~ **ne ...**, **ne ... >** keine(r, s)

aucunement [okynmɑ̃] adv keineswegs

audace [odas] f Kühnheit f

audacieux, -euse [odasjø] adj kühn

au-dedans [odədɑ̃] **I.** adv drinnen **II.** prép: ~ **de qc** in etw (akk) [hinein]

au-dehors [odəɔr] **I.** adv ⓐ draußen; (avec mouvement) nach [dr]außen; ⓑ (dans l'apparence extérieure) äußerlich **II.** prép: ~ **de qc** aus etw [heraus]

au-delà [od(ə)la] **I.** adv weiter **II.** prép: ~ **de qc** auf die andere Seite einer S. (gen) **III.** m Jenseits nt

au-dessous [od(ə)su] **I.** adv darunter **II.** prép ⓐ (plus bas) ~ **de qc** unter jdm/etw ⓑ (inférieur) **être** ~ **de qn** unter jdm stehen

au-dessus [od(ə)sy] **I.** adv darüber **II.** prép ⓐ (supérieur) ~ **de qn/qc** über jdm/etw ⓑ (supérieur) **être** ~ **de qn/qc** über jdm/etw (dat) stehen

au-devant [od(ə)vɑ̃] prép: ~ **de** entgegen (dat)

audible [odibl] adj hörbar

audience [odjɑ̃s] f ⓐ Audienz f ⓑ MEDIA Einschaltquote f

audiovisuel [odjovizɥɛl] m TV audiovisuelle Medien pl

audiovisuel(le) [odjovizɥɛl] adj audiovisuell

auditeur, -trice [oditœr] m, f Zuhörer(in) m(f)

augmentation [ɔgmɑ̃tasjɔ̃] f Erhöhung f

augmenter [ɔgmɑ̃te] <1> **I.** vt erhöhen; (misère) vergrößern **II.** vi steigen

aujourd'hui [oʒurdɥi] adv heute; **il y a ~ huit jours** heute vor acht Tagen

auparavant [oparavɑ̃] adv vorher

auprès [oprɛ də] prép bei

auquel [okɛl] = **à lequel** v. **lequel**

auréole [ɔreɔl] f ⓐ Rand m ⓑ REL Heiligenschein m

aurore [ɔrɔr] f Morgenröte f

aussi [osi] **I.** adv ⓐ (élément de comparaison) ~ ... **que** so ... wie ⓑ (également) auch; **bon appétit! — merci, vous ~!** guten Appetit! — danke, gleichfalls! ⓒ (en plus) auch noch **II.** konj daher

aussitôt [osito] **I.** adv sofort **II.** konj: ~ **que** sobald

austérité [osterite] f Strenge f; **mesure d'~** Sparmaßnahmen pl

Australie [ostrali] f: **l'~** Australien nt

australien(ne) [ostraljɛ̃] adj australisch

autant [otɑ̃] adv ⓐ so viel ⓑ (relation d'égalité) ~ **que** [sehr/ebenso viel... wie; **d'~** ebenso viel ⓒ (dans la mesure où; ~ **que possible** so weit wie möglich **d' ~ plus** umso mehr

autel [otɛl] m Altar m

auteur, -trice [otœʀ] m, f ❶ (écrivain) Autor(in) m(f) ❷ (créateur) Schöpfer(in) m(f)

authentique [otɑ̃tik] adj echt

auto [oto] f abr de **automobile** Auto nt

autobiographie [otobjɔgʀafi] f Autobiografie f

autobus [otobys] m [Auto]bus m

autocar [otokaʀ] m Reisebus m

autochtone [otɔktɔn] mf Einheimische(r) f|m

autocollant(e) [otokɔlɑ̃] adj selbstklebend

autodiscipline [otodisiplin] f Selbstdisziplin f

autoécole, auto-école [otoekɔl] <auto-écoles> f Fahrschule f

autographe [otogʀaf] m Autogramm nt

automate [otomat] m Automat m

automatique [otomatik] adj automatisch

automne [otɔn] m Herbst m

autonome [otonɔm] adj ❶ unabhängig ❷ (informatique) offline

autoradio [ɔtoʀadjo] m Autoradio nt

autorisation [otoʀizasjɔ̃] f Erlaubnis f

autoriser [otoʀize] <1> vt erlauben

autoritaire [otoʀitɛʀ] adj autoritär

autorité [otoʀite] f ❶ Autorität f ❷ (organisme) Behörde f

autoroute [otoʀut] f Autobahn f

autostop, auto-stop [otostɔp] m Trampen nt; **faire de l'~** trampen

autour [otuʀ] **I.** adv herum; **tout ~** rundherum **II.** prép ❶ (entourant) **~ de qn/qc** um jdn/etw herum ❷ (à proximité de) **~ de...** in der Umgebung von... ❸ (environ) **~ des 1.000 euros** um die 1.000 Euro [herum]

autre [otʀ] **I.** adj ❶ (différent) andere(r, s); **~ chose** etwas anderes; **d'une ~ manière** anders ❷ (supplémentaire) weitere(r, s) ❸ (second des deux) **l'~ ...** der/die/das andere ... **II.** pron ❶ (personne) andere(r, s) ❷ (personne) weitere(r, s) ❸ **entre ~s** unter anderem

autrefois [otʀəfwa] adv früher

autrement [otʀəmɑ̃] adv ❶ anders ❷ (sinon) sonst **~ dit** mit anderen Worten

Autriche [otʀiʃ] f: **l'~** Österreich nt

autrichien(ne) [otʀiʃjɛ̃] adj österreichisch

Autrichien(ne) [otʀiʃjɛ̃] m(f) Österreicher(in) m(f)

autrui [otʀɥi] pron inv ein anderer, eine andere; (les autres) andere

aux [o] = **à les** v. **à**

auxiliaire [ɔksiljɛʀ] m LING Hilfsverb nt

avachi(e) [avaʃi] adj schlaff

avalanche [avalɑ̃ʃ] f Lawine f

avaler [avale] <1> vt, vi schlucken

avance [avɑ̃s] f ❶ Vormarsch m ❷ (opp: retard) **en ~ de cinq**

minutes fünf Minuten zu früh
❸ *(distance)* Vorsprung *m*
❹ *(somme)* Vorschuss *m;* **par ~**
im Voraus

avancer [avãse] <2> **I.** *vt*
❶ *(montre)* vorstellen; *(départ)*
vorverlegen; *(chaise)* vor-
rücken; *(voiture)* vorfahren
❷ *(idée)* vorbringen ❸ *(argent)*
vorstrecken **II.** *vi* ❶ vorwärts-
kommen ❷ *(être en avance)* vorgehen ❸ *(progresser)* vorankommen **III.** *vpr* ❶ **s'~ vers qn/qc**
auf jdn/etw zugehen ❷ *(prendre
de l'avance)* **s'~ dans son travail** mit der Arbeit vorankommen

avant [avã] **I.** *prép* ❶ vor +*dat*
❷ **~ tout** vor allem **II.** *adv* vorher; **passer ~** vorgehen; **en ~**
nach vorne; **plus/trop ~** weiter
vor/zu weit vor; **le jour d'~** am
Tag[e] davor **III.** *konj:* **~ que**
+*subj* bevor **IV.** *m* Vorderteil *nt*
o m; **à l' ~** vorn[e]

avantage [avãtaʒ] *m* ❶ *a.* SPORT
Vorteil *m* ❷ *(supériorité)* Über-
leger.heit *f*

avantageux, -euse [avãtaʒø]
adj günstig

avant-bras [avãbʀɑ] <avant-
-bras> *m* Unterarm *m* **avant-
-dernier, -ière** [avãdɛʀnje]
<avant-derniers> *adj* vorletz-
te[r, s] **avant-goût** [avãgu]
<avant-goûts> *m* Vorgeschmack
m **avant-hier** [avãtjɛʀ] *adv* vorgestern **avant-première** [avã-
pʀəmjɛʀ] <avant-premières> *f*
Voraufführung *f* **avant-propos**

[avãpʀopo] <avant-propos> *m*
Vorwort *nt*

avant-saison [avãsɛzõ] *f* Vorsaison *f*

avare [avaʀ] *adj* geizig

avarié(e) [avaʀje] *adj* verdorben

avec [avɛk] **I.** *prép* mit +*dat;* **être
gentil ~ qn** nett zu jdm sein
II. *adv (fam)* damit; **tu viens
~?** BELG kommst du mit?
❷ **faire ~** sich [damit] damit ab-
finden

avenir [av(ə)niʀ] *m* Zukunft *f*

aventure [avãtyʀ] *f* Abenteuer *nt*

aventurer [avãtyʀe] <1> *vpr:* **s'~**
sich wagen

avérer [aveʀe] <5> *vpr:* **s'~** sich
erweisen als

averse [avɛʀs] *f* [Regen]schauer
m; (d'injures) Flut *f*

aversion [avɛʀsjõ] *f* Abneigung *f*

avertir [avɛʀtiʀ] <8> *vt* ❶ benachrichtigen ❷ *(mettre en
garde)* warnen

avertisseur [avɛʀtisœʀ] *m* Hupe
f; **~ d'incendie** Feuermelder *m*

aveu [avø] <x> *m* Geständnis *nt*

aveugle [avœgl] *adj* blind

aveuglement [avœgləmã] *m*
Blindheit *f*

aviation [avjasjõ] *f* ❶ AUT Luftfahrt
f; **compagnie d'~** Fluggesellschaft *f* ❷ MIL Luftwaffe *f*

avion [avjõ] *m* Flugzeug *nt;* **aller
en ~** fliegen; **par ~** POST mit
Luftpost

avis [avi] *m* ❶ Ansicht *f* ❷ *(notification)* Mitteilung *f;* **~ de décès/
recherche** Todes-/Suchanzeige *f*

avocat [avɔka] *m* Avocado *f*

avocat(e) [avɔka] m(f) [Rechts]an-
walt, -anwältin m, f, Advokat(in)
m(f) (ÖSTERR, SCHWEIZ)

avoir [avwaʀ] <irr> I. vt ❶ haben;
~ **15 ans** 15 Jahre alt sein
❷ (vêtement) anhaben ❸ (obtenir) bekommen ❹ **en ~ pour
deux minutes** zwei Minuten
brauchen ❺ **il y a ...** es gibt ...;
il y a 3 jours vor 3 Tagen; **il n'y
a plus rien à faire** da ist nichts
mehr zu machen; **il n'y a pas de
quoi!** keine Ursache! II. *aux:* **il
n'a rien dit** er hat nichts gesagt
III. m ❶ Guthaben nt ❷ (bon
d'achat) Gutschein m

avortement [avɔʀtəmɑ̃] m Abtreibung f

avorter [avɔʀte] <1> vi ❶ abtreiben ❷ (échouer) fehlschlagen

avouer [avwe] <1> vt, vi gestehen

avril [avʀil] m ❶ April m ❷ **poisson d'~** Aprilscherz m

axe [aks] m Achse f

axer [akse] <1> vt ausrichten

Ayurveda [ajyʀveda] m Ayurveda
nt

azote [azɔt] m Stickstoff m

azur [azyʀ] m: **ciel d'~** azurblauer
Himmel

B
b

B, b [be] m inv B nt, b nt

babeurre [babœʀ] m Buttermilch f

babiole [babjɔl] f Kleinigkeit f

bâbord [bɑbɔʀ] m Backbord m

babyphone [babifɔn] m Babyfon
nt

baby-sitter [babisitœʀ] f Babysit-
ter m

bac[1] [bak] m ❶ Behälter m; (d'un
évier) [Spül]becken nt ❷ (bateau)
Fähre f ❸ **~ à sable** Sandkasten
m

bac[2] [bak] m (fam) abr de **baccalauréat** ≈ Abi nt

baccalauréat [bakalɔʀea] m ≈
Abitur nt

bactérie [bakteʀi] f Bakterie f

badaud(e) [bado] m(f) Schaulus-
tige(r) f|m

badge [badʒ] m Button m

badiner [badine] <1> vi scherzen

badminton [badmintɔn] m Badminton m

baffle [bafl] m (chaîne stéréo)
Lautsprecher m

bafouer [bafwe] <1> vt verhöh-
nen

bagage [bagaʒ] m pl Gepäck nt

bagarre [bagaʀ] f Schlägerei f

bague [bag] f Ring m

baguette [baget] f ❶ Baguette f o
nt ❷ (bâton) Stab m

baie [bɛ] f ❶ GEO Bucht f ❷ BOT
Beere f

baignade [bɛɲad] f Baden nt

baigner [beɲe] <1> *vpr:* **se ~ ba-** den

baignoire [beɲwaʀ] *f* Badewanne *f*

bâiller [baje] <1> *vi* gähnen

bâillonner [bajɔne] <1> *vt* knebeln

bain [bɛ̃] *m* Bad *nt;* **~ aux huiles essentielles** Aromabad *nt;* **~ curatif** Heilbad *nt;* **~ de foin** Heu-Bad *nt;* **~ thermal** Thermalbad *nt*

baiser¹ [beze] *m* Kuss *m*

baiser² [beze] <1> *vi (fam)* bumsen *(vulg)*

baisse [bɛs] *f* Rückgang *m*

baisser [bese] <1> **I.** *vt* ① herunterlassen ② *(tête)* senken ③ *(ton)* leiser machen **II.** *vi (forces)* nachlassen; *(niveau)* sinken **III.** *vpr:* **se ~** sich bücken

bal [bal] <s> *m* Ball *m*

balade [balad] *f* Bummel *m*

balader [balade] <1> *vpr:* **se ~** *(fam)* spazieren gehen

baladeur [baladœʀ] *m* Walkman® *m;* **~ numérique** MP3-Player *m*

balai [balɛ] *m* Besen *m*

balance [balɑ̃s] *f* Waage *f*

Balance [balɑ̃s] *f* ASTRO Waage *f*

balancer [balɑ̃se] <2> *vt* schaukeln

balançoire [balɑ̃swaʀ] *f* Schaukel *f*

balayer [baleje] <7> *vt* ① fegen ② INFORM scannen

balayette [balɛjɛt] *f* Kehrschaufel *f*

balcon [balkɔ̃] *m* Balkon *m*

Bâle [bal] Basel *nt*

baleine [balɛn] *f* ZOOL Wal *m*

baliser [balize] <1> *vt* ① INFORM markieren

Balkans [balkɑ̃] *mpl:* **les ~** der Balkan

ballant(e) [balɑ̃] *adj* baumelnd

balle [bal] *f* ① Ball *m* ② *(projectile)* Kugel *f*

ballet [balɛ] *m* Ballett *nt*

ballon [balɔ̃] *m* ① Ball *m* ② *(baudruche)* Luftballon *m*

balluchon [balyʃɔ̃] *m* Bündel *nt*

balnéaire [balneɛʀ] *adj:* **station ~** Seebad *nt*

Baltique [baltik] *f:* **la [mer] ~** die Ostsee

balustrade [balystʀad] *f* Geländer *nt*

bambin [bɑ̃bɛ̃] *m* kleiner Junge/ kleines Mädchen

bambou [bɑ̃bu] *m* Bambus *m*

banal(e) [banal] <s> *adj* banal

banaliser [banalize] <1> *vt* banalisieren

banane [banan] *f* Banane *f*

banc [bɑ̃] *m* ① Bank *f* ② *(de poissons)* Schwarm *m*

bande¹ [bɑ̃d] *f* ① Streifen *m;* *(d'un magnétophone)* [Ton]band ② MED Binde *f;* **~ élastique** elastische Binde *f* ③ **~ dessinée** Comic-[strip] *m*

bande² [bɑ̃d] *f* Bande *f;* **~ d'amis** Clique *f*

bandeau [bɑ̃do] <x> *m* Stirnband *nt*

bander [bɑ̃de] <1> *vt* ① verbinden ② *(tendre)* spannen

bande-vidéo [bɑ̃dvideo] <bandes-vidéo> *f* Videoband *nt*

banlieue [bɑ̃ljø] *f* Vorort *m*

bannir [baniʀ] <8> vt verbannen
banque [bɑ̃k] f Bank f
banqueroute [bɑ̃kʀut] f Bankrott m
banquette [bɑ̃kɛt] f [Sitz]bank f; ~ **arrière** AUT Rücksitz m
banquette-lit [bɑ̃kɛtli] f Schlafcouch f
baptême [batɛm] m Taufe f
baptiser [batize] <1> vt ① taufen ② (surnommer) einen Spitznamen geben
bar¹ [baʀ] m Bar f ②
bar² [baʀ] m ZOOL Seebarsch m
baraque [baʀak] f [Holz]baracke f
barbare [baʀbaʀ] adj ① barbarisch ② (grossier) unkultiviert
barbe [baʀb] f ① Bart m ② GASTR ~ **à papa** Zuckerwatte f
barbecue [baʀbəkju] m Grill m
barbouiller [baʀbuje] <1> vt beschmieren
barbu(e) [baʀby] adj bärtig
baril [baʀil] m Fass nt
bariolé(e) [baʀjɔle] adj bunt bemalt
baromètre [baʀɔmɛtʀ] m Barometer m
baroque [baʀɔk] adj barock
barque [baʀk] f Kahn m; ~ **à rames** Ruderboot nt
barquette [baʀkɛt] f Schale f
barrage [baʀaʒ] m ① Sperre f ② ELEC [Stau]damm m
barre [baʀ] f ① Stange f; ~ **de chocolat** Schokoladenriegel m ② (trait) Strich m ③ SPORT Latte f ④ INFORM Leiste f; ~ **de défilement/des tâches** Bildlauf-/Taskleiste f

barré(e) [baʀe] adj gesperrt
barrer [baʀe] <1> vt ① sperren ② (biffer) durchstreichen ③ NAUT steuern
barrette [baʀɛt] f [Haar]spange f
barricader [baʀikade] <1> vt, vpr: [se] ~ [sich] verbarrikadieren
barrière [baʀjɛʀ] f ① Absperrung f; CHEMDFER Schranke f ② (clôture) Zaun m
barrique [baʀik] f Fass nt
bar-tabac [baʀtaba] <bars-tabac> m: Bistro mit Tabakwarenverkauf
bas¹ [bɑ] **I.** m unterer Teil **II.** ① **en ~** unten; **voir plus** ① siehe unten ② (opp: aigu/haut) tief ③ (doucement) leise
bas²(se) [bɑ] adj ① niedrig; (stature) klein; **à voix ~se** leise ② (opp: aigu) tief ③ (peuple) einfach
basculer [baskyle] <1> vt, vi (faire pivoter) [um]kippen
base [bɑz] f Basis f; ~ **de données** Datenbank f
baser [bɑze] <1> vt, vpr: [se] ~ [sich] stützen
bas-fond [bafɔ̃] m <bas-fonds> m Untiefe f
basilic [bazilik] m Basilikum nt
basket [baskɛt] m Turnschuh m
basket-ball [baskɛtbɔl] m Basketball m
basque [bask] **I.** adj baskisch; **Pays ~** Baskenland nt **II.** m Baskisch nt
Basque [bask] mf Baske, Baskin m, f
basse [bɑs] f Bass m

bassesse [basɛs] *f* Niederträchtigkeit *f*

bassin [basɛ̃] *m* Becken *nt*; **~ pour enfants** Kinderbecken *nt*

bastille [bastij] *f*: **la Bastille** die Bastille

bas-ventre [bavɑ̃tʀ] <bas-ventres> *m* Unterleib *m*

bataille [bataj] *f* Schlacht *f*

bâtard(e) [batɑʀ] *adj* unehelich; *(chien)* nicht reinrassig

bateau [bato] *m* Schiff *nt*; **~ à voiles** Segelboot *nt*

bâti(e) [bati] *adj* bebaut

bâtiment [batimɑ̃] *m* Gebäude *nt*

bâtir [batiʀ] <8> *vt* bauen

bâton [batɔ̃] *m* ① *(canne)* Stock *m* ② *(bâtonnet)* Stiel *m*

battant(e) [batɑ̃] *adj* einsatzfreudig

batterie [batʀi] *f* Batterie *f*; MUS Schlagzeug *nt*

batteur [batœʀ] *m* ① *(Hand)*rührgerät *nt* ② MUS Schlagzeuger(in) *m(f)*

battre [batʀ] <irr> I. *vt, vi (cogner)* schlagen II. *vpr*: **se ~** kämpfen

battu(e) [baty] *adj (vaincu)* geschlagen

baume [bom] *m* Balsam *m*

bavard(e) [bavaʀ] *adj* redselig

bavarder [bavaʀde] <1> *vi* plaudern

bavarois(e) [bavaʀwa] *adj* bay[e]risch; *(dialecte)* bairisch

baver [bave] <1> *vi* geifern

bavure [bavyʀ] *f* Irrtum *m*

bazar [bazaʀ] *m* ① *(magasin)* Kaufhalle *f* ② *(souk)* Basar *m*

bazarder [bazaʀde] <1> *vt (fam)* wegschmeißen

beach-volley [bitʃvɔlɛ] *m inv* Beachvolleyball *m*

béant(e) [beɑ̃] *adj* gähnend

béat(e) [bea] *adj* [glück]selig

beau [bo] <x> *m* ① **le ~** das Schöne ② METEO **se mettre au ~** schön werden

beau, bel, belle [bo] <x> *adj* ① schön ② **il fait ~** es ist schön[es Wetter]; **se faire ~** sich feinmachen

beaucoup [boku] *adv* ① viel ② *(intensément)* sehr ③ *(beaucoup de personnes)* viele ④ *(beaucoup de choses)* viel ⑤ **~ trop** viel zu viel

beau-fils [bofis] <beaux-fils> *m* ① *(gendre)* Schwiegersohn *m* ② *(fils du conjoint)* Stiefsohn *m*

beau-frère [bofʀɛʀ] <beaux-frères> *m* Schwager *m* **beau-père** [bopɛʀ] <beaux-pères> *m* ① *(père du conjoint)* Schwiegervater *m* ② *(conjoint de la mère)* Stiefvater *m*

beauté [bote] *f* Schönheit *f*

beaux-arts [bozaʀ] *mpl*: **les ~** die schönen Künste **beaux-enfants** [bozɑ̃fɑ̃] *mpl* Stiefkinder *pl* **beaux-parents** [boparɑ̃] *mpl* Schwiegereltern *pl*

bébé [bebe] *m* Baby *nt*

bêcher [beʃe] <1> *vt, vi* umgraben

becqueter [bɛkte] <3> I. *vt* aufpicken II. *vi* picken

bégayer [begeje] <7> I. *vi* stottern II. *vt* stammeln

bègue [bɛg] *mf* Stotterer, Stotterin *m, f*

beige [bɛʒ] *adj* beige

beignet [bɛɲɛ] *m* Krapfen *m*, Buchtel *f* (ÖSTERR)

bêler [bele] <1> *vi (mouton)* blöken; *(chèvre)* meckern

belge [bɛlʒ] *adj* belgisch

Belge [bɛlʒ] *mf* Belgier(in) *m(f)*

Belgique [bɛlʒik] *f*: **la ~** Belgien *nt*

bélier [belje] *m* Widder *m*

Bélier [belje] *m* Widder *m*

belle [bɛl] *f* SPORT Entscheidungsspiel *nt*

belle-fille [bɛlfij] <belles-filles> ❶ *(bru)* Schwiegertochter *f* ❷ *(fille du conjoint)* Stieftochter *f* **belle-mère** [bɛlmɛr] <belles-mères> ❷ *(mère du conjoint)* Schwiegermutter *f* ❷ *(conjointe du père)* Stiefmutter *f* **belle-sœur** [bɛlsœr] <belles-sœurs> *f* Schwägerin *f*

bénédiction [benediksjɔ̃] *f* Segen *m*

bénéfice [benefis] *m* Gewinn *m*

bénéficiaire [benefisjɛr] *mf* Empfänger(in) *m(f)*

bénéficier [benefisje] <1> *vi* profitieren

Benelux [benelyks] *m*: **le ~** die Beneluxstaaten

bénévolat [benevɔla] *m* ehrenamtliche Tätigkeit *f*

bénévole [benevɔl] *adj* freiwillig; *(fonction)* ehrenamtlich

bénin, -igne [benɛ̃] *adj* harmlos

bénir [benir] <8> *vt* segnen

bénit(e) [beni] *adj* geweiht

BEPC [beøpese] *m abr de* **brevet d'études du premier cycle** ≈ Mittlere Reife

béquille [bekij] *f* Krücke *f*

berceau [bɛrso] <x> *m* Wiege *f*

bercer [bɛrse] <2> *vt* wiegen

berger [bɛrʒe] *m* Schäferhund *m*

berger, -ère [bɛrʒe] *m, f* Hirte, Hirtin *m, f*

berlingot [bɛrlɛ̃go] *m (emballage)* Tetrapak® *m*

berner [bɛrne] <1> *vt* an der Nase herumführen

besogne [bəzɔɲ] *f* Arbeit *f*

besoin [bəzwɛ̃] *m* ❶ Bedarf *m* ❷ *(nécessité d'uriner)* Notdurft *f (geh)* ❸ **avoir ~ de qc/de faire qc** etw brauchen/etw machen müssen

bestial(e) [bɛstjal] <-aux> *adj* brutal

bête [bɛt] **I.** *f* ❶ Tier *nt*; **les ~s** Vieh *nt* ❷ *(vermine)* Ungeziefer *nt* ❸ *(animalité)* **la ~** das Animalische **II.** *adj* ❶ dumm ❷ *(facile)* **c'est tout ~** es ist ganz einfach

bêtement [bɛtmɑ̃] *adv* dummerweise

bêtise [betiz] *f* ❶ *(a. acte)* Dummheit *f* ❷ *(parole)* Unsinn *m*

béton [betɔ̃] *m* Beton *m*

bétonner [betɔne] <1> *vt* betonieren

beugler [bøgle] <1> *vi* muhen; *(taureau)* brüllen

beurre [bœr] *m* Butter *f*

beuverie [bœvri] *f* Trinkgelage *nt*

biais [bjɛ] *m* ❶ Umweg *m* ❷ **de ~** schräg

biaiser [bjeze] <1> *vi* ausweichen

biberon [bibʀɔ̃] *m* Flasche *f*

bible [bibl] *f* Bibel *f*

bibliothèque [biblijɔtɛk] *f* ❶ Bibliothek *f*; *(bibliothèque publique)* Bücherei *f*; **~-en-ligne** Onlinebibliothek ❷ *(meuble)* Bücherregal *nt*

biche [biʃ] *f* Hirschkuh *f*

bichonner [biʃɔne] <1> I. *vt* [ver]hätscheln II. *vpr:* **se ~** sich feinmachen

bicolore [bikɔlɔʀ] *adj* zweifarbig

bicyclette [bisiklɛt] *f* [Fahr]rad *nt*; **faire de la ~** Rad fahren

bidon [bidɔ̃] *m* ❶ Kanister *m*; **~ d'eau** Wasserkanister *m*; **~ d'essence** Benzinkanister *m*; *(de lait)* Kanne *f*

bidonner [bidɔne] <1> *vpr* *(fam)* **se ~** sich schieflachen

bidonville [bidɔ̃vil] *m* Slum *m*

bien [bjɛ̃] I. *adv* ❶ *(rire)* viel; *(manger)* gut ❷ *(au moins)* mindestens ❸ *(plus)* **c'est ~ mieux** es ist viel besser; **~ assez** mehr als genug ❹ *(agir)* richtig; **tu ferais ~ de me le dire** du sagst es mir wohl besser ❺ *(vraiment)* sehr; *(imaginer)* gut; **aimer ~ qn/qc** jdn/etw gernhaben; **je veux ~, merci!** gern, danke! ❻ **ou ~** oder [lieber]; **que +** *subj* obwohl II. *adj inv* ❶ gut ❷ *(en forme)* **se sentir ~** sich wohl fühlen ❸ *(joli)* schön; *(comme il faut)* anständig III. *m* ❶ Gut *nt*; **le ~ général** das [All]gemeinwohl ❷ *(capital matériel)* Eigentum *nt*

bienfaisance [bjɛ̃fəzɑ̃s] *f* Wohltätigkeit *f*

bienheureux, -euse [bjɛ̃nœʀø] *adj* REL selig

bienséance [bjɛ̃seɑ̃s] *f* Anstand *m*

bientôt [bjɛ̃to] *adv* bald; **à ~!** bis bald!

bienveillance [bjɛ̃vɛjɑ̃s] *f* Wohlwollen *nt*

bienvenu(e) [bjɛ̃v(ə)ny] *adj* willkommen

bière [bjɛʀ] *f* Bier *nt*; **~ blonde/brune** helles/dunkles Bier; **~ [à la] pression** Bier vom Fass; **~ sans alcool** alkoholfreies Bier

bifteck [biftɛk] *m* [Beef]steak *nt*

bigarré(e) [bigaʀe] *adj* bunt[gemustert]

bigoudi [bigudi] *m* Lockenwickler *m*

bijou [biʒu] <x> *m* Schmuckstück *nt*; **des ~x** Schmuck *m*; **~x fantaisie** Modeschmuck *m*

bijouterie [biʒutʀi] *f* Juweliergeschäft *nt*

bikini [bikini] *m* Bikini *m*

bilan [bilɑ̃] *m* ❶ Bilanz *f*; **déposer le ~** Konkurs anmelden ❷ MED Untersuchung *f*

bilatéral(e) [bilateʀal] <-aux> *adj* ❶ auf beiden Seiten ❷ JUR, POL bilateral

bilingue [bilɛ̃g] *adj* zweisprachig

bille [bij] *f* Murmel *f*; **stylo à ~** Kugelschreiber *m*

billet [bijɛ] *m* ❶ Eintrittskarte *f*; *(d'autobus)* Fahrschein *m*; **~ aller/aller-retour** Einzel-/Rückfahrkarte *f*; **~ enfants** Kin-

derfahrkarte f; ~ **pour une journée** Tageskarte f ❸ (numéro)
Los nt ❹ (argent) [Geld]schein
m

bimensuel(le) [bimɑ̃sɥɛl] adj:
être ~ (journal) zweimal im Monat erscheinen

bio [bjo] adj inv abr de **biologique** Bio-; **magasin ~** Bioladen
m; **produits ~** Bioprodukte pl

biodégradable [bjodegradabl]
adj biologisch abbaubar

biographie [bjografi] f Biografie f

biologie [bjɔlɔʒi] f Biologie f

biologique [bjɔlɔʒik] adj biologisch

biométrique [bjometrik] adj biometrisch

bioterrorisme [bjoterɔrism] m
Bioterrorismus m

bip [bip] m Tonzeichen nt

bis [bis] I. adv: ~! Zugabe! II. app:
n° 12 ~ Nr. 12a

bis(e) [bi] adj graubraun

biscotte [biskɔt] f Zwieback m

biscuit [biskɥi] m Keks m ❷ (pâtisserie) Biskuit m

bise¹ [biz] f kalter Nordwind

bise² [biz] f (fam) Küsschen nt; **se
faire la ~** sich Küsschen geben;
grosses ~s! viele Grüße und
Küsse!

bissextile [bisɛkstil] adj: **année ~**
Schaltjahr nt

bistro(t) [bistro] m (fam) Kneipe f

bit [bit] m INFORM Bit nt

bitume [bitym] m Asphalt m

bizarre [bizar] adj seltsam

blague [blag] f (fam) ❶ Witz m
❷ **sans ~!** im Ernst!

blaguer [blage] <1> vi Witze machen

blaireau [blɛro] <x> m ❶ ZOOL
Dachs m ❷ (pour la barbe) Rasierpinsel m

blâmer [blame] <1> vt tadeln

blanc [blɑ̃] m ❶ Weiß nt ❷ TYP,
INFORM Leerstelle f ❸ (vin) Weißwein m ❹ GASTR ~ **d'œuf** Eiweiß nt

blanc(he) [blɑ̃] adj ❶ (de couleur
blanche) weiß ❷ (bulletin de vote)
leer, (feuille) unbeschrieben

blanchâtre [blɑ̃ʃɑtr] adj weißlich

blanchir [blɑ̃ʃir] <8> I. vt ❶ weiß
machen; (mur) weißen ❷ (argent)
waschen II. vi weiße Haare bekommen

blanchisserie [blɑ̃ʃisri] f Wäscherei f

blasphémer [blasfeme] <5> vi
Gott lästern

blazer [blazɛr] m Blazer m

blé [ble] m Weizen m; (grain) Getreide nt

blêmir [blemir] <8> vi bleich werden

blessé(e) [blese] adj verletzt

blesser [blese] <1> vt, vpr: **|se| ~**
[sich] verletzen

blessure [blesyr] f Verletzung f

bleu [blø] m ❶ (couleur) Blau nt;
~ **ciel/foncé** Himmel-/Dunkel-
blau m ❷ (marque) blauer Fleck
m ❸ SPORT **les ~s** französische
Fußball-Nationalmannschaft

bleu(e) [blø] adj ❶ (de couleur
bleue) blau ❷ (steak) englisch

bloc [blɔk] m Block m; **en ~** im
Ganzen

blocage [blɔkaʒ] *m* Blockieren *nt*

blond(e) [blɔ̃] *adj* blond; *(tabac)* hell

blonde [blɔ̃d] *f (bière)* helles Bier

blondir [blɔ̃diʀ] <8> *vi* blond werden

bloquer [blɔke] <1> *vt, vpr:* **se** ~ blockieren

blottir [blɔtiʀ] <8> *vpr:* **se ~ contre qn** sich an jdn kuscheln

blouson [bluzɔ̃] *m* Blouson *m o nt* ; ~ **noir** Rocker *m*

blues [bluz] *m* Blues *m*

bob [bɔb] *m* ① SPORT Bob *m* ② *(chapeau)* Stoffhut *m*

body [bɔdi] *m* Body *m*

bœuf [bœf] *m* ① ZOOL Rind *nt* ② *(opp: taureau, vache)* Ochse *m* ③ *(viande)* Rindfleisch *nt*

bohème [bɔɛm] *adj* unkonventionell

Bohème [bɔɛm] *f:* **la ~** Böhmen *nt*

bohémien(ne) [bɔemjɛ̃] *m(f)* Zigeuner(in) *m(f)*

boire [bwaʀ] <irr> *vt, vi* trinken

bois [bwa] I. *m* ① *(kleiner)* Wald ② *(matériau)* Holz *nt* II. *mpl* MUS Holzblasinstrumente *pl*

boisson [bwasɔ̃] *f* Getränk *nt*

boîte [bwat] *f* ① Schachtel *f;* ~ **à outils** Werkzeugkasten *m* ② *(conserve)* Dose *f* ③ *(fam: discothèque)* Disko *f* ④ INFORM ~ **de dialogue** Dialogfeld *nt;* ~ **aux lettres [électronique]** Mailbox *f* ⑤ *(casier)* ~ **aux lettres** Briefkasten *m* ⑥ ~ **automatique** Automatik[getriebe *nt*]; ~ **de nuit** Nachtklub *m;*

~ **de vitesses** Getriebe *nt;* ~ **à musique** Spieldose *f*

boiter [bwate] <1> *vi* hinken

boîtier [bwatje] *m* Gehäuse *nt*

bol [bɔl] *m* ① Schale *f* ② **en avoir ras le ~** *(fam)* die Nase voll haben

bolide [bɔlid] *m* Rennwagen *m*

bombe [bɔ̃b] *f* ① *(atomiseur)* Spraydose *f* ② *(casquette)* Reitkappe *f*

bombé(e) [bɔ̃be] *adj* gewölbt

bomber [bɔ̃be] <1> *vt* ① *[he]rausstrecken (fam)* ② *(fam: peindre)* sprühen

bon [bɔ̃] I. *m* ① Gutschein *m* ② *(ce qui est bon)* Gute(s) *nt;* **être** ~ *(repas)* schmecken ③ *(personne)* Gute(r) *f(m)* ④ **avoir du** ~ seine Vorzüge haben II. *adv:* **sentir** ~ duften

bon(ne) [bɔ̃] <meilleur> *adj* ① gut ② *(valable)* gültig ③ *(soirée)* schön ④ **c'est** ~ *(a bon goût)* das schmeckt gut; *(fait du bien)* das tut gut; **à quoi ~?** wozu?

bonbon [bɔ̃bɔ̃] *m* Bonbon *m o nt*

bondé(e) [bɔ̃de] *adj* überfüllt

bondir [bɔ̃diʀ] <8> *vi* [hoch]springen

bonheur [bɔnœʀ] *m* Glück *nt;* **par** ~ zum Glück; **porter** ~ **à qn** jdm Glück bringen

bonjour [bɔ̃ʒuʀ] *m:* ~! guten Tag/Morgen!; CAN *(bonne journée)* einen schönen Tag noch!

bonnet [bɔnɛ] *m* Mütze *f;* ~ **de bain** Badekappe *f*

bonsoir [bɔ̃swaʀ] *m (en arrivant)* guten Abend; *(avant le coucher)* gute Nacht

bonté [bɔ̃te] f Güte f

booter [bute] <1> vi INFORM [hoch]booten

bord [bɔʀ] m Rand m; (d'une table) Kante f; (d'un lac) Ufer nt; **au ~ de [la] mer** am Meer

bordeaux [bɔʀdo] m Bordeaux[wein m] m

bordel [bɔʀdɛl] m (vulg) Puff m (fam)

border [bɔʀde] <1> vt ❶ (de)säumen (geh) ❷ (enfant) zudecken

bordure [bɔʀdyʀ] f ❶ Rand m ❷ (rangée) Reihe f

borner [bɔʀne] <1> vpr: **se ~ à qc** sich mit etw begnügen

borréliose [bɔʀeljoz] f Borreliose f

bosse [bɔs] f Beule f

bossu(e) [bɔsy] adj buck[e]lig

botanique [bɔtanik] adj botanisch

botte [bɔt] f ❶ Stiefel m; **~ en caoutchouc** Gummistiefel m ❷ (de légumes) Bund nt

bottin® [bɔtɛ̃] m Telefonbuch nt

bouc [buk] m ❶ ZOOL Ziegenbock m ❷ (barbe) Spitzbart m ❸ **~ émissaire** Sündenbock m

bouche [buʃ] f ❶ Mund m ❷ (pl) GEO **les ~s du Rhône** die Mündung der Rhone

bouché(e) [buʃe] adj ❶ verstopft ❷ (sans avenir) ohne Zukunft ❸ (fam: personne) beschränkt

bouche-à-bouche [buʃabuʃ] m Mund-zu-Mund-Beatmung f

bouchée [buʃe] f ❶ Bissen m ❷ GASTR Praline f

boucher [buʃe] <1> I. vt (bouteille)

zukorken; (trou) zumachen II. vpr: **se ~** verstopfen

boucher, -ère [buʃe] m, f Metzger(in) m(f)

boucherie [buʃʀi] f Metzgerei f

bouchon [buʃɔ̃] m ❶ (d'une bouteille) Korken m; (d'un tube) Verschluss m ❷ PECHE Schwimmer m ❸ (embouteillage) Stau m

boucle [bukl] f ❶ **~ d'oreille** Ohrring m ❷ INFORM, MATH Schleife f ❸ **~ magnétique** Induktionsschleife f; **~ de cheveux** Haarlocke f

bouclé(e) [bukle] adj lockig

boucler [bukle] <1> vt schließen; (ceinture) zumachen

bouclier [buklije] m Schild m

bouddha [buda] m Buddha m

bouddhiste [budist] adj buddhistisch

boudeur, -euse [budœʀ] adj beleidigt

boue [bu] f Schlamm m

bouée [bwe] f ❶ Boje f ❷ (protection gonflable) Schwimmreifen m; **~ de sauvetage** Rettungsring m

boueux, -euse [bwø] adj schlammig

bouffée [bufe] f: **~ d'air frais** frische Brise f

bouffon(ne) [bufɔ̃] m(f) Narr m

bouger [buʒe] <2a> vt, vi, vpr [se] ~ [sich] bewegen

bougie [buʒi] f Kerze f; AUT Zündkerze f

bougon(ne) [bugɔ̃] adj mürrisch

bouilli(e) [buji] adj gekocht

bouillie [buji] f Brei m

bouillir [bujiʀ] <irr> vt, vi kochen

bouilloire [bujwar] f [Wasser]kessel m; ~ **électrique** Wasserkocher m

bouillon [bujɔ̃] m Brühe f

bouillotte [bujɔt] f Wärmflasche f

boulanger, -ère [bulãʒe] m, f Bäcker(in) m(f)

boulangerie [bulãʒʀi] f Bäckerei f

boulangerie-pâtisserie [bulãʒʀipatisʀi] <boulangeries-pâtisseries> f Bäckerei-Konditorei f

boule [bul] f ❶ Kugel f; ~ **de neige** Schneeball m ❷ **jouer aux ~s** Boule spielen ❸ ~**s Quies**® Ohropax® nt

boulette [bulɛt] f ❶ Kügelchen nt ❷ GASTR Frikadelle f

bouleverser [bulvɛʀse] <1> vt ❶ (personne) [zutiefst] erschüttern ❷ (vie) völlig verändern

boum [bum] f (fam) Fete f

bouquet [bukɛ] m ❶ Strauß m; (de persil) Bund nt

bouquetin [buktɛ̃] m Steinbock m

bouquin [bukɛ̃] m (fam) Schmöker m

bourdon [buʀdɔ̃] m ZOOL Hummel f

bourdonner [buʀdɔne] <1> vi ❶ summen

bourgeois(e) [buʀʒwa] adj bürgerlich

bourgeon [buʀʒɔ̃] m Knospe f

bourgmestre [buʀgmɛstʀ] m BELG Bürgermeister m

bourgogne [buʀgɔɲ] m Burgunder[wein m] m

Bourgogne [buʀgɔɲ] f: **la ~** Burgund nt

bourguignon(ne) [buʀgiɲɔ̃] adj burgundisch; GASTR Burgunder-

bourrasque [buʀask] f Bö f

bourratif, -ive [buʀatif] adj sättigend

bourré(e) [buʀe] adj ❶ randvoll ❷ (fam: ivre) besoffen

bourrelet [buʀlɛ] m ❶ Abdichtung f ❷ ANAT Wulst m o f

bourrer [buʀe] <1> I. vt, vpr: [se] ~ [sich] stopfen II. vi sättigen

bourse¹ [buʀs] f ❶ Geldbeutel m ❷ (allocation) ~ **d'études** Stipendium f

bourse² [buʀs] f Börse f

boursier, -ière¹ [buʀsje] m, f Stipendiat(in) m(f)

boursier, -ière² [buʀsje] adj (relatif à la Bourse) Börsen-

boursouflé(e) [buʀsufle] adj [an]geschwollen

bousculade [buskylad] f Gedränge nt

bousculer [buskyle] <1> vt, vpr ((se) presser) [se] ~ [sich] drängeln

boussole [busɔl] f Kompass m

bout [bu] m ❶ Ende nt; (du nez) Spitze f; **à ~** aneinander; **jusqu'au ~** zum Schluss; **tout au ~** ganz hinten; (morceau) Stück[chen nt] nt ❷ **à ~ de souffle** außer Atem

bouteille [butɛj] f ❶ Flasche f; ~ **consignée/non consignée** Pfand-/Einwegflasche f; ~ **d'oxygène** Sauerstoffflasche f; ~ **de gaz** Gasflasche f; ~ **thermos** Thermosflasche® f

boutique [butik] f Laden m; ~ **de**

téléphones [portables] Handygeschäft *nt*; **~ hors-taxes** zollfreier Laden

bouton [butɔ] *m* ❶ Knopf *m*; *(d'un interrupteur)* Schalter *m* ❷ MED **~ d'acné** Aknepickel *m* ❸ BOT Knospe *f*

boutonner [butɔne] <1> *vt* zuknöpfen

bovins [bɔvɛ̃] *mpl* Rinder *pl*

bowling [bulin] *m* Bowling *nt*

box [bɔks] <es> *m* Box *f*; *(dans un garage)* Stellplatz *m*

boyau [bwajo] <x> *m* ANAT Darm *m*

boycotter [bɔjkɔte] <1> *vt* boykottieren

boy-scout [bɔjskut] <boys-scouts> *m* Pfadfinder *m*

BP [bepe] *abr de* **boîte postale**

bracelet [braslɛ] *m* Armband *nt*

braconner [brakɔne] <1> *vi* CHASSE wildern

braillard(e) [brajar] *adj (fam)* plärrend

braille [braj] *m* Blindenschrift *f*

brailler [braje] <1> *vt*, *vi* brüllen; *(ivrogne)* grölen

braise [brɛz] *f* Glut *f*

brancard [brãkar] *m* Tragbahre *f*

branche [brãʃ] *f* ❶ Ast *m* ❷ *(tige)* Bügel *m* ❸ *(famille)* Linie *f* ❹ *(domaine)* Zweig *m*; *(de l'économie)* Branche *f*

brancher [brãʃe] <1> I. *vt* anschließen II. *vpr:* **se ~ sur qc** etw einschalten

brandir [brãdir] <8> *vt* drohend schwingen; *(drapeau)* schwenken

branlant(e) [brãlã] *adj* wack[e]lig

branle-bas [brãlba] *m inv (fig)* Trubel *m*

branler [brãle] <1> *vi* wackeln

braquer [brake] <1> *vt* AUT **~ le volant à droite** nach rechts einschlagen

bras [bra] *m* ❶ Arm *m*; **~ dessus ~ dessous** untergehakt ❷ **baisser les ~** das Handtuch werfen

brasserie [brasri] *f* ❶ Café-Restaurant ❷ *(entreprise de bière)* Brauerei *f*

brassière [brasjɛr] *f* Jäckchen *nt*

brave [brav] *adj* ❶ tapfer ❷ *(honnête)* anständig ❸ *(naïf)* gut

braver [brave] <1> *vt* ❶ *(défier)* **~ l'adversaire** dem Gegner die Stirn bieten ❷ *(loi)* sich hinwegsetzen über + *akk*

bravo [bravo] *interj* bravo

bravoure [bravur] *f* Mut *m*

break [brɛk] *m* AUT Kombi[wagen *m*] *m*

brèche [brɛʃ] *f* Öffnung *f*

bredouille [brəduj] *adj* mit leeren Händen

bref [brɛf] *adv:* **en ~** kurz; **enfin ~** kurz und gut

bref, brève [brɛf] *adj* kurz; **soyez ~!** fassen Sie sich kurz!

Brésil [brezil] *m:* **le ~** Brasilien

Bretagne [brətaɲ] *f:* **la ~** die Bretagne

bretelle [brətɛl] *f* Auffahrt *f*, Abfahrt *f*

breton(ne) [brətɔ̃] *adj* bretonisch

Breton(ne) [brətɔ̃] *m(f)* Bretone, Bretonin *m, f*

brevet [brəvɛ] *m* ❶ Diplom *nt*

ⓘ *(certificat)* [Abschluss]zeugnis *nt*; **~ d'invention** Patent *nt*

breveter [bʀəv(ə)te] <3> *vt* patentieren

bric-à-brac [bʀikabʀak] *m inv* Durcheinander *nt*

bricoler [bʀikɔle] <1> *vi* basteln

bricoleur, -euse [bʀikɔlœʀ] *adj* [handwerklich] geschickt

bride [bʀid] *f* Zügel *m*

bridé(e) [bʀide] *adj:* **des yeux ~s** Schlitzaugen *pl*

brièvement [bʀijɛvmɑ̃] *adv* kurz

briguer [bʀige] <1> *vt (emploi)* sich bemühen um

brillamment [bʀijamɑ̃] *adv* glänzend

brillant(e) [bʀijɑ̃] *adj* glänzend

briller [bʀije] <1> *vi* scheinen

brimer [bʀime] <1> *vt* schikanieren

brin [bʀɛ̃] *m:* **~ de paille** Strohhalm *m*

brioche [bʀijɔʃ] *f* Brioche *f*

brique [bʀik] *f* Ziegelstein *m*

briquet [bʀikɛ] *m* Feuerzeug *nt*

brise [bʀiz] *f* Brise *f*

britannique [bʀitanik] *adj* britisch

Britannique [bʀitanik] *mf* Brite, Britin *m, f*

brocanteur, -euse [bʀɔkɑ̃tœʀ, -øz] *m, f* Trödler(in) *m(f)*

broche [bʀɔʃ] *f* Brosche *f*

brochette [bʀɔʃɛt] *f* GASTR Spieß *m*, Schaschlik *m o nt*

brochure [bʀɔʃyʀ] *f* Broschüre *f*

broder [bʀɔde] <1> I. *vt* [be]sticken II. *vi (affabuler)* fabulieren

broderie [bʀɔdʀi] *f* Stickerei *f*

bronche [bʀɔ̃ʃ] *f* Bronchie *f*

bronchite [bʀɔ̃ʃit] *f* Bronchitis *f*

bronze [bʀɔ̃z] *m* Bronze *f*

bronzé(e) [bʀɔ̃ze] *adj (personne)* braun

bronzer [bʀɔ̃ze] <1> *vi* [sich] bräunen

brosse [bʀɔs] *f* Bürste *f*; **~ à dents** Zahnbürste *f*; **~ à chaussures** Schuhbürste *f*; **~ pour la vaisselle** Spülbürste *f*

brosser [bʀɔse] <1> I. *vt* **ⓘ** abbürsten **ⓘ** *(portrait)* zeichnen II. *vpr:* **se ~ les cheveux** sich *(dat)* die Haare bürsten

brouillard [bʀujaʀ] *m* Nebel *m*

brouiller [bʀuje] <1> I. *vt* **ⓘ** trüben **ⓘ** *(cartes)* mischen II. *vpr:* **se ~** sich zerstreiten

brouillon [bʀujɔ̃] *m* Konzept *nt*

broussaille [bʀusɑj] *f* Gestrüpp *nt*

broyer [bʀwaje] <6> *vt* zerkleinern

bruine [bʀɥin] *f* Nieseln *nt*

bruiner [bʀɥine] <1> *vi* nieseln

bruit [bʀɥi] *m* **ⓘ** Geräusch *nt* **ⓘ** *(vacarme)* Lärm *m* **ⓘ** **faire du ~** Aufsehen erregen

brûlant(e) [bʀylɑ̃] *adj* **ⓘ** glühend heiß; *(plat)* kochend heiß

brûlé [bʀyle] *m* **ⓘ** Verbrannte(s) *nt* **ⓘ** GASTR Angebrannte(s) *nt*

brûlé(e) [bʀyle] *adj* verbrannt

brûler [bʀyle] <1> I. *vi* **ⓘ** brennen **ⓘ** *(être très chaud)* heiß sein **ⓘ** GASTR anbrennen II. *vt, vpr:* [**se**] **~** [sich] verbrennen

brûlure [bʀylyʀ] *f* Verbrennung *f*

brume [bʀym] *f* Nebel *m*

brumeux, -euse [bʀymø] *adj* diesig

B

B

brun [bʀœ̃] *m* Braun *nt*

brun(e) [bʀœ̃] *adj* braun; *(tabac)* dunkel

brune [bʀyn] *f* dunkles Bier

brushing [bʀœʃiŋ] *m* Föhnfrisur *f*; **faire un ~** föhnen

brusque [bʀysk] *adj* plötzlich

brusquer [bʀyske] <1> *vt* überstürzen

brut [bʀyt] *adv* brutto

brut(e) [bʀyt] *adj* Roh-; *(champagne)* brut

brutal(e) [bʀytal] <-aux> *adj* brutal

brutalement [bʀytalmã] *adv* heftig

brutaliser [bʀytalize] <1> *vt* brutal behandeln

Bruxelles [bʀy(k)sɛl] Brüssel *nt*

bruyant(e) [bʀyjã] *adj* laut

bûche [byʃ] *f* [Holz]scheit *nt*

buée [bye] *f* Beschlag *m*

buffet [byfɛ] *m* Büfett *nt*; **~ de petit déjeuner** Frühstücksbüfett *nt*; **~ de salades** Salatbüfett *nt*

bug [bœg] *m* INFORM Programmfehler *m*

buisson [bɥisɔ̃] *m* Busch *m*

Bulgarie [bylgaʀi] *f*: **la ~** Bulgarien *nt*

bulle [byl] *f* Blase *f*

bulletin [byltɛ̃] *m* ❶ Bericht *m*; **~ météo[rologique]** Wetterbericht *m* ❷ PRESSE Bulletin *nt*; **~ d'information** Nachrichten *pl* ❸ POL **~ de vote** Stimmzettel *m* ❹ SCOL **~ scolaire** Schulzeugnis *nt*

bungalow [bœ̃galo] *m* Bungalow *m*

bureau [byʀo] <x> *m* ❶ Schreibtisch *m* ❷ *(lieu de travail)* Büro *nt* ❸ *(service)* **~ de poste** Postamt *nt*; **~ de tabac** Tabak[waren]laden *m*; **~ des objets trouvés** Fundbüro *nt*; **~ de change** Wechselstube *f*

bus [bys] *m abr de* **autobus** Bus *m*; **~ pour l'aéroport** Flughafenbus *m*

buste [byst] *m* ❶ Oberkörper *m* ❷ *(sculpture)* Büste *f*

but [by(t)] *m* ❶ Ziel *nt* ❷ SPORT Tor *nt*

buté(e) [byte] *adj* trotzig

buter [byte] <1> **I.** *vi* stoßen **II.** *vpr:* **se ~** bockig werden

butin [bytɛ̃] *m* Beute *f*

buvable [byvabl] *adj* trinkbar

buvette [byvɛt] *f* Bar *f*

buveur, -euse [byvœʀ] *m, f* Trinker(in) *m(f)*

by-pass [baipas] *m* Bypass *m*

byte [bajt] *m* INFORM Byte *nt*

byzantin(e) [bizãtɛ̃, in] *adj* byzantinisch

C c

C, c [se] *m inv* C *nt*, c; **c cédille** C-Cedille

c' <ç'> *pron v.* ce

c'est-à-dire [sɛtadiʀ] *konj* ❶ das bedeutet [also] ❷ *(justification)* eigentlich

ça [sa] *pron (fam)* ❶ das ❷ **c'est** ~ [ganz] genau; **~ va?** wie geht's?

cabane [kaban] *f* Hütte *f*

cabaret [kabaʀɛ] *m* Nachtlokal *nt*

cabine [kabin] *f* Kabine *f*; **~ équipée pour handicapés** *(bateau)* Rollstuhlkabine *f*; **~ téléphonique** Telefonzelle *f*

câble [kɑbl] *m* Kabel *nt*; **~ de démarrage** Starthilfekabel *nt*; **~ de remorquage** Abschleppseil *nt*; **~ réseau** Ladekabel *nt*

cabosser [kabɔse] <1> *vt* verbeulen

cacahuète, cacahouète [kakawɛt] *f* Erdnuss *f*

cacao [kakao] *m* Kakao *m*

cache-cache [kaʃkaʃ] *m inv* Versteckspiel *nt*

cache-nez [kaʃne] *m inv* Schal *m*

cacher [kaʃe] <1> *vt, vpr:* [se] ~ [sich] verstecken

cachet [kaʃɛ] *m* ❶ MED Tablette *f*; **~ contre la douleur** Schmerztablette *f*; **~ contre les maux de tête** Kopfschmerztablette *f* ❷ *(tampon)* Stempel *m*

cachette [kaʃɛt] *f* ❶ Versteck *nt* ❷ **en ~** heimlich

cachottier, -ière [kaʃɔtje] *adj* heimlichtuend

cadavre [kadavʀ] *m* Leiche *f*

cadeau [kado] <x> *m* Geschenk *nt*

cadet(te) [kadɛ] *adj* ❶ *(le plus jeune)* jüngste(r, s) ❷ *(plus jeune que qn)* jüngere(r, s)

cadre [kadʀ] I. *m* ❶ Rahmen *m* ❷ *(environnement)* Umgebung *f* II. *mf* leitende(r) Angestellte(r) *f(m)*

café [kafe] *m* ❶ Kaffee *m*; **~ crème/filtre/au lait** Milch-/Filter-/Milchkaffee *m* ❷ *(établissement)* Kneipe *f (fam)*

caféine [kafein] *f* Koffein *nt*

café-tabac [kafetaba] <cafés-tabacs> *m* Bar *f* mit Tabakladen

café-théâtre [kafeteɑtʀ] *m* Kleinkunstbühne *f*

cage [kaʒ] *f* Käfig *m*

cahier [kaje] *m* Heft *nt*

caillou [kaju] <x> *m* Kieselstein *m; m*

caillouteux, -euse [kajutø, -øz] *adj* steinig

caisse [kɛs] *f* ❶ Kiste *f*; **~ à outils** Werkzeugkasten *m; (dépôt d'argent)* Kasse *f*; **~ d'épargne** Sparkasse *f* ❷ *(organisme de gestion)* Kasse *f* ❸ **~ d'assurance-maladie** Krankenkasse *f*

cajoler [kaʒɔle] <1> *vt* liebkosen

calamar [kalamaʀ] *m* Tintenfisch *m*

calanque [kalɑ̃k] *f* [kleine] Fels-bucht

calcaire [kalkɛʀ] *adj* kalkhaltig

calciné(e) [kalsine] *adj* verkohlt

calcul [kalkyl] *m* MED Stein *m*; ~ **rénal** Nierenstein *m*

calculatrice [kalkylatʀis] *f* Ta-schenrechner *m*

calculer [kalkyle] <1> I. *vi* rech-nen II. *vt* ausrechnen

calculette [kalkylɛt] *f* Taschen-rechner *m*

caleçon [kalsɔ̃] *m* Unterhose *f*

caler [kale] <1> *vi* AUT den Motor abwürgen

calfeutrer [kalføtʀe] <1> *vt* ab-dichten

calibre [kalibʀ] *m* Durchmesser *m*; *(d'un projectile)* Kaliber *m*

câlin [kɑlɛ̃] *m* Zärtlichkeit *f*

câliner [kɑline] <1> *vt:* ~ **qn** zu jdm zärtlich sein

calmant(e) [kalmɑ̃] *adj* beruhi-gend

calme [kalm] I. *adj* ruhig II. *m* Ruhe *f*

calmer [kalme] <1> *vt, vpr:* [se] [sich] beruhigen

calorie [kalɔʀi] *f* Kalorie *f*

camarade [kamaʀad] *mf* Kame-rad(in) *m(f)*

cambriolage [kɑ̃bʀijɔlaʒ] *m* Ein-bruch[sdiebstahl *m*] *m*

cambrioler [kɑ̃bʀijɔle] <1> *vt:* ~ **qc** in etw *(akk)* einbrechen

caméra [kameʀa] *f* Kamera *f*; ~ **sous-marine** Unterwasser-kamera *f*; ► **vidéo** Videokamera *f*

caméscope [kameskɔp] *m* Cam-corder *m*

camion [kamjɔ̃] *m* Lastwagen *m*, Lkw *m*

camomille [kamɔmij] *f* ① Kamille *f* ② *(tisane)* Kamillentee *m*

campagnard(e) [kɑ̃paɲaʀ] *adj* ländlich

campagne [kɑ̃paɲ] *f* ① Land *nt* ② *(paysage)* ländliche Gegend *f* ③ *(action de communication)* ~ **électorale** Wahlkampagne *f*

camper [kɑ̃pe] <1> *vi* campen

campeur, -euse [kɑ̃pœʀ] *m, f* Camper *m*

camping [kɑ̃piŋ] *m* ① Zelten *nt* ② *(lieu)* Campingplatz *m*

camping-car [kɑ̃piŋkaʀ] <cam-ping-cars> *m* Wohnmobil *nt*

Canada [kanada] *m:* **le** ~ Kanada *nt*

canadien(ne) [kanadjɛ̃] *adj* kana-disch

canaille [kanɑj] *f* ① Halunke *m* ② *(iron)* Schlingel *m*

canal [kanal] <-aux> *m* Kanal *m*

canalisation [kanalizasjɔ̃] *f* Rohr-leitung *f*

canapé [kanape] *m* ① Couch *f* ② GASTR Häppchen *nt*

canapé-lit [kanapeli] <canapés--lits> *m* Schlafcouch *f*

canard [kanaʀ] *m* Ente *f*

cancer [kɑ̃sɛʀ] *m* Krebs *m*

Cancer [kɑ̃sɛʀ] *m* ASTRO Krebs *m*

candidat(e) [kɑ̃dida] *m(f)* ① Kan-didat(in) *m(f)* ② *(à un poste)* Bewerber(in) *m(f)*

candide [kɑ̃did] *adj* unverdorben

canicule [kanikyl] *f* Hitzewelle *f*

canne [kan] *f* ① [Spazier]stock *m*; ~ **d'aveugle** Taststock *m*

cannelle – carie

ⓖ (gaule) **- à pêche** Angelrute *f*
cannelle [kanɛl] *f* Zimt *m*
canoë [kanɔe] *m* ❶ Kanu *nt*
❷ *(sport)* Kanufahren *nt*
canon [kanɔ̃] *m* ❶ *(arme)* Kanone
f ❷ *(tube)* Lauf *m*
canot [kano] *m* ❶ Boot *nt*; **~ automobile** Motorboot *nt*; **~ pneumatique** Schlauchboot *nt*; **~ à
rames|** Ruderboot *nt*; **~ de
sauvetage** Rettungsboot *nt*
cantine [kɑ̃tin] *f* Kantine *f*
cantonner [kɑ̃tɔne] <1> *vt, vpr:*
[se] ~ [sich] beschränken
CAO [seao] *abr de* **conception
assistée par ordinateur** CAD
nt
caoutchouc [kautʃu] *m* ❶ Kaut-
schuk *m* ❷ *(élastique)* Gummi-
[ring *m*] *m*
cap [kap] *m* ❶ Kap *nt* ❷ *(direction)* Kurs *m*
capable [kapabl] *adj* fähig
capacité [kapasite] *f* ❶ Fassungs-
vermögen *nt* ❷ INFORM, IND Ka-
pazität *f*
capitaine [kapitɛn] *m* Kapitän(in)
m(f)
capital [kapital] <-aux> *m* ❶ Ka-
pital *nt* ❷ *pl* FIN Gelder *pl*
capital(e) [kapital] <-aux> *adj*
wesentlich
capitale [kapital] *f* ❶ Hauptstadt *f*
❷ *(lettre)* Großbuchstabe *m*
capituler [kapityle] <1> *vi* kapitu-
lieren
capot [kapo] *m* Motorhaube *f*
câpre [kɑpʀ] *f* Kaper *f*
capricieux, -euse [kapʀisjø] *adj*
launisch

Capricorne [kapʀikɔʀn] *m* Steinbock *m*
capsule [kapsyl] *f* ❶ Kron[en]kor-
ken *m* ❷ *(médicament)* Kapsel *f*
capter [kapte] <1> *vt* fassen
captivité [kaptivite] *f* Gefangenschaft *f*
capuche [kapyʃ] *f* Kapuze *f*
car¹ [kaʀ] *m* Bus *m*
car² [kaʀ] *konj* denn
caractère [kaʀaktɛʀ] *m* ❶ Charakter *m* ❷ *(personne)* [starke] Persönlichkeit ❸ *(symbole)* [Schrift]
zeichen *nt*; **en ~s gras/ita-
liques** fett/kursiv
caractériser [kaʀakteʀize] <1>
I. *vt* kennzeichnen **II.** *vpr:* **se ~
par qc** sich durch etw auszeich-
nen
caractéristique [kaʀakteʀistik]
I. *adj:* **être ~ de qn/qc** charakteristisch für jdn/etw sein **II.** *f*
typisches Merkmal
carafe [kaʀaf] *f* Karaffe *f*
carambolage [kaʀɑ̃bɔlaʒ] *m*
[Massen]karambolage *f*
caravane [kaʀavan] *f (véhicule)*
Wohnwagen *m*
carburant [kaʀbyʀɑ̃] *m* Treibstoff *m*
cardiaque [kaʀdjak] *adj:* **malaise ~** Herzanfall *m*
carême [kaʀɛm] *m* Fasten *pl*
caressant(e) [kaʀesɑ̃] *adj* an-
schmiegsam
caresser [kaʀese] <1> *vt* streicheln
cargo [kaʀgo] *m* Frachtschiff *nt*
caricature [kaʀikatyʀ] *f* Karikatur *f*
carie [kaʀi] *f* Karies *f*

carnaval [kaʁnaval] <s> *m* Karneval *m*, Fasching *m* (SÜDD)

carnet [kaʁnɛ] ❶ *m* Heft *nt*; **~ de notes** Zeugnisheft ❷ *(paquet)* **~ de tickets** Fahrscheinheft *nt* ❸ **~ de vaccinations** Impfpass *m*

carotte [kaʁɔt] *f* Karotte *f*, Möhre *f*; **~ rouge** (SCHWEIZ) *(betterave)* rote Rübe (SCHWEIZ)

carpe [kaʁp] *f* Karpfen *m*

carré [kaʁe] *m* ❶ MATH Quadrat *nt*; **six au ~** sechs im Quadrat ❷ JEUX **un ~ d'as** vier Asse

carré(e) [kaʁe] *adj* ❶ quadratisch ❷ *(robuste)* breit ❸ MATH **mètre ~** Quadratmeter *m*

carreau [kaʁo] <x> *m* ❶ [Fenster]scheibe *f* ❷ Karo *nt*

carrefour [kaʁfuʁ] *m* Kreuzung *f*

carrelage [kaʁlaʒ] *m* Fliesen *pl*

carrière [kaʁjɛʁ] *f* Laufbahn *f*

carrosserie [kaʁɔsʁi] *f* Karosserie *f*

carrure [kaʁyʁ] *f* ❶ Schulterbreite *f* ❷ *(envergure)* Format *nt*

carte [kaʁt] *f* ❶ Karte *f*; **~ bancaire** Geldkarte *f*; **~ géographique** Landkarte *f*; **à puce** Chipkarte *f*; **~ d'embarquement** Bordkarte *f*; **~ d'invalidité** Behindertenausweis *f*; **~ de crédit** Kreditkarte *f*; **~ de randonnées** Wanderkarte *f*; **~ de téléphone** Telefonkarte *f*; **~ hebdomadaire** Wochenkarte *f*; **~ mémoire** Speicherkarte *f*; **~ postale** Postkarte *f*; **~ routière** Straßenkarte *f*; **~ verte** grüne Versicherungskarte *f* *(document)* **~ [nationale] d'identité** Personalausweis *f*; **~ grise**

Kraftfahrzeugschein; **~ Interrail** InterRailpass *m*

carton [kaʁtɔ̃] *m* ❶ Pappe *f* ❷ *(emballage)* Karton *m*

cartouche [kaʁtuʃ] *f* ❶ Patrone *f* ❷ **~ de cigarettes** Stange *f* ❸ **~ d'encre** Tintenpatrone *f*; **~ de gaz** Gaskartusche *f*

cas [ka] *m* ❶ Fall *m*; **dans ce ~** in diesem Fall; **dans le ~ contraire** andernfalls; **en tout ~** auf jeden Fall ❷ *(hypothèse)* **en ~ d'absence** bei Abwesenheit

cascade [kaskad] *f* Wasserfall *m*

caser [kaze] <1> **I.** *vt* unterbringen **II.** *vpr:* **se ~** *(se loger)* unterkommen

casier [kazje] *m* Fach *nt*

casino [kazino] *m* [Spiel]kasino *nt*

casque [kask] *m* Helm *m*; **~ de moto** Sturzhelm *m*; **~ de protection** Fahrradhelm *m*

casquette [kaskɛt] *f* Schirmmütze *f*

cassant(e) [kasɑ̃] *adj* bruchempfindlich

casse [kas] *f* ❶ Schaden *m* ❷ *(commerce du ferrailleur)* Schrottplatz *m*

cassé(e) [kase] *adj* rau

casse-croûte [kaskʁut] *m* Imbiss *m*

casser [kase] <1> **I.** *vt, vi* zerbrechen **II.** *vpr* **se ~** *(être fragile)* **/ne pas se ~** zerbrechlich/unzerbrechlich sein; **se ~** kaputtgehen *(se briser)* **se ~ un bras** sich *(dat)* einen Arm brechen

cassette [kasɛt] *f* Kassette *f*

cassis [kasis] *m* schwarze Johannisbeere

cassure [kɑsyʀ] f Bruch m

casting [kastiŋ] m Casting nt

catalogue [katalɔg] m Katalog m

catastrophe [katastʀɔf] f Katastrophe f

catégorie [kategɔʀi] f ❶ Kategorie f ❷ SPORT Klasse f

catégorique [kategɔʀik] adj kategorisch

cathédrale [katedʀal] f Kathedrale f

catholique [katɔlik] adj REL katholisch

cauchemar [koʃmaʀ] m (a. fig) Alptraum m

causant(e) [kozɑ̃] adj gesprächig

cause [koz] I. f ❶ Ursache f, Grund m ❷ JUR Fall m ➤ **pour la bonne ~** für einen guten Zweck II. prép: **à ~ de** wegen +gen

causer¹ [koze] <1> vt verursachen

causer² [koze] <1> vt, vi plaudern

caution [kosjɔ̃] f ❶ Bürgschaft f ❷ (somme) Kaution f

cave [kav] f Keller m

caveau [kavo] <x> m Gruft f

caverne [kavɛʀn] f Höhle f

caviar [kavjaʀ] m GASTR Kaviar m

CD [sede] m abr de **Compact Disc** CD f

CDI [sedei] m abr de **Compact Disc Interactive** CD-I f

CD-ROM [sedeʀɔm] m abr de **Compact Disc Read Only Memory** CD-ROM f

ce¹ [sə] <c', ç'> pron das

ce² [sə] adj diese(r, s)

CE [seø] f abr de **Communauté européenne** HIST EG f

ceci [səsi] pron dieses [hier]

céder [sede] <5> I. vt ❶ überlassen ❷ (vendre) veräußern II. vi ❶ nachgeben ❷ (capituler) aufgeben

cédille [sedij] f Cedille f

ceinture [sɛ̃tyʀ] f ❶ Gürtel m ❷ AUT, AVIAT **~ de sécurité** [Sicherheits]gurt m ❸ Nierenwärmer m

cela [s(ə)la] pron ❶ das; **pour ~** deshalb; **après ~** danach ❷ (renforcer) **qui/quand/où ~?** wer/wann/wo [sagst du/sagen Sie]? ❸ **et avec ~?** was darf es sonst noch sein?

célébration [selebʀasjɔ̃] f Feier[lichkeiten pl] f

célèbre [selɛbʀ] adj berühmt

célébrer [selebʀe] <5> vt ❶ feiern ❷ (exploit) rühmen

céleri [sɛlʀi] m Sellerie m

célibataire [selibatɛʀ] adj ledig

celle, celui [sɛl] <-s> pron der[jenige]/die[jenige]/das[jenige]

celle-ci, celui-ci [sɛlsi] <celles-ci> pron der[jenige, s] [hier]

celle-là, celui-là [sɛlla] <celles-là> pron der[jenige, s] [da]

celles, ceux [sɛl] pron die[jenigen]

celles-ci, ceux-ci [sɛlsi] pl pron diese [hier]

celles-là, ceux-là [sɛlla] pl pron [da]

cellulaire [selylɛʀ] m CAN Handy nt

cellule [selyl] f Zelle f

celtique [sɛltik] I. adj keltisch

II. m Keltisch nt

celui, celle [səlɥi] <ceux> pron der[jenige]/die[jenige]/das[jeni-ge]

celui-ci, celle-ci [səlɥisi] <ceux--ci> pron diese(r, s) [hier]

celui-là, celle-là [səlɥila] <ceux--là> pron diese(r, s) [da]

cendrier [sɑ̃drije] m Aschenbe-cher m

censure [sɑ̃syr] f Zensur f

cent¹ [sɑ̃] num ❶ [ein]hundert ❷ pour ~ Prozent nt; ~ pour ~ hundertprozentig

cent² [sɛnt] m FIN Cent m

centaine [sɑ̃tɛn] f ❶ une ~ de personnes etwa hundert Per-sonen f ❷ (cent unités) Hunder-ter m

centenaire [sɑ̃tnɛr] I. adj hun-dertjährig; être ~ hundert Jahre alt sein II. m hundertster Jahres-tag

centième [sɑ̃tjɛm] adj hunderts-te(r, s)

centime [sɑ̃tim] m: ~ [d'euro] Cent m

centimètre [sɑ̃timɛtr] m Zenti-meter m o nt

central(e) [sɑ̃tral] <-aux> adj zentral

centraliser [sɑ̃tralize] <1> vt zen-tralisieren

centre [sɑ̃tr] m ❶ Zentrum nt; ~ d'appels Call-Center m; ~ de gymnastique Fitnesscen-ter nt; ~ de soins ambulante Pflegestation; ~ social Sozialstation f ❷ (point essen-tiel) Mittelpunkt m

centre[-]ville [sɑ̃trəvil] <centres--villes> m Stadtzentrum nt

cependant [s(ə)pɑ̃dɑ̃] adv jedoch

céramique [seramik] f Keramik f

cercle [sɛrkl] m ❶ Kreis m ❷ (groupe sportif) Club m ❸ ~ vicieux Teufelskreis m

cercueil [sɛrkœj] m Sarg m

céréale [sereal] f ❶ AGR Getreide nt ❷ (petit-déjeuner) Haferflo-cken, Cornflakes, Müsli etc.

cérébral(e) [serebral] <-aux> adj ❶ ANAT Gehirn- ❷ (intellectuel) geistig

cérémonie [seremɔni] f Zeremo-nie f

cerf [sɛr] m Hirsch m

cerise [s(ə)riz] f Kirsche f

cerner [sɛrne] <1> vt ❶ (entourer d'un trait, a. fig) umreißen ❷ (ennemi) umstellen

certain(e) [sɛrtɛ̃] I. adj ❶ sicher II. adj indéf ❷ pl (quelques) ge-wisse pl ❸ (bien déterminé) un ~ endroit eine bestimmte Stelle III. pron ❹ manche pl

certainement [sɛrtɛnmɑ̃] adv ❶ sicher[lich] ❷ (sans aucun doute) zweifellos

certes [sɛrt] adv zugegeben ...

certificat [sɛrtifika] m Attest nt, Bescheinigung f

certifier [sɛrtifje] <1> vt ❶ ver-sichern ❷ JUR beglaubigen

certitude [sɛrtityd] f Gewissheit f

cerveau [sɛrvo] <x> m Gehirn nt

cervelle [sɛrvɛl] f Gehirn nt

ces [se] adj diese

cesser [sese] <1> I. vt einstellen II. vi aufhören

cet [sɛt] adj v. ce

cette [sɛt] *adj* diese(r, s)

ceux, celles [sø] *pl pron* die[jenigen]

ceux-ci, celles-ci [søsi] *pl pron* diese [hier]

ceux-là, celles-là [søla] *pl pron* diese [da]

chacun(e) [ʃakœ̃] *pron* jede(r, s)

chagrin [ʃagʀɛ̃] *m* Kummer *m*

chahuter [ʃayte] <1> *vi* herumtoben

chaîne [ʃɛn] *f* ❶ Kette *f* ❷ IND [Fließ]band *nt* ❸ RADIO, TV Sender *m*; *(programme)* Programm *nt*

chair [ʃɛʀ] *f* Fleisch *nt*

chaire [ʃɛʀ] *f* ❶ *(du prêtre)* Kanzel *f* ❷ UNIV Lehrstuhl *m*

chaise [ʃɛz] *f* Stuhl *m*

châlet [ʃalɛ] *m* ❶ [Alpen]hütte *f* ❷ Clubhaus *nt*

chaleur [ʃalœʀ] *f* ❶ Wärme *f*; Hitze *f* ❷ *(très élevée)* Hitze *f*

chambre [ʃɑ̃bʀ] *f* ❶ Schlafzimmer *nt*; **~ individuelle/double** Einzel-/Doppelzimmer *nt* ❷ POL, JUR Kammer *f* ❸ **~ à air** Schlauch *m*

chameau [ʃamo] <x> *m* Kamel *nt*

champ [ʃɑ̃] *m* Feld *nt*; *(de pommes de terre)* Acker *m*

champagne [ʃɑ̃paɲ] *m* Champagner *m*

champignon [ʃɑ̃piɲɔ̃] *m* Pilz *m*

champion(ne) [ʃɑ̃piɔ̃] *m(f)* Meister(in) *m(f)*

championnat [ʃɑ̃piɔna] *m* Meisterschaft *f*

chance [ʃɑ̃s] *f* ❶ Glück *nt* ❷ *(probabilité)* Chance *f*

chancelier, -ère [ʃɑ̃səlje] *m, f* ❶ *(garde des Sceaux en France)* ≈ Justizminister(in) *m(f)* ❷ *(Premier ministre en Allemagne/Autriche)* [Bundes]kanzler(in) *m(f)*

change [ʃɑ̃ʒ] *m* ❶ [Geld]wechsel *m* ❷ *(taux du change)* [Wechsel]kurs *m*

changement [ʃɑ̃ʒmɑ̃] *m* Veränderung *f*; **~ d'adresse** Adressenänderung *f*

changer [ʃɑ̃ʒe] <2a> **I.** *vt* ❶ verändern ❷ *(déplacer)* **~ qc de place** etw umstellen ❸ *(remplacer)* **~ les draps** die Betten frisch beziehen ❹ **~ pour** [*o* **contre**] **qc** gegen etw [aus]tauschen **II.** *vi* ❶ sich verändern ❷ *(temps)* sich ändern ❸ *(déménager)* **~ d'adresse** umziehen ❹ AUT **~ de vitesse** einen anderen Gang einlegen; **~ à Paris** in Paris umsteigen; **~ de file** die [Fahr]spur wechseln **III.** *vpr*: **se ~** sich umziehen

chanson [ʃɑ̃sɔ̃] *f* Lied *nt*

chansonnier [ʃɑ̃sɔnje] *m* Kabarettist(in) *m(f)*

chant [ʃɑ̃] *m* ❶ Gesang *m* ❷ *(chanson)* **~ populaire** Volkslied *nt* ❸ *(du coq)* Krähen *nt*

chantage [ʃɑ̃taʒ] *m* Erpressung *f*

chanter [ʃɑ̃te] <1> *vt, vi* singen

chanteur, -euse [ʃɑ̃tœʀ] *m, f* Sänger(in) *m(f)*

chantier [ʃɑ̃tje] *m* Baustelle *f*

chantilly [ʃɑ̃tiji] *f* geschlagene süße Sahne

chaotique [kaɔtik] *adj* chaotisch

chapeau [ʃapo] <x> *m* Hut *m*;

~ **de soleil** Sonnenhut m

chapelle [ʃapɛl] f Kapelle f

chapitre [ʃapitʀ] m Kapitel nt

chaque [ʃak] adj inv jede(r, s)

charbon [ʃaʀbɔ̃] m Kohle f; ~ **de bois** Grillkohle f

charcuterie [ʃaʀkytʀi] f ❶ Metzgerei f ❷ Wurst|waren pl|f

charge [ʃaʀʒ] f ❶ Last f ❷ (responsabilité) Belastung f ❸ (fonction) Amt nt ❹ (obligations financières) Nebenkosten pl

chargé(e) [ʃaʀʒe] adj ❶ beladen ❷ (programme) voll ❸ (batterie) |auf|geladen

chargement [ʃaʀʒəmã] m ❶ Beladen nt ❷ (marchandises) Ladung f ❸ INFORM Laden nt

charger [ʃaʀʒe] <2a> I. vt ❶ verladen ❷ (attribuer une mission) verantwortlich sein ❸ (attaquer) angreifen ❹ INFORM, TECH laden II. vpr: **se ~ de qn/qc** sich um jdn/etw kümmern; **se ~ de faire qc** es übernehmen etw zu tun

chargeur [ʃaʀʒœʀ] m (téléphone portable) Ladekabel nt

chariot [ʃaʀjo] m ❶ Wagen m; COM Einkaufswagen m

charité [ʃaʀite] f ❶ Nächstenliebe f ❷ (action) Wohltätigkeit f

charmant(e) [ʃaʀmã] adj ❶ reizend ❷ (ravissant) charmant

charme [ʃaʀm] m ❶ Charme m ❷ (beauté) Reize pl

charnel(le) [ʃaʀnɛl] adj ❶ fleischlich ❷ (sexuel) körperlich

charnière [ʃaʀnjɛʀ] I. f Scharnier

nt II. adj (décisif) entscheidend

charnu(e) [ʃaʀny] adj wulstig

charogne [ʃaʀɔɲ] f Aas nt

charrette [ʃaʀɛt] f Karren m

charrier [ʃaʀje] <1> I. vt fahren II. vi (fam) übertreiben

charter [ʃaʀtɛʀ] m ❶ Charter|flug m|m ❷ (avion) Chartermaschine f

chasse d'eau [ʃasdo] f Wasserspülung f

chasse-neige [ʃasnɛʒ] m inv Schneepflug m

chasser [ʃase] <1> I. vi auf die Jagd gehen II. vt |ver|jagen

chasteté [ʃastəte] f Keuschheit f

chat¹ [ʃa] m Katze f; (mâle) Kater m

chat² [tʃat] m INFORM Chat m

châtaigne [ʃatɛɲ] f Esskastanie f

château [ʃato] <x> m ❶ Schloss nt ❷ (forteresse) ~ |fort| Burg f; ~ **de sable** Sandburg f

châtiment [ʃatimã] m Strafe f

chatouiller [ʃatuje] <1> vt kitzeln

chatouilleux, -euse [ʃatujø] adj kitz|e|lig

chatte [ʃat] f Katze f

chaud [ʃo] m Wärme f; (chaleur extrême) Hitze f; **il fait ~** es ist warm/heiß

chaud(e) [ʃo] adj (opp: froid) warm; (très chaud) heiß

chauffage [ʃofaʒ] m Heizung f; ~ **central** Zentralheizung f

chauffe-biberon [ʃofbibʀɔ̃] m Fläschchenwärmer m

chauffer [ʃofe] <1> I. vi ❶ warm werden; (très chaud) heiß werden ❷ (mettre du chauffage) heizen **II.** *vt* ❷ wärmen; *(pièce)* erwärmen ❸ TECH zum Glühen bringen ❹ *(mettre dans l'ambiance)* aufheizen

chauffeur [ʃofœʀ] *m* Fahrer(in) *m(f)*; **~ de taxi** Taxifahrer(in) *m(f)*

chaume [ʃom] *m* Stroh *nt*

chaussée [ʃose] *f* Fahrbahn *f*

chausser [ʃose] <1> **I.** *vi* ❷ **~ du 38/42** Schuhgröße 38/42 haben **II.** *vpr:* **se ~** [sich *(dat)*] Schuhe anziehen

chaussette [ʃosɛt] *f* ❷ Socke *f* ❷ *(mi-bas)* Kniestrumpf *m*

chausson [ʃosɔ̃] *m* Hausschuh *m*

chaussure [ʃosyʀ] *f* Schuh *m*; **~ de plage** Strandschuh *m*; **~ de randonnée** Wanderschuh *m*; **~ de montagne** Trekkingschuh *m*; **~ de ski** Skistiefel *m*; **~ en plastique** [pour la baignade] Badeschuh *m*

chauve [ʃov] *adj* kahl[köpfig]

chauvin(e) [ʃovɛ̃] *adj* chauvinistisch

chaux [ʃo] *f* Kalk *m*

chef [ʃɛf] *m* ❷ Chef(in) *m(f)*; **~ d'orchestre** Dirigent(in) *m(f)* ❷ *(meneur)* [An]führer(in) *m(f)* ❸ *(cuisinier)* Chefkoch, -köchin *m, f*

chemin [ʃ(ə)mɛ̃] *m* Weg *m*; **~ de randonnée** Wanderweg *m*

chemin de fer [ʃ(ə)mɛ̃dəfɛʀ] <chemins de fer> *m* Eisenbahn *f*; **~ à crémaillère** Zahnradbahn *f*

chemise [ʃ(ə)miz] *f* ❷ Hemd *nt* ❷ *(dossier)* [Akten]mappe *f*

chemisier [ʃ(ə)mizje] *m* Bluse *f*

chêne [ʃɛn] *m* Eiche *f*

chenille [ʃ(ə)nij] *f* ZOOL Raupe *f*

chèque [ʃɛk] *m* Scheck *m*; **~ de voyage** Reisescheck *m*

cher [ʃɛʀ] *adv* teuer

cher, chère [ʃɛʀ] *adj* ❷ teuer; **moins ~** billiger ❷ *(aimé)* lieb ❸ liebe(r, s); **chère Madame X** liebe Frau X

chercher [ʃɛʀʃe] <1> **I.** *vt* ❷ suchen *(ramener, rapporter)* **aller ~** [ab]holen *(qc* ❷ *vi* ❷ **~ à faire qc** versuchen etw zu tun ❷ *(fouiller)* **~ dans qc** in etw *(dat)* herumstöbern

chéri(e) [ʃeʀi] *m(f)* Liebling *m*

chétif, -ive [ʃetif] *adj* kümmerlich

cheval [ʃ(ə)val] <-aux> *m* ❷ ZOOL Pferd *nt* ❷ SPORT **faire du/monter à ~** reiten; **promenade à ~** Ausritt *m* ❸ AUT **elle fait combien de chevaux, votre voiture?** wie viel PS hat Ihr Wagen?

cheval-vapeur [ʃ(ə)valvapœʀ] <chevaux-vapeur> *m* Pferdestärke *f*

chevet [ʃ(ə)vɛ] *m*: **table de ~** Nachttisch *m*

cheveu [ʃ(ə)vø] <x> *m* [Kopf]haar *nt*; **avoir les ~x courts/longs** kurze/lange Haare haben

cheville [ʃ(ə)vij] *f* ❷ ANAT Knöchel *m* ❷ *(tige pour boucher)* Dübel *m*

chèvre [ʃɛvʀ] **I.** *f* ❷ Ziege *f* **II.** *m (fromage)* Ziegenkäse *m*

chevreuil [ʃəvʀœj] *m* Reh *nt*

chewing-gum [ʃwiŋgɔm] <chewing-gums> *m* Kaugummi *m o nt*

chez [ʃe] *prép* ❷ *(au logis de qn)*

~ **nous** bei uns; **je vais/rentre ~ moi** ich gehe nach Hause ❷ *(dans le pays de qn)* **ils rentrent ~ eux, en Italie** sie kehren nach Italien zurück

chez-moi [ʃemwa] *m inv* eigene vier Wände

chez-soi [ʃeswa] *m inv* eigene vier Wände

chiant(e) [ʃjɑ̃] *adj (fam)* stinklangweilig

chic [ʃik] **I.** *adj inv* ❶ schick ❷ *(sélect)* vornehm ❸ *(fam: agréable)* toll **II.** *interj (fam)* klasse

chicaner [ʃikane] <1> *vi:* **~ sur qc** wegen etw streiten

chicorée [ʃikɔʁe] *f* ❶ Endivie *f* ❷ *(café)* Kaffee-Ersatz *m*

chien [ʃjɛ̃] *m* Hund *m;* **~ d'aveugle** Blindenhund *m*

chienne [ʃjɛn] *f* Hündin *f*

chiffon [ʃifɔ̃] *m* Lappen *m*

chiffre [ʃifʁ] *m* ❶ Ziffer *f,* Zahl *f;* **à/de trois ~s** dreistellig ❷ *(montant)* Summe *f* ❸ *(d'un message)* Code *m*

chiffrer [ʃifʁe] <1> **I.** *vt* beziffern **II.** *vpr:* **se ~ à qc** sich auf etw *(akk)* belaufen

Chili [ʃili] *m:* **le ~** Chile *nt*

chimère [ʃimɛːʁ(ə)] *f* Hirngespinst *nt*

chimie [ʃimi] *f* Chemie *f*

chimpanzé [ʃɛ̃pɑ̃ze] *m* Schimpanse *m*

Chine [ʃin] *f:* **la ~** China *nt*

chipoter [ʃipɔte] <1> *vi:* **~ sur qc** wegen etw nörgeln

chips [ʃips] *fpl* (Kartoffel)chips *pl*

chirurgical(e) [ʃiʁyʁʒikal] <-aux> *adj* chirurgisch

chirurgien(ne) [ʃiʁyʁʒjɛ̃] *m(f)* Chirurg(in) *m(f)*

chlore [klɔʁ] *m* Chlor *nt*

choc [ʃɔk] *m* ❶ Schock *m* ❷ *(coup)* Stoß *m* ❸ *(heurt)* Aufprall *m*

chocolat [ʃɔkɔla] *m* ❶ Schokolade *f;* **barre de ~** Schokoladenriegel *m* ❷ *(boisson)* Kakao *m*

chœur [kœʁ] *m* Chor *m*

choisir [ʃwaziʁ] <8> *vt, vi* ❶ wählen ❷ *(trancher)* sich entscheiden

choix [ʃwa] *m* ❶ Wahl *f;* **au ~** nach Wahl ❷ *(variété)* Auswahl *f*

choléra [kɔleʁa] *m* Cholera *f*

chômage [ʃomaʒ] *m* Arbeitslosigkeit *f;* **au ~** arbeitslos

chômeur, -euse [ʃomœʁ, øz] *m, f* Arbeitslose(r) *f(m)*

choquer [ʃɔke] <1> *vt* ❶ Aufsehen erregen **II.** *vt* schockieren

chose [ʃoz] **I.** *f* ❶ Sache *f;* *(objet matériel)* Ding *nt* ❷ *(ce dont il s'agit)* Sache *f* ❸ **pas grand-~** nicht viel **II.** *m (fam: truc)* Dingsda *m*

chou [ʃu] <x> *m* ❶ Kohl *m;* **~ de Bruxelles** Rosenkohl ❷ GASTR **~ à la crème** Windbeutel *m*

choucroute [ʃukʁut] *f* Sauerkraut *nt*

chouette [ʃwɛt] **I.** *adj (fam)* klasse **II.** *f (oiseau)* Eule *f*

chou-fleur [ʃuflœʁ] <choux-fleurs> *m* Blumenkohl *m*

choyer [ʃwaje] <6> *vt:* **~ qn** für jdn liebevoll sorgen

chrétien(ne) [kʀetjɛ̃] adj christlich; **être ~** Christ sein

christ [kʀist] m Christus|figur f| m

christianisme [kʀistjanism] m Christentum nt

chromosome [kʀomozom] m Chromosom nt

chronique [kʀonik] adj ❶ chronisch ❷ (problème) andauernd

chuchoter [ʃyʃɔte] <1> vt, vi flüstern

chut [ʃyt] interj pst

chute [ʃyt] f ❶ Sturz m ❷ GEO ~ **d'eau** Wasserfall m ❸ METEO ~ **de neige** Schneefall m

chuter [ʃyte] <1> vi (fam) stürzen

ci [si] adv: **comme ~ comme ça** (fam) so lala; **à cette heure-~** zu dieser Zeit

ci-après [siapʀɛ] adv nachstehend

cicatrice [sikatʀis] f Narbe f

cicatriser [sikatʀize] <1> vi, vpr vernarben

ci-contre [sikɔ̃tʀ] adv nebenstehend

ci-dessous [sid(ə)su] adv [weiter] unten

ci-dessus [sid(ə)sy] adv [weiter] oben

ciel [sjɛl] <cieux> m Himmel m

cierge [sjɛʀʒ] m Kerze f

cigare [sigaʀ] m Zigarre f

cigarette [sigaʀɛt] f Zigarette f

cigarillo [sigaʀijo] m Zigarillo m

ci-gît [siʒi] hier ruht

cigogne [sigɔɲ] f Storch m

ci-joint [siʒwɛ̃] anbei

cil [sil] m Wimper f

ciment [simɑ̃] m Zement m

cimetière [simtjɛʀ] m Friedhof m

cinéma [sinema] m Kino nt; ~ **en plein air** Freilichtkino nt

cinglé(e) [sɛ̃gle] adj (fam) bekloppt

cinq [sɛ̃k] num ❶ fünf ❷ (dans l'indication de la date) **le ~ mars** der fünfte März

cinquantaine [sɛ̃kɑ̃tɛn] f **une ~ de personnes/pages** etwa fünfzig Personen/Seiten ❷ (âge approximatif) **avoir la ~** etwa fünfzig [Jahre alt] sein

cinquante [sɛ̃kɑ̃t] num ❶ fünfzig ❷ (dans l'indication des époques) **les années ~** die fünfziger Jahre

cinquantenaire [sɛ̃kɑ̃tnɛʀ] m fünfzigjähriges Jubiläum

cinquantième [sɛ̃kɑ̃tjɛm] I. adj fünfzigste(r, s) II. m (fraction) Fünfzigstel nt

cinquième [sɛ̃kjɛm] I. adj fünfte(r, s) II. m (fraction) Fünftel nt

cinquièmement [sɛ̃kjɛmmɑ̃] adv fünftens

cintre [sɛ̃tʀ] m [Kleider]bügel m

cirage [siʀaʒ] m Schuhcreme f

circonscription [siʀkɔ̃skʀipsjɔ̃] f ❶ ADMIN [Verwaltungs]bezirk m ❷ POL Wahlkreis m

circonstance [siʀkɔ̃stɑ̃s] f ❶ Umstand m ❷ (occasion) Gelegenheit f

circuit [siʀkɥi] m ❶ (parcours) Strecke f ❷ SPORT Rennstrecke f ❸ ELEC Stromkreis m

circulation [siʀkylasjɔ̃] f ❶ Verkehr m ❷ ECON Umlauf m

circuler [sirkyle] <1> vi herumgehen (couler) fließen

cire [sir] f Wachs nt

ciré [sire] m Ölzeug nt

cirque [sirk] m Zirkus m

ciseau [sizo] <x> m ● pl Schere f; **~x à ongles** Nagelschere f; **une paire de ~x** eine Schere ● (outil) Meißel m

citadelle [sitadɛl] f Festung f

citation [sitasjɔ̃] f Zitat nt

cité [site] f ● Stadt f (vieux quartier) Altstadt f

citer [site] <1> vt ● zitieren ● (énumérer) nennen ● JUR vorladen

citerne [sitɛrn] f ● Tank m ● (pour l'eau de pluie) Zisterne f

citoyen(ne) [sitwajɛ̃] m(f) (Staats)bürger(in) m(f); **~ européen** EU-Bürger(in) m(f)

citron [sitrɔ̃] m Zitrone f

civière [sivjɛr] f Tragbahre f

civil(e) [sivil] adj ● (relatif au citoyen) Zivil-; **guerre ~e** Bürgerkrieg m ● (opp: religieux) **mariage ~** standesamtliche Trauung

civilisation [sivilizasjɔ̃] f ● Kultur f ● (état) Zivilisation f

clair [klɛr] I. adv ● klar ● (sans ambiguïté) deutlich II. m: **~ de lune** Mondschein

clair(e) [klɛr] adj ● klar ● (opp: foncé) hell; (bleu) hell

clairvoyance [klɛrvwajɑ̃s] f Weitblick m

clandestin(e) [klɑ̃dɛstɛ̃] adj geheim; **passager ~** blinder Passagier

clapoter [klapɔte] <1> vi plätschern

claquage (musculaire) [klakaʒ (myskylɛr)] m Zerrung f

claque [klak] f Ohrfeige f

claquer [klake] <1> I. vt knallen II. vi (zu)schlagen

clarifier [klarifje] <1> vpr: **se ~** sich klären

clarté [klarte] f ● Helligkeit f ● (transparence) Reinheit f ● (opp: confusion) Klarheit f

classe [klas] f ● Klasse f; **~s moyennes** Mittelstand m ● AUT **billet de première ~** Fahrschein m erster Klasse

classé(e) [klase] adj ● unter Denkmalschutz stehend ● (réglé) abgeschlossen ● (de valeur) klassifiziert

classement [klasmɑ̃] m ● Einordnen nt ● (d'un hôtel) Kategorie f ● (place sur une liste) Rangfolge f

classer [klase] <1> I. vt ● ordnen ● (ranger selon la performance) einstufen II. vpr: **se ~ 1er** sich als 1. platzieren

classicisme [klasisism] m ART Klassik f

classique [klasik] adj ● ART klassisch ● (habituel) typisch

claustrophobe [klostrɔfɔb] adj: **être ~** unter Klaustrophobie leiden

clavicule [klavikyl] f Schlüsselbein nt

clavier [klavje] m Tastatur f

clé [kle] f Schlüssel m m; **fermer à ~** (personne) abschließen

~ **de contact** Zündschlüssel; ~ **USB** USB-Stick

clément(e) [klemɑ̃] *adj* mild

clergé [klɛrʒe] *m* Klerus *m*

clic [klik] **I.** *interj* klick **II.** *m* Klick *m*; ~ **sur la souris** Mausklick

clic-clac [klikklak] *m inv* Klappsofa *nt*

cliché [kliʃe] *m* ① Klischee *nt* ② *(photo)* Abzug *m*

client(e) [klijɑ̃] *m(f)* ① Kunde, Kundin *m, f* ② *(d'un restaurant)* Gast *m; (d'un avocat)* Klient(in) *m(f); (d'un médecin)* Patient(in) *m(f)*

clientèle [klijɑ̃tɛl] *f* Kundschaft *f*

cligner [kliɲe] <1> *vt:* ~ **des yeux** blinzeln

clignotant [kliɲɔtɑ̃] *m* AUT Blinker *m*

climat [klima] *m* Klima *nt*

climatisation [klimatizasjɔ̃] *f (dispositif)* Klimaanlage *f*

climatiser [klimatize] <1> *vt* klimatisieren

clin d'œil [klɛ̃dœj] *m* ① Augenzwinkern *nt* ② **en un ~** im Nu

clinique [klinik] *adj* klinisch

clip [klip] *m* Clip *m*

cliquer [klike] <1> *vi* INFORM klicken

clochard(e) [klɔʃaʀ] *m(f)* Stadtstreicher(in) *m(f)*

cloche [klɔʃ] *f* Glocke *f*

clocher [klɔʃe] *m* Kirchturm *m*

cloître [klwatʀ] *m* Kloster *nt*

cloîtrer [klwatʀe] <1> *vt (fig)* einsperren

clone [klon] *m* Klon *m*

cloque [klɔk] *f* Blase *f*

cloquer [klɔke] <1> *vi* Blasen bilden

clos(e) [klo] *adj* ① geschlossen ② *(achevé)* erledigt

clôture [klotyʀ] *f* ① Zaun *m* ② *(d'un festival)* Ende *nt*

clou [klu] *m* ① Nagel *m* ② *(attraction)* Höhepunkt *m* ③ **ne pas valoir un ~** *(fam)* keinen Pfifferling wert sein ④ ~ **de girofle** Gewürznelke *f*

clouer [klue] <1> *vt* annageln

club [klœb] *m* ① Klub *m;* ~ **de golf** Golfclub *m* ② SPORT Golfschläger *m*

clubhouse [klœbaus] *f* Clubhaus *nt*

coaguler [kɔagyle] <1> *vi, vpr* gerinnen

coalition [kɔalisjɔ̃] *f* Bündnis *nt*

cocaïne [kɔkain] *f* Kokain *nt*

coccinelle [kɔksinɛl] *f* Marienkäfer *m*

cocher [kɔʃe] <1> *vt* ankreuzen

cochon [kɔʃɔ̃] *m* ① Schwein *nt* ② GASTR Schweinefleisch *nt*

cochon(ne) [kɔʃɔ̃] *adj (fam)* schmuddelig

cochonnerie [kɔʃɔnʀi] *f (fam)* ① Dreckszeug *nt* ② *(fam: obscénités)* Schweinereien *pl*

cochonnet [kɔʃɔnɛ] *m* Ferkel *nt*

cocotier [kɔkɔtje] *m* Kokospalme *f*

cocotte [kɔkɔt] *f* Topf *m*

code [kɔd] *m* ① Kode *m;* ~ **postal** Postleitzahl *f* ② *(permis)* theoretische Fahrprüfung ③ *(feux de croisement)* Abblendlicht *nt*

code-barres [kɔdbaʀ] *m inv*

Strichcode *m*

coder [kɔde] <1> *vt* verschlüsseln

cœur [kœʀ] *m* ❶ ANAT Herz *nt* ❷ *(d'un débat)* Kernpunkt *m* ❸ **qn a mal au ~** jdm ist schlecht; **par ~** auswendig

coffre [kɔfʀ] *m* ❶ Truhe *f* ❷ AUT Kofferraum *m*

coffre-fort [kɔfʀəfɔʀ] <coffres--forts> *m* Safe *m*

cogner [kɔɲe] <1> I. *vt*: **~ qn/qc an jdn/etw [an]stoßen** II. *vi* zuschlagen III. *vpr*: **se ~ qc contre qc** sich etw *(akk)* an etw *(dat)* stoßen

cohérent(e) [kɔeʀã] *adj* kohärent

cohésion [kɔezjɔ̃] *f* Zusammenhalt *m*

cohue [kɔy] *f* Gedränge *nt*

coiffer [kwafe] <1> *vt, vpr:* **[se] ~** [sich] frisieren

coiffeur, -euse [kwafœʀ] *m, f* Friseur(in)

coiffure [kwafyʀ] *f* Frisur *f*

coin [kwɛ̃] *m* Ecke *f*; **~ cuisine** Kochnische *f*

coincer [kwɛ̃se] <2> I. *vt* einklemmen II. *vpr:* **se ~ le doigt** sich *(dat)* den Finger einklemmen

coïncidence [kɔɛ̃sidãs] *f* Zufall *m*

coïncider [kɔɛ̃side] <1> *vi* ❶ *(être concomitant)* [zeitlich] zusammenfallen ❷ *(correspondre)* übereinstimmen

col [kɔl] *m* ❶ Kragen *m* ❷ GEO [Gebirgs]pass *m* ❸ *(goulot)* Hals *m*

colère [kɔlɛʀ] *f* Wut *f*; **être en ~** wütend sein

coléreux, -euse [kɔleʀø] *adj*, **co-**

lérique [kɔleʀik] *adj* jähzornig

colique [kɔlik] *f* ❶ Durchfall *m* ❷ *(douleurs)* Kolik *f*

colis [kɔli] *m* Paket *nt*

collaboration [kɔ(l)labɔʀasjɔ̃] *f* Zusammenarbeit *f*

collaborer [kɔ(l)labɔʀe] *vi* zusammenarbeiten

collant [kɔlã] *m* Strumpfhose *f*

collant(e) [kɔlã] *adj* ❶ hauteng ❷ *(poisseux)* klebrig

colle [kɔl] *f* ❶ Klebstoff *m* ❷ *(punition)* Nachsitzen *nt*

collectif, -ive [kɔlɛktif] *adj* gemeinsam; *(travail)* Gemeinschafts-

collection [kɔlɛksjɔ̃] *f* ❶ Sammlung *f* ❷ *(de livres)* Reihe *f*

collectionner [kɔlɛksjɔne] <1> *vt* sammeln

collectivité [kɔlɛktivite] *f* Gemeinschaft *f*

collector [kɔlɛktɔʀ] *m* Sammlerstück *nt*; **édition ~** Sammleredition *f*

collège [kɔlɛʒ] *m* SCOL **~ [d'enseignement secondaire]** ≈ Realschule *f*

collègue [kɔ(l)lɛg] *mf* Kollege, Kollegin in, *f*

coller [kɔle] <1> *vt* kleben

collier [kɔlje] *m* Halskette *f*

colline [kɔlin] *f* Hügel *m*

collision [kɔlizjɔ̃] *f* Zusammenstoß *m*

collyre [kɔliʀ] *m* Augentropfen *pl*

colombage [kɔlɔ̃baʒ] *m*: **maison à ~** Fachwerkhaus *nt*

colombe [kɔlɔ̃b] *f* Taube *f*

colonie [kɔlɔni] *f (centre)* **~ de va-**

cances Ferienlager nt

colonne [kɔlɔn] f ① ARCHIT Säule f ② *(section)* Spalte f ③ ANAT ~ **vertébrale** Wirbelsäule f

colorant [kɔlɔrɑ̃] m Farbstoff m

coloration [kɔlɔrasjɔ̃] f *(des cheveux)* Färbung f; **faire une ~** färben

coloré(e) [kɔlɔre] adj gefärbt

colorer [kɔlɔre] <1> vt, vpr: **se** ~ [sich] färben

colorier [kɔlɔrje] <1> vt ausmalen

colossal(e) [kɔlɔsal] <-aux> adj kolossal

colporter [kɔlpɔrte] <1> vt *(péj: nouvelles)* [überall] herumerzählen

coma [kɔma] m Koma nt

combat [kɔba] m Kampf m

combattant(e) [kɔbatɑ̃] m(f) Kämpfer(in) m(f)

combattre [kɔbatr] <irr> I. vt, vi kämpfen gegen II. vpr: **se** ~ sich bekämpfen

combien [kɔbjɛ̃] I. adv *(quantité)* wie viel; *(nombre)* wie viele; ~ **de temps** wie lange; ~ **de fois** wie oft II. mf: **le** ~**?** der Wievielte?

combinaison [kɔbinɛzɔ̃] f ① Kombination f ② *(sous-vêtement)* Unterrock m ③ *(vêtement)* ~ **de ski** Skianzug m; ~ **de plongée** Neoprenanzug m

combiné [kɔbine] m Hörer m

combiner [kɔbine] <1> vt *(a. fig)* kombinieren

comble [kɔbl] m Gipfel m

combler [kɔble] <1> vt ① auffüllen ② *(retard)* aufholen

combustible [kɔbystibl] adj brennbar

comédie [kɔmedi] f Komödie f; ~ **musicale** Musical nt

comédien(ne) [kɔmedjɛ̃] m(f) ① *(acteur)* Schauspieler(in) m(f) ② *(hypocrite)* Heuchler(in) m(f)

comestible [kɔmɛstibl] adj essbar

coming-out [kɔminaut] *<coming-out[s]>* m Coming-out nt; **faire son** ~ sein Coming-out haben

comique [kɔmik] adj ① komisch ② THEAT, CINE, LITTER Komödien-

comité [kɔmite] m Komitee nt

commande [kɔmɑ̃d] f ① Bestellung f ② TECH ~ **à distance** Fernbedienung f ③ INFORM Befehl m ④ **sur** ~ auf Bestellung

commander [kɔmɑ̃de] <1> vt, vi ① *(passer commande)* bestellen ② *(ordonner)* befehlen

comme [kɔm] I. conj ① *(au moment où)* [gerade] als ② *(étant donné que)* da ③ *(de même que)* wie auch ④ *(comparaison, tel que)* wie; ~ **si** als ob ⑤ *(en tant que)* als ⑥ *(quel genre de)* was für...? II. adv *(exclamatif)* wie; ~ **c'est gentil!** wie nett! ⑦ *(manière)* wie; ~ **ça** so; **c'est** ~ **ça** so ist es nun mal ⑧ ~ **ci** ~ **ça** so lala *(fam)*

commencement [kɔmɑ̃smɑ̃] m Anfang m

commencer [kɔmɑ̃se] <2> vt, vi ① anfangen ② **pour** ~ zunächst

comment [kɔmɑ̃] adv ① *(de quelle façon)* wie; ~ **ça va?** wie geht's dir?; ~ **est-ce que ça**

s'appelle en français? wie heißt es auf Französisch? ❷ *(invitation à répéter)* ~? wie bitte?

commentaire [kɔmɑ̃tɛr] *m* Kommentar *m*

commentateur, -trice [kɔmɑ̃tatœr] *m*, *f* Kommentator(in) *m(f)*

commerçant(e) [kɔmɛrsɑ̃] *adj (rue)* Geschäfts-

commerce [kɔmɛrs] *m* ❶ Handel *m* ❷ *(magasin)* Geschäft *nt*; ~ **de détail/en gros** Einzel-/Großhandel *m*

commercial(e) [kɔmɛrsjal] <-aux> *adj*: **centre** ~ Einkaufszentrum *nt*

commercialiser [kɔmɛrsjalize] <1> *vt* vermarkten

commettre [kɔmɛtr] <irr> *vt* begehen

commissaire [kɔmisɛr] *mf* Kommissar(in) *m(f)*

commissariat [kɔmisarja] *m* Revier *nt*

commission [kɔmisjɔ̃] *f* ❶ ADMIN Kommission *f* ❷ *(message)* Nachricht *f* ❸ *pl (courses)* Einkäufe *pl* ❹ COM Provision *f*

commode¹ [kɔmɔd] *adj* ❶ praktisch ❷ *(facile)* einfach

commode² [kɔmɔd] *f* Kommode *f*

commodité [kɔmɔdite] *f* Komfort *m*

commotion [kɔmosjɔ̃] *f* Erschütterung *f*; ~ **cérébrale** Gehirnerschütterung *f*

commun [kɔmœ̃] *m*: **hors du** ~ außergewöhnlich

commun(e) [kɔmœ̃] *adj* gemeinsam

communal(e) [kɔmynal] <-aux> *adj* kommunal

communautaire [kɔmynotɛr] *adj* ❶ gemeinschaftlich ❷ *(de l'UE)* EU-

communauté [kɔmynote] *f* ❶ Gemeinschaft *f* ❷ REL [Kirchen]gemeinde *f*

Communauté économique européenne *f* Europäische Wirtschaftsgemeinschaft

Communauté européenne *f* Europäische Gemeinschaft

commune [kɔmyn] *f* Gemeinde *f*

communicatif, -ive [kɔmynikatif] *adj* ❶ ansteckend ❷ *(expansif)* kommunikativ

communication [kɔmynikasjɔ̃] *f* ❶ Mitteilung *f* ❷ TELEC *(jonction)* Verbindung *f*; *(conversation)* Gespräch *nt*; ~ **en ville** Ortsgespräch *nt*; ~ **interurbaine** Ferngespräch *nt* ❸ *(liaison)* **moyen de** ~ Verkehrsmittel *nt*

communion [kɔmynjɔ̃] *f* REL Kommunion *f*

communiquer [kɔmynike] <1> *vt* ❶ mitteilen ❷ *(transmettre)* ~ **un dossier à qn** jdm eine Akte aushändigen

compact(e) [kɔ̃pakt] *adj* kompakt

compagnie [kɔ̃paɲi] *f* ❶ Gesellschaft *f*; ~ **aérienne** Fluggesellschaft *f* ❷ MIL Kompanie *f* ❸ **en ~ de qn** in jds Begleitung

compagnon [kɔ̃paɲɔ̃] *m (ouvrier)* [Handwerks]geselle *m*

comparable [kɔ̃parabl] *adj* vergleichbar

comparer [kɔ̃pare] <1> *vt, vi,*

vpr: |se| ~ |sich| vergleichen

compartiment |kɔ̃paʀtimɑ̃| *m* ❶ Fach *nt* ❷ *(dans un train)* Abteil *nt;* ~ **fumeurs/non-fumeurs** Raucher-/Nichtraucherabteil *nt*

compas |kɔ̃pa| *m* ❶ MATH Zirkel *m* ❷ NAUT, AVIAT Kompass *m*

compassion |kɔ̃pasjɔ̃| *f (soutenu)* Mitgefühl *nt*

compatibilité |kɔ̃patibilite| *f* ❶ Vereinbarkeit *f* ❷ INFORM, MED Kompatibilität *f*

compatible |kɔ̃patibl| *adj* ❶ vereinbar ❷ INFORM, MED kompatibel

compatriote |kɔ̃patʀijɔt| *mf* Landsmann *m*/Landsmännin *f*

compensation |kɔ̃pɑ̃sasjɔ̃| *f* ❶ Gegenleistung *f* ❷ *(équilibre)* Ausgleich *m* ❸ **en** ~ dafür

compenser |kɔ̃pɑ̃se| <1> *vt* kompensieren

compétence |kɔ̃petɑ̃s| *f* ❶ Kompetenz *f* ❷ *(responsabilité)* Zuständigkeit *f*

compétent(e) |kɔ̃petɑ̃, ɑ̃t| *adj* fähig, kompetent

compétitif, -ive |kɔ̃petitif| *adj* wettbewerbsfähig

compétition |kɔ̃petisjɔ̃| *f* ❶ COM Konkurrenz *f* ❷ SPORT Wettkampf *m*

compiler |kɔ̃pile| <1> *vt* INFORM kompilieren

complémentaire |kɔ̃plemɑ̃tɛʀ| *adj* ergänzend

complet, -ète |kɔ̃plɛ| *adj* ❶ *(entier)* vollständig; *(pain)* Vollkorn- ❷ *(total)* völlig; **succès** ~ voller

Erfolg ❸ *(hôtel)* voll belegt; *(parking)* besetzt

complètement |kɔ̃plɛtmɑ̃| *adv* ❶ vollständig ❷ *(absolument)* völlig

compléter |kɔ̃plete| <5> *vt, vpr:* |se| ~ |sich| ergänzen

complexe |kɔ̃plɛks| *adj* komplex

complication |kɔ̃plikasjɔ̃| *f* ❶ Schwierigkeit *f* ❷ MED Komplikation *f*

complice |kɔ̃plis| *mf* Komplize, Komplizin *m, f*

compliment |kɔ̃plimɑ̃| *m* ❶ Kompliment *nt;* **faire des ~s** loben, Komplimente machen ❷ *(félicitations)* Glückwunsch *m*

complimenter |kɔ̃plimɑ̃te| <1> *vt* ❶ beglückwünschen ❷ *(faire l'éloge)* ~ **qn pour qc** jdm für etw Komplimente machen

compliqué(e) |kɔ̃plike| *adj* kompliziert

compliquer |kɔ̃plike| <1> **I.** *vt* erschweren **II.** *vpr:* **se** ~ komplizierter werden

comploter |kɔ̃plɔte| <1> *vt* ausklügeln

comportement |kɔ̃pɔʀtəmɑ̃| *m* Verhalten *nt*

comporter |kɔ̃pɔʀte| <1> **I.** *vt* bestehen aus **II.** *vpr:* **se** ~ sich verhalten

composer |kɔ̃poze| <1> **I.** *vt* verfassen **II.** *vi* MUS komponieren **III.** *vpr:* **se** ~ **de qc** aus etw bestehen

compositeur, -trice |kɔ̃pozitœʀ| *m, f* Komponist(in) *m(f)*

composition |kɔ̃pozisjɔ̃| *f* ❶ Zusammenstellung f 🟦 (œuvre) Komposition f

composter [kɔ̃pɔste] <1> vt entwerten

composteur [kɔ̃pɔstœʀ] m Fahrscheinentwerter m

compréhensible [kɔ̃pʀeɑ̃sibl] adj verständlich

compréhensif, -ive [kɔ̃pʀeɑ̃sif] adj verständnisvoll

compréhension [kɔ̃pʀeɑ̃sjɔ̃] f 🟦 Verständlichkeit f 🟦 (tolérance) Verständnis nt

comprendre [kɔ̃pʀɑ̃dʀ] <13> I. vt, vi verstehen II. vpr: se ~ 🟦 verständlich sein 🟦 (communiquer) sich verständigen

compression [kɔ̃pʀesjɔ̃] f 🟦 Reduzierung f 🟦 INFORM Komprimierung f

comprimé [kɔ̃pʀime] m Tablette f

comprimer [kɔ̃pʀime] <1> vt 🟦 a. INFORM komprimieren 🟦 (réduire) reduzieren

compris(e) [kɔ̃pʀi] adj inklusive

compromettre [kɔ̃pʀɔmɛtʀ] <irr> I. vt kompromittieren II. vpr: se ~ avec qn/dans qc wegen jdm/einer S. ins Gerede kommen

compromis [kɔ̃pʀɔmi] m Kompromiss m

comptant [kɔ̃tɑ̃] adv (payer) bar

compte [kɔ̃t] m 🟦 Zählung f; ~ à rebours Countdown m 🟦 (compte en banque) Konto nt 🟦 se rendre ~ de qc sich (dat) über etw (akk) ins Klaren sein; à son ~ selbständig

compter [kɔ̃te] <1> vt, vi zählen

compte rendu [kɔ̃tʀɑ̃dy] m Bericht m

compteur [kɔ̃tœʀ] m 🟦 Tachometer m 🟦 (compteur d'électricité) Zähler m

comptoir [kɔ̃twaʀ] m Theke f

con(ne) [kɔ̃] adj (fam) bescheuert

concentrer [kɔ̃sɑ̃tʀe] <1> vt, vpr: |se| ~ |sich| konzentrieren

conception [kɔ̃sɛpsjɔ̃] f 🟦 BIO Empfängnis f 🟦 (élaboration) Konzeption f

concernant [kɔ̃sɛʀnɑ̃] prép bezüglich +gen

concerner [kɔ̃sɛʀne] <1> vt betreffen

concert [kɔ̃sɛʀ] m Konzert nt; ~ symphonique Sinfoniekonzert nt

concerter [kɔ̃sɛʀte] <1> vpr: se ~ sur qc sich hinsichtlich einer S. (gen) besprechen

concession [kɔ̃sesjɔ̃] f 🟦 Zugeständnis nt 🟦 COM Konzession f

concevable [kɔ̃s(ə)vabl] adj denkbar

concevoir [kɔ̃s(ə)vwaʀ] <12> vt 🟦 (soutenu) empfangen 🟦 (se représenter) begreifen 🟦 (élaborer) konzipieren

concierge [kɔ̃sjɛʀʒ] mf Hausmeister(in) m(f)

concis(e) [kɔ̃si] adj kurz und bündig

conclure [kɔ̃klyʀ] <irr> I. vt schließen II. vi zum Schluss kommen

conclusion [kɔ̃klyzjɔ̃] f 🟦 (d'un accord) Abschluss m 🟦 (fin) Ende nt; en ~ letzten Endes 🟦 (d'une thèse) |Schluss|folgerung f

concombre [kɔ̃kɔ̃bʀ] *m* Gurke *f*

concorder [kɔ̃kɔʀde] <1> *vi* übereinstimmen

concourir [kɔ̃kuʀiʀ] <irr> *vi*: **~ à qc** am Wettbewerb um etw teilnehmen

concours [kɔ̃kuʀ] *m* ❶ Wettbewerb *m*; SPORT Wettkampf *m* ❷ *(jeu)* Preisausschreiben *nt* ❸ *(aide)* Beitrag *m*

concret, -ète [kɔ̃kʀɛ] *adj* konkret

concrétiser [kɔ̃kʀetize] <1> **I.** *vt* verwirklichen **II.** *vpr:* **se ~** wahr werden

concubin(e) [kɔ̃kybɛ̃] *m(f)* Lebensgefährte(in) *m(f)*

concubinage [kɔ̃kybinaʒ] *m* wilde Ehe

concurrence [kɔ̃kyʀɑ̃s] *f a.* COM Konkurrenz

condamnation [kɔ̃danasjɔ̃] *f* JUR *(a. fig)* Verurteilung *f*

condamner [kɔ̃dane] <1> *vt* JUR verurteilen

condition [kɔ̃disjɔ̃] *f* ❶ Bedingung *f*; **à ~ que** +*subj* unter der Bedingung, dass ❷ SOCIOL Situation *f* ❸ *(forme)* Kondition *f*

condoléances [kɔ̃doleɑ̃s] *fpl*: **[toutes] mes ~!** mein Beileid!

conducteur, -trice [kɔ̃dyktœʀ] **I.** *adj* PHYS leitend **II.** *m, f* Fahrer(in) *m(f)*

conduire [kɔ̃dɥiʀ] <irr> **I.** *vi* ❶ fahren ❷ *(aboutir)* führen **II.** *vt* ❶ AUT steuern ❷ *(emmener)* bringen ❸ *(guider)* führen **III.** *vpr:* **se ~** sich benehmen

conduite [kɔ̃dɥit] *f* ❶ AUT **leçon de ~** Fahrstunde *f* ❷ *(comporte-*

ment) Benehmen *nt*

cône [kon] *m* Kegel *m*

confectionner [kɔ̃fɛksjɔne] <1> *vt* ❶ GASTR zubereiten ❷ *(fabriquer)* anfertigen

conférence [kɔ̃feʀɑ̃s] *f* Konferenz *f*

conférencier, -ière [kɔ̃feʀɑ̃sje] *m, f* Vortragende(r) *f(m)*

confesser [kɔ̃fese] <1> *vt, vpr:* **|se| ~** beichten

confession [kɔ̃fesjɔ̃] *f* ❶ Konfession *f* ❷ *(aveu)* Geständnis *nt*

confiance [kɔ̃fjɑ̃s] *f* Vertrauen *nt*

confidentiel(le) [kɔ̃fidɑ̃sjɛl] *adj* vertraulich

confier [kɔ̃fje] <1> *vt, vpr:* **|se| ~** [sich] anvertrauen

confirmation [kɔ̃fiʀmasjɔ̃] *f* ❶ Bestätigung *f* ❷ REL *(catholique)* Firmung *f*; *(protestante)* Konfirmation *f*

confirmer [kɔ̃fiʀme] <1> **I.** *vt* bestätigen **II.** *vpr:* **se ~** sich bewahrheiten

confiserie [kɔ̃fizʀi] *f* ❶ Süßwarengeschäft *nt*

confisquer [kɔ̃fiske] <1> *vt* beschlagnahmen

confiture [kɔ̃fityʀ] *f* Marmelade *f*

conflit [kɔ̃fli] *m* Konflikt *m*

confondre [kɔ̃fɔ̃dʀ] <14> *vt* durcheinanderbringen

conforme [kɔ̃fɔʀm] *adj*: **certifié ~** *[amtlich]* beglaubigt; **être ~ à qc** mit etw übereinstimmen

confort [kɔ̃fɔʀ] *m* Komfort *m*

confortable [kɔ̃fɔʀtabl] *adj* bequem

confrère [kɔ̃fʀɛʀ] *m* Kollege *m*

confronter [kɔ̃fʀɔ̃te] <1> *vt* konfrontieren

confus(e) [kɔ̃fy] adj ❶ undeutlich ❷ (embrouillé) konfus

confusion [kɔ̃fyzjɔ̃] f ❶ Verlegenheit f ❷ (erreur) Verwechslung f

congé [kɔ̃ʒe] m ❶ Urlaub m; **être en ~ de maladie** krankgeschrieben sein ❷ (salutation) **prendre ~ de qn/qc** sich von jdm/etw verabschieden

congélateur [kɔ̃ʒelatœr] m Tiefkühltruhe f

congeler [kɔ̃ʒ(ə)le] <4> vt einfrieren

congrès [kɔ̃grɛ] m Kongress m

conjoint(e) [kɔ̃ʒwɛ̃] m(f) (form) [Ehe]gatte, -gattin m, f

conjugal(e) [kɔ̃ʒygal] <-aux> adj ehelich; (vie) Ehe-

conjuguer [kɔ̃ʒyge] <1> vt ❶ LING konjugieren ❷ (unir) vereinigen

connaissance [kɔnɛsɑ̃s] f ❶ Kenntnis f ❷ pl (choses apprises) Kenntnisse pl ❸ (lucidité) Bewusstsein nt; **sans ~** bewusstlos ❹ (relation sociale, contact) Bekanntschaft f, Bekannte(r) f(m); **faire la ~ de** kennen lernen

connaître [kɔnɛtr] <irr> I. vt ❶ kennen; (nom) wissen ❷ (comprendre) verstehen ❸ (rencontrer) kennen lernen; **faire ~** bekannt machen II. vpr: **se ~** sich kennen ❷ (être spécialiste) **s'y ~** etwas davon verstehen

connecter [kɔnɛkte] <1> vt anschließen II. vpr: **se ~ sur Internet** sich ins Internet einloggen

connerie [kɔnri] f (fam) Schwach-

sinn m

connu(e) [kɔny] adj bekannt

conquérir [kɔ̃kerir] <irr> vt erobern

consacrer [kɔ̃sakre] <1> vt, vpr: **[se] ~** [sich] widmen

consciemment [kɔ̃sjamɑ̃] adj bewusst

conscience [kɔ̃sjɑ̃s] f ❶ PSYCH Bewusstsein nt ❷ (sens moral) **une bonne ~** ein gutes Gewissen

consciencieux, -euse [kɔ̃sjɑ̃sjø] adj gewissenhaft

consécutif, -ive [kɔ̃sekytif] adj ❶ aufeinanderfolgend ❷ (résultant de) **~ à qc** durch eine S. hervorgerufen

conseil [kɔ̃sɛj] m ❶ Rat[schlag m] m ❷ (personne) Berater(in) m(f) ❸ (assemblée: privée) Vorstand m; (publique) Verwaltungsrat m; **~ municipal /régional** Gemeinde-/Regionalrat m; **Conseil national** SCHWEIZ Nationalrat m

conseiller [kɔ̃seje] <1> vt raten

consensus [kɔ̃sɛsys] m Konsens m

consentir [kɔ̃sɑ̃tir] <10> I. vi zustimmen II. vt gewähren

conséquent(e) [kɔ̃sekɑ̃] adj konsequent; **par ~** folglich

conservation [kɔ̃sɛrvasjɔ̃] f (d'un monument) Instandhaltung f; (d'un aliment) Aufbewahrung f; **~ d'un aliment** Haltbarmachung f

conserve [kɔ̃sɛrv] f Konserve f

conserver [kɔ̃sɛrve] <1> I. vt

① aufbewahren **②** GASTR konservieren II. *vpr:* **se** ~ sich halten
considérable [kɔ̃siderabl] *adj* beachtlich
considération [kɔ̃siderasjɔ̃] *f pl* Überlegungen *pl*
considérer [kɔ̃sidere] <5> *vt* bedenken
consigne [kɔ̃siɲ] *f* **①** AUT Gepäckaufbewahrung *f;* ~ **automatique** Schließfach *nt* **②** COM Pfand *nt*
consigné(e) [kɔ̃siɲe] *adj* Pfand-
consistant(e) [kɔ̃sistɑ̃] *adj* **①** dickflüssig **②** *(argument)* stichhaltig
consister [kɔ̃siste] <1> *vi* **①** ~ **en qc** aus etw bestehen **②** *(être)* ~ **à faire qc** darin bestehen etw zu tun
console [kɔ̃sɔl] *f a.* TECH Konsole *f*
consolider [kɔ̃sɔlide] <1> *vt* sichern
consommation [kɔ̃sɔmasjɔ̃] *f* **①** Verbrauch *m;* ~ **d'eau** Wasserverbrauch *m* **②** *(boisson)* Getränk *nt*
consommer [kɔ̃sɔme] <1> I. *vt, vi (boire)* zu sich *(dat)* nehmen II. *vpr:* **qc se consomme chaud** etw wird warm gegessen/getrunken; **à ~ avant le ...** mindestens haltbar bis ...
consonne [kɔ̃sɔn] *f* Konsonant *m*
conspiration [kɔ̃spirasjɔ̃] *f* Verschwörung *f*
constamment [kɔ̃stamɑ̃] *adv* ununterbrochen
constat [kɔ̃sta] *m* Protokoll *nt*
constater [kɔ̃state] <1> *vt* feststellen

consterné(e) [kɔ̃stɛrne] *adj* bestürzt
constipation [kɔ̃stipasjɔ̃] *f* Verstopfung *f*
constituer [kɔ̃stitɥe] <1> *vt* **①** bilden **②** *(représenter)* darstellen
constitution [kɔ̃stitysjɔ̃] *f* **①** POL Verfassung *f;* ~ **européenne** EU-Verfassung *f* **②** *(d'un groupe)* Bildung *f*
constitutionnel(le) [kɔ̃stitysjɔnɛl] *adj* verfassungskonform
constructeur [kɔ̃stryktœr] *m* **①** Konstrukteur(in) *m(f)* **②** *(firme)* Hersteller *m*
constructif, -ive [kɔ̃stryktif, -iv] *adj* konstruktiv
construire [kɔ̃strɥir] *<irr> vt* **①** bauen **②** *(fabriquer)* herstellen
consulat [kɔ̃syla] *m* Konsulat *nt*
consultation [kɔ̃syltasjɔ̃] *f* **①** *(d'un ouvrage)* Nachschlagen *nt* in +*dat* **②** *(séance)* Beratung *f*
consulter [kɔ̃sylte] <1> I. *vi* Sprechstunde haben II. *vt (ouvrage)* nachschlagen in +*dat*
consumer [kɔ̃syme] <1> *vt, vpr:* **|se|** ~ [sich] verbrennen
contact [kɔ̃takt] *m* **①** Berührung *f* **②** *(rapport)* Kontakt *m* **③** ELEC, AUT **couper/mettre le** ~ den Motor abstellen/anlassen
contacter [kɔ̃takte] <1> *vt* sich in Verbindung setzen mit
contagieux, -euse [kɔ̃taʒjø, -jøz] *adj* ansteckend
container [kɔ̃tɛnɛr] *m* Behälter *m*
contaminer [kɔ̃tamine] <1> *vt* verseuchen; ~ **qn** jdn anstecken
conte [kɔ̃t] *m* Märchen *nt*

contemporain(e) [kɔ̃tɑ̃pɔʀɛ̃] *adj* zeitgenössisch

contenance [kɔ̃t(ə)nɑ̃s] *f* ➊ Inhalt *m* ➋ *(attitude)* Haltung *f*

contenir [kɔ̃t(ə)niʀ] <9> I. *vt* ➊ enthalten ➋ *(rire)* unterdrücken II. *vpr:* **se ~** sich beherrschen

content(e) [kɔ̃tɑ̃] *adj* ➊ **~ de qc** erfreut über etw *(akk)* ➋ *(satisfait)* zufrieden sein

contenter [kɔ̃tɑ̃te] <1> *vt* zufriedenstellen

contenu [kɔ̃t(ə)ny] *m* Inhalt *m*

contenu(e) [kɔ̃t(ə)ny] *adj* unterdrückt

contestation [kɔ̃tɛstasjɔ̃] *f* Einwand *m*

contester [kɔ̃tɛste] <1> I. *vi* widersprechen II. *vt* in Frage stellen

contexte [kɔ̃tɛkst] *m* a. LING Zusammenhang *m*

continent [kɔ̃tinɑ̃] *m* Kontinent *m*

continu(e) [kɔ̃tiny] *adj* durchgehend

continuel(le) [kɔ̃tinɥɛl] *adj* ständig

continuer [kɔ̃tinɥe] <1> I. *vi* ➊ weitergehen ➋ *(poursuivre)* weitermachen II. *vt* fortsetzen

contour [kɔ̃tuʀ] *m* Umrisse *pl*

contourner [kɔ̃tuʀne] <1> *vt* ➊ herumführen ➋ *(éluder)* umgehen

contraceptif [kɔ̃tʀasɛptif] *m* Verhütungsmittel *nt*

contraception [kɔ̃tʀasɛpsjɔ̃] *f* [Empfängnis]verhütung *f*

contracter [kɔ̃tʀakte] <1> I. *vt*

ANAT anspannen II. *vpr:* **se ~** sich zusammenziehen

contradiction [kɔ̃tʀadiksjɔ̃] *f* Widerspruch *m*

contraignant(e) [kɔ̃tʀɛɲɑ̃] *adj* zwingend

contraindre [kɔ̃tʀɛ̃dʀ] <irr> *vt* zwingen

contraire [kɔ̃tʀɛʀ] I. *adj* ➊ *(opposé)* entgegengesetzt; *(preuve)* Gegen- ➋ *(défavorable)* ungünstig II. *m* Gegenteil *nt*

contrairement [kɔ̃tʀɛʀmɑ̃] *adv:* **~ à qn** im Gegensatz zu jdm

contrariant(e) [kɔ̃tʀaʀjɑ̃] *adj* ärgerlich

contraste [kɔ̃tʀast] *m* Kontrast *m*

contrat [kɔ̃tʀa] *m* Vertrag *m*

contravention [kɔ̃tʀavɑ̃sjɔ̃] *f* ➊ Strafzettel *m* *(fam)* ➋ *(amende)* Geldstrafe *f*

contre [kɔ̃tʀ] I. *prép* ➊ an ➋ *(opposition)* gegen ➌ *(proportion)* zu II. *adv* dagegen

contrebas [kɔ̃tʀəba] *adv:* **en ~** unterhalb

contrecœur [kɔ̃tʀəkœʀ] *adv:* **à ~** widerwillig

contredire [kɔ̃tʀədiʀ] <irr> *vt*, *vpr:* **[se] ~** [sich] widersprechen

contrefaçon [kɔ̃tʀəfasɔ̃] *f* Fälschung *f*

contrefaire [kɔ̃tʀəfɛʀ] <irr> *vt* fälschen

contre-indication [kɔ̃tʀɛ̃dikasjɔ̃] *f* Gegenanzeige *f*

contrepartie [kɔ̃tʀəpaʀti] *f:* **en ~** als Gegenleistung

contretemps [kɔ̃tʀətɑ̃] *m:* **j'ai eu un ~** mir ist etwas dazwischengekommen

contribuer [kɔ̃tribɥe] <1> vi beitragen

contribution [kɔ̃tribysjɔ̃] f ① Beitrag m ② pl (impôts) Steuern pl

contrôle [kɔ̃trol] m ① Kontrolle f; ~ **de sécurité** Sicherheitskontrolle f; ~ **des passeports** Passkontrolle f; ~ **technique** ≈ TÜV m ② Aufsicht f

contrôler [kɔ̃trole] <1> I. vt ① kontrollieren, [über]prüfen ② (prix) überwachen II. vpr: **se** ~ sich beherrschen

contrôle-radar m Radarkontrolle f

contrôleur, -euse [kɔ̃trolœr, øz] m, f Schaffner(in) m(f)

contusion [kɔ̃tyzjɔ̃] f Prellung f

convaincre [kɔ̃vɛ̃kr] <irr> vt überzeugen

convalescence [kɔ̃valesɑ̃s] f Genesung f

convenable [kɔ̃vnabl] adj ① passend ② (correct) anständig

convenablement [kɔ̃vnabləmɑ̃] adv ① passend ② (se tenir) anständig

convenance [kɔ̃vnɑ̃s] f pl Anstand m

convenir[1] [kɔ̃vnir] <9> vi passen; **comme il convient** wie sich's gehört

convenir[2] [kɔ̃vnir] <9> vt, vi zugeben; **il est convenu que** +subj es ist abgemacht, dass; ~ **de** vereinbaren; **comme convenu** wie vereinbart

conventionnel(le) [kɔ̃vɑ̃sjɔnɛl] adj konventionell

convenu(e) [kɔ̃vny] adj vereinbart

converger [kɔ̃vɛrʒe] <2a> vi übereinstimmen

conversation [kɔ̃vɛrsasjɔ̃] f Unterhaltung f, Gespräch nt

convertir [kɔ̃vɛrtir] <8> I. vt ① ~ **qn à une religion** jdn zu einer Religion bekehren ② (transformer) ~ **des dollars en euros** Dollar in Euro umrechnen II. vpr: **se** ~ INFORM konvertieren II. vpr: **se** ~ konvertieren

conviction [kɔ̃viksjɔ̃] f Überzeugung f

convivial(e) [kɔ̃vivjal] <-aux> adj ① gesellig ② INFORM benutzerfreundlich

convoiter [kɔ̃vwate] <1> vt begehren

convoitise [kɔ̃vwatiz] f Begierde f

convoquer [kɔ̃vɔke] <1> vt bestellen

convoyage [kɔ̃vwajaʒ] m Rückholservice m

coopératif, -ive [kɔ(ɔ)peratif] adj kooperativ

coopération [kɔ(ɔ)perasjɔ̃] f a. POL Zusammenarbeit f

coopérative [kɔ(ɔ)perativ] f Genossenschaft f

coopérer [kɔɔpere] <5> vi zusammenarbeiten

coordonné(e) [kɔɔrdɔne] adj aufeinander abgestimmt

copain, copine [kɔpɛ̃] m, f (fam) Freund(in) m(f); **petit ~/petite copine** [fester] Freund/[feste] Freundin; ~ **de jeux** Spielkamerad(in) m(f)

copie [kɔpi] f Kopie f; ~ **de sécu-**

rité INFORM Sicherheitskopie f
copier [kɔpje] <1> vt ① abschreiben ② (photocopier) [foto] kopieren ③ (imiter) nachmachen
copieur [kɔpjœʀ] m Kopierer m
copilote [kɔpilɔt] m ① AVIAT Kopilot(in) m(f) ② AUT Beifahrer(in) m(f)
copine [kɔpin] f v. **copain**
coq [kɔk] m ① GASTR Hahn m
coqueluche [kɔklyʃ] f Keuchhusten m
coquetier [kɔktje] m Eierbecher m
coquetterie [kɔkɛtʀi] f ① Eitelkeit f ② (désir de plaire) Koketterie f
coquillage [kɔkijaʒ] m Muschel f
coquille [kɔkij] f ① (de l'escargot) [Schnecken]haus nt; (d'un œuf) [Eier]schale ② TYP Druckfehler m
coquin(e) [kɔkɛ̃] adj schelmisch
corail [kɔʀaj] <coraux> m Koralle f
Coran [kɔʀɑ̃] m: **le** ~ der Koran
corbeau [kɔʀbo] <x> m Rabe m
corbeille [kɔʀbɛj] f Korb m
corde [kɔʀd] f ① Strick m; (d'un bateau) Leine f ② ANAT **~s vocales** Stimmbänder pl ③ **à linge** Wäscheleine f
cordial(e) [kɔʀdjal, jo] <-aux> adj herzlich
cordialement [kɔʀdjalmɑ̃] adv herzlich
cordon [kɔʀdɔ̃] f Schnur f
cordonnier, -ière [kɔʀdɔnje] m, f Schuster(in) m(f)
coriace [kɔʀjas] adj zäh
corne [kɔʀn] f ZOOL Horn nt
cornflakes [kɔʀnflɛks] pl Cornflakes pl
corniche [kɔʀniʃ] f ① ARCHIT Sims

nt o m ② (escarpement) [Fels]vorsprung m ③ (route) Straße an einer Steilküste
cornichon [kɔʀniʃɔ̃] m Gürkchen nt
corporation [kɔʀpɔʀasjɔ̃] f Körperschaft f; (d'artisans) Innung f
corporel(le) [kɔʀpɔʀɛl] adj körperlich
corps [kɔʀ] m ① Körper m ② CHIM Substanz f ③ (groupe) Körperschaft f
correct(e) [kɔʀɛkt] adj korrekt
correctement [kɔʀɛktəmɑ̃] adv richtig
correction [kɔʀɛksjɔ̃] f Korrektur f, Verbesserung f
correspondance [kɔʀɛspɔ̃dɑ̃s] f ① Briefwechsel m ② COM Schriftverkehr m ③ AUT Anschluss m
correspondant(e) [kɔʀɛspɔ̃dɑ̃] I. adj entsprechend II. m, f ① Briefpartner(in) m(f) ② (au téléphone) Gesprächspartner m
correspondre [kɔʀɛspɔ̃dʀ] <14> I. vi ① im Briefwechsel stehen ② (aller avec) ~ à qc zu etw gehören II. vpr: se ~ sich entsprechen
corrigé [kɔʀiʒe] m Lösung f
corriger [kɔʀiʒe] <2a> I. vt ① verbessern II. vpr: se ~ sich bessern
corrompre [kɔʀɔ̃pʀ] <irr> vt bestechen
corrompu(e) [kɔʀɔ̃py] adj korrupt
corrosion [kɔʀozjɔ̃] f Korrosion f
corruptible [kɔʀyptibl] adj bestechlich
corse [kɔʀs] I. adj korsisch II. n

Korsisch nt

Corse [kɔʀs] I. f: **la ~** Korsika nt
II. mf Korse, Korsin m, f

corsé(e) [kɔʀse] adj ❶ scharf
[gewürzt]; (vin) vollmundig
❷ (compliqué) knifflig

cortège [kɔʀtɛʒ] m Umzug m

corvée [kɔʀve] f lästige Pflicht

cosmopolite [kɔsmɔpɔlit] adj
kosmopolitisch

costaud(e) [kɔsto] adj (fam) kräftig

costume [kɔstym] m (Herren)anzug m; **~ régional** [o **folklorique**] Volks[tracht f

cote [kɔt] f ❶ FIN [Kurs]notierung f
❷ (popularité) Beliebtheit f

côte [kɔt] f ❶ Küste f ❷ (pente qui
monte/descend) Steigung f,
[Ab]hang m ❸ ANAT Rippe f
❹ GASTR Kotelett nt

côté [kote] I. m ❶ Seite f ❷ **d'un
~ ...**, **de l'autre** [~] einerseits ...,
andererseits; **de mon ~** ich meinerseits II. adv ❶ **~** nebenan
❷ (en comparaison) **à ~** daneben III. prép (à proximité de)
à ~ de qn/qc neben jdm/jdn/
etw

coteau [kɔto] <x> m Hang m

côtelette [kotlɛt] f GASTR Kotelett
nt

coton [kɔtɔ̃] m Baumwolle f; **du ~**
Watte f; **~ hydrophile** Verband[s]watte f

coton-tige [kɔtɔ̃tiʒ] <cotons-
-tiges> m Wattestäbchen nt

côtoyer [kotwaje] <6> I. vt (soutenu) verkehren mit II. vpr (soutenu) **se ~** miteinander verkehren

cou [ku] m Hals m

couche [kuʃ] f ❶ Schicht f
❷ (lange) Windel f ❸ MED
fausse ~ Fehlgeburt f

couché(e) [kuʃe] adj liegend

coucher [kuʃe] <1> I. vi
❶ schlafen; **~ à l'hôtel** im Hotel
übernachten ❷ (fam) **~ avec qn**
mit jdm schlafen II. vt ❶ ins Bett
bringen ❷ legen III. vpr: **se ~**
❶ ins Bett gehen ❷ (soleil) untergehen IV. m: **au ~ du soleil** bei
Sonnenuntergang

couchette [kuʃɛt] f Liege[wagen]
platz m

coucou [kuku] I. m ❶ Kuckuck m
II. interj kuckuck

coude [kud] m ❶ Ell[en]bogen m
❷ (courbure) Biegung f ❸ **~ à ~**
Seite an Seite

coudre [kudʀ] <irr> I. vi nähen
II. vt zusammennähen; (bouton)
annähen

couette [kwɛt] f Federbett nt

couffin [kufɛ̃] m [Baby]tragekorb m

couler [kule] <1> I. vi ❶ fließen
❷ (robinet) tropfen ❸ (goutter)
laufen; (œil) tränen ❹ (sombrer)
untergehen II. vt ❶ gießen
❷ (sombrer) versenken

couleur [kulœʀ] f Farbe f; **de ~**
farbig

coulisser [kulise] <1> vi [in einer
Schiene] laufen

couloir [kulwaʀ] m ❶ Gang m,
Flur m ❷ GEO Schlucht f

coup [ku] m ❶ Schlag m; **~ de
pied** Fußtritt m ❷ (décharge)
~ [de feu] Schuss m ❸ (action

rapide; ~ **de fil** Anruf *m* ❷ *(manifestation brusque)* ~ **de foudre** Liebe *f* auf den ersten Blick ❸ **prendre un ~ de froid** sich erkälten; **donner un ~ de main à qn** jdm zur Hand gehen; **jeter un ~ d'œil sur le feu** ein Auge auf das Feuer (*akk*) haben; **du premier ~** auf Anhieb; **d'un seul ~** auf ein Mal; **tout à ~** plötzlich

coupable [kupabl] *adj* schuldig

coupant(e) [kupã] *adj* scharf

coupe¹ *f* Schnitt *m*; *(résultat)* ~ **de cheveux** Haarschnitt *m*; **en dégradé** Stufenschnitt *m*

coupe² [kup] *f* ❶ **une ~ de champagne** ein Glas *nt* Champagner ❷ *(récipient)* Schale *f* ❸ SPORT Pokal *m*; *(épreuve)* Pokal[wettbewerb *m*] ❹ **coupe-ongle** [kupɔ̃gl] <coupe-ongles> *m* Nagelknipser *m*

couper [kupe] <1> I. *vi* ❶ schneiden; **attention, ça coupe!** Achtung, das ist scharf!; ~ **les pointes** Spitzen schneiden ❷ *(prendre un raccourci)* abkürzen ❸ *(interrompre)* unterbrechen ❹ TELEC **ne coupez pas!** bleiben Sie am Apparat! II. *vt* ❶ [ab]schneiden; *(arbre)* fällen ❷ *(texte)* kürzen ❸ *(route)* versperren III. *vpr:* **se** ~ sich schneiden

coupe-vent [kupvã] <coupe-vent[s]> *m* Windjacke *f*

couple [kupl] *m* ❶ [Liebes]paar *nt*

couplet [kuplɛ] *m* Strophe *f*

coupole [kupɔl] *f* Kuppel *f*

coupon [kupɔ̃] *m* ❶ COUT Stoffrest *m* ❷ *(bon)* Abschnitt *m*

coupure [kupyʀ] *f* ❶ Schnittwunde *f* ❷ PRESSE ~ **de presse** Zeitungsausschnitt *m* ❸ *(interruption)* Unterbrechung *f*

cour [kuʀ] *f* Hof *m*; ~ **intérieur** Innenhof *m*

courage [kuʀaʒ] *m* Mut *m*

courageusement [kuʀaʒøzmã] *adv* tapfer

courageux, -euse [kuʀaʒø] *adj* mutig; *(soldat)* tapfer

couramment [kuʀamã] *adv* fließend

courant [kuʀã] *m* ❶ ELEC Strom *m* ❷ *(cours d'eau)* Strömung *f* ❸ **être au ~ de qc** über etw *(akk)* auf dem Laufenden sein

courant(e) [kuʀã] *adj* ❶ üblich ❷ *(année)* laufend

courbature [kuʀbatyʀ] *f* Muskelkater *m*

courbe [kuʀb] *adj* gebogen

courbé(e) [kuʀbe] *adj* krumm

courber [kuʀbe] <1> I. *vi:* ~ **sous qc** sich unter etw *(dat)* biegen II. *vt* ❶ biegen ❷ *(pencher)* ~ **le dos** den Rücken krümmen III. *vpr:* **se** ~ *(se baisser)* den Rücken krümmen

coureur, -euse [kuʀœʀ] *m, f* ❶ SPORT Läufer(in) *m(f)* ❷ AUT Fahrer(in) *m(f)*

courgette [kuʀʒɛt] *f* Zucchini *f*

courir [kuʀiʀ] <irr> *vi* ❶ laufen; *(plus vite)* rennen ❷ *(se répandre)* umgehen

couronne [kuʀɔn] *f* ❶ Krone *f* ❷ *(pour décorer)* Kranz *m*

couronné [kuʀɔne] *adj* preisgekrönt

courrier [kuʀje] *m* ❶ Post *f* ❷ INFORM ~ **électronique** E-Mail *m*

courroie [kuʀwa] *f* Riemen *m*; ~ **de transmission** Keilriemen *m*

cours [kuʀ] *m* ❶ Verlauf *m*; *(des saisons)* Ablauf *m*; **en ~ de route** unterwegs ❷ *(leçon)* Unterricht *m* ❸ *(d'une monnaie)* Kurs *m*; **en ~ de route** unterwegs; ~ **de langue** Sprachkurs *m*; ~ **de ski** Skikurs *m*; ~ **de natation** Schwimmkurs *m*; ~ **de change** Wechselkurs *m*

course [kuʀs] *f* ❶ Laufen *nt* ❷ *(épreuve)* Rennen *nt* ❸ *(déplacement)* ~ **en taxi** Taxifahrt *f*; **faire les [o ses] ~s** Besorgungen machen

court [kuʀ] *m*: ~ **de tennis** Tennisplatz *m*

court [kuʀ] *adv* kurz

court(e) [kuʀ] *adj* kurz **court-circuit** [kuʀsiʀkɥi] <courts-circuits> *m* Kurzschluss *m*

courtier, -ière [kuʀtje] *m, f* Makler(in) *m(f)*

court-métrage [kuʀmetʀaʒ] <courts-métrages> *m* Kurzfilm *m*

courtois(e) [kuʀtwa] *adj* höflich

cousin(e) [kuzɛ̃] *m/f* ❶ Cousin, Cousine *m, f o* Kusine *f*

coussin [kusɛ̃] *m* Kissen *nt*

coût [ku] *m* Kosten *pl*

couteau [kuto] <x> *m* Messer *nt*; ~ **de poche** Taschenmesser *nt*

coûter [kute] <1> *vt* kosten; **ça coûte cher** das ist teuer

coutume [kutym] *f* Brauch *m*

couture [kutyʀ] *f* Nähen *nt*

couvent [kuvɑ̃] *m* Kloster *nt*

couver [kuve] <1> *vt* [aus]brüten

couvercle [kuvɛʀkl] *m* Deckel *m*

couvert [kuvɛʀ] *m* ❶ Besteck *nt* ❷ *(place)* Gedeck *nt*

couvert(e) [kuvɛʀ] *adj* ❶ *(habillé)* **être trop ~** zu warm angezogen sein ❷ *(protégé)* **être ~** zugedeckt sein ❸ *(assuré)* gedeckt ❹ *(opp: en plein air)* überdacht

couverture [kuvɛʀtyʀ] *f* ❶ *(d'un lit)* [Bett]decke *f*; ~ **de laine** Wolldecke *f* ❷ *(d'un cahier)* Umschlag *m*

couvrir [kuvʀiʀ] <11> **I.** *vt* ❶ abdecken; *(toit)* decken ❷ *(recouvrir)* ~ **de qc** mit etw bedecken **II.** *vpr:* **se** ❶ sich anziehen ❷ *(se protéger)* sich absichern ❸ METEO sich bewölken

crabe [kʀab] *m* Krabbe *f*

cracher [kʀaʃe] <1> *vt, vi* [aus]spucken

craie [kʀɛ] *f* Kreide *f*

craindre [kʀɛ̃dʀ] <irr> **I.** *vt* ❶ fürchten ❷ *(pressentir)* fürchten **II.** *vi:* ~ **pour qn/qc** Angst um jdn/etw haben

crampe [kʀɑ̃p] *f* [Muskel]krampf *m*

cramponner [kʀɑ̃pɔne] <1> *vpr:* **se** ~ sich festklammern

crâne [kʀɑn] *m* Schädel *m*

crâneur, -euse [kʀɑnœʀ] *adj* angeberisch *(fam)*

crapaud [kʀapo] *m* Kröte *f*

craquer [kʀake] <1> *vi* ❶ krachen ❷ *(branche)* brechen

crash [kʀaʃ] *m* <[e]s> *m* Absturz *m*

crasse [kʀas] f Dreck m

cravache [kʀavaʃ] f [Reit]gerte f

cravate [kʀavat] f Krawatte f

crayon [kʀɛjɔ̃] m Bleistift m; **~ de couleur** Farbstift m

créateur, -trice [kʀeatœʀ] m, f Schöpfer(in) m(f)

créatif, -ive [kʀeatif] adj schöpferisch

création [kʀeasjɔ̃] f ① REL **la Création** die Schöpfung ② ART Werk nt; (d'un couturier) Kreation ③ (invention) Herstellung f

créativité [kʀeativite] f Kreativität f

créature [kʀeatyʀ] f Lebewesen nt

crèche [kʀɛʃ] f Krippe f

crédibilité [kʀedibilite] f Glaubwürdigkeit f

crédit [kʀedi] m ① (paiement échelonné) Ratenzahlung f ② (prêt) Kredit m

créditer [kʀedite] <1> vt gutschreiben

crédule [kʀedyl] adj gutgläubig

créer [kʀee] <1> vt schaffen

crème [kʀɛm] I. f ① (produit laitier) Rahm m; **~ chantilly** Schlagsahne f; **~ aigre** saure Sahne ② (entremets) Creme f ③ (liqueur) **~ de cassis** Johannisbeerlikör m ④ (de soins) Creme f; **~ anti-âge** Anti-Aging-Creme f; **~ pour les mains** Handcreme f; **~ solaire** Sonnencreme f II. m Milchkaffee m

crémeux, -euse [kʀemø] adj cremig

créneau [kʀeno] <x> m: **faire un ~** einparken

Créole [kʀeɔl] mf Kreole, Kreolin m, f

crêpe [kʀɛp] f GASTR Crêpe f, Pfannkuchen m

crépu(e) [kʀepy] adj gekräuselt

crépuscule [kʀepyskyl] m Dämmerung f

creuser [kʀøze] <1> I. vt ① ausheben; (sillon) ziehen ② (évider) graben II. vi hungrig machen III. vpr ① **se ~** einfallen ② **se ~ la tête** sich (dat) den Kopf zerbrechen

creux [kʀø] m Höhle f

creux, -euse [kʀø] adj ① hohl; (ventre) leer ② (vain) nichts sagend ③ (rentré) eingefallen

crevasse [kʀavas] f Spalte f

crevé(e) [kʀave] adj (fam) kaputt

crever [kʀave] <4> I. vi platzen II. vt (pneu) kaputtstechen III. vpr (fam) **se ~** sich kaputtmachen

crevette [kʀavɛt] f Garnele f

cri [kʀi] m Schrei m

cric [kʀik] m Wagenheber m

crier [kʀije] <1> I. vi schreien II. vt (à voix forte) rufen

crime [kʀim] m ① Mord m ② JUR Verbrechen m

criminel(le) [kʀiminɛl] adj kriminell

crique [kʀik] f Bucht f

crise [kʀiz] f ① POL, ECON Krise f ② MED **~ cardiaque** Herzanfall m

crisper [kʀispe] <1> I. vt verzerren II. vpr **se ~** sich verkrampfen

crisser [kʀise] <1> vi quietschen

cristal [kʀistal, o] <-aux> m Kristall

critique [kʀitik] **I.** *adj* kritisch **II.** *f* Kritik *f*

critiquer [kʀitike] <1> *vt* kritisieren

crochet [kʀɔʃɛ] *m* ③ (Wand)haken *m* ③ (aiguille) Häkelhaken *m*

crochu(e) [kʀɔʃy] *adj* gekrümmt

croire [kʀwaʀ] <irr> *vt* ③ glauben ③ (avoir confiance) trauen ③ (s'imaginer) sich einbilden ③ (supposer) **il faut ~ que ...** es ist anzunehmen, dass ...

croisé(e) [kʀwaze] *adj*: **mots ~s** Kreuzworträtsel *nt*

croisement [kʀwazmɑ̃] *m* Kreuzung *f*

croiser [kʀwaze] <1> **I.** *vt* kreuzen **II.** *vpr*: **se** ~ sich treffen

croisière [kʀwazjɛʀ] *f* Kreuzfahrt *f*; **à la voile** Segeltörn *m*

croissant [kʀwasɑ̃] *m* GASTR Croissant *nt*, Hörnchen *nt*

croître [kʀwatʀ] <irr> *vi* ③ wachsen ③ (augmenter) zunehmen

croix [kʀwa] *f* Kreuz *nt*

Croix-Rouge [kʀwaʀuʒ] *f*: **la ~** das Rote Kreuz

croquant(e) [kʀɔkɑ̃] *adj* knusprig

croquer [kʀɔke] <1> *vi* knabbern

crosse [kʀɔs] *f* Schläger *m*; **~ de golf** Golfschläger *m*

crouler [kʀule] <1> *vi* ③ einstürzen ③ (s'effondrer) zusammenbrechen

croustille [kʀustij] *f* CAN (Kartoffel)chips *m*

croûte [kʀut] *f* ③ Rinde *f* ③ GASTR **pâté en ~** Blätterteigpastete *f* ③ MED Schorf *m* ③ GEO **~ terrestre** Erdkruste *f*

croyant(e) [kʀwajɑ̃] *adj* religiös

cru [kʀy] *m* (Wein)anbaugebiet *nt*; **un grand ~** ein großer Wein

cru(e) [kʀy] *adj* ③ roh ③ (vif) grell

cruauté [kʀyote] *f* Grausamkeit *f*

crucial(e) [kʀysjal] <-aux> *adj* entscheidend

crudité [kʀydite] *f* ③ GASTR (Gemüse)rohkost *f*; **assiette de ~s** ≈ Salatplatte *f*

cruel(le) [kʀyɛl] *adj* grausam

crustacé [kʀystase] *m* Krustentier *nt*

cube [kyb] *m* ③ **~ mètre** ≈ Kubikmeter *m* ③ MATH Würfel *m*

cueillir [kœjiʀ] <irr> *vt* ernten; (fleurs) pflücken

cuiller, cuillère [kɥijɛʀ] *f* Löffel *m*; **~ en bois** Kochlöffel *m*; **petite ~** Teelöffel *m*

cuir [kɥiʀ] *m* ③ Leder *nt* ③ **~ chevelu** Kopfhaut *f*

cuire [kɥiʀ] <irr> *vt*, *vi* kochen; (viande) braten; (gâteau) backen

cuisine [kɥizin] *f* ③ Küche *f* ③ (art culinaire) Kochkunst *f*; **faire la ~** kochen; ③ **diététique** Schonkost *f*

cuisiner [kɥizine] <1> *vt*, *vi* kochen

cuisinier, -ière [kɥizinje] *m*, *f* Koch, Köchin *m*, *f*

cuisinière [kɥizinjɛʀ] *f* Herd *m*; **~ à gaz** Gasherd *m*; **~ électrique** Elektroherd *m*

cuisse [kɥis] *f* ③ ANAT Schenkel *m* ③ GASTR Keule *f*

cuisson [kɥisɔ̃] *m* ③ Kochen *nt* ③ (durée) Koch-/Brat-/Backzeit *f*

cuit(e) [kɥi] *adj* GASTR gar; **bien ~** durchgebraten

cul [ky] *m (fam)* Hintern *m*

cul-de-sac [kydsak] <culs-de--sac> *m* Sackgasse *f*

culotte [kylɔt] *f* Unterhose *f*

culpabilité [kylpabilite] *f* Schuld *f*

cultivé(e) [kyltive] *adj* ❶ gebildet ❷ *(terre)* bebaut

cultiver [kyltive] <1> **I.** *vt* ❶ AGR anbauen ❷ *(don)* fördern ❸ *(entretenir)* pflegen **II.** *vpr:* **se** ~ sich bilden

culture [kyltyʀ] *f* ❶ Anbau *m* ❷ *pl (terres cultivées)* Felder *pl* ❸ *(savoir)* Bildung *f*

culturel(le) [kyltyʀɛl] *adj* Kultur-

culturisme [kyltyʀism] *m* Bodybuilding *m*

cumin [kymɛ̃] *m* Kümmel *m*

cure [kyʀ] *f* Kur *f*

curé [kyʀe] *m* Pfarrer(in) *m(f)*

cure-dent [kyʀdɑ̃] <cure-dents> *m* Zahnstocher *m*

curieux, -euse [kyʀjø] *adj* neugierig

curiosité [kyʀjozite] *f* ❶ Neugier[de] *f* ❷ *(site)* Sehenswürdigkeit *f*

curling [kœʀliŋ] *m* Curling *nt*

curriculum [vitae] [kyʀikylɔm [vite]] *m inv* Lebenslauf *m*

curseur [kyʀsœʀ] *m* INFORM Cursor *m*

cuvette [kyvɛt] *f* ❶ Waschschüssel *f* ❷ *(d'un évier)* Becken *nt*

CV [seve] *m abr de* **curriculum vitae**

cybercafé [sibɛʀkafe] *m* Internet Café *nt*

cybercriminalité [sibɛʀkʀiminalite] *f* Internetkriminalität *f*

cyberespace [sibɛʀɛspas] *m* Cyberspace *m*

cycle [sikl] *m* ❶ BIO, MED Zyklus *m* ❷ SCOL **premier** ~ ≈ Unter- und Mittelstufe *f;* **deuxième** ~ ≈ Oberstufe *f* ❸ UNIV **premier** ~ Grundstudium *nt;* **deuxième** ~ Hauptstudium *nt*

cyclique [siklik] *adj* zyklisch

cyclisme [siklism] *m* Radsport *m*

cycliste [siklist] *mf* Radfahrer(in) *m(f)*

cygne [siɲ] *m* Schwan *m*

cylindrique [silɛ̃dʀik] *adj* zylindrisch

cynique [sinik] *adj* zynisch

D d

D, d [de] *m inv* D *nt*, d *nt*

d' *v.* de

d'abord [dabɔʀ] *v.* abord

d'accord [dakɔʀ] *v.* accord

dame [dam] *f* Dame *f*, Frau *f*

Danemark [danmaʀk] *m:* le ~ Dänemark *nt*

danger [dãʒe] *m* Gefahr *f*

dangereux, -euse [dãʒʀø] *adj* gefährlich

danois [danwa] *m* Dänisch *nt*

danois(e) [danwa] *adj* dänisch

Danois(e) [danwa] *m(f)* Däne, Dänin *m, f*

dans [dã] *prép* ❶ in +dat ❷ (à travers) durch +akk ❸ (à l'intérieur de) in +dat, innerhalb +gen; **porter qn ~ ses bras** jdn auf dem Arm tragen ❹ ~ **une heure** in einer Stunde

danse [dãs] *f* Tanz *m*

danser [dãse] <1> *vt, vi* tanzen

danseur, -euse [dãsœʀ, -øz] *m, f* Tänzer(in) *m(f)*

Danube [danyb] *m:* le ~ die Donau

date [dat] *f* Datum *nt;* ~ **de naissance** Geburtstag *m;* **à quelle ~?** wann?

dater [date] <1> *vt* datieren

datif [datif] *m* Dativ *m*

datte [dat] *f* Dattel *f*

daube [dob] *f* Schmorbraten *m;* **en** ~ geschmort

davantage [davãtaʒ] *adv* ❶ (plus) mehr ❷ (temporel) länger

de¹ [də] <d', de la, du, des> *prép* ❶ (point de départ) von [... aus]; ~ ... **à** ... von ... bis ... ❷ (origine) aus ❸ (appartenance) de, der, des +gen ❹ (matière) aus ❺ (spécificité) **roue** ~ **secours** Ersatzrad *nt* ❻ (contenu) **combien** ~ **kilos?** wie viel Kilo? ❼ (temporel) **nuit** nachts

de² [də] <d', de la, du, des> *art:* **du vin/~ la bière/des gâteaux** Wein/Bier/Kekse

dé [de] *m* (jeu) Würfel *m*

déambulateur [deãbylatœʀ] *m* Handbike *nt*

déballer [debale] <1> *vt* auspacken

débarquer [debaʀke] <1> I. *vt* an Land setzen II. *vi* (opp: embarquer) mit dem Schiff ankommen, von Bord gehen

débarrasser [debaʀase] <1> I. *vt* ausräumen II. *vpr:* **se** ~ sich entledigen

débat [deba] *m* Diskussion *f*

débattre [debatʀ] <irr> I. *vt* ❶ diskutieren ❷ **à** ~ auszuhandeln II. *vi* verhandeln III. *vpr:* **se** ~ um sich schlagen

débaucher [deboʃe] <1> I. *vt* entlassen II. *vpr:* **se** ~ ausschweifen

débile [debil] *adj* ❶ (fam) schwachsinnig ❷ (atteint de débilité) geistig behindert

débiter [debite] <1> *vt* ❶ FIN belasten ❷ *(vendre)* verkaufen

débiteur, -trice [debitœʀ] *m, f* Schuldner(in) *m(f)*

débloquer [debloke] <1> *vt* TECH lösen

débordé(e) [debɔʀde] *adj* überlastet

déborder [debɔʀde] <1> *vi* überlaufen

débouché [debuʃe] *m* Absatzmarkt *m*

déboucher [debuʃe] <1> I. *vt* freibekommen II. *vpr:* se ~ frei werden III. *vi (véhicule)* herausgefahren kommen

débourser [debuʀse] <1> *vt* ausgeben

debout [d(ə)bu] *adj, adv inv* ❶ stehend ❷ *(levé)* être/rester ~ auf sein/aufbleiben

déboutonner [debutɔne] <1> *vt* aufknöpfen

débrayer [debʀeje] <7> *vt* AUT [aus]kuppeln

débris [debʀi] *m* Scherbe *f*

débrouiller [debʀuje] <1> *vpr (fam)* se ~ zurechtkommen

début [deby] *m* Anfang *m*

débutant(e) [debytɑ̃] *m(f)* Anfänger(in) *m(f)*

débuter [debyte] <1> *vt, vi* anfangen

décadence [dekadɑ̃s] *f* Niedergang *m*

décaféiné [dekafeine] *m* koffeinfreier Kaffee

décalage [dekalaʒ] *m* ❶ *(d'un horaire)* Verschiebung *f* ❷ *(écart temporel)* Zeitabstand *m* ❸ *(écart spatial)* Versetzung *f*

décalé(e) [dekale] *adj* versetzt

décapiter [dekapite] <1> *vt* köpfen

décéder [desede] <5> *vi (form)* versterben

décembre [desɑ̃bʀ] *m* Dezember *m*

décennie [deseni] *f* Jahrzehnt *nt*

décent(e) [desɑ̃] *adj* anständig

décentraliser [desɑ̃tʀalize] <1> *vt* dezentralisieren

décevant(e) [des(ə)vɑ̃] *adj* enttäuschend

déchaîné(e) [deʃene] *adj* hemmungslos

décharger [deʃaʀʒe] <2a> I. *vt* ❶ ausladen ❷ *(soulager)* erleichtern II. *vpr* ELEC se ~ sich entladen

déchausser [deʃose] <1> I. *vt (skis)* abschnallen II. *vpr:* se ~ seine Schuhe ausziehen

déchéance [deʃeɑ̃s] *f* Verfall *m*

déchet [deʃɛ] *m pl* Abfall *m*

déchiffrer [deʃifʀe] <1> *vt* entschlüsseln

déchirer [deʃiʀe] <1> I. *vt* zerreißen II. *vpr:* se ~ [auf]reißen

décidé(e) [deside] *adj* entschlossen

décidément [desidemɑ̃] *adv* also wirklich

décider [deside] <1> I. *vt* ❶ beschließen ❷ *(persuader)* ~ qn à faire qc jdn dazu bewegen etw zu tun II. *vpr:* se ~ sich entscheiden

décisif, -ive [desizif] *adj* entscheidend

décision [desizjɔ̃] *f* Entscheidung *f*

déclaration [deklaʀasjɔ̃] f ❶ [öffentliche] Erklärung; ~ **de valeur** Wertangabe f; ~ **en douane** Zollerklärung f ❷ (propos) Aussage f

déclarer [deklaʀe] <1> I. vt ❶ [öffentlich] erklären ❷ ADMIN [an]melden II. vpr (se prononcer) **se** ~ sich aussprechen

déclencher [deklɑ̃ʃe] <1> I. vt a. TECH auslösen II. vpr: **se** ~ in Gang kommen

déclencheur [deklɑ̃ʃœʀ] m Auslöser m; ~ **automatique** Selbstauslöser m

déclin [deklɛ̃] m Nachlassen nt

décliner [dekline] <1> vt ❶ zurückweisen ❷ LING deklinieren

décoder [dekɔde] <1> vt dekodieren

décollage [dekɔlaʒ] m Abflug m

décoller [dekɔle] <1> I. vt ablösen II. vi AVIAT abfliegen III. vpr: **se** ~ sich lösen

décolleté(e) [dekɔlte] adj ausgeschnitten

décolorant(e) [dekɔlɔʀɑ̃] adj: **produit** ~ Entfärbungsmittel nt

décolorer [dekɔlɔʀe] <1> vt; **[se]** ~ bleichen

décommander [dekɔmɑ̃de] <1> vt (chambre) abbestellen

décomposé(e) [dekɔ̃poze] adj ❶ zersetzt ❷ (visage) entstellt

décomposer [dekɔ̃poze] <1> I. vt zerlegen II. vpr: **se** ~ sich zersetzen

décompte [dekɔ̃t] m Abrechnung f

déconcentré(e) [dekɔ̃sɑ̃tʀe] adj unkonzentriert

décongeler [dekɔ̃ʒ(ə)le] <4> vt, vi auftauen

déconnecter [dekɔnɛkte] <1> vt ❶ ELEC unterbrechen ❷ INFORM ausloggen

déconseillé(e) [dekɔ̃seje] adj nicht empfehlenswert

décontracter [dekɔ̃tʀakte] <1> vt, vpr: **[se]** ~ [sich] entspannen

décor [dekɔʀ] m Dekor m o nt, Ausstattung f

décorer [dekɔʀe] <1> vt ❶ dekorieren ❷ (personne) auszeichnen

décortiquer [dekɔʀtike] <1> vt ❶ schälen ❷ (texte) analysieren

découper [dekupe] <1> vt ❶ aufschneiden; (volaille) tranchieren ❷ (tissu) zuschneiden

découragé(e) [dekuʀaʒe] adj entmutigt

décourager [dekuʀaʒe] <2a> I. vt ❶ entmutigen ❷ (dissuader) abhalten II. vpr: **se** ~ den Mut verlieren

découvert(e) [dekuvɛʀ] adj bloß

découverte [dekuvɛʀt] f Entdeckung f

découvrir [dekuvʀiʀ] <11> I. vt entdecken II. vpr: **se** ~ (enlever sa couverture) sich aufdecken

décret [dekʀɛ] m [Rechts]verordnung f

décréter [dekʀete] <5> vt POL anordnen

décrire [dekʀiʀ] <irr> vt beschreiben

décrocher [dekʀɔʃe] <1> vt abnehmen

déçu(e) [desy] adj enttäuscht

dedans [d(ə)dã] *adv* + *verbe de mouvement* hinein; + *verbe d'état* darin; *(dans un lieu)* innen; **de ~** *(venir)* von drinnen

dédier [dedje] <1> *vt* widmen

dédommager [dedɔmaʒe] <2a> *vt* entschädigen

déduire [dedɥiʀ] <irr> *vt* ① abziehen ② *(conclure)* ableiten

défaillance [defajãs] *f* Schwäche *f*

défaire [defɛʀ] <irr> I. *vt* aufmachen II. *vpr:* **se ~** aufgehen; *(bouton)* abgehen

défaite [defɛt] *f* Niederlage *f*

défaut [defo] *m* Fehler *m*

défavorable [defavɔʀabl] *adj* ungünstig

défavoriser [defavɔʀize] <1> *vt* benachteiligen

défectueux, -euse [defɛktɥø] *adj* defekt

défendre [defãdʀ] <14> I. *vt* verteidigen II. *vpr* sich wehren

défendu(e) [defãdy] *adj* verboten

défense¹ [defãs] *f* Verteidigung *f*

défense² [defãs] *f* Verbot *nt*

défi [defi] *m* Herausforderung *f*

déficit [defisit] *m* ① FIN Fehlbetrag *m* ② *(perte)* Verlust *m*

défier [defje] <1> *vt* herausfordern

défigurer [defigyʀe] <1> *vt* ① entstellen ② *(monument)* verunstalten

défiler [defile] <1> *vi* vorbeimarschieren; *(voitures)* vorbeifahren ② INFORM **faire ~ qc vers le haut/bas** etw nach oben/unten blättern

définir [definiʀ] <8> I. *vt* definieren ② *(sensation)* genau beschreiben II. *vpr:* **se ~ comme qn** sich selbst als jdn beschreiben

définitif, -ive [definitif] *adj* endgültig

définition [definisjɔ̃] *f* ① Definition *f* ② TV **~ de l'image** Bildauflösung *f*

définitivement [definitivmã] *adv* endgültig

défoncer [defɔ̃se] <2> *vt* eindrücken

déformer [defɔʀme] <1> *vt*, *vpr:* **[se]** ~ [sich] verformen

défouler [defule] <1> *vpr* sich austoben

dégagé(e) [degaʒe] *adj* frei

dégager [degaʒe] <2a> I. *vt* befreien II. *vpr:* **se ~** sich leeren

dégât [dega] *m pl* Schaden *m*

dégonfler [degɔ̃fle] <1> I. *vt* zum Abschwellen bringen II. *vpr:* **se ~** [die] Luft verlieren III. *vi* abschwellen

dégourdir [deguʀdiʀ] <8> *vpr:* **se ~** sich auflockern

dégoûtant(e) [degutã] *adj* ① widerlich ② *(sale)* ekelhaft dreckig

dégoûté(e) [degute] *adj* angewidert

dégradation [degʀadasjɔ̃] *f* ① Beschädigung *f* ② *(avilissement)* Erniedrigung *f*

dégradé [degʀade] *m:* **en ~** stufig

dégrader [degʀade] <1> I. *vt* ① beschädigen ② *(faire un dégradé)* abstufen II. *vpr:* **se ~**

(s'avilir) sich erniedrigen

dégraisser [degʀese] <1> *vt* entfetten

degré [dəgʀe] *m* ❶ Grad *m* ❷ *(dans la hiérarchie)* Stufe *f*

dégueulasse [degœlas] *adj (fam)* widerlich

déguiser [degize] <1> *vt, vpr:* **[se]** ~ *(sich)* verkleiden

dégustation [degystasjɔ̃] *f* Probe *f*

déguster [degyste] <1> *vt, vi* genießen

dehors [dəɔʀ] *adv* ❶ *(à l'extérieur)* draußen ❷ *(pas chez soi)* außer Haus ❸ **au** ~ äußerlich; **en** ~ **de** außerhalb; ~! raus!

déjà [deʒa] *adv* schon

déjeuner [deʒœne] <1> **I.** *vi* ❶ *(à midi)* zu Mittag essen ❷ *(le matin)* frühstücken **II.** *m* Mittagessen *nt*

délabré(e) [delabʀe] *adj* verfallen

délai [delɛ] *m* ❶ Frist *f* ❷ **sans** ~ unverzüglich

délaisser [delese] <1> *vt* vernachlässigen

délasser [delase] <1> *vt, vpr:* **[se]** ~ *(sich)* entspannen

délibérer [delibeʀe] <5> *vi* beraten

délicat(e) [delika] *adj* ❶ fein ❷ *(question)* heikel

délicatesse [delikatɛs] *f* ❶ Behutsamkeit *f* ❷ *(d'une situation)* Schwierigkeit *f* ❸ **avec/sans** ~ taktvoll/taktlos

délice [delis] *m* Genuss *m*

délicieux, -euse [delisjø] *adj* köstlich

délirant(e) [deliʀɑ̃] *adj* wahnsinnig

délit [deli] *m* Straftat *f*

délivrance [delivʀɑ̃s] *f* ❶ Erleichterung *f* ❷ ADMIN Ausstellung *f*

délivrer [delivʀe] <1> *vt, vpr:* **[se]** ~ *(sich)* befreien

déloger [delɔʒe] <2a> *vt* ausquartieren

deltaplane [dɛltaplan] *m* Drachenfliegen *nt*

demain [dəmɛ̃] *adv* morgen; **à** ~! bis morgen!

demande [d(ə)mɑ̃d] *f* ❶ Bitte *f* ❷ ADMIN Antrag *m* ❸ ECON Nachfrage *f* ❹ **à la** ~ nach Bedarf

demander [d(ə)mɑ̃de] <1> **I.** *vt* ❶ ~ **qc** um etw bitten; ~ **conseil** um Rat fragen ❷ *(efforts)* erfordern **II.** *vi, vpr:* **[se]** ~ *(sich)* fragen

démangeaison [demɑ̃ʒɛzɔ̃] *f* Juckreiz *m*

démanger [demɑ̃ʒe] <2a> *vi, vt* jucken

démaquiller [demakije] <1> *vt, vpr:* **[se]** ~ *(sich)* abschminken

démarrage [demaʀaʒ] *m* ❶ AUT Anlassen *nt* ❷ *(départ)* Anfahren *nt* ❸ INFORM - **à chaud/à froid** Warm-/Kaltstart *m*

démarrer [demaʀe] <1> **I.** *vi* ❶ *(voiture)* anspringen ❷ *(partir)* anfahren **II.** *vt* anlassen

démarreur [demaʀœʀ] *m* Anlasser *m*

démasquer [demaske] <1> **I.** *vt* entlarven **II.** *vpr:* **se** ~ seine Maske fallen lassen

démêler [demele] <1> *vt* ❶ entwirren ❷ *(affaire)* aufklären

déménager [demenaʒe] <2a> *vi*
❶ umziehen ❷ *(quitter un loge-ment)* ausziehen

démener [dem(ə)ne] <4> *vpr:*
se – ❶ sich schlagen ❷
(faire des efforts) sich [große]
Mühe geben

démentir [demãtiʀ] <10> *vt* wi-dersprechen

démesuré(e) [demezyʀe] *adj*
maßlos

démettre [demɛtʀ] <irr> I. *vt* ent-heben II. *vpr:* **se** – sich verren-ken

demeure [dəmœʀ] *f* Wohnsitz *m*

demeuré(e) [dəmœʀe] *adj*
[geistig] zurückgeblieben

demi [d(ə)mi] *m* ❶ un – ein Halb
❷ *(bière)* Bier *nt*

demi(e) [d(ə)mi] I. *m(f)* Hälfte *f*
II. *adj:* **une heure/deux heures** ou **e** eineinhalb/zwei-einhalb Stunden

demi-douzaine [d(ə)miduzɛn]
<demi-douzaines> *f* halbes Dut-zend

demie [d(ə)mi] I. *adj v.* **demi** II. *f*
(heure) **neuf heures** ou **~** halb zehn

demi-litre [d(ə)militʀ] <demi-litres> *m* halber Liter **demi-pension** [d(ə)mipɑ̃sjɔ̃] *f* Halbpension *f*; **en ~** mit Halbpension **demi-tarif** [d(ə)mitaʀif] <demi-tarifs> *m* halber Preis *m*

démocratie [demɔkʀasi] *f* Demo-kratie *f*

démocratique [demɔkʀatik] *adj*

demokratisch

démolir [demɔliʀ] <8> *vt* abrei-ßen; *(objet)* kaputtmachen

démon [demɔ̃] *m* Teufel *m*

démonstration [demɔ̃stʀasjɔ̃] *f*
❶ Beweis *m* ❷ *(présentation)*
Demonstration *f*

démontable [demɔ̃tabl] *adj* zer-legbar

démonter [demɔ̃te] <1> I. *vt*
❶ zerlegen ❷ *(déconcerter)* aus der Fassung bringen II. *vpr:* **se** – sich zerlegen lassen

démontrer [demɔ̃tʀe] <1> *vt* be-weisen

démoraliser [demɔʀalize] <1>
I. *vt, vi* entmutigen II. *vpr:*
se – den Mut verlieren

démotiver [demɔtive] <1> *vt:*
~ **qn** jdm die Motivation neh-men

démuni(e) [demyni] *adj* mittellos

dénicher [deniʃe] <1> *vt* ausfindig machen

dénombrer [denɔ̃bʀe] <1> *vt*
zählen

dénommer [denɔme] <1> *vt* be-zeichnen

dénoncer [denɔ̃se] <2> I. *vt* ver-raten II. *vpr:* **se** – **à la police**
sich der Polizei stellen

dénouement [denumɑ̃] *m* Aus-gang *m*

dénouer [denwe] <1> I. *vt* auf-knoten II. *vpr:* **se** – sich lösen

densité [dɑ̃site] *f* Dichte *f*

dent [dɑ̃] *f* Zahn *m*; ~ **de sagesse** Weisheitszahn *m*

dentifrice [dɑ̃tifʀis] *m* Zahnpasta *f*

dentiste [dɑ̃tist] *mf* Zahnarzt,

-ärztin *m, f*

dénudé(e) [denyde] *adj* entblößt

dénuder [denyde] <1> *vt* entkleiden

déodorant [deɔdɔʀɑ̃] *m* Deo(dorant) *nt*

dépannage [depanaʒ] *m* Reparatur *f*

dépanner [depane] <1> *vt* reparieren; *(remorquer)* abschleppen

dépanneuse [depanøz] *f* Abschleppwagen *m*

départ [depaʀ] *m* ❶ *(action de partir)* Weggehen *nt*, Abflug *m*, Abfahrt *f* ❷ SPORT Start *m* ❸ *(démission)* Rücktritt *m* ❹ **au ~ de Paris** ab Paris; **être sur le ~** im Aufbruch sein

département [depaʀtəmɑ̃] *m* ❶ ADMIN Departement *nt*; **~ d'outre-mer** Überseedepartement *m* ❷ *(d'une entreprise)* Abteilung *f*

départemental(e) [depaʀtəmɑ̃tal] <-aux> *adj* Departements-; **route ~e** Landstraße *f*

dépasser [depase] <1> *vt, vi* überholen

dépaysé(e) [depeize] *adj* fremd

dépayser [depeize] <1> *vt* ❶ verwirren ❷ *(changer les idées)* ablenken

dépêcher [depeʃe] <1> *vpr:* **se ~ de faire qc** sich beeilen etw zu tun

dépendance [depɑ̃dɑ̃s] *f* Abhängigkeit *f*

dépendre [depɑ̃dʀ] <14> *vi* ❶ abhängig sein ❷ *(faire partie de)*

~ de qc zu etw gehören ❸ **ça dépend** *(fam)* das kommt drauf an

dépense [depɑ̃s] *f* Ausgabe *f*

dépenser [depɑ̃se] <1> **I.** *vt* ❶ ausgeben ❷ *(énergie)* verbrauchen **II.** *vpr:* **se ~** sich verausgaben

dépeupler [depœple] <1> *vt* entvölkern

dépistage [depistaʒ] *m:* **test de ~ du Sida** Aidstest *m*

déplacé(e) [deplase] *adj* unpassend

déplacer [deplase] <2> **I.** *vt* an einen anderen Platz legen/stellen **II.** *vpr:* **se ~** sich fortbewegen

déplaire [deplɛʀ] <irr> *vi* missfallen

déployer [deplwaje] <7> *vt* ❶ ausbreiten ❷ *(énergie)* einsetzen

dépopulation [depɔpylasjɔ̃] *f* Bevölkerungsrückgang *m*

déposer [depoze] <1> **I.** *vt* ❶ stellen/legen ❷ *(bagages)* abgeben **II.** *vi (témoigner)* aussagen **III.** *vpr:* **se ~** sich absetzen

déposséder [depɔsede] <5> *vt* enteignen

dépôt [depo] *m* ❶ Erheben *nt*; *(d'une marque déposée)* Eintragen *nt* ❷ *(d'un chèque)* Einreichen *nt* ❸ *(un testament)* Hinterlegung *f*

dépouillé(e) [depuje] *adj* karg

dépourvu(e) [depuʀvy] *adj:* **être ~ de qc** ohne etw sein

dépressif, -ive [depʀesif] *adj* depressiv

dépression [depʀesjɔ̃] *f* ① PSYCH Depression *f* ② METEO Tief *nt*

déprimer [depʀime] <1> *vt* deprimieren

déprogrammer [depʀɔgʀame] <1> *vt* ① MEDIA aus dem Programm nehmen ② INFORM umprogrammieren

depuis [dəpɥi] I. *prép* seit; **~ quelle date?** seit wann?; **~ que ...** seit[dem] ... II. *adv* seither

député(e) [depyte] *m(f)* Abgeordnete(r) *f(m)*

déraciner [deʀasine] <1> *vt* entwurzeln

dérailler [deʀaje] <1> *vi* entgleisen

déranger [deʀɑ̃ʒe] <2a> I. *vt, vi* stören II. *vpr:* **se ~ pour qn** sich *(dat)* wegen jdm Umstände machen

déraper [deʀape] <1> *vi* ausrutschen

déréglé(e) [deʀegle] *adj* nicht in Ordnung

dérégler [deʀegle] <5> *vt, vpr:* **[se] ~** [sich] verstellen

dériver [deʀive] <1> I. *vt* umleiten II. *vi* ① LING **~ de qc** aus etw kommen ② *(barque)* abtreiben

dernier, -ière [dɛʀnje, -jɛʀ] *adj* ① *(ultime)* letzte(r, s) ② *(mode)* neueste(r, s); *(événement)* jüngste(r, s); **ces ~s temps** in letzter Zeit

dernièrement [dɛʀnjɛʀmɑ̃] *adv* neulich

dérouler [deʀule] <1> I. *vt* abrol-

len II. *vpr:* **se ~** ① verlaufen ② *(cassette)* sich abwickeln

derrière [deʀjɛʀ] I. *prép (sans mouvement)* hinter +*dat; (avec mouvement)* hinter +*akk;* **par ~** von hinten II. *adv* hinten; **là ~** da hinten; **courir ~** hinterherlaufen III. *m* ① Rückseite *f* ② *fam: postérieur)* Hintern *m*

des¹ [de] *art:* **les pages ~ livres** die Seiten der Bücher; **je mange ~ épinards** ich esse Spinat

des² [de] <**de**> *art:* **j'ai acheté ~ pommes et de beaux citrons** ich habe Äpfel und schöne Zitronen gekauft

dès [dɛ] *prép (à partir de)* bereits; **~ lors** *(à partir de ce moment-là)* seitdem; *(par conséquent)* infolgedessen; **~ maintenant** ab sofort; **~ que ...** sobald ...

désaccord [dezakɔʀ] *m* Unstimmigkeit *f*

désagréable [dezagʀeabl] *adj* unangenehm

désaltérer [dezaltere] <5> I. *vt, vi* den Durst stillen II. *vpr:* **se ~** seinen Durst stillen

désastre [dezastʀ] *m* Katastrophe *f*

désastreux, -euse [dezastʀø, -øz] *adj* ① verheerend ② *(nul)* miserabel

désavantage [dezavɑ̃taʒ] *m* Nachteil *m*

descendant(e) [desɑ̃dɑ̃] I. *adj* abschüssig II. *m(f)* Nachkomme *m*

descendre [desɑ̃dʀ] <14> I. *vi* ① hinuntergehen, hinunterfahren ② *(quitter)* aussteigen ③ *(baisser)* zurückgehen II. *vt*

D

● hinuntergehen, hinunterkommen ❷ **~ qc à la cave** etw in den Keller bringen ❸ *(rideaux)* herunterlassen

descente [desɑ̃t] *f* ❶ Abstieg *m*; *(en voiture)* Abfahrt ❷ AVIAT Landung *f* ❸ *(attaque brusque)* **une ~ de police** eine Polizeikontrolle

description [dɛskʀipsjɔ̃] *f* Beschreibung *f*

désenfler [dezɑ̃fle] <1> **I.** *vt* zum Abschwellen bringen **II.** *vi, vpr:* **[se] ~** abschwellen

déséquilibré(e) [dezekilibʀe] *adj* unausgeglichen

déséquilibrer [dezekilibʀe] <1> *vt* aus dem Gleichgewicht bringen

désert [dezɛʀ] *m* Wüste *f*

désert(e) [dezɛʀ] *adj* ❶ unbewohnt ❷ *(plage)* menschenleer

désespérant(e) [dezɛspeʀɑ̃] *adj:* **être ~** zum Verzweifeln sein

désespérer [dezɛspeʀe] <5> **I.** *vi* verzweifeln **II.** *vt (affliger)* verzweifeln lassen

désespoir [dezɛspwaʀ] *m* ❶ Hoffnungslosigkeit *f* ❷ *(désespérance)* Verzweiflung *f*

déshabiller [dezabije] <1> *vt, vpr:* **[se] ~** *(sich)* ausziehen

déshabituer [dezabitɥe] <1> *vpr:* **se ~ de qc** sich *(dat)* etw abgewöhnen

déshonorant(e) [dezɔnɔʀɑ̃] *adj* unehrenhaft

désignation [deziɲasjɔ̃] *f* Bezeichnung *f*

désigner [deziɲe] <1> *vt* ❶ hin-

weisen ❷ *(choisir)* ernennen

désillusion [dezi(l)lyzjɔ̃] *f* Enttäuschung *f*

désinfecter [dezɛ̃fɛkte] <1> *vt* desinfizieren

désintéressé(e) [dezɛ̃teʀese] *adj* uneigennützig

désintéresser [dezɛ̃teʀese] <1> *vpr:* **se ~ de qn/qc** das Interesse an jdm/etw verlieren

désintoxiquer [dezɛ̃tɔksike] <1> *vt* entwöhnen

désir [deziʀ] *m* ❶ Wunsch *m* ❷ *(appétit sexuel)* Verlangen *nt*

désirable [deziʀabl] *adj* wünschenswert

désirer [deziʀe] <1> *vt* ❶ wünschen; **je désire/désirerais un café** ich möchte [gerne] einen Kaffee [haben] ❷ *(convoiter)* begehren

désobéir [dezɔbeiʀ] <8> *vi* nicht gehorchen

désolé(e) [dezɔle] *adj* ❶ untröstlich ❷ *(navré)* **je suis vraiment ~** es tut mir wirklich leid ❸ *(lieu)* trostlos

désordre [dezɔʀdʀ] *m* Unordnung *f*

désorienté(e) [dezɔʀjɑ̃te] *adj* verwirrt

désormais [dezɔʀmɛ] *adv* von nun an

desquels, desquelles [dekɛl] *pron v.* **lequel**

dessécher [deseʃe] <1> *vt* austrocknen

desserrer [deseʀe] <1> *vt, vpr:* **[se] ~** *(sich)* lockern

dessert [desɛʀ] *m* Nachtisch *m*

dessin [desɛ̃] *m* ❶ Zeichnung *f*; **~[s] animé[s]** Zeichentrickfilm *m* ❷ *(activité)* Zeichnen *nt*

dessiner [desine] <1> *vt, vi* zeichnen

dessous [d(ə)su] **I.** *adv (sous)* d[a] runter **II.** *prép ❶ (sous)* unter etw *(dat)* ❷ *(plus bas que)* **en ~ de qc** unter einer S. *(dat)* **III.** *m* ❶ Unterseite *f* ❷ TEXTIL Dessous *pl*

dessus [d(ə)sy] **I.** *adv (sur qn/qc)* darauf **II.** *prép:* **enlever de ~ qc** von etw herunternehmen **III.** *m* ❶ Oberseite *f* ❷ **avoir le ~** überlegen sein

déstabiliser [destabilize] <1> *vt* destabilisieren

destin [destɛ̃] *m* Schicksal *nt*

destinataire [destinatɛʀ] *mf* Empfänger(in) *m(f)*

destination [destinasjɔ̃] *f* Ziel *nt*; *(d'une lettre)* Bestimmungsort *m*

destiner [destine] <1> **I.** *vt* vorsehen; **être destiné à qn** *(remarque)* sich an jdn richten **II.** *vpr:* **se ~ à la politique** sich der Politik verschreiben

destituer [destitɥe] <1> *vt* absetzen

déstresser [destʀese] <1> *vi (fam)* entstressen

destructif, -ive [destʀyktif] *adj* destruktiv

destruction [destʀyksjɔ̃] *f* Zerstörung *f*

détachant [detaʃɑ̃] *m* Fleckentferner *m*

détacher¹ [detaʃe] <1> **I.** *vt* ❶ losmachen ❷ *(nœud)* lösen ❸ *(feuille)* abreißen **II.** *vpr:* **se ~** sich befreien

détacher² [detaʃe] <1> *vt* reinigen

détail [detaj] *m* Einzelheit *f*

détailler [detaje] <1> *vt* ❶ COM einzeln verkaufen ❷ *(plan)* ausführlich erörtern

détective [detɛktiv] *mf* Detektiv(in) *m(f)*

détendre [detɑ̃dʀ] <14> **I.** *vt* lockern **II.** *vpr:* **se ~** *(situation)* sich entspannen

détendu(e) [detɑ̃dy] *adj* entspannt

détente [detɑ̃t] *f* Entspannung *f*

détention [detɑ̃sjɔ̃] *f* ❶ Besitz *m* ❷ *(incarcération)* Haft *f*; **~ préventive** Untersuchungshaft *f*

détériorer [deteʀjɔʀe] <1> **I.** *vt* beschädigen **II.** *vpr:* **se ~** Schaden nehmen

déterminant(e) [detɛʀminɑ̃] *adj* entscheidend

détermination [detɛʀminasjɔ̃] *f* ❶ Bestimmung *f* ❷ *(décision)* Entschluss *m*

déterminer [detɛʀmine] <1> *vt* bestimmen

détester [detɛste] <1> *vt* hassen

détour [detuʀ] *m* ❶ Biegung *f* ❷ *(trajet plus long)* Umweg *m*

détourner [detuʀne] <1> **I.** *vt* ❶ umleiten; *(avion)* entführen ❷ *(regard)* abwenden ❸ *(texte)* verfremden **II.** *vpr:* **se ~** sich abwenden

détoxiquer [detɔksike] <1> *vpr:* **se ~** entschlacken, entgiften

détraqué(e) [detʀake] *adj* ❶ gestört ❷ *(santé)* angegriffen

détraquer [detʀake] <1> vt kaputtmachen

détresse [detʀɛs] f Verzweiflung f

détruire [detʀɥiʀ] <irr> vt zerstören

dette [dɛt] f [Geld]schuld f

deuil [dœj] m Trauer f

deux [dø] I. num ❶ zwei; **tous les ~** alle beide; à ~ zu zweit ❷ (quelques) **habiter à ~ pas d'ici** um die Ecke wohnen II. m inv (cardinal) Zwei f

deuxième [døzjɛm] adj zweite(r, s)

deuxièmement [døzjɛmmɑ̃] adv zweitens

deux-pièces [døpjɛs] m inv ❶ (appartement) Zweizimmerwohnung f ❷ (maillot de bain) Bikini m **deux-points** [døpwɛ̃] pl LING Doppelpunkt m

dévaliser [devalize] <1> vt ausrauben

dévaloriser [devalɔʀize] <1> vt ❶ entwerten ❷ (mérite) abwerten II. vpr: **se ~** an Wert verlieren ❷ (personne) sich selbst herabsetzen

dévaluer [devalɥe] <1> vt abwerten

devant [d(ə)vɑ̃] I. prép v II. adv ❶ davor ❷ (en avant) vorn[e] III. m Vorderseite f

dévaster [devaste] <1> vt verwüsten

développé(e) [devlɔpe] adj entwickelt

développement [devlɔpmɑ̃] m ❶ Entwicklung f ❷ (des connaissances) Erweiterung f

développer [dev(ə)lɔpe] <1> vt,

vpr: [**se**] ~ [sich] entwickeln

devenir [dəv(ə)niʀ] <9> vi werden

déverser [devɛʀse] <1> vt ❶ (liquide) gießen ❷ (sable) [aus]-schütten

dévêtir [devetiʀ] <irr> vpr: **se ~** sich ausziehen

déviation [devjasjɔ̃] f Umleitung f

dévier [devje] <1> vt abweichen

dévisager [devizaʒe] <2a> vt anstarren

devise [d(ə)viz] f ❶ Motto nt ❷ (monnaie) Devisen pl

devoir [d(ə)vwaʀ] I. vt ❶ (argent) schulden ❷ (être redevable de) **un succès à qn/qc** jdm/einer S. einen Erfolg verdanken II. aux müssen; (obligation exprimée par autrui) sollen III. m ❶ (obligation morale) Pflicht f ❷ (ce que l'on doit faire) Aufgabe f

dévorer [devɔʀe] <1> vt, vi verschlingen

dévouement [devumɑ̃] m Ergebenheit f

dextrose [dɛkstʀoz] f Traubenzucker m

dézipper [dezipe] <1> vt INFORM (fichier) entzippen

diabète [djabɛt] m Diabetes m

diabétique [djabetik] mf Diabetiker(in) m(f)

diable [djabl] m Teufel m

diagnostic [djagnɔstik] m Diagnose f

diagnostiquer [djagnɔstike] <1> vt diagnostizieren (geh)

dialecte [djalɛkt] m Mundart f

dialogue [djalɔg] m Gespräch nt

dialoguer [djalɔge] <1> vi ein Gespräch führen

diamètre [djamɛtʀ] m Durchmesser m

diapo [djapo] f Dia nt

diarrhée [djaʀe] f Durchfall m

dictature [diktatyʀ] f Diktatur f

dicter [dikte] <1> vt diktieren

dictionnaire [diksjɔnɛʀ] m Wörterbuch nt

dicton [diktɔ̃] m sprichwörtliche Redensart

diététique [djetetik] I. adj Diät- II. f Ernährungswissenschaft f

dieu [djø] <x> m ① Gott m
② **Dieu merci!** Gott sei Dank!

différence [difeʀɑ̃s] f Unterschied m

différencier [difeʀɑ̃sje] <1> I. vt auseinanderhalten II. vpr: se ~ sich unterscheiden

différent(e) [difeʀɑ̃] adj ① andere(r, s); ~ de anders als ② pl (divers) verschieden

différer [difeʀe] <5> vt verschieben, verzögern

difficile [difisil] adj schwierig

difficilement [difisilmɑ̃] adv schwierig; (péniblement) schwer

difficulté [difikylte] f Schwierigkeit f

difforme [difɔʀm] adj unförmig

diffuser [difyze] <1> vt, vpr: [se] [sich] verbreiten

diffusion [difyzjɔ̃] f MEDIA Sendung f

digérer [diʒeʀe] <5> vt, vi (a. fig) verdauen

digestif [diʒɛstif] m Verdauungsschnaps m

digestion [diʒɛstjɔ̃] f Verdauung f

digne [diɲ] adj: ~ de ce nom dieses Namens würdig

digue [dig] f Deich m

dilater [dilate] <1> vpr: se ~ sich [aus]dehnen

diluer [dilye] <1> I. vt verdünnen II. vpr: se ~ sich auflösen

dimanche [dimɑ̃ʃ] m Sonntag m

dimension [dimɑ̃sjɔ̃] f ① Größe f ② pl (mesures) Dimension|en pl| f ③ (aspect) Tragweite f

diminuer [diminɥe] <1> I. vi nachlassen; **faire ~** reduzieren II. vt ① verringern ② (autorité) mindern III. vpr: se ~ sich selbst erniedrigen

diminution [diminysjɔ̃] f ① Schwinden nt; (de la température) Rückgang m ② (de la consommation) Einschränkung f

dinde [dɛ̃d] f ZOOL Truthenne f; GASTR Pute f

dîner [dine] <1> I. vi zu Abend essen II. m Abendessen nt

dingue [dɛ̃g] adj (fam) übergeschnappt

diphtérie [difteʀi] f Diphtherie f

diplomate [diplɔmat] mf Diplomat(in f) m(f)

diplôme [diplom] m ① Diplom nt; ~ de fin d'études Abschlusszeugnis nt ② (prix) Auszeichnung f

dire [diʀ] <irr> I. vt ① sagen ② (messe) lesen ③ (signifier) **vouloir ~** bedeuten; **ce qui veut que** was heißt, [dass] II. vpr ① (penser) **se ~ que ...** sich (dat)

sagen, dass ... ❷ *(être traduit)*
heißen III. *m* Gerede *nt*
direct [dirɛkt] *m* ❶ MEDIA Livesendung *f* ❷ CHEMDER Direktverbindung *f*
direct(e) [dirɛkt] *adj* direkt
directement [dirɛktəmã] *adv* direkt
directeur, -trice [dirɛktœr] I. *adj* Leit-; *(roue)* Lenk- II. *m, f* Direktor(in) *m(f)*
direction [dirɛksjɔ̃] *f* ❶ Richtung *f*; ~ **du vent** Windrichtung *f* ❷ *(action, fonction)* Leitung *f* ❸ AUT Lenkung *f*
directive [dirɛktiv] *f* Richtlinie *f*
diriger [diriʒe] <2a> I. *vt* ❶ die Leitung haben II. *vt* ❷ lenken ❸ *(voiture)* lenken III. *vpr:* **se ~ vers qn/qc** sich auf jdn/eine S. zubewegen
discerner [disɛrne] <1> *vt* ❶ wahrnehmen ❷ *(saisir)* erkennen
disciple [disipl] *m* Schüler(in) *m(f)*
discipline [disiplin] *f* Disziplin *f*
discontinu(e) [diskɔ̃tiny] *adj* nicht kontinuierlich
discothèque [diskɔtɛk] *f* ❶ Diskothek *f* ❷ *(collection)* Schallplattensammlung *f*
discours [diskur] *m* Rede *f*
discret [diskrɛ] *adj* ❶ diskret ❷ *(sobre)* dezent
discrimination [diskriminatwar] *adj* diskriminierend
discussion [diskysjɔ̃] *f* Gespräch *nt*
discutable [diskytabl] *adj (goût)* zweifelhaft

discuter [diskyte] <1> I. *vt* ❶ diskutieren ❷ *(ordre)* in Frage stellen II. *vi* sich unterhalten
disjoncter [disʒɔ̃kte] <1> *vi (fam)* ❶ ELEC durchbrennen ❷ *(débloquer)* ausrasten
disloquer [dislɔke] <1> *vt* auseinandernehmen
disparaître [disparɛtr] <irr> *vi* verschwinden
disparu(e) [dispary] *adj:* **être porté** ~ als vermisst gelten
disperser [dispɛrse] <1> *vt, vpr:* **[se]** ~ [sich] zerstreuen
disponible [dispɔnibl] *adj* verfügbar
disposé(e) [dispoze] *adj:* **être** ~ **à faire qc** bereit sein etw zu tun
disposer [dispoze] <1> I. *vt* ❶ anordnen; *(joueurs)* aufstellen II. *vi:* ~ **de qc** über etw *(akk)* verfügen
disposition [dispozisjɔ̃] *f* ❶ Anordnung *f* ❷ *(d'une loi)* Bestimmung *f*
disproportion [disprɔpɔrsjɔ̃] *f* Missverhältnis *nt*
dispute [dispyt] *f* Streit *m*
disputer [dispyte] <1> I. *vt* ❶ *(fam: gronder)* ausschimpfen ❷ *(contester)* ~ **qc à qn** jdm etw streitig machen II. *vpr:* **se** ~ sich streiten
disqualifier [diskalifje] <1> *vt, vpr:* **[se]** ~ [sich] disqualifizieren
disque [disk] *m* ❶ Scheibe *f* ❷ MUS [Schall]platte *f*; ~ **compact** CD *f* ❸ SPORT Diskus *m* ❹ INFORM ~ **dur** Festplatte *f*; ~ **optique compact** CD-ROM *f*

disquette [disket] f Diskette f

disséminer [disemine] <1> vt verstreuen

dissimuler [disimyle] <1> vt, vpr: [se] ~ (sich) verbergen

dissipé(e) [disipe] adj undiszipliniert

dissiper [disipe] <1> vt ❶ zerstreuen; (doutes) ausräumen ❷ (faire disparaître) vertreiben

dissocier [disɔsje] <1> vt: ~ **qc de qc** etw getrennt von etw betrachten

dissolvant [disɔlvã] m Lösungsmittel nt

dissuader [disɥade] <1> vt: ~ **qn de qc** (par la persuasion) jdn von etw abbringen

dissuasif, -ive [disɥazif] adj abschreckend

distance [distãs] f Entfernung f

distant(e) [distã] adj distanziert

distiller [distile] <1> vt destillieren

distinct(e) [distɛ̃] adj ❶ verschieden ❷ (net) deutlich

distinctif, -ive [distɛ̃ktif] adj charakteristisch

distingué(e) [distɛ̃ge] adj ❶ vornehm ❷ (éminent) berühmt

distinguer [distɛ̃ge] <1> vt, vpr ((se)différencier) [se] ~ (sich) unterscheiden

distraction [distraksjɔ̃] f Unachtsamkeit f

distraire [distrer] <irr> I. vt ❶ unterhalten ❷ (déranger) ablenken II. vpr: se ~ sich amüsieren

distribuer [distribɥe] <1> vt verteilen

distributeur [distribytœr] m Automat m; ~ **automatique** Automat m; ~ **de billets** (de billets de banque) Geldautomat m; (billets de train) Fahrkartenautomat m; ~ **de timbres** Briefmarkenautomat m

district [distrikt] m Bezirk m

dit(e) [di] adj so genannt

divergent(e) [divɛrʒɑ̃] adj voneinander abweichend

divers(e) [divɛr] adj ❶ verschiedenartig ❷ (mouvements) unterschiedlich ❸ pl (plusieurs) mehrere

diversité [divɛrsite] f Verschiedenartigkeit f

divertir [divɛrtir] <8> vt unterhalten

divertissement [divɛrtismɑ̃] m Unterhaltung f

diviser [divize] <1> vt, vpr: [se] ~ (sich) teilen

division [divizjɔ̃] f ❶ Gliederung f ❷ MATH, MIL Division f ❸ SPORT Liga f

divorce [divɔrs] m [Ehe]scheidung f

divorcé(e) [divɔrse] adj geschieden

divulguer [divylge] <1> vt verraten

dix [dis] num ❶ zehn ❷ (dans l'indication de la date) **le ~ mars** der zehnte März

dix-huit [dizɥit] num ❶ achtzehn ❷ (dans l'indication de la date) **le ~ mars** der achtzehnte März

dix-huitième [dizɥitjɛm] <dix-huitièmes> I. adj achtzehnte(r, s) II. m (fraction) Achtzehn-

D

tel *nt*

dixième [dizjɛm] **I.** *adj* zehnte(r, s) **II.** *m (fraction)* Zehntel *nt*

dix-neuf [diznœf] *num* ❶ neunzehn ❷ *(dans l'indication de la date)* **le ~ mars** der neunzehnte März

dix-neuvième [diznœvjɛm] <dix-neuvièmes> **I.** *adj* neunzehnte(r, s) **II.** *m (fraction)* Neunzehntel *nt*

dix-sept [disɛt] *num* ❶ siebzehn ❷ *(dans l'indication de la date)* **le ~ mars** der siebzehnte März

dix-septième [disɛtjɛm] <dix-septièmes> **I.** *adj* siebzehnte(r, s) **II.** *m (fraction)* Siebzehntel *nt*

dizaine [dizɛn] *f:* **une ~ de personnes** etwa zehn Personen

DM [dœtʃmark] HIST *abr de* **Deutsche Mark** DM

do [do] *m inv* C *nt,* c *nt*

docile [dɔsil] *adj* folgsam

docteur [dɔktœr] *mf (médecin)* Arzt *m*/Ärztin *f*

document [dɔkymã] *m* Dokument *nt*

documentaire [dɔkymãtɛr] *m* Dokumentarfilm *m*

documenter [dɔkymãte] <1> *vt, vpr:* **[se ~** [sich] informieren

doigt [dwa] *m* Finger *m*

doigté [dwate] *m* Fingerspitzengefühl *nt*

DOM [dɔm] *m abr de* **département d'outre-mer** überseeisches Departement

domaine [dɔmɛn] *m* ❶ Gebiet *nt;* *(sphère)* Bereich *m* ❷ INFORM

Domäne *f*

dôme [dom] *m* Kuppel *f*

domestique [dɔmɛstik] *adj:* **animal ~** Haustier *nt*

domicile [dɔmisil] *m* ❶ Wohnung *f* ❷ ADMIN Wohnsitz *m*

dominateur, -trice [dɔminatœr] *adj* herrisch

dominer [dɔmine] <1> *vt* ❶ herrschen ❷ *(contrôler)* zügeln **II.** *vi* ❶ vorherrschen ❷ SPORT dominieren

dommage [dɔmaʒ] *m* ❶ Schaden *m* ❷ **quel ~!** wie schade!

dompter [dɔ̃(p)te] <1> *vt* bändigen

don [dɔ̃] *m* ❶ Spende *f; (cadeau)* Geschenk *nt* ❸ *(aptitude)* Begabung *f*

donc [dɔ̃k] *konj* also; *(en interrogative)* denn; *(en impérative)* doch

donné(e) [dɔne] *adj* bestimmt

donnée [dɔne] *f* ❶ Angabe *f* ❷ *pl* INFORM, ADMIN Daten *pl*

donner [dɔne] <1> **I.** *vt* ❶ geben ❷ *(offrir)* schenken ❸ *(communiquer)* **~ le bonjour à qn** jdn grüßen ❹ *(attribuer)* zuschreiben **II.** *vi:* **~ sur qc** *(porte)* zu etw hinführen **III.** *vpr:* **se ~ à qn/qc** sich jdm/einer S. widmen

donneur, -euse [dɔnœr] *m, f.* MED Spender(in) *m(f)*

dont [dɔ̃] *pron compl* dessen/deren, wovon/woraus/womit/woran

dopage [dɔpaʒ] *m* Doping *nt*

doper [dɔpe] <1> *vpr:* **se ~** sich dopen

doré(e) [dɔʀe] *adj* vergoldet
dorénavant [dɔʀenavɑ̃] *adv* von
jetzt an
dorer [dɔʀe] <1> I. *vt* vergolden
II. *vpr:* **se faire ~** sich bräunen
dormir [dɔʀmiʀ] <irr> *vi* schlafen
dortoir [dɔʀtwaʀ] *m* Schlafsaal *m*
dos [do] *m* **1** Rücken *m* **2** *(fig:
d'une chaise)* Lehne *f*; *(d'un papier écrit)* Rückseite *f*
dose [doz] *f* **1** BIO Dosis *f* **2** GASTR
Menge *f*
doser [doze] <1> *vt* dosieren
dossier [dosje] *m* **1** *(appui pour
le dos)* [Rücken]lehne *f* **2** *(classeur)* [Akten]ordner *m*
douane [dwan] *f* Zoll *m*
double [dubl] I. *adj, adv* doppelt
II. *m* **1** Doppelte(s) *nt* **2** *(exemplaire identique)* Doppelgän-
ger(in) *m(f)*; **en ~** doppelt
3 SPORT Doppel *nt*
doubler [duble] <1> I. *vt*
1 verdoppeln **2** *(vêtement)* füttern **3** *(acteur)* doubeln **4** *(véhicule)* überholen II. *vi (prix)* sich verdoppeln
douce [dus] *v.* **doux**
doucement [dusmɑ̃] *adv*
1 sacht **2** *(monter)* allmählich
douceur [dusœʀ] *f* **1** Geschmei-
digkeit *f* **2** *(d'un caractère)* Sanft-
mut *f*
douche [duʃ] *f* Dusche *f*; **~ assise**
Duschsitz *m*
doucher [duʃe] <1> *vpr:* **se ~**
[sich] duschen
doué(e) [dwe] *adj* begabt
douleur [dulœʀ] *f* Schmerz *m*;
~s dans le dos Rücken-

schmerzen *mpl*
douloureux, -euse [duluʀø] *adj*
schmerzhaft
doute [dut] *m* **1** Zweifel *m*
2 *sans ~* sicherlich
douter [dute] <1> I. *vi* **1** zweifeln
2 *(se méfier)* misstrauen II. *vpr:*
se ~ de qc etw vermuten
doux, douce [du] *adj* **1** weich
2 *(voix)* sanft **3** *(vin)* lieblich
4 *(climat)* mild
douzaine [duzɛn] *f* **1** *(douze)*
Dutzend *nt*; **à la ~** im Dutzend
2 *(environ douze)* **une ~ de
personnes** etwa zwölf Personen
douze [duz] *num* **1** zwölf
2 *(dans l'indication de la date)*
le ~ mars der zwölfte März
douzième [duzjɛm] I. *adj* zwölf-
te(r, s) II. *m (fraction)* Zwölftel
nt
dragée [dʀaʒe] *f* Dragee *nt*
drainage [dʀɛnaʒ] *m* Drainage *f*
~ lymphatique Lymphdrainage *f*
dramatique [dʀamatik] *adj*
1 THEAT **l'art ~** die Schauspiel-
kunst; **le genre ~** das Drama
2 *(récit)* dramatisch
dramatiser [dʀamatize] <1> *vt, vi*
dramatisieren
drame [dʀam] *m* Drama *nt*
drap [dʀa] *m* Bettlaken *nt*, Bettwäsche *f*
drapeau [dʀapo] <x> *m* Fahne *f*
draper [dʀape] <1> *vt* umhüllen
dresser [dʀese] <1> I. *vt* **1** aufstellen; *(plan)* zeichnen **2** *(barrière)* errichten **3** *(tête)* heben
4 *(animal)* dressieren II. *vpr*

◎ sich aufrichten ◎ *(statue)* sich
erheben
DRH [deʀaʒ] *mf abr de* **directeur
(-trice) des ressources humaines** HR-Manager(in) *m(f)*
drogue [dʀɔg] *f (a. fig)* Droge *f*
droguer [dʀɔge] <1> *vpr:* **se ~**
Drogen nehmen
droguerie [dʀɔgʀi] *f* Drogerie *f*
droit [dʀwa] **I.** *m* ◎ Recht|an-
spruch *m*| *nt* ◎ JUR Recht *nt* ◎
pl (taxe) Gebühr *f;* **~s de
douane** Zollgebühr *f;* **exempt
de ~s de douane** zollfrei; **sou-
mis aux ~s de douane** zollpflichtig. **II.** *adv* ◎ aufrecht ◎
(rouler) geradeaus
droit(e) [dʀwa] *adj* ◎ *(opp:
gauche)* rechte(r, s) ◎ *(droit)*
angle ~ rechter Winkel ◎ *(personne)* aufrichtig
droite [dʀwat] *f* ◎ MATH Gerade *f*
◎ POL Rechte *f* ◎ *(côté droit)*
Rechte *f,* rechte Seite; **à ~**
[nach] rechts
droitier, -ière [dʀwatje,jεʀ] *m, f*
Rechtshänder(in) *m(f)*
drôle [dʀol] *adj* lustig
dru(e) [dʀy] *adj* dicht
du [dy] = **de le** *v.* **de**
dû [dy] <dus> *m* Schuld *f*

dû, due [dy] <dus> *adj* ◎ schuldig
◎ *(imputable)* **être ~ à qc** von
etw herrühren ◎ *(mérité)* **être
~ à qn** jdm zustehen
duel [dɥεl] *m (a. fig)* Duell *nt*
dune [dyn] *f* Düne *f*
duo [dɥo] *m* MUS Duett *nt*
duquel, de laquelle [dykεl] <des-
quel(le)s> = **de lequel** *v.* **lequel**
dur(e) [dyʀ] **I.** *adj* ◎ hart; *(viande)*
zäh ◎ *(travail)* schwer ◎ *(climat)*
extrem ◎ *(regard)* ernst **II.** *adv*
hart
durable [dyʀabl] *adj* dauerhaft
durcir [dyʀsiʀ] <8> *vi, vpr:* |**se**|
hart werden
durée [dyʀe] *f* Dauer *f*
durer [dyʀe] <1> *vi* ◎ dauern
◎ *(personne)* sich halten; *(matériel)* haltbar sein
duvet [dyvε] *m* Daune *f*
DVD [devede] *m abr de* **digital
versatile disc** DVD *f*
dynamique [dinamik] **I.** *adj* dynamisch **II.** *f* Dynamik *f*
dynamisme [dinamism] *m* Dynamik *f*
dynamo [dinamo] *f* Lichtmaschine *f*
dynastie [dinasti] *f* Dynastie *f*

D

E e

E, e [ø] *m inv* E nt, e nt

eau [o] <x> *f* Wasser nt; ~ **chaude** warmes Wasser; ~ **froide** kaltes Wasser; ~ **de refroidissement** Kühlwasser nt; ~ **minérale** Mineralwasser nt; ~ **potable** Trinkwasser nt

eau-de-vie [od(ə)vi] <eaux-de-vie> *f* Schnaps m

ébahir [ebair] <8> *vt* verblüffen

éblouir [ebluir] <8> *vt* blenden

ébouillanter [ebujɑ̃te] <1> *vpr:* **s'~** sich verbrühen

ébranler [ebrɑ̃le] <1> I. *vt* (*a. fig*) erschüttern II. *vpr:* **s'~** sich in Bewegung setzen

ébréché(e) [ebreʃe] *adj* angeschlagen

ébruiter [ebruite] <1> *vt* ausplaudern

écart [ekar] *m* ❶ Abstand m ❷ (*de prix*) Unterschied m

écarté(e) [ekarte] *adj* ❶ abgelegen ❷ (*jambes*) gespreizt

écarter [ekarte] <1> I. *vt* zur Seite schieben II. *vpr:* **s'~** sich teilen

ecclésiastique [eklezjastik] I. *adj* kirchlich II. *m* Geistliche(r) m

échalote [ʃalɔt] *f* Schalotte f

échancré(e) [eʃɑ̃kre] *adj* ausgeschnitten

échange [eʃɑ̃ʒ] *m* [Aus]tausch m

échanger [eʃɑ̃ʒe] <2a> *vt* austauschen

échappatoire [eʃapatwar] *f* Ausflucht f

échapper [eʃape] <1> I. ❶ (*s'enfuir*) entkommen ❷ (*se soustraire à*) sich entziehen II. *vpr:* **s'~** ausbrechen

écharde [eʃard] *f* [Holz]splitter m

écharpe [eʃarp] *f* Schal m

échauffer [eʃofe] <1> *vpr:* **s'~** sich aufwärmen

échec[1] [eʃɛk] *m* Scheitern nt

échec[2] [eʃɛk] *m* ❶ *pl* Schach nt ❷ (*être*) ~ **et mat** schachmatt [sein]

échelle [eʃɛl] *f* ❶ Leiter f ❷ (*proportion*) Maßstab m ❸ (*graduation*) Skala f

échelon [eʃlɔ̃] *m* Sprosse f

écho [eko] *m* Echo nt

échouer [eʃwe] <1> *vi* scheitern

éclabousser [eklabuse] <1> *vt* bespritzen

éclair [eklɛr] *m* ❶ Blitz m ❷ GASTR Eclair m

éclaircie [eklɛrsi] *f* METEO [kurze] Aufheiterung

éclairer [eklere] <1> I. *vt* (*a. fig*) erhellen II. *vi* leuchten

éclat [ekla] *m* ❶ Splitter m ❷ (*scandale*) Eklat m ❸ (*d'un métal*) Glanz m ❹ **rire aux ~s** schallend lachen

éclatant(e) [eklatɑ̃] *adj* strahlend

éclater [eklate] <1> *vi* ❶ explodieren, platzen ❷ (*verre*) zerspringen

écluse [eklyz] *f* Schleuse f

écoeurement [ekœrmã] *m*
❶ Übelkeit *f* ❷ *(dégoût)* Ekel *m*
école [ekɔl] *f* Schule *f*; **~ d'équitation** Reitschule *f*; **~ maternelle** Kindergarten *m*
écolier, -ière [ekɔlje, -jɛʀ] *m* Schulkind *nt*, Schüler(in) *m(f)*
écologie [ekɔlɔʒi] *f* Ökologie *f*
écologique [ekɔlɔʒik] *adj* umweltfreundlich
écologiste [ekɔlɔʒist] I. *m* Umweltschützer(in) *m(f)* ❷ POL Grüne(r) *f(m)* II. *adj* umweltbewusst
économie [ekɔnɔmi] *f* Wirtschaft *f*
économique [ekɔnɔmik] *adj* ❶ sparsam [im Verbrauch] ❷ *(qui a rapport à l'économie)* wirtschaftlich
économiser [ekɔnɔmize] <1> *vt, vi* [ein]sparen
écorchure [ekɔʀʃyʀ] *f* Hautabschürfung *f*
écossais(e) [ekɔsɛ] *adj* schottisch; **tissu ~** Schotten *m*
Écossais(e) [ekɔsɛ] *m(f)* Schotte, Schottin *m, f*
Écosse [ekɔs] *f* **l'~** Schottland *nt*
écoulement [ekulmã] *m* ❶ Ablaufen *nt* ❷ *(du temps)* Verrinnen *nt (geh)* ❸ COM Absatz *m*
écouler [ekule] <1> I. *vt* COM absetzen II. *vpr:* **s'~** ablaufen
écourter [ekuʀte] <1> *vt* [ab]kürzen
écouter [ekute] <1> *vt, vi* zuhören
écouteurs [ekutœʀ] *mpl* Kopfhörer *pl*
écran [ekʀã] *m* ❶ Schutz *m* ❷ TV Bildschirm *m* ❸ CINE Leinwand *f* ❹ *(moniteur)* Monitor *m*
écrasant(e) [ekʀazɑ̃] *adj* erdrückend
écraser [ekʀaze] <1> I. *vt* ❶ zerdrücken ❷ *(conducteur)* überfahren II. *vpr:* **s'~ contre un arbre** gegen einen Baum prallen
écrire [ekʀiʀ] *<irr> vt, vi* schreiben
écrit [ekʀi] *m* Schriftstück *nt*; **par ~** schriftlich
écriteau [ekʀito] <x> *m* [Hinweis]schild *nt*
écriture [ekʀityʀ] *f* Schrift *f*
écrouler [ekʀule] *vpr:* **s'~** einstürzen
ECU [eky] *m abr de* **European Currency Unit** Ecu *m* o *f*
écurie [ekyʀi] *f* [Pferde]stall *m*
édifice [edifis] *m* Bauwerk *nt*
éditeur [editœʀ] *m* INFORM Editor *m*
éditeur, -trice [editœʀ] I. *adj:* **maison éditrice** Verlag *m* II. *m, f* Herausgeber(in) *m(f)*
édition [edisjõ] *f* ❶ Veröffentlichung *f* ❷ *(livre)* Auflage *f*
éditique [editik] *m* INFORM Desktoppublishing *nt*
éducateur, -trice [edykatœʀ] *m, f* Erzieher(in) *m(f)*
éducation [edykasjõ] *f* ❶ Erziehung *f* ❷ *(culture générale)* Bildung *f*
éduquer [edyke] <1> *vt* erziehen
effacé(e) [efase] *adj* zurückhaltend
effacer [efase] <2> I. *vt* ❶ [aus]löschen ❷ *(tableau noir)* abwischen II. *vpr:* **s'~** ❶ verblassen ❷ *(tache)* sich entfernen lassen

effectif, -ive [efɛktif] *adj* tatsächlich

effectuer [efɛktɥe] <1> *vt* ausführen

effet [efɛ] *m* ❶ Wirkung *f* ❷ *(impression)* Eindruck *m* ❸ *(phénomène)* Effekt *m* ❹ **en ~** tatsächlich

efficace [efikas] *adj* wirksam

effleurer [eflœʀe] <1> *vt* ❶ *(a. fig)* streifen ❷ *(passer par la tête)* ~ **qn** jdm in den Sinn kommen

effondrer [efɔ̃dʀe] <1> *vpr:* **s'~** ❶ einstürzen ❷ INFORM abstürzen

efforcer [efɔʀse] <2> *vpr* sich bemühen

effort [efɔʀ] *m* Anstrengung *f*

effrayant(e) [efʀɛjɑ̃] *adj* beängstigend

effrayer [efʀeje] <7> *vt, vpr* [sich] erschrecken

effronté(e) [efʀɔ̃te] *adj* dreist

effroyable [efʀwajabl] *adj* entsetzlich

égal(e) [egal] <-aux> *adj* gleich

également [egalmɑ̃] *adv* ❶ gleich[ermaßen] ❷ *(aussi)* ebenfalls

égaler [egale] <1> *vt* ❶ MATH sein ❷ *(être pareil)* gleichkommen

égaliser [egalize] <1> I. *vt* ❶ ausgleichen II. *vi* den Ausgleich erzielen

égalité [egalite] *f* Gleichheit *f*; ~ **des droits** Gleichberechtigung *f*

égard [egaʀ] *m* ❶ *pl* Achtung *f* ❷ **par ~ pour qn/qc** mit Rücksicht auf jdn/etw

égarer [egaʀe] <1> I. *vt* in die Irre

église [egliz] *f* Kirche *f*

égoïsme [egɔism] *m* Egoismus *m*

égout [egu] *m* [Abwasser]kanal *m*; **bouche d'~** Gully *m o nt*

égoutter [egute] <1> *vt, vpr:* [**s'**]~ abtropfen

égratigner [egʀatiɲe] <1> *vt* zerkratzen

eh [e] *interj* he !; ~ **bien!** *(fam)* nun gut!

éhonté(e) [eɔ̃te] *adj* unverschämt

éjecter [eʒɛkte] <1> *vt* auswerfen

élaboration [elabɔʀasjɔ̃] *f* Ausarbeitung *f*

élaborer [elabɔʀe] <1> *vt* ausarbeiten

élan [elɑ̃] *m* Schwung *m*

élancé(e) [elɑ̃se] *adj* schlank

élancement [elɑ̃smɑ̃] *m* stechender Schmerz

élargir [elaʀʒiʀ] <8> *vt, vpr:* [**s'**]~ [sich] erweitern

élastique [elastik] I. *adj* elastisch II. *m a.* COUT Gummi[band *nt*]

électeur, -trice [elɛktœʀ] *m, f* Wähler(in) *m(f)*

élection [elɛksjɔ̃] *f* Wahl *f*

électricien(ne) [elɛktʀisjɛ̃] *m(f)* Elektriker(in) *m(f)*

électricité [elɛktʀisite] *f* Elektrizität *f*

électrique [elɛktʀik] *adj* elektrisch

électronique [elɛktʀɔnik] I. *adj* elektronisch II. *f* Elektronik *f*

élégant(e) [elegɑ̃] *adj* elegant

élément [elemɑ̃] I. *m* Element *nt* II. *mpl* ❶ Grundbegriffe *pl* ❷ *(forces naturelles)* Naturgewalten *pl*

élémentaire [elemãtɛʀ] *adj* elementar

élévateur [elevatœʀ] *m* Hublift *m*

élève [elɛv] *mf* Schüler(in) *m(f)*

élevé(e)¹ [el(ə)ve] *adj (style)* gepflegt

élevé(e)² [el(ə)ve] *adj:* **bien/mal ~** gut/schlecht erzogen

élever¹ [el(ə)ve] <4> I. *vt* errichten II. *vpr:* **s'~ à 1000 euros** sich auf 1000 Euro *(akk)* belaufen

élever² [el(ə)ve] <4> *vt* aufziehen; *(éduquer)* erziehen

éliminer [elimine] <1> I. *vt ①* beseitigen *② (possibilité)* ausschließen II. *vpr:* **s'~ facilement** leicht zu entfernen sein

élire [eliʀ] <irr> *vt* wählen

elle [ɛl] *pron* sie/ihr

elle-même [ɛlmɛm] *pron* sie selbst

elles [ɛl] *pron* sie/ihnen

elles-mêmes [ɛlmɛm] *pron* sie selbst

éloge [elɔʒ] *m* Lob *nt*

éloigné(e) [elwaɲe] *adj* fern

éloigner [elwaɲe] <1> I. *vt* fernhalten II. *vpr:* **s'~** sich entfernen

élu(e) [ely] *adj* gewählt

élucider [elyside] <1> *vt* aufklären

email, E-mail, e-mail [imɛl] *m* E-Mail *nt o f*

émanciper [emãsipe] <1> *vpr:* **s'~** sich emanzipieren

emballage [ãbalaʒ] *m* Verpackung *f*

emballer [ãbale] <1> I. *vt* einpacken II. *vpr:* **s'~** *(fam: s'emporter)* sich aufregen

embarquement [ãbaʀkəmã] *m*

Verladen *nt*

embarquer [ãbaʀke] <1> I. *vi* an Bord gehen II. *vt* verladen III. *vt (s'engager)* **s'~ dans qc** sich auf etw *(akk)* einlassen

embarrassant(e) [ãbaʀasã] *adj* unangenehm

embarrassé(e) [ãbaʀase] *adj* verlegen

embarrasser [ãbaʀase] <1> *vt ①* in Verlegenheit bringen *② (gêner)* behindern

embaucher [ãboʃe] <1> *vt, vi* einstellen

embêtant(e) [ãbɛtã] *adj (fam) ①* lästig *② (fâcheux)* dumm

embêter [ãbɛte] <1> *vt (fam) ①* nerven *② (casser les pieds)* anöden

emblème [ãblɛm] *m* Wahrzeichen *nt*

embolie [ãbɔli] *f* Embolie *f;* **~ cérébrale** Gehirnschlag *m*

embouchure [ãbuʃyʀ] *f (rivière)* Mündung *f*

embouteillage [ãbutejaʒ] *m* AUT [Verkehrs]stau *m*

embranchement [ãbʀãʃmã] *m* Abzweigung *f*

embrasser [ãbʀase] <1> I. *vt ①* küssen *② (saluer)* **je t'/vous embrasse** viele Grüße *② (prendre dans les bras)* umarmen II. *vpr:* **s'~** *① (donner un baiser)* sich küssen *② (prendre dans les bras)* sich umarmen

embrayage [ãbʀɛjaʒ] *m* Kupplung *f*

embrouiller [ãbʀuje] <1> I. *vt ①* kompliziert machen *② (per-*

sonne) verwirren **II.** vpr: **s'~**
durcheinandergeraten

émeraude [emʀod] f Smaragd m

émerger [emɛʀʒe] <2a> vi auftauchen

émerveiller [emɛʀveje] <1> vt,
vpr: **[s']~** (sich) entzücken

émetteur [emetœʀ] m Sender m

émettre [emɛtʀ] <irr> **I.** vt MEDIA
ausstrahlen **II.** vt von sich geben

émeute [emøt] f Aufruhr m

émigration [emigʀasjõ] f Auswanderung f

émigré(e) [emigʀe] m(f) Emi-
grant(in) m(f)

émigrer [emigʀe] <1> vi auswandern

émission [emisjõ] f ❶ MEDIA - **ra-
diophonique/télévisée** ❷ Ra-
dio-/Fernsehsendung f ❸ PHYS
Emission f

emmêler [ãmele] <1> vt durcheinanderbringen

emménager [ãmenaʒe] <2a> vi
einziehen

emmener [ãm(ə)ne] <4> vt
❶ ~ **qn au cinéma** jdn zum Kino bringen ❷ (prendre avec soi)
mitnehmen

émotif, -ive [emɔtif] adj feinfühlig

émotion [emɔsjõ] f ❶ Aufregung f
❷ (sentiment) Emotion f

émouvoir [emuvwaʀ] <1> vt
bewegen **II.** vpr: **s'~ de qc** sich
über etw (akk) aufregen

empaillé(e) [ãpaje] adj aus-
gestopft

empêcher [ãpeʃe] <1> vt
❶ verhindern ❷ [il] **n'empêche
que ...** trotzdem/dennoch ...

empereur [ãpʀœʀ] m Kaiser m

empester [ãpɛste] <1> vt, vi stinken

empiéter [ãpjete] <5> vi sich aus-
dehnen

empiler [ãpile] <1> vt, vpr: **[s']~**
(sich) stapeln

empirer [ãpiʀe] <1> vi sich verschlimmern

emplacement [ãplasmã] m Stelle f

emploi [ãplwa] m ❶ (poste) Arbeitsplatz m ❷ ECON **être sans ~**
arbeitslos sein

employer [ãplwaje] <6> **I.** vt ❶ beschäftigen ❷ (produit) verwenden
II. vpr sich bemühen

empocher [ãpɔʃe] <1> vt einste-
cken

empoigner [ãpwaɲe] <1> **I.** vt packen **II.** vpr: **s'~** sich verprügeln

empoisonnement [ãpwazɔnmã]
m Vergiftung f

empoisonner [ãpwazɔne] <1> vt,
vpr: **[s']~** (sich) vergiften

emporter [ãpɔʀte] <1> **I.** vt ❶ mitnehmen ❷ (enlever) wegbringen
II. vpr: **s'~ contre qn/qc** sich
über jdn/etw erregen

empreinte [ãpʀɛ̃t] f Abdruck m

empresser [ãpʀese] <1> vpr: **s'~**
sich beeilen

emprunter [ãpʀœ̃te] <1> **I.** vi FIN
ein Darlehen aufnehmen **II.** vt
leihen; (livre) ausleihen

ému(e) [emy] adj bewegt

émulation [emylasjõ] f INFORM
Emulation f

en [ã] **1.** prép ❶ ~ +dat: **~ mer**
auf See ❷ (direction) +akk:
aller ~ France nach Frankreich

fahren ❸ *(en tant que)* als ❹ *(simultanéité)* ~ **sortant** beim Hinausgehen ❺ *(manière)* ~ **chantant** singend ❻ *(moyen de transport)* ~ **train** mit dem Zug ❼ **s'~ aller** weggehen/-fahren; ~ **arrière** nach hinten/rückwärts; ~ **plus**, ... außerdem ...; ~ **plus** zusätzlich; ~ **plus de** ... über ... hinaus ❽ *(fait de)* ~ **laine/bois** aus Wolle/Holz **II.** prep ❶ *(indéfinis)* davon; *(sortant)* darüber ❷ subst: **j'~ connais qui feraient mieux de ...** ich kenne welche, die besser daran täten, ... ❸ *(de là)* **j'~ viens** ich komme von dort ❹ *(de cela)* **j'~ ai besoin** ich brauche es

encadrement [ãkadʀəmã] *m* ❶ Rahmen *m* ❷ *(prise en charge)* Betreuung *f*

encadrer [ãkadʀe] <1> *vt* [ein]rahmen

encaisser [ãkese] <1> *vt*, *vi* kassieren

en-cas [ãka] *m inv* Imbiss *m*

encastrer [ãkastʀe] <1> *vt* einbauen

enceinte [ãsɛ̃t] *adj* schwanger

encercler [ãsɛʀkle] <1> *vt* einkreisen

enchaînement [ãʃɛnmã] *m* Verkettung *f*

enchaîner [ãʃene] <1> **I.** *vt* ❶ aneinanderketten ❷ *(idées)* aneinanderreihen **II.** *vpr:* **s'enchaîner à qc** sich an etw *(akk)* anketten **III.** *vi:* ~ **sur qc** mit etw fortfahren

enchanté(e) [ãʃãte] *adj* ❶ hoch-

erfreut ❷ *(magique)* verzaubert ❸ ~! sehr erfreut!

enchère [ãʃɛʀ] *f* Gebot *nt*

enchérir [ãʃeʀiʀ] <8> *vi:* ~ **sur qn/qc** jdn/etw überbieten

enclencher [ãklãʃe] <1> *vt* ❶ TECH einrasten lassen ❷ *(engager)* in Gang setzen

encolure [ãkɔlyʀ] *f* ❶ Hals *m* ❷ *(tour de cou)* Kragenweite *f*

encombrant(e) [ãkɔ̃bʀã] *adj* ❶ sperrig ❷ *(importun)* lästig

encombré(e) [ãkɔ̃bʀe] *adj* ❶ versperrt ❷ *(lignes téléphoniques)* überlastet

encombrer [ãkɔ̃bʀe] <1> *vt* ❶ verstopfen ❷ *(surcharger)* überlasten

encontre [ãkɔ̃tʀ] **aller à l'~ de qc** im Gegensatz zu etw stehen

encore [ãkɔʀ] **I.** *adv* noch; **ne ... pas** ~ noch nicht **II.** *konj (fam)* ~ **que ...** obwohl ...

encourager [ãkuʀaʒe] <2a> *vt* ❶ ermuntern ❷ *(soutenir)* unterstützen

encrasser [ãkʀase] <1> *vt*, *vpr:* **[s']~** verschmutzen

encre [ãkʀ] *f* Tinte *f*

endetter [ãdete] <1> *vt vpr:* **s'~** sich verschulden

endive [ãdiv] *f* Chicorée *m o f*

endoctriner [ãdɔktʀine] <1> *vt* indoktrinieren

endolori(e) [ãdɔlɔʀi] *adj* schmerzend

endommager [ãdɔmaʒe] <2a> *vt* [be]schädigen

endormant(e) [ãdɔʀmã] *adj* einschläfernd

endormi(e) [ãdɔʀmi] *adj* ❶ verschlafen ❸ *(bras)* eingeschlafen

endormir [ãdɔʁmiʁ] *⟨irr⟩* I. *vt* ❶ *(anesthésier)* betäuben II. *vpr:* **s'~** ❶ einschlafen

endosser [ãdose] *⟨1⟩ vt* übernehmen

endroit¹ [ãdʁwa] *m* Stelle *f*

endroit² [ãdʁwa] *m (d'un vêtement)* rechte Seite; **être à l'~** richtig herum sein

endurance [ãdyʁãs] *f* Ausdauer *f*

endurci(e) [ãdyʁsi] *adj* hartherzig

énergie [enɛʁʒi] *f* Energie *f*

énergique [enɛʁʒik] *adj* energisch

énervant(e) [enɛʁvã, ãt] *adj* nervtötend

énervé(e) [enɛʁve] *adj* ❶ gereizt ❷ *(excité)* aufgeregt

énerver [enɛʁve] *⟨1⟩* I. *vt* ❶ *(agacer)* **~ qn** jdm auf die Nerven gehen *(fam)* ❷ *(exciter)* unruhig machen II. *vpr:* **s'~ après qn/qc** sich über jdn/etw aufregen

enfance [ãfãs] *f* Kindheit *f*

enfant [ãfã] *mf* Kind *nt*

enfantin(e) [ãfãtɛ̃, in] *adj* kindlich

enfer [ãfɛʁ] *m* Hölle *f*

enfermer [ãfɛʁme] *⟨1⟩ vt, vpr:* **[s']~** *[sich]* einschließen

enfiler [ãfile] *⟨1⟩ vt (pull-over)* überziehen

enfin [ãfɛ̃] *adv* ❶ endlich ❷ *(fin d'une énumération)* schließlich

enflammer [ãflame] *⟨1⟩ vt, vpr:* **[s']~** *[sich]* entzünden

enflé(e) [ãfle] *adj* geschwollen

enfler [ãfle] *⟨1⟩* I. *vt* anschwellen lassen II. *vi, vpr* Schwellung *f*

enflure [ãflyʁ] *f* Schwellung *f*

enfoncer [ãfɔ̃se] *⟨2⟩* I. *vt* ❶ hineinschlagen; *(punaise)* hineindrücken ❷ *(mettre)* hineinstecken II. *vi, vpr:* **[s']~** einsinken

enfouir [ãfwiʁ] *⟨8⟩ vt, vpr:* **[s']~** *[sich]* vergraben

enfreindre [ãfʁɛ̃dʁ] *⟨irr⟩ vt* verstoßen gegen

enfuir [ãfɥiʁ] *⟨irr⟩ vpr:* **s'~** fliehen

engagé(e) [ãgaʒe] *adj* engagiert

engageant(e) [ãgaʒã, ãt] *adj* verlockend

engagement [ãgaʒmã] *m* ❶ Verpflichtung *f* ❷ **sans ~** unverbindlich

engager [ãgaʒe] *⟨2a⟩* I. *vt* ❶ bürgen ❷ *(lier)* verpflichten II. *vpr:* **s'~** ❶ *(pénétrer)* einbiegen ❷ *(se lancer)* sich einlassen

engin [ãʒɛ̃] *m* ❶ *(fam)* Ding *nt* ❷ TECH Gerät *nt*

englober [ãglɔbe] *⟨1⟩ vt* [mit] einbeziehen

engloutir [ãglutiʁ] *⟨8⟩ vt* verschlingen

engourdi(e) [ãguʁdi] *adj* ❶ klamm ❷ *(de froid)* steif

engrenage [ãgʁənaʒ] *m* Verkettung *f*

engueuler [ãɡœle] *⟨1⟩ vt (fam)* anschnauzen

énième [ɛnjɛm] *adj:* **pour la ~ fois** zum x-ten Mal

énigme [enigm] *f* Rätsel *nt*

enivrer [ãnivʁe] *⟨1⟩ vpr:* **s'~** sich betrinken

enjeu [ãʒø] *⟨x⟩ m* Einsatz *m*

enlacer [ãlase] *⟨2⟩* I. *vt* ❶ umschlingen II. *vpr:* **s'~** sich umarmen

enlèvement [ɑ̃lɛvmɑ̃] m Entführung f

enlever [ɑ̃lve] <4> I. vt ① (tache) entfernen ❷ (ôter) l'envie de Lust nehmen II. vpr: s'~ herausgehen

enneigé(e) [ɑ̃neʒe] adj verschneit

ennemi(e) [en(ə)mi] I. adj feindlich; (frères) verfeindet II. m(f) Feind(in) m(f)

ennui [ɑ̃nɥi] m ① Lang[e]weile f ❷ l'~, c'est que das Dumme ist [nur], dass

ennuyé(e) [ɑ̃nɥije] adj verärgert

ennuyer [ɑ̃nɥije] <6> vt, vpr: [s']~ [sich] langweilen

ennuyeux, -euse [ɑ̃nɥijø] adj langweilig

énorme [enɔʀm] adj riesig

énormément [enɔʀmemɑ̃] adv sehr

enquête [ɑ̃kɛt] f Untersuchung f

enrager [ɑ̃ʀaʒe] <2a> vi rasend werden

enregistrement [ɑ̃ʀ(ə)ʒistʀəmɑ̃] m ① MEDIA Aufnahme f ❷ INFORM (action) Speicherung f; (document) Datensatz m ❸ TRANSP ~ des bagages Gepäckabfertigung f

enregistrer [ɑ̃ʀ(ə)ʒistʀe] <1> vt ① aufnehmen ❷ INFORM speichern ❸ (mémoriser) einprägen ❹ AUT abfertigen; faire ~ ses bagages sein/das Gepäck aufgeben

enrhumer [ɑ̃ʀyme] <1> vpr: s'~ [einen] Schnupfen bekommen

enrichir [ɑ̃ʀiʃiʀ] <8> vt reich[haltiger] machen

enroué(e) [ɑ̃ʀwe] adj heiser

enseignant(e) [ɑ̃sɛɲɑ̃] m(f) Lehrer(in) m(f)

enseigne [ɑ̃sɛɲ] f [Aushänge]schild nt

enseignement [ɑ̃sɛɲ(ə)mɑ̃] m ① Unterricht m ❷ (profession) Lehrberuf m

enseigner [ɑ̃sɛɲe] <1> vt lehren

ensemble [ɑ̃sɑ̃bl] I. adv (opp: seul) zusammen II. m ① Gesamtheit f ❷ (unité) [harmonische] Einheit ❸ dans l'~ im Großen und Ganzen

ensoleillé(e) [ɑ̃sɔleje] adj sonnig

ensommeillé(e) [ɑ̃sɔmeje] adj schläfrig

ensuite [ɑ̃sɥit] adv ① (par la suite) danach ❷ (derrière en suivant) dahinter

ensuivre [ɑ̃sɥivʀ] <irr> vpr: s'~ sich ergeben

entaille [ɑ̃taj] f Kerbe f

entamer [ɑ̃tame] <1> vt ① anbrechen ❷ (amorcer) einleiten

entassement [ɑ̃tasmɑ̃] m Durcheinander nt

entasser [ɑ̃tase] <1> I. vt ① anhäufen ❷ (serrer) zusammenpferchen II. vpr: s'~ sich türmen

entendre [ɑ̃tɑ̃dʀ] <14> I. vt, vi ① hören II. vpr: s'~ ① sich verstehen ❷ (se mettre d'accord) sich verständigen

entendu(e) [ɑ̃tɑ̃dy] adj ① abgemacht ❷ bien ~ selbstverständlich

enterrement [ɑ̃tɛʀmɑ̃] m Beerdigung f

enterrer [ɑ̃teʀe] <1> vt beerdigen

entêtement [ɑ̃tɛtmɑ̃] *m* Eigensinn[igkeit *f*] *m*

entêter [ɑ̃tete] <1> *vpr:* **s'~** sich versteifen

enthousiasmé(e) [ɑ̃tuzjasme] *adj:* **~ [par]** begeistert [von]

enthousiasme [ɑ̃tuzjasm] *m*

enthousiasmer [ɑ̃tuzjasme] <1> **I.** *vt* in Begeisterung versetzen **II.** *vpr:* **s'~** sich begeistern

entier [ɑ̃tje] *m* Ganze(s) *nt*

entier, -ière [ɑ̃tje] *adj* ① ganz ② *(absolu)* völlig

entièrement [ɑ̃tjɛʀmɑ̃] *adv* völlig

entorse [ɑ̃tɔʀs] *f* Verstauchung *f*

entourage [ɑ̃tuʀaʒ] *m* Umgebung *f*

entourer [ɑ̃tuʀe] <1> *vt, vpr:* **[s']~** [sich] umgeben

entracte [ɑ̃tʀakt] *m* Pause *f*

entraider [ɑ̃tʀede] <1> *vpr:* **s'~** sich [gegenseitig] helfen

entrain [ɑ̃tʀɛ̃] *m* Schwung *m*

entraînement [ɑ̃tʀɛnmɑ̃] *m* ① Übung *f* ② SPORT Training *nt*

entraîner [ɑ̃tʀene] <1> **I.** *vt* ① mit sich [fort]reißen ② SPORT trainieren **II.** *vpr:* **s'~ à qc** sich in etw *(dat)* üben

entre [ɑ̃tʀ] *prép* ① zwischen ② *(parmi des personnes)* unter +*dat*, von +*dat*; **~ autres** unter anderem ③ *(à travers)* durch +*akk* ④ *(dans)* in +*akk*

entrecroiser [ɑ̃tʀəkʀwaze] <1> **I.** *vt* ① [miteinander] verflechten **II.** *vpr:* **s'~** sich kreuzen

entrée [ɑ̃tʀe] *f* ① Eintreten *nt*; *(d'un train)* Einfahrt *f* ② *(accès)* Eingang *m* ③ *(droit d'entrer)* **~ interdite!** kein Zutritt!

④ GASTR erster Gang

entremêler [ɑ̃tʀəmele] <1> *vt (fig)* einstreuen

entremets [ɑ̃tʀəmɛ] *m* Süßspeise *f*

entreprenant(e) [ɑ̃tʀəpʀənɑ̃] *adj* ① unternehmungslustig ② *(galant)* galant

entreprendre [ɑ̃tʀəpʀɑ̃dʀ] <13> *vt* unternehmen

entreprise [ɑ̃tʀəpʀiz] *f* Unternehmen *nt*

entrer [ɑ̃tʀe] <1> **I.** *vi* ① eintreten; **entrez!** herein! ② *(pénétrer dans un lieu)* betreten; **le train entre en gare** der Zug fährt [in den Bahnhof] ein ③ **~ en contact avec qn** mit jdm Kontakt aufnehmen **II.** *vt* ① hineinbringen ② INFORM eingeben

entre-temps [ɑ̃tʀətɑ̃] *adv* inzwischen

entretenir [ɑ̃tʀət(ə)niʀ] <9> **I.** *vt* ① in Stand halten ② *(relations)* unterhalten **II.** *vpr:* **s'~** sich unterhalten

entretien [ɑ̃tʀətjɛ̃] *m* ① Instandhaltung *f* ② *(discussion en privé)* Gespräch *nt*

entrevue [ɑ̃tʀəvy] *f* Unterredung *f*

énumérer [enymeʀe] <5> *vt* aufzählen

envahissant(e) [ɑ̃vaisɑ̃] *adj* aufdringlich

enveloppe [ɑ̃vlɔp] *f* ① POST [Brief]umschlag *m* ② *(protection)* [Schutz]hülle *f*

envelopper [ɑ̃vlɔpe] <1> **I.** *vt* einpacken **II.** *vpr:* **s'~ dans son manteau** sich in seinen Mantel hüllen

envenimer [ãv(ə)nime] <1> vt verschlimmern

envers [ãvɛʀ] **I.** prép: ~ qn/qc jdm/einer S. gegenüber **II.** ❶ (d'une feuille de papier) Rückseite f ❷ **à l'~** – (dans le mauvais sens) verkehrt herum; (à rebours) umgekehrt; (de bas en haut) auf dem Kopf; (à reculons) rückwärts

envie [ãvi] f ❶ Lust f ❷ (convoitise) Begierde f ❸ (péché capital) Wollust f ❹ (jalousie) Neid m

envier [ãvje] <1> vt beneiden

envieux, -euse [ãvjø] adj neidisch

environ [ãviʀɔ̃] **I.** adv ungefähr **II.** mpl Umgebung f

environnement [ãviʀɔnmã] m Umwelt f

envisager [ãvizaʒe] <2a> vt ❶ in Betracht ziehen ❷ (projeter) planen

envoi [ãvwa] m ❶ [Ab]schicken nt ❷ (courrier) Sendung f

envoler [ãvɔle] <1> vpr: **s'~** (quitter le sol) wegfliegen; (avion) abfliegen

envoyé(e) [ãvwaje] m(f) ❶ PRESSE Korrespondent(in) m(f) ❷ POL, REL Abgesandte(r) f(m)

envoyer [ãvwaje] <irr> vt schicken

éolienne [ɛɔljɛn] f Windrad nt

épais(se) [epɛ] adj ❶ dick (forêt) dicht

épanouir [epanwiʀ] <8> vpr: **s'~** ❶ aufblühen ❷ (visage) sich erhellen

épanouissement [epanwismã] m Selbstverwirklichung f

épargne [epaʀɲ] f Sparen nt

épargne(r) [epaʀɲe] <1> **I.** vt schonen **II.** vpr: **s'~ qc** sich (dat) etw ersparen

éparpiller [epaʀpije] <1> **I.** vt verteilen **II.** vpr: **s'~** sich zerstreuen

épaté(e) [epate] adj (fam) platt

épaule [epol] f Schulter f; **hausser les ~s** mit den Schultern zucken

épave [epav] f Wrack nt

épée [epe] f Schwert nt

épeler [ep(ə)le] <3> vt, vi buchstabieren

épice [epis] **I.** f Gewürz nt **II.** adj gewürzt

épicerie [episʀi] f Lebensmittelgeschäft nt; ~ **fine** Feinkostgeschäft nt (internationale Spezialitäten)

épidémie [epidemi] f Epidemie f

épilepsie [epilɛpsi] f Epilepsie f

épinard [epinaʀ] m Spinat m

épine [epin] f Stachel m

épingle [epɛ̃gl] f ❶ [Steck]nadel f; ~ **à nourrice** Sicherheitsnadel; ~ **à cheveux** Haarklammer f

épisodique [epizɔdik] adj gelegentlich

éploré(e) [eplɔʀe] adj ❶ in Tränen aufgelöst ❷ (triste) untröstlich

éplucher [eplyʃe] <1> vt schälen

éponge [epɔ̃ʒ] f Schwamm m

époque [epɔk] f Zeit f, Epoche f; **à l'~** damals

épouser [epuze] <1> vt heiraten

épousseter [epuste] <3> vt abstauben

épouvantail [epuvãtaj] <s> m

(a. fig) Vogelscheuche *f*

époux, épouse [epu]*m, f (form)* Gatte, Gattin *m, f;* **les ~** die Eheleute

épreuve [eprœv] *f* ❶ Prüfung *f* ❷ SPORT Wettkampf *m* ❸ **à toute ~** bewährt

éprouver [epruve] ‹1› *vt (envie)* verspüren, *(sentiment)* haben

épuisé(e) [epɥize] *adj (völlig)* erschöpft

épuiser [epɥize] ‹1› **I.** *vt* ❶ strapazieren ❷ *(possibilités)* ausschöpfen **II.** *vpr:* **s'~** zu Ende gehen

équateur [ekwatœr] *m* Äquator *m*

équatorial(e) [ekwatɔrjal] ‹-aux› *adj* äquatorial

équilibre [ekilibr] *m* Gleichgewicht *nt*

équilibrer [ekilibre] ‹1› **I.** *vt* austarieren, gleichmäßig verteilen **II.** *vpr:* **s'~** sich die Waage halten

équipage [ekipaʒ] *m (d'un avion, bateau)* Mannschaft *f*

équipe [ekip] *f* ❶ SPORT Mannschaft *f* ❷ *(groupe)* Team *nt*

équipement [ekipmã] *m* ❶ Ausrüstung *f;* **~ de plongée** Taucherausrüstung *f; (d'un hôtel)* Einrichtung *f*

équiper [ekipe] ‹1› *vpr:* **s'~** sich ausrüsten

équitable [ekitabl] *adj* gerecht

équitation [ekitasjɔ̃] *f* Reiten *nt*

équivalence [ekivalãs] *f* ❶ Gleichwertigkeit *f* ❷ UNIV Äquivalenz *f*

équivalent(e) [ekivalã] *adj (part, forme)* gleich; *(diplôme)* gleichwertig

équivaloir [ekivalwar] ‹irr› *vi:* **~ à qc** einer S. *(dat)* entsprechen

érafler [erafle] ‹1› *vt, vpr:* **[s']~** |sich| zerkratzen

éraflure [eraflyr] *f* Kratzer *m*

ère [er] *f* ❶ Zeitalter *nt* ❷ Zeitrechnung *f*

ériger [eriʒe] ‹2a› *vt (form)* errichten

errer [ere] ‹1› *vi* umherirren

erreur [erœr] *f* ❶ Fehler *m* ❷ *(idée erronée)* Irrtum *m;* **faire ~** sich irren; **par ~** aus Versehen; **l'~ est humaine** *(prov)* Irren ist menschlich *(prov)*

escalade [eskalad] *f* ‹1› *vt* ❶ steigen auf +*akk* ❷ *(grille)* steigen über +*akk*

escalator [eskalatɔr] *m* Rolltreppe *f*

escale [eskal] *f* Zwischenstopp *m;* **faire ~ à** Zwischenstopp machen in

escalier [eskalje] *m* Treppe *f*

escalope [eskalɔp] *f* Schnitzel *nt*

escargot [eskargo] *m* Schnecke *f*

escorter [eskɔrte] ‹1› *vt* geleiten

escroc [eskro] *m* Schwindler(in) *m(f)*

escroquerie [eskrɔkri] *f* Betrug *m*

espace [espas] *m* ❶ Platz *m* ❷ *(cosmos)* Weltraum *m* ❸ *(distance)* Zwischenraum *m* ❹ *(durée)* **~ [de temps]** Zeitraum *m* ❺ TYP, INFORM Leerstelle *f*

espadon [espadɔ̃] *m* Schwertfisch *m*

Espagne [espaɲ] *f:* **l'~** Spanien *nt*

espagnol [espaɲɔl] *m* Spanisch *nt*

espagnol(e) [espaɲɔl] *adj* spanisch

Espagnol(e) [ɛspaɲɔl] *m(f)* Spanier(in) *m(f)*

espèce [ɛspɛs] *f* ① *(catégorie)* Art *f* ② *pl (argent liquide)* Bargeld *nt;* **en ~s** bar

espérance [ɛsperɑ̃s] *f (confiance)* Zuversicht *f*

espérer [ɛspere] <5> *vt, vi* hoffen; **espérons!** hoffentlich!

espièglerie [ɛspjɛglǝri] *f* Schalk *m*

espion(ne) [ɛspjɔ̃] *m(f)* Spion(in) *m(f)*

espionner [ɛspjɔne] <1> *vt* ausspionieren

espoir [ɛspwaʀ] *m* Hoffnung *f*

esprit [ɛspʀi] *m* ① *(pensée)* Geist *m,* Verstand *m* ② *(tête)* **avoir qn/qc à l'~** jdn/etw im Sinn haben ③ *(humour)* Geist *m,* Witz *m;* **plein d'~** äußerst geistreich ④ *(intention)* Sinn *m;* **l'~ français** die französische Wesensart

esquimau [ɛskimo] <x> ① *(langue)* Eskimoisch *nt* ② GASTR *Eis am Stiel mit Schokoladenüberzug*

esquimau, de [ɛskimo] <x> *adj:* **le peuple** ~ die Eskimos *pl*

esquisser [ɛskise] <1> **I.** *vt* ① *a.* ART skizzieren ② *(sourire)* andeuten **II.** *vpr:* **s'~** sich abzeichnen

esquiver [ɛskive] <1> **I.** *vt* [geschickt] ausweichen +*dat* **II.** *vpr:* **s'~** sich wegstehlen

essai [ɛsɛ] *m* ① Versuch *m;* **à l'~** auf Probe ② LITTER Essay *m o nt*

essayer [ɛseje] <7> *vt, vi (tenter)* versuchen

essence [ɛsɑ̃s] *f* Benzin *nt;*

prendre l'~ tanken

essentiel [ɛsɑ̃sjɛl] *m* ① **l'~** das Wesentliche; **aller à l'~** zur Sache kommen ② *(la plus grande partie)* **l'~ de qc** das Gros einer S. *(gen)*

essentiel(le) [ɛsɑ̃sjɛl] *adj* ① wesentlich ② *(indispensable)* unentbehrlich

essentiellement [ɛsɑ̃sjɛlmɑ̃] *adv* im Wesentlichen

essorer [ɛsɔʀe] <1> *vt, vi* schleudern

essouffler [ɛsufle] <1> *vt* außer Atem bringen

essuie-glace [ɛsɥiglas] <essuie-glaces> *m* Scheibenwischer *m*

essuie-mains [ɛsɥimɛ̃] *m inv* Handtuch *nt*

essuyer [ɛsɥije] <6> *vt, vpr:* [**s'**] ① [sich] abtrocknen

est [ɛst] **I.** *m:* **l'~** der Osten; **à l'~ de** östlich von **II.** *adj inv* Ost-

Est [ɛst] *m:* **l'~** der Osten

est-allemand(e) [ɛstalmɑ̃] *adj* ostdeutsch

est-ce que [ɛskǝ] *adv:* **où ~ tu vas?** wohin gehst du?

estimable [ɛstimabl] *adj* ① respektabel ② *(résultats)* anständig

estimation [ɛstimasjɔ̃] *f* Schätzung *f*

estime [ɛstim] *f* [Hoch]achtung *f;* **l'~ de soi-même** die Selbstachtung

estimer [ɛstime] <1> **I.** *vt* ① schätzen; *(coûts)* veranschlagen ② *(considérer)* ~ **qc inutile** etw für unnötig halten ③ *(respecter)* **être estimé de tous**

von allen hoch geschätzt werden
II. *vpr:* **s'~ heureux d'avoir
été sélectionné** sich glücklich
schätzen ausgewählt worden zu
sein

estival(e) [ɛstival] <-aux> *adj* ❶
Sommer-

estomac [ɛstɔma] *m* Magen *m*

estrade [ɛstʀad] *f* Podium *nt*

et [e] *konj* ❶ und ❷ *(dans des
indications d'heures)* nach; **à
quatre heures ~ demie** um
halb fünf ❸ *(et qui plus est)*
~ alors! na und!

étable [etabl] *f* Stall *m*

établi(e) [etabli] *adj* ❶ allgemein
gültig ❷ *(fait)* allgemein bekannt
❸ SCHWEIZ *(installé)* niedergelas-
sen (SCHWEIZ)

établir [etabliʀ] <8> **I.** *vt* ❶ auf-
bauen ❷ *(liste)* zusammenstellen
❸ *(record)* aufstellen **II.** *vpr:* **s'~**
❶ *(s'installer)* sich niederlassen
❷ *(usage)* sich einbürgern

établissement [etablismɑ̃] *m*
❶ Einrichtung *f*; *(hôtel)* Haus *nt*;
(d'une banque) Niederlassung *f*

étage [etaʒ] *m* Stock[werk *nt*] *m*;
à l'~ oben

étagère [etaʒɛʀ] *f* Regal[brett *nt*]

étaler [etale] <1> **I.** *vt* ❶ ausbreiten ❷ *(dans le temps)* verteilen ❸ *(connaissances)* prahlen mit
II. *vpr* ❶ **bien/mal s'~** sich
gut/schlecht verarbeiten lassen
❷ *(dans l'espace)* **s'~** sich ausbreiten

étanche [etɑ̃ʃ] *adj* wasserdicht

étang [etɑ̃] *m* Teich *m*

étape [etap] *f* Etappe *f*

état [eta] *m* ❶ Zustand *m*; *(des
recherches)* Stand *m*; *(des
recettes)* Verzeich-
nis *nt* ❷ ~ **civil** Personenstand
m; *(service)* Standesamt *nt*,
≈ Einwohnermeldeamt *nt*

État [eta] *m* POL Staat *m*; ~ **de
droit** Rechtsstaat *m*; ~**s
membres de l'UE** EU-Mitglied-
staaten *pl* **États-Unis** [etayni]
mpl: **les ~ d'Amérique** die Ver-
einigten Staaten von Amerika

été [ete] *m* Sommer *m*

éteindre [etɛ̃dʀ] <irr> **I.** *vt* ausmachen **II.** *vi* das Licht ausmachen **III.** *vpr:* **s'~** ausgehen

étendre [etɑ̃dʀ] <14> **I.** *vt* ❶ hinlegen ❷ *(tapis)* ausrollen ❸ *(faire
sécher)* aufhängen **II.** *vpr* ❶ **s'~**
sich hinlegen ❷ *(s'appesantir)*
s'~ sur qc sich über etw *(akk)*
auslassen

étendu(e) [etɑ̃dy] *adj* ❶ ausge-
streckt ❷ *(vaste)* ausgedehnt

éternel(le) [etɛʀnɛl] *adj* ❶ ewig
❷ *(inévitable)* unvermeidlich

éternellement [etɛʀnɛlmɑ̃] *adv*
❶ ewig; ❷ *(depuis toujours)* schon
immer

éternité [etɛʀnite] *f* Ewigkeit *f*

éternuer [etɛʀnɥe] <1> *vi* niesen

étinceler [etɛ̃s(ə)le] <3> *vi* funkeln

étiqueter [etikte] <3> *vt* etikettie-
ren

étiquette [etikɛt] *f* ❶ Etikett *nt*
❷ *(adhésif)* Aufkleber *m* ❸ *(pro-
tocole)* **l'~** die Etikette

étirer [etiʀe] <1> *vpr:* **s'~** ❶ sich
strecken ❷ *(textile)* sich dehnen

étoffe [etɔf] f Stoff m

étoile [etwal] f Stern m

étonnant(e) [etɔnɑ̃] adj erstaunlich

étonnement [etɔnmɑ̃] m Verwunderung f

étonner [etɔne] <1> I. vt erstaunen II. vpr: s'~ que +subj sich darüber wundern, dass

étouffant(e) [etufɑ̃] adj drückend

étouffée [etufe] f: cuire à l'~ dünsten; à l'~ gedämpft

étouffer [etufe] <1> vt ❶ ersticken ❷ (feu) löschen ❸ (scandale) vertuschen III. vi (mourir) ersticken

étourdi(e) [eturdi] adj leichtsinnig

étourdir [eturdir] <8> vt, vpr: [s'] ~ [sich] betäuben

étourdissant(e) [eturdisɑ̃] adj [ohren]betäubend

étourdissement [eturdismɑ̃] m Schwindelgefühl nt

étrange [etrɑ̃ʒ] adj seltsam

étranger [etrɑ̃ʒe] m: l'~ das Ausland

étranger, -ère [etrɑ̃ʒe] I. adj ❶ (d'un autre pays) ausländisch; (politique) Außen-; (travailleur) Gast-; (langue) Fremd- ❷ (d'un autre groupe, non familier) fremd II. m, f ❶ (d'un autre pays) Ausländer(in) m(f) ❷ (d'une autre région) Fremde(r) f(m)

étrangeté [etrɑ̃ʒte] f Eigenartigkeit f

étrangler [etrɑ̃gle] <1> vt ❶ (tuer) erwürgen ❷ (serrer le cou) zuschnüren

être [etr] <irr> I. vi ❶ sein ❷ (appartenir) à qn jdm gehören ❸ (obligation) à ~ faire erledigt werden müssen ❹ ça y est (c'est fini) so; (je comprends) ach so; ça y est? (alors) was ist?; n'est--ce pas? nicht wahr? II. aux ❶ (comme auxiliaire du passé actif) ~ venu gekommen sein; s'~ rencontrés sich getroffen haben ❷ (comme auxiliaire du passif) werden III. m: ~ vivant Lebewesen nt; ~ humain Mensch m

étroit(e) [etrwa] adj ❶ (opp: large) schmal ❷ (opp: lâche) eng

étude [etyd] I. f ❶ (apprentissage) Lernen nt ❷ (de la nature) Erforschung f II. fpl ❶ SCOL Schulbildung f; faire des ~ eine Schule besuchen ❷ UNIV Studium nt; faire des ~s studieren

étudiant(e) [etydjɑ̃] m(f) Student(in) m(f)

étudier [etydje] <1> vt, vi (à l'université) studieren

étuvée [etyve] f: à l'~ gedünstet

EUR m abr de **euro** EUR

eurasien(ne) [øʀazjɛ̃] adj eurasisch

Eurasien(ne) [øʀazjɛ̃] m(f) Eurasier(in) m(f)

euro [øʀo] m Euro m inv

euro centime m Cent m

eurochèque [øʀoʃɛk] m Eurocheque m

Europe [øʀɔp] f: l'~ Europa nt

européanisation [øʀɔpeanizasjɔ̃] f Europäisierung f

européaniser [øʀɔpeanize] <1> vt europäisieren

européen(ne) [øʀɔpeɛ̃] adj europäisch; *(parlement, élections)* Europa-; **l'Union ~e** die Europäische Union

Européen(ne) [øʀɔpeɛ̃] m(f) Europäer(in) m(f)

européennes [øʀɔpeɛn] fpl *(élections)* die Wahl zum Europaparlament

eurosignal [øʀɔsiɲal] m Notruf m

eux [ø] pron sie/ihnen

eux-mêmes [ømɛm] pron sie selbst

évacuation [evakɥasjɔ̃] f ① Evakuierung f ② *(action de quitter)* Räumung f

évacuer [evakɥe] <1> vt ① MIL räumen ② *(habitants)* evakuieren; *(blessés)* abtransportieren

évader [evade] <1> vpr: **s'~ de qc** aus etw ausbrechen

évaluer [evalɥe] <1> vt [ab]schätzen

évanoui(e) [evanwi] adj ① ohnmächtig ② *(bonheur)* vergangen

évanouissement [evanwismɑ̃] m Ohnmacht f

évaporer [evapɔʀe] <1> vpr: **s'~** verdunsten

évasif, -ive [evazif] adj ausweichend

éveillé(e) [eveje] adj ① wach ② *(alerte)* aufgeweckt

éveiller [eveje] <1> vt ① *(attention)* erregen; *(soupçons)* wecken ② *(intelligence)* fördern

événement, **évènement** [evɛnmɑ̃] m Ereignis nt

éventualité [evɑ̃tɥalite] f *(possibilité)* Möglichkeit f

éventuellement [evɑ̃tɥɛlmɑ̃] adv eventuell

évêque [evɛk] m Bischof m

évidemment [evidamɑ̃] adv ① *(en tête de phrase)* natürlich ② *(en réponse)* na klar *(fam)* ③ *(comme on peut le voir)* offenbar

évidence [evidɑ̃s] f *(caractère)* Offensichtlichkeit f; **de toute ~** ganz offensichtlich

évident(e) [evidɑ̃] adj ① *(clair)* klar [erkennbar] ② *(visible)* offensichtlich; **il est ~ que ...** es versteht sich von selbst, dass ... ③ **c'est pas ~!** *(fam)* das ist gar nicht so einfach!

évier [evje] m Spüle f

évitable [evitabl] adj vermeidbar

éviter [evite] <1> vt, vpr: **|s'|~** [sich] meiden

évolué(e) [evolɥe] adj [hoch] entwickelt

évoluer [evolɥe] <1> vi ① sich entwickeln ② *(se transformer)* sich verändern ③ *(maladie)* fortschreiten

évolution [evolysjɔ̃] f ① Entwicklung f; *(des goûts)* Veränderung f ② MED Fortschreiten nt ③ BIO Evolution f

évoquer [evoke] <1> vt ① *(personne)* erinnern an +akk; *(fait)* in Erinnerung rufen ② *(décrire)* schildern ③ *(problème)* erwähnen

ex [ɛks] m abr de **exemple** Bsp.

exact(e) [ɛgzakt] adj ① genau;

c'est ~ que ... es ist richtig, dass ... ② *(personne)* pünktlich

exactement [ɛgzaktəmɑ̃] *adv* genau

exactitude [ɛgzaktityd] *f* ① Korrektheit *f* ② *(ponctualité)* Pünktlichkeit *f*

exagération [ɛgzaʒeʀasjɔ̃] *f* Übertreibung *f*

exagéré(e) [ɛgzaʒeʀe] *adj* übertrieben

exagérer [ɛgzaʒeʀe] <5> *vt, vi* übertreiben

examen [ɛgzamɛ̃] *m* ① *(des faits)* [Über]prüfung *f* ② MED, BIO Untersuchung *f* ③ SCOL Prüfung *f*

examiner [ɛgzamine] <1> *vt* ① [über]prüfen; *(patient)* untersuchen

exaucer [ɛgzose] <2> *vt* ① erhören *(vœu)* erfüllen

excellent(e) [ɛksela̅] *adj* hervorragend

excentrique [ɛksɑ̃tʀik] *adj* exzentrisch; *(tenue)* extravagant

excepté [ɛksɛpte] *prép* außer +*dat*

exception [ɛksɛpsjɔ̃] *f* ① Ausnahme *f*; **à l'~ de** *(qn/qc)* abgesehen von jdm/etw

exceptionnel(le) [ɛksɛpsjɔnɛl] *adj* ① außergewöhnlich; *(occasion)* einmalig ② *(prime)* Sonder-; **à titre ~** ausnahmsweise

excès [ɛksɛ] *m* ① ~ **de vitesse** Geschwindigkeitsüberschreitung *f* ② *pl (abus)* Exzesse *pl*

excessif, -ive [ɛksesif] *adj* übertrieben

excitant(e) [ɛksitɑ̃] *adj* ① aufregend; *(projet)* spannend ② *(café)* anregend; *(médicament)* stimulierend

excité(e) [ɛksite] *adj* aufgeregt

exciter [ɛksite] <1> I. *vt* ① erregen; *(imagination)* anregen ② *(idée)* reizen II. *vpr:* **s'~ sur qc** sich über etw *(akk)* aufregen

exclamation [ɛksklamasjɔ̃] *f* Ausruf *m*

exclu(e) [ɛkskly] *adj:* **il n'est pas ~ que** +*subj* es ist nicht ausgeschlossen, dass

exclusif, -ive [ɛksklyzif] *adj* ausschließlich

exclusivement [ɛksklyzivmɑ̃] *adv* ① *(seulement)* ausschließlich ② *(uniquement)* nur

exclusivité [ɛksklyzivite] *f (d'une marque)* Alleinvertrieb *m*

excursion [ɛkskyʀsjɔ̃] *f* ① Ausflug *m*; **~ à terre** Landausflug *m*; **~ pour une journée** Tagesausflug *m*

excuse [ɛkskyz] *f* ① Entschuldigung *f* ② *(prétexte)* Ausrede *f*

excuser [ɛkskyze] <1> *vt, vpr:* **[s']~ [sich]** entschuldigen

exécuter [ɛgzekyte] <1> *vt* ① a. INFORM ausführen ② *(tuer)* hinrichten

exemplaire [ɛgzɑ̃plɛʀ] I. *adj* ① beispielhaft ② *(punition)* exemplarisch II. *m* Exemplar *nt*

exemple [ɛgzɑ̃pl] *m* Beispiel *nt*; **par ~** zum Beispiel

exercer [ɛgzɛʀse] <2> I. *vt* ① ausüben ② *(entraîner)* trainieren II. *vi* tätig sein III. *vpr:* **s'~** üben

exercice [ɛgzɛʁsis] *m* ❶ Übung *f*
❷ *(activité physique)* Bewegung *f*

ex-femme [ɛksfam] *<ex-femmes> f:* **mon ~** meine frühere Frau

exigeant(e) [ɛgziʒã] *adj* anspruchsvoll

exigence [ɛgziʒãs] *f* ❶ anspruchsvolles Wesen *n* ❷ *pl (prétentions)* Ansprüche *pl*

exiger [ɛgziʒe] <2a> *vt* ❶ **~ que** +*subj* verlangen, dass ❷ *(travail)* erfordern

exil [ɛgzil] *m* Exil *nt*

exilé(e) [ɛgzile] *m(f)* ❶ Emigrant(in) *m(f)* ❷ *(banni)* Verbannte(r) *f(m)*; **~ politique** politischer Flüchtling

existence [ɛgzistãs] *f* Existenz *f*; *(mode de vie)* Lebensweise *f*

exister [ɛgziste] <1> *vi* existieren

ex-mari [ɛksmaʁi] *m:* **mon ~** mein früherer Mann

expatrier [ɛkspatʁije] <1> *I. vt* ausbürgern *II. vpr:* **s'~** auswandern

expédier [ɛkspedje] <1> *vt* [ab]schicken

expéditeur, -trice [ɛkspeditœʁ] *m, f* Absender(in) *m(f)*

expéditif, -ive [ɛkspeditif] *adj* schnell

expédition [ɛkspedisjõ] *f* ❶ Versand *m* ❷ *(mission)* Expedition *f*

expérience [ɛkspeʁjãs] *f* ❶ Erfahrung *f* ❷ *(événement)* Erlebnis *nt*

expérimenté(e) [ɛksperimãte] *adj* erfahren

expert(e) [ɛkspɛʁ] *m(f)* Experte,

Expertin *m, f*

expertiser [ɛkspɛʁtize] <1> *vt* begutachten

expirer [ɛkspiʁe] <1> *I. vt* ausatmen *II. vi (mandat)* ablaufen

explicatif, -ive [ɛksplikatif] *adj:* **note explicative** Erläuterung *f;* **notice explicative** Gebrauchsanweisung *f*

explication [ɛksplikasjõ] *f* ❶ *(indication)* Erklärung *f* ❷ *(commentaire)* Erläuterung *f*

explicitement [ɛksplisitmã] *adv* [klar und] deutlich

expliquer [ɛksplike] <1> *I. vt* erklären *II. vpr:* **s'~** sich ausdrücken ❷ *(avoir une discussion)* sich aussprechen

exploitation [ɛksplwatasjõ] *f* ❶ *(d'une ferme)* Bewirtschaftung *f; (d'une mine)* Abbau *m* ❸ *(bien)* Betrieb *m*

exploiter [ɛksplwate] <1> *vt* ❶ bewirtschaften; *(mine)* ausbeuten ❷ *(utiliser)* nutzen ❸ *(abuser)* ausnutzen

explorateur [ɛksplɔʁatœʁ] *m* INFORM Explorer *m;* **~ de réseau** Internet Browser

explorateur, -trice [ɛksplɔʁatœʁ] *m, f* Forscher(in) *m(f)*

explorer [ɛksplɔʁe] <1> *vt* erforschen

explosion [ɛksplozjõ] *f* ❶ Explosion *f* ❷ *(manifestation soudaine)* **~ de colère** Wutausbruch *m*

exportation [ɛkspɔʁtasjõ] *f* Export *m*

exporter [ɛkspɔʁte] <1> *vt* exportieren

exposé [ɛkspoze] m ❶ Referat nt ❷ (description) Darstellung f

exposer [ɛkspoze] <1> I. vt ❶ (tableau) ausstellen; (marchandise) auslegen ❷ (décrire) darlegen ❸ (honneur) aufs Spiel setzen II. vpr: **s'~ à qc** sich einer Sache (dat) aussetzen

exposition [ɛkspozisjɔ̃] f ❶ Ausstellen nt ❷ a. ART (foire) Ausstellung f ❸ (orientation) Ausrichtung f

exprès [ɛkspʀɛ] adv ❶ absichtlich ❷ (spécialement) [tout] ~ eigens

expressément [ɛkspʀesemɑ̃] adv ausdrücklich

expression [ɛkspʀesjɔ̃] f ❶ Ausdruck m ❷ **veuillez agréer l'~ de mes sentiments distingués** mit freundlichen Grüßen

expressionnisme [ɛkspʀesjɔnism] m Expressionismus m

exprimer [ɛkspʀime] <1> vt, vpr: [**s'**]~ [sich] ausdrücken

expulser [ɛkspylse] <1> vt (étranger) abschieben

extensible [ɛkstɑ̃sibl] adj dehnbar

extension [ɛkstɑ̃sjɔ̃] f ❶ (d'un ressort) Dehnen nt ❷ (d'une ville) Ausdehnung f ❸ INFORM ~ **de mémoire** Speichererweiterung f

extérieur [ɛksteʀjœʀ] m ❶ (monde extérieur) Außenwelt f ❷ (dehors) Außenseite f; **à l'~ de** außerhalb (gen) **de l'~** von außen

extérieur(e) [ɛksteʀjœʀ] adj ❶ äußere(r, s) ❷ (visible) äußerlich

extérioriser [ɛksteʀjɔʀize] <1> vpr: **s'~** sich äußern

exterminer [ɛkstɛʀmine] <1> vt ausrotten

externe [ɛkstɛʀn] adj äußere(r, s)

extincteur [ɛkstɛ̃ktœʀ] m Feuerlöscher m

extinction [ɛkstɛ̃ksjɔ̃] f Löschen nt

extorsion [ɛkstɔʀsjɔ̃] f Erpressung f

extra [ɛkstʀa] I. adj inv ❶ erstklassig ❷ (fam: formidable) stark II. m: **un** ~ etwas Besonderes

extraire [ɛkstʀɛʀ] <irr> vt ❶ herausholen ❷ (séparer) gewinnen

extrait [ɛkstʀɛ] m ❶ Auszug m; **~ de compte** Kontoauszug m ❷ (concentré) Extrakt m o nt

extraordinaire [ɛkstʀaɔʀdinɛʀ] adj ❶ (opp: ordinaire) Sonder- ❷ (insolite) ungewöhnlich ❸ (exceptionnel) außergewöhnlich

extravagance [ɛkstʀavagɑ̃s] f ❶ Extravaganz f ❷ (action) Verrücktheit f

extrême [ɛkstʀɛm] I. adj ❶ äußerste(r, s) ❷ (excessif) extrem; **d'~ droite/gauche** rechts-/linksradikal II. m Extrem nt

Extrême-Orient [ɛkstʀɛmɔʀjɑ̃] m: **l'~** der Ferne Osten

extrémiste [ɛkstʀemist] adj POL radikal

extrémité [ɛkstʀemite] f ❶ (bout) äußerstes Ende ❷ pl (pieds) Extremitäten pl

E

F f

F, f [ɛf] *m inv* F *nt*, f *nt*
F HIST *abr de* **franc** F
fa [fa] *m inv* F *nt*, f *nt*
fable [fabl] *f* Fabel *f*
fabrication [fabʀikasjɔ̃] *f* Herstellung *f*
fabriquer [fabʀike] <1> *vt* herstellen
fabuler [fabyle] <1> *vi* Geschichten erfinden
fabuleux, -euse [fabylø] *adj* sagenhaft
fac [fak] *f* (*fam*) *abr de* **faculté** Uni *f*
façade [fasad] *f* (*a. fig*) Fassade *f*
face [fas] *f* ① Gesicht *nt* ② (*côté*) Seite *f*; **pile ou ~?** Kopf oder Zahl? ③ (*indiquant une orientation*) **de ~** von vorne ④ **être à ~** avec qn/qc jdm/einer S. gegenüberstehen; **en ~ de** gegenüber
facétie [fasesi] *f* Scherz *m*
fâché(e) [faʃe] *adj* verärgert
fâcher [faʃe] <1> **I.** *vt* verärgern **II.** *vpr:* **se ~** sich ärgern
fâcheux, -euse [faʃø, -øz] *adj* unerfreulich
facile [fasil] *adj* leicht; **c'est plus ~ de faire qc** es ist leichter etw zu tun
facilement [fasilmã] *adv* ① leicht ② (*au moins*) mindestens
facilité [fasilite] *f* ① Leichtigkeit *f* ② (*aptitude*) **avoir des ~s** begabt sein

faciliter [fasilite] <1> *vt* erleichtern
façon [fasɔ̃] *f* ① (*manière*) **~ de faire qc** Art [und Weise] *f*, etw zu tun ② *pl* (*comportement*) Benehmen *nt*
facteur, -trice [faktœʀ] *m, f* Briefträger(in) *m(f)*
factice [faktis] *adj* falsch
facture [faktyʀ] *f* Rechnung *f*
facturer [faktyʀe] <1> *vt* berechnen
faculté¹ [fakylte] *f* UNIV Fachbereich *m*
faculté² [fakylte] *f* Fähigkeit *f*
fadaise [fadɛz] *f* dummes Zeug *nt*
fade [fad] *adj:* **être ~** nach nichts schmecken
faible [fɛbl] *adj* ① schwach ② (*restreint*) gering ③ (*bête*) **~ d'esprit** geistig Zurückgebliebene(r) *f(m)*
faiblement [fɛbləmã] *adv* ① schwach ② (*légèrement*) leicht
faiblesse [fɛbles] *f* Schwäche *f*
faiblir [feblir] <8> *vi* (*personne*) schwach werden; (*vent*) nachlassen
faille [faj] *f* ① GEO Verwerfung *f* ② (*crevasse*) Spalte *f* ③ (*défaut*) Schwachstelle *f*
faillir [fajir] <irr> *vi:* **il a failli ...** er hätte beinahe ...
faim [fɛ̃] *f* Hunger *m*; **avoir ~** Hunger haben; **n'avoir plus ~**

satt sein

fainéant(e) [fɛneɑ̃]*m/f* Faulenzer(in) *m(f)*

faire [fɛʀ] *vt* **I.** *vt* ① machen ② *(avoir une activité)* ~ **du violon** Geige spielen ~ *(étudier)* ~ **des études** studieren ~ *(numéro de téléphone)* wählen; ~ **les courses** einkaufen ③ *(charger de)* ~ **faire qc à qn** jdn etw tun lassen **II.** *vi* ④ *(agir)* ~ **vite** sich beeilen; ~ **attention à qc** auf etw aufpassen ⑤ *(paraître)* ~ **vieux** alt aussehen ⑥ *(rendre)* ~ **bon effet** einen guten Eindruck machen ⑦ ~ **partie de qc** zu etw gehören; ~ **la queue** *(fam)* anstehen; **il ne pas s'en** ~ *(fam)* sich keine Sorgen machen; **ça ne se fait pas** das gehört sich nicht; **il fait chaud** es ist warm; **il fait dix degrés** es sind zehn Grad **III.** *vpr* ⑧ **se** ~ **une robe** sich *(dat)* ein Kleid machen ⑨ *(s'habituer à)* **se** ~ **à qc** sich an etw ~*+akk* gewöhnen ⑩ **comment ça se fait?** wie kommt das?; **il se fait tard** es wird spät; **t'en fais pas!** *(fam)* mach dir nichts draus!

fair-play [fɛʀplɛ] **I.** *m inv* Fairness *f* **II.** *adj inv* fair

faisan(e) [fəzã]*m/f* Fasan *m*

fait [fɛ] *m* ① Tatsache *f* ② *(événement)* Ereignis *nt* ~ **au** ~ übrigens; **tout à** ~ ganz/völlig; **en** ~ in Wirklichkeit

fait [fɛ] *adj* ① *(propre à)* geeignet ② *(constitué)* **être bien** ~ eine gute Figur haben ③ *(tout*

prêt) **expression toute** ~ feststehender Ausdruck ④ **c'est bien** ~ **pour toi/lui** das geschieht dir/ihm recht; **vite** ~ **bien** ~ ganz schnell

faîte [fɛt] *m* Wipfel *m*; *(d'une montagne)* Gipfel *m*

falaise [falɛz] *f* Felswand *f*

falloir [falwaʀ] *<irr> vi* ① *(besoin)* **il faut qn/qc pour faire qc** man braucht jdn/etw um etw zu tun ② *(devoir)* **il faut faire qc** man muss etw tun; **que faut-il faire?** was sollen wir tun? ③ **il le faut** es muss sein; **comme il faut** wie es sich gehört

falsifier [falsifje] <1> *vt* fälschen

famé(e) [fame] *adj:* **mal** ~ verrufen

fameux, -euse [famø] *adj* ① köstlich ② *(célèbre)* berühmt

familial(e) [familjal] <-aux> *adj* familiär

familiarité [familjaʀite] *f* ① Vertrautheit *f* ② *pl* *(péj)* Vertraulichkeiten *pl; (comportement)* Zudringlichkeit *f*

familier, -ière [familje] *adj* ① vertraut ② *(conduite)* ungezwungen ③ *(expression)* umgangssprachlich

famille [famij] *f* a. BOT, ZOOL Familie *f*

famine [famin] *f* Hungersnot *f*

fan [fan] *mf* Fan *m*

fanatique [fanatik] *mf* ① *(passionné)* begeisterter Anhänger, begeisterte Anhängerin ② *(mili* *tant)* Fanatiker(in) *m(f)*

fanatiser [fanatize] <1> *vt* fanatisch machen

fané(e) [fane] *adj* verwelkt

fanfare [fɑ̃faʀ] *f* Blaskapelle *f*

fanfaron(ne) [fɑ̃faʀɔ̃]*m(f)* Angeber(in) *m(f)*

fanfreluche [fɑ̃fʀəlyʃ] *f* Firlefanz *m (fam)*

fanion [fanjɔ̃] *m* Wimpel *m*

fantaisie [fɑ̃tezi] *f* ❶ *(caprice)* Laune *f* ❷ *(imagination)* Fantasie *f*

fantasme [fɑ̃tasm] *m* Wunschvorstellung *f*

fantasmer [fɑ̃tasme] <1> *vi* fantasieren

fantastique [fɑ̃tastik] **I.** *adj* fantastisch **II.** *m* Übernatürliche(s) *nt*

fantôme [fɑ̃tom] **I.** *m* ❶ Gespenst *nt* ❷ *(illusion)* Phantom *nt* **II.** *app:* **train ~** Geisterbahn *f*

farce¹ [faʀs] *f* Streich *m*

farce² [faʀs] *f* GASTR Füllung *f*

farci(e) [faʀsi] *adj* gefüllt

farcir [faʀsiʀ] <8> *vt* ❶ GASTR füllen ❷ *(péj: bourrer)* **~ qc de qc** etw mit etw vollstopfen *(fam)*

fardeau [faʀdo] <x> *m* Last *f*

farine [faʀin] *f* Mehl *nt*

farouche [faʀuʃ] *adj* ❶ scheu ❷ *(haine)* wild

fascination [fasinasjɔ̃] *f* ❶ Verzauberung *f* ❷ *(séduction)* Faszination *f*

fasciner [fasine] <1> *vt* faszinieren

fascisme [faʃism] *m* Faschismus *m*

fasciste [faʃist] *mf* Faschist(in) *m(f)*

faste¹ [fast] *m* Prunk *m*

faste² [fast] *adj:* **jour ~** Glückstag *m*

fastueux, -euse [fastɥø] *adj* glanzvoll

fatal(e) [fatal] *adj* ❶ verhängnisvoll ❷ *(mortel)* tödlich

fataliste [fatalist] *mf* Fatalist(in) *m(f)*

fatalité [fatalite] *f* Schicksal *nt*

fatigant(e) [fatigɑ̃] *adj* ermüdend

fatigué(e) [fatige] *adj* müde

fatiguer [fatige] <1> **I.** *vt:* **~** ❶ jdn anstrengen ❷ *(excéder)* jdm lästig sein ❸ *(ennuyer)* jdn langweilen **II.** *vpr:* **se ~** sich überanstrengen

fatras [fatʀɑ] *m* wirres Durcheinander

faubourg [fobuʀ] *m* Vorort *m*

faucher [foʃe] *vt* ❶ mähen ❷ *(fam: voler)* klauen

faucon [fokɔ̃] *m* Falke *m*

faune [fon] *f* Fauna *f*

fausser [fose] <1> *vt* [ver]fälschen

faute [fot] *f* ❶ a. SPORT Fehler *m*; **sans ~** ganz sicher ❷ *(manquement à des lois)* Vergehen *nt* ❸ *(responsabilité)* **c'est [de] ma ~** das ist meine Schuld ❹ **~ de quoi** sonst

fauteuil [fotœj] *m* Sessel *m*; **~ roulant** Rollstuhl *m*; **~ roulant électrique** Elektrorollstuhl *m*; **~ roulant pliant** Faltrollstuhl *m*; **~ transfert** Bordrollstuhl *m*

fautif, -ive [fotif] *adj* schuldig

fauve [fov] **I.** *adj* ❶ *(couleur)* fahlgelb ❷ *(sauvage)* wild **II.**

① *(couleur)* Fahlgelb nt **②** *(animal)* Raubtier nt

faux [fo] **I.** *m (falsification)* Fälschung f **II.** *adj* falsch

faux, fausse [fo] *adj* falsch

faux-filet [fofilɛ] <faux-filets> *m* Lende[n]stück nt

faveur [favœʀ] f **①** Gefallen m **②** *(bienveillance)* Gunst f

favorable [favɔʀabl] *adj* günstig

favorablement [favɔʀabləmɑ̃] *adv* positiv

favori(te) [favɔʀi] *m(f)* **①** Liebling m **②** SPORT Favorit(in) m(f)

favoriser [favɔʀize] <1> *vt* **①** begünstigen **②** *(aider)* unterstützen

fax [faks] *m abr de* **téléfax** Fax m

faxer [fakse] <1> *vt* faxen

FB *m* HIST *abr de* **franc belge** *abr de franc*

fécond(e) [fekɔ̃] *adj* fruchtbar

féconder [fekɔ̃de] <1> *vt* befruchten

fédéral(e) [federal] <-aux> *adj* bundesstaatlich; *(en Suisse)* eidgenössisch; **gouvernement ~** Bundesregierung f

fédéralisme [federalism] *m* Föderalismus m

fédération [federasjɔ̃] f **①** Bündnis nt; **~ européenne** europäische Gemeinschaft f **②** *(associations)* Verband m

fée [fe] f Fee f

féerique [fe(e)ʀik] *adj* märchenhaft

feinte [fɛ̃t] f Täuschungsmanöver nt

feinter [fɛ̃te] <1> *vt* täuschen

fêler [fele] <1> *vpr:* **se ~** einen

Sprung bekommen

félicitations [felisitasjɔ̃] *fpl* Glückwünsche pl

féliciter [felisite] <1> **I.** *vt* gratulieren; **~ qn de faire qc** jdn loben, dass er etw tut **II.** *vpr:* **se ~ de qc** über etw *(akk)* froh sein

félin [felɛ̃] *m* Raubkatze f

femelle [fəmɛl] **I.** *adj* weiblich **II.** f ZOOL Weibchen nt

féminin(e) [feminɛ̃] *adj* **①** weiblich **②** *(voix)* Frauen-

féministe [feminist] *adj* feministisch; **mouvement ~** Frauenbewegung f

femme [fam] f **①** Frau f **②** *(épouse)* [Ehe]frau f; **vêtements de ~s** Damenbekleidung f **③** *(profession)* **une ~ médecin/politique** eine Ärztin/Politikerin; **~ au foyer** Hausfrau; **~ de ménage** Putzfrau; **~ de chambre** Zimmermädchen nt

fendre [fɑ̃dʀ] <14> **I.** *vt* spalten **II.** *vpr* **① se ~** Risse bekommen; *(verre)* Sprünge bekommen **②** *(se blesser)* **se ~ la lèvre** sich *(dat)* die Lippe aufschlagen

fendu(e) [fɑ̃dy] *adj* **①** gespalten; *(lèvre)* aufgeplatzt **②** *(côte)* angebrochen; *(verre)* gesprungen

fenêtre [f(ə)nɛtʀ] f Fenster nt

fenouil [fənuj] *m* Fenchel m

fente [fɑ̃t] f Spalt m

fer [fɛʀ] *m* Eisen nt; **~ à repasser** Bügeleisen nt

férié(e) [feʀje] *adj:* **jour ~** Feiertag m

ferme[1] [fɛʀm] **I.** *adj* fest; *(peau)*

straff; **(main)** ruhig **II.** *adv* **(s'ennuyer)** fürchterlich

ferme² [fɛʀm] *f* Bauernhof *m*

fermé(e) [fɛʀme] *adj* **(opp: ouvert)** geschlossen; **(à clé)** verschlossen; **(route)** gesperrt ❷ **(club)** exklusiv ❸ **(personne)** verschlossen

fermenter [fɛʀmɑ̃te] <1> *vi* gären

fermer [fɛʀme] <1> **I.** *vt, vi* schließen **II.** *vpr:* **se ~** ❶ **(se refermer)** zufallen ❷ **(passif)** sich schließen lassen

fermeté [fɛʀməte] *f* Festigkeit *f*

fermeture [fɛʀmətyʀ] *f* ❶ Verschluss *m* ❷ **(d'un magasin)** Schließen *nt*

fermier, -ière [fɛʀmje] *m, f* **(agriculteur)** Bauer, Bäuerin *m, f*

fermoir [fɛʀmwaʀ] *m* Verschluss *m*

féroce [feʀɔs] *adj* ❶ **(animal)** wild ❷ **(personne)** unbarmherzig; **(critique)** scharf ❸ **(appétit)** riesig

férocité [feʀɔsite] *f* ❶ Grausamkeit *f*; **(d'une critique)** Schärfe *f*

ferraille [feʀɑj] *f* Schrott *m*

ferreux, -euse [feʀø] *adj* eisenhaltig

ferroviaire [feʀɔvjɛʀ] *adj* Eisenbahn-

ferry-boat [feʀibot] <ferry-boats> *m* Fähre *f*

fertilité [fɛʀtilite] *f* Fruchtbarkeit *f*

fervent(e) [fɛʀvɑ̃] *adj* ❶ REL fromm ❷ **(supporter)** begeistert

ferveur [fɛʀvœʀ] *f a.* REL Eifer *m*; **(d'une foi)** Inbrunst *f*

fesse [fɛs] *f* ❶ Hinterbacke *f*; **les ~s** das Gesäß

festin [fɛstɛ̃] *m* Festessen *nt*

festival [fɛstival] <s> *m* Festspiele *pl*

festivités [fɛstivite] *fpl* Festveranstaltungen *pl*

festoyer [fɛstwaje] <6> *vi* schlemmen

fête [fɛt] *f* ❶ **(religieuse)** Fest *nt*; **~ des Mères/Pères** Mutter-/Vatertag *m* ❷ **(congé)** Festtag *pl* ❸ **(kermesse)** **~ foraine** Jahrmarkt *m* ❹ **(réjouissance)** Feier *f*; **un jour de ~** ein Feiertag/Festtag *m*

Fête-Dieu [fɛtdjø] <Fêtes-Dieu> *f:* **la ~** Fronleichnam *m*

fêter [fɛte] <1> *vt* feiern

fétiche [fetiʃ] *app:* **objet ~** Talisman *m*

fétichiste [fetiʃist] *mf* Fetischist(in) *m(f)*

feu [fø] <x> *m* ❶ Feuer *nt* ❷ **(d'un véhicule)** Licht *nt* ❸ AUT **~ de signalisation** Verkehrsampel *f*; **~ arrière** Rücklicht *nt*; **~x de détresse** Warnblinkanlage *f*; **~ de position** Standlicht *nt*; **~x de route** Fernlicht *nt* ❹ **(spectacle)** **d'artifice** Feuerwerk *nt*

feuillage [fœjaʒ] *m* Laub *nt*

feuille [fœj] *f* ❶ Blatt *nt*; **~ de maladie** [*o* **de soins]** Krankenschein *m*

feuilleté(e) [fœjte] *adj* GASTR **pâte ~e** Blätterteig *m*

feuilleter [fœjte] <3> *vt* durchblättern

feutre [føtʀ] *m* ❶ Filzstift *m* ❷ **(étoffe)** Filz *m*

février [fevʀije] *m* Februar *m*

FF [ɛfɛf] **I.** *m* HIST *abr de* **franc français II.** *f abr de* **Fédération française** Französischer Verband

fiabilité [fjabilite] *f* Zuverlässigkeit *f*

fiable [fjabl] *adj* zuverlässig

fiançailles [fjɑ̃sɑj] *fpl* Verlobung *f*

fiancé(e) [fjɑ̃se] *m(f)* Verlobte(r) *f(m)*

fiancer [fjɑ̃se] <2> *vpr:* **se ~ avec qn** sich mit jdm verloben

fibre [fibʀ] *f* ❶ Faser *f*

fibreux, -euse [fibʀø] *adj* faserig

ficeler [fis(ə)le] <3> *vt* [ver]schnüren

ficelle [fisɛl] *f* ❶ Schnur *f*; *(en cuisine)* Bindfaden *m* ❷ *(pain)* dünnes Baguette

fiche [fiʃ] *f* ❶ [Kartei]karte *f* ❷ SCHWEIZ *(dossier)* Akte *f*

fichier [fiʃje] *m* ❶ Kartei *f* ❷ INFORM Datei *f*

fichier-texte [fiʃjetɛkst] *<fichiers--textes> m* INFORM Textdatei *f*

fichu(e) [fiʃy] *adj (fam)* ❶ mies ❷ *(en mauvais état)* **être ~** hin sein

fictif, -ive [fiktif] *adj* fiktiv

fiction [fiksjɔ̃] *f* ❶ Fantasie *f* ❷ *(fait imaginé)* **film de ~** frei erfundener Film **II.** *adj* ❶ *(futuriste)* futuristisch ❷ *(imaginaire)* rein fiktiv

fidèle [fidɛl] **I.** *adj* ❶ treu ❷ *(reproduction)* originalgetreu **II.** *mpl* REL Gläubige(n) *pl* **III.** *mf* Anhänger(in) *m(f)*

fidélité [fidelite] *f* ❶ **à qn** Treue *f* zu jdm ❷ *(d'une copie)* Genauigkeit *f*

fiel [fjɛl] *m* Boshaftigkeit *f*

fiente [fjɑ̃t] *f* Kot *m*

fier [fje] <1> *vpr:* **se ~ à qn** sich auf jdn verlassen

fier, fière [fjɛʀ] *adj* stolz

fierté [fjɛʀte] *f* Stolz *m*

fièvre [fjɛvʀ] *f* ❶ MED Fieber *nt* ❷ *(vive agitation)* Hektik *f*

fiévreux, -euse [fjevʀø] *adj* ❶ MED fiebrig ❷ *(activité)* fieberhaft

figé(e) [fiʒe] *adj* starr

figer [fiʒe] <2a> **I.** *vt:* **~ qn** jdn erstarren lassen **II.** *vpr:* **se ~** erstarren

figue [fig] *f* Feige *f*

figure [figyʀ] *f* ❶ Gesicht *nt* ❷ *(personne)* [große] Persönlichkeit ❸ *(image)* Figur *f*

figuré(e) [figyʀe] *adj (sens)* übertragen

figurer [figyʀe] <1> **I.** *vi* THEAT, CINE als Statist auftreten **II.** *vpr:* **se ~ qc** sich *(dat)* etw vorstellen

fil [fil] *m* ❶ Faden *m*; *(de haricot)* Faser *f*; *(corde à linge)* [Wäsche]leine *f* ❷ ELEC Leitung *f* ❸ *(fil métallique)* **~ de fer** Draht *m* ❹ **au ~ des ans** im Laufe der Jahre

filandreux, -euse [filɑ̃dʀø] *adj* sehnig, flachsig (ÖSTERR)

file [fil] *f* ❶ *(colonne)* Reihe *f*; *(d'attente)* Schlange *f*; **se mettre à la ~** sich [hinten] anstellen ❷ *(voie de circulation)* [Fahr]spur *f*

filer [file] <1> **I.** *vi* ❶ *(maille)* laufen ❷ *(personne)* rennen; *(en voiture)* rasen **II.** *vt* ❶ *(tisser)* spinnen

➋ *(surveiller)* beschatten ➌ *(fam:
donner)* **~ de l'argent à qn** jdm
Geld geben

filet [filɛ] *m* ➊ *(réseau de maille)*
Netz *nt* ➋ GASTR Filet *nt*

filial(e) [filjal] <-aux> *adj* kindlich

filiale [filjal] *f* Filiale *f*

filiation [filjasjɔ̃] *f* Abstammung *f*

filigrane [filigran] *m* Wasserzei-
chen *nt*

fille [fij] *f* ➊ *(opp: garçon)* Mädchen *nt*; **jeune ~** junges Mädchen ➋ *(opp: fils)* Tochter *f*

filleul(e) [fijœl] *m/f* Patenkind *nt*

film [film] *m* ➊ Film *m* ➋ *~ d'action*
Actionfilm *m*; **~ en noir et
blanc** Schwarzweißfilm *m*;
~ policier Thriller *m*; **~ vidéo**
Videofilm *m* ➋ **~ alimentaire**
Frischhaltefolie *f*

filmer [filme] <1> *vt*, *vi* filmen

filou [filu] *m* ➊ *(fam: escroc)* Gauner
m; *(coquin)* Schlingel *m*

fils [fis] *m* Sohn *m*

filtre [filtr] *m* Filter *m o nt*

fin [fɛ̃] *f* ➊ Ende *nt* ➋ *(but)* **arriver
à ses ~s** sein Ziel erreichen
➌ **en ~ de compte** letztlich

fin(e) [fɛ̃] **I.** *adj* ➊ fein; *(jambes)*
schlank ➋ *(personne)* klug ➌ ausgezeichnet **II.** *adv* völlig

final(e) [final] <s> *adj* ➊ endgültig;
(point) Schluss-; *(consonne)* End-

finale [final] <s> *f* Finale *nt*

finalement [finalmɑ̃] *adv* schließlich

finance [finɑ̃s] *fpl* Finanzen *pl*

financer [finɑ̃se] <2> *vt* finanzieren

financier, -ière [finɑ̃sje] *adj* finanziell

finasser [finase] <1> *vi* mit Tricks
arbeiten

finaud(e) [fino] *adj* pfiffig

finesse [finɛs] *f* ➊ Feinheit *f*
➋ *(d'une personne)* Scharfsinn *m*

fini [fini] *m* *(d'un produit)* sorgfälti-
ge Verarbeitung

fini(e) [fini] *adj*: **être ~** zu Ende
sein

finir [finir] <8> **I.** *vi* ➊ enden ➋ *(terminer)* aufhören; **avoir fini** fertig
sein ➋ SPORT **~ à la quatrième
place** auf Platz vier kommen
II. *vt* ➊ beenden; **~ de manger**
fertig essen ➋ *(plat)* aufessen
➌ *(dispute)* aufhören lassen

finition [finisjɔ̃] *f* Fertigstellung *f*

finlandais(e) [fɛ̃lɑdɛ] *adj* finnisch

Finlandais(e) [fɛ̃lɑdɛ] *m(f)* Finne,
Finnin *m, f*

Finlande [fɛ̃lɑ̃d] *f*: **la ~** Finnland
nt

finnois [finwa] *m* Finnisch *nt*

finnois(e) [finwa] *adj* finnisch

Finnois(e) [finwa] *m(f)* Finne, Finnin *m, f*

fioriture [fjɔrityr] *f* Schnörkel *m*

firme [firm] *f* Firma *f*

fisc [fisk] *m* Fiskus *m*

fission [fisjɔ̃] *f* Spaltung *f*

fissure [fisyr] *f* Riss *m*

fixateur [fiksatœr] *m* Haarfestiger *m*

fixation [fiksasjɔ̃] *f* ➊ Fixierung *f*
➋ *(dispositif)* Befestigungsvor-
richtung *f*

fixe [fiks] **I.** *adj* ➊ fest; *(point)* Fix-;
(idée) fix **II.** *m* festes Gehalt
III. *interj*: **~!** stillgestanden!

fixement [fiksəmɑ̃] *adv*: **regarder**

qn/qc ~ jdn/etw anstarren

fixer [fikse] <1> I. vt ❶ befestigen ❷ (regarder) starren ❸ (règle) festlegen; (rendez-vous) ausmachen II. vpr ❶ se ~ au mur an der Wand befestigt werden ❷ (se définir) se ~ un but sich (dat) ein Ziel setzen

flacon [flakɔ̃] m Fläschchen nt

flageller [flaʒele] <1> vt, vpr: [se] ~ [sich] geißeln

flageoler [flaʒɔle] <1> vi zittern

flagrant(e) [flagʀɑ̃] adj offenkundig

flair [flɛʀ] m ❶ Geruchssinn m ❷ avoir du ~ eine feine Nase haben

flairer [flɛʀe] <1> vt wittern

flamand [flamɑ̃] m Flämisch nt

flamand(e) [flamɑ̃] adj flämisch

Flamand(e) [flamɑ̃] m(f) Flame, Flämin m, f

flamant [flamɑ̃] m Flamingo m

flambé(e) [flɑ̃be] adj GASTR flambiert

flamber [flɑ̃be] <1> vi brennen

flamboyant(e) [flɑ̃bwajɑ̃] adj lodernd; (couleur) leuchtend

flamme [flam] f ❶ Flamme f ❷ pl (brasier) Feuer nt

flan [flɑ̃] m GASTR Pudding m

flanc [flɑ̃] m Seite f

flancher [flɑ̃ʃe] <1> vi (fam) kneifen

Flandre [flɑ̃dʀ] f: la ~/les ~s Flandern nt

flâner [flane] <1> vi bummeln

flanquer [flɑ̃ke] <1> vt ❶ (fam) schmeißen; ~ qn dehors jdn rausschmeißen

flaque [flak] f Pfütze f

flash [flaʃ] <es> m ❶ PHOT Blitz m

flasque [flask] adj schlaff

flatter [flate] <1> vt schmeicheln

flatteur, -euse [flatœʀ] adj schmeichelhaft

fléau [fleo] <x> m Plage f

flèche [flɛʃ] f ❶ a. MATH Pfeil m ❷ (toit pointu) [Turm]spitze f ❸ en ~ blitzschnell

fléchir [fleʃiʀ] <8> I. vt beugen II. vi sich beugen

flétri(e) [fletʀi] adj welk

fleur [flœʀ] f Blume f

fleuri(e) [flœʀi] adj ❶ blühend ❷ (avec des motifs floraux) geblümt ❸ (style) blumenverziert

fleurir [flœʀiʀ] <8> I. vi blühen II. vt mit Blumen schmücken

fleuriste [flœʀist] mf Blumenhändler/in m(f)

fleuve [flœv] m Fluss m

flexibilité [fleksibilite] f ❶ Biegsamkeit f ❷ (adaptabilité) Flexibilität f

flexible [fleksibl] adj ❶ biegsam ❷ (adaptable) flexibel

flic [flik] m (fam) Bulle m

flipper [flipœʀ] m Flipper m

flirter [flœʀte] <1> vi flirten

flocon [flɔkɔ̃] m Flocke f; ~s d'avoine Haferflocken pl

flore [flɔʀ] f Flora f

florin [flɔʀɛ̃] m Gulden m

flot [flo] m Flut f

flottant(e) [flɔtɑ̃] adj ❶ (glace) Treib- ❷ (foulard) flatternd ❸ (instable) schwankend

flotte [flɔt] f Flotte f

flottement [flɔtmɑ̃] m Schwanken nt

flotter [flɔte] <1> vi schwimmen ❷ (onduler) flattern

fluctuation [flyktɥasjɔ̃] f Fluktuation f; (de l'opinion) Schwanken nt

fluet(te) [flɥɛ] adj zart

fluide [flɥid] I. adj flüssig II. m CHIM Flüssigkeit f

fluidité [flɥidite] f Dünnflüssigkeit f; ~ du trafic Verkehrsfluss m

fluorescent(e) [flyɔresɑ̃] adj leuchtend

flûte [flyt] I. f Flöte f; (pain) Stangenbrot nt II. interj (fam) verflixt

fluvial(e) [flyvjal] <-aux> adj Fluss-; (port) Binnen-

flux [fly] m ❶ Flut f; **le ~ et le reflux** (marée) Ebbe f und Flut f; (alternance) Auf nt und Ab nt ❷ MED **~ de sang** Blutung f

fluxion [flyksjɔ̃] f Entzündung f

FMI [ɛfɛmi] m abr de **Fonds monétaire international** IWF m

fœtal(e) [fetal] <-aux> adj (position) Embryonal-

fœtus [fetys] m Fötus m

foi [fwa] f ❶ Glaube[n] m ❷ (confiance) Vertrauen nt ❸ **être de bonne/mauvaise ~** aufrichtig/unaufrichtig sein

foie [fwa] m Leber f

foin [fwɛ̃] m Heu nt

foire [fwar] f ❶ Messe f ❷ (fête foraine) Jahrmarkt m; **~ à la brocante** Flohmarkt m

fois [fwa] f ❶ une ~ einmal/ein Mal; **cinq ~ plus d'argent** fünfmal so viel Geld ❷ **[tout] à la ~**

gleichzeitig; des ~ (fam) ab und zu

foison [fwazɔ̃] **à ~** in Hülle und Fülle

fol [fɔl] adj v. **fou**

folâtrer [fɔlɑtre] <1> vi sich tummeln

folie [fɔli] f ❶ Wahnsinn m ❷ (déraison) Verrücktheit f

folklore [fɔlklɔr] m Folklore f

folle [fɔl] adj v. **fou**

follement [fɔlmɑ̃] adv wahnsinnig (fam)

foncé(e) [fɔ̃se] adj dunkel

fonceur, -euse [fɔ̃sœr] m, f Draufgänger(in) m(f)

fonction [fɔ̃ksjɔ̃] f ❶ Funktion f; **faire ~ de qc** als etw dienen ❷ (activité professionnelle) Tätigkeit f

fonctionnaire [fɔ̃ksjɔner] mf Beamte(r), Beamtin f

fonctionnement [fɔ̃ksjɔnmɑ̃] m Funktionieren nt

fonctionner [fɔ̃ksjɔne] <1> vi funktionieren

fond [fɔ̃] m ❶ a. GASTR Boden m ❷ (du cœur) Innere(s) nt ❸ (opp: forme) Inhalt m ❹ **à ~** voll und ganz

fondamental(e) [fɔ̃damɑ̃tal] <-aux> adj grundlegend; (loi) Grund-; ❷ (essentiel) wesentlich

fondamentalement [fɔ̃damɑ̃talmɑ̃] adv von Grund auf; (opposé) grund-

fondamentaliste [fɔ̃damɑ̃talist] mf REL Fundamentalist(in) m(f)

fondant(e) [fɔ̃dɑ̃] adj ❶ schmelzend ❷ (poire) saftig ❸ (tendre) zart

fondateur, -trice [fɔ̃datœr] *m, f* Gründer(in) *m(f)*

fondation [fɔ̃dasjɔ̃] *f* Gründung *f*

fondé(e) [fɔ̃de] *adj* fundiert

fonder [fɔ̃de] <1> **I.** *vt* ❶ gründen ❷ *(faire reposer)* begründen **II.** *vpr:* **se ~ sur qc** *(personne)* sich auf etw *(akk)* berufen

fondre [fɔ̃dr] <14> *vt, vi* schmelzen

fondue [fɔ̃dy] *f* Fondue *nt*

fontaine [fɔ̃tɛn] *f* Brunnen *m*

foot[**ball**] [fut(bol)] *m* Fußball *m*

footing [futiŋ] *m* Joggen *nt*

forage [fɔraʒ] *m* Bohrung *f*

force [fɔrs] *f* ❶ *a.* PHYS Kraft *f*; **~ du vent** Windstärke *f* ❷ *(pouvoir)* Stärke *f* ❸ **à ~ de** mit der Zeit; **faire qc de ~** etw unter Zwang tun

forcé(e) [fɔrse] *adj* unfreiwillig; *(travail)* Zwangs-

forcément [fɔrsemɑ̃] *adv* zwangsläufig; **pas ~** nicht unbedingt

forcené(e) [fɔrsəne] *m(f)* Verrückte(r) *f(m)*

forcer [fɔrse] <2> **I.** *vt* ❶ zwingen ❷ *(tordre)* verbiegen ❸ *(coffre)* aufbrechen ❹ *(estime)* hervorrufen **II.** *vi* ❶ sich überanstrengen ❷ *(agir avec force)* **~ sur qc** etw mit Gewalt tun

forcir [fɔrsir] <8> *vi* zunehmen

forestier, -ière [fɔrɛstje] *adj* Wald-

forêt [fɔrɛ] *f* Wald *m*

Forêt-Noire [fɔrɛnwar] *f* GEO **la ~** der Schwarzwald

forfait [fɔrfɛ] *m* Pauschale *f*

forger [fɔrʒe] <2a> *vt* *(a. fig)* schmieden

formaliser [fɔrmalize] <1> *vpr:* **se ~ de qc** Anstoß an etw *(dat)* nehmen

formalité [fɔrmalite] *f* ADMIN, JUR Formalität *f*

format [fɔrma] *m* Format *nt*; **~ en hauteur** Hochformat *nt*; **~ horizontal** Querformat *nt*

formater [fɔrmate] <1> *vt* formatieren

formation [fɔrmasjɔ̃] *f* ❶ Aufstellung *f* ❷ Bildung *f* ❸ *(apprentissage professionnel)* Ausbildung *f* ❹ *(groupe)* Gruppe *f*

forme [fɔrm] *f* Form *f*; *(condition)* Zustand *m*, Verfassung *f*; **en ~** fit

formel(le) [fɔrmɛl] *adj* ❶ ausdrücklich ❷ *(de pure forme)* formell

former [fɔrme] <1> **I.** *vt* formen **II.** *vpr:* **se ~** sich bilden

formidable [fɔrmidabl] *adj* ❶ *(fam)* toll ❷ **c'est ~!** das ist ja irre!

formulaire [fɔrmylɛr] *m* Formular *nt*, Drucksorte *f* (ÖSTERR)

formule [fɔrmyl] *f* ❶ Formulierung *f* ❷ *(paroles rituelles)* **~ de politesse** (Höflichkeits)floskel *f* ❸ SCI, CHIM Formel *f* ❹ SPORT **~ I** Formel I *f*

formuler [fɔrmyle] <1> *vt* formulieren

fort [fɔr] *adv* ❶ *(parler)* laut ❷ *(beaucoup)* **j'en doute ~** das möchte ich stark bezweifeln

❸ *(fam: bien)* gut ❹ **y aller ~** *(fam)* zu weit gehen

fort(e) [fɔr] *adj* ❶ stark ❷ *(moutarde)* scharf ❸ *(doué)* gut ❹ **c'est un peu ~!** das gibt's doch nicht!

fortement [fɔrtǝmã] *adv* fest; *(secouer)* kräftig

forteresse [fɔrtǝrɛs] *f* Festung *f*

fortifiant(e) [fɔrtifjã] *adj* stärkend

fortifier [fɔrtifje] <1> *vt* kräftigen

fortune [fɔrtyn] *f* ❶ Vermögen *nt* ❷ *(chance)* Glück *nt* ❸ **de ~** behelfsmäßig

forum [fɔrɔm] *m* INFORM Newsgroup *f*; **~ de discussion sur Internet** Internetforum *nt*

fossé [fose] *m* ❶ Graben *m* ❷ *(écart)* Kluft *f*

fossile [fosil] **I.** *adj* GEO fossil **II.** *m* GEO Fossil *nt*

fossiliser [fosilize] <1> *vt, vpr* GEO **[se] ~** versteinern

fou, fol, folle [fu] *adj* ❶ verrückt ❷ **un monde ~** wahnsinnig viele Leute *(fam)*

foudre [fudr] *f* ❶ Blitz *m* ❷ **un coup de ~** Liebe auf den ersten Blick

foudroyant(e) [fudrwajã] *adj* durchschlagend

foudroyer [fudrwaje] <6> *vt* vom Blitz getroffen werden

fouet [fwɛ] *m* Schneebesen *m*

fougère [fuʒɛr] *f* Farn *m*

fougue [fug] *f* Schwung *m*

fougueux, -euse [fugø] *adj* aufbrausend

fouille [fuj] *f* Ausgrabungen *pl*

fouiller [fuje] <1> **I.** *vt* ❶ durch-

suchen ❷ *(creuser)* wühlen **II.** *vi* herumwühlen

fouillis [fuji] *m* Unordnung *f*

foulard [fular] *m* ❶ Kopftuch *nt* ❷ *(écharpe)* Halstuch *nt*

foule [ful] *f* [Menschen]menge *f*

foulé(e) [fule] *adj* verstaucht

foulure [fulyr] *f* MED Verstauchung *f*

four [fur] *m* GASTR Backofen *m*; TECH Ofen *m*

fourberie [furbǝri] *f* Hinterlist *f*

fourcher [furʃe] <1> *vi* sich spalten

fourchette [furʃɛt] *f* ❶ Gabel *f* ❷ *(marge)* Spanne *f*

fourgon [furgɔ̃] *m* ❶ CHEMDFER Güterwagen *m* ❷ *(voiture)* Kastenwagen *m*

fourmi [furmi] *f* Ameise *f*

fourmillement [furmijmã] *m* ❶ Gewimmel *nt* ❷ *(picotement)* Kribbeln *nt*

fourneau [furno] <x> *m* [Küchen]herd *m*

fourni(e) [furni] *adj* dicht

fournir [furnir] <8> *vt* [be]liefern

fourniture [furnityr] *f* ❶ Lieferung *f* ❷ *pl (accessoires)* Ausstattung *f*

fourrage [furaʒ] *m* [Vieh]futter *nt*

fourré [fure] *m* Gestrüpp *nt*

fourrer [fure] <1> *vt* ❶ *(fam)* hineinstecken ❷ GASTR füllen

fourre-tout [furtu] *m inv* Reisetasche *f*

fourrière [furjɛr] *f* ❶ *(pour voitures)* Abstellplatz *m* für amtlich abgeschleppte Fahrzeuge ❷ *(pour animaux)* Tierheim *nt*

fourrure [furyr] *f* Pelz *m*

foyer [fwaje] *m* ❶ Heim *nt*; **fonder un ~** eine Familie gründen ❷ THEAT Foyer *nt* ❸ *(cheminée)* Kamin *m* ❹ *(incendie)* Brand *m*

frac [fʀak] *m* ❶ Frack *m*

fracas [fʀaka] *m* Krach *m*

fracasser [fʀakase] <1> I. *vt* ❶ zertrümmern II. *vpr:* **se ~** zerspringen

fractionnement [fʀaksjɔnmɑ̃] *m* Zersplitterung *f*

fractionner [fʀaksjɔne] <1> *vt* zerlegen

fracture [fʀaktyʀ] *f* Bruch *m*

fracturer [fʀaktyʀe] <1> *vt* ❶ aufbrechen ❷ MED brechen

fragile [fʀaʒil] *adj* ❶ zerbrechlich ❷ *(gloire)* vergänglich ❸ *(bâtiment)* baufällig

fragment [fʀagmɑ̃] *m* Teil *nt*; *(d'os)* Splitter *m*

fragmentaire [fʀagmɑ̃tɛʀ] *adj* lückenhaft

fraîche [fʀɛʃ] *adj v.* **frais**

fraîchement [fʀɛʃmɑ̃] *adv* frisch

fraîchir [fʀeʃiʀ] <8> *vi* sich abkühlen

frais [fʀɛ] I. *mpl* Kosten *pl*; **~ bancaires** Bearbeitungsgebühr *f* II. *m* frische Luft; **mettre qc au ~** etw kalt stellen; **à conserver au ~** kühl lagern

frais, fraîche [fʀɛ, fʀɛʃ] *adj* ❶ kühl ❷ *(opp: avarié)* frisch

fraise [fʀɛz] *f* Erdbeere *f*

framboise [fʀɑ̃bwaz] *f* ❶ *(fruit)* Himbeere *f* ❷ *(eau-de-vie)* Himbeergeist *m*

franc [fʀɑ̃] *m:* **~ français** französischer Franc; **~ suisse/belge**

Schweizer/belgischer Franken

franc, franche [fʀɑ̃] *adj* ❶ aufrichtig ❷ *(véritable)* rein; *(succès)* klar ❸ *(libre)* frei

franc, franque [fʀɑ̃] *adj* fränkisch

français [fʀɑ̃sɛ] *m* Französisch *nt*

français(e) [fʀɑ̃sɛ] *adj* französisch

Français(e) [fʀɑ̃sɛ] *m(f)* Franzose, Französin *m, f*

française [fʀɑ̃sɛz] *f:* **à la ~** auf französische Art und Weise

France [fʀɑ̃s] *f:* **la ~** Frankreich *nt*

franchement [fʀɑ̃ʃmɑ̃] *adv* ❶ offen ❷ *(clairement)* klar ❸ *(vraiment)* wirklich

franchise [fʀɑ̃ʃiz] *f* ❶ Offenheit *f* ❷ *(des assurances)* Selbstbeteiligung *f*

franciser [fʀɑ̃size] <1> *vt* französi[s]ieren

franco [fʀɑ̃ko] *adv* ❶ COM [fracht]frei ❷ *(fam: carrément)* ohne Umschweife

franco-allemand(e) [fʀɑ̃koalmɑ̃] <franco-allemands> *adj* deutsch-französisch

francophile [fʀɑ̃kɔfil] *adj* frankophil

francophobe [fʀɑ̃kɔfɔb] *adj* frankreichfeindlich

francophone [fʀɑ̃kɔfɔn] *adj* französischsprachig

francophonie [fʀɑ̃kɔfɔni] *f* Frankophonie *f*

franc-parler [fʀɑ̃paʀle] <francs-parlers> *m:* **avoir son ~** kein Blatt vor den Mund nehmen

frange [fʀɑ̃ʒ] *f* ❶ Rand *m* ❷ *(mèche)* Pony *m*

franglais [fʀɑ̃glɛ] *m:* mit Anglizismen durchsetztes Französisch

frappant(e) [fʀapɑ̃] adj auffallend; *(ressemblance)* verblüffend

frappé(e) [fʀape] adj ① **~ de stupeur** wie vor den Kopf geschlagen ② *(refroidi)* [eis]gekühlt

frapper [fʀape] <1> I. vt ① schlagen ② *(saisir)* **~ qn de stupeur** jdn bestürzen ③ *(affliger)* **~ qn** *(maladie)* jdn befallen; *(mesure)* jdn betreffen ④ *(étonner)* **être frappé de qc** über etw verblüfft sein II. vi ① *(donner des coups)* zuschlagen ② *(avant d'entrer)* **~ à la porte** an die Tür klopfen ③ *(taper)* **~ dans ses mains** in die Hände klatschen

fraternel(le) [fʀatɛʀnɛl] adj ① *(amour; de frère)* brüderlich; *(de sœur)* Schwester- ② *(affectueux)* freundschaftlich

fraterniser [fʀatɛʀnize] <1> vi Freundschaft schließen

fraternité [fʀatɛʀnite] f Brüderlichkeit f

fraude [fʀod] f Betrug m ① **en ~** auf betrügerische Weise

frauder [fʀode] <1> vt betrügen

frayer [fʀeje] <7> vpr: **se ~ un chemin** sich *(dat)* einen Weg bahnen

frayeur [fʀejœʀ] f Schreck[en] m

fredonner [fʀədɔne] <1> vt summen

frein [fʀɛ̃] m Bremse f; **à main** Handbremse f

freiner [fʀene] <1> I. vi bremsen II. vt *(ralentir)* behindern

frelater [fʀəlate] <1> vt *(vin)* panschen

frêle [fʀɛl] adj schwach

frelon [fʀəlɔ̃] m Hornisse f

frémir [fʀemiʀ] <8> vi ① *(soutenu)* **faire ~ qn** jdn schaudern lassen *(geh)* ② *(eau)* sieden

frémissant(e) [fʀemisɑ̃] adj zitternd; *(eau)* siedend

frénésie [fʀenezi] f Leidenschaft f

frénétique [fʀenetik] adj wild

frénétiquement [fʀenetikmɑ̃] adv stürmisch

fréquemment [fʀekamɑ̃] adv oft

fréquent(e) [fʀekɑ̃] adj häufig

fréquentable [fʀekɑ̃tabl] adj akzeptabel

fréquenter [fʀekɑ̃te] <1> I. vt ① häufig besuchen ② *(avoir des relations avec)* **~ qn** mit jdm verkehren II. vpr: **se ~** *(par amitié)* sich häufig sehen

frère [fʀɛʀ] m a. REL Bruder m

fret [fʀɛ(t)] m NAUT, AVIAT ① Frachtkosten pl ② *(chargement)* Ladung f

frétiller [fʀetije] <1> vi zappeln

friandise [fʀijɑ̃diz] f Süßigkeit f

fric [fʀik] m *(fam)* Knete f

fricassée [fʀikase] f Frikassee f

friche [fʀiʃ] f AGR Brachland nt

friction [fʀiksjɔ̃] f Abreiben nt

frictionner [fʀiksjɔne] <1> vt, vpr: **|se| ~** |sich| abreiben

frigidaire® [fʀiʒidɛʀ] m Kühlschrank m

frigide [fʀiʒid] adj frigid[e]

frigo [fʀigo] m *(fam)* abr de **frigidaire**

frileux, -euse [fʀilø] adj kälteempfindlich; *(personne)* verfroren

fringant(e) [fʀɛ̃gɑ̃] *adj* munter

fripe [fʀip] *f* Kleider *pl* aus zweiter Hand

frire [fʀiʀ] ‹irr› I. *vt*: **[faire] ~ qc** *(dans une poêle)* etw braten; *(dans une friteuse)* etw frittieren II. *vi* in schwimmendem Fett braten

frisé(e) [fʀize] *adj* kraus

friser [fʀize] ‹1› I. *vt* ① in Locken legen ② *(frôler)* ⓐ **le ridicule** ans Lächerliche grenzen II. *vi* sich kräuseln III. *vpr*: **se faire ~** sich *(dat)* Locken machen lassen

frisson [fʀisɔ̃] *m* Zittern *nt*; **avoir des ~s** Schüttelfrost haben

frissonner [fʀisɔne] ‹1› *vi* beben

frit(e) [fʀi, fʀit] *adj* gebacken

frite [fʀit] *f*: **des ~s** Pommes frites *pl*

friterie [fʀitʀi] *f* Pommesbude *(fam)*

friture [fʀityʀ] *f* frittierte Speise

frivole [fʀivɔl] *adj* leichtfertig

froid(e) [fʀwa] I. *m* ① Kälte *f*; **qn a froid** jdm ist kalt; **il fait ~** es ist kalt; **attraper** ⓐ **~** sich erkälten *(brouille)* Verstimmung *f* II. *adv*: **à ~** kalt; *(sans préparation)* unvorbereitet

froid(e) [fʀwa] *adj* ① *(opp: chaud)* kalt ② *(accueil)* kühl

froidement [fʀwadmɑ̃] *adv* ① kühl ② *(avec insensibilité)* kaltblütig

froissement [fʀwasmɑ̃] *m* Rascheln *nt*

froisser [fʀwase] ‹1› I. *vt* ① zerknittern; *(tissu)* verbiegen ② *(personne)* kränken II. *vpr (se chiffonner)* **se ~** knittern

frôlement [fʀolmɑ̃] *m* leichte Berührung

frôler [fʀole] ‹1› I. *vt* ① streifen ② *(passer très près)* ⓐ **le ridicule** sich lächerlich machen II. *vpr*: **se ~** sich leicht berühren

fromage [fʀɔmaʒ] *m* Käse *m*; **à pâte molle** Weichkäse *m*; **~ de brebis** Schafskäse *m*; **fromage de chèvre** Ziegenkäse *m*; **~ blanc** Quark *m*

froment [fʀɔmɑ̃] *m* Weizen *m*

froncer [fʀɔ̃se] ‹2› *vt* ① COUT raffen ② *(sourcils)* hochziehen; *(nez)* rümpfen

fronde [fʀɔ̃d] *f* Schleuder *f*

front [fʀɔ̃] *m* ① Front *f* ② ANAT Stirn *f*

frontal(e) [fʀɔ̃tal] ‹-aux› *adj* Frontal-

frontière [fʀɔ̃tjɛʀ] *f* Grenze *f*

fronton [fʀɔ̃tɔ̃] *m* Giebel *m*

frotter [fʀɔte] ‹1› *vt, vi, vpr (se gratter)* **se ~** reiben

froufrou [fʀufʀu] *mpl* Rüschen *pl*

froussard(e) [fʀusaʀ] *m(f) (fam)* Angsthase *m*

fructueux, -euse [fʀyktɥø] *adj* ① fruchtbar; *(commerce)* gewinnbringend

frugal(e) [fʀygal] ‹-aux› *adj* karg

fruit [fʀɥi] *m* ① *pl* Obst *nt* ② BIO Frucht *f* ③ *(crustacés)* **~s de mer** Meeresfrüchte *pl*

fruitier, -ière [fʀɥitje] *adj*: **arbre ~** Obstbaum *m*

frustré(e) [fʀystʀe] *adj* frustriert

FS [ɛfɛs] *m abr de* **franc suisse** sFr

fuel [fjul] *m* Heizöl *nt*

fugitif, -ive [fyʒitif] *adj* ❺ *(en fuite)* entflohen ❻ *(éphémère)* flüchtig

fugueur, -euse [fygœʀ] *m, f* Ausreißer(in) *m(f)*

fuir [fɥiʀ] <irr> **I.** *vi* ❶ fliehen ❷ undicht sein **II.** *vt* flüchten vor +*dat*

fuite [fɥit] *f* ❶ Flucht *f* ❷ *(trou)* undichte Stelle ❸ *(perte)* **il y a une ~** da läuft etwas aus

fulgurant(e) [fylgyʀɑ̃] *adj* ❶ rasend ❷ *(douleur)* stechend

fumant(e) [fymɑ̃] *adj* ❶ qualmend ❷ *(qui dégage de la vapeur)* dampfend

fumé(e) [fyme] *adj* ❶ GASTR geräuchert; *(saumon)* Räucher-; *(verre)* rauchfarben

fumée [fyme] *f* ❶ Rauch *m* ❷ Dunst *m*, Dampf *m*

fumer [fyme] <1> *vt, vi* rauchen

fumeur, -euse [fymœʀ] *m, f* Raucher(in) *m(f)*

fumigation [fymigasjɔ̃] *f* MED Inhalation *f*

funérailles [fyneʀaj] *fpl* Bestattung *f (geh)*

funiculaire [fynikylɛʀ] *m* Seilbahn *f*

fur [fyʀ] **au ~ et à mesure** nach und nach

fureteur [fyʀ(ə)tœʀ] *m* CAN Browser *m*

fureur [fyʀœʀ] *f* ❶ Wut *f*, Zorn *m* ❷ **faire ~** Furore machen

furieux, -euse [fyʀjø] *adj* wütend

furtif, -ive [fyʀtif] *adj* flüchtig

fuseau [fyzo] <x> *m* ❶ Spindel *f* ❷ GEO **~ horaire** Zeitzone *f*

fusée [fyze] *f* Rakete *f*

fuselé(e) [fyzle] *adj* schlank

fusible [fyzibl] *m* Sicherung *f*

fusil [fyzi] *m* Gewehr *nt*

fusiller [fyzije] <1> *vt* erschießen

fusion [fyzjɔ̃] *f* ❶ Schmelzen *nt* ❷ *(de sociétés)* Fusion *f*

fusionner [fyzjɔne] <1> **I.** *vi* fusionieren; *(partis)* sich vereinigen **II.** *vt* INFORM vereinigen

fût [fy] *m* Fass *nt*

futé(e) [fyte] *m(f):* **petit ~** Schlaumeier *m*

futile [fytil] *adj* belanglos

futur [fytyʀ] *m* Zukunft *f*

futur(e) [fytyʀ] *adj* ❶ [zu]künftige(ʀ, s) ❷ [zu]künftige(ʀ, s); **une ~e maman** eine werdende Mutter

futuriste [fytyʀist] *adj* futuristisch

fuyant(e) [fɥijɑ̃] *adj* unstet

Gg

G, g [ʒe] *m inv* G *nt*, g *nt*
gabarit [gabaʀi] *m* Größe *f*; *(d'un véhicule)* Maße *pl*
gâcher [gɑʃe] <1> *vt* verderben
gadoue [gadu] *f* Matsch *m*
gaffe [gaf] *f (fam)* **faire ~** aufpassen
gaffer [gafe] <1> *vi (fam)* ins Fettnäpfchen treten
gage [gaʒ] *m* ❶ **~ de qc** Garantie *f* für etw; *(témoignage)* Beweis *m* für etw ❷ *(dépôt)* Pfand *nt* ❸ JEUX Strafe *f* ❹ *pl (salaire)* Lohn *m*; *(d'un acteur)* Gage *f*
gagnant(e) [gaɲɑ̃] *m(f)* Sieger(in) *m(f)*; *(d'un jeu)* Gewinner(in) *m(f)*
gagne-pain [gaɲpɛ̃] *m inv* Broterwerb *m*
gagner [gaɲe] <1> *vt, vi* gewinnen
gai(e) [ge] *adj* fröhlich
gaiement, gaîment [gemɑ̃] *adv* fröhlich
gaillard(e) [gajaʀ] *adj* rüstig
gain [gɛ̃] *m* ❶ Gewinn *m* ❷ *(économie)* Einsparung *f*
galant(e) [galɑ̃] *adj* ❶ zuvorkommend ❷ *(d'amour)* **rendez-vous ~** Rendezvous *nt*
galaxie [galaksi] *f* Milchstraßensystem *nt*
galerie [galʀi] *f* ❶ Gang *m* ❷ COM **~ marchande** Einkaufspassage *f*; **~ de peinture** [Gemälde]galerie *f* ❸ AUT Dachgepäckträger *m*
galeux, -euse [galø] *adj* räudig
gallicisme [ga(l)lisism] *m* Spracheigentümlichkeit *f* des Französischen

gallois [galwa] *m* Walisisch *nt*
gallois(e) [galwa] *adj* walisisch
Gallois(e) [galwa] *m(f)* Waliser(in) *m(f)*
gallo-romain(e) [ga(l)lorɔmɛ̃] <gallo-romains> *adj* galloromanisch
galoper [galɔpe] <1> *vi* galoppieren
galvaniser [galvanize] <1> *vt* begeistern
gambader [gɑ̃bade] <1> *vi* herumtollen
gamin(e) [gamɛ̃] *m(f) (fam)* **un ~** ein Kind *nt*; **une ~e** ein Mädchen *nt*
gamme [gam] *f* ❶ MUS Tonleiter *f* ❷ *(série)* Palette *f*
gangster [gɑ̃gstɛʀ] *m* Gangster *m*
gant [gɑ̃] *m* Handschuh *m*; **~ de toilette** Waschlappen *nt*
garage [gaʀaʒ] *m* ❶ Garage *f* ❷ *(entreprise)* Reparaturwerkstatt *f*
garagiste [gaʀaʒist] *mf* Automechaniker(in) *m(f)*
garantie [gaʀɑ̃ti] *f* ❶ Garantie *f* ❷ *(caution)* Sicherheit *f*
garantir [gaʀɑ̃tiʀ] <8> *vt* ❶ garantieren ❷ *(assurer)* gewährleisten
garçon [gaʀsɔ̃] *m* ❶ Junge *m* ❷ *(fils)* Junge *m (fam)* ❸ *(serveur)* Kellner *m*
garde¹ [gaʀd] *f* ❶ Bewachung *f* ❷ *(d'enfants)* Sorgerecht *f*

G

garde² [gaʀd] *m* ❶ Wächter *m*; **~ des Sceaux** Justizminister *m* ❷ *(sentinelle)* Wache *f*

garde-boue [gaʀdəbu] *m inv* Schutzblech *nt* **garde-fou** [gaʀdəfu] <garde-fous> *m* Geländer *nt*

garder [gaʀde] <1> **I.** *vt* ❶ bewachen ❷ *(stocker)* aufbewahren ❸ *(ne pas perdre)* behalten ❹ *(place)* freihalten **II.** *vpr:* **se ~** ❶ *(aliment)* sich halten ❷ *(s'abstenir)* sich hüten

garderie [gaʀdəʀi] *f* (Kinder)tagesstätte *f*

garde-robe [gaʀdəʀɔb] <garde-robes> *f* Garderobe *f*

gardien(ne) [gaʀdjɛ̃] *m(f)* ❶ Wächter(in) *m(f)*; *(d'un immeuble)* Hausmeister(in) *m(f)*; *(d'un zoo)* Wärter(in) *m(f)* ❷ *(défenseur)* Hüter(in) *m(f)*

gare [gaʀ] *f* Bahnhof *m*; **~ routière** Busbahnhof *m*; **~ principale** Hauptbahnhof *m*

garer [gaʀe] <1> *vt, vpr:* [se] ~ parken

gargouiller [gaʀguje] <1> *vi* gluckern

garni(e) [gaʀni] *adj* GASTR mit Beilage

garnir [gaʀniʀ] <8> *vt* ❶ schmücken ❷ *(équiper)* **~ qc de qc** etw mit etw versehen ❸ *(remplir)* **~ de qc** etw füllen

garniture [gaʀnityʀ] *f* ❶ GASTR Beilage *f* ❷ AUT Innenausstattung *f*

gars [ga] *m (fam)* Kerl *m*; **salut**

les ~! hallo, Jungs!

gas-oil, gasoil [gazwal] *m* Diesel *m*

gaspiller [gaspije] <1> *vt* verschwenden

gastronomie [gastʀɔnɔmi] *f* Kochkunst *f*

gâteau [gɑto] <x> *m* Kuchen *m*; *(individuel)* Gebäck *nt*; **~ sec** Keks *m*

gâter [gɑte] <1> **I.** *vt* ❶ *(opp:droit)* verwöhnen ❷ **être gâté** Glück haben **II.** *vpr:* **se ~** schlecht werden

gauche [goʃ] **I.** *adj* ❶ *(opp:droit)* linke(r, s) ❷ *(maladroit)* ungeschickt **II.** *f* ❶ Linke *f*; **à ~** links ❷ POL **la ~** die Linke

gaucher, -ère [goʃe] *m, f* Linkshänder(in) *m(f)*

gaucherie [goʃʀi] *f* Unbeholfenheit *f*

gaufre [gofʀ] *f* Waffel *f*

Gaule [gol] *f:* **la ~** Gallien *nt*

gaulliste [golist] *mf* Gaullist(in) *m(f)*

gaulois(e) [golwa] *adj* gallisch; *(humour)* derb

Gaulois(e) [golwa] *m(f)* Gallier(in) *m(f)*

gay [gɛ] **I.** *adj inv* homosexuell **II.** *mpl* Schwule *pl (fam)*

gaz [gaz] *m* ❶ Gas *nt* ❷ *pl:* **avoir des ~** Blähungen haben

gaze [gaz] *f* Gaze *f*

gazeux, -euse [gazø] *adj* ❶ gasförmig ❷ *(qui contient du gaz)* **eau gazeuse** Mineralwasser *nt* mit Kohlensäure

gazinière [gazinjɛʀ] *f* Gasherd *m*

gazole [gazɔl] *m* Diesel *m*

gazon [gazɔ̃] *m* Rasen *m*

géant(e) [ʒeɑ̃] *adj* riesig

gel [ʒɛl] *m* ❶ Frost *m* ❷ *(blocage)* Einfrieren *nt* ❸ *(crème)* Gel *nt*; **~ douche** Duschgel *m*

gelée [ʒ(ə)le] *f* METEO Frost *m*; **~ blanche** Reif *m* ❷ GASTR Aspik *m*

geler [ʒ(ə)le] <4> **I.** *vt* ❶ METEO gefrieren lassen; *(bourgeons)* erfrieren lassen ❷ ECON einfrieren **II.** *vi* ❶ METEO gefrieren; *(rivière)* zufrieren; *(fleurs)* erfrieren; **il gèle** es friert ❷ *(avoir froid)* frieren

Gémeaux [ʒemo] *mpl* ASTRO Zwillinge *pl*

gémir [ʒemiʀ] <8> *vi* stöhnen

gênant(e) [ʒɛnɑ̃] *adj* störend; *(question)* unangenehm

gencive [ʒɑ̃siv] *f* Zahnfleisch *nt*

gendarme [ʒɑ̃daʀm] *m* ❶ Polizist(in) *m(f)*

gendarmerie [ʒɑ̃daʀməʀi] *f* Gendarmerie *f*

gendre [ʒɑ̃dʀ] *m* Schwiegersohn *m*

gène [ʒɛn] *m* Gen *nt*

gêne [ʒɛn] *f* ❶ Beschwerden *pl* ❷ *(trouble)* Befangenheit *f* ❸ **être sans ~** keine Hemmungen kennen

gêner [ʒene] <1> *vt* ❶ stören ❷ *(mettre mal à l'aise)* verlegen machen

général(e) [ʒeneʀal] <-aux> *adj* ❶ allgemein; **en règle ~e** in der Regel ❷ *(directeur)* General-; *(quartier)* Haupt- ❸ **en ~** im Allgemeinen; **d'une façon ~e** im Allgemeinen

généralement [ʒeneʀalmɑ̃] *adv* ❶ im Allgemeinen ❷ *(opp: en détail)* allgemein

généraliser [ʒeneʀalize] <1> **I.** *vt* verallgemeinern **II.** *vpr:* **se ~** allgemein eingeführt werden

généraliste [ʒeneʀalist] *adj:* **médecin ~** Arzt, Ärztin *m, f* für Allgemeinmedizin

génération [ʒeneʀasjɔ̃] *f* Generation *f*

générer [ʒeneʀe] <5> *vt* ❶ erzeugen; INFORM generieren

généreux, -euse [ʒeneʀø] *adj* großzügig

genèse [ʒənɛz] *f* Entstehung *f*

génétique [ʒenetik] **I.** *adj* genetisch; *(recherche)* Gen-; **patrimoine ~** Erbgut *nt* **II.** *f* Genetik *f*

Genève [ʒ(ə)nɛv] Genf *nt*; **de ~** Genfer

génial(e) [ʒenjal] <-aux> *adj* ❶ genial ❷ *(fam: formidable)* toll

génital(e) [ʒenital] <-aux> *adj* Geschlechts-

génocide [ʒenɔsid] *m* Völkermord *m*

genou [ʒ(ə)nu] <x> *m* Knie *nt*

genre [ʒɑ̃ʀ] *m* ❶ Art *f* ❷ ART Gattung *f* ❸ *(espèce)* **~ humain** Menschengeschlecht *nt* ❹ LING Genus *nt*

gens [ʒɑ̃] *mfpl* Leute *pl*

gentil(le) [ʒɑ̃ti] *adj* ❶ nett, freundlich ❷ *(sage)* brav

géographe [ʒeɔgʀaf] *mf* Geograph(in) *m(f)*

géographie [ʒeɔgʀafi] *f* Erdkunde *f*

géologie [ʒeɔlɔʒi] *f* Geologie *f*

gérance [ʒerãs] f Geschäftsführung f, Leitung f

gerbe [ʒerb] f Garbe f; *(de fleurs)* Strauß m

gérer [ʒere] <5> vt ❶ leiten ❷ INFORM verwalten

Germain(e) [ʒermɛ̃] m(f) Germane, Germanin m, f

germanique [ʒermanik] adj ❶ *(teuton)* germanisch ❷ *(allemand)* deutsch; *(pays)* deutschsprachig

germanophile [ʒermanɔfil] adj deutschfreundlich

germanophobe [ʒermanɔfɔb] adj deutschfeindlich

germanophone [ʒermanɔfɔn] adj deutschsprachig; **être ~** Deutsch als Muttersprache haben

geste [ʒɛst] m Geste f; **~ de la main** Handbewegung f

gesticuler [ʒestikyle] <1> vi gestikulieren

gestionnaire [ʒestjɔner] I. mf Geschäftsführer(in) m(f) II. m: **~ de fichiers** Dateimanager m

gestuel(le) [ʒestɥɛl] adj *(langage)* Gebärden-

gibier [ʒibje] m Wild nt

gicler [ʒikle] <1> vi spritzen

gifler [ʒifle] <1> vt ohrfeigen

gigantesque [ʒigãtɛsk] adj riesig

giga-octet [ʒigaɔktɛ] <giga-octets> m Gigabyte nt

gigot [ʒigo] m Keule f

gilet [ʒile] m Weste f; *(lainage)* Strickjacke f; **~ de sauvetage** Schwimmweste f

giratoire [ʒiratwar] adj: **sens ~** Kreisverkehr m

gisement [ʒizmã] m Vorkommen nt

gitan(e) [ʒitã] m(f) Zigeuner(in) m(f)

gîte [ʒit] m Unterkunft f; **~ rural** Unterkunftsmöglichkeit f für Touristen

givre [ʒivr] m [Rau]reif m

glace [glas] f ❶ GASTR Eis nt ❷ *(miroir)* Spiegel m ❸ *(vitre)* [Glas]scheibe f

glacé(e) [glase] adj ❶ *(très froid, a. fig)* eiskalt ❷ *(fruit)* kandiert

glacer [glase] <2> vt ❶ *(refroidir)* zu Eis erstarren lassen ❷ *(impressionner)* **~ qn d'effroi** jdn vor Schreck *(dat)* erstarren lassen

glacier [glasje] m ❶ GEO Gletscher m ❷ *(métier)* Eiskonditor m

glacière [glasjer] f Kühlbox f

glaçon [glasɔ̃] m Eiswürfel m

glaise [glɛz] f Lehm m

glissant(e) [glisã] adj glatt

glissement [glismã] m: **~ de terrain** Erdrutsch m

glisser [glise] <1> I. vi ❶ rutschen ❷ *(se déplacer)* gleiten II. vt schieben III. vpr: **se ~** schlüpfen

glissière [glisjer] f: **~ de sécurité** Leitplanke f

global(e) [glɔbal] <-aux> adj global; *(somme)* Gesamt-

globe [glɔb] m Globus m

globule [glɔbyl] m Blutkörperchen nt

gloire [glwar] f ❶ Ruhm m ❷ **à la ~ de qn/qc** zu jds Ehre/um etw zu ehren

glorieux, -euse [glɔrjø] adj ruhmreich

glouton(ne) [glutɔ̃] m (f) Vielfraß m (fam)

glu [gly] f Leim m

gluant(e) [glyɑ̃] adj klebrig

Go abr de **giga-octet** GB nt

gobelet [gɔblɛ] m Becher m

goéland [gɔelɑ̃] m große Möwe

goguenard(e) [gɔg(ə)naʀ] adj spöttisch

goitre [gwatʀ] m Kropf m

golf [gɔlf] m Golf|spiel nt

golfe [gɔlf] m Golf m

gomme [gɔm] f Gummi m o nt

gommer [gɔme] <1> vt ausradieren

gond [gɔ̃] m ❶ [Tür]angel f ❷ **sortir de ses ~s** außer sich geraten

gonflé(e) [gɔ̃fle] adj aufgeblasen; (visage) aufgedunsen

gonfler [gɔ̃fle] <1> **I.** vt (pneus) aufpumpen; (ballon) aufblasen **II.** vi (membre) anschwellen; (pâte) aufgehen **III.** vpr: **se ~** sich füllen

gorge [gɔʀʒ] f ❶ Hals m ❷ GEO Schlucht f

gorgée [gɔʀʒe] f Schluck m

gosse [gɔs] mf (fam) Kleine(r) f(m); **un ~** ein Bengel m, **une ~** eine Göre

gothique [gɔtik] **I.** adj gotisch **II.** m Gotik f

goudron [gudʀɔ̃] m Teer m, Asphalt m

gouffre [gufʀ] m Abgrund m

goulache [gulaʃ] m o f Gulasch m o nt

goulet [gulɛ] m: **~ d'étranglement** Engpass m

goulot [gulo] m Hals m; **boire**

au ~ aus der Flasche trinken

gourde [guʀd] f Trinkflasche f

gourmand(e) [guʀmɑ̃] adj: **être ~** ein Schlemmer m sein; (de sucreries) eine Naschkatze sein (fam)

gourmet [guʀmɛ] m Gourmet m

goût [gu] m Geschmack m; **avec ~** geschmackvoll

goûter [gute] <1> vt, vi (essayer) probieren

goutte [gut] f Tropfen m; **~s pour les oreilles** Ohrentropfen pl

goutter [gute] <1> vi tropfen

gouvernail [guvɛʀnaj] m Ruder nt

gouvernement [guvɛʀnəmɑ̃] m Regierung f

gouverner [guvɛʀne] <1> vt, vi regieren

GPL [ʒepeɛl] m abr de **gaz de pétrole liquéfié** Autogas nt

grabataire [gʀabatɛʀ] adj pflegebedürftig

grâce [gʀɑs] f ❶ (charme) Anmut f; **avec ~** anmutig ❷ JUR Begnadigung f ❸ **à lui/elle** dank ihm/ihr; **~ à qc** dank einer S. (dat o gen)

gracier [gʀasje] <1> vt begnadigen

gracieusement [gʀasjøzmɑ̃] adv unentgeltlich

gracieux, -euse [gʀasjø] adj anmutig

gradation [gʀadasjɔ̃] f schrittweise Steigerung f

graduel(le) [gʀadɥɛl] adj allmählich

graduer [gʀadɥe] <1> vt graduieren

grain [gʀɛ̃] m ❶ Korn nt; **~ de**

beauté Leberfleck m ❸ (graine) Körnchen nt; ~ **de raisin** [Wein]traube f; **en ~s** ungemahlen

graisse [ɡʀɛs] f Fett m

grammaire [ɡʀa(m)mɛʀ] f Grammatik f

grammatical(e) [ɡʀamatikal] <-aux> adj grammatisch

gramme [ɡʀam] m Gramm nt

grand(e) [ɡʀɑ̃] I. adj ❶ groß; (arbre) hoch; ~ **magasin** Kaufhaus nt ❷ (buveur) stark ❸ **prendre de ~s airs** vornehm tun II. adv: ~ **ouvert** ganz weit aufgemacht; **voir** ~ großzügig planen

grand-chose [ɡʀɑ̃ʃoz] **pas** ~ nicht viel

Grande-Bretagne [ɡʀɑ̃dbʀətaɲ] f: **la** ~ Großbritannien nt

grandeur [ɡʀɑ̃dœʀ] f Größe f; **de quelle** ~ **est …?** wie groß ist …?; **de même** ~ gleich groß

grandiose [ɡʀɑ̃djoz] adj großartig

grandir [ɡʀɑ̃diʀ] <8> I. vi (auf)wachsen II. vt, vpr: |se| ~ |sich| größer machen

grand-mère [ɡʀɑ̃mɛʀ] <grand[s]-mères> f Großmutter f **grand-père** [ɡʀɑ̃pɛʀ] <grands-pères> m Großvater m **grands-parents** [ɡʀɑ̃paʀɑ̃] mpl Großeltern pl

granuleux, -euse [ɡʀanylø] adj körnig

graphique [ɡʀafik] I. adj grafisch II. m Schaubild nt

grappe [ɡʀap] f Traube f; ~ **de raisin** Weintraube

gras [ɡʀa] I. m a. GASTR Fett nt II. adv fett

gras(se) [ɡʀa] adj ❶ (formé de graisse) fett ❷ (graisseux) fettig ❸ **en** |caractère| ~ fett gedruckt

grassement [ɡʀasmɑ̃] adv reichlich

gratifier [ɡʀatifje] <1> vt: ~ **qn d'une récompense** jdm eine Belohnung zuteilwerden lassen

gratiné(e) [ɡʀatine] adj überbacken

gratitude [ɡʀatityd] f Dankbarkeit f

gratte-ciel [ɡʀatsjɛl] m inv Wolkenkratzer m

gratter [ɡʀate] <1> I. vi, vpr: |se| ~ |sich| kratzen II. vt (mur) abkratzen

gratuit(e) [ɡʀatɥi] adj ❶ frei; (supplément) Gratis-; **à titre** ~ kostenlos ❷ (accusation) grundlos

gratuitement [ɡʀatɥitmɑ̃] adv kostenlos

grave [ɡʀav] adj ❶ ernst; (accident) schwer; (nouvelles) schlimm; **blessé** ~ Schwerverletzter m; **ce n'est pas** ~ das ist nicht schlimm ❷ LING **accent** ~ Accent m grave ❸ (voix) tief

gravement [ɡʀavmɑ̃] adv schwer

graver [ɡʀave] <1> vt ❶ (ein)gravieren ❷ (fig) sich einprägen

graveur [ɡʀavœʀ] m: ~ **de CD** CD-Brenner m

gravillon [ɡʀavijɔ̃] m Splitt m; AUT Rollsplitt

gravir [ɡʀaviʀ] <8> vt klettern auf +akk

gravité [ɡʀavite] f ❶ Ernst m; (d'une faute) Schwere f ❷ PHYS Schwerkraft f

gravure [gʀavyʀ] f ➊ (technique) Gravieren nt ➋ (œuvre) Gravur f; ~ à l'eau-forte Radierung f; ~ sur bois Holzschnitt m

gré [gʀe] de mon/son plein ~ aus freien Stücken

grec, grecque [gʀɛk] adj griechisch

Grec, Grecque [gʀɛk] m, f Grieche m, Griechin m, f

Grèce [gʀɛs] f: la ~ Griechenland nt

gréco-romain(e) [gʀekɔʀɔmɛ̃] <gréco-romains> adj griechisch-römisch

greffe [gʀɛf] f/MED Transplantation f

grêler [gʀele] <1> vi: il grêle es hagelt

grelotter [gʀəlɔte] <1> vi zittern

grenadine [gʀənadin] f Grenadine f

grenat [gʀəna] adj inv granatfarben

grenier [gʀənje] m (Dach)boden m

grenouille [gʀənuj] f Frosch m

grésillement [gʀezijmɑ̃] m Rauschen nt

grésiller [gʀezije] <1> vi brutzeln

grève [gʀɛv] f Streik m

gribouiller [gʀibuje] <1> vt, vi kritzeln

grièvement [gʀijɛvmɑ̃] adv schwer

griffé(e) [gʀife] adj: vêtements ~s Markenkleidung f

griffonner [gʀifɔne] <1> vt, vi kritzeln

griffure [gʀifyʀ] f Kratzer m

grignoter [gʀiɲɔte] <1> vt, vi knabbern

gril [gʀil] m Grill m; sur le ~ vom Grill

grillade [gʀijad] f Gegrillte(s) nt

grille [gʀij] f ➊ (clôture) Drahtzaun m ➋ (porte) Gittertür f ➌ (treillis) Gitter nt; (d'un caniveau) Rost m ➍ (tableau) Tabelle f; ~ d'horaires Stundenplan m

grille-pain [gʀijpɛ̃] m inv Toaster m

griller [gʀije] <1> vt ➊ grillen; (café) rösten; (pain) toasten ➋ (feu) verbrennen ➌ ELEC être grillé durchgebrannt sein

grillon [gʀijɔ̃] m Grille f

grimacer [gʀimase] <2> vi Grimassen schneiden

grimper [gʀɛ̃pe] <1> I. vi ➊ klettern ➋ (monter) ~ dans la montagne (route) bergauf führen II. vt hinaufsteigen

grinçant(e) [gʀɛ̃sɑ̃] adj schrill; (humour) beißend

grincer [gʀɛ̃se] <2> vi quietschen

grippe [gʀip] f Grippe f; ~ aviaire Vogelgrippe

gripper [gʀipe] <1> vi, vpr: [se] ~ klemmen

gris(e) [gʀi] adj a. METEO grau; (temps) trüb

grisaille [gʀizaj] f Eintönigkeit f

griser [gʀize] <1> vt, vi berauschen

Grisons [gʀizɔ̃] mpl: les ~ Graubünden m

grogner [gʀɔɲe] <1> vi ➊ (chien) knurren; (cochon) grunzen ➋ (ronchonner) murren

grommeler [gʀɔmle] <3> vi murren

grondement [gʀɔ̃dmɑ̃] m Grol-

len nt; *(d'un moteur)* Dröhnen nt
gronder [gʀɔ̃de] <1> I. *vi* grollen; *(chien)* knurren II. *vt* schimpfen mit
gros [gʀo] I. *m* ❶ COM **de/en ~** Groß-; **prix de ~** Großhandelspreis *m* ❷ *(plus grande partie)* **le ~ du travail** der Großteil der Arbeit ❸ **en ~** COM en gros; *(à peu près)* ungefähr II. *adv* ❶ viel ❷ *(écrire)* groß
gros(se) [gʀo] *adj* ❶ dick ❷ **~ses bises** viele Grüße/Küsse!
groseille [gʀozɛj] *f* Johannisbeere *f*
grossesse [gʀosɛs] *f* Schwangerschaft *f*
grosseur [gʀosœʀ] *f* Dicke *f*
grossier, -ière [gʀosje, -jɛʀ] *adj* ❶ *(imparfait)* grob; *(réparation)* notdürftig; *(manières)* ungehobelt
grossièrement [gʀosjɛʀmɑ̃] *adv* ❶ grob; *(emballer)* notdürftig ❷ *(de façon impolie)* flegelhaft
grossir [gʀosiʀ] <8> I. *vi* zunehmen; *(fruit)* wachsen; *(bruit)* lauter werden II. *vt* ❶ *(rendre plus gros)* dick machen ❷ *(foule)* anwachsen lassen
grossiste [gʀosist] *mf* Großhändler(in) *m(f)*
grotesque [gʀɔtɛsk] *adj* grotesk
grotte [gʀɔt] *f* Höhle *f*
grouiller [gʀuje] <1> *vi* lebhaft durcheinanderlaufen
groupe [gʀup] *m* ❶ Gruppe *f* ❷ MUS Band *f* ❸ POL ≈ **parlementaire** ≈ Fraktion *f* ❹ MED **~ sanguin** Blutgruppe *f*
groupement [gʀupmɑ̃] *m* Zusammenschluss *m*

grouper [gʀupe] <1> I. *vt* in Gruppen einteilen ❷ *(classer)* ordnen II. *vpr:* **se ~ autour de qn** sich um jdn gruppieren
grue [gʀy] *f* TECH Kran *m*
grumeau [gʀymo] <x> *m* Klümpchen *nt*
guêpe [gɛp] *f* Wespe *f*
guère [gɛʀ] *adv* kaum
guérir [geʀiʀ] <8> I. *vt* heilen II. *vi* wieder gesund werden III. *vpr* MED **se ~** sich erfolgreich behandeln lassen; *(tout seul)* sich kurieren
guérisseur, -euse [geʀisœʀ] *m, f* Heilpraktiker(in) *m(f)*
guerre [gɛʀ] *f* ❶ Krieg *m*; **~ civile** Bürgerkrieg *m* ❷ *(fig)* **faire la ~ à qc** etw bekämpfen
gueule [gœl] *f* ❶ Maul *nt* ❷ *(fam)* **ferme la ~!** halt die Klappe! ❸ **casser la ~ à qn** *(fam)* jdm eins in die Fresse hauen *(vulg)*; **se casser la ~** *(fam)* hinfliegen
gueuler [gœle] <1> *vt, vi (fam)* brüllen
guichet [giʃɛ] *m* Schalter *m*; **~ des bagages** Gepäckschalter *m*
guide [gid] I. *mf* Führer(in) *m(f)* II. *m (livre)* **~ touristique** Reiseführer
guidon [gidɔ̃] *m* Lenker *m*
guignol [giɲɔl] *m* Kasper *m*
guillemets [gijmɛ] *mpl:* **entre ~** in Anführungszeichen
guirlande [giʀlɑ̃d] *f* Girlande *f*
guitare [gitaʀ] *f* Gitarre *f*
gym [ʒim] *f:* **~ aquatique** Aquajogging *nt*
gymnase [ʒimnaz] *m* Turnhalle *f*

gymnastique [ʒimnastik] *f* Turnen *nt*

gynécologue [ʒinekɔlɔg] *mf*

Frauenarzt, -ärztin *m, f*

gyrophare [ʒiRofaR] *m* Blaulicht *nt*

H h

h *abr de* **heure**

H, h [aʃ] *m inv* H *nt*, h *nt;* **le ~ muet** das stumme H

ha [ˈa] *abr de* **hectare** ha

habile [abil] *adj* geschickt

habiliter [abilite] <1> *vt* ermächtigen

habillé(e) [abije] *adj:* **bien/mal** ~ gut/schlecht gekleidet

habiller [abije] <1> *vt, vpr:* [**s'**]~ [sich] anziehen

habit [abi] *m* ❶ *pl* Kleider *pl;* ~**s pour enfants** Kinderkleidung *f* ❷ *(costume de fête)* Frack *m*

habitable [abitabl] *adj* bewohnbar

habitant(e) [abitã] *m(f)* Einwohner(in) *m(f);* *(d'une île)* Bewohner(in) *m(f)*

habiter [abite] <1> *vi* wohnen

habitude [abityd] *f* ❶ Gewohnheit *f; (manie)* Angewohnheit *f;* **d'~** gewöhnlich ❷ *(coutume)* Brauch *m*

habitué(e) [abitye] *m(f)* Stammkunde, -kundin *m, f; (d'un café)* Stammgast *m*

habituel(le) [abitɥɛl] *adj* üblich

habituellement [abitɥɛlmã] *adv* gewöhnlich

habituer [abitɥe] <1> *vt, vpr:* [**s'**]~ [sich] gewöhnen

hache [ˈaʃ] *f* Axt *f*

haché(e) [ˈaʃe] *adj* Hack-

hachis [ˈaʃi] *m* Mett *nt*

hagard(e) [ˈagaR] *adj* verstört

haie [ˈɛ] *f* ❶ Hecke *f* ❷ SPORT Hürde *f*

haine [ˈɛn] *f* Hass *m*

haïr [ˈaiR] <irr> *vt* hassen

hall [ˈol] *m* Halle *f; (entrée)* Eingangshalle *f*

halle [ˈal] *f* Markthalle *f*

hallucinant(e) [a(l)lysinã] *adj* verblüffend; *(spectacle)* atemberaubend

hallucination [a(l)lysinasjɔ̃] *f* Halluzination *f*

halte [ˈalt] **I.** *f* Halt *m; (repos)* Pause *f* **II.** *interj:* ~**!** halt!

haltère [altɛR] *m* Hantel *f*

hameçon [amsɔ̃] *m* Angelhaken *m*

hanche [ˈãʃ] *f* Hüfte *f*

handball, hand-ball [ˈãdbal] *m* Handball *m*

handicap [(ˈ)ãdikap] *m* Behinderung *f;* ~ **physique** Körperbehinderung *f*

handicapé(e) [ˈãdikape] **I.** *adj* behindert **II.** *m(f):* **grand(e)** ~

Schwerstbehinderte(r) *f(m)*; ~ **en fauteuil roulant** Rollstuhlfahrer(in) *m(f)*; ~ **mental** geistig Behinderte(r) *f(m)*

hangar [ãgaʀ] *m* Schuppen

hanter [ãte] <1> *vt* spuken; ~ **qn** jdm keine Ruhe lassen

happer [ape] <1> *vt* ❶ ~ **qn/qc** *(train)* jdn/etw erfassen ❷ *(attraper)* ~ **qc** *(animal)* etw schnappen

harcèlement [ʀsɛlmã] *m* Belästigung *f*; ~ **sexuel** sexuelle Belästigung

harceler [ʀsəle] <4> *vt* belästigen

hareng [ʀã] *m* Hering *m*

hargneux, -euse [ʀaɲø] *adj* gereizt; *(chien)* bissig

haricot [ʀiko] *m* Bohne *f*; ~ **vert** grüne Bohne

harmonieux, -euse [aʀmɔnjø] *adj* harmonisch

harmoniser [aʀmɔnize] <1> I. *vt* ❶ miteinander in Einklang bringen ❷ MUS harmonisieren II. *vpr*: **s'~** [miteinander] harmonieren

harnacher [ʀnaʃe] <1> *vt (péj)* ausstaffieren

harpon [ʀpɔ̃] *m* Harpune *f*

hasard [ʀazaʀ] *m* Zufall *m* ❷ **à tout** ~ für alle Fälle; **au** ~ aufs Geratewohl; **par** ~ zufällig

hasarder [ʀazaʀde] <1> *vt, vpr*: [se] ~ [sich] wagen

hasardeux, -euse [ʀazaʀdø] *adj* gewagt

haschich, haschisch [ʀaʃiʃ] *m* Haschisch *nt o m*

hâter [ʀate] <1> *vpr*: **se** ~ sich beeilen

hâtif, -ive [ʀatif] *adj* voreilig

hausse [ʀos] *f* ❶ Anhebung *f* ❷ *(processus)* Anstieg *m*

hausser [ʀose] <1> *vt* ~ **la voix** die Stimme heben ❷ *(sourcils)* heben

haut [ʀo] I. *m* ❶ Höhe *f*; **du** ~ **de** ... **von** ... herunter ❷ *(d'un pyjama)* Oberteil *m* ❸ **des** ~ **s et des bas** Höhen und Tiefen II. *adv* ❶ hoch ❷ *(ci-dessus)* **voir plus** ~ siehe oben ❸ *(dire)* laut ❹ **d'en** ~ von oben

haut(e) [ʀo] *adj* ❶ hoch; *(montagne)* Hoch-; **le plus** ~ **étage** das oberste Stockwerk; **marée** ~ **e** Flut *f*; **à voix** ~**e** laut ❷ *(supérieur)* ober(r, s); *(commandement)* Ober-; ❸ LING **le** ~ **allemand** [das] Hochdeutsch

hautain(e) [ʀotɛ̃] *adj* herablassend

hautement [ʀotmã] *adv* äußerst

haute technologie *f* Hightech *f o nt*, Hochtechnologie *f*

hauteur [ʀotœʀ] *f* ❶ Höhe *f* ❷ SPORT **saut en** ~ Hochsprung *m* ❸ *(colline)* Anhöhe *f*

haut-le-cœur [ʀol(ə)kœʀ] *m inv* Übelkeit *f*

haut-parleur [ʀopaʀlœʀ] <haut-parleurs> *m* Lautsprecher *m*

hebdomadaire [ɛbdɔmadɛʀ] I. *adj* wöchentlich; *(revue)* Wochen- II. *m* Wochenzeitschrift *f*

hébergement [ebɛʀʒəmã] *m* ❶ Unterkunft *f* ❷ INFORM Web-Hosting *nt*

héberger [ebɛʀʒe] <2a> *vt* unterbringen

hébété(e) [ebete] *adj* stumpfsinnig

hébraïque [ebraik] *adj* hebräisch

hectare [ɛktar] *m* Hektar *m o nt*

hectolitre [ɛktɔlitr] *m* Hektoliter *m*

hein [ˈɛ̃] *interj* (fam) ❶ (comment) hä? ❷ (marque d'étonnement) qu'est-ce qui se passe? nanu? was ist denn da los? ❸ (renforce de l'interrogation) **tu veux bien, ~?** du willst doch, oder? (fam); **..., ~?** (fam) ..., nicht?/ja?/nicht wahr?

hélas [elas] *interj* (soutenu) leider

hélice [elis] *f* TECH Propeller *m*; (d'un bateau) Schraube *f*

hélicoptère [elikɔptɛr] *m* Hubschrauber *m*

helvétique [ɛlvetik] *adj* schweizerisch; **la Confédération ~** die Schweizer Eidgenossenschaft

hématome [ematɔm] *m* Bluterguss *m*

hémisphère [emisfɛr] *m* ❶ GEO [Erd]halbkugel *f* ❷ ANAT Gehirnhälfte *f*

hémophile [emɔfil] *m* Bluter *m*

hémorragie [emɔraʒi] *f* Blutung *f*

hémorroïde [emɔrɔid] *f* Hämorrhoide *f*

hennir [ˈenir] <8> *vi* wiehern

herbage [ɛrbaʒ] *m* Weide *f*

herbe [ɛrb] *f* ❶ BOT Gras *nt*; **mauvaise ~** Unkraut *nt* ❷ MED, GASTR Kraut *nt*; **les ~s de Provence** die Kräuter der Provence

héréditaire [ereditɛr] *adj* ❶ erblich; (maladie) Erb-; (transmis) ererbt ❷ (biens) Erb-; (titre) erblich

hérédité [eredite] *f* Vererbung *f*; (patrimoine héréditaire) Erbanlagen *pl*

hérétique [eretik] *adj* ketzerisch

hérisser [ˈerise] <1> *vt* sträuben

hérisson [ˈerisɔ̃] *m* Igel *m*

héritage [eritaʒ] *m* (a. fig) Erbe *nt*

hériter [erite] <1> *vt, vi* erben

hermaphrodite [ɛrmafrɔdit] *m* Zwitter *m*

hermétique [ɛrmetik] *adj* hermetisch

héroïne [erɔin] *f* (drogue) Heroin *nt*

héroïque [erɔik] *adj* heldenhaft

héros, héroïne [ˈero] *m*, *f* Held(in) *m(f)*

herpès [ɛrpɛs] *m* Herpes *m*

herse [ˈɛrs] *f* Egge *f*

hertz [ɛrts] *m* Hertz *nt*

hésitant(e) [ezitɑ̃] *adj* zögernd

hésiter [ezite] <1> *vi* zögern

hétéro [etero] *adj* (fam) abr de **hétérosexuel(le)** hetero

hétéroclite [eterɔklit] *adj* zusammengewürfelt; (bâtiment) uneinheitlich

hétérosexuel(le) [eterosɛksɥɛl] *adj* heterosexuell

hêtre [ˈɛtr] *m* Buche *f*

heu [ˈø] *interj* ❶ (oral) äh ❷ (embarras) hm

heure [œr] *f* ❶ Stunde *f*; **une ~ et demie** anderthalb Stunden; **une demi~** eine halbe Stunde ❷ (indication chiffrée) **à dix ~s du matin** um zehn Uhr morgens ❸ (point précis du jour) **il est quelle ~?** (fam) wie spät ist es?/wie viel Uhr ist es?; **toutes les ~s** stündlich; **vous avez l'~, s'il vous plaît?** können Sie mir bitte sagen, wie spät/wie viel Uhr es ist?; **à quelle ~?** um wie viel Uhr? ⚫ *(moment de la journée)* **~ de fermeture** Ladenschluss *m;* **avant l'~** vorzeitig ❹ **être/ne pas être à l'~** *(personne)* pünktlich/unpünktlich sein; *(montre)* richtig/falsch gehen; **à tout à l'~!** bis gleich! ⚫ **~ d'arrivée** Ankunftszeit *f;* **~ de départ** Abfahrtszeit *f;* **~s d'ouverture** Öffnungszeiten *pl;* **~s de visites** Besuchszeit *f*

heureusement [øʀøzmɑ̃] *adv* glücklicherweise

heureux, -euse [øʀø] *adj* glücklich; **être ~ de** erfreut sein über

heurt [ˈœʀ] *m* Zusammenstoß *m*

heurter [ˈœʀte] <1> I. *vt:* **~ qn** *(personne)* mit jdm zusammenstoßen; *(en voiture)* jdn anfahren II. *vpr (buter contre)* **se ~ à qc** auf etw *(akk)* stoßen

hexagone [ɛgzagɔn] *m* Sechseck *nt*

Hexagone [ɛgzagɔn] *m:* **l'~** Frankreich *m*

hibou [ˈibu] <x> *m* Eule *f*

hideux, -euse [ˈidø] *adj* hässlich; *(être)* abscheulich

hier [jɛʀ] *adv* gestern

hiérarchie [jeʀaʀʃi] *f* Hierarchie *f*

hiérarchique [ˈjeʀaʀʃik] *adj* hierarchisch

hilarant(e) [ilaʀɑ̃] *adj* sehr komisch

hip [ˈip] *interj:* **~ ~ ~!** hurra!

hipp, hipp, hurra!

hippique [ipik] *adj* Pferde-; **concours ~** Reitturnier *nt*

hippodrome [ipodʀom] *m* [Pferde]rennbahn *f*

hippopotame [ipɔpɔtam] *m* Nilpferd *nt*

hispanique [ispanik] *adj* spanisch

hispano-américain(e) [ispano-ameʀikɛ̃] <hispano-américains> *adj* hispanoamerikanisch

hisser [ˈise] <1> *vt* hissen

histoire [istwaʀ] *f* Geschichte *f;* *(conte)* Märchen *nt;* *(blague)* Witz *m*

historique [istɔʀik] I. *adj* historisch II. *m* Geschichte *f*

hitlérien(ne) [itleʀjɛ̃] *adj* Hitler-

HIV [aʃive] *m abr de* **Human Immunodeficiency Virus** HIV *m*

hiver [ivɛʀ] *m* Winter *m*

HLM [aʃɛlɛm] *m o f inv abr de* **habitation à loyer modéré** Sozialwohnung *f*

hobby [ˈɔbi] <hobbies> *m* Hobby *nt*

hocher [ˈɔʃe] <1> *vt:* **~ la tête** *(approuver)* [mit dem Kopf] nicken; *(désapprouver)* den Kopf schütteln

hockey [ˈɔkɛ] *m* Hockey *nt;* **~ sur glace** Eishockey *nt*

hold-up [ˈɔldœp] *m inv (banque)* Überfall *m*

hollandais(e) [ˈɔllɑ̃dɛ] *adj* holländisch

Hollandais(e) [ˈɔllɑ̃dɛ] *m(f)* Holländer(in) *m(f)*

Hollande [ˈɔllɑ̃d] *f:* **la ~** Holland *nt*

holocauste [ɔlokost] *m* Holocaust *m*

homard [ˈɔmaʀ] *m* Hummer *m*

home cinéma [ˈɔmsinema] *m* DVD-Heimkino *nt*

homme [ɔm] *m* ❶ Mann *m* ❷ *(être humain)* Mensch *m*

homo [ɔmo] *adj (fam) abr de* **homosexuel(le)** homo

homogène [ɔmɔʒɛn] *adj* homogen

homologue [ɔmɔlɔg] *adj* entsprechend

homosexualité [ɔmɔsɛksɥalite] *f* Homosexualität *f*

homosexuel(le) [ɔmɔsɛksɥɛl] *adj* homosexuell

Hongrie [ˈɔ̃gʀi] *f:* **la ~** Ungarn *nt*

hongrois(e) [ˈɔ̃gʀwa] *adj* ungarisch

Hongrois(e) [ˈɔ̃gʀwa] *m(f)* Ungar(in) *m(f)*

honnête [ɔnɛt] *adj* ❶ ehrlich ❷ *(franc)* aufrichtig ❸ *(prix)* angemessen

honneur [ɔnœʀ] *m* Ehre *f*

honorable [ɔnɔʀabl] *adj* ❶ ehrenhaft ❷ *(fortune)* ansehnlich

honoraires [ɔnɔʀɛʀ] *mpl* Honorar *nt*

honorer [ɔnɔʀe] <1> *vt* ehren

honorifique [ɔnɔʀifik] *adj* ehrenamtlich

honte [ˈɔ̃t] *f* ❶ Schande *f* ❷ *(sentiment d'humiliation)* Scham *f*

honteux, -euse [ˈɔ̃tø] *adj:* **être ~ de qc** sich für etw schämen

hôpital [ɔpital] *m* <-aux> *m* Krankenhaus *nt*

horaire [ɔʀɛʀ] **I.** *adj* Stunden-

II. *m* ❶ Zeitplan *m;* **~ mobile** gleitende Arbeitszeit ❷ *(des bus)* Fahrplan *m; (des vols)* Flugplan *m; (des cours)* Stundenplan *m*

horizon [ɔʀizɔ̃] *m* ❶ Horizont *m* ❷ *(étendue)* Aussicht *f*

horizontal(e) [ɔʀizɔ̃tal] <-aux> *adj* waag(e)recht

horizontale [ɔʀizɔ̃tal] *f* MATH Waag(e)rechte *f*

horloge [ɔʀlɔʒ] *f* Uhr *f*

horloger, -ère [ɔʀlɔʒe, ʒɛʀ] *m, f* Uhrmacher(in) *m(f)*

hormone [ɔʀmɔn] *f* Hormon *nt*

horodateur [ɔʀɔdatœʀ] *m* Parkscheinautomat *m*

horoscope [ɔʀɔskɔp] *m* Horoskop *nt*

horreur [ɔʀœʀ] *f* ❶ Entsetzen *nt,* Horror *m* ❷ *pl* Abscheulichkeiten *pl* ❸ *(aversion)* **avoir ~ de qn/qc** jdn/etw verabscheuen ❹ *(fam: chose laide)* Scheußlichkeit *f*

horrible [ɔʀibl] *adj* ❶ abscheulich; *(spectacle)* grauenhaft; *(accident)* schrecklich ❷ *(repas)* scheußlich

horrifier [ɔʀifje] <1> *vt* entsetzen

hors [ɔʀ] *prep* ❶ außer(halb); **~ de** außerhalb von ❷ *(au-delà de)* **~ de portée** außer Reichweite ❸ **~ de prix** unerschwinglich

hors-d'œuvre [ˈɔʀdœvʀ] *m inv* Vorspeise *f*

hors-jeu [ˈɔʀʒø] *m inv* Abseits *nt*

horticulteur, -trice [ɔʀtikyltœʀ] *m, f* Gärtner(in) *m(f)*

hospice [ɔspis] *m* Pflegeheim *nt*

hospitalier, -ière [ɔspitalje] *adj*
❶ Krankenhaus-; *(personnel)*
Pflege- ❷ *(accueillant)* gastfreundlich

hospitalité [ɔspitalite] *f* Gastfreundschaft *f*

hostile [ɔstil] *adj* feindlich

hôte [ot] I. *mf* Gast *m* II. *m*
INFORM Host *m*

hôte, -esse [ot]*m, f (soutenu)*
Gastgeber(in) *m(f)*

hôtel [ɔtɛl] *m* ❶ Hotel *nt* ❷ *(riche
demeure)* herrschaftliches Stadt-
haus ❸ ~ **de ville** Rathaus *nt*

hôtesse [otɛs] *f* v. **hôte**
❷ *(profession)* ~ **d'accueil**
(dans une exposition) Hostess
f; ~ **de l'air** Stewardess *f*

hou [ʼu] *interj* ❶ *(faire honte)* pfui
❷ *(faire peur)* hu

houblon [ʼublɔ̃] *m* Hopfen *m*

houe [ʼu] *f* Hacke *f*

houleux, -euse [ʼulø] *adj (mer)*
bewegt; *(séance)* turbulent

houppe [ʼup] *f* Büschel *nt*

hourra [ʼuʀa] I. *interj* hurra II. *m*
Hurra *nt*

housse [ʼus] *f* Hülle *f*

hovercraft [ʼɔvœʀkʀaft] *m* Luftkissenboot *nt*

HS [aʃɛs] *abr de* **hors service:**
être ~ *(fam)* groggy sein

huer [ʼɥe] <1> *vt* ausgpfeifen

huguenot(e) [ʼygno]*m(f)* Huge-
notte, Hugenottin *m, f*

huile [ɥil] *f* ❶ *(aliment, extrait)* Öl
nt; ~ **d'olive** Olivenöl *nt*; ~ **solaire** Sonnenöl *nt* ❷ *(hydrocarbure)* Motoröl *nt*

huiler [ɥile] <1> *vt* ölen; *(moule)*

einfetten

huit [ʼɥit] *num* ❶ acht ❷ *(dans
l'indication de la date)* **le ~
mars** der achte März

huitaine [ʼɥitɛn] *f* ❶ **une ~ de
pages** etwa acht Seiten ❷ *(semaine)* **dans une ~** in etwa acht
Tagen

huitante [ʼɥitɑ̃t] *num* SCHWEIZ
(quatre-vingts) achtzig

huitième [ʼɥitjɛm] I. *adj* achte(r, s)
II. *m* ❷ *(fraction)* Achtel *nt*
❷ SPORT ~ **de finale** Achtelfinale
nt

huître [ɥitʀ] *f* Auster *f*

humain(e) [ymɛ̃] *adj* menschlich;
(vie) Menschen-

humainement [ymɛnmɑ̃] *adv*
menschenwürdig

humanitaire [ymanitɛʀ] *adj* humanitär

humanité [ymanite] *f* ❶ Menschheit *f* ❷ *(bonté)* Menschlich-
keit *f*

humble [œ̃bl] *adj* ❶ unscheinbar
❷ *(pauvre)* einfach

humer [ʼyme] <1> *vt* [tief] einatmen; *(plat)* riechen an +*dat*

humeur [ymœʀ] *f* Laune *f*

humide [ymid] *adj* feucht; *(temps)*
nass

humidité [ymidite] *f* Feuchtigkeit *f*

humiliant(e) [ymiljɑ̃] *adj* demüti-
gend

humilier [ymilje] <1> I. *vt* demütigen II. *vpr:* **s'~ devant qn** sich
vor jdm erniedrigen

humilité [ymilite] *f* Demut *f*

humour [ymuʀ] *m* Humor *m*

huppe [ʼyp] *f* Haube *f*

hurlement [ˈyʀləmɑ̃] *m* Schrei *m*; *(de la foule)* Geschrei *nt*

hurler [ˈyʀle] <1> *vi (animal, vent)* heulen; *(personne)* schreien

hutte [ˈyt] *f* Hütte *f*

hydraulique [idʀolik] I. *adj* hydraulik II. *f* Hydraulik *f*

hydrocarbure [idʀokaʀbyʀ] *m* Kohlenwasserstoff *m*

hydrogène [idʀɔʒɛn] *m* Wasserstoff *m*

hydroglisseur [idʀogliscœʀ] *m* Tragflügelboot *nt*

hygiène [iʒjɛn] *f* Hygiene *f*; *(du bébé)* Pflege *f*

hygiénique [iʒjenik] *adj* hygienisch; *(papier)* Toiletten-

hymne [imn] *m* Hymne *f*

hypermarché [ipɛʀmaʀʃe] *m* großer Supermarkt

hypertension [ipɛʀtɑ̃sjɔ̃] *f* Bluthochdruck *m*

hypnotiser [ipnotize] <1> *vt (a. fig)* hypnotisieren

hypocalorique [ipokalɔʀik] *adj* kalorienarm

hypocondriaque [ipɔkɔ̃dʀijak] *adj (péj)* hypochondrisch

hypocrisie [ipɔkʀizi] *f* Heuchelei *f*

hypocrite [ipɔkʀit] *adj* heuchlerisch

hypotension [ipotɑ̃sjɔ̃] *f* [zu] niedriger Blutdruck *m*

hypothèse [ipɔtɛz] *f* Hypothese *f*

hystérie [isteʀi] *f* Hysterie *f*

hystérique [isteʀik] *adj* hysterisch

I

I, i [i] *m inv* I *nt*, i *nt*

iceberg [ajsbɛʀg] *m* Eisberg *m*

ici [isi] *adv* ❶ hier ❷ *(de ce lieu)* **d'~** von hier; **les gens d'~** die Einheimischen; **par ~** hier *[in der Gegend]*; **près/loin d'~** in der Nähe/weit von hier ❸ *(vers ce lieu)* hierher; **par ~** hier entlang ❹ *(temporel)* **jusqu'~** bis jetzt; **d'~ là** bis dahin; **d'~ que** *+subj* bis

icône [ikon] *f* INFORM Icon *nt*

idéal [ideal] <-aux> *m* Ideal *nt*

idéal(e) [ideal] <-aux> *adj* ideal

idée [ide] *f* ❶ Idee *f* ❷ *(opinion)* Meinung *f* ❸ **se faire une ~ de qc** sich *(dat)* eine Vorstellung von etw machen ❹ *(esprit)* **venir à l'~ de** *~* **faire qc** in den Sinn kommen etw zu tun

identifier [idɑ̃tifje] <1> *vt* identifizieren

identité [idɑ̃tite] *f* Identität *f*

idéologie [ideɔlɔʒi] *f* Ideologie *f*

idiot(e) [idjo] *m(f)* Idiot(in) *m(f)* ❶ **faire l'~** Blödsinn machen

idole [idɔl] *f* Idol *nt*

ignoble [iɲɔbl] *adj* gemein

ignorance [iɲɔʀɑ̃s] *f* Unkenntnis *f*

ignorant(e) [iɲɔʀɑ̃] *m(f)* Ignorant(in) m(f)

ignorer [iɲɔʀe] <1> vt ❶ *(opp: savoir)* nicht kennen ❷ *(négliger)* ignorieren

il [il] pron er/es

île [il] f Insel f

illégal(e) [i(l)legal] <-aux> adj illegal

illégitime [i(l)leʒitim] adj unrechtmäßig; *(enfant)* unehelich

illuminer [i(l)lymine] <1> vt: ~ **qn/qc** *(personne)* jdn/etw beleuchten; *(lustre)* jdn/etw erleuchten

illusion [i(l)lyzjɔ̃] f Täuschung f

illustration [i(l)lystʀasjɔ̃] f Illustration f

illustre [i(l)lystʀ] adj berühmt

illustré [i(l)lystʀe] m Illustrierte f

îlot [ilo] m ❶ kleine Insel f ❷ *(groupe isolé)* Insel f

ils [il] pron sie

image [imaʒ] f ❶ *(dessin)* Bild nt ❷ *(reflet)* Spiegelbild nt ❸ *(fig)* Vorstellung f

imaginaire [imaʒinɛʀ] adj unwirklich

imagination [imaʒinasjɔ̃] f ❶ Vorstellung f ❷ *(invention)* Fantasie f

imaginer [imaʒine] <1> vt ❶ *(se représenter)* sich *(dat)* vorstellen ❷ *(croire, supposer)* glauben ❸ *(inventer)* sich *(dat)* ausdenken

imbattable [ɛ̃batabl] adj unschlagbar

imbécile [ɛ̃besil] **I.** adj sehr dumm **II.** mf Idiot(in) m(f)

IME [iɛmø] m abr de **Institut monétaire européen** EWI nt

imitation [imitasjɔ̃] f Imitation f; *(d'une signature)* Fälschung f

imiter [imite] <1> vt nachahmen

immatriculation [imatʀikylasjɔ̃] f *(d'un étudiant)* Immatrikulation f; *(d'une voiture)* Zulassung f

immédiat(e) [imedja] adj unmittelbar; *(contact, voisin a.)* direkt

immédiatement [imedjatmɑ̃] adv sofort

immense [i(m)mɑ̃s] adj ❶ *(espace, monde)* unermesslich groß ❷ *(énorme)* immens

immeuble [imœbl] m [Wohn]haus nt, Gebäude nt

immigrant(e) [imigʀɑ̃] m(f) Einwanderer m

immigrer [imigʀe] <1> vi einwandern

immobile [i(m)mɔbil] adj unbeweglich

immobiliser [imɔbilize] <1> **I.** vt ❶ *(camions)* anhalten ❷ *(membre)* ruhig stellen **II.** vpr: **s'~** *(voiture)* liegen bleiben

immoral(e) [i(m)mɔʀal] <-aux> adj unmoralisch

immoralité [i(m)mɔʀalite] f Unsittlichkeit

immortalité [imɔʀtalite] f Unsterblichkeit

impact [ɛ̃pakt] m ❶ *(d'une balle)* Einschuss m ❷ *(influence)* Einfluss m

impair [ɛ̃pɛʀ] m *(opp: pair)* ungerade Zahl

impasse [ɛ̃pas] f *(a. fig)* Sackgasse f

impatience [ɛ̃pasjɑ̃s] f Ungeduld f

impatient(e) [ɛ̃pasjɑ̃] adj ungeduldig

impeccable [ɛ̃pekabl] *adj* tadellos

impératrice [ɛ̃peratris] *f* Kaiserin *f*

imperfection [ɛ̃pɛʀfɛksjɔ̃] *f* Unvollkommenheit *f*

impérialiste [ɛ̃peʀjalist] *adj* imperialistisch

imperméable [ɛ̃pɛʀmeabl] **I.** *adj (tissu, toile)* wasserdicht **II.** *m* Regenmantel *m*

impertinent(e) [ɛ̃pɛʀtinɑ̃] *adj* unverschämt

impitoyable [ɛ̃pitwajabl] *adj* unerbittlich

implanter [ɛ̃plɑ̃te] <1> *vt* ① *(industrie)* ansiedeln ② MED implantieren

implémenter [ɛ̃plemɑ̃te] <1> *vt* INFORM implementieren

implicite [ɛ̃plisit] *adj* implizit

impliquer [ɛ̃plike] <1> *vt* ① *(signifier)* bedeuten ② *(mêler)* verwickeln

implorer [ɛ̃plɔʀe] <1> *vt* flehen um +*akk*

impoli(e) [ɛ̃pɔli] *adj* unhöflich

impopulaire [ɛ̃pɔpylɛʀ] *adj* unpopulär; *(personne)* unbeliebt

importance [ɛ̃pɔʀtɑ̃s] *f* Bedeutung *f*; **sans ~** unwichtig

important(e) [ɛ̃pɔʀtɑ̃] *adj* ① wichtig; *(personne)* einflussreich ② *(gros)* beträchtlich

importer¹ [ɛ̃pɔʀte] <1> *vt* importieren

importer² [ɛ̃pɔʀte] <1> *vi* ❶ **ce qui [m']importe, c'est ...** was [für mich] zählt, ist ...; **peu importe [que** +*subj*] es spielt keine Rolle, ob] ❷ **n'importe comment/quand/...** irgend-

wie/-wann/-...

importuner [ɛ̃pɔʀtyne] <1> *vt (soutenu)* belästigen

imposant(e) [ɛ̃pozɑ̃] *adj* ① *(stature)* stattlich ② *(considérable)* beachtlich

imposé(e) [ɛ̃poze] *adj* vorgeschrieben

imposer [ɛ̃poze] <1> **I.** *vt* ① *(décision)* erfordern ② *(faire accepter de force)* durchsetzen ③ FIN steuerlich veranlagen **II.** *vpr (se faire reconnaître)* **s'~** sich durchsetzen

impossibilité [ɛ̃posibilite] *f* Unmöglichkeit *f*

impossible [ɛ̃posibl] *adj (a. fig)* unmöglich

imposteur [ɛ̃pɔstœʀ] *m* Hochstapler(in) *m(f)*

impôt [ɛ̃po] *m* Steuer *f*

impotent(e) [ɛ̃potɑ̃] *m(f)* [Körper]behinderte(r) *f(m)*

imprécision [ɛ̃presizjɔ̃] *f* Ungenauigkeit *f*

imprégner [ɛ̃pʀeɲe] <5> **I.** *vt (bois, étoffe)* imprägnieren **II.** *vpr:* **s'~ d'eau** sich mit Wasser vollsaugen

impression [ɛ̃pʀesjɔ̃] *f* Eindruck *m*

impressionnant(e) [ɛ̃pʀesjɔnɑ̃] *adj (imposant)* beeindruckend

impressionnisme [ɛ̃pʀesjɔnism] *m* Impressionismus *m*

imprévu(e) [ɛ̃prevy] *m:* **en cas d'~** falls etwas dazwischenkommt

imprévu(e) [ɛ̃prevy] *adj* unvorhergesehen

imprimante [ɛ̃pʀimɑ̃t] *f* Drucker *m*

imprimer [ɛ̃pʀime] <1> *vt* drucken

improbable [ɛ̃prɔbabl] *adj* unwahrscheinlich

imprononçable [ɛ̃prɔnɔ̃sabl] *adj* unaussprechlich

impropre [ɛ̃prɔpr] *adj* ungeeignet

improviser [ɛ̃prɔvize] <1> *vt, vi* improvisieren

improviste [ɛ̃prɔvist] **à l'~** überraschend

imprudent(e) [ɛ̃prydɑ̃] *adj* unvorsichtig

impuissant(e) [ɛ̃pɥisɑ̃] *adj* machtlos

impulsif, -ive [ɛ̃pylsif] *adj* impulsiv

inacceptable [inaksɛptabl] *adj* nicht akzeptabel

inaccessible [inaksesibl] *adj (hors d'atteinte)* unerreichbar

inadmissible [inadmisibl] *adj* untragbar

inattendu(e) [inatɑ̃dy] *adj* unerwartet

inattentif, -ive [inatɑ̃tif] *adj* unaufmerksam

inaugurer [inogyre] <1> *vt (exposition)* [feierlich] eröffnen; *(bâtiment, école, voiture)* einweihen

inavoué(e) [inavwe] *adj (sentiment, amour)* uneingestanden; *(acte, crime)* nicht gestanden

incalculable [ɛ̃kalkylabl] *adj* beträchtlich

incapable [ɛ̃kapabl] *adj* unfähig

incassable [ɛ̃kasabl] *adj* unzerbrechlich

incendie [ɛ̃sɑ̃di] *m* Brand *m*

incertain(e) [ɛ̃sɛrtɛ̃] *adj* ❶ *(opp: assuré)* unsicher ❷ *(douteux)* ungewiss

incertitude [ɛ̃sɛrtityd] *f* Ungewissheit *f*

incessant(e) [ɛ̃sesɑ̃] *adj* unaufhörlich

incident [ɛ̃sidɑ̃] *m* Zwischenfall *m*

inciter [ɛ̃site] <1> *vt* ermuntern

inclinaison [ɛ̃klinɛzɔ̃] *f (d'une pente, route)* Gefälle *nt*

incliné(e) [ɛ̃kline] *adj* ❶ *(pente, terrain)* abschüssig; *(toit)* schräg ❷ *(penché)* schief

incliner [ɛ̃kline] <1> *vt (tête)* neigen

inclus(e) [ɛ̃kly] *adj* einschließlich +*gen*

incomparable [ɛ̃kɔ̃parabl] *adj* unvergleichlich

incompatible [ɛ̃kɔ̃patibl] *adj* unvereinbar; *(groupes sanguins)* unverträglich

incomplet, -ète [ɛ̃kɔ̃plɛ] *adj* unvollständig

incompréhensible [ɛ̃kɔ̃preɑ̃sibl] *adj (déconcertant)* unverständlich; *(personne)* undurchschaubar

incompréhensif, -ive [ɛ̃kɔ̃preɑ̃sif] *adj* verständnislos

inconcevable [ɛ̃kɔ̃svabl] *adj* ❶ *(inimaginable)* unvorstellbar ❷ *(incompréhensible)* unbegreiflich

inconnu(e) [ɛ̃kɔny] *adj (ignoré)* unbekannt

inconsciemment [ɛ̃kɔ̃sjamɑ̃] *adv* unbewusst

inconscient(e) [ɛ̃kɔ̃sjɑ̃] *adj* ❶ *(évanoui)* bewusstlos ❷ *(qui ne se rend pas compte)* leichtsinnig

inconsolable [ɛ̃kɔ̃sɔlabl] adj: ~ **de qc** untröstlich über etw (akk)

incontestable [ɛ̃kɔ̃tɛstabl] adj unbestreitbar

incorrect(e) [ɛ̃kɔRɛkt] adj ① (expression, style) nicht richtig ② (inconvenant) unpassend; (langage, ton) unangemessen ③ (impoli) ungehörig

incroyable [ɛ̃kRwajabl] adj unglaublich

incurable [ɛ̃kyRabl] adj unheilbar

indécent(e) [ɛ̃desã, ãt] adj unanständig

indéchiffrable [ɛ̃deʃifRabl] adj nicht zu entziffern

indécis(e) [ɛ̃desi, iz] adj unentschlossen

indécision [ɛ̃desizjɔ̃] f Unentschlossenheit f

indéfini(e) [ɛ̃defini] adj ① (indéterminé) unbestimmt ② (espace, nombre) unbegrenzt

indéfiniment [ɛ̃definimã] adv auf unbegrenzte Zeit

indéfinissable [ɛ̃definisabl] adj undefinierbar

indélébile [ɛ̃delebil] adj (ineffaçable) nicht zu entfernen; (couleur) waschecht

indemne [ɛ̃dɛmn] adj unversehrt

indemniser [ɛ̃dɛmnize] <1> vt ① (rembourser) ~ **qn de qc** jdm etw erstatten ② (compenser) ~ **qn pour qc** jdm Schaden[s]ersatz für etw leisten

indemnité [ɛ̃dɛmnite] f ① (réparation) Schaden[s]ersatz m; (payé par l'État) Entschädigung

f ② (prime) Zulage f

indépendance [ɛ̃depɑ̃dɑ̃s] f Unabhängigkeit f

indépendant(e) [ɛ̃depɑ̃dɑ̃] adj ① (libre) unabhängig; (qui se débrouille tout seul) selb[st]ständig ② (à son compte) selb[st]ständig; (artiste, architecte) freischaffend

indésirable [ɛ̃deziRabl] adj unerwünscht

indéterminé(e) [ɛ̃detɛRmine] adj unbestimmt; (date) nicht festgesetzt

index [ɛ̃dɛks] m ① (doigt) Zeigefinger m ② (table alphabétique) Verzeichnis nt

indicatif [ɛ̃dikatif] m TELEC Vorwahl[nummer] f f

indicatif, -ive [ɛ̃dikatif] adj annähernd

indication [ɛ̃dikasjɔ̃] f (information) Hinweis m; MED Anwendungsgebiet nt

indice [ɛ̃dis] m ① (signe) Anzeichen nt; (constatation) Indiz nt ② (preuve) Beweis m

indien(ne) [ɛ̃djɛ̃] adj ① (d'Inde) indisch ② (d'Amérique) indianisch

Indien(ne) [ɛ̃djɛ̃] m(f) ① (habitant de l'Inde) Inder(in) m(f) ② (indigène d'Amérique) Indianer(in) m(f)

indifférent(e) [ɛ̃difeRã] adj (attitude, personne) gleichgültig

indigeste [ɛ̃diʒɛst] adj schwer verdaulich

indignation [ɛ̃diɲasjɔ̃] f Empörung f

indigne [ɛ̃diɲ] adj (qui ne mérite pas) **être ~ de qn/qc** jds/einer S. nicht würdig sein

indigner [ɛ̃diɲe] <1> vt empören

indiqué(e) [ɛ̃dike] adj ① (conseillé) ratsam ② (adéquat) geeignet ③ (fixé) angegeben

indiquer [ɛ̃dike] <1> vt ① (désigner) zeigen; **~ qc** (horloge) etw anzeigen ② (révéler) **~ qc** auf etw (akk) hinweisen ③ (marquer) kennzeichnen

indirectement [ɛ̃diʀɛktəmɑ̃] adv indirekt

indiscipliné(e) [ɛ̃disipline] adj undiszipliniert

indiscret, -ète [ɛ̃diskʀɛ] adj neugierig

indiscrétion [ɛ̃diskʀesjɔ̃] f Indiskretion f

indispensable [ɛ̃dispɑ̃sabl] I. adj unbedingt notwendig II. m: **l'~** das Nötigste

indistinct(e) [ɛ̃distɛ̃] adj (murmure, vision) undeutlich

individu [ɛ̃dividy] m Person f, Individuum nt

individualiste [ɛ̃dividɥalist] mf Individualist(in) m(f)

individuel(le) [ɛ̃dividɥɛl] adj persönlich; (cas) Einzel-

individuellement [ɛ̃dividɥɛlmɑ̃] adv einzeln

indivisible [ɛ̃divizibl] adj unteilbar

indulgent(e) [ɛ̃dylʒɑ̃] adj nachsichtig

industrie [ɛ̃dystʀi] f ECON Industrie f

industriel(le) [ɛ̃dystʀijɛl] adj industriell; **véhicule ~** Nutzfahr-

zeug nt

inédit(e) [inedi] adj (non publié) unveröffentlicht

inefficace [inefikas] adj unwirksam

inégal(e) [inegal] <-aux> adj (différent) ungleich

inégalité [inegalite] f Ungleichheit f

inépuisable [inepɥizabl] adj unerschöpflich

inespéré(e) [inɛspeʀe] adj ① (secours, succès) unverhofft ② (profit) unerwartet hoch

inestimable [inɛstimabl] adj unschätzbar

inévitable [inevitabl] adj ① (certain, fatal) unvermeidlich ② (nécessaire) unvermeidbar ③ (iron: habituel) unvermeidlich

inexact(e) [inɛgzakt] adj ① (calcul, résultat) ungenau ② (traduction, récit) ungenau ③ (personne) unpünktlich

inexcusable [inɛkskyzabl] adj unverzeihlich

inexpérimenté(e) [inɛkspeʀimɑ̃te] adj unerfahren

inexplicable [inɛksplikabl] adj unerklärlich

inexprimable [inɛkspʀimabl] adj unaussprechlich; (émotion) unbeschreiblich

infarctus [ɛ̃faʀktys] m Herzinfarkt m

infatigable [ɛ̃fatigabl] adj unermüdlich

infection [ɛ̃fɛksjɔ̃] f Entzündung f

inférieur(e) [ɛ̃feʀjœʀ] adj ① (dans l'espace) untere(r, s) ② (en qua-

lité) niedriger; **être - à qn** jdm unterlegen sein ❸ _(en quantité)_ geringer

inférioté [ɛ̃feʀjɔʀite] f ❶ _(moindre force)_ Unterlegenheit f ❷ _(moindre valeur)_ Minderwertigkeit f

infidèle [ɛ̃fidɛl] adj ❶ _(perfide)_ treulos; **être - à qn** jdm untreu sein ❷ REL ungläubig

infidélité [ɛ̃fidelite] f ❶ _(déloyauté)_ Untreue f ❷ _(d'un conjoint)_ Seitensprung m

infini(e) [ɛ̃fini] adj _(distance, nombre)_ unendlich (groß); _(étendue, durée, longueur)_ endlos

infinitif [ɛ̃finitif] m Infinitiv m

infirme [ɛ̃fiʀm] adj behindert

infirmier, -ière [ɛ̃fiʀmje, -jɛʀ] m, f Krankenpfleger, -schwester m, f

inflammable [ɛ̃flamabl] adj feuergefährlich

inflammation [ɛ̃flamasjɔ̃] f Entzündung f; **~ des amygdales** Mandelentzündung f

inflation [ɛ̃flasjɔ̃] f Inflation f

infliger [ɛ̃fliʒe] <2a> vt: **~ une amende à qn pour qc** gegen jdn wegen etw eine Geldbuße verhängen

influence [ɛ̃flyɑ̃s] f ❶ _(effet)_ Einfluss m; _(d'un médicament)_ Wirkung f ❷ **avoir de l'~** einflussreich sein

influencer [ɛ̃flyɑ̃se] <2> vt beeinflussen

infogroupe [ɛ̃fogʀup] m INFORM Newsgroup f

information [ɛ̃fɔʀmasjɔ̃] f ❶ _(renseignement)_ Information f, Aus-

kunft f ❷ _(nouvelles)_ Nachricht f ❸ pl INFORM, TECH Daten pl

informatique [ɛ̃fɔʀmatik] **I.** adj: **saisie ~** Datenerfassung f **II.** f Informatik f, EDV f

informatisé(e) [ɛ̃fɔʀmatize] adj: **fichier ~** Datei f

informer [ɛ̃fɔʀme] <1> vt, vi informieren

infranchissable [ɛ̃fʀɑ̃ʃisabl] adj unüberwindlich

infrastructure [ɛ̃fʀastʀyktyʀ] f Infrastruktur f

infusion [ɛ̃fyzjɔ̃] f Kräutertee m; **~ à la camomille** Kamillentee m

ingénieur [ɛ̃ʒenjœʀ] mf Ingenieur(in) m(f)

ingratitude [ɛ̃gʀatityd] f Undank m

ingrédient [ɛ̃gʀedjɑ̃] m _(d'un mélange)_ Bestandteil m

inguérissable [ɛ̃geʀisabl] adj unheilbar

inhabituel(le) [inabityɛl] adj ungewöhnlich

inhumain(e) [inymɛ̃] adj unmenschlich

initial(e) [inisjal] <-aux> adj anfänglich; _(cause, état)_ ursprünglich; _(position)_ Ausgangs-

initiale [inisjal] f Anfangsbuchstabe m

initialisation [inisjalizasjɔ̃] f INFORM Initialisierung f

initiation [inisjasjɔ̃] f: **~ à qc** Einführung f in etw

initiative [inisjativ] f _(idée première)_ Einfall m

injure [ɛ̃ʒyʀ] f Beleidigung f

injurier [ɛ̃ʒyʀje] <1> vt beleidigen

injuste [ɛ̃ʒyst] adj ungerecht

inné(e) [i(n)ne] adj angeboren

innocent(e) [inɔsɑ̃] adj ❶ (opp: coupable) unschuldig ❷ (anodin) harmlos

innovation [inɔvasjɔ̃] f Innovation f

inondation [inɔ̃dasjɔ̃] f Überschwemmung f; (d'un fleuve) Hochwasser nt

inonder [inɔ̃de] <1> vt (couvrir d'eaux) überschwemmen

inoubliable [inublijabl] adj unvergesslich

inouï(e) [inwi] adj unerhört

inquiet, -iète [ɛ̃kjɛ, ɛt] adj unruhig

inquiétant(e) [ɛ̃kjetɑ̃] adj beunruhigend

inquiéter [ɛ̃kjete] <5> I. vt beunruhigen II. vpr (s'alarmer) s'~ sich (dat) Sorgen machen

insatisfait(e) [ɛ̃satisfɛ] adj ❶ ~ de qn/qc unzufrieden mit jdm/etw ❷ (inassouvi) unbefriedigt

inscription [ɛ̃skripsjɔ̃] f ❶ (texte) Inschrift f; (d'un poteau indicateur) Aufschrift f ❷ (immatriculation) Anmeldung f

inscrire [ɛ̃skʀiʀ] <irr> I. vt ❶ (noter) ~ qc dans un carnet [sich (dat)] etw in einem Heft aufschreiben ❷ (immatriculer) ~ qn à une école jdn an einer Schule anmelden; ~ qn sur une liste jdn in eine Liste eintragen II. vpr ❶ (s'immatriculer) s'~ à une faculté sich an einer Universität einschreiben ❷ (s'insérer dans) s'~ dans le cadre de

qc (décision, projet) im Rahmen von etw geschehen

insecte [ɛ̃sɛkt] m Insekt nt

insécurité [ɛ̃sekyʀite] f Unsicherheit f

insensible [ɛ̃sɑ̃sibl] adj ❶ (physiquement) être ~ (personne) nichts spüren ❷ (moralement) gefühllos

inséparable [ɛ̃sepaʀabl] adj (amis) unzertrennlich

insérer [ɛ̃seʀe] <5> I. vt einfügen II. vpr s'~ dans qc (personne) sich in etw (akk) integrieren

insignifiant(e) [ɛ̃siɲifjɑ̃, jɑ̃t] adj unwichtig

insistance [ɛ̃sistɑ̃s] f Beharrlichkeit f

insistant(e) [ɛ̃sistɑ̃] adj dringend

insister [ɛ̃siste] <1> vi ❶ (s'obstiner) nicht nachgeben ❷ (persévérer) durchhalten ❸ (mettre l'accent sur) ~ sur qc etw betonen

insolation [ɛ̃sɔlasjɔ̃] f Sonnenstich m

insolence [ɛ̃sɔlɑ̃s] f ❶ (impertinence) Frechheit f ❷ (arrogance) Unverschämtheit f

insolent(e) [ɛ̃sɔlɑ̃] adj ❶ (impertinent) frech ❷ (arrogant) unverschämt

insoluble [ɛ̃sɔlybl] adj ❶ (produit) unlöslich ❷ (problème) unlösbar

insomnie [ɛ̃sɔmni] f Schlaflosigkeit f

insouciant(e) [ɛ̃susjɑ̃] adj unbekümmert; (vie) sorglos

insoutenable [ɛ̃sutnabl] adj unerträglich

inspecter [ɛ̃spɛkte] <1> vt ❶ (fonctionnaire) kontrollieren ❷ (lieu) inspizieren

inspecteur, -trice [ɛ̃spɛktœʀ] *m, f* Inspektor(in) *m(f)*

inspection [ɛ̃spɛksjɔ̃] *f (contrôle)* Kontrolle *f*

inspiration [ɛ̃spiʀasjɔ̃] *f* ❶ *(intuition)* Eingebung *f* ❷ *(poétique)* Inspiration *f* ❸ *(opp: expiration)* Einatmen *nt*

inspirer [ɛ̃spiʀe] <1> **I.** *vt* ANAT einatmen ❷ *(susciter)* ~ **de la confiance** *(personne)* Vertrauen einflößen **II.** *vpr:* **s'~ de qn/qc** sich von jdm/etw inspirieren lassen

instabilité [ɛ̃stabilite] *f* Unbeständigkeit *f*

instable [ɛ̃stabl] *adj* ❶ *(inconstant)* wechselhaft ❷ *(paix, situation)* unsicher

installation [ɛ̃stalasjɔ̃] *f* ❶ Installation *f* ❷ *(équipement)* Anlagen *pl*

installé(e) [ɛ̃stale] *adj:* **être ~** sich etabliert haben

installer [ɛ̃stale] <1> **I.** *vt* ❶ *(câbles, tuyaux)* installieren; *(téléphone)* anschließen ❷ *(caser, loger)* hinstellen **II.** *vpr:* **s'~** ❶ *(s'asseoir)* sich setzen ❷ *(se loger)* sich einrichten ❸ *(s'établir)* sich niederlassen

instant [ɛ̃stɑ̃] *m* Augenblick *m*; **dans un ~** gleich; **pour l'~** im Moment

instantané(e) [ɛ̃stɑ̃tane] *adj* ❶ *(immédiat)* unmittelbar; *(réponse)* prompt ❷ GASTR Instant-

instaurer [ɛ̃stɔʀe] <1> **I.** *vt (gouvernement)* bilden **II.** *vpr:* **s'~** *(état d'esprit)* sich breit machen

instinct [ɛ̃stɛ̃] *m* Instinkt *m*; *(grégaire, sexuel)* -trieb *m*

instinctif, -ive [ɛ̃stɛ̃ktif] *adj* spontan

institut [ɛ̃stity] *m* Institut *nt*

instituteur, -trice [ɛ̃stitytœʀ] *m, f* Lehrer(in) *m(f)*

institution [ɛ̃stitysjɔ̃] *f* Einrichtung *f*

Institut monétaire européen *m* Europäisches Währungsinstitut

instructif, -ive [ɛ̃stʀyktif] *adj* lehrreich

instruction [ɛ̃stʀyksjɔ̃] *f* ❶ ~ **civique** Gemeinschaftskunde *f* ❷ ADMIN Verordnung *f* ❸ *(mode d'emploi)* Gebrauchsanweisung *f*

instruit(e) [ɛ̃stʀyi] *adj* gebildet

instrument [ɛ̃stʀymɑ̃] *m* ❶ *(outil)* Werkzeug *nt* ❷ MUS ~ **[de musique]** [Musik]instrument *nt* ❸ *(moyen)* Instrument *nt*, Mittel *nt*

insuffisant(e) [ɛ̃syfizɑ̃] *adj* ❶ *(en quantité)* ungenügend ❷ *(en qualité)* unzureichend

insuline [ɛ̃sylin] *f* Insulin *nt*

insulter [ɛ̃sylte] <1> *vt* beleidigen

insupportable [ɛ̃sypɔʀtabl] *adj (intolérable)* unerträglich

intact(e) [ɛ̃takt] *adj* ❶ *(objet)* unversehrt; *(produit)* einwandfrei ❷ *(honneur, réputation)* makellos

intégrer [ɛ̃tegʀe] <5> *vpr:* **s'~ à qc** sich in etw *(akk)* integrieren

intellectuel(le) [ɛ̃tɛlɛktɥɛl] *adj* intellektuell

intelligence [ɛ̃teliʒɑ̃s] *f (entendement)* Intelligenz *f*

intelligent(e) [ɛ̃teliʒɑ̃] *adj* intelligent

intense [ɛ̃tɑ̃s] *adj* intensiv; *(circulation)* dicht

intensif, -ive [ɛ̃tɑ̃sif] *adj* intensiv

intensifier [ɛ̃tɑ̃sifje] <1> *vt* intensivieren; *(efforts, production)* steigern

intensité [ɛ̃tɑ̃site] *f* Intensität *f*

intention [ɛ̃tɑ̃sjɔ̃] *f* Absicht *f*

interaction [ɛ̃tɛraksjɔ̃] *f* Wechselwirkung *f*; INFORM Dialog *m*

interdiction [ɛ̃tɛrdiksjɔ̃] *f* Verbot *nt*; ~ **de stationner/de fumer** Parken *nt*/Rauchen *nt* verboten

interdire [ɛ̃tɛrdir] <irr> *vt* verbieten

interdit [ɛ̃tɛrdi] *m* Verbot *nt*

interdit(e) [ɛ̃tɛrdi] *adj* verboten

intéressant(e) [ɛ̃teresɑ̃] *adj* interessant

intéresser [ɛ̃terese] I. *vpr:* **s'~** à sich interessieren für II. *vt* interessieren

intérêt [ɛ̃terɛ] *m* ① Interesse *nt* ② *(importance)* Bedeutung *f* ③ **par ~** eigennützig

interface [ɛ̃tɛrfas] *f* INFORM Schnittstelle *f*; ~ **utilisateur** Benutzeroberfläche *f*

intérieur [ɛ̃terjœr] *m* ① *(opp: extérieur)* Innere(s) *nt*; **à l'~** *(dedans)* innen; **à l'~ de** im Innern von/in ③ *(d'une maison, d'un magasin)* Inneneinrichtung *f*

intérieur(e) [ɛ̃terjœr] *adj* ① *(opp: extérieur)* Innen- ② *(affaires)* innere(r, s); *(commerce, marché)* Binnen-

intermédiaire [ɛ̃tɛrmedjɛr] *mf* Vermittler(in) *m(f)*

intermittence [ɛ̃tɛrmitɑ̃s] *f:* **par ~** ab und zu

international(e) [ɛ̃tɛrnasjɔnal] <-aux> *adj* international; *(langue, politique)* Welt-

internaute [ɛ̃tɛrnot] I. *adj* Internet- II. *mf* Surfer(in) *m(f)*

interne [ɛ̃tɛrn] I. *adj* *(partie)* Innen-; *(problème, promotion)* intern II. *mf* SCOL Internatsschüler(in) *m(f)*

Internet [ɛ̃tɛrnɛt] *m* Internet *nt*

interphone® [ɛ̃tɛrfɔn] *m* Sprechanlage *f*

interprétation [ɛ̃tɛrpretasjɔ̃] *f* *(explication)* Interpretation *f*

interprète [ɛ̃tɛrprɛt] *mf* ① MUS Interpret(in) *m(f)* ② CINE, THEAT Darsteller(in) *m(f)* ③ *(traducteur)* Dolmetscher(in) *m(f)*

interpréter [ɛ̃tɛrprete] <5> *vt* *(texte)* interpretieren; *(rêve)* deuten

interrogation [ɛ̃tɛrɔgasjɔ̃] *f* ① *(question)* Frage *f* ② SCOL Klassenarbeit *f*

interrogatoire [ɛ̃tɛrɔgatwar] *m* Vernehmung *f*

interroger [ɛ̃tɛrɔʒe] <2a> I. *vt* ① *(questionner)* Fragen stellen ② *(banque de données, répondre)* abfragen II. *vpr:* **s'~** sich fragen

interrompre [ɛ̃tɛrɔ̃pr] <irr> I. *vt* unterbrechen II. *vpr:* **s'~** *(personne)* innehalten

interrupteur [ɛ̃teryptœr] *m* Schalter *m*

interruption [ɛ̃terypsjɔ̃] *f* *(arrêt définitif)* Abbruch *m*

intervalle [ɛ̃tɛrval] *m* ① *(écart)* Abstand *m*; *(espace de temps)*

Zeit|spanne] *f* **@** MUS Intervall *nt*

intervenir [ɛ̃tɛʀvəniʀ] **<9>** *vi*
@ *(entrer en action)* eingreifen
@ *(prendre la parole)* sich einschalten **@** *(accord)* zustande
kommen

interview [ɛ̃tɛʀvju] *f* Interview *nt*

intestin [ɛ̃tɛstɛ̃] *m* Darm *m*

intime [ɛ̃tim] *adj* **@** intim; **journal ~** Tagebuch *nt* **@** *(atmosphère, lieu)* gemütlich **@** *(ami)*
eng

intimider [ɛ̃timide] **<1>** *vt* ein-
schüchtern

intimité [ɛ̃timite] *f* **@** *(vie privée)*
Privatleben *nt* **@** *(relation
étroite)* Vertrautheit *f*

intoxication [ɛ̃tɔksikasjɔ̃] *f* Vergiftung *f*; **~ alimentaire** Lebensmittelvergiftung *f*

intoxiquer [ɛ̃tɔksike] *vt*, *vpr*:
[s'~ [sich] vergiften

intrigant(e) [ɛ̃tʀigɑ̃] *m(f)* Intri-
gant(in) *m(f)*

intrigue [ɛ̃tʀig] *f* **@** CINE, LITTER,
THEAT **@** *(manœuvre)* Intrige *f*

intriguer [ɛ̃tʀige] **<1>** I. *vt (travailler)* beschäftigen II. *vi* intrigieren

introduction [ɛ̃tʀɔdyksjɔ̃] *f* **@** Einleitung *f* **@** *(d'un objet, de nourriture)* Einführen *nt*

introduire [ɛ̃tʀɔdɥiʀ] **<irr>** I. *vt*:
~ qn dans une pièce jdn in
ein Zimmer führen; **~ qn chez
une famille** jdn bei einer Familie einführen II. *vpr* **@** *(se faire
admettre)* **s'~ dans un milieu**
sich in einem Umfeld einführen
@ *(s'infiltrer)* **s'~ dans une mai-**

son in ein Haus eindringen

intrus(e) [ɛ̃tʀy] *m(f)* Eindringling
m

intuition [ɛ̃tɥisjɔ̃] *f* Intuition *f*

intuitivement [ɛ̃tɥitivmɑ̃] *adv* intuitiv

inutile [inytil] *adj* nutzlos; *(parole,
effort)* zwecklos

inutilement [inytilmɑ̃] *adv (sans
utilité)* unnötig, vergeblich

inutilité [inytilite] *f* Nutzlosigkeit *f*

invalide [ɛ̃valid] *mf* Invalide *mf*

invariable [ɛ̃vaʀjabl] *adj (qui ne
change pas)* unverändert

inventaire [ɛ̃vɑ̃tɛʀ] *m* Inventar *nt*

inventer [ɛ̃vɑ̃te] **<1>** *vt* erfinden

invention [ɛ̃vɑ̃sjɔ̃] *f* **@** Erfindung *f*
@ *(imagination)* Einfallsreich-
tum *m*

inverse [ɛ̃vɛʀs] I. *adj* entgegengesetzt II. *m* Gegenteil *nt*;
à l'~ hingegen

inversement [ɛ̃vɛʀsəmɑ̃] *adv* umgekehrt

inverser [ɛ̃vɛʀse] **<1>** I. *vt (rôles)*
tauschen II. *vpr*: **s'~** *(mouvement, tendance)* sich umkehren

investir [ɛ̃vɛstiʀ] **<8>** I. *vt*, *vi (a.
fig)* investieren II. *vpr*: **s'~ dans
qc** sich bei etw engagieren

investissement [ɛ̃vɛstismɑ̃] *m* Investition *f*

invisible [ɛ̃vizibl] *adj* unsichtbar

invitation [ɛ̃vitasjɔ̃] *f* Einladung *f*

invité(e) [ɛ̃vite] *m(f)* Gast *m*

inviter [ɛ̃vite] **<1>** *vt* einladen

involontaire [ɛ̃vɔlɔ̃tɛʀ] *adj (spectateur, témoin)* unfreiwillig

involontairement [ɛ̃vɔlɔ̃tɛʀmɑ̃]
adv unabsichtlich

invraisemblable [ɛ̃vʀɛsɑ̃blabl] *adj* unglaubwürdig

invulnérable [ɛ̃vylneʀabl] *adj* unverwundbar

iPod® [ipɔd] *m* iPod *m*

irlandais(e) [iʀlɑ̃dɛ] *adj* irisch

Irlandais(e) [iʀlɑ̃dɛ] *m(f)* Ire, Irin *m, f*

Irlande [iʀlɑ̃d] *f:* l'~ Irland *nt;* l'~ **du Nord** Nordirland

ironie [iʀɔni] *f* Ironie *f*

ironique [iʀɔnik] *adj* ironisch

irrationnel(le) [iʀasjɔnɛl] *adj* irrational

irréalisable [iʀealizabl] *adj* nicht realisierbar

irréaliste [iʀealist] *adj* unrealistisch

irrégularité [iʀegylaʀite] *f* ❶ *(inégalité)* Ungleichmäßigkeit *f* ❷ *(d'un élève, d'une équipe)* schwankende Leistungen *pl*

irrégulier, -ère [iʀegylje] *adj* ❶ unregelmäßig; *(écriture, vitesse)* ungleichmäßig ❷ *(illégal)* regelwidrig

irréparable [iʀepaʀabl] *adj (objet, machine)* nicht mehr zu reparieren; *(dommage, erreur)* nicht wieder gutzumachen

irrésistible [iʀezistibl] *adj* ❶ *(impérieux)* unwiderstehlich ❷ *(qui fait rire)* sehr lustig

irrésolu(e) [iʀezɔly] *adj (personne)* unentschlossen; *(problème)* ungelöst

irresponsable [iʀɛspɔ̃sabl] *adj*

(comportement) unverantwortlich

irritation [iʀitasjɔ̃] *f* ❶ *(énervement)* Gereiztheit *f* ❷ MED Reizung *f*

irriter [iʀite] <1> *vt* ❶ *(énerver)* ~ **qn** jdm auf die Nerven gehen ❷ MED reizen

irruption [iʀypsjɔ̃] *f:* **faire** ~ *(personne)* hereinstürmen; *(chose)* hereinbrechen

islam [islam] *m:* l'~ der Islam

islamique [islamik] *adj* islamisch

Islande [islɑ̃d] *f:* l'~ Island *nt*

isoler [izɔle] <1> I. *vt* isolieren II. *vpr:* **s'**~ sich absondern

Israël [isʀaɛl] *m:* l'~ Israel *nt*

israélite [isʀaelit] *adj* Israelit(in) *m(f)*

issu(e) [isy] *adj:* ~ **de qc** aus etw stammend

issue [isy] *f* ❶ *(sortie, fin)* Ausgang *m;* ~ **de secours** Notausgang *m* ❷ *(solution)* Ausweg *m;* **sans** ~ *(situation)* ausweglos

Italie [itali] *f:* l'~ Italien *nt*

italien [italjɛ] *m* Italienisch *nt*

italien(ne) [italjɛ] *adj* italienisch

Italien(ne) [italjɛ] *m(f)* Italiener(in) *m(f)*

italique [italik] *m* Kursivschrift *f;* **en** ~ kursiv

itinéraire [itineʀɛʀ] *m* Reiseroute *f*

ivoire [ivwaʀ] *m* Elfenbein *nt*

ivre [ivʀ] *adj* betrunken

ivrogne [ivʀɔɲ] *mf* Säufer(in) *m(f) (pej)*

J

J, j [ʒi] m inv J nt, j nt

j' [ʒ] pron v. **je**

jacasser [ʒakase] <1> vi ❶ (pie) schreien ❷ (fam: parler) schnattern

jadis [ʒadis] adv früher

jaillir [ʒajiʀ] <8> vi ❶ (eau) emporschießen ❷ (personne) plötzlich auftauchen

jalonner [ʒalɔne] vt (terrain) abstecken

jalousie [ʒaluzi] f Eifersucht f; (envie) Neid m

jaloux, -ouse [ʒalu] adj ❶ (en amour, amitié) ~ **de qn** eifersüchtig auf jdn ❷ (envieux) ~ **de qn/qc** neidisch auf jdn/etw

jamais [ʒamɛ] adv (en aucun cas) nie[mals]; **plus ~** nie wieder

jambe [ʒɑ̃b] f Bein nt

jambon [ʒɑ̃bɔ̃] m Schinken m; ~ **cru** roher Schinken; ~ **cuit** [o blanc] [o de Paris] gekochter Schinken

janvier [ʒɑ̃vje] m Januar m

Japon [ʒapɔ̃] m: **le ~** Japan nt

japonais(e) [ʒapɔnɛ] adj japanisch

japper [ʒape] <1> vi kläffen

jaquette [ʒakɛt] f (d'un livre) Umschlag m

jardin [ʒaʀdɛ̃] m Garten m; ~ **botanique** Botanischer Garten

jardinier, -ière [ʒaʀdinje] m, f Gärtner(in) m(f)

jargon [ʒaʀgɔ̃] m (péj) (chara-

bia) Kauderwelsch nt ❸ (langue technique) Jargon m

jaunâtre [ʒonɑtʀ] adj gelblich

jaune [ʒon] I. adj gelb II. m ❶ (couleur) Gelb nt ❷ (partie d'un œuf) Eigelb nt

jaunir [ʒoniʀ] <8> I. vi gelb werden II. vt: ~ **qc** (lumière) etw vergilben

jaunisse [ʒonis] f Gelbsucht f

javelot [ʒavlo] m Speer m

jazz [dʒaz] m Jazz m

je [ʒə] <j'> pron ich

jean [dʒin] m ❶ (tissu) Jeansstoff m ❷ (pantalon) Jeans pl

jerrican(e), jerrycan [(d)ʒeʀikan] m Benzinkanister m

jet [ʒɛ] m ❶ (d'un tuyau) Düse f; ~ **d'eau** Fontäne f ❷ (action) Werfen nt ❸ (résultat) Wurf m

jetée [ʒ(ə)te] f Mole f

jeter [ʒ(ə)te] <3> I. vt ❶ (lancer) werfen ❷ (se débarrasser de) wegwerfen ❸ (répandre) ~ **le discrédit sur qn** jdn in Verruf bringen ▶ **un [coup d']œil à qn** ein Auge auf jdn haben II. vpr (s'élancer) **se ~** sich stürzen

jeton [ʒ(ə)tɔ̃] m ❶ JEUX Jeton m; (à la roulette) Chip m ❷ TELEC Telefonmünze f

jeu [ʒø] <x> m ❶ Spiel nt ❷ (jeu d'argent) ~ **de hasard** Glücksspiel m ❸ (série) ~ **de clés** Satz m Schlüssel

jeudi [ʒødi] *m* Donnerstag *m*; **~ saint** Gründonnerstag

jeun [ʒœ̃] **à ~** nüchtern

jeune [ʒœn] **I.** *adj (opp: vieux)* jung; *(enfant)* klein; **~ fille** junges Mädchen; **ma ~ sœur** meine kleine Schwester **II.** *mf* Jugendliche(r) *f(m)*

jeûne [ʒøn] *m* Fasten *nt*; **~ curatif** Heilfasten *nt*

jeûner [ʒøne] <1> *vi* fasten

jeunesse [ʒœnɛs] *f* ● Jugend *f* ● *(d'un vin)* junges Alter

joaillerie [ʒɔajʀi] *f (bijouterie)* Juweliergeschäft *nt*

jogging [dʒɔgiŋ] *m* Jogging *nt*; **faire du ~** joggen

joie [ʒwa] *f (bonheur)* Freude *f*

joindre [ʒwɛ̃dʀ] <irr> **I.** *vt* ● *(faire se toucher)* zusammenfügen; *(mains)* falten ● *(relier)* miteinander verbinden ● *(personne)* erreichen **II.** *vpr:* **se ~ à qn/qc** sich jdm/einer S. anschließen

joint(e) [ʒwɛ̃, ɛ̃t] *adj* ● *(mains)* gefaltet ● *(efforts)* gemeinsam

joli(e) [ʒɔli] *adj (agréable)* hübsch; *(vêtement, chanson)* nett

jonction [ʒɔ̃ksjɔ̃] *f (de routes)* Einmündung *f*; *(de fleuves)* Zusammenfluss *m*; *(de voies ferrées)* Weiche *f*

jongler [ʒɔ̃gle] <1> *vi* jonglieren

jouable [ʒwabl] *adj (faisable)* machbar

joual [ʒwal] *m* Frankokanadisch *nt*

joual(e) [ʒwal] <s> *adj* frankokanadisch

joue [ʒu] *f* Backe *f*

jouer [ʒwe] <1> **I.** *vt, vi* spielen

II. *vpr:* **se ~** *(avenir)* sich entscheiden

jouet [ʒwɛ] *m* Spielzeug *nt*

joueur, -euse [ʒwœʀ, øz] *m, f* Spieler(in) *m(f)*

jouir [ʒwiʀ] <8> *vi* ● **~ de la vie** das Leben genießen ● **~ d'une fortune** vermögend sein ● *(sexuellement)* einen Orgasmus haben

jouissance [ʒwisɑ̃s] *f* ● *(plaisir)* Vergnügen *nt* ● *(usage)* Nutzung *f*

jour [ʒuʀ] *m* ● Tag *m*; **par ~** täglich; **tous les ~s** jeden Tag; **~ ouvrable** Werktag *m*; **~ de l'arrivée** Anreisetag *m* ● *(opp: obscurité)* Tageslicht *nt*; **il fait ~** es ist hell ● **à ce ~** bis heute; **un de ces ~s** demnächst; **de nos ~s** heutzutage; **l'autre ~** *(fam)* neulich

journal [ʒuʀnal] <-aux> *m* ● *(quotidien, bureaux)* Zeitung *f* ● *(hebdomadaire)* Zeitschrift *f*

journalier, -ière [ʒuʀnalje, jɛʀ] *adj* täglich; *(salaire, gain)* Tages-

journée [ʒuʀne] *f* Tag *m*

jovial(e) [ʒɔvjal] <s> *adj* heiter

joyau [ʒwajo] <x> *m* Juwel *nt*

joyeux, -euse [ʒwajø, øz] *adj (chant)* fröhlich; **joyeuse fête!** frohes Fest!; **~ anniversaire!** herzlichen Glückwunsch zum Geburtstag!

jubilation [ʒybilasjɔ̃] *f* Jubel *m*!

judaïque [ʒydaik] *adj* jüdisch; *(loi)* mosaisch

judiciaire [ʒydisjɛʀ] *adj* ● *(autorité)* Justiz-; *(police)* Kriminal- ● *(erreur)* Justiz-

juge [ʒyʒ] *mf* Richter(in) *m(f)*

juge-arbitre [ʒyʒaʀbitʀ] <juges- -arbitres> *mf* Schiedsrichter(in) *m(f)*

jugement [ʒyʒmɑ̃] *m* ⓐ JUR Urteil *nt* ⓑ *(discernement)* Urteilsvermögen *nt*

juger [ʒyʒe] <2a> I. *vt* ⓐ JUR ~ **qn coupable** jdn für schuldig befinden ⓑ *(arbitrer)* entscheiden ⓒ *(livre, situation)* beurteilen II. *vi* JUR entscheiden III. *vpr:* **se** ~ **incapable** sich für unfähig halten

juif, -ive [ʒɥif] *adj* jüdisch

Juif, -ive [ʒɥif] *m, f* Jude, Jüdin *m, f*

juillet [ʒɥijɛ] *m* Juli *m*

juin [ʒɥɛ̃] *m* Juni *m*

jumeau, -elle [ʒymo] <x> *m, f* Zwilling *m; (frère)* Zwillingsbruder *m*

jumeler [ʒymle] <3> *vt:* **être jumelées** *(villes)* Partnerstädte sein

jumelles [ʒymɛl] *fpl* OPT Fernglas *nt*

jungle [ʒɛ̃gl] *f* Dschungel *m*

junior [ʒynjɔʀ] *mf* Junior(in) *m(f)*

jupe [ʒyp] *f* Rock *m*

Jura [ʒyʀa] *m:* **le** ~ der Jura

juré(e) [ʒyʀe] I. *adj (ennemi)* erklärt. II. *m(f)* JUR Geschworene(n) *f(m)*

jurer [ʒyʀe] <1> I. *vt* ⓐ schwören ▸ **je te (le vous) jure!** *fam!* also ehrlich! II. *vi (pester)* ~ **contre qn/qc** über jdn/etw fluchen

juridique [ʒyʀidik] *adj* ⓐ *(judiciaire)* gerichtlich ⓑ *(qui a rapport au droit)* juristisch

jurisprudence [ʒyʀispʀydɑ̃s] *f* Rechtsprechung *f*

juron [ʒyʀɔ̃] *m* Fluch *m*

jury [ʒyʀi] *m* ⓐ JUR Geschworene(n) *pl* ⓑ *(Preisgericht)* Jury *f*

jus [ʒy] *m* ⓐ Saft *m;* ~ **d'orange** Orangensaft *m* ⓑ *(fam: café)* Kaffee *m*

jusque [ʒysk] <jusqu'> I. *prép* ⓐ *(limite de lieu)* bis; **jusqu'ici** bis hierher; ~ **là** bis dorthin *(limite de temps)* bis; **jusqu'à maintenant** bis jetzt; **jusqu'à aujourd'hui** bis heute ⓑ *(y compris)* sogar ⓒ *(limite)* ~ **là** so weit; **jusqu'où** wie weit II. *konj:* **jusqu'à ce que** +*subj* bis

juste [ʒyst] I. *adj* ⓐ *(équitable)* gerecht ⓑ *(fondé)* berechtigt ⓒ *(à peine suffisant)* knapp ▸ **c'est** ~ **!** das stimmt! II. REL Gerechte(r) *f(m)* III. *adv* ⓐ *(avec exactitude)* genau; **dire** ~ Recht haben ⓑ *(exactement)* [ganz] genau ⓒ *(seulement)* bloß ▸ **tout** ~ gerade noch

justement [ʒystəmɑ̃] *adv* ⓐ *(à bon droit)* zu Recht ⓑ *(exactement)* genau

justesse [ʒystɛs] *f (précision)* Genauigkeit *f*

justice [ʒystis] *f* ⓐ *(principe)* Gerechtigkeit *f* ⓑ *(loi)* Gesetz *nt* ⓒ *(juridiction)* Justiz *f*

justifier [ʒystifje] <1> *vt, vpr:* [se] ~ [sich] rechtfertigen

juteux, -euse [ʒytø, øz] *adj* saftig

juvénile [ʒyvenil] *adj* jugendlich

K k

K, k [ka] *m inv* K *nt*, k *nt*

kayak [kajak] *m* Kajak *m o nt;*
faire du ~ paddeln

kermesse [kɛʁmɛs] *f* ❶ Wohltätig-
keitsbasar *m* ❷ BELG, NORD *(fête
patronale)* Kirmes *f*

ketchup [kɛtʃœp] *m* Ketchup *m
o nt*

kilo [kilo] *m abr de* **kilogramme**
Kilo *nt*

kilogramme [kilɔgʀam] *m* Kilogramm *nt*

kilométrage [kilɔmetʀaʒ] *m* Kilo-
meterstand *m*

kilomètre [kilɔmɛtʀ] *m* Kilometer
m, Quadratkilometer *m*

kilomètre-heure [kilɔmetʀœʀ]

<kilomètres-heure> *m* Stunden-
kilometer *m*

kilo-octet [kilɔɔktɛ] <kilo-octets>
m Kilobyte *nt*

kir® [kiʀ] *m:* **~/~ royal** Kir *m*/Kir
royal

kit [kit] *m* Bausatz *m;* **~ de réparation des pneus** Flickzeug *nt*

kit(s)ch [kitʃ] *adj inv* kitschig

kiwi [kiwi] *m* Kiwi *f*

klaxon [klaksɔn] *m* Hupe *f*

klaxonner [klaksɔne] <1> *vi* hupen

Ko [kao] *m abr de* **kilo-octet** KB *nt*

K.-O. [kao] *adj inv, (fam) abr de*
knock-out ❶ *(assommé)* be-
nommen ❷ *(épuisé)* k. o.

kyste [kist] *m* Zyste *f*

L l

l *abr de* **litre** l

L, l [ɛl] *m inv* L *nt*, l *nt*

l' *art, pron v.* **le, la**

la¹ [la] <l'> ❶ *art* der/die/das
II. *pron* sie

la² [la] *m inv* MUS A *nt*, a *nt;* **donner
le ~** den Kammerton angeben

là [la] *adv* ❶ *(avec déplacement à
distance)* dorthin ❷ *(avec déplacement à proximité)* hierher;
passer par ~ da entlang-
gehen/-fahren ❸ *(sans déplace-

ment à distance)* dort ❹ *(quelque part)* **par ~** hier irgendwo
❺ *(à ce moment-là)* da; **jusque-
~** bis dahin ❻ *(en ce moment)* da
❼ *(alors)* also da ❽ *(dont il est
question)* **cette histoire-~** diese
Geschichte [da]

là-bas [labɑ] *adv* ❶ *(avec déplacement à distance)* dorthin ❷ *(avec
déplacement à proximité)* dort

labo [labo], **laboratoire** [labɔʀa-
twaʀ] *m (salle)* Labor *nt*

laborieux, -euse [labɔrjø] *adj*
① *(pénible)* mühsam ② *(classes, masses)* arbeitend

lac [lak] *m* See *m*

lacer [lase] <2> *vt* [zu]binden

lacet [lase] *m* ① Schnürsenkel *m* ② *(virage)* Serpentine *f*

lâche [lɑʃ] *adj* ① *(poltron)* feige ② *(corde)* locker

lâcher [lɑʃe] <1> **I.** *vt* ① *(laisser aller)* loslassen; *(bête, mot)* von sich geben ② *(fam: abandonner)* aufgeben **II.** *vi* versagen; *(corde)* nachgeben

lacune [lakyn] *f* Lücke *f*

là-dedans [lad(ə)dɑ̃] *adv* ① *(lieu)* da drin ② *(direction)* da hinein

là-dessous [lad(ə)su] *adv* darunter; *(fig)* dahinter

là-dessus [lad(ə)sy] *adv* ① *(direction, ici)* hier hin-/herauf ② *(direction, là-bas)* dort hin-/herauf ③ *(lieu)* darauf ④ *(à ce sujet)* darüber ⑤ *(sur ce)* daraufhin

là-haut [lao] *adv* ① *(au-dessus: direction)* dort hinauf ② *(dans le ciel)* dort oben

La Haye [la´ɛ] Den Haag

laid(e) [lɛ] *adj* hässlich

laine [lɛn] *f* Wolle *f*

laïque [laik] *adj* ① POL laizistisch ② REL Laien-

laisse [lɛs] *f* Leine *f*

laisser [lese] <1> **I.** *vt* ① lassen ② *(quitter)* **je te/vous laisse!** ich gehe jetzt! **II.** *aux* **~ qn faire qc** jdm gestatten etw zu tun ② **~ faire** die Dinge laufen lassen *(fam)*; **se ~ faire** sich alles gefallen lassen *(fam)*

laisser-aller [leseale] *m inv* Nachlässigkeit *f*

lait [lɛ] *m* Milch *f*; **~ écrémé** fettarme Milch

laiterie [lɛtri] *f* Milchgeschäft *nt*

laitue [lety] *f* Kopfsalat *m*

lame [lam] *f* Klinge *f*; **~ de rasoir** Rasierklinge *f*

lamenter [lamɑ̃te] <1> *vpr:* **se ~ sur qc** über etw *(akk)* jammern

lampadaire [lɑ̃padɛr] *m* ① Stehlampe *f* ② *(réverbère)* Laterne *f*

lampe [lɑ̃p] *f* Lampe *f*; **~ de chevet** Nachttischlampe *f*

lampion [lɑ̃pjɔ̃] *m* Lampion *m*

lance [lɑ̃s] *f* ① *(arme)* Lanze *f* ② *(tuyau)* Schlauch *m*

lancée [lɑ̃se] *f* Elan *m*

lancement [lɑ̃smɑ̃] *m* ① *(d'un satellite)* Start *m* ② INFORM [Programm]start *m*

lance-pierre [lɑ̃spjɛr] <lance-pierres> *m* Steinschleuder *f*

lancer [lɑ̃se] <2> **I.** *vt* ① *(projeter)* werfen ② *(moteur, voiture)* anlassen ③ INFORM starten **II.** *vpr:* ① *(se précipiter)* sich werfen ② *(s'engager)* sich stürzen **III.** *m* SPORT Wurf *m*; *(du poids)* Stoß *m*

lancinant(e) [lɑ̃sinɑ̃] *adj* stechend

Land [lɑ̃d] <Länder> *m* [Bundes]land *nt*

landau [lɑ̃do] <s> *m* Kinderwagen *m*

lande [lɑ̃d] *f* Heide *f*

langage [lɑ̃gaʒ] *m* Sprache *f*; **~ parlé** Umgangssprache *f*; **~ de programmation** INFORM Programmiersprache *f*

langer [lɑ̃ʒe] <2a> vt wickeln

langouste [lɑ̃gust] f Languste f

langue [lɑ̃g] f ❶ ANAT Zunge f ❷ *(langage)* Sprache f ▸ **des signes** Zeichensprache f

languette [lɑ̃gɛt] f *(d'une chaussure)* Zunge f; *(d'une boîte)* Lasche f

lanière [lanjɛʀ] f Riemen m

lanterne [lɑ̃tɛʀn] f Laterne f

lapin [lapɛ̃] m Kaninchen nt

laque [lak] f ❶ *(Haar)*spray m o m *(peinture)* Lack*farbe f*| m

laquelle [lakɛl] pron v. **lequel**

lard [laʀ] m Speck m

large [laʀʒ] I. adj ❶ *(opp: étroit)* breit; *(cercle, vêtement)* weit ❷ *(mesure, succès)* groß ❸ *(acception, sens)* weit II. adv *(calculer, voir)* großzügig III. m *(haute mer)* offene See ❹ *(largeur)* **de** ~ breit

largement [laʀʒəmɑ̃] adv ❶ *(opp: étroitement)* weit ❷ *(ample-ment)* bei weitem

largeur [laʀʒœʀ] f Breite f; ~ **de la porte** Türbreite f; ~ **du cou-loir** Flurbreite f

larme [laʀm] f Träne f

larve [laʀv] f ZOOL Larve f

lasser [lɑse] <1> I. vt ermüden II. vpr: **se** ~ **de faire qc** es müde werden etw zu tun

lassitude [lasityd] f ❶ *(fatigue physique)* Mattigkeit f ❷ *(fa-tigue morale)* Überdruss m

latent(e) [latɑ̃] adj latent; *(conflit)* unterschwellig

latéral(e) [lateʀal] <-aux> adj Seiten-

latin(e) [latɛ̃] adj ❶ GEO, HIST, LING

lateinisch; *(civilisation, histoire)* römisch ❷ *(opp: anglo-saxon)* romanisch; *(tempérament)* süd-ländisch ❸ REL römisch-katho-lisch

latitude [latityd] f GEO Breite f; *(degré)* Breitengrad m

lavable [lavabl] adj abwaschbar

lavabo [lavabo] m Waschbecken nt, Waschraum m

lavage [lavaʒ] m Wäsche f

lavande [lavɑ̃d] f *(a. parfum)* La-vendel m

lave [lav] f Lava f

lave-linge [lavlɛ̃ʒ] m inv Wasch-maschine f

laver [lave] <1> vt, vpr: *(se)* nett-oyer *(se)* ~ [sich] waschen

laverie [lavʀi] f: ~ **automatique** Waschsalon m

lavette [lavɛt] f *(chiffon)* Spültuch nt

laveuse [lavøz] f CAN *(lave-linge)* Waschmaschine f

lave-vaisselle [lavvɛsɛl] m inv Geschirrspülmaschine f

laxatif [laksatif] m Abführmittel nt

le [lə] ❶ f. 1. art der/die/das II. pron ihn

lécher [leʃe] <5> vt, vpr: *(se)* ~ [sich] ablecken

lèche-vitrines [lɛʃvitʀin] m: **faire du** ~ einen Schaufensterbummel machen

leçon [l(ə)sɔ̃] f ❶ SCOL *(à ap-prendre)* Lektion f; ~**s de ski** Skikurs m ❷ *(cours)* Stunde f

lecteur [lɛktœʀ] m MEDIA Lesege-rät nt; ~ **de CD** CD-Player m; ~ **MP3** MP3-Player m

lecture |lɛktyʀ| f ❶ (action de lire) Lesen nt ❷ (qc qui se lit) Lektüre f ❸ MEDIA, INFORM Lesen nt

légal(e) |legal| <-aux> adj gesetzlich

légalité |legalite| f Legalität f

légende |leʒɑ̃d| f ❶ (mythe) Sage f ❷ (d'un plan) Legende f

léger, -ère |leʒe| adj (opp: lourd) leicht; (vêtement) dünn

législatif, -ive |leʒislatif| adj gesetzgebend

légitime |leʒitim| adj ❶ JUR rechtsgültig; (enfant) ehelich ❷ (justifié) berechtigt

légitimer |leʒitime| <1> vt rechtfertigen

légume |legym| m Gemüse nt

lendemain |lɑ̃dmɛ̃| m (jour suivant) **le ~** der/am nächste(n) Tag; **du jour au ~** von heute auf morgen

lent(e) |lɑ̃| adj langsam

lentement |lɑ̃tmɑ̃| adv langsam

lenteur |lɑ̃tœʀ| f (opp: rapidité) Langsamkeit f

lentille |lɑ̃tij| f ❶ BOT, OPT Linse f ❷ pl GASTR Linsen pl

lequel, laquelle |ləkɛl| <lesquels, lesquelles> **I.** pron interrog welcher/welche/welches **II.** pron rel der/die/das

les |le| **I.** art déf **II.** pron sie/ihnen

lesbienne |lɛzbjɛn| f Lesbierin f

léser |leze| <5> vt benachteiligen

lessive |lesiv| f ❶ Waschmittel nt ❷ (lavage) Wäsche f; **faire la ~** waschen

lest |lɛst| m Ballast m

Lettonie |lɛtɔni| f: **la ~** Lettland nt

lettre |lɛtʀ| f ❶ (missive) Brief m; **~ exprès** Eilbrief m; **~ recommandée** Einschreibebrief m ❷ (signe graphique) Buchstabe m ❸ pl UNIV (opp: sciences) Geisteswissenschaften pl

leur[1] |lœʀ| pron sie

leur[2] |lœʀ| <leurs> dét ihr(e)

leurs |lœʀ| v. **leur**

levée |ləve| f (boîte aux lettres) Leerung f

lever |l(ə)ve| <4> **I.** vt (soulever) heben **II.** vpr: **se ~** ❶ (se mettre debout) sich erheben ❷ (sortir du lit) aufstehen ❸ (lune, soleil) aufgehen ❹ (temps) aufklaren **III.** vi (pâte) gehen **IV.** m: **au ~ du soleil** bei Sonnenaufgang

levier |ləvje| m Hebel m

lèvre |lɛvʀ| f ❶ (de la bouche) Lippe f ❷ pl (parties de la vulve) Schamlippen pl

levure |l(ə)vyʀ| f a. CHIM Hefe f

lexique |lɛksik| m (dictionnaire bilingue) Wörterbuch nt; (dictionnaire technique, spécialisé) Lexikon nt

liaison |ljɛzɔ̃| f ❶ TELEC, MIL, AUT Verbindung f ❷ (enchaînement) Zusammenhang m ❸ (relation amoureuse) Verhältnis nt

liasse |ljas| f (de documents) Stoß m; (de billets) Bündel nt

libéral(e) |liberal| <-aux> adj ❶ ECON, POL liberal ❷ (éducation) frei

libérateur, -trice |liberatœʀ| adj befreiend

libération |liberasjɔ̃| f ❶ (d'un prisonnier politique) Freilassung f *f. (fig: délivrance)* Befreiung *f*

libéré(e) [libere] *adj* emanzipiert

libérer [libere] <5> **I.** *vt* ❶ *(relâcher)* freilassen ❷ *(délivrer, rendre disponible)* befreien ❸ *(voie)* frei machen **II.** *vpr:* **se ~** sich frei machen

liberté [libɛʀte] *f* ❶ *(opp: oppression, emprisonnement)* Freiheit *f* ❷ *(loisir)* freie Zeit ❸ *(droit, indépendance)* Freiheit *f* ❹ *(absence de contrainte)* Ungezwungenheit *f*

libraire [libʀɛʀ] *mf* Buchhändler(in) *m(f)*

librairie [libʀeʀi] *f* Buchhandlung *f*

libre [libʀ] *adj* frei

librement [libʀəmɑ̃] *adv* frei

libre-service [libʀəsɛʀvis] <libres-services> *m* ❶ *(magasin, restaurant)* Selbstbedienungs- ❷ *(système de vente)* Selbstbedienung *f*

licence [lisɑ̃s] *f* ❶ UNIV Licence *f* ❷ COM, JUR, SPORT Lizenz *f*; **~ camping** Campingausweis *m*

licenciement [lisɑ̃simɑ̃] *m* Entlassung *f*

licencier [lisɑ̃sje] <1> *vt* entlassen

lié(e) [lje] *adj (proche)* **être ~ avec qn** jdm nahestehen

liège [ljɛʒ] *m* Kork *m*

lien [ljɛ̃] *m* ❶ *(attache)* Band *nt*; *(chaîne)* Fessel *f* ❷ *(rapport)* Verbindung *f* ❸ INFORM Link *m*

lier [lje] <1> **I.** *vt* ❶ *(choses)* zusammenbinden ❷ *(mettre en relation)* **être lié à qc** mit etw zusammenhängen **II.** *vpr:* **se ~ avec qn** sich mit jdm anfreunden

---

lieu [ljø] <x> *m* ❶ *(endroit)* Ort *m*; **~ de naissance** Geburtsort *m*; **~ de pèlerinage** Wallfahrtsort *m* ❷ **en premier ~** zuerst; **en dernier ~** zuletzt; **avoir ~** stattfinden; **au ~ de cela** stattdessen

light [lajt] *adj inv* fettarm

ligne [liɲ] *f* ❶ MATH Linie *f* ❷ *(suite de mots)* Zeile *f*; **~ de commande** INFORM Befehlszeile *f* ❸ *(silhouette)* Figur *f* ❹ *(direction)* **~ droite** Gerade *f* ❺ ELEC, TELEC Leitung *f* ❻ INFORM **en ~** online; **hors ~** offline

lignée [liɲe] *f* Nachkommenschaft *f*

ligoter [ligɔte] <1> *vt* fesseln

ligue [lig] *f* Liga *f*

liguer [lige] <1> *vpr:* **se ~ contre qn** sich gegen jdn verschwören

lilas [lila] **I.** *m* Flieder *m* **II.** *adj inv* lila(farben)

lime [lim] *f* Feile *f*

limite [limit] **I.** *app* ❶ **âge ~** Altersgrenze *f* ❷ *(presque impossible)* fast unmöglich **II.** *f* ❶ *(d'une étendue)* Grenze *f* ❷ *(dans le temps)* Frist *f* ❸ *(borne)* Grenzen *pl* ❹ **à la ~** na ja; **à la ~, je peux …** im äußersten Fall kann ich …

limiter [limite] <1> *vt* ❶ *(délimiter)* begrenzen ❷ *(restreindre)* einschränken **II.** *vpr (se borner)* **se ~ à qc** sich auf etw *(akk)* beschränken

limonade [limɔnad] *f* Limonade *f*

lin [lɛ̃] *m* Leinen *nt*

linge [lɛ̃ʒ] *m* ❶ *(vêtements)* Wäsche *f* ❷ *(morceau de tissu)* Tuch *nt*

lingerie [lɛ̃ʒʀi] f Damenwäsche f

lion [ljɔ̃] m Löwe m

liqueur [likœʀ] f Likör m

liquidation [likidasjɔ̃] f (solde) ~ **totale** Räumungsverkauf m

liquide [likid] **I.** adj ❶ (fluide) flüssig ❷ (disponible) **argent** ~ Bargeld nt **II.** m ❶ (fluide) Flüssigkeit f; ~ **de frein** Bremsflüssigkeit f ❷ (argent) Bargeld nt

liquider [likide] <1> vt ❶ (marchandise) ausverkaufen ❷ (fam: dossier) sich (dat) vom Hals schaffen ❸ (fam: tuer) liquidieren ❹ (société, compte) auflösen

lire¹ [liʀ] <irr> vt u vi lesen

lire² [liʀ] f Lira f

lisible [lizibl] adj gut lesbar

lisse [lis] adj glatt

liste [list] f Liste f

lister [liste] <1> vt INFORM ausdrucken

listing [listiŋ] m Liste f; (document imprimé) Ausdruck m

lit [li] m Bett nt; ~ **à étages** Etagenbett nt; ~ **d'enfant** Kinderbett nt

litière [litjɛʀ] f Streu f

litige [litiʒ] m Streit m

litre [litʀ] m ❶ Liter m ❷ (bouteille) Literflasche f

littéraire [liteʀɛʀ] adj ❶ literarisch ❷ (opp: scientifique) geisteswissenschaftlich

littérature [liteʀatyʀ] f Literatur f

Lituanie [lityani] f: **la** ~ Litauen nt

livraison [livʀɛzɔ̃] f Lieferung f

livre¹ [livʀ] m Buch nt; ~ **de poche** Taschenbuch nt; ~ **de cuisine** Kochbuch nt

livre² [livʀ] f a. GASTR Pfund nt

livrer [livʀe] <1> **I.** vt ❶ (commande) liefern ❷ (remettre) ~ **qn à la police** jdn der Polizei ausliefern **II.** vpr (se rendre) **se** ~ **à qn** sich jdm stellen

livret [livʀɛ] m (registre) Heft nt; ~ **d'épargne** Postsparbuch nt

livreur, -euse [livʀœʀ] m, f Lieferant(in) m(f)

lobe [lɔb] m Lappen m; ~ **de l'oreille** Ohrläppchen nt

local [lɔkal] <-aux> m Raum m

local(e) [lɔkal] <-aux> adj örtlich; (anesthésie) lokal; **heure** ~**e** Ortszeit f

localiser [lɔkalize] <1> vt lokalisieren

localité [lɔkalite] f Ort m

locataire [lɔkatɛʀ] mf Mieter(in) m(f)

location [lɔkasjɔ̃] f (d'une habitation) (par le propriétaire) Vermieten nt

location-vente [lɔkasjɔ̃vɑ̃t] <locations-ventes> f Leasing nt

locomotive [lɔkɔmɔtiv] f Lokomotive f

loge [lɔʒ] f a. THEAT Loge f; (d'un acteur) Garderobe f

logement [lɔʒmɑ̃] m (habitation) Wohnung f

loger [lɔʒe] <2a> **I.** vi wohnen **II.** vt (héberger) unterbringen

logiciel [lɔʒisjɛl] m Software f; ~ **anti-virus** Antivirenprogramm nt; ~ **de courrier électronique** Mailprogramm nt; ~ **de traitement de texte** Textverarbeitungsprogramm nt

L

logique [lɔʒik] I. *adj* logisch II. *f*
Logik *f*

loi [lwa] *f a.* PHYS, MATH Gesetz *nt*

loin [lwɛ̃] *adv* ❶ *(distance)* **au ~** in
der Ferne; **de ~** von weitem;
plus ~ weiter; ❷ *(fig)* weit; **de
là** [ganz] im Gegenteil; ❸ *(dans le
temps: passé)* lange her

lointain(e) [lwɛ̃tɛ̃] *adj* ❶ *(pays, avenir)* fern ❷ *(indirect)* entfernt ❸ *(regard)* abwesend

loisir [lwazir] *m (temps libre)* Freizeit *f*

long [lɔ̃] *m:* **en ~** in der Länge; **de
~ en large** auf und ab; **en ~ et
en large** lang und breit

long, longue [lɔ̃] *adj* ❶ *(dans l'espace)* lang ❷ *(détour)* groß ❸ *(dans le temps)* lang

longer [lɔ̃ʒe] <2a> *vt* ❶ *(border)
qc (mur)* an etw *dat* entlanglaufen ❷ *~ qc (bateau, véhicule)* an etw *dat* entlangfahren

longitude [lɔ̃ʒityd] *f* Länge *f*

longtemps [lɔ̃tɑ̃] *adv* lange

longue [lɔ̃g] *adj v.* **long**

longuement [lɔ̃gmɑ̃] *adv* lange;
(expliquer) lang und breit

longueur [lɔ̃gœr] *f* ❶ *(opp: largeur)* Länge *f* ❷ *(durée)* Länge *f*

longue-vue [lɔ̃gvy] <longues-
-vues> *f* Fernrohr *nt*

loquet [lɔkɛ] *m* Riegel *m*

Lorraine [lɔrɛn] *f:* **la ~** Lothringen *nt*

lors [lɔr] *adv:* **~ de** bei; **dès ~** seitdem; **dès ~ que ...** sobald ...

lorsque [lɔrsk(ə)] <lorsqu'> *conj:*
~ tu fais/feras qc wenn du etw
machst/machen wirst

lot [lo] *m* ❶ Preis *m* ❷ *(assortiment)* Stapel *m*

loterie [lɔtri] *f* Lotterie *f*

lotion [losjɔ̃] *f* Lotion *f*; **~ après-
-rasage** Rasierwasser *nt*

lotissement [lɔtismɑ̃] *m* Siedlung *f*

loto [lɔto] *m* Lotto *nt*

louche [luʃ] *adj* zwielichtig; *(affaire, histoire)* dubios

loucher [luʃe] <1> *vi* schielen

louer¹ [lwe] <1> *vt* loben

louer² [lwe] <1> *vt* ❶ *(donner en location)* vermieten ❷ *(prendre en location)* mieten ❸ *(emprunter)* ausleihen

loup [lu] *m (mammifère)* Wolf *m*

loupe [lup] *f* Lupe *f*

lourd(e) [lur] I. *adj* ❶ *(de grand poids)* schwer ❷ *(chaleur)* drückend; **il fait ~** es ist schwül ❸ *(impôts, dettes)* hoch ❹ *(parfum, vin)* schwer II. *adv (peser)* schwer

lourdement [lurdəmɑ̃] *adv*
schwer

lover [lɔve] <1> *vpr:* **se ~** sich einrollen

loyal(e) [lwajal] <-aux> *adj* loyal;
(ami, services) treu

loyauté [lwajote] *f* Loyalität *f*

loyer [lwaje] *m* Miete *f*

lubrifiant [lybrifjɑ̃] *m* Schmiermittel *nt*

lucratif, -ive [lykratif] *adj* lukrativ

lueur [lɥœr] *f* ❶ *(faible clarté)*
Schein *m* ❷ *(de colère, joie)* Andeutung *f*; **une ~ d'espoir** ein Hoffnungsschimmer *m*

luge [lyʒ] *f* Schlitten *m*

lui [lɥi] *pron* ihn/sie

lui-même [lɥimɛm] *pron* er selbst

luisant(e) [lɥizɑ̃] *adj* glänzend

lumbago [lœbago] *m* Hexenschuss *m*

lumière [lymjɛr] *f* ➊ Licht *nt* ➋ *pl (connaissances)* Wissen *nt*

lumineux, -euse [lyminø] *adj* ➊ leuchtend ➋ *(pièce, appartement)* hell

lundi [lœdi] *m* Montag *m*; ~ **de Pâques/Pentecôte** Oster-/Pfingstmontag

lune [lyn] *f* Mond *m*

lunette [lynɛt] *f* ➊ *pl* Brille *f*, Augengläser *pl* (ÖSTERR); ~ **de plongée** Taucherbrille *f*; ~ **s de ski** Skibrille *f* ➋ *(instrument)* Fernrohr *nt* ➌ *(des WC)* WC-Brille *f*

lustre [lystr] *m* Kronleuchter *m*

lustrer [lystre] <1> *vt (voiture)* polieren

lutte [lyt] *f* ➊ *(combat)* Kampf *m* ➋ SPORT Ringkampf *m*

lutter [lyte] <1> *vi* kämpfen

lutteur, -euse [lytœr] *m*, *f* ➊ SPORT Ringkämpfer(in) *m(f)* ➋ *(battant)* Kämpfer(in) *m(f)*

luxe [lyks] *m* ➊ *(opp: nécessité)* Luxus *m* ➋ *(coûteux)* **de** ~ Luxus-

Luxembourg [lyksãbur] *m* ➊ **le** ~ Luxemburg *nt* ➋ *(ville)* Luxemburg *nt* ➌ *(à Paris)* **le** |**palais du**| ~ *Sitz des französischen Senats*

luxer [lykse] <1> *vpr:* **se** ~ **l'épaule** sich die Schulter verrenken

luxueux, -euse [lyksɥø] *adj* luxuriös

lycée [lise] *m:* Schule *für die letzten 3 Jahre vor dem Abitur;* **aller au** ~ ein *lycée* besuchen

M m

m [ɛm] *abr de* **mètre** m

M, m [ɛm] *m inv* M *m*, m *nt*

M. <MM.> *m abr de* **Monsieur**

m' *pron v.* **me**

ma [ma] <mes> *dét* mein(e)

macabre [makabr] *adj* makaber

macérer [masere] <5> I. *vi:* ~ **dans** qc in etw *(dat)* eingelegt sein II. *vt:* **faire** ~ einlegen

mâcher [mɑʃe] <1> *vt* kauen

machine [maʃin] *f* Maschine *f*; ~ **à café** Kaffeemaschine *f*; ~ **à**

laver Waschmaschine *f*

macho [matʃo] *m (fam)* Macho *m*

mâchoire [mɑʃwar] *f* Kiefer *m*

maçon(ne) [masõ] *m(f)* Maurer(in) *m(f)*

madame [madam] <mesdames> *f* Frau *f*

mademoiselle [mad(ə)mwazɛl] <mesdemoiselles> *f* Frau *f*

magasin [magazɛ̃] *m* ➊ Geschäft *nt*; ~ **de sport** Sportgeschäft *nt*; ~ **d'antiquités** Antiquitätengeschäft *nt*; ~ **d'électro-ménager** Elektrohandlung *f*; ~ **de [vins et] spirituosen** Wein- und Spirituosengeschäft *nt*; ~ **de chaussures** Schuhgeschäft *nt*; ~ **de disques** Plattenladen *m*; ~ **de fruits et légumes** Obst- und Gemüsehändler *m*; ~ **d'informatique** Computerfachgeschäft *nt*; ~ **de jouets** Spielwarengeschäft *nt*; ~ **de musique** Musikgeschäft *nt*; ~ **de photos** Fotogeschäft *nt*; ~ **de produits diététiques** Reformhaus *nt*; ~ **de produits naturels** Bioladen *m*; ~ **de souvenirs** Souvenirladen *m*; ~ **de vins** Weinhandlung *f*

magazine [magazin] *m* ❶ PRESSE Zeitschrift *f* ❷ *(émission)* Magazin *nt*

mage [maʒ] **I.** *m* ASTRO Magier *m* **II.** *app*: **les Rois ~s** die Heiligen Drei Könige

magicien(ne) [maʒisjɛ̃] *m(f)* *(sorcier)* Zauberer *m*

magique [maʒik] *adj* ❶ *(surnaturel)* Zauber- ❷ *(merveilleux)* zauberhaft

magnétique [maɲetik] *adj* magnetisch; *(bande)* Ton-

magnéto [maɲeto] *m* *(fam)* *abr de* **MAGNÉTOPHONE**

magnétophone [maɲetɔfɔn] *m* *(à cassettes)* Kassettenrecorder *m*

magnétoscope [maɲetɔskɔp] *m* Videorecorder *m*

magnifique [maɲifik] *adj* wunderschön

mai [mɛ] *m* Mai *m*

maigre [mɛgʀ] *adj* ❶ *(opp: gros)* mager; *(jambe)* dünn; *(visage)* schmal ❷ GASTR mager; *(lard)* durchwachsen ❸ *(faible)* dürftig

maigrir [megʀiʀ] <8> *vi* abnehmen

maille [maj] *f* Masche *f*

maillon [majɔ̃] *m* Glied *nt*

maillot [majo] *m*: ~ **[de bain]** *(de femme)* Badeanzug *m*; *(d'homme)* Badehose *f*; ~ **de corps** Unterhemd *nt*

main [mɛ̃] *f* ANAT Hand *f*; **serrer la** ~ **à qn** jdm die Hand schütteln; **fait** ~ handgearbeitet; **à deux ~s** mit beiden Händen

maintenance [mɛ̃tnɑ̃s] *f* Wartung *f*

maintenant [mɛ̃t(ə)nɑ̃] *adv* ❶ *(en ce moment)* jetzt; **dès** ~ ab sofort ❷ *(actuellement)* heute

maintenir [mɛ̃t(ə)niʀ] <9> **I.** *vt* ❶ *(ordre, offre)* aufrechterhalten; *(tradition)* beibehalten ❷ *(soutenir)* stützen **II.** *vpr*: **se** ~ sich halten

maintien [mɛ̃tjɛ̃] *m* ❶ *(conservation)* Aufrechterhaltung *f*; *(d'une décision)* Beibehaltung *f* ❷ *(soutien)* Halt *m*

maire [mɛʀ] *mf* Bürgermeister(in) *m(f)*, Ammann *m* (SCHWEIZ)

mairie [meʀi] *f* Rathaus *f*

mais [mɛ] **I.** *konj* ❶ *(deux séquences qui ne s'excluent pas)* aber ❷ *(deux séquences qui s'excluent)* sondern **II.** *adv* ❶ *(pourtant)* aber ❷ *(renforcement)* aber doch ❸ *(impatience)* also **III.** *m* Aber *nt*

maïs [mais] *m* Mais *m*

maison [mɛzɔ̃] I. *f* ❶ Haus *nt;* ~ **de vacances** Ferienhaus *nt;* ~ **de campagne** Landhaus *nt* ❷ *(entreprise)* Firma *f* ❸ *(bâtiment)* ~ **de retraite** Altersheim *nt* II. *app inv (pâté)* hausgemacht

maître [mɛtʀ] *m* Meister *m;* ~ **nageur** Bademeister(in) *m(f)*

maître, -esse [mɛtʀ] I. *adj* ❶ **œuvre maîtresse** Hauptwerk *nt* ❷ *(qui peut disposer de)* être ~ **de qc** über etw bestimmen II. *m, f* ❶ *(chef)* Herr(in) *m(f)* ❷ SCOL Lehrer(in) *m(f)* ❸ *(d'un chien)* Herrchen *nt (fam)*

maîtresse [mɛtʀɛs] *f (liaison)* Geliebte *f*

maîtrise [mɛtʀiz] *f* ❶ *(contrôle)* Beherrschung *f* ❷ *(habileté)* Können *nt*

maîtriser [mɛtʀize] <1> I. *vt* ❶ *(situation)* meistern; *(incendie)* unter Kontrolle bringen ❷ *(forcené)* überwältigen II. *vpr:* se ~ sich beherrschen

majeur [maʒœʀ] *m* Mittelfinger *m*

majeur(e) [maʒœʀ] *adj* ❶ *(difficulté, intérêt)* sehr groß; *(événement)* wichtig ❷ **la ~e partie du temps** die meiste Zeit ❸ JUR volljährig

majorité [maʒɔʀite] *f* ❶ *(des voix)* Mehrzahl *f;* en ~ überwiegend ❷ JUR Volljährigkeit *f*

majuscule [maʒyskyl] I. *adj* große(r, s) II. *f* Großbuchstabe *m*

mal¹ [mal] I. *adv* ❶ *(opp: bien)* schlecht; *(finir)* böse ❷ *(pas de la bonne façon)* - **s'y prendre** sich ungeschickt anstellen ❸ *(comprendre, juger)* falsch ❹ *(de manière défavorable)* être ~ **vu** nicht gerngesehen sein II. *adj inv* ❶ *(souffrance physique)* Schmerzen *pl;* **avoir** ~ **de dents** Zahnschmerzen haben; **avoir** ~ **à la gorge** Halsschmerzen haben; **maux d'estomac** Magenschmerzen *pl* II. *adj inv* ❶ schlecht ❷ *(pas à l'aise)* être ~ sich nicht wohl fühlen

mal² [mal] <maux> *m* ❶ *a.* REL **le** ~ das Böse ❷ **[se] faire** ~ [sich *dat.*] wehtun; **faire** ~ wehtun; **qn/qc me fait** ~ **au cœur** jd/etw tut mir leid

malade [malad] *mf* ❶ Kranke(r) *f(m)* ❷ *(patient)* Patient(in) *m(f)*

maladie [maladi] *f* ❶ Krankheit *f;* ~ **infantile** Kinderkrankheit *f* ❷ *(manie)* Manie *f*

maladresse [maladʀɛs] *f* ❶ *(gaucherie)* Ungeschicklichkeit *f* ❷ *(bévue, gaffe)* Fauxpas *m*

maladroit(e) [maladʀwa] *adj* ❶ *(geste, personne)* ungeschickt ❷ *(parole, remarque)* unpassend

malaise [malɛz] *m* ❶ MED Unwohlsein *nt;* **avoir un** ~ ohnmächtig werden ❷ *(crise)* Unbehagen *nt*

mâle [mal] I. *adj* ❶ männlich II. *m* ❶ *(homme)* Mann *m* ❷ *(animal)* Männchen *nt*

malentendant(e) [malɑ̃tɑ̃dɑ̃] *m(f)* Schwerhörige(r) *f(m)*

malentendu [malɑ̃tɑ̃dy] *m* Missverständnis *nt*

malgré [malgʀe] *prép* ❶ *(en dépit de)* trotz +*dat* o *gen*; **~ tout** trotz allem ❷ *(contre le gré de)* **~ moi** gegen meinen Willen

malheur [malœʀ] *m* Unglück *nt*

malheureusement [malœʀøzmɑ̃] *adv* leider

malheureux, -euse [malœʀø] *adj* *(personne, air)* unglücklich

malhonnête [malɔnɛt] *adj* unehrlich

malice [malis] *f* ❶ *(espièglerie)* Schalkhaftigkeit *f* ❷ *(méchanceté)* Böswilligkeit *f*

malicieux, -euse [malisjø] *adj* *(réponse)* schelmisch; *(regard, sourire)* verschmitzt

malin, maligne [malɛ̃] *adj* ❶ *(personne)* schlau; *(sourire)* verschmitzt ❷ *(tumeur)* bösartig

malpoli(e) [malpɔli] *adj* *(fam)* unhöflich; *(enfant)* ungezogen

maltraiter [maltʀete] <1> *vt* misshandeln

malvoyant(e) [malvwajɑ̃, ɑ̃t] *m(f)* Sehbehinderte(r) *f(m)*

maman [mamɑ̃] *f* Mutter *f*

mamie [mami] *f (fam)* Oma *f*

mammifère [mamifɛʀ] *m* Säugetier *nt*

manche¹ [mɑ̃ʃ] *f* ❶ *(d'un vêtement)* Ärmel *m* ❷ *(aux courses)* Runde *f* ❸ JEUX Spiel *nt* ❹ **faire la ~** betteln

manche² [mɑ̃ʃ] *m (d'un outil)* Griff *m*; *(d'un balai)* Stiel *m*; *(d'une guitare, d'un violon)* Hals *m*

Manche [mɑ̃ʃ] *f*: **la ~** der Ärmelkanal

mandarine [mɑ̃daʀin] *f* Manda-

rine *f*

mandat [mɑ̃da] *m* ❶ Auftrag *m*; JUR, POL Mandat *nt* ❷ COM, FIN Postanweisung *f*; **~ télégraphique** telegrafische Geldanweisung

manège [manɛʒ] *m* ❶ Karussell *nt*; *(agissements)* Hin und Her *nt*

manette [manɛt] *f* INFORM **~ de jeu** Joystick *m*

manger [mɑ̃ʒe] <2a> *vt, vi* essen

mangue [mɑ̃g] *f* Mango *f*

manie [mani] *f* Tick *m*

maniement [manimɑ̃] *m* Handhabung *f*; *(d'un appareil)* Bedienung *f*

manier [manje] <1> *vt* ❶ *(objet, outil)* handhaben ❷ *(manipuler, avoir entre les mains)* **~ qn/qc** mit jdm/etw umgehen

manière [manjɛʀ] *f* ❶ *(façon)* Art *f*; **à la ~ ...**, **d'une ~ générale** im Allgemeinen; **de toute ~** auf jeden Fall; **de ~ [à ce] que** +*subj* so, dass; **de quelle ~?** wie denn? ❷ *pl (comportement)* Manieren *pl*

manifestation [manifɛstasjɔ̃] *f* ❶ POL Demonstration *f* ❷ *(événement)* Veranstaltung *f* ❸ *(d'un sentiment)* Äußerung *f*

manifester [manifɛste] <1> **I.** *vt* zum Ausdruck bringen **II.** *vi* demonstrieren **III.** *vpr*: **se ~** ❶ *(se révéler)* sich äußern ❷ *(se faire connaître)* sich melden

manipuler [manipyle] <1> *vt* ❶ *(outil)* handhaben ❷ *(péj: fausser)* manipulieren; *(résultats)* fälschen

manœuvre [manœvʀ] **I.** *f:*
fausse ~ Bedienungsfehler *m*
II. *m* Hilfsarbeiter(in) *m(f)*

manœuvrer [manœvʀe] **<1>** **I.** *vt*
(machine) bedienen **II.** *vi (agir ha-
bilement)* geschickt vorgehen

manque [mɑ̃k] *m* ❶ Mangel *m*
❷ MED **être en ~** Entzugs-
erscheinungen haben

manquer [mɑ̃ke] **<1>** **I.** *vt (cible,
but)* verfehlen **II.** *vi* ❶ *(être absent)* fehlen ❷ *(regretter de ne
pas avoir)* **mes enfants me
manquent** ich vermisse die Kinder ❸ *(ne pas respecter)* **~ à sa
parole** sein/ihr Wort nicht halten **III.** *vpr:* **se ~ de 5 minutes**
sich um 5 Minuten verpassen

manteau [mɑ̃to] **<x>** *m* Mantel *m*

manucure [manykyʀ] *mf* Mani-
küre *f*

manuel(le) [manɥɛl] *m* Lehrbuch *nt*;
(manuel d'utilisation) Hand-
buch

manuscrit(e) [manyskʀi] **I.** *adj*
handschriftlich
II. *m(f)* Manuskript *nt*

maquereau [makʀo] *m* Makrele *f*

maquillage [makijaʒ] *m* ❶ *(action)*
Schminken *nt* ❷ *(résultat, produits)* Make-up *nt*

maquiller [makije] **<1>** *vt*
❶ schminken ❷ *(falsifier)* fälschen; *(vérité)* frisieren

marais [maʀɛ] *m* Sumpf *m*

marbre [maʀbʀ] *m* Marmor *m*

marchand(e) [maʀʃɑ̃, ʃɑ̃d] *m(f)* Händ-
ler(in) *m(f)*; **~ de jour-
naux** Zeitungshändler(in) *m(f)*;

~ d'objets d'art Kunsthänd-
ler(in) *m(f)*

marchander [maʀʃɑ̃de] **<1>** *vi, vt*
feilschen

marchandise [maʀʃɑ̃diz] *f* Ware *f*

marche¹ [maʀʃ] *f* ❶ *(action)* Gehen *nt*; SPORT Lauf *m* ❷ *(allure)*
Gang *m* ❸ **mettre qc en ~** etw
einschalten ❹ *(mouvement
continu)* **~ arrière** Rückwärtsgang *m*

marche² [maʀʃ] *f (d'un escalier)*
Stufe *f*; *(d'un véhicule)* Trittbrett
nt

marché [maʀʃe] *m* ❶ Markt *m*;
~ aux puces Flohmarkt *m*
❷ *(contrat)* Vertrag *m* ❸ **bon ~**
inv billig

marche-pied *m* Einstiegshilfe *f*

marcher [maʀʃe] **<1>** *vi* ❶ gehen
❷ *(poser le pied)* **~ sur/dans qc**
auf/in etw *(akk)* treten ❸ *(fonctionner)* laufen; **~ à l'électricité**
mit Strom betrieben werden
❹ *(fam)* **ça marche!** o.k.!

mardi [maʀdi] *m* Dienstag *m*;
~ gras Karnevalsdienstag *m*

marée [maʀe] *f* Ebbe *f* und Flut *f*

margarine [maʀgaʀin] *f* Margarine *f*

marge [maʀʒ] *f* ❶ *(d'une feuille)*
Rand *m* ❷ *(délai)* Spielraum *m*

marginal(e) [maʀʒinal] **<-aux>**
m(f) Außenseiter(in) *m(f)*

mari [maʀi] *m* (Ehe)mann *m*

mariage [maʀjaʒ] *m* ❶ *(institution)* Ehe *f*; *(union)* Heirat *f*
❷ *(cérémonie)* Hochzeit *f*

marié(e) [maʀje] *m(f) (le jour du
mariage)* Bräutigam, Braut *m, f*;

M

les ~s das Brautpaar

marier [maʀje] <1> **I.** *vt* trauen
II. *vpr:* **se ~ avec qn** jdn heiraten

marin [maʀɛ̃] *m (matelot)* Seemann *m*

marin(e) [maʀɛ̃] *adj* Meeres-

marine [maʀin] **I.** *f* Marine *f*
II. *adj* marineblau

mariner [maʀine] <1> *vt* marinieren

maritime [maʀitim] *adj* ① *(du bord de mer)* maritim; *(région, ville)* Küsten-; *(relatif au commerce)* See-

mark [maʀk] *m* HIST Mark *f;* **le deutsche Mark** die deutsche Mark

marmonner [maʀmɔne] <1> *vt* murmeln

maroquinerie [maʀɔkinʀi] *f* Lederwarengeschäft *nt*

marquant(e) [maʀkɑ̃] *adj (fait, événement)* einschneidend; *(souvenir)* prägend

marque [maʀk] *f* ① *(trace)* Spur *f* ② *(repère)* Zeichen *nt* ③ COM Marke *f*

marqué(e) [maʀke] *adj* ① *(traits du visage)* ausgeprägt ② *(traumatisé)* vorbelastet

marquer [maʀke] <1> *vt* ① *(indiquer)* markieren ② *(distinguer par un signe)* kennzeichnen ③ *(inscrire, noter)* notieren

marraine [maʀɛn] *f* Patin *f*

marre [maʀ] *adv (fam)* **en avoir ~ de qn/qc** jdn/etw satthaben

marron [maʀɔ̃] **I.** *m* Marone *f*
II. *adj inv* (kastanien)braun

mars [maʀs] *m* ① März *m* ② ASTRO Mars *m*

marteau [maʀto] <x> *m* Hammer *m*

marteler [maʀtəle] <4> *vt* ① *(frapper)* hämmern ② *(scander)* skandieren

martyre [maʀtiʀ] *m* REL Martyrium *nt*

martyriser [maʀtiʀize] <1> *vt* quälen

mascara [maskaʀa] *m* Wimperntusche *f*

mascotte [maskɔt] *f* Maskottchen *nt*

masculin(e) [maskylɛ̃] *adj* männlich

masque [mask] *m* Maske *f*

masqué(e) [maske] *adj* maskiert

masquer [maske] <1> **I.** *vt* verdecken **II.** *vpr:* **se ~ le visage** sich *(dat)* eine Maske aufsetzen

massacre [masakʀ] *m* Massaker *nt*

massage [masaʒ] *m* Massage *f*

masse [mas] *f* Masse *f*

masser¹ [mase] <1> **I.** *vt (grouper)* versammeln **II.** *vpr:* **se ~** sich zusammenscharen

masser² [mase] <1> *vt* massieren

massif [masif] *m* ① BOT Beet *nt* ② GEO Bergmassiv *nt*

massif, -ive [masif] *adj (carrure)* massig; *(bâtiment, meuble)* wuchtig

mass media [masmedja] *mpl* Massenmedien *pl*

mat [mat] *adj inv* JEUX matt

mat(e) [mat] *adj* matt; *(peau, teint)* dunkel

mât [mɑ] m Mast m

match [matʃ] <[e]s> m Spiel nt; ~ **nul** unentschieden

matelas [matla] m Matratze f; ~ **pneumatique** Luftmatratze f

matérialiste [materjalist] adj materialistisch

matériau [materjo] <x> m ① (matière) Material nt ② (fig) Stoff m

matériel(le) [materjεl] ① (équipement) Material nt ② (assortiment proposé dans un magasin) ~ **de sport** Sportartikel m ③ INFORM Hardware f

matériel(le) [materjεl] adj materiell; (trace, preuve) konkret

maternel(le) [maternεl] adj ① (de/pour la mère) Mutter- ② (grand-père) mütterlicherseits

maternelle [maternεl] f Kindergarten m

maternité [maternite] f ① (bâtiment) Entbindungsheim nt ② BIO Gebärfähigkeit f

mathématique [matematik] I. adj mathematisch II. fpl Mathematik f

matière [matjεr] f ① Material nt; ~ **première** Rohstoff m ② PHILOS, PHYS Materie f ③ (sujet, thème) Material nt; en ~ de qc bezüglich einer S.

matin [matɛ̃] I. m Morgen m; (matinée) Vormittag m; le ~ morgens; ce ~ heute Morgen; tous les ~s jeden Morgen II. adv: **mardi** ~ [am] Dienstagmorgen

matinal(e) [matinal] <-aux> adj morgendlich

matinée [matine] f ① (matin) Vormittag m ② **faire la grasse** ~ ausschlafen

mature [matyr] adj (psychiquement) reif; (sexuellement) geschlechtsreif

maturité [matyrite] f Reife f

maudit(e) [modi] adj ① (fichu) verdammt ② (poète, écrivain) verfemt; (lieu a.) unheilvoll

mauvais [movε] adv: **il fait** ~ es ist schlechtes Wetter; **sentir** ~ stinken

mauvais(e) [movε] adj ① schlecht; **être** ~ **en qc** in etw (dat) schlecht sein ② (intention, regard) böse ③ (mer) stürmisch

mauve [mov] I. adj blassilia II. m Blassilila nt

maximal(e) [maksimal] <-aux> adj maximal; (vitesse, peine) Höchst-

maximum [maksimɔm] <s> I. adj maximal; **au** ~ höchstens II. m Höchstmaß nt

mayonnaise [majɔnεz] f Mayonnaise f

me [mə] <m> pron mich/mir

mec [mεk] m (fam) Kerl m

mécanicien(ne) [mekanisjɛ̃] m(f) Mechaniker(in) m(f)

mécanique [mekanik] I. adj mechanisch; (jouet) zum Aufziehen II. f Mechanik f

méchamment [meʃamã] adv ① böse ② (fam: très) unheimlich

méchanceté [meʃãste] f Boshaftigkeit f

méchant(e) [meʃã] adj ① (opp:

gentil) böse; *(animal)* bösartig
🔵 *(soleil, mer)* gefährlich

mèche [mɛʃ] *f* 🔵 *(d'une bougie)*
Docht *m* 🔵 *(touffe)* **– de che-**
veux [Haar]strähne *f*

mécontent(e) [mekɔ̃tɑ̃] *adj:* **~ de**
qn/qc unzufrieden mit jdm/
etw

médaille [medaj] *f* Medaille *f*; *(dé-*
coration) Orden *m*

médecin [medsɛ̃] *m* Arzt, Ärztin
m, f

médecine [medsin] *f (science)*
Medizin *f*

média [medja] *m:* **les ~s** die Medien

médiateur, -trice [medjatœʀ] *m,*
f Vermittler(in) *m(f)*

médical(e) [medikal] <-aux> *adj*
ärztlich

médicament [medikamɑ̃] *m* Medikament *nt;* **~ pour la circula-**
tion Kreislaufmittel *nt*

médiocre [medjɔkʀ] *adj* 🔵 *(salaire)*
dürftig 🔵 *(minable)* mittelmäßig
🔵 *(élève)* schwach

méditation [meditasjɔ̃] *f* Nachsin-
nen *nt;* REL Meditation *f*

Méditerranée [mediteʀane] *f: la*
[mer] ~ das Mittelmeer

méditerranéen(ne)
[mediteʀaneɛ̃] *adj (climat)* mediter-
ran; *(caractère)* südländisch

médium [medjɔm] *m* Medium *nt*

méduse [medyz] *f* Qualle *f*

meeting [mitiŋ] *m* 🔵 POL Versammlung *f* 🔵 SPORT Veranstaltung *f*

méfait [mefɛ] *m* 🔵 *(faute)* Misse-
tat *f* 🔵 *(de l'alcool)* verheerende

Folgen *pl*

méfiant(e) [mefjɑ̃] *adj* misstrauisch

méfier [mefje] <1> *vpr:* **se ~ de**
qn/qc jdm/einer S. misstrauen

mégaoctet [megaɔktɛ] *m* INFORM
Megabyte *nt*

meilleur [mɛjœʀ] **I.** *adv:* **il fait ~**
es ist wärmer **II.** *m:* **le ~** das
Beste

meilleur(e) [mɛjœʀ] *adj* 🔵 *comp*
de bon besser 🔵 *superl:* **le ~**
élève der beste Schüler

mélancolie [melɑ̃kɔli] *f* Melan-
cholie *f*

mélange [melɑ̃ʒ] *m* Mischung *f*

mélangé(e) [melɑ̃ʒe] *adj* gemischt

mélanger [melɑ̃ʒe] <2a> *vt, vpr:*
[se] ~ [sich] [ver]mischen

mêlé(e) *adj (couleurs, races)*
Misch-

mêler [mele] <1> **I.** *vt* 🔵 *(mélan-*
ger) [ver]mischen 🔵 *(impliquer)*
~ qn à qc jdn in etw *(akk)* verwickeln **II.** *vpr (péj: s'occuper)*
se ~ de qc sich in etw *(akk)* ein-
mischen

mélodie [melɔdi] *f* Melodie *f*

melon [m(ə)lɔ̃] *m* Melone *f*

membre [mɑ̃bʀ] *m* 🔵 ANAT
Glied *nt;* **les ~s** die Gliedmaßen
pl 🔵 *(d'une association)* Mitglied
nt 🔵 *app:* **État ~** Mitgliedsstaat
m

même [mɛm] **I.** *adj* 🔵 **habiter le**
~ quartier in demselben Viertel
wohnen 🔵 *(simultané)* **en ~**
temps zur gleichen Zeit 🔵 *(sem-*
blable) gleich; **c'est la ~ chose**

das ist das Gleiche **II.** _pron:_ **le/la** ~ der/die/dasselbe **III.** _adv_ ❶ _(de plus, jusqu'à)_ [ja] sogar; ~ **pas** nicht einmal; ~ **si** selbst wenn ❷ _(précisément)_ **ici** ~ genau an dieser Stelle ❸ **vous de** ~! _(soutenu)_ [danke,] ebenso!; **tout de** ~ dennoch

mémé [meme] _f (fam)_ Oma _f_

mémoire[1] [memwar] _f_ ❶ Gedächtnis _nt_ ❷ _(souvenir)_ ~ **de qn/qc** Erinnerung _f_ an jdn/etw ❸ INFORM Speicher _m;_ ~ **vive** Arbeitsspeicher _m;_ **mettre qc en** ~ etw [ab]speichern

mémoire[2] [memwar] _mpl (journal)_ Memoiren _pl_

mémorial [memɔrjal, jo] <-aux> _m_ Gedenkstätte _f_

mémoriser [memɔrize] <1> _vt_ INFORM [ab]speichern

menaçant(e) [mənasɑ̃] _adj_ ❶ drohend ❷ _(ciel, nuage)_ bedrohlich

menace [mənas] _f_ ❶ _(parole, geste)_ Drohung _f_ ❷ _(danger)_ Bedrohung _f_

menacer [mənase] <2> **I.** _vt_ _(constituer une menace pour)_ bedrohen **II.** _vi (orage, famine)_ drohen

ménage [menaʒ] _m_ ❶ Haushalt _m;_ **faire le** ~ sauber machen ❷ _(vie commune)_ **être**/**se mettre en** ~ **avec qn** mit jdm zusammenleben/-ziehen

ménager [menaʒe] <2a> _vt, vpr:_ |**se**| _(personne)_ [sich] schonen

ménagère [menaʒɛr] _f (femme)_ Hausfrau _f_

mendier [mɑ̃dje] <1> _vt, vi_ betteln

mener [məne] <4> **I.** _vt_ ❶ _(amener)_ bringen ❷ _(diriger)_ leiten; _(négociations, affaire)_ führen **II.** _vi_ führen

méningite [menɛ̃ʒit] _f_ Hirnhautentzündung _f_

mensonge [mɑ̃sɔ̃ʒ] _m_ Lüge _f_

mensuel(le) [mɑ̃sɥɛl] _adj_ monatlich

mental(e) [mɑ̃tal] <-aux> _adj_ geistig

mentalité [mɑ̃talite] _f_ Mentalität _f_

menteur [mɑ̃tœr] _m_ Lügner _m_

menthe [mɑ̃t] _f_ Minze _f_

mention [mɑ̃sjɔ̃] _f_ ❶ _(fait de signaler)_ Erwähnung _f_ ❷ _(indication)_ Vermerk _m_

mentionner [mɑ̃sjɔne] <1> _vt_ erwähnen

mentir [mɑ̃tir] <10> _vi_ lügen

menton [mɑ̃tɔ̃] _m_ Kinn _nt_

menu [məny] _m_ ❶ _(repas)_ Menü _nt;_ ~ **enfant** Kinderteller _m_ ❷ INFORM Menü _m_

menu(e) [məny] **I.** _adj_ zierlich **II.** _adv:_ **haché** ~ fein gehackt

menuiserie [mənɥizri] _f (atelier)_ Tischlerei _f_

méprise [mepriz] _f_ Irrtum _m_

mépriser [meprize] <1> _vt_ ❶ _(opp: estimer)_ verachten ❷ _(opp: prendre en compte)_ missachten

mer [mɛr] _f_ Meer _nt;_ ~ **du Nord** Nordsee _f;_ **état de la** ~ Seegang _m_

mercerie [mɛrsəri] _f (magasin)_ Kurzwarenhandlung _f_ ❷ _(ensemble des marchandises)_ Kurz-

M

waren *pl*

merci [mɛʀsi] **I.** *interj*
❶ *(remercier)* danke; ~ **bien**
danke schön; *(négatif)* [nein,]
vielen Dank ❷ *(indignation,
déception)* na danke **II.** *m*
Dank *m*

mercredi [mɛʀkʀədi] *m* Mittwoch *m*; ~ **des Cendres**
Aschermittwoch *m*

merde [mɛʀd] *f.* **I.** *f* *(vulg)* Scheiße *f* *(vulg)* ❷ *(fam: saleté, personne, chose sans valeur)* Dreck
m *(fam)* ❸ *(colère)* ~ **alors!**
verdammt! *(fam)* ❹ *(surprise)* verdammt *(fam)*

mère [mɛʀ] *f* ❶ *(femme)* Mutter *f*;
~ **célibataire** allein erziehende
Mutter ❷ *(animal)* Muttertier *nt*

meringue [məʀɛ̃g] *f* Baiser *nt*

mérite [meʀit] *m* ❶ *Verdienst m*
❷ *(d'un appareil, d'une organisation)* Vorzug *m*

mériter [meʀite] <1> *vt* ❶ *(avoir
droit à qc)* verdienen ❷ *(valoir)*
wert sein

merveille [mɛʀvɛj] *f* Wunder *nt*

merveilleux, -euse [mɛʀvɛjø] *adj*
❶ *(exceptionnel)* wunderbar
❷ *(monde, lampe)* Wunder-

mes [me] *dét* v. **ma, mon**

mésaventure [mezavɑ̃tyʀ] *f*
Missgeschick *nt*

mesdames [medam] *fpl* v. **madame**

mesdemoiselles [medmwazɛl]
fpl v. **mademoiselle**

message [mesaʒ] *m* ❶ *(nouvelle)*
Nachricht *f* ❷ *(note écrite)* Zet-

tel *m* ❸ INFORM, TELEC Meldung
f; ~ **électronique** E-Mail *f*

messe [mɛs] *f* Messe *f*

messieurs [mesjø] *mpl* v. **monsieur**

mesure [m(ə)zyʀ] *f* ❶ Maß *nt*; *(de
la température)* Messwert *m*
❷ *(disposition)* Maßnahme *f*
❸ **dans une certaine** ~ in gewissem Maße

mesuré(e) [mazyʀe] *adj* *(personne)* besonnen

mesurer [mazyʀe] <1> **I.** *vi* messen; **combien mesures-tu?** wie
groß bist du? **II.** *vt* ❶ *(évaluer)*
ermessen ❷ *(paroles, propos)* mä-
ßigen **III.** *vpr:* **se - à qn** sich mit
jdm messen

métal [metal] <-aux> *m* Metall *nt*

métallique [metalik] *adj* ❶ *(en
métal)* **fil** ~ Draht *m* ❷ *(qui rap-
pelle le métal)* metallisch

métamorphose [metamɔʀfoz] *f*
Verwandlung *f*

météo [meteo] *f* Wetterbericht *m*

météorologie [meteɔʀɔlɔʒi] *f*
❶ SCI Meteorologie *f* ❷ *(organisme)* meteorologisches Institut

méthode [metɔd] *f* *(technique)*
Methode *f*

métier [metje] *m* Beruf *m*

mètre [mɛtʀ] *m* ❶ Meter *m* o *nt*;
~ **cube/carré** Kubik-/Quadrat-
meter

métro [metro] *m* ❶ U-Bahn *f*
❷ *(station)* U-Bahn-Station *f*

mettre [mɛtʀ] <irr> **I.** *vt* ❶ *(placer,
poser)* tun; *(à plat, couché, hori-
zontalement)* legen; *(debout,
verticalement)* stellen; *(assis)* set-

zen ⑤ *(vêtement, chaussures)* anziehen; *(chapeau, lunettes)* aufsetzen ⑥ *(heures, journées)* brauchen; **tu as mis le temps!** du hast dir aber Zeit gelassen! ⑦ **~ à l'heure** *(montre)* stellen; **~ à jour** INFORM aktualisieren **II.** *vpr* **se ~ debout/assis** aufstehen/sich [hin]setzen ② *(porter)* **se ~ en pantalon** eine Hose anziehen ③ *(commencer)* **se ~ au travail** sich an die Arbeit machen ④ *(changement d'état)* **se ~ en colère** wütend werden

meuble [mœbl] *m* Möbel *nt*

meubler [mœble] <1> *vt, vpr:* [se] ~ [sich] einrichten

meurtre [mœrtr] *m* Mord *m*

meurtrier, -ière [mœrtrije] *adj* mörderisch; *(accident, coup)* tödlich, lebensgefährlich

MF [ɛmɛf] *mpl* HIST *abr de* **millions de francs** Mio F

mi [mi] *m inv* E *nt*

mi-août [miut] *f:* **à la ~** Mitte August

miauler [mjole] <1> *vi* miauen

mi-bas [miba] <mi-bas> *m* Kniestrumpf *m*

mi-chemin [miʃmɛ] **à ~** auf halbem Weg

micro-ondes [mikroɔ̃d] *f inv (four)* Mikrowelle *f*

micro-ordinateur [mikroɔrdinatœr] <micro-ordinateurs> *m* PC *m*

microphone [mikrofɔn] *m* Mikrofon *nt*

microscope [mikrɔskɔp] *m* Mikroskop *nt*

midi [midi] *m* ① *inv (heure)* zwölf

[Uhr]; **à ~** um zwölf ② *(moment du déjeuner)* Mittag *m* ③ *(sud)* Süden *m*

Midi [midi] *m:* **le ~** Südfrankreich *nt*

miel [mjɛl] *m* Honig *m*

mien(ne) [mjɛ] *pron:* **le ~/la ~ne** der/die/das Meine

mieux [mjø] **I.** *adv comp de* **bien** besser; **qn va ~** jdm geht es besser; **aimer ~ faire qc** etw lieber tun; **tant ~ pour qn!** umso besser für jdn! ② **il vaut ~ que** +*subj* es ist besser, wenn **II.** *adv superl de* **bien:** **c'est lui qui travaille le ~** er arbeitet am besten; **il travaille de son ~** er arbeitet so gut er kann **III.** *adj comp de* **bien** ① *(en meilleure santé)* **il la trouve ~** er findet, sie sieht [wieder] besser aus ② *(préférable)* **c'est ~ ainsi** es ist besser so **IV.** *adj superl de* **bien:** **c'est avec les cheveux courts qu'elle est le ~** kurze Haare stehen ihr am besten **V.** *m (une chose meilleure)* **trouver ~** etwas Besseres finden

mignon(ne) [miɲɔ̃] *adj* niedlich; *(gentil)* lieb

migraine [migrɛn] *f* Migräne *f*

migration [migrasjɔ̃] *f* Wanderung *f*

mi-hauteur [mi'otœr] **à ~** auf halber Höhe

milieu [miljø] <x> *m* ① Mitte *f* ② *(environnement)* Umwelt *f*

militaire [militɛr] *mf* Soldat(in) *m(f)*

militer [milite] <1> *vi* ① *(être mi-*

litant) aktiv ❷ *(lutter)* kämpfen

mille [mil] *num* [ein]tausend

millénaire [milenɛr] **I.** *adj* tausendjährig **II.** *m* Jahrtausend *nt*

milliard [miljar] *m* Milliarde *f*; **des ~s de choses** Milliarden *pl* von Dingen

millième [miljɛm] **I.** *adj* tausendste(r, s) **II.** *m (fraction)* Tausendstel *nt*

millier [milje] *m:* **un/deux ~(s) de choses** um die tausend/ zweitausend Dinge; **des ~s de** Tausende *pl* von

millimètre [milimɛtr] *m* Millimeter *m* o *nt*

million [miljɔ̃] *m* Million *f*

mi-long, mi-longue [milɔ̃] <mi-longs> *adj* halb lang

mime [mim] *m (activité)* Pantomime *f* ❷

mimer [mime] <1> *vt* mimen

minable [minabl] *adj* erbärmlich

mince [mɛ̃s] **I.** *adj* ❶ *(fin)* dünn ❷ *(élancé)* schlank ❸ *(modeste)* gering **II.** *adv* dünn **III.** *interj:* ~ **[alors]!** *(fam)* verflixt [noch mal]!

mincir [mɛ̃sir] <8> *vi* dünner werden

mine[1] [min] *f* ❶ Miene *f*; **avoir bonne ~** gut aussehen ❷ *(allure)* Aussehen *nt*

mine[2] [min] *f* Mine *f*

mine[3] [min] *f (d'un crayon)* Mine *f*

minéral [mineral] <-aux> *m* Mineral *nt*

mineur(e) [minœr] *adj* ❶ JUR minderjährig ❷ *(peu important)* un-

wichtig

mini [mini] *adj inv, (fam)* Mini-

miniature [minjatyr] *f* Miniatur *f*

minibar [minibar] *m* Minibar *f*

minigolf [minigɔlf] *m* Minigolf *nt*

minimal(e) [minimal] <-aux> *adj* minimal

minimum [minimɔm] <s> **I.** *adj* Mindest-; *(température)* Tiefst- **II.** *m* Minimum *nt*

ministre [ministr] *mf* POL Minister(in) *m(f)*; **Premier ~** Premierminister *m*

minitel-dialogue *m* Schreibtelefon *nt*

minoritaire [minɔritɛr] *adj* Minderheits-; **être ~s** in der Minderheit sein

minorité [minɔrite] *f* ❶ Minderheit *f* ❷ JUR Minderjährigkeit *f*

minuit [minɥi] *m* Mitternacht *f*

minuscule [minyskyl] **I.** *adj* ❶ *(très petit)* winzig [klein] ❷ *(en écriture)* klein **II.** *f* Kleinbuchstabe *m*

minute [minyt] *f* Minute *f*

minutieux, -euse [minysjø] *adj* genau; *(personne, examen a.)* gründlich

miracle [mirakl] *m* Wunder *nt*

miraculeux, -euse [mirakylø] *adj* wunderbar

mirage [miraʒ] *m* Fata Morgana *f*

miroir [mirwar] *m* Spiegel *m*

mise [miz] *f* ❶ JEUX Einsatz *m* ❷ *(fait de mettre)* ~ **à jour** Aktualisierung *f*; INFORM Update *nt* ❸ CINE, THEAT ~ **en scène** Regie *f*, Inszenierung *f*

miser [mize] <1> *vt, vi* setzen

misérable [mizeʀabl] *adj*
❶ *(personne, famille)* sehr arm
❷ *(pitoyable)* erbärmlich

misère [mizeʀ] *f* ❶ *(détresse)*
Elend *nt*, Not *f* ❷ *(souffrances)*
Leiden *nt*

mission [misjɔ̃] *f* ❶ *(tâche)* Aufgabe *f*; *(culturelle, dangereuse)*
Mission *f* ❷ *(délégation)* Delegation *f* ❸ *(vocation)* Mission *f*

mite [mit] *f* Motte *f*

mi-temps [mitɑ̃] **I.** *f inv* SPORT
Halbzeit *f* **II.** *m inv* *(travail)*
Halbtagsstelle *f*

mixer [mikse] <1> *vt* ❶ GASTR mixen ❷ MEDIA mischen

mixte [mikst] *adj* gemischt

mixture [mikstyʀ] *f* Mixtur *f*

MJC [ɛmʒise] *f abr de* **maison des jeunes et de la culture** Jugendzentrum *nt*

Mlle [madmwazɛl] <s> *f abr de*
Mademoiselle Frl.

MM. [mesjø] *mpl abr de* **Messieurs** die Herren

Mme [madam] <s> *f abr de* **Madame** Fr.

Mo [ɛmo] *m abr de* **mégaoctet**
MB *nt*

mobile [mɔbil] *adj* beweglich;
(forces de police) mobil

mobilier [mɔbilje] *m* Einrichtung *f*

mobiliser [mɔbilize] <1> **I.** *vt* mobilisieren **II.** *vpr:* **se ~** aktiv werden

moche [mɔʃ] *adj (fam)* ❶ *(laid)*
hässlich ❷ *(regrettable)* scheußlich

modalité [mɔdalite] *fpl (procédure)* Modalitäten *pl*

mode¹ [mɔd] **I.** *f* Mode *f* **II.** *app:*
à la ~ modern

mode² [mɔd] *m:* **~ d'emploi** Gebrauchsanweisung *f*; **~ de paiement** Zahlungsart *f*

modèle [mɔdɛl] **I.** *m*
❶ *(référence)* Vorbild *nt* ❷ TYP
Vorlage *f* ❸ COUT, ART Modell
nt ❹ **~ réduit** Miniaturmodell
nt **II.** *adj (exemplaire)* vorbildlich

modeler [mɔd(ə)le] <4> *vt (poterie)* modellieren; *(pâte)* formen

modélisme [mɔdelism] *m* Modellbau *m*

modération [mɔderasjɔ̃] *f* Mäßigung *f*

modéré(e) [mɔdeʀe] *adj (vent, enthousiasme)* mäßig; *(opinion, prix)* gemäßigt; *(personne)* maßvoll

modérer [mɔdeʀe] <5> *vt (dépenses)* bremsen

moderne [mɔdɛʀn] *adj* modern;
(pays) fortschrittlich

modeste [mɔdɛst] *adj* bescheiden

modifier [mɔdifje] <1> *vt* ändern

moelleux, -euse [mwœlø] *adj*
weich; *(vin)* lieblich

mœurs [mœʀ(s)] *fpl* ❶ *(coutumes)*
Sitten und Bräuche *pl* ❷ *(règles morales)* Moral *f*

moi [mwa] *pron* mich/mir

moi-même [mwamɛm] *pron* ich selbst

moindre [mwɛ̃dʀ] *adj (bruit)* geringste(r, s)

moine [mwan] *m* Mönch *m*

moins [mwɛ̃] **I.** *adv* ❶ weniger;
rouler ~ vite langsamer fahren;

M

~ beau [que] nicht so schön
[wie]; **~ ... ~ ...,** je weniger ...,
desto weniger ...; **~ ..., plus ...,**
je weniger ..., desto mehr ...;
② *superl*: **le ~** am wenigsten
③ **à ~ que** +*subj* / **de faire qc**
es sei denn, jd tut etw; **au ~** *(au
minimum)* mindestens; **[tout]
au/du ~** wenigstens; **de ~,**
en ~ weniger; **de ~ en ~** immer
weniger II. *prép* ① *(soustrac-
tion)* minus ② *(heure)* vor; **midi
~ le quart** Viertel vor zwölf
① *(température)* minus III. ②
② *(minimum)* Mindeste(s) *nt*
② *(signe)* Minuszeichen *nt*

mois [mwa] *m* Monat *m*; **au ~**
monatlich; **au ~ de janvier** im
Januar

moisir [mwaziʀ] <8> *vi* ① schimmeln ② *(fam: personne)* herum-
hängen

moisson [mwasɔ̃] *f* Ernte *f*

moite [mwat] *adj* feucht

moitié [mwatje] *f* Hälfte *f*; **à ~**
halb; **la ~ du temps** die halbe
Zeit; **~ moins** halb so viel; **~ ...**
~ ... halb ... halb ...

môle [mol] *m* Mole *f*

moment [mɔmɑ̃] *m* ① Moment
m, Augenblick *m*; **un [long] ~**
eine [ganze] Weile; **à quel ~?**
wann?; **au ~ de** als; **dans un ~**
gleich; **du ~ que ...** da ja ...; **en
ce ~, pour le ~** im Moment; **un
~!** [einen] Moment! ② *(occasion)* Gelegenheit *f*; **à un ~
donné** plötzlich; **c'est le ~ ou
jamais** jetzt oder nie

momentanément

[mɔmɑ̃tanemɑ̃] *adv* zur Zeit

momie [mɔmi] *f* Mumie *f*

mon [mɔ̃] <**mes**> *dét* mein(e)

monastère [mɔnastɛʀ] *m* Kloster
nt

mondain(e) [mɔ̃dɛ̃] *adj (vie)* mon-
dän; *(obligations, réunion)* gesellschaftlich

monde [mɔ̃d] *m* ① *(univers)* Welt
f ② *(groupe social)* Kreise *pl*
③ *(foule)* Menschenmenge *f*;
beaucoup de ~ viele Leute

mondial [mɔ̃djal] *m* SPORT Welt-
meisterschaft *f*

mondial(e) [mɔ̃djal] <-aux> *adj*
weltweit

mondialisation [mɔ̃djalizasjɔ̃] *f*
Globalisierung *f*

Monégasque [mɔnegask] *mf* Monegasse *m*

monétaire [mɔnetɛʀ] *adj (marché,
politique)* Geld-; *(union, unité)*
Währungs-

mongolien(ne) [mɔ̃ɡɔljɛ̃] *adj*
mongoloid

moniteur [mɔnitœʀ] *m* Monitor *m*

moniteur, -trice [mɔnitœʀ] *m,f*,
① Lehrer(in) *m(f)*; **~ d'auto-école**
Fahrlehrer(in) *m(f)*; **~ de ski**
Skilehrer(in) *m(f)*

monnaie [mɔnɛ] *f* ① ECON, FIN
Geld *nt* ② *(devise)* Währung *f*
③ *(petites pièces)* Kleingeld *nt*
② *(argent rendu)* Wechselgeld
nt

monoparental(e) [mɔnɔpaʀɑ̃tal]
<-aux> *adj (famille)* mit nur ei-
nem Elternteil

monopole [mɔnɔpɔl] *m* ECON Mo-
nopol *nt*

monotone [mɔnɔtɔn] *adj* monoton; *(style, vie)* eintönig

monsieur [məsjø] <**messieurs**> *m* Herr *m*; **M~!** Ober!

monstre [mɔstʀ] I. *m* ① *(animal fantastique)* Ungeheuer *nt* ② BIO, ZOOL Missgeburt *f* II. *adj* *(fam)* wahnsinnig

monstrueux, -euse [mɔstʀyø, -øz] *adj* ① *(difforme)* missgestaltet ② *(ignoble)* ungeheuer(lich); ③ *(crime)* abscheulich

mont [mɔ̃] *m* Berg *m*

montage [mɔ̃taʒ] *m* Montage *f*; *(d'un film)* Schnitt *m*

montagne [mɔ̃taɲ] *f* ① *(mont)* Berg *m*; *(région)* Gebirge *nt*

montant [mɔ̃tɑ̃] *m* ① Betrag *m* ② *(d'un lit, d'une porte)* Pfosten *m*

montant(e) [mɔ̃tɑ̃, -ɑ̃t] *adj* ① *(chemin)* ansteigend; **marée ~e** Flut *f*

montée [mɔ̃te] *f* ① *(des eaux)* Ansteigen *nt* ② *(côte, pente)* Steigung *f* ③ *(action de monter)* Aufstieg *m*

monter [mɔ̃te] <1> I. *vi* ① *(grimper)* hinaufsteigen; *(vu d'en haut)* heraufsteigen ② *(chevaucher)* **à cheval** reiten ③ *(prendre place dans)* einsteigen in *+akk* ④ *(avion, flammes)* aufsteigen; *(route, chemin)* ansteigen ⑤ *(ton, voix)* höher werden II. *vt* ① hinaufsteigen; *(échelle)* steigen auf *+akk*; *(vu d'en haut)* heraufführen ② GASTR schlagen ③ *(prix)* anheben III. *vpr:* **se à 2000 euros** sich um 2000 Euro *(akk)* belaufen

montgolfière [mɔ̃gɔlfjɛʀ] *f* Heiß-

luftballon *m*

montre [mɔ̃tʀ] *f* Uhr *f*

Montréalais(e) [mɔ̃ʀeale] *m(f)* Einwohner(in) *m(f)* von Montréal

montre-bracelet [mɔ̃tʀəbʀaslɛ] <montres-bracelets> *f* Armbanduhr *f*

montrer [mɔ̃tʀe] <1> *vt, vpr:* **[se] ~ [sich] zeigen**

monument [mɔnymɑ̃] *m* *(mémorial)* Denkmal *nt*

monumental(e) [mɔnymɑ̃tal] <-aux> *adj (imposant)* gewaltig

moquerie [mɔkʀi] *f* Spott *m*

moquette [mɔkɛt] *f* Teppichboden *m*

moral(e) [mɔʀal] <-aux> *adj* ① moralisch ② *(relatif à l'esprit)* seelisch

moral [mɔʀal] <-aux> *m* ① *(état psychologique)* Stimmung *f* ② *(vie psychique)* Geisteszustand *m* ③ **avoir le ~** zuversichtlich sein

morale [mɔʀal] *f* Moral *f*

morbide [mɔʀbid] *adj* *(goût, littérature)* morbid; *(imagination)* krankhaft

morceau [mɔʀso] <x> *m* Stück *nt*

morceler [mɔʀsəle] <3> *vt* zerstückeln; *(terrain, héritage)* aufteilen

mordant(e) [mɔʀdɑ̃, -ɑ̃t] *adj* *(personne, trait d'esprit)* bissig

mordre [mɔʀdʀ] <14> *vt, vi, vpr:* **[se] ~ [sich] beißen**

morse¹ [mɔʀs] *m* Walross *nt*

morse² [mɔʀs] *adj:* **l'alphabet ~** das Morsealphabet

morsure [mɔʀsyʀ] *f (action)* Biss *m*

mort(e) [mɔʀ] *adj* ① *(personne, arbre)* tot; *(feuilles)* welk ② *(fam)* |**de fatigue**| todmüde ③ *(avec un fort sentiment de peur)* **être ~ de peur** vor Angst sterben ④ **être ~** *(moteur)* ausgedient haben

mort [mɔʀ] *f* ① Tod *m* ② *(destruction)* Untergang *m*

mortalité [mɔʀtalite] *f* Sterblichkeit *f*

mortel(le) [mɔʀtɛl] *adj* ① *(sujet à la mort)* sterblich ② *(causant la mort)* tödlich ③ *(froid, chaleur)* mörderisch

mosaïque [mɔzaik] *f* Mosaik *nt*

mosquée [mɔske] *f* Moschee *f*

mot [mo] *m* ① Wort *nt* ② *(message)* Nachricht *f* ③ *(de passe* Passwort *nt*; **~s croisés/fléchés** *pl* Kreuzworträtsel *nt*; **en deux ~s** mit wenigen Worten; **~ à ~** wortwörtlich

motard(e) [mɔtaʀ] *m(f)* ① *(fam) (motocycliste)* Motorradfahrer(in) *m(f)* ② *(policier)* motorisierter Polizist

mot-clé [mokle] *m* <mots-clés> *m* Schlüsselwort *nt*

motel [mɔtɛl] *m* Motel *nt*

moteur [mɔtœʀ] *m* ① TECH Motor *m* ② *(cause)* **être le ~ de qc** *(personne)* die treibende Kraft für etw sein

motif [mɔtif] *m* ① *(raison)* [Beweg]grund *m* ② *(ornement)* Motiv *nt*

motivation [mɔtivasjɔ̃] *f* Motivation *f*

motiver [mɔtive] <1> *vt* ① *(justi-*

fier) begründen ② *(stimuler)* motivieren

motocycliste [mɔtosiklist] *mf* Motorradfahrer(in) *m(f)*

mou, mol, molle [mu] *adj* ① *(opp: dur)* weich ② *(flasque, faible)* schlaff

mouchard(e) [muʃaʀ] *m(f)* ① *(fam)* Petzer, Petze *m, f* ② *(péj: indicateur de police)* Spitzel *m*

mouche [muʃ] *f* Fliege *f*

mouchoir [muʃwaʀ] *m* Taschentuch *nt*; **~ en papier** Papiertaschentuch *nt*

moudre [mudʀ] <irr> *vt* mahlen

mouette [mwɛt] *f* Möwe *f*

mouillé(e) [muje] *adj* nass

moulage [mulaʒ] *m* ① *(action de mouler)* Gießen *nt* ② *(empreinte, objet)* Abguss *m*

moule[1] [mul] *m* Form *f*

moule[2] [mul] *f* Miesmuschel *f*

mouler [mule] <1> *vt* *(fabriquer)* formen

moulin [mulɛ̃] *m* Mühle *f*

moulu(e) [muly] *adj* gemahlen

mourir [muʀiʀ] <irr> *vi* sterben

mousse [mus] *f* ① *(écume)* Schaum *m*; **~ à raser** Rasierschaum *m* ② BOT Moos *nt* ③ GASTR Mousse *f* ④ *(matière)* Schaumstoff *m*

mousser [muse] <1> *vi* schäumen

mousseux [musø] *m* Schaumwein *m*

moustache [mustaʃ] *f* Schnurrbart *m*

moustique [mustik] *m* Stechmücke *f*; *(sous les tropiques)* Moskito *m*

moutarde [mutaʀd] f Senf m
mouton [mutɔ̃] m ❶ (a. fig) Schaf nt ❷ (viande) Hammel m
mouvement [muvmɑ̃] m ❶ (action) Bewegung f ❷ (impulsion) Regung f ❸ MUS Tempo nt
moyen [mwajɛ̃] m ❶ (procédé) Mittel nt ❷ (solution) Weg m ❸ pl (capacités) Fähigkeiten f pl ❹ pl (ressources financières) Mittel pl
moyen(ne) [mwajɛ̃] adj ❶ (intermédiaire) mittlere(r, s) ❷ (ni bon, ni mauvais) mittelmäßig ❸ (en proportion) durchschnittlich
Moyen Âge [mwajɛnaʒ] m Mittelalter nt
moyenne [mwajɛn] f ❶ MATH Mittel nt; **en ~** durchschnittlich ❷ a. SCOL Durchschnitt m
MP3 [ɛmpetʀwa] m MP3-Player m
muet(te) [mɥɛ] adj stumm
multicolore [myltikolɔʀ] adj bunt
multiculturel(le) [myltikyltyʀɛl] adj multikulturell
multimédia [myltimedja] adj INFORM multimedial
multiple [myltipl] I. adj ❶ (nombreux) vielfach ❷ (aspects, raisons) vielfältig II. m: **être le ~ de qc** das Vielfache von etw sein
multiplication [myltiplikasjɔ̃] f Multiplikation f
multiplicité [myltiplisite] f Vielfalt f
multiplier [myltiplije] <1> I. vt ❶ MATH multiplizieren ❷ (augmenter le nombre de) vervielfachen II. vpr: **se ~** sich vermehren
multitude [myltityd] f Vielzahl f
municipal(e) [mynisipal] <-aux> adj (communal) Gemeinde-
munir [myniʀ] <8> vpr: **se ~ de qc** etw mitnehmen
munitions [mynisjɔ̃] fpl Munition f
mur [myʀ] m Mauer f; (d'une pièce) Wand f
mûr(e) [myʀ] adj reif
mûre [myʀ] f Brombeere f
mûrir [myʀiʀ] <8> vi reif werden
murmurer [myʀmyʀe] <1> I. vi ❶ (chuchoter) murmeln ❷ (protester) murren II. vt: **~ qc à qn** jdm etw zuflüstern
muscle [myskl] m Muskel m
musculation [myskylasjɔ̃] f Bodybuilding m
musculature [myskylatyʀ] f Muskulatur f
museau [myzo] <x> m Maul nt; (du chien) Schnauze f
musée [myze] m Museum nt; **~ ethnologique** Völkerkundemuseum m
museler [myzle] <3> vt ❶ **un animal** einem Tier einen Maulkorb umbinden ❷ (fig) mundtot machen
musical(e) [myzikal] <-aux> adj (études, film) Musik-; (soirée) musikalisch
musicien(ne) [myzisjɛ̃] m(f) Musiker(in) m(f)
musique [myzik] f Musik f; **~ classique** Klassik f; **~ en direct** Livemusik f; **~ folklorique** Volksmusik f; **écouter de la ~** Musik hören

musli [mysli] *m* Müsli *nt*

musulman(e) [myzylmã] *adj (monde)* moslemisch; **être ~** Moslem sein

mutisme [mytism] *m* Schweigen *nt*

mutuel(le) [mytųεl] *adj* gegenseitig

mycose [mikoz] *f* Pilzinfektion *f*

myope [mjɔp] *adj* kurzsichtig

myrtille [mirtij] *f* Heidelbeere *f*

mystère [mistεʀ] *m* ❶ *(secret)* Geheimnis *nt* ❷ *(énigme)* Rätsel *nt*

mystérieux, -euse [misteʀjø] *adj* geheimnisvoll

mystifier [mistifje] <1> *vt* täuschen

mythe [mit] *m* Mythos *m*

N n

N, n [εn] **I.** *m inv* N *nt*, n *nt* **II.** *f* AUTO **la N 7** ≈ die B 7 **III.** *adj* MATH **x**

n' *v.* **ne**

n'est-ce-pas [nεspɑ] *adv* ❶ *(invitation à acquiescer)* ~? oder? ❷ *(renforcement)* nicht [wahr]

n'importe [nɛ̃pɔʀt] *v.* **importer**

na [na] *interj enfantin* ätsch

nacre [nakʀ] *f* Perlmutt *nt*

nage [naʒ] *f* Schwimmen *nt*

nager [naʒe] <2a> *vt, vi (a. fig)* schwimmen

nageur, -euse [naʒœʀ] *m, f* Schwimmer(in) *m(f)*

naïf, naïve [naif] *adj* naiv

nain(e) [nɛ̃] *m(f)* Zwerg(in) *m(f)*

naissance [nεsɑ̃s] *f* ❶ Geburt *f* ❷ *(apparition)* Entstehung *f*

naître [nεtʀ] <irr> *vi* ❶ geboren werden ❷ *(crainte, désir, soupçon)* entstehen

naïveté [naivte] *f* Naivität *f*

nana [nana] *f (fam)* Tussi *f*

nappe [nap] *f (linge)* Tischtuch *nt*

narquois(e) [naʀkwa] *adj* spöttisch

narrateur, -trice [naʀatœʀ] *m, f* Erzähler(in) *m(f)*

narration [naʀasjɔ̃] *f* Erzählung *f*

nasal(e) [nazal] <-aux> *adj* nasal

naseau [nazo] <-x> *m* Nüster *f*

natal(e) [natal] <s> *adj* Geburts-; **pays ~** Heimat *f*

natel [natεl] *m* SCHWEIZ ❶ *(téléphone portable)* Handy *nt* ❷ *(téléphonie portable)* Mobilfunknetz *nt*

natif, -ive [natif] *adj:* **~ de** gebürtige(r)

nation [nasjɔ̃] *f* Nation *f*; **les Nations unies** die Vereinten Nationen

national(e) [nasjɔnal] <-aux> *adj* ❶ *(de l'État)* national; **fête ~e**

Nationalfeiertag m ❷ *(opp: local, régional)* national

nationaliser [nasjɔnalize] <1> vt verstaatlichen

nationalité [nasjɔnalite] f Staatsangehörigkeit f

natte [nat] f Zopf m

nature [natyʀ] f ❶ *(environnement)* Natur f ❷ *(caractère)* Wesen nt ❸ ART ~ **morte** Stillleben nt

naturel [natyʀɛl] m ❶ *(caractère)* Wesen nt ❷ *(spontanéité)* Natürlichkeit f

naturel(le) [natyʀɛl] adj natürlich; *(père)* leiblich; *(gaz)* Erd-

naturellement [natyʀɛlmɑ̃] adv ❶ *(bien entendu)* selbstverständlich ❷ *(opp: artificiellement)* auf natürliche Weise ❸ *(de façon innée)* von Natur aus

nausée [noze] f Übelkeit f; *(dégoût)* Ekel m; **j'ai la** ~ [o **des** ~s] mir ist schlecht

nautique [notik] adj Wasser-

navette [navɛt] f Transferbus m

navigant(e) [navigɑ̃] adj AVIAT Flug-; NAUT Schiffs-

navigateur [navigatœʀ] m INFORM ~ **Web** Browser m

naviguer [navige] <1> vi ❶ AVIAT fliegen; NAUT fahren ❷ INFORM surfen

navire [naviʀ] m Schiff nt

nazi(e) [nazi] m(f) abr de **national-socialiste** Nazi m

ne [nə] <n'> adv: ~ ... **pas** nicht

né(e) [ne] adj *(de naissance)* geboren

néant [neɑ̃] m Nichts nt

nécessaire [neseseʀ] I. adj nötig; *(condition)* notwendig; **si** ~ falls nötig II. m: **le** ~ das Nötige

nécessairement [neseseʀmɑ̃] adv unbedingt

nécessité [nesesite] f Notwendigkeit f

Néerlandais(e) [neeʀlɑ̃dɛ] m(f) Niederländer(in) m(f)

négatif [negatif] m Negativ nt

négation [negasjɔ̃] f Negation f

négliger [neglize] <2a> vt, vpr: **|se|** [sich] vernachlässigen

négocier [negɔsje] <1> vt, vi verhandeln

neige [nɛʒ] f ❶ METEO Schnee m; ~ **poudreuse** Pulverschnee m ❷ GASTR **battre les blancs en** ~ das Eiweiß zu Schnee schlagen

neiger [neʒe] <2a> vi: **il neige** es schneit

néon [neɔ̃] m CHIM Neon nt

néonazi(e) [neonazi] m(f) Neonazi m

néphrite [nefʀit] f Nierenentzündung f

nerf [nɛʀ] m ANAT, MED Nerv m

nerveux, -euse [nɛʀvø] adj ❶ *(spasme, troubles)* nervös ❷ *(animal, personne)* unruhig ❸ *(émotif)* empfindlich ❹ *(animal, personne)* dynamisch

net(te) [nɛt] I. adj ❶ *(propre)* sauber ❷ *(précis)* klar ❸ *(contours, image)* scharf ❹ *(salaire)* Netto-; ~ **d'impôt** steuerfrei II. adv ❶ *(se casser)* glatt; *(s'arrêter)* abrupt ❷ *(dire, refuser)* klar und

N

deutlich

nettement [nɛtmɑ̃] *adv* ❶ *(sans ambiguïté)* unmissverständlich ❷ *(distinctement)* deutlich ❸ **~ moins/plus** deutlich weniger/mehr

netteté [nɛtte] *f* Klarheit *f*; *(des contours, d'une image)* Schärfe *f*

nettoyage [nɛtwajaʒ] *m* Reinigen *nt*; **~ de fin de séjour** Endreinigung *f*; *(d'une pièce)* Putzen *nt*

nettoyer [nɛtwaje] ‹6› *vt* putzen; *(plaie, tapis)* reinigen; **à sec** chemisch reinigen

neuf, neuve [nœf] *adj* ❶ neu ❷ **quelque chose/rien de ~** etwas/nichts Neues

neuf[1] [nœf] *num* ❶ neun ❷ *(dans l'indication de la date)* **le ~ mars** der neunte März

neuf[2] [nœf] *m* Neue(s) *nt* ❷ **il y a du ~** es gibt etwas Neues

neutre [nøtr] *adj* ❶ *a.* POL, CHIM, ELEC neutral ❷ *(qui ne choque pas)* neutral ❸ LING sächlich

neuvième [nœvjɛm] I. *adj* neunte(r, s) II. *m (fraction)* Neuntel *nt*

neveu [n(ə)vø] ‹x› *m* Neffe *m*

nez [ne] *m* Nase *f*

ni [ni] *konj:* **il ne sait pas dessiner ~ peindre** er kann weder zeichnen noch malen; **~ l'un ~ l'autre** keiner von beiden

niais(e) [njɛ] *adj* albern

nicher [niʃe] ‹1› I. *vi* nisten II. *vpr:* **se ~** sich einnisten

nid [ni] *m* Nest *nt*

nièce [njɛs] *f* Nichte *f*

nier [nje] ‹1› *vt* leugnen; *(refuser*

l'idée de) verleugnen

nippon, -on[n]e [nipɔ̃] *adj* japanisch

niveau [nivo] ‹x› *m* ❶ *(hauteur)* Höhe *f*; *(d'essence, huile)* -stand *m* ❷ *(degré)* Niveau *nt*; **de vie** Lebensstandard *m* ❸ **au plus haut ~** auf höchster Ebene; **au ~ du sol** ebenerdig

noble [nɔbl] *adj* adlig

noblesse [nɔblɛs] *f* ❶ Adel *m*; *(dignité)* Würde *f*

noce [nɔs] *f a. pl* Hochzeit *f*

nocif, -ive [nɔsif] *adj* schädlich

nocturne [nɔktyrn] I. *adj* nächtlich II. *f:* **en ~** am Abend

Noël [nɔɛl] *m* Weihnachten *nt*

nœud [nø] *m* Knoten *m*

noir [nwar] *m (couleur)* Schwarz *nt*

noir(e) [nwar] *adj* ❶ schwarz ❷ *(obscur)* finster ❸ *(idées)* düster

noisette [nwazɛt] I. *f* ❶ *(fruit)* Haselnuss *f* ❷ GASTR Flocke *f* II. *adj inv* haselnussbraun

noix [nwa] *f* ❶ Nuss *f*; **de coco** Kokosnuss *f*

nom [nɔ̃] *m* ❶ *(dénomination)* Name *m*; **~ patronymique** Familienname *m*; **de jeune fille** Geburtsname *m* ❷ LING Substantiv *nt*

nombre [nɔ̃br] *m a.* MATH Zahl *f*; **en grand ~** zahlreich

nombreux, -euse [nɔ̃brø] *adj* ❶ zahlreich; *(foule, famille)* groß

nombril [nɔ̃bril] *m* Nabel *m*

nomination [nɔminasjɔ̃] *f* Ernennung *f*

nommer [nɔme] <1> vt ❶ (personne) nennen; (chose) benennen ❷ (désigner) ernennen

non [nɔ̃] **I.** adv ❶ (réponse) nein; **je pense que ~** ich glaube nicht; **moi ~,** mais ich nicht, aber; **ça ~!** das kommt nicht in Frage! ❷ (opposition) nicht; **moi ~ plus ...** ich auch nicht; **~ seulement ..., mais encore** nicht nur ..., sondern auch; **~** (fam: sens interrogatif) **vous venez, ~?** Sie kommen doch, oder? ❸ (sens exclamatif) **~, mais dis donc!** (fam) was fällt dir denn ein! **II.** m inv Nein nt; **48% de ~** 48% Neinstimmen

nonante [nɔnɑ̃t] num BELG, SCHWEIZ (quatre-vingt-dix) neunzig

non-fumeur, -euse [nɔ̃fymœʀ] <non-fumeurs> m, f Nichtraucher(in) m(f)

nonne [nɔn] f Nonne f

non-sens [nɔ̃sɑ̃s] m inv Unsinn m   **non-voyant(e)** [nɔ̃vwajɑ̃] <non-voyants> m(f) Blinde(r) f(m)

nord [nɔʀ] **I.** m ❶ **le ~** der Norden; **au ~ de** nördlich von ❷ **perdre le ~** den Kopf verlieren **II.** adj inv Nord-

Nord [nɔʀ] **I.** m **le ~** der Norden **II.** adj inv (hémisphère) nördlich; (pôle) Nord-

nord-ouest [nɔʀwɛst] m inv Nordwesten m

normale [nɔʀmal] f Normalfall m

normalement [nɔʀmalmɑ̃] adv normalerweise

norme [nɔʀm] f Norm f

Norvège [nɔʀvɛʒ] f: **la ~** Norwegen nt

norvégien(ne) [nɔʀveʒjɛ̃] adj norwegisch

Norvégien(ne) [nɔʀveʒjɛ̃] m(f) Norweger(in) m(f)

nos [no] dét v. **notre**

nostalgie [nɔstalʒi] f: **avoir la ~ de qc** sich nach etw sehnen

note [nɔt] f ❶ SCOL, MUS Note f ❷ (communication) Notiz f ❸ (facture) Rechnung f ❹ (annotation) Anmerkung f

noter [nɔte] <1> vt ❶ (inscrire) [sich (dat)] aufschreiben ❷ (remarquer) feststellen ❸ ADMIN, SCOL benoten

notice [nɔtis] f Gebrauchsanweisung f

notion [nosjɔ̃] f (idée) Begriff m

notre [nɔtʀ] <nos> dét unser(e)

nôtre [notʀ] pron: **le/la ~** der/die/das Uns(e)re

nouer [nwe] <1> vt ❶ (faire un nœud avec) binden ❷ (alliance, amitié) schließen

nougat [nuga] m türkischer Honig

nougatine [nugatin] f Krokant m

nouille [nuj] f Nudel f

nourrice [nuʀis] f Tagesmutter f

nourrir [nuʀiʀ] <8> vt, vpr: [se] (personne) [sich] ernähren

nourrisson [nuʀisɔ̃] m Säugling m

nourriture [nuʀityʀ] f Nahrung f; **~ pour bébés** Babynahrung f; (pour animaux) Futter nt

nous [nu] *pron* wir/uns

nous-même [numɛm] <nous--mêmes> *pron* wir selbst

nouveau [nuvo] <x> *m* ❶ **du ~** etwas Neues ❷ **à** [*o* **de**] **~** erneut

nouveau, nouvel, nouvelle [nuvo] <x> *adj* ❶ neu; **rien de ~** nichts Neues ❷ **les ~x venus** die Neuankömmlinge

nouveau-né(e) [nuvone] <nouveau-nés> *m(f)* Neugeborene(s) *nt*

nouvelle [nuvɛl] *f* ❶ *(événement)* Neuigkeit *f*; *(information)* Nachricht *f* ❷ *pl*: **donner de ses ~s** etwas von sich hören lassen

novembre [nɔvɑ̃bʀ] *m* November *m*

novice [nɔvis] *mf* Anfänger(in) *m(f)*

noyau [nwajo] <x> *m* Kern *m*

noyer [nwaje] <6> I. *vt* ❶ *(tuer)* ertränken ❷ *(inonder)* überschwemmen II. *vpr*: **se ~** ertrinken

nu [ny] *m* ART Akt *m*

nu(e) [ny] *adj* nackt; **pieds ~s** barfuß

nuage [nɥaʒ] *m* Wolke *f*

nuageux, -euse [nɥaʒø, -ʒøz] *adj* bewölkt

nuance [nɥɑ̃s] *f* ❶ *(couleur: gamme)* [Farb]schattierung *f*; *(détail)* Feinheit *f* ❷ *(légère différence)* kleiner Unterschied

nucléaire [nykleʀ] I. *adj* Atom- II. *m* Atomenergie *f*

nudisme [nydism] *m* Freikörperkultur *f*, FKK

nuire [nɥiʀ] <irr> *vi* schaden

nuisible [nɥizibl] *adj* schädlich

nuit [nɥi] *f* ❶ Nacht *f*; **bonne ~!** gute Nacht! ❷ *(nuitée)* Übernachtung *f* ❸ *(temps d'activité)* **être de ~** Nachtdienst haben

nul(le) [nyl] *adj* ❶ *(discours, film)* miserabel ❷ SPORT **match ~** Unentschieden *nt*

nullement [nylmɑ̃] *adv* keinesfalls

numériser [nymeʀize] <1> *vt* INFORM digitalisieren

numéro [nymeʀo] *m* Hausnummer *f*; **~ de code** Geheimzahl *f*; **~ de la voiture** Wagennummer *f*; **~ de téléphone** Telefonnummer *f*; *a.* PRESSE Nummer *f*

numéroter [nymeʀɔte] <1> *vt* nummerieren

nuque [nyk] *f* Nacken *m*

nutrition [nytʀisjɔ̃] *f* Ernährung *f*

N

O

O, o [o] *m inv* O *nt*, o *nt*
ô [o] *interj* oh
oasis [ɔazis] *f* Oase *f*
obéir [ɔbeiʀ] <8> *vi* gehorchen
objectif [ɔbʒɛktif] *m* ① *(but)* Ziel
nt ② OPT, PHYS, PHOT Objektiv *nt*
objectif, -ive [ɔbʒɛktif] *adj* objektiv
objection [ɔbʒɛksjɔ̃] *f* Einwand *m*
objet [ɔbʒɛ] *m* ① *(chose)* Gegenstand *m*; **~ de valeur** Wertsache
f ② LING Objekt *nt* ③ **~s trouvés**
Fundbüro *nt*
obligation [ɔbligasjɔ̃] *f* ① *(nécessité)* Verpflichtung *f* ② *pl (devoirs civiques, scolaires)* Pflichten *pl*
obligé(e) [ɔbliʒe] *adj (nécessaire)*
zwangsläufig; **être ~ de faire qc**
etw tun müssen
obliger [ɔbliʒe] <2a> *vt* ① **~ qn à
faire qc** jdn zwingen, etw zu
tun ② *(contraindre moralement)*
verpflichten
obscène [ɔpsɛn] *adj* obszön
obscur(e) [ɔpskyʀ] *adj* ① *(sombre)*
dunkel ② *(raison, affaire)* undurchsichtig
obscurité [ɔpskyʀite] *f* Dunkel[heit *f*] *nt*
obsèques [ɔpsɛk] *fpl* Bestattung
f, Abdankung *f* (SCHWEIZ)
observateur, -trice [ɔpsɛʀvatœʀ] *m*, *f* Beobachter(in) *m(f)*
observatoire [ɔpsɛʀvatwaʀ] *m*
Sternwarte *f*

observer [ɔpsɛʀve] <1> *vt*, *vpr*
((s')épier) **[s']~** [sich] beobachten
obsession [ɔpsesjɔ̃] *f* Besessenheit *f*
obstacle [ɔpstakl] *m* a. SPORT Hindernis *nt*
obstiné(e) [ɔpstine] *adj* eigensinnig
obtenir [ɔptəniʀ] <9> *vt* ① *(recevoir)* erhalten ② *(parvenir à)* erzielen
obtus(e) [ɔpty] *adj* ① *(borné)* beschränkt ② *(angle)* stumpf
occasion [ɔkazjɔ̃] *f* ① Gelegenheit
f; **c'est l' ~ ou jamais** jetzt oder
nie ② COM **voiture d'~** Gebrauchtwagen *m* ③ **à l'~** bei Gelegenheit
occasionnel(le) [ɔkazjɔnɛl] *adj*
gelegentlich
occasionner [ɔkazjɔne] <1> *vt*
verursachen
occident [ɔksidɑ̃] *m* ① POL **l'Occident** der Westen ② *(opp:
orient)* Abendland *nt*
occidental(e) [ɔksidɑ̃tal] <-aux>
adj GEO, POL westlich
occulte [ɔkylt] *adj* ① okkult; *(secret)*
verborgen
occupation [ɔkypasjɔ̃] *f* ① Beschäftigung *f* ② MIL, HIST Besetzung *f*
occupé(e) [ɔkype] *adj (personne)*
beschäftigt; *(place, toilettes)* besetzt
occuper [ɔkype] <1> **I.** *vt*

❶ *(place)* einnehmen **❷** *(appartement)* wohnen in +dat **❸** *(employer)* ~ **qn à qc** jdn mit etw beschäftigen **II.** *vpr* *(employer)* **s'~ de qn** sich um jdn kümmern

océan [ɔseã] m Ozean m

ocre [ɔkr] **I.** m Ocker m o nt **II.** adj inv ocker

octante [ɔktãt] num BELG, SCHWEIZ *(quatre-vingts)* achtzig

octet [ɔktɛ] m Byte nt

octobre [ɔktɔbr] m Oktober m

octroyer [ɔktrwaje] <6> **I.** vt bewilligen **II.** vpr: **s'~ qc** sich etw *(akk)* gönnen

odeur [ɔdœr] f Geruch m

odieux, -euse [ɔdjø] adj schändlich; *(caractère)* widerlich

œil [œj] <**yeux**> m **❶** ANAT Auge nt; **lever/baisser les yeux** den Blick heben/senken **❷** *(regard)* Blick m **❸** *(regard rapide)* **jeter un coup d'~ à l'heure** einen kurzen Blick auf die Uhr werfen **❹** **à l'~ nu** mit bloßem Auge

œillet [œjɛ] m Öse f

œuf [œf] m Ei nt; **~ sur le** [o au] **plat** Spiegelei nt; **~ de Pâques** Osterei nt

œuvre [œvr] f **❶** ART, LITTER, TECH Werk nt **❷** *(organisation caritative)* **~ de bienfaisance** Wohltätigkeitsverein m

offense [ɔfãs] f Beleidigung f

offenser [ɔfãse] <1> vt beleidigen

offensive [ɔfãsiv] f Offensive f

office [ɔfis] m **❶** Amt nt; **~ du tourisme** Fremdenverkehrsamt

nt **❷** REL Gottesdienst m

officiel(le) [ɔfisjɛl] adj offiziell; *(langue, sceau)* Amts-; *(visite)* Staats-

officier [ɔfisje] m MIL Offizier(in) m(f)

offre [ɔfr] f Angebot nt

offrir [ɔfrir] <11> **I.** vt **❶** *(faire un cadeau)* schenken **❷** *(proposer)* **~ à qn de faire qc** jdm anbieten etw zu tun **II.** vpr: **s'~ des vacances** sich *(dat)* Ferien gönnen

oie [wa] f ZOOL Gans f

oignon [ɔɲɔ̃] m Zwiebel f

oiseau [wazo] <x> m ZOOL Vogel m

oisif, -ive [wazif] adj müßig

olive [ɔliv] **I.** f *(noire, verte)* Olive f; *(huile)* Oliven- **II.** adj inv oliv(grün)

olympique [ɔlɛ̃pik] adj olympisch; *(stade)* Olympia-

ombragé(e) [ɔ̃braʒe] adj schattig

ombre [ɔ̃br] f Schatten m

ombrelle [ɔ̃brɛl] f Sonnenschirm m

omelette [ɔmlɛt] f Omelett nt

omnibus [ɔmnibys] m CHEMDFER Nahverkehrszug m

on [ɔ̃] pron **❶** man **❷** *(fam: nous)* wir

oncle [ɔ̃kl] m Onkel m

onde [ɔ̃d] f Welle f; **passer sur les ~s** im Radio kommen

ondée [ɔ̃de] f Regenguss m

ondulation [ɔ̃dylasjɔ̃] f *(du blé, des vagues)* Wogen nt

onduler [ɔ̃dyle] <1> vi *(route)* sich schlängeln; *(cheveux)* sich wellen

onéreux, -euse [ɔnerø] adj kostspielig

ongle [ɔ̃gl] m Nagel m

ONU [ony] *f abr de* **Organisation des Nations unies** UNO *f*

onze [5z] *num* ➊ elf ➋ *(dans l'indication de la date)* **le ~ mars** der elfte März

onzième [5zjɛm] **I.** *adj* elfte(r, s) **II.** *m (fraction)* Elftel *nt*

opaque [ɔpak] *adj* undurchsichtig; *(verre)* Milch-

opéra [ɔpera] *m* Oper *f*

opérateur, -trice [ɔperatœr] *m, f* ➊ TECH, TELEC Techniker(in) *m(f)*; **~ de téléphonie numérique mobile** Mobilfunkanbieter *m* ➋ CINE, TV Kameramann, -frau *m*

opération [ɔperasjɔ̃] *f* ➊ *a.* MED, MATH, MIL Operation ➋ *(action organisée)* Aktion *f*

opérer [ɔpere] <5> **I.** *vt* ➊ MED operieren ➋ *(changement, relèsement)* bewirken **II.** *vi* ➊ *(charme, médicament)* wirken ➋ *(procéder)* vorgehen

opérette [ɔperɛt] *f* Operette *f*

opinion [ɔpinjɔ̃] *f* Meinung *f*

opportun(e) [ɔpɔʁtœ̃] *adj* angebracht; **au moment ~** im geeigneten Augenblick

opportunité [ɔpɔʁtynite] *f* ➊ *(bien-fondé)* Zweckmäßigkeit *f* ➋ *(occasion)* günstige Gelegenheit

opposé [ɔpoze] *m* Gegenteil *nt* **à l'~ de qn/qc** im Gegensatz zu jdm/etw

opposé(e) [ɔpoze] *adj* ➊ *(côté)* gegenüberliegend ➋ *(parti)* Gegen-; *(caractère, goût)* grundverschieden ➌ *(hostile)* **être ~ à qc** ge-

gen etw sein

opposer [ɔpoze] <1> **I.** *vt* ➊ *(comparer)* **~ qn/qc à qn/qc** jdn/etw mit jdm/etw vergleichen **II.** *vpr* ➊ *(faire obstacle)* **s'~ à qn/qc** gegen jdn/etw sein ➋ *(faire contraste)* **s'~** gänzlich verschieden sein

opposition [ɔpozisjɔ̃] *f* ➊ *(résistance)* Widerstand *m* ➋ *(des opinions, caractères)* Gegensätzlichkeit *f* ➌ POL Opposition *f*

oppression [ɔpresjɔ̃] *f* ➊ *(tyrannie)* Unterdrückung ➋ *(angoisse)* Beklemmung ➌ *(suffocation)* Atembeklemmung *f*

opprimer [ɔprime] <1> *vt* unterdrücken

opter [ɔpte] <1> *vi* sich entscheiden

opticien(ne) [ɔptisjɛ̃] *m(f)* Optiker(in) *m(f)*

optimal(e) [ɔptimal] <-aux> *adj* optimal

optimiste [ɔptimist] *adj* optimistisch

option [ɔpsjɔ̃] *f (choix)* Wahl *f*

optique [ɔptik] **I.** *adj (nerf)* Seh-; *(verre)* optisch **II.** *f (science)* Optik *f*

opulent(e) [ɔpylɑ̃] *adj* ➊ *(personne, pays)* sehr reich ➋ *(poitrine)* üppig

or¹ [ɔʁ] *m* Gold *nt*

or² [ɔʁ] *konj* nun

orage [ɔraʒ] *m* Gewitter *nt*

orageux, -euse [ɔraʒø] *adj* ➊ METEO gewittrig ➋ *(discussion)* hitzig

oral(e) [ɔral] <-aux> *adj (opp:*

écrit) mündlich

orange [ɔʀɑ̃ʒ] **I.** *f* Apfelsine *f*
II. *adj inv* orange[farben]

orateur [ɔʀatœʀ] *m* Redner *m*

orbite [ɔʀbit] *f* ⓐ ANAT Augenhöhle *f* ⓑ ASTRO Umlaufbahn *f*

orchestre [ɔʀkɛstʀ] *m* MUS Orchester *nt*; **~ de danse** Tanzkapelle *f*

orchestrer [ɔʀkɛstʀe] <1> *vt* ⓐ MUS orchestrieren ⓑ *(manifestation)* organisieren

ordinaire [ɔʀdinɛʀ] **I.** *adj* ⓐ *(fait)* alltäglich ⓑ *(produit, vin)* einfach
II. *m* Alltägliche *f*

ordinairement [ɔʀdinɛʀmɑ̃] *adv* gewöhnlich

ordinateur [ɔʀdinatœʀ] *m* Computer *m*; **~ personnel** PC *m*; **~ portable** Laptop *m*

ordonnance [ɔʀdɔnɑ̃s] *f* MED Rezept *nt*

ordonner [ɔʀdɔne] <1> *vt* ⓐ *a.* MATH ordnen ⓑ *(commander)* befehlen; MED verordnen

ordre[1] [ɔʀdʀ] *m* ⓐ Ordnung *f*, **mettre en ~** aufräumen ⓑ *(classement)* Reihenfolge *f* ⓒ *(commandement)* Befehl *m*

ordre[2] [ɔʀdʀ] *m* Orden *m*

ordure [ɔʀdyʀ] *f* ⓐ *pl (détritus)* Müll *m* ⓑ *(fam: personne)* Mistvieh *nt*

oreille [ɔʀɛj] *f* ⓐ ANAT Ohr *nt* ⓑ **dur d'~** schwerhörig

oreiller [ɔʀeje] *m* Kopfkissen *nt*

oreillons [ɔʀejɔ̃] *mpl* Mumps *m o*

orfèvrerie [ɔʀfɛvʀəʀi] *f* Goldschmiedekunst *f*

organe [ɔʀgan] *m a.* ANAT Organ *nt*

organique [ɔʀganik] *adj* organisch

organisation [ɔʀganizasjɔ̃] *f* Organisation *f*

organiser [ɔʀganize] <1> **I.** *vt* organisieren; *(voyage, fête)* veranstalten **II.** *vpr:* **s'~** sich *(dat)* seine Zeit/Arbeit einteilen

orgasme [ɔʀgasm] *m* Orgasmus *m*

orgue [ɔʀg] *m* Orgel *f*

orgueil [ɔʀgœj] *m (fierté)* Stolz *m*

Orient [ɔʀjɑ̃] *m:* **l'~** der Orient

orientable [ɔʀjɑ̃tabl] *adj* verstellbar

oriental(e) [ɔʀjɑ̃tal] <-aux> *adj (situé à l'est)* östlich

orientation [ɔʀjɑ̃tasjɔ̃] *f* ⓐ *(d'une maison)* Ausrichtung *f*; *(du soleil)* Stand *m* ⓑ *(d'un parti politique)* Kurs *m*

orienter [ɔʀjɑ̃te] <1> **I.** *vt:* **être orienté au nord** *(maison)* nach Norden ausgerichtet sein **II.** *vpr a. fig* **s'~** sich orientieren

originaire [ɔʀiʒinɛʀ] *adj:* **~ de ...** gebürtig aus ..., aus ... stammend

original(e) [ɔʀiʒinal] <-aux> *adj (inédit)* originell; *(personnel)* eigenständig

origine [ɔʀiʒin] *f* ⓐ Ursprung *m* ⓑ *(cause)* Ursache *f (ascendance)* Herkunft *f*

ornement [ɔʀnəmɑ̃] *m* ⓐ *(chose décorative)* Schmuck *m* ⓑ *(décoration)* Verzierung *f*

orphelin(e) [ɔʀfəlɛ̃] *m/f* Waise *f*

orphelinat [ɔʀfəlina] *m* Waisenhaus *nt*

orteil [ɔʀtɛj] *m* Zehe *f*

orthographe [ɔʁtɔgʁaf] f ① Rechtschreibung f ② *(maîtrise de la graphie)* Rechtschreibkenntnisse pl

os [ɔs] <os> m Knochen m

osciller [ɔsile] <1> vi ① *(balancer)* schwingen ② *(hésiter)* schwanken

osé(e) [oze] adj *(téméraire)* kühn

oser [oze] <1> I. vt wagen II. vi es wagen

osseux, -euse [ɔsø] adj *(corps, main)* knochig

otage [ɔtaʒ] m Geisel f

ôter [ote] <1> vt ① *(retirer)* entfernen; *(vêtement, gants)* ausziehen ② *(objet)* wegnehmen

otite [ɔtit] f Mittelohrentzündung f

ou [u] *conj* ① *(alternative)* oder; ~ ... [bien] ~ ... [bien] entweder ... oder ... ② *(sinon)* ~ [alors] oder ② *(en d'autres termes)* oder [auch]

où [u] I. *pron* ① *(spatial sans déplacement)* wo, auf dem/der/ das ② *(spatial avec déplacement)* wohin; d'~ woher; jusqu'~ bis wohin; *(jusqu'auquel)* bis zu dem/der; par ~ von dem/die/ das ③ *(temporel)* als; *(fam)* *(jour, matin, soir)* an dem ③ *(abstrait)* dans l'état ~ tu es in deinem Zustand II. *adv interrog* ① *(spatial sans déplacement)* wo ② *(avec déplacement)* wohin; d'~ êtes-vous? woher sind Sie?; *(a. fig)* wie weit; par ~ wie ③ ~ en étais-je? wo war ich III. *adv indéf* ① *(là où)* wo; *(aller)* wohin.

② d'~ l'on peut conclure que ... woraus man schließen kann, dass ...

ouate [wat] f Watte f

oubli [ubli] m *(étourderie)* Versäumnis nt

oublier [ublije] <1> vt, vi vergessen

ouest [wɛst] I. m: l'~ der Westen; à l'~ de westlich von II. adj inv West-

Ouest [wɛst] m: l'~ der Westen

ouest-allemand(e) [wɛstalmɑ̃] <ouest-allemands> adj westdeutsch

oui [wi] I. adv ① *(opp: non)* ja; ~ ou non? ja oder nein? ② *(intensif)* ja [,wirklich] ③ *(substitut d'une proposition)* croire/penser que ~ schon glauben/denken II. m inv ① *(approbation)* Ja nt; ~ à qn/qc Ja zu jdm/etw ② *(suffrage)* Jastimme f

ouïe [wi] f ① *(audition)* Gehör nt ② ZOOL Kieme f

ouragan [uʁagɑ̃] m Orkan m

ourler [uʁle] <1> vt [ein]säumen

ours [uʁs] m ZOOL Bär m; ~ polaire Eisbär m ③ *(jouet d'enfant)* ~ en peluche Plüschbär m

outil [uti] m ① Werkzeug nt ② INFORM Tool nt; ~ de recherche Suchmaschine f

outre [utʁ] I. prép *(en plus de)* außer II. adv: en ~ außerdem

outre-mer [utʁəmeʁ] adv in Übersee

outrepasser [utʁapase] <1> vt überschreiten

outre-Rhin [utʁəʁɛ̃] adv in/nach

Deutschland

ouvert(e) [uvɛʀ] *adj* ❶ offen; *(fenêtre, robinet, valise, magasin)* geöffnet; *(magasin, boulanger)* geöffnet haben ❷ *(commencé)* **être** – *(foire, enquête, pêche)* eröffnet sein ❸ *(éveillé)* aufgeschlossen

ouverture [uvɛʀtyʀ] *f* ❶ *(d'une porte)* Öffnen *nt* ❷ *(commencement, inauguration)* Eröffnung *f* ❸ MUS Ouvertüre *f* ❹ INFORM ~ **d'une session** Login *nt*

ouvrage [uvʀaʒ] *m (travail)* Arbeit *f*

ouvre-boîte [uvʀabwat] <ouvre-boîtes> *m* Dosenöffner *m*

ouvre-bouteille [uvʀ(ə)butɛj] <ouvre-bouteilles> *m* Flaschenöffner *m*

ouvrier, -ière [uvʀije] *m, f* Arbeiter(in) *m(f)*

ouvrir [uvʀiʀ] <11> *vt, vpr:* **s'**~ |sich| öffnen

ovale [ɔval] I. *adj* oval II. *m* Oval *nt*

OVNI [ɔvni] *m abr de* objet volant non identifié UFO *nt*

P p

P, p [pe] *m inv* P *nt*, p *nt*

Pacifique [pasifik] *m:* **le** ~ der Pazifik

pacifiste [pasifist] *adj* pazifistisch; *(manifestation, marche)* Friedens-

pacte [pakt] *m* Pakt *m*

page [paʒ] *f* ❶ *(feuillet)* Seite *f;* ~**s jaunes** Gelbe Seiten®; *(deux côtés)* Blatt *nt;* ~ **de publicité** TV, RADIO Werbespot *m* ❷ INFORM ~ **personnelle/d'accueil** Homepage *f* ❸ **tourner la** ~ *(finir)* einen Schlussstrich ziehen

paie [pɛ] *f* Lohn *m*

paiement [pɛmɑ̃] *m* Bezahlung *f; (d'une dette)* Rückzahlung *f*

paille [paj] *f* ❶ *(chaume)* Stroh *nt* ❷ *(boire)* Strohhalm *m*

pain [pɛ̃] *m* Brot *nt* ❶ ~ **blanc**

Weißbrot *nt;* ~ **complet** Vollkornbrot *nt;* ~ **noir** Schwarzbrot *nt;* **petit** ~ Brötchen *nt,* Gebäck *nt* ❷ ~ **de glace** Kühlelement *nt*

pair(e) [pɛʀ] *adj (nombre, côté)* gerade

paire [pɛʀ] *f* Paar *nt; (de claques, gifles)* ein paar; **une** ~ **de ciseaux** eine Schere

paisible [pezibl] *adj* ruhig

paix [pɛ] *f* ❶ *(opp: guerre)* Frieden *m; (traité)* Friedensvertrag *m;* ❷ *(tranquillité)* Ruhe *f*

palais¹ [palɛ] *m* Palast *m*

palais² [palɛ] *m* ANAT Gaumen *m*

pâle [pɑl] *adj* blass

palette [palɛt] *f* Palette *f*

palier [palje] *m* Treppenabsatz *m*

palme [palm] f ❶ Palmenzweig m
❷ Schwimmflosse f

palourde [palurd] f Venusmuschel f

palpitant(e) [palpitɑ̃] adj spannend

pamplemousse [pɑ̃pləmus] m Grapefruit f

panier [panje] m a. SPORT Korb m

panique [panik] f Panik f

panne [pan] f Panne f; (de moteur) -schaden m

panneau [pano] <x> m Schild nt

panorama [panɔrama] m Panorama nt

panoramique [panɔramik] adj (restaurant) Panorama-

pansement [pɑ̃smɑ̃] m Verband m; ~ **adhésif** Heftpflaster nt

pantalon [pɑ̃talɔ̃] m Hose f; ~ **de jogging** Jogginghose f; ~ **de ski** Skihose f

pantoufle [pɑ̃tufl] f Pantoffel m

paon [pɑ̃] m Pfau m

papa [papa] m Papa m

pape [pap] m Papst m

papeterie [papetri] f (magasin) Schreibwarengeschäft nt

papier [papje] m ❶ (matière) Papier nt; ~ **à lettres** Briefpapier nt; ~ **hygiénique** Toilettenpapier nt ❷ (feuille de métal) ~ **[d']aluminium** Aluminiumfolie f ❸ pl (document) Unterlagen pl; (papiers d'identité) Papiere pl

papillon [papijɔ̃] m ❶ Schmetterling m ❷ SPORT (nage) ~ Delfinschwimmen nt

papilloter [papijɔte] <1> vi blin-

zeln

paprika [paprika] m Paprika m

papy [papi] m (fam) Opa m

Pâques [pak] I. m Ostern m o pl; **lundi de** ~ Ostermontag m II. fpl: **joyeuses** ~! frohe Ostern!

paquet [pakɛ] m a. INFORM Paket nt; (de café) Päckchen nt

par [par] prép ❶ (grâce à l'action de) von; **tout faire** ~ **soi-même** alles selbst machen ❷ (au moyen de) durch; ~ **chèque/carte [bancaire]** mit Scheck-/[Kredit]karte ❸ (cause, motif) aus ❹ (à travers, via) **regarder** ~ **la fenêtre** aus dem Fenster schauen ❺ (localisation) **habiter** ~ **ici/là** hier/dort in der Gegend wohnen ❻ (distribution, mesure) pro ❼ (durant, pendant) ~ **temps de pluie** bei Regen[wetter] ❽ ~ **contre** dagegen

parabole [parabɔl] f ❶ REL Gleichnis nt ❷ MATH Parabel f ❸ (antenne) Parabolantenne f

parachutisme [paraʃytism] m Fallschirmspringen nt

paradis [paradi] m Paradies nt

paradoxal(e) [paradɔksal] <-aux> adj paradox

paragraphe [paragraf] m Absatz m

paraître [parɛtr] <irr> vi ❶ (sembler) **cela me paraît être une erreur** das scheint mir ein Irrtum zu sein; (journal, livre) erscheinen; **faire** ~ veröffentlichen ❷ **il paraît que ...** angeblich ...

P

parallèle [paralɛl] I. *adj* parallel II. *f* MATH Parallele *f* III. *m* ❶ GEO **le 38°** = der 38. Breitengrad ❷ *(comparaison)* **faire un ~ avec qc** eine Parallele zu etw ziehen

parallèlement [paralɛlmã] *adv* gleichzeitig

paralysé(e) [paralize] *adj* gelähmt

paralysie [paralizi] *f* Lähmung *f*

parapente [parapãt] *m* Gleitschirm *m*

paraplégique [parapleʒik] *adj* querschnittsgelähmt

parapluie [paraplɥi] *m* Regenschirm *m*

parasite [parazit] I. *adj* schmarotzend II. *m (a. fig)* Schmarotzer *m*

parasol [parasɔl] *m* Sonnenschirm *m*

paratonnerre [paratɔnɛr] *m* Blitzableiter *m*

paravent [paravã] *m* Wandschirm *m*

parc [park] *m* Park *m;* **~ animalier** Tierpark *m;* **~ de loisirs** Freizeitpark *m;* **~ national** Nationalpark *m;* **~ ornithologique** Vogelschutzgebiet *nt*

parcelle [parsɛl] *f (terrain)* Parzelle *f*

parce que [parskə] *konj +indic* ❶ *(car)* weil; **~!** darum! ❷ *(fam: sinon)* sonst

par-ci [parsi] **~, par-là** hier und da

parcmètre [parkmɛtr] *m* Parkuhr *f*

parcourir [parkurir] <irr> *vt* ❶ *(trajet, distance)* zurücklegen ❷ *(ville)* durchlaufen; *(région, pays)* bereisen

par-derrière [pardɛrjɛr] *adv* ❶ *(attaquer, emboutir)* von hinten ❷ *(dans le dos de qn)* hinten

par-dessous [pardəsu] I. *prép (avec mouvement)* unter +akk; *(sans mouvement)* unter +dat II. *adv* darunter **par-dessus** [pardəsy] I. *prép (avec mouvement)* über +akk; *(sans mouvement)* über +dat II. *adv* darüber

pardon [pardɔ̃] *m* ❶ Verzeihen *nt* ❷ wie bitte?

pardonner [pardɔne] <1> *vt* verzeihen

pare-brise [parbriz] *m inv* Windschutzscheibe *f* **pare-chocs** [parʃɔk] *m inv* Stoßstange *f*

pareil(le) [parɛj] I. *adj* ❶ *(identique)* gleich; **~ que** [genau]so wie ❷ *(tel)* solche(r, s) II. *m(f): sans* ~ ohnegleichen III. *adv (fam)* gleich

parent [parã] I. *m* ❶ Eltern *pl;* **un des deux ~s** ein Elternteil *m* II. *adj(e)* verwandt

parenté [parãte] *f* Verwandtschaft *f*

parenthèse [parãtɛz] *f* ❶ TYP Klammer *f* ❷ **soit dit entre ~s** nebenbei bemerkt

paresser [parese] <1> *vi* faulenzen

paresseux, -euse [paresø] *adj (personne)* faul

parfait [parfɛ] *m* ❶ LING Perfekt *nt* ❷ GASTR Parfait *nt*

parfait(e) [parfɛ] *adj* perfekt; *(condition, exemple)* ideal; *(discrétion, harmonie)* vollkommen

parfaitement [parfɛtmã] *adv* ❶ *(parler une langue)* perfekt; *(savoir, comprendre)* [ganz] genau ❷ *(tout à fait)* völlig

parfois [parfwa] *adv* manchmal

parfum [parfœ̃] *m* ❶ *(substance)* Parfüm *nt* ❷ *(odeur)* Duft *m* ❸ GASTR Geschmack *m*; **je voudrais une glace - quel ~?** ich möchte ein Eis - welche Sorte?

parfumerie [parfymri] *f* Parfümerie *f*

pari [pari] *m* Wette *f*

parier [parje] <1> *vt, vi* wetten

parisien(ne) [parizjɛ̃] *adj* Pariser; **la vie ~ne** das Leben in Paris

Parisien(ne) [parizjɛ̃] *m(f)* Pariser(in) *m(f)*

parking [parkiŋ] *m* Parkplatz *m*

parlementaire [parləmãtɛr] *adj* parlamentarisch; **indemnité(s) ~(s)** Diäten *pl*

parler [parle] <1> I. *vt, vi* sprechen II. *m* ❶ *(manière)* Sprache *f* ❷ *(langue régionale)* Mundart *f*

parmi [parmi] *prép* ❶ *(entre)* unter +*dat*, von ❷ *(dans: sans mouvement)* [mitten] unter +*dat*; *(avec mouvement)* [mitten] durch

parole [parɔl] *f* ❶ Wort *nt*; **~ d'honneur** Ehrenwort *nt* ❷ *(faculté de parler)* Sprache *f*

parrain [parɛ̃] *m* ❶ REL Patenonkel *m*, Göd *m* (ÖSTERR) ❷ *(fig)* Pate *m*

part [par] *f* ❶ Teil *m*; **~ de gâteau** Stück *nt* Kuchen ❷ *(participation)* **~ dans qc** Anteil *m* an etw *(dat)* **prendre ~ à une manifestation/à une débat** teilnehmen an einer Demonstration/Debatte ❸ **autre ~** *(fam)* anderswo; **d'une ~ ..., d'autre ~ ...** einerseits ..., andererseits ...; **d'autre ~** außerdem; **nulle ~** nirgendwo; **à ~ que** *(fam)* abgesehen davon, dass; **pour ma/sa ~** was mich/ihn/sie betrifft

partage [partaʒ] *m* Aufteilung *f*

partager [partaʒe] <2a> I. *vt* ❶ teilen ❷ *(hésiter)* **être partagé entre qc et qc** zwischen etw und etw *(dat)* hin- und hergerissen sein II. *vpr (se répartir)* **se ~ qc** etw unter sich *(dat)* aufteilen

partagiciel [partaʒisjɛl] *m* CAN Shareware *f*

partant(e) [partã] *adj (fam)* **être ~ pour qc** bei etw mitmachen

partenaire [partənɛr] *mf* Partner(in) *m(f)*

parterre [partɛr] *m* THEAT Parkett *nt*

parti [parti] I. *m* ❶ Partei *f* II. *adj* ❶ fort, weg

partial(e) [parsjal] <-aux> *adj* parteiisch; *(juge)* befangen

participant(e) [partisipã] *m(f)* Teilnehmer(in) *m(f)*

participer [partisipe] <1> *vi:* **~ à qc** an etw *(dat)* teilnehmen

particularité [partikylarite] *f* Besonderheit *f*

particulier, -ière [partikylje] *adj* ❶ *(aspect, exemple)* bestimmt; *(trait)* typisch ❷ *(spécial)* besondere(r, s) ❷ *(privé)* Privat~; **en ~** *(en privé)* unter vier Augen

particulièrement [paʀtikyljɛʀmɑ̃] *adv* besonders

partie [paʀti] *f* ❶ *(part)* Teil *m*; **la majeure ~ du temps** die meiste Zeit; **en ~** teilweise ❷ *pl (fam: parties sexuelles masculines)* Weichteile *pl* ❸ JEUX, SPORT Spiel *nt*

partir [paʀtiʀ] <10> *vi* ❶ *(s'en aller)* [weg]gehen; *(automobiliste, voiture, train)* abfahren; *(avion)* abfliegen; *(lettre)* hinausgehen ❷ *(après un séjour)* **en voyage** verreisen, abreisen; **~ pour ...** abreisen nach ...; *(coureur, fusée)* starten; *(moteur)* anspringen ❸ *(disparaître)* weggehen; *(odeur, tache)* herausgehen ❹ **à ~ de** *(dans l'espace* von ... an; *(dans le temps)* ab; *(sur la base de)* aus

partisan(e) [paʀtizɑ̃] *m (f)* Befürworter(in) *m (f)*

partout [paʀtu] *adv* überall

parution [paʀysjɔ̃] *f* Erscheinen *nt*

pas¹ [pɑ] *m* ❶ *(enjambée)* Schritt *m* ❷ *pl (trace)* Fußstapfen *pl* ❸ **faux ~** *(a. fig)* Fehltritt *m*; **~ à ~** Schritt für Schritt

pas² [pɑ] *adv* ❶ *(négation)* **ne ~ croire** nicht glauben; [ne] **~ ... kein(e) ...**; [ne] **~ assez/ beaucoup ...** nicht genug/viel ...; **~ encore** noch nicht; **~ du tout** überhaupt nicht

passage [pɑsaʒ] *m* ❶ *(venue)* Vorbeikommen *nt*; **~ interdit** Durchfahrt verboten ❷ *(court séjour)* [kurzer] Aufenthalt ❸ *(voie:*

pour piétons) Weg *m*; **~ souterrain** Unterführung *f*; **~ clouté** Zebrastreifen *m* ❹ *(petite rue couverte)* Passage *f* ❺ **céder le ~ à qn/qc** jdm/einer S. die Vorfahrt lassen

passager, -ère [pɑsaʒe] **I.** *adj* vorübergehend; *(bonheur)* vergänglich **II.** *m, f (d'un navire)* Passagier *m; (d'une voiture)* Insasse *m;* **~ avant** Beifahrer *m*

passe [pɑs] *f* Pass *m*

passé(e) [pɑse] *adj* ❶ *(siècle)* letzte(r, s) ❷ *(révolu)* vergangen ❸ *(plus de)* **il est midi ~** es ist schon Mittag vorbei

passé [pɑse] *m* Vergangenheit *f;* **~ simple** Passé simple *nt;* **~ composé** Perfekt *nt*

passeport [pɑspɔʀ] *m* [Reise]pass *m*

passer [pɑse] <1> **I.** *vi* ❶ *(se déplacer)* vorbeigehen; *(véhicule, automobiliste)* vorbeifahren; **laisser ~** vorbeilassen; **~ chez qn** bei jdm vorbeikommen ❷ **~ dans une ville** *(automobiliste, voiture)* durch eine Stadt fahren; **~ par Francfort** *(automobiliste)* über Frankfurt fahren; **~ par la porte** durch die Tür gehen ❸ *(eau, lumière)* durchdringen ❹ *(avoir son tour, être présenté)* drankommen; **~ à la radio/télé** im Radio/Fernsehen kommen ❺ *(être accepté)* **en sixième** in die 6. Klasse versetzt werden ❻ JEUX passen ❼ *(temps)* vergehen ❽ *(disparaître)* vergehen; *(pluie, orage)* nachlassen

II. vt ❶ *(donner)* geben ❷ *(prêter)* leihen ❸ SPORT – **la balle à qn** an jdn abspielen ❹ *(au téléphone)* – **qn à qn** jdn mit jdm verbinden ❺ *(examen)* machen; **~ son bac** das Abitur machen ❻ *(vivre, occuper)* **ses vacances à Rome** seine Ferien in Rom verbringen ❼ *(rivière, montagne)* überqueren; *(frontière)* passieren **III.** vpr ❶ *(avoir lieu)* **se ~** geschehen; **que s'est-il passé?** was ist passiert?; **que se passe-t-il?** was ist denn los? ❷ *(se dérouler)* **se ~** *(journée)* vergehen; *(accident)* sich ereignen; **si tout se passe bien** wenn alles gut geht ❸ *(se débrouiller sans)* **se ~ de faire qc** darauf verzichten etw zu tun

passerelle [pasʀɛl] f Steg m

passe-temps [pɑstɑ̃] m inv Zeitvertreib m

passif, -ive [pasif] adj ❶ *(apathique)* passiv ❷ *(qui n'agit pas)* untätig ❸ *(forme)* Passiv-

passion [pasjɔ̃] f Leidenschaft f

passionner [pasjɔne] <1> **I.** vt: **~ qn** *(personne)* jdn faszinieren **II.** vpr: **se ~ pour qc** sich für etw begeistern

passivité [pasivite] f Passivität f

passoire [pɑswaʀ] f Sieb nt

pastel [pastɛl] m *(crayon)* Pastellstift m

pastèque [pastɛk] f Wassermelone f

pasteur [pastœʀ] mf *(evangelischer)* Pfarrer m/*(evangelische)* Pfarrerin f

pastille [pastij] f ❶ PHARM **~ contre le mal de gorge** Halstablette f ❷ *(bonbon)* Bonbon m o nt ❸ AUT **~ verte** ≈ G-KAT-Plakette f

patate [patat] f *(fam)* Kartoffel f

pataugeoire [patoʒwaʀ] f Planschbecken nt

patauger [patoʒe] <2a> vi ❶ *(marcher)* waten ❷ *(s'empêtrer)* sich [vergeblich] abstrampeln *(fam)*

pâte [pat] f ❶ GASTR Teig m; **les ~s** die Nudeln pl ❷ *(substance molle)* Paste f

pâté [pate] m ❶ GASTR Pastete f; **~ de foie** Leberpastete f ❷ *(tache d'encre)* Tintenklecks m

paternel, -le [patɛʀnɛl] adj väterlich

paternité [patɛʀnite] f Vaterschaft f

pathétique [patɛtik] adj pathetisch

patient(e) [pasjɑ̃] **I.** adj geduldig **II.** m/f MED Patient(in) m(f)

patin [patɛ̃] m: **faire du ~ à glace/à roulettes** Schlittschuh m/Rollschuh m laufen

patinage [patinaʒ] m Eislaufen nt

patiner [patine] <1> vi ❶ *(personne)* Schlittschuh laufen ❷ *(glisser)* rutschen

patinoire [patinwaʀ] f Eisbahn f

pâtisserie [patisʀi] f ❶ *(magasin)* Konditorei f ❷ *(gâteaux)* Gebäck nt

patois [patwa] m *(lokale)* Mundart f

patrie [patʀi] f Heimat f

patrimoine [patʀimwan] m ❶ *(biens de famille)* Vermögen nt ❷ *(bien commun)* Erbe nt ❸ BIO **~ génétique** Erbgut nt

patron, -onne [patʀɔ̃] m, f ❶ Chef(in) m(f); *(d'un restaurant, café, hôtel)* Wirt(in) m(f)

P

⓿ (le patronat) **les ~s** die Arbeitgeber m **④** REL Schutzpatron(in)
m(f)

patte [pat] f **①** (d'un animal) Bein
nt **②** (extrémité) Pfote f

paumer [pome] <1> I. vt (fam)
verbummeln II. vpr (fam) **se ~**
(à pied) sich verlaufen

paupière [popjɛʀ] f [Augen]lid nt

pauvre [povʀ] adj **①** arm; (mobilier, vêtement) ärmlich **②** (argument, sourire) schwach

pauvreté [povʀəte] f Armut f

pavé [pave] m **①** (bloc, dalle)
Pflasterstein m **②** (revêtement)
[Straßen]pflaster nt

pavillon [pavijɔ̃] m **①** (dans un jardin) Pavillon m **②** NAUT Flagge f

payer [peje] <7> I. vt **①** (intérêt, loyer) zahlen; **~ comptant** [o **en liquide**] bar zahlen
② (offrir) **~ un coup à qn** (fam)
jdm einen ausgeben II. vi
① zahlen **②** (être rentable) sich
lohnen; (politique, tactique) sich
bezahlt machen III. vpr (fam:
s'offrir) **se ~ qc** sich (dat) etw
leisten

pays [pei] m **①** Land nt; **~ natal**
Heimatland nt; **~ membres de
l'UE** EU-Länder pl **②** (région na-
tale) Heimat f **③** (patrie) Vaterland nt **④** (terre d'élection) **le ~
du vin** das Land des Weins

paysage [peizaʒ] m Landschaft f

paysan(ne) [peizɑ̃] m(f) Bauer,
Bäuerin m/f

Pays-Bas [peiba] mpl: **les ~** die
Niederlande

PC [pese] m **①** abr de **personal**

computer PC m **②** abr de **parti
communiste** KP f

péage [peaʒ] m **①** (lieu) Gebüh-
renzahlstelle f; (sur autoroutes)
Mautstelle f **②** **à ~** gebühren-
pflichtig

peau [po] <x> f **①** Haut f **②** (cuir)
Leder nt **③** (d'une pomme,
orange) Schale f

pêche¹ [pɛʃ] f Pfirsich m

pêche² [pɛʃ] f **①** (profession)
Fischerei f **②** (loisir) Fischen nt; **aller à la ~** angeln
gehen **③** (période) Fangzeit f
④ (prises) Fang m

péché [peʃe] m Sünde f

pêcher [peʃe] <1> I. vi (avec une
canne) angeln II. vt **①** (être pêcheur de) fischen **②** (poissons,
crustacés) fangen **③** (fam: idée,
histoire) ausgraben

pécheur, -eresse [peʃœʀ] m,
Sünder(in) m(f)

pêcheur, -euse [peʃœʀ] m, f Fi-
scher(in) m(f)

pédale [pedal] f **①** a. MUS Pedal
nt; (d'une poubelle) Fußhebel m
② (péj fam: homosexuel)
Schwuchtel f

pédalo [pedalo] m Tretboot nt

pédant(e) [pedɑ̃] adj (péj) besser-
wisserisch

pédéraste [pederast] m Homo-
sexuelle(r) m

pédiatre [pedjatʀ] mf Kinderarzt
m/-ärztin f

peigne [pɛɲ] m Kamm m

peigner [peɲe] <1> vt, vpr: **se** **①**
[sich] kämmen

peignoir [peɲwaʀ] m Bademantel m

peindre [pɛ̃dʀ] <irr> *vt, vi* malen

peine [pɛn] I. *f* ❶ *(chagrin, douleur)* Kummer *m;* **avoir de la ~** traurig sein ❷ JUR Strafe *f* ❸ *(effort, difficulté)* Mühe *f;* **sans ~** mühelos II. *adv:* **à ~** kaum; *(tout au plus)* noch nicht einmal

peiner [pene] <1> I. *vi* Mühe haben II. *vt* ❶ *(nouvelle, refus)* traurig machen ❷ *(décevoir)* enttäuschen

peintre [pɛ̃tʀ] *mf* Maler(in) *m(f)*

peinture [pɛ̃tyʀ] *f* ❶ *(couleur)* Farbe *f* ❷ ART **à l'huile** Ölmalerei *f;* **~ sur soie** Seidenmalerei *f;* **~ sur verre** Glasmalerei *f* ❸ *(couche)* Anstrich *m*

pelage [pəlaʒ] *m* Fell *nt*

pelé(e) [pəle] *adj* kahl

peler [pəle] <4> I. *vi* ❶ *(peau, nez)* sich schälen ❷ *(fam: avoir froid)* sich *(dat)* einen abfrieren II. *vt* ❶ *(éplucher)* schälen

pèlerinage [pɛlʀinaʒ] *m* REL Wallfahrt *f;* **lieu de ~** Wallfahrtsort *m*

pelle [pɛl] *f* Schaufel *f*

pellicule [pelikyl] *f* ❶ PHOT, CINE Film *m*

pelouse [p(ə)luz] *f* Rasen *m*

peluche [p(ə)lyʃ] *f* ❶ *(jouet)* Plüschtier *m* ❷ *(poil)* Fussel *f o m*

pénaliser [penalize] <1> *vt a.* SPORT bestrafen

pénalité [penalite] *f* ❶ *(peine)* Strafgebühr *f* ❷ SPORT **coup de pied de ~** Strafstoß *m*

pencher [pɑ̃ʃe] <1> I. *vi* ❶ *(perdre l'équilibre)* zur [Seite] neigen ❷ *(ne pas être droit)* **être penché** *(mur, tour)* schief sein

❸ *(se courber vers)* **être penché sur qn/qc** sich über jdn/etw beugen II. *vt (bouteille, carafe)* schräg halten; *(table, chaise)* kippen; *(tête, en avant, sur qc)* beugen; *(en arrière)* zurücklegen II. *vpr (baisser)* **se ~** sich bücken; **se ~ par la fenêtre** sich zum Fenster hinauslehnen

pendant [pɑ̃dɑ̃] I. *prép* während +*gen;* **~ ce temps** währenddessen; **~ longtemps** lange Zeit hindurch; **~ la journée** tagsüber II. *konj:* **~ que ...** *(tandis que)* während ...; *(aussi longtemps que)* solange ...

pendentif [pɑ̃dɑ̃tif] *m* [Schmuck]anhänger *m*

pendre [pɑ̃dʀ] <14> I. *vi:* **~ à qc** an etw *(dat)* hängen II. *vt* ❶ *(accrocher)* aufhängen ❷ *(mettre à mort)* hängen III. *vpr (se suicider)* **se ~** sich erhängen

pendule [pɑ̃dyl] *f* Uhr *f*

pénétrant(e) [penetʀɑ̃] *adj* ❶ durchdringend ❷ *(odeur)* penetrant *(pej)*

pénétrer [penetʀe] <5> I. *vi (personne)* hineingehen; *(vent, odeur, cambrioleur)* eindringen II. *vt (personne)* durchdringen

pénible [penibl] *adj* ❶ *(travail, voyage)* anstrengend ❷ *(fam: personne)* unerträglich

péniblement [peniblәmɑ̃] *adv (difficilement)* mühsam

péniche [peniʃ] *f* Hausboot *nt*

pensée [pɑ̃se] *f* ❶ *(idée)* Gedanke *m* ❷ *(opinion)* Meinung *f* ❸ PHI-

LOS Denken nt ④ *(esprit)* Geist m
penser [pãse] <1> vt, vi denken
pension [pãsjõ] f ① *(allocation)*
Rente f ② *(internat)* Internat nt
③ *(hôtel, hébergement)* Pension
f; ~ **complète** Vollpension f
④ [**de famille**] [Familien]pension f

pente [pãt] f *(d'une route, d'un terrain)* Gefälle nt; *(d'un toit)* Schräge f

Pentecôte [pãtkot] f Pfingsten *(pl)*
pépé [pepe] m *(fam)* Opa m
perçant(e) [pɛʁsã] adj *(regard)*
stechend; *(voix)* schrill

perception [pɛʁsɛpsjõ] f Wahrnehmung f

percer [pɛʁse] <2> I. vi *(dent)*
durchkommen II. vt ① *(trou)* bohren; **être percé** *(vêtement, sac)* ein
Loch/Löcher haben ② *(mur, rocher, tôle)* durchbohren; *(oreille, tympan)* durchstechen

perche [pɛʁʃ] f Barsch m
perdre [pɛʁdʁ] <14> I. vt, vi verlieren II. vpr *(s'égarer)* **se** ~ *(à pied/en voiture)* sich verirren/verfahren

perdu(e) [pɛʁdy] adj ① verloren
② *(chien)* streunend ③ *(pays, endroit)* entlegen

père [pɛʁ] m ① Vater m; **Durand** ~
Durand senior ② REL Pater m;
Notre Père Vaterunser nt
③ ~ **Noël** Weihnachtsmann m

perfection [pɛʁfɛksjõ] f Perfektion f
perfectionner [pɛʁfɛksjɔne] <1>
vt, vpr: [**se**] ~ [sich] verbessern
perforeuse [pɛʁfɔʁøz] f Locher m
perfusion [pɛʁfyzjõ] f Infusion f

périmé(e) [peʁime] adj *(carte, passeport)* abgelaufen; *(billet)* verfallen

période [peʁjɔd] f ① *(époque)*
Zeit f ② *(espace de temps)*
Zeit[raum m] f; ~ **de fermeture
de la pêche** Schonzeit f [beim
Angeln]

périodique [peʁjɔdik] I. adj:
être ~ regelmäßig wiederkehren
II. m PRESSE Zeitschrift f

périphérique [peʁifeʁik] I. adj
(quartier) am Stadtrand II. m
① *(intérieur, extérieur)* Ring m
② INFORM Peripheriegerät nt

périssable [peʁisabl] adj leicht
verderblich

perle [pɛʁl] f Perle f
permanence [pɛʁmanãs] f
① ADMIN, MED Bereitschaftsdienst m ② *(d'un parti, syndicat)*
Geschäftsstelle f ③ **en** ~ ständig

permanent(e) [pɛʁmanã] adj
ständig; *(caractère, phénomène)*
beständig

permettre [pɛʁmɛtʁ] *‹irr›* vt erlauben; **vous permettez?** gestatten Sie?

permis [pɛʁmi] m ① *(permis de
conduire)* Führerschein m;
~**bateau** Bootsführerschein m
② *(licence)* ~ **de pêche** Angelschein m ③ *(autorisation)* ~ **de
séjour** Aufenthaltserlaubnis f

permission [pɛʁmisjõ] f Erlaubnis f
perpétuel(le) [pɛʁpetɥɛl] adj dauernd

perplexe [pɛʁplɛks] adj ratlos
perruque [peʁyk] f Perücke f
persécuter [pɛʁsekyte] <1> vt

verfolgen

persil [pɛʀsi] *m* Petersilie *f*

persister [pɛʀsiste] <1> *vi:* ~ **dans qc** (auf) etw (*dat*) bestehen; ~ **à faire qc** etw weiterhin tun

personnage [pɛʀsɔnaʒ] *m* ❶ ART, LITTER Figur *f*, Person *f* ❷ (*personnalité*) Persönlichkeit *f*

personnaliser [pɛʀsɔnalize] <1> *vt (adapter)* individuell gestalten

personnalité [pɛʀsɔnalite] *f* Persönlichkeit *f*

personne¹ [pɛʀsɔn] *f* ❶ *a.* LING Person *f;* **les ~s âgées** die Senioren *pl* ❷ (*être humain*) Mensch *m*

personne² [pɛʀsɔn] *pron* <1> *(opp: quelqu'un)* niemand; **ne ... ~** niemand, keiner ❷ *(quelqu'un)* jemand

personnel(le) [pɛʀsɔnɛl] I. *adj* ❶ *(individuel)* persönlich; *(objets)* des persönlichen Gebrauchs; *(biens, fortune)* Privat- ❷ LING persönlich II. *m(f)* Personal *nt*

perspective [pɛʀspɛktiv] *f* ❶ MATH, ART Perspektive *f* ❷ *(éventualité, horizon)* ~ **de qc** Aussicht *f* auf etw *(akk)* ❸ *(panorama)* Ausblick *m*

persuader [pɛʀsɥade] <1> *vt* überzeugen

perte [pɛʀt] *f* ❶ Verlust *m;* ~ **de temps** Zeitverschwendung *f* ❷ *pl (morts)* Verluste *pl*

pertinent(e) [pɛʀtinã] *adj* treffend

perturbation [pɛʀtyʀbasjɔ̃] *f* Störung *f*

pervers(e) [pɛʀvɛʀ] *adj* pervers

pesant(e) [pəzã] *adj* schwer

peser [pəze] <4> I. *vt, vpr (mesurer le poids)* **[se]** ~ **[sich]** wiegen II. *vt* ❶ schwer sein ❷ *(exercer une pression)* ~ **sur qc** auf etw *(akk)* drücken

pessimiste [pesimist] *adj* pessimistisch

peste [pɛst] *f* ❶ MED Pest *f* ❷ *(fig)* Plage *f*

pétanque [petãk] *f* Boulespiel *nt*

petit(e) [p(ə)ti] I. *adj* ❶ klein; **au ~ jour** bei Tagesanbruch ❷ *(heure, kilo, mètre)* knapp ❸ *(terme affectueux)* ~ **copain** [*o* **ami**] Freund *m* ❹ *(vin, année, cru)* einfach; *(santé)* schwach II. *adv* ❶ **~ voir** *(fig)* [zu] knapp rechnen ❷ **~ à** ~ allmählich

petit-déjeuner [p(ə)tideʒœne] <petits-déjeuners> *m* Frühstück *nt* **petite-fille** [p(ə)titfij] <petites-filles> *f* Enkelin *f* **~ petit-fils** [p(ə)tifis] <petits-fils> *m* Enkel *m* **petit-pois** [p(ə)tipwa] <petits-pois> *m* [grüne] Erbse

petits-enfants [p(ə)tizãfã] *mpl* Enkel[kinder] *pl*

pétrole [petʀɔl] *m* [Erd]öl *nt*

peu [pø] I. *adv* ❶ *(opp: beaucoup, très)* wenig; *avec un adj ou un adv* nicht sehr; ~ **avant/après** kurz davor/darauf; **depuis** ~ seit kurzem; ~ **de temps** wenig Zeit ❷ **~ à** ~ nach und nach; **à** ~ **près** ungefähr; **de** ~ [nur] knapp II. *pron.* ❶ *(peu de personnes)* wenige ❷ *(peu de choses)* wenig; **~ importe** das ist nicht so wichtig III. *m:* **le** ~ **de personnes/choses** die paar Menschen/Dinge

peuple [pœpl] *m* Volk *nt*

peur [pœr] *f* **①** **~ de qn/qc** Angst *f* vor jdm/etw; **avoir ~ que** +*subj* Angst haben, dass; **avoir ~ de** sich befürchten vor **②** **j'ai bien ~ que** ich befürchte sehr, dass; **prendre ~** Angst bekommen; **de ~** vor Angst

peut-être [pøtɛtr] *adv* **①** (*éventuellement*) vielleicht; **~ que ...** es kann sein, dass ... **②** (*marque de doute*) mag ja sein

phare [far] *m* **①** (*projecteur*) Scheinwerfer *m* **②** (*tour*) Leuchtturm *m*

pharmacie [farmasi] *f* Apotheke *f*

phase [faz] *f* Phase *f*

philosophe [filɔzɔf] *mf* Philosoph(in) *m(f)*

phonétique [fɔnetik] **I.** *f* **①** Phonetik *f* **②** (*transcription*) Lautschrift *f* **II.** *adj* phonetisch

photo [fɔto] *f* **①** *abr de* **photographie** **②** (*cliché*) Foto *nt*; **~ d'identité** Passfoto *nt* **③** (*art*) Fotografie *f*

photocopier [fɔtɔkɔpje] <1> *vt* [foto]kopieren

photographe [fɔtɔgraf] *mf* Fotograf(in) *m(f)*

photographie [fɔtɔgrafi] *f* Fotografie *f*

photomètre [fɔtɔmɛtr] *m* Belichtungsmesser *m*

phrase [fraz] *f* **①** Satz *m* **②** **~ toute faite** Redewendung *f*

physicien(ne) [fizisjɛ̃] *m(f)* Physiker(in) *m(f)*

physique [fizik] **I.** *adj* **①** physisch;

(*effort, fatigue*) körperlich; **éducation ~** Turnen *nt* **②** PHYS physikalisch; **sciences ~s** [die] Physik und [die] Chemie **II.** *m* (*aspect extérieur*) Äußere(s) *nt*; **avoir un beau ~** gut aussehen **III.** *f* Physik *f*

piano [pjano] **I.** *m* Klavier *nt*; **jouer du ~** Klavier spielen **II.** *adv* leise

pic [pik] *m* Bergspitze *f*

pickpocket [pikpɔkɛt] *m* Taschendieb *m*

picorer [pikɔre] <1> *vt, vi:* ~ [qc] (*animal*) [etw] picken; (*personne*) [etw] knabbern

pièce [pjɛs] *f* **①** Stück *nt*; (*d'un puzzle, appareil*) Teil *m* **②** (*document*) **~ d'identité** Personalausweis *m* **③** (*salle*) Zimmer *nt* **④** THEAT **~ de théâtre** Theaterstück *nt* **⑤** (*monnaie*) Münze *f*

pied [pje] *m* **①** Fuß *m*; **à ~** zu Fuß; **au ~!** bei Fuß! **②** (*support*) Bein *nt* **③** (*d'un lit*) Fußende *nt* **④** **des ~s à la tête** von Kopf bis Fuß

piège [pjɛʒ] *m* Falle *f*

pierre [pjɛr] *f* Stein *m*

pierreux, -euse [pjɛrø, -øz] *adj* steinig

piétiner [pjetine] <1> **I.** *vi* (*avancer péniblement*) kaum von der Stelle kommen **II.** *vt* (*fleurs*) zertrampeln

piéton(ne) [pjetɔ̃] *m(f)* Fußgänger(in) *m(f)*

pigeon [piʒɔ̃] *m* Taube *f*

pile¹ [pil] *f* **①** (*tas*) Stapel *m* **②** ELEC Batterie *f*

pile² [pil] *adv* (*avec précision*)

ganz pünktlich; *(au bon moment)* gerade richtig

pile³ [pil] *f:* ~ **ou face?** Kopf oder
Zahl?

pilote [pilɔt] **I.** *mf* **❶** AVIAT Pilot(in)
m(f) **❷** AUT [Renn]fahrer(in)
m(f) **❸** NAUT Lotse, Lotsin *m(f)*
II. *m* *(dispositif)* ~ **automatique** Autopilot *m* **❷** INFORM
Treiber *m*

piloter [pilɔte] <1> *vt* steuern

pilule [pilyl] *f* **❶** Pille *f* **❷** **la** ~ die
[Antibaby]pille *(fam)*; **la** ~ **du
lendemain** die Pille danach

piment [pimã] *m* GASTR Peperoni *f*

pimenter [pimãte] <1> *vt* GASTR
scharf würzen

pince [pɛ̃s] *f* **❶** TECH Zange *f*
❷ MED Pinzette *f* **❸** *(épingle)*
~ **à linge** Wäscheklammer *f*

pinceau [pɛ̃so] <x> *m* Pinsel *m*

pincer [pɛ̃se] <2> **I.** *vt* **❶** *(faire
mal)* ~ **qn** *(personne)* jdn kneifen
❷ *(lèvres)* aufeinanderpressen
II. *vpr* *(se serrer la peau)* **se** ~
sich zwicken; **se** ~ **le doigt** *(se
blesser)* sich *(dat)* den Finger
quetschen

pincette [pɛ̃sɛt] *f* Pinzette *f*

ping-pong [piŋpɔ̃g] *m inv* Tischtennis *nt*

pinotte [pinɔt] *f* CAN *(fam: cacahuète)* Erdnuss *f*

pion [pjɔ̃] *m* JEUX Stein *m*

pipe [pip] *f* Pfeife *f*

piquant [pikã] *m* **❶** *(épine)* Stachel
m; *(d'un rosier)* Dorn *m*

piquant(e) [pikã] *adj* **❶** *(goût,
sauce)* pikant **❷** *(bise, froid)*
schneidend

pique [pik] *m* JEUX Pik *nt*

pique-nique [piknik] <pique-
-niques> *m* Picknick *nt*

piquer [pike] <1> **I.** *vt* **❶** *(faire une
piqûre)* ~ **qn** *(personne, guêpe)*
jdn stechen; *(serpent, puce)* jdn
beißen **❷** *(fam: colère, crise)* kriegen **❸** *(fam: voler)* klauen **II.** *vi*
❶ *(moustique, aiguille)* stechen
❷ *(descendre)* ~ **sur qc** auf etw
(akk) niederstürzen **❸** *(ortie)*
brennen **III.** *vpr* **❶** *(se blesser)*
se ~ **avec une aiguille** sich
mit einer Nadel stechen **❷** *(se
faire une injection)* **se** ~ sich
spritzen; *(drogué)* spritzen *(fam)*

piquet [pikɛ] *m (pieu)* Pflock *m*;
(de tente) Hering *m*

piqûre [pikyʀ] *f* **❶** *(blessure)* Stich
m **❷** MED Spritze *f*

pirate [piʀat] **I.** *adj (bateau, radio)*
Piraten- **❷** NAUT Seeräu-
ber *m* **❸** AVIAT ~ **de l'air** Luft-
pirat(in) *m(f)*

pire [piʀ] **I.** *adj* schlimmer; **rien
de** ~ **que ...** nichts Schlimmeres
als ...; ~ **que ça** noch schlimmer
II. *m:* **le** ~ das Schlimmste; **au** ~
schlimmstenfalls

piscine [pisin] *f* ❶ Schwimmbad *nt*;
~ **à vagues** Wellenbad *nt*

pisser [pise] <1> *vi (fam)* pinkeln

pistache [pistaʃ] **I.** *f* Pistazie *f*
II. *adj inv* lindgrün

piste [pist] *f* **❶** a. MEDIA Spur *f*;
brouiller les ~**s** die Spuren ver-
wischen **❷** *(indice)* Hinweis *m*
❸ *(voie)* ~ **cyclable/cavalière**
Rad-/Reitweg *m* **❹** *(dans le désert, au ski)* Piste *f*; ~ **de ski de**

fond Loipe f

pistolet [pistɔlɛ] m *(arme)* Pistole f

piteux, -euse [pitø] adj erbärmlich; *(résultat)* kläglich

pitié [pitje] f Mitleid nt

piton [pitɔ̃] m ➊ *(crochet)* Haken m ➋ CAN *(touche)* Taste f

pitoyable [pitwajabl] adj ➊ *(aspect, état)* Mitleid erregend; *(personne)* bemitleidenswert ➋ *(piteux)* erbärmlich

pittoresque [pitɔʀɛsk] adj *(paysage, quartier)* malerisch

placarder [plakaʀde] <1> vt anschlagen

place [plas] f ➊ Platz m; **à la ~ de qc** an Stelle einer S. *(gen)*; **~ assise/debout** Sitz-/Stehplatz m; **y a-t-il encore une ~ [de] libre?** ist noch ein Platz frei?; ~ **côté fenêtre** Fensterplatz m ➋ *(endroit quelconque)* Stelle f; **tenir/prendre de la ~** [viel] Platz einnehmen ➌ *(billet)* Karte f ➍ *(emploi)* Stelle f

placer [plase] <2> I. vt ➊ *(mettre)* ~ **qc sur qc** *(verticalement/à plat)* etw auf etw *(akk)* stellen/ legen ➋ *(sentinelle)* aufstellen ➌ *(anecdote, remarque)* anbringen; **ne pas pouvoir ~ un mot** nicht zu Wort kommen II. vpr: **se** ~ *(s'installer)* irgendwo Platz nehmen

plafond [plafɔ̃] m Decke f

plage [plaʒ] f Strand m; ~ **de nudistes** FKK-Strand m

plaie [plɛ] f *(blessure)* Wunde f

plaindre [plɛ̃dʀ] <irr> I. vt *(personne)* bedauern; **je te plains**

du tust mir leid II. vpr ➊ *(se lamenter)* **se** ~ **de qc** über etw *(akk)* klagen ➋ *(protester)* **se** ~ **à qn** sich bei jdm beklagen

plaine [plɛn] f Ebene f

plainte [plɛ̃t] f ➊ a. JUR Klage f ➋ *(récrimination)* Beschwerde f

plaire [plɛʀ] <irr> vi: ~ **à qn** jdm gefallen; **s'il te/vous plaît** bitte

plaisanter [plɛzɑ̃te] <1> vi scherzen

plaisanterie [plɛzɑ̃tʀi] f ➊ *(blague)* Scherz m; **mauvaise ~** übler Scherz ➋ *(farce)* Streich m

plaisir [plɛziʀ] m ➊ Vergnügen nt; **faire** ~ **à qn** jdm Freude machen ➋ pl *(sentiment agréable)* Lustgefühl nt ➌ **avec [grand]** ~ mit [größtem] Vergnügen

plan [plɑ̃] m ➊ *(projet, représentation graphique)* Plan m; ~ **de la ville** Stadtplan m ➋ *(d'un livre)* Entwurf m ➌ MEDIA Aufnahme f

planche [plɑ̃ʃ] f ➊ Brett nt; **à repasser** Bügelbrett nt; **à découper** Schneidebrett nt; **à roulettes** Skateboard nt

plancher [plɑ̃ʃe] m Fußboden m

planer [plane] <1> vi ➊ *(oiseau)* schweben; *(avion)* gleiten ➋ *(fam: rêver)* in höheren Regionen schweben; *(sous l'effet d'une drogue)* high sein

planète [planɛt] f Planet m

plante [plɑ̃t] f Pflanze f

planter [plɑ̃te] <1> I. vt ➊ *(arbre, fleurs)* pflanzen ➋ *(enfoncer)* einschlagen ➌ *(tente)* aufschlagen II. vpr *(fam)* **se** ~ ➊ *(avoir un accident)* einen Unfall bauen *(fam)* ⓔ INFORM abstürzen

pl|aque [plak] *f* ❶ Platte *f*; *(d'une porte, rue)* Schild *nt*; **~ minéralogique** [*o d'immatriculation*] Nummernschild *nt*; **~ de nationalité** Nationalitätskennzeichen *nt* ❷ *(couche)* **~ de verglas** vereiste Stelle ❸ MED *(tache)* Fleck *m*

plaqué [plake] *m (bois)* Furnier *nt*; **en ~ or/argent** vergoldet/ versilbert

plastique [plastik] **I.** *m* Kunststoff *m*; **sous ~** in Plastik verpackt **II.** *adj inv:* **emballage ~** Plastikverpackung *f*

plat [pla] *m* ❶ *(récipient creux)* Schüssel *f*; *(récipient plat)* Schale *f* ❷ *(mets)* Gericht *nt*; **~ du jour** Tagesgericht *nt*; **~ de fait ~ à la poêle** Pfannengericht *nt*; **~ principal** Hauptspeise *f*

plat(e) [pla] *adj* ❶ flach; *(surface, terrain)* eben; *(mer)* glatt ❷ **être à ~** *(pneu)* platt sein; *(batterie)* leer sein

plateau [plato] <x> *m* ❶ *(support)* Tablett *nt* ❷ GASTR **~ de fruits de mer** Platte *f* mit Meeresfrüchten ❸ *(partie plate)* **~ d'une balance** Waagschale *f* ❹ GEO [Hoch]plateau *nt*

plate-forme [platfɔʀm] <plates-formes> *f* [Aussichts]plattform *f*

plâtre [platʀ] *m* Gips *m*

plausible [plozibl] *adj* plausibel

plein [plɛ̃] **I.** *adv* ❶ *(fam: beaucoup)* **~ d'argent** unheimlich viel Geld ❷ *(exactement)* **en ~ devant/sur/dans** *qc* genau vor/auf/in etw *(akk)* **II.** *m* Tank-

füllung *f*; **le ~, s'il vous plaît!** bitte volltanken!

plein(e) [plɛ̃] *adj* ❶ voll; *(journée)* ausgefüllt ❷ *(au plus fort de, au milieu de)* mitten in *(dat)* **en ~ soleil** in der prallen Sonne

pleinement [plɛnmã] *adv* voll [und ganz]

pleurer [plœʀe] <1> *vi* weinen

pleuvoir [pløvwaʀ] <irr> *vi:* **il pleut** es regnet

pli [pli] *m* Falte *f*

pliant(e) [plijã] *adj (lit, table)* Klapp-; **mètre ~** Zollstock *m*

plier [plije] <1> **I.** *vt* ❶ [zusammen]falten ❷ *(bras, jambe)* beugen **II.** *vi* ❶ *(se courber)* **~ sous** *qc* sich unter etw *(dat)* biegen ❷ *(céder)* nachgeben

plisser [plise] <1> *vt* ❶ *(couvrir de faux plis)* zerknittern ❷ *(yeux)* zusammenkneifen

plomb [plɔ̃] *m* ❶ *(métal)* Blei *nt* ❷ *(fusible)* Sicherung *f*

plombage [plɔ̃baʒ] *m* Plombe *f*

plombier [plɔ̃bje] *m* Installateur(in) *m(f)*

plongée [plɔ̃ʒe] *f* Tauchgang *m*; **faire de la ~** tauchen

plonger [plɔ̃ʒe] <2a> **I.** *vi* ❶ *(s'immerger)* tauchen ❷ *(faire un plongeon)* einen Kopfsprung machen **II.** *vpr:* **se ~ dans un projet** sich in ein Projekt stürzen

pluie [plɥi] *f* METEO Regen *m*

plume [plym] *f* Feder *f*

plupart [plypaʀ] *f* ❶ **la ~ [des élèves]** die meisten [Schüler]; **la ~ du temps** meistens

❶ **pour la** – größtenteils
pluriel [plyʀjɛl] *m* Plural *m*
plus¹ [ply] *adv* ❶ *(opp: encore)* **il n'est** – **très jeune er ist** noch nicht ganz jung; **il ne pleut** – **du tout es** regnet überhaupt nicht mehr; **il ne neige presque** – **es** schneit kaum noch; **il n'y a** – **personne es** ist niemand mehr da ❷ *(seulement encore)* **on n'attend que toi wir** warten nur noch auf dich ❸ *(pas plus que)* **moi non** – **ich** auch nicht; **[ne ...] pas non –** auch nicht

plus² [ply(s)] **I.** *adv* ❶ *(davantage)* **être** – **vieux que lui älter als er** sein; – **tard/tôt/près/lentement qu'hier später/früher/näher/langsamer als gestern** ❷ *(dans une comparaison)* **je lis** – **que toi ich** lese mehr als du ❸ *(très)* **elle est** – **que contente sie** ist überglücklich ❹ – **que jamais mehr denn je; ou moins mehr oder weniger; ni** – **ni moins nicht** mehr und nicht weniger **II.** *adv emploi superl* ❶ **le** – **rapide der schnellste; le** – **tard possible so spät** wie möglich; **le** – **possible de choses so viel/so viele Dinge** wie möglich ❷ **au** – **tôt/vite möglichst** früh/schnell

plus³ [plys] *adv* ❶ mehr; **pas** – mehr nicht; – **d'une heure** über eine Stunde ❷ – **de la moitié** mehr als die Hälfte; – ..., – ..., je mehr..., desto mehr...; – ..., **[et] moins... je** mehr..., desto

weniger... ❸ **[et] de** – **[und]** außerdem; **boire de** – **en** – **immer** mehr trinken; **en** – **dazu; en** – **zusätzlich; sans** – mehr davon

plus⁴ [plys] **I.** *konj* ❶ *(et)* plus; **2** – **2 font 4 2** plus 2 gibt 4 ❷ *(quantité positive)* **quatre degrés 4** Grad plus **II.** *m* MATH Plus *nt*

plusieurs [plyzjœʀ] **I.** *adj:* à – **reprises mehrmals;** – **fois mehrere Male II.** *pron* ❶ einige ❷ à – zu mehreren

plutôt [plyto] *adv* ❶ *(de préférence)* **prendre** – **l'avion eher das Flugzeug als ... nehmen** ❷ *(au lieu de)* – **que de** – **anstatt zu ...** ❸ *(assez)* **être** – **gentil eigentlich nett sein** ❹ *(fam: très)* unheimlich ❺ **ou** – oder besser gesagt

pluvieux, -euse [plyvjø, -jøz] *adj* regnerisch

pneu [pnø] *m* Reifen *m*; – **crevé** Platten *m*; – **neige Winterreifen** *m*

pneumatique [pnømatik] *adj (matelas)* Luft-

pneumonie [pnømɔni] *f* Lungenentzündung *f*

poche [pɔʃ] *f* Tasche *f*

poêle¹ [pwal] *f* GASTR [Brat]pfanne *f*

poêle² [pwal] *m* Ofen *m*

poème [pɔɛm] *m* Gedicht *nt*

poète [pɔɛt] *m* Dichter(in) *m(f)*

poétique [pɔetik] *adj* poetisch

poids [pwa] *m* ❶ Gewicht *nt* ❷ *(charge pénible)* Last *f* ❸ *(influence)* Einfluss *m* ❹ AUT – **lourd Lastwagen** *m*

poigne [pwaɲ] *f* Kraft *f* [in den

Händen]

poignée [pwaɲe] f ❶ (manche) Griff m; (dans le bus, la baignoire) Haltegriff m ❷ (quantité) **une ~ de riz** eine Hand voll Reis m

poignet [pwaɲε] m Handgelenk nt

poil [pwal] m ❶ ANAT [Körper]haar nt; **les ~s de la barbe** das Barthaar ❷ ZOOL Fell nt

poing [pwɛ̃] m Faust f

point [pwɛ̃] m ❶ Punkt m; **~ d'exclamation/d'interrogation** Ausrufe-/Fragezeichen nt ❷ (lieu) **~ de départ** Ausgangspunkt m ❸ GEO **les quatre ~s cardinaux** die vier Himmelsrichtungen ❹ **~ de vue** Aussichts[punkt m] f; (opinion) Ansicht f; **de ce ~ de vue** so gesehen; **~ noir** (comédon) Mitesser m; **à ~** (viande) medium; **au ~ mort** (moteur etc) im Leerlauf m

pointe [pwɛ̃t] f ❶ Spitze f ❷ (clou) Drahtstift m ❸ CAN (part) Stück nt ❹ **de** [o **en**] **~** führend

pointer [pwɛ̃te] <1> **I.** vi ❶ (chômeur) stempeln gehen ❷ (au jeu de boules) die Setzkugel anspielen ❸ INFORM **~ sur une icône** mit der Maus auf ein Icon zeigen **II.** vt (diriger vers) **son/le doigt sur qn** mit dem Finger auf jdn zeigen **III.** vpr (fam) **se ~** aufkreuzen

pointeur [pwɛ̃tœʀ] m INFORM **~ de la souris** Mauszeiger m

pointu(e) [pwɛ̃ty] adj ❶ (acéré) spitz ❷ (grêle et aigu) schrill ❸ (analyse) tiefschürfend

pointure [pwɛ̃tyʀ] f Größe f; **quelle est votre ~?** welche Größe haben Sie?

poire [pwaʀ] f Birne f

poireau [pwaʀo] <x> m Lauch m

pois [pwa] m Erbse f; **~ chiche** Kichererbse f

poison [pwazɔ̃] m Gift nt

poisseux, -euse [pwasø] adj klebrig

poisson [pwasɔ̃] m ❶ Fisch m ❷ **~ d'avril** Aprilscherz m

poissonnerie [pwasɔnʀi] f Fischgeschäft nt

poissonnier [pwasɔnje] m Fischhändler m

Poissons [pwasɔ̃] m Fisch m

poitrine [pwatʀin] f ❶ Brust f ❷ (seins) Busen m

poivre [pwavʀ] m Pfeffer m

poivron [pwavʀɔ̃] m Paprika[schote f]

polaire [pɔlɛʀ] adj (cercle) Polar-; (ours) Polar-

polaroïd [pɔlaʀɔid] m Sofortbildkamera f

pôle [pol] m Pol m; **Nord/Sud** Nord-/Südpol

poli(e) [pɔli] adj höflich

police [pɔlis] f Polizei f; **~ secours** Notruf m

policier, -ière [pɔlisje] **I.** adj (chien, état) Polizei-; (roman, film) Kriminal- **II.** m, f Polizist(in) m(f)

poliment [pɔlimɑ̃] adv höflich

polio/myélite [pɔljo(mjelit)] f Kinderlähmung f

politesse [pɔlitɛs] f Höflichkeit f

politicien(ne) [pɔlitisjɛ̃] m(f) Politiker(in) m(f)

politique [pɔlitik] **I.** adj politisch; (droits) staatsbürgerlich **II.** f Politik f

polluer [pɔlɥe] <1> **I.** vt verschmutzen **II.** vi die Umwelt verschmutzen

pollution [pɔlysjɔ̃] f Umweltverschmutzung f

Pologne [pɔlɔɲ] f: **la ~** Polen nt

polonais(e) [pɔlɔnɛ] adj polnisch

Polynésie française [pɔlinezifʁɑsɛz] f: **la ~** die französischen Südseeinseln

pommade [pɔmad] f Salbe f; **~ contre les brûlures** Brandsalbe f

pomme [pɔm] f ❶ (fruit) Apfel m ❷ (pomme de terre) **~s dauphines** Kroketten pl ❸ BOT **~ de pin** Tannenzapfen m ❹ ANAT **~ d'Adam** Adamsapfel m

pomme de terre [pɔmdətɛʁ] <pommes de terre> f Kartoffel f

pompe [pɔ̃p] f ❶ (machine) Pumpe f; **à essence** Zapfsäule f ❷ (fam: chaussure) Treter m ❸ SPORT (fam) Liegestütz m

pomper [pɔ̃pe] <1> vi (puiser) pumpen

pompier [pɔ̃pje] m Feuerwehrmann m

ponctualité [pɔ̃ktɥalite] f Pünktlichkeit f

ponctuation [pɔ̃ktɥasjɔ̃] f Zeichensetzung f

ponctuel(le) [pɔ̃ktɥɛl] adj ❶ (exact) pünktlich ❷ (momentané) punktuell

pondre [pɔ̃dʁ] <14> vt, vi legen

pont [pɔ̃] m ❶ ARCHIT Brücke f ❷ (vacances) verlängertes Wochenende ❸ NAUT Deck nt

populaire [pɔpylɛʁ] adj ❶ (république) Volks-; **bal ~** öffentliche Tanzveranstaltung f ❷ (quartier) Arbeiter- ❸ (qui plaît) populär

population [pɔpylasjɔ̃] f Bevölkerung f ❷ (d'une ville) Einwohner pl

porc [pɔʁ] m ❶ (a. péj) Schwein nt ❷ (viande) Schweinefleisch nt

porcelaine [pɔʁsəlɛn] f Porzellan nt

port[1] [pɔʁ] m ❶ Hafen m; **~ de pêche** Fischereihafen m ❷ INFORM Port m

port[2] [pɔʁ] m ❶ (d'un vêtement, casque, objet) Tragen nt; **~ obligatoire de la ceinture de sécurité** Anschnallpflicht f ❷ (d'une lettre) Porto nt; **~ dû/payé** unfrankiert/frankiert

portable [pɔʁtabl] **I.** adj tragbar **II.** m ❶ TELEC Handy nt ❷ INFORM Laptop m

portail [pɔʁtaj] <s> m a. INFORM Portal m

portant(e) [pɔʁtɑ̃] adj: **bien ~** gesund

porte [pɔʁt] f ❶ (ouverture, panneau mobile) Tür f; **~ automatique** automatische Tür; (plus grand) Tor nt; **~ de secours** Notausgang m; **~ d'embarquement** Flugsteig m ❷ (d'un château, d'une ville) Tor nt ❸ **journée; ~s ouvertes** Tag m der offenen Tür; **à la ~!** hinaus!

portée [pɔʀte] f ❶ *(distance)* Reichweite f ❷ *(d'un acte, événement)* Tragweite f ❸ MUS Notensystem nt

portefeuille [pɔʀtəfœj] m Brieftasche f

portemanteau [pɔʀtmɑ̃to] <x> m Garderobe f

porte-monnaie [pɔʀtmɔnɛ] m inv Geldbeutel m **porte-parole** [pɔʀtpaʀɔl] m inv *(personne)* Sprecher(in) m(f)

porter [pɔʀte] <1> I. vt ❶ tragen a. *(a. fig: apporter)* bringen; *(attention)* schenken ❷ *(diriger)* ~ qn/qc *(regard)* auf jdn/ etw richten ❸ *(nom, titre)* führen II. vi ❶ *(avoir pour objet)* ~ sur qc *(action, effort)* sich auf etw *(akk)* konzentrieren ❷ *(conseil, critique)* wirken ❸ *(reposer sur)* ~ sur qc *(accent)* auf etw *(dat)* liegen III. vpr ❶ *(aller)* **qn se porte bien/mal/comme un charme** jdm geht es gut/schlecht/blendend ❷ *(être porté)* **se** ~ *(vêtements)* getragen werden

porteur, -euse [pɔʀtœʀ] m, f Gepäckträger(in) m(f)

portier, -ière [pɔʀtje] m, f Portier m

portion [pɔʀsjɔ̃] f Portion f

portrait [pɔʀtʀɛ] m Porträt nt

portugais(e) [pɔʀtygɛ] adj portugiesisch

Portugais(e) [pɔʀtygɛ] m(f) Portugiese, Portugiesin m, f

Portugal [pɔʀtygal] m: **le** ~ Portugal nt

pose [poz] f *(attitude)* [Körper]haltung f

posemètre [pozmɛtʀ] m Belichtungsmesser m

poser [poze] <1> I. vt ❶ *(livre, main)* [hin]legen; *(échelle, bagages)* [hin]stellen; *(pieds)* [hin]setzen ❷ *(équation, principe)* aufstellen ❸ *(devinette)* aufgeben; *(question, condition)* stellen ❹ *(moquette)* verlegen; *(rideau, serrure)* anbringen; *(tapisserie)* ankleben II. vi: ~ **pour qn/qc** jdm/für etw Modell sitzen III. vpr ❶ *(exister)* **se** ~ *(question)* sich stellen; *(difficulté, problème)* sich auftauchen ❷ *(cesser de voler)* **se** ~ **sur qc** *(insecte, oiseau)* sich auf etw *(akk)* setzen ❸ *(se fixer)* **se** ~ **sur qc** *(regard, yeux)* sich auf etw *(akk)* richten

positif, -ive [pozitif] adj positiv

position [pozisjɔ̃] f ❶ Lage f; *(d'un objet)* Platz m; *(d'une personne)* Position f ❷ *(posture)* Stellung f

positivement [pozitivmɑ̃] adv positiv

posséder [pɔsede] <5> vt ❶ *(avoir)* besitzen ❷ *(expérience, talent)* verfügen über +akk ❸ *(fam: rouler)* hereinlegen

possession [pɔsesjɔ̃] f Besitz m

possibilité [pɔsibilite] f Möglichkeit f

possible [pɔsibl] I. adj möglich; *(projet)* durchführbar; **il est** ~ **que** +subj es ist möglich, dass; **autant que** ~ soweit das möglich ist II. m Mögliche(s) nt

poste[1] [pɔst] f Post f; ~ **principale**

Hauptpostamt nt; ~ **restante** postlagernd

poste² [pɔst] m ❶ Stelle f ❷ (appareil) Gerät nt; ~ **de radio/de télévision** Radio-/Fernsehapparat m ❸ (emplacement aménagé, lieu) ~ **frontière** Grenzübergang m

poster¹ [pɔste] <1> vt einwerfen

poster² [pɔstɛʀ] m Poster nt

postillon [pɔstijɔ̃] m Spucke f (fam)

pot [po] ❶ (en terre) Topf m; (en verre) Glas nt; (en métal) Dose f; (en plastique) Becher m; ~ **de crème** Dose f Creme ❷ ~ **d'échappement** Auspuff m

potable [pɔtabl] adj ❶ trinkbar; (eau) Trink-; **eau non ~!** kein Trinkwasser!

potage [pɔtaʒ] m Suppe f

poteau [pɔto] <x> m ❶ SPORT Pfosten m; ~ **des buts** [Tor]pfosten nt; ~ **indicateur** Wegweiser m

poterie [pɔtʀi] f ❶ (objet) Töpferware f ❷ (activité) Töpferei f

potiron [pɔtiʀɔ̃] m Kürbis m

pou [pu] <x> m Laus f

poubelle [pubɛl] f (dans la cuisine) Mülleimer m, Mistkübel m (ÖSTERR) (devant la porte) Mülltonne f

pouce [pus] m ❶ (doigt) Daumen m ❷ (mesure) Zoll m

poudre [pudʀ] f ❶ (fines particules) Pulver nt ❷ (produit cosmétique) [Gesichts]puder m

poule [pul] f (femelle du coq) Henne f

poulet [pulɛ] m ❶ ZOOL Huhn nt

❷ GASTR Hähnchen nt; ~ **rôti** Brathähnchen nt

pouls [pu] m Puls m

poumon [pumɔ̃] m Lunge f

poupée [pupe] f Puppe f

pour [puʀ] I. prép ❶ für +akk ❷ (contre) **la toux/le rhume** gegen Husten/Schnupfen ❸ **le moment** im Augenblick; ~ **Noël** zu Weihnachten; ~ **le plaisir de qn** zu jds Freude; **avoir ~ effet** zur Folge haben; ~ **autant que je sache** soviel ich weiß; ~ **faire qc** um etw zu tun II. m: **le ~ et le contre** das Für und [das] Wider

pourboire [puʀbwaʀ] m Trinkgeld nt

pourquoi [puʀkwa] I. konj ❶ warum ❷ **c'est ~** deshalb; **c'est ~?** was kann ich für Sie tun? II. adv warum; **voilà ~** deshalb III. m inv: **le ~ de qc** der Grund einer S. (gen)

pourri(e) [puʀi] adj ❶ (fruit, œuf) faul; (poisson, viande) verdorben ❷ (saison, temps) verregnet ❸ (personne, société) korrupt

pourrir [puʀiʀ] <8> vi (œuf) faul werden; (fruit) verfaulen; (viande, poisson) schlecht werden

poursuivre [puʀsɥivʀ] <irr> I. vt ❶ (personne, but) verfolgen ❷ (harceler) ~ **qn** (personne) jdn bedrängen ❸ (idéal) streben nach ❹ (continuer) fortsetzen II. vi ❶ (continuer) fortfahren ❷ (persévérer) weitermachen III. vpr: **se** ~ andauern; (enquête, grève) weitergeführt werden

pourtant [puʀtɑ̃] *adv* ➊ *(marque l'opposition, le regret)* dennoch ➋ *(marque l'étonnement)* [aber] doch

pourvu [puʀvy] *conj* ➊ *(souhait)* wenn ... nur ➋ *(condition)* **pourvu que** +*subj* vorausgesetzt, dass

pousser [puse] <1> **I.** *vt* ➊ *(déplacer)* schieben ➋ *(ouvrir/fermer)* auf-/zumachen ➌ *(bousculer)* stoßen ➍ *(inciter à)* ~ **qn à faire qc** jdn dazu bringen etw zu tun ➎ *(cri, soupir)* ausstoßen **II.** *vi* ➊ *(croître)* wachsen ➋ *(faire un effort pour accoucher)* pressen ➌ *(exercer une poussée)* drängen ➍ *(fam: exagérer)* übertreiben **III.** *vpr:* **se** ➊ *(s'écarter)* Platz machen ➋ *(se bousculer)* sich drängen

poussière [pusjɛʀ] *f* Staub *m*

poussiéreux, -euse [pusjeʀø] *adj* staubig

pouvoir¹ [puvwaʀ] <irr> **I.** *aux* ➊ *(être autorisé)* dürfen ➋ *(être capable de)* können ➌ *(éventualité)* **quel âge peut-il bien avoir?** wie alt er wohl sein mag? ➍ *(suggestion)* **tu aurais pu nous le dire plus tôt!** das hättest du uns früher sagen können! ➎ *(éventualité)* **cela peut arriver** das kann vorkommen **II.** *vt* ➊ **ne rien ~ [faire] pour qn** für jdn nichts tun können ➋ **je n'en peux plus!** ich kann nicht mehr!; **qn n'y peut rien** *(ne peut y porter remède)* jd kann nichts dagegen

tun; *(n'est pas responsable)* jd kann nichts dafür **III.** *vpr:* **il se pourrait que** +*subj* es könnte sein, dass

pouvoir² [puvwaʀ] *m* ➊ POL [regierende] Macht ➋ *(autorité)* ~ **sur qn** Macht *f* über jdn ➌ *(influence)* Einfluss *m* [auf jdn] ➍ POL, JUR *(organes de gestion)* [Staats]gewalt *f*; **~s publics** Staatsorgane *pl*

praline [pʀaline] *f:* ~ **grillée** gebrannte Mandel

pratique [pʀatik] **I.** *adj* praktisch **II.** *f* ➊ *(opp: théorie)* Praxis *f* ➋ *(expérience)* [praktische] Erfahrung

pratiquer [pʀatike] <1> **I.** *vt* *(métier)* ausüben; *(religion, méthode)* praktizieren; *(politique, sport)* betreiben **II.** *vi* MED praktizieren

pré [pʀe] *m* Wiese *f*

précaution [pʀekosjɔ̃] *f* ➊ *(disposition)* Vorsichtsmaßnahme *f* ➋ *(prudence)* Vorsicht *f*; **avec/ sans** ~ vorsichtig/unvorsichtig

précédent(e) [pʀesedɑ̃] *adj* vorhergehend; *(année)* vorige(r, s); **le jour** ~ am Vortag *m*

précéder [pʀesede] <5> *vt* ➊ ~ **qc** *(dans le temps)* einer S. *(dat)* vorangehen ➋ *(devancer)* ~ **qn** jdm vorangehen; *(en voiture)* vor jdm [her]fahren

prêcher [pʀeʃe] <1> *vi* REL predigen

précieusement [pʀesjøzmɑ̃] *adv* sorgsam

précieux, -euse [pʀesjø] *adj* wertvoll; *(temps)* kostbar

P

précipice [pʀesipis] *m* Abgrund *m*

précipitation [pʀesipitasjɔ̃] *f*
① *(hâte)* Hast *f* ② *pl* METEO Niederschläge *pl*

précipité(e) [pʀesipite] *adj (fuite, départ)* überstürzt; *(décision)* übereilt; *(personne)* voreilig

précis(e) [pʀesi] *adj* genau; *(diagnostic)* exakt; *(bruit, contours)* deutlich

précisément [pʀesizemɑ̃] *adv*
① *(au moment même)* gerade ② *(exactement)* genau; **plus ~** genauer gesagt

préciser [pʀesize] <1> **I.** *vt (point, fait)* genau(er) erklären; **~ que** klarstellen, dass **II.** *vpr:* **se ~** sich klarer abzeichnen; *(menace)* deutlicher werden

précision [pʀesizjɔ̃] *f* ① *(justesse)* Genauigkeit *f*; **avec ~** genau ③ *(des contours, d'un trait)* Deutlichkeit *f*

prédire [pʀediʀ] <irr> *vt* vorhersagen

préface [pʀefas] *f* Vorwort *nt*

préféré(e) [pʀefeʀe] *adj (ami)* beste(r, s); *(chanteur)* Lieblings-

préférer [pʀefeʀe] <5> *vt (aimer mieux)* bevorzugen; **~ qn à qn** jdn lieber mögen als jdn; **je préfère que** +*subj* mir ist es lieber, wenn; **si tu préfères ...** wenn es dir lieber ist ...

préjugé [pʀeʒyʒe] *m* Vorurteil *nt*

prélever [pʀel(ə)ve] <4> *vt (somme, pourcentage)* einbehalten; *(taxe)* abziehen; *(sang)* abnehmen

premier [pʀəmje] *m* ① *(aîné)* ers-

tes Kind ② *(jour)* **le ~ du mois/de l'an** am Monatsersten/Neujahrstag

premier, -ière [pʀəmje] *adj*
① *(opp: dernier)* erste(r, s); **en ~ lieu** zuerst; **dans les ~s temps** anfangs ② *(vocation)* eigentlich; *(objectif, rôle)* Haupt-

première [pʀəmjeʀ] *f* THEAT, CINE Premiere *f*

premièrement [pʀəmjeʀmɑ̃] *adv* erstens

prendre [pʀɑ̃dʀ] <13> **I.** *vt*
① nehmen; *(train, métro, ascenseur)* fahren mit ② *(médicament)* einnehmen; *(aller chercher)* abholen ③ *(gibier)* erlegen; *(poisson, mouches)* fangen ⑤ *(décision, précautions)* treffen ⑥ **~ qn sur le fait** jdn auf frischer Tat ertappen; **~ qn en photo** ein Foto von jdm machen; **~ des nouvelles de qn** nach jdm erkundigen; **~ froid** sich erkälten **II.** *vi* ① *(réussir)* **avec moi, ça ne prend pas!** *fam* das zieht bei mir nicht! ② *(feu)* angehen ② *(ciment, mayonnaise)* fest werden ④ *(se diriger)* **~ à gauche** *(personne)* [nach] links abbiegen; *(chemin)* nach links führen **III.** *vpr* ① *(s'accrocher)* **se ~ dans qc** in etw *(dat)* verfangen ② *(procéder)* **s'y ~ bien/mal avec qn** gut/schlecht mit jdm umgehen ③ *(en vouloir)* **s'en ~ à qn/qc** jdn/etw dafür verantwortlich machen ⑤ *(s'attaquer)* **s'en ~ à qn/qc** jdn/etw angreifen

prénom [pʀenɔ̃] *m* Vorname *m*

préoccuper [pʀeɔkype] <1> I. *vt:*
~ **qn** jdm Sorge bereiten; *(avenir, situation)* jdn beunruhigen
II. *vpr:* **se ~ de qn/qc** sich um jdn/etw sorgen

préparation [pʀepaʀasjɔ̃] *f*
❶ Vorbereitung *f;* *(d'un discours, plan)* Ausarbeitung *f;* *(d'un repas, poisson)* Zubereitung *f* ❷ CHIM, MED Präparat *nt*

préparer [pʀepaʀe] <1> I. *vt*
❶ vorbereiten ❷ *(thé, café)* zubereiten ❸ *(valise, malle)* [zusammen]packen; *(chambre, voiture)* herrichten ❹ *(bac, concours)* sich vorbereiten auf +*akk* II. *vpr* ❶ *(sortir)* sich fertig machen ❷ *(apprendre, s'entraîner)* **se ~ à qc** sich auf etw *(akk)* vorbereiten ❸ *(être sur le point de)* **se ~ à faire qc** sich anschicken etw zu tun *(geh)* ❹ *(devoir être préparé)* **se ~** *(examen, plan, voyage)* vorbereitet werden

préposition [pʀepozisjɔ̃] *f* Präposition *f*

près [pʀɛ] I. *adv* ❶ *(à une petite distance)* nah[e] ❷ *(dans peu de temps)* nahe; **être ~** *(événement, départ)* bevorstehen ❸ **à peu [de choses]** ~ beinahe; *(ressembler)* ziemlich; **de ~** *(voir, regarder)* aus der Nähe; *(frôler, approcher)* nahe; *(se suivre)* kurz hintereinander II. *prép* ❶ *(à côté de)* ~ **de qn/d'un lieu** in jds Nähe /in der Nähe eines Ortes ❷ *(à peu de temps de)* **être ~**

du but nahe am Ziel sein
❸ *(presque)* **~ de** fast

prescrire [pʀɛskʀiʀ] *<irr> vt* verschreiben

présence [pʀezɑ̃s] *f* Anwesenheit *f*

présent [pʀezɑ̃] *m* ❶ *(opp: passé)* Gegenwart *f* ❷ LING Präsens *nt*
❸ **à ~** jetzt; **à ~ que** jetzt, wo; **jusqu'à ~** bis jetzt

présent(e) [pʀezɑ̃] *adj* ❶ *(personne)* anwesend; **les personnes ~es** die Anwesenden ❷ *(circonstances, état)* gegenwärtig

présentable [pʀezɑ̃tabl] *adj:* **être ~** *(tenue, coiffure)* sich sehen lassen können

présentateur, -trice [pʀezɑ̃tatœʀ] *m, f* ❶ *(du journal télévisé)* [Nachrichten]sprecher(in) *m(f);* ❷ *(d'un programme)* Ansager(in) *m(f)*

présentation [pʀezɑ̃tasjɔ̃] *f*
❶ *(d'une collection, de tableaux)* Vorführung *f;* *(d'un problème, d'une idée)* Präsentation *f* ❷ RA-DIO, TV Moderation *f* ❸ *(aspect extérieur)* äußere[r] Erscheinung

présenter [pʀezɑ̃te] <1> I. *vt*
❶ vorstellen ❷ *(décrire)* ~ **qn/qc comme qn/qc** jdn/etw als jdn/etw darstellen ❸ *(billet, carte d'identité)* vorzeigen ❹ *(condoléances, félicitations)* aussprechen II. *vpr* ❶ *(décliner son identité)* **se ~ à qn** sich jdm vorstellen ❷ *(se rendre)* **se ~ chez qn** bei jdm vorbeikommen ❸ *(être candidat)* **se ~ à un examen** an einer Prüfung teilnehmen ❹ *(avoir un cer-*

tain aspect) **se ~ sous forme de
cachets** es als Tabletten geben

préservatif [pʀezɛʀvatif] *m*
(condom) Kondom *nt*

président(e) [pʀezidɑ̃] *m(f)*
❶ (d'une assemblée, d'un tribunal)
Präsident(in) *m(f)*; (d'une association, d'un comité) Vorsitzen-
de(r) *f(m)* ❷ (chef de l'État) **le
Président de la République
française** der französische
Staatspräsident

presqu'île [pʀɛskil] *f* Halbinsel *f*

presque [pʀɛsk] *adv* fast; **c'est ~
sûr** das ist so gut wie sicher

presse [pʀɛs] *f* Presse *f*

pressé(e)[1] [pʀɛse] *adj* (pas) eilig

pressé(e)[2] [pʀese] *adj* (citron)
(frisch) gepresst

presser[1] [pʀese] <1> I. *vt* (pas)
beschleunigen ❷ (temps)
drängen ❸ **ça presse!** (fam)
das/es ist dringend! III. *vpr:*
se ~ de faire qc sich beeilen
etw zu tun

presser[2] [pʀese] <1> I. *vt* ❶ (fruit)
auspressen ❷ (serrer) drücken
II. *vpr (se bousculer)* **se ~ vers
la sortie** zum Ausgang drängen

pressing [pʀesiŋ] *m* Wäscherei *f*

pression [pʀesjɔ̃] *f* ❶ Druck *m*
❷ (bière) vom Fass

prestige [pʀestiʒ] *m* Ansehen *nt*

prêt [pʀɛ] *m* (crédit) Darlehen *nt*

prêt(e) [pʀɛ] *adj* ❶ (préparé) fertig; tout est ~ alles ist vorbereitet ❷ (disposé) **~ à faire qc** bereit, etw zu tun

prétendre [pʀetɑ̃dʀ] <14> *vt* behaupten

prétentieux, -euse [pʀetɑ̃sjø] *adj*
(personne, ton) überheblich

prêter [pʀete] <1> I. *vt* ❶ (livre,
voiture) ausleihen; (argent) leihen
❷ (attribuer) **~ une intention à
qn** jdm eine Absicht unterstellen
II. *vi (donner matière à)* **~ à rire**
lachhaft sein III. *vpr (consentir)*
se ~ à un jeu bei einem Spiel
mitmachen

prétexte [pʀetɛkst] *m* Vorwand *m*

prêtre [pʀɛtʀ] *m* REL Priester *m*

preuve [pʀœv] *f* ❶ Beweis *m*
❷ **faire ~ de bonne volonté**
guten Willen zeigen

prévenir [pʀev(ə)niʀ] <9> I. *vt*
❶ (aviser) benachrichtigen
❷ (avertir) warnen II. *vi* Bescheid sagen

préventif, -ive [pʀevɑ̃tif] *adj* vor-
beugend; (médecine) Präventiv-

prévention [pʀevɑ̃sjɔ̃] *f (médicale)*
Vorsorge *f*

prévision [pʀevizjɔ̃] *f* ❶ (d'un
événement, phénomène) Vorher-
sehen *nt*; **~s météorologiques**
Wettervorhersage *f* ❷ *pl* ECON,
FIN Prognosen *pl*

prévoir [pʀevwaʀ] <irr> *vt*
❶ (anticiper l'avenir) vorherse-
hen ❷ (envisager) vorsehen

prier [pʀije] <1> I. *vt* ❶ REL **~ Dieu**
zu Gott beten ❷ (inviter, sollici-
ter) **~ qn de faire qc** jdn bitten
etw zu tun ❸ **je vous prie
d'agréer mes sincères sa-
lutations/sentiments les
meilleurs; je t'en/vous en prie**
(fais/faites donc) bitte sehr; (s'il

te/vous plaît) bitte; (il n'y a pas de quoi) keine Ursache! **II.** *vi* REL beten

prière [pʀijɛʀ] *f* ❶ REL Gebet *nt*; **faire sa ~** beten ❷ *(demande)* Bitte *f*

primaire [pʀimɛʀ] *m* SCOL Grundschule *f*

prime [pʀim] *f* ❶ *(allocation)* Prämie *f* ❷ *(somme à payer)* **~ d'assurance** Versicherungsprämie *f* ❸ **en ~** als Zugabe

prince, -esse [pʀɛ̃s, ɛs] *m, f* Fürst(in) *m(f)*; *(fils/fille ou femme de roi)* Prinz, Prinzessin *m, f*

principal [pʀɛ̃sipal] *m* *(l'important)* **le ~** das Wichtigste

principal(e) [pʀɛ̃sipal] <-aux> *adj* wichtigste(r, s); *(raison, rôle, proposition)* Haupt-

principalement [pʀɛ̃sipalmã] *adv* hauptsächlich

principauté [pʀɛ̃sipote] *f* Fürstentum *nt*

principe [pʀɛ̃sip] *m* Prinzip *nt*; *(règle de conduite a.)* Grundsatz *m*

printemps [pʀɛ̃tã] *m* Frühling *m*

prioritaire [pʀijɔʀitɛʀ] *adj* vorrangig; **être ~** *(véhicule, route)* Vorfahrt haben

priorité [pʀijɔʀite] *f* ❶ Priorität *f*; **en ~** als Erstes ❷ AUT **avoir la ~** Vorfahrt haben

pris(e) [pʀi] *adj* *(occupé)* **être ~** *(place)* besetzt sein

prise [pʀiz] *f* ❶ *(action de prendre avec les mains)* Griff *m* ❷ *(poignée, objet que l'on peut empoigner)* Halt *m* ❸ PÊCHE Fang *m*

❹ Buchse *f*; **~ de courant** Steckdose *f*; **~ multiple** Mehrfachsteckdose *f*; **~ de sang** Blutabnahme *f*

prison [pʀizɔ̃] *f* Gefängnis *nt*

prisonnier, -ière [pʀizɔnje] *m, f* Gefangene(r) *f(m)*

privé(e) [pʀive] *adj* *(opp: public)* privat; *(école, secteur)* Privat-

priver [pʀive] <1> **I.** *vt* ❶ *(refuser à)* entziehen; **~ qn de liberté** jdn seiner Freiheit berauben ❷ *(faire perdre à)* **qn/qc est privé de qc** jdm/einer S. fehlt etw ❸ *(frustrer)* **~ qn de qc** um etw bringen **II.** *vpr (renoncer)* **se ~ de qc** auf etw *(akk)* verzichten

privilège [pʀivilɛʒ] *m* Privileg *nt*

prix [pʀi] *m* ❶ Preis *m*; **à bas/moitié ~** billig/zum halben Preis; **hors de ~** unerschwinglich; **à aucun/tout ~** um keinen/jeden Preis; **~ au kilomètre** Kilometerpreis *m*; **~ du billet** Fahrpreis *m*; **~ forfaitaire** Pauschalpreis *m* ❷ *(distinction)* Auszeichnung *f*

probabilité [pʀɔbabilite] *f* Wahrscheinlichkeit *f*

probable [pʀɔbablə] *adj* wahrscheinlich

probablement [pʀɔbabləmã] *adv* wahrscheinlich

problématique [pʀɔblematik] **I.** *adj* problematisch **II.** *f* Problemstellung *f*

problème [pʀɔblɛm] *m* ❶ Problem *nt*; *(moral, philosophique)* Frage *f* ❷ SCOL Aufgabe *f*

P

procéder [pʀɔsede] <5> *vi (agir)*
verfahren

procès [pʀɔse] *m* Prozess *m*

procession [pʀɔsesjɔ̃] *f* Prozession *f*

prochain(e) [pʀɔʃɛ̃] *m(f)* Nächs-
te(r) *f(m)*

prochain(e) [pʀɔʃɛ̃] *adj* ❶ nächs-
te(r, s); **la ~ e fois** nächstes Mal
❷ *(arrivée, départ)* baldig

prochaine [pʀɔʃɛn] *f* ❶ *(station)* die nächste Haltestelle ❷ *(fois)* **à la ~!** bis zum
nächsten Mal!

prochainement [pʀɔʃɛnmɑ̃] *adv*
demnächst

proche [pʀɔʃ] **I.** *adj* ❶ nah[e]; *(départ)* bevorstehend; **la
ville la plus ~** die nächste Stadt
❷ *(sens)* verwandt **II.** *m/f* ❶ *(ami
intime)* Vertraute(r) *f(m)* ❷ *mpl
(parents)* **les ~ s de qn** jds Ange-
hörige *pl*

Proche-Orient [pʀɔʃɔʀjɑ̃] *m:* **le ~**
der Nahe Osten

proclamer [pʀɔklame] <1> *vt*
❶ *(vérité)* verkünden; *(innocence)*
beteuern ❷ *(république)* ausrufen

procurer [pʀɔkyʀe] <1> *vt:* **~ qc à
qn** jdm zu etw verhelfen

prodige [pʀɔdiʒ] *m (génie)* Genie
nt

producteur, -trice [pʀɔdyktœʀ] *m,
f* ❶ *a.* CINE, RADIO, TV Pro-
duzent(in) *m(f)* ❷ AGR Erzeu-
ger(in) *m(f)*

productif, -ive [pʀɔdyktif] *adj*
produktiv

production [pʀɔdyksjɔ̃] *f* ❶ Pro-
duktion *f* ❷ *(fabrication)* Her-

stellung *f* ❸ AGR Anbau *m*
❹ AGR Erzeugnisse *pl*

produire [pʀɔdɥiʀ] <irr> **I.** *vt*
❶ *(matières premières)* produzieren; *(électricité)* erzeugen ❷ AGR,
GEO ~ **qc** *(cultivateur)* etw anbau-
en; *(arbre)* etw tragen **II.** *vpr:*
se ~ ❶ *(survenir)* sich ereignen
❷ *(se montrer sur scène)* auftreten

produit [pʀɔdɥi] *m* ❶ Produkt *nt;*
~ **anti-moustique** Mückenschutz *m;* ~ **pour laver la vaisselle** Spülmittel *nt;* ~ CHIM, BIO
Mittel *nt;* ~ **de nettoyage** Putzmittel *nt* ❷ ECON ~ **brut** Bruttо-
ertrag *m*

prof [pʀɔf] *mf (fam) abr de* **professeur**

professeur [pʀɔfesœʀ] *mf* ❶ SCOL
Lehrer(in) *m(f)* ❷ UNIV *(avec
chaire)* Professor(in) *m(f)*

profession [pʀɔfesjɔ̃] *f* Beruf *m*

professionnel(le) [pʀɔfesjɔnɛl]
adj ❶ beruflich ❷ *(écrivain, journaliste)* berufsmäßig; *(menteur)*
ausgemacht ❸ *(compétent)* fach-
kundig

profil [pʀɔfil] *m* Profil *nt*

profit [pʀɔfi] *m (avantage)* Gewinn *m;* **au ~ de qn/qc** zu-
gunsten einer Person/S. *(gen)*

profiter [pʀɔfite] <1> *vi* profitieren

profond(e) [pʀɔfɔ̃] **I.** *adj* ❶ tief
❷ *(intérêt)* stark ❸ *(cause)* tiefe-
re(r, s); *(tendance)* unterschwellig **II.** *adv* tief

profondément [pʀɔfɔ̃demɑ̃] *adv*
❶ tief ❷ *(influencer, ressentir)*

stark; *(aimer)* innig ⑨ *(convaincu)* felsenfest

profondeur [prɔfɔdœr] f ❶ Tiefe f ❷ *(d'un regard)* Intensität f ❸ **en ~** gründlich

programmation f ❶ CINE, RADIO, TV Programmgestaltung f ❷ TECH, INFORM Programmierung f

programme [prɔgram] m ❶ Programm nt ❷ SCOL Lehrstoff m ❸ **tout un ~** ein weites Feld

programmer [prɔgrame] <1> vt ❶ MEDIA, CINE ins Programm nehmen ❷ *(journée, vacances)* vorausplanen ❸ *(calculatrice)* [vor]programmieren

progrès [prɔgrɛ] m Fortschritt m

progresser [prɔgrese] <1> vi ❶ *(s'améliorer)* Fortschritte machen ❷ *(avancer)* vorankommen

progressif, -ive [prɔgresif] adj ❶ *(évolution)* allmählich; *(développement)* schrittweise

proie [prwa] f ❶ *(opp: prédateur)* Beute f; **oiseau de ~** Raubvogel m ❷ *(victime)* Opfer nt

projet [prɔʒɛ] m ❶ *(intention)* Plan m ❷ *(ébauche)* Entwurf m

projeter [prɔʒ(ə)te] <3> vt ❶ *(faire un projet)* planen ❷ *(éjecter)* schleudern

prolétariat [prɔletarja] m Proletariat nt

prolonger [prɔlɔʒe] <2a> I. vt verlängern II. vpr: **se ~** *(effet, séance)* andauern

promenade [prɔm(ə)nad] f ❶ *(balade: à pied)* Spaziergang m; *(en bateau/voiture)* Boots-/Spazierfahrt f ❷ *(lieu où l'on se promène)* Promenade f

promener [prɔm(ə)ne] <4> vpr: **[aller] se ~** *(à pied)* spazieren gehen

promesse [prɔmɛs] f Versprechen nt

promettre [prɔmɛtr] *(irr)* vt *(s'engager à)* versprechen

promotion [prɔmosjɔ] f ❶ *(avancement)* Beförderung f ❷ *(produit en réclame)* Sonderangebot nt

pronom [prɔnɔ] m Pronomen nt

prononcer [prɔnɔse] <2> vt aussprechen

propagande [prɔpagɑd] f Propaganda f

propager [prɔpaʒe] <2a> I. vt *(idée, nouvelle)* verbreiten II. vpr: **se ~** *(épidémie, incendie)* sich ausbreiten

proportion [prɔpɔrsjɔ] f ❶ *(rapport)* [Größen]verhältnis nt; **être hors de ~ avec qc** in keinem Verhältnis zu etw stehen ❷ pl *(d'une recette)* Mengenangaben pl

proportionnellement [prɔpɔrsjɔnɛlmɑ] adv verhältnismäßig

propos [prɔpo] m ❶ Worte pl **à ce ~** dazu; **à quel ~ ?** weswegen?; **à ~** übrigens; **à ~ de qc** etw betreffend

proposer [prɔpoze] <1> vt ❶ *(soumettre)* vorschlagen ❷ *(marchandise, récompense)* anbieten

proposition [prɔpozisjɔ] f

P

① *(offre)* Vorschlag m **②** pl *(avances)* Annäherungsversuche pl

propre¹ [pʀɔpʀ] *adj* **①** sauber **②** *(non polluant)* umweltfreundlich

propre² [pʀɔpʀ] **I.** *adj* **①** *(à soi)* FIN eigen **②** *(sens)* eigentlich **II.** *m (particularité)* charakteristisches Kennzeichen

propreté [pʀɔpʀəte] f **①** Sauberkeit f **②** ECOL Umweltfreundlichkeit f

propriétaire [pʀɔpʀijetɛʀ] mf **①** *(possesseur)* Eigentümer(in) m(f), Besitzer(in) m(f); ~ **de la maison** Hausbesitzer(in) m(f) **②** *(opp: locataire)* Hauswirt(in) m(f)

propriété [pʀɔpʀijete] f **①** *(domaine, immeuble)* *(privates)* Anwesen **②** *(chose possédée)* Eigentum nt **③** *(qualité propre)* Eigenschaft f

prospectus [pʀɔspɛktys] m Prospekt m

prostitué(e) [pʀɔstitɥe] m(f) Prostituierte(r) f/m

protection [pʀɔtɛksjɔ̃] f **①** *(défense)* Schutz m; ~ **des monuments** Denkmalschutz m; ~ **solaire** Sonnenschutz m; **indice de** ~ Lichtschutzfaktor m **②** *(élément protecteur)* Schutzvorrichtung f

protéger [pʀɔteʒe] <2a, 5> vt, vpr **①** *(se) défendre)* **|se|** ~ **|sich|** schützen

protège-slip [pʀɔtɛʒslip] <protège-slips> m Slipeinlage f

protestant(e) [pʀɔtɛstɑ̃] adj protestantisch

protester [pʀɔtɛste] <1> vi protestieren

prothèse [pʀɔtɛz] f Prothese f

prouver [pʀuve] <1> vt **①** beweisen; *(reconnaissance)* erweisen

provenance [pʀɔv(ə)nɑ̃s] f **①** Herkunft f **②** **être en ~ de ...** aus ... kommen

provençal(e) [pʀɔvɑ̃sal] <-aux> adj provenzalisch

Provençal(e) [pʀɔvɑ̃sal] <-aux> m(f) Provenzale, Provenzalin m, f

proverbe [pʀɔvɛʀb] m Sprichwort nt

province [pʀɔvɛ̃s] f **①** Provinz f **②** **la Belle Province** Bezeichnung für die Provinz Quebec

provincial(e) [pʀɔvɛ̃sjal] <-aux> adj **①** *(air, manières)* provinziell; *(vie)* in der Provinz **②** CAN *(opp: fédéral)* auf der Provinzebene

provision [pʀɔvizjɔ̃] f **①** pl *(pour une excursion)* Proviant m **②** *(réserve)* ~ **d'eau** Wasservorrat m

provisoire [pʀɔvizwaʀ] adj provisorisch; *(solution, mesure)* vorläufig

provocation [pʀɔvɔkasjɔ̃] f *(défi)* Herausforderung f; **être de la** ~ provozieren

provoquer [pʀɔvɔke] <1> vt **①** *(causer)* verursachen; *(changement)* bewirken **②** *(défier)* herausfordern

prudence [pʀydɑ̃s] f Vorsicht f

prudent(e) [pʀydɑ̃] adj vorsichtig

prune [pʀyn] f Pflaume f

Prusse [pʀys] f HIST **la ~** Preußen nt

PS [pɛɛs] m ❶ abr de **Parti socialiste** Sozialistische Partei Frankreichs ❷ abr de **post-scriptum** PS nt

psychique [psifik] adj seelisch

psychologue [psikɔlɔg] mf Psychologe m, Psychologin f

PTT [petete] mpl abr de **Postes, Télégraphes, Téléphones** Post- und Fernmeldewesen nt

pub¹ [pyb] f (fam) abr de **publicité**

pub² [pœb] m (bar) Pub m ❶ nt

puberté [pybɛʀte] f Pubertät f

public, -ique [pyblik] ❶ adj (assistance) Publikum nt ❷ (tous) Allgemeinheit f; **en ~** (devant tout le monde) in aller Öffentlichkeit

public, -ique [pyblik] m ❶ öffentlich ❷ (de l'État) staatlich

publication [pyblikasjɔ̃] f Veröffentlichung f

publicité [pyblisite] f ❶ MEDIA (dans la presse) Werbung f; (à la radio, télé) Werbespot m ❷ (réclame, métier) Werbung f

publier [pyblije] <1> vt veröffentlichen; (nouvelle) bekanntgeben

publiquement [pyblikmɑ̃] adv öffentlich

puce [pys] f ❶ ZOOL Floh m; **le marché aux ~s** der Flohmarkt ❷ INFORM Chip m

pudique [pydik] adj (décent) schamhaft

puer [pɥe] <1> vi (péj) stinken

puis [pɥi] adv dann; **et ~ après?** (fam) na und?; **et ~** (en outre)
und dann [noch]

puisque [pɥisk(ə)] <puisqu'> konj da [ja]; **puisqu'il le faut!** wenn's denn sein muss!

puissance [pɥisɑ̃s] f ❶ (force) Kraft f; (d'un moteur) Leistungsfähigkeit f ❷ (État, pouvoir) Macht f

puissant(e) [pɥisɑ̃] adj ❶ stark ❷ POL, ECON mächtig ❸ (très efficace) wirksam

puits [pɥi] m (pour l'eau) Brunnen m

pull [pyl] m abr de **pull-over** (fam) Pulli m

pull-over [pylɔvɛʀ, pylɔvœʀ] <pull-overs> m Pullover m

punch [pœnʃ] m inv (dynamisme) Elan m

punir [pyniʀ] <8> vt bestrafen

punition [pynisjɔ̃] f (peine) Strafe f

pur(e) [pyʀ] adj rein; (air, eau, regard, profil) klar; (jeune fille) unschuldig

purée [pyʀe] f Püree nt

purement [pyʀmɑ̃] adv rein; **~ et simplement** [schlicht und] einfach

pureté [pyʀte] f Reinheit f; (de l'enfance) Unschuld f

purger [pyʀʒe] <2a> **I.** vt entleeren **II.** vpr: **se ~** ein Abführmittel nehmen

purifier [pyʀifje] <1> vt (air, atmosphère) reinigen

pus [py] m Eiter m

pyjama [piʒama] m Schlafanzug m

pyramide [piʀamid] f Pyramide f

Pyrénées [piʀene] fpl: **les ~** die Pyrenäen pl

P

Q q

Q, q [ky] *m inv* Q *nt*, q *nt*

qu' [k] *v.* que

qu'est-ce que [kɛskə] *pron* was

qu'est-ce qui [kɛski] *pron* was

quai [ke] *m* ❶ *(d'une gare)* Bahnsteig *m* ❷ *(accoster)* Kai *m* ❸ *(voie publique)* Uferstraße *f*

qualifier [kalifje] <1> *vpr:* **se ~** sich qualifizieren

qualitatif, -ive [kalitatif] *adj* qualitativ

qualité [kalite] *f* Qualität *f*

quand [kɑ̃] I. *adv* wann II. *konj* ❶ *(temporel: événement unique du passé ou du présent)* als ❷ *(fam: le moment où, le fait que)* wenn ❸ *(exclamatif)* **~ je pense que ...!** wenn ich daran denke, dass ...! ❹ **même** *(malgré cela)* trotzdem

quant [kɑ̃t] *prép:* **~ à qn/qc** was jdn/etw betrifft

quantitatif, -ive [kɑ̃titatif] *adj* quantitativ

quantité [kɑ̃tite] *f* Menge *f*; **[une] ~ de choses** eine Menge Dinge; **en ~** unzählig

quarantaine [kaʀɑ̃tɛn] *f* ❶ **une ~ de personnes/pages** etwa vierzig Personen/Seiten ❷ *(âge approximatif)* **avoir la ~** etwa vierzig [Jahre alt] sein ❸ MED Quarantäne *f*

quarante [kaʀɑ̃t] *num* ❶ vierzig ❷ *(dans l'indication des époques)* **les années ~** die

vierziger Jahre

quarantième [kaʀɑ̃tjɛm] I. *adj* vierzigste(r, s) II. *m (fraction)* Vierzigstel *nt*

quart [kaʀ] *m* ❶ Viertel *nt;* **trois ~s** drei Viertel; **~ d'heure/de finale** Viertelstunde *f*/-finale *nt* ❷ *(partie appréciable)* Großteil *m*

quartier [kaʀtje] *m* Viertel *nt*

quasi [kazi] *adv* fast; **~ mort** halbtot

quatorze [katɔʀz] *num* ❶ vierzehn ❷ *(dans l'indication de la date)* **le ~ mars** der vierzehnte März

quatorzième [katɔʀzjɛm] I. *adj* vierzehnte(r, s) II. *m (fraction)* Vierzehntel *nt*

quatre [katʀ(ə)] *num* ❶ vier ❷ *(dans l'indication de la date)* **le ~ mars** der vierte März

quatre-vingt-dix [katʀəvɛ̃dis] *num* ❶ neunzig ❷ *(dans l'indication des époques)* **les années ~** die neunziger Jahre

quatre-vingt-dixième [katʀəvɛ̃dizjɛm] <quatre-vingt-dixièmes> I. *adj* neunzigste(r, s) II. *m (fraction)* Neunzigstel *nt*

quatre-vingtième [katʀəvɛ̃tjɛm] <quatre-vingtièmes> I. *adj* achtzigste(r, s) II. *m (fraction)* Achtzigstel *nt*

quatre-vingt-onze [katʀəvɛ̃z] *num* einundneunzig

quatre-vingts [katʀəvɛ̃] *num*

① achtzig **②** *(dans l'indication des époques)* **les années ~** die achtziger Jahre

quatre-vingt-un, -une [katʀəvɛ̃œ̃] *num* einundachtzig

quatre-vingt-unième [katʀəvɛ̃ynjɛm] **I.** *adj* einundachtzigste(r, s) **II.** *m (fraction)* Einundachtzigstel *nt*

quatrième [katʀijɛm] *adj* vierte(r, s)

que [kə] <qu'> **I.** *konj* dass; **peut-être ~** vielleicht; **qu'est-ce ~ c'est?** was ist das?; **plus/moins/autre ... ~** mehr/weniger/anders ... als; **autant de ... ~** genauso viel(e) ... wie; **tel ~** [genau] so, wie; **ne ... ~** nur **II.** *adv (comme)* wie; **qu'est-ce ~ c'est beau!** wie schön das ist! **III.** *pron rel* **①** *(compl direct)* den/die/das **②** *(après une indication de temps)* **toutes les fois ~ ...** jedes Mal, wenn ... **IV.** *pron interrog:* **[qu'est-ce ~] ...?** was ...?; **ce ~** was

quel(le) [kɛl] **I.** *adj* **①** *(dans une question)* welche(r, s); **~ temps fait-il?** wie ist das Wetter? **②** *(exclamation)* was für eine(e); **~ dommage!** wie schade! **II.** *pron* welche(r, s)

quelconque [kɛlkɔ̃k] *adj (n'importe quel)* **un ~ ...** irgendein ...

quelqu'un [kɛlkœ̃] *pron* jemand

quelque [kɛlk] **I.** *adj* **①** *pl (plusieurs)* einige **~s fois où ...** die wenigen Male, die ... **II.** *adv:* **~ peu** ein wenig

quelque chose [kɛlkəʃoz] *pron* **①** etwas **②** **~ comme** etwa

quelquefois [kɛlkəfwa] *adv* manchmal

quelque part [kɛlkpaʀ] *adv:* **voir/ lire ~** irgendwo sehen/lesen

quelques-uns, -unes [kɛlkəzœ̃] *pron* einige

question [kɛstjɔ̃] *f* Frage *f*

questionner [kɛstjɔne] <1> *vt:* **~ qn sur qc** jdm zu etw Fragen stellen

queue [kø] *f* **①** *(a. fam)* Schwanz *m* **②** *(d'une casserole, poêle) a.* BOT Stiel *m;* **~ de billard** Queue *f* **③** *(file de personnes)* faire la **~** Schlange *f* stehen

qui [ki] **I.** *pron rel* **①** *(comme sujet)* der/die/das **②** *(comme compl)* la dame à **~ c'est arrivé ③** die Dame, der das passiert ist **③** *(celui qui)* wer **④** **~ que tu sois** ganz gleich, wer du bist **II.** *pron interrog:* **[est-ce que/qui]...?** wer/wen/wem ...?

quiconque [kikɔ̃k] **I.** *pron rel* jeder, der ... **II.** *pron indéf:* **je le sais mieux que ~** ich weiß es selbst am besten

qui est-ce que [kiɛskə] *pron* wen/wem

qui est-ce qui [kiɛski] *pron* wer

quille [kij] *f* Kegel *m;* **jeu de ~s** Kegeln *nt*

quincaillerie [quincaillerie] *f* Eisenwarengeschäft *nt*

quinzaine [kɛ̃zɛn] *f (environ quinze)* **une ~ de personnes/ pages** etwa fünfzehn Personen/

Q

Seiten ② *(deux semaines)* revenir dans une ~ *(de jours)* in
zwei Wochen wiederkommen
quinze [kɛ̃z] *num* ① fünfzehn;
tous les ~ jours alle vierzehn
Tage ② *(dans l'indication de la
date)* **le ~ mars** der fünfzehnte
März
quinzième [kɛ̃zjɛm] **I.** *adj* fünf-
zehnte(r, s) **II.** *m (fraction)* Fünf-
zehntel *nt*
quitter [kite] <1> *vt* ① verlassen;
ne quittez pas TELEC bleiben Sie
am Apparat ② *(programme)* beenden
quoi [kwa] **I.** *pron rel:* **à/de ~** ...

woran/worüber/womit/ ...;
après ~ ..., [und] danach ...;
de ~ faire qc etwas um etw zu
tun; **il n'y a pas de ~!** keine
Ursache!; **~ que ce soit** irgendetwas; **qu'il en soit** wie dem
auch sei; **~ que** ganz gleich, was
II. *pron interrog* ① **à/de ~** ...
woran/wozu/ ... ② *(fam:
qu'est-ce que)* was **III.** *interj:*
~! was!, ..., **~! eben** ...!
quoique [kwak(ə)] *konj* obwohl
quotidien [kɔtidjɛ̃] *m* ① *(journal)*
Tageszeitung *f* ② *(vie quoti-
dienne)* Alltag *m*

R r

R, r [ɛr] *m inv* R *nt*, r *nt;* **rouler
les r** das R rollen
raccommoder [rakɔmɔde] <1>
vt (chaussettes) flicken
raccompagner [rakɔ̃paɲe] <1>
vt begleiten
raccourci [rakursi] *m* Abkürzung *f*
raccourcir [rakursir] <8> **I.** *vt*
① kürzen **II.** *vi* kürzer werden
raccrocher [rakrɔʃe] <1> *vt*
① TELEC auflegen **II.** *vpr:* **se ~ à
qn/qc** sich an jdn/etw klammern
race [ras] *f* ① Rasse *f* ② *(sorte)*
Spezies *f*
racheter [raʃte] <4> **I.** *vt (acheter
en plus)* nachkaufen **II.** *vpr:* **se ~**
es wieder gutmachen

racine [rasin] *f* ① BOT Wurzel *f*
② *(cause)* Ursache *f*
racisme [rasism] *m* Rassismus *m*
raciste [rasist] *mf* Rassist(in) *m(f)*
raconter [rakɔ̃te] <1> *vt* erzählen
radiateur [radjatœr] *m* ① *(de
chauffage central)* Heizkörper
m ② AUT Kühler *m*
radical(e) [radikal] *<-aux> adj* radikal
radicaliser [radikalize] <1> *vt (position)* verhärten
radier [radje] <1> *vt* streichen
radieux, -euse [radjø] *adj* strahlend
radio [radjo] *f* ① Radio *nt;* **allu-
mer/éteindre la ~** das Radio

ein-/ausschalten ❷ *(radiodiffusion)* **passer à la ~** im Radio kommen

radio(graphie) [ʀadjo(gʀafi)] *f* ❶ Röntgen *nt*, Röntgenaufnahme *f*

radio(graphie) [ʀadjo(gʀafi)] *vt* MED *(malade, organe)* röntgen

radoucir [ʀadusiʀ] ‹8› *vpr:* **se ~** ❶ *(personne)* sich besänftigen ❷ *(temps)* sich bessern

rafale [ʀafal] *f* Bö[e] *f*

raffermir [ʀafɛʀmiʀ] ‹8› *vpr:* **se ~** ❶ *(voix)* fester werden; *(peau, tissu)* straffer werden

raffiné(e) [ʀafine] *adj* ❶ *(délicat)* edel ❷ *(personne)* subtil; *(coup)* raffiniert

raffiner [ʀafine] ‹1› *vt* ❶ *(pétrole, sucre)* raffinieren ❷ *(goût)* verfeinern

rafle [ʀafl] *f* Razzia *f*

rafraîchir [ʀafʀeʃiʀ] ‹8› *vpr:* **se ~** ❶ *(air, temps)* abkühlen ❷ *(boire)* sich erfrischen ❸ *(arranger sa toilette)* sich frisch machen

rafraîchissement [ʀafʀeʃismɑ̃] *m* ❶ *(boisson)* Erfrischung *f*

rage [ʀaʒ] *f* ❶ *(colère)* Wut *f* ❷ MED Tollwut *f*

ragot [ʀago] *m (fam)* Klatsch *m*

ragoût [ʀagu] *m* Ragout *nt*

raide [ʀɛd] **I.** *adj* ❶ *(corps, membre)* steif; *(cheveux)* glatt ❷ *(escalier, pente)* steil **II.** *adv* *(en pente)* steil

raie [ʀɛ] *f (ligne)* Streifen *m*

rail [ʀaj] *m* Schiene *f*

raisin [ʀɛzɛ̃] *m* Traube *f*; **~s secs** Rosinen *pl*

raison [ʀɛzɔ̃] *f* ❶ *(motif)* Grund *m*; **avoir ses ~s** seine Gründe haben ❷ *(sagesse)* Vernunft *f* ❸ *(facultés intellectuelles)* Verstand *m* ❹ **avoir ~** Recht haben; **pour quelle ~** weshalb

raisonnable [ʀɛzɔnabl] *adj* vernünftig

rajouter [ʀaʒute] ‹1› *vt* ❶ **~ qc à qc** etw zu etw hinzufügen *(sel, sucre)* hinzugeben ❷ **en ~** *(fam)* übertreiben

ralenti [ʀalɑ̃ti] *m* ❶ CINE, TV Zeitlupe *f* ❷ AUT Leerlauf *m*

ralentir [ʀalɑ̃tiʀ] ‹8› *vt, vpr:* **[se] ~** [sich] verlangsamen

rallonge [ʀalɔ̃ʒ] *f* Verlängerungskabel *nt*

rallonger [ʀalɔ̃ʒe] ‹2a› *vt* verlängern

ramasser [ʀamase] ‹1› *vt* ❶ *(champignons, coquillages)* sammeln; *(ordures, copies)* einsammeln ❷ *(chose tombée par terre)* aufheben

rame [ʀam] *f* Ruder *nt*

ramener [ʀamne] ‹4› *vt* ❶ zurückbringen ❷ *(amener avec soi)* mitbringen

ramer [ʀame] ‹1› *vi* rudern

rami [ʀami] *m* Rommee *nt*

rampe [ʀɑ̃p] *f* Rampe *f*, Handlauf *m*; **~ d'accès** Auffahrtrampe *f*

rancune [ʀɑ̃kyn] *f* ❶ **garder ~ à qn de qc** jdm etw nachtragen ❷ **sans ~** nichts für ungut!

randonnée [ʀɑ̃dɔne] *f*: **~ à pied/ skis/bicyclette** Wanderung *f*/ Ski-/Radtour *f*; **~ pour la journée** Tagestour *f*

rang [ʀɑ̃] *m* ❶ Reihe *f*; **en ~ par**

R

deux in Zweierreihen ❸ *(dans un classement)* Platz m

rangée [Rãʒe] f Reihe f

ranger [Rãʒe] <2a> I. vt aufräumen II. vpr: **se ~** ❶ *(piéton)* beiseitegehen ❷ *(se mettre en rang)* sich aufstellen

ranimer [Ranime] <1> vt *(personne)* wiederbeleben

râpe [Rɑp] f Reibe f

râper [Rɑpe] <1> vt reiben

rapide [Rapid] I. adj schnell; *(progrès, réponse)* rasch II. m *(train)* Schnellzug m

rapidement [Rapidmã] adv schnell; *(partir)* eilig

rappel [Rapɛl] m ❶ *(souvenir)* **~ de qc** Erinnerung f an etw *(akk)* ❷ *(d'un paiement)* Mahnung f ❸ *(panneau de signalisation)* Wiederholungsschild nt

rappeler [Rap(ə)le] <3> I. vt ❶ *(souvenir)* wachrufen; **~ qn/ qc à qn** jdn an jdn/etw erinnern ❷ a. TELEC zurückrufen II. vpr: **se ~ qn/qc** sich an jdn/etw erinnern

rapport [RapɔR] m ❶ *(lien)* Zusammenhang m; **~ qualité-prix** Preis-Leistungs-Verhältnis nt ❷ *(relations)* Beziehungen pl ❸ pl *(relations sexuelles)* Geschlechtsverkehr m ❹ *(compte rendu)* Bericht m ❺ **par ~ à qn/qc** im Vergleich zu jdm/etw

rapporter [RapɔRte] <1> I. vt ❶ *(rendre)* zurückbringen ❷ *(être profitable)* einbringen ❸ *(péj: répéter)* petzen II. vpr: **se ~ à qc** sich auf etw *(akk)* be-

ziehen

rapprocher [RapRɔʃe] <1> I. vt ❶ *(objets)* zusammenrücken ❷ *(idées, thèses)* annähern II. vpr ❶ *(approcher)* **se ~ de qn/qc** sich jdm/einer S. nähern ❷ *(sympathiser)* **se ~** sich näherkommen

raquette [Rakɛt] f Schläger m; **~ de tennis** Tennisschläger m

rare [RɑR] adj ❶ selten *(exceptionnel)* außergewöhnlich

rarement [RɑRmã] adv selten

raser [Rɑze] <1> vt, vpr *((se) tondre)* **[se] ~** [sich] rasieren

rasoir [RɑzwaR] m Rasierapparat m

rassembler [Rasãble] <1> I. vt *(documents, objets épars)* zusammentragen; **~ des personnes** *(personne)* um sich versammeln II. vpr: **se ~** *(participants)* sich versammeln

rasseoir [RaswaR] <irr> vpr: **se ~** sich wieder setzen

rassurer [RasyRe] <1> vt, vpr: **[se] ~** [sich] beruhigen

rat [Ra] m Ratte f

rater [Rate] <1> I. vt ❶ *(occasion, train)* verpassen ❷ *(examen)* nicht schaffen; **être raté·e** misslückt sein ❸ **ne pas ~ qn** sich *(dat)* jdn vornüpfen II. vi *(affaire, projet)* misslingen

ratifier [Ratifje] <1> vt ratifizieren

rationaliser [Rasjonalize] <1> vt rationalisieren

rattacher [Rataʃe] <1> vt *(renouer)* wieder anbinden; *(lacet)* wieder [zu]binden

rattraper [RatRape] <1> I. vt

① *(rejoindre)* einholen **②** *(temps perdu, retard)* wettmachen; *(sommeil)* nachholen **③** *(retenir)* auffangen; **~ qn par le bras** jdn am Arm fest halten **II.** *vpr* **①** *(se raccrocher)* **se ~ à qc** sich an etw *(dat)* fest halten **②** *(compenser)* **se ~** das Versäumte nachholen

ravage [ʀavaʒ] *m (dégâts)* Schäden *pl*

ravi(e) [ʀavi] *adj:* **être ~ de faire qc** erfreut sein etw zu tun

ravissant(e) [ʀavisã] *adj* bezaubernd

ravitailler [ʀavitaje] <1> **I.** *vt:* **~ en qc** mit etw versorgen **II.** *vpr:* **se ~ en qc** sich mit etw eindecken

rayé(e) [ʀeje] *adj* **①** gestreift **②** *(disque, vitre)* zerkratzt

rayer [ʀeje] <7> *vt* **①** *(disque, vitre)* zerkratzen **②** *(mot, nom)* durchstreichen; **~ de la liste** von der Liste streichen

rayon [ʀɛjɔ̃] *m* **①** *(faisceau)* Strahl *m* **②** *(distance)* Umkreis *m* **③** **~ de soleil** Sonnenschein *m*

rayonner [ʀɛjɔne] <1> *vi:* **~ de joie** vor Freude strahlen

ré [ʀe] *m inv* D *nt*, d *nt*

réaction [ʀeaksjɔ̃] *f:* **~ à qc** Reaktion *f* auf etw *(akk)*

réadapter [ʀeadapte] <1> *vpr (se réaccoutumer)* **se ~ à qc** sich wieder in etw *(akk)* eingliedern

réagir [ʀeaʒiʀ] <8> *vi* **①** *(répondre spontanément)* **~ à qc** auf etw *(akk)* reagieren **②** *(s'opposer à)* **~ contre qc** sich gegen etw *(akk)* wehren

réalisable [ʀealizabl] *adj* realisierbar

réalisateur, -trice [ʀealizatœʀ] *m*, *f* CINE, TV Regisseur(in) *m(f)*

réalisation [ʀealizasjɔ̃] *f* **①** *(exécution)* Verwirklichung *f* **②** CINE, RADIO, TV Regie *f*

réaliser [ʀealize] <1> **I.** *vt* **①** *(projet, rêve)* verwirklichen; *(désir)* erfüllen **②** *(travail)* ausführen **③** *(se rendre compte de)* sich über etw *(akk)* bewusst werden **II.** *vpr:* **se ~** *(vœu)* in Erfüllung gehen

réalité [ʀealite] *f* **①** *(réel)* Wirklichkeit *f* **②** *(chose réelle)* Tatsache *f* **③** **en ~** in Wirklichkeit

réanimation [ʀeanimasjɔ̃] *f* **①** Wiederbelebung *f* **②** **service de ~** Intensivstation *f*

rebours [ʀ(ə)buʀ] **à ~** rückwärts

récapituler [ʀekapityle] <1> *vt* noch einmal kurz zusammenfassen

récemment [ʀesamã] *adv* vor kurzem

récent(e) [ʀesã] *adj (événement, passé)* jüngste(r, s); **être ~** neu sein

réception [ʀesɛpsjɔ̃] *f* Empfang *m*; *(d'une entreprise)* Empfangsbüro *nt*

récession [ʀesesjɔ̃] *f* Rezession *f*

recette [ʀ(ə)sɛt] *f* **①** GASTR Rezept *nt* **②** *(secret, truc)* Patentrezept *nt*

receveur, -euse [ʀəs(ə)vœʀ] *m*, *f* MED Empfänger(in) *m(f)*

recevoir [ʀəs(ə)vwaʀ] <12> **I.** *vt* **①** erhalten **②** *(obtenir, percevoir)*

R

bekommen **❷** *(éducation)* genießen **❸** a. RADIO, TV empfangen; **~ qn à dîner** jdn zum Abendessen zu Gast haben **❹** *(avis, conseil)* annehmen; **être bien/mal reçu** gut/schlecht aufgenommen werden **II.** *vi* SPORT *(jouer sur son terrain)* Gastgeber sein

rechange [ʀ(ə)ʃɑ̃ʒ] *m:* **pièce de ~** Ersatzteil *nt*

recharge [ʀ(ə)ʃaʀʒ] *f (d'un produit d'entretien)* Nachfüllpackung *f; (d'un stylo à bille)* Ersatzmine *f*

recharger [ʀ(ə)ʃaʀʒe] <2a> *vt (briquet)* nachfüllen

rechargeur [ʀəʃaʀʒœʀ] *m* Ladegerät *nt*

réchaud [ʀeʃo] *m* Kocher *m;* **~ à gaz** Gaskocher *m*

réchauffer [ʀeʃofe] <1> **I.** *vt* GASTR aufwärmen **❷** *(corps, membres)* wärmen **II.** *vpr:* **se ~** *(personne)* sich wärmen; *(eau, planète)* sich erwärmen

recherche [ʀ(ə)ʃɛʀʃ] *f* **❶** Suche *f* **❷** *(enquête)* Nachforschung *f* **❸** MED, UNIV Forschung *f*

recherché(e) [ʀ(ə)ʃɛʀʃe] *adj* **❶** begehrt; *(produit)* gefragt **❷** *(expression, style)* gewählt

rechercher [ʀ(ə)ʃɛʀʃe] <1> *vt* suchen nach

récipient [ʀesipjɑ̃] *m* Behälter *m,* Gefäß *nt*

réciproque [ʀesipʀɔk] **I.** *adj* wechselseitig **II.** *f* Gleiche(s) *nt*

réciproquement [ʀesipʀɔkmɑ̃] *adv* gegenseitig; **et ~** und umgekehrt

récit [ʀesi] *m* Bericht *m*

réciter [ʀesite] <1> *vt (leçon, poème)* aufsagen

réclamation [ʀeklamasjɔ̃] *f* **❶** *(plainte)* Beschwerde *f,* Beanstandung *f* **❷** *(service)* **les ~s** für Reklamationen zuständige Stelle

réclame [ʀeklam] *f* **❶** Reklame *f* **❷** **en ~** im [Sonder]angebot

réclamer [ʀeklame] <1> **I.** *vt* **❶** *(aide, argent)* erbitten; *(silence, parole)* bitten um **II.** *vi* sich beschweren

récolte [ʀekɔlt] *f* Ernte *f*

récolter [ʀekɔlte] <1> *vt (a. fig)* ernten; *(argent)* sammeln

recommandable [ʀ(ə)kɔmɑ̃dabl] *adj* empfehlenswert

recommandation [ʀ(ə)kɔmɑ̃dasjɔ̃] *f* **❶** *(appui)* Empfehlung *f* **❷** *(conseil)* Rat *m*

recommandé [ʀ(ə)kɔmɑ̃de] *m* POST Einschreiben *nt*

recommander [ʀ(ə)kɔmɑ̃de] <1> *vt* **❶** *(conseiller)* empfehlen **❷** *(lettre, paquet)* per Einschreiben schicken

recommencer [ʀ(ə)kɔmɑ̃se] <2> *vt, vi (reprendre)* wieder anfangen

récompense [ʀekɔ̃pɑ̃s] *f* Belohnung *f*

récompenser [ʀekɔ̃pɑ̃se] <1> *vt (personne)* belohnen

recomposer [ʀ(ə)kɔ̃poze] <1> *vt (numéro de téléphone)* noch einmal wählen

reconnaissance [ʀ(ə)kɔnɛsɑ̃s] *f* **❶** *(gratitude)* Dankbarkeit *f* **❷** *(d'un pays, terrain)* Erkundung *f* **❸** INFORM **~ optique de carac-**

tères automatische Schriften-
erkennung; **~ vocale** Sprach-
erkennung f

reconnaissant(e) [ʀ(ə)kɔnɛsɑ̃]
adj dankbar

reconnaître [ʀ(ə)kɔnɛtʀ] <irr>
I. vt ① (identifier) erkennen ②
(innocence, qualité, droit) anerken-
nen; (erreur, faute) eingestehen
II. vpr ① (se retrouver) **se ~
dans qn/qc** sich in jdm/etw
wiedererkennen ② (être recon-
naissable) **se ~ à qc** etw (dat)
zu erkennen sein

reconnu(e) [ʀəkɔny] adj (chef, fait)
anerkannt

reconstituer [ʀ(ə)kɔ̃stitɥe] <1> vt
rekonstruieren; (généalogie) erstellen

reconstruction [ʀ(ə)kɔ̃stʀyksjɔ̃] f
Wiederaufbau m

reconvertir [ʀ(ə)kɔ̃vɛʀtiʀ] <8>
I. vt (adapter) **~ qn en qc** jdn
zu etw umrüsten II. vpr: **se ~
dans/en qc** auf etw (akk) umschulen

recopier [ʀ(ə)kɔpje] <1> vt
① (transcrire) abschreiben
② (mettre au propre) ins Reine
schreiben ③ INFORM kopieren

record [ʀ(ə)kɔʀ] I. m Rekord m
II. app inv: **en un temps ~** in
Rekordzeit

recoudre [ʀ(ə)kudʀ] <irr> vt
wieder annähen

recours [ʀ(ə)kuʀ] m ① (utilisation)
~ à qc Zurückgreifen nt auf etw
(akk) **avoir ~ à qn** sich an jdn
wenden ② (personne) Rettung f;
en dernier ~ als letzter Ausweg

recouvrir [ʀ(ə)kuvʀiʀ] <11> vt
① (fauteuil) beziehen; **~ qc**
(neige, givre) etw bedecken
② (couvrir à nouveau) **~ un enfant de qc** (personne) ein Kind
mit etw wieder zudecken

récréation [ʀekʀeasjɔ̃] f SCOL Pause f

recroqueviller [ʀ(ə)kʀɔk(ə)vije]
<1> vpr: **se ~** (fleur) welken

recta [ʀɛkta] adv prompt

rectangle [ʀɛktɑ̃gl] I. m Rechteck
nt II. adj (triangle) rechtwinklig

rectifier [ʀɛktifje] <1> vt (corriger)
berichtigen

rectiligne [ʀɛktiliɲ] adj gerade

reçu [ʀ(ə)sy] m Quittung f

reçu(e) [ʀ(ə)sy] adj ① (couramment admis) [allgemein] üblich;
idée ~ Vorurteil nt ② (candidat,
élève) erfolgreich

recueil [ʀəkœj] m (ensemble)
Sammlung f

recueillement [ʀ(ə)kœjmɑ̃] m Besinnung f; (religieux) Andacht f

recueillir [ʀ(ə)kœjiʀ] <irr> I. vt
① (documents, signatures) sammeln ② (accueillir) aufnehmen
II. vpr: **se ~ sur la tombe
d'un ami** eines Freundes an dessen Grab gedenken

reculer [ʀ(ə)kyle] <1> I. vi
① (véhicule) rückwärtsfahren
② (renoncer) klein beigeben;
faire ~ qn jdn abschrecken
II. vt (meuble) zurückschieben;
(mur) versetzen; (véhicule) zu-
rückfahren; (décision, échéance)
aufschieben III. vpr: **se ~** zu-
rücktreten; **recule-toi!** geh aus

R

dem Weg!

reculons [R(ə)kylɔ̃] **à** ~ rückwärts

récupération [Rekypeʀasjɔ̃] f ❶ *(des biens)* Wiedererlangung f ❷ *(de la chaleur)* Rückgewinnung f; *(des chiffons, du verre)* Wiederverwertung f; ~ **des vieux papiers** Altpapiersammlung f ❸ *(recouvrement)* Nachholen nt

récupérer [Rekypeʀe] <5> I. vi sich erholen II. vt ❶ *(argent, biens)* wiederbekommen ❷ *(fam: personne)* abholen

recyclage [R(ə)siklaʒ] m ECOL Wiederverwertung f; *(de l'eau)* Wiederaufbereitung f

recycler [R(ə)sikle] <1> I. vt ❶ *(déchets, verre)* recyceln; **papier recyclé** Umweltschutzpapier nt II. vpr *(se reconvertir)* **se** ~ **dans qc** auf etw *(akk)* umschulen

rédacteur, -trice [RedaktœR] m, f Redakteur(in) m(f)

rédaction [Redaksjɔ̃] f SCOL Aufsatz m

redescendre [R(ə)desɑ̃dR] <14> I. vi ❶ *(vu d'en haut)* wieder hinuntergehen; *(vu d'en bas)* wieder herunterkommen ❷ *(porter vers le bas)* [wieder] herunterholen II. vi ❸ *(baromètre, fièvre)* wieder fallen; *(marée)* zurückgehen

redistribuer [R(ə)distribye] <1> vt: ~ **qc à qn** etw an jdn verteilen

redonner [R(ə)dɔne] <1> vt ❶ *(redonner)* wiedergeben; *(nom)* noch einmal sagen ❷ *(resservir)* noch einmal servieren

redoubler [R(ə)duble] <1> I. vt ❶ SCOL wiederholen ❷ *(effort)* verdoppeln II. vi sitzen bleiben *(fam)*

redresser [R(ə)dRese] <1> I. vt ❶ *(buste, corps)* strecken; *(tête)* heben ❷ *(voiture)* geradeaus lenken II. vpr: **se** ~ *(se tenir très droit)* sich aufrichten

réduction [Redyksjɔ̃] f ❶ Verringerung f ❷ *(rabais)* ~**s jeunes** Ermäßigungen pl für Jugendliche; ~ **pour enfant** Kinderermäßigung f

réduire [RedɥiR] <irr> I. vt ❶ *(diminuer)* reduzieren ❷ *(transformer)* ~ **qc en bouillie** aus etw Brei machen ❸ GASTR einkochen II. vpr: **se** ~ **à qc** sich auf etw *(akk)* beschränken

réduit(e) [Redɥi] adj ❶ *(échelle, modèle)* verkleinert ❷ *(tarif)* ermäßigt

réel [Reɛl] m Realität f

réel(le) [Reɛl] adj ❶ *(véritable)* real; *(besoin)* tatsächlich

réellement [Reɛlmɑ̃] adv wirklich

refaire [R(ə)fɛR] <irr> vt ❶ *(plat, fautes)* wieder machen; *(lit)* machen ❷ **si c'était à** ~ wenn ich noch einmal von vorn anfangen könnte ❸ *(chambre)* renovieren

référence [Refeʀɑ̃s] f ❶ *(renvoi)* Bezug m; *(d'un texte)* Verweis m

refermer [R(ə)fɛʀme] <1> vt, vpr: **[se]** ~ **[sich]** [wieder] schließen

réfléchir [ReflefiR] <8> vi *(penser)* nachdenken; **tout bien réfléchi** bei genauerer Überlegung

réflexe [Reflɛks] m Reflex m

réflexion [Refleksjɔ̃] f ① (analyse) Betrachtung f ② (remarque désobligeante) [spitze] Bemerkung f ③ ~ **faite** (tout bien considéré) eigentlich

réflexologie plantaire [Refleksɔlɔʒiplɑ̃tɛʀ] f Fuß[reflexzonen]massage f

réforme [Refɔʀm] f Reform f

réformer [Refɔʀme] <1> vt (modifier) reformieren

refouler [R(ə)fule] <1> vt (réprimer) unterdrücken; (larmes) zurückhalten

refrain [R(ə)fʀɛ̃] m ① MUS Refrain m ② (rengaine) Lied nt

réfrigérateur [Refʀiʒeʀatœʀ] m Kühlschrank m, Eiskasten m (ÖSTERR)

refuge [R(ə)fyʒ] m Zuflucht f

réfugié(e) [Refyʒje] m(f) Flüchtling m

réfugier [Refyʒje] <1> vpr: se ~ **chez qn** sich zu jdm flüchten

refus [R(ə)fy] m (résistance) Weigerung f

refuser [R(ə)fyze] <1> I. vt, vi ablehnen; ~ **de faire qc** sich weigern, etw zu tun II. vpr (se priver de) ne rien se ~ (iron) sich was gönnen

régaler [Regale] <1> vpr ① (savourer) qn se régale de qc etw schmeckt einem ② (éprouver un grand plaisir) se ~ **en faisant qc** es genießen etw zu tun

regard [R(ə)gaʀ] m Blick m

regarder [R(ə)gaʀde] <1> I. vt ① ansehen ② (observer) beobachten; (mécanisme, film) sich (dat)

ansehen ③ ~ **sa montre** auf die Uhr sehen; **ça ne te regarde pas** das geht dich nichts an II. vi (s'appliquer à voir) zusehen; **bien ~** gut hinsehen III. vpr ① (se contempler) se ~ **dans qc** sich in etw (dat) betrachten ② (se mesurer du regard) se ~ (personnes) sich ansehen

régie [Reʒi] f ① CINE, THEAT, TV Aufnahmeleitung f ② TV, RADIO (local) Regieraum m

régime [Reʒim] m ① POL System nt ② MED Diät f

région [Reʒjɔ̃] f ① (contrée) Gegend f ② ADMIN Region f

régional(e) [Reʒjɔnal] <-aux> adj regional

régisseur, -euse [Reʒisœʀ] m, f ① CINE, TV Aufnahmeleiter(in) m(f) ② THEAT Inspizient(in) m(f)

registre [Raʒistʀ] m ① (livre) Schreibheft nt; **d'hôtel** Gästebuch m ② INFORM, MUS Register nt

règle [Regl] f ① a. JEUX Regel f; **en ~ générale** in der Regel ② (instrument) Lineal m ③ pl ANAT Regel f

règlement [Reglamɑ̃] m ① (discipline) Vorschriften pl ② (différend) ~ **de compte[s]** Abrechnung f ③ (paiement) Zahlung f

réglementer [Reglamɑ̃te] <1> vt gesetzlich regeln

régler [Regle] <5> I. vt ① (résoudre) regeln; (conflit, différend) beilegen; **c'est une affaire réglée** die Sache ist erledigt ② (payer) bezahlen ③ (circulation) regeln; *(montre)* stellen **II.** *vi* zahlen **III.** *vpr (se résoudre)* **se ~** *(affaire, question)* sich regeln lassen

réglisse [Reglis] **I.** *f (plante)* Süßholz *nt* **II.** *m o f (bâton)* Lakritze *f*

régner [Rene] <5> *vi* regieren

régresser [Regrese] <1> *vi* zurückgehen

regretter [R(ə)grete] <1> *vt, vi* bedauern

régulier, -ière [Regylje] *adj* **a.** LING regelmäßig; *(vie, habitudes)* geregelt **a.** *(résultats, vitesse)* gleich bleibend **a.** *(avion, train, ligne)* [fahr]planmäßig; **vol ~** Linienflug *m* **a.** *(légal)* vorschriftsmäßig

régulièrement [Regyljermã] *adv (périodiquement)* regelmäßig

réhausseur [Reoscœr] *m (dans la voiture)* Kindersitzerhöhung *f*

rein [Rɛ̃] *m* Niere *f* **a.** *pl (bas du dos)* Kreuz *nt*

reine [Rɛn] *f* **a.** Königin *f* **a.** JEUX Dame *f*

réintégrer [Rɛ̃tegre] <5> *vt (rétablir)* **~ qn dans la société** jdn wieder in die Gesellschaft eingliedern

réitérer [Reitere] <5> *vt* wiederholen

rejeter [Rəʒ(ə)te] <3> *vt* **a.** zurückweisen; *(personne)* verstoßen; *(nourriture)* wieder ausspucken **a.** *(se décharger sur* **~ sur qn** *(responsabilité)* auf jdn abwälzen **a.** *(tête)* zurückwerfen

rejoindre [Rəʒwɛ̃dR] *<irr>* **I.** *vt* **a.** *(personne)* *(rencontrer)* treffen;

(rattraper) einholen; **vas-y, je te rejoins** geh schon [voraus], ich komme nach **II.** *vpr:* **se ~** **a.** *(idées, points de vue)* übereinstimmen **a.** *(personnes)* sich treffen

réjouir [ReʒwiR] <8> *vpr* sich freuen; **se ~ à l'avance de** sich freuen auf

relâche [Rəlɑʃ] *f:* **sans ~** unermüdlich; *(travailler, harceler)* pausenlos

relâcher [R(ə)lɑʃe] <1> *vt (desserrer)* lockern; *(muscles)* entspannen

relais [R(ə)lɛ] *m* **a.** Staffel *f* **a.** **prendre le ~ de qn/qc** jdn/etw ablösen

relancer [R(ə)lɑ̃se] <2> *vt* **a.** *(donner un nouvel essor à)* wieder aufnehmen; *(économie, production)* wieder ankurbeln **a.** *(fam: harceler)* bedrängen; *(client, débiteur)* mahnen

relatif, -ive [R(ə)latif] *adj* **a.** *(opp: absolu)* relativ **a.** *(en liaison avec)* **être ~ à qn/qc** sich auf jdn/etw beziehen

relation [R(ə)lasjɔ̃] *f* **a.** *(rapport)* Beziehung *f*, Verhältnis *nt* **a.** *(lien logique)* Zusammenhang *m* **a.** *(personne de connaissance)* Bekannte(r) *f(m)* **a.** **en ~** in Verbindung

relativement [R(ə)lativmã] *adv* relativ

relaxer [R(ə)lakse] <1> *vpr:* **se ~** sich entspannen

relayer [R(ə)leje] <7> **I.** *vt (remplacer)* ablösen **II.** *vpr:* **se ~ pour faire qc** sich bei etw abwechseln

relève [R(ə)lɛv] *f* **a.** Ablösung *f*; **~ de**

la garde Wachablösung *f*

relevé [ʀəl(ə)ve] *m (de compte)* Auszug *m*

relevé(e) [ʀəl(ə)ve] *adj* GASTR gut gewürzt

relever [ʀəl(ə)ve] <4> I. *vt* ① *(blessé, objet tombé)* aufheben; ~ **qn** jdm hochhelfen ② *(siège)* höher stellen; *(cheveux)* hochstecken ③ *(adresse, renseignement)* notieren ④ *(dépendre de)* ~ **de la compétence de qn** in jds Zuständigkeit fallen III. *vpr:* **se** ~ *(se remettre debout)* [wieder] aufstehen

relief [ʀəljɛf] *m* ① Relief *nt;* **en** ~ *(carte)* Relief- ② **mettre qc en** ~ etw hervorheben

relier [ʀəlje] <1> *vt* ① *(personnes, choses)* [miteinander] verbinden ② *(livre)* binden

religieuse [ʀ(ə)liʒjøz] *f* ① REL Ordensschwester *f* ② GASTR Windbeutel

religieux [ʀ(ə)liʒjø] *m* Ordensgeistliche(r) *m*

religieux, -euse [ʀ(ə)liʒjø] *adj* religiös; *(cérémonie, mariage)* kirchlich; *(ordre)* geistlich

religion [ʀ(ə)liʒjɔ̃] *f* ① *(ensemble de croyances)* Religion *f* ② *(culte)* Glaube *m*

relire [ʀ(ə)liʀ] <irr> *vt* noch einmal lesen

reloger [ʀ(ə)lɔʒe] <2a> *vt:* ~ **qn** jdm eine neue Unterkunft besorgen

remarier [ʀ(ə)maʀje] <1> *vpr:* **se** ~ wieder heiraten

remarquable [ʀ(ə)maʀkabl] *adj* bemerkenswert

remarque [ʀ(ə)maʀk] *f* Bemerkung *f*

remarquer [ʀ(ə)maʀke] <1> I. *vt* bemerken II. *vpr:* **se** ~ auffallen

remastériser [ʀəmasteʀize] <1> *vt (disque)* digital neu aufnehmen

remballer [ʀɑ̃bale] <1> *vt (opp: déballer)* wieder einpacken

remboursement [ʀɑ̃buʀsəmɑ̃] *m* Rückzahlung *f;* **contre** ~ gegen Nachnahme

rembourser [ʀɑ̃buʀse] <1> *vt* [zurück]erstatten

remède [ʀ(ə)mɛd] *m* [Heil]mittel *nt*

remerciement [ʀ(ə)mɛʀsimɑ̃] *m* Dank *m;* **avec tous mes/nos remerciements** mit bestem Dank *(form)*

remercier [ʀ(ə)mɛʀsje] <1> *vt (dire merci à)* ~ **qn de qc** jdm für etw danken

remettre [ʀ(ə)mɛtʀ] <irr> I. *vt* ① *(replacer)* wieder zurückstellen; ~ **debout** wieder hinstellen ② *(rétablir)* ~ **à l'heure** *(montre)* [richtig] stellen; ~ **qn en liberté** jdn freilassen ③ *(donner)* [über]geben ④ *(ajourner)* ~ **à plus tard** aufschieben, auf später verschieben II. *vpr* ① *(recouvrer la santé)* **se** ~ sich erholen ② **se** ~ **à faire qc** wieder anfangen etw zu tun ③ *(se réconcilier)* **ils se sont remis ensemble** sie sind wieder zusammen

remise [ʀ(ə)miz] *f* ① Übergabe *f;* ~ **des clés** Schlüsselübergabe *f*

② *(rabais)* Nachlass m **③**; **~ de peine** Straferlass m; **~ en forme** Fitnesstraining nt; **~ en marche** Wieder-in-Gang-setzen nt

remonte-pente [ʀ(ə)mɔ̃tpɑ̃t] <remonte-pentes> m Schlepplift m; **~ pour enfants** Babylift m

remonter [ʀ(ə)mɔ̃te] <1> I. vi **①** *(monter à nouveau)* **~ dans une chambre/wieder von der Küche heraufkommen ②** *(reprendre place)* **~ à bicyclette** wieder Fahrrad fahren; **~ en voiture** wieder ins Auto steigen; **~ à bord** an Bord gehen **③** *(s'élever de nouveau)* [wieder] ansteigen **④** *(jupe, vêtement)* hochrutschen **⑤** *(dater de)* **cet incident remonte à quelques jours** dieser Zwischenfall liegt einige Tage zurück II. vt **①** *(parcourir à pieds)* wieder hinaufgehen; *(dans un véhicule)* hinauffahren **②** *(col)* hochschlagen; *(bas du pantalon, manches)* hochkrempeln **③** *(rapporter du bas)* **~ une bouteille de la cave** aus dem Keller eine Flasche heraufbringen **④ être remonté contre qn** *(fâché)* wütend auf jdn sein

remords [ʀ(ə)mɔʀ] m Schuldgefühl nt

remorque [ʀ(ə)mɔʀk] f *(d'un véhicule)* Anhänger m

remorquer [ʀ(ə)mɔʀke] <1> vt *(voiture)* abschleppen

rempart [ʀɑ̃paʀ] m *(d'une ville)* Stadtmauer f

remplacer [ʀɑ̃plase] <2> vt **①** ersetzen **②** *(personne)* vertreten

remplir [ʀɑ̃pliʀ] <8> I. vt **①** *(rendre plein)* **~ de qc** mit etw füllen *(journée, formulaire, chèque)* ausfüllen *(page)* vollschreiben **②** *(mission, contrat)* erfüllen II. vpr: **se ~ de personnes** sich mit Menschen füllen

remporter [ʀɑ̃pɔʀte] <1> vt **①** *(reprendre)* wieder mitnehmen **②** *(championnat, prix)* gewinnen

remuer [ʀəmɥe] <1> I. vi sich bewegen II. vt **①** bewegen; **~ la queue** mit dem Schwanz wedeln **②** *(café)* umrühren **③** *(émouvoir)* ergreifen III. vpr: **se ~** *(faire des efforts)* sich bemühen

renaissance [ʀ(ə)nɛsɑ̃s] f **①** Wiedergeburt f **②** HIST, ART **la Renaissance** die Renaissance

renard [ʀ(ə)naʀ] m Fuchs m

rencontre [ʀɑ̃kɔ̃tʀ] f **①** *(fait de se rencontrer)* Begegnung f **②** *(entrevue)* Zusammenkunft f; *(réunion)* Treffen nt **③** SPORT Spiel nt

rencontrer [ʀɑ̃kɔ̃tʀe] <1> vt, vpr *((se) croiser)* [se] **~** [sich] begegnen

rendez-vous [ʀɑ̃devu] m inv **①** *(rencontre officielle)* **avoir ~** einen Termin haben; **donner ~ à qn/prendre ~ avec qn** mit jdm einen Termin ausmachen **②** *(rencontre avec un ami)* Verabredung f; **~ à 8 heures** wir treffen uns um 8 Uhr ❷ *(rencontre entre amoureux)* Rendezvous nt ❸ *(lieu de rencontre)* Treffpunkt m

rendre [RᾶdR] <14> **I.** vt ❶ zurückgeben ❷ *(devoir)* abgeben; **~ la monnaie sur 50 euros** auf 50 Euro herausgeben ❸ *(liberté)* wiederschenken ❹ *(faire devenir)* **~ plus facile** leichter machen; **~ public** veröffentlichen **II.** vi *(vomir)* sich übergeben **III.** vpr *(capituler)* **se ~** sich ergeben ❷ *(aller)* **se ~ chez qn/à son travail** zu jdm/ zur Arbeit gehen

renfermer [RᾶfɛRme] <1> **I.** vt enthalten **II.** vpr: **se ~ sur soi- -même** sich in sich *(akk)* zurückziehen

renier [Rənje] <1> vt verleugnen; *(idée, passé)* leugnen

renifler [R(ə)nifle] <1> **I.** vi schnüffeln **II.** vt *(sentir)* riechen

renommée [R(ə)nɔme] f ❶ *(célébrité)* Renommee nt ❷ *(réputation)* Ruf m

renoncer [R(ə)nɔ̃se] <2> vi: **~ à qc** auf etw akk verzichten

renouveler [R(ə)nuv(ə)le] <3> **I.** vt ❶ *(remplacer)* erneuern ❷ *(répéter)* **une offre à qn** gegenüber ein Angebot wiederholen ❸ *(bail, passeport)* verlängern **II.** vpr: **se ~** ❶ *(être remplacé)* ausgewechselt werden; *(peau, cellule)* sich erneuern ❷ *(se produire)* sich wiederholen

rénover [Renɔve] <1> vt renovieren

renseignement [Rᾶsɛɲmᾶ] m ❶ Auskunft f; **les ~s** TELEC die Auskunft ❷ MIL Geheimdienst m

renseigner [Rᾶsɛɲe] <1> vt, vpr: **|se|** ~ |sich| informieren

rentrée [Rᾶtre] f ❶ SCOL Schuljahresbeginn m ❷ UNIV Semesterbeginn m ❸ *(après les vacances d'été)* **à la ~** nach der Sommerpause

rentrer [Rᾶtre] <1> **I.** vi ❶ *(retourner chez soi)* nach Hause gehen ❷ *(revenir chez soi)* nach Hause kommen ❸ *(entrer à nouveau)* zurückgehen ❹ *(s'insérer)* **dans une valise** in einen Koffer hineinpassen; **~ les uns dans les autres** *(tubes)* sich ineinanderstecken lassen ❺ *(percuter)* **~ dans qc** *(conducteur)* gegen etw fahren **II.** vt ❶ *(ramener à l'intérieur)* hineinbringen; *(foin)* einbringen ❷ *(enfoncer)* **~ la clé dans la serrure** den Schlüssel in das Schloss stecken **III.** vpr: **se ~ dedans** zusammenstoßen

renversant(e) [RᾶvɛRsᾶ] adj *(fam)* umwerfend

renverse [RᾶvɛRs] f: **tomber à la ~** hintenüber fallen

renversement [RᾶvɛRsəmᾶ] m ❶ *(changement complet)* Verkehrung f ins Gegenteil; *(de tendance)* Umschwung m ❷ POL *(par un coup d'État)* Umsturz m

renverser [RᾶvɛRse] <1> vt ❶ *(faire tomber)* **qn/qc** jdn/ etw umstoßen; *(voiture, vélo)* jdn/ etw umfahren ❷ *(répandre)* ver-

R

schütten

renvoi [Rᾶvwa] m ❶ *(licenciement)* Entlassung f ❷ SCOL, UNIV Verweisung f ❸ **avoir des ~s** aufstoßen müssen

renvoyer [Rᾶvwaje] <6> vt ❶ *(envoyer à nouveau)* noch einmal schicken ❷ SPORT zurückspielen ❸ *(ascenseur)* zurückschicken ❹ *(ajourner)* **~ à plus tard** auf später vertagen

réorganiser [ReɔRganize] <1> I. vt umorganisieren II. vpr: **se ~** sich neu organisieren

réouverture [ReuvɛRtyR] f Wiedereröffnung f

répandre [RepᾶdR] <14> I. vt ❶ *(liquide)* schütten ❷ *(odeur, nouvelle)* verbreiten II. vpr: **se ~** ❶ *(s'écouler)* sich ergießen ❷ *(se disperser)* sich verteilen ❸ *(épidémie)* sich ausbreiten

réparable [RepaRabl] adj *(panne, objet)* reparabel; *(faute, perte)* wiedergutmachen

reparaître [RᵊpaRɛtR] <irr> vi ❶ *(se montrer de nouveau)* wieder auftauchen ❷ *(journal, livre)* wieder erscheinen

réparation [RepaRasjɔ̃] f ❶ *(remise en état)* Reparatur f ❷ *(dédommagement)* Entschädigung f

réparer [RepaRe] <1> vt ❶ *(remettre en état)* reparieren; *(maison)* instand setzen ❷ *(rattraper)* wiedergutmachen

reparler [RᵊpaRle] <1> I. vi **~ de qn/qc** auf jdn/etw zurückkommen ❷ **on en reparlera** *(fam)* darüber unterhalten wir

uns später nochmal II. vpr: **se ~** wieder miteinander sprechen

repartir [RᵊpaRtiR] <10> vi ❶ *(voyageur)* wieder aufbrechen; *(véhicule)* weiterfahren ❷ *(s'en retourner)* wieder zurückkehren ❸ *(moteur)* wieder anspringen

répartir [RepaRtiR] <10> I. vt *(bénéfice)* aufteilen; **~ en groupes** in Gruppen einteilen II. vpr ❶ *(se partager)* **se ~ qc** etw unter sich aufteilen ❷ *(être partagé)* **se ~** verteilt werden ❸ *(se diviser)* **se ~ en groupes** sich in Gruppen *(auf)*teilen

répartition [RepaRtisjɔ̃] f ❶ *(partage)* Verteilung f ❷ *(d'une crème, lotion)* Auftragen nt ❸ *(de pièces, salles)* Anordnung f

repas [Rᵊpa] m ❶ Essen nt ❷ *(fait de manger)* Mahlzeit f

repasser¹ [Rᵊpase] <1> vt, vi bügeln

repasser² [Rᵊpase] <1> I. vi ❶ *(revenir)* noch einmal vorbeikommen ❷ *(re)* noch einmal laufen II. vt ❶ *(franchir de nouveau)* von neuem überqueren ❷ *(examen)* wiederholen

repenti(e) [Rᵊpᾶti] adj *(buveur, fumeur)* ehemalig

repentir [RᵊpᾶtiR] I. m Reue f II. vpr: **se ~ d'avoir fait qc** bereuen etw getan zu haben

repérer [RepeRe] <5> I. vt *(fam: découvrir)* ausfindig machen; **se faire ~** sich verraten II. vpr *(fam)* **se ~ dans qc** sich in etw *(dat)* zurechtfinden

répertoire [RepɛRtwaR] m

R

① *a.* INFORM Verzeichnis *nt* **②** *(carnet)* Register *nt*

répéter [Repete] <5> *vt, vi, vpr:* [se] ~ [sich] wiederholen

répétitif, -ive [Repetitif] *adj* sich ständig wiederholend

répétition [Repetisjɔ̃] **①** Wiederholung *f* **②** THEAT, MUS Probe *f*

replacer [R(ə)plase] <2> *vt (remettre à sa place)* zurückstellen/-legen

repli [Rəpli] *m* **①** *pl (d'un drapeau)* Falten *pl* **②** *(retraite)* Rückzug *m*

replier [R(ə)plije] <1> **I.** *vt* **①** *(journal, carte)* wieder zusammenfalten **②** *(jambes, pattes)* anwinkeln; *(ailes)* wieder anlegen **II.** *vpr* **①** *(faire retraite)* **se** ~ sich zurückziehen **②** *(se renfermer)* **se** ~ **sur soi-même** sich abkapseln

réplique [Replik] *f* **①** *a.* THEAT Antwort *f* **②** *(objection)* ~ **à qc** Einwand *m* gegen etw **③** ART Nachbildung *f*

répliquer [Replike] <1> *vi* **①** *(répondre)* erwidern **②** *(protester)* protestieren

répondant [Repɔ̃dɑ̃] *m (garant)* Bürge *m*

répondeur [Repɔ̃dœR] *m* Anrufbeantworter *m*

répondre [Repɔ̃dR] <14> *vt, vi* antworten

réponse [Repɔ̃s] *f:* ~ **à qc** Antwort *f* auf etw *akk*

reportage [R(ə)pɔRtaʒ] *m* Reportage *f*

reporter¹ [R(ə)pɔRte] <1> **I.** *vt* **①** *(date)* verschieben **II.** *vpr:* **se** ~ **à qc** sich auf etw *(akk)* beziehen

reporter, -trice [R(ə)pɔRtɛR] *m, f* Reporter(in) *m(f)*

repos [R(ə)po] *m* **①** *(détente)* Ruhe *f* **②** *(congé)* **prendre un jour de** ~ einen Tag frei nehmen

reposer¹ [R(ə)poze] <1> **I.** *vt (poser à nouveau)* zurückstellen **II.** *vi (être fondé sur)* ~ **sur qc** sich auf etw *(akk)* stützen

reposer² [R(ə)poze] <1> **I.** *vt (délasser)* entspannen **II.** *vpr (se délasser)* **se** ~ sich ausruhen

repousser¹ [R(ə)puse] <1> **①** *(attaque, agresseur)* abwehren **②** *(demande)* abschlagen **③** *(meuble)* wieder zurückschieben

repousser² [R(ə)puse] *vi (croître de nouveau)* nachwachsen

reprendre [R(ə)pRɑ̃dR] <13> **I.** *vt* **①** *(employé)* wieder einstellen; *(objet prêté)* zurücknehmen **②** *(contact, habitudes, travail)* wieder aufnehmen **③** *(recommencer)* ~ **le récit de qc** etw noch einmal berichten **④** **on ne m'y reprendra plus** das passiert mir nicht noch einmal **II.** *vi* **①** *(affaires)* wieder besser gehen; *(vie)* wieder seinen Gang gehen **②** *(douleurs, pluie)* wieder einsetzen; *(conversation)* wieder aufgenommen werden **③** *(enchaîner)* fortfahren **④** *(répéter)* **je reprends:** ... ich wiederhole: ... **III.** *vpr (se ressaisir)* **se** ~ sich *(akk)* wieder fangen

représentant(e) [R(ə)pRezɑ̃tɑ̃] *m(f)* Vertreter(in) *m(f)*

représentation [R(ə)pRezɑ̃tasjɔ̃] *f*

R

THEAT Vorstellung f
représenter [R(ə)pRezɑ̃te] <1>
I. *vt* ❶ *(décrire)* darstellen ❷ *(autorité)* verkörpern ❸ JUR, POL, COM vertreten II. *vpr* ❶ *(s'imaginer)* **se ~** sich *(dat)* vorstellen ❷ *(survenir à nouveau)* **se ~ à qn** *(occasion, possibilité)* sich jdm noch einmal bieten

repris de justice [R(ə)pRid (ə)ʒystis] *m inv* Vorbestrafte(r) *f(m)*
reproche [R(ə)pRɔʃ] *m* Vorwurf *m*
reprocher [R(ə)pRɔʃe] <1> I. *vt (faire grief de)* vorwerfen II. *vpr:* **se ~ qc** sich *(dat)* Vorwürfe wegen etw machen
reproduction [R(ə)pRɔdyksjɔ̃] *f (copie)* Reproduktion *f*
reproduire [R(ə)pRɔdyiR] <irr> *vpr:* **se ~** *(se répéter)* sich wiederholen
républicain(e) [Repyblikɛ̃] *adj* republikanisch
république [Repyblik] *f* Republik *f*
répugnant(e) [Repynɑ̃] *adj* widerlich
réputation [Repytasjɔ̃] *f* Ruf *m*
requête [Rəkɛt] *f* INFORM Abfrage *f*
réquisitionner [Rekizisjɔne] <1> *vt (biens)* beschlagnahmen
réseau [Rezo] <x> *m* ❶ INFORM Netz *nt;* **le ~ Internet** das Internet
réservation [RezɛRvasjɔ̃] *f* Reservierung *f*
réserve [RezɛRv] *f* ❶ *(provision)* Vorrat *m* ❷ *(lieu protégé)* **~ naturelle** Naturschutzgebiet *nt*

réservé(e) [Rezɛrve] *adj* ❶ *(discret)* zurückhaltend ❷ *(limité à certains)* **~ aux handicapés** nur für Behinderte
réserver [Rezɛrve] <1> I. *vt* ❶ *(place)* freihalten ❷ *(retenir)* reservieren II. *vpr (se ménager)* **se ~ pour le dessert** sich *(dat)* seinen Appetit für den Nachtisch aufheben
réservoir [Rezɛrvwar] *m* Tank *m*
résidence [Rezidɑ̃s] *f* ❶ *(domicile)* Wohnsitz *m* ❷ *(pour les vacances: appartement)* Ferienwohnung *f* ❸ *(immeuble)* Wohnanlage *f*
résider [Rezide] <1> *vi (habiter)* wohnen
résigner [Reziɲe] <1> *vpr:* **se ~** resignieren
résilier [Rezilje] <1> *vt* kündigen
résistance [Rezistɑ̃s] *f (opposition)* Widerstand *m;* **la Résistance** HIST die Resistance
résistant(e) [Rezistɑ̃] *adj (couleur, matériau)* haltbar
résister [Reziste] <1> *vi* ❶ *(s'opposer)* **~ à qn** sich gegen jdn wehren; **~ à un désir** einem Verlangen widerstehen ❷ *(supporter)* **qc résiste à qc** etw hält einer S. *(dat)* stand
résolu(e) [Rezɔly] *adj (air, personne)* entschlossen; *(ton)* bestimmt
résolution [Rezɔlysjɔ̃] *f* ❶ *(décision)* Beschluss *m* ❷ INFORM Auflösung *f*
résonance [Rezɔnɑ̃s] *f* ❶ *(répercussion)* Resonanz *f* ❷ *(connotation)* Anklang *m*

résonner [Rezɔne] <1> vi hallen

résoudre [Rezudr] <irr> vt (conflit, problème) lösen

respect [Respɛ] m: ~ **de qn/qc** Respekt m vor jdm/etw; **par ~ pour qn/qc** aus Achtung vor jdm/etw

respecter [Respɛkte] <1> vt ❶ (avoir des égards pour) achten; **se faire ~** sich (dat) Respekt verschaffen ❷ (forme, tradition) wahren

respectivement [Respɛktivmã] adv jeweils

respirer [Respire] <1> vi (inspirer) atmen; **respirez fort!** tief einatmen!

responsabilité [Respɔsabilite] f ❶ (culpabilité) Verantwortung f ❷ JUR Haftung f; (assurance) Haftpflichtversicherung f ❸ (charge de responsable) **avoir des ~s** Verantwortung tragen

responsable [Respɔsabl] adj ❶ (coupable, chargé de) **être ~ de qc** für etw verantwortlich sein ❷ (civilement, pénalement) haftbar ❸ (personne) verantwortungsbewusst

ressemblance [R(ə)sãblãs] f Ähnlichkeit f

ressembler [R(ə)sãble] <1> I. vi (a. fam) **à qn** jdm ähnlich sehen II. vpr (être semblables physiquement) **se ~** sich ähnlich sehen

ressentir [R(ə)sãtir] <10> vt empfinden; (coup) spüren

resserrer [R(ə)sere] <1> I. vt (boulon, vis) nachziehen; (nœud) fest

ziehen II. vpr: **se ~** enger werden

ressource [R(ə)surs] f pl (moyens) Mittel pl; ~s **naturelles** Bodenschätze pl

ressusciter [Resysite] <1> REL I. vi: **être ressuscité** auferstanden sein II. vt zum Leben erwecken

restant [Rɛstã] m Rest m

restaurant [Rɛstɔrã] m Restaurant nt; **aller au ~** essen gehen

restauration [Rɛstɔrasjɔ̃] f ❶ ARCHIT, ART Restaurierung f ❷ (hôtellerie) Gastronomie f ❸ INFORM Wiederherstellung f

reste [Rɛst] m ❶ Rest m, Überreste pl ❷ **du ~** im Übrigen; **pour le ~** im Übrigen

rester [Rɛste] <1> vi ❶ bleiben; ~ **sans parler/manger** nicht sprechen/nicht essen; ~ **immobile** stillhalten ❷ (ne pas se libérer de) ~ **sur un échec** sich von einem Misserfolg lähmen lassen ❸ **en** ~ **là** es dabei (bewenden) lassen; **il reste du vin** es ist noch Wein übrig; **il n'est rien resté** es ist nichts übrig (geblieben); **je sais ce qu'il me reste à faire** ich weiß, was ich zu tun habe

restoroute [Rɛstɔrut] m Raststätte f

restreint(e) [Rɛstrɛ̃] adj (vocabulaire) beschränkt; (moyens, nombre) gering

résultat [Rezylta] m ❶ Ergebnis nt; **n'obtenir aucun ~** nichts erreichen ❷ **sans ~** ohne Erfolg

résumé [Rezyme] m ❶ Zusam-

R

menfassung f ❸ **en** ~ *(en bref)*
zusammenfassend

résumer [ʀezyme] <1> vt zusammenfassen

Résurrection [ʀezyʀɛksjɔ̃] f Auferstehung f

rétablir [ʀetabliʀ] <8> I. vt a. MED wiederherstellen; *(contact, liaison)* wieder aufnehmen II. vpr: **se** ~ ❶ *(guérir)* sich erholen ❷ *(calme, silence)* wieder einkehren

rétablissement [ʀetablismɑ̃] m Wiederherstellung f; **bon** ~! gute Besserung f

retard [ʀ(ə)taʀ] m ❶ *(arrivée tardive)* Verspätung f; **arriver en** ~ zu spät kommen ❷ *(réalisation tardive)* **avoir du** ~ **dans un travail** mit einer Arbeit im Rückstand im Verzug sein ❸ *(développement plus lent)* Rückständigkeit f

retarder [ʀ(ə)taʀde] <1> I. vt aufhalten; ~ **l'arrivée de qn** jds Ankunft hinauszögern II. vi *(être en retard)* ~ **d'une heure** *(montre, horloge)* eine Stunde nachgehen

retenir [ʀ(ə)təniʀ] <9> I. vt ❶ *(fest)* halten; *(foule, personne)* zurückhalten ❷ *(réserver: place, chambre)* reservieren ❸ *(garder)* **je ne te retiens pas plus longtemps** ich will dich nicht länger aufhalten ❹ *(requérir)* ~ **l'attention** Aufmerksamkeit erfordern ❺ *(se souvenir de)* [im Gedächtnis] behalten II. vpr: **se** ~ sich beherrschen

retentissant(e) [ʀ(ə)tɑ̃tisɑ̃] adj ❶ durchdringend; *(claque)* schallend ❷ *(fracassant)* Aufsehen erregend

retirer [ʀ(ə)tiʀe] <1> I. vt ❶ *(vêtement, montre)* ablegen; *(lunettes)* absetzen ❷ *(faire sortir)* herausnehmen; ~ **la clé de la serrure** den Schlüssel abziehen ❸ *(argent)* holen II. vpr *(partir)* **se** ~ sich zurückziehen

retomber [ʀ(ə)tɔ̃be] <1> vi ❶ *(tomber à nouveau)* wieder hinfallen ❷ *(redevenir)* ~ **amoureux** sich wieder verlieben ❸ *(revenir, rencontrer)* ~ **au même endroit** [zufällig] wieder an denselben Ort geraten

retoucher [ʀ(ə)tuʃe] <1> I. vt ❶ *(vêtement)* [ab]ändern ❷ *(être remboursé)* ~ **mille euros** tausend Euro zurückbekommen II. vi *(toucher de nouveau)* ~ **à qc** etw noch einmal anfassen

retour [ʀ(ə)tuʀ] I. m ❶ *(opp: départ)* Rückkehr f; **être de** ~ [wieder] zurück sein; *(chemin)* Rückweg m; *(à la maison)* Heimweg m; *(voyage)* Rückreise f; **au** ~ auf dem Rückweg; *(à l'arrivée)* bei der Rückkehr ❷ **par** ~ **du courrier** postwendend; ~ **à l'expéditeur** zurück an Absender! II. app: **match** ~ Rückspiel nt

retourner [ʀ(ə)tuʀne] <1> I. vt ❶ *(mettre dans l'autre sens)* umdrehen; *(vêtement)* [auf] links drehen; *(matelas, viande)* wenden ❷ *(situation)* umkehren ❸ *(lettre)*

R

zurückschicken; ~ **un compliment à qn** jdm ein Kompliment zurückgeben ❹ *(fam: maison, pièce)* auf den Kopf stellen **II.** *vi* ❺ *(revenir)* zurückkehren; ~ **sur ses pas** kehrtmachen; ~ **chez soi** nach Hause gehen ❻ *(aller de nouveau)* ~ **à la montagne/ chez qn** wieder ins Gebirge/ zu jdm gehen ❼ *(se remettre à)* ~ **à son travail** wieder an die Arbeit gehen **III.** *vpr:* se ~ ❶ *(personne)* sich umdrehen; *(voiture)* sich überschlagen ❷ *(tourner la tête)* sich umschauen

retrait [R(ə)tRɛ] *m* ❶ *(d'argent)* Abheben *nt,* Abholen *nt* ❷ *(d'une autorisation)* Aufhebung *f;* ~ **du permis [de conduire]** Führerscheinentzug *m*

retraite [R(ə)tRɛt] *f* ❶ *(cessation du travail)* [Eintritt in den] Ruhestand *m* ❷ *(pension)* Altersruhegeld *nt (form);* ~ **complémentaire** *(assurance)* Zusatzrentenversicherung *f*

retraité(e) [R(ə)tRete] *m/f* Rentner(in) *m(f)*

retransmettre [R(ə)tRãsmɛtR] <*irr*> *vt* übertragen

rétro [RetRo] *abr de* **rétrograde I.** *adj inv (démodé)* nostalgisch **II.** *adv* nostalgisch *(kann im Stil der 20er bis 70er Jahre sein)*

rétroprojecteur [RetRopRɔʒɛktœR] *m* Overheadprojektor *m*

rétrospectif, -ive [RetRɔspɛktif] *adj* rückblickend

retrousser [R(ə)tRuse] <1> *vt (manche, bas de pantalon)* umkrempeln

retrouver [R(ə)tRuve] <1> **I.** *vt* ❶ wiederfinden ❷ *(fonction)* wiedererhalten; *(place)* wiederbekommen; *(travail)* finden ❸ *(rejoindre)* ~ **qn** jdn treffen ❹ *(recouvrer)* ~ **la santé** wieder zu Kräften kommen **II.** *vpr* ❶ *(se réunir)* se ~ *(personnes)* sich [wieder] treffen ❷ *(se présenter de nouveau)* se ~ *(occasion)* sich wieder bieten ❸ se ~ **seul** wieder allein dastehen; **s'y** ~ sich zurechtfinden; **comme on se retrouve!** so sieht man sich wieder!

rétroviseur [RetRovizœR] *m* Rückspiegel *m*

réunification [Reynifikasjɔ̃] *f* POL Wiedervereinigung *f*

réunifier [Reynifje] <1> *vt* wieder zusammenführen; **l'Allemagne réunifiée** das wiedervereinigte Deutschland

réunion [Reynjɔ̃] *f (séance)* Zusammenkunft *f; (conférence)* Besprechung *f;* SCOL Konferenz; *(rassemblement politique/public)* Versammlung *f*

Réunion [Reynjɔ̃] *f:* **l'île de] la** ~ die Insel Réunion

réunir [Reynir] <8> **I.** *vt* ❶ *(mettre ensemble)* sammeln ❷ *(cumuler)* ~ **toutes les conditions exigées** alle erforderlichen Bedingungen erfüllen **II.** *vpr:* se ~ *(personnes)* sich treffen

réussi(e) [Reysi] *adj* gelungen;

(examen) bestanden

réussir [ʀeysiʀ] <8> I. *vi* ① *(chose)* gelingen ② *(parvenir au succès)* ~ **dans la vie** im Leben erfolgreich sein; ~ **à l'examen** die Prüfung bestehen ③ *(être capable de)* **il réussit à faire qc** es gelingt ihm etw zu tun II. *vt* ① *(bien exécuter)* **il réussit qc** ihm gelingt etw ② *(épreuve, examen)* bestehen

réussite [ʀeysit] *f* Erfolg *m*

revanche [ʀ(ə)vɑ̃ʃ] *f* ① Revanche *f* en ~ *(par contre)* dagegen

rêve [ʀɛv] *m* Traum *m*; **mauvais ~** Alptraum *m*

rêvé(e) [ʀeve] *adj* ideal; *(solution)* Ideal-

réveil [ʀevɛj] *m* ① Wecker *m* ② *(retour à la réalité)* Erwachen *nt*

réveillé(e) [ʀeveje] *adj* wach

réveiller [ʀeveje] <1> I. *vt* ① *(sortir du sommeil)* [auf]wecken; **être réveillé** wach sein; ② *(ramener à la réalité)* wachrütteln II. *vpr:* **se** ~ ① *(sortir du sommeil)* aufwachen ② *(se raviver)* wieder kommen

réveillon [ʀevɛjɔ̃] *m* *(nuit de Noël/du nouvel an)* Heiligabend *m*/Silvester|nacht *f*, nt *o m*

révéler [ʀevele] <5> *vt* ① *(divulguer)* aufdecken; ~ **qc** *(enquête, journal)* etw ans Licht bringen

revendiquer [ʀ(ə)vɑ̃dike] <1> *vt* ① *(droit, augmentation de salaire)* fordern ② *(assumer)* **l'attentat a été revendiqué par la Maffia** die Mafia hat sich zu dem An-

schlag bekannt

revendre [ʀ(ə)vɑ̃dʀ] <14> *vt* verkaufen

revenir [ʀ(ə)vəniʀ] <9> *vi* ① zurückkommen; ~ **dans un instant** gleich wieder da sein ② *(personne, printemps)* wiederkommen ③ *(reprendre)* ~ **à/sur qc** auf etw *(akk)* zurückkommen ④ *(se présenter à nouveau à l'esprit)* ~ **à qn** jdm wieder einfallen ⑤ ~ **cher** teuer kommen; **cela revient au même** das läuft aufs Gleiche hinaus; **faire** ~ *(lard)* anbraten; **n'en pas** ~ **de qc** *(fam)* etw gar nicht fassen können; ~ **de loin** noch einmal davongekommen sein

revenu [ʀ(ə)vəny] *m* Einkommen *nt*

rêver [ʀeve] <1> *vi* träumen

revoir [ʀ(ə)vwaʀ] <irr> *vt, vpr* ((se) voir à nouveau) **[se]** ~ [sich] wiedersehen

révolte [ʀevɔlt] *f* Revolte *f*

révolter [ʀevɔlte] <1> I. *vt:* ~ **qn** *(individu)* jdn aufbringen; *(crime, injustice)* jdn empören II. *vpr:* **se** ~ **contre qn/qc** *(s'insurger)* sich gegen jdn/etw auflehnen

révolution [ʀevɔlysjɔ̃] *f* *(changement)* Revolution *f*

révolutionnaire [ʀevɔlysjɔnɛʀ] *adj* revolutionär

revolver [ʀevɔlvɛʀ] *m* Revolver *m*

revue [ʀ(ə)vy] *f* *(magazine)* Zeitschrift *f*

rez-de-chaussée [ʀed(ə)ʃose] *m inv* Erdgeschoss *nt*

RFA [ɛʀɛfa] *f abr de* **République**

fédérale d'Allemagne BRD f

rhabiller [Rabije] <1> *vpr:* **se ~** sich wieder anziehen

rhum [Rɔm] *m* Rum *m*

rhumatisme [Rymatism] *m* Rheuma *nt*

rhume [Rym] *m* **①** *(coup de froid)* Erkältung *f;* **attraper un ~** sich erkälten **②** *(rhinite)* Schnupfen *m;* **~ des foins** Heuschnupfen *m*

riche [Riʃ] *adj* reich

richesse [Riʃɛs] *f* **①** *(fortune)* Reichtum *m* **②** *pl (ressources)* Reichtümer *pl*

ridé(e) [Ride] *adj (visage)* faltig

rideau [Rido] *m* Vorhang *m*

ridicule [Ridikyl] **I.** *adj* lächerlich **II.** *m* Lächerlichkeit *f;* **couvrir qn/se couvrir de ~** jdn/sich lächerlich machen

ridiculiser [Ridikylize] <1> *vt, vpr:* **[se] ~ [sich]** lächerlich machen

rien [Rjɛ̃] **I.** *pron* **①** *(aucune chose)* nichts **②** *(seulement)* **~ que la chambre coûte 400€** das Zimmer allein kostet schon 400€ **③** *(quelque chose)* etwas **ce n'est ~** es ist nicht schlimm; **de ~!** keine Ursache!; **~ du tout** überhaupt nichts **II.** *m* **①** *(très peu de chose)* Kleinigkeit *f* **②** *(un petit peu)* ein wenig

rigoler [Rigɔle] <1> *vi (fam)* **①** *(rire)* lachen; **faire ~ qn** jdn zum Lachen bringen **②** **pour ~** zum Spaß **③** **tu me fais ~!** *(iron)* du machst mir vielleicht Spaß!

rigolo(te) [Rigɔlo] *adj (fam)* lustig

rigoureux, -euse [RiguRø] *adj*

① streng **②** *(exact, précis)* peinlich genau

rigueur [RiɡœR] *f* **①** Strenge *f;* **avec ~** strikt **②** *(précision)* peinliche Genauigkeit *f* **③** **à la ~** *(tout au plus)* allenfalls; *(si besoin est)* notfalls

rime [Rim] *f* Reim *m*

rimer [Rime] <1> *vi* **①** sich reimen **②** **ne ~ à rien** keinen Sinn machen

rinçage [Rɛ̃saʒ] *m* Tönung *f;* **faire un ~** tönen

rincer [Rɛ̃se] <2> **I.** *vt* abspülen **II.** *vpr:* **se ~ la bouche** sich *(dat)* den Mund ausspülen

rire [RiR] *<irr>* **I.** *vi* **①** lachen **②** *(s'amuser)* Spaß haben **③** *(plaisanter)* Spaß machen **④** **sans ~?** echt? *(fam)* **II.** *m* **①** *(action de rire)* Lachen *nt* **②** *(hilarité)* Gelächter *nt*

risque [Risk] *m* **①** Risiko *nt;* **courir un ~** ein Risiko eingehen **②** **à mes/ses ~s et périls** auf eigenes Risiko

risqué(e) [Riske] *adj (hasardeux)* riskant

risquer [Riske] <1> *vt* **①** *(mettre en danger)* aufs Spiel setzen **②** *(s'exposer à)* **~ la prison** Gefahr laufen, ins Gefängnis zu kommen **③** *(tenter, hasarder)* riskieren **④** **ça ne risque pas de m'arriver** das kann mir nicht passieren

rissolé(e) [Risɔle] *adj (pommes de terre)* gebraten, geröstet

rituel [Rityɛl] *m* Ritual *nt*

rivage [Rivaʒ] *m* Küste *f*

R

rival(e) [Rival] <-aux> m(f) ① *(concurrent)* Rivale, Rivalin m, f ② *(autre prétendant)* Nebenbuhler(in) m(f)

rivaliser [Rivalize] <1> vi *(soutenir la comparaison)* ~ **avec qn** sich mit jdm messen

rive [Riv] f Ufer nt

rivière [Rivjɛr] f Fluss m

riz [Ri] m Reis m

RN [ɛRɛn] f abr de **route nationale** ≈ Bundesstraße f

RNIS [ɛRɛnies] m abr de **réseau de numérique à intégration de service** ≈ ISDN nt

robe [Rɔb] f *(vêtement)* Kleid nt

robinet [Rɔbinɛ] m Hahn m

robot [Rɔbo] m ① Roboter m ② *(appareil ménager)* Küchenmaschine f

robuste [Rɔbyst] adj robust

roc [Rɔk] m ① *(pierre)* Fels m ② *(personne)* Fels m in der Brandung

rocade [Rɔkad] f Umgehungsstraße f

rocher [Rɔʃe] m Felsen m

rogner [Rɔɲe] <1> I. vt *(page, pièce, plaque)* beschneiden II. vi: ~ **sur qc** an etw *(dat)* sparen

rognon [Rɔɲɔ̃] m GASTR Niere f

roi [Rwa] m König m

rôle [Rol] m Rolle f; ~ **principal** Hauptrolle f

roller [Rɔlœr] m: **[paire de]** ~**s** ein Paar Rollerblades [o Inlineskates]

romain(e) [Rɔmɛ̃] adj a. TYP römisch

roman [Rɔmɑ̃] m ① LITTER Roman m; ~ **épistolaire/policier**

Brief-/Kriminalroman m ② ARCHIT, ART Romanik f

roman(e) [Rɔmɑ̃] adj ARCHIT, ART romanisch

romancier, -ière [Rɔmɑ̃sje] m, f Romanschriftsteller(in) m(f)

romand(e) [Rɔmɑ̃] adj: **la Suisse** ~**e** die französische Schweiz

romantique [Rɔmɑ̃tik] adj romantisch

romarin [RɔmaRɛ̃] m Rosmarin m

rompre [Rɔ̃pR] <irr> I. vt *(fiançailles)* lösen II. vi *(se séparer)* Schluss machen *(fam)*

rond [Rɔ̃] I. m ① *(cercle)* Kreis m ② *(trace ronde)* Ring m II. adv *(fam)* **ne pas tourner** ~ *(personne)* spinnen

rond(e) [Rɔ̃] adj ① rund ② *(personne)* rundlich ③ *(fam: ivre)* blau

rondelle [Rɔ̃dɛl] f GASTR Scheibe f

rond-point [Rɔ̃pwɛ̃] <ronds-points> m Kreisverkehr m

ronfler [Rɔ̃fle] <1> vi *(personne)* schnarchen

ronger [Rɔ̃ʒe] <2a> I. vt *(grignoter)* nagen an +dat II. vpr: **se** ~ **les ongles** an den Nägeln kauen

rose¹ [Roz] f Rose f

rose² [Roz] I. adj ① rosa; *(joue, teint)* rosig ② **téléphone** ~ Telefonsex m II. m ① Rosa nt ② **voir la vie en** ~ das Leben durch die rosarote Brille sehen

rosé [Roze] m *(vin)* Rosé[wein o Rosé] m

rotation [Rɔtasjɔ̃] f ① *(mouvement)* Drehung f ② *(série périodique d'opérations)* ~ **du personnel** Personalwechsel m

rôti [Roti] m Braten m

rôtir [ʀotiʀ] <8> GASTR I. *vt* braten
II. *vi* garen

roue [ʀu] *f* ❶ Rad *nt*; **~ de secours** AUT Reserverad *nt* ❷ (*supplice*) Rädern *pl*

rouer [ʀwe] <1> *vt*: **~ qn de coups** jdn zusammenschlagen

rouge [ʀuʒ] I. *adj* ❶ rot; (*poisson*) Gold-; (*vin*) Rot- ❷ (*incandescent*) rot glühend II. ❸ (*couleur*) Rot *nt*; **le feu est au ~** die Ampel ist rot ❹ (*fam: vin*) Rote(r) *m* ❺ **~ à lèvres** Lippenstift *m* III. *adv*: **voir ~** rot sehen

rougeole [ʀuʒɔl] *f* Masern *pl*

rougeur [ʀuʒœʀ] *f* ❶ Röte ❷ *pl* Ausschlag *m*

rougir [ʀuʒiʀ] <8> *vi* ❶ rot werden ❷ (*avoir honte*) **~ de qn** sich für jdn schämen

rouille [ʀuj] *f* ❶ (*corrosion*) Rost *m* II. *adj inv* rostbraun

rouiller [ʀuje] <1> *vi* [ver]rosten

roulant(e) [ʀulɑ̃] *adj* (*personnel*) fahrend; **fauteuil ~** Rollstuhl *m*; **escalier ~** Rolltreppe *f*

roulé(e) [ʀule] *adj*: **col ~** Rollkragen *m*

rouler [ʀule] <1> I. *vt* ❶ (*faire avancer*) rollen ❷ (*enrouler*) aufrollen; (*parapluie, crêpe*) zusammenrollen ❸ (*fam: tromper*) übers Ohr hauen ❹ (*épaules*) kreisen mit II. *vi* ❶ (*véhicule, objet*) fahren ❷ (*tourner sur soi*) rollen ❸ **ça roule** (*fam*) alles paletti III. *vpr* (*se vautrer*) **se ~** sich rollen

roulette [ʀulɛt] *f* ❶ (*petite roue*) Rolle *f*; **patins à ~s** Rollschuhe

pl ❷ (*jeu*) Roulett(e) ❸

Roumanie [ʀumani] *f*: **la ~** Rumänien *nt*

rouquin(e) [ʀukɛ̃] *adj* rothaarig

route [ʀut] *f* ❶ (*voie*) Straße *f*; **~ nationale** ≈ Bundesstraße *f*; **~ départementale** Landstraße *f*; **~ secondaire** Nebenstraße *f* ❷ (*voyage*) Fahrt *f*; **trois heures de ~** drei Stunden Fahrzeit ❸ (*itinéraire, chemin*) Weg *m*; NAUT, AVIAT Route *f* ❹ **en ~!** auf geht's! (*fam*)

routier, -ière [ʀutje] *m, f* (*camionneur*) Fernfahrer(in) *m(f)*

routine [ʀutin] *f* Routine *f*

roux [ʀu] (*couleur*) Rot *nt*

roux, rousse [ʀu] *adj* ❶ rot; (*personne*) rothaarig; (*pelage*) rotbraun

royalement [ʀwajalmɑ̃] *adv* fürstlich

royaume [ʀwajom] *m* Königreich *nt*

Royaume-Uni [ʀwajomyni] *m*: **le ~** das Vereinigte Königreich

ruban [ʀybɑ̃] *m* Band *nt*; **~ magnétique** INFORM Magnetband *nt*

rubéole [ʀybeɔl] *f* Röteln *pl*

rubrique [ʀybʀik] *f* Rubrik *f*

rude [ʀyd] *adj* ❶ (*montée*) steil ❷ (*peau, surface, personne, climat*) rau; (*étoffe, manières*) derb ❸ (*gaillard*) handfest

rudimentaire [ʀydimɑ̃tɛʀ] *adj* rudimentär; (*installation*) einfach

rue [ʀy] *f* Straße *f*; **~ à sens unique** Einbahnstraße *f*; **~ adjacente** Nebenstraße *f*; **~ principale** Hauptstraße *f*

ruelle [ʀɥɛl] *f* Gasse *f*

R

rugueux, -euse [ʀygø] *adj* rau

ruine [ʀɥin] *f* ❶ *pl* (décombres) Trümmer *pl* ❷ (édifice délabré) Ruine *f*

ruiner [ʀɥine] <1> *vt* ruinieren

ruisseau [ʀɥiso] *m* Bach *m*

rumeur [ʀymœʀ] *f* (bruit qui court) Gerücht *nt*

ruminer [ʀymine] <1> *vt* ❶ (ressasser) brüten über +dat ❷ ZOOL wiederkäuen

rupture [ʀyptyʀ] *f* ❶ (cassure) Bruch *m* ❷ (séparation) Tren-

nung *f* ❸ (déchirure) ~ **de tendon** Bänderriss *m*

ruse [ʀyz] *f* (subterfuge) List *f*

rusé(e) [ʀyze] *adj* schlau

ruser [ʀyze] <1> *vi* List anwenden

russe [ʀys] **I.** *adj* russisch **II.** *m* Russisch *nt*

Russe [ʀys] *mf* Russe, Russin *m, f*

Russie [ʀysi] *f:* **la ~** Russland *nt*

rustique [ʀystik] *adj* (meuble) rustikal

rythme [ʀitm] *m* ❶ Rhythmus *m* ❷ (allure, cadence) Tempo *nt*

S

s *f inv abr de* **seconde** Sek.

S, s [ɛs] *m inv* S *nt*, s *nt*

s' *v.* **se, si**

sa [sa] <ses> *dét* sein(e)/ihr(e)

sabbatique [sabatik] *adj* (année, semestre) Forschungs-

sable [sabl] *m* Sand *m*

sablé(e) [sable] *adj* (pâte) Mürbe-

sabot [sabo] *m* ❶ (chaussure) Holzschuh *m* ❷ ZOOL Huf *m* ❸ (pour les véhicules) Parkkralle *f*

sabotage [sabotaʒ] *m* Sabotage *f*

sabrer [sabʀe] <1> *vt* ❶ (biffer) streichen ❷ (raccourcir) kürzen

sac [sak] *m* ❶ (contenant) Sack *m;* (en plastique, papier) Tüte *f;* ~ **en plastique** Plastikbeutel *m* ❷ (bagage) Tasche *f;* ~ **à main** Handtasche *f;* ~ **de voyage** Reisetasche *f;* ~ **à dos**

Rucksack *m*

saccade [sakad] *f* Ruck *m*

saccager [sakaʒe] <2a> *vt* (dévaster) verwüsten; (récolte) vernichten

sacerdoce [sasɛʀdɔs] *m* ❶ REL Priesteramt *nt* ❷ (vocation) heiliges Amt

sachet [saʃɛ] *m* Tüte *f;* ~ **de thé** Teebeutel *m*

sacoche [sakɔʃ] *f* Umhängetasche *f*

sac-poubelle [sakpubɛl] <sacs--poubelles> *m* Müllbeutel *m*

sacre [sakʀ] *m* ❶ (d'un souverain, évêque) Inthronisation *f* ❷ (du printemps) Krönung *f*

sacré(e) [sakʀe] *adj* ❶ heilig; (art, édifice) sakral ❷ (fam: satané) verdammt; (farceur, gaillard) irrsinnig

sacrement [sakʀəmɑ̃] *m* Sakrament *nt*

sacrer [sakʀe] <1> *vt* inthronisieren

sacrifice [sakʀifis] *m* ① *(privation)* Opfer *nt*; ② *(renoncement)* Aufgabe *f* ③ REL *(immolation)* Opferung *f*

sacrifier [sakʀifje] <1> **I.** *vt* opfern **II.** *vpr:* **se ~ pour qn** sich für jdn aufopfern

sadique [sadik] *adj* sadistisch

sadomasochiste [sadomazɔʃist] *adj* sadomasochistisch

safran [safʀɑ̃] **I.** *m* Safran *m* **II.** *adj inv* safrangelb

sage [saʒ] **I.** *adj* ① *(conseil, personne)* weise ② *(écolier, enfant)* brav **II.** *m* Weise(r) *f(m)*

sage-femme [saʒfam] <sages--femmes> *f* Hebamme *f*

sagement [saʒmɑ̃] *adv* ① *(raisonnablement)* klug ② *(docilement)* artig

sagesse [saʒɛs] *f* Weisheit *f*

Sagittaire [saʒitɛʀ] *m* Schütze *m*

saignant(e) [sɛɲɑ̃] *adj* GASTR englisch

saignement [sɛɲmɑ̃] *m* Blutung *f*; **~ de nez** Nasenbluten *nt*

saigner [seɲe] <1> **I.** *vi* bluten **II.** *vt* *(animal)* schlachten

sain(e) [sɛ̃] *adj* ① gesund ② *(fruit, viande)* einwandfrei ③ *(lectures, idées)* vernünftig

saint(e) [sɛ̃] *adj* heilig; **la Sainte Vierge** die Heilige Jungfrau

saint-bernard [sɛ̃bɛʀnaʀ] <saint--bernard[s]> *m* ① *(chien)* Bernhardiner *m* ② *(âme secourable)* Samariter *m*

Saint-Esprit [sɛ̃tɛspʀi] *m:* **le ~** der Heilige Geist **Saint-Nicolas** [sɛ̃nikɔla] *f:* **la ~** der Nikolaustag **Saint-Sylvestre** [sɛ̃silvɛstʀ] *f* Silvester *m o nt*

saisie [sezi] *f* ① JUR Pfändung *f*, Exekution *f* (ÖSTERR) ② INFORM Erfassen *nt*

saisir [seziʀ] <8> **I.** *vt* ① *(prendre)* packen ② *(chance)* wahrnehmen; *(occasion)* ergreifen ③ *(comprendre)* begreifen ④ *(viande)* anbraten ⑤ INFORM erfassen **II.** *vi* *(fam)* durchblicken **III.** *vpr:* **se ~ de qc** zu etw greifen

saisissant(e) [sezisɑ̃] *adj* *(différence)* erstaunlich

saison [sezɔ̃] *f* ① *(division de l'année)* Jahreszeit *f* ② SPORT, TOUR Saison *f*; **pleine ~** Hauptsaison *f*

saisonnier, -ière [sezɔnje] *adj* ① *(propre à chaque saison)* jahreszeitlich ② *(limité à la saison)* saisonal

salade [salad] *f* ① GASTR Salat *m* ② *pl (fam: mensonges)* Geschichten *pl*

salaire [salɛʀ] *m* Gehalt *nt*

salami [salami] *m* Salami *f*

salarié(e) [salaʀje] *m(f)* Arbeitnehmer(in) *m(f)*

salaud [salo] *m (fam)* hundsgemein **II.** *m (fam)* Dreckskerl *m*

sale [sal] *adj* ① *(opp: propre)* schmutzig ② *(fam: vilain, louche)* übel; ③ *(type, temps)* mies

salé(e) [sale] *adj* ① *(beurre, cacahuètes)* gesalzen; ② *(eau)* Salz-; **trop ~** *(plat)* versalzen

S

salement [salmã] *adv* ⓵ *(manger)* unmanierlich; *(travailler)* schludrig; *(fam)*; *(gagner)* auf unsaubere Weise ⓶ *(fam: très)* ganz schön

saler [sale] <1> I. *vi* GASTR salzen II. *vt (route)* streuen

saleté [salte] *f* ⓵ Dreck *m* ⓶ *(obscénité)* Unanständigkeit *f*

salière [saljɛʀ] *f* Salzstreuer *m*

salir [saliʀ] <8> *vt, vpr:* [se] ~ [sich] schmutzig machen

salive [saliv] *f* Speichel *m*

salle [sal] *f* ⓵ *(pièce)* Saal *m*; ~ **à manger/de bains/de classe** Ess-/Bade-/Klassenzimmer *nt*; ~ **d'attente** Wartezimmer *nt*, Wartesaal *m*; ~ **de petit déjeuner** Frühstücksraum *m*; ~ **de séjour** Wohnzimmer *nt*; ~ **de télévision** Fernsehraum *m* ⓶ *(cinéma)* Kino *nt* ⓷ *(spectateurs)* Publikum *nt*

salmonelle [salmɔnɛl] *f* Salmonelle *f*

salmonellose [salmɔnɛloz] *f* Salmonellenvergiftung *f*

salon [salɔ̃] *m* ⓵ *(salle de séjour)* Wohnzimmer *nt* ⓶ *(mobilier)* ~ **de jardin** Gartenmöbel *pl* ⓷ *(exposition)* Messe *f* ⓸ *(commerce)* ~ **de coiffure** Friseursalon *m*

salope [salɔp] *f* ⓵ *(vulg: débauchée)* Nutte *f* ⓶ *(garce)* Miststück *nt*

saluer [salɥe] <1> I. *vt* ⓵ *(dire bonjour)* grüßen ⓶ *(dire au revoir)* ~ **qn** sich von jdm verabschieden ⓷ *(rendre hommage)* würdigen II. *vt* ⓵ THEAT sich verbeugen ⓶ MIL salutieren

salut¹ [saly] I. *m (salutation)* Gruß *m*; **faire un** ~ **de la main** winken II. *interj* ⓵ *(fam: bonjour)* ~! hallo! ⓶ *(fam: au revoir)* ~! tschüs!

salut² [saly] *m (sauvegarde)* Rettung *f*

salutaire [salytɛʀ] *adj* heilsam; *(décision)* richtig

salutations [salytasjɔ̃] *fpl (form)* Grüße *pl*

samedi [samdi] *m* Samstag *m*

SAMU [samy] *m abr de* **Service d'aide médicale d'urgence** ärztlicher Bereitschaftsdienst; *(médecin)* Notarzt, -ärztin *m, f*

sanction [sãksjɔ̃] *f* Strafe *f*

sanctionner [sãksjɔne] <1> *vt (punir)* bestrafen

sandale [sãdal] *f* Sandale *f*

sandwich [sãdwitʃ] <[e]s> *m* Sandwich *nt*

sang [sã] *m* Blut *nt*

sanglant(e) [sãglã] *adj* ⓵ *(saignant)* blutig ⓶ *(violent)* hart

sanglier [sãglije] *m* Wildschwein *nt*

sangloter [sãglɔte] <1> *vi* schluchzen

sanguin(e) [sãgɛ̃] *adj* ⓵ ANAT **plasma** ~ Blutplasma *nt* ⓶ *(coloré)* rot; *(orange)* Blut-

sanitaire [sanitɛʀ] I. *adj* sanitär II. *m* Sanitäranlagen *pl*; **installations** ~ Sanitäreinrichtungen *pl*

sans [sã] I. *prép* ⓵ ohne; ~ **scrupules/manches** skrupel-/ärmellos; ~ **arrêt** ununterbrochen ⓶ ~ **plus** ist das aber auch alles;

~ quoi sonst **II.** *adv* (fam) ohne

sans-abri [sãzabri] *m inv* Obdachlose(r) *f(m)* **sans-emploi** [sãzãplwa] *m inv* Arbeitslose(r) *f(m)* **sans-fil** [sãfil] *m inv* Funktelefon *nt* **sans-gêne** [sãʒɛn] *adj inv* ungeniert

santé [sãte] *f* ① (opp: malade) Gesundheit *f* ② à la ~ **de qn** auf jds Wohl (akk) **à ta ~!** auf dein Wohl!

sapeur-pompier [sapœʀpɔ̃pje] <sapeurs-pompiers> *m* Feuerwehrmann *m*

sapin [sapɛ̃] **I.** *m* Tanne *f*; ~ **de Noël** Weihnachtsbaum *m* **II.** *app inv* dunkelgrün

sarcastique [saʀkastik] *adj* sarkastisch

sardine [saʀdin] *f* Sardine *f*

sarment [saʀmɑ̃] *m* Weinrebe *f*

sas [sas] *m* (pièce intermédiaire) Schleuse *f*

satanique [satanik] *adj* ① REL satanisch; (ruse) teuflisch

satellite [satelit] *m* ① AVIAT Satellit *m* ② ASTRO Trabant *m*

satin [satɛ̃] *m* Satin *m*

satire [satiʀ] *f* Satire *f*

satisfaction [satisfaksjɔ̃] *f* ① (raison d'être satisfait) Befriedigung *f* ② (joie) Zufriedenheit *f*

satisfaire [satisfɛʀ] *irr* ① *vt* (faim, soif) stillen; ~ **qn** jdn befriedigen

Saturne [satyʀn] *f* Saturn *m*

sauce [sos] *f* Soße *f*

saucisse [sosis] *f* GASTR Würstchen *nt*

saucisson [sosisɔ̃] *m*: luftgetrocknete Salami; ~ **sec** Hartwurst *f*

sauf [sof] *prép* ① (à l'exception de) bis auf +akk; ~ **quand/si** außer wenn; ~ **que ...** abgesehen davon, dass ... ② (à moins de) abgesehen von

sauge [soʒ] *f* Salbei *m*

saumon [somɔ̃] **I.** *m* Lachs *m* **II.** *adj inv* lachsfarben

sauna [sona] *m* Sauna *f*

saut [so] *m* ① INFORM Sprung *m* ② SPORT ~ **à l'élastique** Bungeejumping *nt* ③ **faire le ~** den Schritt wagen

sauté [sote] *m*: ~ **de veau** Kalbsragout *nt*

sauter [sote] <1> **I.** *vi* ① springen; (sautiller) [herum]hüpfen; (sauter vers le haut) hochspringen ② (bouchon) knallen; (bouton, chaîne) abspringen ③ (exploser) in die Luft fliegen (fam); (bombe) hochgehen (fam) ④ GASTR **faire ~ qc** etw braten **II.** *vt* ① (franchir) ~ **qc** über etw (akk) springen ② (omettre) überspringen

sauteuse [sotøz] *f* GASTR Bratpfanne *f*

sautiller [sotije] <1> *vi* hüpfen

sauvage [sovaʒ] *adj* ① wild ② (lieu, pays) unberührt

sauvegarde [sovgaʀd] *f* ① (protection) Schutz *m* ② INFORM Sicherheitskopie *f*

sauvegarder [sovgaʀde] <1> *vt* ① (indépendance, liberté) sich (dat) bewahren; (droits) wahren ② INFORM sichern

sauver [sove] <1> **I.** *vt, vi* retten **II.** *vpr*: **se ~** (s'enfuir) flüchten

sauvetage [sov(ə)taʒ] *m* Rettung

f; *(de naufragés)* Bergung f
savant(e) [savɑ̃] *m (f)* ❶ *(lettré)* Gelehrte(r) f|m| ❷ *(scientifique)* Wissenschaftler(in) *m (f)*
saveur [savœʀ] f Geschmack *m*
savoir [savwaʀ] *‹irr›* I. *vt* ❶ wissen; *(leçon, rôle)* können; *(détails)* kennen ❷ *(être capable de)* = **dire** non sen sagen können, **n'en rien ~** keine Ahnung haben II. *vi* ❶ wissen ❷ **pas que je sache** nicht, dass ich wüsste III. *vpr* ❶ *(être connu)* **se ~** bekannt sein ❷ *(avoir conscience)* **se ~ malade** wissen, dass man krank ist IV. *m* Wissen *nt*
savoir-faire [savwaʀfɛʀ] *m inv* Know-how *nt* **savoir-vivre** [savwaʀvivʀ] *m inv* Benehmen *nt*
savon [savɔ̃] *m* ❶ *(savonnette)* Seife f
savourer [savuʀe] ‹1› *vt, vi* genießen
saxon [saksɔ̃] *m* Sächsisch *nt*
scabreux, -euse [skabʀø] *adj (histoire)* schlüpfrig; *(allusion)* anzüglich
scandale [skɑ̃dal] *m* ❶ *(éclat)* Skandal *m* ❷ *(indignation)* Empörung f
scandaleux, -euse [skɑ̃dalø] *adj (honteux)* skandalös; *(prix, propos)* unverschämt
Scandinavie [skɑ̃dinavi] f: **la ~** Skandinavien *nt*
scanner [skanɛʀ] *m* Scanner *m*
sceau [so] *‹x›* *m* Siegel *nt*
sceller [sele] ‹1› *vt* ❶ *(crochet, couronne dentaire)* einzementieren; *(pierre)* einmauern ❷ *(au-*

thentifier par un sceau)* siegeln ❸ *(fermer hermétiquement)* versiegeln
scellés [sele] *mpl* Amtssiegel *pl*
scénario [senaʀjo] *‹s› m* CINE Drehbuch *nt*
scène [sɛn] f ❶ *a.* THEAT Szene f ❷ THEAT *(estrade)* Bühne f
sceptique [sɛptik] *adj* skeptisch
schéma [ʃema] *m* Schema *nt*
sciatique [sjatik] f Ischias *m o nt*
scie [si] f Säge f
sciemment [sjamɑ̃] *adv* absichtlich
science [sjɑ̃s] f ❶ Wissenschaft f ❷ SCOL **les ~s** die Naturwissenschaften *pl*
scientifique [sjɑ̃tifik] *adj* wissenschaftlich
scier [sje] ‹1› *vt (couper)* sägen
scinder [sɛ̃de] ‹1› *vt (parti)* spalten
scintiller [sɛ̃tije] ‹1› *vi* funkeln
scission [sisjɔ̃] f Spaltung f
scolaire [skɔlɛʀ] *adj* Schul-; *(résultats)* schulisch; **année ~** Schuljahr *nt*
scooter [skutœʀ] *m* Motorroller *m*
score [skɔʀ] *m* SPORT Spielergebnis *nt; (en cours de partie)* Spielstand *m*
Scorpion [skɔʀpjɔ̃] *m* Skorpion *m*
scotch® [skɔtʃ] *m (adhésif)* Tesafilm® *nt*
scout(e) [skut] *m (f)* Pfadfinder(in) *m (f)*
script [skʀipt] *m* ❶ CINE Drehbuch *nt* ❷ *(écriture)* Druckschrift f ❸ *(retranscription)* Skript *nt*
scrupule [skʀypyl] *m (hésitation)* Skrupel *m*
sculpter [skylte] ‹1› I. *vt* formen;

(bois) schnitzen; *(marbre, pierre)* behauen **II.** *vi* sich als Bildhauer betätigen

sculpteur, -trice [skyltœʀ] *m, f* Bildhauer(in) *m(f)*

sculpture [skyltyʀ] *f* ➊ *(statue)* Skulptur *f* ➋ *(art)* Bildhauerei *f*; **~ sur bois** Schnitzerei *f*

se [sə] *<s'> pron* sich

séance [seãs] *f* ➊ CINE Vorstellung *f* ➋ *(période, réunion)* Sitzung *f*

seau [so] *<x> m* Eimer *m*

sec, sèche [sɛk] *adj* ➊ trocken; *(sans argent)* blank sein *(fam)*; **légumes ~s** Hülsenfrüchte *f* *(coup)* rasch

sèche-cheveux [sɛʃʃəvø] *m inv* Föhn *m* **sèche-linge** [sɛʃlɛ̃ʒ] *m inv* Wäschetrockner *m*

sécher [seʃe] <5> **I.** *vt, vi* trocknen **II.** *vpr:* **se ~** sich abtrocknen

sécheresse [seʃʀɛs] *f* Trockenheit *f*

séchoir [seʃwaʀ] *m* Wäschespinne *f*

second(e) [s(ə)gɔ̃] *adj* zweite(r, s)

secondaire [s(ə)gɔ̃dɛʀ] **I.** *adj* ➊ *(action, rôle, effets)* Neben-; *(secteur)* sekundär **II.** *m* SCOL **le ~** die weiterführende Schule; *(au lycée)* die Gymnasialstufe

seconde [s(ə)gɔ̃d] *f* ➊ a. MATH, MUS Sekunde *f* ➋ *(temps très court)* Augenblick *m* ➌ SCOL ≈ zehnte Klasse

secouer [s(ə)kwe] <1> **I.** *vt* ➊ schütteln ➋ *(personne)* wachrütteln ➌ *(traumatiser)* erschüttern **II.** *vpr (fam)* **se ~** *(réagir)*

sich aufraffen

secourisme [s(ə)kuʀism] *m* erste Hilfe

secours [s(ə)kuʀ] *m* ➊ *(sauvetage)* **premiers ~** erste Hilfe; *(organisme)* Rettungsdienst *m*; *(en montagne)* Bergwacht *f* ➋ *(aide)* Hilfe *f*; **au ~!** [zu] Hilfe!; **sortie de ~** Notausgang *m*

secousse [s(ə)kus] *f (choc)* Stoß *m*

secret [səkʀɛ] *m* ➊ Geheimnis *nt* ➋ *(confidentialité)* Verschwiegenheit *f* ➌ **en ~** im Geheimen

secret, -ète [səkʀɛ] *adj (agent, service, code)* Geheim-; **garder qc ~** etw geheim halten

secrétaire [s(ə)kʀetɛʀ] **I.** *mf* Sekretär(in) *m(f)*; **~ médical** Sprechstundenhilfe *f* **II.** *m* Sekretär *m*

secrètement [səkʀɛtmɑ̃] *adv (agir, informer)* heimlich

secte [sɛkt] *f* Sekte *f*

secteur [sɛktœʀ] *m* ➊ *(domaine)* Bereich *m* ➋ *(quartier)* Bezirk *m*; *(coin)* Gegend *f* ➌ ELEC Netz *nt*

section [sɛksjɔ̃] *f* ➊ ADMIN, POL Abschnitt *m* ➋ *(branche)* JUR Abteilung *f* ➌ *(groupe)* Gruppe *f* ➍ MED Durchtrennung *f*

sectionner [sɛksjɔne] <1> *vt (artère, fil)* durchtrennen

sécurité [sekyʀite] *f* ➊ Sicherheit *f*; **conseils de ~** Sicherheitshinweise *pl* ➋ POL, ECON **Sécurité sociale** staatliche Sozial- und Krankenversicherung

séduire [sedɥiʀ] <irr> *vt* ➊ *(tenter)* verführen ➋ *(plaire à)* überzeugen

séduisant(e) [seduizã] *adj* verführerisch; *(personne)* anziehend

segmenter [sɛgmãte] <1> *vt* aufteilen

ségrégation [segregasjõ] *f* Trennung *f*

seiche [sɛʃ] *f* Tintenfisch *m*

seigle [sɛgl] *m* Roggen *m*

sein [sɛ̃] *m* ANAT Brust *f*

seize [sɛz] *num* ① sechzehn ③ *(dans l'indication de la date)* **le ~ mars** der sechzehnte März

seizième [sɛzjɛm] I. *adj* sechzehnte(r, s) II. *m (fraction)* Sechzehntel *nt*

séjour [seʒuʀ] *m* ① Aufenthalt *m* ② *(salon)* Esszimmer *nt*

séjourner [seʒuʀne] <1> *vi* sich aufhalten

sel [sɛl] *m* ① Salz *nt* ② *(d'une histoire)* Witz *m*

sélection [selɛksjõ] *f* ① *(fait de choisir)* Auswahl *f*; ② **critères de ~** Auswahlkriterien *pl*

sélectionner [selɛksjɔne] <1> *vt* ① auswählen; *(joueur)* aufstellen ② INFORM anklicken

self-service [sɛlfsɛʀvis] <self-services> *m* Selbstbedienung *f*

selle [sɛl] *f* ① *(siège)* Sattel *m* ② GASTR Rücken *m* ③ *(matières fécales)* **~s** Stuhl[gang *m*] *m*

selon [s(ə)lõ] *prép* ① *(conformément à)* gemäß +*dat* ② *(en fonction de)* je nach ③ *(d'après)* ~ **qc** etw *(dat)* zufolge

semaine [s(ə)mɛn] *f* ① Woche *f*; **en ~** unter der Woche; **~ supplémentaire** Verlängerungs-

woche *f* ② REL **~ sainte** Karwoche *f*

semblable [sãblabl] *adj* ① *(pareil)* solche(r, s) ② *(objets, personnes)* gleich ③ *(ressemblant)* ähnlich

sembler [sãble] <1> *vi:* ① **préoccupé** besorgt zu sein scheinen; **il semble que** +*indic o subj* es sieht ganz so aus, als; **[à ce qu']il me semble** [wie] mir scheint

semelle [s(ə)mɛl] *f* ① Sohle *f*; *(intérieure)* Einlage *f*

semer [s(ə)me] <4> I. *vi* säen II. *vt* ① *(graines)* [aus]säen ② *(terreur, panique)* verbreiten

semestriel(le) [s(ə)mɛstrijɛl] *adj* ① *(assemblée)* halbjährlich; *(revue)* halbjährlich erscheinend

séminaire [seminɛʀ] *m* Seminar *nt*

semoule [s(ə)mul] *f.* I. *f* Grieß *m* II. *app (sucre)* Streu-

sénat [sena] *m* Senat *m*

sénateur, -trice [senatœʀ] *m, f* Senator(in) *m(f)*

sénile [senil] *adj* altersschwach

senior [senjɔʀ] *m(f)* ① *(sportif plus âgé)* Senior(in) *m(f)* ② *(vieillard)* **les ~s** die älteren Herrschaften

sens¹ [sãs] *m (signification)* Sinn *m*

sens² [sãs] *m* ① *(direction)* Richtung *f*; **dans le ~ contraire** andersherum; **dans le ~ des aiguilles d'une montre** im Uhrzeigersinn; **en ~ inverse** umgekehrt ② *(idée)* Sinn *m*; **aller dans le même ~** dasselbe Ziel verfolgen ③ AUT **~ giratoire** Kreisverkehr *m*; **~ interdit** Einbahnstraße *f*; *(panneau)* Durchfahrtsverbot *nt* ④ **en ce ~**

que ... insofern als ...; **en un [certain]** ~ in gewissem Sinn

sens³ [sɑ̃s] m ❶ Sinn m ❷ **à mon** ~ meines Erachtens

sensation [sɑ̃sasjɔ̃] f Empfindung f

sensationnel(le) [sɑ̃sasjɔnɛl] adj ❶ (extraordinaire) sensationell ❷ (fam: super) sagenhaft

sensé(e) [sɑ̃se] adj vernünftig

sensibilité [sɑ̃sibilite] f Empfindlichkeit f; PHOT Filmempfindlichkeit f

sensible [sɑ̃sibl] adj ❶ (émotif) sensibel ❷ (fragile) empfindlich ❸ (perceptible) spürbar; (goût, odeur) deutlich

sensuel(le) [sɑ̃sɥɛl] adj sinnlich

sentence [sɑ̃tɑ̃s] f JUR Urteil nt

sentier [sɑ̃tje] m Fußweg m

sentiment [sɑ̃timɑ̃] m ❶ Gefühl nt ❷ pl (formule de politesse) **veuillez agréer l'assurance de mes ~s distingués** mit freundlichen Grüßen

sentimental(e) [sɑ̃timɑ̃tal] <-aux> adj ❶ (nature, personne) gefühlsbetont ❷ (problème, vie) Liebes- ❸ (réaction, valeur) gefühlsmäßig

sentir [sɑ̃tir] <10> I. vt ❶ (ressentir, pressentir) spüren ❷ **faire ~ à qn que ...** jdn merken lassen, dass ...; **ne pas pouvoir ~ qn** jdn nicht ausstehen können II. vi ❶ (avoir une odeur) riechen ❷ (puer) stinken III. vpr ❶ (se trouver) **se ~ fatigué** sich müde fühlen ❷ (être perceptible) spürbar sein; **se faire ~** (conséquences) seine Wirkung zeigen

séparation [separasjɔ̃] f Trennung f

séparer [separe] <1> vt, vpr: [se] ~ sich] trennen

sept [sɛt] num ❶ sieben ❷ (dans l'indication de la date) **le ~ mars** der siebte März

septante [sɛptɑ̃t] num BELG, SCHWEIZ (soixante-dix) siebzig

septantième [sɛptɑ̃tjɛm] adj BELG, SCHWEIZ (soixante-dixième) siebzigste(r, s)

septembre [sɛptɑ̃br] m September m

septennat [sɛptena] m siebenjährige Amtszeit

septicémie [sɛptisemi] f Blutvergiftung f

septième [sɛtjɛm] I. adj sieb[en]-te(r, s) II. m (fraction) Sieb[en]-tel nt

séquence [sekɑ̃s] f CINE, TV, LING Sequenz f; INFORM Folge f

séquentiel(le) [sekɑ̃sjɛl] adj INFORM fortlaufend

séquestrer [sekɛstre] <1> vt (personne) einsperren

serbe [sɛrb] I. adj serbisch II. m Serbisch nt

Serbie [sɛrbi] f: **la** ~ Serbien nt

serein(e) [sərɛ̃] adj heiter

sereinement [sərɛnmɑ̃] adv mit Ruhe

sérénité [serenite] f Heiterkeit f; **en toute** ~ mit aller Ruhe

série [seri] f ❶ a. CINE, TV Serie f; (de casseroles) Satz m ❷ **en** ~ serienweise

sérieusement [serjøzmɑ̃] adv ❶ (croire, penser) im Ernst

③ *(agir, travailler)* ernsthaft ⑤ *(gravement)* ernstlich

sérieux [serjø] *m* ❶ Ernst *m* ❷ *(conscience)* Gewissenhaftigkeit *f*

sérieux, -euse [serjø] *adj* ❶ ernst ❷ *(digne de confiance)* seriös; *(employé)* zuverlässig; *(promesse)* ernst gemeint *(problème)* ernst zu nehmend

seringue [s(ə)REɡ] *f* Spritze *f*

serment [sermɑ̃] *m* Schwur *m*

séropositif, -ive [seropozitif] *adj* seropositiv; *(en parlant du sida)* HIV-positiv

serpent [serpɑ̃] *m* Schlange *f*

serpillière [serpijɛr] *f* Scheuertuch *m*

serré(e) [sere] *adj* ❶ *(café, alcool)* stark ❷ *(forêt, foule)* dicht ❸ *(débat, discussion)* heiß; *(combat)* hart

serrer [sere] <1> **I.** *vt* ❶ *(tenir en exerçant une pression)* umklammern; **~ la main de qn** jdm die Hand schütteln ❷ *(dents, mâchoires)* zusammenbeißen ❸ *(ceinture)* enger schnallen ❹ **~ qn/qc contre un mur** jdn/etw gegen eine Mauer drängen **II.** *vi* **~ à droite/à gauche** sich rechts/links halten **III.** *vpr:* **se ~** *(personnes)* enger zusammenrücken

serrure [seryr] *f* Schloss *nt*

serrurier, -ière [seryrje] *m, f* Schlosser(in) *m(f)*

serveur [servœr] *m* Server *m*

serveur, -euse [servœr] *m, f* *(employé)* Bedienung *f*

service [servis] *m* ❶ *(au restau*

rant, bar) Bedienung *f*; *(à l'hôtel, dans un magasin)* Service *m* ❷ *(organisme officiel)* **~ administratif** Behörde *f* (SCHWEIZ); **~ d'ordre** Ordnungsdienst *m*; **le ~ public** der öffentliche Dienst ❸ *(département)* a. MED Abteilung *f*; **~ après- -vente/[de] dépannage** Kunden-/Reparaturdienst *m* ❹ *(militaire, civil)* dienst *m* ❺ *(faveur)* Gefallen *m*; **rendre ~ à qn** jdm behilflich sein ❻ REL **~ [religieux]** Gottesdienst *m* ❼ **à ton/votre ~!** gern geschehen!; **hors ~** außer Betrieb ❽ *(société de services)* **~ de transport [pour handicapés]** Fahrdienst *m*

serviette [servjɛt] *f* ❶ *(pour la toilette)* Handtuch *nt*; **~ en papier** Papierserviette *f*; **~ hygiénique [Damen]binde** *f* ❷ *(serviette de table)* Serviette *f* ❸ *(attaché- case)* Aktentasche *f*

servir [servir] <irr> **I.** *vt* ❶ *(boisson, repas)* servieren ❷ *(client)* bedienen **II.** *vi* ❶ *(voiture, outil)* von Nutzen sein; **~ à qn à la réparation** zur Reparatur dienen ❷ *(tenir lieu de)* **~ de guide à qn** für jdn den Fremdenführer machen ❸ *(au tennis)* aufschlagen **III.** *vpr* ❶ *(utiliser)* **se ~ de qn** jdn benutzen ❷ *(prendre soi- même qc)* **se ~** sich bedienen ❸ *(être servi)* **ce vin se sert frais** dieser Wein wird kühl serviert

ses [se] *dét v.* **sa, son**

session [sesjɔ̃] *f* Sitzung *f*

set [sɛt] *m* ❶ SPORT Satz *m* ❷ *(service de table, nécessaire)* Set *nt*

seuil [sœj] *m* ❶ *(pas de la porte)* [Tür]schwelle *f* ❷ *(limite)* Grenze *f*

seul(e) [sœl] *adj* ❶ *(sans compagnie)* allein; **à** ~ unter vier Augen; **parler tout** ~ Selbstgespräche führen ❷ *(unique)* einzig ❸ *(uniquement)* nur

seulement [sœlmɑ̃] *adv* ❶ *(pas davantage)* nur ❷ *(à peine)* erst ❸ **non** ~ ..., **mais** [encore] ... nicht nur ..., sondern auch [noch]; **si** ~ wenn nur

sève [sɛv] *f* BOT Saft *m*

sévère [sevɛʀ] *adj* ❶ *(rigoureux)* streng; *(critique, jugement)* hart ❷ *(pertes)* schwer; *(échec)* schlimm

sévérité [sevéʀite] *f* ❶ Strenge *f*; *(d'une critique)* Härte *f*

sexe [sɛks] *m* ❶ *(catégorie)* Geschlecht *nt* ❷ *(fam: sexualité)* Sex *m* ❸ *(organe)* Geschlechtsorgan *nt*

sexualité [sɛksɥalite] *f a.* BIO Sexualität *f*

sexuel(le) [sɛksɥɛl] *adj* ❶ *(relatif à la sexualité)* sexuell; *(éducation)* Sexual-; *(tourisme)* Sex- *(fam)* ❷ *(relatif au sexe)* Geschlechts-

shampo[o]ing [ʃɑ̃pwɛ̃] *m* Shampoo *nt*

shooter [ʃute] <1> *vi* SPORT schießen

short [ʃɔʀt] *m* Shorts *pl*

show [ʃo] *m* Show *f*

si¹ [si] <s'> I. *konj* ❶ *(condition, hypothèse)* wenn; ~ **j'étais riche, ...** wenn ich reich wäre ... ❷ *(opposition)* auch wenn ..., so ... [doch]; ~ **toi tu es mécontent, moi, je ne le suis pas!** auch wenn du unzufrieden bist, ich bin es nicht! ❸ *(désir, regret)* wenn ... nur ❹ ~ **ce n'est ...** wenn nicht [sogar] ...; ~ **ce n'est qn/qc** außer jdm/etw; ~ **c'est ça** *(fam)* ja dann II. *m inv (hypothèse)* Wenn *nt*

si² [si] *adv* ❶ *(dénégation)* doch ❷ *(tellement)* so ❸ *(aussi)* ~ ... **que** so ... wie ❹ ~ **bien que** so ..., dass; **[oh] que** ~! doch!

si³ [si] *adv (interrogation indirecte)* ob

Sicile [sisil] *f:* **la** ~ Sizilien *nt*

sida [sida] *m:* **le** ~ Aids *nt*

siècle [sjɛkl] *m* ❶ *(période de cent ans)* Jahrhundert *nt* ❷ *(période remarquable)* **le Siècle des Lumières** das Zeitalter der Aufklärung

siège [sjɛʒ] *m a.* POL Sitz *m*; ~ **pour enfant** AUT Kindersitz *m* ❷ *(action d'assiéger)* Belagerung *f*

siéger [sjeʒe] <2a, 5> *vi* ❶ *(députés, procureur)* sitzen ❷ *(tenir séance)* tagen

sien(ne) [sjɛ̃] *pron:* **le** ~/**la** ~**ne** der/die/das Seine/Ihre

sieste [sjɛst] *f* Mittagsschlaf *m*

sifflement [siflamɑ̃] *m* Pfeifen *nt*

siffler [sifle] <1> *vt, vi* pfeifen

sifflet [siflɛ] *m (instrument)* Pfeife *f*; **coup de** ~ Pfiff *m*

S

sigle [sigl] *m* Abkürzung *f*

signal [siɲal] <-aux> *m* ① Signal *nt*; *(signe convenu)* Zeichen *nt*; CHEMDFER ~ **d'alarme** Notbremse *f* ② INFORM Signal *nt*

signalement [siɲalmã] *m* Beschreibung *f*

signaler [siɲale] <1> *vt* ① *(fait nouveau, perte, vol)* melden ② *(direction)* weisen ③ **rien à** ~ keine besonderen Vorkommnisse; MED ohne Befund

signalisation [siɲalizasjɔ̃] *f (d'un aéroport, port) (par lumière)* Befeuerung *f*; *(d'une route) (par panneaux)* Beschilderung *f*

signature [siɲatyʀ] *f (d'une personne)* Unterschrift *f*

signe [siɲ] *m* ① *(geste, symbole)* Zeichen *nt*; ~ **de la main** [Hand] zeichen *nt*; **faire** ~ winken ② *(indice)* Anzeichen *nt*; MED Symptom *nt* ③ *(trait distinctif)* Merkmal *nt* ④ ASTRO Sternzeichen *nt*

signer [siɲe] <1> *vt* ① unterschreiben; *(tableau)* signieren ② *(œuvre, pièce)* verfassen

signet [siɲɛ] *m* INFORM Bookmark *f*

significatif, -ive [siɲifikatif] *adj (date, décision, fait)* bedeutsam; *(geste, silence, sourire)* vielsagend

signification [siɲifikasjɔ̃] *f (sense)* Bedeutung *f*

signifier [siɲifje] <1> *vt (avoir pour sens)* bedeuten

silence [silãs] *m* ① *(absence de bruit)* Stille *f*; **travailler en** ~ arbeiten, ohne Lärm zu machen ② *(absence de paroles, d'information)* Schweigen *nt*

silencieux, -euse [silãsjø] *adj* ① still ② *(opp: bruyant)* leise; **rester** ~ schweigen

silhouette [silwɛt] *f* ① *(d'une personne)* Silhouette *f* ② *(figure indistincte)* Umriss *m*

similaire [similɛʀ] *adj* vergleichbar; *(goûts)* sehr ähnlich

simple [sɛ̃pl] I. *adj* ① *(personne, revenus)* bescheiden ② ~ **formalité** reine Formalität; **c'est** [**bien**] ~ *(fam)* das ist ganz einfach II. *m* ① SPORT Einzel *nt* ② *(personne naïve)* ~ **d'esprit** geistig Behinderte(r) *f(m)*

simplement [sɛ̃pləmã] *adv* ① *(s'exprimer)* einfach; *(recevoir)* ungezwungen ② *(seulement)* [einfach] nur

simplicité [sɛ̃plisite] *f* ① *(opp: complexité)* Einfachheit *f* ② *(naturel)* Schlichtheit *f*

simplifier [sɛ̃plifje] <1> I. *vt* vereinfachen II. *vpr:* **se** ~ **la vie** sich *(dat)* das Leben erleichtern

simulation [simylasjɔ̃] *f* ① TECH Simulation *f* ② *(action de simuler un sentiment)* Heuchelei *f*

simuler [simyle] <1> *vt* ① *(feindre)* vortäuschen ② TECH simulieren

simultané(e) [simyltane] *adj* gleichzeitig

sincère [sɛ̃sɛʀ] *adj* aufrichtig; *(aveu)* offen; *(explication, réponse)* ehrlich

sincérité [sɛ̃seʀite] *f (d'une personne, d'un sentiment)* Aufrichtigkeit *f*; **en toute** ~ ehrlich gesagt

singe [sɛ̃ʒ] *m* ZOOL Affe *m*

singulier [sɛ̃gylje] *m* Singular *m*

singulier, -ière [sɛ̃gylje] *adj (bizarre)* sonderbar

sinistre [sinistʀ] **I.** *adj ① (lugubre)* trostlos *② (inquiétant)* unheilvoll **II.** *m (catastrophe)* Katastrophe *f*

sinistré(e) [sinistʀe] *m(f) (Katastrophen)*opfer *nt*

sinon [sinɔ̃] *konj ① (dans le cas contraire)* sonst *② (si ce n'est)* **que faire ~ attendre?** was können wir anderes tun als warten?

sinusite [sinyzit] *f* Stirnhöhlenentzündung *f*

sirène [siʀɛn] *f ① (signal)* Sirene *f ② (femme poisson)* Meerjungfrau *f*

sirop [siʀo] *m ① (solution sucrée concentrée)* Sirup *m ② (boisson diluée)* Saft *m (mit Wasser verdünnter Sirup) ③* MED Sirup *m;* **~ contre la toux** Hustensaft *m*

site [sit] *m ① (paysage)* Landschaft *f; ~* **touristique** Sehenswürdigkeit *f ② (lieu d'activité)* Standort *m ③* INTERN **~ Web** Web-Site *f;* **~ de rencontre** Partnerbörse *f*

sitôt [sito] **I.** *adv:* **pas de ~** so bald nicht **II.** *konj:* **~ entré, ...** sobald mir eingetreten war, ...

situation [situasjɔ̃] *f ① (état)* Lage *f; ~* **de famille** Familienstand *m ② (emploi)* [An]stellung *f*

situé(e) [situe] *adj* gelegen

situer [situe] <1> **I.** *vt ① (dans l'espace, le temps)* **qc in der ~** etw um ... ansiedeln *② (fam: personne)* einordnen **II.** *vpr ③ (dans*

l'espace, à un certain niveau) liegen *② (dans l'indication de la date)* **se ~ en l'an ...** im Jahr ... stattfinden

six [sis] *num ①* sechs *② (dans l'indication de la date)* **le ~ mars** der sechste März

sixième [sizjɛm] **I.** *adj* sechste(r, s) **II.** *m (fraction)* Sechstel *nt*

ski [ski] *m ① (objet)* Ski *m ② (sport)* Skilaufen *nt;* **~ de fond** [Ski]langlauf *m;* **faire du ~** Ski fahren; **~ nautique** Wasserski *m*

skier [skje] <1> *vi* Ski laufen

slave [slav] *adj* slawisch

slip [slip] *m* Unterhose *f,* Slip *m*

slovaque [slɔvak] **I.** *adj* slowakisch **II.** *m* Slowakisch *nt*

Slovaque [slɔvak] *mf* Slowake, Slowakin *m, f*

Slovaquie [slɔvaki] *f:* **la ~** die Slowakei

slovène [slɔvɛn] **I.** *adj* slowenisch **II.** *m* Slowenisch *nt*

Slovène [slɔvɛn] *mf* Slowene, Slowenin *m, f*

Slovénie [slɔveni] *f:* **la ~** Slowenien *nt*

SME [ɛsɛmø] *m abr de* **Système monétaire européen** EWS *nt*

SMIC [smik] *m abr de* **salaire minimum interprofessionnel de croissance** tariflich festgelegter Mindestlohn

S.M.S. [ɛmɛmɛs] *m abr de* **small message service** SMS *f*

SNCF [ɛsɛnseɛf] *f abr de* **Société nationale des chemins de fer français** französische Eisenbahngesellschaft

sociable [sɔsjabl] *adj (aimable)*
gesellig

social [sɔsjal] *m (questions sociales)* sozialer Bereich

social(e) [sɔsjal] <-aux> *adj* sozial; *(vie, convention)* gesellschaftlich

social-démocratie
[sɔsjaldemɔkrasi] <social-démocraties> *f* Sozialdemokratie *f*

socialisation [sɔsjalizasjɔ̃] *f* POL Sozialisierung *f*

socialisme [sɔsjalism] *m* Sozialismus *m*

socialiste [sɔsjalist] *mf* Sozialist(in) *m(f)*

sociétaire [sɔsjetɛʀ] *mf* Mitglied *nt*; *(membre d'une société)* Gesellschafter(in) *m(f)*

société [sɔsjete] *f* ① *a.* ECON *(communauté)* Gesellschaft *f* ② *(ensemble de personnes)* Gruppe *f*

socquette [sɔkɛt] *f* ① Socke *f*; *(pour femmes, enfants)* Söckchen *nt*

soda [sɔda] *m (boisson aromatisée)* Limonade *f*, Kracherl *m* (ÖSTERR) *(fam)*

sœur [sœʀ] *f* ① *(opp: frère)* Schwester *f* ② *(objet semblable)* Gegenstück *nt* ③ REL [Ordens]schwester *f*

software [sɔftwɛʀ] *m* Software *f*

soi [swa] *pron* sich

soi-disant [swadizɑ̃] I. *adj inv* sogenannt II. *adv* angeblich

soie [swa] *f* ① *(tissu)* Seide *f* ② *(poils)* Borste *f*

soif [swaf] *f (besoin de boire)* Durst *m*; **avoir ~** Durst haben

⓪ **mourir de ~** verdursten

soigner [swaɲe] <1> I. *vt* ① *(rhume)* auskurieren; **~ qn** *(médecin)* jdn behandeln; *(infirmier)* jdn pflegen ② *(personne)* sich kümmern um II. *vpr* ① **~ tout seul** sich selbst kurieren ② *(iron: avoir soin de soi)* **se ~** es sich *(dat)* gut gehen lassen ③ *(pouvoir être soigné)* **se ~** *(maladie)* behandelt werden können

soigneusement [swaɲøzmɑ̃] *adv* *(travailler)* gewissenhaft; *(ranger)* ordentlich

soi-même [swamɛm] *pron* selbst

soin [swɛ̃] *m* ① *(application)* Sorgfalt *f* ② *pl* MED Behandlung *f*; **~ de balnéothérapie** Kneippanwendung *f*; **~ du visage** Gesichtsbehandlung *f* ③ *pl (hygiène)* **~s du corps** Körperpflege *f* ④ *pl (attention)* Zuwendung *f*

soir [swaʀ] I. *m* Abend *m*; **le ~** abends; **un [beau] ~** eines [schönen] Abends; **l'autre ~** neulich Abend II. *adv* abends; **hier ~** gestern Abend; **mardi [am] ~** Dienstagabend

soirée [swaʀe] *f* ① *(fin du jour)* Abend *m*; **~ de danse folklorique** Folkloreabend *m*; **en ~** abends; **dans la ~** im Laufe des Abends ② *(fête)* [Abend]gesellschaft *f* ③ THEAT, CINE Abendvorstellung *f*

soit [swat] I. *adv (d'accord)* einverstanden; **eh bien ~!** also gut! II. [swa] *konj ① (alternative)* **~ ..., ~ ...** [entweder] ... oder ...

② (c'est-à-dire) das heißt

soixantaine [swasɑ̃tɛn] f **①** une
~ **de pages** etwa sechzig Seiten **②** (âge approximatif) **avoir
la** ~ etwa sechzig [Jahre alt]
sein

soixante [swasɑ̃t] num **①** sechzig
② (dans l'indication des
époques) **les années** ~ die sechziger Jahre

soixante-dix [swasɑ̃tdis] num
① siebzig **②** (dans l'indication
des époques) **les années** ~ die
siebziger Jahre

soixante-dixième [swasɑ̃tdizjɛm]
<soixante-dixièmes> **I.** adj sieb-
zigste(r, s) **II.** m (fraction) Sieb-
zigstel nt

soixante-huitard(e)
[swasɑ̃tɥitaʀ] <soixante-hui-
tards> m/f **①** Achtundsechzi-
ger(in) m(f)

soixantième [swasɑ̃tjɛm] **I.** adj
sechzigste(r, s) **II.** m (fraction)
Sechzigstel nt

sol [sɔl] m Boden m

solaire [sɔlɛʀ] adj (système, huile)
Sonnen-

solarium [sɔlaʀjɔm] m Solarium
nt

soldat [sɔlda] m MIL Soldat m

solde[1] [sɔld] m **①** pl (marchandises) Sonderangebote pl nt **②**
FIN (reliquat) Restbetrag m

solde[2] [sɔld] f (d'un soldat) Sold m;
(d'un matelot) Heuer f

solder [sɔlde] <1> **I.** vt **①** COM herabsetzen; ~ **tout son stock** einen Räumungsverkauf machen
② (dette) begleichen **II.** vpr: **se**

~ **par un succès** mit einem Erfolg enden

sole [sɔl] f Seezunge f

soleil [sɔlɛj] m Sonne f; ~ **cou-
chant/levant** Sonnenunter-
gang-/aufgang m

solennel(le) [sɔlanɛl] adj
① (cérémonie, obsèques, promesse) feierlich **②** (péj: affecté)
gekünstelt

solidariser [sɔlidaʀize] <1> vpr:
se ~ sich zusammenschließen

solidarité [sɔlidaʀite] f Solidarität f

solide [sɔlid] **I.** adj **①** (opp: liquide) fest **②** (construction, outil)
stabil **③** (connaissances) fundiert;
(position) gesichert **④** (fam: fortune, coup de poing) ordentlich
II. m MATH, PHYS [geometri-
scher] Körper

soliste [sɔlist] mf Solist(in) m(f)

solitaire [sɔlitɛʀ] **I.** adj einsam
II. m **①** (diamant) Solitär m
② (jeu) Solitär|spiel nt

solitude [sɔlityd] f (isolement)
Einsamkeit f

solliciter [sɔlisite] <1> vt (form:
demander) ersuchen

soluble [sɔlybl] adj (substance,
café) löslich

solution [sɔlysjɔ̃] f a. CHIM, MED
Lösung f; ~ **de réhydration**
Elektrolytlösung f; ~ **à un pro-
blème** Lösung f für ein Problem

solvable [sɔlvabl] adj (client, pays)
zahlungsfähig; (débiteur) kredit-
würdig

sombre [sɔ̃bʀ] adj **①** dunkel
(avenir, tableau, roman) düster;
(caractère, personne) trübsinnig

S

⑥ *(fam: histoire)* finster; *(bizarre)* konfus

sombrer [sɔ̃bʀe] <1> vi **①** *(faire naufrage)* untergehen **②** *(personne)* den Boden unter den Füßen verlieren

sommaire [sɔmɛʀ] I. *adj (analyse, réponse)* kurz[gefasst] II. *m (table des matières)* Inhaltsverzeichnis *nt*

somme [sɔm] *f* **①** Summe *f* **②** **en ~, ~ toute** alles in allem

sommeil [sɔmɛj] *m* Schlaf *m*; **avoir ~** müde sein

sommet [sɔmɛ] *m* **①** *(d'une montagne)* Gipfel *m*; *(d'une tour, hiérarchie)* Spitze *f* **②** *(apogée)* Höhepunkt *m*

somnambule [sɔmnɑ̃byl] *adj* mondsüchtig

somnifère [sɔmnifɛʀ] *m* Schlaftablette *f*

somptueux, -euse [sɔ̃ptɥø] *adj (vêtement)* luxuriös; *(résidence)* prunkvoll

son¹ [sɔ̃] *m* Ton *m*; *(d'une voix, d'un instrument, appareil)* Klang *m*; *(bruit)* Lautstärke *f*

son² [sɔ̃] <ses> *dét* sein(e)/ihr(e)

sondage [sɔ̃daʒ] *m (enquête)* ~ **d'opinion** [Meinungs]umfrage *f*

sonder [sɔ̃de] <1> vt *(personnes)* befragen

songer [sɔ̃ʒe] <2a> vi *(penser)* denken

songeur, -euse [sɔ̃ʒœʀ] *adj* nachdenklich

sonné(e) [sɔne] *adj (fam: cinglé)* bescheuert

sonner [sɔne] <1> I. vt **①** *(cloche)* läuten; *(clairon)* blasen **②** *(appeler)* ~ **qn** [nach] jdm klingeln [o läuten ÖSTERR] **③** *(fam: étourdir, secouer)* ~ **qn** jdn fertigmachen II. vi **①** *(cloche)* läuten; *(réveil, téléphone)* klingeln, läuten ÖSTERR *(angélus, trompette)* ertönen **②** *(produire un effet)* ~ **bien** *(proposition)* gut klingen; ~ **faux** *(aveux)* unaufrichtig klingen **③** *(fin)* gekommen sein; **midi sonne** es schlägt Mittag **④** *(monnaie, clé)* klimpern

sonnerie [sɔnʀi] *f* **①** *(appel sonore)* Läuten *nt*; *(für Handy)* Klingelton *m* **②** *(mécanisme)* Läutwerk *nt*

sonnette [sɔnɛt] *f* **①** *(d'une porte d'entrée)* Klingel *f* **②** **tirer la ~ d'alarme** Alarm schlagen

sonore [sɔnɔʀ] *adj (voix)* klangvoll; *(baiser)* schmatzend **②** *(relatif au son)* **bande ~** Tonband *nt* **③** *(lieu, voûte)* hallend

sophistiqué(e) [sɔfistike] *adj* **①** *(perfectionné)* hochentwickelt; *(fonctionnel)* durchdacht **②** *(beauté)* künstlich

sorbet [sɔʀbɛ] *m* Sorbet[t] *m o nt*

sorcier, -ière [sɔʀsje] *m, f* Hexe *f*; *(homme)* Hexer *m*

sordide [sɔʀdid] *adj* **①** *(quartier, ruelle)* heruntergekommen **②** *(avarice, égoïsme)* schnöde

sort [sɔʀ] *m* **①** *(destinée)* Schicksal *nt* **②** *(hasard)* Zufall *m*; **tirer au ~** auslosen

sortant(e) [sɔʀtɑ̃] *adj* **①** *(député, ministre)* scheidend **②** *(tiré au* *sort)* durch das Los bestimmt

sorte [sɔʀt] *f* Art *f*, Sorte *f*; **toutes ~s de choses** alle möglichen Dinge ➊ *~ en quelque ~* in gewisser Weise; **de la ~** auf diese Art und Weise

sortie [sɔʀti] *f* ➊ *(action de sortir)* Herauskommen *nt*; *(action de quitter)* Hinausgehen *nt* ➋ *(promenade)* Spaziergang *m* ➌ *(d'un bâtiment)* Ausgang *m*; *(d'une autoroute, d'un garage)* Ausfahrt *f*; **~ de secours** Notausgang *m* ➍ *(panneau)* **~ de camions** *(devant un chantier)* Baustellenausfahrt *f* ➎ INFORM Ausgabe *f*; **~ [sur imprimante]** Ausdruck *m*

sortir [sɔʀtiʀ] <10> I. *vi* ➊ *(partir)* hinausgehen; *(venir)* herauskommen ➋ *(quitter)* **~ du magasin** aus dem Geschäft gehen; **~ en sortant du théâtre** beim Verlassen des Theaters ➌ *(quitter son domicile)* weggehen; **~ de chez soi** aus dem Haus gehen ➍ *(se divertir)* ausgehen ➎ *fam: avoir une relation amoureuse avec)* **~ avec qn** mit jdm gehen ➏ **[mais] d'où tu sors?** *(fam)* wo lebst du denn? II. *vt* ➊ *(mener dehors)* ausführen; ➋ *(porter dehors)* hinausbringen ➌ *(retirer d'un lieu)* herausholen ➍ *(marchandises)* ausführen; *(en fraude)* schmuggeln ➎ *(nouveau modèle, véhicule, livre)* herausbringen ➏ *fam: sottises)* von sich geben III. *vpr* ➊ *(se tirer)* **se ~ d'une situation** aus einer Situation herauskommen ➋ **s'en ~** *(échapper*

à un danger, un ennui) noch einmal davonkommen *(fam)*

S.O.S. [esoes] *m* ➊ *(appel)* SOS *nt* ➋ *(organisation)* **~ médecins** medizinischer Not[fall]dienst; **~ dépannage** Pannenhilfe *f* ➌ **lancer un ~** SOS funken; *(fig fam)* einen Hilferuf loslassen

sou [su] *m* ➊ *pl (fam)* Kröten *pl* ➋ **ne pas avoir un ~ en poche** *(fam)* keinen Pfennig [Geld] in der Tasche haben

souci [susi] *m* ➊ *(inquiétude)* Sorge; **se faire du ~ pour** sich sorgen um *f* ➋ *(préoccupation)* Anliegen *nt*

soucier [susje] <1> *vpr*: **se ~ de qn/qc** sich um jdn/etw kümmern

soucieux, -euse [susjø] *adj (personne, air, ton)* besorgt

soucoupe [sukup] *f* Untertasse *f*

soudain(e) [sudɛ̃] I. *adj (événement)* unerwartet; *(sentiment)* jäh II. *adv* plötzlich

souffle [sufl] *m* ➊ *(expiration)* Atemzug *m*; *(respiration)* Atmen *nt* ➋ *(déplacement d'air)* **~ du vent** Wind[hauch *m*] *m*

soufflé [sufle] *m* GASTR Auflauf *m*

souffler [sufle] <1> I. *vi* ➊ *(vent)* wehen; **ça souffle** es ist windig ➋ *(insuffler de l'air)* **~ sur/dans qc** auf/in etw *(akk)* blasen ➌ *(haleter)* keuchen ➍ *(se reposer)* verschnaufen II. *vt* ➊ *(éteindre)* ausblasen ➋ *(détruire)* zerstören ➌ *(dire discrètement)* **~ qc à l'oreille de qn** jdm etw ins Ohr flüstern; THEAT jdm etw souf-

S

flieren
souffrance [sufʀɑ̃s] f ● *(douleur)*
Schmerz m ● *(fait de souffrir)*
Leiden nt
souffrir [sufʀiʀ] <11> vi ● leiden;
faire ~ qn jdm wehtun; *(rendre
malheureux)* jdn unglücklich
machen ● *(avoir mal quelque
part)* **de l'estomac** Magenschmerzen haben ● *(avoir mal
à cause de)* **~ du froid** unter
der Kälte leiden
souhait [swɛ] m ● *(désir)*
Wunsch m ● **à tes/vos ~s!**
Gesundheit!
souhaiter [swete] <1> vt
● *(désirer)* **~ qc** sich *(dat)* etw
wünschen; **~ que** ● hoffen,
dass ● *(espérer pour quelqu'un)*
**~ bonne nuit/beaucoup de
bonheur** jdm gute Nacht/viel
Glück wünschen
soûl(e) [su] adj *(fam: ivre)* blau
soulager [sulaʒe] <2a> **I.** vt: **~ qn**
● *(a. fig)* jdn entlasten ● *(calmer la
douleur)* jds Schmerzen lindern
II. vpr *(fam: satisfaire un besoin
naturel)* **se ~** sich erleichtern
soulever [sul(ə)ve] <4> vt
● *(poids)* [hoch]heben ● *(problème, question)* aufwerfen
souligner [suliɲe] <1> vt *(phrase,
importance)* unterstreichen
soumettre [sumɛtʀ] <irr> **I.** vt
● *(faire subir)* **~ qn à des tests**
jdn [einer Reihe von] Unter-
suchungen unterwerfen ● *(présenter)* **~ une idée à qn** jdm
einen Vorschlag unterbreiten
II. vpr *(obéir)* **se ~** sich unter-

werfen
soupçon [supsɔ̃] m ● *(suspicion)*
Verdacht m ● *(très petite quantité)* **un ~ de sel/poivre** eine
Spur Salz/Pfeffer
soupçonner [supsɔne] <1> vt verdächtigen
soupe [sup] f *(potage)* Suppe f
soupirer [supiʀe] <1> vi seufzen
souple [supl] adj ● *(opp: rigide)*
biegsam; *(lentilles de contact)*
weich ● *(personne)* gelenkig
● *(adaptable)* flexibel
source [suʀs] **I.** f ● a. PHYS Quelle
f ● *(naissance d'un cours d'eau)*
Quelle f ● *(origine de l'information)* **de ~ sûre** aus sicherer
Quelle **II.** app INFORM **lan-
gage/programme ~** Programmiersprache f
sourcil [suʀsi] m [Augen]braue f;
s'épiler les ~s sich die Augen-
brauen zupfen
sourd(e) [suʀ] **I.** adj ● *(qui n'entend pas)* taub; *(qui n'entend
pas bien)* schwerhörig ● *(bruit)*
dumpf **II.** m(f) Gehörlose(r) f(m)
sourd-muet, sourde-muette
[suʀmɥɛ] <sourds-muets> m, f
Taubstumme(r) f(m)
souriant(e) [suʀjɑ̃] adj freundlich
sourire [suʀiʀ] **I.** m Lächeln nt
II. <irr> vi lächeln
souris [suʀi] f a. INFORM Maus f
sous [su] prep ● *(spatial: avec direction)* unter +akk; *(sans direction)* unter +dat ● *(temporel)*
~ peu binnen kurzem ● *(manière, cause)* unter +dat
● *(dépendance)* unter +dat

sous-développé(e) [sudev(ə)lɔpe] <sous-développés> *adj* unterentwickelt; **pays ~** Entwicklungsland *nt* **sous-développement** [sudev(ə)lɔpmã] <sous-développements> *m* Unterentwicklung *f* **sous-directeur** [sudirɛktœr] <sous-directeurs> *m* stellvertretender Direktor **sous-estimer** [suzɛstime] <1> *vt* unterschätzen **sous-marin** [sumarɛ̃] <sous-marins> *m* U-Boot *m* **sous-sol** [susɔl] <sous-sols> *m* (*dans un immeuble*) Untergeschoss *nt*

sous-titre [sutitr] <sous-titres> *m* Untertitel *m*

soustraire [sustrɛr] <irr> *vi* subtrahieren

sous-vêtements [suvɛtmã] *mpl* Unterwäsche *f*

soutenir [sut(ə)nir] <9> *vt* ① (*porter*) halten; **~ qc** (*colonne, poutre*) etw tragen ② (*étayer, maintenir droit*) abstützen ③ (*maintenir debout, en bonne position*) stützen ④ (*aider financièrement, moralement*) unterstützen ⑤ (*prendre parti pour*) **~ qn** zu jdm halten ⑥ (*affirmer*) **~ que ...** behaupten, dass ...

soutenu(e) [sut(ə)ny] *adj* ① (*attention, effort*) beständig ② (*style, langue*) gehoben

souterrain(e) [suterɛ̃] *adj* unterirdisch

soutien [sutjɛ̃] *m* (*aide*) Unterstützung *f*

soutien-gorge [sutjɛ̃gɔrʒ] <soutiens-gorge[s]> *m* Büstenhalter *m*, BH *m*

souvenir¹ [suv(ə)nir] <9> *vpr*: **se ~ de qn/qc** sich an jdn/etw erinnern

souvenir² [suv(ə)nir] *m* ① **le ~ de qn/qc** die Erinnerung an jdn/etw ② (*objet touristique*) Andenken *nt*

souvent [suvã] *adv* oft; **le plus ~** meistens

souveraineté [suv(ə)rɛnte] *f* Souveränität *f*

spacieux, -euse [spasjø] *adj* geräumig

sparadrap [sparadra] *m* [Heft]pflaster *nt*

spatial(e) [spasjal] <-aux> *adj* räumlich

spécial(e) [spesjal] <-aux> *adj* ① (*opp: général*) spezielle(r, s); **rien de ~** nichts Besonderes ② (*bizarre*) eigenartig

spécialiser [spesjalize] <1> *vpr*: **se ~ dans** [*o* **en**] **qc** sich *(akk)* auf etw *(akk)* spezialisieren

spécialiste [spesjalist] *mf* ① (*expert*) Spezialist(in) *m(f)* ② MED Facharzt, -ärztin *m, f*

spécialité [spesjalite] *f* Spezialität *f*

spécifier [spesifje] <1> *vt*: **~ qc** etw genau angeben; (*loi*) etw genau festlegen

spécimen [spesimɛn] *m* (*exemplaire*) Exemplar *m*

spectacle [spɛktakl] *m* ① (*ce qui s'offre au regard*) Anblick *m* ② THEAT, MEDIA Vorstellung *f*

spectateur, -trice [spɛktatœr, *f* ① THEAT, SPORT Zuschauer(in) *m(f)* ② (*observateur*) Beobachter(in) *m(f)*

S

spéculer [spekyle] <1> *vi* FIN, COM
~ **sur qc** mit etw spekulieren

sperme [spɛrm] *m* Sperma *nt*

sphère [sfɛr] *f* ❶ SCI Kugel *f* ❷ *(domaine)* Bereich *m*

spirale [spiral] *f a. fig)* Spirale *f*

spirituel(le) [spirityɛl] *adj* ❶ *(plein d'esprit)* geistreich ❷ REL geistlich

splendide [splɑ̃did] *adj* prächtig

spontanément [spɔ̃tanemɑ̃] *adv* ❶ *(sans réfléchir)* spontan ❷ *(librement)* freiwillig

sport [spɔr] **I.** *adj inv (coupe)* sportlich **II.** *m* ❶ *(activité sportive)* Sport *m* ❷ *(forme d'activité sportive)* Sportart *f*

sportif, -ive [spɔrtif] *m, f* Sportler(in) *m(f)*

spot [spɔt] *m* ❶ *(lampe)* Spot *m*; *(projecteur)* Scheinwerfer *m*

spray [sprɛ] *m (pulvérisation)* Spray *m o nt*

square [skwar] *m (kleine)* Grünanlage *(inmitten eines Platzes)*

squelette [skəlɛt] *m* ANAT, ARCHIT Skelett *nt*

stabiliser [stabilize] <1> *vt, vpr:* [se] ~ [sich] stabilisieren

stable [stabl] *adj* ❶ stabil ❷ *(durable)* dauerhaft ❸ *(temps)* beständig

stade [stad] *m* ❶ SPORT Stadion *nt* ❷ *(phase)* Stadium *nt*

stage [staʒ] *m (en entreprise)* Praktikum *nt*

stagner [stagne] <1> *vi* ❶ *(eau)* stehen ❷ ECON stagnieren

stand [stɑ̃d] *m* ❶ *(dans une exposition)* [Messe]stand *m* ❷ *(dans*

une fête) Bude *f*

standard¹ [stɑ̃dar] *m* TELEC [Telefon]zentrale *f*

standard² [stɑ̃dar] *adj inv* ❶ *(normalisé)* genormt ❷ *(dépourvu d'originalité)* [allgemein] üblich ❸ LING **langue** ~ Hochsprache *f*

station [stasjɔ̃] *f* ❶ AUT Station *f*, Haltestelle *f*; ~ **de taxis** Taxistand *m* ❷ MEDIA *(émetteur)* Sender *m* ❸ TECH Station *f* ❹ ~ **balnéaire** Badeort *m*

stationnaire [stasjɔnɛr] *adj* unverändert

stationnement [stasjɔnmɑ̃] *m* Parken *nt*; **ticket de** ~ Parkschein *m*

station-service [stasjɔ̃sɛrvis] <sations-service[s]> *f* Tankstelle *f*

statistique [statistik] **I.** *adj* statistisch **II.** *f* Statistik *f*

statue [staty] *f* Statue *f*

statut [staty] *m a.* ADMIN Status *m*

stérile [steril] *adj* ❶ BIO, AGR unfruchtbar ❷ *(sans microbes)* steril ❸ *(efforts)* vergeblich

stérilet [sterilɛ] *m* Spirale *f (fam)*

stérilité [sterilite] *f* ❶ BIO, AGR *(a. fig)* Unfruchtbarkeit *f* ❷ *(absence de microbes)* Keimfreiheit *f*

steward [stiwart] *m*; ~ **de l'air** Flugbegleiter *m*

stimulateur [stimylatœr] *m*; ~ **cardiaque** Herzschrittmacher *m*

stimuler [stimyle] <1> *vt (activer, augmenter)* anregen

stock [stɔk] *m* ❶ COM Lager *nt*

② *(réserve)* Vorrat m

stocker [stɔke] <1> vt **①** *(mettre en réserve)* [ein]lagern **②** INFORM [ab]speichern

stop [stɔp] **I.** *interj (halte)* stopp **II.** m **①** *(panneau)* Stoppschild nt **②** *(auto-stop)* **faire du ~** *(fam)* trampen **③** AUT Bremslicht nt

store [stɔR] m *(rideau à enrouler)* Rollo nt; *(de magasin)* Rollladen m

stratégie [strateʒi] f Strategie f

stressant(e) [stresɑ̃] adj stressig *(fam)*

strict(e) [strikt] adj **①** streng; **au sens ~** im engeren Sinne **②** *(minimum)* absolut **③** *(vêtement, tenue)* streng geschnitten

structure [stryktyR] f **①** *(organisation)* Struktur f **②** *(lieu, service social)* **~ d'accueil** soziale Einrichtung

structurer [stryktyRe] <1> **I.** vt strukturieren **II.** vpr: **se ~** sich organisieren

studio [stydjo] m Studio nt, Apartment nt

stupéfier [stypefje] <1> vt verblüffen

stupide [stypid] adj dumm

style [stil] m **①** Stil m **②** LING *(discours)* Rede f **③** *(genre)* Art f

stylo [stilo] m Füller m; **~ [à] bille** Kugelschreiber m

stylo-feutre [stiloføtR] <stylos--feutres> m Filzstift m

subconscient [sybkɔ̃sjɑ̃] m Unterbewusstsein nt

subir [sybiR] <8> vt **①** *(être vic-*

time de) erleiden **②** *(endurer)* erdulden

subjectif, -ive [sybʒɛktif] adj subjektiv

sublime [syblim] adj *(admirable)* überwältigend

subordonné(e) [sybɔrdɔne] **I.** m(f) Untergebene(r) f(m) **II.** adj *(proposition)* untergeordnet

substance [sypstɑ̃s] f *(matière)* Substanz f

substantif [sypstɑ̃tif] m Substantiv nt

substituer [sypstitɥe] <1> **I.** vt: **~ qc à qc** *(volontairement)* etw durch etw ersetzen **II.** vpr: **se ~ à qn** sich an jds Stelle f *(akk)* setzen

subtil(e) [syptil] adj *(personne)* scharfsinnig

subvenir [sybvəniR] <9> vi: **~ à qc** für etw aufkommen

subvention [sybvɑ̃sjɔ̃] f Subvention f

succéder [syksede] <5> **I.** vi: **~ à qc** auf etw *(akk)* folgen **II.** vpr: **se ~** einander folgen

succès [syksɛ] m **①** Erfolg m; **à ~** Erfolgs- **②** SPORT, MIL Sieg m

succession [syksɛsjɔ̃] f **①** *(transmission du pouvoir)* Nachfolge f **②** *(héritage)* Erbschaft f, Verlassenschaft f *(ÖSTERR)*

successivement [syksesivmɑ̃] adv nacheinander

succomber [sykɔ̃be] <1> vi sterben

sucer [syse] <2> vt **①** *(sang, citron)* aussaugen **②** *(bonbon)* lutschen

sucette [sysɛt] f: ~ |de caoutchouc| Schnuller m

sucre [sykʀ] m Zucker m; **en morceaux** Würfelzucker m

sucré(e) [sykʀe] adj süß

sucrer [sykʀe] <1> I. vt (mettre du sucre) zuckern II. vi (rendre sucré) süßen

sucrette® [sykʀɛt] f Süßstofftablette f

sud [syd] I. m: **le** ~ der Süden; **au** ~ **de** südlich von II. ⓐ inv Süd-

Sud [syd] I. m: **le** ~ der Süden II. adj inv (hémisphère) südlich; (pôle) Süd- **sud-est** [sydɛst] I. m inv Südosten m II. adj inv südöstlich; (vent) Südost- **sud-ouest** [sydwɛst] I. m Südwesten m; (vent) Südwest- II. ⓐ inv südwestlich

Suède [sɥɛd] f: **la** ~ Schweden nt

suédois(e) [sɥedwa] adj schwedisch

Suédois(e) [sɥedwa] m(f) Schwede, Schwedin m, f

suer [sɥe] <1> vi schwitzen

sueur [sɥœʀ] f Schweiß m

suffire [syfiʀ] <irr> vi genügen; ~ **aux besoins** für die Bedürfnisse aufkommen; **ça suffit** |comme ça|! (fam) jetzt reicht's!

suffisamment [syfizamɑ̃] adv: ~ **grand** groß genug

suffisant(e) [syfizɑ̃] adj (nombre, techniques) ausreichend

suffrage [syfʀaʒ] m ⓐ (voix) |Wahl|stimme f ⓑ pl (approbation) Zustimmung f

suggestion [sygʒɛstjɔ̃] f Vorschlag m

suicide [sɥisid] m Selbstmord m

suisse [sɥis] I. adj Schweizer; (peuple) schweizerisch; ~ **romand** welsch|schweizerisch| II. ⓐ (garde) Schweizer Gardist m ⓑ GASTR Rahmquark in kleinen Portionen

Suisse [sɥis] I. f: **la** ~ die Schweiz II. mf Schweizer(in) m(f); **c'est un** ~ **romand** er ist Französischschweizer [o Welschschweizer (SCHWEIZ)]

suite [sɥit] f ⓐ (d'une lettre, d'un roman) Rest m ⓑ (d'événements, de nombres) |Ab|folge f; (d'objets, de personnes) Reihe f ⓒ (conséquence) Folge f ⓓ (nouvel épisode) Fortsetzung f ⓔ (appartement) Suite f ⓕ INFORM ~ **bureautique** Office-Paket nt ⓖ **tout de** ~ sofort; ~ **à** qc Bezug nehmend auf etw (akk) **et ainsi de** ~ und so weiter; **par la** ~ später

suivant [sɥivɑ̃] prép ⓐ (conformément à) gemäß +dat ⓑ (le long de) entlang +dat

suivant(e) [sɥivɑ̃] I. adj (qui vient ensuite) nächste(r, s) II. m(f): **au** ~! der Nächste!

suivi(e) [sɥivi] adj (continu) regelmäßig

suivre [sɥivʀ] <irr> I. vt ⓐ ~ qn/qc jdm/etw folgen ⓑ (venir ensuite) **l'hiver suit l'automne** auf den Herbst folgt der Winter ⓒ (classe, cours) besuchen ⓓ (élève, malade) beobachten ⓔ **à** ~ Fortsetzung folgt II. vi ⓐ folgen ⓑ (réexpédier) **faire** ~ **qc** etw nachsenden lassen

III. *vpr:* **se ~** *(se succéder)* aufeinanderfolgen

sujet [syʒɛ] *m* **①** *(thème)* Thema *nt* **②** *(cause)* Grund *m* **③** LING, PHILO Subjekt *nt* **④ à ce ~** diesbezüglich

super [sypɛr] *m abr de* **supercarburant** Super *nt;* **~ sans plomb** Super bleifrei

superbe [sypɛrb] *adj (corps, paysage)* wunderschön; *(temps)* herrlich

superficie [sypɛrfisi] *f* Fläche *f*

superficiel(le) [sypɛrfisjɛl] *adj* oberflächlich

superflu(e) [sypɛrfly] *adj* überflüssig

supérieur(e) [sypɛrjœr] **I.** *adj* **①** *(plus haut dans l'espace)* obere(r, s); *(lèvre, mâchoire)* Ober- **②** *(plus élevé dans la hiérarchie)* höhere(r, s); *(cadre)* leitend; **enseignement** ~ Hochschulwesen *nt* **③** *(de grande qualité)* hervorragend **④** *(qui dépasse)* **être ~ à la moyenne** über dem Durchschnitt liegen **II.** *m(f)* Vorgesetzte(r) *f(m)*

supermarché [sypɛrmarʃe] *m* Supermarkt *m*

superstitieux, -euse [sypɛrstisjø] *adj* abergläubisch

superviser [sypɛrvize] <1> *vt* überprüfen

supplément [syplemɑ̃] *m* **①** *(surplus)* zusätzliche Menge **②** PRESSE Beilage *f* **③** *(somme d'argent à payer)* Aufpreis *m*

supplémentaire [syplemɑ̃tɛr] *adj* zusätzlich

supplice [syplis] *m* Qual *f*

support [sypɔr] *m* **①** *(soutien)* Stütze *f* **②** INFORM – **d'information** Datenträger *m*

supportable [sypɔrtabl] *adj* erträglich

supporter [sypɔrte] <1> **I.** *vt* **①** *(psychiquement)* ertragen; *(malheur)* hinnehmen; **ne pas ~ que** +*subj* es nicht ausstehen können, wenn **②** *(alcool, chaleur)* vertragen **③** SPORT *(encourager)* anfeuern **II.** *vpr:* **se ~** miteinander auskommen

supposé(e) [sypoze] *adj* mutmaßlich

supposer [sypoze] <1> *vt* **①** *(imaginer)* annehmen **②** *(impliquer)* voraussetzen

supposition [sypozisjɔ̃] *f* Vermutung *f*

suppositoire [sypozitwar] *m* Zäpfchen *nt*

supprimer [syprime] <1> *vt* **①** *(avantage)* streichen; *(permis)* entziehen **②** *(tuer)* beseitigen

sur [syr] *prép* **①** *(spatial)* **~ qn/qc** *(vers)* auf jdn/etw; *(au-dessus de)* über jdn/etw **②** *(temporel)* **~ le coup** *(immédiatement)* auf der Stelle **③ ~ mesure** nach Maß; **neuf fois ~ dix** neun von zehn Mal

sûr(e) [syr] *adj* **①** sicher **②** *(digne de confiance)* zuverlässig **③ bien ~** sicherlich

surbaissé(e) [syrbese] *adj* ebenerdig

surcharger [syrʃarʒe] <2a> *vt (charger à l'excès)* überladen

S

surdité [syʀdite] f (totale) Taubheit f; (partielle) Schwerhörigkeit f

sûrement [syʀmɑ̃] adv bestimmt, sicher

sûreté [syʀte] f Sicherheit f

surévaluer [syʀevalɥe] <1> vt (personne) überschätzen; (immeuble, nombre) zu hoch schätzen

surf [sœʀf] m **a.** INFORM Surfen nt; **faire du ~** surfen ② (planche: pour l'eau) Surfbrett nt; (pour la neige) Snowboard nt

surface [syʀfas] f ① (aire) Fläche f; (d'un appartement) [Wohn]fläche ② (couche superficielle, apparence) Oberfläche f ③ **grande ~** Supermarkt m ③ (football) **~ de réparation** Strafraum m

surfer [sœʀfe] <1> vi **a.** INFORM surfen; **~ sur le Web** im Web surfen

surgelé(e) [syʀʒəle] mpl Tiefkühlkost f

surgir [syʀʒiʀ] <8> vi auftauchen

surligner [syʀliɲe] <1> vt INFORM markieren

surmonter [syʀmɔ̃te] <1> vt überwinden

surplus [syʀply] m (d'une somme) Rest m; (d'une récolte) Überschuss m

surpopulation [syʀpɔpylasjɔ̃] f Über[be]völkerung f

surprenant(e) [syʀpʀənɑ̃] adj überraschend

surprendre [syʀpʀɑ̃dʀ] <13> **I.** vt ① (étonner) überraschen ② (conversation) mithören **II.** vpr: se **~ à faire qc** sich dabei ertappen,

wie man etw tut

surpris(e) [syʀpʀi, iz] adj überrascht

surprise [syʀpʀiz] f Überraschung f; **avec/par ~** überrascht/überraschend

sursauter [syʀsote] <1> vi zusammenzucken

surtout [syʀtu] adv ① (avant tout) vor allem ② **~ pas** auf keinen Fall

surveillance [syʀvejɑ̃s] f (contrôle) Aufsicht f; (des travaux, de la police) Überwachung f

surveiller [syʀveje] <1> vt ① (enfant, élève) beaufsichtigen ② (suivre l'évolution) überwachen ③ (garder) aufpassen auf +akk

survivre [syʀvivʀ] <irr> vi überleben

survoler [syʀvɔle] <1> vt (a. fig) überfliegen

susceptible [sysɛptibl] adj (ombrageux) empfindlich

susciter [sysite] <1> vt hervorrufen; (querelle) verursachen

suspect(e) [syspɛ] adj verdächtig

suspecter [syspɛkte] <1> vt verdächtigen

suspendre [syspɑ̃dʀ] <14> vt ① (accrocher) aufhängen ② (séance, réunion) aussetzen

suspens [syspɑ̃] **projet en ~** Projekt nt in der Schwebe

suspense [syspɛns] m Spannung f

SVP [ɛsvepe] abr de **s'il vous plaît**

syllabe [sil(l)ab] f Silbe f

symbole [sɛ̃bɔl] m Symbol nt

symboliser [sɛ̃bɔlize] <1> vt
  ❶ (matérialiser par un symbole)
  versinnbildlichen ❷ (être le symbole de) symbolisieren
symétrie [simetri] f Symmetrie f
sympa [sɛ̃pa] adj (personne) nett;
  (location) gemütlich
sympathique [sɛ̃patik] adj
  ❶ (personne) sympathisch
  ❷ (fam: charmant) freundlich
syncope [sɛ̃kɔp] f Ohnmacht f
syndicat [sɛ̃dika] m ❶ (syndicat
  de salariés) Gewerkschaft f
  ❷ (pour les touristes) ~ **d'initiative** Fremdenverkehrsamt nt
synthétique [sɛ̃tetik] adj (maté-

riau) synthetisch
systématique [sistematik] adj
  systematisch
système [sistɛm] m ❶ System nt
  ❷ (de fermeture) Vorrichtung f
  ❸ (fam: combine) Taktik f
  ❹ INFORM ~ **informatique/
  d'exploitation** Betriebssystem
  nt ❺ AUT ~ **de guidage** Navigationssystem nt
**Système européen de banques
  centrales** m Europäisches System
  der Zentralbanken
Système monétaire européen
  m Europäisches Währungssys-
  tem

T t

t f abr de **tonne** t
T, t [te] m inv T nt, t nt; **en t**
  T-förmig
t' pron v. **te, tu**
t(ee)-shirt [tiʃœʀt] <tee-shirts>
  m T-Shirt nt
ta [ta] <tes> dét dein(e)
tabac [taba] m ❶ Tabak m ❷ (fam:
  magasin) Laden m für
  Tabakwaren
table [tabl] f ❶ (meuble) Tisch m;
  à ~! zu Tisch!; **~ à langer** Wickeltisch m ❷ (tablée) Tafel f
  ❸ (nourriture) Essen nt; **~ de
  nuit** Nacht-
  tisch m ❹ (ta-
  bleau) ~ **des matières** Inhaltsverzeichnis nt

tableau [tablo] <x> m ❶ Bild nt
  ❷ SCOL (Schul)tafel f ❸ (panneau)
  schwarzes Brett ❹ (présentation
  graphique) a. INFORM Tabelle f
tablette [tablɛt] f ❶ (planchette)
  [Ablage]platte f
tache [taʃ] f Fleck m
tâche [taʃ] f ❶ (besogne) Arbeit f
  ❷ (mission) Aufgabe f
tacher [taʃe] <1> I. vi Flecken pl
  machen II. vt beflecken III. vpr:
  se ~ (personne) sich schmutzig
  machen
tacite [tasit] adj stillschweigend
taciturne [tasityʀn] adj ❶ (silencieux) schweigsam ❷ (morose)
  wortkarg

tactile [taktil] *adj* Tast-; *(écran)* zum Berühren

tactique [taktik] *f* Taktik *f*

taille¹ [taj] *f* ❶ *(partie du corps, d'un vêtement)* Taille *f* ❷ **ne pas être à sa ~** *(vêtement)* nicht seine/ihre Größe sein

taille² [taj] *f* ❸ *(d'un diamant)* Schleifen *nt*; *(d'une pierre)* Behauen *nt* ❷ BOT *(Be)schneiden nt*

tailler [taje] <1> I. *vt* ❶ *(arbre)* zurückschneiden; *(crayon)* (an)spitzen ❷ *(robe)* (zu)schneiden II. *vpr (se couper)* **se ~ la barbe** sich *(dat)* den Bart stutzen

tailleur [tajœʀ] *m* ❶ *(couturier)* Schneider *m* ❷ *(tenue)* Kostüm *nt*

taire [tɛʀ] *<irr> I. vpr:* **se ~** schweigen II. *vt* verschweigen

talent [talɑ̃] *m* Talent *nt*

talon [talɔ̃] *m* ❶ ANAT Ferse *f* ❷ *(de chaussure)* Absatz *m* ❸ *(bout)* Ende *nt*

tamis [tami] *m* ❶ *(crible)* Sieb *nt* ❷ SPORT Saitenbespannung *f*

tampon [tɑ̃pɔ̃] *m* ❶ *(en coton)* Bausch *m* ❷ *(périodique)* Tampon *m* ❸ *(pansement)* Tupfer *m* II. *app inv* Puffer-

tamponner [tɑ̃pɔne] <1> I. *vt* ❶ *(essuyer)* abtupfen; *(plaie)* säubern II. *vpr (se heurter)* **se ~** zusammenstoßen

tandis que [tɑ̃dikə] *konj* +*indic* während [hingegen]

tank [tɑ̃k] *m* ❷ *(réservoir)* Tank *m*

tant [tɑ̃] *adv* ❶ *(aimer, vouloir)* so sehr; *(manger, travailler)* so viel ❷ *(une telle quantité)* ~ **de choses** so viele Dinge; ~ **de fois** so oft ❸ *(autant)* ~ **qu'il peut** so viel er kann; ~ **que** solange; **en ~ que** [in der Eigenschaft] als

tante [tɑ̃t] *f* ❶ *(parente)* Tante *f* ❷ *(vulg: homosexuel)* Tunte *f*

tantôt [tɑ̃to] *adv* ❶ *(en alternance)* ~ **...** ~ **...** mal..., mal... ❷ BELG *(tout à l'heure)* später

taper [tape] <1> I. *vt* ❶ *(donner des coups)* klopfen; ~ **sur qn** auf jdn schlagen II. *vt* ❷ *(tapis)* klopfen ❸ *(cogner)* • **le pied contre qc** den Fuß gegen etw schlagen ❹ INFORM eingeben

tapir [tapiʀ] *<8> vpr:* **se ~ sous qc** sich unter etw *(dat)* verkriechen

tapis [tapi] *m* ❶ Teppich *m* ❷ JEUX Tuch *nt*

tapisserie [tapisʀi] *f* ❶ *(revêtement)* Tapete *f* ❷ ART *(activité)* Teppichweben *nt*

tard [taʀ] I. *adv* spät; **au plus ~** spätestens II. *m:* **sur le ~** spät

tarder [taʀde] <1> *vi* ❶ *(traîner)* ~ **à faire qc** zögern etw zu tun; **sans ~** umgehend ❷ *(se faire attendre)* auf sich warten lassen

tardif, -ive [taʀdif] *adj* spät

tarif [taʀif] *m* *(barème)* Tarif *m*

tarte [taʀt] I. *f* GASTR Kuchen *m* II. *adj (fam)* doof

tartine [taʀtin] *f* GASTR ~ **[beurrée]** [Butter]brot *nt*

tartuf[f]e [taʀtyf] I. *m* Heuchler(in) *m(f)* II. *adj* scheinheilig

tas [tɑ] *m* Haufen *m*; **un ~ de choses** *(fam)* eine Menge Dinge

tasse [tɑs] *f* Tasse *f*

tâter [tate] <1> I. vt ❶ *(pouls)* fühlen ❷ *(terrain)* sondieren *(geh)* II. vi *(faire l'expérience)* ~ **de qc** die Erfahrung einer S. *(gen)* machen III. vpr: **se** ~ *(fam: hésiter)* noch überlegen

tâtons [tatɔ̃] mpl: **à** ~ tastend

tatouer [tatwe] <1> vt tätowieren

Taureau [tɔʀo] ‹‹›› m Stier m

taux [to] m ❶ *(pourcentage administrativement fixé)* Satz m ❷ *(mesure statistique)* Quote f; ~ **de change** Wechselkurs m

taverne [tavɛʀn] f *(gargote)* Wirtshaus m

taxe [taks] f ❶ *(impôt)* Steuer f; **hors** ~**s** Steuer nicht inbegriffen; *(sans T.V.A.)* ohne Mehrwertsteuer ❷ *(redevance)* Gebühr f; ~ **de sécurité** Sicherheitsgebühr f; ~ **de séjour** Kurtaxe f; ~**s d'aéroport** Flughafengebühr f

taxi [taksi] m Taxi nt

tchèque [tʃɛk] I. adj tschechisch II. m Tschechisch nt

Tchèque [tʃɛk] mf Tscheche m, Tschechin f

te [tə] ‹t› pron dich/dir

technicien(ne) [tɛknisjɛ̃] m(f) ❶ *(professionnel qualifié)* Techniker(in) m(f) ❷ *(expert)* Fachmann, -frau m, f

technique [tɛknik] I. adj technisch II. m SCOL Fachschulwesen nt III. f Technik f

teint [tɛ̃] m Teint m

teinte [tɛ̃t] f *(couleur)* Farbe f

teinture [tɛ̃tyʀ] f ❶ *(colorant)* Färbemittel nt ❷ MED ~ **d'iode** Jodtinktur f

teinturerie [tɛ̃tyʀʀi] f Reinigung f

tel(le) [tɛl] adj ❶ *(semblable, si fort/grand)* **un** ~/**une** ~ **le ...** solch ein(e) ...; **de** ~**(s) ...** solche ... ❷ *(ainsi)* ~ **père, ~ fils** wie der Vater, so der Sohn ❸ *(comme)* ~ **que qn/qc** wie jd/etw ❹ **il n'y a rien de** ~ es gibt nichts Besseres

télé [tele] f *(fam)* abr de **télévision**

téléachat [teleaʃa] m Teleshopping nt

Télécarte® [telekaʀt] f Telefonkarte f

télécharger [teleʃaʀʒe] vt herunterladen

télécommande [telekɔmɑ̃d] f *(d'une télé, d'un magnétoscope)* Fernbedienung f

télécommunication [telekɔmynikasjɔ̃] f *(technique)* Fernmeldetechnik f

télécopie [telekɔpi] f Fax nt

télécopieur [telekɔpjœʀ] m Faxgerät nt

télégramme [telegʀam] m Telegramm nt

télégraphique [telegʀafik] adj telegrafisch

téléguider [telegide] <1> vt *(diriger à distance)* durch Fernlenkung steuern

télématique [telematik] f Datenfernübertragung f

téléobjectif [teleɔbʒɛktif] m Teleobjektiv nt

télépaiement [telepɛmɑ̃] m elektronische Zahlungsweise

téléphérique [teleferik] m Seilbahn f

téléphone [telefɔn] *m* Telefon *nt;* ~ **de la chambre** Zimmertelefon *nt;* ~ **de secours** Notrufsäule *f*

téléphoner [telefɔne] <1> *vi* telefonieren; ~ **à qn** jdn anrufen

télésiège [telesjɛʒ] *m* Sessellift *m*

téléski [teleski] *m* Schlepplift *m;* **point d'arrivée du** ~ Bergstation *f;* **point de départ du** ~ Talstation *f*

télétravail [teletravaj] *m* Telearbeit *f*

téléviseur [televizœʀ] *m* Fernseher *m*

télévision [televizjɔ̃] *f* ❶ Fernsehen *nt;* **regarder la** ~ fernsehen ❷ *(récepteur)* Fernseher *m*

tellement [tɛlmɑ̃] *adv* ❶ *(si)* so; ce serait ~ **mieux** das wäre weitaus besser ❷ *(tant)* [so] sehr ❸ *(beaucoup)* **pas/plus** ~ *(fam: venir)* nicht oft/nicht mehr oft ❹ *(fam: tant de)* **avoir** ~ **d'amis** so viele Freunde haben

témoignage [temwaɲaʒ] *m* ❶ JUR [Zeugen]aussage *f* ❷ *(manifestation)* Beweis *m*

témoigner [temwaɲe] <1> *vi* ❶ *(déposer)* aussagen ❷ *(attester, jurer)* ~ **de qc** etw bezeugen

témoin [temwɛ̃] *m* I. *m* Zeuge, Zeugin *m, f* II. *app:* **lampe** ~ Kontrolllampe *f*

tempe [tɑ̃p] *f* Schläfe *f*

tempérament [tɑ̃peʀamɑ̃] *m* ❶ *(caractère)* Natur *f* ❷ *(forte personnalité)* Temperament *m*

température [tɑ̃peʀatyʀ] *f* ❶ Temperatur *f* ❷ *(fièvre)* Fieber *nt*

tempérer [tɑ̃peʀe] <5> *vt* ❶ METEO mildern ❷ *(modérer)* bremsen

tempête [tɑ̃pɛt] *f* METEO Unwetter *nt*, Sturm *m*

temple [tɑ̃pl] *m* ❶ ART, HIST Tempel *m* ❷ *(protestant)* Kirche *f*

temporaire [tɑ̃pɔʀɛʀ] *adj* ❶ *(intérimaire)* befristet ❷ *(passager)* momentan

temporiser [tɑ̃pɔʀize] <1> *vi* abwarten

temps¹ [tɑ̃] *m* ❶ Zeit *f;* ~ **libre** Freizeit *f* ❷ *(moment)* Zeitpunkt *m;* ▸ **tout le** ~ ständig; **à** ~ rechtzeitig; **de** ~ **en** ~ von Zeit zu Zeit; **depuis ce** ~**-là** seitdem; **en même** ~ gleichzeitig; **en peu de** ~ in kurzer Zeit

temps² [tɑ̃] *m* Wetter *nt;* **il fait beau/mauvais** ~ das Wetter ist schön/schlecht; **quel** ~ **fait-il?** wie ist das Wetter?

tendance [tɑ̃dɑ̃s] *f* ❶ PSYCH Neigung *f* ❷ *(propension)* ~ **à la rêverie** Hang *m* zur Träumerei

tendre¹ [tɑ̃dʀ] <14> I. *vt* ❶ *(raidir)* spannen ❷ *(bras)* ausstrecken; *(cou)* recken; *(main)* entgegenstrecken II. *vpr:* **se** ~ *(se raidir)* sich spannen III. *vi (aboutir à)* ~ **à faire qc** letztlich etw tun

tendre² [tɑ̃dʀ] *adj* ❶ zart ❷ *(opp: dur)* weich

tendresse [tɑ̃dʀɛs] *f (affection)* [zärtliche] Liebe

ténèbres [tenɛbʀ] *fpl* REL Finsternis *f*

tenir [t(ə)niʀ] <9> I. vt ❶ halten ❷ (article, magasin, maison) führen ❸ (rôle) spielen II. vi ❹ (être attaché) ~ à qn an jdm hängen ❺ (vouloir absolument) ~ à faire qc/à ce que +subj Wert darauf legen etw zu tun/, dass ❻ (être fixé) halten ❼ (durer) [sich] halten ❽ (ressembler à) ~ de qn/qc jdm/einer S. ähneln ❾ ça tient à qn/qc das hängt von jdm/etw ab III. vpr ❶ (se prendre) se ~ par la main Hand in Hand gehen ❷ (rester, demeurer) se ~ debout/assis/couché stehen/ sitzen/liegen ❸ (se comporter) se ~ sich benehmen (respecter) se ~ à qc sich an etw (akk) halten

tennis [tenis] I. m Tennis nt II. fpl Turnschuhe pl

tension [tɑ̃sjɔ̃] f ❶ Spannung f ❷ haute ~ Hochspannung f ❸ MED Blutdruck m

tentation [tɑ̃tasjɔ̃] f Versuchung f

tentative [tɑ̃tativ] f Versuch m

tente [tɑ̃t] f Zelt nt

tenter [tɑ̃te] <1> vt ❶ (allécher) reizen ❷ (essayer) versuchen

ténu(e) [teny] adj fein

tenue [t(ə)ny] f ❶ (comportement) Verhalten nt ❷ (vêtements) Kleidung f

terme¹ [tɛʀm] m ❶ (fin) Ende nt; (d'un travail) Abschluss m ❷ (date limite) Frist f; à court ~ kurzfristig

terme² [tɛʀm] m ❶ (mot) Ausdruck m ❷ pl (d'un contrat, d'une loi) Wortlaut m

terminaison [tɛʀminɛzɔ̃] f Endung f

terminal [tɛʀminal] <-aux> m Terminal nt

terminer [tɛʀmine] <1> I. vt beenden; (devoirs, travail) erledigen II. vi: ~ de lire qc etw zu Ende lesen ❷ pour ~, ... zum Abschluss ... III. vpr: se ~ ❶ (année, vacances) zu Ende gehen; se ~ bien/mal (histoire) gut/ schlecht ausgehen

terminus [tɛʀminys] m Endstation f

terne [tɛʀn] adj ❶ (cheveux) stumpf; (couleur) matt ❷ (conversation) eintönig

terrain [tɛʀɛ̃] m ❶ (parcelle) Grundstück nt ❷ (sol) ~ plat ebenes Gelände; ~ de sport Sportplatz m; ~ de football Fußballplatz m ❸ (domaine) Gebiet nt

terrasse [tɛʀas] f Terrasse f

terre [tɛʀ] f ❶ Erde f ❷ (sol) Boden m; par ~ (avec mouvement) auf den Boden; (sans mouvement) auf dem Boden ❸ (continent, contrée, pays) Land nt; ~ ferme Festland nt ❹ ~ cuite Terrakotta f

terrer [tɛʀe] <1> vpr: se ~ ❶ (animal) sich verkriechen ❷ (vivre reclus) sich zurückziehen

terrestre [tɛʀɛstʀ] adj ❶ (croûte, surface) Erd- ❷ (espèce) auf der Erde lebend ❸ (moyens de transport) zu Lande ❹ (plaisirs) irdisch

terreur [tɛʀœʀ] f ❶ (peur vio-

lente) Entsetzen nt ② *(terrorisme)* Terror m

terrible [teribl] **I.** *adj* ① schrecklich ② *(fam: super)* toll **II.** *adv* ① *(fam)* echt stark

terrifiant(e) [terifjã] *adj* Furcht erregend; *(nouvelle)* erschreckend

terrifier [terifje] <1> *vt* in Angst und Schrecken versetzen

territoire [teritwar] m *(d'un animal)* Revier nt; *(d'un pays, d'une nation)* Territorium nt; ~ **d'outre-mer** überseeisches Gebiet

territorial(e) [teritɔrjal] <-aux> *adj* territorial

terroir [terwar] m Gegend f

terroriser [terɔrize] <1> *vt* ① *(faire très peur)* ~ **qn** jdm große Angst machen ② *(opprimer)* terrorisieren

tertiaire [tersjɛr] **I.** *adj (emploi)* im Dienstleistungsgewerbe **II.** *m:* **le** ~ der Dienstleistungssektor

tertio [tersjo] *adv* drittens

tes [te] *dét* v. **ta, ton**

test [test] m Test m

tester [teste] <1> *vt* testen

tétanos [tetanos] m Tetanus m

tête [tɛt] f ① Kopf m ② *(première place)* Spitze f ③ **se casser la** ~ sich *(dat)* den Kopf zerbrechen

tétine [tetin] f Sauger m

texte [tɛkst] m Text m

textile [tɛkstil] m ① *(matière)* Faserstoff m ② *(industrie)* Textilindustrie f

texto [tɛksto] m SMS f

textuel(le) [tɛkstɥɛl] *adj* wörtlich

TGV [teʒeve] m abr de **train à**

grande vitesse ≈ ICE m

thé [te] m Tee m

théâtral(e) [teatral] <-aux> *adj* theatralisch; **groupe** ~ Theatergruppe f

théâtre [teatr] m ① Theater nt; ~ **de la danse** Tanztheater nt ② *(œuvres)* Dramen pl ③ *(des combats)* Schauplatz m

thème [tɛm] m a. MUS Thema nt

théorie [teɔri] f Theorie f

thérapie [terapi] f *(traitement)* Therapie f

thermique [tɛrmik] *adj (énergie)* thermisch

thermomètre [tɛrmɔmɛtr] m Thermometer nt

thermos® [tɛrmos] m o f Thermosflasche® f

thèse [tɛz] f ① These f ② UNIV ~ **de troisième cycle** Doktorarbeit f

thon [tõ] m Thunfisch m

thym [tɛ̃] m Thymian m

tibia [tibja] m Schienbein nt

ticket [tikɛ] m *(de bus, métro)* Fahrkarte f; *(de match, manège)* [Eintritts]karte f; ~ **de caisse** Kassenzettel m

tiède [tjɛd] *adj* ① lauwarm; *(lit, gâteau)* [noch] warm ② *(soutien)* lau

tien(ne) [tjɛ̃] *pron:* **le** ~/**la** ~ der/die/das deine

tiers [tjɛr] m ① *(fraction)* Drittel nt ② *(tierce personne)* Dritter m

tiers, tierce [tjɛr] *adj* dritte(r, s)

tiers-monde [tjɛrmõd] *m:* **le** ~ die Dritte Welt

tige [tiʒ] *f* (d'une fleur, feuille) Stiel *m*, Stängel *m* ❷ (de métal) Stange *f*

tigre [tigʀ] *m* Tiger *m*; (fig) Bestie *f*

tilleul [tijœl] *m* Linde *f*; (infusion) Lindenblütentee *m*

timbre¹ [tɛ̃bʀ] *m* ❶ POST Briefmarke *f*; ~ **de collection** Sondermarke *f f* ❷ (cachet, instrument) Stempel *m* ❸ MED Pflaster *nt*

timbre² [tɛ̃bʀ] *m* (qualité du son) Klang *m*

timide [timid] *adj* schüchtern; (réponse, critique) zaghaft

t̲que [tik] *f* Zecke *f*

tir [tiʀ] *m* (projectile tiré) a. SPORT Schuss *m*

tirage [tiʀaʒ] *m* ❶ (de la loterie, du loto) Ziehung *f* ❷ (d'un livre, ouvrage) Druck *m* ❸ PHOT Abziehen *nt*

tire-bouchon [tiʀbuʃ5] <tire-bouchons> *m* Korkenzieher *m*, Stoppelzieher *m* (ÖSTERR)

tirer [tiʀe] <1> **I.** *vt* ❶ ziehen; (vers le bas/haut) herunter/hochziehen ❷ (balle) abfeuern ❸ (film, négatif, photo) abziehen **II.** *vi* ❶ (exercer une traction) ~ **sur les rênes de son cheval** seinem Pferd die Zügel anziehen ❷ (aspirer) ~ **sur sa cigarette** an seiner Zigarette ziehen ❸ (peau, cicatrice) spannen ❹ SPORT schießen **III.** *vpr* ❶ (fam: s'en aller) **se** ~ sich verdrücken ❷ (se sortir) **se d'affaire** sich aus der Affäre ziehen

tiret [tiʀe] *m* Gedankenstrich *m*;

(division) Trennungsstrich *m*

tisane [tizan] *f* [Kräuter]tee *m*

tisser [tise] <1> *vt* ❶ (tapis) weben ❷ (araignée) spinnen

tissu [tisy] *m* TEXTIL Stoff *m*

titre [titʀ] *m* ❶ Titel *m* ❷ (d'un chapitre, article de journal) Überschrift *f* ❸ (justificatif) Bescheinigung *f*

T.N.T. [teɛnte] *f abr de* **télévision numérique terrestre** DVB-T

toast [tost] *m* ❶ (pain grillé) Toast *m* ❷ (allocution) Trinkspruch *m*

toi [twa] *pron* dich/dir

toile [twal] *f* ❶ (tissu) Stoff *m* ❷ ART Gemälde *nt*

toilette [twalɛt] *f* ❶ (soins corporels) Waschen *nt* ❷ (vêtements) Kleidung *f* ❸ (W.-C.) Toilette *f*; ~**s pour handicapés** Behindertentoilette *f*

toi-même [twamɛm] *pron* du selbst

toit [twa] *m* Dach *nt*; ~ **ouvrant** Schiebedach *nt*

tolérer [tɔleʀe] <5> *vt* ❶ ertragen; (douleur) aushalten

tomate [tɔmat] *f* Tomate *f*

tombe [t5b] *f* Grab *nt*

tombeau [t5bo] <x> *m* Grabmal *nt*

tomber [t5be] <1> *vi* ❶ fallen ❷ (être affaibli) ~ **de fatigue** vor Erschöpfung (dat) umfallen ❸ (nouvelle) eintreffen ❹ (nuit, soir) hereinbrechen ❺ **bien/mal** ~ gelegen/ungelegen kommen

tome [tɔm] *m* Band *m*

ton¹ [t5] *m* a. MUS Ton *m*

● *(couleur)* Farbton m

ton² [tɔ̃] <tes> *dét* dein(e)

tong [tɔ̃g] f Flipflop m

tonne [tɔn] f Tonne f

tonneau [tɔno] <x> m *(récipient)* Fass nt

tonnerre [tɔnɛʀ] m METEO Donner m

torche [tɔʀʃ] f ● *(flambeau)* Fackel f ● *(lampe électrique)* Taschenlampe f

torchon [tɔʀʃɔ̃] m ● *(tissu)* Tuch nt ● *(fam: journal)* Käseblatt nt

tordre [tɔʀdʀ] <14> I. *vt* ● *(linge)* [aus]wringen ● *(plier)* verbiegen II. *vpr* ● *(faire des contorsions)* **se ~ de douleur** sich vor Schmerz *(dat)* verziehen ● *(se luxer)* **se ~ un membre** sich *(dat)* ein Glied verrenken

tort [tɔʀ] m ● *(erreur)* Fehler m ● *(préjudice)* Nachteil m; **avoir ~ de faire qc** etw zu Unrecht tun

torture [tɔʀtyʀ] f ● *(supplice)* Folter f ● *(souffrance)* Qual f

tôt [to] *adv* ● früh; **le plus ~ possible** so bald wie möglich ● **ou tard** früher oder später

total [tɔtal] <-aux> m Gesamtbetrag m ● **au ~** *(en tout)* insgesamt

total(e) [tɔtal] <-aux> *adj* total; *(désespoir, ruine)* völlig

totalité [tɔtalite] f Gesamtheit f

touche [tuʃ] f ● INFORM, MUS Taste f ● PÊCHE Anbiss m ● *(en escrime)* Treffer m ● *(au football, rugby)* Seitenlinie f; *(sortie du ballon)* Aus nt

toucher [tuʃe] <1> I. *vt* ● berühren ● *(frapper, atteindre)* treffen ● *(concerner)* **~ qn** jdn betreffen ● *(argent)* bekommen II. *vi* ● *(porter la main sur)* **~ à qn/qc** jdn anrühren/etw anfassen ● *(modifier)* **~ au règlement** die Regeln antasten ● *(être proche de)* **~ à sa fin** dem Ende zugehen III. *vpr:* **se ~** *(personnes)* sich berühren IV. m ● *(sens)* Tastsinn m ● *(impression)* Beschaffenheit f ● MUS Anschlag m

toujours [tuʒuʀ] *adv* ● immer ● *(encore)* immer noch ● *(malgré tout)* dennoch ● **depuis ~** seit eh und je

tour¹ [tuʀ] f ● *(immeuble)* Turm m ● *(immeuble)* Hochhaus nt

tour² [tuʀ] m ● *(circonférence)* Umfang m ● *(brève excursion)* Tour f; **~ de l'île** Inselrundfahrt f ● *(succession alternée)* **c'est au ~ de qn de faire qc** jd ist an der Reihe etw zu tun ● *(rotation)* Umdrehung f ● MED **~ de reins** Hexenschuss m

tourisme [tuʀism] m Tourismus m

touriste [tuʀist] mf Tourist(in) m(f)

touristique [tuʀistik] *adj* touristisch

tourmente [tuʀmɑ̃t] f *(soutenu: tempête)* Unwetter nt

tourmenter [tuʀmɑ̃te] <1> I. *vt:* **~ qn** jdn quälen; *(remords, scrupules)* jdn plagen II. *vpr:* **se ~** sich *(dat)* Sorgen machen

tournant [tuʀnɑ̃] m ● *(virage)*

Kurve *f* ❸ *(d'une carrière, vie)* Wendepunkt *m*

tourne-disque [tuʀnədisk] <tourne-disques> *m* Plattenspieler *m*

tournée [tuʀne] *f* ❶ *(circuit)* Tour *f* ❷ *(fam: au café)* Runde *f*

tourner [tuʀne] <1> I. *vt* ❶ drehen ❷ *(clé)* herumdrehen ❸ *(remuer)* umrühren ❹ *(tête)* wegdrehen; *(dos)* umdrehen II. *vi* ❶ sich drehen; ~ **en rond** im Kreis herumlaufen ❷ *(fonctionner)* laufen ❸ *(bifurquer)* abbiegen ❹ *(s'inverser)* umschlagen III. *vpr:* **se** ~ **vers qn/qc** sich jdm/etw zuwenden

tous [tu] *v.* **tout**

tousser [tuse] <1> *vi* husten

tout(e) [tu] <tous, toutes> *adj* ❶ ~ **le temps/l'argent** die ganze Zeit/das ganze Geld; ~ **le monde** jeder[mann]; **à** ~ **prix** um jeden Preis; **de** ~**e manière** auf jeden Fall; **tous les jours** jeden Tag; **tous les deux jours** jeden zweiten Tag; **de** ~**es sortes** aller Art

tout [tu] I. *adv* ❶ ganz; ~ **près de** ganz nahe bei ❷ *inv (en même temps)* ~ **en faisant qc** während jd etw tut; *(quoique)* obwohl jd etw tut ❸ **à/d'un coup** plötzlich; **à fait** ganz; ~ **de suite** sofort; ~ **de même** trotz alledem II. *m* ❶ *(totalité)* Gesamtheit *f* ❷ *(ensemble)* **le** ~ das Ganze ❸ **[pas] du** ~! [ganz und] gar nicht!

tout(e) [tu] <tous, toutes> *pron*

alle(s)

toutefois [tutfwa] *adv* jedoch

toux [tu] *f* Husten *m*

toxique [tɔksik] *adj* giftig

trace [tʀas] *f* ❶ Spur *f*; *(d'un animal)* Fährte *f* ❷ *(cicatrice)* Narbe *f*

tracer [tʀase] <2> *vt* ❶ *(dessiner)* zeichnen; *(ligne)* ziehen ❷ *(piste)* bahnen

tradition [tʀadisjɔ̃] *f* *(coutume)* Tradition *f*

traducteur, -trice [tʀadyktœʀ] *m*, Übersetzer(in) *m(f)*

traduction [tʀadyksjɔ̃] *f* Übersetzung *f*

traduire [tʀadɥiʀ] *<irr>* I. *vt* übersetzen II. *vpr (s'exprimer)* **se** ~ **par qc** sich in etw *(dat)* ausdrücken

trafic [tʀafik] *m* ❶ *(circulation)* Verkehr *m* ❷ *(péj: commerce)* Schwarzhandel *m*

tragédie [tʀaʒedi] *f* Tragödie *f*

tragique [tʀaʒik] I. *adj* tragisch II. *m (gravité)* Tragik *f*

trahir [tʀaiʀ] <8> *vt, vpr:* [se] [sich] verraten

train [tʀɛ̃] *m* ❶ CHEMDFER Zug *m*; ~ **autos-couchettes** *(dans la nuit)* Autoreisezug *m*; **de banlieue** Nahverkehrszug *m* ❷ *(allure)* Tempo *m* ❸ **être en** ~ **de faire qc** gerade etw tun

traîne [tʀɛn] *f* ❶ Schleppe *f* ❷ **à la** ~ zu spät

traîner [tʀene] <1> I. *vt* ❶ schleppen ❷ *(jambe)* nachziehen II. *vi* ❶ *(lambiner)* trödeln; *(maladie, procès)* sich [hin]ziehen

III. vpr (se déplacer difficilement) **se ~** sich dahinschleppen

trait [trɛ] m ❶ (ligne) Strich m ❷ (caractéristique) Grundzug m; (dominant) Merkmal nt ❸ (lignes du visage) Züge pl ❹ LING **~ d'union** Bindestrich m

traite [trɛt] f ❶ (achat à crédit) **~ de qc** Rate f für etw ❷ (trafic) Handel m

traité [trete] m ❶ POL Vertrag m ❷ (ouvrage) Abhandlung f

traité(e) [trete] adj (oranges etc) gespritzt

traitement [trɛtmã] m ❶ a. MED Behandlung f; (du chômage, d'un problème) Handhabung f ❷ INFORM **~ de texte** Textverarbeitung f

traiter [trete] <1> I. vt ❶ a. MED behandeln ❷ (affaire, question) erledigen ❸ (déchets, eaux) (wieder) aufbereiten ❹ (qualifier) **~ qn de fou** jdn einen Spinner nennen ❺ INFORM verarbeiten II. vi ❶ (avoir pour sujet) **~ de qc** sich mit etw befassen ❷ (négocier) verhandeln

traiteur [trɛtœr] m Feinkostgeschäft nt; (à domicile) Partyservice m

trajet [traʒɛ] m Strecke f

tram [tram] m Straßenbahn f

tranchant [trãʃã] m (côté coupant) Schneide f

tranchant(e) [trãʃã] adj scharf

tranche [trãʃ] f ❶ (portion) Scheibe f; **~s de charcuterie** [o de viande froide] Aufschnitt m ❷ (subdivision) **~ d'âge** Altersstufe f

tranquille [trãkil] adj ❶ ruhig; (eau) still; **laisser ~** in Ruhe lassen ❷ (rassuré) beruhigt

tranquillisant [trãkilizã] m Beruhigungsmittel nt

transaction [trãzaksjõ] f Geschäft nt

transat, transatlantique [trãzatlãtik] m ❶ (paquebot) Ozeandampfer m ❷ (chaise) Liegestuhl m

transe [trãs] f ❶ pl (affres) Ängste pl ❷ (état second) Trance f

transfert [trãsfɛr] m ❶ (déplacement) Verlegung f ❷ SPORT Transfer m ❸ PSYCH, INFORM Übertragung f

transformer [trãsfɔrme] <1> I. vt ❶ (modifier) verwandeln ❷ MATH umformen II. vpr: **se ~** sich verändern

transit [trãzit] m ❶ ANAT Verdauung f ❷ **en ~** Transit-

transition [trãzisjõ] f: **~ de qc à qc** Übergang m von etw zu etw

transmettre [trãsmɛtr] <irr> I. vt ❶ (léguer) weitergeben ❷ (message) übermitteln ❸ BIO, MED anstecken ❹ TELEC übertragen II. vpr: **se ~** (maladie) übertragen werden

transparent(e) [trãsparã] adj ❶ (opp: opaque) durchsichtig; (air, eau) klar ❷ (évident) offensichtlich

transpercer [trãspɛrse] <2> vt durchbohren

transpirer [trãspire] <1> vi schwitzen

transport [tʀɑ̃spɔʀ] m ❶ *(ache-minement)* Transport m; *(de ba-gages, voyageurs)* Beförderung f ❷ **moyens de ~** Verkehrsmittel pl

transporter [tʀɑ̃spɔʀte] <1> vt transportieren; *(voyageur)* beför-dern

transposer [tʀɑ̃spoze] <1> vt übertragen

transsexuel(le) [tʀɑ̃(s)sɛksɥɛl] adj transsexuell

transversal(e) [tʀɑ̃svɛʀsal] <-aux> adj quer verlaufend; *(rue)* Quer-

travail [tʀavaj] <-aux> m ❶ Arbeit f ❷ pl *(ensemble de tâches)* **~aux ménagers** Hausarbeit f ❸ *(résultat)* Werk nt

travailler [tʀavaje] <1> I. vi arbei-ten II. vt bearbeiten

travailleur, -euse [tʀavajœʀ] m, f ❶ *(-euse)* **immigré(e)** Gast-arbeiter, -in m, f ❷ *(personne laborieuse)* fleißiger Mensch

travers [tʀavɛʀ] m ❶ Schwäche f ❷ **à ~ qc, au ~ de qc** *(en traver-sant)* durch etw hindurch; **à ~ le monde** überall in der Welt

traverser [tʀavɛʀse] <1> vt ❶ *(franchir)* überqueren ❷ *(se manifester dans)* **~ l'esprit** durch den Kopf schießen

traversier [tʀavɛʀsje] m CAN *(bac)* Fähre f

travesti [tʀavɛsti] m *(homosexuel)* Transvestit m

trébucher [tʀebyʃe] <1> vi stol-pern

trèfle [tʀɛfl] m ❶ BOT Klee m ❷ JEUX Kreuz nt

treize [tʀɛz] num ❶ dreizehn ❷ *(dans l'indication de la date)* **le ~ mars** der dreizehnte März

treizième [tʀɛzjɛm] I. adj drei-zehnte(r, s) II. m *(fraction)* Dreizehntel nt

tremblement [tʀɑ̃bləmɑ̃] m: **~ de terre** Erdbeben nt

trembler [tʀɑ̃ble] <1> vi ❶ zittern; *(terre)* beben; *(flam-me)* flackern; **~ de colère** vor Wut beben ❷ *(avoir peur)* er-schauern

trempé(e) [tʀɑ̃pe] adj ❶ *(mouillé)* durchnässt ❷ *(acier)* gehärtet

tremper [tʀɑ̃pe] <1> vt *(mouiller)* durchnässen

trentaine [tʀɑ̃tɛn] f ❶ **une ~ de personnes/pages** etwa dreißig Personen/Seiten ❷ *(âge ap-proximatif)* **avoir la ~** etwa drei-ßig [Jahre alt] sein

trente [tʀɑ̃t] num ❶ dreißig ❷ *(dans l'indication des époques)* **les années ~** die drei-ßiger Jahre

trentième [tʀɑ̃tjɛm] I. adj drei-ßigste(r, s) II. m *(fraction)* Drei-ßigstel nt

très [tʀɛ] adv sehr

trésor [tʀezɔʀ] m ❶ *(richesse en-fouie)* Schatz m ❷ pl *(richesses)* Schätze pl ❸ ADMIN, FIN **Trésor [public]** *(l'État)* öffentliche Hand

tresse [tʀɛs] f *(cheveux)* Zopf m

tresser [tʀese] <1> vt flechten

tri [tʀi] m ❶ *(choix)* [Aus]sortieren nt; **~ des déchets** Mülltren-nung f ❷ POST Sortieren nt ❸ INFORM **effectuer un ~ crois-**

sant/décroissant aufsteigend/
absteigend sortieren

triangle [trijɑ̃gl] *m* ❶ MATH Dreieck *nt* ❷ AUT **~ de présignalisation** Warndreieck *nt*

tribu [triby] *f* SOCIOL Stamm *m*

tribunal [tribynal] <*aux*> *m* Gericht *nt*

tribune [tribyn] *f* ❶ Tribüne *f* ❷ *(dans un journal)* Kolumne *f*

tricher [triʃe] <1> *vi (frauder)* betrügen

tricheur, -euse [triʃœr] *m, f* Betrüger(in) *m(f); (au jeu, à l'examen)* Schummler(in) *m(f)*

tricolore [trikɔlɔr] **I.** *adj* ❶ *(bleu, blanc, rouge)* blauweißrot ❷ *(de trois couleurs)* dreifarbig **II.** *mpl* SPORT **les ~s** die französische Nationalmannschaft

tricoter [trikɔte] <1> *vt, vi* stricken

trier [trije] <1> *vt* ❶ *(sélectionner)* auswählen; *(fruits, habits)* aussortieren ❷ *(classer)* sortieren

trimestriel(le) [trimɛstrijɛl] *adj (paiement)* vierteljährlich

tringle [trɛ̃gl] *f* Stange *f*

triomphe [trijɔ̃f] *m* Triumph *m*

triompher [trijɔ̃fe] <1> *vi* triumphieren; *(remporter)* siegen

triple [tripl] **I.** *adj* dreifach **II.** *m* **le ~** das Dreifache

triste [trist] *adj* ❶ traurig *(pensée)* trübselig ❷ *(événements, destin)* tragisch

tristesse [tristɛs] *f* Traurigkeit *f*

trivial(e) [trivjal] <*aux*> *adj (vulgaire)* ordinär

trois [trwa] *num* ❶ drei ❷ *(dans*

l'indication de la date) **le ~ mars** der dritte März

troisième [trwazjɛm] *adj* dritte(t, s); **le ~ âge** die Senioren

tromper [trɔ̃pe] <1> **I.** *vt* ❶ betrügen ❷ *(faim, soif)* lindern **II.** *vi* täuschen **III.** *vpr:* **se ~** sich irren

tronçonner [trɔ̃sɔne] <1> *vt* zerteilen

trône [tron] *m* Thron *m*

tronquer [trɔ̃ke] <1> *vt (détail)* auslassen

trop [tro] *adv* ❶ *(grand, cher)* zu; *(manger, faire)* zu viel; *(insister, négliger)* zu sehr ❷ *(en quantité excessive)* **~ de temps** zu viel Zeit *f* ❸ *(pas tellement)* **ne pas ~ aimer** nicht besonders mögen ❹ **c'est ~!** *(il ne fallait pas!)* das wäre doch nicht nötig gewesen!

tropique [trɔpik] *m* ❶ GEO Wendekreis *m* ❷ *(région tropicale)* **les ~s** die Tropen

troquer [trɔke] <1> *vt* tauschen

trottoir [trɔtwar] *m* Bürgersteig *m*

trou [tru] *m* ❶ Loch *nt; (d'une aiguille)* Öhr *nt* ❷ *(moment de libre)* freier Augenblick

troublant(e) [trublɑ̃] *adj* ❶ *(déconcertant)* irritierend ❷ *(excitant)* aufregend

trouble¹ [trubl] **I.** *adj* ❶ *(image, vue)* verschwommen ❷ *(période)* zwiespältig **II.** *adv (voir)* unscharf

trouble² [trubl] *m* ❶ *pl* MED Beschwerden *pl;* **~s cardiaques** Herzbeschwerden *pl;* **~s de la**

circulation Kreislaufstörungen *pl;* **~s digestifs** Verdauungsstörungen *pl;* **~s respiratoires** Atembeschwerden *pl (politiques, sociaux)* Unruhen *pl*

troubler [tʀuble] **<1>** I. *vt* ❶ *stören* ❷ *(perturber)* beunruhigen ❸ *(digestion, facultés mentales)* beeinträchtigen II. *vpr:* **se ~** *(devenir trouble)* sich trüben

trouer [tʀue] **<1>** *vt* ❶ *(faire un trou)* ein Loch machen ❷ *(faire plusieurs trous)* zerlöchern

trousse [tʀus] *f* Beutel *m;* **~ de secours** Verbandskasten *m*

trouver [tʀuve] **<1>** I. *vt* finden II. *vpr (être situé)* **se ~** sich befinden

truc [tʀyk] *m* ❶ *(fam: chose)* Ding *nt* ❷ *(fam: combine)* Trick *m* ❸ **c'est mon ~** *(fam)* das ist meine Sache

truie [tʀyi] *f* Sau *f*

truite [tʀyit] *f* Forelle *f*

tsigane [tsigan] *mf* Zigeuner(in) *m(f)*

TTC [tetese] *abr de* **toutes taxes comprises** inkl. MwSt.

tu [ty] **<t>** *pron* du

tuba [tyba] *m* ❶ Tuba *f* ❷ Schnorchel *m*

tube [tyb] *m* ❶ *(tuyau)* Rohr *nt* ❷ ELEC Röhre *f* ❸ *(emballage à presser)* Tube *f* ❹ ANAT **~ digestif** Verdauungstrakt *m*

tuer [tye] **<1>** I. *vt,* *vi* töten II. *vpr:* **se ~** umkommen; *(se donner la*

mort) sich umbringen

tueur [tyœʀ] *m* Mörder *m*

tumeur [tymœʀ] *f* Tumor *m*

tumulte [tymylt] *m* ❶ *(d'une foule)* Tumult *m;* *(de la rue)* Treiben *nt*

tunnel [tynɛl] *m* ❶ *(galerie)* Tunnel *m* ❷ *(période difficile)* Durststrecke *f*

turbulent(e) [tyʀbylɑ̃] *adj (agité)* wild

turc, turque [tyʀk] *adj* türkisch

Turc, Turque [tyʀk] *m, f* Türke, Türkin *m, f*

Turquie [tyʀki] *f:* **la ~** Türkei *f*

turquoise [tyʀkwaz] *adj inv* türkis *[farben]*

tutelle [tytɛl] *f* ❶ *(d'un mineur)* Vormundschaft *f* ❷ *(péj)* Bevormundung *f*

tuteur, -trice [tytœʀ, ‑tʀis] *m, f (d'un mineur)* Vormund *m*

tuteur [tytœʀ] *m (support)* Stütze *f*

tutoyer [tytwaje] **<6>** *vt,* *vpr:* **[se] ~** *[sich]* duzen

tuyau [tɥijo] *m* ❶ Schlauch *m,* Rohr *nt;* **~ d'échappement** Auspuff *m* ❷ *(conseil)* Tipp *m*

TV [teve] *f abr de* **télévision**

tympan [tɛ̃pɑ̃] *m* Trommelfell *nt*

type [tip] I. *m* ❶ *(a. fam)* Typ *m* ❷ *(genre)* Art *f* II. *app inv* typisch

typhoïde [tifɔid] *f* Typhus *m*

typique [tipik] *adj:* **~ de qn/qc** typisch für jdn/etw

tyranniser [tiʀanize] **<1>** *vt* tyrannisieren

T

U
u

U, u [y] *m inv* U *nt*, u *nt*; **en u** in U-Form

UDF [ydeɛf] *f abr de* **Union pour la démocratie française** *liberal-konservative Parteienkonföderation Frankreichs*

UE [yø] *f abr de* **Union européenne** EU *f*

UEM [yøɛm] *f abr de* **Union économique et monétaire** WWU *f*

ulcère [ylsɛʀ] *m* Geschwür *nt*

ultérieurement [ylteʀjœʀmɑ̃] *adv* später

ultrason [yltʀasɔ̃] *m* Ultraschall *m*

ultraviolet [yltʀavjɔlɛ] *m*: **les ~s** ultraviolette Strahlen

UME [yemø] *f abr de* **Union monétaire européenne** EWU *f*

un, une [œ̃] *art, pron, num* ein(e)

unanime [ynanim] *adj (consentement)* einhellig

une [yn] **I.** *v.* **un II.** *f* PRESSE **la ~** die Titelseite

uni(e) [yni] *adj (unicolore)* einfarbig ⓶ *(en union)* vereint

unificateur, -trice [ynifikatœʀ] *adj (principe)* einigend

unification [ynifikasjɔ̃] *f* Vereinigung *f*

uniforme [ynifɔʀm] *adj* ⓵ *(pareil)* gleich[artig] ⓶ *(standardisé)* vereinheitlicht

uniformiser [ynifɔʀmize] <1> *vt (programmes)* vereinheitlichen

union [ynjɔ̃] *f* ⓵ *(alliance)* Vereinigung *f* ⓶ *(association)* Verband *m*

Union européenne [ynjɔ̃ øʀɔpeɛn] *f* Europäische Union

Union monétaire [ynjɔ̃ mɔnetɛʀ] *f* Währungsunion *f*

unique [ynik] *adj* ⓵ *(seul)* einzig; *(monnaie)* einheitlich; **sens ~** Einbahnstraße *f*

unir [yniʀ] <8> *vt, vpr* ((s')associer) **[s']~** [sich] vereinigen

unisexe [ynisɛks] *adj* für Mann und Frau

unitaire [ynitɛʀ] *adj* ⓵ *(revendications)* einheitlich ⓶ *(production)* auf ein Produkt beschränkt

unité [ynite] *f* ⓵ Einheit *f* ⓶ INFORM, TECH **~ de stockage** Speicher[einheit *f*] *m*; **~ de bande magnétique/disque** Band-/Diskettenlaufwerk *nt*; **~ de sortie** Ausgabegerät *nt*

universel(le) [ynivɛʀsɛl] *adj* ⓵ *(mondial)* weltweit ⓶ *(opp: particulier)* allgemein

université [ynivɛʀsite] *f* Universität *f*

urgence [yʀʒɑ̃s] *f* ⓵ *(caractère urgent)* Dringlichkeit *f*; **d'~** unverzüglich ⓶ MED Notfall *m*

urgent(e) [yʀʒɑ̃] *adj (cas)* dringend; *(affaire)* dringlich; **~! eilt!**

urine [yʀin] *f* Urin *m*

urinoir [yʀinwaʀ] *m* Pissoir *nt*

usage [yzaʒ] *m* ⓵ *(utilisation)* Gebrauch *m*; **hors d'~** außer Betrieb ⓶ *(consommation)* Verbrauch *m* ⓷ *(faculté)* **l'~ de la parole** die

Sprache ② *(coutume)* Brauch m

usager, -ère [yzaʒe] m, f Benutzer(in) m(f)

user [yze] <1> vt, vpr *((se) détériorer)* **(s')~** [sich] abnutzen

usine [yzin] f Fabrik f

ustensile [ystɑ̃sil] m Gerät nt

usuel(le) [yzɥɛl] adj gebräuchlich; *(mot)* gängig

utile [ytil] adj nützlich

utiliser [ytilize] <1> vt ① benutzen ② *(personne)* ausnutzen

UV [yve] mpl abr de **ultraviolets** UV-Strahlen pl

V

Vv

V, v [ve] m inv ① V nt, v nt ② *(forme)* **décolleté en V** V-Ausschnitt m

vacances [vakɑ̃s] fpl SCOL, UNIV Ferien pl

vaccination [vaksinasjɔ̃] f Impfung f

vacciner [vaksine] <1> vt impfen

vache [vaʃ] I. f ① ZOOL Kuh f ② **la ~!** *(fam)* Donnerwetter! II. adj *(fam: méchant)* gemein

vachement [vaʃmɑ̃] adv *(fam)* echt

vaciller [vasije] <1> vi *(personne)* taumeln; *(lumière)* flackern

vagabonder [vagabɔ̃de] <1> vi *(errer)* umherziehen

vagin [vaʒɛ̃] m Scheide f

vague¹ [vag] I. adj ① *(indistinct)* undeutlich ② *(lointain)* entfernt II. m: **dans le ~** im Unklaren

vague² [vag] f ① Welle f; **~ de chaleur/de froid** Hitze-/Kältewelle f

vaguement [vagmɑ̃] adv *(opp: précisément)* ungefähr

vain(e) [vɛ̃] adj: **en ~** vergeblich

vaincu(e) [vɛ̃ky] m(f) Verlierer(in) m(f)

vainement [vɛnmɑ̃] adv vergeblich

vaisseau [vɛso] <x> m ANAT Gefäß nt

vaisselle [vɛsɛl] f Geschirr nt; **faire la ~** das Geschirr spülen

valable [valabl] adj gültig

valeur [valœʀ] f ① Wert m; **de ~** wertvoll; **sans ~** wertlos ② *(importance)* Bedeutung f

validation [validasjɔ̃] f INFORM Bestätigung f

valide [valid] adj *(personne)* gesund

validité [validite] f Gültigkeit f

valise [valiz] f *(Reise)koffer m

vallée [vale] f Tal nt

valoir [valwaʀ] <irr> I. vi ① *(coûter)* kosten ② *(mettre en avant)* **faire ~ un argument** ein Argument geltend machen II. vt ① *(avoir de la valeur)* JEUX zählen ② *(mériter)* lohnen III. vpr: **se ~** COM gleich viel kosten

vanité [vanite] f Eitelkeit f

vanter [vɑ̃te] <1> I. vt [in den

höchsten Tönen) loben **II.** *vpr:*
se ~ prahlen

vapeur [vapœʀ] *f:* **~ d'eau** Wasserdampf *m*

variable [vaʀjabl] *adj* ❶ variabel ❷ METEO veränderlich

variante [vaʀjɑ̃t] *f* Variante *f*

variation [vaʀjasjɔ̃] *f* Veränderung *f*

varicelle [vaʀisɛl] *f* Windpocken *pl*

varié(e) [vaʀje] *adj* abwechslungsreich

varier [vaʀje] <1> *vi* ❶ *(évoluer)* sich [ver]ändern ❷ *(être différent)* unterschiedlich sein

variété [vaʀjete] *f* ❶ *(diversité)* Vielfalt *f* ❷ *(changement)* Abwechslung *f*

vase¹ [vɑz] *m (récipient)* Vase *f*

vase² [vɑz] *f* Schlamm *m*

vaste [vast] *adj (immense)* weit

veau [vo] <x> *m* ❶ ZOOL Kalb *nt* ❷ GASTR Kalbfleisch *nt*

vedette [vədɛt] *f* ❶ *(rôle principal)* Hauptdarsteller(in) *m(f)* ❷ *(personnage connu)* Star *m*

végétarien(ne) [veʒetaʀjɛ̃] **I.** *m(f)* Vegetarier(in) *m(f)* **II.** *adj* vegetarisch

véhémence [veemɑ̃s] *f* Heftigkeit *f*

véhicule [veikyl] *m* AUT Fahrzeug *nt*

veille [vɛj] *f* ❶ *(jour précédent)* Vortag *m;* **~ de Noël** Heiliger Abend ❷ *(fait de ne pas dormir)* Wachsein *nt*

veiller [veje] <1> *vi* ❶ *(faire attention à)* **~ à qc** auf etw *(akk)* achten ❷ *(surveiller)* Wache halten

veilleuse [vejœz] *f* ❶ *(petite lampe)* Nachtlicht *nt* ❷ *(feu de position)* Standlicht *nt*

vélo [velo] *m* ❶ *(bicyclette)* [Fahr]rad; **~ de course** Rennrad *nt nt* ❷ *(activité)* Rad fahren *nt*

vendeur, -euse [vɑ̃dœʀ] *m, f* Verkäufer(in) *m(f)*

vendre [vɑ̃dʀ] <14> *vt, vi, vpr:* **[se] ~ [sich] verkaufen**

vendredi [vɑ̃dʀədi] *m* Freitag *m;* **Vendredi saint** Karfreitag *m*

vénérable [veneʀabl] *adj* ehrwürdig

vengeance [vɑ̃ʒɑ̃s] *f* Rache *f*

venger [vɑ̃ʒe] <2a> *vt* rächen

venimeux, -euse [vənimø, -øz] *adj* giftig

venir [v(ə)niʀ] <9> **I.** *vi* ❶ kommen; **faire ~ qn** jdn rufen ❷ *(parvenir)* **~ jusqu'à qn/qc** bis zu jdm/etw dringen ❸ *(s'étendre)* **~ jusqu'à qc** bis an etw *(akk)* reichen ❹ **à ~** folgend; **où veut-il en ~?** worauf will er hinaus? **II.** *aux* ❶ *(se déplacer)* kommen ❷ *(avoir juste fini)* **je viens [juste/à peine] d'avoir fini** ich habe gerade aufgehört

vent [vɑ̃] *m* ❶ Wind *m;* **il y a du ~** es ist windig ❷ *[Darm]wind m*

vente [vɑ̃t] *f* ❶ Verkauf *m* ❷ *(service)* Vertrieb *m*

ventilateur [vɑ̃tilatœʀ] *m* Ventilator *m*

ventre [vɑ̃tʀ] *m* Bauch *m*

venu(e) [v(ə)ny] **I.** *adj:* **bien/mal ~** angebracht/unangebracht **II.** *m(f):* **nouveau ~** Neuankömmling *m*

ver [vɛʀ] *m* Wurm *m;* **~ à soie** Seidenraupe *f*

verbal(e) [vɛʀbal] <-aux> *adj*

mündlich

verbe [vɛʀb] m LING Verb nt

verglas [vɛʀɡla] m Glatteis nt

vérifier [veʀifje] <1> I. vt überprüfen II. vpr: se ~ (soupçon) sich bestätigen

véritable [veʀitabl] adj ① (réel) wirklich ③ (vrai) richtig

vérité [veʀite] f ① Wahrheit f

vermine [vɛʀmin] f (parasites) Ungeziefer nt

vernir [vɛʀniʀ] <8> vt lackieren

vernis [vɛʀni] m ① (façade) Fassade f (a. fig) ② ~ **à ongles** Nagellack m

verre [vɛʀ] m Glas nt; ~ **à eau** Wasserglas nt; ~ **à vin** Weinglas nt

vers¹ [vɛʀ] prép ① (en direction de) ~ **qn/qc** auf jdn/etw zu; ~ **le bas** abwärts; ~ **le haut** nach oben ② (aux environs de: lieu) bei; (temps) gegen; ~ **midi** gegen Mittag

vers² [vɛʀ] m Vers m

Verseau [vɛʀso] <x> m Wassermann m

verser [vɛʀse] <1> vt ① (faire couler) ~ **de l'eau à qn** jdm Wasser eingießen ② (somme) [ein]zahlen

version [vɛʀsjõ] f Version f

verso [vɛʀso] m Rückseite f

vert [vɛʀ] m Grün nt

vert(e) [vɛʀ] I. adj ① grün (légumes) frisch II. m(f) (écologiste) Grüne(r) f(m)

vertical(e) [vɛʀtikal] <-aux> adj senkrecht

vertige [vɛʀtiʒ] m ① (peur du vide) Schwindel(gefühl nt) m ② (malaise) Schwindelanfall m;

qn est pris(e) de ~ jdm ist schwindlig

vertu [vɛʀty] f ① (qualité) Tugend f ② (effet bénéfique) [positive] Wirkung

vésicule [vezikyl] f ① (vezikyl) Blase f; ~ **biliaire** Gallenblase f

veste [vɛst] f ① Jacke f; ~ **de cuir** Lederjacke f (gilet) Strickjacke f; ~ **de laine** Strickjacke f

vestiaire [vɛstjɛʀ] m Garderobe f

vestiges [vɛstiʒ] mpl Überreste pl; ~ **archéologiques** Funde pl

veston [vɛstõ] m Sakko m o nt

vêtement [vɛtmã] m Kleidungsstück nt; ~**s habillés** Abendgarderobe f

vêtir [vetiʀ] <irr> vpr (soutenu) se ~ sich ankleiden

veuf, veuve [vœf] m, f Witwer, Witwe m, f

vexation [vɛksasjõ] f Demütigung f

vexer [vɛkse] <1> I. vt kränken II. vpr: se ~ gekränkt sein

via [vja] prép über +akk

viande [vjãd] f Fleisch nt; ~ **hachée** Hackfleisch nt

vibrer [vibʀe] <1> vi (moteur) vibrieren

vicieux, -euse [visjø] adj ① (obsédé sexuel) lüstern (geh) ② (cheval) heimtückisch

victime [viktim] f ① Opfer nt; (mort) [Todes]opfer nt

victoire [viktwaʀ] f Sieg m

vidange [vidãʒ] f Ölwechsel m

vide [vid] I. adj ① (opp: plein) leer ② ~ **de qc** ohne etw II. m ① (abîme) Abgrund m ② PHYS luftleerer Raum ③ (espace vide)

Lücke f

vidéocassette [videokasɛt] f Videokassette f

vide-ordures [vidɔrdyr] m inv Müllschlucker m

vidéotex® [videɔtɛks] m Videotext m

vider [vide] <1> I. vt ❶ leeren ❷ (substance liquide) ausgießen ❸ (appartement) ausräumen (fam) II. vpr: se ~ (bouteille) auslaufen; (ville) sich leeren

vie [vi] f ❶ (existence) Leben nt ❷ (façon de vivre) Lebensweise f; **c'est la ~!** so ist das Leben! ❸ (biographie) Lebensgeschichte f ❹ **à ~** auf Lebenszeit

vieillard [vjɛjar] m Greis m

vieillesse [vjɛjɛs] f ❶ (opp: jeunesse) Alter nt ❷ (personnes âgées) **la ~** die Alten pl

vieillir [vjejir] <8> vi ❶ (personne) alt werden; (fromage, vin) reifen ❷ (se démoder) an Aktualität verlieren

vierge [vjɛrʒ] adj ❶ (non défloré) unschuldig; (fille) unberührt ❷ (disquette, page) leer ❸ (inexploré) **la forêt** ~ der Urwald

Vierge [vjɛrʒ] f ❶ REL **la** ~ **Marie** die Jungfrau Maria ❷ ASTRO Jungfrau f

vieux [vjø] adv alt

vieux, vieil, vieille [vjø, vjɛj] adj être **~ d'un mois** einen Monat sein

vif [vif] m: **le ~ du sujet** der Kern der Sache

vif, vive [vif] adj ❶ (personne) lebhaft ❷ (rapide) schnell; **avoir l'esprit ~** aufgeweckt sein ❸ (douleur) heftig; (couleur) kräf-

tig ❹ (vivant) lebend

vigne [viɲ] f ❶ BOT Wein m; **pied de ~** Rebstock m ❷ (vignoble) Weinberg m

vigneron(ne) [viɲ(ə)rɔ̃]m(f) Winzer(in) m(f), Weinhauer(in) m(f) (ÖSTERR)

vignette [viɲɛt] f Kontrollmarke f; (d'une automobile) Kfz-Steuermarke f

vignoble [viɲɔbl] m ❶ (terrain) Weinberg m ❷ (ensemble de vignobles) Weinbaugebiet nt

vigueur [vigœr] f ❶ (d'une personne) Vitalität f ❷ **en ~** in Kraft

vilain(e) [vilɛ̃, vilɛn] adj ❶ (laid) hässlich ❷ (mot) unanständig

village [vilaʒ] m Dorf nt; **~ de montagne** Bergdorf nt; **~ de pêcheurs** Fischerort m; **~ de vacances** Feriendorf nt

ville [vil] f ❶ Stadt f; **vieille ~** Altstadt f ❷ **en ~** in der/die Stadt

vin [vɛ̃] m Wein m; **~ de pays** Landwein; **~ blanc** Weißwein m; **(~) rosé** Rosé m; **(~) rouge** Rotwein m

vinaigre [vinɛgr] m Essig m

vingt [vɛ̃] num ❶ zwanzig ❷ (dans l'indication des époques) **les années ~** die zwanziger Jahre

vingtaine [vɛ̃tɛn] f **une ~ de personnes/pages** etwa zwanzig Personen/Seiten ❷ (âge approximatif) **avoir la ~** etwa zwanzig (Jahre alt) sein

vingtième [vɛ̃tjɛm] I. adj zwanzigste(r, s) II. m (fraction) Zwanzigstel nt

vinicole [vinikɔl] adj (région)

Weinbau-

viol [vjɔl] *m* Vergewaltigung *f*

violation [vjɔlasjɔ̃] *f* ❶ JUR **~ de domicile** Hausfriedensbruch *m* ❷ *(profanation)* Schändung *f*

violence [vjɔlãs] *f* ❶ *(brutalité)* Gewalt *f* ❷ *(virulence)* Heftigkeit *f*

violent(e) [vjɔlã] *adj* ❶ *(mort)* gewaltsam ❷ *(ambitionner)* anstreben

violenter [vjɔlãte] <1> *vt:* **~ qn** jdm Gewalt antun

violer [vjɔle] <1> *vt* ❶ *(personne)* vergewaltigen ❷ *(loi, frontière)* verletzen

violet(te) [vjɔlɛ] *adj* violett

violette [vjɔlɛt] *f* BOT Veilchen *nt*

V.I.P. [viajpi] *mf abr de* **very important person** VIP *mf*

virage [viraʒ] *m (tournant)* Kurve *f*

virement [virmã] *m* Überweisung *f*

virer [vire] <1> I. *vi* ❶ *(véhicule)* abbiegen II. *vt* ❷ *(somme)* überweisen ❸ *(fam: renvoyer)* feuern

virgule [virgyl] *f* Komma *nt*

virilité [virilite] *f* ❶ ANAT Potenz *f* ❷ *(caractère viril)* Männlichkeit *f*

virtuel(le) [virtɥɛl] *adj a.* INFORM virtuell

virus [virys] *m* Virus *m o nt*

vis [vis] *f* Schraube *f*

visa [viza] *m* Visum *nt;* **~ d'entrée** Einreisevisum *nt*

visage [vizaʒ] *m* ❶ *(figure)* Gesicht *nt* ❷ *(mine)* Miene *f*

vis-à-vis [vizavi] I. *prép* ❶ *(en face de)* **~ de l'église** gegenüber der Kirche ❷ *(envers)* **~ de qn/qc** jdm/einer S. gegenüber II. *adv:* **être/se trouver ~** einander gegenüber stehen III. *m inv (per-*

sonne, immeuble) Gegenüber *nt*

viser [vize] <1> I. *vi* ❶ *(avec une arme)* zielen ❷ *(avoir pour but)* **~ haut** hoch hinaus wollen II. *vt* ❶ *(cible)* zielen auf +*akk* ❷ *(ambitionner)* anstreben

viseur [vizœr] *m* Sucher *m*

visiblement [viziblǝmã] *adv* [offen]sichtlich

vision [vizjɔ̃] *f* ❶ *(faculté)* Sehvermögen *nt* ❷ *(conception)* [An]-sicht *f;* **~ du monde** Weltanschauung *f*

visite [vizit] *f* ❶ *(action de visiter)* Besuch *m;* *(d'un musée)* Besichtigung *f;* **rendre ~ à qn** jdn besuchen; **~ guidée** Führung *f;* **~ guidée de la ville** Stadtrundfahrt *f*

visiter [vizite] <1> *vt* ❶ *(explorer)* besichtigen ❷ COM, MED, REL **~ qn** bei jdm einen Hausbesuch machen ❸ INFORM laden

visualiser [vizɥalize] <1> *vt* bildlich darstellen

visuel [vizɥɛl] *m* INFORM Display *nt*

visuel(le) [vizɥɛl] *adj (mémoire)* visuell

vital(e) [vital] <-aux> *adj (fonction)* lebenswichtig

vitamine [vitamin] *f* Vitamin *nt*

vite [vit] *adv* schnell

vitesse [vitɛs] *f* ❶ *(rapidité)* Geschwindigkeit *f* ❷ *(promptitude)* Schnelligkeit *f* ❸ AUT Gang *m*

vitre [vitr] *f (carreau)* [Fenster]scheibe *f*

vitrine [vitrin] *f* ❶ *(étalage)* Schaufenster *nt* ❷ *(armoire vitrée)* Vitrine *f*

vivant(e) [vivɑ̃] adj ❶ *(en vie)* lebend ❷ *(expressif)* lebendig ❸ *(en usage)* gebräuchlich

vive [viv] interj: **~ la liberté!** es lebe Freiheit!

vivement [vivmɑ̃] adv ❶ *(regretter)* zutiefst ❷ *(parler)* barsch

vivre [vivʀ] ⟨irr⟩ I. vt ❶ leben; **~ bien** ein gutes Leben führen II. A. *(moment, événement)* erleben III. mpl ❷ Verpflegung f; **couper les ~s à qn** jdm den Unterhalt streichen

v.o. [veo] f abr de **version originale** Originalfassung f

vocabulaire [vɔkabylɛʀ] m ❶ *(terminologie)* Vokabular nt ❷ *(d'une langue)* Wortschatz m

vocal(e) [vɔkal] ⟨-aux⟩ adj *(corde, technique)* Stimm-; *(musique)* Vokal-

vocation [vɔkasjɔ̃] f Berufung f

vœu [vø] ⟨x⟩ m ❶ *(désir)* Wunsch m ❷ pl *(souhaits)* |Glück|wunsch m

vogue [vɔg] f Beliebtheit f

voici [vwasi] I. adv ❶ hier II. interj ❶ *(soutenu)* ❶ *(réponse)* hier! ❷ *(présentation)* bitte |sehr|!

voie [vwa] f ❶ Weg m ❷ *(d'une route)* |Fahr|spur f; **~ sans issue** Sackgasse f; **~ rapide** Schnellstraße f ❸ CHEMFER ❷ **|ferrée|** |Bahn|gleis nt ❹ ASTRO **~ lactée** Milchstraße f

voilà [vwala] I. adv ❶ *(opp: voici)* da ❷ *(désigner)* **~ mes amis** das sind meine Freunde; **~ pourquoi/où ...** deshalb also/dort|hin| also ...; **et ~ tout** und das ist

alles ❸ **en ~ assez!** jetzt aber genug!; **en veux-tu, en ~** *(fam)* mehr als genug; **nous y ~** das ist es also II. interj ❶ *(réponse)* hier! ❷ *(présentation)* bitte |sehr|! ❸ *(naturellement)* **et ~!** natürlich!

voile¹ [vwal] m ❶ a. PHOT Schleier m ❷ *(tissu fin, pour cacher)* Tuch nt ❸ MED Schatten m

voile² [vwal] f ❶ NAUT Segel nt ❷ SPORT **la ~** |das| Segeln; **faire de la ~** segeln

voiler¹ [vwale] ⟨1⟩ I. vpr: **se ~** ❶ *(se dissimuler)* sich verschleiern ❷ *(ciel)* sich bedecken II. vt *(cacher)* verhüllen

voiler² [vwale] ⟨1⟩ vpr: **se ~** *(roue)* sich verbiegen

voilier [vwalje] m Segelboot nt

voir [vwaʀ] ⟨irr⟩ I. vt ❶ sehen *(personne)* zusammenkommen mit; **aller/venir ~ qn** jdn besuchen ❷ **je voudrais bien t'y/vous y ~** *(fam)* du hast/Sie haben gut reden; **~ venir** abwarten II. vi ❶ sehen ❷ *(prévoir)* **~ grand/petit** großzügig/knapp kalkulieren ❸ *(veiller)* **il faut ~ à ce que** + subj man sollte darauf achten, dass ❹ **pour ~** zum Ausprobieren; **vois-tu** weißt du III. vpr ❶ *(être visible)* **se ~** ❶ **~ bien** deutlich zu sehen sein ❷ *(se rencontrer)* **se ~** sich sehen ❸ *(se produire)* **se ~** *(phénomène)* sich ereignen ❹ *(se trouver)* **se ~ contraint de faire qc** sich gezwungen sehen etw zu tun ❺ *(s'imaginer)* **se ~ faire qc** sich |etw| vorstellen können etw zu tun

voire [vwar] *adv:* ~ [**même**] ja sogar

voirie [vwari] *f (enlèvement des ordures)* Müllabfuhr *f*

voisin(e) [vwazɛ̃] *adj* **⓵** *(maison)* Nachbar-; *(rue)* benachbart; **être ~ de qc** an etw *(akk)* angrenzen **⓶** *(sens)* ähnlich

voiture [vwatyr] *f* Auto *nt;* **⓵** *a.* CHEMDFER Wagen *m;* ~ **d'occasion** Gebrauchtwagen; ~ **de police** Polizeiwagen *m*

voiture-bar [vwatyrbar] <voitures-bars> *f* CHEMDFER Büfettwagen *m*

voiture-couchettes [vwatyrkuʃɛt] <voitures-couchettes> *f* CHEMDFER Liegewagen *m*

voiture-lit [vwatyrli] <voiture-lits> *f* Liegewagen *m*, Schlafwagen *m*

voix [vwa] *f* **⓵** *a.* MUS Stimme *f;* **à deux ~** zweistimmig **⓶** *(suffrage)* [Wähler]stimme *f* **⓷** LING Form *f*

vol[1] [vɔl] *m* **⓵** Flug *m;* ~ **à bas prix** Billigflug *m;* ~ **intérieur/ international** Inlands-/Auslandsflug *m;* ~ **à voile** Segelfliegen *nt* **⓶** ZOOL **à ~ d'oiseau** in der Luftlinie

vol[2] [vɔl] *m (larcin)* Diebstahl *m*

volaille [vɔlaj] *f* Geflügel[fleisch *nt*] *nt*

volant [vɔlã] *m* **⓵** AUT Lenkrad *nt;* **être au ~** am Steuer sitzen; ~ **mobile** Lenkraddrehknopf *m* **⓶** *(d'un rideau)* Volant *m* **⓷** SPORT Federball *m*

volant(e) [vɔlã] *adj* **⓵** *(soucoupe)* fliegend **⓶** *(feuille)* lose; **douane ~e** Zollstreife *f*

volatil(e) [vɔlatil] *adj* **⓵** CHIM

flüchtig **⓶** INFORM **mémoire ~e** Arbeitsspeicher *m*

volcan [vɔlkã] *m* Vulkan *m*

volée [vɔle] *f* **⓵** *(groupe)* **une ~ de moineaux** ein Schwarm *m* Spatzen **⓶** *(raclée)* Schläge *pl*

voler[1] [vɔle] <1> *vi* **⓵** *(se mouvoir dans l'air)* fliegen **⓶** *(courir)* eilen

voler[2] [vɔle] <1> *vt, vi (dérober)* stehlen

voleur, -euse [vɔlœr] *m, f* **⓵** Dieb(in) *m(f);* ~ **(-euse) à la tire** Taschendieb(in) *m(f)* **⓶** **au ~!** haltet den Dieb!

volley-ball [vɔlɛbol), vɔlɛbal)] *m inv* Volleyball *m;* ~ **de plage** Beachvolleyball *nt*

volontaire [vɔlõtɛr] *adj* **⓵** *(voulu)* beabsichtigt; **incendie ~** Brandstiftung *f* **⓶** *(non contraint)* freiwillig

volontairement [vɔlõtɛrmã] *adv* **⓵** *(exprès)* absichtlich **⓶** *(de son plein gré)* freiwillig

volonté [vɔlõte] *f* **⓵** *(détermination)* Wille *m* **⓶** **à ~** nach Belieben

volontiers [vɔlõtje] *adv* **⓵** *(avec plaisir)* gerne **⓶** *(souvent)* gern

volt [vɔlt] *m* Volt *nt*

voltage [vɔltaʒ] *m* Stromspannung *f*

volume [vɔlym] *m* **⓵** *a.* SCI Volumen *nt* **⓶** COM [Gesamt]menge *f* **⓷** *(tome)* Band *m*

volupté [vɔlypte] *f* **⓵** *(plaisir sensuel)* Genuss *m* **⓶** *(plaisir sexuel)* Wollust *f (geh)*

vomir [vɔmir] **I.** *vt (régurgiter)* [er]brechen, speiben *(ÖSTERR)* **II.** *vi* sich übergeben

vorace [vɔʀas] *adj (animal, personne)* gefräßig

vos [vo] *dét* v. **votre**

vote [vɔt] *m (suffrage)* Abstimmung *f*; POL Wahl *f*

voter [vɔte] <1> I. *vi* wählen; ~ **contre/pour** qn/qc gegen/für jdn/etw stimmen II. *vt (crédits)* bewilligen

votre [vɔtʀ] <**vos**> *dét (à une/plusieurs personne(s) vouvoyée(s))* Ihr(e); *(à plusieurs personnes tutoyées)* eurer/eu[e]re

vôtre [vɔtʀ] *pron:* **le/la** ~ *(à une/plusieurs personne(s) vouvoyée(s))* der/die/das Ihre/Ihre; *(à plusieurs personnes tutoyées)* der/die/das Eu[e]re/eu[e]re *m*

vouer [vwe] <1> I. *vt (condamner)* verdammen; **être voué à l'échec** zum Scheitern verurteilt sein II. *(temps)* widmen III. *vpr:* **se ~ à** qn/qc sich jdm/einer Sache widmen

vouloir [vulwaʀ] <*irr*> I. *vt* ① *(exiger)* wollen; ~ qc **de** qn etw von jdm verlangen ② **bien ~ que** +*subj* einverstanden sein, dass II. ① wollen ② *(avoir des griefs envers)* **en ~ à** un qn de qc jdm wegen etw böse sein ③ [*moi*], **je veux bien** *(volontiers)* [oh ja,] gerne III. *vpr:* **s'en ~ de** qc sich Vorwürfe wegen etw machen

voulu(e) [vuly] *adj* ① *(effet)* gewünscht; **en temps** ~ rechtzeitig ② *(délibéré)* absichtlich

vous [vu] I. *pron pers, 2. pers. pl* ihr/euch II. *pron pers, forme de politesse* Sie/Ihnen

vous-même [vumɛm] <**vous-mêmes**> I. *pron pers, 2. pers. pl* ihr selbst II. *pron pers, forme de politesse* Sie selbst

voûte [vut] *f* Gewölbe *nt*

vouvoyer [vuvwaje] <6> *vt, vpr:* [**se**] ~ [sich] siezen

voyage [vwajaʒ] *m (le fait de voyager)* Reise *f*; ~ **organisé** Reisegesellschaft *f*

voyager [vwajaʒe] <2a> *vi (aller en voyage)* reisen

voyageur, -euse [vwajaʒœʀ] *m, f* ① *(personne qui voyage)* Reisende(r) *f(m)* ② *(dans un avion)* Fluggast *m*

voyant(e) [vwajã] *m(f)* ① *(devin)* Hellseher(in) *m(f)* ② *(opp: aveugle)* Sehende(r) *f(m)*

voyelle [vwajɛl] *f* Vokal *m*

vrai [vʀɛ] *m:* **le** ~ das Wahre ② **à ~ dire** offen gestanden II. *adv:* **dire** ~ die Wahrheit sagen; **à ~ dire** eigentlich, offengestanden

vrai(e) [vʀɛ] *adj* ① *(véridique)* wahr; **c'est** ~ das stimmt ② *(authentique, digne de ce nom)* echt ③ **pas ~?** *(fam)* oder?; ~!/ **? wirklich!?**

vraiment [vʀemã] *adv* wirklich

vraisemblable [vʀesãblabl] *adj (plausible)* einleuchtend

vraisemblance [vʀesãblãs] *f (probabilité)* Wahrscheinlichkeit *f*

V.T.C. [vetese] *m abr de* **vélo tout chemin** Trekkingrad *nt*

VTT [vetete] *m abr de* **vélo tout-terrain** ① *(vélo)* M.T.B. *nt* ② *(sport)* Mountainbike-Fahren *nt*

vu [vy] **I.** *prép* in Anbetracht +*gen*
II. *konj:* ~ **que**... da... **III.** *adv:*
ni ~ ni connu ohne, dass jd etw
bemerkt **IV.** *adj (compris)* alles
klar

vu(e) [vy] *adj (apprécié)* **être
bien/mal ~ de qn** von jdm
gerngesehen/nicht gerngesehen
sein

vue [vy] *f (sens)* Sehvermögen
nt (regard) Blick *m;* **perdre
qn/qc de ~** jdn/etw aus den
Augen verlieren (2) *(panorama)*
Aussicht *f (2)* ~ **d'ensemble**
Überblick *m;* **garder à ~** unter
Aufsicht stellen

vulgaire [vylgɛʀ] *adj (1) (grossier)*
vulgär (2) *(quelconque)* gewöhnlich

vulnérable [vylneʀabl] *adj* verlet-
zbar

vulve [vylv] *f:* **la ~** die äußeren
Geschlechtsorgane *pl* [der Frau]

W, w [dubləve] *m inv* W *nt,* w *nt*
wagon [vaɡɔ̃] *m* CHEMDFER Wagen
m, Waggon *m;* ~ **aménagé
pour handicapés** rollstuhlgän-
giger Wagen; ~ **sans comparti-
ments** Großraumwagen *m*
wagon-lit [vaɡɔ̃li] <wagons-lits>
m Schlafwagen *m*
wagon-restaurant [vaɡɔ̃ʀɛstɔʀɑ̃]
<wagons-restaurants> *m* Speise-
wagen *m*
Wallis-et-Futuna [walisefytyna]
n französisches Territorium auf
den Fidschiinseln
wallon(ne) [walɔ̃] *adj* wallonisch

Wallon(ne) [walɔ̃] *m(f)* Wallone,
Wallonin *m, f*
Wallonie [walɔni] *f:* **la ~** Wallo-
nien *nt*
watt [wat] *m* Watt *nt*
Web, WEB [vɛb] *m:* **le ~** das Web
webcam [wɛbkam] *f* INFORM Webcam *f*
week-end [wikɛnd] <week-
-ends> *m* Wochenende *nt;*
ce ~ am Wochenende
western [wɛstɛʀn] *m* Western *m*
World Wide Web *m* World Wide
Web *nt*

X

X, x [iks] *m inv* ❶ X *nt*, x *nt* ❷ *(fam: plusieurs)* **x fois** x-mal ❸ *(Untel)* [Herr/Frau] X; **contre X** gegen unbekannt ❹ CINE **film**

X nicht jugendreifer Film
xénophobe [gzenɔfɔb] *adj* ausländerfeindlich

Y

y [i] **I.** *adv* dort **II.** *pron (à/sur cela)* **s'~ entendre** sich damit auskennen
Y, y [igʀɛk] *m inv* Y *nt*, y *nt*
yachting [jɔtiŋ] *m* Segelsport *m*
yaourt [jauʀt] *m* Joghurt *m o nt*
yeux [jø] *mpl v.* **œil**
yoga [jɔga] *m* Yoga *nt*

yougoslave [jugɔslav] *adj* jugoslawisch
Yougoslave [jugɔslav] *m* Jugoslawe *m*
Yougoslavie [jugɔslavi] *f:* **République fédérale de ~** Bundesrepublik *f* Jugoslawien

Z

Z, z [zɛd] *m inv* Z *nt*, z *nt*
zapper [zape] <1> *vi* zappen
zébrure [zebʀyʀ] *f* ❶ *(rayure)* Streifen *pl* ❷ *(marques sur la peau)* Striemen *pl*
zèle [zɛl] *m* Eifer *m*
zélé(e) [zele] *adj* eifrig
zen [zɛn] *adj:* **être ~** *(fam)* [total] relaxed sein
zéro [zeʀo] **I.** *num* ❶ *(aucun)* null

❷ *(fam: nul)* **qn/qc est ~** jd/etw ist eine Null **II.** *m* ❶ *inv (nombre)* Null *f* ❷ *(rien)* Nichts *nt;* **compter pour ~** *(fam)* nicht[s] zählen
zip® [zip] *m* Reißverschluss *m*
zipper [zipe] <1> *vt* INFORM *(fichier)* zippen
zodiaque [zɔdjak] *m* Tierkreis *m*
zone [zon] *f* ❶ Zone *f;* **~ piétonne**

Fußgängerzone *f* ❷ FIN ~ **moné-taire** Geldwirtschaftszone *f* ❸ ECON ~ **euro** Euro-Währungsgebiet *nt* ❹ INFORM ~ **de dia-logue** Dialogbox *f*

zoo [z(o)o] *m* Zoo *m*

zut [zyt] *interj (fam)* verdammt

Aa

A, a [a:] <-, -> *nt* ● A *m*/a *m* ● **von A bis Z** *(fam)* de A à Z

à [a] *präp* +*nom* à

Ä, ä [ɛ:] <-, -> *nt* A *m*/a *m* tréma

Aachen ['a:xən] <-> *nt* Aix-la-Chapelle

Aal [a:l] <-[e]s, -e> *m* anguille *f*

ab [ap] **I.** *präp* +*dat* à partir de **II.** *adv* ● **Berlin ~ 14.15 Uhr** départ de Berlin à 14 h 15 ● **~ und zu** de temps en temps

Abbau <-s> *m* ● *(eines Gerüsts)* démontage *m* ● MIN exploitation *f* ● *(von Arbeitskräften)* réduction *f*; *(von Leistungen)* suppression *f*

ab|bauen *vt* ● *(Gerüst)* démonter ● MIN exploiter ● *(Arbeitsstellen)* supprimer

ab|biegen *vi irr:* **nach links/rechts ~** tourner à gauche/à droite

Abbildung <-, -en> *f* illustration *f*

Abblendlicht *nt* code *mpl*

ab|brechen *irr* **I.** *vt* ● *(Ast)* casser; **ein Stück von etw ~** couper un morceau de qc ● *(Lager)* lever ● *(Beziehungen)* rompre ● INFORM annuler **II.** *vi* ● *(kaputtgehen)* se casser ● *(Verhandlungen)* s'interrompre

Abbruch ● *(Abriss)* démolition *f* ● *(von Beziehungen)* rupture *f*; *(einer Reise)* arrêt *m*

Abc [a(:)be(:)'tse:] <-, -> *nt* alphabet *m*

ab|drehen I. *vt* ● *(Gas)* fermer; *(Licht)* éteindre ● CINE tourner **II.** *vi* *(Schiff, Flugzeug)* changer de cap

Abdruck¹ <-drücke> *m* empreinte *f*

Abdruck² <-drucke> *m* reproduction *f*

Abend ['a:bənt] <-s, -e> *m* *(Tageszeit)* soir *m*; **am ~** *(heute Abend)* ce soir; *(jeden Abend)* le soir; **heute/gestern/morgen ~** ce/hier/demain soir; **es wird ~** le soir tombe; **guten ~!** bonsoir!

Abendbrot *nt:* repas froid du soir

Abenddämmerung *f* crépuscule *m* **Abendessen** *nt* dîner *m* **Abendgarderobe** *f* vêtements *mpl* habillés **Abendland** *nt* *(geh):* **das ~** l'Occident *m* **Abendrot** *nt* coucher *m* de soleil

abends ['a:bənts] *adv* *(heute Abend)* ce soir; *(jeden Abend)* le soir

Abenteuer ['a:bəntɔyɐ] <-s, -> *nt* *(a. fig)* aventure *f*

abenteuerlich *adj* ● aventureux, -euse ● *(Geschichte)* rocambolesque

Abenteurer(in) ['a:bəntɔyrɐ] <-s, -> *m*(*f*) aventurier *m*, -ière *f*

aber ['a:bɐ] *konj* ● *(jedoch)* mais; **~ dennoch, ...** et pourtant ... ● *(wirklich)* **das ist ~ nett von Ihnen** ça, c'est sympa [de votre part]

A

abergläubisch ['a:bɛɡlɔybɪʃ] *adj* superstitieux, -euse

ab|fahren *irr* I. *vi* partir ② SPORT descendre [à skis] II. *vt* (Strecke, Land) parcourir [de long en large]

Abfahrt f ① (eines Zuges) départ *m* ② (Autobahnabfahrt) sortie *f*, bretelle *f* ② SPORT descente *f*

Abfahrtszeit f heure *f* de départ

Abfall <-[e]s, Abfälle> *m* déchets *m pl*

Abfallbeseitigung f collecte *f* et traitement des déchets **Abfallbeutel** *m* sac-poubelle *m* **Abfalleimer** *m* poubelle *f*

ab|fallen *vi irr* ① (herunterfallen) **von etw ~** tomber de qc ② (sich neigen) **gegen etw ~** (Gelände, Hang) descendre vers qc

ab|finden *irr* I. *vt* dédommager II. *vr*: **sich mit jdm/etw ~** s'accommoder de qn/qc

Abfindung <-, -en> *f* dédommagement *m*

ab|fliegen *vi irr* (Passagier) partir; (Flugzeug) décoller

Abflug départ *m* [en avion]

ab|fragen *vt*: **jdm etw ~** interroger qn sur qc

Abführmittel *nt* laxatif *m*

Abgabe f ① taxe *f* ② (des Balls) passe *f* ③ (das Abliefern) dépôt *m*

Abgas *nt* gaz *m* d'échappement

abgasarm *adj* (Auto) propre; **~ sein** polluer peu

ab|geben *vt irr* ① (verschenken) donner; (verkaufen) céder ② (hinterlegen) déposer ③ (Meinung) donner ④ (einreichen) rendre

ab|gehen *vi irr* ① **von etw ~** (Far-

be) partir de qc; (Knopf) se détacher de qc ② (abgezogen werden) **davon gehen fünf Prozent ab** il faut en déduire cinq pour cent ③ (abzweigen) **von etw ~** (Straße, Weg) quitter qc ② (Zug) partir; (Schiff) appareiller

abgelaufen *adj* périmé(e)

abgelegen *adj* isolé(e)

Abgeordnete(r) *f(m)* député(e) *m(f)*

abgeschlossen *adj* (Wohnung) indépendant(e); (Grundstück) clos(e)

abgesehen *adv*: **~ von ihr/ dieser Frage** [mis] à part lui/ cette question; **~ davon, dass ...** mis à part [le fait] que ...

ab|gewöhnen* *vt*: **jdm etw ~** faire perdre l'habitude de qc à qn; **sich** (dat) **etw ~** arrêter de faire qc

ab|halten *vt irr* ① (Kälte) protéger de ② (hindern) **jdn davon ~, etw zu tun** empêcher qn de faire qc

Abhang *m* versant *m*

ab|hängen¹ *vi* dépendre

ab|hängen² *vt* (abkuppeln) décrocher

abhängig *adj* **von etw ~ sein** dépendre de qc ② (euph: süchtig) dépendant(e)

Abhängigkeit <-, -en> *f* dépendance *f*

ab|hauen *vi irr* (fam) se casser

ab|heben *vi irr* I. *vi* **von etw ~** (Flugzeug) décoller de qc ② (Hörer) décrocher II. *vt* ① (Geld) retirer ② (Karte) tirer

ab|holen *vt* (hingehen und mitnehmen) aller chercher; (kom-

men und mitnehmen) venir
chercher

ab|hören vt ❶ *(Gespräch)* écouter
❷ *(Schüler)* interroger ❸ MED
ausculter

Abi [ˈabi] <-s, -s> nt *(fam)* Abk von
Abitur ≈ bac m

Abitur [abiˈtuːɐ̯] <-s, -e> nt ≈ baccalauréat m

Abiturient(in) [abituˈri̯ɛnt] <-en,
-en> m(f) bachelier m, -ière f

ab|kaufen vt ❶ acheter

ab|kommen vi irr ❶ *(abweichen)*
vom Weg ~ dévier du chemin
❷ *(aufgeben)* **von einer Gewohnheit ~** perdre une habitude
❸ *(abschweifen)* perdre le fil

Abkommen <-s, -> nt accord m

ab|kühlen I. vt refroidir II. vt
(kaltstellen) **etw ~** mettre qc
au frais III. vr: **es kühlt [sich]
ab** ça se rafraîchit

ab|kürzen I. vt ❶ *(Wort)* abréger
❷ *(verkürzen)* **etw um etw ~**
écourter qc de qc II. vi *(einen
kürzeren Weg nehmen)* prendre
un raccourci

Abkürzung f ❶ *(eines Worts)* abréviation f; *(eines Wegs)* raccourci m

ab|laden vt irr *(Passagiere, Schutt)*
déposer; *(Anhänger)* décharger

ab|lassen vt irr: **Wasser/Luft
aus etw ~** vider l'eau/enlever
l'air de qc

Ablauf m ❶ déroulement m
❷ *(einer Frist)* expiration f
❸ LITER action f

ab|laufen vi irr ❶ *(abfließen)* **aus
etw ~** s'écouler de qc ❷ *(Ausweis, Frist)* expirer; *(Zeit)*

s'achever

ab|legen I. vt déposer; *(Hut, Man-
tel)* retirer; *(Prüfung)* passer; *(Eid)*
prêter II. vi NAUT *(Schiff)* lever l'ancre

ab|lehnen vt, vi refuser

Ablehnung <-, -en> f ❶ refus m

ab|lenken I. vt distraire II. vi
❶ *(ausweichen)* dévier ❷ *(der
Zerstreuung dienen)* changer
les idées III. vr: **sich mit
Sport ~** se changer les idées en
faisant du sport

Ablenkung f ❶ *(Zerstreuung)* distraction f ❷ *(Störung)* diversion f

ab|liefern vt livrer

ab|lösen I. vt *(Kollegen)* relayer;
(Wachposten) relever; *(Politiker)*
remplacer; *(Etikett)* décoller;
(Lack) enlever II. vr: **sich ~** *(Etikett)* s'enlever; *(Lack)* s'écailler

ab|machen vt ❶ convenir de
❷ *(fam: entfernen)* enlever

Abmachung <-, -en> f accord m

ab|melden vt *(Schüler)* retirer;
(Telefon) demander la résiliation
de II. vr *(seinen Umzug anzeigen)* **sich ~** faire une déclaration
de changement de domicile

Abnahme [ˈapnaːmə] <-, -n> f
(des Umsatzes, des Interesses)
baisse f

ab|nehmen vt irr ❶ vi ❶ perdre du
poids; **an den Hüften ~** maigrir
des hanches ❷ *(Anzahl, Interesse)* baisser ❸ TELEC décrocher
II. vt *(Wäsche, Bild, Hörer)* décrocher; *(Ware)* prendre livraison
de ❷ *(wegnehmen)* **jdm etw ~**
retirer qc à qn ❸ *(tragen helfen)*
jdm die Tasche ~ débarrasser

qn de son sac

Abneigung f aversion f

ab|nutzen vt, vr: **(sich)** ~ [s']user

Abo ['abo] <-s, -s> nt (fam), **Abonnement** [abɔnə'mã:] <-s, -s> nt abonnement m

abonnieren* [abɔ'niːrən] vt s'abonner à

ab|räumen vt (Tisch) débarrasser

ab|rechnen vi ❶ (das Gehalt berechnen) faire les comptes ❷ (die Zeche berechnen) encaisser ❸ (zur Rechenschaft ziehen) **mit jdm** ~ régler ses comptes avec qn

Abrechnung f ❶ (Schlussrechnung) comptes m pl ❷ (Aufstellung) facture f détaillée ❸ (von Steuern) déduction f ❹ (Rache) règlement m de comptes

Abreise f départ m

ab|reisen vi partir (nach pour)

ab|reißen irr I. vt ❶ arracher ❷ (Gebäude) raser II. vi (Seil) se casser; (Kontakt) s'interrompre

Abriss m ❶ (eines Gebäudes) démolition f ❷ (Übersicht) abrégé m

ab|rufen vt irr (Daten) consulter

Abrüstung f désarmement m

ABS [a:be:'ʔɛs] <-> nt Abk von **Antiblockiersystem** A.B.S. m

Absage ['apza:gə] f réponse f négative

ab|sagen I. vt (Teilnahme) décommander; (Spiel) annuler II. vi: **jdm** ~ se décommander auprès de qn

Absatz m ❶ (Schuhabsatz) talon m ❷ (Abschnitt) paragraphe m

ab|schaffen vt (Zoll, Strafe) supprimer; (Gesetz) abroger; (Privileg) abolir

ab|schalten I. vt (Fernseher) éteindre; (Strom, Motor) couper II. vi (fam: Person) décrocher

ab|schätzen vt (Kosten) évaluer; (Reaktion) prévoir

Abscheu <-[e]s> m dégoût m

abscheulich adj ❶ (entsetzlich) abominable ❷ (fam: Schmerzen) atroce

ab|schicken vt envoyer

Abschiebungsverfahren nt procédure f d'expulsion

Abschied ['apʃi:t] <-[e]s, -e> m adieu m

ab|schlagen irr vt (Henkel) casser; (Ecke) ébrecher; (Baum) abattre

Abschleppdienst m service m de dépannage

ab|schleppen vt ❶ (Fahrzeug) remorquer ❷ (fam: mitnehmen) embarquer

Abschleppseil nt câble m de remorquage **Abschleppwagen** m dépanneuse f

ab|schließen irr I. vt ❶ (zuschließen) etw ~ fermer qc à clé ❷ (Schule) achever ❸ (Vertrag) passer; (Versicherung) souscrire ❹ (Rede) conclure; (Konferenz) clôturer II. vi (zuschließen) fermer à clé ▶ (Vertrag schließen) faire affaire

Abschluss m ❶ (Ende) conclusion f ❷ (Abschlussprüfung) diplôme m [de fin d'études]

Abschlussklasse f [classe f de] terminale f **Abschlussprüfung** f examen m de fin d'études

ab|schminken vt, vr: **sich|** ~ [se] démaquiller

ab|schneiden vt irr couper

Abschnitt m ⓐ (eines Textes) paragraphe m; (eines Formulars) partie f ⓑ (Zeitabschnitt) période f

ab|schrauben vt dévisser

ab|schrecken vt ⓐ faire peur à; **jdn von etw** ~ dissuader qn de qc ⓑ (Eier) refroidir

ab|schreiben irr I. vt ⓐ recopier ⓑ (plagiieren) **etw bei jdm/ aus etw** ~ copier qc sur qn/ dans qc ⓒ (Betrag) déduire II. vi (plagiieren) **von jdm/ etw** ~ copier sur qn/qc

ab|schwächen vt, vr: **sich|** ~ [s'] atténuer

ab|schwellen vi irr (Entzündung) désenfler

abseits ['apzaɪts] I. adv à l'écart II. präp +gen à l'écart de

abseits|stehen vi SPORT être hors-jeu

ab|senden vt irr o reg expédier

Absender(in) <-s, -> m(f) expéditeur m, -trice f

ab|setzen vt ⓐ (Mitfahrer) déposer; (Trinkgefäß) poser; (Hut) enlever ⓑ (des Amtes entheben) destituer ⓒ FIN déduire

Absicht <-, -en> f ⓐ intention f ⓑ (Mutwillen) **etw mit ~ tun** faire qc exprès

absichtlich adj intentionnel(le)

absolut [apzo'luːt] I. adj (Verbot, Ruhe) absolu(e); (Ablehnung) catégorique II. adv (fam: unverständlich) absolument

absolvieren* [apzɔl'viːrən] vt (Ausbildung) effectuer; (Prüfung) passer; (Wehrdienst) accomplir

ab|speichern vt INFORM sauvegarder

ab|sperren vt barrer

Absperrung f barrage m

ab|spielen I. vr: **sich|** ~ (Szene) se dérouler II. vt (CD, Ball) passer

Absprache f accord m

ab|sprechen vt irr: **sich|** ~ se concerter

ab|springen vi irr ⓐ SPORT sauter ⓑ (sich lösen) **von etw** ~ (Farbe) s'écailler de qc

ab|stammen vi descendre

Abstand m ⓐ écart m ⓑ (zeitliche Distanz) intervalle m ⓒ (räumliche Distanz) recul m ⓓ **mit** ~ de loin

ab|steigen vi irr descendre

ab|stellen vt ⓐ (hinstellen) **etw bei jdm** ~ déposer qc chez qn ⓑ (Wagen) garer ⓒ (Computer) débrancher; (Motor) arrêter; (Gas) couper

ab|stempeln vt ⓐ (Brief) tamponner ⓑ (pej: abwerten) cataloguer

Abstieg ['apʃtiːk] <-[e]s, -e> m ⓐ SPORT descente f ⓑ (Verlust der sozialen Stellung) déclin m

ab|stimmen I. vi voter II. vt (Termine) coordonner

Abstimmung f vote m

ab|stoßen vt irr ⓐ (Transplantat) rejeter ⓑ (anwidern) dégoûter

abstoßend adj répugnant(e)

abstrakt [ap'strakt] adj abstrait(e)

ab|streiten vt irr ① (Tat) nier ② (absprechen) contester

Absturz m chute f

ab|stürzen vi ① (Flugzeug) s'écraser; (Bergsteiger) dévisser ② (Computer) se bloquer

ab|stützen vr: **sich mit etw/an etw** (dat) **~** s'appuyer sur qc/à qc

Abszess [apsˈtsɛs] <-es, -e> m abcès m

ab|tauen I. vt (Kühlschrank) dégivrer II. vi (Eis) fondre

Abtei [apˈtai] <-, -en> f abbaye f

Abteil [apˈtai] nt compartiment m

Abteilung [apˈtailʊŋ] f (einer Firma, eines Krankenhauses) service m; (eines Geschäfts) rayon m

ab|treiben vt irr I. vt ① MED **ein Kind ~ lassen** se faire avorter d'un enfant ② (Ballon) déporter; (Schwimmer) entraîner II. vi ① MED **~ lassen** [se faire] avorter ② (Boot, Ballon) dériver

Abtreibung <-, -en> f avortement m

ab|trennen vt ① (abreißen) détacher ② (abmachen) **die Ärmel von etw ~** découdre les manches de qc ③ (Raum) délimiter ④ (abschneiden) couper

ab|treten irr I. vt ① (Schnee) secouer; (Schmutz) gratter II. vi ① (abgehen) **von der Bühne ~** sortir de scène ② MIL rompre les rangs

ab|trocknen vt, vi, vr: |**sich**| **~** [s'] essuyer

ab|warten vt, vi (Ergebnis) attendre

abwärts [ˈapvɛrts] adv en bas

ab|waschen irr I. vt laver II. vi faire la vaisselle

Abwasser <-wässer> nt eaux f pl usées

ab|wechseln vr: **sich mit jdm ~** alterner avec qn; **sich beim Kochen ~** se relayer pour faire la cuisine

abwechselnd adv (einer nach dem anderen) à tour de rôle; (eins nach dem anderen) tour à tour

Abwechslung <-, -en> f changement m

ab|wehren I. vt ① repousser ② (Schlag) parer ③ (Gefahr) écarter; (Auswirkungen) enrayer II. vi (ablehnen) refuser

ab|weichen vi irr: **von etw ~** s'écarter de qc

ab|weisen vt irr ① (wegschicken) renvoyer ② (Bitte) rejeter; (Bewerber) refuser

ab|wenden irr o reg I. vr (geh): **sich ~** se détourner II. vt ① (Folgen) éviter; (Unheil) détourner; (Gefahr) écarter ② (geh: Blick) détourner

ab|werfen vt irr (Ballast) lâcher; (Hilfsgüter) parachuter; (Flugblätter) lancer; (Bomben) larguer

ab|werten vt FIN dévaluer

abwesend [ˈapveˌzɛnt] adj absent(e)

Abwesenheit <-, -en> f absence f

ab|wischen vt essuyer

ab|zahlen vt (Kredit) rembourser

ab|zählen vt, vi compter

Abzeichen nt insigne m

ab|zeichnen I. vt ① (abmalen) reproduire ② (signieren) signer **II.** vr: **sich ~** (erkennbar werden) se profiler; (durchscheinen) se dessiner

ab|ziehen irr **I.** vi (Rauch) se dissiper; (Gewitter) s'éloigner **II.** vt ① (Steuern) retenir; (Betrag) déduire ② (subtrahieren) retrancher ③ (entnehmen) retirer

Abzug m ① (von Sozialabgaben) retenue f; (eines Rabatts) déduction f ② (Vervielfältigung) copie f ③ (Bilderabzug) épreuve f ④ (einer Schusswaffe) détente f

abzüglich präp +gen déduction faite de

ach [ax] interj ① (Ausruf der Verärgerung) ah ② (Ausruf der Überraschung) eh; **~ so!** (aha) ah bon!

Achsel ['aksl] <-, -n> f ① (Achselhöhle) aisselle f ② (Schulter) épaule f

acht¹ [axt] num huit

acht² adv: **zu ~ sein** être huit

Acht¹ [axt] <-, -en> f huit m

Acht² <-> f: **sich vor jdm/etw in ~ nehmen** se méfier de qn/qc

achte(r, s) adj ① huitième ② (bei Datumsangaben) **der ~ März** le huit mars

Achte(r) f(m) ① als **~r/~** en huitième position; **jeder ~** une personne sur huit ② (bei Datumsangabe) **der ~/am ~** le huit ③ (als Namenszusatz) **Karl der ~** Charles VIII

achteinhalb num huit ... et demi(e)

achtel adj: **ein ~ Gramm** un huitième de gramme

Achtel <-s, -> nt ① a. MATH huitième m ② (Achtelliter) ballon m

achten I. vt ① (wertschätzen) estimer ② (Gesetze) respecter **II.** vi ① (aufpassen) **auf jdn/etw ~** surveiller qn/qc ② (beachten) **auf jdn/etw ~** faire attention à qn/qc ③ (sehen auf) **darauf ~, etw zu tun** veiller à faire qc

achtens adv huitièmement

achterlei adj: **~ Sorten Brot** huit sortes de pain

achtfach adj, adv huit fois

achthundert ['axt'hʊndɐt] num huit cents

achtmal adv huit fois

achttausend num huit mille

Achtundsechziger(in) <-s, -> m(f) soixante-huitard(e) m(f) (fam)

Achtung ['axtʊŋ] <-> f ① (Wertschätzung) respect m ② (Vorsicht) ~! attention!

achtzehn num dix-huit **achtzehnte(r, s)** adj ① dix-huitième ② (bei Datumsangaben) **der ~ März** le dix-huit mars

achtzig ['axtsɪç] num quatre-vingts, huitante (SCHWEIZ), octante (BELG)

achtziger adj: **die ~ Jahre** les années f pl quatre-vingts

achtzigste(r, s) adj quatre-vingtième

Äcker ['ɛkɐ] <-s, Äcker> m champ m

Actionfilm m film m d'action

A

Adapter [a'dapte] <-s, -> m adaptateur m

addieren* [a'di:rən] vt (Zahlen) additionner

ade [a'de:] interj au revoir

Adel ['a:dəl] <-s> m noblesse f

Ader ['a:de] <-, -n> f ANAT veine f

Adjektiv ['atjɛkti:f] <-s, -e> nt adjectif m

Adler ['a:dle] <-s, -> m aigle m

Adlige(r) f/m(f) noble m/f

adoptieren* [adɔp'ti:rən] vt adopter

Adoption [adɔp'tsio:n] <-, -en> f adoption f

Adressbuch nt ① (amtliches Verzeichnis) annuaire m ② (Notizbuch) carnet m d'adresses

Adresse [a'drɛsə] <-, -n> f a. INFORM adresse f

adressieren* [adrɛ'si:rən] vt adresser

Adventskalender m calendrier m de l'avent

Adverb [at'vɛrp] <-s, -ien> nt adverbe m

Aerobic [ɛ'ro:bɪk, ɛə'rɔbɪk] <-s> nt aérobic m

Affäre [a'fɛ:rə] <-, -n> f ① (Angelegenheit) affaire f ② (Liebesabenteuer) aventure f

Affe ['afə] <-n, -n> m singe m

Afrika ['a:frika] <-s> nt l'Afrique f

Afterhour ['a:ftɛʔaʊɐ] <-, -s> f, **After-Hour-Party** f after f

Agent(in) [a'gɛnt] <-en, -en> m(f) agent m

Agentur [agɛn'tu:ɐ] <-, -en> f COM, MEDIA agence f

aggressiv [agrɛ'si:f] adj agressif,

-ive

Ägypten [ɛ'ɡʏptən] <-s> nt l'Égypte f

ah [a:] interj ah

aha [a'ha(:)] interj ① (ach so) ha [ha] ② (sieh da) tiens [tiens]

ahnen ['a:nən] vt se douter de

ähnlich I. adj semblable; **jdm ~ sehen** ressembler à qn II. adv de la même façon III. präp +dat comme

Ähnlichkeit <-, -en> f ressemblance f

Ahnung <-, -en> f ① (Vorgefühl) pressentiment m ② (Vermutung) **er hatte keine ~, dass** il ne s'est pas douté que +subj; **keine ~!** (fam) aucune idée! ③ (fam: Wissen) **von/keine ~ von EDV haben** s'y connaître/n'y rien connaître en informatique

ahnungslos I. adj ① (arglos) inconscient(e) [du danger]; **~ sein** ne se douter de rien ② (unwissend) **~ sein** être ignorant II. adv (arglos) sans se douter de rien

ahoi [a'hɔy] interj ohé

Ahorn ['a:hɔrn] <-s, -e> m érable m

Aids [ɛɪds] <-> nt sida m

aidsinfiziert adj séropositif, -ive

aidskrank adj malade du sida

Aidskranke(r) f(f) sidéen(ne) m(f) **Aidstest** m test m de dépistage du sida

Airbus® ['ɛ:ɐbʊs] m airbus® m

Akademiker(in) [aka'de:mike] <-s, -> m(f) diplômé(e) m(f) de l'enseignement supérieur

akklimatisieren vr **sich ~** s'acclimater

Akkordeon [a'kɔrdeɔn] <-s, -s>
nt accordéon m

Akku ['aku] <-s, -s> m (fam) batterie f

Akt¹ [akt] <-[e]s, -e> m ❶ acte m
❷ KUNST nu m

Akt² <-[e]s, -en> m ÖSTERR s. **Akte**

Akte ['aktə] <-, -n> f dossier m

Aktie ['aktsiə] <-, -n> f action f

Aktiengesellschaft f société f
anonyme

Aktion [ak'tsio:n] <-, -en> f a. MIL
action f

aktiv [ak'ti:f] adj actif, -ive

Aktivität [aktivi'tɛ:t] <-, -en> f activité f

aktuell [ak'tuɛl] adj actuel(le)

Aktzeichnen nt dessin m sur modèle

Akupunktur [akupʊŋk'tu:ɐ]
<-, -en> f acupuncture f

akut [a'ku:t] adj ❶ MED aigu(ë)
❷ (Problem) urgent(e)

Akzent [ak'tsɛnt] <-[e]s, -e> m accent m

akzeptieren* [aktsɛp'ti:rən] vt, vi
accepter

Alarm [a'larm] <-[e]s, -e> m
❶ (Warnsignal) alarme f ❷ MIL
alerte f

Alarmanlage f système m
d'alarme

alarmieren* [alar'mi:rən] vt
❶ (Feuerwehr) alerter ❷ (beunruhigen) alarmer

Alaska [a'laska] <-s> nt l'Alaska m

Alb <-> f: **die Schwäbische ~** le
Jura souabe

Albanien [al'ba:niən] <-s> nt l'Albanie f

Album Pl von **Album**

albern ['albɐn] I. adj un peu
niais(e) II. adv (sich benehmen)
de façon puérile

Albtraum s. **Alptraum**

Album ['album] <-s, Alben> nt album m

Alge ['algə] <-, -n> f algue f

Algebra ['algebra] <-> f algèbre f

Algerien [al'ge:riən] <-s> nt l'Algérie f

Alibi [a'libi] <-s, -s> nt alibi m

Alkohol ['alkoho:l] <-s, -e> m alcool m

alkoholfrei adj sans alcool

Alkoholiker(in) [alko'ho:likɐ] <-s,
-> m(f) alcoolique mf

all [al] pron tout

All [al] <-s> nt cosmos m

alle(, r, s) ['alə] pron tous/toutes

Allee [a'le:] <-, -n> f allée f

allein [a'lain] I. adj ❶ seul(e); ~ **stehend** célibataire; ~ **erziehend
sein** être parent unique ❷ (isoliert, ohne Hilfe) [tout(e)] seul(e)
II. adv ❶ (bereits) rien que
❷ (ausschließlich) uniquement
❸ (selbständig) **etw von ~ tun**
faire qc de soi-même

alleine s. **allein**

Alleinerziehende(r) f(m) parent
m unique

alleinige(r, s) adj: **der ~e Erbe**
l'unique héritier

Alleinsein nt solitude f

allerbeste(r, s) adj: **der/die/
das ~ ...** le meilleur/la meilleure
... **allerdings** adv (jedoch) toutefois; (in der Tat) en effet; (ge-

wiss) ~! et comment! **allerfrühestens** adv au plus tôt
Allergie [alɛrˈɡiː] <-, -n> f allergie f
allergisch adj allergique; **gegen jdn/etw ~ sein** être allergique à qn/qc
Allerheiligen <-> nt la Toussaint
allerlei adj: ~ **Spielzeug** toutes sortes de jouets
allerletzte(r, s) adj ❶ (letzte, neueste) **der/die/das ~** le tout dernier/la toute dernière ... ❷ (fam: geschmacklos) **das/er ist das Allerletzte!** c'est/il est pire que tout! **allerneu[e]ste(r, s)** adj: **auf dem ~n Stand sein** être absolument à jour
allgemein [alˈɡəmaɪn] I. adj ❶ général(e); **im Allgemeinen** en général ❷ (Wahlrecht) universel(le); (Wehrpflicht) obligatoire II. adv ❶ (formulieren) de façon générale ❷ (gültig) généralement; (verbreitet) communément; **es ist ~ bekannt, dass** ... tout le monde sait que ... ❸ (für alle) **~ zugänglich** (Informationen) accessible au public; **~ verständlich** accessible à tous; (darstellen, sich ausdrücken) de manière intelligible **Allgemeinbildung** f culture f générale
Allgemeinheit <-, -en> f collectivité f
All-inclusive-Urlaub [ˈɔːlɪnˈkluːsɪf-] m séjour m tout compris
alljährlich I. adj annuel(le) II. adv tous les ans

allmählich [alˈmɛːlɪç] I. adj progressif, -ive II. adv: **es wird ~ Zeit, dass** il sera bientôt temps que **~** subj
Alltag [ˈaltaːk] m quotidien m
alltäglich adj ❶ quotidien(ne) ❷ (gewöhnlich) ordinaire
allzu [ˈaltsuː] adv bien trop
Alpen [ˈalpən] pl **die ~** les Alpes f pl
Alphabet [alfaˈbeːt] <-[e]s, -e> nt alphabet m
Alpinist(in) [alpiˈnɪst] <-en, -en> m(f) alpiniste mf
Alptraum [ˈalptraʊm] m cauchemar m
als [als] konj ❶ (zeitlich) quand; (zu der Zeit, da) alors que; **damals, ~** ... à l'époque où ...; **gerade, ~** ... au moment précis où ... ❷ (vergleichend) **größer ~** ... plus grand(e) que ... ❸ (gleichsam) **er sah aus, ~ ob er schliefe** il avait l'air de dormir; **es sieht aus, ~ würde es bald schneien** on dirait qu'il va bientôt neiger ❹ (zur Bezeichnung einer Eigenschaft) **~ Lehrer** en tant que professeur; **schon ~ Kind hatte er** ... déjà enfant, il avait ...
also [ˈalzo] I. adv ❶ (tatsächlich) donc ❷ (nun ja) eh bien II. interj (ainsi) donc; **~ gut** bon d'accord
alt [alt] <älter, älteste> adj ❶ **zwanzig Jahre ~ sein** avoir vingt ans; **wie ~ bist du?** quel âge as-tu?; **mein älterer Bruder** mon frère aîné ❷ (betagt) vieux,

vielle; **ein ~er Mann** un vieil homme; ~ **werden** vieillir ③ *(Gegenstand)* vieux, vieille; ~**es Brot** du pain rassis ④ *(ehemalig)* **mein ~er Kollege** mon ancien collègue

Altar [al'ta:ɐ] <-s, Altäre> *m* autel *m*

Altbau <-bauten> *m (Gebäude)* construction *f* ancienne

Alte(r) *f(m)* ⑤ *(fam)* vieux *m*/ vieille *f* ③ *(pej fam: Ehemann/ frau)* bonhomme *m*/bonne femme *f*; *(Vater/Mutter)* vieux *m*/vieille *f*

Altenheim *s.* **Altersheim**

Alter ['alte] <-s, -> *nt* ⑥ *(Lebensalter)* âge *m*; **im ~ von fünfzig Jahren** à l'âge de cinquante ans; **sie ist in meinem ~** elle a mon âge ③ *(Bejahrtheit)* vieillesse *f*

älter *adj (Person)* âgé(e)

alternativ [altɛrna'ti:f] I. *adj* alternatif, -ive II. *adv (leben)* de façon alternative

Altersheim *nt* maison *f* de retraite

älteste(r, s) *Superl von* **alt**

Älteste(r) *f(m)* plus âgé(e) *m(f)*; *(bei Geschwistern)* aîné(e) *m(f)*

Altglascontainer *m* container *m* à verre

altklug *adj (Kind)* précoce

Altmetall *nt* vieux métaux *m pl*

altmodisch *adj (Kleidung)* démodé(e); *(Einrichtung)* vieillot(te); *(Ansicht)* dépassé(e) **Altpapier** *nt* vieux papiers *m pl* **Altstadt** *f* vieille ville *f*

Alufolie *f (fam)* papier *m* [d']alu

Aluminium [alu'mi:njʊm] <-s-> *nt* aluminium *m*

am = **an dem** ③ *(Superlativ)* ~ **schnellsten rennen** courir le plus vite; **das ist ~ besten** c'est ce qu'il y a de mieux ② *(fam: beim)* ~ **Arbeiten sein** être en train de travailler

Amateur(in) [ama'tø:ɐ] <-s, -e> *m(f)* amateur *m*

ambulant [ambu'lant] *adj (Patient)* en consultation externe; ~**e Pflegestation** centre *m* de soins

Ameise ['a:maizə] <-, -n> *f* fourmi *f*

Amerika [a'me:rika] <-s> *nt* l'Amérique *f*

Amerikaner [ameri'ka:nɐ] <-s, -> *m* Américain *m*

Amerikanerin <-, -nen> *f* Américaine *f*

amerikanisch *adj* américain(e)

Ampel [ampəl] <-, -n> *f* feu *m*

Amphitheater *nt* amphithéâtre *m*

amputieren* [ampu'ti:rən] *vt, vi* amputer

Amsel ['amzəl] <-, -n> *f* merle *m*

Amt [amt] <-[e]s, Ämter> *nt* ③ *(Behörde)* administration *f* ② *(Abteilung einer Behörde)* service *m* [administratif] ③ *(Stellung)* fonction *f* ③ *(offizielle Aufgabe)* charge *f*

amtlich *adj* officiel(le)

amüsant [amy'zant] I. *adj* amusant(e) II. *adv* de façon divertissante

amüsieren* [amy'zi:rən] I. *vr:* **sich mit jdm** ~ s'amuser avec qn; **sich über jdn/etw** ~ trouver qn/qc amusant II. *vt* amuser

an [an] I. *präp +dat* ③ à; ~ **der**

A

Tür près de la porte; ~ **der Wand** contre le mur; ~ **der Fluss** sur le fleuve; ~ **der Seine** sur les bords de la Seine; **am Computer arbeiten** travailler sur ordinateur ➋ *(zur Zeit von)* **am Morgen** le matin; **am Sonntag** dimanche; **am Vormittag** dans la matinée; **am Wochenende** le week-end **II.** *adv* ➊ *(ungefähr)* ~ **die zwanzig Personen** dans les vingt personnes ➋ *(fam: eingeschaltet)* ~ **sein** *(Elektrogerät)* être allumé; *(Strom)* être ouvert

Analyse [ana'ly:zə] <-, -n> *f* analyse *f*

Ananas ['ananas] <-, -> *f* ananas *m*

Anarchie [anar'çiː] <-, -n> *f* anarchie *f*

Anbau <-bauten> *m* ➊ *(Gebäude)* annexe *f* ➋ *(das Anpflanzen)* culture *f*

an|bauen I. *vt* ➊ *(anpflanzen)* cultiver ➋ *(bauen)* ajouter **II.** *vi* [s']agrandir

anbei [an'baɪ] *adv* *(form)* ci-joint(e)

an|beten *vt* adorer

an|bieten *vt, vr irr:* [**sich**] ~ [se] proposer

an|binden *vt irr* *(festbinden)* **jdn/etw an etw** *(akk o dat)* ~ attacher qn/qc à qc

Anblick *m* ➊ *(Bild)* spectacle *m* ➋ *(das Erblicken)* vue *f*

an|brechen *irr* **I.** *vi* *(Tag)* se lever; *(Nacht)* tomber; *(Packung)* entamer; **angebrochen werden/**

sein *(Knochen, Stuhlbein)* se fêler/être fêlé

an|brennen *vi* brûler

an|bringen *vt irr* ➊ *(Regal)* poser; *(Telefon)* installer; **etw an etw** *(dat)* ~ fixer qc à qc ➋ *(Bemerkung)* émettre

Andacht ['andaxt] <-, -en> *f* ➊ REL prière *f* ➋ *(Kontemplation)* recueillement *m*

an|dauern *vi* persister; *(Gespräche)* se poursuivre

Andenken <-s, -> *nt* souvenir *m*

andere(r, s) ['andərə] *pron* autre(s)

andererseits *adv* d'un autre côté

ändern ['ɛndən] *vt, vr:* [**sich**] ~ changer

andernfalls *adv* sinon

anders ['andəs] *adj, adv* ➊ *(verschieden)* différemment; ~ **schmecken** avoir un autre goût; [**ganz**] ~ **aussehen** avoir une [tout] autre allure; **es sist** ~ **überlegen** changer d'avis ➋ *(sonst)* sinon; **jemand** ~ quelqu'un d'autre; ~ **nicht können** *(fam)* ne pas pouvoir faire autrement

andersherum *adv* dans l'autre sens ➋ *(woanders)* ailleurs

anderthalb ['andət'halp] *num* un(e) et demi(e)

Änderung <-, -en> *f* modification *f*

anderweitig ['andəvaɪtɪç] **I.** *adj* autre **II.** *adv* ➊ *(beschäftigt)* par ailleurs; *(informiert)* ailleurs

an|deuten *vt* ➊ *(Angelegenheit)* évoquer ➋ *(zu verstehen geben)* **jdm** ~, **dass ...** laisser entendre à qn que ...

Andeutung f ① *(Hinweis)* allusion f ② *(Spur)* soupçon m

Andorra [an'dɔra] <-s> nt l'Andorre f

Andrang m affluence f; *(von Wassermassen)* afflux m

an|drehen vt *(Gas)* ouvrir; *(Licht, Heizung)* allumer; *(Schraube)* serrer

an|drohen vt: **jdm etw ~** menacer qn de qc

an|eignen vr: **sich** (dat) **etw ~** s'approprier qc; **sich** (dat) **Kenntnisse ~** acquérir des connaissances

aneinander [an'ʔaɪˈnandɐ] adv l'un à l'autre

aneinander|hängen vi être attachés l'un à l'autre

aneinander|reihen vr: **sich ~** se succéder

anerkannt ['anʔɛkant] adj reconnu(e); *(Experte)* agréé(e)

an|erkennen* vt irr ① *(würdigen)* reconnaître ② *(Meinung)* accepter

Anerkennung f ① *(Würdigung)* reconnaissance f ② *(lobende Zustimmung)* approbation f

an|fahren vi irr démarrer

Anfall m crise f

an|fallen vt irr attaquer

anfällig ['anfɛlɪç] adj *(Person)* de santé fragile

Anfang m <-[e]s, Anfänge> m début m, commencement m; **am ~** au début; **von ~ an** dès le départ; **~ September** début septembre; **~ des Jahres** au début de l'année; **~ vierzig sein** avoir la quarantaine

an|fangen irr I. vt ① *(Arbeit)* commencer; **~ mit** commencer par ② *(fam: Packung)* entamer II. vi commencer

Anfänger(in) ['anfɛŋɐ] <-s, -> m *(f)* débutant(e) m *(f)*

anfangs ['anfaŋs] I. adv au début II. präp +gen SCHWEIZ au début de

an|fassen I. vt ① *(berühren)* toucher ② *(ergreifen)* prendre II. vi *(berühren)* toucher

an|fertigen vt *(Kleidungsstück)* confectionner; *(Möbelstück)* fabriquer

an|feuern vt ① *(anspornen)* encourager ② *(Ofen)* allumer

an|flehen vt supplier

Anflug m AVIAT approche f

an|fordern vt demander

Anforderung f ① *(das Anfordern)* demande f ② *(Anspruch)* exigences f pl

Anfrage f a. INFORM demande f

an|freunden vr: **sich mit jdm ~** se lier d'amitié avec qn ② *(sich gewöhnen)* **sich mit jdm/etw ~** se faire à qn/qc

an|fühlen vt toucher II. vr: **sich weich/rau** être doux/rêche [au toucher]

Anführer(in) m *(f)* *(einer Truppe)* commandant m; *(einer Bande)* chef m

Angabe f <-, -n> ① *(Aussage)* indication f; *(Information)* renseignements m pl ② SPORT service m

an|geben irr I. vt *(Grund, Namen)* donner; *(Preis)* indiquer II. vi

A

① (prahlen) frimer (fam) ② SPORT servir

angeblich I. adj prétendu(e) II. adv soi-disant

Angebot <-[e]s, -e> nt ① offre f; (Warenangebot) choix m; (Sonderangebot) promotion f

angebracht ['angəbraxt] adj ① (sinnvoll) opportun(e) ② (angemessen) approprié(e)

an|gehen irr I. vi ① (Licht) s'allumer; (Elektrogerät) se mettre en route; (Feuer) prendre II. vt ① (Problem) s'attaquer à; (Verhandlungen) entamer ② (Hindernis) aborder ③ (attackieren) attaquer ④ (betreffen) concerner

Angehörige(r) f(m) ① (Familienangehöriger) [proche] parent(e) m(f) ② (Mitglied) membre m

Angeklagte(r) f(m) accusé(e) m(f)

Angel ['aŋəl] <-, -n> f canne f à pêche

Angelegenheit f affaire f

angeln ['aŋəln] vi, vt pêcher

Angelschein m permis m [de pêche]

angemessen I. adj (Preis) raisonnable; (Honorar) adapté(e); (Kleidung) approprié(e); (Verhalten) convenable II. adv (würdigen) à sa/leur juste valeur; (bezahlen) en conséquence; (sich verhalten) convenablement

angenehm ['angəne:m] I. adj agréable; [sehr] ~! enchanté! II. adv agréablement

angesichts präp +gen face à

Angestellte(r) f(m) employé(e) m(f)

angewiesen ['angəvi:zən] adj: auf jdn/etw ~ sein dépendre de qn/qc

an|gewöhnen* I. vt: jdm etw ~ habituer qn à qc II. vr: sich (dat) etw ~ prendre l'habitude de faire qc

Angewohnheit f habitude f

Angina [aŋ'gi:na] <-, Anginen> f angine f

Angler(in) ['aŋlɐ] <-s, -> m(f) pêcheur m, -euse f à la ligne

an|greifen irr I. vt ① (Person) attaquer ② (beeinträchtigen) nuire à II. vi attaquer

Angriff m ① MIL, SPORT offensive f ② (Kritik) attaque f

Angst [aŋst] <-, Ängste> f ① peur f; vor jdm/etw ~ haben avoir peur de qn/qc; um jdn/etw ~ haben avoir peur pour qn/qc; ~ bekommen prendre peur ② PSYCH angoisse f

ängstlich adj (Person, Blick) craintif, -ive

an|haben irr vt ① (fam: angezogen haben) porter ② (fam): den Fernseher ~ avoir la télé allumée

an|halten irr I. vi ① s'arrêter ② (Wetter) continuer II. vt ① (Person, Fahrzeug) stopper ② (Luft) retenir

Anhalter(in) m(f) auto-stoppeur m, -euse f; per ~ fahren faire de l'auto-stop

anhand [an'hant] präp +gen à l'aide de

an|hängen vt ① (Schild) accrocher ② (Wohnwagen) atteler

➌ *(Bemerkung)* ajouter

Anhänger <-s, -> m ➊ *(Wagen)* remorque f ➋ *(Schmuckstück)* pendentif m

Anhänger(in) <-s, -> m(f) ➊ SPORT supporter mf ➋ *(Gefolgsmann)* partisan(e) m(f)

an|hören I. vt ➊ *(bewusst hören)* écouter ➋ *(zufällig hören)* entendre **II. vr: sich gut ~** *(Anlage)* avoir un bon son

Anker ['aŋke] <-s, -> m ancre f

ankern vi jeter l'ancre

Anklage f accusation f

an|klagen I. vt ➊ JUR inculper ➋ *(beschuldigen)* accuser III. vi ➊ *(Person)* accuser; *(Rede)* être une accusation

Anklang m *(Zustimmung)* accueil m favorable

an|kleben vt coller

Ankleidekabine f *(eines Geschäfts)* cabine f d'essayage

an|klicken vt INFORM cliquer sur

an|klopfen vi frapper

an|kommen irr vi arriver; **es kommt darauf an, dass** il importe que +subj

an|kreuzen vt cocher

an|kündigen vt, vr: **[sich] ~** [s']annoncer

Ankunft ['ankʊnft] <-, Ankünfte> f arrivée f

Ankunftszeit f l'heure f d'arrivée

an|lächeln vt sourire à

Anlage f ➊ *(Produktionsgebäude)* complexe m ➋ *(eines Stausees)* construction f; *(eines Parks)* aménagement m ➌ *(Einrichtung)* **sanitäre ~n** installa-

tions sanitaires ➍ *(Briefbeilage)* annexe f

Anlass ['anlas] <-es, Anlässe> m ➊ *(Grund)* raison f ➋ *(Gelegenheit)* occasion f

an|lassen vt irr ➊ *(Auto)* [faire] démarrer m ➋ *(fam: Schuhe)* garder ➌ *(fam: Motor)* laisser tourner; *(Kerze)* laisser brûler

Anlasser <-s, -> m démarreur m

Anlauf m ➊ SPORT élan m ➋ *(Versuch)* essai m

an|laufen irr I. vi ➊ *(Verhandlungen)* commencer; *(Film)* sortir ➋ *(Anlauf nehmen)* prendre de l'élan ➌ *(Brille)* s'embuer II. vt *(Hafen)* faire escale dans

an|legen I. vt ➊ *(Garten)* aménager; ➋ *(Vorratslager)* constituer ➌ *(Akte)* constituer; *(Liste)* établir ➍ FIN placer ➎ *(ausgeben)* mettre II. vi: **im Hafen ~** faire escale dans le port III. vr: **sich mit jdm ~** entrer en conflit avec qn

an|lehnen I. vt: **etw an etw** (*akk*) **~** poser qc contre qc; **das Fenster ~** laisser le fenêtre entrouverte II. vr: **sich an jdn/ etw ~** s'appuyer contre qn/qc

Anleitung f directives f pl

Anliegen <-s, -> nt demande f

an|lügen vt irr mentir à

an|machen vt ➊ *(anstellen)* allumer ➋ *(Salat)* assaisonner ➌ *(fam: flirten)* draguer

an|melden vt ➊ *(Gast)* annoncer ➋ *(Wohnsitz, Auto)* déclarer ➌ *(Anspruch)* faire valoir; *(Beden-*

ken) exprimer **II.** vr ① (ankündigen) **sich ~** annoncer sa venue ② (sich eintragen lassen) **sich zu einem Kurs ~** s'inscrire à un cours ③ (sich polizeilich melden) **sich in Stuttgart ~** déclarer son domicile à Stuttgart

Anmeldung f ① (eines Besuchs) annonce f ② (Terminvereinbarung) rendez-vous m ③ (Einschreibung) inscription f ④ (eines Einwohners) enregistrement m; (eines Radiogeräts) déclaration f

Anmerkung <-, -en> f commentaire m

an|nähen vt coudre

an|nähern I. vr: **sich [einander] ~** se rapprocher **II.** vt rapprocher

annähernd adj approximatif, -ive

Annahme ['anaːmə] <-, -n> f ① (Vermutung) supposition f ② (eines Angebots) acceptation f

an|nehmen vt irr ① (Angebot, Anmeldung) accepter; (Herausforderung) relever; (Gesetz, Staatsangehörigkeit) adopter; (Angewohnheit, Aussehen) prendre ② (meinen) supposer

annoncieren* [anõˈsiːrən] vt, vi: **[etw] ~** mettre une annonce/des annonces [pour qc]

annullieren* [anʊˈliːrən] vt annuler

Anorak ['anɔrak] <-s, -s> m anorak m

an|ordnen vt ① (Maßnahme) décréter; (Überstunden) imposer ② (ordnen) classer

an|passen I. vt ① (passend machen) **etw einer S.** (dat) **~** adapter qc à qc ② (anmessen, anprobieren) **jdm etw ~** essayer qc à qn **II.** vr: **sich jdm ~** s'adapter à qn

Anpassung <-, -en> f adaptation f

an|probieren* vt, vi essayer

an|reden vt s'adresser à

an|regen I. vt ① (ermuntern) stimuler; **jdn zu etw ~** inciter qn à qc ② (Appetit) ouvrir

Anregung f ① (Vorschlag) suggestion f ② (Impuls) impulsion f

Anreisetag m jour m de l'arrivée

an|richten vt ① (Essen) présenter ② (Schaden) causer

Anruf m coup m de téléphone

Anrufbeantworter <-s, -> m répondeur m [téléphonique]

an|rufen irr **I.** vt u. TELEC téléphoner à **II.** vi appeler

an|rühren vt ① (berühren) **jdn/etw ~** toucher qn/à qc ② (geh: innerlich bewegen) toucher ③ (Teig) préparer

ans [ans] = **an das** s. an

Ansage ['anzaːgə] f annonce f

an|sagen vt, vr: **[sich] ~** [s']annoncer

an|sammeln I. vt (Dinge) amasser; (Vermögen) accumuler **II.** vr: **sich ~** ① (Personen) se rassembler; (Gegenstände) s'entasser

an|schaffen vt (kaufen) **[sich** (dat) **] etw ~** [s']acheter qc

Anschaffung <-, -en> f achat m

an|schalten vt (Anlage) mettre en marche; (Strom) allumer

an|schauen vt regarder

anschaulich adj clair(e)

Anschein m apparence f

anscheinend adv apparemment

Anschlag m ❶ (Attentat) attentat m ❷ (Bekanntmachung) avis m

an|schlagen irr **I.** vt ❶ (Plakat) apposer; (Brett) fixer ❷ (Akkord) jouer; (Taste) frapper ❸ (Teller) ébrécher **II.** vi ❶

an|schließen irr **I.** vt ❶ (Elektrogerät) brancher ❷ (Fahrrad) attacher **II.** vr ❶ (mitgehen) **sich jdm ~** se joindre à qn ❷ (beipflichten) **sich jdm/einer Theorie ~** se rallier à qn/une théorie

anschließend I. adj qui suit/suivait/... [immédiatement] **II.** adv ensuite

Anschluss m ❶ TELEC branchement m [téléphonique]; **kein ~ unter dieser Nummer!** le numéro que vous avez demandé n'est plus en service actuellement! ❷ (eines Computers) connexion f ❸ (Anschlusszug) correspondance f

an|schnallen vt attacher; **sich ~** attacher sa ceinture [de sécurité]

an|schreien vt irr crier après

Anschrift f adresse f

an|sehen vt irr regarder; **sich** (dat) **etw ~** (Zuschauer sein) voir qc ❷ (Fernsehzuschauer sein) regarder qc ❸ (halten für) **jdn als seinen Freund ~** considérer qn comme son ami

Ansehen <-s> nt réputation f

an|setzen I. vt ❶ (anfügen) **ein Verlängerungsstück an etw** (akk o dat) ~ ajouter un raccord à qc ❷ (Werkzeug) placer **II.** vi: **zum Sprechen/Trinken ~** s'apprêter à parler/boire

Ansicht <-, -en> f ❶ (Meinung) avis m; **meiner/seiner ~ nach** à mon/son avis ❷ (Abbildung) vue f

Ansichtskarte f carte f postale

ansonsten adv ❶ (fam: im Übrigen) pour le reste; (sonst) à part ça; (andernfalls) sinon

an|spannen vt ❶ (Muskel) bander; (Nerven) crisper ❷ (Pferd) atteler

Ansprache f allocution f

ansprechbar adj (nicht beschäftigt) disponible; (Kranker) lucide

an|sprechen irr **I.** vt ❶ adresser la parole à; **wie soll ich Sie ~?** comment dois-je vous appeler? ❷ (Thema) aborder ❸ (Person) plaire à **II.** vi ❶ **auf etw ~** (Patient) réagir à qc ❷ (Bremse) répondre

an|springen vi irr (Fahrzeug) démarrer

Anspruch m ❶ (Anrecht) droit m ❷ pl (Anforderung) exigences f pl

anspruchsvoll adj ❶ (Person) exigeant(e) ❷ (niveauvoll) ambitieux, -euse

Anstalt ['anʃtalt] <-, -en> f (geh: Einrichtung) établissement m

anständig ['anʃtɛndɪç] **I.** adj ❶ (Person, Verhalten) décent(e) ❷ (fam: akzeptabel) bon(ne)

A

II. *adv* (*fam: bezahlen, essen*) correctement

an|starren *vt* regarder fixement

anstatt [anˈʃtat] I. *präp* +*gen:* ~ **der Eltern** à la place des parents; ~ **eines Briefs** au lieu d'une lettre II. *konj:* ~ **zu antworten** au lieu de répondre

an|stecken I. *vt* ❶ (*Orden*) épingler ❷ (*Papier*) faire brûler; (*Gebäude*) incendier ❸ (*infizieren*) contaminer II. *vr:* **sich bei jdm** ~ être contaminé par qn

ansteckend *adj* contagieux, -euse

Ansteckung <-, -en> *f* contamination *f*

an|steigen *vi irr* monter

anstelle [anˈʃtɛlə] *präp* +*gen* à la place de

an|stellen I. *vt* ❶ (*Licht*) allumer; (*Wasser*) mettre; (*Gas*) ouvrir; **eine Maschine** ~ mettre une machine en route ❷ (*beschäftigen*) embaucher ❸ (*fam: anrichten*) **Blödsinn/Unfug** ~ faire des conneries/bêtises; **was hast du da wieder angestellt?** qu'est-ce que t'as encore fabriqué? II. *vr:* **sich** ~ faire la queue

an|stiften *vt:* **jdn** [**dazu**] ~ **Unfug zu machen** inciter qn à faire des bêtises

Anstoß *m* ❶ (*Ansporn*) impulsion *f* ❷ SPORT coup *m* d'envoi

an|stoßen I. *vi* ❶ se cogner ❷ (*prosten*) **auf jdn/etw** ~ trinquer à la santé de qn/à qc II. *vt* ❶ (*berühren*) **jdn mit dem Fuß** ~ pousser qn du pied

❷ (*Kugel*) frapper ❸ (*in Gang setzen*) déclencher

an|streben *vt* aspirer à

an|streichen *vt irr* ❶ **etw rot** ~ peindre qc en rouge ❷ (*markieren*) marquer

an|strengen [ˈanʃtrɛŋən] I. *vr:* **sich** ~ se donner de la peine II. *vt* fatiguer

anstrengend *adj* fatigant(e)

Anstrengung <-, -en> *f* effort *m*

Anteil *m:* ~ **an etw** (*dat*) part *f* de qc

Antenne [anˈtɛnə] <-, -n> *f* antenne *f*

Antibabypille *f* pilule *f* [anticonceptionnelle]

Antibiotikum [antibiˈoːtikum] <-s, -biotika> *nt* antibiotique *m*

antik [anˈtiːk] *adj* antique; (*als Antiquität anzusehen*) ancien(ne)

Antike <-> *f* Antiquité *f*

Antikörper [ˈantikœrpɐ] *m* anticorps *m*

Antiquität [antikviˈtɛːt] <-, -en> *f* antiquité *f*

Antiquitätengeschäft *nt* magasin *m* d'antiquités

antisemitisch *adj* antisémite **Antisemitismus** <-> *m* antisémitisme *m*

Antrag [ˈantraːk] <-[e]s, Anträge> *m* demande *f*

an|treiben *vt irr* (*Person, Tier*) faire avancer; (*Mitarbeiter*) pousser

an|tun *vt irr:* **jdm ein Leid** ~ faire du mal à qn

Antwort [ˈantvɔrt] <-, -en> *f* réponse *f*

antworten vi, vt répondre

an|vertrauen* vt, vr: [sich] ~ [se] confier

Anwalt ['anvalt] <-[e]s, Anwälte> m, **Anwältin** f avocat(e) m(f)

an|weisen vt irr donner des instructions à

Anweisung f instruction f

an|wenden vt reg o irr (Technologie) employer; (Programm) se servir de

Anwendung f (der Gebrauch) utilisation f; (einer Regel) application f

Anwendungsgebiet nt indication f

anwesend ['anvezənt] adj présent(e)

Anwesenheit <-> f présence f

an|widern ['anviːdən] vt dégoûter

Anzahl f nombre m

an|zahlen vt verser un acompte sur le prix de

Anzeichen nt ❶ (Indiz) signe m ❷ MED symptôme m

Anzeige <-, -n> f ❶ JUR plainte f; ~ **erstatten** porter plainte ❷ (Inserat) annonce f

an|zeigen vt ❶ (Straftat) signaler ❷ (Messwert) indiquer

an|ziehen irr I. vt ❶ (Kleid) mettre ❷ (Schlinge) tirer ❸ (Handbremse) serrer ❹ (Besucher) attirer II. vr: **sich** ~ s'habiller

anziehend adj attirant(e)

Anzug m costume m

an|zünden vt ❶ allumer ❷ (Gebäude) incendier

Apartment [a'partmənt] <-s, -s> nt studio m

Apfel ['apfəl] <-s, Äpfel> m pomme f

Apfelbaum m pommier m **Apfelkuchen** m tarte f aux pommes

Apfelsine [apfəl'ziːnə] <-, -n> f orange f

Apotheke [apo'teːkə] <-, -n> f pharmacie f

Apotheker(in) <-s, -> m(f) pharmacien(ne) m(f)

Apparat [apa'raːt] <-[e]s, -e> m appareil m; (Fernsehapparat) poste m; **bleiben Sie am** ~! ne quittez pas!

Appetit [ape'tiːt] <-[e]s> m appétit m; ~ **auf etw** (akk) **haben** avoir envie de qc

Applaus [a'plaʊs] <-es> m applaudissements m pl

Aprikose [apri'koːzə] <-, -n> f abricot m

April [a'prɪl] <-[s], -e> m avril m

apropos [apro'poː] adv (geh) au fait

Aquajogging ['akvadʒɔgɪŋ] <-s> nt gym f aquatique

Aquarell [akva'rɛl] <-s, -e> nt aquarelle f

Aquarellmalen nt aquarelle f

Aquarium [a'kvaːrjʊm] <-s, -rien> nt aquarium m

Ar [aːe] <-s, -e> nt o m are m

Araber(in) ['arabe] <-s, -> m(f) Arabe mf

arabisch I. adj arabe; (Klima, Wüste) d'Arabie II. adv en arabe

Arabisch <-[s]> nt arabe m

Arbeit ['arbaɪt] <-, -en> f ❶ travail m ❷ (Werk) ouvrage m

arbeiten vi travailler

Arbeiter(in) <-s, -> m(f) ouvrier m, -ière f

Arbeitgeber(in) <-s, -> m(f) employeur m, -euse f

Arbeitnehmer(in) m(f) salarié(e) m(f)

Arbeitsamt nt agence f pour l'emploi

arbeitslos adj au chômage

Arbeitslose(r) f(m) chômeur m, -euse f

Arbeitslosigkeit <-> f chômage m

Arbeitsmarkt m marché m de l'emploi **Arbeitsplatz** m
① (Platz) poste m de travail
② (Stelle) emploi m **Arbeitsvertrag** m contrat m de travail **Arbeitszeit** f temps m de travail

Archäologie [arçɛolo'giː] <-> f archéologie f

Architekt(in) [arçi'tɛkt] <-en, -en> m(f) architecte mf

Architektur [arçitɛk'tuːʁ] <-, -en> f architecture f

Arena [a'reːna] <-, Arenen> f arène f

arg [ark] <ärger, ärgste> adj cruel(le)

Ärger ['ɛʁgɐ] <-s> m ① (Unmut) colère f ② (Unannehmlichkeiten) ennuis m pl; **mit jdm ~ haben** avoir des ennuis avec qn

ärgerlich adj (Blick) irrité(e); (Angelegenheit) ennuyeux, -euse

ärgern ['ɛʁgɐn] **I.** vt énerver; **es ärgert mich, dass** cela m'énerve que +subj **II.** vr: **sich über jdn/etw ~** se mettre en colère contre qn/à cause de qc

Argument [argu'mɛnt] <-[e]s, -e>

nt argument m

arm [arm] <ärmer, ärmste> adj pauvre

Arm [arm] <-[e]s, -e> m bras m

Armband <-bänder> nt bracelet m **Armbanduhr** f montre-bracelet f

Armee [ar'meː] <-, -n> f (Spezies) armée f

Ärmel ['ɛʁməl] <-s, -> m manche f

Ärmelkanal m: **der ~** la Manche

Armut ['armuːt] <-> f pauvreté f

Aroma [a'roːma] <-s, Aromen> nt arôme m

Aromabad nt bain m aux huiles essentielles

arrogant [aro'gant] adj arrogant(e)

Art [aːɐt] <-, -en> f ① (Spezies) espèce f; (Sorte) genre m ② (Weise) façon f; **auf diese ~ und Weise** de cette façon ③ (Benehmen) manières f pl

Artikel [ar'tiːkəl] <-s, -> m article m

Artischocke [arti'ʃɔkə] <-, -n> f artichaut m

Artist(in) [ar'tɪst] <-en, -en> m(f) artiste mf

Arzt [aːɐtst] <-es, Ärzte> m, **Ärztin** f médecin m f

Asche ['aʃə] <-, -n> f cendre f

Aschenbecher m cendrier m **Aschermittwoch** [aʃɐ'mɪtvɔx] m mercredi m des Cendres

Asiat(in) [azi'aːt] <-en, -en> m(f) Asiatique mf

asiatisch adj asiatique

Asien ['aːzien] <-s> nt l'Asie f

Aspekt [as'pɛkt] <-[e]s, -e> m aspect m

Aspirin® [-s] <-s> nt aspirine f
Ass [as] <-es, -e> nt as m
Assistent(in) [asɪsˈtɛnt] <-en, -en> m(f) assistant(e) m(f)
Ast [ast] <-[e]s, Äste> m branche f
ästhetisch adj esthétique
Asthma [ˈastma] <-s> nt asthme m
Astrologie [astroloˈgiː] <-> f astrologie f
Astronaut(in) [astroˈnaʊt] <-en, -en> m(f) astronaute mf
Astronom(in) [astroˈnoːm] <-en, -en> m(f) astronome mf
Asyl [aˈzyːl] <-s, -e> nt asile m
Asylant(in) m(f) demandeur m, -euse f d'asile
Asylbewerber(in) m(f) demandeur m, -euse f d'asile
Atem [ˈaːtəm] <-s> m ❶ (Atemluft) souffle m ❷ (Atemgeruch) haleine f
Atembeschwerden Pl les troubles mpl respiratoires
atemlos adj essoufflé(e)
Atheismus [ateˈɪsmʊs] <-> m athéisme m
Athlet(in) [atˈleːt] <-en, -en> m(f) athlète m f
Atlanten Pl von **Atlas**
Atlantik [atˈlantɪk] <-s> m: der ~ l'Atlantique m
Atlas [ˈatlas] <-, Atlanten> m atlas m
atmen [ˈaːtmən] vt, vi respirer
Atmung <-> f respiration f
Atom [aˈtoːm] <-s, -e> nt atome m
Atombombe f bombe f atomique
Atomkraftwerk nt centrale f nucléaire
Attentat [ˈatəntaːt] <-[e]s, -e> nt

attentat m
Attest [aˈtɛst] <-[e]s, -e> nt certificat m
attraktiv [atrakˈtiːf] adj séduisant(e)
au [aʊ] interj (Ausruf des Schmerzes) aïe
Aubergine [obɛrˈʒiːnə] <-, -n> f aubergine f
auch [aʊx] adv ❶ (ebenfalls) aussi; ~ **nicht** [ne ...] pas non plus ❷ (sogar) même; ~ **wenn** même si ❸ (verstärkend) effectivement
auf [aʊf] I. präp +dat ❶ sur; ~ **dem Boden** par terre; ~ **der Straße** dans la rue; ~ **dem Land** à la campagne; ~ **Korsika** en Corse ❷ (in, bei) à ❸ (während) pendant II. präp +akk ❶ sur; ~ **den Boden** par terre; ~ **die Straße gehen** sortir dans la rue; ~**s Land fahren** aller à la campagne ❷ (zu, bei Maß- und Mengenangaben) à III. adv ❶ (los) ~ **geht's!** on y va! ❷ (fam: offen) ~ **sein** être ouvert ❸ (fam: aufgestanden) ~ **sein** être debout
auf|atmen vt respirer
auf|bauen vt ❶ (Regal) monter; (Stereoanlage) installer ❷ (errichten) **wieder** ~ (Land) reconstruire
auf|bewahren* vt garder
auf|blasen vt, vr irr: **[sich]** ~ [se] gonfler
auf|bleiben vi irr (fam) ❶ (geöffnet bleiben) rester ouvert(e) ❷ (nicht zu Bett gehen) rester

debout

auf|blühen vi s'épanouir

auf|brechen irr I. vt forcer II. vi ❶ s'ouvrir ❷ (sich auf den Weg machen) partir

auf|drängen I. vt: **jdm etw ~** forcer qn à prendre qc II. vr: **sich jdm ~** (Person) imposer sa présence à qn

aufeinander [auf?aɪ̯nandə] adv ❶ (räumlich) l'un(e) sur l'autre; les un(e)s sur les autres ❷ (gegenseitig) **~ angewiesen sein** (Personen) être tributaires l'un de l'autre/les uns des autres

aufeinander|folgen vi se succéder

aufeinander|stoßen vi (Truppen) s'affronter

Aufenthalt [auf?ɛnthalt] <-[e]s, -e> m ❶ séjour m ❷ EISENBAHN arrêt m

Aufenthaltserlaubnis f permis m de séjour **Aufenthaltsraum** m salle f d'attente

auf|essen irr I. vt terminer II. vi finir son assiette

Auffahrt f (Zufahrt) accès m; (Autobahnauffahrt) bretelle fd'accès [à l'autoroute]

Auffahrtrampe f rampe fd'accès

auf|fallen vi irr ❶ (Person) ne pas passer inaperçu(e); (Sache) se remarquer; **jdm ~** (Person) attirer l'attention de qn; (Sache) frapper qn ❷ (auf angenehme/unangenehme Weise bemerkt werden: Person) se distinguer/se faire remarquer

auffallend adj (Kleidungsstück)

voyant(e); (Ähnlichkeit) frappant(e)

auffällig I. adj (Farbe) voyant(e) II. adv ❶ visiblement ❷ (sich verhalten) étrangement

auf|fassen vt concevoir

Auffassung f ❶ (Vorstellung) conception f; (Meinung) avis m

auf|fordern vt ❶ prier ❷ (zum Tanz bitten) **jdn ~** inviter qn [à danser]

Aufführung f représentation f

Aufgabe <-, -n> f ❶ tâche f ❷ (Pflicht) devoir m ❸ (Auftrag) mission f ❹ SCHULE exercice m ❺ (eines Gerätes) fonction f

Aufgang <-gänge> m ❶ (der Sonne) lever m ❷ (Treppe) escalier m

auf|geben irr I. vt ❶ (Studium) abandonner; (Freunde, Wohnort) quitter ❷ (zu lösen geben) **jdm Hausaufgaben ~** donner des devoirs à qn; (zu lösen geben) **jdm ein Rätsel ~** poser une énigme à qn ❸ (Gepäck) faire enregistrer; (Paket) poster; (Annonce) [faire] passer II. vi abandonner

auf|gehen vi irr ❶ (Sonne) se lever ❷ (Tür) s'ouvrir ❸ (Knoten) se défaire ❹ (Rechnung) tomber juste; (Planung) se réaliser

aufgeregt adj (Person) excité(e); (nervös) énervé(e)

aufgeschlossen adj ouvert(e)

aufgeweckt adj (Kind) éveillé(e)

aufgrund [auf?grʊnt] präp +gen en raison de

auf|haben irr (fam) I. vt (Geschäft) ouvrir II. vi (Geschäft) être ouvert

auf|halten irr I. vt ❶ (a. fig: Person) retenir; (Fahrzeug) arrêter ❷ (fam: Hand) tendre II. vr séjourner; im Garten ~ se trouver dans le jardin

auf|hängen vt, vr: [sich] ~ [se] pendre

auf|heben vt irr ❶ ramasser ❷ (aufbewahren) garder

auf|hetzen vt exciter

auf|holen I. vt rattraper II. vi rattraper son retard

auf|hören vi arrêter

auf|klären I. vt ❶ **ein Verbrechen** ~ tirer un crime au clair ❷ (Missverständnis) expliquer ❸ (informieren) jdn ~ mettre qn au courant II. vr: **sich** ~ (Rätsel, Himmel) s'éclaircir; (Missverständnis) s'expliquer

Aufkleber m autocollant m

auf|kommen vi irr (finanzieren) **für jdn** ~ subvenir aux besoins de qn

auf|laden irr I. vt charger II. vr: **sich** ~ (Batterie) se charger d'électricité

Auflage f <-, -n> f ❶ (Ausgabe) édition f ❷ (Auflagenhöhe) tirage m

auf|lassen vt irr ❶ (fam) laisser ouvert ❷ (fam: Hut) garder

auf|legen vt ❶ (Schallplatte) mettre; (Hörer) reposer II. vi (Person) raccrocher

auf|lehnen vr: **sich** ~ se rebeller

auf|lesen vt irr ramasser

auf|lösen I. vt ❶ dissoudre ❷ MATH, MUS résoudre II. vr: **sich** ~ se décomposer; (Pulver, Tablette) se dissoudre; (Nebel) se

dissiper

auf|machen I. vt ❶ (fam) ouvrir; (Mantel, Schnürsenkel) défaire ❷ (Firma) monter II. vi ouvrir

aufmerksam adj ❶ attentif, -ive; ~ **machen** faire remarquer ❷ (zuvorkommend) attentionné(e)

Aufmerksamkeit <-, -en> f attention f

auf|muntern vt ❶ (Person) remonter; (Kaffee) ragaillardir ❷ (ermutigen) encourager

Aufnahme <-, -n> f ❶ (Empfang) accueil m ❷ PHOT photo[graphie] f ❸ (Videoaufnahme) enregistrement m

auf|nehmen vt irr ❶ accueillir ❷ (beherbergen) héberger ❸ (auf Video festhalten, geistig verarbeiten) enregistrer

auf|passen vi ❶ faire attention ❷ (beaufsichtigen) surveiller

Aufprall <-[e]s, -e> m choc m

auf|pumpen vt gonfler

auf|räumen vt, vi ranger

aufrecht|erhalten* vt irr (Kontakt) maintenir; (Behauptung) persister dans

auf|regen vt, vr: [sich] ~ [s']énerver

Aufregung f agitation f

Aufrichtigkeit <-> f sincérité f

auf|rufen vt irr ❶ jdn ~ etw zu **tun** appeler qn à faire qc ❷ (Teilnehmer) faire l'appel de ❸ (Passagier) appeler; (Schüler) désigner ❹ (Flug) annoncer

auf|runden vt arrondir

Aufrüstung f armement m

Aufsatz m ① (Schulaufsatz) rédaction f ② (Essay) essai m

Aufschlag m ① (Aufprall) impact m ② SPORT service m ③ (Aufpreis) majoration f

auf|schlagen vt irr. I. vi ① (auftreffen) s'écraser ② SPORT servir II. vt ① (Buch, Augen) ouvrir ② (Zelt) monter ③ (Lager) installer ④ (zusätzlich berechnen) majorer le prix

auf|schließen vt, vi irr ouvrir

Aufschnitt m (Wurstaufschnitt) charcuterie f en tranches

auf|schreiben vt irr noter

Aufschrift f inscription f

Aufschub m ① report m ② FIN délai m

Aufschwung m ① élan m ② ÖKON essor m

Aufseher(in) m <-s, -> f(m) gardien/-dienne m(f)

auf|setzen I. vt ① (Brille) mettre ② (Fuß) poser II. vr: **sich ~** se redresser III. vi se poser

Aufsicht f <-, -en> f surveillance f

auf|springen vi irr ① (hochspringen) bondir ② (auf etw springen) sauter ③ (sich öffnen) s'ouvrir d'un seul coup

Aufstand m insurrection f

auf|stehen vi irr se lever

auf|steigen vi irr a. SPORT monter; (Rauch) s'élever

auf|stellen vt irr ① (Gerät) installer; (Denkmal) ériger; (Falle) poser ② (Behauptung) poser; (Vermutung, Theorie) avancer ③ (Liste) dresser; (Rechnung) établir ④ (Rekord) établir

Aufstieg ['aʊfʃtiːk] <-[e]s, -e> m ① ascension f

auf|tauchen vi ① (U-Boot) remonter à la surface ② (Beweisstück) apparaître

auf|tauen vi, vt décongeler

auf|teilen vt ① diviser ② (verteilen) répartir

Auftrag ['aʊftraːk] <-[e]s, Aufträge> m ① (Bestellung von Produkten) commande f; (Bestellung von Leistungen) contrat m ② (geh: Mission) mission f

auf|treten vi irr ① (den Fuß aufsetzen) poser le pied ② (Schwierigkeiten) apparaître; (Verzögerungen) survenir ③ (sich benehmen) **arrogant/bescheiden ~** se montrer arrogant/modeste II. vt (Tür) enfoncer

Auftritt m a. THEAT apparition f

auf|wachen vi ① se réveiller

auf|wachsen vi irr grandir

Aufwand ['aʊfvant] <-[e]s> m ① investissement m; (finanziell) dépense f ② (Luxus) faste m

aufwärts ['aʊfvɛrts] adv ① (nach oben) vers le haut ② (ab) à partir

auf|wecken vt réveiller

auf|zählen vt énumérer

Aufzeichnung f ① (einer Sendung) enregistrement m ② (Notizen) notes f pl

auf|ziehen vt irr ① (Vorhang) ouvrir; (Schleife) défaire ② (Schublade) tirer ③ remonter ④ (Kind) élever

Aufzug m ascenseur m

Auge ['aʊgə] <-s, -n> nt ① a. BOT

œil *m*; **grüne ~n haben** avoir les yeux verts ❷ *(Punkt beim Würfeln)* point *m*

Augenarzt *m*, **~ärztin** *f* oculiste *mf* **Augenblick** *m* instant *m* **Augenbraue** *f* sourcil *m* **~n zupfen** épiler les sourcils **Augenlid** *nt* paupière *f* **Augentropfen** *Pl* collyre *m*

August [auˈɡʊst] <-[e]s, -e> *m* août *m*

Auktion [aukˈtsjoːn] <-, -en> *f* vente *f* aux enchères

aus [aus] **I.** *präp* +*dat* ❶ *(Ursache)* par ❷ *(Beschaffenheit)* en **II.** *adv (fam)* ❶ *(beendet)* fini(e) ❷ *(nicht an)* éteint(e); *(Motor)* arrêté(e) ❸ SPORT hors jeu ❹ *(ausgegangen)* **~ sein** être sorti

aus|bauen *vt* ❶ *(baulich erweitern)* aménager ❷ *(herausmontieren)* démonter

aus|bilden I. *vt* ❶ *(Azubi)* former ❷ *(entwickeln)* développer **II.** *vr* ❶ *(sich schulen)* **sich ~** se former

Ausbildung *f* formation *f*

Ausblick *m* ❶ *(Aussicht)* vue *f* ❷ *(Zukunftsvision)* perspective *f*

aus|brechen *vi irr* ❶ **aus dem Gefängnis ~** s'évader de prison ❷ *(Vulkan)* entrer en éruption ❸ *(Krieg)* éclater; *(Hass)* se déchaîner; *(Seuche)* se déclarer ❹ *(verfallen in)* **in Tränen ~** fondre en larmes

aus|breiten I. *vt* ❶ *(hinlegen)* étaler ❷ *(Flügel)* déployer; *(Arme)* ouvrir ❸ *(darlegen)* exposer **II.** *vr* **sich ~** ❶ *(sich erstre-*

cken) s'étendre ❷ *(Feuer)* se propager

Ausbruch *m* ❶ *(das Ausbrechen)* évasion *f* ❷ *(Beginn)* déclenchement *m* ❸ *(Eruption)* éruption *f*

Ausdauer *f* persévérance *f*; *(körperlich)* endurance *f*

aus|dehnen I. *vr* **sich ~** ❶ *(Gas)* se dilater ❷ *(sich ausbreiten: Seuche)* s'étendre ❸ *(dauern: Wartezeit)* se prolonger **II.** *vt* ❶ *(verlängern)* prolonger ❷ *(erweitern)* étendre

aus|denken *vr irr:* **sich** *(dat)* **eine Ausrede ~** inventer une excuse; **sich** *(dat)* **einen Plan ~** imaginer un plan

Ausdruck¹ <-drücke> *m* expression *f*

Ausdruck² <-drucke> *m* imprimé *m*

aus|drucken *vt* INFORM imprimer

aus|drücken I. *vt* ❶ *(bekunden, formulieren)* exprimer ❷ *(Orange)* presser; *(Pickel)* percer ❸ *(Zigarette)* écraser **II.** *vr:* **sich ~** s'exprimer

ausdrücklich [ˈausdrʏklɪç] *adv* expressément

auseinander [ausʔaiˈnandɐ] *adv* ❶ *(zeitlich entfernt)* **drei Jahre ~ sein** *(Personen)* avoir trois ans de différence ❷ *(fam: getrennt)* **~ sein** être séparé(e)s

auseinander|biegen *vt* écarter

auseinander|brechen *vt (Möbelstück, Familie)* se disloquer

auseinander|gehen *vi (sich entwickeln: Beziehung)* se briser; *(Ansichten)* diverger

A

auseinander|halten vi *(handhaben)* distinguer

auseinander|liegen vi: **weit ~** *(räumlich entfernt)* être [très] loin les uns les autres; *(zeitlich entfernt: Ereignisse)* être éloignés

auseinander|nehmen vt démonter

auseinander|schreiben vt: **etw ~** écrire qc séparément

auseinander|setzen vr: **sich mit jdm/etw ~** se pencher sur qn/qc

Auseinandersetzung <-, -en> f explication f

auseinander|treiben vt *(Menge)* disperser

Ausfahrt f sortie f

aus|fallen vi irr ❶ *(Haare)* tomber ❷ *(nicht stattfinden)* être supprimé

Ausflug m excursion f

aus|fragen vt: **jdn ~** interroger qn en détail

Ausfuhr <-, -en> f exportation f

aus|führen vt *(Befehl)* exécuter; *(Auftrag)* remplir; *(Plan)* réaliser; *(Operation)* faire ❷ *(exportieren)* exporter ❸ *(erläutern)* exposer ❹ *(spazieren führen)* sortir

aus|füllen vt *(Antrag)* remplir

Ausgabe f ❶ *(von Fahrkarten)* délivrance f ❷ *(Edition)* édition f ❸ pl *(Kosten)* dépenses f pl

Ausgang <-gänge> m ❶ sortie f ❷ AVIAT porte f ❸ *(Ergebnis)* issue f

aus|geben irr I. vt ❶ distribuer

❷ *(Ausweise)* délivrer ❸ *(Geld)* dépenser II. vr: **sich als Arzt ~** se faire passer pour un médecin

ausgebucht adj complet, -ète

ausgefallen adj original(e)

ausgeglichen adj pondéré(e)

aus|gehen vi irr ❶ *(aus dem Haus gehen)* sortir ❷ **davon ~, dass ...** partir du principe que ... ❸ *(enden)* **gut/schlecht ~** bien/mal se terminer ❹ *(Vorräte)* s'épuiser

ausgelassen I. adj *(Kind)* turbulent(e); *(Stimmung)* débridé(e) II. adv avec entrain

ausgemacht adj convenu(e)

ausgenommen präp +akk à l'exception de

ausgerechnet [ˈaʊsɡəˈʀɛçnat] adv: **~ jetzt** juste maintenant

ausgeschlossen adj: **~!** c'est hors de question!

ausgesprochen adj prononcé(e)

ausgezeichnet adj excellent(e)

Ausgleich <-[e]s, -e> m ❶ compensation f ❷ SPORT égalisation f

aus|gleichen irr I. vt ❶ compenser ❷ *(Schulden)* rembourser; *(Rechnung)* régler ❸ *(Konflikte)* régler II. vi SPORT égaliser

Ausgrabung f fouilles fpl

aus|halten irr I. vt supporter II. vi tenir

Aushang m affiche f

Aushilfe f ❶ *(Hilfe)* intérim m ❷ *(Hilfskraft)* intérimaire m/f

aus|kennen vr irr: **sich ~** s'y connaître; **sich in Paris ~** bien connaître Paris

aus|kommen vi irr s'en sortir

Auskunft [ˈaʊskʊnft] <-, -künfte> f ❶ (Information) renseignement m ❷ (Auskunftsschalter) information f ❸ (Telefonauskunft) renseignements m pl

aus|lachen vt se moquer de

aus|laden vt irr décharger

Auslage f ❶ (vitrine f ❷ (ausgestellte Ware) choix m

Ausland nt étranger m

Ausländer(in) [ˈaʊslɛndɐ] <-s, -> m(f) étranger m, -ère f

ausländerfeindlich adj xénophobe **Ausländerfeindlichkeit** f xénophobie f

ausländisch adj étranger, -ère

Auslandsflug m vol m international **Auslandsgespräch** nt appel m pour l'étranger

aus|lassen vt irr ❶ omettre; (Satz) oublier ❷ (Gelegenheit) laisser passer ❸ (fam: Radio) ne pas allumer

aus|legen vt ❶ (Waren) étaler ❷ (deuten) interpréter

Ausleihe <-, -n> f prêt m

aus|leihen vt irr prêter; **sich** (dat) **etw bei/von jdm ~** emprunter qc à qn

Auslieferung f livraison f

aus|losen vt, vi: **jdn/etw ~** tirer qn/qc au sort

aus|lösen vt déclencher

Auslöser m déclencheur m

aus|machen vt ❶ (fam) éteindre ❷ (Termin) fixer; **etw mit jdm ~** convenir de qc avec qn ❸ (stören) **jdm etwas ~** déranger qn

Ausmaß nt ❶ (Ausdehnung)

étendue f; (Größe) dimensions m pl ❷ (Umfang) ampleur f

aus|messen vt irr mesurer

Ausnahme [ˈaʊsnaːmə] <-, -n> f exception f

ausnahmsweise adv exceptionnellement

aus|nutzen vt ❶ exploiter ❷ (sich zunutze machen) profiter de

aus|nützen ÖSTERR s. **ausnutzen**

aus|packen vt (Koffer) défaire; (Geschenk) ouvrir; (Ware) déballer

aus|probieren* vt essayer

Auspuff <-[e]s, -e> m pot m d'échappement

aus|rauben vt dévaliser

aus|rechnen vt calculer

Ausrede f prétexte m

aus|reden I. vi finir de parler II. vt: **jdm etw ~** dissuader qn de (faire) qc

aus|reichen vi suffire

ausreichend adj suffisant(e)

Ausreise f sortie f (du territoire)

aus|reißen vt irr arracher

aus|richten I. vt ❶ (Gruß) transmettre; **jdm ~, dass ...** dire à qn que ... ❷ (einstellen) orienter II. vr: **sich an etw** (dat) **~** se ranger à qc

Ausritt m promenade f à cheval

aus|rufen vt irr ❶ (laut rufen) s'exclamer ❷ (Haltestelle) annoncer ❸ (über Lautsprecher suchen) appeler ❹ (Streik) proclamer

aus|ruhen I. vt, vr: **(sich)** ~ se reposer II. vt (Füße) reposer

Ausrüstung f équipement m;

(einer Armee) armement m

aus|rutschen vi glisser

Aussage f ❶ déclaration f ❷ *(eines Romans)* message m

aus|schalten vt éteindre; *(Strom)* couper

aus|scheiden I. vi ❶ **aus einem Wettkampf ~** se retirer d'une compétition ❷ *(Plan)* ne pas être retenu; *(Kandidat)* être éliminé **II.** vt *(Giftstoffe)* éliminer

aus|schlafen vi, vr irr: **[sich] ~** dormir tout son soûl

Ausschlag m MED éruption f *[cutanée]*

aus|schlagen irr **I.** vt ❶ **jdm einen Zahn ~** casser une dent à qn ❷ *(Angebot)* décliner **II.** vi ❸ *(Pferd)* ruer

ausschlaggebend adj déterminant(e)

aus|schließen vt irr exclure

ausschließlich I. adj *(Vertretung)* exclusif, -ive **II.** präp +gen sauf

aus|schneiden vt irr découper

Ausschnitt m ❶ *(Zeitungsausschnitt)* coupure f *[de presse]* ❷ *(Dekolleté)* décolleté m ❸ *(kleiner Auszug)* détail m

aus|schütten vt vider

aus|sehen vi irr ❶ **gut/schlecht ~** avoir bonne/mauvaise mine; **wie sieht ein Leguan aus?** à quoi ressemble un iguane? ❷ *(den Anschein haben)* **sie sieht [ganz so] aus, als ...** on dirait qu'elle ...

Aussehen <-s, -> nt aspect m

außen [ˈausən] adv à l'extérieur

Außenseiter(in) <-s, -> m(f)

marginal(e) m(f)

außer [ˈausɐ] **I.** präp +dat ❶ sauf ❷ *(außerhalb)* **~ Sicht sein** être hors de vue ❸ **~ sich** *(dat)* **sein** être hors de soi **II.** konj: **~, dass ...** si ce n'est que ...; **~ [wenn]** sauf si

außerdem [ˈausɐdeːm] adv en plus

äußere(r, s) adj ❶ externe ❷ *(Anlass)* apparent(e)

Äußere(s) nt apparence f

außergewöhnlich [ˈausɐɡəvøːnlɪç] **I.** adj exceptionnel(le) **II.** adv particulièrement

außerhalb [ˈausɐhalp] **I.** adv à l'extérieur **II.** präp +gen en dehors de

äußerlich [ˈɔysɐlɪç] adj ❶ externe ❷ *(oberflächlich)* superficiel(le)

äußern [ˈɔysɐn] **I.** vt *(Meinung)* exprimer; *(Kritik)* émettre **II.** vr ❶ **sich zu etw ~** se prononcer sur qc; *(seine Meinung sagen)* donner son avis sur qc ❷ *(in Erscheinung treten)* **sich ~** *(Krankheit)* se manifester

außerordentlich [ˈausˈʔɔrdəntlɪç] **I.** adj exceptionnel(le) **II.** adv extrêmement

außerorts adv ÖSTERR, SCHWEIZ hors agglomération

äußerst [ˈɔysɐst] adv extrêmement

äußerste(r, s) adj: **der ~ Punkt** le point le plus éloigné; **am ~n Ende des Tisches** à l'extrémité de la table

Äußerste(s) nt: **bis zum ~n ge-**

hen aller jusqu'au bout

Äußerung <-, -en> f propos m pl

aus|setzen I. vt ① (Haustier) abandonner ② (preisgeben) **jdn/etw einer Gefahr** (dat)~ exposer qn/qc à un danger ③ (Belohnung) offrir; (Summe) accorder ④ (bemängeln) **an jdm/ etw auszusetzen haben** avoir quelque chose à redire à qn/qc II. vr: **sich einer Gefahr** ~ s'exposer à un danger III. vi (pausieren) faire une pause

Aussicht f ① (Blick) vue f ② (Chance) chance f

Aussichtspunkt m point m de vue

aus|sortieren* vt trier

aus|spannen vi se détendre

Aussprache f ① (Artikulation) prononciation f ② (Unterredung) explication f

aus|sprechen irr I. vt ① JUR, LING prononcer ② (Satz) dire; (Bedauern, Meinung) exprimer II. vr **sich** ~ ① (offen sprechen) s'expliquer ② (Stellung beziehen) se prononcer

Ausstattung <-, -en> f ① équipement m ② (Einrichtung) agencement m

aus|steigen vi irr descendre

aus|stellen vt, vi exposer

Ausstellung <-, -en> f exposition f

aus|sterben vi irr disparaître

Ausstieg <-[e]s, -e> m ① (das Aussteigen) descente f ② (Ausgang) sortie f

Ausstrahlung f ① rayonnement

m ② (das Senden) diffusion f

aus|strecken I. vt ① (Arm) tendre; (Fühler) sortir II. vr: **sich** ~ s'étirer

aus|suchen vt choisir

Austausch m échange m

aus|tauschen I. vt ① échanger; (Spieler) remplacer II. vr: **sich über jdn/etw** ~ parler de qn/ qc

aus|teilen vt distribuer

Auster [ˈaʊstɐ] <-, -n> f huître f

aus|tragen vt irr ① (Post) distribuer ② (Konflikt) régler; (Wettkampf) disputer

Australien [aʊsˈtraːliən] <-s> nt l'Australie f

aus|treten vi irr ① (Flüssigkeit) s'écouler; (Gas) s'échapper ② (ausscheiden) quitter

aus|trinken I. vt finir II. vi vider son verre

Austritt m ① (von Wasser) fuite f ② (das Ausscheiden) démission f

Ausverkauf m soldes m pl

ausverkauft adj (Artikel) épuisé(e); (Konzert) complet, -ète

Auswahl f choix m

aus|wählen vt, vi choisir

aus|wandern vi émigrer

auswärtig [ˈaʊsvɛrtɪç] adj ① étranger, -ère (Kunde) [qui vient] de l'étranger ③ (Angelegenheiten) extérieur(e); (Vertretung) étranger, -ère

auswärts [ˈaʊsvɛrts] adv à l'extérieur

aus|wechseln vt remplacer

Ausweg m issue f

aus|weichen vi irr éviter

Ausweis ['ausvaɪs] <-es, -e> m carte f; *(Personalausweis)* carte f d'identité

aus|weisen *irr* I. *vt* expulser II. *vr:* **sich ~** justifier son identité

Ausweiskontrolle f contrôle m d'identité

auswendig *adv* par cœur

aus|wirken *vr:* **sich auf etw** *(akk)* **~** avoir des répercussions sur qc

aus|zahlen *vt (Gehalt)* verser

aus|zeichnen I. *vt* ① *(Ware)* étiqueter ② *(ehren)* décerner ③ *(Person)* distinguer II. *vr:* **sich durch etw ~** se distinguer par qc

aus|ziehen *irr* I. *vt* ① *(Person)* déshabiller ② *(Kleidungsstück)* enlever ③ *(Tisch)* [r]allonger; *(Antenne)* [é]tirer II. *vi* déménager III. *vr:* **sich ~** se déshabiller

Auszubildende(r) <-n, -n> f(m) apprenti·e m/f

Auszug <-[e]s, Auszüge> m ① *(Umzug)* déménagement m ② *(Auswanderung)* procession f ③ *(eines Textes)* extrait m ④ *(Kontoauszug)* relevé m

Auto ['auto] <-s, -s> nt voiture f ~ **fahren** conduire

Autobahn f autoroute f **Autobahnausfahrt** f sortie f d'autoroute **Autobahngebühr** f péage m

Autobahnraststätte f resto-

route® m

Autofahrer(in) m(f) automobiliste mf

Automat [auto'maːt] <-en, -en> m distributeur m [automatique]; *(Spielautomat)* machine f à sous

Automatik f, **Automatikgetriebe** nt boîte f automatique

automatisch [auto'maːtɪʃ] *adj* automatique; **~e Tür** porte f automatique; **~e Türöffnung** ouverture f automatique des portes

Automechaniker(in) m(f) mécanicien(ne) m(f) [-auto]

Autor ['autoːɐ] <-s, -toren> m, **Autorin** f auteur m, -trice f

Autoradio nt autoradio m **Autoreisezug** m *(nachts)* train m autos-couchettes; *(tags)* service m auto-express

Autorennen nt course f automobile

autoritär [autori'tɛːɐ] *adj* autoritaire

Autorität [autori'tɛːt] <-, -en> f autorité f

Autounfall m accident de voiture

Avocado [avo'kaːdo] <-, -s> f avocat m

Axt [akst] <-, Äxte> f hache f

Ayurveda [ajur've:da] <-s> m Ayurveda m

Azubi [a'tsuːbi] <-s, -s> m, <-, -s> f *Abk von* **Auszubildende(r)** apprenti·e m(f)

B b

B, b [be:] <-, -> *nt (Buchstabe)* B *m*/b *m*

Baby ['be:bi] <-s, -s> *nt* bébé *m*
Babyfon [be:bi'fo:n] <-s, -e> *nt* babyphone *m* **Babylift** *m* remonte-pentes *m* pour enfants **Babynahrung** *f* nourriture *f* pour bébés **Babyschale** *f* pèse-bébés *m*

babysitten ['be:bizɪtən] *vi* faire du baby-sitting **Babysitter(in)** ['be:bɪzɪtɐ] <-s, -> *m(f)* baby-sitter *mf*

Bach [bax] <-[e]s, Bäche> *m* ruisseau *m*

Backe ['bakə] <-, -n> *f* joue *f*

backen ['bakən] *irr* **I.** *vt (Kuchen)* faire **II.** *vi* cuire

Bäcker ['bɛkɐ] <-s, -> *m* boulanger *m*

Bäckerei [bɛkə'raj] <-, -en> *f* boulangerie *f*

Bäckerin <-, -nen> *f* boulangère *f*

Backofen *m* four *m* **Backpulver** *nt* levure *f* chimique

Bad [ba:t] <-[e]s, Bäder> *nt* ➊ CHEM bain *m* ➋ *(das Schwimmen)* baignade *f* ➌ *(Badezimmer)* salle *f* de bains

Badeanzug *m* maillot *m* de bain [une pièce] **Badehose** *f* maillot *m* de bain **Badekappe** *f* bonnet *m* de bain **Bademantel** *m* peignoir *m* de bain **Bademeister(in)** *m(f)* maître-nageur *m* **Bademütze** *f* bonnet *m* de bain

baden ['ba:dən] **I.** *vi* ➊ prendre un bain ➋ *(schwimmen)* se baigner **II.** *vt (Kind)* donner un bain à

Baden-Württemberg <-s> *nt* le Bade-Wurtemberg **Badeschuh** *m* chaussure *f* en plastique [pour la baignade] **Badewanne** *f* baignoire *f* **Badezimmer** *nt* salle *f* de bains

Badminton ['bɛtmɪntn] *nt* badminton *m*

Bahn [ba:n] <-, -en> *f* ➊ *(Eisenbahn)* train *m* ➋ *(Verkehrsnetz, Verwaltung der Eisenbahn)* chemins *m pl* de fer ➌ SPORT piste *f* ➍ *(Fahrbahn)* voie *f*

Bahngleis *nt* voie *f* ferrée **Bahnhof** *m* gare *f* **Bahnlinie** *f* ligne *f* de chemin de fer **Bahnsteig** *m* quai *m* de gare **Bahnübergang** *m* passage *m* à niveau

bald [balt] <eher, am ehesten> *adv* ➊ *(in Kürze)* bientôt; **so ~ wie möglich** le plus tôt possible; **bis ~!** à bientôt! ➋ *(schnell)* vite

baldig ['baldɪç] *adj (Antwort)* rapide; *(Besuch)* prochain(e); *(Genesung)* prompt(e)

Balken ['balkən] <-s, -> *m* poutre *f*

Balkon [bal'kɔn] <-s, -s> *m* balcon *m*

Ball [bal] <-[e]s, Bälle> *m* ➊ balle *f*; *(in der Größe eines Fußballs)* ballon *m* ➋ *(Tanzfest)* bal *m*

Ballett [ba'lɛt] <-[e]s, -e> *nt* ballet *m*

Ballon [baˈlɔŋ] ‹-s, -s› *m* ballon *m*

banal [baˈnaːl] *adj* banal(e)

Banane [baˈnaːnə] ‹-, -n› *f* banane *f*

Band¹ [bant] ‹-[e]s, Bänder› *nt* ① ruban *m* ② *(Tonband)* bande *f* [magnétique] ③ *(Fließband)* chaîne *f*

Band² [bant] ‹-[e]s, Bände› *m* volume *m*

Band³ [bɛnt] ‹-, -s› *f* groupe *m*

Bande [ˈbandə] ‹-, -n› *f* ① *(Verbrecherbande)* gang *m* ② *(fam: Kinder)* bande *f*

Bändel *m* lacet *m*

Bänderriss *m* rupture *f* de tendon

Bandit(in) [banˈdiːt] ‹-en, -en› *m(f)* bandit *m*

Bandscheibe *f* disque *m* [intervertébral]

Bank¹ [baŋk] ‹-, Bänke› *f* ① banc *m* ② *(Werkbank)* établi *m*

Bank² ‹-, -en› *f* banque *f*

Bankautomat *m* distributeur *m* automatique de billets

bankrott [banˈkrɔt] *adj* en faillite

Bankrott [banˈkrɔt] ‹-[e]s, -e› *m* faillite *f*

Bankverbindung *f* coordonnées *f pl* bancaires

bar [baːɐ̯] I. *adj* en liquide; **in ~** en espèces II. *adv:* **~ zahlen** payer en espèces

Bar [baːɐ̯] ‹-, -s› *f* bar *m*

Bär [bɛːɐ̯] ‹-en, -en› *m* ours *m*

Baracke [baˈraka] ‹-, -n› *f* baraque *f*

barfuß *adj* pieds nus

Bargeld *nt* argent *m* liquide

Bärin *f* ourse *f*

Barkeeper [ˈbaːɐ̯kiːpɐ] ‹-s, -> *m* barman *m*

Barock ‹-[s]› *nt o m* baroque *m*

Barometer [baroˈmeːtɐ] ‹-s, -› *nt (a. fig)* baromètre *m*

Barriere [baˈrjeːrə] ‹-, -n› *f* barrière *f*

barrierefrei *adj* sans obstacle

barsch [barʃ] I. *adj* brusque II. *adv* brutalement

Barsch [baːɐ̯ʃ] ‹-[e]s, -e› *m* perche *f*

Bart [baːɐ̯t] ‹-[e]s, Bärte› *m (Vollbart)* barbe *f*; *(Schnurrbart)* moustache *f*

bärtig [ˈbɛːɐ̯tɪç] *adj* barbu(e)

Basen *Pl von* **Basis**

Basilika [baˈziːlika] ‹-, Basiliken› *f* basilique *f*

Basilikum [baˈziːlikʊm] ‹-s› *nt* basilic *m*

Basis [ˈbaːzɪs] ‹-, Basen› *f* base *f*

Basketball ‹-ˈbaːskɛtbal› *m* basket-ball *m*

basteln [ˈbastəln] *vt, vi* bricoler

Bastler(in) [ˈbastlɐ] ‹-s, -› *m(f)* bricoleur *m*, -euse *f*

Batterie [batəˈriː] ‹-, -n› *f* ① pile *f*; *(Autobatterie)* batterie *f* ② *(Mischbatterie)* mélangeur *m*

Bau [bau̯] ‹-[e]s, -ten› *m* ① *(das Bauen)* construction *f* ② *(Gebäude)* bâtiment *m*

Bauarbeiten *pl* travaux *m pl*
Bauarbeiter(in) *m(f)* ouvrier
  m, -ière *f* du bâtiment
Bauch [baʊx] <-[e]s, Bäuche> *m*
  ventre *m*
Bauchnabel *m* nombril *m*
Bauchschmerzen *pl* mal *m*
  au ventre
bauen ['baʊən] **I.** *vt* ❶ *(Gebäude,
  Maschine)* construire; *(Möbel)* fa-
  briquer ❷ *(fam: Unfall)* provo-
  quer **II.** *vi* ❶ *(ein Haus bauen)*
  [faire] construire ❷ *(vertrauen)*
  auf jdn/etw ~ compter sur
  qn/qc
Bauer ['baʊɐ] <-n, -n> *m* paysan *m*
Bäuerin ['bɔʏrɪn] *f* paysanne *f*
Bauernhof *m* ferme *f*
Baum [baʊm] <-[e]s, Bäume> *m*
  arbre *m*
Baumwolle *f* coton *m*
Baustelle *f* chantier *m*
Bauwerk *nt* bâtiment *m*, édifice *m*
Bayer(in) ['baɪɐ] <-n, -n> *m(f)* Ba-
  varois(e) *m(f)*
bayerisch ['baɪrɪʃ] *adj* bavarois(e)
Bayern ['baɪɐn] <-s> *nt* la Bavière
bayrisch ['baɪrɪʃ] *s.* **bayerisch**
beabsichtigen* [bəˈʔapzɪçtɪgən] *vt*
  ❶ envisager ❷ *(bezwecken)* **das
  war beabsichtigt** c'était voulu
beachten* *vt* ❶ *(Ratschlag)*
  suivre; *(Vorfahrt)* respecter
  ❷ *(berücksichtigen)* tenir compte
  de ❸ *(mit Aufmerksamkeit bedenken)* faire attention à
Beachtung <-> *f* ❶ *(einer Anleitung)* observation *f*; *(einer Vorschrift)* respect *m*; *(Aufmerksamkeit)* ~ **schenken** prêter at-

tention
Beach-Volleyball *m* volley-ball
  m de plage
Beamte(r) [bəˈʔamtə] *m*, **Beamtin** *f* fonctionnaire *mf*
beängstigend *adj* inquiétant(e)
beanspruchen* [bəˈʔanʃpruxən]
  vt ❶ *(Schadenersatz)* demander
  ❷ *(Zeit)* prendre ❸ *(Kraft)* accaparer
beantragen* *vt* demander
beantworten* [bəˈʔantvɔrtən] *vt*
  répondre à
bearbeiten* *vt* ❶ *(Antrag)* s'occuper de ❷ *(Material)* travailler
  ❸ *(behandeln)* traiter ❹ *(Manuskript)* remanier
Bearbeitungsgebühr *f* commission *f*, frais *mpl* bancaires
beaufsichtigen*
  [bəˈʔaʊfzɪçtɪgən] *vt* surveiller
beauftragen* *vt* charger
beben ['beːbən] *vi* trembler
Becher ['bɛçɐ] <-s, -> *m* gobelet *m*
Becken ['bɛkən] <-s, -> *nt* ❶ bassin *m* ❷ *(Spülbecken)* bac *m* (à
  évier); *(Waschbecken)* lavabo *m*
bedanken* <-s, -> *vr* ❶ dire merci;
  sich bei jdm für etw ~ remercier qn de qc
Bedarf [bəˈdarf] <-[e]s> *m* besoins
  mpl
bedauerlich [bəˈdaʊɐlɪç] *adj* regrettable
bedauern* [bəˈdaʊɐn] *vt* ❶ regretter ❷ *(bemitleiden)* plaindre
Bedauern <-s> *nt* ❶ regret *m*
  ❷ *(Mitgefühl)* sympathie *f*
bedenken* *vt irr* ❶ penser à
  ❷ *(Maßnahmen)* réfléchir à

Bedenken <-s, -> *nt* ● *pl* doutes *m pl* ● *(das Überlegen)* réflexion *f*

bedeuten* *vt* ● *(ausdrücken)* signifier; *(meinen)* vouloir dire ● *(gelten)* **Geld bedeutet mir viel** j'attache beaucoup d'importance à l'argent

bedeutend I. *adj* important(e); *(Leistung)* remarquable; *(Erfolg)* considérable II. *adv* *(beträchtlich)* nettement

Bedeutung <-, -en> *f* ● *(Sinn)* sens *m* ● *(Wichtigkeit)* importance *f*

bedienen* I. *vt* ● servir; **werden Sie schon bedient?** on s'occupe de vous? ● *(Telefon)* se servir de; *(Computer)* faire fonctionner; *(Maschine)* faire marcher II. *vi* servir III. *vr:* **sich ~** se servir

Bedienung <-, -en> *f* ● utilisation *f*; *(einer Schaltzentrale)* fonctionnement *m* ● *(eines Kunden)* service *m* ● *(Kellner)* garçon *m*; *(Kellnerin)* serveuse *f*; **~!** garçon/Mademoiselle!

Bedienungsanleitung *f* mode *m* d'emploi

Bedingung <-, -en> *f* condition *f*

bedrohen* *vt* menacer

bedrohlich I. *adj* menaçant(e) II. *adv* de façon menaçante

Bedrohung *f* menace *f*

Bedürfnis <-ses, -se> *nt* besoin *m*

beeilen* *vr:* **sich ~** se dépêcher

beeindrucken* *vt* impressionner

beeindruckend *adj* impressionnant(e)

beeinflussen* [bəˈʔaɪnflʊsən] *vt*

influencer

beeinträchtigen* [bəˈʔaɪntrɛçtɪgən] *vt* nuire à; *(Freiheit)* restreindre

beenden* *vt* *(Gespräch)* mettre fin à; *(Studium)* terminer; *(Krieg)* cesser; *(Programm)* quitter

beerdigen* [bəˈʔeːɐ̯dɪgən] *vt* enterrer

Beerdigung <-, -en> *f* enterrement *m*

Beere [ˈbeːrə] <-, -n> *f* baie *f*

Beet [beːt] <-[e]s, -e> *nt* platebande *f*

befassen* *vr:* **sich mit jdm/etw ~** s'occuper de qn/qc

Befehl [bəˈfeːl] <-[e]s, -e> *m* ● ordre *m* ● *(Befehlsgewalt)* commandement *m*

befehlen *vt irr:* **~, dass** ordonner que +*subj*

befestigen* [bəˈfɛstɪgən] *vt* ● fixer ● MIL fortifier

befinden* *vr irr* *(sich aufhalten)* être; **sich ~** se trouver

Befinden <-s> *nt* ● état *m* ● *(geh: Meinung)* position *f*

befolgen* *vt* suivre

befördern* *vt* ● transporter; *(Briefe)* acheminer; **etw ~ lassen** expédier qc ● *(aufrücken lassen)* promouvoir

Beförderung *f* ● transport *m*; *(von Postsendungen)* acheminement *m* ● *(eines Mitarbeiters)* promotion *f*

Befragung <-, -en> *f* ● interrogation *f* ● *(Umfrage)* sondage *m*

befreien* *vt* ● libérer ● *(freistellen)* dispenser ● *(entlasten)*

soulager ⑥ (reinigen) débarrasser
II. vr **sich ~** ① (entkommen)
s'évader ② (Volk) se libérer

befreunden* [bəˈfrɔyndən] vr:
sich mit jdm ~ se lier d'amitié
avec qn

befreundet adj ami(e) ~ **sein**
être ami(e)s

befriedigen* [bəˈfriːdɪɡən] I. vt
satisfaire II. vi (Lösung) être sa-
tisfaisant(e)

befriedigend adj a. SCHULE satis-
faisant(e)

Befriedigung <-> f satisfaction f

befristet adj temporaire

befürchten* vt craindre

Befürchtung <-, -en> f craintes f
pl

befürworten* [bəˈfyːɐvɔrtən] vt
appuyer; ~, **dass** préconiser
que +subj

begabt [bəˈɡaːpt] adj doué(e);
hoch ~ surdoué

Begabung [bəˈɡaːbʊŋ] <-, -en> f
① (Talent) don m ② (Mensch) talent m

begegnen* [bəˈɡeːɡnən] vi, vr:
[sich] ~ [se] rencontrer

Begegnung <-, -en> f a. SPORT
rencontre f

begehen* vt irr (Tat) commettre;
(Dummheit) faire

Begehren <-s, -> nt (geh) désir m

begeistern* [bəˈɡaɪstɐn] vt, vr:
[sich] ~ [s'] enthousiasmer

begeistert adj ~ **sein von** être
enthousiasmé(e) par

Begeisterung <-> f enthousiasme m

Beginn [bəˈɡɪn] <-[e]s> m (zeit-

lich) commencement m; (räumlich) début

beginnen vi, vt irr commencer

beglaubigen* vt irr régler

begleiten* vt a. MUS accompagner

Begleiter(in) <-s, -> m(f) accompagnateur m, -trice f

Begleitperson f accompagnateur
m, accompagnatrice f

Begleitung <-, -en> f ① (das Begleiten) compagnie f ② (Gesellschaft) **in** ~ accompagné ③ (Be-
gleiter) accompagnateur m, -trice
f ④ MUS accompagnement m
[musical]

beglückwünschen* vt féliciter

begnügen* [bəˈɡnyːɡən] vr: **sich
mit etw** ~ se contenter de qc

begraben* vt irr enterrer

Begräbnis [bəˈɡrɛːpnɪs] <-ses,
-se> nt enterrement m

begreifen* vt, vi irr comprendre

begrenzen* vt [dé]limiter

Begriff <-[e]s, -e> m (Wort) terme
m; (Inhalt) notion f

begründen* vt ① justifier ② (Geschäft) fonder

Begründung f justification f

begrüßen* vt saluer

Begrüßung <-, -en> f souhaits m
pl de bienvenue

begünstigen* [bəˈɡʏnstɪɡən] vt
favoriser

begutachten* vt expertiser

behaart [bəˈhaːɐt] adj poilu(e)

behalten* vt irr ① garder
② (nicht vergessen) retenir

Behälter [bəˈhɛltɐ] <-s, -> m récipient m

behandeln* vt (a. fig) traiter; **jdn/etw schlecht ~** maltraiter qn/qc

Behandlung <-, -en> f traitement m

beharrlich adj (Person) persévérant(e); (Schweigen) obstiné(e)

behaupten* [bəˈhaʊptən] **I.** vt ❶ prétendre ❷ (Vorsprung) maintenir **II.** vr: **sich gegen jdn/etw ~** s'imposer face à qn/qc

Behauptung <-, -en> f ❶ (Äußerung) affirmation f ❷ (Verteidigung) maintien m

beheben* vt irr (Fehler) réparer; (Störung) remédier à

beherrschen* **I.** vt ❶ (können) maîtriser ❷ (herrschen über) dominer **II.** vr: **sich ~** se dominer

Beherrschung <-> f ❶ (einer Sprache) maîtrise f; (eines Handwerks) connaissance f ❷ (Kontrolle) maîtrise f de soi

behilflich [bəˈhɪlflɪç] adj: **jdm ~ sein** aider qn

behindern* vt: **jdn ~** ❶ (Person, Kleid) gêner qn; (Verletzung) handicaper qn

Behinderte(r) f(m) handicapé(e) m(f)

Behindertenausweis m carte f d'invalidité

behindertengerecht adj aménagé(e) [o équipé(e)] pour handicapés

Behindertenparkplatz m place f de stationnement pour handicapés **Behindertentoilette** f toilettes fpl pour handicapés **Behindertenverband** m associa-

tion f de handicapés

Behörde [bəˈhøːɐdə] <-, -n> f service m [administratif]

bei [baɪ] präp +dat ❶ chez, à; (in der Nähe von jdm) auprès de ❷ (mit) **etw ~ sich haben** avoir qc sur soi ❸ (während) **der Vorführung** pendant la présentation ❹ (Umstände) **~ Kerzenlicht** aux chandelles; **~ einer Flasche Wein** en buvant une bouteille de vin

bei|behalten* vt irr garder

bei|bringen vt irr (lehren) apprendre; (zu verstehen geben) faire comprendre

beichten **I.** vt (a. fig, iron fam) confesser **II.** vi se confesser

beide [ˈbaɪdə] pron, adj ❶ **die ~n Frauen** les deux femmes; **euch ~n** vous deux ❷ (zwei Dinge) **~s** les deux [choses] ❸ SPORT **fünfzehn ~** quinze partout

beieinander [baɪʔaɪˈnandɐ] adv l'un(e) près de l'autre/les un(e)s près des autres; **~ sein** être réunis

Beifahrer(in) m(f) passager m, -ère f avant

Beifall <-[e]s> m ❶ applaudissements m pl ❷ (Zustimmung) approbation f

bei|fügen vt ❶ joindre ❷ (Bemerkung) ajouter

beige [beːʃ] adj beige

Beil [baɪl] <-[e]s, -e> nt hache f

Beilage f ❶ GASTR garniture f ❷ (Publikation) supplément m

beiläufig [ˈbaɪlɔɪfɪç] **I.** adj incident(e) **II.** adv incidemment

bei|legen vt joindre

Beileid nt condoléances f pl
beiliegend adj joint(e)
beim [baim] = **bei dem** s. **bei**
Bein [bain] <-[e]s, -e> nt ❶ (einer Person) jambe f; (eines Tiers) patte f ❷ (Tisch-, Stuhlbein) pied m ❸ (Hosenbein) jambe f
beinah[e] adv presque
beisammen [bai'zamən] adv l'un(e) près de l'autre/les un(e)s près des autres; ~ **sein** être réunis
Beisammensein nt réunion f
beiseite [bai'zaitə] adv de côté
Beispiel nt exemple m **zum ~** par exemple
beißen [baisən] vt, vi irr mordre
Beitrag ['baitra:k] <-[e]s, Beiträge> m ❶ (Mitgliedsbeitrag) cotisation f ❷ (Radiobeitrag) sujet m ❸ (Mitwirkung) **einen ~ zu etw leisten** apporter sa contribution à qc
bei|tragen vi, vr irr contribuer
bei|treten vi irr adhérer
bejahen [bə'ja:ən] vt ❶ (Frage) répondre par l'affirmative à ❷ (gutheißen) approuver
bekämpfen I. vt ❶ combattre ❷ (Krankheit) lutter contre II. vr: **sich [gegenseitig] ~** se combattre [mutuellement]
bekannt [bə'kant] adj ❶ (berühmt) célèbre ❷ (nicht unbekannt) connu(e) ❸ (nicht fremd) **jdm ~ sein** être connu à qn; **jdn mit jdm ~ machen** présenter qn à qn ❹ (öffentlich) **~ geben** (Wahlergebnis) proclamer; **~ machen** (Information) révéler
Bekannte(r) f(m) connaissance f;

(Freund) ami(e) m(f)
Bekanntenkreis m relations f pl
bekannt|geben s. **bekannt**
bekannt|machen s. **bekannt**
Bekanntschaft <-, -en> f connaissance f
Bekenntnis [bə'kɛntnɪs] nt aveu m
beklagen I. vt déplorer II. vr: **sich ~** se plaindre (über de)
Bekleidung f vêtements m pl
bekommen vt irr ❶ recevoir; (Anschluss) obtenir; **was ~ Sie für die Fahrt?** combien vous dois-je pour la course? ❷ (Ärger, Angst, Kind) avoir ❸ (Krankheit) attraper
bekräftigen vt confirmer
beladen irr I. vt charger II. vr: **sich mit etw ~** transporter qc
Belag [bə'la:k] <-[e]s, Beläge> m ❶ garniture f ❷ (Zahnbelag) plaque f dentaire ❸ (Schicht) dépôt m
Belagerung <-, -en> f MIL siège m
belanglos adj insignifiant(e)
belasten I. vt ❶ (beschweren) charger ❷ (Person) exiger trop de; **jdn mit Arbeit ~** accabler qn de travail ❸ (bedrücken) encombrer ❹ ÖKOL polluer II. vr: **sich mit etw ~** s'encombrer de qc
belästigen [bə'lɛstɪgən] vt: **jdn ~** (Person) incommoder qn; (Lärm) gêner qn; **jdn sexuell ~** harceler qn sexuellement
beleben I. vt ❶ (Person) ragaillardir; (Kreislauf) activer ❷ (Unterhaltung) animer ❸ (Konjunktur) stimuler; **etw neu ~** re-

lancer qc **II.** *vr:* **sich ~** *(Konjunktur)* connaître une reprise; *(Straßen)* s'animer **III.** *vi* stimuler

Beleg [be'le:k] <-[e]s, -e> *m* ➊ *(Kassenbon)* ticket *m* de caisse ➋ *(Nachweis)* justificatif *m*

belegen* *vt* ➊ GASTR **etw mit etw ~** garnir qc de qc ➋ *(Behauptung)* justifier ➌ *(innehaben)* occuper

beleidigen* [bə'laɪdɪɡən] *vt* offenser

Beleidigung <-, -en> *f* injure *f*

beleuchten* *vt* ➊ *(erhellen)* éclairer ➋ *(festlich)* illuminer

Beleuchtung <-, -en> *f* ➊ éclairage *m* ➋ *(Festbeleuchtung)* illumination *f*

Belgien ['bɛlɡiən] <-s> *nt* la Belgique

Belgier(in) ['bɛlɡiɐ] <-s, -> *m(f)* Belge *mf*

belgisch *adj* belge

Belichtung <-, -en> *f* exposition *f*

Belichtungsmesser <-s, -> *m* photomètre *m*, posemètre *m*

beliebig **I.** *adj* quelconque **II.** *adv* à volonté; **~ lange/oft** aussi longtemps/souvent que l'on veut

beliebt *adj* apprécié(e)

bellen ['bɛlən] *vi* aboyer

Belohnung <-, -en> *f* récompense *f*

belügen* *vt irr* mentir à

bemerkbar *adj* perceptible; **sich ~ machen** se manifester

bemerken* *vt* remarquer

bemerkenswert *adj* remarquable

Bemerkung <-, -en> *f* remarque *f*

bemitleiden* [bə'mɪtlaɪdən] **I.** *vt* prendre en pitié **II.** *vr:* **sich [selbst] ~** se lamenter sur son [propre] sort

bemühen* [bə'my:ən] *vr* ➊ *(sich Mühe geben)* **sich ~** faire des efforts ➋ *(sich kümmern)* **sich um jdn ~** être aux petits soins avec qn

Bemühung <-, -en> *f* effort *m*

benachrichtigen* [bə'na:xrɪçtɪɡən] *vt* informer

Benachrichtigung <-, -en> *f* notification *f*

benachteiligen* [bə'na:xtaɪlɪɡən] *vt* désavantager

benehmen* *vr irr:* **sich ~** se tenir

Benehmen <-s> *nt* comportement *m*

beneiden* [bə'naɪdən] *vt:* **jdn um etw ~** envier qc à qn

beneidenswert *adj* enviable

benennen* *vt irr* nommer

benötigen* [bə'nø:tɪɡən] *vt* avoir besoin de

benutzen* *vt* ➊ utiliser; *(Literatur)* consulter ➋ *(Bus)* prendre ➌ *(Person)* se servir de

Benutzer(in) <-s, -> *m(f)* *(einer Software)* utilisateur *m*, -trice *f*; *(eines Verkehrsmittels)* usager *m*, -ère *f*

Benutzung *f* usage *m*; *(eines Zimmers)* utilisation *f*

Benzin [bɛn'tsi:n] <-s, -e> *nt* essence *f*

Benzinkanister *m* bidon *m* d'essence **Benzinpumpe** *f* pompe *f* à essence

beobachten* [bə'ʔo:baxtən] *vt*

observer

Beobachter(in) <-s, -> *m(f)* observateur *m*, -trice *f*

Beobachtung <-, -en> *f* observation *f*

bequem [bə'kveːm] *adj* ❶ confortable; **es sich** *dat* ~ **machen** se mettre à l'aise ❷ *(mühelos)* commode

Bequemlichkeit <-> *f* confort *m*

beraten *irr* **I.** *vt* ❶ *(informieren)* conseiller ❷ *(besprechen)* délibérer sur **II.** *vr:* **sich über jdn/ etw** ~ débattre de qn/qc

Berater(in) <-s, -> *m(f)* conseiller *m*, -ère *f*

Beratung <-, -en> *f* *(Besprechung)* délibération *f*

berauben* *vt* dévaliser

berechnen* *vt* ❶ calculer ❷ *(in Rechnung stellen)* facturer ❸ *(veranschlagen)* prévoir

berechnend *adj (pej)* calculateur, -trice

Berechnung *f (a. pej)* calcul *m*

berechtigen* [bə'rɛçtɪgən] *vt* autoriser

berechtigt *adj* légitime

Berechtigung <-, -en> *f* ❶ autorisation *f* ❷ *(einer Forderung)* légitimité *f*

Bereich [bə'raɪç] <-[e]s, -e> *m* ❶ *(Gebiet)* zone *f* ❷ *(Verantwortungsbereich)* domaine *m*

bereichern* [bə'raɪçɐn] *vt, vr:* |**sich**| ~ |**s**|'enrichir

bereit [bə'raɪt] *adj* ❶ prêt(e) ❷ *(willens)* disposé(e)

bereiten* *vt (Freude)* causer; *(Kopfschmerzen)* donner

bereits [bə'raɪts] *adv* déjà

Bereitschaft <-, -en> *f* ❶ bonne volonté *f* ❷ *(Bereitschaftsdienst)* service *m* de garde

bereit|stehen *vi irr* être prêt(e)

bereit|stellen *vt* préparer

bereuen* [bə'rɔyən] *vt* se repentir de

Berg [bɛrk] <-[e]s, -e> *m* montagne *f*

Bergarbeiter(in) *m(f)* mineur *m*

Bergbau *m* industrie *f* minière

Bergdorf *nt* village *m* de montagne

bergen ['bɛrgən] *vt irr* sauver; *(Ertrunkenen)* remonter; *(Schiffswrack)* renflouer

bergig *adj* montagneux, -euse

Bergstation *f* point *m* d'arrivée du téléphérique

bergsteigen *vi irr* faire de l'alpinisme

Bergung ['bɛrgʊŋ] <-, -en> *f* sauvetage *m*

Bergwerk *nt* mine *f*

Bericht [bə'rɪçt] <-[e]s, -e> *m* rapport *m*

berichten* I. *vi* ❶ |**aus aller Welt**| ~ *(Journalist)* envoyer des reportages |du monde entier| ❸ *(mitteilen)* informer **II.** *vt* raconter

Berlin [bɛr'liːn] <-s> *nt* Berlin

Berliner¹ [bɛr'liːnɐ] <-s, -> *m* ❶ Berlinois *m* ❷ *(Gebäck)* beignet *m*

Berliner² *adj* berlinois(e)

Berlinerin <-, -nen> *f* Berlinoise *f*

Bernstein *m* ambre *m* jaune

berüchtigt [bə'rʏçtɪçt] *adj* mal famé(e)

berücksichtigen* [bə'rʏkzɪçtɪgən]

vt tenir compte de

Berücksichtigung <-> *f* prise *f* en considération

Beruf [bəˈruːf] <-[e]s, -e> *m* profession *f*

beruflich *adj* professionnel(le)

Berufsausbildung *f* formation *f* professionnelle **Berufsschule** *f* centre *m* de formation (professionnelle) **Berufssoldat(in)** *m(f)* soldat(e) *m(f)* de métier **berufstätig** *adj* actif, -ive

Berufung [bəˈruːfʊŋ] <-, -en> *f* ① *(innere Bestimmung)* vocation *f*

beruhen* *vi:* **auf etw** *(dat)* ~ ① *(angelegenheit)* reposer sur qc; ② *(Brauch)* remonter à qc

beruhigen* I. *vt* ① **jdn** ~ *(Medikament)* calmer qn; *(Nachricht)* rassurer qn ② *(Bedenken zerstreuen)* rassurer; *(trösten)* calmer, réduire II. *vr:* **sich** ~ se calmer

Beruhigung <-> *f* apaisement *m*

Beruhigungsmittel *nt* calmant *m*

berühmt [bəˈryːmt] *adj* célèbre

berühren* I. *vt* ① toucher ② *(kurz erwähnen)* évoquer II. *vr:* **sich** ~ se toucher

Berührung <-, -en> *f* contact *m*; *(leicht)* effleurement *m*

Besatzung <-, -en> *f (eines Panzers)* équipage *m*

Besatzungszone *f* zone *f* d'occupation

beschädigen* *vt* endommager

beschaffen* *vt* procurer

beschäftigen* [bəˈʃɛftɪɡən] I. *vt:* **sich mit jdm** ~ s'occuper de qn; **sich mit etw** ~ s'intéresser à qc II. *vt* ① **jdn mit etw** ~ occuper qn à qc ② *(interessieren)* **jdn** ~ *(Frage)* préoccuper qn ③ *(an-, einstellen)* employer

beschäftigt [bəˈʃɛftɪçt] *adj* ① **mit jdm/etw** ~ **sein** être occupé avec qn/à qc ② *(angestellt)* **als Sekretärin** ~ **sein** travailler comme secrétaire

Beschäftigung <-, -en> *f* ① occupation *f* ② *(Beschäftigungsverhältnis)* emploi *m*

beschämend *adj* humiliant(e)

Bescheid [bəˈʃait] <-[e]s, -e> *m* ① ADMIN réponse *f* ② *(Nachricht)* **jdm** ~ **geben** informer qn

bescheiden [bəˈʃaidən] I. *adj* modeste II. *adv* modestement

Bescheidenheit <-> *f* ① *(einer Person)* modestie *f* ② *(eines Gehalts)* modicité *f*

bescheinigen* [bəˈʃainɪɡən] *vt* attester

Bescheinigung <-, -en> *f* certificat *m*

beschenken* *vt* faire un cadeau/ des cadeaux

Bescherung <-, -en> *f* distribution *f* des cadeaux de Noël

beschimpfen* *vt* insulter

beschlagnahmen* [bəˈʃlaːknaːmən] *vt* confisquer

beschleunigen* [bəˈʃlɔynɪɡən] *vt, vi, vr:* [**sich**] ~ s'accélérer

Beschleunigung <-, -en> *f* accélération *f*

beschließen* *vt irr* décider

Beschluss <-es, Beschlüsse> *m* décision *f*

beschränken* [bəˈʃrɛŋkən] I. *vt* limiter II. *vr:* **sich auf etw**

(*akk*) ~ se limiter à qc
beschränkt *adj* limité(e)
Beschränkung <-, -en> *f* limitation *f*
beschreiben* *vt irr* décrire
Beschreibung *f* description *f*
beschriften* [bəˈʃrɪftən] *vt (Umschlag)* mettre une adresse sur; *(Marmeladenglas)* étiqueter
beschuldigen* [bəˈʃʊldɪgən] *vt* accuser de
Beschuldigte(r) *f(m)* accusé(e) *m(f)*
Beschuldigung <-, -en> *f* accusation *f*
beschützen* *vt* protéger
Beschützer(in) <-s, -> *m(f)* protecteur *m*, -trice *f*
Beschwerde [bəˈʃveːɐdə] <-, -n> *f* ❶ plainte *f* ❷ *pl* MED douleurs *f pl*
beschweren* [bəˈʃveːrən] *vr:* **sich über jdn/etw** ~ se plaindre de qn/qc
beseitigen* [bəˈzaɪtɪgən] *vt* ❶ *(Spuren)* faire disparaître; *(Schmutz)* enlever; *(Zweifel)* dissiper ❷ *(euph: umbringen)* supprimer
Besen [ˈbeːzən] <-s, -> *m* balai *m*
besessen [bəˈzɛsən] *adj* ❶ obsédé(e) ❷ REL possédé(e)
besetzen* *vt* ❶ *(Platz)* réserver ❷ *(widerrechtlich beziehen)* occuper; *(Haus)* squatter
besetzt *adj* occupé(e); *(Saal)* comble
besichtigen* [bəˈzɪçtɪgən] *vt* visiter
Besichtigung <-, -en> *f* visite *f*
besiegen* *vt* vaincre
Besiegte(r) *f(m)* vaincu(e) *m(f)*

Besinnung <-> *f* connaissance *f*; **bei/ohne** ~ **sein** être conscient/sans connaissance
Besitz <-es> *m* ❶ *(Eigentum)* biens *m pl*; *(Grundbesitz)* propriété *f* ❷ *(das Besitzen)* possession *f*
besitzen* *vt irr* posséder
Besitzer(in) <-s, -> *m(f)* propriétaire *mf*
besoffen [bəˈzɔfən] *adj (fam)* bourré(e)
besondere(r, s) [bəˈzɔndərə] *adj* ❶ particulier, -ière; *(Freude)* tout(e) particulier(-ière); *(Schönheit)* exceptionnel(le) ❷ *(Raum)* à part
Besondere(s) *nt* ❶ **etwas/nichts ~s** quelque chose/rien de spécial ❷ **im ~n** en particulier
Besonderheit <-, -en> *f* particularité *f*
besonders [bəˈzɔndəs] *adv* ❶ particulièrement; **nicht ~ viel** pas vraiment beaucoup ❷ *(vor allem)* surtout
besorgen* *vt* procurer
besorgt [bəˈzɔrkt] *adj* inquiet, -ète
Besorgung <-, -en> *f* ❶ course *f* ❷ *(das Kaufen)* achat *m*
besprechen* *irr* **I.** *vt* discuter; **wie besprochen** comme convenu **II.** *vr:* **sich** ~ se concerter
Besprechung <-, -en> *f* ❶ *(Konferenz)* réunion *f*; *(Unterredung)* entretien *m* ❷ *(das Besprechen)* discussion *f*
besser [ˈbɛsə] **I.** *adj* ❶ *(von höherer Qualität)* meilleur(e); **das**

Wetter wird ~ le temps s'améliore ③ *(von höherer Qualifikation)* – **sein** *(höher befähigt)* être meilleur; *(besser geeignet)* être mieux ④ *(vernünftiger)* **es ist** ~, **wenn** il vaut mieux que +subj *(Kreise)* supérieur(e) **II.** *adv* ⑤ *(schwimmen)* mieux; **dieser Käse schmeckt** ~ **als der andere** ce fromage est meilleur que l'autre; **jdm/etw geht es** ~ qn/qc va mieux; **immer alles** ~ **wissen wollen** se croire plus malin(-igne) que tout le monde; **um so** ~! *(fam)* tant mieux!

bessern I. *vr:* **sich** ~ s'améliorer **II.** *vt (Person)* corriger

Besserung <-> *f* ① amélioration *f* ② *(Gesundung)* **gute** ~! bon rétablissement!

beständig *adj* ① *(Verhalten)* constant(e); *(Wetter)* stable ② *(Freundschaft)* durable ③ *(widerstandsfähig)* résistant(e) ④ *(ständig)* continuel(le); *(Regen)* ininterrompu(e)

bestätigen* [bəˈʃtɛːtɪɡən] *vt* confirmer

Bestätigung <-, -en> *f* a. JUR confirmation *f*

beste(r, s) [ˈbɛstə] **I.** *adj* ① meilleur(e) ② *(am besten qualifiziert)* **der/die Beste** le meilleur/la meilleure ③ **der/die/das erste Beste** le premier venu/la première venue; **zu seinem/ihrem Besten** pour son bien **II.** *adv:* **er/sie singt am** ~n c'est lui/elle qui chante le mieux; **es wäre [wohl] am**

~**n, wenn** le mieux serait que +subj

bestechen* *vt irr* soudoyer

Bestechung <-, -en> *f* corruption *f*

Besteck <-[e]s, -e> *nt* couverts *m pl*

bestehen* *irr* **I.** *vt* ① *(Prüfung)* réussir ② *(durchstehen)* surmonter **II.** *vi* ① **es besteht die Möglichkeit, dass** il se peut que +subj ② *(Brauch)* exister; ~ **bleiben** demeurer ③ *(insistieren)* **auf etw** *(dat)* ~ tenir à qc

bestehlen* *vt irr* voler

bestellen* *vt* ① *(kaufen wollen)* commander ② *(Hotelzimmer)* réserver ③ *(Taxi)* appeler

Bestellung <-, -en> *f* ① commande *f* ② *(Reservierung)* réservation *f*

bestens *adv* ① très bien; *(sich bewähren)* parfaitement ② *(danken)* cordialement

Bestie [ˈbɛstjə] <-, -n> *f* ① *(Tier)* bête *f* féroce ② *(pej: Mensch)* monstre *m*

bestimmen* **I.** *vt* ① *(Preis, Ort)* fixer; *(Grenze, Alter)* déterminer ② *(entscheiden)* décider **II.** *vi* ① *(befehlen)* décider ② *(verfügen)* **über jdn/etw** ~ disposer de qn/qc

bestimmt I. *adj* ① *(Buch)* précis(e) ② *(Summe)* fixé(e); **am** ~**en Tag/Ort** au jour/lieu dit; **zur** ~**en Stunde** à l'heure dite ③ LING défini(e) ④ *(Person)* décidé(e); *(Ton)* ferme **II.** *adv* ① *(sicher)* certainement; ~ **wissen, dass** être sûr que ② *(entschie-*

den) catégoriquement

Bestimmung <-, -en> f ❶ *(Vorschrift)* règlement *m* ❷ *(vertraglich)* clause *f* ❸ *(Schicksal)* destinée *f*

bestrafen *vt* ❶ punir ❷ *JUR* condamner

Bestrahlung *f MED* radiothérapie *f*

bestreiten* *vt irr* contester

bestürzt [bəˈʃtʏrtst] **I.** *adj* bouleversé(e) **II.** *adv* avec consternation

Besuch [bəˈzuːx] <-[e]s, -e> *m* ❶ visite *f*; **einen ~ bei jdm machen** aller voir qn ❷ *(Besucher)* visiteur *m*; *(Gast)* invité(e) *m(f)*

besuchen* *vt* ❶ aller voir ❷ *(Patienten)* visiter ❸ *(Theater)* aller à; *(Kurs)* suivre

Besucher(in) <-s, -> *m(f)* ❶ visiteur *m*, -euse *f*; *(Gast)* invité(e) *m(f)* ❷ *(Teilnehmer)* participant(e) *m(f)*

Besuchszeit *f* heures *fpl* de visites

betätigen [bəˈtɛːtɪgən] *vt* actionner

betäuben [bəˈtɔybən] *vt MED* endormir

Betäubung <-, -en> *f MED* anesthésie *f*

Bete [ˈbeːtə] <-, -n> *f*: **Rote ~** betterave *f* rouge

beteiligen [bəˈtailɪgən] *vr*: **sich ~** *(dat)* participer

Beteiligung <-, -en> *f* participation *f*

beten [ˈbeːtən] *vi* prier

Beton [beˈtɔŋ] <-s> *m* béton *m*

betonen* [bəˈtoːnən] *vt* ❶ *LING* accentuer ❷ *(zur Geltung bringen)* souligner ❸ *(nachdrück-*

lich erwähnen) insister sur

Betonung <-, -en> *f* ❶ *LING* accentuation *f* ❷ *(das Hervorheben)* mise *f* en valeur ❸ *(nachdrückliche Erwähnung)* **die ~ einer S.** l'accent *m* mis sur qc ❹ *(Nachdruck)* insistance *f*

betrachten* **I.** *vt* ❶ regarder ❷ *(untersuchen)* **genau betrachtet** bien considéré ❸ *(halten für)* **jdn als Freund ~** considérer qn comme un ami **II.** *vr* ❶ *(sich anschauen)* **sich ~** se contempler ❷ *(sich halten für)* **sich als jds Freund ~** se considérer comme l'ami de qn

beträchtlich [bəˈtrɛçtlɪç] **I.** *adj* considérable **II.** *adv* considérablement

Betrachtung <-, -en> *f (eines Gegenstands)* observation *f*

Betrag [bəˈtraːk] <-[e]s, Beträge> *m* montant *m*

betreffen* *vt irr* concerner

betreten* *vt irr (Gebäude)* entrer dans

betreuen* [bəˈtrɔyən] *vt* s'occuper de

Betreuungsdienst *m* service *m* d'assistance

Betrieb [bəˈtriːp] <-[e]s, -e> *m* ❶ *(Industriebetrieb)* entreprise *f* ❷ *(Betriebsamkeit)* activité *f* ❸ *(Ablauf)* activité *f*; **etw in ~ setzen** mettre qc en marche; **in/außer ~** en/hors service

Betriebsrat *m*, **-rätin** *f* délégué(e) *m(f)* du personnel

betrinken* *vr irr*: **sich mit etw ~**

B

se soûler à qc

betroffen [bəˈtrɔfən] **I.** adj ① *(beteiligt)* **von etw → sein** être concerné par qc ② *(bestürzt)* consterné(e) **II.** adv avec consternation

Betrug [bəˈtruːk] <-[e]s m escroquerie f

betrügen* [bəˈtryːɡən] vt irr ① *(finanziell hintergehen)* frauder ② *(beschwindeln)* duper ③ *(untreu sein)* tromper

Betrüger(in) <-s, -> m(f) fraudeur m, -euse f; *(beim Spielen)* tricheur m, -euse f

betrunken [bəˈtrʊŋkən] adj ivre

Bett [bɛt] <-[e]s, -en> nt lit **im zu ~ gehen** aller se coucher

Bettbezug m housse f de couette
Bettdecke f couverture f

betteln vi mendier

Bettlaken nt drap m

Bettler(in) [ˈbɛtlɐ] <-s, -> m(f) mendiant(e) m(f)

Betttuch <-tücher> nt drap m
Bettwäsche f parure f de lit

beugen [ˈbɔygən] vr **sich ~** ① *(sich neigen)* se pencher ② *(sich unterwerfen)* s'incliner

Beule [ˈbɔylə] <-, -n> f bosse f

beunruhigen* [bəˈʔʊnruːɪɡən] vt, vr: **sich ~** ① s'inquiéter

beurteilen* vt juger

Beurteilung <-, -en> f ① jugement m ② *(schriftliches Urteil)* appréciation f

Beute [ˈbɔytə] <-> f ① *(eines Jägers)* prise f; *(eines Tiers)* proie f ② *(Diebesbeute)* butin m

Beutel [ˈbɔytəl] <-s, -> m ① sac m

② ZOOL poche f

Bevölkerung <-, -en> f population f

Bevölkerungsdichte f densité f de population

bevor [bəˈfoːɐ̯] konj ① *(ehe)* avant que +subj; **~ ich abreise, möchte ich gerne ...** avant de partir en voyage, je voudrais ... ② *(solange)* **~ du nicht aufräumst, darfst du nicht gehen** tu ne partiras pas tant que tu n'auras pas rangé

bevor|stehen vi irr ① *(zu erwarten haben)* **jdm ~** attendre qn ② *(in Kürze eintreten)* **etw steht bevor** on est à la veille de qc

bevorzugen* [bəˈfoːɐ̯tsuːɡən] vt ① *(begünstigen)* favoriser ② *(lieber mögen)* préférer

Bevorzugung <-, -en> f préférence f

bewachen* vt surveiller

Bewachung <-, -en> f ① surveillance f ② *(Wachmannschaft)* garde f

Bewaffnung <-, -en> f armement m

bewahren* [bəˈvaːrən] vt préserver

bewältigen [bəˈvɛltɪɡən] vt ① venir à bout de ② *(Vergangenheit)* assumer

bewegen¹ [bəˈveːɡən] **I.** vt ① déplacer ② *(beschäftigen)* **jdn ~** *(Vorstellung)* occuper l'esprit de qn; *(Erlebnis)* remuer qn ③ *(bewirken)* **viel/wenig ~** faire bouger beaucoup/peu de choses **II.** vr: **sich ~** bouger

bewegen² vt irr: **jdn ~** amener qn

beweglich [bəˈveːklɪç] *adj* mobile

bewegt [bəˈveːkt] *adj* ❶ *(Oberfläche)* agité(e) ❷ *(erlebnisreich)* mouvementé(e) ❸ *(innerlich gerührt)* **von etw ~ sein** être touché par qc

Bewegung <-, -en> *f* ❶ *a.* POL, KUNST mouvement *m* ❷ *(körperliche Betätigung)* exercice *m* ❸ *(Ergriffenheit)* émotion *f* ❹ *(Änderung)* changement *m*

Beweis [bəˈvaɪs] <-es, -e> *m* preuve *f*

beweisen* *vt irr* prouver

bewerben* *vt irr:* **sich ~** poser sa candidature

Bewerber(in) <-s, -> *m(f)* candidat(e) *m(f)*

Bewerbung <-, -en> *f* candidature *f*

bewerten* *vt* ❶ *(benoten)* évaluer ❷ *(schätzen)* estimer

bewirken* *vt* provoquer

bewohnen* *vt* habiter

Bewohner(in) <-s, -> *m(f)* habitant(e) *m(f)*

bewölkt *adj* nuageux, -euse

bewundern* *vt* admirer

Bewunderung <-, -en> *f* admiration *f*

bewusst [bəˈvʊst] **I.** *adj* ❶ *(vorsätzlich)* délibéré(e) ❷ PSYCH conscient(e) **II.** *adv* ❶ *(leben)* de façon équilibrée ❷ *(vorsätzlich)* délibérément

bewusstlos *adj* inconscient(e)

Bewusstlosigkeit <-, -en> *f* inconscience *f*; *(kurzfristig)* évanouissement *m*

Bewusstsein <-s> *nt* conscience *f*

bezahlen* *vt, vi* payer

Bezahlung *f* paiement *m*

bezaubern* *vt* charmer

bezaubernd *adj* ravissant(e)

bezeichnen* *vt* ❶ *(bedeuten)* désigner ❷ *(benennen)* qualifier

beziehen* *irr* **I.** *vt* ❶ *(Polster)* recouvrir; **die Betten frisch ~** changer les draps ❷ *(Wohnung)* emménager dans ❸ *(in Beziehung setzen)* **etw auf jdn/etw ~** rapporter à qn/qc **II.** *vr* **sich auf jdn/etw ~** ❶ *(betreffen: Bemerkung)* se rapporter à qn/qc ❷ *(sich berufen)* se référer à qn/qc

Beziehung <-, -en> *f* relation *f*

beziehungsweise *konj (oder auch)* ou bien; *(oder vielmehr)* ou plutôt

Bezirk [bəˈtsɪrk] <-[e]s, -e> *m* ❶ *(Gebiet)* région *f* ❷ COM secteur *m* ❸ *(Verwaltungsbezirk)* district *m* administratif; ÖSTERR, SCHWEIZ district ❹ *(Stadtbezirk)* ≈ arrondissement *m*

bezug *s.* **Bezug**

Bezug [bəˈtsuːk] <-[e]s, Bezüge> *m (Bettbezug)* housse *f*; *(Kissenbezug)* taie *f*

bezwecken* *vt* ❶ servir à ❷ *(beabsichtigen)* rechercher *vr* *(Maßnahme)* viser qc

bezweifeln* *vt:* **etw ~** mettre qc en doute; **~, dass** douter que +*subj*

BH [beːˈhaː] <-[s], -[s]> *m (fam)* *Abk von* **Büstenhalter** soutif *m*

Bibel [ˈbiːbəl] <-, -n> *f* bible *f*

Bibliothek [biblioˈteːk] <-, -en> *f* bibliothèque *f*

biegen ['bi:gən] *irr* I. *vt* ❶ tordre; *(Zweig)* plier ❷ ÖSTERR *(Adjektiv, Substantiv)* décliner; *(Verb)* conjuguer II. *vi:* **nach rechts/ links ~** tourner à droite/gauche III. *vr* ❶ **sich nach vorne/ rechts ~** se pencher en avant/ à droite ❷ *(sich verziehen)* **sich ~** se tordre

Biene ['bi:nə] <-, -n> *f* abeille *f*

Bier [bi:ɐ] <-[e]s, -e> *nt* bière *f*

bieten ['bi:tən] *irr* I. *vt* offrir II. *vi* ❶ SPIEL annoncer ❷ *(ein Angebot machen)* enchérir III. *vr* ❶ **sich ~** *(Chance)* se présenter ❷ *(sich darbieten)* **sich jdm ~** *(Anblick)* s'offrir à qn

Bikini [bi'ki:ni] <-s, -s> *m* deux-pièces *m*

Bilanz [bi'lants] <-, -en> *f* ❶ bilan *m* ❷ **~ ziehen** faire le bilan

Bild [bɪlt] <-[e]s, -er> *nt* ❶ *(Gemälde)* tableau *m*; *(Zeichnung)* dessin *m* ❷ *(Foto)* photo *f* ❸ TV, CINE image *f*

bilden ['bɪldən] I. *vt* ❶ former ❷ *(Höhepunkt)* constituer ❸ KUNST modeler II. *vr* ❶ **sich ~** *(entstehen)* se former ❷ *(sich Bildung verschaffen)* se cultiver III. *vi* former

Bildhauer(in) <-s, -> *m(f)* sculpteur *m*, -euse *f*

Bildschirm *m* écran *m*

Bildung ['bɪldʊŋ] <-, -en> *f* ❶ culture *f*; *(Erziehung)* formation *f* ❷ *a.* BOT *(das Hervorbringen)* formation *f*

Billard ['bɪljart] <-s, -e *o* ÖSTERR -s> *nt* billard *m*

billig ['bɪlɪç] *adj* bon marché

billigen ['bɪlɪgən] *vt* approuver

Billigfluggesellschaft *f* compagnie *f* aérienne à bas prix

Binde ['bɪndə] <-, -n> *f* ❶ MED bande *f* ❷ *(Monatsbinde)* serviette *f* hygiénique

binden ['bɪndən] *irr* I. *vt* ❶ *(zusammenbinden: durch Bündeln)* lier; *(durch Knoten)* nouer ❷ *(verpflichten)* **jdn ~** lier qn ❸ *(Buch)* relier II. *vi* lier III. *vr* ❶ *(eine Beziehung eingehen)* **sich an jdn ~** se lier avec qn ❷ *(sich verpflichten)* **sich ~** s'engager

Bindestrich *m* trait *m* d'union

Bindfaden *m* ficelle *f*

Bindung <-, -en> *f* ❶ *(Verbundenheit)* attachement *m* ❷ *(Verpflichtung)* engagement *m* ❸ *(Beziehung)* liaison *f*

Biochemie [bioçe'mi:] *f* biochimie *f*

Bioladen *m* magasin *m* bio

Biologie [biolo'gi:] <-> *f* biologie *f*

biometrisch [bio'me:trɪʃ] *adj* biométrique; **~e Daten** données biométriques

Bioprodukt *nt meist pl* produit *m* bio

Birke ['bɪrkə] <-, -n> *f* bouleau *m*

Birne ['bɪrnə] <-, -n> *f* ❶ *(Frucht)* poire *f* ❷ *(Glühbirne)* ampoule *f*

bis [bɪs] I. *präp* jusqu'à; **~ jetzt** jusqu'à maintenant II. *adv:* **~ zum Herbst** d'ici l'automne; **~ gegen acht Uhr** jusque vers huit heures; **~ zum 17. Lebensjahr** jusqu'à l'âge de 17 ans III. *konj* ❶ *(ungefähr)* **zwei ~ drei Stunden** entre deux et trois heures ❷ *(so lange, bis)* jusqu'à ce que +*subj*

Bischof ['bɪʃɔf] <-s, Bischöfe> *m*, **Bischöfin** ['bɪʃœfɪn] *f* évêque *m*

bisher [bɪs'heːɐ̯] *adv* jusqu'à présent

Biskuit [bɪs'kviːt] <-[e]s, -s> *nt o m* génoise *f*

bislang ['bɪslaŋ] *s.* bisher

Biss [bɪs] <-es, -e> *m* ❶ *(das Beißen)* **mit einem ~** un coup de dent ❷ *(Bisswunde)* morsure *f*

bisschen ['bɪsçən] **I.** *pron:* **ein ~ Milch** un peu de lait; **kein ~ Geduld haben** n'avoir pas du tout de patience; **ein ~ wenig** pas assez **II.** *nt* peu *m*

Bissen ['bɪsən] <-s, -> *m* ❶ *(Happen)* morceau *m* ❷ *(Mundvoll)* bouchée *f*

bitte ['bɪtə] *adv* ❶ s'il vous plaît; *(wenn man den Gesprächspartner duzt)* s'il te plaît ❷ *(Höflichkeitsformel in Antworten)* **~ schön!** je vous en prie! je t'en prie! ❸ *(Höflichkeitsformel in Nachfragen)* **[wie] ~?** pardon?

Bitte <-, -n> *f* demande *f*

bitten *irr* **I.** *vt:* **jdn um etw ~** demander à qn; **jdn ~ etw zu tun** prier qn de faire qc **II.** *vi* ❶ **darf ich ~?** *(beim Tanzen)* puis-je me permettre? ❷ *(flehen)* supplier ❸ **wenn ich ~ darf!** *(auffordernd)* si possible!; *(befehlend)* je vous prie!

bitter **I.** *adj* amer, -ère **II.** *adv* ❶ **~ schmecken** avoir un goût amer ❷ *(lachen)* avec amertume ❸ *(bereuen)* amèrement

Blähung <-, -en> *f* ballonnement *m*

Blamage [bla'maːʒə] <-, -n> *f* *(geh)* honte *f*

blamieren* [bla'miːrən] *vt, vr:* **[sich]** ~ [se] ridiculiser

Blase ['blaːzə] <-, -n> *f* ❶ ANAT vessie *f* ❷ MED ampoule *f*; *(Brandblase)* cloque *f*; *(Luft-, Sprechblase)* bulle *f*

blasen ['blaːzən] *vi irr* souffler

Blasinstrument *nt* instrument *m* à vent **Blaskapelle** *f* fanfare *f*

blass [blas] *adj* ❶ pâle ❷ *(Erinnerung)* vague

Blatt [blat] <-[e]s, Bätter> *nt a.* BOT feuille *f* ❷ *(Zeitung)* journal *m*

blättern ['blɛtɐn] *vi* feuilleter

Blätterteig *m* pâte *f* feuilletée

blau [blau] *adj* bleu(e)

Blau <-s, - *fam*) -s> *nt* bleu *m*

Blaubeere *f* myrtille *f*

Blaulicht *nt* gyrophare *m*

Blazer ['bleːzɐ, 'bleɪzɐ] <-s, -> *m* blazer *m*

Blech [blɛç] <-[e]s, -e> *nt* tôle *f*

Blei [blai] <-[e]s, -e> *nt* plomb *m*

bleiben ['blaibən] *vi irr* rester; **stehen ~** *(Person)* s'arrêter

bleich [blaiç] *adj* pâle

bleifrei *adj* sans plomb **Bleistift** *m* crayon *m* [à papier]

blenden ['blɛndən] **I.** *vt* ❶ éblouir ❷ *(blind machen)* aveugler ❸ *(hinters Licht führen)* chercher à impressionner **II.** *vi* ❶ éblouir ❷ *(Sonne)* éblouir

Blick [blɪk] <-[e]s, -e> *m* ❶ *(das Schauen)* regard *m*; *(flüchtig)* coup *m* d'œil ❷ *(Augenaus-*

*druck) regard m ⑤ *(Ausblick)*
vue f

blicken I. *vi* regarder II. *vt:* **sich**
~ lassen se montrer

blind [blɪnt] I. *adj* aveugle II. *adv*
① *(wahllos)* au hasard ② *(unkri-*
tisch) aveuglément

Blinddarmentzündung f appendicite f

Blinde(r) f(m) aveugle mf, non-
voyant(e) m(f)

Blindenhund m chien m
d'aveugle **Blindenschrift** f
braille m

blinken ['blɪŋkən] *vi* ① *(Edelstein)*
scintiller ② *(blitzen)* étinceler
③ *(Zeichen geben)* clignoter

Blinker <-s, -> m AUT clignotant m

Blitz [blɪts] <-es, -e> m ① éclair
m; *(Blitzschlag)* foudre f ② PHOT
flash m

Blitzgerät nt flash m

Block¹ [blɔk] <-[e]s, Blöcke> m
bloc m

Block² <-[e]s, Blöcke> m a. POL
bloc m

blockieren* ['blɔ'kiːrən] I. *vt* bloquer; *(Stromzufuhr)* couper II. *vi*
(Bremsen) [se] bloquer

blöd[e] *(fam) adj* ① *(dumm)* idiot(e)
② *(Situation)* embêtant(e)

blond [blɔnt] *adj* blond(e)

bloß [bloːs] I. *adj* ① *(nackt)* nu(e)
② *(alleinig)* pur(e) II. *adv (fam)* seulement; **was hat sie ~?** est-
ce qui lui prend?; **hör ~ auf da-**
mit! arrête donc!

bloßstellen I. *vt* ridiculiser II. *vr:*
sich ~ se couvrir de ridicule

Blues [bluːs] <-, -> m blues m

blühen ['blyːən] *vi* fleurir

Blume ['bluːmə] <-, -n> f ① fleur f
② *(des Weins)* bouquet m

Blumengeschäft nt fleuriste mf
Blumenkohl m chou-fleur m
Blumenstrauß <-sträuße> m
bouquet m (de fleurs)

Bluse ['bluːzə] <-, -n> f *(mit Kra-*
gen) chemisier m; *(Hemdbluse)*
chemise f

Blut [bluːt] <-[e]s> nt sang m

Blutdruck m tension f [artérielle]

Blüte ['blyːtə] <-, -n> f fleur f

bluten *vi* saigner

Blutgruppe f groupe m sanguin

blutig *adj* ① *(Nase)* en sang
② *(Wäschestück)* taché(e) de
sang ③ GASTR saignant(e)
④ *(Schlacht)* sanglant(e)

Blutprobe f prise f de sang

Blutung <-, -en> f saignement m

Blutvergiftung f septicémie f

Blutwurst ['bluːt-] <-, -würste> f
boudin m [noir]

Bö [bøː] <-, -en> f rafale f

Bock [bɔk] <-[e]s, Böcke> m
① *(Schafbock)* bélier m; *(Ziegen-*
bock) bouc m; *(Rehbock)* chevreuil m ② *(Untergestell)* tréteau
m ③ *(Sportgerät)* cheval m d'arçons ④ *(fam:* **~/keinen ~ ha-**
ben, etw zu tun avoir/ne pas
avoir envie de faire qc

Boden ['boːdən] <-s, Böden> m
① sol m; *(Fuß~)* plancher m; **zu**
~ fallen/sinken *(Person)* s'effondrer ② *(Erdreich)* terre f
③ *(Grund und Boden)* terrain m
④ *(eines Behälters)* fond m; *(eine*
Flasche) cul m

Bodensee m: **der ~** le lac de

B

Constance

Body ['bɔdi] <-s, -s> *m* body *m*

Bodybuilding ['bɔdibildɪŋ] <-s> *nt* body-building *m*, musculation *f*

Bogen ['bo:gən] <-s, -> *m* ⓐ *a.* MATH, ARCHIT arc *m* ⓑ *(Papierbogen)* feuille *f* ⓒ *(Schusswaffe)* arc *m* ⓓ *(Brückenbogen)* arche *f*

Bohne ['bo:nə] <-, -n> *f* ⓐ haricot *m* ⓑ *(Kaffeebohne)* grain *m* [de café]

bohren ['bo:rən] I. *vt* ⓐ creuser ⓑ TECH percer II. *vi* ⓐ **in der Nase ~** se mettre les doigts dans le nez ⓑ *(Zahnarzt)* passer la roulette ⓒ MIN creuser

Bohrmaschine *f* perceuse *f* [électrique]

Boiler ['bɔylɐ] <-s, -> *m* chauffe-eau *m*

bombardieren* [bɔmbar'di:rən] *vt* bombarder

Bombe ['bɔmbə] <-, -n> *f* MIL bombe *f*

Bombenanschlag *m* attentat *m* à la bombe

Bon [bɔŋ] <-s, -s> *m* ⓐ ticket *m* de caisse ⓑ *(Gutschein)* bon *m*

Bonbon [bɔŋ'bɔŋ] <-s, -s> *m* bonbon *m*

Boot [bo:t] <-[e]s, -e> *nt* bateau *m*; **~ fahren** faire du bateau

Bootsführerschein *m* permis-bateau *m*

Bord [bɔrt] <-[e]s, -e> *m* ⓐ **an ~ gehen/kommen** monter à bord ⓑ **etw über ~ werfen** jeter qc par-dessus bord

Bordell [bɔr'dɛl] <-s, -e> *nt* maison *f* close

Bordkarte *f* carte *f* d'embarquement

Bordrollstuhl *m* fauteuil *m* transport

borgen ['bɔrgən] I. *vr:* **sich** *(dat)* **etw von jdm** ~ emprunter qc à qn II. *vt:* **jdm etw** ~ prêter qc à qn

Borreliose [bɔre'lio:zə] <-, -n> *f* borréliose *f*

Börse ['bœrzə] <-, -n> *f* Bourse *f*

Börsengang <-gänge> *m* introduction *f* en Bourse

bösartig ['bø:s'?aːɐtiç] *adj* ⓐ méchant(e) ⓑ MED malin, -igne

böse ['bø:zə] I. *adj* ⓐ *(Person)* méchant(e); *(Absicht)* mauvais(e); **sei [mir] nicht ~, aber ...** ne m'en veux pas, mais ... II. *adv* méchamment; **ich habe es nicht ~ gemeint!** je n'ai pas pensé à mal!

boshaft ['bo:shaft] *adj* méchant(e)

Bosnien ['bɔsniən] <-s> *nt* la Bosnie

Bosnien-Herzegowina ['bɔsniən-hɛrtse'go:vina] <-s> *nt* la Bosnie-Herzégovine

Bosnier(in) ['bɔsniɐ] <-s, -> *m(f)* Bosniaque *mf*

botanisch [bo'ta:nɪʃ] *adj* **~er Garten** jardin *m* botanique

Botschaft ['bo:tʃaft] <-, -en> *f* ⓐ *(Gesandtschaft)* ambassade *f* ⓑ *(Aussage)* message *m*

Boulespiel *nt* jeu *m* de boules, pétanque *f*

Boutique [bu'ti:k] <-, -n> *f* boutique *f*

Bowling ['bo:lɪŋ] <-s, -s> *nt*

bowling *m*

Box [bɔks] <-, -en> *f* ❶ *(Pferdebox)* box *f* ❷ *(Lautsprecherbox)* enceinte *f*

boxen ['bɔksən] *vi, vt a.* SPORT boxer

Boykott [bɔy'kɔt] <-[e]s, -e> *m* boycott[age] *m*

Branche ['brãːʃə] <-, -n> *f* branche *f*

Brand [brant] <-[e]s, Brände> *m* incendie *m*

Brandenburg ['brandənbʊrk] <-s> *nt* le Brandebourg

Brandsalbe *f* pommade *f* contre les brûlures **Brandwunde** *f* brûlure *f*

Branntwein ['brantvaɪn] *m* eau-de-vie *f*

Brasilien [bra'ziːliən] <-s> *nt* le Brésil

braten ['braːtən] *irr* **I.** *vt* faire cuire **II.** *vi (gar werden)* cuire

Braten <-s, -> *m* rôti *m*

Bräter ['brɛːtɐ] <-s, -> *m* sauteuse *f*

Bratkartoffeln *Pl* pommes *f pl* de terre sautées **Bratwurst** *f* saucisse *f* grillée

Brauch [braʊx] <-[e]s, Bräuche> *m* coutume *f*

brauchen ['braʊxən] **I.** *vt* ❶ *(nötig haben)* avoir besoin de ❷ *(aufwenden müssen)* **eine Stunde ~ um etw zu tun** mettre une heure pour faire qc **II.** *aux:* **du brauchst nur anzurufen** tu dois juste téléphoner

Brauerei [braʊə'raɪ] <-, -en> *f* brasserie *f*

braun [braʊn] *adj* ❶ *(Haar)* brun(e); *(Augen, Pullover)* marron

❷ *(Hautfarbe)* mat(te) ❸ *(sonnengebräunt)* bronzé(e)

bräunen I. *vi* bronzer ❷ GASTR dorer **II.** *vr:* **sich ~** *(Person)* se [faire] bronzer; *(Haut)* brunir

Braut [braʊt] <-, Bräute> *f* mariée *f*

Bräutigam ['brɔytɪgam] <-s, -e> *m* marié *m*

brav [braːf] *adj* sage

brechen ['brɛçən] *irr* **I.** *vt* ❶ *(Knochen)* casser ❷ *(Eis)* briser ❸ *(herausbrechen)* arracher ❹ *(Rekord)* battre **II.** *vi (Achse, Ast)* [se] casser ❷ *(den Kontakt, die Gewohnheit beenden)* **mit jdm/etw ~** rompre avec qn/qc

Brechreiz *m* nausée *f*

Brei [braɪ] <-[e]s, -e> *m (Speise)* bouillie *f*; *(Püree)* purée *f*

breit [braɪt] **I.** *adj* ❶ *(opp: schmal)* large ❷ *(Publikum)* vaste ❸ *(kräftig)* **~ gebaut sein** être *of* d'épaules carré ❷ **sich ~ machen** *(Person)* prendre beaucoup de place

Breite <-, -n> *f* ❶ largeur *f* ❷ *(Ausgedehntheit)* étendue *f* ❸ GEO latitude *f*

Bremen ['breːmən] <-s> *nt* Brême

Bremse ['brɛmzə] <-, -n> *f* ❶ AUT frein *m* ❷ ZOOL taon *m*

bremsen ['brɛmzən] *vi* freiner

Bremsflüssigkeit *f* liquide *m* de frein

Bremslicht *nt* [feu *m* de] stop *m*

brennen ['brɛnən] *irr* **I.** *vi* brûler; **es brennt!** au feu! **II.** *vt* ❶ *(Mandeln)* griller; *(Kaffee)* torréfier ❷ *(Schnaps)* distiller ❸ *(Ton)* cuire

III. *vr:* **sich an etw** (*dat*) ~ se brûler à qc

Brennspiritus *m* l'alcool *m* à brûler

Brett [brɛt] <-[e]s, -er> *nt* planche *f*

Brief [briːf] <-[e]s, -e> *m* lettre *f*

Briefkasten *m* boîte *f* aux lettres **Briefmarke** *f* timbre[-poste] *m* **Briefmarkenautomat** *m* distributeur *m* de timbres **Briefpapier** *nt* papier *m* à lettres **Brieftasche** *f* portefeuille *m* **Briefträger(in)** *m(f)*, -trice *f* facteur *m*, -trice *f* **Briefumschlag** *m* enveloppe *f*

Brille ['brɪlə] <-, -n> *f* lunettes *f pl*

bringen ['brɪŋən] *vt irr* ① apporter ② (*servieren*) servir ③ (*befördern*) amener ④ (*begleiten*) **jdn nach Hause** ~ ramener qn à la maison; **jdn zur Tür** ~ [r]accompagner qn à la porte ⑤ (*bewegen*) **jdn dazu** ~ **etw zu tun** amener qn à faire qc ⑥ (*zur Folge haben*) **etw mit sich** ~ avoir qc pour conséquence ⑦ **das bringt nichts** (*fam*) c'est pas la peine

britisch *adj* britannique

Brokkoli ['brɔkoli] *Pl* brocoli *m*

Brombeere ['brɔmbeːrə] <-, -n> *f* ① (*Frucht*) mûre *f* ② (*Strauch*) ronce *f*

Bronchie ['brɔnçiə] <-, -n> *f meist pl* bronche *f*

Bronchitis [brɔn'çiːtɪs] <-, -tiden> *f* bronchite *f*

Bronze ['brõːsə] <-, -n> *f* bronze *f*

Brosche ['brɔʃə] <-, -n> *f* broche *f*

Broschüre [brɔ'ʃyːrə] <-, -n> *f* brochure *f*

Brot [broːt] <-[e]s, -e> *nt* pain *m*; **belegtes** ~ sandwich *m*

Brötchen ['brøːtçən] <-s, -> *nt* petit pain *m*

Bruch [brux] <-[e]s, Brüche> *m* ① rupture *f* ② (*Knochenbruch*) fracture *f*; (*Leisten~*) hernie *f*

Brücke ['brʏkə] <-, -n> *f* (*a. fig*) pont *m*

Bruder ['bruːdɐ] <-s, Brüder> *m* frère *m*

brüderlich *adj* fraternel(le)

brüllen ['brʏlən] *vi* ① (*Person*) crier ② (*Raubtier*) rugir; (*Vieh*) mugir

brummen ['brumən] **I.** *vi* ① (*Insekt*) bourdonner; (*Bär*) grogner; (*Motor*) ronfler **II.** *vt* (*Antwort*) grommeler

Brünett [brʏ'nɛt] *adj* brun(e)

Brunnen ['brunən] <-s, -> *m* ① (*Ziehbrunnen*) puits *m* ② (*Zierbrunnen*) fontaine *f*

Brüssel ['brʏsəl] <-s> *nt* Bruxelles *f*

Brust [brust] <-, Brüste> *f* poitrine *f*

brutal [bru'taːl] *adj* brutal(e)

Bruttogehalt *nt* salaire *m* brut

Bub [buːp] <-en, -en> *m* ÖSTERR, SCHWEIZ gamin *m*

Buch [buːx] <-[e]s, Bücher> *nt* livre *m*

Buche ['buːxə] <-, -n> *f* hêtre *m*

buchen ['buːxən] *vt* (*vorbestellen*) réserver; (*Reise*) s'inscrire à

Bücherei [byːçə'raɪ] <-, -en> *f* bibliothèque *f*

Buchhalter(in) *m(f)* comptable *mf* **Buchhaltung** *f* comptabilité *f* **Buchhandlung** *f* librairie *f*

Büchse ['bʏksə] <-, -n> f boîte f

Büchsenöffner m ouvre-boîte m

Buchstabe ['buːxʃtaːbə] <-n[s], -n> m lettre f

buchstabieren* [buːxʃtaˈbiːrən] vt épeler

Bucht [buxt] <-, -en> f (groß) baie f; (klein) crique f

Buchung <-, -en> f réservation f

bücken ['bʏkən] vr: **sich ~** se pencher

Bude ['buːdə] <-, -n> f ● cabane f ● (Kiosk) stand m

Budget [byˈdʒeː] <-s, -s> nt budget m

Büfett [byˈfeː] <-[e]s, -e> nt buffet m

büffeln vt, vi (fam) bûcher

Bügel ['byːɡəl] <-s, -> m ● cintre m ● (Brillenbügel) branche f

Bügelbrett nt table f à repasser

Bügeleisen nt fer m à repasser

bügeln ['byːɡəln] vt, vi repasser

Bühne ['byːnə] <-, -n> f ● scène f ● (Tribüne) estrade f

Bulgarien [bʊlˈɡaːriən] <-s> nt la Bulgarie

Bulle ['bʊlə] <-n, -n> m ● (Rind) taureau m ● (männliches Tier) mâle m

bummeln vi se balader

Bund [bʊnt] <-[e]s, Bünde> m ● association f ● (Konföderation) fédération f

Bundesbahn f: **die Deutsche ~** HIST les chemins m pl/de fer allemands; **die Österreichischen/Schweizerischen ~en** les chemins de fer autrichiens/suisses

Bundeskanzler(in) m(f) chancelier m fédéral/chancelière f fédérale; SCHWEIZ chancelier m, -ère f de la Confédération

Bundesland nt Land m

Bundesliga f SPORT ≈ première division f **Bundesminister(in)** m(f) ministre mf fédéral(e) **Bundespräsident(in)** m(f) président(e) m(f) de la République fédérale; SCHWEIZ président(e) m(f) de la Confédération

Bundesregierung f gouvernement m fédéral **Bundesrepublik** f: **die ~ [Deutschland]** la République fédérale [d'Allemagne] **Bundesstraße** f ≈ route f nationale **Bundestag** m Bundestag m

Bundeswehr ['bʊndəsveːɐ̯] f armée f fédérale

Bündnis ['bʏntnɪs] <-ses, -se> nt alliance f

Bungalow ['bʊŋɡalo] <-s, -s> m bungalow m

Bungeejumping ['bandʒidʒampɪŋ] <-s> nt saut m à l'élastique

Bunker ['bʊŋkɐ] <-s, -> m bunker m

bunt [bʊnt] adj, adv ● de toutes les couleurs ● (Auswahl) varié(e)

Burg [bʊrk] <-, -en> f château m fort

Bürger(in) ['bʏrɡɐ] <-s, -> m(f) citoyen(ne) m(f)

Bürgerkrieg m guerre f civile

bürgerlich adj ● (Recht) civil(e) ● (dem Bürgertum entsprechend) bourgeois(e)

Bürgermeister(in) m(f) maire

mf **Bürgersteig** <-[e]s, -e> *m* trottoir *m*

Bürgschaft ['bʏrkʃaft] <-, -en> *f* caution *f*

Büro [by'ro:] <-s, -s> *nt* bureau *m*

Büroangestellte(r) *f(m)* employé(e) *m(f)* de bureau

Bürokratie <-, -n> *f* bureaucratie *f*

Bürste ['bʏrstə] <-, -n> *f* brosse *f*

bürsten *vt* brosser

Bus [bʊs] <-ses, -se> *m* bus *m*; *(Reisebus)* car *m*

Busbahnhof *m* gare *f* routière

Busch [bʊʃ] <-[e]s, Büsche> *m* ❶ buisson *m* ❷ *(Buschwald)*

brousse *f*

Busen ['buːzən] <-s, -> *m* poitrine *f*

Busfahrer(in) *m(f)* conducteur *m*/conductrice *f* de bus **Bushaltestelle** *f* arrêt *m* de bus

büßen ['byːsən] *vt, vi* payer

Büstenhalter *m* soutien-gorge *m*

Butter ['bʊtə] <-> *f* beurre *m*

Butterbrot *nt* tartine *f* [de beurre] **Buttermilch** *f* babeurre *m*

Bypass ['baɪpas] <-es, -pässe> *m* by-pass *m*

byzantinisch [bytsan'tiːnɪʃ] *adj* byzantin(e)

C c

C, c [tseː] <-, -> *nt* ❶ *(Buchstabe)* C *m*/c *m* ❷ MUS do *m*

Café [ka'feː] <-s, -s> *nt* ≈ salon *m* de thé

Cafeteria [kafeta'riːa] <-, -s *o* -rien> *f* cafétéria *f*

Callcenter ['koːlsɛntɐ] <-s, -> *nt* centre *m* d'appels

Camcorder ['kɛmkɔrdɐ] <-s, -> *m* caméscope *m*

campen ['kɛmpən] *vi* faire du camping

Camping ['kɛmpɪŋ] <-s> *nt* camping *m*

Campingausweis ['kɛmpɪŋ-] *m* licence *f* camping **Campingführer** ['kɛmpɪŋ-] *m* guide *m* de camping-caravaning **Camping-**

platz *m* terrain *m* de camping

Caravan ['karavan] <-s, -s> *m* caravane *f*

Casting ['kaːstɪŋ] <-[s], -s> *nt* CINE, TV casting *m*

CD [tseː'deː] <-, -s> *f Abk von* **Compact Disc** C.D. *m*, compact *m*

CD-Brenner [tseː'deːbrɛnɐ] <-s, -> *m* graveur *m* de CD **CD-Player** <-s, -> *m* lecteur *m* laser **CD-ROM** <-, -s> *f* CD-ROM *m* **CD-ROM-Laufwerk** *nt* lecteur *m* de CD-ROM

CDU [tseː'deː'uː] <-> *f Abk von* **Christlich-Demokratische Union** parti chrétien-démocrate d'Allemagne

Cello ['tʃɛlo] <-s, -s> *nt* violoncelle m

Cent [sɛnt] <-[s], -[s]> m cent m

Champagner [ʃamˈpanjɐ] <-s, -> m champagne m

Champignon [ʃampɪnjɔ̃] <-s, -s> m champignon m de Paris

Champion [ˈtʃɛmpjən] <-s, -s> m champion(ne) m(f)

Chance [ˈʃɑ̃ːs(ə)] <-, -n> f chance f

Chaos [ˈkaːɔs] <-> nt chaos m

chaotisch adj chaotique

Charakter [kaˈrakte] <-s, -tere> m caractère m

charakterisieren* vt caractériser

Charakteristik <-, -en> f caractéristique f

charakteristisch adj caractéristique

charmant [ʃarˈmant] adj charmant(e)

Charme [ʃarm] <-s> m charme m

Charterflug [ˈtʃartɐfluːk] m [vol m] charter m

Chat [tʃɛt] <-s, -s> m INFORM chat m

chatten [ˈtʃɛtən] vi chatter (fam)

Chauffeur(in) [ʃɔˈføːɐ] <-s, -e> m(f) chauffeur m

checken [ˈtʃɛkən] vt (prüfen) vérifier

Chef [ʃɛf] <-s, -s> m patron m

Chefin <-, -nen> f patronne f

Chefredakteur(in) [ˈʃɛfredaktøːɐ] m(f) rédacteur m, -trice f en chef

Chemie [çeˈmiː] <-> f chimie f

chemisch [ˈçeːmɪʃ] adj chimique; (Labor) de chimie

Chicorée [ʃikoˈreː] <-> f, <-s> m endive f

Chile [ˈtʃiːlə] <-s> nt le Chili

China [ˈçiːna] <-s> nt la Chine

Chinese <-n, -n> m, **Chinesin** f Chinois(e) f

chinesisch [çiˈneːzɪʃ] I. adj chinois(e) II. adv en chinois

Chip [tʃɪp] <-s, -s> m ❶ INFORM puce f ❷ (Kartoffelchip) chips f ❸ (runde Spielmarke) jeton m

Chipkarte f carte f à puce

Chirurg(in) [çiˈrʊrk] <-en, -en> m(f) chirurgien(ne) m(f)

Chirurgie <-, -n> f chirurgie f

chirurgisch [çiˈrʊrgɪʃ] adj chirurgical(e)

Cholera [ˈkoːlera] <-> f choléra m

cholerisch [koˈleːrɪʃ] adj colérique

Chor [koːɐ] <-[e]s, Chöre> m chorale f

Christ(in) [krɪst] <-en, -en> m(f) chrétien(ne) m(f)

Christentum [ˈkrɪstntuːm] <-[e]s> nt christianisme m

Christi gen von **Christus**

christlich I. adj chrétien(ne) II. adv dans la foi chrétienne

Christus [ˈkrɪstus] <Christi> m REL le Christ

chronisch [ˈkroːnɪʃ] adj, adv chronique

Chronologie [kronoloˈgiː] <-, -n> f chronologie f

circa [ˈtsɪrka] adv environ

City [ˈsɪti] <-, -s> f centre-ville m

Clementine [klemɛnˈtiːnə] f clémentine f

Clique [ˈklɪka] <-, -n> f clique f

Clown(in) [klaʊn] <-s, -s> m(f) clown m

Club [klʊp] <-s, -s> m club m

Clubhaus nt châlet m, clubhouse f

cm *Abk von* **Zentimeter** cm

Cocktail ['kɔkteɪl] <-s, -s> *m* cocktail *m*

Code [koːt] *m* code *m*

Comicheft ['kɔmɪkhɛft] *nt* bande *f* dessinée

Compactdisc, Compact Disc [kɔmˈpakt'dɪsk] <- -, - -s> *f* disque *m* compact

Computer [kɔmˈpjuːtɐ] <-s, -> *m* ordinateur *m*

Computerfachgeschäft *nt* magasin *m* d'informatique **Computerspiel** *nt* jeu *m* vidéo

Container [kɔnˈteːnɐ] <-s, -> ① *m* conteneur *m* ② *(Müllcontainer)* benne *f* [à ordures]

Cord [kɔrt] <-s> *m* velours *m* [côtelé]

Cornflakes® ['kɔːɡnfleːks] *Pl* cornflakes *mpl*

Couch [kaʊtʃ] <-, -es> *f o schweiz:* *m* canapé *m*

Count-down ['kaʊntˈdaʊn] <-s, -s> *m o nt* compte *m* à rebours

Cousin [kuˈzɛː] <-s, -s> *m* cousin *m*

Cousine [kuˈziːnə] <-, -n> *f* cousine *f*

Creme [kreːm] <-, -s> *f* crème *f*

CSU [tseːʔɛsˈʔuː] <-> *f Abk von* **Christlich-Soziale Union** aile bavaroise du parti chrétien-démocrate

Curling ['kœːɡlɪn] <-s> *nt* curling *m*

Curry ['kœri] <-s, -s> *m o nt* curry *m*

Cursor ['kœːzɐ] <-s, -> *m* curseur *m*

D d

D, d [deː] <-, -> *nt* ① D *m*/d *m* ② MUS ré *m*

da [daː] **I.** *adv* ① là ① *(dort)* voilà; **~ drüben** là-bas; **dieses Haus ~** cette maison-là ① *(hier)* tiens/tenez ② *(gekommen)* **war der Postbote schon ~?** le facteur est passé? ⑤ *(in diesem Augenblick)* [juste] là ⑥ **~ und dort** ici et là **II.** *konj* ① *(weil)* comme ② *(geh: als, wenn/nu)* où

dabei [daˈbaj] *adv* ① *(daneben)* avec; *(in der Nähe)* à côté ② *(währenddessen)* en même temps; *(bei dieser Gelegenheit)* à cette occasion ③ *(im Begriff)* [gerade] **~ sein etw zu tun** être en train de faire qc ④ *(in diesem Zusammenhang)* **ich habe ~ nicht viel gelernt** je n'y ai pas appris grand-chose ⑤ *(bei einer Unternehmung)* **~ sein** participer; **ich war ~** j'y étais; **ich bin [mit] ~** je suis partant ⑥ *(obgleich)* et pourtant ⑦ *(wie es vereinbart ist)* **es bleibt ~, dass ihr morgen alle mitkommt** c'est toujours d'accord, vous venez tous demain

dabei|bleiben vi irr rester

dabei|haben vt <-, Dächer> nt ~ avoir qn avec soi; **etw** ~ avoir qc sur soi

da|bleiben vi irr rester

Dach [dax] <-[e]s, Dächer> nt toit m **Dachboden** m grenier m **Dachdecker(in)** <-s, -> m(f) couvreur m, -euse f **Dachgeschoss** nt étage m mansardé

dadurch [da'dʊrç] adv ❶ (da hindurch) par-là ❷ (aus diesem Grund/auf diese Weise) de cette façon; ~, **dass** ... du fait que ...

dafür [da'fy:ɐ̯] adv ❶ (für das) pour cela; **was wohl der Grund** ~ **sein mag?** quelle peut bien en être la raison? ❷ (deswegen) pour ça; **ich bezahle Sie nicht** ~, **dass** je ne vous paie pas pour que +subj ❸ (als Gegenleistung) en échange ❹ (andererseits) en revanche ❺ (für das) **ich kann nichts** ~, **dass** ... je n'y peux rien, moi, si ... ❻ (befürwortend) ~ **sein** être pour; **ich bin** ~, **dass** je suis d'avis que +subj

dagegen [da'ge:gn] I. adv ❶ (örtlich) là contre ❷ (gegen dieses) contre cela; ~ **sein, dass** être contre que +subj; **haben Sie etwas** ~, **wenn ich rauche?** ça vous dérange si je fume? **ich kann nichts** ~ **machen** je n'y peux rien ❸ (im Vergleich dazu) en comparaison II. konj en revanche

daheim [da'haɪm] adv SÜDD, ÖSTERR, SCHWEIZ à la maison

daher [da'he:ɐ̯] adv ❶ (von dort) de là; **ich komme gerade** ~ j'en viens ❷ (aus diesem Grund) c'est pourquoi

dahin [da'hɪn] adv ❶ (an diesen Ort) y; **ich will nicht** ~ je ne veux pas y aller ❷ **bis** ~ (solange) d'ici là

dahinten [da'hɪntn] adv là-bas

dahinter [da'hɪntɐ] adv ❶ (räumlich) [là] derrière ❷ (zeitlich) après

da|lassen vt irr ❶ jdn ~ laisser qn; **etw** ~ laisser qc là ❷ (überlassen) **jdm etw** ~ laisser qc à qn

damals [da'ma:ls] adv à l'époque; **von** ~ de l'époque

Dame ['da:mə] <-, -n> f dame f; **meine sehr verehrten ~n und Herren!** (form) Mesdames et Messieurs!

Damenbinde f serviette f hygiénique

damit [da'mɪt] I. adv ❶ (mit diesem Gegenstand) avec; **was soll ich** ~? que veux-tu/voulez-vous que j'en fasse? ❷ (mit dieser Angelegenheit) **nichts** ~ **zu tun haben** n'avoir rien à voir là-dedans; ~ **fing alles an** c'est ainsi que tout a commencé ❸ (mit diesem Verhalten) **hatte ich nicht gerechnet** je ne m'y attendais pas; **was willst du** ~ **sagen?** qu'entends-tu par là? **sind Sie** ~ **einverstanden?** vous êtes d'accord?

D

① *(in Befehlen)* **weg ~!** enlève-moi ça!; **Schluss ~!** ça suffit! ② *(somit)* ainsi **II.** *konj* pour que *+subj*; **halt dich fest, ~ du nicht fällst!** tiens-toi bien pour ne pas tomber!

dämlich ['dɛːmlɪç] *(pej fam) adj* stupide

Damm [dam] <-[e]s, Dämme> *m* ① *(Staudamm)* barrage *m*; *(Deich)* digue *f*

Dämmerung ['dɛmərʊŋ] <-, -en> *f* ① *(Abenddämmerung)* crépuscule *m* ② *(Morgendämmerung)* aube *f*

Dämon ['dɛːmɔn] <-s, Dämonen> *m* démon *m*

Dampf [dampf] <-[e]s, Dämpfe> *m* vapeur *f*

dampfen *vi (Schüssel)* fumer

dämpfen ['dɛmpfn] *vt* ① *(Geräusch)* étouffer; *(Stimme)* baisser ② *(Stoß)* amortir ③ *(Begeisterung)* tempérer ④ GASTR **etw ~** cuire qc à l'étuvée

Dampfer ['dampfɐ] <-s, -> *m* vapeur *m*

danach [da'naːx] *adv* ① *(zeitlich, örtlich)* après ② *(zielgerichtet)* **das Kind sah den Ball und wollte ~ greifen** l'enfant a aperçu le ballon et a voulu l'attraper ③ *(hiernach)* **ich sehne mich so ~** j'en aurais tellement envie

Däne ['dɛːnə] <-n, -n> *m*, **Dänin** *f* Danois(e) *f*

daneben [da'neːbən] *adv* ① à côté ② *(außerdem)* et en plus

Dänemark ['dɛːnəmark] <-s> *nt* le Danemark

dänisch *I. adj* danois(e) *II. adv* en danois

dank [daŋk] *präp +gen o dat* grâce *f*

Dank <-[e]s> *m* remerciement *m*; **vielen ~** merci beaucoup

dankbar *I. adj* reconnaissant(e) *II. adv* avec gratitude

danke *adv* merci; **~ schön** merci bien

danken I. *vi:* **jdm für seine Hilfe/sein Geschenk ~** remercier qn de son aide/pour son cadeau; **nichts zu ~!** il n'y a pas de quoi! **II.** *vt:* **jdm etw ~** dire merci à qn pour qc

dann [dan] *adv* ① *(danach)* ensuite ② *(irgendwann später)* un peu plus tard ③ *(unter diesen Umständen)* alors; **ich fahre nur ~, wenn du mitkommst** je ne partirai qu'à condition que tu m'accompagnes ④ *(sonst)* **wenn nicht du, wer ~?** si ce n'est pas toi, qui est-ce?

daran *adv* ① *(befestigen)* y; *(vorbeigehen)* à côté ② *(zeitlich)* ensuite ③ *(an dieser Sache)* **erinnerst du dich noch ~?** tu t'en souviens?; **~** y penser; **bist du ~ interessiert?** ça t'intéresse?

darauf *adv* ① *(örtlich)* dessus ② *(danach)* puis; **bald ~** peu après; **~ folgend** suivant; **einen Monat ~** un mois après ③ *(als Reaktion)* là-dessus

daraus *adv* ① *(aus diesem Material)* en ② *(aus diesem Gefäß)* **~ kann man essen** on peut manger dedans ③ *(aus dieser Sa-*

che) ... **ergibt sich** ... il en résulte ...

darin adv ❶ (in dem/der) à l'intérieur ❷ (in dieser Hinsicht) **sie stimmen ~ überein, dass** ... ils/elles sont d'accord sur le fait que ...

dar|legen ['daːɐleːgən] vt exposer

Darlehen ['daːɐleː(ə)n] <-s, -> nt emprunt m

Darm [darm] <-[e]s, Därme> m instestin m

dar|stellen ['daːɐʃtɛlən] vt représenter

Darstellung <-, -en> f représentation f

darüber adv ❶ (legen, gehen) dessus; (liegen) par-dessus ❷ (höher, weiter oben) au-dessus ❸ (mehr) **50 Jahre alt und ~** 50 ans et plus ❹ (währenddessen) pendant ce temps ❺ (über diese/dieser Angelegenheit) à ce sujet

darum adv ❶ (deshalb) c'est pourquoi; **warum? – ~!** pourquoi? – Parce que! ❷ (örtlich) ~ [**herum**] tout autour ❸ (um diese Angelegenheit) **jdn ~ bitten etw zu tun** demander à qn de faire qc

darunter adv ❶ (unter diesem/diesen Gegenstand) en dessous; **~ hervorsehen** (Person) apparaître; (Gegenstand) dépasser ❷ (unter dieser Etage) en dessous ❸ (unter dieser/diese Grenze) **~ liegen** (Werte) être inférieur ❹ (mitten unter ihnen) parmi eux/elles

das¹ [das] art le/la

das² I. pron dem ce/cette II. pron rel que, qui

Dasein <-s> nt ❶ a. PHILOS existence f ❷ (Anwesenheit) présence f

dass [das] konj ❶ que +indic o subj; **schade, ~ du schon gehen musst** dommage que tu sois obligé de partir; **ich bin dagegen, ~** je ne suis pas d'accord que +subj ❷ (Folge) que; **er hupte so laut, ~ alle wach wurden** il a klaxonné si fort que tous se sont réveillés ❸ (als Einleitung einer Aufforderung) **und ~ du pünktlich zurückkommst!** et tâche de rentrer à l'heure!

dasselbe pron le/la même

da|stehen ['daːʃteːən] vi ❶ être là ❷ (erscheinen) **als Lügner ~** faire figure de menteur

Datei [da'taɪ] <-, -n> f fichier m

Daten¹ ['daːtn] Pl von **Datum**

Daten² Pl données f pl

datieren* [da'tiːrən] I. vt dater; **etw auf den 5. Mai ~** dater qc du 5 mai II. vi dater de

Dattel ['datl] <-, -n> f datte f

Datum ['daːtum] <-s, Daten> nt date f; **was für ein ~ haben wir heute?** quel jour sommes-nous aujourd'hui?

Dauer ['daʊɐ] <-> f ❶ durée f ❷ **auf die ~** à la longue

dauerhaft adj ❶ (Material) résistant(e) ❷ (Bündnis) durable

Dauerkarte f carte f d'abonnement

cauern ['dauən] *vi* durer

cauernd I. *adj (Ausstellung)* permanent(e); *(Wohnsitz)* fixe; *(Ärger)* continuel(le) **II.** *adv* ❶ *(für immer)* définitivement ❷ *(immer wieder)* sans arrêt

Dauerwelle *f* permanente *f*

Daumen ['daumən] <-s, -> *m* pouce *m*

davon [da'fɔn] *adv* ❶ **nicht weit ~** un peu plus loin ❷ *(von diesem)* **~ essen** en manger ❸ *(dadurch)* **~ wird man dick** ça fait grossir ❹ *(mittels dieser Sache)* **ich lebe doch ~!** j'en vis!

davon|kommen *vi irr:* **mit einer Geldstrafe ~** s'en sortir avec une amende **davon|laufen** *vi irr* se sauver; *(von zu Hause fortlaufen)* fuguer

davor¹ [da'fo:ɐ] *adv* ❶ *(räumlich)* devant ❷ *(zeitlich)* avant ❸ *(in Bezug auf eine Sache)* **jdn ~ warnen etw zu tun** avertir qn de ne pas faire qc

davor² *adv* ❶ *(räumlich)* **dort ist das Rathaus, und ~ befindet sich ...** la mairie est là-bas, et juste devant se trouve ... ❷ *(zeitlich)* **ich muss zur Post gehen und ~ noch zum Bäcker** il faut que j'aille à la poste et avant chez le boulanger

dazu¹ [da'tsu:] *adv* ❶ *(gleichzeitig)* **sie singt, und ~ spielt sie Harfe** elle chante tout en jouant de la harpe ❷ *(außerdem)* par-dessus le marché ❸ *(zu dem Gegenstand)* **... dies sind die Servietten ~ ...** voici les serviettes qui vont avec

dazu² *adv* ❶ *(zu dieser Sache)* **wozu gehört dieses Teil? – Dazu!** avec quoi va cette pièce? – Avec ça! ❷ *(zu dieser Konsequenz)* **wie konnte es nur ~ kommen?** comment a-t-on pu en arriver là? ❸ *(dafür)* pour ça

dazu|gehören* *vi (Freund)* être à sa place; *(Zubehör)* aller avec

dazwischen [da'tsvɪʃən] *adv* ❶ *(zwischen zwei Dingen)* entre les deux; *(zwischen mehreren Dingen)* y ❷ *(in der Zwischenzeit)* entre-temps

dazwischen|kommen *vi irr (zeitlich)* **wenn nichts dazwischenkommt, ...** sauf imprévu, ...

DB [de:'be:] <-> *f Abk von* **Deutsche Bahn** HIST *die* ≈ la R.D.A.

DDR [de:de:'?ɛr] <-> *f Abk von* **Deutsche Demokratische Republik** HIST *die* ≈ la R.D.A.

Deck [dɛk] <-[e]s, -s> *nt (Schiffsdeck)* pont *m*

Decke ['dɛkə] <-, -n> *f* ❶ *(Zimmerdecke)* plafond *m* ❷ *(Wolldecke)* couverture *f* ❸ *(Bettdecke)* couette *f*

Deckel ['dɛkəl] <-s, -> *m* couvercle *m*

decken *vt* couvrir; *(Tisch)* mettre

defekt [de'fɛkt] *adj* défectueux, -euse

Defekt <-[e]s, -e> *m* TECH panne *f*

defensiv [defɛn'zi:f] *adj* défensif, -ive

Defensive [defɛnˈziːvə] <-, -n> f
MIL défensive f

definieren* [defiˈniːrən] vt définir

Definition [definiˈtsǐoːn] <-, -en> f
définition f

dehnen vt (Gummizug) détendre;
(Glieder) étirer

Dehnung f <-, -en> f (das Ausdeh-
nen) tension f

Deich [daiç] <-[e]s, -e> m digue f

dein [dain] pron ton/ta/tes

deinerseits [ˈdainəˈzaits] adv
❶ (du wiederum) de ton côté
❷ (was dich betrifft) pour ta part

deinetwegen [ˈdainətˈveːgən] adv
❶ (wegen dir) à cause de ton
❷ (dir zuliebe) pour toi ❸ (wenn
es nach dir ginge) s'il ne tient qu'à
toi

Dekoration [dekoraˈtsǐoːn] <-,
-en> f décoration f

Dekret [deˈkreːt] <-[e]s, -e> nt décret m

Delfin [dɛlˈfiːn] s. **Delphin**

delikat [deliˈkaːt] adj ❶ délicieux,
-euse ❷ (heikel) délicat(e)
❸ (geh: empfindlich) sensible

Delikatesse [delikaˈtɛsə] <-, -n> f
mets m de choix

Delle [ˈdɛlə] <-, -n> f bosse f

Delphin [dɛlˈfiːn] <-s, -e> m dauphin m

dem¹ [deːm] I. art def, maskulin
❶ von ~ Nachbarn sprechen
parler du voisin; er gab ~ Großvater den Brief il donna la lettre
à son grand-père ❷ (fam: in Verbindung mit Eigennamen) ich
werde es ~ Frank sagen je le
dirai à Frank II. art def, Neu-
trum: von ~ Kind sprechen

parler de l'enfant; **an ~ Fenster
klopfen** frapper à la fenêtre

dem² I. pron dem ce/cette
II. pron rel à qui

demgegenüber
[ˈdeːmgeˈgənˈɁyːbɐ] adv en revanche

demnächst [ˈdeːmˈnɛːçst] adv
prochainement

Demokrat(in) [demoˈkraːt] <-en,
-en> m(f) démocrate mf

Demokratie [demokraˈtiː] <-, -n>
f démocratie f

demokratisch adj démocratique

demolieren* [demoˈliːrən] vt démolir

Demonstration
[demonstraˈtsǐoːn] <-, -en> f
❶ manifestation f ❷ (Veran-
schaulichung) démonstration f

demonstrieren* [demonˈstriːrən]
I. vi manifester II. vt ❶ (bekun-
den) manifester ❷ (veranschau-
lichen) démontrer

demontieren* [demonˈtiːrən] vt
démanteler

demselben pron au même

demütigen vt humilier

Demütigung f <-, -en> f humiliation f

den¹ [deːn] I. art def le/la II. art
def, dat Pl von **der¹, die¹, das¹**
aux; **mit ~ Freundinnen sprechen** parler avec les copines;
von ~ Kollegen sprechen parler des collègues

den² pron s. **der²**

denen [ˈdeːnən] I. pron dem à
ceux/à II. pron rel à qui

denken [ˈdɛŋkən] irr I. vi penser

II. *vt* ❶ nur das Schlechteste von jdm ~ penser tout le mal possible de qn ❷ *(ahnen)* **das habe ich mir fast gedacht** j'en étais à peu près sûr ❸ *(sich vorstellen)* **sich** *(dat)* **etw ~** s'imaginer qc; **ich habe mir das so gedacht: ...** je vois les choses comme ça: ...

Denken <-s> *nt* pensée *f*

Denkmal <-s, Denkmäler> *nt* monument *m*

Denkmalschutz *m* protection *f* des monuments

denn [dɛn] I. *konj* ❶ car ❷ *(vorausgesetzt)* **es sei ~,** à moins que +*subj* II. *adv* donc; **he, was soll das ~?** holà, qu'est-ce qui se passe?

dennoch ['dɛnɔx] *adv* malgré tout; **und ~** et pourtant

denselben I. *pron dem* le/la même II. *pron dem* aux mêmes

Deo ['de:o], **Deodorant** ['de:odo-'rant] <-s, -s> *nt* déodorant *m*

deprimieren* [depri'mi:rən] *vt* déprimer

der¹ [de:ɐ̯] I. *art def, maskulin, nom Sing* le/la II. *art def, feminin, gen Sing von* **die¹** de la/du III. *art def, feminin, dat Sing von* **die¹** à la/au IV. *art def, gen Pl von* **die¹** des

der² *pron dem* ce/cette II. *pron rel* qui III. *pron s.* **der**

derart ['de:ɐ̯'ʔa:ɐ̯t] *adv:* **es ist ~ heiß, dass ...** il fait tellement chaud que ...

derb [dɛrp] I. *adj* grossier, -ère II. *adv (sich ausdrücken)* grossiè-

rement

deren ['de:rən] I. *pron dem:* **seine Mutter, seine Schwester und ~ Hund** sa mère, sa sœur et le chien de cette dernière II. *pron rel* dont

derer ['de:rən] *pron dem* de ceux

dergleichen ['de:ɐ̯'glaɪçən] *pron* ce genre de choses

derjenige *pron* ce/cette; **~, der ...** celui qui ...

dermaßen ['de:ɐ̯'ma:sən] *s.* **derart**

derselbe *pron* le/la même

des [dɛs] I. *art* du/de la II. *pron dem s.* **der**

deshalb ['dɛs'halp] *adv:* **~ ist das nicht möglich** c'est la raison pour laquelle cela n'est pas possible

Desinfektion [dezɪnfɛk'tsio:n] <-, -en> *f* désinfection *f*

Desinfektionsmittel *nt* désinfectant *m*

desinfizieren* [dezɪnfi'tsi:rən] *vt* désinfecter

desselben *pron* du même/de la même

dessen ['dɛsən] I. *pron dem:* **mein Onkel und ~ Haus** mon oncle et la maison de ce dernier II. *pron rel* dont

Dessert [dɛ'sɛ:ɐ̯] <-s, -s> *nt* dessert *m*

desto ['dɛsto] *konj:* **je eher du dich daranmachst, ~ schneller bist du fertig** plus vite tu t'y mettras, plus vite tu auras terminé

deswegen ['dɛs've:gən] *s.* **des-**

D

halb

Detail [de'taj] <-s, -s> nt détail m

deuten ['dɔytən] I. vt (Traum, Text) interpréter II. vi (hinweisen) **auf etw ~** faire penser à qc

deutlich ['dɔytlɪç] I. adj ❶ (Konturen) net(te); (Aussprache) distinct(e); (Skizze) clair(e); (Schrift) lisible ❷ (eindeutig) clair(e) II. adv ❶ distinctement; (schreiben) lisiblement ❷ (sagen) clairement; (merken) sans le moindre doute

deutsch [dɔytʃ] I. adj allemand(e) II. adv en allemand

Deutsch <-[s]> nt allemand m

Deutsche(r) f/m Allemand(e) m(f)

Deutschland nt l'Allemagne f; **in ~** en Allemagne **deutschsprachig** adj (Bevölkerung, Gebiet) germanophone; (Literatur) en langue allemande

Devise [de'vi:zə] <-, -n> f devise f

Dezember [de'tsɛmbɐ] <-s, -> m décembre m

Dia [ˈdi:a] <-s, -s> nt diapo f (fam)

Diabetes [dia'be:tɛs] <-> f diabète m

Diabetiker(in) [dia'be:tikɐ] <-s, -> m(f) diabétique mf

Diagnose [dia'gno:zə] <-, -n> f diagnostic m

Dialekt [dia'lɛkt] <-[e]s, -e> m dialecte m

Dialog [dia'lo:k] <-[e]s, -e> m dialogue m

Diamant [dia'mant] <-en, -en> m diamant m

Diät [di'ɛ:t] <-, -en> f régime m

alimentaire

dich [dɪç] I. pron pers te/t'; **ohne ~** sans toi II. pron refl: **du hast ~ verändert** tu as changé; **du darfst ~ nicht wundern, wenn ...** ne t'étonne pas si ...

dicht [dɪçt] I. adj ❶ épais(se); (Verkehr) dense ❷ (Fenster) hermétique II. adv ❶ **~ beieinanderstehen** être près les uns des autres ❷ (stark) **~ bewölkt sein** être très nuageux

dichten ['dɪçtən] I. vt composer II. vi faire de la poésie

Dichter(in) <-s, -> m(f) poète m/poétesse f

dick [dɪk] I. adj ❶ gros(se) ❷ (stark) **ein zwei Zentimeter ~es Brett** une planche de deux centimètres d'épaisseur ❸ (Nebel) épais(se); (Milch) caillé(e) II. adv (unterstreichen) en gros

die[1] [di:] art le/la/les

die[2] [di:] I. pron dem ce/cette/ces II. pron rel qui, que

Dieb(in) [di:p] <-[e]s, -e> m(f) voleur m, -euse f

Diebstahl <-[e]s, Diebstähle> m vol m

diejenige pron cette

diejenigen pron s. **derjenige, diejenige, dasjenige**

dienen ['di:nən] vi servir

Diener(in) <-, -> m(f) serviteur m, servante f

Dienst [di:nst] <-[e]s, -e> m ❶ service m; **öffentlicher ~** fonction f publique ❷ (Unterstützung, Gefallen) services m pl

Dienstag ['di:nsta:k] m mardi m

Dienstagabend m mardi m soir
Dienstagmorgen m mardi m
matin
dienstags adv le mardi
dies [di:s] pron ❶ (das hier) ~ ist
... voici ...; c'est ...; ~ **alles gehört mir** tout ça est à moi
❷ (dieses) ce/cette ❸ **über ~
und das sprechen** parler de
choses et d'autres
diese(r, s) [ˈdiːzə] pron ❶ ce/
cette/ces ❷ **~s und jenes** différentes choses f pl
Diesel <-s> nt (fam) gasoil m
dieselbe pron le/la même
dieselben pron les mêmes
dieser, dieses s. **diese(r, s)**
diesmal adv cette fois-ci
Differenz [dıfəˈrɛnts] <-, -en> f
❶ différence f ❷ (Meinungsver-
schiedenheit) différend m
Digitalkamera f appareil m
[photo] numérique
Diktat [dɪkˈtaːt] <-[e]s, -e> nt dic-
tée f
Diktator [dɪkˈtaːtoːɐ] <-s, -toren>
m, **Diktatorin** f (pej) dictateur
m, -trice f
Diktatur [dɪktaˈtuːɐ] <-, -en> f
(pej) dictature f
diktieren* [dɪkˈtiːrən] vt dicter
Ding [dɪŋ] <-[e]s, -e> nt ❶ (Sache) machin m ❷ (Angelegenheit) **so, wie die ~e liegen** au
point où en sont les choses
Dinosaurier [dinoˈzaʊriɐ] m dino-
saure m
Diphtherie [dıfteˈriː] <-, -n> f
diphtérie f
Diplom [diˈploːm] <-s, -e> nt di-

plôme m
dir [diːɐ] I. pron pers te/à toi
II. pron refl: **stell ~ vor, es
klappt!** figure-toi, ça marche!
direkt [diˈrɛkt] I. adj direct(e)
II. adv directement
Direktion [dirɛkˈtsi̯oːn] <-, -en> f
direction f
Direktor [diˈrɛktoːɐ] <-s, -toren>
m, **Direktorin** f directeur m,
-trice f
Dirigent(in) [diriˈgɛnt] <-en, -en>
m(f) chef mf d'orchestre
Disco [ˈdɪsko] <-, -s> f (fam) Abk
von **Diskothek** boîte f
Discounter [dɪsˈkaʊntɐ] <-s, -> m
(Geschäft) magasin m discount
Diskothek [dɪskoˈteːk] <-, -en> f
discothèque f
diskret [dɪsˈkreːt] (geh) I. adj (Person) discret, -ète II. adv avec discrétion
Diskretion [dɪskreˈtsi̯oːn] <-> f
discrétion f
Diskussion [dɪskuˈsi̯oːn] <-, -en> f
débat m
diskutieren* [dɪskuˈtiːrən] vi:
über etw (akk) ~ discuter de qc
Distanz [dɪsˈtants] <-, -en> f (a.
fig) distance f
Disziplin [dɪstsiˈpliːn] <-, -en> f
discipline f
dividieren* [diviˈdiːrən] vt, vi diviser; **eine Zahl durch drei ~** diviser un nombre par trois
doch [dɔx] I. konj mais II. adv
❶ (dennoch) quand même
❷ (wirklich) tout de même
❸ (Widerspruch ausdrückend)
si ❹ (zweifellos) **du weißt ~,**

360

wie das ist tu sais bien comment c'est

Doktor ['dɔktoːɐ̯] <-s, -toren> *m*, **Doktorin** *f* docteur *m*

Dokument [doku'mɛnt] <-[e]s, -e> *nt* document *m*

Dokumentarfilm *m* documentaire *m*

dolmetschen ['dɔlmɛtʃən] I. *vi:* **für jdn ~** servir d'interprète à qn II. *vt (Gespräch)* traduire

Dolmetscher(in) <-s, -> *m(f)* interprète *mf*

Dom [doːm] <-[e]s, -e> *m* cathédrale *f*

Donau ['doːnaʊ̯] <-> *f:* **die ~** le Danube

Donner ['dɔnɐ] <-s, -> *m* tonnerre *m*

donnern *vi:* **es donnert** il tonne

Donnerstag *m* jeudi *m*

Donnerstagabend *m* jeudi *m* soir **Donnerstagmorgen** *m* jeudi *m* matin

donnerstags *adv* le jeudi

doof [doːf] <döfer, döfste> *adj (fam)* débile

Doping ['doːpɪŋ] <-s, -s> *nt* dopage *m*

Doppel ['dɔpəl] <-s, -> *nt a.* SPORT double *m*

Doppelbett *nt* lit *m* à deux places **doppelt** I. *adj:* **das ~e Gehalt** le double salaire; **die ~e Menge** deux fois la quantité II. *adv* ① **so groß wie …** deux fois plus grand que … ② *(zählen)* doublement

Doppelzimmer *nt* chambre *f* double

Dorf [dɔrf] <-[e]s, Dörfer> *nt* village *m*

Dorn [dɔrn] <-[e]s, -en> *m* épine *f*

Dorsch [dɔrʃ] <-[e]s, -e> *m* morue *f*

dort [dɔrt] *adv* là-bas; **~ oben** là- haut; **~ unten** là en bas; **von ~ de** là; **ich komme gerade von ~** j'en reviens juste

dorther ['dɔrtheːɐ̯] *adv:* **ich komme doch gerade ~!** mais je viens juste d'en revenir! **dorthin** *adv:* **~ gehen** aller là-bas

Dose ['doːzə] <-, -n> *f* boîte *f*

Dosenöffner *m* ouvre-boîte *m*

Dosierungsanleitung *f* posologie *f* **Dosis** ['doːzɪs] <-, Dosen> *f* dose *f*

Dozent(in) [do'tsɛnt] <-en, -en> *m(f)* maître *m* de conférences

Drachen ['draxən] <-s, -> *m* ① *(Spielzeug)* cerf-volant *m* ② *(Flugdrachen)* deltaplane® *m*

Drachenfliegen *nt* deltaplane *m*

Draht ['draːt] <-[e]s, Drähte> *m* fil *m* de fer

Drahtseilbahn *f (Schwebebahn)* téléphérique *m*; *(Schienenbahn)* funiculaire *m*

Drama ['draːma] <-s, Dramen> *nt* drame *m*

dramatisch *adj* dramatique

dran [dran] *adv (fam):* **früh/spät ~ sein** être en avance/en retard; **er ist ~** c'est à lui

Drang [draŋ] <-[e]s, Dränge> *m:* **sein/ihr ~ nach Anerkennung** son besoin d'approbation; **der ~ nach Osten** la poussée vers l'Est

drängeln ['drɛŋəln] I. *vi (Wartende)* pousser II. *vt* harceler

III. *vr:* **sich an der Kasse ~** jouer des coudes à la caisse

drängen ['drɛŋən] **I.** *vi* ❶ **zum Ausgang ~** pousser vers la sortie; **in den Bus ~** se bousculer pour entrer dans le bus ❷ *(fordern)* **auf eine Antwort ~** insister pour obtenir une réponse ❸ *(eilig sein)* **die Zeit drängt** le temps presse **II.** *vt* ❶ **jdn zur Seite ~** pousser qn sur le côté ❷ *(auffordern)* **jdn ~ etw zu tun** presser qn de faire qc **III.** *vr:* **sich zum Eingang ~** se bousculer vers l'entrée

drauf [drauf] *adv (fam)* ❶ dessus ❷ **gut ~ sein** *(fam)* avoir la pêche

draußen ['drausən] *adv* dehors; **von ~** de dehors

dreckig *adj* sale

drehen ['dre:ən] **I.** *vt* ❶ *(Hand)* bouger; *(Schlüssel)* tourner ❷ *(Zigarette)* rouler ❸ CINE tourner ❹ *(stellen)* **die Musik leiser ~** baisser le son **II.** *vi* ❶ **an einem Knopf ~** tourner un bouton ❷ *(umdrehen: Fahrer)* faire demi-tour; *(Wind)* tourner ❸ *(Filmaufnahmen machen)* tourner **III.** *vr* ❶ *(rotieren)* **sich ~** tourner ❷ *(sich umdrehen)* **sich nach rechts/links ~** se tourner à droite/gauche

Drehung <-, -en> *f* rotation *f*; *(Kreis)* tour *m*

drei [drai] *num* trois

Dreieck *nt* triangle *m* **dreieckig** *adj* triangulaire

dreierlei *adj:* **~ Sorten Brot** trois sortes de pain

dreifach I. *adj* triple **II.** *adv (falten)* trois fois **dreihundert** *num* trois cents

Dreikönigstag *m* Fête *f* des Rois, Epiphanie *f* **dreimal** *adv* trois fois

dreißig ['draisɪç] *num* trente **Dreißig** <-, -en> *f* trente *m*

Dreiviertelstunde *f* trois quarts *m pl* d'heure **dreizehn** *num* treize

Dressing ['drɛsɪŋ] <-s, -s> *nt* assaisonnement *m*

drin [drɪn] *adv (fam):* **in der Vase ist noch Wasser** il y a encore de l'eau dans le vase

dringen ['drɪŋən] *vi irr:* **durch etw ~** *(Person, Tier)* pénétrer dans qc; *(Speer, Regen)* traverser qc; *(Licht)* percer qc

dringend I. *adj (Anruf)* urgent(e); *(Operation)* d'urgence; *(Warnung)* pressant(e) **II.** *adv (benötigen)* de toute urgence; *(operieren)* d'urgence; *(warnen, bitten)* avec insistance; *(erforderlich)* absolument

drinnen ['drɪnən] *adv* à l'intérieur

dritte(r, s) *adj* ❶ troisième ❷ *(bei Datumsangaben)* **der ~ März** le trois mars

drittel *adj* troisième

drittens *adv* troisièmement

Droge ['dro:gə] <-, -n> *f* drogue *f*

drogenabhängig *adj* toxicomane

Drogerie [drogə'ri] <-, -n> *f* droguerie *f*

Drogerieartikel *m* article *m* d'hygiène

drohen ['droːən] vi menacer

Drohung ['droːʊŋ] <-, -en> f menace f

drüber ['dryːbɐ] adv s. **darüber**

Druck [drʊk] <-[e]s, Drücke> m ① pression f ② (in der Brust) oppression f; (im Magen) lourdeur f ③ (das Drücken) **mit einem ~ auf diese Taste** par simple pression sur cette touche ④ **unter~stehen** être sous pression; (in Zeitnot sein) être pressé par le temps

drucken ['drʊkən] vt, vi imprimer

drücken ['drʏkən] I. vt ① (Knopf) appuyer sur ② (pressen) **jdn an sich ~** (drücken) etw nach vorne ~ pousser qc en avant ④ (schmerzen) **jdn ~** (Schuhe) serrer qn II. vi ① (Brille) serrer; **im Magen ~** peser sur l'estomac ② (pressen) **auf einen Knopf ~** appuyer sur un bouton; [bitte] ~! Poussez [S.V.P.]! ③ (Verantwortung) être oppressant III. vr: **sich an die Wand ~** se plaquer contre le mur

Drucker <-s, -> m TECH imprimante f

Drucker(in) <-s, -> m(f) imprimeur m, -euse f

Druckerei [drʊkəˈraɪ] <-, -en> f imprimerie f

Dschungel ['dʒʊŋəl] <-s, -> m jungle f

du [duː] pron tu/toi

Duft [dʊft] <-[e]s, Düfte> m (von Blumen) parfum m; (eines Essens, Parfüms) arôme m

duften vi sentir bon; **nach Harz ~** sentir la résine; **es duftet nach Veilchen** ça sent la violette

dulden ['dʊldən] vt tolérer

dumm [dʊm] <dümmer, dümmste> I. adj bête; **~es Zeug reden** dire des bêtises II. adv: **sich ~ anstellen** faire l'idiot

dummerweise ['dʊmɐvaɪzə] adv bêtement

Dummheit <-, -en> f bêtise f

Düne ['dyːnə] <-, -n> f dune f

Dünger <-s, -> m engrais m

dunkel ['dʊŋkəl] adj ① sombre; **im Dunkeln** dans l'obscurité ② (Haare) foncé(e) ③ (Klang) grave ④ (Erinnerung) confus(e); (Verdacht) vague

Dunkelheit <-> f obscurité f

dünn [dʏn] adj ① mince; (mager) maigre; **~er werden** maigrir ② (Brei) liquide; (Kaffee) léger, -ère ③ (Stoff) fin(e)

Dunst [dʊnst] <-[e]s, Dünste> m ① brume f ② (Dampf) vapeur f

dünsten ['dʏnstən] vt: **etw ~** faire cuire qc à la vapeur

durch [dʊrç] I. präp +akk ① par; **quer ~ das Tal gehen** traverser la vallée ② (aufgrund) **~ Fragen** à force de demander ③ (dank) **~ jdn** grâce à qn II. adv (fam: gar) bien cuit(e)

durchaus [dʊrçˈʔaʊs] adv ① absolument ② (völlig) tout à fait

durch|brechen¹ ['dʊrçbrɛçən] irr I. vt: **etw ~** casser qc en deux

II. vi se casser
durchbrechen[2] vt irr ① enfoncer ② (Schallmauer) franchir; (Blockade) forcer
durch|brennen vi irr ① (Glühbirne) griller; (Sicherung) sauter ② (fam: die Nerven verlieren) disjoncter
durch|drehen vi ① (Räder) tourner dans le vide ② (fam: die Nerven verlieren) disjoncter
durcheinander [dʊrçʔaɪˈnandɐ] I. adj ① (fam) (unordentlich) en pagaille ② (verwirrt) tourneboulé(e) II. adv: **viel ~ essen** manger beaucoup et n'importe comment **Durcheinander** <-s> nt ① désordre m ② (Wirrwarr) confusion f
Durchfahrt f passage m **Durchfall** m diarrhée f **durch|fallen** vi irr ① **durch ein Loch ~** passer à travers un trou ② (fam: nicht bestehen) **bei etw ~** se faire étendre à qc **durch|führen** I. vt ① (Messung) faire; **einen Plan ~** mettre un plan à exécution ② (hindurchführen) **jdn durch etw ~** (Führer) guider qn à travers qc ③ (durchleiten) faire passer II. vi (verlaufen) **durch etw ~** traverser qc **Durchgang** m passage m
durchgebraten adj bien cuit(e) **durch|gehen** vi irr ① (Person) avancer; **durch den Zoll ~** passer la douane ② (fam: durchpassen) **unter der Tür ~** passer sous la porte ③ (Flug) être direct ④ (durchdringen) **durch etw ~** (Strahlung) traverser qc II. vt (Text) revoir **durchgehend**

I. adj ① (Öffnungszeiten) sans interruption ② (Zug) direct(e) II. adv (ständig) en permanence **durch|halten** vt I. vt ① (ertragen) supporter ② (Streik) poursuivre ③ (Tempo) tenir II. vi (standhalten) tenir bon **durch|kommen** vi irr ① (durchfahren) passer; **durch ein Dorf ~** traverser un village ② (passieren) pouvoir passer ③ (Prüfung bestehen) réussir
durchleben* vt ① (Zeit) vivre ② (Angst) passer par
durch|machen vt (Krankheit) avoir; (schwere Zeiten, Phase) traverser; (Unangenehmes) vivre
durchqueren* [dʊrçˈkveːrən] vt traverser
Durchreise f ① (das Durchreisen) la traversée ② (Durchfahrt) **auf der ~ sein** être de passage
durchs [dʊrçs] = (fam) s. **durch das** s. durch
Durchsage [ˈdʊrçzaːgə] f communiqué m **durch|sagen** vt communiquer
durchschauen*[1] [dʊrçˈʃaʊən] vt (Intrige) voir clair dans; (Absichten) deviner
durch|schauen[2] s. durchsehen
Durchschnitt [ˈdʊrçʃnɪt] m moyenne f **durchschnittlich** I. adj moyen(ne) II. adv en moyenne
durch|sehen vi irr (hindurchsehen) **durch etw ~** regarder à travers qc

D

durch|setzen ['dʊrçzɛtsən] vt, vr: |**sich**| ~ |s'|imposer

durchsichtig ['dʊrçzɪçtɪç] adj ① transparent(e) ② (offensichtlich) évident(e)

durch|streichen vt irr rayer

durchsuchen* ['dʊrçzuːxən] vt fouiller

Durchwahl ['dʊrçvaːl] f ① ligne f directe ② (fam: Durchwahlnummer) numéro m de poste

Durchzug m courant m d'air

dürfen¹ ['dʏrfən] aux irr ① pouvoir; (Erlaubnis haben) avoir le droit de ② (sollen, müssen) **wir ~ den Bus nicht verpassen** il ne faut pas que nous rations notre bus; **das hätte er nicht tun ~** il n'aurait pas dû faire ça; **es darf nicht sein, dass** il est inadmissible que +subj ❸ **was darf es denn sein?** vous désirez? ❹ **es dürfte genügen, wenn ...** cela devrait suffire si ...

dürfen² vr irr I. vi pouvoir; (Erlaubnis haben) avoir la permission; **darf ich? – Ja, du darfst** je peux? – Oui, tu peux II. vt: **er darf alles** il peut faire tout ce qu'il veut; **darf sie das wirk-**

lich? elle a vraiment la permission?

dürftig ['dʏrftɪç] I. adj ① (Essen) frugal(e); (Unterkunft) rudimentaire ② (Ergebnis) piètre II. adv (beleuchtet) faiblement; (bekleidet) misérablement

dürr [dʏr] adj ① (Ast) mort(e); (Boden) sec, sèche ② (pej: dünn) maigre

Durst [dʊrst] <-[e]s> m soif f

durstig adj assoiffé(e) ~ **sein** avoir soif

Dusche ['duːʃə] <-, -n> f douche f

duschen I. vi, vr: |**sich**| ~ se doucher II. vt doucher

Duschgel nt mousse gel f

Duschsitz m douche f assise

düster ['dyːstɐ] adj sombre

Dutzend ['dʊtsənt] <-s, -e> nt douzaine f

duzen ['duːtsən] vt, vr: |**sich**| ~ |se| tutoyer

DVD |deːfaʊˈdeː| <-, -s> f Abk von **digital versatile disc** DVD m

dynamisch I. adj ① dynamique II. adv avec dynamisme

Dynastie |dynasˈtiː| <-, -n> f dynastie f

D-Zug |ˈdeːtsuːk| m express m

E e

E, e [e:] <-, -> nt ① E m/e m
② MUS mi m

Ebbe [ˈɛbə] <-, -n> f marée f basse

eben¹ [ˈeːbən] adj plat(e)

eben² adv ① (gerade) **was hast
du ~ gesagt?** qu'est-ce que tu
viens de dire?; **dein Bruder
war ~ noch hier/da** ton frère
était encore ici/là à l'instant
② (nämlich) justement ③ (nun
einmal) tout simplement ④ (gerade noch: mengenmäßig) [tout]
juste; (zeitlich) de justesse

Ebene [ˈeːbənə] <-, -n> f ① plaine
f ② (Stufe) niveau m

ebenerdig [ˈeːbənʔeːɐdɪç] adj au
niveau du sol, surbaissé(e)

ebenfalls adv aussi; **ich ~** moi
aussi; **ich war ~ nicht eingeladen** moi non plus, je n'étais
pas invité

ebenso [ˈeːbənzoː] adv ① **~ gern/
gut** tout aussi bien; **~ sehr/viel**
tout autant ② (desgleichen) également

Echo [ˈɛço] <-s, -s> nt écho m

echt [ɛçt] I. adj véritable; (Haar)
naturel(le); (Unterschrift) authentique II. adv ① **~ Gold/
Silber** de l'or/l'argent véritable
② (fam: wirklich) vraiment

Echtheit <-> f authenticité f

Ecke <-, -n> f coin m; MATH
angle m

eckig adj (Tisch) carré(e); (Skulptur) anguleux, -euse

Ecu [eˈkyː] <-[s], -[s]> m, <-, -> f
Abk von **European currency
unit** écu m

edel [ˈeːdəl] adj ① (geh) noble
② (Hölzer) précieux, -euse;
(Wein) noble ③ (Pferd) de race

Edelmetall nt métal m précieux
Edelstein m pierre f précieuse

Efeu [ˈeːfɔy] <-s> m lierre m

Effekt [ɛˈfɛkt] <-[e]s, -e> m effet m

effektiv [ɛfɛkˈtiːf] adj ① (Maßnahme) efficace ② (Zinsen) réel(le)

egal [eˈgaːl] I. adj (fam): **jdm ~
sein** n'avoir pas d'importance
pour qn; **~, was** quoi que +subj;
~, wie/wo/warum ... peu importe ...; **das ist mir ~** ça m'est égal
II. adv (fam: gleich) pareillement

Egoismus [egoˈɪsmʊs] <-, -ismen> m égoïsme m

egoistisch adj égoïste

ehe [ˈeːə] konj (bevor) avant que
+subj

Ehe [ˈeːə] <-, -n> f mariage m

Ehefrau f femme f **Eheleute** Pl
(form) conjoints m pl

ehemalig [ˈeːəmaːlɪç] adj ancien(ne)

Ehemann <-männer> m mari m
Ehepaar nt couple m

eher [ˈeːɐ] adv ① (kommen) plus
tôt; **je ~, desto besser** plus tôt
ce sera, mieux ce sera ② (wahrscheinlicher) plutôt

Ehering m alliance f

Ehre ['e:rə] <-, -n> f honneur m

ehren vt honorer

Ehrengast m invité(e) m(f) d'honneur

Ehrgeiz m ambition f

ehrgeizig adj ambitieux, -euse

ehrlich I. adj ❶ sincère; (Absicht) honnête ❷ (Mitarbeiter) honnête II. adv ❶ honnêtement ❷ (aufrichtig) **~ gesagt, ...** franchement ...

Ehrlichkeit <-> f ❶ sincérité f ❷ (Verlässlichkeit) honnêteté f

Ei [aj] <-[e]s, -er> nt œuf m

Eiche ['aiçə] <-, -n> f chêne m

Eichhörnchen nt écureuil m

Eid [ait] <-[e]s, -e> m JUR serment m

Eidechse ['aidɛksə] f lézard m

Eierbecher m coquetier m **Eierschale** f coquille f d'œuf

Eifersucht f jalousie f

eifersüchtig adj jaloux, -ouse

Eigelb <-s> nt jaune m d'œuf

eigen ['aigən] adj ❶ propre ❷ (Meinung) personnel(le) ❸ (Eingang) particulier, -ière

eigenartig I. adj particulier, -ière II. adv (sich benehmen) bizarrement **Eigenbedarf** m besoins m pl personnels **Eigenname** m nom m propre

Eigenschaft <-, -en> f trait m de caractère

eigensinnig adj obstiné(e)

eigentlich ['aigəntlɪç] I. adj ❶ véritable; (Wert) réel(le) ❷ (ursprünglich) d'origine II. adv ❶ en principe ❷ (überhaupt) au juste ❸ (wirklich) en fait

Eigentum <-s> nt propriété f; (Besitzgüter) biens m pl

Eigentümer(in) ['aigənty:me] <-s, -> m(f) propriétaire mf

eignen ['aignən] vr: **sich für eine bestimmte Arbeit ~** être apte à faire un certain travail; **sich als Illustration ~** pouvoir servir d'illustration

Eilbrief m lettre f [par] exprès

Eile ['ailə] <-> f hâte f

eilen ['ailən] vi **~ nach Hause** se dépêcher de rentrer; **durch die Straßen ~** courir dans les rues ❷ (Angelegenheit) être urgent; **es eilt** c'est urgent

eilig I. adj ❶ (dringend) urgent(e) **es mit etw ~ haben** être pressé (e) ❷ (schnell) pressé(e) II. adv rapidement

Eimer ['aime] <-s, -> m seau m

ein [ain] adv: **auf „~" drücken** appuyer sur "marche"

ein, eine, ein I. num ❶ un/une; **es ist ~ Uhr** il est une heure; **~ Pfund/Kilo wiegen** peser une livre/un kilo ❷ **~ und derselbe/dieselbe** une seule et même personne II. art un(e)

einander [ai'nande] pron (geh) se/nous/vous

ein|arbeiten I. vr: **sich ~** (am Arbeitsplatz) s'adapter II. vt former; **jdn in etw** (akk) **~** initier qn à qc

ein|atmen I. vt respirer; (Gas) inhaler II. vi inspirer

Einbahnstraße f rue f [à] sens m unique

ein|bauen vt (Möbel) installer;

(Motor) poser

ein|biegen vi irr: **in eine Stra-ße ~** tourner dans une rue

ein|bilden vr ➊ (fantasieren) s'imaginer ➋ (stolz sein) être fier

Einbildung f ➊ (Fantasie) imagination f ➋ (Arroganz) prétention f

ein|brechen irr I. vi cambrioler II. vt (Tür) enfoncer

Einbrecher(in) m(f) cambrioleur m, -euse f

ein|bringen vt irr rapporter

Einbruch m ➊ cambriolage m ➋ (des Winters) irruption f

ein|checken ['aɪntʃɛkən] I. vi se faire enregistrer II. vt (Fluggast) enregistrer

ein|cremen, vr [se] mettre de la crème

eindeutig ['aɪndɔytɪç] I. adj clair(e) II. adv manifestement

Eindruck <-drücke> m impression f

eine(r, s) pron ➊ (jemand) quelqu'un; **~s der Kinder** un des enfants ➋ (eine Sache) **~s** [o eins] **gefällt mir nicht an ihm** il y a une chose qui me déplaît en lui

eineinhalb num un(e) ... et demi(e)

einem pron: **solch eine Entschluss fällt ~ schwer** on a du mal à prendre une telle décision

einen ['aɪnən] pron: **das freut ~** on s'en réjouit

einer pron s. **eine(r, s)**

einerseits ['aɪnɐzaɪts] adv: **~ ...**

andererseits ... d'un côté ..., de l'autre [côté] ...

eines pron s. **eine**

einfach ['aɪnfax] I. adj ➊ facile ➋ (Faden) simple ➌ (nicht hin und zurück) **eine ~ Fahrkarte** un aller simple II. adv simplement

Einfahrt f ➊ (des Zuges) entrée f en gare; (des Schiffes) arrivée f au port ➋ (Zufahrt) voie f d'accès; **~ freihalten!** sortie de véhicules!

ein|fallen vi irr ➊ **jdm ~** venir à l'esprit de qn; **sich** (dat) **etwas ~ lassen** trouver quelque chose ➋ (in Erinnerung kommen) retrouver ➌ (einstürzen) s'écrouler

Einfamilienhaus nt maison f individuelle

einfarbig I. adj d'une seule couleur; (Stoff) uni(e) II. adv d'une seule couleur

Einfluss m influence f

einflussreich adj influent(e)

ein|frieren irr I. vi (Wasserleitung) geler II. vt (Lebensmittel) congeler

ein|fügen I. vt rajouter II. vr s'intégrer

Eingang <-gänge> m entrée f; **kein ~!** entrée interdite!

eingebildet adj ➊ (pej: hochmütig) prétentieux, -euse ➋ (imaginär) imaginaire

ein|gehen vt irr (Kompromiss) accepter; (Risiko) courir; (Wette) faire

eingeschrieben adj (Mitglied) inscrit(e); (Brief) recommandé(e)

ein|greifen vi irr intervenir

Eingriff m MED intervention f

ein|halten irr I. vt ① (Abmachung) respecter; (Diät) suivre ② (Geschwindigkeit) maintenir II. vi (geh) s'interrompre

einheimisch ['aɪnhaɪmɪʃ] adj ① local(e); (in der Gegend ansässig) indigène ② (opp: ausländisch) national(e); (Mannschaft) local(e)

Einheit <-, -en> f ① a. MIL unité f

einheitlich adj ① uniforme ② (Werk) homogène

ein|holen vt rattraper

einig ['aɪnɪç] adj ① (geeint) uni(e) ② (einer Meinung) **sich** (dat) **über etw** (akk) **~ sein/werden** être/se mettre d'accord sur qc; **sich** (dat) **[darüber] ~ sein, dass** être d'accord pour que +subj

einige(r, s) ['aɪnɪgə] pron ① (ziemlich viel/groß) **~s Geld** pas mal d'argent; **in ~r Entfernung** à une certaine distance ② (mehrere) plusieurs, quelques, quelques-une(s)

einigen I. vr: **sich auf/über etw** (akk) **~** se mettre d'accord sur qc II. vt: **ein Volk ~** unifier un peuple

einiger pron s. **einige(r, s)**

einigermaßen adv relativement

einiges s. **einige(r, s)**

Einigung <-, -en> f ① (von Staaten) unification f ② (Übereinstimmung) accord m

Einkauf m achat m

ein|kaufen I. vt acheter II. vi:

~ gehen aller faire des/les courses

Einkaufsbummel m lèche-vitrines m

ein|klemmen vt coincer

Einkommen <-s, -> nt revenu m

Einkommen[s]steuer f impôt m sur le revenu

Einkünfte ['aɪnkʏnftə] Pl revenus m pl

ein|laden¹ vt irr inviter

ein|laden² vt irr charger

Einladung f invitation f

ein|lassen irr I. vt ① faire entrer ② ÖSTERR (Boden) cirer II. vr: **sich auf eine Diskussion ~** s'embarquer dans une discussion

ein|legen vt ① (Kassette) introduire ② GASTR faire mariner ③ (Pause) faire

Einleitung f préface f

ein|leuchten vi (Argument) être clair

einleuchtend adj (Erklärung) clair(e); (Argument) convaincant(e)

einmal adv ① (ein einziges Mal) une fois ② (mal) un jour; **nicht ~** [ne] ... même pas ③ (irgendwann in der Vergangenheit) autrefois; **es war ~** il était une fois ④ **auf ~** tout d'un coup

Einmaleins ['aɪnma:l'aɪns] <-> nt table f de multiplication

einmalig I. adj unique II. adv extraordinairement

ein|mischen vr: **sich ~** se mêler de

ein|nehmen vt irr ① (Geld) encaisser ② (Steuern) percevoir ③ (Medikament) prendre

ein|ordnen I. *vt* classer II. *vr (Fahrspur wählen)* **sich [richtig]** ~ se mettre dans la bonne file

ein|packen I. *vt* emballer II. *vi* faire sa valise

ein|parken ['aɪnparkən] *vt, vi* [se] garer

ein|räumen *vt* ❶ ranger ❷ *(zugeben)* admettre ❸ *(Frist)* accorder

ein|reden *vt* faire croire

Einreise *f* entrée *f*

ein|richten I. *vt (Wohnung)* aménager II. *vr:* **sich neu** ~ se meubler de neuf

eins [aɪns] *num* un

einsam ['aɪnzaːm] I. *adj* ❶ *(Person)* seul(e); ❷ *(Leben)* solitaire ❸ *(Strand)* isolé(e) II. *adv* à l'écart

Einsamkeit <-, -en> *f* solitude *f*

ein|sammeln *vt (Schulhefte)* ramasser; *(Spenden)* collecter

Einsatz <-es, Einsätze> *m* ❶ engagement *m* ❷ *(der Polizei)* intervention *f*

ein|schalten *vt* allumer

ein|schätzen *vt:* **jdn/etw falsch** ~ se tromper sur qn/qc

ein|schenken *vt* verser

ein|schlafen *vi irr* ❶ s'endormir ❷ *(gefühllos werden)* s'engourdir

ein|schließen *vt irr* enfermer

einschließlich *präp +gen* y compris

ein|schränken ['aɪnʃrɛŋkən] *vt, vr:*

[sich] ~ [se] restreindre

Einschreibebrief *m* lettre *f* recommandée

ein|schreiben *irr* I. *vt:* **eingeschrieben** *(Brief)* recommandé II. *vr:* **sich** ~ s'inscrire

Einschreiben *nt* envoi *m* recommandé

ein|schüchtern *vt* intimider

ein|sehen *vt irr* reconnaître; **das sehe ich nicht ein!** je ne suis pas d'accord!

einseitig I. *adj* ❶ *(Ernährung)* peu varié(e) ❷ *(voreingenommen)* partial(e) II. *adv* ❶ *(auf einer Seite)* d'un [seul] côté ❷ *(unausgewogen)* **sich** ~ **ernähren** avoir une alimentation peu variée ❸ *(parteiisch)* avec partialité

ein|setzen I. *vt* ❶ *(Ersatzteil)* poser ❷ *(Waffen)* avoir recours à; *(Sonderzug)* mettre en service ❸ *(Mittel)* mettre en œuvre; *(Leben)* mettre en jeu II. *vi* commencer; *(Sturm)* se mettre à souffler; *(Regen)* se mettre à tomber III. *vr* ❶ **sich** ~ s'investir ❷ *(sich verwenden für)* **sich für jdn/etw** ~ intervenir en faveur de qn/œuvrer pour qc

Einsicht *f* raison *f*

einsichtig *adj* sensé(e)

ein|sperren *vt* enfermer

ein|springen *vi irr* venir à la rescousse; **für jdn** ~ remplacer qn au pied levé

Einspruch *m* objection *f*

einspurig ['aɪnʃpuːrɪç] *adj* à une voie

ein|stecken *vt* ❶ etw ~ mettre qc dans sa poche ❷ (Stecker) brancher

ein|steigen *vi irr* monter

ein|stellen I. *vt* ❶ embaucher ❷ (beenden) cesser ❸ (regulieren) régler II. *vi* (Firma) embaucher

Einstellung *f* ❶ (von Mitarbeitern) embauche *f* ❷ (Beendigung) interruption *f* ❸ (Justierung) réglage *m*

Einstiegshilfe *f* marche-pied *m*

einstimmig I. *adj* unanime II. *adv* à l'unanimité

Einsturz *m* effondrement *m*

ein|stürzen *vi* (Gebäude) s'écrouler; (Decke) s'effondrer

ein|tauschen *vt* ❶ échanger ❷ (Devisen) changer

eintönig ['aɪntøːnɪç] *adj* monotone

Eintopf *m* potée *f*

ein|tragen *vt irr* inscrire

ein|treffen *vi irr* ❶ (ankommen) **am Ziel** ~ arriver au but ❷ (Prophezeiung) s'accomplir; (Katastrophe) se produire

ein|treten *irr* I. *vi* ❶ entrer ❷ (sich ereignen) se produire ❸ (sich einsetzen) **für jdn/etw** ~ prendre fait et cause pour qn/défendre qc II. *vt* défoncer [à coups de pied]

Eintritt *m* entrée *f*

Eintrittskarte *f* billet *m* d'entrée Eintrittspreis *m* prix *m* d'entrée

ein|üben *vt* répéter

einverstanden *adj*: mit jdm/etw ~ sein être d'accord avec qn/sur qc

Einverständnis <-ses, -se> *nt* accord *m*

Einwanderer *m*, Einwanderin *f* immigrant(e) *m(f)*

ein|wandern *vi* immigrer

Einwanderung ['aɪnvandərʊŋ] *f* immigration *f*

ein|weihen *vt* ❶ inaugurer ❷ (vertraut machen) **jdn in etw** (akk) ~ mettre qn au courant de qc

ein|weisen *vt irr* ❶ MED [in ein Krankenhaus] ~ hospitaliser ❷ (unterweisen) mettre au courant

ein|werfen *vt irr* poster

ein|wickeln *vt* envelopper

ein|willigen *vi*: **in etw** (akk) ~ donner son accord pour qc

Einwilligung <-, -en> *f* accord *m*

Einwohner(in) <-s, -> *m(f)* habitant(e) *m(f)*

ein|zahlen *vt* verser

Einzahlung *f* versement *m*

Einzel ['aɪntsəl] <-s, -> *nt* SPORT simple *m*

Einzelfall *m* cas *m* isolé Einzelkind *nt* enfant *m* unique

einzeln I. *adj* ❶ seul(e) ❷ (abgesondert) isolé(e) ❸ **im Einzelnen** en détail II. *adv* séparément

Einzelzimmer *nt* chambre *f* individuelle

ein|ziehen *irr* I. *vt* rentrer II. *vi* ❶ (in eine Wohnung ziehen) emménager ❷ (aufgesogen werden) pénétrer

einzig I. *adj* ❶ (alleinig) seul(e); **etw als Einziger/Einzige tun** être le seul/la seule à faire qc; **kein** [o **nicht ein**] **~er Schüler** pas le moindre/la moindre élève ② *substantivisch (einziges Kind)* **unser Einziger/unsere Einzige** notre fils/fille unique **II.** *adv:* **die ~ mögliche Lösung** la seule et unique solution possible

einzigartig I. *adj* unique en son genre **II.** *adv* extraordinairement

Eis [aɪs] <-es> *nt* glace *f*

Eisbahn *f* patinoire *f* **Eisberg** *m* iceberg *m*

Eisen [ˈaɪzn] <-s, -> *nt a.* MED fer *m*

Eisenbahn *f* train *m* **Eisenbahnnetz** *nt* réseau *m* ferroviaire

Eisenwarengeschäft *nt* quincaillerie *f*

eisern *adj (a. fig)* de fer

Eishockey *nt* hockey *m* sur glace **Eiskaffee** *m:* café froid *m* avec une boule de glace à la vanille et de la chantilly **eiskalt** *adj* glacé(e); *(Wohnung)* glacial(e) **Eiskunstlauf** *m* patinage *m* artistique **Eiswürfel** *m* glaçon *m*

eitel [ˈaɪtəl] *(pej)* vaniteux, -euse

Eiter [ˈaɪtə] <-s> *m* pus *m*

eitern *vi* suppurer

Eiweiß *nt* ① protéine *f* ② GASTR blanc *m* d'œuf

Ekel [ˈeːkal] <-s> *m (Abscheu)* dégoût *m*

ekelhaft *adj* répugnant(e)

ekeln I. *vt* dégoûter; **mich ekelt es vor jdm/etw** je suis dégoûté par qn/qc **II.** *vr:* **sich vor jdm/**

etw ~ éprouver de la répulsion pour qn/qc

eklig [ˈeːklɪç] *s.* **ekelhaft**

Elastikbinde *f* bande *f* élastique

elastisch [eˈlastɪʃ] *adj* élastique

Elefant [eleˈfant] <-en, -en> *m* éléphant *m*

elegant [eleˈɡant] **I.** *adj* élégant(e) **II.** *adv* avec élégance

Elektriker(in) [eˈlektrikɐ] <-s, -> *m(f)* électricien(ne) *m(f)*

elektrisch [eˈlektrɪʃ] *adj* électrique

Elektrizität [elektritsiˈtɛːt] <-> *f* électricité *f*

Elektrogerät *nt* appareil *m* électrique **Elektrohandlung** *f* magasin *m* d'électro-ménager **Elektroherd** *m* cuisinière *f* électrique **Elektrolytlösung** [elektroˈlyːt-] *f* solution *f* de réhydratation **elektronisch** [elekˈtroːnɪʃ] *adj* électronique

Elektrorollstuhl *m* fauteuil *m* roulant électrique

Element [eleˈmɛnt] <-[e]s, -e> *nt* élément *m*

elend [ˈeːlɛnt] *adj* misérable **Elend** <-[e]s> *nt* misère *f*

elf [ɛlf] *num* onze

Elfenbein [ˈɛlfənbaɪn] *nt* ivoire *m* **Elfmeter** [ˈɛlfˌmeːtɐ] *m* penalty *m* **elfte(r, s)** *adj* ① onzième ② *(bei Datumsangaben)* **der ~ März** le onze mars

Ellbogen <-bogen-> *m* coude *m* **Ellenbogen** *s.* **Ellbogen**

Elsass-Lothringen [ˈɛlzas ˈloːtrɪŋən] *nt* HIST l'Alsace-Lorraine *f*

Elster [ˈɛlstɐ] <-, -n> *f* pie *f*

Eltern [ˈɛltɐn] *Pl* parents *m pl*

Email [eˈmajl] <-s, -s> *nt* émail *m*

E-Mail [ˈiːmeɪl] <-s, -s> *f o nt* courrier *m* électronique

E-Mail-Adresse *f* adresse *f* électronique

Emaille [eˈmalja] <-, -n> *s.* **Email**

emotional *adj* émotif, -ive

Empfang [ɛmˈpfaŋ] <-(e)s, Empfänge> *m* ① réception *f* ② *(Begrüßung)* accueil *m*

empfangen *vt irr* ① *(geh: erhalten)* recevoir ② *(geh: begrüßen)* accueillir ③ TV, RADIO capter

Empfänger(in) [ɛmˈpfɛŋɐ] <-s, -> *m(f)* destinataire *mf*

Empfänger <-s, -> *m (Empfangsgerät)* récepteur *m*

Empfangshalle *f* hall *m*

empfehlen [ɛmˈpfeːlən] *vt irr* recommander

Empfehlung <-, -en> *f* recommandation *f*

empfinden [ɛmˈpfɪndən] *vt irr* ① *(Gefühl)* éprouver ② *(auffassen)* ressentir

empfindlich *adj* ① *(leicht reizbar)* susceptible ② *(leicht zu beschädigen)* fragile ③ *(Messgerät)* sensible

Empfindung <-, -en> *f* ① sentiment *m* ② *(sinnliche Wahrnehmung)* sensation *f*

empören* [ɛmˈpøːrən] *vt, vr:* |**sich**| **~** |sˈ]indigner

empörend *adj* révoltant(e)

empört [ɛmˈpøːrt] **I.** *adj* indigné(e) **II.** *adv* avec indignation

Ende [ˈɛndə] <-s, -n> *nt* ① fin *f*; **etw zu ~ bringen** mener qc à

son terme ② *(bei Zeit-, Altersangaben)* **~ Januar** fin janvier; **~ 1950** à la fin de l'année 1950 ③ *(räumlicher Abschluss)* bout *m* ④ *(geh: Tod)* fin *f*

enden *vi* ① *(Urlaub)* se terminer ② *(Weg)* s'arrêter

endgültig *adj* définitif, -ive

Endivie [ɛnˈdiːviə] <-, -n> *f* chicorée *f*

endlich *adv* enfin

endlos **I.** *adj* ① *(Ärger)* sans fin ② *(sehr lang)* interminable; *(Weite)* infini(e) **II.** *adv* indéfiniment

Endreinigung *f* nettoyage *m* de fin de séjour

Endstation *f* AUT *(a. fig)* terminus *m*

Energie [enɛrˈɡiː] <-, -n> *f* énergie *f*

energisch [eˈnɛrɡɪʃ] *adj* énergique

eng [ɛŋ] **I.** *adj* ① étroit(e) ② *(eingeschränkt)* **im ~eren Sinne** dans un sens plus strict ③ *(Verwandtschaft)* proche **II.** *adv* ① **einen Rock ~er machen** ajuster une jupe ② *(dicht)* **~ nebeneinandersitzen/-stehen** être serrés l'un contre l'autre ③ *(liiert)* étroitement

Engel [ˈɛŋəl] <-s, -> *m* ange *m*

England [ˈɛnlant] *nt* l'Angleterre *f*

Engländer(in) [ˈɛŋlɛndɐ] <-s, -> *m(f)* Anglais(e) *m(f)*

englisch [ˈɛŋlɪʃ] **I.** *adj* anglais(e) **II.** *adv* en anglais

Englisch [-[s]-] *nt* anglais *m*

Enkel(in) [ˈɛŋkəl] <-s, -> *m(f)* petit-fils *m*/petite-fille *f*; **die ~** les petits-enfants *m pl*

Enkelkind *s.* **Enkel(in)**

Ensemble [ãˈsãːbəl] <-s, -s> nt
MUS, COUT, THEAT ensemble m

entbehren* [ɛntˈbeːrən] vt se passer de

entbinden* vi irr MED accoucher
Entbindung f MED accouchement m

entdecken* vt découvrir
Entdeckung f découverte f

Ente [ˈɛntə] <-, -n> f canard m;
(weibliches Tier) cane f

entfallen* vi irr ① sortir de l'esprit
② (Punkt) être laissé de côté; (Veranstaltung) être annulé ③ (Anteil)
revenir

entfalten* I. vt ① déplier ② (Fähigkeiten) épanouir ③ (Pracht) déployer II. vr: sich ~ ① (Fallschirm)
s'ouvrir

entfernen* I. vt ① enlever II. vr: sich von/aus etw ~
s'éloigner de qc

entfernt adj von etw ~ sein
être loin de qc ② (Verwandtschaft) éloigné(e)

Entfernung <-, -en> f ① distance
f ② (eines Flecks) élimination f

entfliehen* vi irr s'enfuir

entführen* vt (Geisel) enlever;
(Flugzeug) détourner

Entführung f (einer Geisel) enlèvement m; (eines Flugzeugs) dé-
tournement m

entgegen [ɛntˈgeːgən] I. adv:
dem Ziel ~ au devant du but;
dem Sommer ~ vers l'été
II. präp + dat; (zuwider) contrairement à s

entgegengesetzt adj opposé(e)

entgegen|kommen vi irr ① ve-
nir à la rencontre de qn; (fahrend) arriver en sens inverse de
qn ② (entsprechen) jds Interessen (dat) ~ aller dans le sens
des intérêts de qc

entgegen|nehmen* vt irr accep-
ter; (Geldbetrag) encaisser

entgegnen* [ɛntˈgeːgnən] vt ré-
torquer

entgehen* vi irr échapper

entgiften* [ɛntˈgɪftn̩] vi sich ~ se
détoxiquer

enthalten* irr I. vt contenir
II. vr: sich ~ s'abstenir

entkommen* vi irr s'échapper;
jdm ~ échapper à qn

entladen* irr I. vt décharger
II. vr sich ~ ① (Gewitter) éclater
② ELEC se décharger

entlang [ɛntˈlaŋ] I. präp le long de
② II. adv: **hier ~** par ici

entlang|gehen vi irr: **eine Stra-
ße ~** longer une route

entlassen* vt irr ① (Mitarbeiter)
licencier ② (Patienten) laisser
sortir; (Häftling) libérer

Entlassung <-, -en> f licenciement m

entmutigen* [ɛntˈmuːtɪgən] vt décourager

entschädigen* vt a. JUR dédommager

Entschädigung f indemnité f

entscheiden* vt, vi, vr irr: [sich]
~ [se] décider

entscheidend adj décisif, -ive

Entscheidung f décision f

entschieden [ɛntˈʃiːdn̩] I. adj
① (Befürworter) résolu(e) ② (Ablehnung) catégorique II. adv

① *(ablehnen)* catégoriquement ② *(eindeutig)* incontestablement

entschlacken* [ɛntˈʃlakn̩] vi se purger

entschließen* vr irr: **sich** ~ se décider

Entschlossenheit <-> f détermination f

Entschluss m décision f

entschuldigen* [ɛntˈʃʊldɪɡən] I. vi: ~ **Sie, können Sie mir sagen, ...** s'il vous plaît, pouvez-vous me dire ... II. vt, vr: [**sich**] ~ [s']excuser

Entschuldigung <-, -en> f ① excuses f pl; ~! pardon!; ~, **wie spät ist es bitte?** excusez-moi, vous avez l'heure s'il vous plaît? ② *(Rechtfertigung)* excuse f ③ *(Entschuldigungsschreiben)* mot m d'excuse

entsetzlich adj horrible

entsorgen* vt *(Stadt)* éliminer les déchets de

entspannen* vt, vr: [**sich**] ~ [se] détendre

Entspannung f détente f

entsprechen* vi irr correspondre

entsprechend I. adj ① *(Gehalt)* correspondant(e) ② *(Kleidung)* approprié(e) II. adv en conséquence III. präp +dat conformément à

entstehen* vi irr ① *(zu existieren beginnen)* se constituer; *(Stadtteil)* naître ② *(Unruhe)* se déclencher ③ CHEM se former

Entstehung <-, -en> f ① *(des Lebens)* origine f; *(eines Kunstwerkes)* création f; *(eines Gebäudes)* construction f ② CHEM formation f

entstellen* vt ① *(Gesicht)* défigurer ② *(verzerren)* déformer

enttäuschen* I. vt décevoir II. vi être décevant

enttäuschend adj déçu(e)

Enttäuschung f déception f

entweder [ˈɛntveːdɐ] konj ① ~ ..., **oder** ... ou [bien] ..., ou [bien] ... ② ~ **oder!** [c'est] l'un ou l'autre!

entwerfen* vt irr ① concevoir; *(Gebäude)* faire les plans de ② *(ausarbeiten)* élaborer

entwerten* vt ① *(Fahrschein)* valider; *(Briefmarke)* oblitérer ② *(Banknoten)* dévaluer

entwickeln* I. vt ① développer ② *(am Bildschirm entwerfen)* concevoir II. vr: **sich** ~ ① se développer ② *(Verhandlungen)* évoluer ③ *(Gase)* se former

Entwicklung <-, -en> f ① développement m ② *(das Entwerfen)* élaboration f ③ *(das Vorankommen)* évolution f

Entwicklungsland nt pays m en voie de développement

Entwurf m ① projet m ② *(Konzept)* ébauche f

entzückend adj ravissant(e)

entzünden* vt ① *(geh)* allumer II. vr: **sich** ~ s'enflammer

Entzündung f inflammation f

Epidemie [epideˈmiː] <-, -n> f MED épidémie f

Epilepsie [epilɛˈpsiː] <-, -n> f épilepsie f

Epoche [eˈpɔxə] <-, -n> f époque f

er [eːɐ] *pron* il/lui

erbärmlich [ɛɐ'bɛrmlɪç] *adj* ① (gemein) infâme ② (jämmerlich) lamentable

Erbe ['ɛrbə] <-s> *nt* JUR (a. fig) héritage *m*

Erbe <-n, -n> *m*, **Erbin** f héritier *m*, -ière *f*

erben ['ɛrbən] *vt, vi* hériter

erblich ['ɛrplɪç] *adj* héréditaire

erblicken* *vt* (geh) apercevoir

erbrechen *vt, vi irr* vomir

Erbschaft <-, -en> *f* héritage *m*

Erbse ['ɛrpsə] <-, -n> *f* pois *m*

Erdbeben *nt* tremblement *m* de terre **Erdbeere** *f* fraise *f*

Erde ['eːɐdə] <-, -n> *f* terre *f*; (Planet) Terre *f*

Erdgeschoss *nt* rez-de-chaussée *m*

Erdkunde *f* géographie *f* **Erdnuss** *f* cacah[o]uète *f*

Erdteil *m* continent *m*

ereignen* [ɛɐ'?aɪɡnən] *vr:* sich ~ se produire

Ereignis <-ses, -se> *nt* événement *m*

erfahren[1] *irr* **I.** *vt* ① (Neuigkeit) apprendre ② (Liebe) faire l'expérience de **II.** *vi:* von etw/über etw (akk) ~ être informé de qc

erfahren[2] *adj* expérimenté(e)

Erfahrung <-, -en> *f* expérience *f*

erfassen* *vt* ① (befallen) saisir ② (begreifen) comprendre

erfinden* *vt irr* inventer

Erfinder(in) *m(f)* inventeur *m*, -trice *f*

erfinderisch *adj* ingénieux, -euse

Erfolg [ɛɐ'fɔlk] <-[e]s, -e> *m* suc-

cès *m*

erfolglos **I.** *adj* malchanceux, -euse **II.** *adv* sans succès

erfolgreich **I.** *adj:* ~ sein réussir **II.** *adv* avec succès

erforderlich [ɛɐ'fɔrdərlɪç] *adj:* es ist ~, dass il est nécessaire que +subj

erfordern* *vt* exiger

erforschen* *vt* explorer; (Verhalten) étudier

erfreuen* *vt* faire plaisir à

erfreut *adj* ~ sein über être heureux(-euse) de

erfrieren* *vi irr* ① geler ② (sterben) mourir de froid

erfrischen* *vt, vi, vr:* [sich] ~ [se] rafraîchir

erfrischend *adj* rafraîchissant(e)

Erfrischung <-, -en> *f* rafraîchissement *m*

erfüllen* **I.** *vt* (Forderung) satisfaire; (Aufgabe) accomplir; sich (dat) einen Wunsch ~ se faire [un petit] plaisir **II.** *vr:* sich ~ (Wunsch) se réaliser

Erfüllung *f* satisfaction *f*

ergänzen* [ɛɐ'ɡɛntsən] *vt, vr:* [sich] ~ [se] compléter

Ergänzung <-, -en> *f* [r]ajout *m*

ergeben[1] *irr* **I.** *vt a.* MATH donner **II.** *vt* ① MIL sich jdm ~ se rendre à qn ② (folgen) sich aus etw ~ résulter de qc

ergeben[2] *adj* (Person) dévoué(e)

Ergebnis [ɛɐ'ɡeːpnɪs] <-ses, -se> *nt* résultat *m*

ergreifen* *vt irr* ① saisir ② (Maßnahmen) prendre

ergreifend *adj* bouleversant(e)

ergriffen [ɛɐ'ɡrɪfən] *adj* bouleversé(e)

erhalten* *irr* **I.** *vt* ① recevoir ② *(Bauwerk)* sauvegarder; *(Leistungsfähigkeit)* maintenir; *(Gesundheit)* conserver **II.** *vr:* **sich ~** se maintenir

erhältlich [ɛɐ'hɛltlɪç] *adj* disponible

erheben* *irr* **I.** *vt* ① *(Glas)* lever ② *(Steuern)* percevoir **II.** *vr* ① se lever ② *(sich auflehnen)* se révolter

erheblich [ɛɐ'heːplɪç] **I.** *adj* considérable **II.** *adv* considérablement

erheitern* [ɛɐ'haɪtɐn] *vt* dérider

erhitzen* [ɛɐ'hɪtsən] *vt* ① faire chauffer ② *(zum Schwitzen bringen)* donner chaud

erhöhen* [ɛɐ'høːən] **I.** *vt* ① rehausser ② *(Zahl)* accroître ③ *(Wirkung)* intensifier **II.** *vr* FIN **sich um drei Prozent ~** augmenter de trois pour cent

erholen* *vr* ① **sich von einer Krankheit ~** se remettre d'une maladie ② *(ausspannen)* **sich ~** se reposer

erholsam [ɛɐ'hoːlzaːm] *adj* reposant(e)

Erholung <-> *f* repos *m*

erinnern* [ɛɐ'ʔɪnɐn] **I.** *vt:* **jdn an etw** *(akk)* **~** rappeler qc à qn **II.** *vr:* **sich an jdn/etw ~** se souvenir de qn/qc **III.** *vi:* **an jdn/etw ~** faire penser à qn/qc

Erinnerung <-, -en> *f* souvenir *m*

erkälten* [ɛɐ'kɛltən] *vr:* **sich ~** prendre froid

erkältet [ɛɐ'kɛltət] *adj* enrhumé(e)

Erkältung <-, -en> *f* rhume *m*

erkennen* *vt irr* reconnaître

Erkenntnis *f* connaissance *f*

erklären* *vt* ① expliquer ② *(Bild)* interpréter ③ *(deklarieren)* déclarer

Erklärung *f* ① explication *f* ② *(öffentliche Stellungnahme)* déclaration *f*

erkranken* *vi* tomber malade

erkundigen* [ɛɐ'kʊndɪɡən] *vr:* **sich bei jdm nach jdm/etw ~** se renseigner auprès de qn sur qn/qc

erlauben* [ɛɐ'laʊbən] **I.** *vt* permettre; **~ Sie/erlaubst du, dass** vous permettez/tu permets que *+subj* **II.** *vr* **sich** *(dat)* **etw ~** s'offrir qc

Erlaubnis <-, -se> *f* ① permission *f* ② *(Schriftstück)* autorisation *f*

Erläuterung <-, -en> *f* explication *f*

erleben* *vt* ① *(Ereignis)* vivre ② *(Schlimmes)* endurer; *(Enttäuschung)* connaître

Erlebnis <-ses, -se> *nt* expérience *f* [vécue]

erledigen* [ɛɐ'leːdɪɡən] **I.** *vt (Aufgabe)* accomplir; *(Besorgung)* effectuer **II.** *vr:* **sich von selbst ~** s'arranger tout seul

erleichtern* [ɛɐ'laɪçtɐn] *vt* ① *(einfacher machen)* faciliter ② *(leichter machen)* alléger

Erleichterung <-, -en> *f* soulagement *m*

erlernen* *vt* apprendre

Erleuchtung <-, -en> *f* illumination f

erlöschen vi irr s'éteindre

erlösen* vt délivrer

ermäßigen [ɛɛˈmɛːsɪɡən] vt réduire

Ermäßigung <-, -en> f réduction f

ermitteln* [ɛɛˈmɪtəln] vi JUR **gegen jdn wegen etw** ~ enquêter
sur qn pour qc

Ermittlung <-, -en> f JUR **~en
durchführen** mener une enquête

ermöglichen* [ɛɛˈmøːklɪçən] vt
permettre

ermorden* vt assassiner

ermüdend adj fatigant(e)

ermutigen* [ɛɛˈmuːtɪɡən] vt encourager

ernähren* vt, vr: [sich] ~ [se]
nourrir

Ernährung <-> f alimentation f

erneuern* [ɛɛˈnɔʏɐn] vt ❶ (Reifen)
changer; (Pass) renouveler ❷ (renovieren) rénover

erneut [ɛɛˈnɔʏt] I. adj nouveau,
-velle II. adv de nouveau

erniedrigen* [ɛɛˈniːdrɪɡən] I. vt
humilier II. vr: **sich** ~ s'abaisser

Erniedrigung <-, -en> f humiliation f

ernst [ɛrnst] adj ❶ (Lage, Anlass)
grave ❷ (Person) sérieux, -euse

Ernst [ɛrnst] <-[e]s> m gravité f

ernsthaft adj sérieux, -euse

Ernte [ˈɛrntə] <-, -n> f ❶ (Ertrag)
récolte f ❷ (Getreideernte) moisson f

ernten [ˈɛrntən] vt récolter; (Getreide) moissonner; (Obst) cueillir

erobern* [ɛɐˈʔoːbɐn] vt MIL (a. fig)

conquérir

Eroberung <-, -en> f conquête f

eröffnen* vt (Geschäft) ouvrir;
(Ausstellung) inaugurer

Eröffnung f a. JUR, MIL ouverture
f; (einer Ausstellung) inauguration f

Erosion [ero'zjoːn] <-, -en> f éro-
sion f

Erotik [e'roːtɪk] <-> f érotisme m

erpressen* vt ❶ faire chanter
❷ (abpressen) **Geld von jdm** ~
extorquer de l'argent à qn

Erpressung <-, -en> f ❶ (einer
Person) chantage m ❷ (von Geld)
extorsion f

erproben* vt tester

erraten* [ɛɐˈraːtən] vt irr deviner

erregen* [ɛɐˈreːɡən] vt ❶ (aufregen) irriter ❷ (hervorrufen)
Aufsehen/Anstoß ~ faire sen-
sation/scandale

Erregung f ❶ irritation f ❷ (Auf-
gewühltsein) énervement m

erreichbar adj: ~ **sein** (Person)
être joignable; (Ort) être accessible

erreichen* vt ❶ (reichen an) attraper ❷ (Alter) atteindre ❸ (an-
treffen) **jdn** ~ (Person) joindre
qn; (Nachricht) parvenir à qn
❹ (eintreffen) **sein Ziel** ~ arriver à destination

errichten* vt ❶ (Haus) construire
❷ (aufstellen) dresser

Ersatz [ɛɐˈzats] <-es> m (Mensch)
remplaçant(e) m(f); (Gerät) appareil m de remplacement

Ersatzrad nt roue f de secours

Ersatzteil nt pièce f de rechange

erschaffen *vt irr a.* REL créer

erscheinen* *vi irr* ① *(sichtbar werden)* apparaître ② *(veröffentlicht werden)* sortir ③ *(scheinen)* paraître

erschießen* *irr* I. *vt* abattre II. *vr:* sich ~ se tuer

erschöpfen* *vt, vr:* [sich] ~ [s'] épuiser

erschöpft *adj* épuisé(e)

erschrecken¹ *vt irr* faire peur à

erschrecken² *vi irr:* vor jdm/ etw ~ avoir peur de qn/qc

erschreckend *adj* effrayant(e)

erschüttern* [ɛɐ̯ˈʃʏtɐn] *vt* secouer

erschüttert *adj* bouleversé(e)

ersetzen* *vt* ① *(Unkosten)* rembourser ② *(austauschen)* etw durch etw ~ remplacer qc par qc

ersparen* *vt* épargner

erst [eːɐ̯st] *adv* ① *(zuerst)* d'abord ② *(nicht früher, jünger als)* ~ jetzt seulement maintenant; ~ als ich dich sah ce n'est que lorsque je t'ai vu ; ③ *(schon)* seulement ④ *(gerade, unlängst)* gerade ~ à l'instant

erstaunen* *vt* étonner

erstaunlich I. *adj* étonnant(e); es ist ~, dass/wie c'est étonnant que +*subj*/de voir comment II. *adv (gut, wenig)* étonnamment

erste(r, s) [ˈeːɐ̯stə] *adj* ① premier, -ière ② *(bei Datumsangaben)* am ~n September le premier septembre ③ als Erstes pour commencer

erstellen* *vt (Gutachten, Liste)* dresser

erstens *adv* premièrement

ersticken* [ɛɐ̯ˈʃtɪkən] I. *vi* s'étouffer II. *vt* étouffer

erstmals *adv* pour la première fois

Ertrag [ɛɐ̯ˈtraːk] <-[e]s, Erträge> *m* AGR rendement, *m* FIN revenu *m*

ertragen* *vt irr* supporter

erträglich [ɛɐ̯ˈtrɛːklɪç] *adj* supportable

ertrinken* *vi irr* se noyer

erwachen* *vi (geh)* se réveiller

erwachsen* [ɛɐ̯ˈvaksn] *adj (Person)* adulte

Erwachsene(r) *f/m* adulte *mf*

erwähnen* [ɛɐ̯ˈvɛːnən] *vt* ① *(Person)* citer; *(Angebot)* mentionner ② *(bemerken)* évoquer

erwarten* *vt* attendre

Erwartung <-, -en> *f pl* attentes *f pl*

Erweiterung <-, -en> *f* ① *(eines Flughafens)* extension *f* ② *(eines Angebots)* élargissement *m*

erwidern* [ɛɐ̯ˈviːdɐn] *vt* ① répliquer ② *(Gruß, Kuss)* rendre; *(Kompliment)* retourner

erwischen* *vt (fam)* ① jdn beim Stehlen ~ pincer qn en train de voler ② *(Bus, Bahn)* réussir à avoir

erwünscht [ɛɐ̯ˈvʏnʃt] *adj* souhaité(e)

erwürgen* [ɛɐ̯ˈvʏrgən] *vt* étrangler

Erz [eːɐ̯ts] <-es, -e> *nt* minerai *m*

erzählen* *vt, vi* raconter

Erzähler(in) *m(f)* ① conteur, *m,*

-euse f ❶ *(im Roman)* narrateur m, -trice f
Erzählung f ❶ *(Prosawerk)* conte m ❷ *(das Erzählen)* récit m
erzeugen* vt ❶ produire ❷ *(Ärger)* provoquer
Erzeugnis <-ses, -se> nt produit m
erziehen* vt *irr* élever
Erziehung f éducation f
es [ɛs] I. *pron pers, nom* il/elle; ~ **ist** ... c'est ...; ~ **regnet** il pleut; ~ **geht ihnen gut** ils vont bien II. *pron pers, akk* le/la
Esel [ˈeːzəl] <-s, -> m âne m
essbar [ˈɛsbaːɐ] *adj* comestible
essen [ˈɛsən] vt, vi *irr* manger
Essen <-s, -> nt repas m
Essig [ˈɛsɪç] <-s, -e> m vinaigre m
Esszimmer nt salle f à manger
Estland [ˈɛstlant] nt l'Estonie f
Etage [eˈtaːʒə] <-, -n> f étage m
Etagenbett nt lit m à étages
Etikett [etiˈkɛt] <-[e]s, -e[n]> nt étiquette f
etliche(r, s) [ˈɛtlɪçə] *pron* ❶ pas mal de ❷ *(zahlreiche Personen)* [un] bon nombre de
Etui [ɛtˈviː] <-s, -s> nt étui m
etwa [ˈɛtva] *adv* ❶ [in] ~ à peu près ❷ *(zum Beispiel)* par exemple
etwas [ˈɛtvas] *pron* ❶ quelque chose ❷ *(ein wenig)* un peu
EU [eːˈʔuː] <-> f *Abk von* **Europäische Union** UE f
EU-Bürger(in) m(f) citoyen(ne) m(f) européen(ne)
euch [ɔyç] *pron* vous
euer [ˈɔyɐ] *pron* votre/vos
EU-Kommission f Commission f

européenne **EU-Länder** Pl pays m pl membres de l'UE
Eule [ˈɔylə] <-, -n> f chouette f
EU-Ministerrat m Conseil m européen
eurerseits [ˈɔyrɐˈzaits] *adv* ❶ de votre côté ❷ *(was euch betrifft)* pour votre part
eures [ˈɔyras] s. **euer**
euresgleichen [ˈɔyrasˈglaiçən] *pron* vos semblables
euretwegen [ˈɔyratˈveːgən] *adv* ❶ *(wegen euch)* à cause de vous; ❷ *(euch zuliebe)* pour vous
Euro [ˈɔyro] <-[s], -[s]> m euro m
Europa [ɔyˈroːpa] <-s> nt l'Europe f
Europäer(in) [ɔyroˈpɛːɐ] <-s, -> m(f) Européen(ne) m(f)
europäisch *adj* européen(ne)
Europameister(in) m(f) champion(ne) m(f) d'Europe **Europarat** m Conseil m de l'Europe **Europawahl** f élections f pl européennes
Euroscheck [ˈɔyroʃɛk] m eurochèque m **Eurotunnel** m tunnel m sous la Manche
EU-Verfassung [eːˈʔuː-] f Constitution f européenne
evangelisch [evanˈgeːlɪʃ] *adj* protestant(e)
eventuell [evɛnˈtuɛl] *adj* éventuel(le)
ewig [ˈeːvɪç] *adj* éternel(le)
Ewigkeit <-, -en> f éternité f
Examen [ɛkˈsaːmən] <-s, -> nt examen m
Exemplar [ɛksɛmˈplaːɐ] <-s, -e> nt exemplaire m

Existenz [ɛksɪs'tɛnts] <-, -en> f existence f

Existenzminimum nt minimum m vital

existieren* [ɛksɪs'tiːrən] vi exister

Expedition [ɛkspedi'tsi̯oːn] <-, -en> f expédition f

Experiment [ɛksperi'mɛnt] <-[e]s, -e> nt expérience f

Explosion [ɛksplo'zi̯oːn] <-, -en> f explosion f

Exponat [ɛkspo'naːt] <-[e]s, -e> nt pièce f d'exposition

Export [ɛks'pɔrt] <-[e]s, -e> m exportation f

exportieren* [ɛkspɔr'tiːrən] vt exporter

Expressionismus [ɛksprɛsi̯o'nɪsmʊs] <-> m expressionnisme m

extra ['ɛkstra] adv ⓐ (besonders) extra[-] ⓑ (zusätzlich) en plus ⓒ (gesondert) à part

Extra <-s, -s> nt accessoire m [optionnel]

extrem [ɛks'treːm] adj extrême

Extremist(in) [ɛkstre'mɪst] <-en, -en> m(f) extrémiste mf

exzellent [ɛkstsɛ'lɛnt] adj excellent(e)

exzessiv [ɛkstsɛ'siːf] adj excessif, -ive

F
f

F, f [ɛf] <-, -> nt ⓐ F m/f m ⓑ MUS fa m

Fabel ['faːbəl] <-, -n> f fable f

fabelhaft adj: **das ist ja ~!** c'est vraiment sensationnel!

Fabrik [fa'briːk] <-, -en> f usine f

Fabrikarbeiter(in) m(f) ouvrier m, -ière f d'usine

Fach [fax] <-[e]s, Fächer> nt ⓐ (einer Tasche) compartiment m ⓑ (Schubfach) tiroir m ⓒ (Schulfach) matière f

Facharbeiter(in) m(f) ouvrier m, -ière f qualifié(e) **Facharzt**, **-ärztin** f [médecin mf] spécialiste mf

Fachfrau f spécialiste f **Fach-**

gebiet nt spécialité f **Fachhochschule** f: école supérieure spécialisée où on peut faire des études techniques ou artistiques

Fachmann <-leute> m spécialiste m

Fachschule f école f professionnelle

fad(e) [faːt ('faːdə)] adj fade

Faden ['faːdən] <-s, Fäden> m fil m

fähig ['fɛːɪç] adj capable

Fähigkeit <-, -en> f faculté f

Fahne ['faːnə] <-, -n> f drapeau m

Fahrausweis m ⓐ titre m de transport ⓑ SCHWEIZ (Führerschein) permis m de conduire

Fahrdienst *m* service *m* de transport [pour handicapés]

Fähre ['fɛːrə] <-, -n> *f* (Fluss) bac *m*; (Meer) ferry *m*

fahren ['faːrən] *irr* **I.** *vi* **nach Frankreich ~** aller en France ② (Fahrzeug) rouler; **nach oben/unten ~** (Fahrstuhl) monter/descendre ③ (ein Fahrzeug lenken) conduire ④ (losfahren) partir **II.** *vt* ① (Auto) conduire; (Fahrrad) rouler sur ② (Personen) conduire; (Sachen) transporter ③ (als Geschwindigkeit haben) **90 km/h ~** rouler à 90 km/h

Fahrer(in) ['faːrɐ] <-s, -> *m(f)* conducteur *m*, -trice *f*

Fahrgast *m* passager *m*, -ère *f*

Fahrkarte *f* ticket *m*; [für den Zug] billet *m* **Fahrkartenautomat** *m* distributeur [automatique] de tickets **Fahrkartenschalter** *m* guichet *m*

Fahrplan *m* [indicateur *m*] horaire *m* **Fahrpreis** *m* prix *m* du billet

Fahrrad *nt* vélo *m*

Fahrradfahrer(in) *m(f)* cycliste *mf* **Fahrradhelm** *m* casque *m* de protection **Fahrradweg** *m* piste *f* cyclable

Fahrschein *s.* **Fahrkarte**

Fahrscheinautomat *m* distributeur *m* automatique [de tickets] **Fahrscheinentwerter** *m* composteur *m*

Fahrschule *f* auto-école *f* **Fahrspur** *f* voie *f* [de circulation]

Fahrstuhl *m* ascenseur *m*

Fahrt [faːɐt] <-, -en> *f* ① trajet *m* ② (Reise) voyage *m*

Fahrverbot *nt* (generelles Fahrverbot) interdiction *f* de circuler

Fahrzeug <-, -e> *nt* véhicule *m*

fair [fɛːɐ] **I.** *adj* (Spiel) correct(e) **II.** *adv* (spielen) avec fair-play

Fakultät [fakʊlˈtɛːt] <-, -en> *f* faculté *f*

Fall [fal] <-[e]s, Fälle> *m* cas *m*

Falle ['falə] <-, -n> *f* piège *m*

fallen ['falən] *vi irr* tomber

fällig ['fɛlɪç] *adj* (Rechnung) parvenu(e) à échéance

falls [fals] *konj* au cas où +*cond*

Fallschirm *m* parachute *m*

Fallschirmspringen *nt* parachutisme *m*

falsch [falʃ] **I.** *adj* faux, fausse; (Schlüssel) mauvais(e) **II.** *adv* mal; (singen) faux

fälschen ['fɛlʃən] *vt* falsifier

Fälschung ['fɛlʃʊŋ] <-, -en> *f* falsification *f*

Falte ['faltə] <-, -n> *f* ① (eines Kleidungsstücks) pli *m* ② (Hautfalte) ride *f*

falten ['faltən] *vt* (Papier) plier; (Hände) joindre

Faltrollstuhl *m* fauteuil *m* roulant pliant

Familie [faˈmiːljə] <-, -n> *f* famille *f*

Familienname *m* nom *m* de famille **Familienstand** *m* situation *f* de famille **Familienvater** *m* père *m* de famille

Fan [fɛn] <-s, -s> *m* fan *m*

fanatisch [faˈnaːtɪʃ] *adj* fanatique

fangen ['faŋən] *irr* **I.** *vt* attraper **II.** *vr:* **sich wieder ~** se ressaisir

F

Fango ['faŋgo] <-s> nt boue f minérale

Fantasie [fanta'zi:] <-, -n> f imagination f

fantastisch I. adj ① (fam) formidable ②; (geh: Geschichte) fantastique **II.** adv (fam: großartig) merveilleusement [bien]

Farbe ['farbə] <-, -n> f couleur f

färben ['fɛrbən] vt teindre

farbig ['farbɪç] **I.** adj ① coloré(e) ②; (Foto) en couleur **II.** adv en couleur

Farbige(r) f(m) homme m/ femme f de couleur

farblos adj incolore

Farbstift m crayon m de couleur

Farn [farn] <-[e]s, -e> m fougère f

Fasching ['faʃɪŋ] <-s, -e> m carnaval m

Faschismus [fa'ʃɪsmʊs] <-> m fascisme m

Faschist(in) [fa'ʃɪst] <-en, -en> m(f) fasciste mf

Fasnacht SCHWEIZ s. **Fastnacht**

Fass [fas] <-es, Fässer> nt (Holzfass) tonneau m **vom ~** [à la] pression

Fassade [fa'sa:də] <-, -n> f façade f

fassen ['fasən] **I.** vt ① saisir; **jdn an der Hand ~** prendre qn par la main ②; (festnehmen) arrêter **II.** vr: **sich wieder ~** se ressaisir

fast [fast] adv presque

Fasten ['fastən] <-s> nt jeûne m

Fastenzeit f carême m

Fastfood, Fast Food ['fa:stfu:d] <-[s]> nt restauration f rapide

Fastnacht f carnaval m

Fastnachtsdienstag m mardi

gras m

faszinieren* [fastsi'ni:rən] vt fasciner

faul [faul] adj ① paresseux, -euse ②; (Lebensmittel) avarié(e); (Obst) pourri(e)

faulen ['faulən] vi pourrir

faulenzen ['faulentsən] vi fainéanter

Faulheit f paresse f

faulig (Obst) s. **faul**

Faust [faust] <-, Fäuste> f poing m

faxer

Fax ['faks] <-, -e> nt fax m

faxen I. vi envoyer un fax **II.** vt faxer

Faxgerät nt télécopieur m

Fazit ['fa:tsɪt] <-s, -s> nt bilan m

Februar ['fe:brua:ɐ̯] <-[s] -e> m février m

Feder ['fe:dɐ] <-, -n> f ① plume f ② TECH ressort m

Federball m (Ball) volant m; (Spiel) badminton m

federleicht adj ultra-léger, -ère

Fee [fe:] <-, -n> f fée f

fegen ['fe:gən] vt, vi balayer

fehlen ['fe:lən] vi ① manquer ②; (abwesend sein) **im Unterricht ~** être absent du cours

Fehler ['fe:lɐ] <-s, -> m ① faute f ②; (Mangel) défaut m

Fehlgeburt f fausse-couche f

Fehlschlag m échec m

Feier ['faiɐ] <-, -n> f fête f; (Festakt) cérémonie f

Feierabend m (Arbeitsschluss) fin f de la journée de travail; (Geschäftsschluss) heure f de fermeture

feierlich adj solennel(le)

feiern ['faiɐn] **I.** vt fêter **II.** vi faire

la fête

Feiertag m jour m férié

feig[e] adj lâche

Feige ['faigə] <-, -n> f figue f

Feigling ['faiklɪŋ] <-s, -e> m lâche mf

Feile ['failə] <-, -n> f lime f

fein [fain] adj ① fin(e) ② (fam: Charakter) sympathique ③ (vornehm) distingué(e)

Feind(in) [faint] <-[e]s, -e> m(f) ennemi(e) m(f)

feindlich adj ennemi(e)

Feinkostgeschäft nt (internationale Spezialitäten) épicerie f fine; (hausgemachte Produkte) traiteur m

Feld [fɛlt] <-[e]s, -er> nt ① (Acker) champ m ② (vom Spielbrett) case f ③ SPORT terrain m

Feldsalat m mâche f

Fell [fɛl] <-[e]s, -e> nt pelage m

Fels [fɛls] <-en, -en> m rocher m

Felsen ['fɛlzn] <-s, -> m rocher m

felsenfest I. adj inébranlable II. adv (überzeugt sein) absolument

Felswand f falaise f

Feminismus [femi'nɪsmʊs] <-> m féminisme m

Feminist(in) [femi'nɪst] <-en, -en> f féministe mf

Fenchel ['fɛnçəl] <-s> m fenouil m

Fenster ['fɛnstɐ] <-s, -> nt fenêtre f

Fensterplatz m coin-fenêtre m **Fensterscheibe** f vitre f

Ferien ['feːriən] Pl vacances f pl

Ferienanlage f village m de vacances **Ferienhaus** nt maison f de vacances **Ferienwohnung** f

appartement m de vacances **Ferienzeit** f (Periode f des) vacances f pl

fern [fɛrn] I. adj ① (räumlich) lointain(e) ② (zeitlich) loin II. adv loin

Fernbedienung f télécommande f

Ferne <-> f lointain m

ferner I. adv encore et toujours II. konj de plus

Ferngespräch nt communication f à moyenne et grande distance **Fernglas** nt [paire f de] jumelles f pl **Fernlicht** nt feux mpl de route **Fernost**: **in/nach** ~ en Extrême-Orient

fern|sehen vi irr regarder la télévision

Fernsehen <-s> nt télévision f

Fernseher <-s, -> m (fam) télé f **Fernsehprogramm** nt ① programme m de télévision ② (Kanal) chaîne f de télévision **Fernsehraum** m salle f de télévision **Fernsehzuschauer(in)** m(f) téléspectateur m, -trice f

Fernsicht f vue f

Ferse ['fɛrzə] <-, -n> f talon m

fertig ['fɛrtɪç] I. adj ① (Arbeit) terminé(e); ~ **werden** finir ② (Speise) prêt(e) II. adv ① etw ~ **bringen** arriver à faire qc; etw ~ **stellen** finir qc ② (bereit) **sich für etw ~ machen** se préparer pour qc

fesseln ['fɛsəln] vt: **jdn mit etw an etw** ~ attacher qn avec qc à qc

fest [fɛst] I. adj ① solide ② (Händedruck) ferme; (Knoten) serré(e)

⊙ (Anstellung) définitif, -ive; (Wohnsitz) permanent(e); (Einkommen) fixe **II.** adv **⊙** fort **⊘** (zudrehen) à fond **⊙** (zusagen) formellement (glauben) fermement **⊙** (dauernd) ~ angestellt sous contrat à durée indéterminée

Fest [fɛst] <-[e]s, -e> nt fête f

fest|binden vt irr: **etw an etw** (dat) ~ attacher qc à qc

fest|halten irr **I.** vt retenir **II.** vi: **an jdm/etw** ~ être fidèle à qn/qc **III.** vr: **sich an jdm/etw** ~ s'accrocher à qn/qc

festigen ['fɛstɪgən] vt, vr: [sich] [se] consolider

Festival ['fɛstival] <-s, -s> nt festival m

Festland nt continent m

fest|legen vt fixer

festlich ['fɛstlɪç] adj de fête

fest|machen vt fixer

fest|nehmen vt irr arrêter

fest|setzen vt (Preis) fixer; (Wert) déterminer

fest|stehen vi irr: **es steht fest, dass ...** il est clair que ...

fest|stellen vt constater

Festung ['fɛstʊŋ] <-, -en> f forteresse f

fett [fɛt] adj gras(se)

Fett <-[e]s, -e> nt graisse f

fettarm I. adj allégé(e) ~ **e Milch** lait m écrémé **II.** adv (kochen) léger

fettig adj gras(se)

feucht [fɔyçt] adj humide

Feuchtigkeit <-> f humidité f

feudal [fɔy'da:l] adj féodal(e)

Feuer ['fɔye] <-s, -> nt feu m

Feueralarm m alerte f au feu

feuergefährlich adj inflammable

Feuerlöscher m extincteur m

Feuermelder <-s, -> m avertisseur m d'incendie

feuern **I.** vi (schießen) faire feu **II.** vt (fam: entlassen) virer

Feuerwehr <-, -en> f [sapeurs-] pompiers m pl **Feuerwehrmann** <-leute o -männer> m [sapeur-]pompier m **Feuerwerk** nt feu m d'artifice **Feuerzeug** <-[e]s, -e> nt briquet m

Fichte ['fɪçtə] <-, -n> f épicéa m; (Holz) sapin m

Fieber ['fi:be] <-s, -> nt fièvre f

fieberhaft adj (Eile) fébrile

Fieberthermometer nt thermomètre m

Figur [fi'gu:g] <-, -en> f **⊙** silhouette f **⊘** (Schachfigur) pièce f **⊙** LITER personnage m

Filiale [fi'lja:lə] <-, -n> f succursale f

Film [fɪlm] <-[e]s, -e> m film m

Filmempfindlichkeit f sensibilité f

filmen ['fɪlmən] **I.** vt filmer **II.** vi tourner

Filmschauspieler(in) m(f) acteur m, -trice f de cinéma

Filter ['fɪltɐ] <-s, -> m o nt filtre m

filtern vt filtrer

Finale [fi'na:lə] <-s, -s o -> nt finale f

Finanzamt nt fisc m

Finanzen [fi'nantsən] Pl finances f pl

finanziell [finan'tsiεl] adj financier, -ière

finanzieren* [finan'tsi:rən] vt financer

Finanzierung <-, -en> f finance-ment m

finden ['fɪndən] vt, vi irr trouver

Finger ['fɪŋɐ] <-s, -> m doigt m

Fingerabdruck <-abdrücke> m empreinte f digitale

Fingernagel m ongle m

Finnland ['fɪnlant] nt la Finlande

finster ['fɪnstɐ] adj sombre

Finsternis <-, -se> f ❶ obscurité f ❷ ASTRO éclipse f

Firma ['fɪrma] <-, Firmen> f entre-prise f

Firmen Pl von **Firma**

Fisch [fɪʃ] <-[e]s, -e> m ❶ poisson m ❷ ASTRO **er ist ~** il est Poissons

fischen vt, vi pêcher

Fischer(in) <-s, -> m(f) pêcheur m, -euse f

Fischerdorf nt village m de pê-cheurs

Fischfang m pêche f **Fisch-geschäft** nt poissonnerie f **Fischhändler** m poissonnier m

fit [fɪt] adj en forme

Fitnesscenter nt centre m de gymnastique

FKK [ɛfkaː'aː] <-> Abk von **Frei-körperkultur** nudisme m

FKK-Strand m plage f de nu-distes

flach [flax] **I.** adj plat(e) **II.** adv à plat

Fläche ['flɛçə] <-, -n> f ❶ (Ebene) surface f ❷ (messbare Oberflä-che) superficie f

Flagge ['flagə] <-, -n> f drapeau m

Flair [flɛːɐ] <-s> nt o (geh) m (einer Person) aura f; (einer Stadt)

charme m

Flame ['flaːmə] <-n, -n> m, **Fla-min** o **Flämin** f Flamand(e) m(f)

flämisch ['flɛːmɪʃ] **I.** adj fla-mand(e) **II.** adv en flamand

Flämisch <-[s]> nt flamand m

Flamme ['flamə] <-, -n> f flamme f

Flandern ['flandɐn] <-s> nt la Flandre

Fläschchenwärmer m chauffe-biberon m

Flasche ['flaʃə] <-, -n> f ❶ bouteille f ❷ (Säuglingsflasche) biberon m

Flaschenöffner m ouvre-bouteille[s] m

Flaschner(in) ['flaʃnɐ] <-s, -> m(f) SCHWEIZ plombier m

Flaute ['flautə] <-, -n> f accalmie f

flechten ['flɛçtən] vt irr tresser

Fleck [flɛk] <-[e]s, -e> m tache f

fleckig ['flɛkɪç] adj (Kleidungsstück) taché(e); (Haut) tacheté(e)

Fledermaus ['fleːdɐmaus] f chauve-souris f

Fleisch [flaiʃ] <-[e]s> nt viande f

Fleischbrühe f bouillon m de viande

Fleischhauer(in) m(f) ÖSTERR boucher m, ère f

Fleiß [flais] <-es> m application f

fleißig ['flaisɪç] **I.** adj (Mitarbeiter) tra-vailleur, -euse f; (Schüler) appli-qué(e) **II.** adv avec application

flexibel [flɛ'ksiːbəl] adj flexible

flicken ['flɪkən] vt (Kleidung) rapié-cer; (Fahrradschlauch) réparer

Flickzeug <-[e]s, -e> nt kit m de réparation de pneus

Flieder ['fliːdɐ] <-s, -> m lilas m

Fliege ['fliːgə] <-, -n> f ❶ ZOOL

mouche f COUT nœud m papillon

fliegen ['fliːɡən] irr I. vi voler
II. vt ❶ (Flugzeug) piloter
❷ (Passagiere) transporter par
avion

Flieger ['fliːɡɐ] <-s, -> m ❶ (Pilot)
aviateur m ❷ (fam: Flugzeug)
avion m

Fliegerin <-, -nen> f aviatrice f

fliehen ['fliːən] vi irr s'enfuir

Fliesenleger(in) <-s, -> m(f) carreleur m, -euse f

Fließband <-bänder> nt chaîne f
[de montage]

fließen ['fliːsən] vi irr ❶ couler
❷ (elektrischer Strom) passer

fließend adv (sprechen) couramment

flink [flɪŋk] I. adj agile II. adv
avec adresse

Flipflop ['flɪpflɔp] <-s, -s> m tong f

Flirt [floert] <-s, -s> m flirt m

flirten ['floertən] vi flirter

Flitterwochen Pl lune f de miel

Floh [floː] <-[e]s, Flöhe> m puce f

Flohmarkt m marché m aux
puces

Floß [floːs] <-es, Flöße> m radeau m

Flosse ['flɔsə] <-, -n> f ZOOL nageoire f

Flöte ['fløːtə] <-, -n> f flûte f

flott [flɔt] (fam) I. adj ❶ (Bedienung) dégourdi(e); (Musik)
entraînant(e); ❷ (Person) smart(e)
II. adv ❶ (zügig) vite ❷ (schick)
chic

Flotte ['flɔtə] <-, -n> f MIL flotte f

Fluch [fluːx] <-[e]s, Flüche> m

❶ (Schimpfwort) juron m
❷ (Verwünschung) malédiction f

fluchen ['fluːxən] vi jurer

Flucht [flʊxt] <-, -en> f fuite f;
(aus dem Gefängnis) évasion f

flüchten ['flʏçtən] I. vi (s'en)fuir
II. vr: **sich in den Alkohol ~**
se réfugier dans l'alcool

flüchtig ['flʏçtɪç] adj fugitif, -ive

Flüchtling ['flʏçtlɪŋ] <-s, -e> m
réfugié(e) m(f)

Flug [fluːk] <-[e]s, Flüge> m vol m

Flugbegleiter(in) m(f) steward
m/hôtesse f de l'air **Flugblatt**
nt tract m

Flügel ['flyːɡəl] <-s, -> m ❶ aile f
❷ MUS piano m à queue

Fluggast m passager m, -ère f
Fluggesellschaft f compagnie
f aérienne

Flughafen m aéroport m

Flughafenbus m bus m pour l'aéroport **Flughafengebühr** f
taxes mpl d'aéroport

Flugplatz m aérodrome m **Flugschein** m brevet m de pilote
Flugsteig m porte f d'embarquement **Flugverkehr** m trafic
m aérien

Flugzeug ['fluːktsɔyk] <-[e]s, -e>
nt avion m

Flugzeugabsturz m crash m
Flugzeugbesatzung f équipage m de l'avion

Fluor ['fluːoːɐ] <-s> nt CHEM fluor m

Flur [fluːɐ] <-[e]s, -e> m couloir m

Flurbreite f largeur f du couloir

Fluss [flʊs] <-es, Flüsse> m
fleuve m; (Nebenfluss) rivière f

flüssig ['flʏsɪç] adj ❶ liquide

Ⓑ (Verkehr, Stil) fluide

Flüssigkeit <-, -en> f liquide m

flüstern ['flʏstɐn] vi, vt chuchoter

Flut [fluːt] <-, -en> f Ⓐ (opp: Ebbe) marée f montante/haute

Fohlen ['foːlən] <-s, -> nt poulain m

Föhn [føːn] <-[e]s, -e> m Ⓐ METEO foehn m Ⓑ (Haartrockner) sèche-cheveux m

föhnen ['føːnən] vt: sich (dat) die Haare ~ se sécher les cheveux au séchoir

Folge ['fɔlgə] <-, -n> f Ⓐ (Auswirkung) conséquence f Ⓑ (von Eindrücken, Zahlen) série f Ⓒ RADIO, TV épisode m

folgen ['fɔlgən] vi Ⓐ jdm/einer S. ~ suivre qn/qc Ⓑ (als Nächstes kommen) venir ensuite Ⓒ (gehorchen) jdm ~ obéir à qn Ⓓ (resultieren) aus etw ~ résulter de qc

folgend adj (Seite) suivant(e)

folgendermaßen adv de la manière suivante

Folklore [fɔlk'loːrə] <-> f folklore m

Folkloreabend m soirée f folklorique

Folter ['fɔltɐ] <-, -n> f torture f

Fön® <-[e]s, -e> m sèche-cheveux m

fordern ['fɔrdɐn] vt exiger

fördern ['fœrdɐn] vt Ⓐ (Personen) aider; (Projekt, Talent) encourager Ⓑ (finanzieren) financer

fordernd adj exigeant(e)

Forderung <-, -en> f exigence f

Förderung <-, -en> f aide f

Forelle [fo'rɛlə] <-, -n> f truite f

Form [fɔrm] <-, -en> f Ⓐ forme f

Ⓑ (Backform) moule m

formal [fɔr'maːl] adj formel(le)

Formalität [fɔrmali'tɛːt] <-, -en> f formalité f

Format [fɔr'maːt] <-[e]s, -e> nt Ⓐ (Größe) format m Ⓑ (einer Person) carrure f

Formel ['fɔrməl] <-, -n> f formule f

formell [fɔr'mɛl] adj officiel(le)

formen ['fɔrmən] vt former

förmlich ['fœrmlɪç] I. adj dans les formes II. adv vraiment

Formular [fɔrmu'laːɐ] <-s, -e> nt formulaire m

formulieren* [fɔrmu'liːrən] vt formuler

forschen ['fɔrʃən] vi faire de la recherche

Forscher(in) <-s, -> m(f) chercheur m, -euse f

Forschung <-, -en> f recherche f scientifique

Förster(in) ['fœrstɐ] <-s, -> m(f) garde m forestier

fort [fɔrt] adv: ~ sein (Schlüssel) avoir disparu; (Person) être parti

fort|bewegen* vt, vr: [sich] ~ [se] déplacer

Fortbildung f formation f continue

fort|fahren I. vi Ⓐ partir Ⓑ (weitermachen) poursuivre II. vt (Person) emmener; (Gegenstand) emporter

fort|gehen vi Ⓐ partir Ⓑ (sich fortsetzen) se poursuivre

fortgeschritten ['fɔrtɡəʃrɪtən] adj avancé(e)

Fortpflanzung f reproduction f

Fortschritt m progrès m

fort|setzen vt, vr: [sich] ~ [se] poursuivre

Fortsetzung <-, -en> f suite f

Foto ['fo:to] <-s, -s> nt photo[graphie] f

Fotoapparat m appareil m photo[graphique] **Fotogeschäft** nt magasin m de photos

Fotograf(in) [foto'gra:f] <-en, -en> m(f) photographe mf

Fotografie [fotogra'fi:] <-, -en> f photo[graphie] f

fotografieren* [fotogra'fi:rən] I. vt prendre une photo de II. vi prendre des photos

Fotohandy nt portable m avec appareil photo numérique

Fotokopie [fotoko'pi:] f photocopie f

fotokopieren* vt photocopier **Fotokopiergerät** nt photocopieur m

Fracht [fraxt] <-, -en> f cargaison f

Frage ['fra:gə] <-, -n> f question f

Fragebogen m questionnaire m

fragen ['fra:gən] I. vi ① poser des questions/une question ② (verlangen) **nach jdm** ~ demander [à parler à] qn; **nach etw** ~ demander qc II. vr: **sich ~, ob ...** se demander si ... III. vt: **jdn etw** ~ demander qc à qn

Fragezeichen nt point m d'interrogation

fragwürdig adj douteux, -euse

Fraktion [frak'tsio:n] <-, -en> f POL groupe m parlementaire

Franke ['frankə] <-n, -n> m, **Fränkin** f GEO Franconien(ne) m(f)

Franken[1] <-s> nt GEO Franconie f

Franken[2] <-s, -> m franc m suisse

Frankfurt ['frankfurt] <-s> nt Francfort

frankieren* [fran'ki:rən] vt affranchir

Frankreich ['frankraiç] <-s> nt la France

Franzose [fran'tso:zə] <-n, -n> m, **Französin** f Français(e) m(f)

französisch [fran'tsø:zɪʃ] I. adj français(e) II. adv en français

Französisch <-[s]> nt français m

französischsprachig adj francophone

Frau [frau] <-, -en> f ① femme f ② (in der Anrede) ~ **Müller** madame Müller

Frauenarzt m, **-ärztin** f gynécologue m f

Fräulein ['frɔylain] <-s, -> nt (veraltend) ~ **Schmidt** mademoiselle Schmidt

frech [frɛç] adj (Person) effronté(e)

Frechheit <-, -en> f effronterie f

frei [frai] I. adj ① libre; (Mitarbeiter) indépendant(e) ② (Stelle) vacant(e) ③ (Natur) plein(e) II. adv ① librement, en liberté ② (ungezwungen) de manière décontractée

Freibad nt piscine f en plein air

freiberuflich I. adj indépendant(e) II. adv à son compte

frei|geben vi irr: **jdm zwei Stunden** ~ donner deux heures de libre à qn

freigebig adj généreux, -euse

frei|haben vi irr (fam) être en

congé; *(Schüler)* ne pas avoir cours

frei|halten *vt irr* ❶ *(Einfahrt)* ne pas stationner devant ❷ *(Platz)* garder

Freiheit ['fraɪhaɪt] *f* <-, -en> liberté *f*

Freikarte *f* place *f* gratuite

frei|lassen *vt irr (Verhafteten)* relaxer; *(Geisel)* relâcher

freilich ['fraɪlɪç] *adv* ❶ *(allerdings)* toutefois ❷ *(natürlich)* bien sûr

Freilichtkino *nt* cinéma *m* en plein air

frei|machen **I.** *vt* ❶ POST affranchir ❷ **den Oberkörper ~** enlever le haut **II.** *vi (fam)* prendre un repos

Freitag ['fraɪtaːk] *m* vendredi *m*

Freitagabend *m* vendredi *m* soir

     Freitagmorgen *m* vendredi *m* matin

freitags *adv* le vendredi

freiwillig **I.** *adj* bénévole **II.** *adv* de son plein gré

Freizeit *f* loisirs *m pl*

Freizeitpark *m* parc *m* de loisirs

fremd [frɛmt] *adj* étranger, -ère

Fremde(r) *f(m) (Unbekannter)* inconnu *m(f)*; *(Ausländer)* étranger *m*, -ère *f*

Fremdenführer(in) *m(f)* guide *mf* **Fremdenverkehrsamt** *nt* office *m* de tourisme, syndicat *m* d'initiative

fremd|gehen *vi irr (fam)* être infidèle

Fremdsprache *f* langue *f* étrangère **Fremdwort** <-wörter> *nt* mot *m* étranger

fressen ['frɛsən] *vt, vi irr (Tier)* manger

Freude ['frɔʏdə] *f* <-, -n> joie *f*; **jdm eine ~ machen** faire plaisir à qn

freuen ['frɔʏən] **I.** *vr*: **sich über jdn/etw** se réjouir de qn/qc; **sich auf jdn/etw** se réjouir [d'avance] de qn/qc **II.** *vt* réjouir

Freund(in) [frɔʏnt] *m* <-[e]s, -e> *m(f)* ami(e) *m(f)*

freundlich ['frɔʏntlɪç] **I.** *adj* ❶ aimable ❷ *(Wetter)* agréable; *(Zimmer)* accueillant(e) **II.** *adv* de façon amicale

freundlicherweise
['frɔʏntlɪçɐˈvaɪzə] *adv* aimablement

Freundlichkeit <-, -en> *f* amabilité *f*

Freundschaft <-, -en> *f* amitié *f*

Frieden <-s, -> *m* paix *f*

Friedhof ['friːthoːf] *m* cimetière *m*

friedlich **I.** *adj* pacifique **II.** *adv (sterben)* en paix

frieren ['friːrən] *irr vi* ❶ avoir froid; **an den Händen ~** avoir froid aux mains ❷ *(gefrieren)* geler ❸ **es friert** il gèle

Friese ['friːzə] *m* <-n, -n> *m*, **Friesin** *f* Frison(ne) *m(f)*

friesisch *adj* frison(ne)

frisch [frɪʃ] *adj* frais, fraîche

Frische ['frɪʃə] *f* <-> fraîcheur *f*

Frischhaltefolie *f* film *m* alimentaire

Friseur(in) [friˈzøːɐ] *m* <-s, -e> *m(f)* coiffeur *m*, -euse *f*

Friseuse [friˈzøːzə] *f* <-, -n> coiffeuse *f*

frisieren* [fri'ziːrən] vt coiffer
Frisör s. **Friseur**
Frisöse s. **Friseuse**
Frist [frɪst] <-, -en> f délai m
Frisur [fri'zuːɐ̯] <-, -en> f coiffure f
frittieren* vt faire frire
froh [froː] adj ➊ (glücklich) joyeux, -euse ➋ (fam: zufrieden) über etw (akk) ~ sein être content de qc
fröhlich [ˈfrøːlɪç] I. adj joyeux, -euse II. adv allègrement
Fröhlichkeit <-> f gaieté f
fromm [frɔm] <frömmer, frömmste> adj pieux, -euse
Fronleichnam [froːnˈlaɪçnaːm] la Fête-Dieu
frontal [frɔnˈtaːl] I. adj frontal(e) II. adv de front
Frosch [frɔʃ] <-[e]s, Frösche> m grenouille f
Frost [frɔst] <-[e]s, Fröste> m gel m
Frostschutzmittel nt antigel m
Frucht [frʊxt] <-, Früchte> f fruit m
fruchtbar adj fécond(e); (Erde) fertile
Fruchtbarkeit <-> f fécondité f
Fruchtsaft m jus m de fruit
früh [fryː] I. adj: es ist [noch] ~ il est [encore] tôt II. adv (aufbrechen) de bonne heure
früher [ˈfryːɐ̯] I. adj ➊ (vergangen) passé(e) ➋ (ehemalig) ancien(ne) II. adv ➊ (eher) plus tôt; (einst) autrefois
frühestens [ˈfryːəstəns] adv au plus tôt
Frühjahr nt printemps m
Frühling [ˈfryːlɪŋ] <-s, -e> m printemps m

Frühstück <-stücke> nt petit-déjeuner m
frühstücken vi prendre son petit-déjeuner
Frühstücksbüfett nt buffet m [de petit déjeuner] **Frühstücksraum** m salle f de petit déjeuner
frühzeitig I. adj précoce; (Tod) prématuré(e) II. adv ➊ (suffisamment) tôt; (vorzeitig) prématurément
Frust [frʊst] <-[e]s> m (fam) frustration f
frustrieren* [frʊsˈtriːrən] vt (fam) frustrer
Fuchs [fʊks] <-es, Füchse> m renard m
fühlen [ˈfyːlən] I. vt ➊ sentir, ressentir ➋ (ertasten) toucher II. vr: wie ~ Sie sich? comment vous sentez-vous?
führen [ˈfyːrən] I. vt ➊ guider; (hinführen) conduire ➋ (Betrieb) diriger II. vi ➊ (in Führung liegen) mener ➋ (als Ergebnis haben) zu etw ~ conduire à qc
Führer(in) [ˈfyːrɐ] <-s, -> m(f) ➊ (Leiter) dirigeant(e) m(f) ➋ (Reiseführer) guide mf
Führerschein m permis m [de conduire]
Führung [ˈfyːrʊŋ] <-, -en> f ➊ (Besichtigung) visite f guidée ➋ (leitende Gruppe) direction f
füllen [ˈfʏlən] I. vt ➊ (Gefäß) remplir ➋ GASTR farcir ➌ (einfüllen) verser II. vr: sich ~ se remplir
Füller [ˈfʏle] <-s, -> m stylo m
Füllung <-, -en> f GASTR farce f
Fund [fʊnd] <-[e]s, -e> m (ar-

chäologisch) vestige *m* archéologique

Fundbüro *nt* bureau *m* des objets perdus

fünf [fʏnf] *num* cinq

fünfeinhalb *num* cinq ... et demi(e)

fünferlei *adj:* ~ **Sorten Brot** cinq sortes de pain

fünffach *adj, adv* cinq fois

fünfmal *adv* cinq fois

fünft *adv:* **zu ~ sein** être cinq

fünfte(r, s) *adj* ❶ cinquième ❷ *(bei Datumsangabe)* **der ~ März** le cinq mars

fünftel *adj* cinquième

fünfzig [ˈfʏnftsɪç] *num* cinquante

fünfziger *adj:* **die ~ Jahre** les années *f pl* cinquante

fünfzigste(r, s) *adj* cinquantième

Funktion [fʊŋkˈtsi̯oːn] *f* <-, -en> *f* fonction *f*

funktionieren* [fʊŋtsi̯oˈniːrən] *vi* fonctionner

für [fyːɐ] *präp* +akk ❶ pour ❷ *(wiederholend)* **Tag ~ Tag** jour après jour ❸ *mit Fragepronomen:* **was ~ ...** quel(le)s ...; **was ~ ein ...** quelle sorte de ...

Furcht [fʊrçt] <-> *f* peur *f*

furchtbar *adj* terrible

fürchten [ˈfʏrçtən] **I.** *vt* ❶ redouter ❷ *(befürchten)* craindre **II.** *vr:* **sich vor jdm/etw ~**

avoir peur de qn/qc

fürchterlich [ˈfʏrçtɐlɪç] *s.* **furchtbar**

füreinander [fyːɐʔaɪˈnandɐ] *adv* l'un(e) pour l'autre/les un(e)s pour les autres

Fürst(in) [ˈfʏrst] <-en, -en> *m(f)* prince *m*/princesse *f*

Fürstentum <-[e]s, -tümer> *nt* principauté *f*

Fuß [fuːs] <-es, Füße> *m* pied *m*

Fuß(reflexzonen)**massage** *f* réflexologie *f* plantaire

Fußball *m* ❶ football *m* ❷ *(Ball)* ballon *m* [de football]

Fußballer(in) <-s, -> *m(f)* *(fam)* footballeur *m*, -euse *f* **Fußballmannschaft** *f* équipe *f* de football **Fußballplatz** *m* terrain *m* de football **Fußballspiel** *nt* match *m* de football **Fußballspieler(in)** *m(f)* joueur *m*, -euse *f* de football **Fußballverein** *m* club *m* de football

Fußboden *m* sol *m*

Fußgänger(in) [ˈfuːsɡɛŋɐ] <-s, -> *m(f)* piéton(ne) *m(f)* **Fußgängerzone** *f* zone *f* piétonne

Fußgelenk *nt* cheville *f* **Fußspitze** *f* pointe *f* du pied

Futter [ˈfʊtɐ] <-s, -> *nt* ❶ nourriture *f* ❷ *(eines Mantels)* doublure *f*

füttern [ˈfʏtɐn] *vt* nourrir

Gg

g *Abk von* **Gramm** g

G, g [ge:] <-, -> *nt* ❶ G *m*/g *m* ❷ MUS sol *m*

Gabel ['ga:bəl] <-, -n> *f* fourchette *f*

Gabelung [-, -en>] *f* bifurcation *f*

gähnen ['gɛ:nən] *vi* bâiller

galant [ga'lant] *adj* galant(e)

Galerie [galə'ri:] <-, -n> *f* ❶ *(Kunstgalerie)* galerie *f* [d'art] ❷ ÖSTERR, SCHWEIZ *(Tunnel)* tunnel *m*

Gallenblase *f* vésicule *f* biliaire

Galopp [ga'lɔp] <-s, -s> *m* galop *m*

galoppieren* [galɔ'pi:rən] *vi* galoper

Gämse ['gɛmzə] <-, -n> *f* chamois *m*

Gang [gaŋ] <-[e]s, Gänge> *m* ❶ démarche *f* ❷ GASTR plat *m* ❸ TECH vitesse *f* **im ersten ~** en première ❹ *(Korridor)* couloir *m*

Gans [gans] <-, Gänse> *f* oie *f* ▸ **Gänseleberpastete** *f* foie *m* gras [d'oie]

ganz [gants] **I.** *adj* ❶ complet, -ète; **die ~e Nachbarschaft** tous les voisins; **den ~en Tag [über]** toute la journée ❷ *(fam: all der/das ...)* **dieses ~e Gerede** tous ces discours ❸ *(fam: unbeschädigt)* intact(e) **II.** *adv* ❶ *(kalt)* très; *(allein)* tout; *(vorne)* tout [à fait]; *(überarbeiten)* complètement ❷ *(fam: ziemlich)* assez

Ganze(s) *nt* ❶ *(Ganzheit)* en-

semble *m* ❷ *(alle Sachen)* **das ~** le tout

Ganzkörpermassage *f* soin *m* du corps

ganztägig ['gantstɛ:gɪç] **I.** *adj* d'une journée **II.** *adv* toute la journée

gar¹ [ga:g] *adv*: **~ nichts** absolument rien; **~ nicht teuer** pas cher(chère) du tout

gar² *adj* bien cuit

Garage [ga'ra:ʒə] <-, -n> *f* garage *m*

Garantie [garan'ti:] <-, -n> *f* garantie *f*

garantieren* [garan'ti:rən] *vt* garantir

Garderobe [garda'ro:bə] <-, -n> *f* ❶ *(Aufbewahrungsraum)* vestiaire *m* ❷ *(geh: Kleidung)* garde-robe *f*

Gardine [gar'di:nə] <-, -n> *f* rideau *m*

Garnele [gar'ne:lə] <-, -n> *f* crevette *f* [rose]

Garten ['gartən] <-s, Gärten> *m* jardin *m*

Gartenarbeit *f* jardinage *m* ▸ **Gartenfest** *nt* garden-party *f*

Gärtner(in) ['gɛrtnɐ] <-s, -> *m(f)* jardinier *m*, -ière *f*

Gärtnerei [gɛrtnə'raɪ] <-, -en> *f* établissement *m* horticole

Gas [ga:s] <-es, -e> *nt* gaz *m*

Gasflasche *f* bouteille *f* de gaz

Gashahn *m* robinet *m* du gaz

Gasherd m cuisinière f à gaz
Gaskartusche f cartouche f de gaz **Gaskocher** m réchaud m à gaz **Gasleitung** f conduite f de gaz **Gaspedal** nt accélérateur m

Gasse ['gasə] <-, -n> f ❶ ruelle f ❷ ÖSTERR (Straße) rue f

Gast [gast] <-[e]s, Gäste> m ❶ invité(e) m(f) ❷ (Hotelgast) pensionnaire m f ❸ (Besucher) hôte m

Gastarbeiter(in) m(f) travailleur immigré m/travailleuse immigrée f **Gästezimmer** nt chambre f d'amis

gastfreundlich adj hospitalier, -ière **Gastfreundschaft** f hospitalité f **Gastgeber(in)** m(f) hôte m, -esse f **Gasthof** m auberge f

Gastronomie [gastrono'miː] <-, -n> f (form) restauration f

Gaststätte f café-restaurant m

Gastwirt(in) m(f) cafetier-restaurateur m/cafetière-restauratrice f **Gastwirtschaft** s. **Gaststätte**

Gatte ['gatə] <-n, -n> m, **Gattin** f (form) époux m/épouse f (soutenu)

Gaumen ['gaʊmən] <-s, -> m palais m

G-Dur ['geːduːɐ] <-> nt sol m majeur

Gebäck [gə'bɛk] <-[e]s> nt ❶ pâtisseries f pl ❷ ÖSTERR (Brötchen) [petit] pain m

gebacken adj frit(e)

Gebäude [gə'bɔʏdə] <-s, -> nt bâtiment m

geben ['geːbən] irr vt, vi donner; **es gibt ...** il y a ...; **was gibts?**
qu'est-ce qu'il y a?

Gebet [gə'beːt] <-[e]s, -e> nt prière f

gebeugt adj courbé(e)

Gebiet [gə'biːt] <-[e]s, -e> nt ❶ (Region) région f ❷ (Sachgebiet) domaine m

gebildet [gə'bɪldət] adj cultivé(e)

Gebirge [gə'bɪrgə] <-s, -> nt montagnes f pl

gebirgig adj montagneux, -euse

gebogen [gə'boːgən] adj recourbé(e)

geboren [gə'boːrən] adj: **Anne Lauer, ~e Klein** Anne Lauer, née Klein

gebraten adj rôti(e)

Gebrauch [gə'braʊx] <-[e]s, Gebräuche> m usage m

gebräuchlich [gə'brɔʏçlɪç] adj usuel(le), commun(e)

Gebrauchsanweisung f mode m d'emploi

gebraucht [gə'braʊxt] adj, adv d'occasion

Gebrauchtwagen m voiture f d'occasion

gebrochen [gə'brɔxən] **I.** adj ❶ (Person) brisée ❷ (fehlerhaft) **in ~em Deutsch** en mauvais allemand **II.** adv: **~ Französisch sprechen** parler un mauvais français

Gebrüder [gə'bryːdɐ] Pl frères m pl

Gebrüll [gə'brʏl] <-[e]s> nt hurlements m pl

gebückt [gə'bʏkt] **I.** adj voûté(e) **II.** adv le dos courbé

Gebühr [gə'byːɐ] <-, -en> f taxe f

G

gebührenfrei adj gratuit(e) **ge-
bührenpflichtig** adj payant(e)
Geburt [gə'buːɐt] <-, -en> f
① naissance f ② (Entbindung)
accouchement m

Geburtsdatum nt date f de naissance **Geburtsname** m nom m
de jeune fille **Geburtsort** m lieu
m de naissance **Geburtstag** m
① anniversaire m ② (Geburtsdatum) date f de naissance

Gebüsch [gə'byʃ] <-[e]s, -e> nt
buissons m pl

Gedächtnis [gə'dɛçtnɪs] <-ses,
-se> nt mémoire f

gedämpft adj à l'étouffée

Gedanke [gə'daŋkə] <-ns, -n> m
① pensée f ② (Vorstellung) idée f
Gedankenfreiheit f liberté f de
pensée **gedankenlos** I. adj in-
considéré(e) II. adv sans réfléchir

Gedeck [gə'dɛk] <-[e]s, -e> nt
couvert m

gedeihen [gə'daɪən] vi irr bien
pousser

Gedenkfeier f fête f commémorative **Gedenkstätte** f mémorial
m **Gedenkstunde** f cérémonie
f commémorative

Gedicht [gə'dɪçt] <-[e]s, -e> nt
poème m

Gedränge [gə'drɛŋə] <-s> nt cohue f

gedruckt adj imprimé(e)

Geduld [gə'dʊlt] <-> f patience f
gedulden* [gə'dʊldən] vr: **sich ~**
patienter

geduldig I. adj patient(e) II. adv
patiemment

gedünstet adj à l'étuvée

geehrt [gə'ʔeːɐt] adj (bei schriftlicher Anrede) **Sehr ~e Damen
und Herren, ...** Madame, Monsieur, ...

geeignet [gə'ʔaɪgnət] adj appro-
prié(e)

Gefahr [gə'faːɐ] <-, -en> f danger
m

gefährden* [gə'fɛːɐdən] vt mettre
en danger (la vie) **Gefahrenzone** f zone f dangereuse

gefährlich [gə'fɛːɐlɪç] adj dangereux, -euse

gefahrlos adj, adv sans danger

Gefährte [gə'fɛːɐtə] <-n, -n> m,
Gefährtin f (geh) compagnon
m/compagne f

Gefälle [gə'fɛlə] <-s, -> nt pente f

gefallen [gə'falən] vi irr plaire à
Gefallen¹ <-s> nt (geh) plaisir m

Gefallen² <-s, -> m service m

gefangen [gə'faŋən] adj: **jdn ~
nehmen** faire qn prisonnier, -ère
Gefangene(r) f(m) détenu(e) m(f)
Gefangenschaft <-, -en> f captivité f

Gefängnis [gə'fɛŋnɪs] <-ses, -se>
nt prison f

Gefängnisstrafe f peine f de prison **Gefängniswärter(in)** m(f)
gardien(ne) m(f) de [la] prison

Gefäß [gə'fɛːs] <-es, -e> nt récipient m

gefasst [gə'fast] I. adj calme
II. adv avec calme

Gefecht [gə'fɛçt] <-[e]s, -e> nt
combat m

gefeiert adj très populaire

gefestigt *adj* solide

Geflügel [gəˈfly:gəl] <-s> *nt* volaille *f*

Geflüster [gəˈflʏstɐ] <-s> *nt* chuchotements *m pl*

gefragt [gəˈfraːkt] *adj* demandé(e)

gefrieren* [gəˈfriːrən] *vi* geler

Gefrierfach *nt* freezer *m* **Gefrierschrank** *m* congélateur *m* armoire *f*

Gefühl [gəˈfyːl] <-[e]s, -e> *nt*
① sensation *f* ② *(seelische Empfindung)* sentiment *m*

gefühllos *adj* insensible

gefühlvoll I. *adj* sensible II. *adv* avec beaucoup de sensibilité

gefüllt *adj* farci(e); *(Gebäck)* fourré(e)

gegen [ˈgeːgən] *präp* +akk
① contre ② *(ungefähr)* ~ **acht Uhr** vers huit heures; ~ **Mittag** vers midi

Gegenanzeige *f* contre-indication *f*

Gegend [ˈgeːgənt] <-, -en> *f* ① région *f* ② *(nähere Umgebung)* alentours *m pl* ③ *(Wohngegend)* quartier *m* **Gegenrichtung** *f* direction *f* opposée **Gegensatz** *m* ① *(Gegenteil)* contraire *m* ② *pl (Unterschiedlichkeit)* différences *f pl*

gegensätzlich [ˈgeːgənzɛtslɪç] *adj* opposé(e) **Gegenseite** *f* autre côté *m*

gegenseitig [ˈgeːgənzaɪtɪç] *adj* mutuel(le)

Gegenstand <-[e]s, Gegenstände> *m* ① objet *m* ② *(Thema)* sujet *m* **Gegenteil** *nt* contraire *m*

gegenteilig *adj* contraire

gegenüber [geːgənˈʔyːbɐ] I. *präp* +dat en face de II. *adv* en face

gegenüberliegend *adj* en face

Gegenwart [ˈgeːgənvart] <-> *f* ① présent *m* ② *(heutige Zeit)* époque *f* actuelle ③ *(Anwesenheit)* présence *f*

gegenwärtig [ˈgeːgənvɛrtɪç] I. *adj* actuel(le) II. *adv* à l'heure actuelle

Gegenwind *m* vent *m* contraire

Gegner(in) [ˈgeːgnɐ] <-s, -> *m(f)* ① MIL ennemi(e) *m(f)* ② SPORT adversaire *mf*

Gehackte(s) *nt* viande *f* hachée

Gehalt [gəˈhalt] <-[e]s, Gehälter> *nt* ① *österr.* salaire *m*

gehäuft [gəˈhɔʏft] I. *adj* ① *(Löffel)* bon(ne) ② *(Auftreten)* répété(e) II. *adv* fréquemment

gehbehindert [ˈgeːbəhɪndɐt] *adj*: ~ **sein** avoir du mal à se déplacer

geheim [gəˈhaɪm] *adj* secret, -ète

Geheimnis [gəˈhaɪmnɪs] <-ses, -se> *nt* secret *m*

geheimnisvoll *adj* mystérieux, -euse

Geheimnummer *f* ① *(Telefonnummer)* numéro *m* sur la liste rouge ② *(Geheimzahl)* numéro *m* secret **Geheimzahl** *f* code *m* confidentiel

gehen [ˈgeːən] *irr* I. *vi* ① aller; **über die Straße** ~ traverser la rue ② *(zu Fuß gehen)* marcher ③ *(weggehen)* partir ④ *(Uhr, Geschäft)* marcher ⑤ *(fam: verlaufen)* **gut** ~ bien se passer

❺ *(sich unterbringen lassen)* **durch die Tür ~** *(Schrank)* passer par la porte **❻** *(möglich sein)* **ja, das geht** oui, c'est possible **❼ ihm/**

ihr geht es gut il/elle va bien; **mir geht es genauso** pour moi, c'est la même chose; **geht es, oder soll ich dir tragen helfen?** ça va, ou faut-il que je t'aide à porter?; **es geht um viel Geld** beaucoup d'argent est en jeu

Gehirn [gəˈhɪrn] <-[e]s, -e> nt cerveau m

Gehirnerschütterung f commotion f cérébrale **Gehirnschlag** m embolie f cérébrale

gehoben [gəˈhoːbən] adj élevé(e)

Gehör [gəˈhøːɐ̯] <-[e]s, -e> nt ouïe f

gehorchen* vi obéir à

gehören* vi **❶** appartenir à **❷** *(dazugehören)* faire partie de

gehörlos adj *(form)* sourd(e)

Gehörlose(r) f(m) sourd(e) m(f), malentendant(e) m(f)

gehorsam [gəˈhoːɐ̯zaːm] **I.** adj obéissant(e) **II.** adv docilement

Gehweg [ˈɡeːveːk] m trottoir m

Geige [ˈɡaɪɡə] <-, -n> f violon m

Geist [ɡaɪst] <-[e]s, -er> m esprit m **geistesgestört** adj souffrant de troubles mentaux **geisteskrank** adj malade mental(e) **Geisteswissenschaften** Pl sciences f pl humaines

geistig [ˈɡaɪstɪç] **I.** adj **❶** intellectuel(le) **❷** *(spirituell)* spirituel(le) **II.** adv MED **~ behindert** handicapé(e) mental(e)

Geistliche(r) f(m) ecclésiastique mf

geistlos adj stupide

geistreich adj spirituel(le)

Geiz [ɡaɪts] <-es> m avarice f

geizig adj avare

Gejammer [ɡəˈjamɐ] <-s> nt *(pej fam)* jérémiades m pl

Gekicher [ɡəˈkɪçɐ] <-s> nt *(pej fam)* ricanements m pl

gekocht adj bouilli(e)

Gel [ɡeːl] <-s, -e> nt gel m

Gelächter [ɡəˈlɛçtɐ] <-s, -> nt rires m pl

gelähmt [ɡəˈlɛːmt] adj paralysé(e)

Gelände [ɡəˈlɛndə] <-s, -> nt terrain m

Geländewagen m véhicule m tout-terrain

gelangen* [ɡəˈlaŋən] vi: **ans Ziel ~** arriver au but; **an die Öffentlichkeit ~** être rendu public

gelangweilt I. adj *(Person)* qui s'ennuie; *(Blick)* d'ennui **II.** adv l'air ennuyé

gelassen [ɡəˈlasən] adj placide **Gelassenheit** <-> f flegme m

gelaunt [ɡəˈlaʊnt] adj: **gut/ schlecht ~ sein** être de bonne/mauvaise humeur

gelb [ɡɛlp] adj jaune

Gelb <-s, -> nt **❶** jaune m **❷** *(gelbes Ampellicht)* [feu m] orange m

Gelbe Seiten® Pl pages fpl jaunes

gelblich adj jaune pâle

Geld [ɡɛlt] <-[e]s, -er> nt argent m

Geldanweisung f mandat m **Geldautomat** m distributeur m de billets **Geldbeutel** m porte-monnaie m **Geldbuße** f

amende f **geldgierig** adj cupide
Geldkarte f carte f bancaire
Geldschein m billet m de banque **Geldsorgen** Pl soucis m pl d'argent **Geldstrafe** f amende f **Geldstück** nt pièce f de monnaie **Geldwechsel** m change m
Gelee [ʒeˈleː] <-s, -s> m o nt gelée f
gelegen [ɡəˈleːɡən] adj opportun(e)
Gelegenheit <-, -en> f occasion f
gelegentlich [ɡəˈleːɡəntlɪç] I. adj passager, -ère II. adv ❶ de temps en temps ❷ (bei Gelegenheit) à l'occasion
gelehrt [ɡəˈleːɐt] adj érudit(e)
Geleise [ɡəˈlaɪzə] <-s, -> nt ÖSTERR, SCHWEIZ voie f; s. Gleis
Gelenk [ɡəˈlɛŋk] <-[e]s, -e> nt articulation f
gelenkig adj souple
gelernt adj qualifié(e)
geliebt [ɡəˈliːpt] adj bien-aimé(e)
Geliebte(r) f(m) amant m/maîtresse f
gelingen [ɡəˈlɪŋən] vi irr réussir
gelockt adj bouclé(e)
gelöst adj détendu(e)
gelten [ˈɡɛltən] vi irr être valable
gelungen [ɡəˈlʊŋən] adj [très] réussi(e)
Gemälde [ɡəˈmɛːldə] <-s, -> nt tableau m
Gemäldegalerie f galerie f de peinture[s]
gemäßigt [ɡəˈmɛːsɪçt] adj ❶ (Klima) tempéré(e) ❷ (moderat) modéré(e)

gemein [ɡəˈmaɪn] adj ❶ infâme ❷ (gemeinsam) **etw mit jdm/etw ~ haben** avoir qc en commun avec qn/qc
Gemeinde [ɡəˈmaɪndə] <-, -n> f ❶ commune f ❷ (Pfarrgemeinde) paroisse f
Gemeinderat m conseil m municipal **Gemeindeversammlung** f SCHWEIZ assemblée f municipale
Gemeinheit <-, -en> f méchanceté f
gemeinsam I. adj ❶ commun(e) ❷ (verbindend) **sie haben vieles ~** ils/elles ont beaucoup de choses en commun II. adv ensemble
Gemeinsamkeit <-, -en> f point m commun
Gemeinschaft <-, -en> f communauté f; **die Europäische ~** la Communauté européenne
Gemeinwohl nt intérêt m commun
gemischt [ɡəˈmɪʃt] adj mélangé(e)
Gemurmel [ɡəˈmʊrməl] <-s> nt murmures m pl
Gemüse [ɡəˈmyːzə] <-s, -> nt légumes m pl **Gemüsegarten** m jardin m potager m **Gemüsehändler(in)** m(f) marchand(e) m(f) de légumes
gemütlich I. adj ❶ (Wohnung) douillet(te); **es sich ~ machen** se mettre à son aise ❷ (Abend) agréable II. adv ❶ (gemächlich) tranquillement ❷ (behaglich) confortablement
genau [ɡəˈnaʊ] I. adj précis(e)

G

II. adv ❶ exactement; (passen) juste; **auf die Sekunde ~** à la seconde près ❷ (gerade) justement

Genauigkeit <-> f précision f
genauso [gəˈnauzo:] adv de même; **~ ... wie** aussi ... que
Gendarm [ʒanˈdarm] <-en, -en> m ÖSTERR gendarme f
Gendarmerie [ʒandarməˈri:] <-, -n> f ÖSTERR gendarmerie f
General [genaˈra:l] <-[e]s, -e> m général m
Generaldirektor(in) m(f) directeur m général/directrice f générale
Generalin <-, -nen> f général m; (Frau eines Generals) générale f
Generalkonsul(in) m(f) consul m général **Generalkonsulat** nt consulat m général **Generalprobe** f [répétition f] générale f **Generalsekretär(in)** m(f) secrétaire m/f général(e)
Generation [genaraˈtsjo:n] <-, -en> f génération f
generell [genaˈrɛl] adj général(e)
Genesung [gəˈne:zʊŋ] <-, -en> f guérison f
Genf [gɛnf] <-s> nt Genève
Genfer See <--s> m: **der ~** le lac Léman
genial [geˈnja:l] adj génial(e)
Genick [gəˈnɪk] <-[e]s, -e> nt nuque f
Genie [ʒeˈni:] <-s, -s> nt génie m
genieren* [ʒeˈni:rən] vr: **sich vor jdm ~** avoir honte devant qn
genießbar adj consommable
genießen [gəˈni:sən] vt irr ❶ (Le-

ben, Urlaub) profiter de ❷ (Speise) savourer
Genießer(in) <-s, -> m(f) bon vivant m
Genossenschaft <-, -en> f coopérative f
Gentechnik f génétique f **Gentechnologie** f génie m génétique
genug [gəˈnu:k] adv assez
genügen* [gəˈny:gən] vi suffire
genügend adv suffisamment
Genugtuung [gəˈnu:ktu:ʊŋ] <-> f satisfaction f
Genuss [gəˈnʊs] <-es, Genüsse> m régal m
geöffnet adj ouvert(e)
Geograf(in) s. **Geograph(in)**
Geografie s. **Geographie**
geografisch s. **geographisch**
Geograph(in) [geoˈgra:f] <-en, -en> f géographe mf
Geographie [geograˈfi:] <-> f géographie f
geographisch I. adj géographique **II.** adv géographiquement
Geometrie [geomeˈtri:] <-> f géométrie f
Gepäck [gəˈpɛk] <-[e]s> nt bagages m pl
Gepäckabfertigung f, **Gepäckannahme** f guichet m d'enregistrement des bagages **Gepäckaufbewahrung** f consigne f **Gepäckausgabe** f guichet m de retrait des bagages **Gepäckschalter** m guichet m des bagages **Gepäckstück** nt bagage m **Gepäckträger**

① *(Person)* porteur m ② *(Vorrichtung)* porte-bagages m **Gepäckwagen** m chariot m

gepflegt [gə'pfleːkt] adj *(Person)* soigné(e)

gerade [gə'raːdə] **I.** adj ① droit(e) ② *(Zahl)* pair(e) ③ *(aufrichtig)* franc, franche **II.** adv ① ~ **stehen** se tenir droit(e) ② *(im Augenblick)* justement; ~ **arbeiten** *(Person)* être en train de travailler

geradeaus [gəraːdə'ʔaus] adv tout droit

geradewegs [gə'raːdəveːks] adv directement

Gerät [gə'rɛːt] <-[e]s, -e> nt ① *(Haushaltsgerät)* ustensile m ② *(Gartengerät)* outil m [de jardin] ③ *(Elektrogerät)* appareil m

geraten [gə'raːtən] vi irr ① **in einen Sturm ~** être surpris par la tempête ② *(einen Zustand erlangen)* **in Panik ~** être pris de panique

geräuchert adj fumé(e)

geräumig [gə'rɔymɪç] adj spacieux, -euse

Geräusch [gə'rɔyʃ] <-[e]s, -e> nt bruit m **geräuschlos I.** adj silencieux, -euse **II.** adv sans bruit

Gerber(in) [ɡɛrbɐ] <-s, -> m(f) tanneur m, -euse f

Gerberei [ɡɛrbə'raj] <-, -en> f tannerie f

gerecht [gə'rɛçt] **I.** adj juste; *(Zorn)* justifié(e) **II.** adv équitablement

Gerechtigkeit <-> f justice f

Gerede [gə'reːdə] <-s> nt his-

---

geregelt adj régulier, -ière

gereizt [gə'rajtst] **I.** adj agacé(e) **II.** adv avec irritation

Gericht [gə'rɪçt] <-[e]s, -e> nt ① GASTR plat m ② *(Institution)* tribunal m **Gerichtsgebäude** nt palais m de justice

gering [gə'rɪŋ] adj ① faible; *(Menge)* petit(e); *(Temperatur)* bas(se) ② **nicht im Geringsten** pas le moins du monde

gern[e] [ɡɛrn] adv ① **lieber, am liebsten>** adv ① **etw ~ tun** aimer bien faire qc ② *(ohne weiteres)* sans problème ③ *(oft)* volontiers

gern|haben vt: **jdn ~** aimer [bien] qn

Geröll [gə'rœl] <-[e]s, -e> nt éboulis m

geröstet adj *(Kartoffeln)* rissolé(e)

Gerste [ɡɛrstə] <-, -n> f orge f **Gerstenkorn** nt grain m d'orge

Geruch [gə'rʊx] <-[e]s, Gerüche> m odeur f

geruchlos adj inodore

Geruchssinn m odorat m

Gerücht [gə'rʏçt] <-[e]s, -e> nt rumeur f

Gerüst [gə'rʏst] <-[e]s, -e> nt échafaudage m

Ges <-, -> nt MUS sol m bémol

gesamt [gə'zamt] adj: **die ~ Familie** toute la famille **Gesamteindruck** m impression f d'ensemble

Gesang [gə'zaŋ] <-[e]s, Gesänge> m chant m

Gesangbuch nt livre m de cantiques

Gesäß [gəˈzɛːs] <-es, -e> nt derrière m

Geschäft [gəˈʃɛft] <-[e]s, -e> nt ① magasin m ② (Unternehmen) affaire f

geschäftlich I. adj affairé(e) II. adv de façon affairée

Geschäfts- I. adj (Verabredung) d'affaires II. adv pour affaires **Geschäftsfrau** f femme f d'affaires **Geschäftsfreund(in)** m(f) relation f d'affaires **Geschäftsführer(in)** m(f) (einer Firma) gérant(e) m(f) **Geschäftsführung** f direction f **Geschäftskosten** Pl **auf ~** aux frais de la société **Geschäftsleitung** s. **Geschäftsführung Geschäftsleute** Pl von **Geschäftsmann Geschäftsmann** <-leute> m homme m d'affaires **Geschäftsreise** f voyage m d'affaires **Geschäftsschluss** m fermeture f des magasins **Geschäftsstelle** f agence f **Geschäftszeit** f heures f pl d'ouverture

geschehen [gəˈʃeːən] vi irr ① se passer; (Unfall) arriver ② (getan werden) **es muss etwas ~!** il faut faire quelque chose!

gescheit [gəˈʃait] adj ① (klug) intelligent(e) ② (vernünftig) raisonnable

Geschenk [gəˈʃɛŋk] <-[e]s, -e> nt cadeau m

Geschenkpapier nt papier m cadeau

Geschichte [gəˈʃɪçtə] <-, -n> f his-

geschichtlich adj historique **Geschichtsbuch** nt livre m d'histoire

Geschick [gəˈʃɪk] <-s> nt habileté f **Geschicklichkeit** <-> f habileté f **geschickt** adj adroit(e)

geschieden [gəˈʃiːdən] adj divorcé(e)

Geschirr [gəˈʃɪr] <-[e]s, -e> nt vaisselle f

Geschirrspülmaschine f lave-vaisselle m **Geschirrspülmittel** nt produit m [pour la] vaisselle **Geschirrtuch** <-tücher> nt torchon m

Geschlecht [gəˈʃlɛçt] <-[e]s, -er> nt ① sexe m ② LING genre m

geschlossen adj fermé(e)

Geschmack [gəˈʃmak] <-[e]s, Geschmäcke> m goût m

geschmacklos adj (Bemerkung) de mauvais goût

Geschmacklosigkeit <-, -en> f mauvais goût m

geschmackvoll I. adj de bon goût m pl II. adv avec goût

geschmeidig [gəˈʃmaidɪç] I. adj souple II. adv avec souplesse

geschmort adj en daube

Geschöpf [gəˈʃœpf] <-[e]s, -e> nt créature f

Geschoss [gəˈʃɔs] <-es, -e> nt étage m

Geschrei [gəˈʃrai] <-s> nt cris m pl

geschützt adj (Art) protégé(e)

Geschwindigkeit [gəˈʃvɪndɪçkait] <-, -en> f vitesse f

Geschwindigkeitsbeschränkung f limitation f de vitesse

Geschwindigkeitsüberschreitung f excès m de vitesse

Geschwister [gə'ʃvɪstɐ] Pl frères m pl et sœurs

geschwollen adj enflé(e)

Geschwulst [gə'ʃvʊlst] <-, -schwülste> f grosseur f, tumeur f

Geschwür [gə'ʃvy:ɐ] <-s, -e> nt ulcère m

Gesellschaft [gə'zɛlʃaft] <-, -en> f ⓵ SOZIOL, ÖKON société f ⓶ (Begleitung) compagnie f

gesellschaftlich adj social(e)

Gesellschaftsschicht f couche f sociale **Gesellschaftsspiel** nt jeu m de société

Gesetz [gə'zɛts] <-es, -e> nt loi f

gesetzlich I. adj légal(e) II. adv par la loi

gesetzlos adj anarchique

gesetzwidrig adj illégal(e)

Gesicht [gə'zɪçt] <-[e]s, -er> nt visage m

Gesichtsausdruck <-ausdrücke> m expression f [du visage] **Gesichtsbehandlung** f soin m du visage **Gesichtsfarbe** f teint m **Gesichtspunkt** m point m de vue

gespannt [gə'ʃpant] I. adj (Zuschauer) captivé(e); (Lage) tendu(e) II. adv attentivement

Gespenst [gə'ʃpɛnst] <-[e]s, -er> nt fantôme m

Gespött [gə'ʃpœt] <-[e]s> nt raillerie f

Gespräch [gə'ʃprɛːç] <-[e]s, -e> nt conversation f ⓶ (förmliche Unterredung) entretien m ⓷ (Telefongespräch) communication f [téléphonique]

gesprächig adj loquace

Gesprächspartner(in) m(f) interlocuteur m, -trice f

gespritzt adj traité(e)

Gespür [gə'ʃpy:ɐ] <-s> nt flair m

Gestalt [gə'ʃtalt] <-, -en> f ⓵ (Mensch) créature f ⓶ (pej: fragwürdiges Individuum) individu m ⓷ (Wuchs) silhouette f

gestalten* vt ⓵ (Freizeit) organiser; (Unterricht) présenter ⓶ a. ARCHIT, KUNST concevoir; (konstruieren) agencer

Gestaltung <-, -en> f ⓵ (der Freizeit) organisation f ⓶ a. ARCHIT, KUNST conception f; (Einrichtung) aménagement m

Gestank [gə'ʃtaŋk] <-[e]s> m puanteur f

gestatten* [gə'ʃtatən] vt (form) permettre

Geste ['gɛstə] <-, -n> f geste m

gestehen vt irr avouer

Gestell [gə'ʃtɛl] <-[e]s, -e> nt ⓵ (Regalgestell) étagère f ⓶ (Brillengestell) monture f

gestern ['gɛstɐn] adv hier

gestreift [gə'ʃtraɪft] adj rayé(e)

Gestrüpp [gə'ʃtrʏp] <-[e]s, -e> nt broussailles f pl

Gestüt [gə'ʃty:t] <-[e]s, -e> nt haras m

gesucht [gə'zu:xt] adj recherché(e)

gesund [gə'zʊnt] <gesünder, gesündeste> I. adj ⓵ (Person) en bonne santé; (Wirtschaft, Lebensweise, Ernährung) sain(e) II. adv sainement

Gesundheit <-> f santé f **gesundheitsschädlich** adj dangereux(-euse) pour la santé **Gesundheitszustand** m état m de santé

Getränk [gəˈtrɛŋk] <-[e]s, -e> nt boisson f

Getränkeautomat m distributeur m de boissons

getrauen* vr: **sich ~ etw zu tun** oser faire qc

Getreide [gəˈtraɪdə] <-s, -> nt céréales f pl

getrennt [gəˈtrɛnt] I. adj séparé(e) II. adv (leben) séparément; (schreiben) en deux mots

getreu [gəˈtrɔy] adj (geh) fidèle

Getriebe [gəˈtriːbə] <-s, -> nt TECH boîte f de vitesses

Getto [ˈgɛto] <-s, -s> nt ghetto m

gewagt [gəˈvaːkt] adj osé(e)

gewählt [gəˈvɛːlt] I. adj (Ausdrucksweise) choisi(e) II. adv en termes choisis

Gewalt [gəˈvalt] <-, -en> f ❶ pouvoir m ❷ (gewaltsames Vorgehen) violence f

gewaltig I. adj ❶ (heftig) violent(e) ❷ (Bauwerk) énorme; (Anblick) impressionnant(e) II. adv ❸ (fam) drôlement

gewaltlos I. adj non-violent(e) II. adv sans violence

Gewaltlosigkeit <-> f non-violence f

gewaltsam I. adj (Tod) violent(e) II. adv par la force

Gewalttat f acte m de violence **Gewalttäter(in)** m(f) criminel(le) m(f) **gewalttätig** adj violent(e) **Gewalttätigkeit** f violence f **Gewaltverbrechen** nt crime m

Gewässer [gəˈvɛsɐ] <-s, -> nt eaux f pl

Gewebe [gəˈveːbə] <-s, -> nt tissu m

Gewehr [gəˈveːɐ] <-[e]s, -e> nt fusil m **Gewerbegebiet** nt zone f industrielle

Gewerkschaft [gəˈvɛrkʃaft] <-, -en> f syndicat m

Gewerkschaft(l)er(in) <-s, -> m(f) syndicaliste mf **Gewerkschaftsmitglied** nt syndiqué(e) m(f)

Gewicht [gəˈvɪçt] <-[e]s, -e> nt poids m

Gewichtheben <-s> nt SPORT haltérophilie f **Gewichtheber(in)** <-s, -> m(f) haltérophile mf

Gewichtsverlust m perte f de poids **Gewichtszunahme** f prise f de poids

Gewinn [gəˈvɪn] <-[e]s, -e> nt ❶ bénéfice m ❷ (Preis) gain m ❸ (Vorteil) enrichissement m **gewinnbringend** I. adj lucratif, -ive II. adv lucrativement

gewinnen [gəˈvɪnən] vt, vi irr gagner

Gewinner(in) <-s, -> m(f) gagnant(e) m(f); MIL vainqueur m(f) **Gewinnzahl** f numéro m gagnant

Gewirr [gəˈvɪr] <-[e]s, -> nt enchevêtrement m

gewiss [gəˈvɪs] I. adj ❶ (nicht näher benannt) certain(e) ❷ (sicher) sûr(e) II. adv certainement

Gewissen [gə'vɪsən] <-s> nt
conscience f

gewissenhaft adj consciencieux,
-euse

gewissenlos adj, adv sans scrupule

Gewissensbisse Pl remords m
pl **Gewissensfrage** f cas m
de conscience

gewissermaßen adv en quelque
sorte

Gewissheit f certitude f

Gewitter [gə'vɪtɐ] <-s, -> nt
orage m

gewitterig s. **gewittrig**

gewittrig adj orageux, -euse

gewöhnen* [gə'vø:nən] I. vt: **an
jdn/etw gewöhnt sein** être habitué à qn/qc II. vr: **sich an
jdn/etw ~** s'habituer à qn/qc

Gewohnheit   [gə'vo:nhaɪt]
<-, -en> f habitude f

gewöhnlich [gə'vø:nlɪç] I. adj
❶ habituel(le) ❷ (Arbeitstag) ordinaire ❸ (pej: ordinär) vulgaire
II. adv: **wie ~** comme d'habitude

gewohnt [gə'vo:nt] adj (Zeit) habi-
tuel(le); **etw ~ sein** être habitué
à qc

Gewölbe [gə'vœlbə] <-s, -> nt
❶ (Gewölbedecke) voûte f
❷ (Raum) cave f voûtée

gewollt I. adj intentionnel(le)
II. adv intentionnellement

Gewürz [gə'vʏrts] <-es, -e> nt
épice f

gezielt [gə'tsi:lt] adj ciblé(e)

gezwungen   [gə'tsvʊŋən]   adj

contraint(e); (Lachen) forcé(e)

Ghetto s. **Getto**

Giebel ['gi:bəl] <-s, -> m fronton m

Gier [gi:ɐ] <-> f ❶ avidité f
❷ (Geldgier) cupidité f

gierig I. adj avide II. adv avec
avidité

gießen ['gi:sən] vt irr ❶ arroser
❷ (schütten) verser ❸ (formen)
couler

Gießkanne f arrosoir m

Gift [gɪft] <-[e]s, -e> nt poison m;
(einer Schlange) venin m

Giftgas nt gaz m toxique

giftig adj (Schlange, Person, Bemerkung) venimeux, -euse; (Pflanze)
vénéneux, -euse; (Stoff) toxique

Giftmüll m déchets m pl toxiques
Giftpilz m champignon m vénéneux **Giftschlange** f serpent m
venimeux **Giftstoff** m substance f toxique

gigantisch adj gigantesque

Gipfel ['gɪpfəl] <-s, -> m sommet m

Gips [gɪps] <-es, -e> m plâtre m

Girlande [gɪr'landə] <-, -n> f guirlande f

Gis <-, -> nt sol m dièse

Gitarre [gi'tarə] <-, -n> f guitare f

Gitarrist(in) <-en, -en> m(f) gui-
tariste mf

Gitter ['gɪtɐ] <-s, -> nt grille f

Gitterrost m grille f

Glanz [glants] <-es> m ❶ (von
Haaren, Augen) brillant m; (einer
Fläche) éclat m ❷ (Pracht) magni-
ficence f

glänzen ['glɛntsən] vi briller

glänzend adj brillant(e) **glanzlos**
adj (Haare) terne; (Oberfläche)

G

mat(e) **glanzvoll** adj (Auftritt) brillant(e); (Fest) somptueux, -euse

Glas [glaːs] <-es, Gläser> nt ➊ verre m ➋ (Konservenglas) bocal m

Glascontainer m container m à verre

Glaser(in) ['glaːzɐ] <-s, -> m(f) vitrier m, -ière f

glasklar I. adj limpide II. adv (fam) [très] clairement

Glasmalerei f peinture f sur verre
Glasscheibe f verre m **Glastür** f porte f vitrée

glatt [glat] <-er, -este> adj ➋ (Fläche) plan(e) ➋ (Haut, Stoff) lisse ➌ (Haare) raide ➍ (Fußboden) glissant(e)

Glatteis nt verglas m
glätten ['glɛtən] vt (Haar) lisser; (Banknote) défroisser
Glatze ['glatsə] <-, -n> f calvitie f
glatzköpfig ['glatskœpfɪç] adj chauve

Glaube ['glaʊbə] <-ns-, o> m REL croyance f ➋ (Überzeugung) foi f
glauben ['glaʊbən] vt, vi croire
Glauben s. **Glaube**

glaubhaft I. adj digne de foi II. adv de façon convaincante
Glaubhaftigkeit <-> f crédibilité f
gläubig ['glɔʏbɪç] adj REL croyant(e)
Gläubige(r) f(m) croyant(e) m(f)
glaubwürdig adj crédible
gleich [glaɪç] I. adj ➊ même ➋ MATH **zwei mal zwei ~ vier** deux fois deux [égalent] quatre ➊ (gleichgültig) égal II. adv

➊ (behandeln) de la même façon; **~ groß sein** être de même taille ➋ (unmittelbar) **~ neben der Kirche** juste à côté de l'église ➌ (in Kürze) tout de suite; **es ist ~ sechs Uhr** il est bientôt six heures

gleichaltrig ['glaɪçaltrɪç] adj du même âge
gleichartig adj de même nature
Gleichberechtigung f égalité f des droits
gleichen ['glaɪçən] vi irr ressembler à
gleichfalls adv également
gleichförmig ['glaɪçfœrmɪç] I. adj uniforme II. adv (verlaufen) uniformément
Gleichgewicht nt équilibre m
gleichgültig adj indifférent(e)
Gleichgültigkeit f indifférence f
Gleichheit <-, -en> f similitude f, égalité f
Gleichheitszeichen nt signe m d'égalité
gleichmäßig I. adj régulier, -ière II. adv régulièrement
gleichzeitig I. adj simultané(e) II. adv en même temps
Gleis [glaɪs] <-es, -e> nt voie f
Gleitschirm m parapente m **Gleitschirmfliegen** nt parapente m
Gletscher ['glɛtʃɐ] <-s, -> m glacier m
Gletscherspalte f crevasse f
Glied [gliːt] <-[e]s, -er> nt (a. fig) membre m
glitschig ['glɪtʃɪç] adj (fam) glissant(e)
glitzern [glɪtsɐn] vi scintiller

global [glo'baːl] I. *adj* général(e)
II. *adv* universellement

Glocke ['glɔkə] <-, -n> *f* ❶ *(Kirchenglocke)* cloche *f* ❷ *(Läutwerk)* sonnerie *f* **Glockenspiel** *nt* carillon *m* **Glockenturm** *m* clocher *m*

Glück |glʏk| <-[e]s> *nt* ❶ chance *f* ❷ *(Freude, Zufriedenheit)* bonheur *m*

glücklich *adj* heureux, -euse

glücklicherweise *adv* par chance

Glücksbringer <-s, -> *m* portebonheur *m* **Glücksfall** *m* coup *m* de chance **Glücksspiel** *nt* jeu *m* de hasard

Glückwunsch *m* félicitation *f*

Glückwunschkarte *f* carte *f* de félicitations

Glühbirne *f* ampoule *f*

glühend *adj* ❶ *(Metall)* incandescent(e); ❷ *(Kohle)* ardent(e) ❸ *(Wangen)* brûlant(e)

Glühwein *m* vin *m* chaud

Glut |gluːt| <-, -en> *f* braise *f*

g-Moll ['eːmɔl] <-> *nt* sol *m* mineur

gnadenlos *adj* impitoyable

Gokart <-[s], -s> *m* kart *m*

Gold |gɔlt| <-[e]s> *nt* or *m* **Goldbarren** *m* lingot *m* d'or

golden ['gɔldən] I. *adj* en or II. *adv* d'un éclat doré

goldfarben *adj* doré(e) **Goldfisch** *m* poisson *m* rouge **goldgelb** *adj* jaune d'or

Goldmedaille *f* médaille *f* d'or **Goldmine** *f* mine *f* d'or **Goldschmied** *m* (*f*) orfèvre *mf* **Goldschmiedekunst** *f* orfèvre-

rie *f* **Goldstück** *nt (Goldmünze)* pièce *f* d'or

Golf[1] |gɔlf| <-[e]s, -e> *m* GEO golfe *m*

Golf[2] <-s> *nt* golf *m*

Golfclub *m* club de golf **Golfplatz** *m* terrain *m* de golf **Golfschläger** *m* club *m* de golf **Golfspieler(in)** *m* (*f*) joueur *m*, -euse *f* de golf

Gondel ['gɔndəl] <-, -n> *f* gondole *f*; *(einer Seilbahn)* télécabine *f*

gönnen ['gœnən] *vt* ❶ *(neidlos zugestehen)* **jdm** etw ~ se réjouir pour qn de qc ❷ *(gewähren)* **sich** *(dat)* etw ~ s'offrir qc

Gosse ['gɔsə] <-, -n> *f* caniveau *m*

Gotik ['goːtɪk] <-> *f* gothique *m*

gotisch *adj* got[h]ique

Gott |gɔt| <-es, Götter> *m*, **Göttin** *f* ❶ dieu *m*/déesse *f* ❷ *(Gott der Christen)* Dieu *m*; **grüß ~!** ÖSTERR, SÜDD bonjour!

Gottesdienst *m* office *m* [religieux]

GPS [geːpeː'ʔɛs] *nt Abk von* **Global Positioning System** GPS *m*

GPS-System [geːpeː'ʔɛs-] *nt* système *m* GPS

Grab |graːp| <-[e]s, Gräber> *nt* tombe *f*

graben ['graːbən] *vt, vi irr* creuser

Graben ['graːbən] <-s, Gräben> *m* ❶ fossé *m* ❷ *(Schützengraben)* tranchée *f*

Grabmal *nt* tombeau *m*

Grad |graːt| <-[e]s, -e> *m* ❶ degré *m* ❷ *(Rang)* grade *m*

Graf |graːf| <-en, -en> *m*, **Gräfin** *f*

comte *m*/comtesse *f*

Graffiti [gra'fi:ti] *Pl* graffiti *m pl*

Grafik ['gra:fɪk] <-, -en *f* graphique *m*

Grafiker(in) ['gra:fike] <-s, -> *m(f)* graphiste *mf*

Gramm [gram] <-s, -e> *nt* gramme *m*

Grammatik [gra'matɪk] <-, -en> *f* grammaire *f*

grandios [gran'djo:s] I. *adj* ① *(Idee)* génial(e); *(Erfolg)* triomphal(e) II. *adv* remarquablement bien

Grapefruit ['gre:pfru:t] <-, -s> *f* pamplemousse *m*

Graphik *s.* **Grafik**

Gras [gra:s] <-es, Gräser> *nt* herbe *f* **Grashüpfer** <-s, -> *m (fam)* sauterelle *f*

Grat [gra:t] <-[e]s, -e> *m* crête *f*

Gräte ['grɛ:tə] <-, -n> *f* arête *f*

gratis ['gra:tɪs] *adj* gratuit(e) **Gratisprobe** *f* échantillon *m* gratuit

Gratulation [gratula'tsjo:n] <-, -en> *f* félicitations *f pl*

gratulieren* [gratu'li:rən] *vi* féliciter

grau [grau] *adj* gris(e)

grauenhaft, **grauenvoll** *adj* horrible

grauhaarig *adj* aux cheveux gris

grausam ['grauza:m] *adj* cruel(le)

Grausamkeit <-, -en> *f* ① *(Verhalten)* cruauté *f* ② *(Tat)* atrocité *f*

gravieren* [gra'vi:rən] *vt* graver

gravierend *adj* ① *(Unterschied)* grand(e); *(Fehler)* grave

graziös [gra'tsjø:s] *adj* gracieux, -euse

greifbar *adv:* ~ **nahe** *(fig)* à por-

---

tée de main

greifen ['graifən] *irr* I. *vt* attraper II. *vi:* **nach etw** ~ saisir qc

Greis(in) [grais] <-es, -e> *m(f)* vieillard *m*/vieille *f*

grell [grɛl] *adj* ① *(Licht, Farbe)* cru(e) ② *(Stimme)* perçant(e)

Grenze ['grɛntsə] <-, -n> *f* ① frontière *f* ② *(Abgrenzung)* limite *f*

grenzenlos I. *adj* ① illimité(e) ② *(Vertrauen)* infini(e) II. *adv* à l'infini **Grenzgebiet** *nt* zone *f* frontalière **Grenzkontrolle** *f* contrôle *m* douanier **Grenzposten** *m* poste *m* [-]frontière **Grenzschutz** *m (fam: Truppe)* [unité *f* de] garde-frontière *f* **Grenzübergang** *m* poste *m* frontière

Grieche ['gri:çə] <-n, -n> *m* Grec *m* **Griechenland** *nt* la Grèce **Griechin** ['gri:çɪn] <-, -nen> *f* Grecque *f* **griechisch** ['gri:çɪʃ] I. *adj* grec, grecque II. *adv* en grec **Griechisch** <-[s]> *nt* grec *m*

Griff [grɪf] <-[e]s, -e> *m* ① poignée *f*; *(eines Schirms)* manche *m* ② *(Handgriff)* geste *m* ③ a. *SPORT* prise *f*

Grill [grɪl] <-s, -s> *m* barbecue *m* **Gerichte vom ~** plats préparés au barbecue **Grillanzünder** *m* allume-barbecue *m* **Grille** ['grɪlə] <-, -n> *f* grillon *m* **grillen** ['grɪlən] I. *vi* faire un barbecue II. *vt:* **etw** ~ faire griller qc [au barbecue] **Grillkohle** *f* charbon *m* de bois

Grillparty f barbecue m

Grimasse [grɪ'masə] <-, -n> f grimace f

Grippe ['grɪpə] <-, -n> f grippe f

grob [gro:p] <gröber, gröbste>
I. adj ❶ grossier, -ière ❷ (ungefähr) sommaire II. adv grossièrement

Grog [grɔk] <-s, -s> m grog m

Grönland ['grø:nlant] <-s> nt le Groenland

Grönländer(in) ['grø:nlɛndɐ] <-s, -> m(f) Groenlandais(e)

grönländisch adj groenlandais(e)

groß [gro:s] <größer, größte>
I. adj ❶ grand(e); (Erfolg) gros(se); (Pause) long(ue) ❷ (älter) grand(e) ❸ (Buchstabe) majuscule ❹ (als Namenszusatz) **der Große** le Grand; **Karl der Große** Charlemagne II. adv (feiern) en grande pompe

großartig I. adj ❶ (Person) génial(e) (fam); (Bauwerk) grandiose II. adv magnifiquement

Großbritannien [gro:sbri'tanjən] <-s> nt la Grande-Bretagne

Großbuchstabe m majuscule f

Größe ['grø:sə] <-, -n> f ❶ (einer Fläche) superficie f ❷ (Körpergröße, Kleidergröße, Höhe, Länge) taille f; (Schuhgröße) pointure f ❸ MATH, PHYS grandeur f

Großeltern Pl grands-parents mpl; **Großenkel(in)** m(f) arrière-petit-fils m/arrière-petite-fille f

Großfamilie f grande famille f

Großhandel m commerce m de gros **Großmacht** f grande

puissance f **Großmutter** f grand-mère f **Großraum** m agglomération f **Großraumwagen** m wagon m sans compartiments **groß|schreiben** vt irr écrire en majuscules **Großstadt** f grande ville f

Großteil m ❶ **der ~** la majeure partie ❷ (erheblicher Teil) grande partie f

Großvater m grand-père m **groß|ziehen** vt irr élever **großzügig** adj généreux, -euse **Großzügigkeit** <-> f générosité f

grotesk [gro'tɛsk] adj grotesque

Grotte ['grɔtə] <-, -n> f grotte f

grübeln ['gry:bəln] vi ruminer

Grubenarbeiter m mineur m

grüezi ['gry:ɛtsi] interj SCHWEIZ bonjour

grün [gry:n] adj ❶ (Augen, Farbe, Hemd) vert(e) ❷ (ökologisch, alternativ: Politik) écologiste ▸ **~e Bohnen** haricots mpl verts; **~e Versicherungskarte** carte f verte

Grün <-s, -> nt ❶ vert m; **im ~en** dans la nature ❷ (Grünfläche) espace m vert **Grünpflanzen)** verdure f

Grünanlage f espace m vert

Grund [grʊnt] <-[e]s, Gründe> m ❶ raison f ❷ (Ursache) cause f ❸ (Erdboden) sol m ❹ (eines Gewässers) fond m

gründen ['gryndən] I. vt fonder II. vi, vr: **[sich] auf etw** (akk) **~** [se] baser sur qc

Gründer(in) <-s, -> m(f) fondateur m, -trice f

Grundfläche f superficie f
gründlich ['gryntlıç] I. adj rigoureux, -euse II. adv rigoureusement
grundlos I. adj infondé(e) II. adv sans raison
Gründonnerstag [gry:n'dɔnesta:k] m jeudi m saint
Grundschule f ≈ école f primaire
Grundschullehrer(in) m(f) instituteur m, -trice f
Grundstück nt propriété f
Gründung ['gryndʊŋ] <-, -en> f fondation f
Grüne f(m) POL écolo mf (fam); **die ~n** les verts **Grünfläche** f espace m vert
Gruppe ['grʊpə] <-, -n> f groupe m **Gruppenleiter(in)** m(f) chef mf d'équipe **Gruppenreise** f voyage m organisé
gruselig ['gru:zəlıç] adj épouvantable
Gruß [gru:s] <-es, Grüße> m ① (Begrüßung) salut m ② (übermittelter Gruß) salutations f pl; **einen [schönen] ~ an die Kinder** bien le bonjour aux enfants ③ (schriftliche Grußformel) **mit freundlichen Grüßen** reçois/recevez mes sincères salutations
grüßen ['gry:sən] vt ① (begrüßen) saluer ② (Grüße übermitteln) **jdn von jdm ~** saluer qn de la part de qn **Grußwort** <-worte> nt discours m de bienvenue
gucken ['gʊkən] vi (fam: sehen) regarder
Gulden ['gʊldən] <-s, -> m florin m

gültig ['gyltıç] adj ① valable; (Pass) valide ② (Gesetz) en vigueur ③ (Zahlungsmittel) légal(e)
Gummi[1] ['gʊmi] <-s, -[s]> m o nt caoutchouc m
Gummi[2] <-s, -s> nt (fam: Gummiband) élastique m
Gummiband <-bänder> nt élastique m **Gummihandschuh** m gant m en caoutchouc **Gummistiefel** m botte f en caoutchouc
günstig ['gynstıç] I. adj ① (Zeit) favorable; (Zugverbindung) commode ② (preisgünstig) avantageux, -euse II. adv (kaufen) à un prix avantageux
Gurke ['gʊrkə] <-, -n> f (Salatgurke) concombre m; (eingelegt) cornichon m
Gurt [gʊrt] <-[e]s, -e> m ① sangle f ② (Sicherheitsgurt) ceinture f de sécurité
Gürtel ['gyrtəl] <-s, -> m ceinture f
gut [gu:t] I. <besser, beste> adj ① bon(ne) ② **alles wird [wieder] ~** tout va s'arranger II. <besser, am besten> adv bien; **~ gelaunt sein** être de bonne humeur; (angenehm) **~ riechen/schmecken** sentir/être bon
Güte ['gy:tə] <-> f bonté f
Gute(s) nt ① (qualitativ Hochwertiges) **etwas ~s** quelque chose de bon ② (Positives) **das ~ daran ist, dass ...** l'avantage, c'est que ...; **alles ~!** bonne chance!
Güterbahnhof m gare f de marchandises **Güterzug** m train m

de marchandises

gutgläubig *adj* crédule

Guthaben <-s, -> *nt* avoir *m*

gütig ['gy:tɪç] *adj* bienveillant(e)

gut|machen *vt:* [**wieder**] ~ (*Fehler*) réparer

gutmütig ['gu:tmy:tɪç] *adj* d'un bon naturel

Gutschein *m* bon *m*

Gymnasiallehrer(in) *m(f)* professeur *mf* de Gymnasium

Gymnasiast(in) [gʏmnazi'ast] <-en, -en> *m(f)* élève *mf* de Gymnasium

Gymnasium [gʏm'na:zium] <-s, -ien> *nt:* établissement scolaire comprenant les classes entre l'école primaire et le baccalauréat

Gymnastik [gʏm'nastɪk] <-> *f* gymnastique *f*

H

H h

H, h [ha:] <-, -> *nt* ● H *m*/h *m* ● *MUS* si *m*

ha *Abk von* **Hektar**

Haar [ha:ɐ] <-[e]s, -e> *nt* ● (*einzelnes Kopfhaar*) cheveu *m*; (*gesamtes Kopfhaar*) cheveux *mpl* ● (*Körper-, Tierhaar*) poil *m*

Haarbürste *f* brosse *f* à cheveux **Haarfarbe** *f* couleur *f* de[s] cheveux **Haarfestiger** *m* fixateur *m* **Haargel** *nt* gel *m* pour les cheveux **Haargummi** *nt* élastique *m* **Haarklammer** *f* pince *f* à cheveux **Haarschnitt** *m* coupe *f* de cheveux **Haarspray** *nt o m* laque *f* **Haartrockner** *m* sèche-cheveux *m*

haben ['ha:bən] *irr* I. *vt* II. *vi:* **du hast zu gehorchen** tu dois obéir III. *aux:* **er hat/ hatte den Brief geschrieben** il a/avait écrit la lettre; **ihr habt euch getäuscht** vous vous êtes

trompé(e)s

Hackbraten *m* rôti *m* de viande hachée

hacken ['hakən] *vt* hacher

Hackfleisch *nt* viande *f* hachée

Hacksteak *nt* steak *m* haché

Hafen ['ha:fən] <-s, Häfen> *m* port *m*

Hafenarbeiter(in) *m(f)* docker *m*

Hafer ['ha:fɐ] <-s, -> *m* avoine *f*

Haferflocken *Pl* flocons *m pl* d'avoine

Haftpflichtversicherung *f* assurance *f* responsabilité civile

Hagel ['ha:gəl] <-s> *m* grêle *f*

Hagelkorn <-körner> *nt* grêlon *m*

hageln ['ha:gəln] *vi* grêler

Hahn [ha:n] <-[e]s, Hähne> *m* ● coq *m* ● (*Wasserhahn*) robinet *m*

Hähnchen ['hɛ:nçən] *nt* poulet *m*

häkeln ['hɛ:kəln] *vt:* **etw** ~ faire qc au crochet

Haken ['haːkən] <-s, -> m ① crochet m ② (Angelhaken) hameçon m ③ (Zeichen) coche f ④ (fam: Schwierigkeit) hic m

halb [halp] I. adj ● **ein ~er Meter** un demi mètre ② (Uhrzeit) **~ sieben** six heures et demie ③ (fam: ein Großteil von) **~ Frankreich** presque toute la France II. adv (zur Hälfte) à moitié; **~ so viel** moitié moins

Halbbruder m demi-frère m **Halbdunkel** nt pénombre f **halbfett** adj allégé(e) **Halbfinale** nt demi-finale f

halbieren* [hal'biːrən] vt ① partager en deux; (schneiden) couper en deux ② (vermindern) réduire de moitié

Halbinsel f presqu'île f; (groß) péninsule f **Halbpension** f demi-pension f **Halbschwester** f demi-sœur f **halbtags** adv à mi-temps **halbwegs** adv ① (einigermaßen) à peu près ② (nahezu) pratiquement **Halbzeit** f mi-temps f

Hälfte ['hɛlftə] <-, -n> f moitié f

Halle ['halə] <-, -n> f ① hall m ② (großer Saal) [grande] salle f

hallen ['halən] vi résonner

Hallenbad nt piscine f couverte

hallo ['halo] interj ① salut ② (Gruß am Telefon) allo ③ (Anrede) ~[, Sie]! hé[, vous]!

Hals [hals] <-es, Hälse> m ① cou m ② (Rachen) gorge f ③ (Flaschenhals) col m

Halsband <-bänder> nt collier m **Halskette** f chaîne f [de cou]; (mit Steinen besetzt) collier m **Halsschmerzen** pl mal m de gorge **Halstablette** f pastille f contre le mal de gorge **Halstuch** nt foulard m **Halsweh** s. **Halsschmerzen**

halt [halt] interj halte[-là]

Halt <-[e]s, -e> m ① (Stütze) appui m ② (inneres Gleichgewicht) équilibre m [moral/psychologique] ③ (Stopp) arrêt m; **~ machen** s'arrêter

haltbar adj (Lebensmittel) [de] longue conservation

Haltbarkeit f conservation f

Haltbarkeitsdatum nt date f limite [de consommation]

Haltegriff m poignée f

halten ['haltən] irr I. vt ① tenir ② (tragen) maintenir ③ (Brücke) soutenir ④ (Ball) arrêter ⑤ (Rede) prononcer; (Vortrag) faire ⑥ (ansehen als) **für etw/jdn ~** prendre pour qn/qc II. vi ① (festhalten) tenir ② (Lebensmittel) se conserver ③ (Fahrzeug) s'arrêter ④ (stehen zu) **zu jdm ~** prendre le parti de qn III. vr ① (sich festhalten) **sich an etw** (dat) **~** se tenir à qc ② (nicht verderben) **sich ~** se garder ③ METEO **sich ~** se maintenir ④ (sich richten nach) **sich an die Regeln ~** respecter les règles

Haltestelle f station f; (von Bussen) arrêt m **Halteverbot** nt interdiction f de stationner

Haltung <-, -en> f attitude f

Hamburg ['hambʊrk] <-s> nt Hambourg

Hamburger(in) <-s, -> m(f)
Hambourgeois(e) m(f)

Hamburger[1] ['hamburɡɐ] <-s, ->
m hamburger m

Hamburger[2] adj de Hambourg

Hammel ['haml] <-s, -> m mouton m

Hammelfleisch nt [viande f de]
mouton m **Hammelkeule** f gigot m de mouton

Hammer ['hamɐ] <-s, Hämmer>
m marteau m

hämmern ['hɛmɐn] vi ❶ donner des coups de marteau ❷ (klopfen) **gegen die Tür ~** marteler la porte

Hamster ['hamstɐ] <-s, -> m hamster m

Hand [hant] <-, Hände> f ❶ main f ❷ **eine ~ voll** une poignée

Handarbeit f ❶ (Arbeit mit den Händen) travail m manuel ❷ (Gegenstand) ouvrage m fait à la main **Handball** (Spiel) handball m **Handballspieler(in)** m(f) handballeur m, -euse f **Handbike** ['hɛntbaik] <-s, -> nt déambulateur m **Handbremse** f frein m à main; (eines Fahrrads) frein m **Handcreme** f crème f pour les mains

Händedruck ['hɛndədrʊk]
<-drücke> m poignée f de main

Handel ['handl] <-s, -> m ❶ commerce m ❷ (Abmachung, Geschäft) marché m

handeln ['handln] I. vi ❶ **mit etw ~** faire le commerce de qc ❷ (feilschen) marchander ❸ (tätig sein) agir II. vr: **es handelt**

sich um ... il s'agit de ...

Handelsschule f ≈ école f de commerce

Handgas nt (Auto) commandes fpl manuelles **Handgelenk** nt poignet m **handgemacht** adj fait(e) à la main **Handgepäck** nt bagages m pl à main **handgeschrieben** adj manuscrit(e)

handgreiflich adj: **gegen jdn ~ werden** en venir aux mains avec qn

Handgriff m ❶ (Aktion) geste m ❷ (Griff) poignée f

Handicap ['hɛndikɛp] <-s, -s> nt handicap m

Handkuss m baisemain m **Handlauf** m rampe f

Händler(in) ['hɛndlɐ] <-s, -> m(f) commerçant(e) m(f)

Handlung ['handlʊŋ] <-, -en> f ❶ acte m ❷ (eines Buchs, Films) action f

Handlungsfreiheit f liberté f d'action **Handschelle** f menottes f pl **Handschlag** m poignée f de main **Handschrift** f écriture f **Handschuh** m gant m **Handtasche** f sac m à main **Handtuch** <-tücher> nt serviette f (de toilette) **Handwaschbecken** nt lavabo m **Handwerk** nt ❶ (Beruf) métier m [manuel] ❷ (Berufsstand) artisanat m **Handwerker(in)** <-s, -> m(f) artisan(e) m(f) **handwerklich** adj artisanal(e)

Handy ['hɛndi] <-s, -s> nt portable m

Handygeschäft nt boutique f de

téléphones (portables)

Hang [haŋ] <-[e]s, Hänge> *m*
❶ versant *m; (eines Weinbergs)*
coteau *m* ❷ *(Vorliebe)* penchant *m*

hängen¹ [ˈhɛŋən] *vi irr* ❶ être accroché ❷ *(sich verbunden fühlen)* tenir à ❸ *(sich neigen)* pencher

hängen² *vt irr* pendre

Hannover [haˈnoːfɐ] <-s> *nt* Hanovre

Hansestadt *f* ville *f* hanséatique

happy [ˈhɛpi] *adj (fam)* tout(e) content(e)

Harfe [ˈharfə] <-, -n> *f* harpe *f*

harmlos [ˈharmloːs] *adj* ❶ *(Person, Tier)* inoffensif, -ive; *(Krankheit)* bénin, -igne ❷ *(arglos)* anodin(e)

Harmonie [harmoˈniː] <-, -n> *f* harmonie *f*

harmonieren* [harmoˈniːrən] *vi* ❶ MUS s'accorder ❷ *(zueinander passen)* **miteinander ~** aller bien ensemble; *(miteinander auskommen)* s'entendre bien

harmonisch [harˈmoːnɪʃ] I. *adj* harmonieuse, -euse II. *adv* harmonieusement; *(verlaufen)* dans l'harmonie

hart [hart] <härter, härteste> I. *adj* ❶ dur(e); *(Matratze)* ferme; *(Kontaktlinsen)* rigide ❷ *(heftig)* brutal(e) ❸ *(Währung)* fort(e) II. *adv* ❶ **~ durchgreifen** sévir ❷ *(streng)* durement ❸ *(arbeiten)* dur

Härte [ˈhɛrtə] <-, -n> *f (Wucht)* force *f*

Hartkäse *m* fromage *m* à pâte dure **hartnäckig** I. *adj* ❶ *(Person)* persévérant(e) ❷ *(Erkältung)* tenace II. *adv* avec persévérance

Hase [ˈhaːzə] <-n, -n> *m* lièvre *m*

Haselnuss *f* noisette *f*

Hass [has] <-es> *m* haine *f*

hassen [ˈhasən] *vt:* **jdn/etw ~** haïr qn/détester qc

hässlich [ˈhɛslɪç] I. *adj* laid(e); *(Wort)* méchant(e) II. *adv* mal

Hast [hast] <-> *f* hâte *f*

hastig *adv* précipitamment

hauen¹ [ˈhaʊən] *vt, vi irr* cogner

hauen² *irr* I. *vt* ❶ enfoncer ❷ *(herstellen)* tailler II. *vi (fam):* **mit dem Kopf gegen etw ~** se cogner la tête contre qc III. *vr (fam):* **sich** ~ se tabasser

Haufen [ˈhaʊfən] <-s, -> *m* ❶ tas *m* ❷ *(fam: Gruppe)* bande *f*

häufen [ˈhɔʏfən] I. *vt (Vorräte)* entasser; *(Ämter)* cumuler II. *vr:* **sich** ~ s'entasser; *(Vorkommnisse)* se répéter

häufig [ˈhɔʏfɪç] I. *adj* fréquent(e) II. *adv* souvent

Hauptbahnhof *m* gare *f* centrale **Hauptdarsteller(in)** *m(f)* premier rôle *m*

Hauptfigur *f* figure *m* de proue **Hauptgericht** *nt* plat *m* de résistance **Hauptgewinn** *m* gros lot *m*

Hauptmann <-leute> *m* capitaine *m* **Hauptpostamt** *nt* poste *f* principale **Hauptrolle** *f* premier rôle *m* **Hauptsache** *f:* **die** ~ le principal **hauptsächlich** *adv* surtout

Hauptsaison f pleine saison f
Hauptschule f: établissement
scolaire entre l'école primaire
et la formation professionnelle,
surtout artisanale, qui propose
des cours plus simples que la
Realschule

Hauptstadt f capitale f

Hauptstraße f rue f principale
Hauptverkehrszeit f heures f
pl de pointe

Haus [haʊs] <-es, Häuser> nt
❶ maison f; **nach ~e gehen/**
kommen rentrer [à la maison]
❷ (Dynastie) **das ~ Habsburg**
la maison f des Habsbourg

Hausarbeit f ❶ (Arbeit im Haushalt) travaux m pl ménagers
❷ UNIV dissertation f **Hausarzt**
m, **-ärztin** f médecin m de famille **Hausaufgaben** Pl devoirs
m pl **Hausbesitzer(in)** m(f)
propriétaire mf (de la maison)
Hausbesorger(in) [ˈhaʊsbəzɔrgɐ]
ÖSTERR s. **Hausmeister Hausboot** nt péniche f **Hausfrau** f
femme f au foyer **hausgemacht**
adj [faitˌe(s)] maison f **Haushalt**
<-[e]s, -e> m ❶ foyer m
❷ (Etat) budget m

Haushaltsgeld nt argent m du
ménage **Haushaltsgerät** nt ustensile m ménager **Haushaltswaren** Pl articles m pl ménagers

Hausherr(in) m(f) maître m,
-esse f de maison

häuslich [ˈhɔʏslɪç] adj (Person) casanier, -ière

Hausmann <-männer> m
homme m au foyer **Hausmeister(in)** m(f) concierge mf **Hausmüll** m ordures f pl ménagères
Hausnummer f numéro m
Hausschuh m chausson m

Haustelefon nt interphone m
Haustier nt animal m domestique **Haustür** f porte f d'entrée

Haut [haʊt] <-, Häute> f peau f
Hautarzt m, **-ärztin** f dermatologue mf

Haxe [ˈhaksə] <-, -n> f SÜDD (eines
Kalbs) jarret m; (eines Schweins)
jambonneau m

Hbf. Abk von **Hauptbahnhof**
gare f centrale

heben [ˈheːbən] irr I. vt ❶ (Arm,
Kopf) lever ❷ (hochheben) soulever ❸ (Niveau) relever II. vr:
sich ~ se lever

Hebräer(in) [heˈbrɛːɐ] <-s, ->
m(f) Hébreu m/Juive f

hebräisch [heˈbrɛːɪʃ] I. adj hébraïque II. adv en hébreu

Hebräisch <-[s]> nt hébreu m

Hecht [hɛçt] <-[e]s, -e> m brochet m

Hecke [ˈhɛkə] <-, -n> f haie f

Heer [heːɐ] <-[e]s, -e> nt armée f

Hefe [ˈheːfə] <-, -n> f levure f

Heft [hɛft] <-[e]s, -e> nt
❶ (Schreibheft) cahier m
❷ (Zeitschrift) revue f; (einzelne
Ausgabe) numéro m

heftig [ˈhɛftɪç] I. adj violent(e);
(Schneefall) fort(e) II. adv (sich
streiten) violemment; (schneien)
fortement

Heide [ˈhaɪdə] <-, -n> f lande f

Heidelbeere ['hajdəlbeːrə] f myrtille f

heil [hajl] adj intact(e)

Heilbad nt station f thermale

heilen ['hajlən] vi, vt guérir

Heilfasten nt jeûne m curatif

heilig ['hajlɪç] adj ① (Stätte, Pflicht) sacré(e); ② (Sakrament) saint(e); ③ (unantastbar) jdm ~ sein être sacré pour qn

Heiligabend [hajlɪç'ʔaːbənt] m (Abend des 24. Dezembers) soir m de Noël; (Feier) réveillon m de Noël

Heilige(r) f(m) saint(e) m(f)

Heilmittel nt remède m **Heilpflanze** f plante f officinale **Heilpraktiker(in)** m(f) guérisseur m, -euse f (reconnu(e) par l'État) **Heilquelle** f source f thermale

Heilung <-, -en> f guérison f; (einer Wunde) cicatrisation f

heim [hajm] adv à la maison

Heim [hajm] nt <-[e]s, -e> nt ① (Zuhause) domicile m; ② (Seniorenheim) foyer m de personnes âgées ③ (Erziehungsheim) foyer m (éducatif) ④ (Erholungsheim) maison f de repos

Heimat ['hajmaːt] f <-, -en> f ① pays m [natal] ② (eines Tiers, einer Pflanze) pays m d'origine

heimatlos adj apatride

heim|fahren [hajm] I. vi rentrer à la maison II. vt: jdn ~ reconduire qn à la maison **heim|gehen** vi irr rentrer chez soi

heimisch adj local(e); (Bevölkerung) autochtone

Heimkehr ['hajmkeːɐ̯] <-> f ① retour m [à la maison] ② (Heimkehr ins Heimatland) retour m au pays

heim|kehren vi rentrer

heimlich ['hajmlɪç] I. adj ① secret, -ète ② (Blick) furtif, -ive II. adv ① en cachette; (zusagen) en secret ② (ansehen) furtivement

Heimreise f (trajet m du) retour m **Heimspiel** nt match m à domicile

Heimweg (trajet m du) retour m **Heimweh** <-[e]s> nt mal m du pays

Heirat ['hajraːt] f <-, -en> f mariage m

heiraten ['hajraːtən] I. vt épouser II. vi se marier

Heiratsantrag m demande f en mariage

heiser ['hajzɐ] adj enroué(e)

heiß [hajs] I. adj ① (sehr warm) [très] chaud(e); (zu warm) brûlant(e); (Flüssigkeit) bouillant(e); (Klima) torride ② (fam: Tipp) bon(ne); (Spur) très sérieux, -euse II. adv (essen, duschen) très chaud

heißen ['hajsən] irr vi ① ich heiße Karin je m'appelle Karin ② (bedeuten) das heißt, dass ... cela veut dire que ... ③ (lauten) „ja" heißt auf Japanisch „hai" „oui" se dit „hai" en japonais ④ das heißt (in anderen Worten) c'est-à-dire; (beziehungsweise) ou plutôt; es heißt, dass ... on dit que ...

Heißluftballon m montgolfière f

heizen ['haɪtsən] vi, vt chauffer

Heizkessel m chaudière f **Heizkörper** m radiateur m **Heizofen** m radiateur m d'appoint **Heizöl** nt mazout m

Heizung <-, -en> f chauffage m ⓐ (fam: Heizkörper) radiateur m

Hektar ['hɛkta:ɐ̯] <-s, -e> m o nt hectare m

Hektik ['hɛktɪk] <-> f agitation f

hektisch ['hɛktɪʃ] I. adj agité(e) II. adv (essen) avec précipitation; (reagieren) nerveusement

Hektoliter [hɛkto'li:tɐ] m o nt hectolitre m

Held(in) ['hɛlt] <-en, -en> m(f) héros m/héroïne f

Heldentat f exploit m

helfen ['hɛlfən] vi irr: **jdm** ~ aider qn; (nützen) rendre service à qn

hell [hɛl] adj clair(e); (Licht) vif, vive; **es wird** ~ il commence à faire jour ⓐ (aufgeweckt) futé(e) (fam)

hellblau adj bleu clair **hellblond** adj (Person) aux cheveux blond clair **hellbraun** adj marron clair; (Haare) châtain clair

Helle(s) nt (bière f) blonde f

hellhörig adj sonore

Helm [hɛlm] <-[e]s, -e> m casque m

Hemd [hɛmt] <-[e]s, -en> nt chemise f

Hendl ['hɛnd(ə)l] <-s, -[n]> nt ÖSTERR poulet m rôti

Hengst [hɛŋst] <-[e]s, -e> m étalon m

Henne ['hɛnə] <-, -n> f ⓐ (Haus-huhn) [poule f] pondeuse f ⓐ (weiblicher Hühnervogel) poule f

her [he:ɐ̯] adv ⓐ (fam): ~ **damit!** file/filez-moi ça! ⓐ (zeitlich) **das ist schon lange** ~ ça fait déjà longtemps ⓐ (räumlich) **hinter jdm/etw** ~ **sein** être à la poursuite de qn/qc; (fig) courir après qn/chercher qc

herab|sehen vi irr (abschätzig betrachten) **auf jdn/etw** ~ regarder qn/qc de haut **herab|setzen** vt (Preis) baisser; (Kosten) réduire I. vt rabaisser II. vr: **sich** ~ s'abaisser

heran [hɛ'ran] adv: **links** ~! serre/serrez à gauche!

heran|kommen vi irr ⓐ **an jdn/etw** ~ [s']approcher de qn/qc; **an jdn** ~ (in Kontakt kommen) pouvoir approcher qn; (gleichwertig sein) arriver au niveau de qn (heranreichen) **an etw** (akk) ~ pouvoir atteindre qc **heran|ziehen** vt irr: **jdn zu sich** ~ attirer qn vers soi; **etw zu sich** ~ rapprocher qc de soi

herauf [hɛ'rauf] I. adv: **von unten** ~ depuis le bas II. präp +akk: **den Berg/die Treppe** ~ en gravissant la montagne/en montant les escaliers

heraus [hɛ'raus] I. adj ⓐ ~ **sein** (Blindband, Splitter) être retiré ⓐ (entwachsen) **aus dem Alter** ~ **sein...** avoir passé l'âge de... II. adv ⓐ ~ dehors!

heraus|bekommen* vt irr ⓐ (Fleck) réussir à enlever

❷ *(herausfinden)* réussir à trouver ❸ *(ausgezahlt bekommen)* **Sie bekommen noch drei Euro heraus** je dois vous rendre trois euros **heraus|bringen** vt irr ❶ *jdm etw* ~ apporter qc de-hors à qn ❷ *(Buch, Ware)* sortir ❸ *(fam: Wort)* sortir; *(Ton)* émettre **heraus|finden** irr I. vt découvrir II. vi: **aus dem Museum ~** trouver la sortie du musée

heraus|fordern ❶ vt provoquer; *(Gefahr)* défier II. vi: **zu etw ~** provoquer qc

Herausforderung f ❶ SPORT challenge m ❷ *(Provokation)* provocation f ❸ *(Bewährungsprobe)* défi m

heraus|geben irr I. vt ❶ *(Wechselgeld)* rendre ❷ *(veröffentlichen)* publier; *(edieren)* éditer II. vi rendre la monnaie

Herausgeber(in) m(f) *(Verleger)* éditeur m, -trice f

heraus|kommen vi irr ❶ **aus dem Haus ~** sortir de la maison ❷ *(sich ziehen lassen)* **aus etw ~** *(Fleck)* partir de qc **heraus|halten** irr I. vt: **etw ~** passer qc dehors II. vr: **sich aus etw ~** se tenir en dehors de qc **heraus|holen** vt ❶ **etw aus dem Schrank ~** sortir qc de l'armoire ❷ *(Erdbebenopfer)* extraire **heraus|kommen** vi irr ❸ **aus etw ~** *(zum Vorschein kommen)* sortir de qc; *(verlassen können)* quitter qc ❹ *(fam: sich ergeben)* **das kommt aufs**

Gleiche heraus c'est du pareil au même ❺ *(Buch)* sortir [sur le marché] **heraus|kriegen** s. **herausbekommen, rauskriegen heraus|nehmen** vt irr retirer **heraus|springen** vi irr ❶ sauter dehors; *(Sicherung)* sauter **heraus|stehen** vi irr: **aus etw ~** dépasser de qc **heraus|stellen** ❶ vt *(ins Freie stellen)* sortir II. vr: **es stellte sich heraus, dass ...** il s'avéra que ... **heraus|suchen** vt ❶ *(auswählen)* etw **aus etw ~** choisir qc parmi qc ❷ *(Textstelle)* rechercher

herb [hɛrp] adj amer, -ère

herbei|bringen vt irr: **jdn/etw ~** amener qn/apporter qc

Herberge [ˈhɛrbɛrgə] <-, -n> f auberge f

Herbst [hɛrpst] <-[e]s, -e> m automne m

herbstlich adj d'automne

Herd [heːrt] <-[e]s, -e> m *(Küchenherd)* cuisinière f; *(Backofen)* four m

Herde [ˈheːrdə] <-, -n> f troupeau m

herein [hɛˈraɪn] adv: **hier/dort ~** par ici/là; [nur] **~!** entrez!

herein|brechen vi irr ❶ *(Flut)* déferler ❷ *(Gewitter, Krieg)* éclater; *(Unheil)* survenir ❸ *(Nacht)* tomber; *(Winter)* arriver **herein|fallen** vi irr ❶ tomber à l'intérieur ❷ *(Licht)* entrer ❸ *(fam: betrogen werden)* **auf jdn/etw ~** se faire avoir par qn/avec qc **herein|kommen** vi irr entrer

herein|lassen vt irr (Person) faire entrer **herein|legen** vt ❶ (fam: betrügen) arnaquer ❷ (hereinbringen) etw ~ déposer qc à l'intérieur

Herfahrt f trajet m

her|fallen vi irr: **über jdn/etw ~** se jeter sur qn/qc

Hering ['he:rɪŋ] <-s, -e> m ❶ hareng m ❷ (Zeltpflock) sardine f

her|kommen vi irr: **wo kommst du her?** tu viens d'où?

herkömmlich ['he:gkœmlɪç] adj traditionnel(le)

Herkunft ['he:gkʊnft] <-> f origine f

Herkunftsland nt pays m d'origine

hermetisch [hɛr'me:tɪʃ] (geh) adj hermétique

Heroin [hero'i:n] <-s> nt héroïne f

heroisch [he'ro:ɪʃ] (geh) adj héroïque

Herpes ['hɛrpɛs] <-> f herpès m

Herr [hɛr] <-n, -en> m ❶ monsieur m ❶ (form: als Anrede ohne Namen) **mein ~/meine ~en** Monsieur/Messieurs; **sehr geehrte ~en, ...** (briefliche Anrede) Messieurs, ... ❷ (Mann) homme m ❸ (Hundehalter) maître m

her|richten vt (ausbessern) remettre en état

herrlich I. adj ❶ (prächtig) magnifique ❷ (Essen, Witz) excellent(e) **II.** adv (sich amüsieren) drôlement [bien]

Herrschaft <-, -en> f ❶ pouvoir m ❷ pl (Damen und Herren) **die ~en** ces Messieurs [et ces]

Dames

herrschen ['hɛrʃən] vi régner

Herrscher(in) <-s, -> m(f) souverain(e) m(f)

her|stellen vt fabriquer; (Beziehung, Kontakt) établir

Hersteller(in) <-s, -> m(f) fabricant(e) m(f)

Herstellung f fabrication f

Hertz [hɛrts] <-, -> nt hertz m

herüber [hɛ'ry:be] adv de ce côté-ci

herum [hɛ'rʊm] adv: **um jdn/etw ~** autour de qn/qc

herum|drehen vt retourner; (Schlüssel) tourner **herum|fahren** vi irr ❶ (reisen): **in der Stadt ~** faire un tour en ville ❷ (umkreisen): **um jdn/etw ~** tourner autour de qn/qc ❸ (sich rasch umdrehen) faire volte-face **herum|gehen** vi irr ❶ **um jdn/etw ~** faire le tour de qn/qc ❷ (fam: umhergehen) faire les cent pas ❸ (Liste, Buch) circuler **herum|hängen** vi irr (fam) traîner **herum|kommen** vi irr (fam) ❶ (umfahren/vermeiden können) **um etw ~** pouvoir éviter qc ❷ (daherkommen) **um die Ecke ~** tourner au coin de la rue ❸ (reisen) **viel ~** voyager beaucoup **herum|laufen** vi irr ❶ **um einen Baum ~** courir autour d'un arbre ❷ (fam: umherlaufen) se trimbal[ler] **herum|liegen** vi irr (fam) traîner **herum|reisen** vi voyager **herum|stehen** vi irr ❶ **um jdn/etw ~** entourer qn/qc ❷ (fam: dastehen: Per-

H

son) rester planté(e) *(Gegenstand)* être là **herum|treiben** *vr irr (pej fam):* **sich** ~ traîner

herunter [hɛˈrʊntɐ] I. *adv* **①** **bis auf die Erde** ~ jusqu'au sol **②** *(fam: heruntergeklettert)* **von etw** ~ **sein** être descendu de qc **③** *(fam: heruntergelassen)* ~ **sein** *(Rollladen)* être baissé II. *präp* +*akk:* **den Berg** ~ ... pour descendre de la montagne, ...

herunter|fahren *irr* I. *vi:* **zu jdm** ~ descendre vers qn II. *vt (transportieren)* descendre **herunter|fallen** *vi irr:* **von etw** ~ tomber de qc **herunter|gehen** *vi, vt irr* **①** **die Straße** ~ descendre [la rue] **②** *(sich wegbewegen)* **vom Teppich** ~ se pousser du tapis **③** *(sinken)* baisser; **mit dem Preis** ~ réduire le prix **heruntergekommen** *adj (pej: Person)* négligé(e); *(Haus)* délabré(e) **herunter|klappen** *vt* rabattre **herunter|kommen** *vi, vt irr* descendre **herunter|schlucken** *s.* **hinunterschlucken**

hervor|heben *vt irr* **①** *(betonen)* souligner **②** *(kennzeichnen)* faire ressortir **hervor|kommen** *vi irr* apparaître **hervorragend** I. *adj* excellent(e) II. *adv* à la perfection

Herz [hɛrts] <-ens, -en> *nt* cœur *m* **Herzanfall** *m* crise *f* cardiaque **Herzbeschwerden** *Pl* troubles *mpl* cardiaques

herzhaft I. *adj* **①** *(Frühstück)* copieux, -euse **②** *(Eintopf)* relevé(e) II. *adv* **③** ~ **schmecken** avoir un goût épicé **②** *(lachen)* de bon cœur

Herzinfarkt *m* infarctus *m* [du myocarde] **herzkrank** *adj* cardiaque

herzlich *adj (Begrüßung, Worte)* chaleureux, -euse

herzlos *adj* sans cœur

Herzog(in) [ˈhɛrtsoːk] <-s, Herzöge> *m(f)* duc *m*/ duchesse *f*

Herzogtum <-s, -tümer> *nt* duché *m*

Herzschrittmacher *m* stimulateur *m* cardiaque

Hesse [ˈhɛsə] <-n, -n> *m*, **Hessin** *f* Hessois(e) *m(f)*

Hessen [ˈhɛsn] <-s> *nt* la Hesse

hessisch *adj* hessois(e)

heterosexuell [heterozɛksuˈɛl] *adj* hétérosexuel(le)

hetzen [ˈhɛtsn] *vi* **①** *(eilen)* **zum Bahnhof** ~ courir à la gare **②** *(pej: Hass schüren)* **gegen jdn/etw** ~ s'acharner sur qn/qc

Heu [hɔy] <-[e]s> *nt* foin *m*

Heubad *nt* bain *m* de foin

Heuchelei [hɔyçaˈlai] <-, -en> *f* hypocrisie *f*

Heuchler(in) [ˈhɔyçlɐ] <-s, -> *m(f)* hypocrite *mf*

heulen [ˈhɔylən] *vi* **①** *(fam)* chialer **②** *(Wolf)* hurler **③** *(Motor, Sirene)* rugir

Heuschnupfen *m* rhume *m* des foins

Heuschrecke [ˈhɔyʃrɛka] <-, -n> *f* sauterelle *f*

heute ['hɔytə] *adv* ❶ aujourd'hui; ~ **Morgen** ce matin; ~ **Abend** ce soir ❷ (*heutzutage*) de nos jours

heutig ['hɔytɪç] *adj* (*Zeitung*) d'aujourd'hui

heutzutage ['hɔyttsutaːgə] *adv* de nos jours

Hexe ['hɛksə] <-, -n> *f* (*a. pej*) sorcière *f*

Hexenschuss *m* tour *m* de reins, lumbago *m*

Hexerei [hɛksə'raɪ] <-, -en> *f* sorcellerie *f*

Hieb [hiːp] <-[e]s, -e> *m* coup *m*

hier [hiːɐ] <-, -n> *adv* ❶ ici; ~ **drinnen/ unten** dedans/en bas; **Martin Lang! – Hier!** Martin Lang – Présent! ❷ (*da*) voilà; ~, **nimm das!** tiens, prends ça!

hierauf ['hiːɐ'auf] *adv* là-dessus **hieraus** *adv* d'ici **hierdurch** *adv* par ici **hierher** *adv* [par] ici; ~ **holen** aller chercher **hierherum** *adv* ❶ de ce côté-ci ❷ (*fam: etwa an dieser Stelle*) dans ce coin-là **hierhin** *adv*: **jdn ~ bringen** amener qn ici **hierhinein** *adv* par ici

hiermit ['hiːɐ'mɪt] *adv* ❶ (*form*): ~ **erkläre ich ...** (*in schriftlicher Form*) par la présente, je déclare que ... ❷ (*mit diesem Gegenstand*) avec cela

hierüber ['hiːɐ'ryːbə] *adv* par-dessus **hierunter** *adv*: **stell den Karton ~!** mets le carton là-dessous! **hierzulande** *adv* ici

Hi-Fi-Anlage ['haɪfiˈanlaːgə] *f* chaîne *f* hi-fi

Highsociety ['haɪsəˈsaɪəti] <-> *f* haute société *f*

Hightech ['haɪtɛk] <-[s]> *nt* high- tech *m*

Hilfe ['hɪlfə] <-, -n> *f* ❶ aide *f* ❷ **erste ~** les premiers soins *m pl*

hilflos *adj* sans défense **Hilflosigkeit** *f* détresse *f* **hilfreich** *adj* utile **Hilfsarbeiter(in)** *m(f)* ouvrier *m*, -ière *f* [non spécialisé(e)] **hilfsbereit** *adj* serviable

Himbeere ['hɪmbeːrə] *f* framboise *f* **Himmel** ['hɪml] <-s, (*geh*) -> *m* ciel *m*

himmelblau *adj* bleu ciel **Himmelfahrt** *f* l'Ascension *f*

hin [hɪn] **I.** *adv* ❶ **bis zum Garten ~** jusqu'au jardin; **zur Straße ~ liegen** donner sur la rue ❷ (*den Hinweg betreffend*) ~ **und zurück** aller et retour ❸ **das Hin und Her** (*das Kommen und Gehen*) le va-et-vient; ~ **und wieder** de temps en temps **II.** *adj:* ~ **sein** être fichu (*fam*)

hinab ['hɪn'ap] *s.* **hinunter**

hinauf [hɪ'nauf] **I.** *adv* vers le haut; **immer weiter ~** toujours plus haut **II.** *präp* +*akk:* **den Berg ~ ...** pour monter au sommet de la montagne...

hinauf|fahren *irr* **I.** *vi* monter **II.** *vt:* **jdn mit dem Auto ~** emmener qn en voiture jusqu'en haut **hinauf|führen** *vi* conduire jusqu'en haut **hinauf|gehen** *irr* **I.** *vi:* **auf den Dachboden ~**

monter au grenier **II.** vt (Treppe)
monter **hinauf|laufen** vi vi.:
zu jdm ~ monter chez qn en
courant **II.** vt (Berg) escalader
hinauf|schauen, hinauf|sehen
vi irr lever les yeux

hinaus [hɪˈnaʊs] adv ❶ **~ sein**
être sorti ❷ (weiter als) **über
dieses Alter bin ich ~** j'ai
passé l'âge

hinaus|bringen vt irr ❶ (Person)
reconduire ❷ (Müll) sortir **hi-
naus|gehen** vi irr ❶ (Person)
sortir ❷ (gerichtet sein) **auf
den Hof** (Fenster, Zimmer)
donner sur la cour **hinaus|lau-
fen** vi irr sortir [en courant] **hi-
naus|lehnen** vr: **sich ~** se pen-
cher [au-]dehors **hinaus|zögern**
I. vt retarder **II.** vr: **sich ~** être
retardé

hin|bekommen* s. **hinkriegen**

hin|bringen vt irr ❶ apporter
❷ (begleiten) y emmener

hindern [ˈhɪndɐn] vt ❶ empêcher
❷ (stören) gêner

Hindernis [ˈhɪndɐnɪs] <-ses, -se>
nt obstacle m

hin|deuten vt ❶ **mit dem Finger
auf etw** (akk) **~** montrer qc du
doigt ❷ (vermuten lassen) **darauf ~, dass** indiquer que

Hindi [ˈhɪndi] <-> nt hindi m

Hindu [ˈhɪndu] <-[s], -[s]> m hin-
dou(e) m(f)

Hinduismus [hɪnduˈɪsmʊs] <->
m hindouisme m

hinduistisch I. adj hindou(e)
II. adv (prägen) par l'hindouisme

hindurch [hɪnˈdʊrç] adv ❶ hier ~
par ici; **durch die Wand ~** à travers le mur ❷ (zeitlich) **die ganze
Nacht ~** toute la nuit

hindurch|drängen vr: **sich ~** se
frayer un passage **hindurch|ge-
hen** vi irr ❶ **durch etw ~** passer par qc ❷ (durchdringen)
durch jdn/etw ~ traverser
qn/qc

hinein [hɪˈnaɪn] adv: **dort/hier ~!**
il faut entrer là-bas/ici!

hinein|gehen vi irr entrer **hinein|
legen I.** vt mettre dedans **II.** vr:
sich in etw (akk) **~** se coucher
dans qc **hinein|ziehen** vt: **jdn in
etw** (akk) **[mit] ~** entraîner qn
dans qc

hin|fahren irr **I.** vi y aller **II.** vt:
jdn ~ y conduire qn; **etw ~** y
apporter qc [en voiture]

Hinfahrt f trajet m [pour y aller]

hin|fallen vi irr tomber

Hinflug m vol m [pour y aller]

hin|führen I. vt: **jdn ~** y conduire
qn **II.** vi: **zu etw ~** conduire à
qc

hin|halten vt irr: **jdm etw ~**
tendre qc à qn

hinken [ˈhɪŋkən] vi boiter

hin|knien vr: **sich ~** s'agenouiller

hin|kriegen vt (fam) ❶ (reparie-
ren) rafistoler ❷ (fertig bringen)
arranger

hin|laufen vi irr courir **hin|legen
I.** vt (Buch) déposer ❷ (Per-
son) allonger **II.** vr: **sich ~** s'al-
longer **hin|nehmen** vt irr accep-
ter; (Niederlage) essuyer

Hinreise f trajet m [pour y] aller

hin|schmeißen *(fam)* s. **hinwerfen**

hin|sehen *vi irr* regarder **hin|setzen** *vr:* **sich** ~ s'asseoir

Hinsicht *f* point *m* de vue; **in mancher** ~ à maints égards

hin|stellen I. *vt* **etw** da/dort ~ mettre qc là ❷ *(Fahrrad)* déposer; *(Auto)* garer ❸ *(charakterisieren)* **jdn als Angeber** ~ faire passer qn pour un frimeur II. *vr:* **sich** ~ se mettre debout

hinten ['hɪntən] *adv* derrière; **von** ~ anfangen commencer par la fin

hintenherum *adv,* **hintenrum** *adv (fam: gehen)* par derrière

hinter ['hɪntɐ] I. *präp +dat;* *(nach)* après II. *präp +akk:* **sich** ~ **jdn/etw stellen** se mettre derrière qn/qc

hintere(r, s) *adj (Haus, Tür)* de derrière; *(Reihen)* du fond

hintereinander *adv* l'un(e) derrière l'autre; ~ **hergehen** marcher en file indienne ❷ *(zeitlich)* **etw** ~ **tun** *(an einem Stück)* faire qc d'affilée

hintereinanderher *adv* l'un(e) derrière l'autre

Hintergedanke *m* arrière-pensée *f*

hintergehen* [hɪntɐ'ge:ən] *vt irr* tromper

Hintergrund *m* ❶ *(einer Bühne, eines Gemäldes)* fond *m* ❷ *(Umstände)* toile *f* de fond

hinterhältig ['hɪntɐhɛltɪç] *adj* hypocrite

hinterher [hɪntɐ'he:ɐ] *adv* ❶ après; *(im Nachhinein)* après coup

❷ *(räumlich)* derrière

hinterher|laufen *vi irr* courir derrière; **jdm** ~ courir après qn

hinterher|schicken *vt:* **jdm jdn/etw** ~ envoyer qn/qc à la suite de qn

Hinterhof *m* arrière-cour *f* **Hinterland** *nt* arrière-pays *m*

hinter|lassen* [hɪntɐ'lasən] *vt irr* laisser

hinterlegen* [hɪntɐ'le:gən] *vt* déposer

Hintern ['hɪntɐn] <-s, -> *m (fam)* postérieur *m*

hinterste(r, s) *adj:* **in der ~n Reihe** au [tout] dernier rang

Hinterteil *nt (fam: Gesäß)* arrière-train *m*

Hintertür *f* porte *f* de derrière

hin|tun *vt irr (fam)* mettre

hinüber [hɪ'ny:bɐ] *adv* de l'autre côté

hinüber|blicken *vi* regarder de l'autre côté **hinüber|führen** *vt, vi* conduire de l'autre côté **hinüber|kommen** *vi irr (fam: besuchen)* **ich komme zu dir/euch ... hinüber** je viens chez toi/vous ... **hinüber|schauen** s. **hinüberblicken**

hinunter [hɪ'nʊntɐ] *adv:* **die Treppe** ~ ... descendre l'escalier ...

hinunter|fahren *irr* I. *vi:* **ins Tal** ~ descendre dans la vallée II. *vt:* **jdn ins Tal** ~ descendre qn dans la vallée **hinunter|fallen** *vi irr* tomber; ~ **dégringoler dans l'escalier** **hinunter|schlucken** *vt* avaler hinunter|schütten vt **①** etw ~ jeter qc en bas **②** (fam: hastig trinken) siffler **hinunter|spülen** vt **①** etw den Ausguss ~ faire disparaître qc dans l'évier **②** (fig fam): etw ~ essayer d'oublier qc [en buvant] **hinunter|werfen** vt irr: etw ~ lancer qc en bas

hinweg [hɪn'vɛk] adv (geh) **①** über jdn/etw ~ par-dessus qn/qc **②** (zeitlich) über drei Monate ~ pendant trois mois

Hinweg ['hɪnveːk] m trajet m

hinweg|gehen vi irr: über etw (akk) ~ (nicht beachten) ne pas tenir compte de qc **hinweg|sehen** vi irr **①** über jdn/etw ~ regarder par-dessus qn/qc **②** (nicht beachten) über etw (akk) ~ ne pas tenir compte de qc

Hinweis ['hɪnvaɪs] <-es, -e> m remarque f

hin|weisen vt irr I. vt: jdn auf etw (akk) ~ attirer l'attention de qn sur qc II. vi: darauf ~, dass ... attirer l'attention sur le fait que ...

hin|werfen vt irr I. vt **①** (fam: aufgeben) envoyer promener II. vr: sich vor jdn/etw ~ se jeter aux pieds de qn/qc **hin|wollen** vi (fam) vouloir y aller **hin|ziehen** vr irr: sich ~ traîner

hinzu [hɪn'tsuː] adv en plus **hinzu|fügen** vt ajouter

Hirn [hɪrn] <-[e]s, -e> nt **①** cerveau m **②** GASTR cervelle f **Hirnhautentzündung** f méningite f

Hirsch [hɪrʃ] <-es, -e> m cerf m

Hirt, Hirte ['hɪrtə] <-n, -n> m, **Hirtin** f gardien(ne) m(f) [de troupeau]; (Schafhirt) berger m, -ère f

hissen ['hɪsən] vt hisser

Historiker(in) [hɪs'toːrikɐ] <-s, -> m(f) historien(ne) m(f)

historisch [hɪs'toːrɪʃ] I. adj historique II. adv (korrekt) historiquement; (betrachtet) d'un point de vue historique

Hit [hɪt] <-s, -s> m (fam) **①** tube m **②** (modisches Muss) must m

Hitparade f hit-parade m

Hitze ['hɪtsə] <-, -n> f chaleur f **Hitzewelle** f vague f de chaleur **Hitzschlag** m insolation f

HIV-positiv adj séropositif(-ive)

H-Milch ['haːmɪlç] f lait m U.H.T.

h-Moll ['haːmɔl] nt si m mineur

Hobby ['hɔbi] <-s, -s> nt passe-temps m

Hobbykoch m, -köchin f cuisinier m, -ière f amateur

hoch [hoːx] <hohe(r, s), höher, höchste> I. adj **①** haut(e); (Schneedecke) épais(se) **②** (Stimme, Ton) aigu(ë) **③** (Temperatur, Ansprüche) élevé(e); (Strafe) sévère II. <höher, am höchsten> adv haut; das Wasser steht drei Zentimeter ~ il y a trois centimètres d'eau; wie ~ kannst du den Ball werfen? à quelle hauteur peux-tu lancer le ballon?

Hochachtung f considération f; meine ~! toutes mes félicitations!

Hochdeutsch <-[s]> nt l'allemand m standard

hoch|fahren vi irr (fam: nach oben fahren) monter

Hochformat nt format m en hauteur

hoch|gehen vi irr ❶ (fam: nach oben gehen) monter ❷ (fam: in die Luft gehen) exploser ❸ (steigen) grimper

Hochhaus nt tour f

hoch|heben vt irr (Kind) soulever; (Hand) lever

hochinteressant adj d'un grand intérêt

Hochland nt haut plateau m

hochmodern I. adj: ~ **sein** être du dernier cri **II.** adv (gekleidet) à la dernière mode

hochnäsig ['hoːxnɛːzɪç] adj (pej: Art, Person) hautain(e)

hoch|nehmen vt irr (Person) porter; (Gegenstand) soulever

Hochsaison f haute saison f

Hochschulabschluss m diplôme m de fin d'études universitaires

Hochschule f ❶ (Universität) université f ❷ (Fachhochschule) école f supérieure spécialisée

Hochschullehrer(in) m(f) professeur mf d'université **Hochschulreife** f baccalauréat m (permission d'accès aux études supérieures)

Hochsommer m plein été m

Hochspannung f haute tension f

Hochsprung m saut m en hauteur

höchste(r, s) ['høːçstə] adj ❶ (Berg,

Summe) le plus haut, la plus haute; (Schaden) le plus important, la plus importante; (Strafe) le(la) plus sévère; **das Höchste, was** (die äußerste Summe) le maximum que +subj ❷ (Nervosität) extrême; **es ist ~e Zeit!** il est grand temps!

höchstens ['høːkstəns] adv au maximum

Höchstgeschwindigkeit f vitesse f maximale **höchstpersönlich** adv en personne

Hochwasser nt inondation f

hochwertig adj de grande qualité

Hochzeit ['hɔxtsaɪt] <-, -en> f mariage m

Hochzeitsnacht f nuit f de noces **Hochzeitsreise** f voyage m de noces **Hochzeitstag** m ❶ (Tag der Hochzeit) jour m du mariage ❷ (Jahrestag) anniversaire m de mariage

hoch|ziehen irr **I.** vt (Socke) remonter **II.** vr (sich nach oben ziehen) **sich an etw** (dat) ~ se relever en se tenant à qc

hocken ['hɔkən] vi (kauern) être accroupi

Hocker ['hɔkɐ] <-s, -> m tabouret m

Hockey ['hɔki] <-s> nt hockey m [sur gazon]

Hof [hoːf] <-[e]s, Höfe> m ❶ cour f; **auf den/dem ~** dans la cour ❷ (Bauernhof) ferme f ❸ **jdm den ~ machen** faire la cour à qn

hoffen ['hɔfən] vi ❶ espérer ❷ (bauen auf) **auf etw/jdn ~** compter sur qc/qn

hoffentlich ['hɔfəntlɪç] adv espérons que ...; ~! j'espère/nous espérons bien!

Hoffnung ['hɔfnʊŋ] <-, -en> f espoir m

hoffnungslos adj désespéré(e)

Hoffnungslosigkeit <-> f désespoir m

höflich ['høːflɪç] adj poli(e)

Höflichkeit <-, -en> f politesse f

Höhe <-, -n> f ❶ (eines Baums, Gebäudes) hauteur f; (eines Bergs) altitude f ❷ (Entfernung über dem Boden) aus der ~ d'en haut; **in der ~** dans les airs; **auf halber ~** à mi-hauteur ❸ (Flughöhe) altitude f ❹ (von Gehalts) montant m; (von Kosten) niveau m; (von Schäden) ampleur f

hohe(r, s) ['hoːə] s. **hoch**

Hoheit <-, -en> f altesse f; **Seine/Ihre Königliche ~** Son/Votre Altesse Royale

Höhepunkt m ❶ (wichtigstes Ereignis) grand moment m ❷ (einer Krise) paroxysme m; (der Macht) apogée m

höher adj, adv plus haut(e)

hohl [hoːl] adj creux, -euse

Höhle ['høːlə] <-, -n> f ❶ (im Felsen) grotte f; (im Baum) creux m ❷ (Bärenhöhle) tanière f

holen ['hoːlən] I. vt aller chercher II. vr (fam) ❶ (sich ungewollt zuziehen) attraper

Holland ['hɔlant] nt la Hollande

Holländer(in) ['hɔlɛndɐ] <-s, -> m(f) Hollandais(e) m(f)

holländisch ['hɔlɛndɪʃ] I. adj hollandais(e) II. adv (fam) en hol-

landais

Holländisch <-[s]> nt (fam) hollandais m

Hölle ['hœlə] <-, -n> f enfer m

Holz [hɔlts] <-es, Hölzer> nt bois m

Holzfäller(in) ['hɔltsfɛlɐ] <-s, -> m(f) bûcheron(ne) m(f) **Holzschnitt** m gravure f sur bois

Holzschuh m sabot m

Homepage [hɔumpeɪdʒ] f page f d'accueil

homosexuell adj homosexuel(le)

Honig ['hoːnɪç] <-s, -e> m miel m

Honorar ['hoːnoˈraːɐ̯] <-s, -e> nt honoraires m pl

Hopfen ['hɔpfən] <-s, -> m houblon m

hoppla ['hɔpla] interj ❶ (Vorsicht) ouh, là [là] ❷ (Moment mal) attends/attendez voir!

hörbar ['høːɐ̯baːɐ̯] adj audible

horchen ['hɔrçən] vi (lauschen)

hören ['høːrən] I. vt ❶ (wahrnehmen, vernehmen) entendre ❷ (Sendung, Konzert) écouter ❸ (erfahren) etw über jdn/etw ~ entendre dire qc de qn/qc; etwas von sich ~ lassen donner de ses nouvelles; **nichts [davon] ~ wollen** ne pas vouloir le savoir; **wie man hört/wie ich höre, ...** à ce qu'on dit ... II. vi ❶ (zuhören) écouter; **hör mal/~ Sie mal!** (fam) écoute/écoutez! ❷ (vernehmen) entendre ❸ (erfahren) **von jdm/etw gehört haben** avoir entendu parler de qn/qc ❹ (fam: sich richten nach) **auf jdn/etw ~**

écouter qn/qc

Hörer <-s, -> m ❶ *(Zuhörer)* auditeur m ❷ *(Telefonhörer)* combiné m

hörgeschädigt adj malentendant(e)

Horizont [hori'tsɔnt] <-[e]s, -e> m horizon m

horizontal [horitsɔn'ta:l] adj horizontal(e)

Hörnchen ['hœrnçən] <-s, -> nt *(Croissant)* croissant m

Hornisse [hɔr'nɪsə] <-, -n> f frelon m

Horoskop [horo'sko:p] <-s, -e> nt horoscope m

Horror ['hɔrɔ:ɐ̯] <-s> m horreur f

Hose ['ho:zə] <-, -n> f pantalon m; **eine kurze ~** un short

Hosenrock m jupe-culotte f

Hosenträger Pl bretelles f pl

Hostess [hɔs'tɛs] <-, Hostessen> f hôtesse f

Hotel [ho'tɛl] <-s, -s> nt hôtel m

Hotelzimmer nt chambre f d'hôtel

Hr. Abk von **Herr** M.

Hrn. Abk von **Herrn** M.

Hublift [-lɪft] <-[e]s, -e o -s -e> m plate-forme f, élévateur m

hübsch [hʏpʃ] I. adj ❶ joli(e) ❷ *(fam: Sümmchen)* coquet(te) II. adv *(sich kleiden)* bien

Hubschrauber ['hu:pʃraube] <-s, -> m hélicoptère m

huch [hʊx] interj oh

Huf [hu:f] <-[e]s, -e> m sabot m

Hufeisen nt fer m à cheval

Hüferl <-s, -n> nt ÖSTERR rumsteck m

Hüfte ['hʏftə] <-, -n> f hanche f

Hügel ['hy:gəl] <-s, -> m colline f

Huhn [hu:n] <-[e]s, Hühner> nt ❶ poule f ❷ GASTR poulet m

Hühnchen ['hy:nçən] <-s, -> nt poulet m **Hühnerbrust** f GASTR blanc m de poulet **Hühnerstall** m poulailler m

Hülle ['hʏlə] <-, -n> f ❶ *(Schutzhülle)* housse f ❷ *(Buchhülle)* couverture f ❸ *(Plattenhülle)* pochette f ❹ *(Ausweishülle)* étui m

Hülsenfrucht ['hʏlzənfrʊxt] f légume m sec

humanitär [humani'tɛ:ɐ̯] adj humanitaire

Humanität [humani'tɛ:t] <-> f humanité f

Hummel ['hʊməl] <-, -n> f bourdon m

Hummer ['hʊmɐ] <-s, -> m homard m

Humor [hu'mo:ɐ̯] <-s> m humour m

Humorist(in) <-en, -en> m(f) comique mf; *(Schriftsteller)* humoriste mf

humorlos adj dépourvu(e) d'humour

humorvoll adj plein(e) d'humour

humpeln ['hʊmpəln] vi boitiller

Hund [hʊnt] <-[e]s, -e> m chien m; **Vorsicht, bissiger ~!** [attention], chien méchant!

Hundehütte f niche f

hundert ['hʊndɐt] num cent

Hundert¹ ['hʊndɐt] <-, -en> f cent m

Hundert² <-s, -e> nt centaine f; **~e von Fliegen** des centaines de mouches

hunderteins *num* cent un

Hunderter ['hʊndɐtɐ] <-s, -> *m (fam: Banknote)* billet *m* de cent

hundertfach *adj, adv* cent fois

Hundertjahrfeier *f* centenaire *m* **hundertjährig** *adj (Person, Baum)* centenaire **hundertmal** *adv* cent fois **hundertprozentig** *adj (fam: total)* cent pour cent

hundertste(r, s) ['hʊndɐstə] *adj* centième

Hundertstel <-s, -> *nt* centième *m* **hunderttausend** ['hʊndɐt'tauzənt] *num* ❶ cent mille ❷ *(fam: unzählige)* des milliers de

Hündin ['hʏndɪn] *f* chienne *f*

Hunger ['hʊŋɐ] <-s> *m* faim *f*; **~ bekommen** commencer à avoir faim; **~ auf etw** *(akk)* **haben** avoir faim de qc

hungern ['hʊŋɐn] *vi* souffrir de la faim

Hungersnot *f* famine *f*

Hungerstreik *m* grève *f* de la faim

hungrig ['hʊŋrɪç] *adj* affamé(e)

Hupe ['huːpə] <-, -n> *f* klaxon® *m*

hupen ['huːpən] *vi* klaxonner

hüpfen ['hʏpfən] *vi (Person)* sauter; *(Vogel)* sautiller

Hure ['huːrə] <-, -n> *f (pej)* putain *f (vulg)*

hurra [hʊˈraː] *interj* hourra

husten ['huːstən] *vi* tousser

Husten <-s> *m* toux *f* **Hustenbonbon** *m o nt* bonbon *m* contre la toux **Hustensaft** *m* sirop *m* contre la toux

Hut [huːt] <-[e]s, Hüte> *m* chapeau *m*

hüten ['hyːtən] **I.** *vt (Geheimnis, Bett)* garder **II.** *vr:* **sich vor jdm/etw ~** se méfier de qn/qc; **sich ~ etw zu tun** se garder de faire qc

Hütte ['hʏtə] <-, -n> *f* cabane *f*

Hygiene [hyˈgi̯eːnə] <-> *f* hygiène *f* **hygienisch** *adj* hygiénique

Hymne ['hʏmnə] <-, -n> *f* hymne *m*

hypnotisieren* [hʏpnotiˈziːrən] *vt* hypnotiser

Hypothek [hypoˈteːk] <-, -en> *f* hypothèque *f*

Hypothese [hypoˈteːzə] <-, -n> *f* hypothèse *f*

hypothetisch [hypoˈteːtɪʃ] *adj* hypothétique

Hz *Abk von* **Hertz** Hz

I

I, i [iː] <-, -> nt I m/i m

iberisch [iˈbeːrɪʃ] adj ibérique

IC [iːˈtseː] <-s, -s> m Abk von **Intercity** IC m

ICE [iːtseːˈʔeː] <-s, -s> m Abk von **Intercity Express** ≈ T.G.V. m

ich [ɪç] pron je/moi

Ich <-[s], -s> nt moi m

ideal [ideˈaːl] adj idéal(e)

Ideal <-s, -e> nt idéal m

Idealismus [ideaˈlɪsmʊs] <-> m idéalisme m

Idealist(in) [ideaˈlɪst] <-en, -en> m(f) idéaliste mf

Idee [iˈdeː] <-, -n> f idée f; **jdn auf eine ~ bringen** donner une idée à qn; **wie kommst du denn auf die ~?** où vas-tu chercher une idée pareille?

ideenreich [iˈdeːənraɪç] adj inventif, -ive

identisch [iˈdɛntɪʃ] adj identique

Identität [idɛntiˈtɛːt] <-, -en> f identité f

Identitätskarte f ÖSTERR, SCHWEIZ carte f d'identité

Idiot(in) [iˈdjoːt] <-en, -en> m(f) (pej fam) idiot m

idiotisch adj (pej fam) débile

idyllisch adj idyllique

Igel [ˈiːgəl] <-s, -> m hérisson m

igitt(igitt) interj (fam) be[u]rk

ignorieren* [ɪgnoˈriːrən] vt ignorer

ihm [iːm] pron lui/le/la

ihn [iːn] pron le/la/lui

ihnen [ˈiːnən] pron eux/elles, leur/les

Ihnen pron vous

ihr¹ [iːɐ] pron vous

ihr² pron elle/lui/la

ihr³ pron son/sa/ses

ihr⁴ pron leur(s)

Ihr pron votre/vos

ihrerseits [ˈiːrɐzaɪts] adv ❶ (auf eine Person bezogen) de son côté ❷ (auf mehrere Personen bezogen) de leur côté

Ihrerseits adv de votre côté

ihresgleichen [ˈiːrəsˈglaɪçən] pron ses semblables

Ihresgleichen pron vos semblables

ihretwegen [ˈiːrətˈveːgən] adv ❶ (ihr zuliebe) pour elle; (von ihr aus) si cela ne tenait/n'avait tenu qu'à elle ❷ (ihnen zuliebe) pour eux/pour elles; (von ihnen aus) si cela ne tenait/n'avait tenu qu'à eux/elles

Ihretwegen adv (Ihnen zuliebe) pour vous; (von Ihnen aus) si cela ne tenait/n'avait tenu qu'à vous

illegal [ˈɪlegaːl] adj illégal(e)

Illegalität [ɪlegaliˈtɛːt] <-> f illégalité f

illegitim [ˈɪlegitiːm] adj illégitime

Illusion [ɪluˈzjoːn] <-, -en> f illusion f

Illustration [ɪlʊstraˈtsjoːn] <-, -en> f illustration f

illustrieren* [ɪlʊsˈtriːrən] vt illustrer

Illustrierte <-n, -n> f illustré m

im [ɪm] = **in dem** s. in

Imbiss [ˈɪmbɪs] <-es, -e> m ① (*Häppchen*) collation f ②; (*Imbissstand*) friterie f

Imbissstube f snack[-bar] m

Imker(in) [ˈɪmkɐ] <-s, -> m(f) apiculteur m, -trice f

immer [ˈɪmɐ] adv ① toujours; ~ **wieder** sans cesse; ~ **noch** toujours [et encore] ②; (*zunehmend*) ~ **mehr** de plus en plus; ~ **größer** de plus en plus grand(e) ③; (*jedes Mal*) ~, **wenn ich lese** chaque fois que je lis ④; (*auch*) **wann ~ das sein wird** quand il faut que ce sera; **wo ~ er sein mag** où qu'il soit

immerhin [ˈɪmɐˌhɪn] adv tout de même

Impfpass m carnet m de vaccinations

Impfung <-, -en> f vaccination f

Import [ɪmˈpɔrt] <-[e]s, -e> m ① (*Einfuhr*) importation f

importieren* [ɪmpɔrˈtiːrən] vt importer

Impressionismus [ɪmprɛsi̯oˈnɪsmʊs] <-> m impressionnisme m

improvisieren* [ɪmproviˈziːrən] vt, vi improviser

impulsiv [ɪmpʊlˈziːf] adj impulsif, -ive

imstande [ɪmˈʃtandə] adj: ~ **sein etw zu tun** être capable de faire qc

in¹ [ɪn] I. *präp +dat* ① (*bei Ortsangaben*) dans; **im Bett/Büro** au lit/bureau; **im Keller/ers-**

ten **Stock** à la cave/au premier étage; ~ **der Stadt** en ville; ~ **Frankreich/Portugal** en France/au Portugal; **im Gebirge/~ den Alpen leben** vivre en montagne/dans les Alpes ② (*bei Zeitangaben*) ~ **fünf Minuten** (*innerhalb von*) en cinq minutes; (*nach Ablauf von*) dans cinq minutes; ~ **diesem Jahr** cette année; **im Mai** en mai; **im Frühling/Sommer** au printemps/en été; **im letzten Augenblick** au dernier moment; **im Krieg** pendant la guerre; ~ **einer Woche** dans une semaine ③ (*bei Umstandsangaben*) ~ **der Sonne/Kälte** au soleil/dans le froid; **im Regen** sous la pluie; **im Badeanzug** en maillot de bain ④ (*in Bezug auf*) ~ **Physik** en physique; ~ **dieser Sprache** dans cette langue II. *präp +akk*; (*bei Richtungsangaben*) ~ **den Garten/die Stadt gehen** aller au jardin/en ville; ~ **die Schweiz/den Libanon fahren** aller en Suisse/au Liban; ~**s Gebirge/die Alpen fahren** aller à la montagne/dans les Alpes; ~ **den Süden fahren** aller dans le sud; ~ **die Schule gehen** aller à l'école

in² adj (*fam*): ~ **sein** être in

inbegriffen [ˈɪnbəˌɡrɪfən] adj inclus(e)

indem [ɪnˈdeːm] konj ① (*dadurch, dass*) **etw bewirken, ~ man etw tut** obtenir qc en faisant qc ● *(während: bei identischen Subjekten)* [tout] en; *(bei unterschiedlichen Subjekten)* tandis que

Inder(in) ['ɪndɐ] ‹-s, -› *m(f)* Indien(ne) *m(f)* *(de l'Inde)*

Indianer(in) [ɪndi'a:nɐ] ‹-s, -› *m(f)* Indien(ne) *m(f)* *(d'Amérique)*

indianisch *adj* indien(ne)

Indien ['ɪndiən] ‹-s› *nt* l'Inde *f*

Indio ‹-s, -s› *m, -fraut f* Indien(ne) *m(f)* *(d'Amérique latine)*

indirekt ['ɪndirɛkt] *adj* indirect(e)

indisch ['ɪndɪʃ] *adj* indien(ne)

indiskret ['ɪndɪskre:t] *adj* indiscret, -ète

individuell [ɪndivi'duɛl] *adj* personnel(le)

Indiz [ɪn'di:ts] ‹-es, -ien› *nt* indice *m*

Indochina [ɪndo'çi:na] *nt* l'Indochine *f*

indoeuropäisch *adj* indo-européen(ne)

Indonesien [ɪndo'ne:ziən] ‹-s› *nt* l'Indonésie *f*

Induktionsschleife *f* boucle *f* magnétique

industrialisieren* [ɪndʊstriali'zi:rən] *vt* industrialiser

Industrialisierung ‹-, -en› *f* industrialisation *f*

Industrie [ɪndʊs'tri:] ‹-, -n› *f* industrie *f*

Industriegebiet *nt* zone *f* industrielle **Industriekaufmann** *m*, **-kauffrau** *f* agent *m* technico-commercial

industriell [ɪndʊstri'ɛl] *adj* industriel(le)

Infektion [ɪnfɛk'tsio:n] ‹-, -en› *f* infection *f*

Inflation [ɪnfla'tsio:n] ‹-, -en› *f* inflation *f*

Info ['ɪnfo] ‹-, -s› *f (fam)* Abk von **Information** info *f*

Informatik [ɪnfɔr'ma:tɪk] ‹-› *f* informatique *f*

Informatiker(in) ‹-s, -› *m(f)* informaticien(ne) *m(f)*

Information [ɪnfɔrma'tsio:n] ‹-, -en› *f* information *f*

informieren* [ɪnfɔr'mi:rən] **I.** *vt*: **jdn über etw** *(akk)* ~ informer qn de qc **II.** *vr*: **sich über etw** *(akk)* ~ s'informer sur qc

Infrastruktur ['ɪnfrastruktuːɐ] *f* infrastructure *f*

Infusion [ɪnfu'zio:n] ‹-, -en› *f* perfusion *f*

Ingenieur(in) [ɪnʒe'njøːɐ] ‹-s, -e› *m(f)* ingénieur *mf*

Inhaber(in) ['ɪnhaːbɐ] ‹-s, -› *m(f)* *(eines Geschäfts)* propriétaire *mf*; *(von Wertpapieren)* détenteur *m*, -trice *f*

Inhalt ['ɪnhalt] ‹-[e]s, -e› *m* ● *(einer Tasche)* contenu *m* ● *(eines Romans)* fond *m*

Inhaltsverzeichnis *nt* table *f* des matières

Initiative [ɪnitsia'ti:və] ‹-, -en› *f* *(Anstoß)* initiative *f*

Inka ['ɪŋka] ‹-[s], -[s]› *m* Inca *m*

inkl., inklusive [ɪnklu'zi:və] *präp* +*gen* inclus(e)

Inland ['ɪnlant] *nt* intérieur *m* du pays

Inlandsflug *m* vol *m* intérieur

Inliner ['ɪnlaɪnɐ] <-s, -> roller *m*

Inlineskates ['ɪnlaɪnskɛːts] <-> *Pl* rollers *m pl*

inmitten [ɪn'mɪtən] *präp* +*gen* au milieu de

innen ['ɪnan] *adv* à l'intérieur; **von ~** de l'intérieur

Innenhof *m* cour *f* intérieure **Innenminister(in)** *m(f)* ministre *mf* de l'Intérieur **Innenministerium** *nt* ministère *m* de l'Intérieur **Innenstadt** *f* centre-[ville] *m*

innere(r, s) ['ɪnərə] *adj* ① intérieur(e) *(Verletzung, Aufbau, Ordnung)* interne

Innere(s) *nt* ① *(innerer Teil)* intérieur *m* ② *(Innenleben)* moi *m* profond

Innereien *Pl* entrailles *f pl*; *(von Geflügel)* abats *m pl*

innerhalb ['ɪnɛhalp] **I.** *adv* à l'intérieur **II.** *präp* +*gen* ① *(Berlins/Deutschlands)* dans Berlin/en Allemagne ② *(binnen)* **~ einer Stunde** en l'espace d'une heure; **~ dieser Woche** dans le courant de cette semaine

innerlich *adj (Körperteil)* interne; *(Erregung)* profond(e); *(Anspannung)* intérieur(e)

innerste(r, s) ['ɪnɛstə] *adj* ① *(Teil)* central(e) ② *(Überzeugung)* intime

Innovation [ɪnova'tsɪoːn] <-, -en> *f* innovation *f*

innovativ [ɪnova'tiːf] *adj* innovateur, -trice

inoffiziell ['ɪnʔofitsɪɛl] *adj (Treffen)* non officiel(le); *(Information)* offi-

cieux, -euse

ins [ɪns] **= in das** s. **in**

insbesondere [ɪnsbə'zɔndərə] *adv* en particulier

Inschrift *f* inscription *f*

Insekt [ɪn'zɛkt] <-[e]s, -en> *nt* insecte *m*

Insektenmittel *nt* produit *m* contre les insectes

Insel ['ɪnzəl] <-, -n> *f* île *f*

Inselrundfahrt *f* tour *m* de l'île

Inserat [ɪnze'raːt] <-[e]s, -e> *nt* [petite] annonce *f*

inserieren* [ɪnze'riːrən] *vi* passer une annonce

insgeheim [ɪnsgə'haɪm] *adv* secrètement

insgesamt [ɪnsgə'zamt] *adv* ① *(alles zusammen)* en tout ② *(im Großen und Ganzen)* dans l'ensemble

Insider(in) ['ɪnsaɪdɐ] <-s, -> *m(f)* personne *f* bien informée

insofern¹ *adv* sur ce point

insofern² *konj* si

insoweit *s.* **insofern¹**

Inspektor(in) [ɪn'spɛktoːɐ] <-s, -toren> *m*, **Inspektorin** *f* inspecteur *m*, -trice *f*

inspirieren* [ɪnspi'riːrən] *vt:* **sich von jdm/etw ~ lassen** s'inspirer de qn/qc

Installateur(in) [ɪnstala'tøːɐ] <-s, -e> *m(f)* ① *(Klempner)* plombier *m* ② *(Elektroinstallateur)* électricien(ne) *m(f)*

Installation [ɪnstala'tsɪoːn] <-, -en> *f (Leitungen)* installation *f* électrique; *(Rohre, Gasleitungen)* plomberie *f*

installieren* [ɪnstaˈliːrən] *vt (einbauen)* installer

Instinkt [ɪnˈstɪŋkt] <-[e]s, -e> *m* instinct *m*

instinktiv *adj* instinctif, -ive

Institut [ɪnstiˈtuːt] <-[e]s, -e> *nt* institut *m*

Institution [ɪnstituˈtsɪoːn] <-, -en> *f* institution *f*

Instrument [ɪnstruˈmɛnt] <-[e]s, -e> *nt (Musikinstrument)* instrument *m*

Insulin [ɪnzuˈliːn] <-s> *nt* insuline *f*

Inszenierung <-, -en> *f* mise *f* en scène

Integration [ɪntegraˈtsɪoːn] <-, -en> *f* intégration *f*

integrieren* [ɪnteˈgriːrən] *vt, vr* intégrer

Intellekt [ɪnteˈlɛkt] <-[e]s> *m* intellect *m*

intellektuell [ɪntelɛkˈtuɛl] *adj* intellectuel(le)

intelligent [ɪnteliˈgɛnt] *adj* intelligent(e)

Intelligenz [ɪnteliˈgɛnts] <-> *f* intelligence *f*

intensiv [ɪntɛnˈziːf] **I.** *adj* ❶ *(Duft, Gefühl)* intense ❷ *(angestrengt)* intensif, -ive **II.** *adv* ❶ **~ duften** sentir fort ❷ *(arbeiten)* intensément

Intercity [ɪntɐˈsɪti] <-s, -s> *m* train *m* Intercité; **~ Express** ≈ T.G.V. *m*

interessant [ɪntaˈrɛsant] *adj* intéressant(e)

interessanterweise [ɪntəˈrɛsantəˈvaɪzə] *adv* curieusement

Interesse [ɪntaˈrɛsə] <-s, -n> *nt* ❶ *(Aufmerksamkeit)* intérêt *m* ❷ *pl (Neigungen)* centres *m pl* d'intérêts

Interessent(in) [ɪntəˈrɛsɛnt] <-en, -en> *m(f)* personne *f* intéressée

interessieren* [ɪntəˈrɛsiːrən] **I.** *vt* intéresser **II.** *vr:* **sich für jdn/etw ~** s'intéresser à qn/qc

interessiert [ɪntəˈrɛsiːɐt] **I.** *adj* ❶ intéressé(e); **kulturell ~ sein** s'intéresser à la culture ❷ *(erpicht)* **an jdm/etw ~ sein** s'intéresser à qn/être intéressé par qc **II.** *adv (zuhören)* avec [grand] intérêt

intern [ɪnˈtɛrn] *adj (Angelegenheit)* interne; *(Schwierigkeiten)* intérieur(e)

Internat [ɪntɐˈnaːt] <-[e]s, -e> *nt* internat *m*

international [ɪntɐnatsɪoˈnaːl] *adj* international(e)

Internet [ˈɪntɐnɛt] *nt* Internet *m*; **im ~ surfen** naviguer sur Internet

Internetforum *nt* forum *m* de discussion **Internet-Surfer(in)** *m(f)* internaute *mf*

Interpret(in) [ɪntɐˈpreːt] <-en, -en> *m(f)* interprète *mf*

interpretieren* [ɪntɐpreˈtiːrən] *vt* interpréter

Interrail® [ˈɪntɛreːl] <-> *m* Interrail *m*

Interview [ˈɪntɐvju] <-s, -s> *nt* interview *f*

interviewen* [ɪntɐˈvjuːən] *vt* interviewer

intim [ɪnˈtiːm] *adj* intime

Intimität [ɪntimiˈtɛːt] <-, -en> *f* (geh: Vertrautheit) intimité *f*

intolerant [ˈɪntolerant] *adj* intolérant(e)

Intrige [ɪnˈtriːgə] <-, -n> *f* intrigue *f*

intuitiv [ɪntuiˈtiːf] *adj* intuitif, -ive

Invalide [ɪnvaˈliːdə] <-n, -n> *m*, **Invalidin** *f* invalide *mf*

investieren* [ɪnvɛsˈtiːrən] *vt* investir

Investition [ɪnvɛstiˈtsi̯oːn] <-, -en> *f* investissement *m*

inwiefern *adv* dans quelle mesure **inwieweit** *adv* jusqu'à quel point

inzwischen [ɪnˈtsvɪʃən] *adv* entre-temps

Irak [ˈiːrak] <-s> *m*: **der** ~ l'Irak *m*

Iran [ˈiːraːn] <-s> *m*: **der** ~ l'Iran *m*

irdisch [ˈɪrdɪʃ] *adj* terrestre

Ire [ˈiːrə] <-n, -n> *m*, **Irin** *f* Irlandais(e) *m(f)*

irgend [ˈɪrgənt] *adv* ❶ (verstärkend) **so vorsichtig wie ~ möglich** avec le plus de précautions possibles ❷ (unbestimmt) **~ so ein Spinner** encore un de ces con[n]ards

irgendein *pron* ❶ quelconque, un(e) de; **~ anderer** quelqu'un d'autre ❷ (beliebig) **das ist nicht ~ Film** ce n'est pas n'importe quel film **irgendetwas** *pron* quelque chose; **das ist nicht ~** ce n'est pas n'importe quoi **irgendjemand** *pron* quelqu'un; **sie ist nicht ~** ce n'est pas n'importe qui **irgendwann** *adv* un jour [ou l'autre] **irgend-**

was *pron* (fam) s. **irgendetwas**

irgendwelche(r, s) *pron* ❶ ~ **Kerle** des types [quelconques] ❷ (beliebig) n'importe quel(le) **irgendwer** *pron* (fam) s. **irgendjemand irgendwie** *adv* ❶ d'une certaine manière ❷ (egal wie) n'importe comment ❸ (wie auch immer) d'une façon ou d'une autre **irgendwo** *adv* ❶ quelque part (fam) ❷ (beliebig) n'importe où **irgendwoher** *adv* ❶ **von** ~ de quelque part ❷ (egal woher) n'importe où **irgendwohin** *adv* ❶ quelque part ❷ (egal wohin) n'importe où

irisch [ˈiːrɪʃ] **I.** *adj* irlandais(e) **II.** *adv* en irlandais

Irisch <-[s]> *nt* irlandais *m*

Irland [ˈɪrlant] *nt* l'Irlande *f*

Ironie [iroˈniː] <-, -n> *f* ironie *f*

ironisch [iˈroːnɪʃ] *adj* ironique

irr *adj* v. **irre II.** *adv* (fam: äußerst) **-e teuer** super cher, chère

irre s. **irr**

Irre(r) [ˈɪrə] *f(m)* fou *m*/folle *f*

irreal [ˈɪreaːl] *adj* irréel(le)

irreführen [ˈɪrəfyːrən] *vt*: **jdn ~** induire qn en erreur **irreführend** *adj* trompeur, -euse

irren [ˈɪrən] **I.** *vi* (sich fortbewegen) errer **II.** *vr*: **sich ~** se tromper **irrsinnig I.** *adj* ❶ (fam: völlig wirr) complètement dingue ❷ (fam: Kopfschmerzen) terrible **II.** *adv* (fam) vachement

Irrtum <-[e]s, Irrtümer> *m* erreur *f*

Ischias [ˈɪʃias] <-> *s* sciatique *f*

Islam [ɪsˈlaːm] <-s> m islam m
islamisch adj islamique
Island [ˈiːslant] nt l'Islande f
Isländer(in) [ˈiːslɛndɐ] <-s, ->
   m(f) Islandais(e) m(f)
isländisch I. adj islandais(e)
   II. adv en islandais
Isländisch <-[s]> nt islandais m
Isomatte f tapis m de sol
Israel [ˈɪsraeːl] <-s> nt Israël m

Israeli [ɪsraˈeːli] <-[s], -[s]> m,
   <-, -s> f israélien(ne) m(f)
israelisch [ɪsraˈeːlɪʃ] adj israé-
   lien(ne)
Italien [iˈtaːliən] <-s> nt l'Italie f
Italiener(in) [itaˈljeːnɐ] <-s, ->
   m(f) Italien(ne) m(f)
italienisch I. adj italien(ne)
   II. adv en italien
Italienisch <-[s]> nt italien m

J

J nt, **j** [jɔt] <-, -> nt J m/j m
ja [jaː] adv ① oui; **aber ~** mais
   bien sûr; **~, bitte?** oui, qu'y a-t-
   -il? ② (bloß) bloß; **geh ~ nicht
   dahin!** ne va surtout pas là-bas!
   ③ (schließlich, doch) après tout;
   du kannst es ~ mal versuchen
   tu peux toujours essayer; **da ist
   er ~!** ah, le voilà! ④ (und zwar)
   et même
Ja <-s, -[s]> nt oui m
Jacht [jaxt] <-, -en> f yacht m
Jacke [ˈjakə] <-, -n> f veste f
Jackett [ʒaˈkɛt] <-s, -s> nt veste f
Jagd [jaːkt] <-, -en> f chasse f
jagen [ˈjaːgən] I. vt ① (Hasen)
   chasser ② (verfolgen) pourchas-
   ser II. vi chasser
Jäger(in) [ˈjɛːgɐ] <-s, -> m(f)
   chasseur m, -euse f
Jahr [jaːɐ̯] <-[e]s, -e> nt an m;
   (in seinem Verlauf gesehen) année f; **in diesem ~** cette année;
im ~[e] 1999 en 1999; **vor
   [vielen] ~en** il y a [bien] longtemps; **nach [vielen] ~en** [bien]
   des années après; **alle fünf ~e**
   tous les cinq ans; **~ für ~** tous
   les ans; **das neue ~** la nouvelle
   année ② (Lebensjahr) an m;
   zwölf ~e alt sein avoir douze
   ans; **mit zwanzig ~en** à vingt
   ans
jahrelang [ˈjaːrəlaŋ] adv pendant
   des années
Jahresanfang m début m de
   l'année **Jahreszeit** f saison f
Jahrgang <-gänge> m ① classe
   f; UNIV promotion f ② (eines
   Weins, einer Zeitschrift) année f
Jahrhundert [jaːˈhʊndɐt] <-s,
   -e> nt siècle m ▪ **Jahrhundert-
   wende** f changement m de
   siècle
jährlich [ˈjɛːɐ̯lɪç] I. adj annuel(le)
   II. adv tous les ans; **einmal/**

zweimal/... ~ une fois/deux fois/... m

Jahrmarkt m foire f **Jahrtausend** <-s, -e> nt millénaire m

Jahrzehnt <-[e]s, -e> nt décennie f

jämmerlich ['jɛmɐlɪç] I. adj (Zustand) pitoyable; (Klagen) déchirant(e); (Leistung) lamentable II. adv (umkommen) bêtement

jammern ['jamɐn] vi se lamenter

Januar ['janua:ɐ] <-[s], -e> m janvier m

Japan ['ja:pan] <-s> nt le Japon

Japaner(in) [ja'pa:nɐ] <-s, -> m(f) Japonais(e) m(f)

japanisch I. adj japonais(e) II. adv en japonais

Japanisch <-[s]> nt japonais m

jawohl [ja'vo:l] interj oui[, bien sûr]

Jazz [dʒɛs] <-> m jazz m

Jazzgymnastik f modern jazz m

je [je:] I. adv ① (jemals) jamais ② (jeweils) chacun(e) II. konj ① ~ ..., desto ② plus ..., mieux ... ② (entsprechend) ~ **nachdem** ça dépend

Jeans [dʒi:nz] <-, -> f jean m

jede(r, s) ['je:də] pron chaque; **jeden Tag** tous les jours

jedenfalls adv en tout cas

jedermann pron tout le monde

jederzeit adv ① (zu jeder Zeit) à tout moment ② (jeden Augenblick) d'un moment à l'autre

jedesmal ['je:dəs'ma:l] adv; ~, **wenn** ... chaque fois [que ...]

jedoch [je'dɔx] konj, adv pourtant

jegliche(r, s) ['je:klɪçə] pron tout(e)

jemals ['je:ma:ls] adv jamais

jemand ['je:mant] pron quelqu'un

jene(r, s) [je:nə, 'je:ne, 'je:nəs] pron dem (maskulin) celui-là; (feminin) celle-là; (maskulin, Pl) ceux-là; (feminin, Pl) celles-là

jenseits [je:nzaɪts] präp +gen de l'autre côté de

jetzt [jɛtst] adv maintenant; ~ **gleich** tout de suite

jeweils ['je:vaɪls] adv ① (jedes Mal) chaque fois ② (je) **drei Kinder gehen zusammen** les enfants vont par groupes de trois

Jh. Abk von **Jahrhundert** siècle m

Job [dʒɔp] <-s, -s> m (fam) job m

jobben ['dʒɔbən] vi (fam) faire de petits boulots

Jockei ['dʒɔke] <-s, -s> m, **Jockey** <-s, -s> m jockey m

jodeln ['jo:dəln] vi iodler

Jodtinktur f teinture f d'iode

joggen ['dʒɔgən] vi faire du jogging

Jogginganzug ['dʒɔgɪŋʔantsu:k] m jogging m **Jogginghose** f pantalon m de jogging

Jogurt [-s, -s] m ot yaourt m

Johannisbeere [jo'hanɪsbe:rə] f (Frucht) [rote] ~ groseille f [rouge]; **schwarze** ~ cassis m

Jongleur(in) [ʒõ'glø:ɐ] <-s, -e> m(f) jongleur m, -euse f

jonglieren* [ʒõ'gli:rən] vi jongler

Jordanien [jɔr'da:niən] <-s> nt la Jordanie

Journalismus [ʒurna'lɪsmʊs] <-> m journalisme m

Journalist(in) [ʒurna'lɪst] <-en, -en> m(f) journaliste mf

jubeln ['juːbəln] *vi* jubiler

Jubiläum [jubiˈlɛːʊm] <-s, Jubiläen> *nt* [fête *f*] anniversaire *m*; **sein 50-jähriges ~** son jubilé

jucken ['jʊkən] *vt*, *vi* démanger; **es juckt mich am Kopf** ça me démange à la tête

Jude ['juːdə] <-n, -n> *m*, **Jüdin** *f* juif *m*/juive *f*

Judentum <-s> *nt* judaïsme *m*

jüdisch ['jyːdɪʃ] *adj* ❶ juif, juive ❷ *(das Judentum betreffend)* judaïque

Judo ['juːdo] <-s> *nt* judo *m*

Jugend ['juːgənt] <-> *f* jeunesse *f*

Jugendherberge *f* auberge *f* de jeunesse

jugendlich *adj* jeune

Jugendliche(r) *f(m)* jeune *mf*

Jugendstil *m* Art *m* nouveau

Jugoslawe [jugoˈslaːvə] <-n, -n> *m*, **Jugoslawin** *f* HIST Yougoslave *mf*

Jugoslawien [jugoˈslaːviən] <-s> *nt* HIST la Yougoslavie

jugoslawisch *adj* HIST yougoslave

Juli ['juːli] <-[s], -s> *m* juillet *m*

jung [jʊŋ] <jünger, jüngste> *adj*, *adv* jeune

Junge <-n, -n> *m* ❶ *(junger Mann)* garçon *m* ❷ *(fam: Bursche)* **hallo, Jungs!** salut, les gars!

Junge(s) *nt (Jungtier)* petit *m*

jünger ['jʏŋɐ] *adj* plus jeune; *(Mitarbeiter)* plutôt jeune; *(Datum)* récent(e) **Jungfrau** *f* ❶ fille *f* [2] vierge *f* ❷ ASTRO Vierge *f*

Junggeselle *m*, **-gesellin** *f* célibataire *mf*

Juni ['juːni] <-[s], -s> *m* juin *m*

junior ['juːnioːɐ] *adj* junior

Junior ['juːnioːɐ] <-s, -en> *m pl (Sportler)* juniors *m pl*

Jura¹ ['juːra] <-s> *m* ❶ *(Gebirge)* Jura *m* ❷ *(Kanton)* canton *m* du Jura

Jura² *(Rechtswissenschaft)* droit *m*

Jus [ʒyː] <-> *f o m o nt* SCHWEIZ jus *m* de fruit

Justiz [jʊsˈtiːts] <-> *f* justice *f*

Justizminister(in) *m(f)* ministre *mf* de la Justice; *(in Frankreich)* garde *mf* des Sceaux

Juwel [juˈveːl] <-s, -en> *m o nt* joyau *m*

Juwelier(in) [juveˈliːgɐ] <-s, -e> *m(f)* bijoutier *m*, -ière *f*

Juweliergeschäft *nt* bijouterie *f*

J

K k

K, k [kaː] <-, -> nt K m/k m

Kabarett [kabaˈrɛt] <-s, -e> nt (Kleinkunst) spectacle m satirique

Kabarettist(in) [kabarɛˈtɪst] <-en, -en> m(f)/chansonnier m, -ière f

Kabel [ˈkaːbəl] <-s, -> nt câble m

Kabine [kaˈbiːnə] <-, -n> f cabine f

Kabrio [kaˈbrio] <-[s], -s> nt cabriolet m

Kaffee [ˈkafe] <-s, -s> m café m

Kaffeefilter m filtre m à café **Kaffeehaus** nt ÖSTERR salon m de thé **Kaffeelöffel** m petite cuillère f **Kaffeemaschine** f cafetière f (électrique) **Kaffeepause** f pause f café

kahl [kaːl] adj chauve

Kai [kaj] <-s, -e> m quai m

Kaiser(in) [ˈkajze] <-s, -> m(f) empereur m/impératrice f

kaiserlich adj impérial(e)

Kajak [ˈkajak] <-s> m o nt kayak m

Kakao [kaˈkaw] <-s, -s> m cacao m

Kakerlake <-, -n> f cafard m

Kaktus [ˈkaktus] <-, Kakteen> m cactus m

Kalb [kalp] <-[e]s, Kälber> nt veau m

Kalbfleisch nt veau m

Kalender [kaˈlɛndɐ] <-s, -> m (Wandkalender) calendrier m

kalorienarm adj allégé(e)

kalt [kalt] <kälter, kälteste> I. adj (a. fig) froid(e); **ihr ist ~** elle a froid; **~es Wasser** l'eau froide II. adv (sich waschen) à l'eau

froide; **etw ~ stellen** mettre qc au frais

Kälte [ˈkɛltə] <-> f froid m; (des Windes) fraîcheur f

Kamera [ˈkamera] <-, -s> f o (Filmkamera) caméra f o (Fotoapparat) appareil m photo

Kamille [kaˈmɪlə] <-, -n> f camomille f

Kamillentee m infusion f de camomille

Kamin [kaˈmiːn] <-s, -e> m o schweiz: nt cheminée f

Kamm [kam] <-[e]s, Kämme> m peigne m

kämmen [ˈkɛmən] vt, vr: |sich| ~ |se| coiffer

Kampf [kampf] <-[e]s, Kämpfe> m o combat m o (fig) lutte f

kämpfen [ˈkɛmpfən] vi o se battre o (fig) lutter

Kampfrichter(in) m(f) juge-arbitre mf

Kanada [ˈkanada] <-s> nt le Canada

Kanadier(in) [kaˈnaːdiɐ] <-s, -> m(f)/Canadien(ne) m(f)

kanadisch adj canadien(ne)

Kanal [kaˈnaːl] <-s, Kanäle> m o canal m o GEO **der ~** la Manche o (Abwasserkanal) égout m

Kanalisation [kanalizaˈtsjoːn] <-, -en> f égouts m pl

Kaninchen [kaˈniːnçən] <-s, -> nt lapin m

Kanister [kaˈnɪstɐ] <-s, -> m (Be-

hälter) bidon *m*

Kännchen ['kɛnçən] <-s, -> *nt* petit pot *m*

Kanne ['kanə] <-, -n> *f* ❶ *(Kaffeekanne)* cafetière *f*; *(Teekanne)* théière *f* ❷ *(Gießkanne)* arrosoir *m*

Kanon ['kaːnɔn] <-s, -s> *m* canon *m*

Kante ['kantə] <-, -n> *f (Ecke)* bord *m*

Kantine [kan'tiːnə] <-, -n> *f* cantine *f*

Kanu ['kaːnu] <-s, -s> *nt* canoë *m*

Kanzler(in) ['kantslɐ] <-s, -> *m(f)* chancelier *m*, -ère *f*

Kapelle [ka'pɛlə] <-, -n> *f* ❶ *(Kirche)* chapelle *f* ❷ MUS orchestre *m*

Kapitalismus [kapita'lɪsmʊs] <-> *m* capitalisme *m*

Kapitalist(in) [kapita'lɪst] <-en, -en> *m(f)* capitaliste *mf*

kapitalistisch *adj* capitaliste

Kapitän [kapi'tɛːn] <-s, -e> *m* capitaine *m*

Kapitel [ka'pɪtəl] <-s, -> *nt* chapitre *m*

kapitulieren* [kapitu'liːrən] *vi* capituler

kaputt [ka'pʊt] *adj (fam)* ❶ *(defekt)* fichu(e) ❷ *(beschädigt)* cassé(e) ❸ *(erschöpft)* crevé(e) ❹ *(Ehe)* brisé(e)

kaputt|gehen *vi irr (fam: Gerät)* ne plus marcher **kaputt|machen I.** *vt (fam)* ❶ *(Ehe)* détruire; *(Gesundheit)* ruiner ❸ *(Person)* tuer **II.** *vr* **sich** ~ s'esquinter

Karaffe [ka'rafə] <-, -n> *f* carafe *f*

Karate [ka'raːtə] <-[s]> *nt* karaté *m*

Karfreitag [kaːɐ̯'fraɪtaːk] *m* Vendredi *m* saint

kariert [ka'riːɐ̯t] *adj* à carreaux

Karies ['kaːriɛs] <-> *f* carie *f*

Karikatur [karika'tuːɐ̯] <-, -en> *f* caricature *f*

Karneval ['karnəval] <-s, -e> *m* carnaval *m*

Karo ['kaːro] <-s, -s> *nt* carreau *m*

Karotte [ka'rɔtə] <-, -n> *f* carotte *f*

Karren ['karən] <-s, -> *m* charrette *f*

Karriere [ka'rjeːrə] <-, -n> *f* carrière *f*

Karte ['kartə] <-, -n> *f* carte *f* **Kartenspiel** *nt* ❶ *(das Spielen)* partie *f* de cartes ❷ *(Satz Karten)* jeu *m* de cartes **Kartentelefon** *nt* téléphone *m* à cartes

Kartoffel [kar'tɔfəl] <-, -n> *f* pomme *f* de terre **Kartoffelchips** *Pl* chips *m pl*

Karton [kar'tɔŋ] <-s, -s> *m* carton *m*

Karussell [karʊ'sɛl] <-s, -s> *nt* manège *m*

Karwoche ['kaːɐ̯vɔxə] *f* semaine *f* sainte

Käse ['kɛːzə] <-s, -> *m* fromage *m* **Käsefondue** [kɛːzəfɔdyː] *nt* fondue *f* au fromage **Käsekuchen** *m* gâteau *m* au fromage blanc

Kasino [ka'ziːno] <-s, -s> *nt (Spielkasino)* casino *m*

Kasse ['kasə] <-, -n> *f* caisse *f* **Kassenbon** ['kasənbɔŋ] *m* ticket *m* de caisse

Kassette [ka'sɛtə] <-, -n> *f* ❶ *(Video-, Musikkassette)* cassette *f*

K

② *(Kästchen)* coffret m **Kassettenrecorder** m magnétophone m [à cassettes]

kassieren* [ka'si:rən] **I.** vt *(einziehen)* etw bei jdm ~ encaisser qc auprès de qn **II.** vi: **bei jdm ~** *(Kellner)* encaisser l'addition de qn

Kassierer(in) <-s, -> m(f) caissier m, -ière f

Kastanie [kas'ta:niə] <-, -n> f **①** *(Rosskastanie)* marron m [d'Inde]; *(Esskastanie)* châtaigne f **②** *(Rosskastanienbaum)* marronnier m [d'Inde]; *(Esskastanienbaum)* châtaignier m

Kastanienbaum s. **Kastanie**

Katalog [kata'lo:k] <-[e]s, -e> m **①** *(Versandhauskatalog)* catalogue m **②** *(Verzeichnis)* fichier m

katastrophal [katastro'fa:l] adj catastrophique

Kathedrale [kate'dra:lə] <-, -n> f cathédrale f

Katholik(in) [kato'li:k] <-en, -en> m(f) catholique mf

katholisch [ka'to:lɪʃ] adj catholique

Katholizismus [katoli'tsɪsmʊs] <-> m catholicisme m

Katze ['katsə] <-, -n> f chat m; *(nur weiblich)* chatte f

kauen ['kaʊən] vt mâcher

Kauf [kaʊf] <-[e]s, Käufe> m achat m

kaufen ['kaʊfən] vt acheter

Käufer(in) ['kɔyfɐ] <-s, -> m(f) acheteur m, -euse f

Kaufhaus nt grand magasin m

Kaufmann <-leute, -leute> m, **-frau** f gelernter ~/gelernte Kauf-

frau commercial(e) m(f)

Kaugummi m chewing-gum m

kaum [kaʊm] adv **①** *(wahrscheinlich nicht)* difficilement **②** *(fast nicht)* à peine; ~ **jemand** pratiquement personne

Kaution [kaʊ'tsio:n] <-, -en> f caution f

Kavalier [kava'li:ɐ] <-s, -e> m gentleman m

Kegeln [ke:gəln] <-s> nt jeu m de quilles

Kehrschaufel f balayette f

Keilriemen m courroie f de transmission

kein [kaɪn] **I.** pron indef, adjektivisch **①** ~ **Wort sagen** ne pas dire un mot; ~**e Lust/Zeit haben** ne pas avoir envie/le temps; ~ **Auto haben** ne pas avoir de voiture **②** *(nicht einmal)* ~ **drei Stunden dauern** ne même pas durer trois heures **II.** pron indef, substantivisch **①** *(auf eine Person bezogen)* **das weiß** ~**er** personne ne le sait **②** *(auf Dinge bezogen)* **von den Pullovern gefiel mir** ~**er** aucun des pullovers ne m'a plu

keins s. **kein**

Keks [ke:ks] <-es, -e> m gâteau m sec

Keller ['kɛlɐ] <-s, -> m cave f

Kellner(in) ['kɛlnɐ] <-s, -> m(f) serveur m, -euse f

kennen ['kɛnən] irr **I.** vt connaître; **jdn ~ lernen** faire la connaissance de qn **II.** vr: **sich ~** se connaître; **sich ~ lernen** *(Bekanntschaft machen)* faire connaissance; *(vertraut werden)* apprendre à se connaître

Kenner(in) <-s, -> m(f) *(der Materie)* expert(e) m(f); *(guter Weine)* connaisseur m, -euse f

Kenntnis ['kɛntnɪs] <-, -se> f connaissance f **Kennzeichen** nt ① *(Autokennzeichen)* numéro m d'immatriculation ② *(Merkmal)* signe m distinctif ③ *(Markierung)* signe m de reconnaissance **kennzeichnen** I. vt ① *(markieren)* marquer; *(Weg, Behälter)* signaler ② *(charakterisieren)* caractériser II. vr: **sich durch etw ~** se caractériser par qc

Keramik [ke'raːmɪk] <-, -en> f céramique f

Kerl [kɛrl] <-s, -e> m *(fam)* type m

Kern [kɛrn] <-[e]s, -e> m ① noyau m; *(Apfel-, Birnenkern)* pépin m ② *(einer Stadt)* cœur m

Kerze ['kɛrtsə] <-, -n> f ① bougie f ② *(Gymnastikübung)* chandelle f

Ketchup ['kɛtʃap] <-[s], -s> m ketchup m

Kette ['kɛtə] <-, -n> f ① chaîne f ② *(von Ereignissen)* série f

Keuchhusten m coqueluche f

Kfz-Schein m carte f grise

kg Abk von **Kilogramm** kg

khakifarben adj kaki

Kichererbse f pois m chiche

Kids <-> Pl *(fam: Kinder)* mômes m pl; *(Jugendliche)* ados m pl

Kiefer¹ ['kiːfɐ] <-, -n> f pin m

Kiefer² <-s, -> m mâchoire f

Kies [kiːs] <-es, -e> m *(kleine Steine)* gravier m

Kieselstein ['kiːzəlʃtain] m gra-

vier m

Kilo ['kiːlo] <-s, -[s]> nt Abk von **Kilogramm** kilo m **Kilogramm** nt kilogramme m

Kilometer m kilomètre m **Kilometerpreis** m prix m au kilomètre **Kilowatt** nt kilowatt m **Kilowattstunde** f kilowattheure m

Kind [kɪnt] <-[e]s, -er> nt enfant m

Kinderarzt, -ärztin m/f pédiatre mf **Kinderbecken** nt bassin m pour enfants **Kinderbetreuung** f garderie f **Kinderbett** nt lit m d'enfant **Kinderermäßigung** f réduction-enfants f **Kinderfahrkarte** f billet m enfants **Kindergarten** m ≈ école f maternelle **Kindergärtner(in)** m(f) ≈ éducateur m, -trice f ≈ école f maternelle **Kinderhort** m garderie f **Kinderkleidung** f habits mpl pour enfants **Kinderkrankheit** f maladie f infantile **Kinderlähmung** f polio[myélite] f **kinderleicht** adj enfantin(e) **Kindermädchen** nt bonne f d'enfants **kindersicher** I. adj *(Spielzeug)* adapté(e) aux enfants II. adv *(aufbewahren)* hors de portée des enfants **Kindersitz** m siège m pour enfant **Kindersitzkissen** nt *(fürs Auto)* réhausseur m **Kindertagesstätte** s. **Kinderhort Kinderteller** m menu m enfants **Kinderwagen** m landau m; *(Sportwagen)* poussette f **kindgemäß** adj adapté(e) aux enfants

Kindheit <-> f enfance f

kindisch *(pej)* adj puéril(e)

kindlich I. adj d'enfant; **~ sein** (Person) être très jeune **II.** adv (sich verhalten) comme un enfant

Kinn [kɪn] <-[e]s, -e> nt menton m

Kino [ˈkiːno] <-s, -s> nt cinéma m
Kinofilm m film m [grand écran]

Kiosk [ˈkiːɔsk] <-[e]s, -e> m kiosque m

kippen [ˈkɪpən] **I.** vt (Sand) renverser; (Flüssigkeit) déverser **II.** vi (umfallen) basculer

Kirche [ˈkɪrçə] <-, -n> f église f
Kirchenlied nt cantique m

kirchlich I. adj de l'Église; (Feiertag, Trauung) religieux, -euse **II.** adv (heiraten) à l'église

Kirchturm m clocher m

Kirmes [ˈkɪrməs] <-, -sen> f kermesse f

Kirschbaum m (Baum, Holz) cerisier m

Kirsche [ˈkɪrʃə] <-, -n> f cerise f

Kirschwasser nt kirsch m

Kissen [ˈkɪsən] <-s, -> nt (Sofakissen) coussin m

Kiste [ˈkɪstə] <-, -n> f caisse f; (klein) boîte f

kitschig adj kitsch

Kitz [kɪts] <-es, -e> nt (eines Rehs) faon m; (einer Ziege) chevreau m

kitzelig s. **kitzlig**

kitzeln [ˈkɪtsəln] vt, vi chatouiller

kitzlig adj chatouilleux, -euse

Kiwi [ˈkiːvi] <-, -s> f kiwi m

Klage [ˈklaːgə] <-, -n> f plainte f

klagen [ˈklaːgən] **I.** vi ❶ (jammern) se lamenter ❷ (sich beklagen) se plaindre **II.** vr: sich ~ se plaindre de ❸ ÖSTERR s. **verklagen**

Klamotten [klaˈmɔtə] Pl (fam) fringues f pl

Klang [klaŋ] <-[e]s, Klänge> m (Ton) son m

Klappe [ˈklapə] <-, -n> f ❶ (eines Mülleimers) couvercle m; (einer Tasche) rabat m; (eines Ofens) clapet m; (fam: Mund) clapet m; **eine große ~ haben** avoir une grande gueule; [**halt die**] **~!** la ferme!

klappen [ˈklapən] **I.** vt rabattre **II.** vi (fam: funktionieren) marcher

Klaps [klaps] <-es, -e> m tape f

klar [klaːɐ] **I.** adj ❶ clair(e); (Ergebnis) évident(e); (Vorsprung) net(te) ❷ (fam: verständlich) **alles -?/!** c'est clair?/!; **na ~!** mais bien sûr!; ❸ (bewusst) **jdm ist etw ~** qn comprend qc **II.** adv ❶ (erkennen) clairement ❷ ~ **und deutlich** de façon claire et nette

Kläranlage [ˈklɛːɐʔanlaːgə] f station f d'épuration

klären [ˈklɛːrən] **I.** vt (Problem) élucider; (Abwasser) épurer **II.** vr: **sich ~** (Problem) se résoudre

Klarheit [-haɪt] <-, -en> f clarté f

klarkommen vi irr (fam): **mit jdm/etw ~** s'en sortir avec qn/qc **klarmachen** vt: **jdm etw ~** faire comprendre qc à qn **klarstellen** vt clarifier; **ich möchte ~, dass ...** je tiens à préciser que ...

klasse adj (fam) super

Klasse [ˈklasə] <-, -n> f classe f; **erster/zweiter ~ fahren/fliegen** voyager en première/ seconde |classe| **Klassenlehrer(in)** m(f) professeur mf principal(e) **Klassenzimmer** nt salle f de classe

Klassik ['klasɪk] <-> f ❶ (Epoche) classicisme m ❷ (Altertum) Antiquité f ❸ (fam: klassische Musik) classique m

Klassiker(in) <-s, -> m(f) classique m

klassisch adj classique

Klassizismus [klasi'tsɪsmʊs] <-, -smen> m classicisme m

klassizistisch [klasi'tsɪstɪʃ] adj classique

Klatsch [klatʃ] <-[e]s, -e> m (pej fam) ragots m pl

klatschen ['klatʃən] vi ❶ applaudir; **in die Hände ~** taper dans les mains ❷ (auftreffen) **auf/gegen etw** ~ s'écraser sur/contre qc ❸ (pej fam: tratschen) jaser

klauen ['klaʊən] I. vt (fam) piquer II. vi (fam) faucher

Klavier [kla'viːɐ] <-s, -e> nt piano m

Klebeband ['kleːbəbant] <-bänder> nt ruban m adhésif

kleben ['kleːbən] I. vi coller II. vt ❶ (befestigt, zusammenkleben) coller ❷ (reparieren) recoller

klebrig ['kleːbrɪç] adj collant(e)

Klebstoff m colle f

kleckern ['klɛkɐn] I. vt: **Soße auf etw** (akk) ~ faire des taches de sauce sur qc II. vi: **mit etw** ~ faire des taches de qc (mit)

Kleeblatt nt: **vierblättriges ~** trèfle m à quatre feuilles

Kleid [klaɪt] <-[e]s, -er> nt ❶ robe f ❷ pl (Kleidungsstück) vêtements m pl

kleiden ['klaɪdən] vt, vr: **[sich]** ~ [s']habiller

Kleiderbügel m cintre m

Kleidung <-, -en> f vêtements m pl

klein [klaɪn] adj ❶ petit(e) ❷ (kleingeschrieben) **ein ~es a** un a minuscule ❸ (gering, geringfügig) **ein ~[es] bisschen** un [tout] petit peu ❹ **bis ins Kleinste** jusque dans le moindre détail; **von ~ auf** dès ma/sa/... plus tendre enfance **Kleingeld** nt monnaie f

Kleinigkeit ['klaɪnɪçkaɪt] <-, -en> f ❶ (Bagatelle) bricole f ❷ (kleine Menge) **eine ~ essen** manger un petit quelque chose **Kleinkind** nt jeune enfant m

Kleinkunstbühne f café-théâtre m

kleinlich adj (pej) ❶ (geizig) pingre ❷ (engstirnig) mesquin(e)

Kleinstadt f petite ville f

Klementine <-, -n> f clémentine f

Klempner(in) ['klɛmpnɐ] <-s, -> m(f) plombier m

klettern ['klɛtɐn] vi ❶ faire de l'escalade; **auf einen Berg ~** escalader une montagne; **auf einen Baum ~** grimper sur un arbre ❷ (fam: Temperatur) grimper

Klima ['kliːma] <-s, -s> nt climat m

Klimaanlage f climatisation f **Klimaschutz** m protection f du climat

Klinge ['klɪŋə] <-, -n> f lame f

Klingel ['klɪŋəl] <-, -n> f sonnette f

klingeln vi sonner; **es klingelt**

K

(an der Tür) on sonne; *(in der Schule)* ça sonne

Klingelton m *(für Handy)* sonnerie f

klingen [ˈklɪŋən] vi irr ❶ sonner ❷ *(sich anhören)* **gut ~** avoir l'air bien

Klinik [ˈkliːnɪk] <-, -en> f hôpital m; *(Privatklinik)* clinique f

Klippe [ˈklɪpə] <-, -n> f écueil m

klirren [ˈklɪrən] vi *(Gläser)* tinter; *(Fensterscheibe)* vibrer

Klischee [kliˈʃeː] <-s, -s> nt ❶ *(Klischeevorstellung)* stéréotype m ❷ *(pej geh: Redensart)* lieu m commun ❸ TYP cliché m

Klo [kloː] <-s, -s> nt *(fam)* chiottes f pl

Klobrille [ˈkloːbrɪlə] f *(fam)* lunette f de/des W.-C. **Klobürste** f *(fam)* brosse f à W.-C.

Klopapier nt *(fam)* P.Q. m

klopfen [ˈklɔpfən] I. vi ❶ **an die Tür ~** frapper à la porte ❷ *(schlagen)* **jdm auf die Schulter ~** taper qn sur l'épaule ❸ *(Herz)* battre ❹ **es klopft an der Tür** on frappe à la porte II. vt *(Teppich)* battre

Klospülung f *(fam)* chasse f d'eau

Kloster [ˈkloːstɐ] <-s, Klöster> nt *(Mönchskloster)* monastère m; *(Nonnenkloster)* couvent m

Klub [klup] <-s, -s> nt m club m

klug [kluːk] <klüger, klügste> I. adj ❶ *(gescheit)* intelligent(e) ❷ *(geschickt, Handlungsweise)* avisé(e); *(Antwort)* habile II. adv ❶ *(handeln)* intelligemment

km/h m Abk von **Kilometer pro Stunde** km/h

knabbern [ˈknabɐn] vt, vi grignoter

knacken [ˈknakən] I. vt ❶ *(Nuss)* casser ❷ *(fam: Code)* déchiffrer; *(Auto)* forcer II. vi ❶ *(Holz)* craquer ❷ **es knackt** il y a des craquements

knackig [ˈknakɪç] adj ❶ *(Salat)* croquant(e) ❷ *(fam)* craquant(e)

Knall [knal] <-[e]s, -e> m détonation f

knallen I. vi ❶ *(Tür, Peitsche)* claquer; *(Korken)* sauter; *(Schuss)* retentir ❷ *(fam: prallen)* **gegen die Wand ~** cogner contre le mur; **auf den Boden ~** tomber par terre ❸ **es knallt** *(ein Unfall passiert)* ça cartonne *(fam)*; *(ein Schuss fällt)* il y a une détonation II. vt *(Tür)* claquer **knallhart** I. adj *(fam)* impitoyable II. adv *(fam: sagen)* sans prendre de gants

knapp [knap] I. adj ❶ **~ sein** juste; *(Stellen)* être rare ❷ *(Sieg)* serré(e); *(Mehrheit, Meter)* petit(e) ❸ *(Antwort)* concis(e) II. adv ❶ *(bemessen)* très juste; **~ sitzen** être juste ❷ *(nicht ganz)* **zwei Jahre alt sein** être âgé d'un peu moins de deux ans ❸ *(verlieren)* de justesse

kneifen [ˈknajfən] vt irr pincer

Kneipe [ˈknajpə] <-, -n> f *(fam)* bistro[t] m

Kneipp-Anwendung [ˈknaip-] f soin m de balnéothérapie

kneten [ˈkneːtən] vt ❶ *(Teig)* pétrir ❷ *(formen)* modeler

Knetmasse f pâte f à modeler

knicken vt ❶ plier ❷ *(brechen)*

casser

Knicks ['knɪks] <-es, -e> m révérence f

knicksen vi faire la révérence

Knie [kni:] <-s, -> nt genou m

knien [kni:n] I. vi être à genoux II. vr: **sich auf den Boden ~** s'agenouiller par terre

knipsen ['knɪpsən] (fam) I. vt ❶ photographier ❷ (Fahrkarte) poinçonner II. vi prendre des photos

Knoblauch ['kno:plaux] <-[e]s> m ail m ▶ **Knoblauchzehe** f gousse f d'ail

Knöchel ['knœçəl] <-s, -> m (Fußknöchel) cheville f

Knochen ['knɔxən] <-s, -> m os m

Knochenbruch <-[e]s> m fracture f

Knödel ['knø:dəl] <-s, -> m boule à base de pomme de terre ou de pain trempé dans du lait, cuite et servie en accompagnement

Knopf [knɔpf] <-[e]s, Knöpfe> m bouton m

knöpfen ['knœpfən] vt boutonner

Knospe ['knɔspə] <-, -n> f bourgeon m; (Blütenknospe) bouton m

knoten ['kno:tən] vt faire un nœud à

Knoten ['kno:tən] <-s, -> m ❶ nœud m ❷ (Haarknoten) chignon m

Know-how [nɔʊ'haʊ] <-s> nt savoir-faire m

knurren ['knʊrən] vi, vt grogner

knusprig ['knʊsprɪç] adj croustillant(e)

knutschen ['knu:tʃən] (fam) vt bécoter

Koch [kɔx] <-s, Köche> m, **Köchin** f cuisinier m, -ière f

Kochbuch nt livre m de cuisine

kochen ['kɔxən] I. vi ❶ bouillir; **etw zum Kochen bringen** porter qc à ébullition; **~d** bouillant(e) ❷ (Speisen zubereiten) faire la cuisine ❸ (aufgebracht sein) **vor Wut ~** bouillir de colère II. vt ❶ (zubereiten) **das Essen ~** préparer le repas; **Reis ~** faire du riz; **hart gekocht** (Ei) dur(e); **weich gekocht** (Ei) à la coque; (Gemüse) bien cuit(e) ❷ (Wäsche) faire bouillir

Kocher ['kɔçɐ] <-s, -> m réchaud m

Kochnische f coin-cuisine m

Kochplatte f plaque f électrique **Kochtopf** m casserole f; (aus Gusseisen) cocotte f

Kode [ko:t] <-s, -> m code m

Koffein [kɔfe'i:n] <-s> nt caféine f

koffeinfrei adj décaféiné(e)

Koffer ['kɔfɐ] <-s, -> m (Reisekoffer) valise f

Kofferraum m coffre m

Kognak ['kɔnjak] <-s, -s> m cognac m

Kohl [ko:l] <-[e]s, -e> m chou m

Kohle ['ko:lə] <-, -n> f ❶ (Brennstoff) charbon m ❷ (fam: Geld) fric m

Kohlensäure f acide m carbonique; (Kohlendioxid) gaz m carbonique; **Mineralwasser mit/ohne ~** eau f (minérale) gazeuse/non gazeuse

Kokosnuss f noix f de coco

Kokospalme f cocotier m

Kolik ['ko:lɪk] <-, -en> f colique f

Kollege [kɔ'le:gə] <-n, -n> m, **Kollegin** f collègue mf

Köln [kœln] <-s> nt Cologne f

Kolonne [ko'lɔnə] <-, -en> f (Fahrzeugkolonne) file f

Kombination [kɔmbina'tsi̯o:n] <-, -en> f combinaison f

kombinieren* [kɔmbi'ni:rən] I. vt (Kleidungsstücke) assortir; (Farben) associer II. vi faire une déduction/des déductions

Komfort [kɔm'fo:ɐ̯] <-s> m confort m

komfortabel [kɔmfɔr'ta:bəl] adj confortable

Komik ['ko:mɪk] <-> f comique m

Komiker(in) ['ko:mike] <-s, -> m/f(-in) comique mf

komisch I. adj ❶ (lustig) comique ❷ (sonderbar) bizarre; ~ riechen/schmecken avoir une drôle d'odeur/un drôle de goût ❸ (fam: unwohl) drôle II. adv ❶ (lustig) bizarrement ❷ (sonderbar) sich ~ fühlen se sentir tout drôle (fam)

Komitee [komi'te:] <-s, -s> nt comité m

Komma ['kɔma] <-s, -s> nt virgule f

kommandieren* [kɔman'di:rən] vt, vi commander

Kommando [kɔ'mando] <-s, -s> nt ❶ auf ~ sur commande m; ~ ordre m; (Befehlsgewalt) commandement m ❷ (abkommandierte Gruppe) détachement m

kommen ['kɔmən] irr vi ❶ venir; nach unten/oben ~ descendre/monter; nach draußen ~ sortir; ich komme ja schon! j'arrive!; komm! viens [ici]!; wie komme ich bitte zur Post? pour aller à la poste, s'il vous plaît? ❷ (stammen) von weit her ~ venir de loin ❸ (gezeigt werden) im Fernsehen ~ passer à la télévision ❹ (Einfall haben) wie kommst du denn darauf? qu'est-ce qui te fait croire ça? ❺ es kam zu einer Auseinandersetzung on en vint à une querelle; und so kam es, dass ... et c'est ainsi que ...; wie kommt es, dass ...? comment se fait-il que ...?

Kommentar [kɔmɛn'ta:ɐ̯] <-s, -e> m commentaire m

kommentieren* [kɔmɛn'ti:rən] vt commenter

kommerziell [kɔmɛr'tsi̯ɛl] adj commercial(e)

Kommissar(in) [kɔmɪ'sa:ɐ̯] <-s, -e> m/f(-in) commissaire mf

Kommissariat [kɔmɪsari̯a'ta:t] <-s, -e> nt commissariat m

Kommunikation [komunika'tsi̯o:n] <-, -en> f communication f

Kommunismus [kɔmu'nɪsmʊs] <-> m communisme m

Kommunist(in) [kɔmu'nɪst] <-en, -en> m/f(-in) communiste mf

kommunistisch [kɔmu'nɪstɪʃ] adj communiste

Komödie [ko'mø:di̯ə] <-, -n> f (a. fig) comédie f

Kompagnon [kɔmpan'jõ:] <-s, -s> m associé(e) m(f)

Kompass ['kɔmpas] <-es, -e> *m* boussole *f*

kompetent [kɔmpe'tɛnt] *adj* compétent(e)

Kompetenz [kɔmpe'tɛnts] <-, -en> *f* compétence *f*

komplett [kɔm'plɛt] *adj* complet, -ète

Komplikation [kɔmplika'tsjoːn] <-, -en> *f* complication *f*

Kompliment [kɔmpli'mɛnt] <-[e] s, -e> *nt* compliment *m*

kompliziert *adj* compliqué(e)

komponieren* [kɔmpo'niːrən] *vt, vi* composer

Komponist(in) [kɔmpo'nɪst] <-en, -en> *m(f)* compositeur *m*, -trice *f*

Kompromiss [kɔmpro'mɪs] <-es, -e> *m* compromis *m*

Kondensmilch ['kɔn'dɛnsmɪlç] *f* lait *m* concentré

Konditor [kɔn'diːtoːɐ̯] <-s, -toren> *m*, **Konditorin** [kɔn'diːtorɪn] *f* pâtissier *m* [confiseur/pâtissière *f* [confiseuse]

Konditorei [kɔndito'raɪ̯] <-, -en> *f* pâtisserie *f* [confiserie]

Kondom [kɔn'doːm] <-s, -e> *m o nt* préservatif *m*

Konferenz [kɔnfe'rɛnts] <-, -en> *f* ❶ conférence *f* ❷ *(Lehrerkonferenz)* conseil *m* de classe

Konflikt [kɔn'flɪkt] <-s, -e> *m* conflit *m*

konfrontieren* [kɔnfrɔn'tiːrən] *vt* confronter

konfus [kɔn'fuːs] *adj* confus(e)

Kongress [kɔn'grɛs] <-es, -e> *m* congrès *m*

Kongresszentrum *nt* palais *m* des congrès

König ['køːnɪç] <-s, -e> *m* roi *m*

Königin <-, -nen> *f* reine *f*

königlich ['køːnɪklɪç] *adj* royal(e)

Königreich ['køːnɪkraɪ̯ç] *nt* royaume *m*; **das Vereinigte ~** le Royaume-Uni

konkret [kɔn'kreːt] *adj (Vorstellung)* concret, -ète

Konkurrent(in) [kɔnku'rɛnt] <-en, -en> *m(f)* concurrent(e) *m(f)*

Konkurrenz [kɔnku'rɛnts] <-, -en> *f* concurrence *f*

Konkurs [kɔn'kʊrs] <-es, -e> *m (Zahlungsunfähigkeit)* faillite *f*

können ['kœnən] *irr* I. *vt* ❶ *(Fremdsprache)* parler; **was ~ Sie?** qu'est-ce que vous savez faire? ❷ **[et]was/nichts für etw ~** être/ne pas être responsable de qc; **der kann mich mal!** *(fam)* il peut aller se faire foutre! II. *vi* pouvoir; **nicht mehr ~** *(fam: erschöpft sein)* n'en pouvoir plus III. *aux* ❶ *(vermögen, dürfen)* **~ Sie mir sagen, wo/wie ...?** pourriez-vous me dire où/comment ...?; **kann ich Ihnen weiterhelfen?** puis-je vous aider? ❷ *(eine Fertigkeit haben)* **laufen/lesen ~** savoir courir/lire ❸ **man kann nie wissen** on ne sait jamais

Konsequenz [kɔnze'kvɛnts] <-, -en> *f* conséquence *f*

Konserve *f* conserve *f* ▸ **Konservendose** *f* boîte *f* de conserve

konservieren* [kɔnzɛr'viːrən] *vt*

conserver

Konsonant [kɔnzo'nant] <-en, -en> m consonne f

Konsul ['kɔnzʊl] <-s, -n> m, **Konsulin** f consul m

Konsulat [kɔnzu'laːt] <-[e]s, -e> nt consulat m

Kontakt [kɔn'takt] <-[e]s, -e> m contact m

kontaktfreudig adj sociable **Kontaktlinse** f lentille f [de contact]

Konten PI von **Konto**

Kontinent [kɔnti'nɛnt] <-[e]s, -e> m continent m

Konto ['kɔnto] <-s, Konten> nt compte m

Kontoauszug m extrait m de compte **Kontostand** m situation f de compte

Kontrabass m contrebasse f

Kontrolle [kɔn'trɔlə] <-, -n> f contrôle m

Kontrolleur(in) [kɔntrɔ'løːɐ] <-s, -e> m(f) contrôleur m, -euse f

kontrollieren* [kɔntrɔ'liːrən] vt contrôler

Konzentration [kɔntsɛntra'tsjoːn] <-, -en> f concentration f **Konzentrationslager** nt camp m de concentration

konzentrieren* [kɔntsɛn'triːrən] vr: **sich auf etw** (akk) ~ se concentrer sur qc

konzentriert [kɔntsɛn'triːɐt] I. adj concentré(e) II. adv (nachdenken) en se concentrant

Konzept [kɔn'tsɛpt] <-[e]s, -e> nt ⓐ (Entwurf) brouillon m ⓑ (Plan) projet m

Konzert [kɔn'tsɛrt] <-[e]s, -e> nt ⓐ (Komposition) concerto m ⓑ (Aufführung) concert m

Kopf [kɔpf] <-[e]s, Köpfe> m tête f **Kopfhörer** m casque m **Kopfkissen** nt oreiller m **Kopfkissenbezug** m taie f d'oreiller **Kopfsalat** m laitue f **Kopfschmerz** m: ~ **en haben** avoir mal à la tête **Kopfschmerztablette** m cachet m contre les maux de tête **Kopftuch** <-tücher> nt foulard m

Kopie [ko'piː] <-, -n> f copie f **kopieren*** [ko'piːrən] vt ⓐ faire une copie de ⓑ (fotokopieren) [photo]copier

Kopiergerät [ko'piːɡərɛːt] nt photocopieuse f

Korb [kɔrp] <-[e]s, Körbe> m a. SPORT panier m

Kord s. **Cord**

Korken ['kɔrkən] <-s, -> m bouchon m

Korkenzieher <-s, -> m tire-bouchon m

Korn [kɔrn] <-[e]s, Körner> nt ⓐ (Samenkorn) graine f ⓑ (Getreide) céréales f pl

Körper ['kœrpɐ] <-s, -> m corps m **Körperbehinderung** f handicap m physique

körperlich I. adj (Anstrengung) physique; (Gebrechen) corporel(le) II. adv physiquement **Körperpflege** f hygiène f corporelle

korrekt [ko'rɛkt] adj correct(e)

korrigieren* [kɔri'giːrən] vt corriger

korrupt [kɔˈrʊpt] *adj (pej)* corrompu(e)

Korruption [kɔrʊpˈtsi̯oːn] <-, -en> *f (pej)* corruption *f*

kostbar *adj* précieux, -euse

kosten [ˈkɔstən] *vt* coûter

Kosten [ˈkɔstən] *Pl* coût *m*; *(Auslagen)* frais *m pl*

kostenlos *adj* gratuit(e) **kostenpflichtig** *adj* payant(e)

köstlich [ˈkœstlɪç] *adj* délicieux, -euse

Kostprobe *f* GASTR dégustation *f*

Kostüm [kɔsˈtyːm] <-s, -e> *nt* ❶ *(Damenkostüm)* tailleur *m* ❷ *(Tracht, Verkleidung)* costume *m*

Kostümball -*m* bal *m* costumé

Kot [koːt] <-[e]s> *m* excréments *m pl*

Kotelett [kɔtəˈlɛt] <-[e]s, -s> *nt* côtelette *f*

Koteletten [kɔtəˈlɛtn] *Pl* pattes *f pl; (Garnele)* crevette *f*

Krabbe [ˈkrabə] <-, -n> *f* crabe *m; (Garnele)* crevette *f*

Krach [krax] <-[e]s, Kräche> *m* ❶ *(Lärm)* vacarme *m* ❷ *(fam: Streit)* engueulade *f*

krachen *vi (laut knallen: Tür, Schuss)* claquer; *(Donner)* éclater *(fam)*

Kraft [kraft] <-, Kräfte> *f* force *f*

kräftig [ˈkrɛftɪç] **I.** *adj (Person)* fort(e); *(Händedruck)* vigoureux, -euse **II.** *adv (drücken)* vigoureusement

kraftlos *adj (Person)* sans force; *(Händedruck)* mou, molle **Kraftwerk** *nt* centrale *f* électrique)

Kragen [ˈkraːɡən] <-s, - o SCHWEIZ,

SÜDD Krägen> *m* col *m*

Krähe [ˈkrɛːə] <-, -n> *f* corneille *f*

Kralle [ˈkralə] <-, -n> *f (einer Katze)* griffe *f; (eines Raubvogels)* serre *f*

Krampf [krampf] <-[e]s, Krämpfe> *m* crampe *f*

Kran [kraːn] <-[e]s, Kräne> *m* grue *f*

krank [krank] <kränker, kränkste> *adj (a. fig)* malade

Kranke(r) [frm/m] *mf* malade *mf*

kränken [ˈkrɛŋkən] *vt* blesser

Krankengymnastik *f* kinésithérapie *f* **Krankenhaus** *nt* hôpital *m* **Krankenkasse** *f* caisse *f* d'assurance-maladie **Krankenpfleger(in)** *m(f)* infirmier *m*, -ière *f* **Krankenschein** *m* feuille *f* de maladie *o* de soins) **Krankenschwester** *f* infirmière *f* **Krankenversicherung** *f* assurance-maladie *f* **Krankenwagen** *m* ambulance *f*

Krankheit [ˈkrankhait] <-, -en> *f* maladie *f*

kratzen [ˈkratsn] **I.** *vt* ❶ **jdn am Rücken ~** gratter le dos à qn ❷ *(Katze)* griffer ❸ **es kratzt ihn am Rücken** *(fam)* il a le dos qui le gratte **II.** *vr*: **sich ~** se gratter **III.** *vi* ❶ gratter ❷ *(mit den Fingernägeln)* griffer

Kratzer [ˈkratsɐ] <-s, -> *m* éraflure *f*

Kraut [kraut] <-[e]s, Kräuter> *nt* herbe *f*

Kräuterbutter *f* beurre *m* persillé **Kräutertee** *m* tisane *f*

Krawatte [kraˈvatə] <-, -n> *f* cravate *f*

kreativ [kreaˈtiːf] *adj* créatif, -ive

Kreativität [kreativiˈtɛːt] <-> *f*

créativité f

Kreatur [krea'tu:ɐ̯] <-, -en> f créature f

Krebs [kre:ps] <-es, -e> m ① ZOOL crustacé m; (Flusskrebs) écrevisse f ② GASTR crabe m ③ ASTRO Cancer m ④ MED cancer m

Kredit [kre'di:t] <-[e]s, -e> m crédit m

Kreditkarte f carte f de crédit

Kreide ['kraidə] <-, -n> f craie f

Kreis [krais] <-es, -e> m ① cercle m ② pl (gesellschaftliche Schicht) milieux m pl

kreisen ['kraizən] vi ① tourner ② (fliegen) tournoyer

kreisförmig ['kraisfœrmɪç] I. adj circulaire II. adv en cercle

Kreislaufmittel nt médicament m pour la circulation **Kreislauf-störungen** pl troubles mpl de la circulation

kremig adj onctueux, -euse

Kresse ['krɛsə] <-, -en> f cresson m

kreuz [krɔyts]: ~ **und quer** dans tous les sens

Kreuz [krɔyts] <-es, -e> nt ① croix f ② (Rücken) reins m pl ③ SPIEL trèfle m

kreuzen I. vt croiser II. vi (Flugzeug, Schiff) croiser

Kreuzfahrt f croisière f **Kreuzgang** m cloître m

Kreuzung <-, -en> f ① (Straßenkreuzung) carrefour m ② (das Kreuzen) croisement m

Kreuzworträtsel nt mots m pl croisés

kriechen ['kri:çən] vi irr ① ramper ② (langsam fahren) se traîner (fam)

Krieg [kri:k] <-[e]s, -e> m guerre f

kriegen ['kri:gən] vt (fam) ① (bekommen) recevoir m ② (Bus, Zug) attraper; **jdn** ~ mettre la main sur qn ③ (Strafzettel) récolter ④ (Kind) aller avoir

Kriminalität [kriminali'tɛ:t] <-> f criminalité f; **organisierte** ~ crime m organisé

Kriminalkommissar(in) m(f) commissaire m de police judiciaire **Kriminalpolizei** f police f judiciaire

kriminell [krimi'nɛl] adj ① criminel(le); ~ **sein** être délinquant ② (fam: gefährlich) casse-gueule

Krippe ['krɪpə] <-, -n> f crèche f

Krise ['kri:zə] <-, -n> f crise f

Kristall <-s> nt cristal m

Kritik [kri'ti:k] <-, -en> f critique f

Kritiker(in) ['kri:tike] <-s, -> m(f) ① (Rezensent) critique mf ② (Gegner) détracteur m, -trice f

kritisch ['kri:tɪʃ] adj critique

kritisieren* [kriti'zi:rən] vt, vi critiquer

kritzeln ['krɪtsəln] vt, vi griffonner

Kroate <-n, -n> m, **Kroatin** f Croate mf

Kroatien [kro'?a:tsjən] <-s> nt la Croatie

kroatisch [kro'?a:tɪʃ] I. adj croate II. adv en croate

Kroatisch <-[s]> nt croate m

Krokette [kro'kɛtə] <-, -n> f croquette f

Krone ['kro:nə] <-, -n> f couronne f

krönen ['krø:nən] vt: **jdn zum König** ~ couronner qn roi

Krönung ['krø:nʊŋ] <-, -en> f couronnement m

Kröte ['krø:tə] <-, -n> f ⓕ ZOOL crapaud m ⓟ pl (fam: Geld) fric m

Krücke ['krʏkə] <-, -n> f béquille f

Krug [kru:k] <-[e]s, Krüge> m ⓕ (Wasserkrug) cruche f ⓟ (Bierkrug) chope f

Krümel ['krʏ:məl] <-s, -> m (Brösel) miette f

krumm [krʊm] I. adj (nicht gerade) tordu(e); (Nase) crochu(e); (Rücken) voûté(e) II. adv (gehen) le dos voûté; (wachsen) de travers

Kuba ['ku:ba] <-s> nt Cuba; **auf ~** à Cuba

Kubikmeter [ku'bi:kme:tə] m o nt mètre m cube

Küche ['kʏça] <-, -n> f cuisine f

Kuchen ['ku:xən] <-s, -> m gâteau m

Küchenabfälle Pl épluchures f pl

Kuchenblech nt plaque f à pâtisserie| **Kuchenform** f moule m à gâteau|x]

Küchenmaschine f robot m ⓧ **Küchensieb** nt passoire f

kuckuck ['kʊkʊk] interj coucou

Kuckuck ['kʊkʊk] <-s, -e> m coucou m

Kuckucksuhr f coucou m

Kugel ['ku:gəl] <-, -n> f ⓕ o (runder Gegenstand) boule f ⓟ (Geschoss) balle f

kugelförmig ['ku:gəlfœrmɪç] adj sphérique

kugelrund ['ku:gəlrʊnt] adj (fam: dick) rondouillard(e) **Kugelschreiber** m stylo m [à] bille

Kuh [ku:] <-, Kühe> f vache f

kühl [ky:l] I. adj ⓕ (kalt) frais, fraîche; **es wird/ist ~** ça se rafraîchit/il fait frais ⓟ (reserviert) froid(e) II. adv ⓕ (lagern) au frais; (servieren) frais, fraîche ⓟ (reserviert) avec froideur; (empfangen) fraîchement

Kühlelement nt pain m de glace

kühlen ['ky:lən] vt, vi rafraîchir; **gekühlt** (Getränke) frais, fraîche

Kühler ['ky:lɐ] <-s, -> m radiateur m

Kühlschrank m réfrigérateur m **Kühltasche** f glacière f ⓧ **Kühltruhe** f congélateur m bahut **Kühlwasser** nt eau f de refroidissement

kühn [ky:n] adj (Held) téméraire; (Tat) audacieux, -euse

Kühnheit <-, -en> f ⓕ (Wagemut) audace f ⓟ (Tat) témérité f

Kuhstall m étable f

Küken ['ky:kən] <-s, -> nt poussin m

kulant [ku'lant] adj (Geschäftsmann) arrangeant(e); (Verhalten) accommodant(e)

Kuli ['ku:li] <-s, -s> m (fam: Stift) stylo m **Kulisse** [ku'lɪsə] <-, -n> f décor m

kultiviert [kʊlti'vi:ɐt] adj raffiné(e)

Kultur [kʊl'tu:ɐ] <-, -en> f ⓕ (Zivilisationsform) civilisation f ⓟ BOT plantation f

kulturell [kʊltu'rɛl] adj culturel(le)

Kultusminister(in) ['kʊltʊsmɪnɪstɐ] m(f) ≈ ministre mf de l'Éducation et des Affaires culturelles [d'un land] **Kultus-**

K

ministerium nt ≈ ministère m de l'Éducation et de la Culture [d'un land]

Kümmel ['kʏml] <-s, -> m cumin m

Kummer ['kʊmɐ] <-s-> m ⓵ (Betrübtheit) chagrin m ⓶ (Unannehmlichkeiten) soucis m pl

kümmern ['kʏmɐn] I. vt concerner; **was kümmert ihn das?** en quoi ça le regarde? II. vr: **sich um jdn/etw ~** s'occuper de qn/qc

Kumpel ['kʊmpəl] <-s, -> m (fam: Kamerad) pote mf

Kunde ['kʊndə] <-n, -n> m, **Kundin** f client(e) m(f)

Kundendienst m service m après-vente

kündigen ['kʏndɪgən] I. vt (Job) démissionner de; (Mitarbeiter) licencier; (Vertrag) résilier II. vi (Arbeitnehmer) démissionner; **jdm ~** (Arbeitgeber) licencier qn; (Vermieter) donner congé à qn

Kündigung f <-, -en> f ⓵ (eines Vertrags) résiliation f ⓶ (Entlassung) licenciement m ⓷ (Weggang) démission f

Kundschaft <-, -en> f (Kundenkreis) clientèle f

künftig ['kʏnftɪç] I. adj futur(e) II. adv à l'avenir

Kunst [kʊnst] <-, Künste> f ⓵ art m ⓶ (Schulfach) arts m pl plastiques ⓷

Kunstakademie f école f des beaux-arts **Kunstgeschichte** f histoire f de l'art **Kunstgewerbe** nt arts mpl décoratifs

Kunsthändler(in) m(f) marchand(e) m(f) d'objets d'art **Kunstleder** nt similicuir m

Künstler(in) ['kʏnstlɐ] m f(f) artiste m

künstlerisch adj (Arbeit) d'artiste; (Begabung) artistique

künstlich ['kʏnstlɪç] I. adj (Beleuchtung, See) artificiel(le); (Diamant) faux, fausse II. adv artificiellement; (herstellen) industriellement

Kunstsammlung f collection f d'objets d'art **Kunststoff** m plastique m **Kunstwerk** nt ⓵ œuvre f d'art ⓶ (Meisterleistung) chef-d'œuvre m

Kupfer ['kʊpfɐ] <-s, -> nt cuivre m

Kuppel ['kʊpəl] <-, -n> f (Innenkuppel) coupole f; (Außenkuppel) dôme m

Kupplung ['kʊplʊŋ] <-, -en> f embrayage m

Kur [ku:ɐ] <-, -en> f cure f

Kürbis ['kʏrbɪs] <-ses, -se> m potiron m

kurieren* [ku'ri:rən] vt guérir

Kurort m station f thermale

Kurs [kʊrs] <-es, -e> m ⓵ cours m; (Wechselkurs) taux m de change ⓶ (Fahrtrichtung) cap m

Kurtaxe f taxe f de séjour

Kurve ['kʊrvə] <-, -n> f ⓵ virage m ⓶ MATH courbe f

kurz [kʊrts] <kürzer, kürzeste> I. adj court(e); (Blick, Antwort) bref, brève; **in ~er Zeit** en peu de temps II. adv ⓵ court; **kürzer machen** (Kleid) raccourcir ⓶ **~ gesagt, ...** bref, ...; **vor**

~em il y a encore peu de temps; **seit ~em** depuis peu ❷ *(wenig)* **es ist ~ vor acht** il n'est pas loin de huit heures

kürzen *vt* raccourcir

Kurzfilm *m* court-métrage *m*

kurzfristig I. *adj (Vertrag)* à court terme; *(Zusage)* rapide **II.** *adv* ❶ *(informieren)* en dernière minute ❷ *(unterbrechen)* momentanément; *(Zusage)* temporairement

Kurzgeschichte *f* nouvelle *f*

kürzlich *adv* récemment

Kurzmeldung *f* flash *m*

[d'information] **Kurzschluss** *m* court-circuit *m*

Kusine [ku'ziːnə] <-, -n> *f* cousine *f*

Kuss [kʊs] *m* baiser *m*

küssen ['kʏsən] *vt, vi, vr:* [sich] ~ [s']embrasser

Küste ['kʏstə] <-, -n> *f (Meeresufer)* côte *f* **Küstenwacht** *f* service *m* de surveillance côtière

Kutsche ['kʊtʃə] <-, -n> *f (geschlossen)* carrosse *m*; *(offen)* calèche *f*

Kuvert [ku'veːɐ̯] <-s, -s> *nt* enveloppe *f*

L

l *Abk von* **Liter** l

L, l [ɛl] <-, -> *nt* L *m*/l *m*

Labor [la'boːɐ̯] <-s, -s> *nt* laboratoire *m*

Laborant(in) [labo'rant] <-en, -en> *m(f)* laborantin(e) *m(f)*

Labyrinth [laby'rɪnt] <-[e]s, -e> *nt* labyrinthe *m*

lächeln ['lɛçəln] *vi* sourire

Lächeln <-s> *nt* sourire *m*

lachen ['laxən] *vi:* **über jdn/ etw** ~ rire de qn/qc

Lachen <-s> *nt* rire *m*

lächerlich ['lɛçɐlɪç] *adj* ridicule

Lachs [laks] <-es, -e> *m* saumon *m* **Lachsschinken** *m* filet *m* de porc fumé

Lack [lak] <-[e]s, -e> *m* laque *f*

lackieren* [la'kiːrən] *vt (Holz)* laquer; **sich** *(dat)* **die Fingernägel ~** se vernir les ongles

Ladegerät *nt* rechargeur *m* **Ladekabel** *nt (Handy)* chargeur *m*; *(Laptop)* câble réseau *m*

laden ['laːdən] *vt vr* charger

Laden ['laːdən] <-s, Läden> *m* ❶ *(Geschäft)* magasin *m*; *(klein)* boutique *f*; *(fam: Betrieb)* boîte *f* **Ladenschluss** *m* fermeture *f* des magasins

Ladung <-, -en> *f* ❶ *(Fracht)* chargement *m* ❷ ELEC, PHYS charge *f*

Lage ['laːgə] <-, -n> *f* ❶ *(eines Orts)* situation *f*; *(Situation)* situation *f* ❷ *(fig)* **in der ~ sein** ... être en mesure de ...

Lager ['laːgɐ] <-s, -> nt ❶ dépôt m ❷ *(Unterkunft)* camp m

Lagerfeuer nt feu m de camp

Lagerhalle f hangar m

lagern vt *(aufbewahren)* stocker; **kühl ~!** garder au frais!

Lähmung ['lɛːmʊŋ] <-, -en> f paralysie f

Laib [laɪp] <-[e]s, -e> m SÜDD **ein ~ Brot** une miche de pain

Laie ['laɪə] <-n, -n> m, **Laiin** f ❶ *(Nichtfachmann)* profane m ❷ REL laïc m, laïque mf

Lamm [lam] <-[e]s, Lämmer> nt ❶ agneau m

Lammfleisch nt agneau m

Lampe ['lampə] <-, -n> f lampe f

Land [lant] <-[e]s, Länder> nt ❶ *(Staat)* pays m ❷ *(Festland)* terre f ❸ *(Bundesland)* Land m; **die 16 Länder** les 16 Länder ❹ *(Acker)* terrain m ❺ *(ländliche Gegend)* campagne f **Landarbeiter(in)** m(f) ouvrier m, -ière f agricole **Landausflug** m excursion f à terre **Landbevölkerung** f population f rurale **Landebahn** f piste f d'atterrissage

landen ['landən] vi *(Flugzeug)* atterrir; *(Schiff)* aborder **Landeshauptstadt** f capitale f *(in einem Land)* **Landesinnere(s)** nt intérieur m du pays *(hinter der Küste)* arrière-pays m **Landeskunde** f civilisation f **Landessprache** f langue f nationale

Landgut nt propriété f, domaine m **Landhaus** nt maison f de campagne **Landkarte** f carte f géographique **Landkreis** m ≈

district m

ländlich ['lɛntlɪç] adj *(Brauch)* paysan(ne); *(Stille)* de la campagne

Landschaft <-, -en> f ❶ paysage m

Landsmann ['lantsman] <-leute> m, -leute> compatriote mf

Landstraße f ≈ |route f ❶ départementale f; *(untergeordnete Straße)* route f secondaire **Landstreicher(in)** <-s, -> m(f) vagabond(e) m(f) **Landtag** m *(Parlament)* landtag m

Landung <-, -en> f ❶ *(eines Flugzeugs)* atterrissage m ❷ MIL *(von Truppen)* largage m; *(per Schiff)* débarquement m

Landwein m vin m de pays **Landwirt(in)** m(f) agriculteur m, -trice f **Landwirtschaft** f *(Erwerbstätigkeit)* agriculture f **landwirtschaftlich** adj agricole

lang [laŋ] <länger, längste> **I.** adj ❶ long, longue; **zwei Meter ~ sein** avoir deux mètres de long; **seit ~em** depuis longtemps **II.** adv ❶ longtemps; ❷ **aufbleiben** veiller tard; **viele Jahre ~** pendant de nombreuses années; **schon ~[e]** depuis longtemps ❸ **~ und breit** en long et en large

lange ['laŋə] <länger, längste> s. **lang**

Länge ['lɛŋə] <-, -n> f ❶ longueur f; **der ~ nach** en long ❷ *(Dauer)* durée f ❸ GEO longitude f

langen vi *(fam)* ❶ *(ausreichen)* suffire ❷ *(sich erstrecken)* **bis zum Boden** *(Vorhang)* arriver jusqu'au sol ❸ **mir langt es** j'en ai **marre** *(fam)*

Langeweile <-> f ennui m

langfristig adj, adv à long terme

langjährig adj de longue date

Langlauf m ski m de fond

Langlaufski m ski m de fond

langsam I. adj lent(e) II. adv lentement

Langsamkeit <-> f lenteur f

längst [lɛŋst] adv *(seit langem)* depuis longtemps

Languste [laŋˈgʊstə] <-, -n> f langouste f

langweilen vt, vr: *[sich]* ~ [s']ennuyer

langweilig adj ennuyeux, -euse

Lappen [ˈlapən] <-s, -> m chiffon m

Laptop [ˈlɛptɔp] <-s, -s> m [ordinateur m] portable m

Lärm [lɛrm] <-[e]s> m ① bruit m ② **viel ~ um nichts machen** faire beaucoup de bruit pour rien

lassen [ˈlasən] irr I. vt ① *(unterlassen)* arrêter; **lass das!** arrête! ② *(zurücklassen)* laisser ③ *(nicht anrühren)* **stehen ~** *(Wagen)* ne pas garer; *(Essen)* ne pas toucher à; *(Wagen)* ne pas prendre ④ aux ⑤ *(dulden, zulassen)* permettre ⑥ *(veranlassen)* **jdn warten ~** faire attendre qn; **sich scheiden ~** divorcer ⑦ *(Möglichkeit)* **das Fenster lässt sich öffnen** on peut ouvrir la fenêtre; **das lässt sich machen** c'est faisable ⑧ *(Aufforderung)* **lass uns/ lasst uns gehen!** allons-nous en! III. vi: **von jdm/etw ~** renoncer à qn/qc; **lass/lasst mal!** laisse/ laissez donc!

lässig [ˈlɛsɪç] I. adj décontracté(e) II. adv *(ungezwungen)* en toute décontraction

Last [last] <-, -en> f charge f

lästern [ˈlɛstɐn] vi: **über jdn/ etw ~** dénigrer qn/qc

lästig [ˈlɛstɪç] adj pénible

Lastkraftwagen, Lastwagen m camion m

Latein [laˈtaɪn] <-s> nt latin m

Lateinamerika nt l'Amérique f latine **lateinamerikanisch** adj latino-américain(e)

lateinisch I. adj latin(e); *(Vokabeln)* de latin; *(Inschrift)* en latin II. adv en latin

Lateinisch nt latin m

Laterne [laˈtɛrnə] <-, -n> f ① *(Straßenlaterne)* réverbère m ② *(Außenleuchte)* lanterne f

Latzhose f salopette f

lau [laʊ] adj tiède

Lauch [laʊx] <-[e]s, -e> m poireau m

Lauf [laʊf] <-[e]s, Läufe> m ① *(das Laufen)* course f ② *(Flusslauf)* cours m; **im ~ der Jahre** au fil des ans

Laufbahn f carrière f

laufen [ˈlaʊfən] irr I. vi ① *(rennen)* courir; *(zu Fuß gehen)* marcher ② *(fließen)* couler ③ *(funktionieren: Motor)* tourner; *(Gerät)* marcher ④ *(gezeigt werden)* passer II. vt *(hundert Meter)* courir; **Schlittschuh/ Ski ~** faire du patin à glace/du ski

laufend adj sans arrêt

Laune [ˈlaʊnə] <-, -n> f ① *(Stimmung)* humeur f; **gute/**

schlechte ~ haben être de bonne/de mauvaise humeur ⓘ *(abwegige Idee)* lubie *f*

launisch *adj (Person)* lunatique; *(Wetter)* instable

Laus [laʊs] <-, **Läuse**> *f (Kopflaus)* pou *m*

lauschen [ˈlaʊʃən] *vi* écouter

laut¹ [laʊt] *adj* fort(e); *(Straße)* [très] bruyant(e); **~ werden** *(Person)* hausser le ton

laut² *präp +gen o dat* selon

lauten *vi:* **der Titel lautet ...** le titre est ...

läuten [ˈlɔytən] *vi* sonner; **es läutet** on sonne

lauter [ˈlaʊtɐ] *adv (nichts als)* rien d'autre que

lautlos *adv* sans bruit **Lautsprecher** *m* haut-parleur *m*; *(Lautsprecheranlage)* enceintes *f pl* **Lautstärke** *f* son *m* fort

lauwarm *adj* tiède

Lavendel [laˈvɛndl] <-s, ->> *m* lavande *f*

Lawine [laˈviːnə] <-, -n> *f* avalanche *f*

Leasing [ˈliːzɪŋ] <-s, -s> *nt* leasing *m*

leben [ˈleːbən] *vi* ① vivre ② **leb[e]** **wohl!** adieu!

Leben <-, ->> *nt* ① vie *f* ② **nie im ~** jamais de la vie

lebendig [leˈbɛndɪç] *adj* vivant(e) **Lebensgefahr** *f:* **~!** danger de mort! **lebensgefährlich** *adj (Erkrankung)* pouvant être mortel; *(Verletzung)* présentant des risques vitaux **Lebensgefährte** *m,* **-gefährtin** *f* compagnon

m/compagne *f* **lebenslänglich** *adj, adv* à vie **Lebenslauf** *m* curriculum *m* [vitæ] **Lebensmittel** *nt* denrées *f pl* alimentaires **Lebensmittelgeschäft** *nt* épicerie *f* **Lebensmittelvergiftung** *f* intoxication *f* alimentaire **lebensmüde** *adj* suicidaire **Lebensstandard** *m* niveau *m* de vie **Lebensversicherung** *f* assurance *f* [sur la] vie **lebenswichtig** *adj* vital(e); *(Nahrungsmittel)* de première nécessité

Leber [ˈleːbɐ] <-, -n> *f* foie *m* **Leberkäs[e]** *m:* préparation de chair à saucisse traditionnelle dans le Sud de l'Allemagne **Leberpastete** *f* pâté *m* de foie **Leberwurst** *f* pâté *m* de foie *(sous forme de saucisson)*

Lebewesen *nt* être *m* vivant

lebhaft *adj (angeregt)* vif, vive; *(Person)* plein(e) de vie **Lebkuchen** *m* pain *m* d'épice **leblos** *adj* sans vie; *(Augen, Gesicht)* dépourvu(e) d'expression

lecker [ˈlɛkɐ] *adj* délicieux, -euse **Leckerbissen** *m* régal *m*

Leder [ˈleːdɐ] <-s, ->> *nt (Tierhaut)* cuir *m* **Lederjacke** *f* veste *f* en cuir **Lederwaren** *Pl* articles *fpl* de maroquinerie **Lederwarengeschäft** *nt* maroquinerie *f*

ledig [ˈleːdɪç] *adj (unverheiratet)* célibataire

leer [leːɐ] **I.** *adj* vide; *(Seite)* blanc, blanche **II.** *adv:* **~ stehend** *(Wohnung)* inoccupé(e)

Leere ['le:rə] <-> f vide m

leeren vt (leer machen) vider

Leerlauf m point m mort

Leerung <-, -en> f levée f

legal [le'ga:l] adj légal(e)

legen ['le:gən] I. vt ① (hinlegen) **etw auf den Tisch ~** déposer qc sur la table ② (betten) **jdn ins Bett ~** allonger qn dans le lit II. vr ① (hinlegen) **sich ins Bett ~** se mettre au lit ② (sich senken) **sich auf etw** (akk) ~ (Staub) se déposer sur qc ③ (nachlassen) **sich ~** (Sturm) s'apaiser; (Wind) tomber; (Wut) retomber

Legende [le'gɛndə] <-, -n> f légende f

Leggings ['lɛgɪŋs] Pl caleçon m

lehnen I. vt: **etw an/gegen etw** (akk) ~ appuyer qc contre qc II. vi: **an etw** (dat) ~ être appuyé contre qc III. vr: **sich an** [o gegen] **jdn/etw ~** s'appuyer contre qn/qc

Lehre ['le:rə] <-, -n> f ① (Theorie) théorie f ② (Ausbildung) apprentissage m

lehren vt enseigner

Lehrer(in) ['le:rɐ] <-s, -> m(f) ① enseignant(e) m(f); (Grundschullehrer) instituteur m, -trice f; (Fach-, Gymnasiallehrer) professeur mf ② (Reit-, Tennislehrer) moniteur m, -trice f

Lehrling ['le:rlɪŋ] <-s, -e> m ÖSTERR apprenti(e) m(f) **Lehrstelle** f place f d'apprenti(e)

Leiche ['laiçə] <-, -n> f cadavre m

leicht [laiçt] I. adj léger, -ère; (Fra-ge) facile; (Operation) petit(e) II. adv ① (bekleidet, würzen) légèrement ② (einfach) facilement; **zu erklären sein** être facile à expliquer **Leichtathletik** f athlétisme m **leichtfertig** I. adj irréfléchi(e) II. adv inconsidérément **leichtgläubig** adj crédule **leicht|machen** vr: **es sich** (dat) ~ ne pas se compliquer la vie **Leichtsinn** m inconscience f **leichtsinnig** adj (Person) inconscient(e); (Handlung) inconsidéré(e)

Leid <-[e]s> nt souffrance f

Leidenschaft <-, -en> f passion f **leidenschaftlich** I. adj passionné(e) II. adv passionnément; **etw ~ gern tun** adorer faire qc

leider ['laidɐ] adv malheureusement; **ja/nein** hélas oui/non

leid|tun vi ① (als Ausdruck des Bedauerns) **es tut jdm leid, dass** on regrette que +subj; **tut mir leid!** (fam) désolé(e)! ② (als Ausdruck des Mitleids) **jdm ~** faire pitié à qn

Leihbücherei f bibliothèque f de prêt

leihen ['laiən] vt irr prêter; **sich** (dat) **etw von jdm ~** emprunter qc à qn **Leihwagen** m voiture f de location

Leine ['lainə] <-, -n> f corde f; (Hundeleine) laisse f

Leinen ['lainən] <-s, -> nt lin m, toile f **Leinwand** f (Kinoleinwand) écran m

leise ['laizə] I. adj (Stimme)

L

bas(se); *(Musik)* doux, douce; *(Geräusch, Zweifel)* léger, -ère; **~r stellen** *(Fernseher)* baisser le son de **II.** *adv* doucement

leisten [ˈlaɪstən] *vr (fam)*: **sich** *(dat)* **etw ~** *(gönnen)* s'accorder qc; *(sich anschaffen)* s'offrir qc; *(erlauben)* se permettre qc

Leistenbruch *m* hernie *f*

Leistung <-, -en> *f* **①** rendement *m*; *(eines Schülers)* résultat *m*; *(einer Batterie)* capacité *f*; *(eines Motors)* puissance *f* mécanique **Leistungssport** *m* sport *m* de compétition

leiten *vt* diriger

Leiter [ˈlaɪtɐ] <-, -n> *f* échelle *f*

Leiter(in) [ˈlaɪtɐ] <-s, -> *m(f)* *(einer Firma, Schule)* directeur *m*, -trice *f*; *(einer Arbeitsgruppe)* chef *mf*

Leitung <-, -en> *f* **①** direction *f*; *(einer Diskussion)* conduite *f* **②** *(Rohrleitung)* conduite *f* **③** *(Strom-, Telefonleitung)* ligne *f* **Leitungswasser** *nt* eau *f* du robinet

Lektion [lɛkˈtsi̯oːn] <-, -en> *f* leçon *f*

Lektor [ˈlɛktoːɐ] <-s, -toren> *m*, **Lektorin** [lɛkˈtoːrɪn] *f*, -trice *f*

Lektüre [lɛkˈtyːrə] <-, -n> *f* lecture *f*

Lenkrad *nt* volant *m*

Lenkrad-Drehknopf *m* *(Auto)* volant *m* mobile

lernen [ˈlɛrnən] **I.** *vt* **①** apprendre; **Mathe/lesen ~** apprendre les maths/à lire **②** **der wird es nie ~** il ne le saura jamais **II.** *vi* étudier; **für die Prü-**fung **~** travailler pour l'examen

lesbar *adj* lisible

lesbisch *adj* lesbien(ne)

lesen [ˈleːzən] *vt, vi* lire

Lettisch <-[s]> *nt* letton *m*

Lettland [ˈlɛtlant] *nt* la Lettonie

letzte(r, s) [ˈlɛtstə] *adj* **①** dernier, -ière; **sein ~s Geld** l'argent qui lui reste; **beim ~n Mal** la dernière fois; **als Letzter/Letzte ankommen** arriver le dernier / la dernière **②** *(vorige)* **~s Jahr** l'an dernier

Letzte <-> *nt*: **das ist ja wohl das ~!** *(pej fam)* ça, c'est le bouquet!

letztendlich *adv* en fin de compte

leuchten [ˈlɔʏçtən] *vi* *(Lampe)* éclairer; *(Licht, Stern)* briller; *(Zeiger)* être lumineux

leuchtend *adj* *(Farbe)* vif, vive

Leuchtturm *m* phare *m*

leugnen [ˈlɔʏgnən] *vt, vi* nier

Leute [ˈlɔʏtə] *Pl* **①** *(Mehrzahl von Person)* **hundert ~** cent personnes *f pl*; **es waren kaum ~ da** il n'y avait presque personne **②** *(Mitmenschen)* gens *m pl*; **alle ~** tout le monde

Lexikon [ˈlɛksikɔn] <-s, Lexika> *nt* encyclopédie *f*

Libanon [ˈliːbanɔn] <-[s]> *m*: **der ~** le Liban

Libelle [liˈbɛlə] <-, -n> *f* libellule *f*

liberal [libeˈraːl] *adj* libéral(e)

Libyen [ˈliːbyən] <-s> *nt* la Libye

Licht [lɪçt] <-[e]s, -er> *nt* lumière *f*

Lichtmaschine *f* dynamo *f* **Lichtschalter** *m* interrupteur *m* **Lichtschutzfaktor** *m* indice *m* de protection

lieb [liːp] **I.** *adj* ❶ ~ **zu jdm sein** être gentil avec qn ❷ *(brav)* sage ❸ *(in Briefen)* **~er Paul/~e Paula** cher Paul/chère Paula **II.** *adv* ❹ *(liebenswürdig)* gentiment ❺ *(artig)* sagement ❻ *(gern)* **jdn/ etw ~ haben** aimer bien qn/qc; **jdn/etw am ~sten mögen** préférer qn/qc

Liebe [ˈliːbə] <-, -n> *f* ❶ amour *m* ❷ **die ~ auf den ersten Blick** le coup de foudre

lieben I. *vt* aimer **II.** *vr*: **sich ~** s'aimer; *(sexuell)* faire l'amour

liebenswert *adj* sympathique **liebenswürdig** *adj* aimable

lieber [ˈliːbɐ] **I.** *adj*: **ihr wäre es ~, wenn du gehst** elle préférerait que tu partes **II.** *adv* ❶ **~ schwimmen als joggen** préférer nager que de faire du footing; **nichts ~ als das!** je ne demande que ça! ❷ *(besser)* **ich schweige** ~ il vaut mieux que je me taise

Liebesbeziehung *f* relation *f* amoureuse **Liebespaar** *nt* couple *m* d'amoureux

liebevoll *adj* affectueux, -euse

Liebhaber(in) <-s, -> *m(f)* ❶ amant *m*/maîtresse *f* *(Anhänger)* amateur *m*, -trice *f*

lieblich *adj (Duft)* suave; *(Wein)* moelleux, -euse; *(Anblick)* charmant(e)

Liebling [ˈliːplɪŋ] <-s, -e> *m* ❶ chéri(e) *m(f)* ❷ *(Favorit)* préféré(e) *m(f)*

Liechtenstein [ˈlɪçtənʃtain] <-s> *nt* le Liechtenstein

Liechtensteiner(in) <-s, -> *m(f)* habitant(e) *m(f)* du Liechtenstein

Lied [liːt] <-[e]s, -er> *nt* chanson *f*

Liedermacher(in) *m(f)* auteur--compositeur-interprète *mf*

Lieferant(in) [lifaˈrant] <-en, -en> *m(f)* fournisseur *m*, -euse *f*

liefern [ˈliːfɐn] *vi*, *vt* livrer

Lieferschein *m* bon *m* de livraison

Lieferung <-, -en> *f* livraison *f*

liegen [ˈliːɡən] *vi irr* ÖSTERR, SCHWEIZ, SÜDD ❶ *(Person)* être couché; **auf dem Bett ~** être allongé sur le lit; **im Bett ~** être au lit ❷ *(herumliegen)* **auf dem Tisch liegt ein Buch** il y a un livre sur la table; **weit hinten ~** être placé loin derrière ❸ *(sich befinden)* **zur Straße ~** *(Zimmer)* donner sur la rue; **in Frankreich ~** être situé en France ❹ *(zurückgehen auf)* **das liegt daran, dass ~** cela tient au fait que

Liegestuhl *m* chaise *f* longue **Liegewagen** *m* voiture--couchettes *f* **Liegewiesenplatz** *m* couchette *f* **Liegewiese** *f* pelouse *f*

Lift [lɪft] <-[e]s, -e> *m* ❶ *(Aufzug)* ascenseur *m* ❷ *(Skilift)* téléski *m*

Liga [ˈliːɡa] <-, Ligen> *f* ❶ ligue *f* ❷ SPORT division *f*

light [lait] *adj* light

Likör [liˈkøːɐ̯] <-s, -e> *m* liqueur *f*

lila [ˈliːla] *adj* (couleur) lilas

limitieren [limiˈtiːrən] *vt* limiter

Limonade [limoˈnaːdə] <-, -n> *f* limonade *f*

lindern ['lɪndɐn] vt *(Schmerzen)* soulager

Lineal [line'aːl] <-s, -e> nt règle f

Linie ['liːniə] <-, -n> f ligne f

Linke <-n, -n> f ① *(Hand)* main f gauche f, SPORT gauche m

linke(r, s) ['lɪŋkə] adj gauche; **die ~ Seite** *(Straßenseite)* de gauche; *(eines Kleidungsstücks)* l'envers m

links ['lɪŋks] adv *(auf der linken Seite)* à gauche; **~ oben** en haut à gauche; **~ von dir/hinter mir** à ta gauche/à gauche derrière moi; **von ~ nach rechts** de gauche à droite

Linkshänder(in) ['lɪŋkshɛndɐ] <-s, -/-nen> m(f) gaucher m, -ère f

Linse ['lɪnzə] <-, -n> f lentille f

Lippe ['lɪpə] <-, -n> f lèvre f

Lippenstift m rouge m à lèvres

Lissabon ['lɪsabɔn] <-s> nt Lisbonne

Liste ['lɪstə] <-, -n> f liste f

Litauen ['liːtaʊən] <-s> nt la Lituanie

Litauer(in) <-s, -> m(f) Lituanien(ne) m(f)

litauisch I. adj lituanien(ne) II. adv: **~ miteinander sprechen** parler en lituanien

Litauisch <-[s]> nt lituanien m

Liter ['liːtɐ] <-s, -> m o nt litre m

literarisch [lɪtə'raːrɪʃ] adj littéraire

Literatur [lɪtəra'tuːɐ̯] <-, -en> f littérature f

Literaturwissenschaft f lettres f pl

live [laɪf] adj, adv en direct

Livemusik ['laɪf-] f musique f en

direct

Lkw, LKW [ɛlkaːˈveː] <-[s], -[s]> m *Abk von* **Lastkraftwagen** poids m lourd

Lob [loːp] <-[e]s> nt félicitations f pl

loben ['loːbən] vt féliciter

Loch [lɔx] <-[e]s, Löcher> nt trou m

Locke ['lɔkə] <-, -n> f boucle f de cheveux

locken ['lɔkən] vt *(verlockend sein)* attirer

lockend adj alléchant(e)

Lockenwickler <-s, -> m bigoudis m

locker ['lɔkɐ] adj ① *(Schraube)* desserré(e); *(Zahn)* branlant(e); *(Muskel)* relâché(e) ② *(fam: Haltung)* détendu(e)

lockig adj bouclé(e)

Löffel ['lœfəl] <-s, -> m cuillère f; **ein ~ Mehl** une cuillérée de farine

Loge ['loːʒə] <-, -n> f loge f

logisch ['loːgɪʃ] adj logique

Lohn [loːn] <-[e]s, Löhne> m ① *(Arbeitslohn)* salaire m ② *(Belohnung)* récompense f

lohnen vr: **sich für jdn ~ etw zu tun** valoir la peine pour qn de faire qc

Loipe ['lɔɪpə] <-, -n> f piste f de ski de fond

Lokal [lo'kaːl] <-s, -e> nt *(Kneipe)* bistro[t] m; *(Speiselokal)* restaurant m

Lokomotive [lokomo'tiːvə] <-, -n> f locomotive f

Lokomotivführer(in) m(f) conducteur m, -trice f de locomotive

London [ˈlɔndɔn] <-> nt Londres

Londoner(in) [-s, -> m(f)/ Londonien(ne) m(f)

Lorbeer [ˈlɔrbeːɐ] <-s, -en> m laurier m

los [loːs] **I.** adj ❶ (abgetrennt) défait(e) ❶ (am: befreit) **jdn/etw ~ sein** être débarrassé de qn/qc ❶ (im Gange) **dort ist viel ~** [il] y a la grosse ambiance là-bas; **was ist ~?** qu'est-ce qu'il y a? **II.** adv: **~!** partez!

Los [loːs] <-es, -e> nt ❶ (Lotterielos) billet m ❷ (geh: Schicksal) sort m

los|binden vt irr détacher

löschen [ˈlœʃən] vt effacer

lösen [ˈløːzən] **I.** vt ❶ (Knoten) défaire; (Handbremse) desserrer ❷ (Husten) calmer ❸ (Aufgabe) résoudre ❹ (aufheben) annuler **II.** vr **~ sich von etw ~** (Schicht) s'enlever de qc; (Stein) se détacher de qc ❶ (sich aufklären) **sich ~** se résoudre ❶ (sich befreien) **sich von jdm ~** se détacher de qn; **sich von etw ~** se dégager de qc

los|fahren vi irr partir

los|gehen vi irr ❶ s'en aller ❷ (am: beginnen) commencer ❸ (angreifen) **auf jdn ~** se jeter sur qn

los|lassen vt irr lâcher

los|machen I. vt (losbinden) détacher **II.** vr ❶ (am): **sich ~** (sich losreißen) se dégager

los|schicken vt envoyer

Lösung <-, -en> f ❶ solution f

❶ (das Lösen) résolution f

los|werden vt irr se débarrasser de

löten [ˈløːtən] vt souder

Lothringen [ˈloːtrɪŋən] <-s> nt Lorraine f

Lotto [ˈlɔto] <-s, -s> nt loto m

Lottoschein m bulletin m de loto

Löwe [ˈløːvə] <-n, -n, -n> m ❶ lion m ❷ ASTRO Lion m

Löwin [ˈløːvɪn] f lionne f

Löwenzahn m pissenlit m

Lücke [ˈlʏkə] <-, -n> f ❶ (Zwischenraum) trou m ❷ (Unvollständigkeit) lacune f

Luft [lʊft] <-, Lüfte> f ❶ air m; **an die** [frische] **~ gehen** prendre l'air ❷ (Atem) **die ~ anhalten** retenir son souffle; **keine ~ mehr bekommen** étouffer; **~ holen** inspirer ❸ **von ~ und Liebe leben** (iron fam) vivre d'amour et d'eau fraîche

Luftballon m ballon m [de baudruche]

lüften [ˈlʏftən] vi, vt aérer

Luftfahrt f (form) aviation f

luftig adj (Kleidung) léger, -ère

Luftkissenboot nt hovercraft m, aéroglisseur m **Luftmatratze** f matelas m pneumatique **Luftpost** f **mit** [o **per**] **~** par avion **Luftpumpe** f pompe f

Lüftung <-, -en> f (Lüftungssystem) ventilation f

Luftverkehr m trafic m aérien **Luftverschmutzung** f pollution f de l'air **Luftwaffe** f armée f de l'air **Luftzug** m courant m d'air

Lüge [ˈlyːɡə] <-, -n> f mensonge m

lügen vi irr mentir

L

Lügner(in) ['ly:gnɐ] <-s, -> m(f)
(pej) menteur m, -euse f
Lunge ['lʊŋə] <-, -n> f poumons
m pl
Lungenentzündung f pneumonie f
Lust [lʊst] <-, Lüste> f ❶ (Freude)
plaisir m; (Neigung) envie f
❷ (sexuelle Begierde) désir m
lustig adj ❶ (fröhlich) gai(e); **sich
über jdn/etw ~ machen** se
moquer de qn/qc ❷ (spaßig)
drôle
lustlos I. adj morose **II.** adv sans
entrain
lutschen ['lʊtʃən] **I.** vt (Bonbon)
sucer; (Eis) manger **II.** vi: **an**

etw (dat) **~** sucer qc
Lutscher <-s, -> m sucette f
Lüttich <-s> nt Liège
Luxemburg ['lʊksəmbʊrk] <-s>
nt (Stadt) Luxembourg; (Land)
le Luxembourg
Luxemburger(in) <-s, -> m(f)
Luxembourgeois(e) m(f)
luxemburgisch adj luxembourgeois(e)
luxuriös [lʊksuri̯øːs] adj luxueux
(-euse)
Luxus ['lʊksʊs] <-> m luxe m
Luzern [lu'tsɛrn] <-s> nt Lucerne
Lymphdrainage ['lʏmfdrɛnaːʒə]
<-, -n> f drainage m lymphatique

Mm

m Abk von **Meter** m
M, m [ɛm] <-, -> nt M m/m m
machbar adj faisable
machen ['maxən] **I.** vt ❶ faire;
gut gemacht! bien joué!; **ich
mache das schon!** (ich erledige
das) je m'en charge!; (ich bringe
das in Ordnung) je vais arranger
ça! ❷ (Mut, Durst) donner; **jdm
Probleme ~** poser des problèmes à qn ❸ (Führerschein)
passer; (Kurs) suivre ❹ (werden
lassen) **jdn glücklich/wütend ~** rendre qn heureux
(-euse)/mettre qn en colère;
jdn schlank ~ (Kleidung) amin-

cir qn ❺ **es macht mich traurig, dass ...** ça me rend triste
que ... +subj; **es macht mich
glücklich zu hören, dass ...** je
suis heureux d'entendre que ...;
es macht bum (fam) ça fait
boum **II.** vt ❶ (dumm) rendre;
dick (Hose) grossir ❷ (fam):
schnell ~ se grouiller **III.** vr
❶ (sich begeben) **sich an die
Arbeit ~** se mettre au travail
❷ (bereiten) **sich Sorgen ~** se
faire du souci; **~ Sie sich wegen mir keine Umstände!** ne
vous dérangez pas pour moi!
Macht [maxt] <-, Mächte> f

❶ pouvoir *m* ❷ *(mächtiger Staat)* puissance *f*

mächtig ['mɛçtɪç] **I.** *adj* puissant(e) **II.** *adv (fam: sich ärgern)* drôlement

Machtkampf *m* lutte *f* pour le pouvoir

machtlos *adj* ❶ impuissant(e) ❷ *(hilflos)* **gegen etw ~ sein** être désarmé devant qc

Mädchen ['mɛːtçən] <-s, -> *nt* fille *f*

Mädchenname *m* ❶ *(weiblicher Vorname)* prénom *m* féminin ❷ *(Geburtsname)* nom *m* de jeune fille

Magdeburg ['makdəbʊrk] *nt* Magdebourg

Magen ['maːgən] <-s, Mägen> *m* estomac *m* **Magenschmerzen** *Pl* **~ haben** avoir mal à l'estomac

mager ['maːgɐ] *adj* maigre

Magermilch *f* lait *m* écrémé

magisch **I.** *adj* magique **II.** *adv* comme par magie

Magnet [ma'gneːt] <-[e]s, -e[n]> *m* aimant *m*

mähen ['mɛːən] *vt (Rasen)* tondre; *(Gras)* faucher

mahlen ['maːlən] *vt irr* moudre

Mahlzeit *f* repas *m*

Mai [maj] <-[e]s, -e> *m* mai *m*

Maiglöckchen ['majglœkçən] *nt* muguet *m* **Maikäfer** *m* hanneton *m*

Mainz [majnts] <-> *nt* Mayence

Mais [majs] <-es, -e> *m* maïs *m*

Majestät [majɛsˈtɛːt] <-, -en> *f* Majesté *f*

Majonäse [majoˈnɛːzə] <-, -n> *f* mayonnaise *f*

Makler(in) ['maːklɐ] <-s, -> *m(f)* courtier *m*, -ière *f*; *(Immobilienmakler)* agent *m* immobilier

Makrele [maˈkreːlə] <-, -n> *f* maquereau *m*

Makrone [maˈkroːnə] <-, -n> *f* macaron *m*

mal [maːl] *adv* ❶ *(fam: einmal)* **wieder ~** une fois de plus; **das ist nun ~ so** c'est comme ça; **warst du schon ~ in Kanada?** tu as déjà été au Canada? ❷ *(fam: eben)* **komm ~ her!** viens ici! ❸ MATH **drei ~ vier ist zwölf** trois fois quatre [font] douze

Mal <-[e]s, -e> *nt* fois *f*

Malbuch *nt* album *m* à colorier

malen ['maːlən] **I.** *vt (Gemälde)* peindre; *(Baum)* dessiner **II.** *vi* peindre

Maler(in) <-s, -> *m(f)* peintre *m*

Malerei [maːləˈraj] <-, -en> *f* peinture *f*

mal|nehmen *vt irr* multiplier

Malta ['malta] <-s> *nt* Malte

Malzbier *nt* bière *f* de malt

Mama [maˈmaː] <-, -s> *f*, **Mami** [ma'miː] <-, -s> *f (fam)* maman *f*

man [man] *pron* on

Manager(in) ['mɛnɛdʒɐ] <-s, -> *m(f)* manager *m*

manch *pron* ❶ **~ eine Frau** plus d'une femme; **~e Menschen** bien des hommes ❷ *substantivisch:* **~e lernen es nie** certains ne l'apprendront jamais; **~e von denen, die ...** beaucoup de ceux/celles qui ...

mancherlei ['manҫəˈlaɪ] adj toutes sortes de

manchmal adv quelquefois

Mandarine [mandaˈriːnə] <-, -n> f mandarine f

Mandel ['mandəl] <-, -n> f ① amande f ② ANAT amygdale f

Mandelentzündung f l'inflammation f des amygdales

Mangel ['maŋəl] <-s, Mängel> m ① manque m ② (Fehler) défaut m

Mango ['maŋɡo] <-, -s> f mangue f

Manier [maˈniːɐ] <-, -en> f (Umgangsform) manière f

Mann [man] <-[e]s, Männer> m ① (männliche Person) homme m ② (Ehemann) mari m

Männchen ['mɛnҫən] <-s, -> nt ① petit homme m ② (männliches Tier) mâle m

männlich ['mɛnlɪҫ] adj masculin(e); (Kind) du sexe masculin; (Tier, Hormon) mâle

Mannschaft [-] <-, -en> f équipe f

Manöver [maˈnøːvɐ] <-s, -> nt (a. fig) manœuvre f

Mantel ['mantəl] <-s, Mäntel> m manteau m

manuell [manuˈɛl] adj manuel(le)

Märchen ['mɛːҫən] <-s, -> nt ① conte m ② (fam: erfundene Geschichte) histoire f à dormir debout

Märchenprinz m, **-prinzessin** f prince m charmant/princesse f

Margarine [marɡaˈriːnə] <-, -n> f margarine f

Margerite [marɡəˈriːtə] <-, -n> f marguerite f

Maria <-s> f (Mutter Gottes) Marie f; **die heilige ~** la Sainte Vierge **Marienkäfer** m coccinelle f

Marille [maˈrɪlə] <-, -n> f ÖSTERR abricot m

Marionette [marjoˈnɛtə] <-, -n> f marionnette f

Marke ['markə] <-, -n> f marque f

Markierung <-, -en> f marquage m

Markise [marˈkiːzə] <-, -n> f store m

Markt [markt] <-[e]s, Märkte> m marché m

Markthalle f marché m couvert **Marktplatz** m place f du marché

Marmelade [marməˈlaːdə] <-, -n> f confiture f

Marmor ['marmoːɐ] <-s, -e> m marbre m

Marokkaner(in) [maroˈkaːnɐ] <-s, -> m(f) Marocain(e) m(f)

marokkanisch adj marocain(e)

Marokko [maˈrɔko] <-s> nt le Maroc

Marxismus [marˈksɪsmʊs] <-> m marxisme m

marxistisch adj marxiste

März [mɛrts] <-[es], -e> m mars m

Marzipan [martsiˈpaːn] <-s, -e> nt o m pâte f d'amandes

Maschine [maˈʃiːnə] <-, -n> f ① machine f ② (Flugzeug) appareil m ③ (fam: Motorrad) bécane f

maschinell [maʃiˈnɛl] adj mécanique

Masern ['maːzɐn] Pl rougeole f

Maske ['maskə] <-, -n> f ① masque m ② THEAT maquillage m

Maskenball m bal m masqué

maskulin [masku'liːn] adj masculin(e)

Maß¹ [maːs] <-es, -e> nt ❶ (Maßeinheit) mesure f ❷ (Bandmaß) mètre m ❸ pl (Körpermaße) mesures f pl

Maß² <-, -> ÖSTERR, SÜDD chope f (d'un litre)

Massage [ma'saːʒə] <-, -n> f massage m

Massaker [ma'saːkɐ] <-s, -> nt massacre m

Masse ['masə] <-, -n> f ❶ masse f ❷ (Teigmasse) mélange m ❸ (große Menge) foule f

Massenvernichtungswaffe f meist Pl arme f de destruction massive gén pl

massieren* [ma'siːrən] vt masser

mäßig ['mɛːsɪç] I. adj ❶ (maßvoll) modéré(e) ❷ (Qualität) médiocre II. adv (essen) modérément

massiv [ma'siːf] adj massif, -ive

maßlos I. adj démesuré(e) II. adv excessivement

Maßnahme ['maːsnaːmə] <-, -n> f mesure f

Maßstab m ❶ (einer Karte) échelle f ❷ (Kriterium) critère m

Mast [mast] <-[e]s, -en> m ❶ mât m ❷ (Telefonmast) poteau m ❸ (Hochspannungsmast) pylône m

Material [materi'aːl] <-s, -ien> nt ❶ (Rohstoff) matériau m ❷ (Ausrüstung) matériel m

Mathe ['matə] <-> f (fam) math[s] f pl

Mathematik [matema'tiːk] <-> f mathématiques f pl

Matratze [ma'tratsə] <-, -n> f matelas m

Matrose [ma'troːzə] <-n, -n> m matelot m

Matsch [matʃ] <-[e]s> m ❶ (Schlamm) gadoue f ❷ (Schneematsch) soupe f

matschig adj (fam) ❶ (schlammig) boueux, -euse ❷ (Frucht) écrabouillé(e)

matt [mat] adj ❶ (Foto) mat(e); (Glas) dépoli(e) ❷ SPIEL **~ sein** être mat

Matura [ma'tuːra] <-> f ÖSTERR, SCHWEIZ baccalauréat m

Mauer ['mauɐ] <-, -n> f mur m

Maul [maul] <-[e]s, Mäuler> nt gueule f; **halt's ~!** [ferme] ta gueule!

Maulwurf <-[e]s, -würfe> m taupe f

Maurer(in) ['mauɐ] <-s, -> m(f) maçon(ne) m(f)

Maus [maus] <-, Mäuse> f souris f ❷ pl (fam: Geld) pèze m

Maut <-, -en> f ÖSTERR péage m

maximal [maksi'maːl] I. adj maximal(e) II. adv au maximum

Maximum ['maksimʊm] <-s, Maxima> nt maximum m

Mayonnaise [majo'nɛːzə] s. **Majonäse**

Mechanik [me'çaːnɪk] <-> f mécanique f

Mechaniker(in) <-s, -> m(f) mécanicien(ne) m(f)

mechanisch adj mécanique

Mechanismus [meça'nɪsmʊs]

<-, -n**ismen**> m mécanisme m

Mecklenburg-Vorpommern
['mɛklənbʊrɡˈfoːˈpɔmɛrn] <-s>
nt le Mecklembourg-Poméra-
nie-Antérieure

Medaille [meˈdaljə] <-, -n> f médaille f

Medien ['meːdiən] Pl (Informati-
onsmittel) média m pl

Medikament [medikaˈmɛnt] <-[e]
s, -e> nt médicament m

Meditation [meditaˈtsjoː]
<-, -en> f méditation f

Medizin [mediˈtsiːn] <-, -en> f
(Heilkunde) médecine f

Meer [meːɐ] <-[e]s, -e> nt mer f;
am ~ au bord de la mer

Meeresfrüchte Pl fruits m pl de
mer

Meeresspiegel m niveau m de la
mer **Meerschweinchen** nt
cochon m d'Inde

Mehl [meːl] <-[e]s, -e> nt farine f

mehr [meːɐ] I. pron plus; ~ **Brot**
plus de pain II. adv ❶ (in größe-
rem Maße) davantage; **sich
noch ~ ärgern** se fâcher encore
plus ❷ (in Verbindung mit Ver-
neinungen) **nicht ~** ne plus;
nichts ~ ne plus rien; **nie ~** ne
plus jamais; **niemand/kei-
ner ~** ne plus personne; **kein
Geld/keine Zeit ~ haben** ne
plus avoir d'argent/le temps

mehrere ['meːrərə] pron plusieurs; **~s** plusieurs choses f pl

mehrfach I. adj ❶ (vielfach) multiple ❷ (wiederholt) réitéré(e)
II. adv à plusieurs reprises

Mehrfahrtenkarte f carnet m de

tickets

Mehrfamilienhaus nt immeuble m

Mehrheit ['meːɐhait] <-, -en> f majorité f

mehrmals adv plusieurs fois
mehrsprachig I. adj (Person)
polyglotte; (Land) plurilingue
II. adv en plusieurs langues

Mehrwertsteuer f taxe f à la
valeur ajoutée **Mehrzahl** <-> f
❶ **die ~ der Besucher** la plupart des visiteurs ❷ (Überzahl)
in der ~ sein être plus nombreux ❸ LING pluriel m

mein [main] pron mon/ma/mes

meinen ['mainən] I. vt ❶ (denken) penser ❷ (sagen) dire;
was meinst du damit? qu'est-
ce que tu veux dire par là?
❸ (im Sinn haben) **meinst du
sie?** tu parles d'elle? II. vi:
~ Sie? vous croyez?; **wenn
Sie ~!** si vous voulez!

meinerseits ['mainɐzaits] adv
❶ (was mich betrifft) pour ma
part ❷ **ganz ~** de même pour
moi

meinetwegen ['mainətˈveːɡən]
adv ❶ (wegen mir) à cause de
moi ❷ (mir zuliebe) pour moi
❸ (wenn es nach mir ginge)
s'il n'en tient qu'à moi

Meinung ['mainʊŋ] f avis m; **der ~
sein, dass ...** être d'avis que ...;
seine ~ ändern changer d'avis

Meinungsfreiheit f liberté f d'expression

Meise ['maizə] <-, -n> f mésange f

meist [maist] s. **meistens**

meiste pron ❶ (der überwiegen-

de Teil) **die ~n Leute** la plupart des gens; **die ~ Zeit** la majeure partie de son/mon/... temps; **das ~** la plus grande partie ❷ *(die größte Gesamtmenge)* **das ~** le plus

meistens *adv* le plus souvent

Meister(in) ['maɪstɐ] <-s, -> *m(f)* ❶ *(Handwerksmeister)* contre-maître *m*, -esse *f*; *(Chef)* patron(ne) *m(f)* ❷ KUNST, MUS maître *m*

meistern *vt* venir à bout de **Meisterschaft** <-, -en> *f* SPORT championnat *m*

melden ['mɛldn] **I.** *vt* ❶ *(Vorfall)* signaler; *(Todesfall)* faire la déclaration de ❷ *(denunzieren)* **jdn bei jdm ~** dénoncer qn à qn **II.** *vr* ❶ *(die Hand heben)* **sich ~** lever le doigt ❷ *(sich zur Verfügung stellen)* **sich zu etw ~** se porter volontaire pour qc ❸ *(am Telefon)* **sich ~** répondre ❹ *(von sich hören lassen)* **sich bei jdm ~** se manifester auprès de qn

Meldung <-, -en> *f* ❶ *information f* ❷ MEDIA *information f*

melken ['mɛlkn] *irr* **I.** *vt* traire **II.** *vi* faire la traite

Melodie [melo'diː] <-, -n> *f* mélodie *f*

Melone [me'loːnə] <-, -n> *f* ❶ *(Honig~)* melon *m*; *(Wasser~)* pastèque *f*

Memorystick ['mɛmorɪstɪk] *m* clé *f* USB

Menge ['mɛŋə] <-, -n> *f* ❶ *quantité f*; **eine ~ Arbeit** *(fam)* un tas

de travail ❷ *(Menschenmenge)* foule *f*

Mensch [mɛnʃ] <-en, -en> *m* ❶ *(Person)* personne *f*; **ein höflicher ~** quelqu'un de poli; **viele ~en** beaucoup de gens ❷ *(Gattung)* homme *m* **Menschenrechte** *Pl* droits *m pl* de l'homme

Menschheit <-> *f* humanité *f*

menschlich I. *adj* humain(e) **II.** *adv* humainement

Menstruation [mɛnstrua'tsioːn] <-, -en> *f* règles *fpl*

Mentalität [mɛntali'tɛːt] <-, -en> *f* mentalité *f*

Menü [me'nyː] <-s, -s> *nt* menu *m*

Merkblatt *nt* notice *f*

merken ['mɛrkn] *vt* ❶ *(erkennen)* voir; **jdn etw nicht ~ lassen** ne pas montrer qc à qn ❷ *(im Gedächtnis behalten)* **sich** *(dat)* **etw ~** retenir qc

Merkmal <-s, -e> *nt* caractéristique *f*; **besondere ~e** signes *m pl* particuliers

merkwürdig I. *adj* étrange **II.** *adv* étrangement

merkwürdigerweise *adv* curieusement

Messe ['mɛsə] <-, -n> *f* ❶ *(Gottesdienst)* messe *f* ❷ *(Ausstellung)* foire[-exposition] *f*

Messegelände *nt* parc *m* des expositions

messen ['mɛsn] *vt irr* mesurer; **Fieber ~** prendre la température

Messer ['mɛsɐ] <-s, -> *nt* couteau *m*

Messing ['mɛsɪŋ] <-s> nt laiton m

Metall [me'tal] <-s, -e> nt métal m

Metallindustrie f industrie f métallurgique

Meteorologie [meteorolo'giː] <-> f météorologie f

Meter ['meːtɐ] <-s, -> m o nt mètre m

Methode [me'toːdə] <-, -n> f méthode f

methodisch adj méthodique

Metro ['meːtro] <-, -s> f métro m

Metzgerei [mɛtsgə'raɪ] <-, -en> f boucherie f

Mexiko ['mɛksiko] <-s> nt le Mexique

mich [mɪç] I. pron pers me/moi II. pron refl: ich wasche ~ je me lave; ich schäme ~ j'ai honte

Miene ['miːnə] <-, -n> f mine f

Miesmuschel ['miːsmʊʃəl] moule f

Miete ['miːtə] <-, -n> f (Wohnungsmiete) loyer m

mieten vt louer

Mieter(in) <-s, -> m(f) locataire mf

Mietvertrag m contrat m de location **Mietwagen** m voiture f de location **Mietwohnung** f (logement m en) location f

Migräne [mi'grɛːnə] <-, -n> f migraine f

Mikro ['mikro] <-s, -s> nt (fam) Abk von **Mikrofon** micro m **Mikrofon** <-s, -e>, **Mikrophon** nt microphone m **Mikrowelle** f (fam: Herd) micro-ondes m

Milch [mɪlç] <-> f lait m

Milcheis nt glace f au lait

Milchflasche f (Babyfläschchen) biberon m **Milchgeschäft** nt laiterie f **Milchkaffee** m café m au lait **Milchprodukt** nt produit m laitier **Milchpulver** nt lait m en poudre **Milchreis** m riz m au lait

mild[e] adj (Klima, Geschmack) doux, douce; (Richter, Worte) indulgent(e)

Milieu [mi'ljøː] <-s, -s> nt milieu m

Militärdienst m service m militaire

Milliardär(in) [mɪljar'dɛːg] <-s, -e> m(f) milliardaire mf

Milliarde [mɪ'ljardə] <-, -n> f milliard m

Milligramm [mɪli'gram] nt milligramme m **Milliliter** m millilitre m **Millimeter** m o nt millimètre m

Million [mɪ'ljoːn] <-, -en> f million m

Millionär(in) [mɪljo'nɛːg] <-s, -e> m(f) millionnaire mf

mindere(r, s) ['mɪndərə] adj moindre

Minderheit <-, -en> f minorité f

minderjährig adj mineur(e)

Mindestalter nt âge m minimum

mindeste(r, s) ['mɪndəstə] adj: der/die/das ~ ... le/la moindre ...

mindestens adv au moins

Mine ['miːnə] <-, -n> f mine f **Mineralwasser** nt eau f minérale

Miniatur [minia'tuːg] <-, -en> f miniature f

Minibar f vente f ambulante **Minigolf** nt minigolf m

minimal [miniˈmaːl] *adj* minime

Minimum [ˈmiːnimʊm] <-s, Minima> *nt (geh)* [Strichpunkt] minimum *m*

Minirock *m* minijupe *f*

Minister(in) [miˈnɪstɐ] <-s, -> *m(f)* ministre *mf*

Ministerium [minɪsˈteːriʊm] <-s, -rien> *nt* ministère *m*

Ministerpräsident(in) *m(f)* ministre-président(e) *m(f)*

minus [ˈmiːnʊs] *präp, konj, adv* moins

Minus <-, -> *nt* déficit *m*

Minuszeichen *nt* signe *m* moins

Minute [miˈnuːtə] <-, -n> *f* minute *f*

Minze [ˈmɪntsə] <-, -n> *f* menthe *f*

Mio. *Abk von* **Million[en]** million[s]

mir [miːɐ] **I.** *pron pers* [Strichpunkt] me/moi [Strichpunkt] **von ~ aus!** *(fam)* j'ai rien contre! **II.** *pron refl:* **ich wasche ~ die Haare** je me lave les cheveux; **ich werde ~ einen Pulli anziehen** je vais mettre un pull

mischen [ˈmɪʃən] *vt, vr:* [**sich**] ~ [se] mélanger

Mischung <-, -en> *f* mélange *m*

miserabel [mizəˈraːbəl] *adj (Zustand, Film)* lamentable; *(Wetter, Essen)* exécrable

missachten* [mɪsˈʔaxtən] *vt* ne pas respecter

missbrauchen* [mɪsˈbrauxən] *vt* abuser de

Misserfolg *m* échec *m*

missglücken* [mɪsˈɡlʏkən] *vi* échouer

misshandeln* [mɪsˈhandəln] *vt* maltraiter

misstrauen* [mɪsˈtrauən] *vi:* **jdm/einer S. ~** se méfier de qn/qc

Misstrauen [ˈmɪstrauən] <-s> *nt* méfiance *f*

misstrauisch *adj* méfiant(e)

Missverständnis <-ses, -se> *nt* malentendu *m*

missverstehen* *vt irr* mal comprendre

Mist [mɪst] <-[e]s> *m (Dung)* fumier *m*

Mistel [ˈmɪstəl] <-, -n> *f* gui *m*

mit [mɪt] *präp +dat* ❶ *(Art und Weise)* avec; **~ großen Schritten** à grands pas ❷ *(per)* **~ dem Fahrrad** à vélo; **~ dem Auto/Flugzeug** en voiture/avion; **~ der Post/Bahn** par la poste/le train ❸ *(Zeitpunkt)* **~ 18 [Jahren]** à 18 ans

Mitarbeit *f* ❶ *(Mitwirkung)* collaboration *f* ❷ SCHULE, UNIV participation *f*

Mitarbeiter(in) *m(f)* collaborateur *m*/collaboratrice *f*

mitbekommen* *vt irr* ❶ *(bekommen)* recevoir ❷ *(hören)* entendre

Mitbewohner(in) *m(f):* **sein ~/seine ~in** celui/celle avec qui il partage son logement

mitbringen *vt irr (Sachen)* apporter; *(Personen)* amener

Mitbringsel [ˈmɪtbrɪŋzəl] <-s, -> *nt* souvenir *m*

Mitbürger(in) *m(f)* concitoyen(ne) *m(f)*

mitdürfen *vi irr (fam):* **mit jdm ~** pouvoir venir avec qn

miteinander [mɪt?aɪˈnandɐ] *adv*
① *(gemeinsam)* ensemble **③** *(untereinander)* **gut ~ auskommen**
s'entendre bien

mit|fahren *vi irr:* **mit jdm ~** faire
le voyage avec jdn

mit|gehen *vi irr (begleiten)* **mit jdm ~** accompagner qn

Mitglied *nt* membre *m*

mit|haben *vt irr (fam):* **etw ~**
avoir qc sur soi

mit|helfen *vi irr* aider

mit|kommen *vi irr* **①** **mit jdm ~**
venir avec qn **③** *(fam: mithalten)* suivre

mit|kriegen *s.* mitbekommen

mit|laufen *vi irr* **①** *(ebenfalls laufen)* courir [aussi] **③** *(Tonband)* tourner

mit|teilen *vt* annoncer

Mitleid *nt* pitié *f;* **~ mit jdm haben** avoir pitié de qn

mit|machen **I.** *vi* **①** **bei etw ~**
participer à qc; **machst du mit?**
tu es partant(e)? **③** *(fam: Herz)*
tenir le coup; *(Wetter)* être de la
partie **II.** *vt* **①** *(sich beteiligen)*
participer à **③** *(fam):* **viel mitgemacht haben** en avoir vu
des vertes et des pas mûres

mit|müssen *vi irr (fam: mitgehen müssen)* être obligé d'y aller

mit|nehmen *vt irr* **①** *(mit sich nehmen)* prendre **③** *(körperlich erschöpfen)* épuiser **③** *(psychisch belasten)* bouleverser

mit|schreiben *irr* **I.** *vt:* **etw ~**
prendre qc en note **II.** *vi*
prendre des notes

mit|spielen *vi* **①** **bei etw ~** jouer
aussi à qc **③** SPORT jouer **③** CINE,

THEAT faire partie de la distribution

Mittag [ˈmɪtaːk] <-[e]s, -e> *m*
(Mittagszeit) midi *m;* **zu ~ essen** déjeuner

Mittagessen *nt* déjeuner *m,*
dîner *m* (BELG, SCHWEIZ); **was gibt es heute zum ~?** qu'est-ce qu'on mange à midi?

mittags *adv* à midi

Mittagsschlaf *m* sieste *f* **Mittagszeit** *f* heure *f* du déjeuner

Mitte [ˈmɪtə] <-, -n> *f* milieu *m;*
(Mittelpunkt) a. POL centre *m;*
~ des Jahres au milieu de
l'année; **~ Januar** à la mi-janvier; **~ zwanzig sein** avoir environ vingt-cinq ans

Mitteilung <-, -en> *f* information *f*

Mittel [ˈmɪtəl] <-s, -> *nt* **①** *(Medikament)* médicament *m;* *(Hausmittel)* remède *m* **②** *(Methode)*
moyen *m* **③** *pl (Geldmittel)*
moyens *m pl*

Mittelalter *nt:* **das ~** le Moyen
Âge **mittelalterlich** *adj* médiéval(e) **Mittelamerika** *nt* l'Amérique *f* centrale **Mitteleuropa**
nt l'Europe *f* centrale **mitteleuropäisch** *adj* d'Europe centrale **mittelmäßig** *adj* médiocre
Mittelmeer *nt:* **das ~** la [mer]
Méditerranée

Mittelohrentzündung *f* otite *f*
Mittelpunkt *m* **①** centre *m;* *(einer Geraden)* milieu *m* **②** *(Hauptperson)* personnage *m* central

mitten [ˈmɪtən] *adv* au milieu de

mittendrin [ˈmɪtənˈdrɪn] *adv*

(fam): **~ sein** être en plein milieu **mittendurch** *adv (führen)* à travers

Mitternacht ['mɪtɐnaxt] minuit *f*

mittlere(r, s) ['mɪtlərə] *adj* ① moyen(ne) ② *(Balkon)* du milieu ③ *(Bruder)* deuxième; **~n Alters** d'un certain âge

mittlerweile ['mɪtlɐ'vaɪlə] *adv (währenddessen)* entre-temps; *(im Gegensatz zu früher)* maintenant

Mittwoch ['mɪtvɔx] <-s, -e> *m* mercredi *m*

Mittwochabend *m* mercredi *m* soir **Mittwochmorgen** *m* mercredi *m* matin

mittwochs *adv* le mercredi

mixen ['mɪksən] *vt* mixer

Mixer <-s, -> *m* mixe[u]r *m*

MMS [ɛm'ʔɛm'ʔɛs] <-, -> *f Abk von* **Multimedia Messaging Service** M.M.S. *m*

MMS-Handy *nt* mobile *m* M.M.S.

Möbel ['mø:bəl] <-s, -> *nt* meuble *m*

Mobilfunk *m* téléphonie *f* numérique mobile

Mobilitätsbehinderte(r) *f(m)* personne *f* à mobilité réduite

Mobiltelefon *nt* téléphone *m* sans fil

möblieren* [møbli:rən] *vt* meubler

Mode ['mo:də] <-, -n> *f* mode *f*

Model ['mɔdəl] <-s, -s> *nt* modèle *m*

Modell [mo'dɛl] <-s, -e> *nt* ① *(verkleinerte Ausgabe)* modèle

m réduit ② *(Kleidungsstück)* création *f*

Modem ['mo:dɛm] <-s, -s> *nt o m* modem *m*

Modenschau *f* défilé *m* de mode

Moderator [mode'ra:to:ɐ̯] <-s, -toren> *m*, **Moderatorin** *f* présentateur *m*, -trice *f*; *(einer Spielshow)* animateur *m*, -trice *f*

moderieren* *vt* présenter

modern¹ ['mo:dɐn] *vi* moisir

modern² [mo'dɛrn] **I.** *adj* moderne; *(Person)* de son temps; *(Kleidung)* à la mode **II.** *adv* *(sich kleiden)* à la mode

modernisieren* [modɛrni'zi:rən] *vt* moderniser

Modeschmuck *m* bijou *m* fantaisie **Modeschöpfer(in)** *m(f)* créateur *m*, -trice *f* [de mode]

modisch *adj* à la mode

Mofa ['mo:fa] <-s, -s> *nt* mobylette® *f*

mögen¹ ['mø:gən] *vt irr* ① *(gernhaben)* aimer ② *(haben wollen)* **was möchten Sie, bitte?** vous désirez?; **ich möchte [gern] ...** je voudrais ... ③ *(erwarten)* **sie möchte, dass** elle voudrait que *+subj*

mögen² *vi irr (wollen)* vouloir [bien]; **sie möchte nach Hause** *(fam)* elle voudrait rentrer

mögen³ *aux irr* ① *(wollen)* **sie möchte hier bleiben** elle voudrait rester ici ② *(geh: als Ausdruck des Zugestehens)* **mag sein, dass** il est possible que *+subj*

möglich ['mø:klɪç] *adj* ① *(durch-*

führbar) possible **②** *(denkbar)* **alle ~en Länder** tous les pays possibles; **alles Mögliche** toutes sortes de choses

Möglichkeit <-, -en> *f* possibilité *f*

möglichst *adv:* **~ groß** le plus grand possible

Möhre ['møːrə] <-, -n> *f* carotte *f*

Mole ['moːlə] <-, -n> *f* môle *m*

Molke ['mɔlkə] <-> *f* petit-lait *m*

Molkerei [mɔlkə'raɪ] <-, -en> *f* laiterie *f*

Moll [mɔl] <-> *nt* mineur *m*

mollig ['mɔlɪç] *adj* rondelet(te) *(fam)*

Moment [mo'mɛnt] <-[e]s, -e> *m* *(Augenblick)* moment *m*; *(kurze Zeitspanne)* instant *m*; **im ~** pour le moment; **~ mal!** eh, minute! *(fam)*

momentan [momɛn'taːn] *adj* **①** *(derzeitig)* actuel(le) **②** *(vorübergehend)* momentané(e)

Monaco ['moːnako] <-s> *nt* [la Principauté de] Monaco

Monarch(in) [mo'narç] <-en, -en> *m(f)* monarque *m*

Monarchie [monar'çiː] <-, -n> *f* monarchie *f*

Monat ['moːnat] <-[e]s, -e> *m* mois *m*; **diesen ~** ce mois-ci; **im nächsten ~** le mois prochain

monatelang I. *adj* de plusieurs mois II. *adv* pendant des mois

monatlich *adj* mensuel(le)

Mönch [mœnç] <-[e]s, -e> *m* moine *m*

Mond [moːnt] <-[e]s, -e> *m* *(Erdsatellit)* lune *f*

Mondschein *m* clair *m* de lune

Monegasse [mone'gasə] <-n, -n> *m*, **Monegassin** *f* Monégasque *mf*

Mongole [mɔŋ'goːlə] <-n, -n> *m*, **Mongolin** *f* Mongol(e) *m(f)*

Mongolei [mɔŋgo'laɪ] <-> *f:* **die ~** la Mongolie

Monster ['mɔnstɐ] <-s, -> *nt* monstre *m*

Montag ['moːntaːk] <-s, -e> *m* lundi *m*

Montagabend *m* lundi *m* soir

Montagmorgen *m* lundi *m* matin

montags *adv* le lundi

Monteur(in) [mɔn'tøːɐ] <-s, -e> *m(f)* installateur *m*, -trice *f*

Moor [moːɐ] <-[e]s, -e> *nt* marais *m*

Moos [moːs] <-es, -e> *nt* **①** mousse *f* **②** *(fam: Geld)* pognon *m*

Moped ['moːpɛt] <-s, -s> *nt* vélomoteur *m*

Moral [mo'raːl] <-> *f (Ethik)* morale *f*

moralisch *adj* moral(e)

Mord [mɔrt] <-[e]s, -e> *m* meurtre *m*

Mordanschlag *m* attentat *m*

Mörder(in) ['mœrdɐ] <-s, -> *m(f)* meurtrier *m*, -ière *f*

mörderisch *adj (fam: schrecklich)* terrible; *(Tempo)* infernal(e)

morgen *adv* demain; **~ früh** demain matin; **~ Abend** demain soir

Morgen¹ <-s> *nt* demain *m*.

Morgen² <-s, -> *m* matin *m*; *(in seinem Verlauf)* matinée *f*; **am ~**

le matin; **heute/Montag ~** ce/lundi matin; **am nächsten ~** le lendemain matin; **[guten] ~!** bonjour!

Morgengrauen <-s, -> nt aube f

Morgenmantel m robe f de chambre

morgens adv le matin; **von ~ bis abends** du matin au soir

Mosaik [moza'iːk] <-s, -e[n]> nt mosaïque f

Moschee [mɔ'ʃeː] <-, -n> f mosquée f

Mosel ['moːzəl] <-> f: **die ~** la Moselle

Moskau ['mɔskau] <-s> nt Moscou

Moslem ['mɔslɛm] <-s, -s> m, **Moslime** f musulman(e) m(f)

moslemisch [mɔs'leːmɪʃ] adj musulman(e)

Most [mɔst] <-[e]s> m moût m

Motel [mo'tɛl] <-s, -s> nt motel m

Motiv [mo'tiːf] <-s, -e> nt motif m

Motivation [motiva'tsioːn] <-, -en> f motivation f

motivieren* [moti'viːrən] vt motiver

Motor ['moːtɔr] <-s, -toren> m moteur m

Motorboot nt canot m automobile **Motorhaube** f capot m

Motorrad ['moːtorat] nt moto f

Motorradfahrer(in) m(f) motocycliste f

Motorsäge f tronçonneuse f

Motte ['mɔtə] <-, -n> f mite f

Motto ['mɔto] <-s, -s> nt devise f

Mountainbike ['mauntənbaik] <-s, -s> nt vélo m tout-terrain, V.T.T. m

Möwe ['møːvə] <-, -n> f mouette f

MP3-Player [ɛmpeː'draiplɛɐ] <-s, -> m lecteur m MP3; (tragbares Gerät) baladeur m MP3

Mücke ['mʏkə] <-, -n> f moustique m

Mückenschutz m produit m anti-moustique

müde ['myːdə] adj fatigué(e); (gelangweilt) lassé(e)

Müdigkeit <-> f fatigue f

Mühe ['myːə] <-, -n> f peine f; **sich** (dat) **~ geben** se donner du mal

mühelos I. adj facile II. adv sans peine

Mühle ['myːlə] <-, -n> f moulin m

mühsam adj pénible

Müll [mʏl] <-s> m déchets m pl

Mullbinde f gaze f

Mülleimer m poubelle f

Müller(in) ['mʏlɐ] <-s, -> m(f) meunier m, -ière f **Müllmann** <-männer o Mülleute> m (fam) éboueur m **Mülltonne** f poubelle f **Mülltrennung** f tri m des déchets

Multiplikation [multiplika'tsioːn] <-, -en> f multiplication f

multiplizieren* [multipli'tsiːrən] vt: **etw mit etw ~** multiplier qc par qc

Mumps [mumps] <-> m oreillons m pl

München ['mʏnçən] <-s> nt Munich

Mund [munt] <-[e]s, Münder> m bouche f

Mundart f patois m

münden ['mʏndən] vi (Fluss) se jeter; *(Diskussion)* aboutir à qc

Mundgeruch m mauvaise haleine f **Mundharmonika** f harmonica m

Mundpropaganda f bouche à oreille

Mündung <-, -en> f *(eines Flusses)* embouchure f **Mund-zu-Mund-Beatmung** f bouche-à--bouche m

Munition [muni'tsĭoːn] <-> f munitions f pl

munter ['mʊntɐ] adj ① *(heiter)* gai(e) ② *(wach)* réveillé(e)

Münze ['mʏntsə] <-, -n> f pièce f de monnaie

murmeln ['mʊrmǝln] I. vi marmonner II. vt murmurer

Murmeltier nt marmotte f

mürrisch ['mʏrɪʃ] adj *(Person)* grincheux, -euse; *(Gesicht)* renfrogné(e)

Mus [muːs] <-es, -e> nt o m compote f

Muschel ['mʊʃǝl] <-, -n> f coquillage m

Museum [mu'zeːʊm] <-s, Museen> nt musée m

Musical ['mjuːzɪkǝl] <-s, -s> nt comédie f musicale

Musik [mu'ziːk] <-, -en> f musique f ~ **hören** écouter de la musique

musikalisch [muzi'kaːlɪʃ] adj ① *musical(e)* ② *(musikbegabt)* musicien(ne)

Musiker(in) ['muːzɪkɐ] <-s, -> m(f) musicien(ne) m(f) **Musikgeschäft** nt magasin m de musique **Musikhochschule** f ≈

conservatoire m [de musique]

Musikkassette f cassette f audio

musizieren* [muzi'tsiːrən] vi faire de la musique

Muskat <-[e]s, -e> m muscade f

Muskatnuss f noix f de muscade

Muskel ['mʊskǝl] <-s, -n> m muscle m

Muskelkater m courbatures f pl

muskulös [mʊsku'løːs] adj musclé(e)

Müsli ['myːsli] <-s, -> nt muesli m

Muslim ['mʊslɪm] <-[s], -e> m, **Muslime** f musulman(e) m(f)

müssen ['mʏsǝn] irr I. vt ① **er muss arbeiten** il doit travailler; **lachen** ~ ne pas pouvoir s'empêcher de rire; **das muss sein** c'est absolument nécessaire; **man müsste …** il faudrait … ② *(brauchen)* **du musst mir nicht helfen** tu n'as pas besoin de m'aider; **das muss nicht heißen, dass …** cela ne veut pas forcément dire que … ③ *(Ausdruck der Wahrscheinlichkeit)* **er muss krank sein** il doit être malade II. vi: **ich muss zum Arzt** je dois aller chez le médecin; **du musst!** tu dois le faire!; [**mal**] ~ *(fam)* avoir besoin d'aller aux W.-C.

Muster ['mʊstɐ] <-s, -> nt ① *(von Stoffen)* motif m ② *(Vorlage)* modèle m

Mut [muːt] <-[e]s> m courage m

mutig adj courageux, -euse

mutlos adj découragé(e)

Mutter ['mʊtɐ] <-, Mütter> f mère f

mütterlich [ˈmʏtɐlɪç] *adj* mater-
nel(le) **Muttersprache** *f* langue
f maternelle **Muttertag** *m* fête *f*
des Mères
Mutti [ˈmʊti] <-, -s> *f* (fam) maman *f*
Mütze [ˈmʏtsə] <-, -n> *f* (Pudelmüt-

ze) bonnet *m*; (Schirmmütze) casquette *f*; (Baskenmütze) béret *m*
MwSt. *Abk von* **Mehrwertsteuer** T.V.A.
Mythologie [mytoloˈɡiː] <-, -n> *f*
mythologie *f*
Mythos <-, Mythen> *m* mythe *m*

N n

N, n [ɛn] <-, -> *nt* N m/n *m*
N *Abk von* **Norden** N
na [na] *interj* (fam) ➊ (Ausdruck
des Zweifels) ben ➋ (Ausruf
der Entrüstung) hé ➌ ~ **gut**
bon, allez; ~ **also!** tu vois/vous
voyez!; ~ **und?** et (puis) alors?
nach [naːx] **I.** *präp* +dat
➊ (räumlich) ~ **Nizza fahren**
aller à Nice; ~ **Frankreich/Dä-
nemark** en France/au Danemark; **der Zug ~ Bordeaux** le
train pour Bordeaux ➋ (zeitlich)
après; **fünf [Minuten] ~ drei**
trois heures cinq [minutes];
~ **drei Tagen** trois jours plus
tard ➌ **meiner Meinung ~** à
mon avis **II.** *adv:* ~ **und ~** peu
à peu; ~ **wie vor** toujours
Nachbar(in) [ˈnaːxbaːɐ̯] <-n, -(e)n>
m(f) voisin(e) *m(f)*
nachdem [naːxˈdeːm] *konj* (zeit-
lich) **kurz ~ wir zurückgekom-
men waren** peu après notre retour; ~ **er umgezogen war, ...**
après avoir déménagé, ...

nach|denken *vi irr* réfléchir
nachdenklich *adj* pensif, -ive
nacheinander [naːxʔaɪ̯ˈnandɐ]
adv: ~ **den Raum verlassen**
quitter la salle l'un(e) après
l'autre; **etw zweimal ~ tun**
faire qc deux fois de suite
nachfolgend (geh) **I.** *adj* suivan-
t(e) **II.** *adv* ensuite
Nachfolger(in) <-s, -> *m(f)* suc-
cesseur *m*
nach|forschen *vi* faire des re-
cherches
Nachfrage *f* demande *f*
nach|fragen *vi:* **bei jdm ~, ob/
wie ~** se renseigner auprès de
qn pour savoir si/comment ...
nach|geben *vi irr* ➊ céder ➋ FIN,
ÖKON reculer
nach|gehen *vi irr* ➊ **jdm ~** suivre
qn; **einem Hinweis ~** vérifier
un indice ➋ (Uhr) retarder
Nachgeschmack *m* arrière-
goût *m*
nachher, nachher [naːxˈheːɐ̯] *adv*
➊ (danach) après ➋ (gleich)

tout à l'heure

Nachhinein ['naːxhɪnaɪn]: **im** ~
après coup

nach|holen vt rattraper

Nachkriegszeit f après-guerre m

Nachlass ['naːxlas] <-es, -e> m
❶ *(eines Verstorbenen)* succession
f; *(Werke)* œuvres f pl posthumes
❷ *(Preisnachlass)* réduction f

nach|lassen vi irr *(Sturm)* se cal-
mer; *(Sehkraft)* faiblir; *(Schmerz)*
s'atténuer

nachlässig I. adj *(Personal)* négli-
gent(e); *(Arbeit, Äußeres)* négli-
gé(e) II. adv: ~ **arbeiten** être
négligent dans son travail

nach|laufen vi irr **jdm** – ❶ *(hin-
terherlaufen)* poursuivre qn
❷ *(fam: erobern wollen)* courir
après qn

nach|machen vt ❶ *(nachahmen)*
imiter ❷ *(fälschen)* contrefaire

Nachmittag m après-midi m o f;
am ~ l'après-midi; **heute** ~ cet
après-midi; **am frühen** ~ tôt
dans l'après-midi

nachmittags adv l'après-midi

Nachname m nom m [de famille]

Nachprüfen vt, vi vérifier

Nachricht ['naːxrɪçt] <-, -en> f
❶ information f ❷ *(Mitteilung)*
nouvelle f

Nachsaison f basse saison f

nach|schauen I. vt vérifier II. vi
❶, ~, **ob ...** aller voir si ...
❷ *(nachblicken)* **jdm/einer
S.** ~ suivre qn/qc des yeux

nach|schlagen irr I. vt ❶ *(su-
chen)* chercher ❷ *(überprüfen)*
vérifier II. vi: **in einem Lexi-**

kon ~ consulter une encyclopédie

nach|sehen irr I. vi ❶ ~, **ob/
wo/...** aller voir si/où/...
❷ *(nachblicken)* **jdm/einer
S.** ~ suivre qn/qc des yeux
II. vt *(kontrollieren)* vérifier

nachsenden vt irr faire suivre

nachsichtig I. adj indulgent(e)
II. adv avec indulgence

nach|sprechen vt, vi irr répéter

nächstbeste(r, s) ['nɛːçstˈbɛstə]
adj: **der/die Nächstbeste** le
premier venu/la première venue

nächste(r, s) ['nɛːçstɐ] adj ❶ *(in
größter Nähe gelegen)* **die** ~
Tankstelle la station d'essence
la plus proche; **am** ~**n** le plus
près ❷ *(bevorstehend)* **in der**
~**n Woche** la semaine prochaine; **am** ~**n Tag** le lendemain; **bei der** ~**n Gelegenheit**
à la première occasion [qui se
présente]; ~**s Jahr** l'année prochaine ❸ *(in Bezug auf eine Reihenfolge)* **der Nächste, bitte!**
au suivant, s'il vous plaît!
❹ *(sehr vertraut)* **die** ~**n Ver-
wandten/Angehörigen** les
proches m pl

nach|stellen vt *(Uhr)* retarder

nächstgelegen adj: **das** ~**e Dorf**
le village le plus proche

Nacht [naxt] <-, **Nächte**> f ❶ nuit
f; **heute** ~ cette nuit; **es wird** ~
il commence à faire nuit; **bei** ~
de nuit; **gute** ~! bonne nuit!
❷ **über** – du jour au lendemain

Nachteil <-[e]s, -e> m inconvé-
nient m; **im** ~ **sein** être désavan-

tagé

nächtelang ['nɛçtəˌlaŋ] *adv* [pendant] des nuits entières

Nachthemd *nt* chemise *f* de nuit

Nachtigall ['naxtɪgal] <-, -en> *f* rossignol *m*

Nachtisch *m* dessert *m*

Nachtklub *m* boîte *f* de nuit

nächtlich ['nɛçtlɪç] *adj* nocturne

nachträglich ['naːxtrɛˌklɪç] *adj* ultérieur(e)

nachts *adv* la nuit; **spät ~** tard dans la nuit

Nachtschicht *f* (Schichtarbeiter) équipe *f* de nuit

Nachttisch *m* table *f* de chevet

Nachttischlampe *f* lampe *f* de chevet

nachvollziehbar *adj* compréhensible; **leicht ~ sein** être facile à comprendre

nach|vollziehen *vt irr* comprendre

Nachweis ['naːxvaɪs] <-es, -e> *m* preuve *f*

nach|weisen *vt irr* prouver

nach|zählen *vt, vi* recompter

Nacken ['nakən] <-s, -> *m* nuque *f*

nackt [nakt] *adj* nu(e)

Nadel ['naːdəl] <-, -n> *f* aiguille *f*

Nagel ['naːgəl] <-s, Nägel> *m* ① (Metallstift) clou *m* ② (Finger-, Zehennagel) ongle *m*

Nagellack *m* vernis *m* à ongles

Nagellackentferner <-s, -> *m* dissolvant *m*

Nagelschere *f* ciseaux *mpl* à ongles

nah <näher, nächste> I. *adj* ① (räumlich/zeitlich) proche

② (fig) **den Tränen ~|e|** au bord des larmes; **~|e| daran sein etw zu tun** être sur le point de faire qc II. *adv* (gelegen sein) [tout] près; **von ~em** de près

nahe I. *präp* +*dat* près de II. *adj* s. **nah**

Nähe ['nɛːə] <-> *f* ① proximité *f*; **in der ~** à proximité ② (Anwesenheit: einer Person) présence *f*

nahen ['nɛːən] I. *vt* coudre; (Wunde) recoudre II. *vi* faire de la couture

näher ['nɛːɐ] I. *adj* ① (räumlich) plus près; **in der ~en Umgebung des Bauernhofs** à proximité de la ferme ② (zeitlich) plus rapproché(e); **in ~er Zukunft** dans un proche avenir ③ (detaillierter) plus précis(e) ④ (Bekannter) assez proche; (Zusammenarbeit) assez étroit(e) II. *adv* ① (räumlich) plus près; **~ an etw** (akk) **herantreten** se rapprocher [plus] de qc; **treten Sie ~!** veuillez vous approcher! ② (zeitlich) **~ rücken** approcher ③ (detaillierter) de façon plus précise

nähern ['nɛːɐn] *vr* ① (räumlich) **sich jdm/einer S. ~** [s']approcher de qn/qc ② (zeitlich) **sich einer S. ~** approcher de qc (*dat*)

nahe|stehen *vi*: **jdm ~** être proche de qn

nahezu ['naːəˈtsuː] *adv* presque

Nähmaschine *f* machine *f* à coudre

Nahost ['naːʔɔst]: **aus/in ~** du/au Proche-Orient

nahrhaft ['naːɡhaft] *adj* nourrissant(e)

Nahrung ['naːrʊŋ] <-,> *f* nourriture *f*

Nahrungsmittel *nt* produits *m pl* alimentaires

Nahverkehrszug *m* train *m* de banlieue

naiv [na'iːf] *adj* naïf, -ïve

Name ['naːmə] <-ns, -n> *m* nom *m*

namens *adv*: **ein Herr ~ Dietz** un monsieur du nom de Dietz

nämlich ['nɛːmlɪç] *adv* ① *(und zwar)* et ce; *(genauer gesagt)* à savoir ② *(denn)* en effet

nanu [na'nuː] *interj* ça alors

Narbe ['narbə] <-, -n> *f* cicatrice *f*

Narkose [nar'koːzə] <-, -n> *f* anesthésie *f*

naschen ['naʃən] I. *vi* grignoter des friandises II. *vt* grignoter

Nase ['naːzə] <-, -n> *f* ① nez *m*; **sich** *(dat)* **die ~ putzen** se moucher ② **die ~ voll haben** *(fam)* en avoir plein le dos; **auf die ~ fallen** *(fam)* se casser le nez; **vor seiner/deiner/... ~** *(fam)* sous son/ton nez

Nasenbluten <-> *nt* saignement *m* de nez

nass [nas] <nasser, nasseste> *adj* ① mouillé(e) ② *(regnerisch)* humide

nasskalt *adj* froid(e) et humide

Nation [na'tsjoːn] <-, -en> *f* nation *f*; **die Vereinten ~en** les Nations Unies

national [natsjo'naːl] *adj* national(e)

Nationalismus [natsjona'lɪsmʊs] <-> *m* nationalisme *m*

Nationalist(in) [natsjona'lɪst] <-en, -en> *m(f)* nationaliste *mf*

nationalistisch I. *adj* nationaliste II. *adv* en nationaliste

Nationalität [natsjonali'tɛːt] <-, -en> *f* nationalité *f*

Nationalitätskennzeichen *nt* plaque *f* de nationalité

Nationalpark *m* parc *m* national

NATO ['naːto] *f Abk von* **North Atlantic Treaty Organization** O.T.A.N. *f*

Natter ['nate] <-, -n> *f* couleuvre *f*

Natur [na'tuːɐ] <-> *f* nature *f* **Naturkatastrophe** *f* catastrophe *f* naturelle **Naturkundemuseum** *nt* musée *m* d'histoire naturelle

natürlich [na'tyːɐlɪç] I. *adj* naturel(le) II. *adv* *(selbstverständlich)* naturellement **Naturschutzgebiet** *nt* réserve *f* naturelle **Naturwissenschaft** *f*: **die ~en** les sciences naturelles

Navigationssystem *nt* système *m* de navigation

Nebel ['neːbəl] <-s, -> *m* ① brouillard *m*; *(leicht)* brume *f* ② ASTRO nébuleuse *f*

nebelig *adj* brumeux, -euse

neben ['neːbən] *präp* +*akk o dat* à côté de

nebenan [neːbən'ʔan] *adv* à côté

nebenbei [neːbən'baj] *adv* ① *(nebenher)* en plus [du reste] ② *(beiläufig)* ~ **[bemerkt]** soit dit en passant

nebeneinander [neːbən'ʔajˈnandɐ] *adv* ① *(räumlich)* côte à côte ② *(zeitlich)* parallèlement

Nebenfluss m affluent m

nebenher ['neːbɐnˈheːɐ̯] adv (zusätzlich) en plus

Nebenkosten Pl charges fpl **Nebenstraße** f rue f adjacente **Nebenwirkung** f effet m secondaire

neblig s. nebelig

nee [neː] adv (fam) non

Neffe ['nɛfə] <-n, -n> m neveu m

negativ ['neːgatiːf] adj négatif, -ive

Negativ <-s, -e> nt négatif m

nehmen ['neːmən] vt irr prendre; [sich (dat)] etw ~ prendre qc; **jdm etw übel ~** en vouloir à qn de qc

neidisch I. adj (Person) envieux, -euse; **auf jdn ~ sein** envier qn II. adv (betrachten) avec envie

neigen I. vi: **zu Übergewicht ~** avoir une tendance à l'embonpoint II. vr: **sich ~** (Person) se pencher; (Hang) être en pente; (Schiff) pencher III. vt (Kopf) pencher

Neigung <-, -en> f (Schräge) inclinaison f (Vorliebe) penchant m

nein [naɪn] adv non; **leider ~** malheureusement pas

Nein <-s> nt non m

Nektarine [nɛkta'riːnə] <-, -n> f nectarine f

Nelke ['nɛlkə] <-, -n> f (Blume) œillet m (Gewürz) clou m de girofle

nennen ['nɛnən] vt irr (anreden) appeler; **Katharina II., genannt die Große** Catherine II, dite la Grande (bezeichnen)

wie nennt man das? comment appelle-t-on ça? (angeben) indiquer

Neonazi ['neːonaˌtsi] m néonazi(e) m(f)

Neoprenanzug [neoˈpreːn-] m combinaison f de plongée

Nerv [nɛrf] <-s, -en> m nerf m pl: **gute ~en haben** avoir des nerfs solides; **die ~en verlieren** perdre le contrôle de soi-même

nerven (fam) I. vt énerver II. vi être énervant

nervös [nɛrˈvøːs] adj (Person) nerveux, -euse; (Stimmung) agité(e)

Nervosität [nɛrvoziˈtɛːt] <-> f nervosité f

Nest [nɛst] <-[e]s, -er> nt nid m (fam: Kaff) patelin m

nett [nɛt] adj gentil(le); (Abend) sympathique; **zu jdm ~ sein** être gentil avec qn

netto ['nɛto] adv net

Netz [nɛts] <-es, -e> nt a. SPORT filet m ELEC réseau m

neu [nɔy] I. adj nouveau, -velle; (noch nicht gebraucht) neuf, neuve (aktuell) récent(e); **die ~esten Nachrichten** les [toutes] dernières nouvelles II. adv (von vorn) **wieder ganz ~ anfangen** repartir à zéro (soeben) ~ **eröffnet** qui vient d'ouvrir

Neue(s) nt das ~ **an etw** (dat) la nouveauté du dans qc; **Altes und ~s** le vieux et le neuf (neue Sache) **etwas ~s** quelque chose de nouveau (Neuigkeit) **was gibt's ~s?** (fam) quoi de neuf?

neuerdings ['nɔyɐ'dɪŋs] adv depuis peu [de temps]

Neueste(s) nt: das ~ (neue Nachricht) la dernière [nouvelle]; (neues Produkt) ce qui vient de sortir

Neugeborene(s) nt nouveau-né(e) m(f)

Neugier[de] <-> f curiosité f

neugierig I. adj (Person) curieux, -euse; (Frage) indiscret, -ète; ~ sein, ob/wie ... être curieux de savoir si/comment ... **II.** adv avec curiosité

Neugriechisch <-[s]> nt le grec moderne

Neuheit <-, -en> f nouveauté f

Neuigkeit <-, -en> f nouvelle f

Neujahr nt **❶** nouvel an m **❷** prost ~! bonne année!

Neujahrstag m jour m de l'an

neulich adv récemment; ~ **abends** l'autre soir

neun [nɔyn] num neuf

neuneinhalb num neuf ... et demi[e]

neunfach adj, adv neuf fois

neunhundert num neuf cents

Neunjährige(r) f|m fille f|garçon m de neuf ans

neunt adv: **zu ~ sein** être neuf

neuntausend ['nɔyn'tauzɐnt] num neuf mille

neunte(r, s) adj **❶** neuvième **❷** (bei Datumsangaben) **der ~ Mai** le neuf mai

neuntel adj neuvième

neunzehn num dix-neuf **neunzehnte(r, s)** adj **❶** dix-neu-

vième **❷** (bei Datumsangaben) **der ~ März** le dix-neuf mars

neunzig ['nɔyntsɪç] num quatre-vingt-dix, nonante (BELG, SCHWEIZ)

neunziger adj: **die ~ Jahre** les années f pl quatre-vingt-dix

neunzigste(r, s) adj quatre-vingt-dixième, nonantième (BELG, SCHWEIZ)

Neuseeland [nɔy'ze:lant] nt la Nouvelle-Zélande

Neuseeländer(in) <-s, -> m(f) Néo-Zélandais(e) m(f)

neuseeländisch adj néo-zélandais(e)

Neuste(s) s. **Neueste(s)**

nicht [nɪçt] adv **❶** ne ... pas; **um sich ~ zu erkälten** pour ne pas attraper froid; ~ **schlecht/möglich** pas mauvais/possible; ~ **sehr** pas très; **warum ~?** pourquoi pas? **bitte ~!** non, s'il te/vous plaît!; ~ **eine(r)** pas une ... pas un(e) [seul(e)]; **er ~!** pas lui! **gar ~** ne ... pas du tout **❷** (stimmt's) ~? non?

Nichte ['nɪçtə] <-, -n> f nièce f

Nichtraucher(in) m(f) non-fumeur m, -euse f

Nichtraucherabteil nt compartiment m non-fumeurs

nichts [nɪçts] pron ne ... rien; **gar ~** rien du tout

nichtsdestoweniger [nɪçtsdesto-'ve:nɪgɐ] adv néanmoins

Nichtstuer(in) ['nɪçtstu:ɐ] <-s, -> m(f) (pej) fainéant(e) m(f)

nicken ['nɪkən] vi hocher la tête; (Zustimmung signalisieren) faire un signe d'approbation

nie [niː] *adv* (*zu keinem Zeitpunkt*) ne ... jamais; **er hat ~ davon gesprochen** il n'en a jamais parlé; **~ wieder** ne ... plus jamais

niedere(r, s) *adj* (*Stand*) bas(se); (*Beamte*) petit(e)

Niedergang *m* déclin *m*

nieder|gehen *vi irr* (*Lawine*) s'abattre

niedergeschlagen *adj* abattu(e)

nieder|knien *vi* s'agenouiller

Niederlage *f* défaite *f*

Niederlande ['niːdɐlandə] <-> *Pl* **die ~** les Pays-Bas *m pl*

Niederländer(in) ['niːdɐlɛndɐ] <-s, -> *m(f)* Néerlandais(e) *m(f)*

niederländisch I. *adj* néerlandais(e) II. *adv* en néerlandais

Niederländisch <-[s]> *nt* néerlandais *m*

Niederösterreich *nt* la Basse-Autriche

Niedersachsen ['niːdɐzaksn] *nt* la Basse-Saxe

niedlich ['niːtlɪç] *adj* adorable

niedrig ['niːdrɪç] I. *adj* ① bas(se) ② (*gering*) peu élevé(e); (*Trinkgeld*) maigre; (*Geschwindigkeit*) réduite II. *adv* bas

niemals ['niːmaːls] *adv* ne ... jamais

niemand ['niːmant] *pron* ne ... personne

Niemand <-s, -e> *m* rien du tout *mf*

Niere ['niːrə] <-, -n> *f* ① ANAT rein *m* ② GASTR rognon

Nierenentzündung *f* néphrite *f*

Nierengurt *m* ceinture *f* de moto

Nierenstein *m* calcul *m* rénal

niesen ['niːzən] *vi* éternuer

Nikolaus <-, -e> *m* ① (*Gestalt*) **[der]** ~ Saint Nicolas ② (*Nikolaustag*) la Saint-Nicolas

Nikotin [niko'tiːn] <-s> *nt* nicotine *f*

nirgends ['nɪrɡɛnts] *adv* ne ... nulle part

nirgendwo ['nɪrɡɛntvoː] *s.* **nirgends**

nirgendwohin *adv* ne ... nulle part

Niveau [ni'voː] <-s, -s> *nt* niveau *m*

nix [nɪks] *pron* (*fam*) rien

Nizza <-s> *nt* Nice

NO *Abk von* **Nordosten** N.-E.

nobel ['noːbəl] I. *adj* ① (*edel*) noble ② (*luxuriös*) chic II. *adv* (*edel*) avec noblesse

Nobelpreis [no'bɛlpraɪs] *m* prix *m* Nobel

noch [nɔx] *adv* ① encore; **~ besser** encore mieux; **er ist immer ~ krank** il est toujours malade; **er hat ~ nicht angerufen** il n'a pas encore téléphoné; **bringen Sie mir ~ ein Bier!** apportez-moi une autre bière! ② (*verstärkend*) **~ heute** aujourd'hui même ③ (*eigentlich*) **wie war das ~?** comment c'était déjà? ④ (*knapp*) **den Zug gerade ~ erreichen können** pouvoir tout juste attraper le train

nochmals *adv* encore une fois

Nonne ['nɔnə] <-, -n> *f* religieuse *f*

Nordamerika ['nɔrtʔa'meːrika] *nt* l'Amérique *f* du Nord

norddeutsch *adj* de l'Allemagne du Nord

Norden ['nɔrdən] <-s> *m* nord *m*

Nordfrankreich nt le nord de la France

Nordic Walking ['nɔːdɪk 'wɔːkɪŋ] <-s> nt marche f nordique

Nordkap nt: **das ~** le cap Nord

Nordküste f côte f septentrionale

nördlich ['nœrtlɪç] **I.** adj (situé(e) au) nord **II.** präp +gen au nord de **Nordosten** m nord-est m **nordöstlich I.** adj (situé(e) au) nord-est **II.** präp +gen au nord-est de **Nordpol** m: **der ~** le pôle Nord

Nordrhein-Westfalen ['nɔrtrajnvɛstfaːlən] nt la Rhénanie-du-Nord-Westphalie

Nordsee f: **die ~** la mer du Nord **Nordwesten** m nord-ouest m **nordwestlich I.** adj (situé(e) au) nord-ouest **II.** präp +gen au nord-ouest de

normal [nɔr'maːl] adj normal(e); **es ist [ganz] ~, dass** il est [tout à fait] normal que +subj

normalerweise adv normalement

Normandie <-> f: **die ~** la Normandie

normannisch adj normand(e)

Norwegen ['nɔrveːgən] <-s> nt la Norvège

Norweger(in) ['nɔrveːgɐ] <-s, -> m(f) Norvégien(ne) m(f)

norwegisch ['nɔrveːgɪʃ] **I.** adj norvégien(ne) **II.** adv en norvégien

Norwegisch <-[s]> nt norvégien m

Not [noːt] <-, Nöte> f ❶ (Armut) misère f ❷ (Bedrängnis) détresse f; **in ~ sein** être dans le besoin

❸ **zur ~** au besoin

Notar(in) [no'taːɐ] <-s, -e> m(f) notaire m

Notarzt m, **-ärztin** f médecin mf d'urgence; (in Frankreich) médecin mf du SAMU **Notaufnahme** f (eines Krankenhauses) urgences f pl **Notausgang** m sortie f de secours **Notbremse** f signal m d'alarme

Note ['noːtə] <-, -n> f ❶ note f ❷ pl MUS partition f

Notebook ['noːtbʊk] <-s, -s> nt portable m

Notfall m (cas m d')urgence f **notfalls** adv au besoin

nötig ['nøːtɪç] adj nécessaire; **etw ~/nicht ~ haben** avoir besoin de qc/pouvoir se passer de qc

Notiz [no'tiːts] <-, -en> f note f **Notizblock** <-blöcke> m bloc-notes m **Notizbuch** nt carnet m

Notruf m (Anruf) appel m d'urgence **Notrufsäule** f téléphone m de secours **Notwehr** <-> f légitime défense f

notwendig ['noːtvɛndɪç] adj nécessaire

Notwendigkeit <-, -en> f nécessité f

Nougat ['nuːgat] <-s, -s> m o nt praliné m

November [no'vɛmbɐ] <-s, -> m novembre m

Nr. Abk von **Nummer** n°

nüchtern ['nʏçtɐn] adj ❶ (mit leerem Magen) **~ sein** être à jeun ❷ (nicht betrunken) sobre ❸ (realitätsbewusst) lucide

Nudel ['nu:dəl] <-, -> f pâtes f pl
Nugat ['nu:gat] s. Nougat
nuklear [nukle'a:ɐ] adj nucléaire
null [nʊl] num zéro
Null <-, -en> f ⓪ zéro m ❷ (fam: Versager) nullard m
Nummer ['nʊmɐ] <-, -n> f numéro m
nummerieren* [nʊme'ri:rən] vt numéroter
Nummernschild nt plaque f d'immatriculation
nun [nu:n] adv ① maintenant; **von ~ an** désormais ❷ (einlenkend) **~ gut** eh bien, soit; **~ ja** ma foi ❸ (auffordernd) alors; **~ mach schon!** allez, vas-y!
nur [nu:ɐ] adv ① seulement; **ich wollte ~ fragen, ob …** je voulais juste demander si …; **~ Was-**

ser trinken ne boire que de l'eau **~ Mut!** [du] courage, voyons!
Nürnberg ['nʏrnbɛrk] <-s> nt Nuremberg
Nuss ['nʊs] <-, Nüsse> f (Hasel~) noisette f; (Wal~) noix f
Nussbaum m noyer m
Nutte ['nʊtə] <-, -n> f (vulg) pute f (vulg)
nutzen vt ① (Gegenstand) se servir de; (Gelegenheit) profiter de ❷ s. **nützen**
nützen I. vi: **jdm ~** servir à qn II. vt: **jdm nichts ~** ne servir à rien à qn
nützlich adj ① utile ❷ **sich ~ machen** se rendre utile
nutzlos adj inutile
NW Abk von **Nordwesten** N.-O.

O

O, o [o:] <-, -> nt O m/o m
O Abk von **Osten** E
ob [ɔp] konj si
obdachlos adj sans abri
oben ['o:bən] adv ① en haut; **~ auf der Liste** en tête de liste; **dort ~** là-haut; **bis ~ [hin] voll sein** être plein jusqu'à ras bord ❷ (vorher) plus haut; **siehe ~** voir ci-dessus ❸ **~ ohne** (fam) seins nus; **von ~ herab** de haut
obendrauf adv (fam) dessus
obendrein adv par-dessus le

marché
Ober ['o:bɐ] <-s, -> m (Kellner) Herr **~!** garçon m [, s'il vous plaît]!
obere(r, s) ['o:bərə] adj supérieur(e)
Oberfläche f surface f
oberflächlich adj superficiel(le)
Obergeschoss nt étage m supérieur
oberhalb I. präp +gen au-dessus de II. adv: **~ von etw** au-dessus de qc

Oberkörper m *(Brustkorb)* buste m

Oberösterreich nt la Haute-Autriche

oberste(r, s) adj ❶ *(ganz oben befindlich)* supérieur(e); ❷ *(Stockwerk)* dernier, -ière; *(Schublade)* du haut ❸ *(rangmäßig)* plus élevée(e)

obgleich [ɔp'glaiç] konj bien que + subj

objektiv [ɔpjɛk'tiːf] adj objectif, -ive

Objektiv [ɔpjɛk'tiːf] <-s, -e> nt objectif m

obligatorisch [ɔbliga'toːrɪʃ] adj *(geh)* obligatoire

Obst [oːpst] <-[e]s> nt fruits m pl

Obstkuchen m tarte f aux fruits

Obst- und Gemüsehändler m magasin m de fruits et légumes

obszön [ɔps'tsøːn] adj obscène

obwohl [ɔp'voːl] konj bien que + subj

Ochse ['ɔksə] <-n, -n> m bœuf m

Ocker ['ɔkɐ] <-s, -> m o nt *(Farbe)* ocre m

öde adj ❶ *(verlassen)* désert(e) *(fade)* ennuyeux, -euse

oder ['oːdɐ] konj ❶ ou; **~ aber** ou alors ❷ *(nicht wahr)* **das schmeckt gut, ~?** c'est bon, n'est-ce pas?

Ofen ['oːfən] <-s, Öfen> m ❶ *(Heizofen)* poêle m ❷ *(Backofen)* four m

ofenfrisch adj qui sort du four

offen ['ɔfən] I. adj ❶ ouvert(e); *(Haare)* détaché(e); *(Flasche)* entamé(e); **~ haben** *(Geschäft)* être ouvert ❷ *(aufgeschlossen)* **jdm**

gegenüber ~ sein être ouvert envers qn II. adv ❶ franchement ❷ **~ gesagt** pour être franc

offenbar ['ɔfənbaːg] I. adj évident(e) II. adj manifestement

Offenheit <-> f franchise f

offensichtlich I. adj évident(e); **~ sein** sauter aux yeux II. adv de toute évidence

öffentlich ['œfəntlıç] adj public (-ique)

Öffentlichkeit <-> f *(Allgemeinheit)* public m; **in aller ~** devant tout le monde

offiziell [ɔfi'tsi̯ɛl] adj officiel(le)

Offizier(in) [ɔfi'tsi̯ɐ] <-s, -e> m(f) officier m

öffnen ['œfnən] vt, vi, vr: [sich] ~ [s']ouvrir

Öffnung <-, -en> f ❶ *(offene Stelle)* orifice m ❷ *(das Öffnen)* ouverture f

Öffnungszeiten Pl heures f pl d'ouverture

oft [ɔft] <öfter> adv souvent

öfter[s] adv assez souvent

ohne ['oːnə] I. präp +akk sans II. konj: **~ zu** sans

Ohnmacht ['oːn-] <-, -en> f évanouissement m, syncope f

ohnmächtig ['oːnmɛçtıç] adj évanoui(e); **~ werden** s'évanouir

Ohr [oːg] <-[e]s, -en> nt oreille f

Ohrentropfen Pl gouttes fpl pour les oreilles

Ohrfeige <-, -n> f gifle f

ohrfeigen vt gifler

Ohropax® [oːro'paks] <-> f boules fpl Quies

Ohrring *m* boucle *f* d'oreille

oje [o'je:] *interj* bon sang

Ökoladen *m* magasin *m* vert

Ökologie [økolo'gi:] <-> *f* écologie *f*

Ökonomie [økono'mi:] <-, -n> *f* économie *f*

ökonomisch [œko'no:mɪʃ] *adj* ① (*Problem*) économique ② (*sparsam*) économe

Oktober [ɔk'to:bɐ] <-s, -> *m* octobre *m*

Öl [ø:l] <-[e]s, -e> *nt* huile *f*

Olive [o'li:və] <-, -n> *f* olive *f*

Olivenbaum *m* olivier *m* **Olivenöl** *nt* huile *f* d'olive **Ölmalerei** *f* peinture *f* à l'huile **Ölpest** *f* marée *f* noire **Ölwechsel** *m* vidange *f*

Oma ['o:ma] <-, -s> *f* ① (*fam*) mamie *f* ② (*pej fam: alte Frau*) mémère *f*

Omelett [ɔm(ə)'lɛt] <-[e]s, -e> *nt*, **Omelette** <-, -n> *f* ÖSTERR, SCHWEIZ omelette *f*

Onkel ['ɔŋkəl] <-s, -> *m* oncle *m*

Opa ['o:pa] <-s, -s> *m* ① (*fam*) papi *m* ② (*pej fam: alter Mann*) pépère *m*

Oper ['o:pɐ] <-, -n> *f* opéra *m*

Operation [opəra'tsjo:n] <-, -en> *f* opération *f*

Operette [opə'rɛtə] <-, -n> *f* opérette *f*

operieren* [opə'ri:rən] **I.** *vt*: **jdn am Magen** ~ opérer qn de l'estomac **II.** *vi* ① MED opérer ② MIL mener une opération/des opérations

Opernsänger(in) *m(f)* chanteur

m d'opéra/cantatrice *f*

Opfer ['ɔpfɐ] <-s, -> *nt* ① victime *f* ② REL sacrifice *m*

opfern *vt, vr*: **[sich]** ~ [se] sacrifier

Opposition [ɔpozi'tsjo:n] <-, -en> *f* opposition *f*

Optiker(in) <-s, -> *m(f)* opticien(ne) *m(f)*

optimal [ɔpti'ma:l] (*geh*) *adj* optimal(e)

Optimismus [ɔpti'mɪsmʊs] <-> *m* optimisme *m*

optimistisch *adj* optimiste

orange [o'rã:ʒə] *adj* orange

Orange¹ [o'rã:ʒə] <-, -n> *f* (*Frucht*) orange *f*

Orange² <-, -> *nt* (*Farbe*) orange *m*

Orangensaft *m* jus *m* d'orange

Orchester [ɔr'kɛstɐ] <-s, -> *nt* orchestre *m*

ordentlich ['ɔrdəntlɪç] **I.** *adj* ① (*aufgeräumt*) rangé(e) ② (*Ordnung liebend*) ordonné(e) ③ (*Benehmen*) correct(e) ④ (*fam: Portion*) bon(ne) **II.** *adv* ① (*fam: tüchtig*) bien ② (*arbeiten*) sérieusement

ordinär [ɔrdi'nɛ:ɐ] *adj* ① (*vulgär*) vulgaire ② (*gewöhnlich*) simple

ordnen ['ɔrdnən] *vt* ① (*sortieren*) classer ② (*in Ordnung bringen*) mettre de l'ordre dans

Ordner <-s, -> *m* (*Aktenordner*) classeur *m*

Ordnung <-, -en> *f* ① (*das Sortieren*) classement *m* ② (*Aufgeräumtheit*) ordre *m* ③ **in** ~ **sein** [bien] marcher; **[das ist] in** ~! (*fam*) d'accord!

Organ [ɔr'ga:n] <-s, -e> *nt* organe *m*

organisieren* [ɔrgani'zi:rən] vt,
vr: [**sich**] ~ [s']organiser

Organspender(in) m(f) donneur
m, -euse f d'organes

Orgel ['ɔrgəl] <-, -n> f orgue m

Orient ['o:riɛnt] <-s> m: **der ~**
l'Orient m

orientalisch [oriɛn'ta:lɪʃ] adj
oriental(e)

orientieren* [oriɛn'ti:rən] vr
❶ (sich zurechtfinden) **sich an
etw** (dat) ~ s'orienter à qc
❷ (sich ausrichten nach) **sich
an jdm/etw** ~ agir en fonction
de qn/qc

original [origi'na:l] adj original(e);
(Zustand) d'origine

Originalfassung f version f originale

Orkan [ɔr'ka:n] <-[e]s, -e> m ouragan m

Ort [ɔrt] <-[e]s, -e> m ❶ (Stelle)
lieu m ❷ (Ortschaft) localité f

orthodox [ɔrto'dɔks] adj ortho-
doxe

Orthopäde [ɔrto'pɛ:də] <-n, -n> m,
Orthopädin f orthopédiste mf

örtlich ['œrtlɪç] adj local(e)

Ortschaft <-, -en> f localité f

Ortsgespräch nt communication f
locale

Oslo ['ɔslo] <-s> nt Oslo

Ossi ['ɔsi] <-s, -s> m, <-, -s> f
(fam) surnom des habitants de
l'ex-R.D.A.

Ostasien nt l'Asie f orientale

Ostdeutschland nt HIST l'Allemagne f de l'Est

Osten ['ɔstən] <-s> m est m

Ostermontag m lundi m de
Pâques

Ostern ['o:stən] <-, -> nt Pâques f
pl; **frohe ~!** joyeuses Pâques!

Österreich ['ø:stəraiç] <-s> nt
l'Autriche f

Österreicher(in) <-s, -> m(f) Au-
trichien(ne) m(f)

österreichisch adj autrichien(ne)

Osteuropa nt l'Europe f de l'Est

östlich ['œstlɪç] I. adj de l'est
II. präp +gen à l'est de

Ostsee f: **die ~** la [mer] Baltique

oval [o'va:l] adj ovale

Overall ['ouvərɔ:l] <-s, -s> m
combinaison f

Ozean ['o:tsea:n] <-s, -e> m
océan m

Ozonalarm m alerte f à la pollution par l'ozone

Ozonloch nt trou m dans la
couche d'ozone

P p

P, p [peː] <-, -> *nt* P *m*/p *m*

paar [paːɐ] *adj (wenige)* **ein ~ Minuten** quelques minutes

Paar <-s, -e> *nt* ❶ *(Menschen)* couple *m* ❷ *(Dinge)* paire *f*

Päckchen ['pɛkçən] <-s, -> *nt* ❶ POST petit paquet *m* ❷ *(Packung)* paquet *m*

packen ['pakən] I. *vt (Koffer)* faire; *(Person)* saisir II. *vi* faire ses valises

Packung <-, -en> *f (Schachtel)* paquet *m*; *(Geschenkpackung)* boîte *f*

Pädagoge [pɛda'goːgə] <-n, -n> *m*, **Pädagogin** *f* pédagogue *mf*

Paddel ['padəl] <-s, -> *nt* pagaie *f*

Paddelboot *nt* canoë *m*, kayak *m*

paddeln ['padəln] *vi* faire du canoë [*o* kayak]

paffen ['pafən] *(fam)* I. *vi* fumer II. *vt (Zigarette)* tirer sur

Paket [pa'keːt] <-[e]s, -e> *nt* ❶ POST colis *m* ❷ *(a. fig)* paquet *m*

Pakistan ['paːkɪstaːn] <-s> *nt* le Pakistan

Pakistani [pakɪs'taːni] <-[s], -[s]> *mf* Pakistanais(e) *m(f)*

Palast [pa'last] <-[e]s, Paläste> *m* palais *m*

Palästina [palɛs'tiːna] <-s> *nt* la Palestine

Palästinenser(in) [palɛsti'nɛnzɐ] <-s, -> *m(f)* Palestinien(ne) *m(f)*

Palme ['palmə] <-, -n> *f* palmier *m* ▸ **jdn auf die ~ brin-**

gen *(fam)* hérisser le poil à qn

panieren* [pa'niːrən] *vt* paner

Panik ['paːnɪk] <-, -en> *f* panique *f*

Panne ['panə] <-, -n> *f* ❶ *(Defekt)* panne *f* ❷ *(fam: Missgeschick)* boulette *f*

Pannendienst *m*, **Pannenhilfe** *f* service *m* de dépannage

panschen I. *vt (Wein)* couper II. *vi (Winzer)* couper le vin ❷ *(fam: planschen)* barboter

Panter, Panther ['pantɐ] <-s, -> *m* panthère *f*

Pantoffel [pan'tɔfəl] <-s, -n> *m* pantoufle *f*

Panzer ['pantsɐ] <-s, -> *m* ❶ MIL char *m* [d'assaut] ❷ ZOOL carapace *f*

Papagei [papa'gaɪ] <-s, -en> *m* perroquet *m*

Papi ['papi] <-s, -s> *m (fam)* papa *m*

Papier [pa'piːɐ] <-s, -e> *nt* papier *m*

Papierkorb *m* corbeille *f* [à papier] **Papierserviette** *f* serviette *f* en papier **Papiertaschentuch** *nt* mouchoir *m* en papier

Pappe ['papə] <-, -n> *f* carton *m*

Pappel ['papəl] <-, -n> *f* peuplier *m*

Paprika ['paprika] <-s, -[s]> *m* ❶ *(Schote)* poivron *m* ❷ *(Gewürz)* paprika *m*

Papst [paːpst] <-[e]s, Päpste> *m* pape *m*

Parabolantenne f antenne f parabolique

Parade [pa'raːdə] <-, -n> f ➊ MIL défilé m ➋ SPORT parade f

Paradies [para'diːs] <-es, -e> nt paradis m

Paragliding ['paːraɡlaɪdɪŋ] <-s> nt parapente m

parat [pa'raːt] adj: **eine Antwort ~ haben** avoir une réponse toute prête

Pärchen ['pɛːɐçən] <-s, -> nt ➊ (Liebespaar) couple m [d'amoureux] ➋ (Tierpärchen) couple m

Parfüm [par'fyːm] <-s, -e> nt parfum m

Parfümerie [parfymə'riː] <-, -en> f parfumerie f

Paris [pa'riːs] <-> nt Paris m

Pariser¹ [pa'riːzɐ] adj ➊ (Innenstadt) de Paris; (Akzent) parisien(ne)

Pariser² [pa'riːzɐ] <-s, -> m ➊ Parisien m ➋ (fam: Kondom) capote f [anglaise]

Pariserin <-, -nen> f Parisienne f

Park [park] <-s, -s> m parc m

parken ['parkən] I. vi se garer II. vt (Fahrzeug) garer

Parkett [par'kɛt] <-s, -e> nt parterre m

Parkett[fuß]boden m parquet m

Parkhaus nt parking m à étages

Parkplatz m parking m; (Parklücke) place f de parking **Parkuhr** f parcmètre m

Parlament [parla'mɛnt] <-[e]s, -e> nt Parlement m

Partei [par'taɪ] <-, -en> f ➊ parti m ➋ **für jdn ~ ergreifen**

prendre parti pour qn

Partner(in) ['partnɐ] <-s, -> m(f) ➊ partenaire mf; (Lebensgefährte) compagnon m/compagne f

Partnerschaft <-, -en> f ➊ (Lebensgemeinschaft) vie f en couple ➋ (Städtepartnerschaft) jumelage m

Partnerstadt f ville f jumelée

Party ['paːɐti] <-, -s> f ➊ soirée f; (für Jugendliche) fête f

Partyservice ['paːɐtiˌsœːɐvɪs] <-> m traiteur m

Pass [pas] <-es, Pässe> m ➊ (Reisepass) passeport m ➋ (Gebirgspass) col m ➌ SPORT passe f

Passagier(in) [pasa'ʒiːɐ] <-s, -e> m(f) passager m, -ère f

Passbild nt photo f d'identité

passen ['pasən] vi ➊ (Hose) être à la bonne taille; (Schuhe) être à la bonne pointure ➋ (harmonieren) **zu jdm/etw ~** aller [bien] avec qn/qc ➌ (Termin) convenir ➍ (gefallen) plaire

passend adj ➊ (Hose) à la bonne taille; (Schuhe) à la bonne pointure ➋ (Farbe) assorti(e); (Kleidung) convenable ➌ (Worte) approprié(e); (Termin) qui convient

passieren* [pa'siːrən] I. vi ➊ (sich ereignen) se passer ➋ (vorkommen, zustoßen) arriver II. vt (Grenze) passer

passiv ['pasiːf] adj passif, -ive

Passkontrolle f contrôle m des passeports

Passwort ['pasvɔrt] <-wörter> nt code m d'accès

Pastete [pas'teːtə] <-, -n> f

ⓘ *(Fleischpastete)* pâté m **ⓒ** *(Blätterteigpastete)* vol-au-vent m

Pate ['paːtə] <-n, -n> m, **Patin** f parrain m/marraine f

Patenkind nt filleul(e) m(f/) **Patenonkel** m parrain m

Patent <-[e]s, -e> nt brevet m

Patentrezept nt remède m miracle

Patrone [pa'troːnə] <-, -n> f cartouche f

patsch [patʃ] interj paf

Patsche ['patʃə] <-, -n> f *(fam)*: **jdm aus der ~ helfen** tirer qn du pétrin

pauken I. vi *(fam: Schüler)* bûcher II. vt *(fam: Vokabeln)* potasser

pauschal [pau'ʃaːl] adj **ⓘ** *(undifferenziert)* global(e) **ⓒ** FIN forfaitaire

Pauschale [pau'ʃaːlə] <-, -n> f forfait m

Pauschalpreis m prix m forfaitaire

Pause ['pauzə] <-, -n> f **ⓘ** pause f **ⓒ** SCHULE récréation f

pausenlos I. adj incessant(e) II. adv sans répit

Pavian ['paːviaːn] <-s, -e> m babouin m

Pay-TV ['peːtiːviː] <-s, -s> nt chaîne f à péage

Pazifik [pa'tsiːfɪk] <-s> m: **der ~** le Pacifique

Pazifist(in) [patsi'fɪst] <-en, -en> m(f) pacifiste mf

Pech [pɛç] <-[e]s> nt *(fam: Missgeschick)* poisse f; **~ gehabt!** *(fam)* tant pis pour toi/lui/elle/…!

Pechvogel m *(fam)* malchanceux m, -euse f

Pedal [pe'daːl] <-s, -e> nt pédale f

Pegel ['peːgəl] <-s, -> m niveau m des eaux

peinlich I. adj *(Frage)* gênant(e); *(Genauigkeit)* minutieux, -euse II. adv *(genau)* extrêmement

Peitsche ['paitʃə] <-, -n> f fouet m

Peking ['peːkɪŋ] <-s> nt Pékin f

Pellkartoffel f pomme f de terre en robe des champs

Pelz [pɛlts] <-es, -e> m fourrure f

pendeln vi **ⓘ** *(Gegenstand)* osciller **ⓒ** *(Person, Bus)* faire la navette

Pendler(in) ['pɛndlɐ] <-s, -> m(f): personne qui fait tous les jours la navette entre son domicile et son lieu de travail

penetrant [pene'trant] I. adj *(Geruch)* pénétrant(e); *(Person)* importun(e) II. adv *(riechen)* fort

pennen ['pɛnən] vi *(fam: schlafen)* roupiller

Penner(in) <-s, -> m(f) *(pej fam: Stadtstreicher)* clodo mf

Pension [pãˈzioːn] <-, -en> f **ⓘ** *(Unterkunft)* pension f de famille **ⓒ** *(Ruhegehalt)* pension f *(de retraite)* **ⓒ** *(Ruhestand)* retraite f

pensioniert [pãzio'niːʁt] adj retraité(e); **~ werden** être mis à la retraite

Peperoni [pepe'roːni] <-, -> f piment m

perfekt [pɛr'fɛkt] adj *(vollkommen)* parfait(e)

Pergamentpapier nt papier-parchemin m; *(Butterbrotpapier)* papier m sulfurisé

P

Periode [peˈriːɔdə] <-, -n> f ① période f ② (*Menstruation*) règles f pl

Perle [ˈpɛrlə] <-, -n> f perle f

Perlmutt [ˈpɛrlmʊt] <-s> nt nacre f

Perser [ˈpɛrzɐ] <-s, -> m Persan m

Person [pɛrˈzoːn] <-, -en> f personne f

Personal [pɛrzoˈnaːl] <-s> nt personnel m

Personalausweis m carte f d'identité

Personalien [pɛrzoˈnaːliən] Pl identité f

persönlich [pɛrˈzøːnlɪç] I. adj personnel(le); (*Freiraum*) individuel(le) II. adv (*erscheinen*) en personne

Persönlichkeit <-, -en> f personnalité f

Peru [peˈruː] <-s> nt le Pérou m

Perücke [peˈrʏkə] <-, -n> f perruque f

Petersilie [petɐˈziːliə] <-, -n> f persil m

Petroleum [peˈtroːleʊm] <-s> nt pétrole m

Petting [ˈpɛtɪŋ] <-s, -s> nt attouchements m pl

petzen [ˈpɛtsən] vt, vi (*pej fam*) rapporter

Pfad [pfaːt] <-[e]s, -e> m sentier m

Pfadfinder(in) <-s, -> m(f) scout m / guide f

Pfahl [pfaːl] <-[e]s, Pfähle> m (*Zaunpfahl*) pieu m

Pfalz [pfalts] <-, -en> f: **die ~** le Palatinat

Pfand [pfant] <-[e]s, Pfänder> nt ① (*für Leergut*) consigne f ② a. SPIEL gage m

Pfanne [ˈpfanə] <-, -n> f (*Bratpfanne*) poêle f

Pfannengericht nt plat m fait à la poêle

Pfannkuchen [ˈpfanˌkuːxən] m crêpe f [épaisse]

Pfarrer(in) [ˈpfarɐ] <-s, -> m(f) (*evangelisch*) pasteur mf; (*katholisch*) curé m

Pfarrhaus nt presbytère m

Pfau [pfau] <-[e]s, -en> m paon m

Pfeffer [ˈpfɛfɐ] <-s, -> m poivre m

Pfefferminze <-> f menthe f [poivrée] **Pfeffermühle** f moulin m à poivre

pfeffern [ˈpfɛfɐn] vt poivrer

Pfefferstreuer <-s, -> m poivrier m

Pfeife [ˈpfaɪfə] <-, -n> f ① (*Tabakspfeife*) pipe f ② (*fam: Nichtskönner*) nullard(e) m(f) ③ **nach jds ~ tanzen** (*fam*) se laisser mener [par le bout du nez] par qn

pfeifen [ˈpfaɪfən] vt, vi irr siffler

Pfeil [pfaɪl] <-s, -e> m flèche f

Pferd [pfeːɐt] <-[e]s, -e> nt ① cheval m ② (*Turngerät*) cheval m d'arçons ③ SPIEL cavalier m

Pfiff [pfɪf] <-s, -e> m (*Pfeifton*) sifflement m

Pfifferling [ˈpfɪfɐlɪŋ] <-s, -e> m girolle f

Pfingsten [ˈpfɪŋstən] <-, -> nt la Pentecôte

Pfingstmontag m lundi m de Pentecôte **Pfingstsonntag** [ˈpfɪŋstˈzɔntaːk] m dimanche m de [la] Pentecôte

Pfirsich [ˈpfɪrzɪç] <-s, -e> m pêche f

Pflanze ['pflantsə] <-, -n> f plante f
pflanzen vt (setzen) planter
Pflaster ['pflastɐ] <-s, -> nt (Kopfsteinpflaster) pavé m
Pflaume ['pflaumə] <-, -n> f (Frucht) prune f
Pflege ['pfle:gə] <-> f ① (Körper-, Krankenpflege) soins m pl ② (von Anlagen) entretien m
pflegebedürftig adj (Person) dépendant(e) **Pflegeeltern** Pl parents m pl adoptifs **Pflegeheim** nt maison f médicalisée **Pflegekind** nt enfant m placé dans une famille **pflegeleicht** adj ① (Kleidung) facile à entretenir; (Pflanze) facile à soigner ② (fig, iron: Person) facile à vivre
pflegen I. vt soigner; (Denkmal, Beziehungen) entretenir II. vr: **sich ~** soigner son apparence; (sich schonen) se ménager
Pfleger(in) <-s, -> m(f) infirmier m, -ière f
Pflegeversicherung f assurance f dépendance
Pflicht [pflɪçt] <-, -en> f devoir m
pflücken ['pflʏkən] vt cueillir
Pförtner(in) ['pfœrtnɐ] <-s, -> m(f) gardien(ne) m(f)
Pfosten ['pfɔstən] <-s, -> m poteau m
Pfote ['pfo:tə] <-, -n> f patte f; **~ weg!** (fam) bas les pattes!
pfui [pfui] interj be[u]rk
Pfund [pfʊnt] <-[e]s, -e> nt livre f
pfuschen vi (fam) bâcler le travail
Pfütze ['pfʏtsə] <-, -n> f flaque f
Phänomen [fɛnoˈmeːn] <-s, -e>

nt phénomène m
Phantasie [fantaˈziː] <-, -n> f imagination f
phantastisch s. **fantastisch**
Philippinen [filɪˈpiːnən] Pl die ~ les Philippines f pl
philosophisch adj philosophique
Photo s. **Foto**
pH-Wert [peːˈhaːveːɐt] m pH m
physisch ['fyːzɪʃ] adj physique
Pianist(in) [piaˈnɪst] <-en, -en> m(f) pianiste m
Pickel ['pɪkəl] <-s, -> m ① bouton m ② (Eispickel) piolet m
picken ['pɪkən] vt (Körner) picorer
Picknick ['pɪknɪk] <-s, -s> nt pique-nique m
Piep: keinen ~ sagen (fam) ne pas piper [mot]
piepen ['piːpən] vi ① (Vogel) pépier; (Maus) couiner (fam); (Funkgerät) faire bip[-bip] ② **bei ihm piept's** (fam) il déraille
piepsen ['piːpsən] vi s. **piepen**
Piercing ['piːɐsɪŋ] <-s, -s> nt piercing m
Pik [piːk] <-s, -> nt SPIEL pique m
pikant [piˈkant] adj ① relevé(e) ② (Witz) piquant(e)
piken ['piːkən] (fam) vt, vi piquer
Pikkolo ['pɪkolo] <-s, -s> m ≈ quart m de mousseux
piksen s. **piken**
Pilger(in) ['pɪlgɐ] <-s, -> m(f) pèlerin(e) m(f)
Pilgerfahrt f pèlerinage m
pilgern vi: **nach Mekka ~** se rendre en pèlerinage à la Mecque
Pille ['pɪlə] <-, -n> f pilule f; **die ~ danach** la pilule du lendemain

490

Pilot(in) [pi'lo:t] <-en, -en> m(f) pilote mf

Pilz [pɪlts] <-es, -e> m champignon m

Pilzinfektion f mycose f

Pimmel ['pɪməl] <-s, -> m (fam) zizi m

pingelig ['pɪŋəlɪç] adj (fam) maniaque

pinkeln ['pɪŋkəln] vi (fam) pisser

Pinnwand ['pɪnvant] f tableau m aide-mémoire

Pinsel ['pɪnzəl] <-s, -> m pinceau m

Pinzette [pɪn'tsɛtə] <-, -n> f pince f à épiler

pissen ['pɪsən] vi (vulg) pisser (fam)

Pissoir [pɪ'soaːɐ] <-s, -s> nt urinoir m

Pistazie [pɪs'ta:tsiə] <-, -n> f pistache f

Pistole [pɪs'to:lə] <-, -n> f pistolet m

Plage ['pla:gə] <-, -n> f plaie f; (Schädlingsplage) fléau m

plagen vt (Gewissen) tourmenter; (Hunger) tenailler

Plakat [pla'ka:t] <-[e]s, -e> nt affiche f

Plan [pla:n] <-[e]s, Pläne> m ❶ plan m ❷ (Planung) projet m

planen vt (Projekt) planifier

Planet [pla'ne:t] <-en, -en> m planète f

Planschbecken nt pataugeoire f

planschen ['planʃən] vi barboter

plappern ['plapən] (fam) I. vi bavarder II. vt marmonner

Plastik ['plastɪk] <-s> f sculpture f

Plastikbeutel m sac m en plastique

plätschern ['plɛtʃən] vi (Wasser) clapoter

platt [plat] I. adj ❶ plat(e); (Nase) aplati(e); (Reifen) à plat ❷ (fam: verblüfft) ~ sein [en] être baba II. adv: ~ drücken écraser

plattdeutsch I. adj (Dialekt) bas allemand(e); (Wort) de bas allemand II. adv: ~ sprechen parler bas allemand

Plattdeutsch nt le bas allemand; auf ~ en bas allemand

Platte ['platə] <-, -n> f ❶ (Stein-, Keramikplatte) carreau m; (groß) dalle f ❷ (Metallplatte) plaque f ❸ GASTR kalte ~ assiette f anglaise

Plattenladen m magasin m de disques **Plattenspieler** m platine f |disques|

Platz [plats] <-es, Plätze> m ❶ place f ❷ (Sportplatz) terrain m ❸ fehl am ~|e] sein (Person) n'être pas à sa place; (Sache) être déplacé

Platzangst f (fam) claustrophobie f

Plätzchen ['plɛtsçən] <-s, -> nt ❶ petite place f ❷ (Gebäck) ≈ petit gâteau m sec

platzen ['platsən] vi ❶ éclater; (Naht) craquer; vor Neugier (dat) ~ crever de curiosité ❷ (fam: Termin) foirer

Platzkarte f réservation f **Platzwunde** f plaie f

plaudern ['plaudən] vi bavarder

pleite ['plajtə] adj (fam) fauché(e)

Pleite <-, -n> *f (fam)* faillite *f*

Plombe ['plɔmbə] <-, -n> *f (Zahnplombe)* plombage *m*

plötzlich ['plœtslɪç] **I.** *adj* soudain(e); *(Tod)* subit(e) **II.** *adv* soudain

plump [plʊmp] *adj* ❶ *(Bewegungen)* gauche ❷ *(dummdreist)* primitif, -ive

plündern ['plʏndɐn] **I.** *vt* piller **II.** *vi* se livrer au pillage

Plural ['pluːraːl] <-s, -e> *m* pluriel *m*

plus [plʊs] *präp, konj, adv* plus

Plus *nt* plus *m*

Pluto ['pluːto] <-s> *m* (la planète) Pluton *f*

PLZ *Abk von* **Postleitzahl** code *m* postal

Po <-s, -s> *m (fam)* fesses *f pl*

Pocken ['pɔkən] *Pl* variole *f*

Podest [po'dɛst] <-[e]s, -e> *nt o m* estrade *f*

Pointe ['poɛ̃:tə] <-, -n> *f* chute *f*

Pokal [po'kaːl] <-s, -e> *m* coupe *f*

Pol [poːl] <-s, -e> *m* pôle *m*

polar [po'laːɐ̯] *adj* polaire

Pole ['poːlə] <-n, -n> *m*, **Polin** *f* Polonais(e) *m(f)*

Polen ['poːlən] <-s> *nt* la Pologne

polieren [po'liːrən] *vt (Schuhe)* lustrer; *(Auto)* briquer

Politesse [poli'tɛsə] <-, -n> *f* contractuelle *f*

Politiker(in) [po'liːtikɐ] <-s, -> *m(f)* homme *m*/femme *f* politique

Polizei [poli'tsaɪ] <-, -en> *f* ❶ police *f* ❷ *(Dienstgebäude)* poste *m* de police

Polizeipräsidium *nt* préfecture *f*

de police **Polizeiwagen** *m* voiture *f* de police

Polizist(in) [poli'tsɪst] <-en, -en> *m(f)* policier *m*, -ière *f*

Pollen ['pɔlən] <-s, -> *m* pollen *m*

polnisch ['pɔlnɪʃ] **I.** *adj* polonais(e) **II.** *adv* en polonais

Polnisch <-[s]> *nt* polonais *m*

Polster ['pɔlstə] <-s, -> *nt o* österr: *m* ❶ *(eines Möbelstücks)* coussin *m* ❷ *(Schulterpolster)* épaulette *f* ❸ *(fam: Rücklage)* pécule *m*

Polterabend *m* ≈ veille *f* des noces *(soirée au cours de laquelle on casse de la vaisselle pour porter bonheur aux futurs jeunes mariés)*

poltern ['pɔltɐn] *vi (lärmen)* faire du vacarme

Polynesien <-s> *nt* la Polynésie

Pony¹ ['pɔni] <-s, -s> *nt* poney *m*

Pony² <-s, -s> *m (Stirnfransen)* frange *f*

popeln ['poːpəln] *vi (fam)* retirer des crottes de [son] nez

Popo <-s, -s> *m* kinderspr *(fam)* fesses *f pl*

Porree ['pɔre] <-s, -s> *m* poireau *m*

Portal [pɔr'taːl] <-s, -e> *nt* portail *m*

Portier [pɔr'tjeː] <-s, -s> *m* portier *m*, concierge *mf*

Portion [pɔr'tsioːn] <-, -en> *f* portion *f*

Porto ['pɔrto] <-s, -s> *nt* port *m*

Porträt [pɔr'trɛː] <-s, -s> *nt* portrait *m*

Portugal ['pɔrtugal] <-s> *nt* le Portugal

Portugiese [pɔrtu'giːzə] <-n, -n>

P

m, **Portugiesin** f Portugiese(in) m(f)

portugiesisch I. adj portugais(e) II. adv en portugais

Portugiesisch <-[s]> nt portugais m

Porzellan [pɔrtseˈlaːn] <-s, -e> nt porcelaine f

Posaune [poˈzaʊnə] <-, -n> f trombone m

Position [poziˈtsɪoːn] <-, -en> f ❶ position f ❷ (beruflich) situation f

positiv [ˈpoːzitiːf] adj positif, -ive

Posse [ˈpɔsə] <-, -n> f farce f

Post [pɔst] <> f ❶ (Unternehmen) poste f ❷ (Postsendung) courrier m

Postamt nt bureau m de poste

Posten [ˈpɔstən] <-s, -> m ❶ (Amt) poste m ❷ (Wachmann) sentinelle f

Postfach nt (bei der Post) boîte f postale; (im Hotel, Büro) casier m [à courrier]

Postkarte f carte f postale

postlagernd adj poste restante

Postleitzahl f code m postal

Postsparbuch nt livret m d'épargne

Prachtexemplar nt belle pièce f

prächtig [ˈprɛçtɪç] I. adj (Raum) somptueux, -euse II. adv (sich verstehen) à merveille

Prädikat [prɛdiˈkaːt] <-[e]s, -e> nt ❶ LING prédicat m ❷ COM label m [de qualité]

Prag [praːk] <-s> nt Prague

prägen [ˈprɛːgən] vt marquer; (Münzen) frapper

pragmatisch I. adj pragmatique II. adv avec pragmatisme

Prägung <-, -en> f (Aufdruck) gravure f

Praktikum [ˈpraktikʊm] <-s, Praktika> nt stage m

praktisch I. adj pratique II. adv ❶ (in der Praxis) dans la pratique ❷ (so gut wie) pratiquement

praktizieren* [praktiˈtsiːrən] vi (Arzt) exercer

Praline [praˈliːnə] <-, -n> f ÖSTERR chocolat m

prall [pral] I. adj (Ballon) bien gonflé(e) II. adv: ~ **gefüllt** bien rempli(e)

prallen [ˈpralən] vi: **gegen jdn/ etw ~** heurter qn/qc

Prämie [ˈprɛːmjə] <-, -n> f prime f

Pranke [ˈpraŋkə] <-, -n> f patte f

Präservativ [prɛzɛrvaˈtiːf] <-s, -e> nt préservatif m

Präsident(in) [prɛziˈdɛnt] <-en, -en> m(f) président(e) m(f)

Praxis [ˈpraksɪs] <-, Praxen> f ❶ (Arztpraxis) cabinet m ❷ (Anwendung) pratique f

predigen [ˈpreːdɪgən] I. vi prêcher II. vt (Toleranz) recommander

Predigt <-, -en> f (Ermahnung) sermon m

Preis [praɪs] <-es, -e> m prix m

preisgekrönt adj primé(e)

Preisträger(in) m(f) lauréat(e) m(f); SPORT vainqueur mf

Prellung <-, -en> f contusion f

Premiere [prəˈmjeːrə] <-, -n> f première f

pressen ['prɛsən] I. vt presser
II. vi pousser
Preußen ['prɔysən] <-s> nt la
Prusse
preußisch adj prussien(ne)
prickeln ['prɪkəln] vi ① (kribbeln)
picoter ② (Sekt) pétiller
Priester(in) ['priːstɐ] <-s, -> m(f)
prêtre m, -esse f
prima ['priːma] (fam) I. adj super
II. adv super-bien
primär [priˈmɛːɐ̯] (geh) I. adj premier, -ière II. adv en premier
lieu
Primel ['priːməl] <-, -n> f prime-
vère f
primitiv [primiˈtiːf] adj ① (urtüm-
lich) primitif, -ive ② (simpel) rudimentaire
Prinz [prɪnts] <-en, -en> m, **Prinzessin** f prince m/princesse f
Prise ['priːza] <-, -n> f pincée f
privat [priˈvaːt] I. adj privé(e)
II. adv (sprechen) en privé
pro [proː] präp +akk par
Probe ['proːba] <-, -n> f ① (eines
Gesteins) échantillon m ② MUS,
THEAT répétition f
Probezeit f période f d'essai
probieren* [proˈbiːrən] I. vt essayer; (Brot) goûter; (Wein) déguster II. vi ① essayer ② (kosten)
goûter
Problem [proˈbleːm] <-s, -e> nt
problème m
Produkt [proˈdʊkt] <-[e]s, -e> nt
produit m
Produzent(in) [produˈtsɛnt] <-en,
-en> m(f) producteur m, -trice f
produzieren* [produˈtsiːrən] vt, vi

produire
Professor [proˈfɛsoːɐ̯] <-s, -so-
ren> m, **Professorin** f professeur m/f
Profi ['proːfi] <-s, -s> m (fam:
Sportler) pro mf
Programm [proˈgram] <-s, -e> nt
① programme m ② INFORM logiciel m
Programmheft nt programme m
programmieren* [progrаˈmiːrən]
vt programmer
Programmierer(in) <-s, -> m(f)
programmeur m, -euse f
Projekt [proˈjɛkt] <-[e]s, -e> nt
projet m
Projektmanager(in) m(f) chef
m de projet
Promille [proˈmɪlə] <-[s], -> nt
① elf ~ onze pour mille
② (fam: Blutalkohol) 0,5 ~ haben avoir 0,5 gramme
Promillegrenze f taux m d'alcoo-
lémie maximal
Prominente(r) f(m) personnalité f
Promotion [promoˈtsjoːn]
<-, -en> f UNIV doctorat m
prompt [prɔmpt] I. adj rapide
II. adv (fam: erwartungsgemäß)
aussi sec
Pronomen [proˈnoːmən] <-s, ->
nt pronom m
Propeller [proˈpɛlɐ] <-s, -> m hélice f
prophezeien* [profeˈtsaiən] vt
prophétiser
Prosa ['proːza] <-> f prose f
prosit s. **prost**
Prospekt [proˈspɛkt] <-[e]s, -e>
m prospectus m

P

prost *interj* à la tienne/vôtre

Prostituierte(r) *f/m* prostitué(e) *m(f)*

Protest [pro'tɛst] <-[e]s, -e> *m* protestation *f*

Protestant(in) [protɛs'tant] <-en, -en> *m(f)* protestant(e) *m(f)*

protestieren* [protɛs'tiːrən] *vi* protester

Prothese [pro'teːzə] <-, -n> *f* **①** *(Ersatzgliedmaße)* prothèse *f* **②** *(Zahnersatz)* dentier *m*

provisorisch [provi'zoːrɪʃ] **I.** *adj* provisoire; *(Unterkunft)* précaire **II.** *adv* provisoirement

provozieren* [provo'tsiːrən] *vt* provoquer

Prozent [pro'tsɛnt] <-[e]s, -e> *nt* **zehn ~** dix pour cent **②** *(Alkoholgehalt)* degré *m* [d'alcool]

Prozess [pro'tsɛs] <-es, -e> *m* **①** procès *m* **②** *(Vorgang)* processus *m*

Prozession [protsɛ'sjoːn] <-, -en> *f* procession *f*

prüfen ['pryːfən] *vt* **①** jdn – faire passer un examen à qn; **geprüft** *(Krankenschwester)* diplômé(e) **②** *(Gerät)* vérifier; *(Antrag)* examiner

Prüfer(in) <-s, -> *m(f)* examinateur *m*, -trice *f*

Prüfung <-, -en> *f* examen *m*; *(in einem Fach)* épreuve *f*

Prügel ['pryːgəl] <-s, -> *pl (Schläge)* coups *m pl*

Prügelei [pryːgə'lai] <-, -en> *f (fam)* bagarre *f*

prügeln **I.** *vt* battre **II.** *vr:* **sich mit jdm** ~ se battre avec qn

Psalm [psalm] <-s, -en> *m* psaume *m*

Psychiater(in) [psy'çiaːte] <-s, -> *m(f)* psychiatre *mf*

Psychologin *f* psychologue *mf*

Psychologe [psyço'loːgə] <-n -n> *m*, **Psychologin** *f* psychologue *mf*

Pubertät [pubɛr'tɛːt] <-> *f* puberté *f*

Publikum ['puːblikʊm] <-s> *nt* **①** *(Besucher)* public *m* **②** *(Zuhörerschaft)* auditoire *m*

Pudel ['puːdəl] <-s, -> *m* caniche *m*

Puder ['puːde] <-s, -> *m o (fam)* *nt* poudre *f*

Puderzucker *m* sucre *m* glace

Puff [pʊf] <-[e]s, -e> *m (fam: Bordell)* bordel *m* *(vulg)*

Pulli ['pʊli] <-s, -s> *m (fam)* pull *m*

Puls [pʊls] <-es, -e> *m* pouls *m*

Pulsader *f* veine *f* du poignet

Pult [pʊlt] <-[e]s, -e> *nt* pupitre *m*

Pulver ['pʊlve] <-s, -> *nt* poudre *f*

Pulverschnee *m* poudreuse *f*

pumm[e]lig *adj (fam)* dodu(e)

Pumpe ['pʊmpa] <-, -n> *f* pompe *f* *(fam: Herz)* palpitant *m*

pumpen **I.** *vt* **①** pomper **②** *(fam: leihen)* filer **II.** *vi* **①** *(Herz)* battre; *(Maschine)* pomper

Punkt [pʊŋkt] <-[e]s, -e> *m* **①** point *m* **②** *(Tupfen)* pois *m* **③** *(bei Zeitangaben)* ~ **drei [Uhr]** à trois heures précises

pünktlich ['pʏŋktlɪç] **I.** *adj* ponctuel(le) **II.** *adv* à l'heure

Puppe ['pʊpa] <-, -n> *f (Spielzeug)* poupée *f*

Puppentheater *nt* théâtre *m* de marionnettes

Püree [py'reː] <-s, -s> *nt* purée *f*

Purzelbaum m (fam) galipette f
pusten ['pu:stən] vi (fam) souffler
Pute ['pu:tə] <-, -n> dinde f
putzen ['pʊtsən] I. vt nettoyer
II. vr: **sich ~** (Tier) faire sa toilette

Putzfrau f femme f de ménage
Putzmittel nt produit m de nettoyage
Pyrenäen [pyre'nɛ:ən] Pl **die ~**
les Pyrénées f pl

Q q

Q, q [ku:] <-, -> nt Q m/q m
Quadrat [kva'dra:t] <-[e]s, -e> nt
carré m
quadratisch adj carré(e)
Quadratmeter m mètre m carré
quaken ['kva:kən] vi (Frosch) coasser; (Ente) cancaner
quälen ['kvɛ:lən] I. vt (Person)
torturer; (Tier) martyriser; (fig)
tourmenter II. vr **sich ~** souffrir (sich herumquälen) **sich**
mit etw ~ se tourmenter avec qc
Quälerei [kvɛlə'raɪ] <-, -en> f
❶ (fam: Anstrengung) calvaire
m ❷ (das Zusetzen) harcèlement
m

qualifizieren* [kvalifi'tsi:rən] vt,
vr: **sich ~** [se] qualifier
Qualität [kvali'tɛ:t] <-, -en> f qualité f
Qualle ['kvalə] <-, -n> f méduse f
Qualm [kvalm] <-[e]s> m (épaisse)
fumée f
Quantität [kvanti'tɛ:t] <-, -en> f
quantité f
Quarantäne [karan'tɛ:nə] <-, -en>
f quarantaine f
Quark [kvark] <-s> m ❶ ≈ fro-

mage m blanc ❷ (fam: Unsinn)
conneries f pl
Quartal [kvar'ta:l] <-s, -e> nt trimestre m
Quartett [kvar'tɛt] <-[e]s, -e> nt
quatuor m
quasi ['kva:zi] adv quasiment
Quatsch <-[e]s> m (fam: dummes
Gerede) conneries f pl; **so**
ein| ~! n'importe quoi!
quatschen (fam) vt (dummes
Zeug) sortir
Quatschkopf m (pej fam) radoteur m, -euse f
Quecksilber ['kvɛkzɪlbə] nt mercure m
Quelle ['kvɛlə] <-, -n> f source f
quellen ['kvɛlən] vi irr ❶ (herausfließen) **aus etw ~** couler de qc
❷ (aufquellen) gonfler
quengeln ['kvɛŋəln] vi (fam)
pleurnicher
quer [kve:ɐ̯] adv en travers;
~ **durch** à travers
Quere ['kve:rə] **jdm in die ~**
kommen se mettre en travers
de son/mon/... chemin
Querflöte f flûte f traversière

Querformat nt format horizontal m

querschnitt[s]gelähmt adj paraplégique

Querstraße f rue f transversale

quetschen ['kvɛtʃən] I. vt ① (zwängen) entasser ② (verletzen) **sich** (dat) **einen Finger ~** se coincer un doigt II. vr ① (fam): **sich durch** (akk) **~** forcer un passage à travers

② (sich verletzen) **sich ~** se pincer

quieken ['kviːkən] vi (Ferkel, Maus) couiner (fam)

quietschen ['kviːtʃən] vi (Bremsen) grincer; (Reifen) crisser

Quitte ['kvɪtə] <-, -n> f (Frucht) coing m

Quittung ['kvɪtʊŋ] <-, -en> f (Zahlungsbeleg) reçu m

Quote ['kvoːtə] <-, -n> f taux m

R_r

R, r [ɛr] <-, -> nt R m/r m

Rabatt [ra'bat] <-[e]s, -e> m remise f

Rabe ['raːbə] <-n, -n> m corbeau m

Rache ['raxə] <-> f vengeance f

Rachen ['raxən] <-s, -> m gorge f

rächen ['rɛçən] I. vt (Person, Tat) venger II. vr (Rache nehmen) **sich an jdm für etw ~** se venger de qc sur qn

Rad [raːt] <-[e]s, Räder> nt ① roue f ② (Fahrrad) bicyclette f; **~ fahren** aller à vélo; SPORT faire du vélo

Radarkontrolle f contrôle-radar m

Radfahrer(in) m(f) cycliste mf

radieren* [ra'diːrən] vt, vi gommer

Radierung <-, -en> f (gravure f à) l'eau-forte

Radieschen [ra'diːsçən] <-s, -> nt radis m

radikal [radi'kaːl] adj ① POL extré-

miste ② (Bruch) radical(e); (Ablehnung) catégorique

Radio ['raːdio] <-s, -s> nt radio f

Radsport m cyclisme m **Radtour** f randonnée f cycliste

raffiniert I. adj ① (durchtrieben) rusé(e) ② (Plan) astucieux, -euse ③ (Speise) raffiné(e) II. adv (durchtrieben) astucieusement

rahmen ['raːmən] vt encadrer

Rahmen <-s, -> m ① cadre m ② (Türrahmen) encadrement m

Rakete [ra'keːtə] <-, -n> f ① (Flugkörper) fusée f ② (Waffe) missile m

Rampe ['rampə] <-, -n> f rampe f

Rand [rant] <-es, Ränder> m ① bord m ② (einer Stadt) périphérie f ③ (Stoffrand) bordure f ④ (unbeschriebener Teil) marge f

Rang [raŋ] <-[e]s, Ränge> m ① (Stellung) rang m [social]

③ *(Kategorie)* valeur f **③** *(Dienstgrad)* grade m

ranzig ['rantsɪç] *adj* rance

rasant [ra'zant] I. *adj (Fahrer)* rapide; *(Tempo)* infernal(e) II. *adv (schnell)* à toute vitesse

rasch [raʃ] I. *adj* rapide II. *adv* vite

rasen ['ra:zən] *vi (schnell fahren)* rouler à toute allure

Rasen ['ra:zən] <-s, -> m **③** *gazon* m **③** SPORT pelouse f

Rasenmäher <-s, -> m tondeuse f à gazon

Rasierapparat m rasoir m

rasieren* [ra'zi:rən] *vt, vr:* [sich] ~ [se] raser

Rasierklinge f lame f de rasoir **Rasierpinsel** m blaireau m **Rasierschaum** m mousse f à raser **Rasierwasser** m lotion f après-rasage

raspeln *vt* râper

Rasse ['rasə] <-, -n> f race f

Rassismus [ra'sɪsmʊs] <-> m racisme m

rassistisch *adj* raciste

Rast [rast] <-, -en> f pause f

Rastplatz m aire f de repos équipée **Raststätte** f restoroute® m

Rat¹ <-[e]s> m conseil m

Rat² [ra:t] <-[e]s, Räte> m *(Institution)* conseil m *(municipal)*

raten ['ra:tən] *vi, vt irr* **③** *(einen Rat geben)* conseiller **③** *(erraten)* deviner

Ratgeber <-s, -> m conseiller m; *(Buch)* guide m

Ratgeberin <-, -nen> f conseillère f

Rathaus nt hôtel m de ville; *(in*

kleineren Orten) mairie f

Ratschlag ['ra:tʃla:k] m conseil m

Rätsel ['rɛ:tsəl] <-s, -> nt énigme f

Ratte ['ratə] <-, -n> f rat m

rau [rau] *adj* **③** *(Haut, Putz)* rugueux, -euse **③** *(Stimme)* rauque **③** *(Klima)* rigoureux, -euse

rauben ['raubən] *vt, vi* voler

Räuber(in) ['rɔybɐ] <-s, -> m(f) brigand m

Raubvogel m oiseau m de proie

Rauch [raux] <-[e]s> m fumée f

rauchen ['rauxən] *vt, vi* fumer

Raucher(in) <-s, -> m(f) fumeur m, -euse f

Raucherabteil nt compartiment m fumeurs

räuchern ['rɔyçɐn] *vt* fumer

rauf [rauf] *s.* herauf, hinauf

Raum [raum] <-[e]s, Räume> m **③** *(Zimmer)* pièce f **③** *(Platz)* espace m

räumen ['rɔymən] *vt (Wohnung)* libérer

Raumfahrt f navigation f spatiale

raus [raus] *adv (fam) s.* heraus, hinaus

rauschen ['rauʃən] *vi (Wind)* mugir; *(Lautsprecherbox)* grésiller

Rauschgift nt drogue f

rauskriegen *vt (fam: Lösung)* finir par trouver

rausschmeißen ['rausʃmaisən] *vt irr (fam)* **③** *(entlassen)* virer **③** *(wegwerfen)* balancer

Raute ['rautə] <-, -n> f losange m

Razzia ['ratsja] <-, Razzien> f descente f [de police]

reagieren* [rea'gi:rən] *vi* réagir

realistisch [rea'lɪstɪʃ] I. *adj* réa-

liste II. *adv* de manière réaliste
Realität [reali'tɛːt] <-, -en> *f* réalité *f*

Realschule *f* ≈ collège *m*

rechnen ['rɛçnən] I. *vt* ❶ MATH calculer ❷ *(veranschlagen)* compter II. *vi* ❶ calculer ❷ *(erwarten)* compter

Rechner <-s, -> *m* ordinateur *m*

Rechnung <-, -en> *f* ❶ facture *f*; *(im Restaurant)* addition *f*; *(im Hotel)* note *f* ❷ *(das Rechnen)* calcul *m*

recht [rɛçt] I. *adj* ❶ bon(ne) ❷ *(richtig)* **ganz ~!** très juste! II. *adv* ❶ *(richtig)* bien ❷ *(ziemlich)* assez ❸ **das geschieht ihm ~!** c'est bien fait pour lui/elle!

Recht <-[e]s, -e> *nt* droit *m*

Rechte <-n, -n> *f* droit *m*

rechte(r, s) ['rɛçtə] *adj* ❶ *(opp: linke)* droit(e); *(Straßenseite)* de droite ❷ POL de droite; *(Flügel)* droit(e)

Rechteck <-[e]s, -e> *nt* rectangle *m* **rechteckig** *adj* rectangulaire

rechtfertigen *vt* justifier

rechts [rɛçts] *adv* à droite; **~oben** en haut à droite; **~ von dir** à ta droite

Rechtsanwalt *m*, **-anwältin** *f* avocat(e) *m(f)*

Rechtschreibung *f* orthographe *f*
rechtsextremistisch *adj* d'extrême droite

Rechtshänder(in) ['rɛçtshɛndɐ] <-s, -/-> *m(f)* droitier *m*, -ière *f*

rechtzeitig I. *adj* *(Ankunft)* à l'heure; *(Anmeldung)* en temps

voulu II. *adv* *(da sein)* à l'heure [fixée]; *(erfolgen)* en temps voulu

recyceln* [ri'saikln] *vt* recycler

Recycling [ri'sajklɪŋ] <-s> *nt* recyclage *m*

Rede ['reːdə] <-, -n> *f* ❶ discours *m* ❷ *(das Reden)* propos *mpl*

reden *vi*: **über jdn/etw ~** parler de qn/qc

Redewendung *f* tournure *f*

reduzieren* [redu'tsiːrən] *vt* réduire

Referat [refe'raːt] <-[e]s, -e> *nt* SCHULE, UNIV exposé *m*

Reform [re'fɔrm] <-, -en> *f* réforme *f*

Reformation [refɔrma'tsjoːn] <-> *f* HIST **die ~** la Réforme

Reformhaus *nt* magasin *m* de produits diététiques

reformieren* [refɔr'miːrən] *vt* réformer

Regal [re'gaːl] <-s, -e> *nt* étagère *f*

Regel ['reːgəl] <-, -n> *f* ❶ *(Norm)* règle *f* ❷ *(Menstruation)* règles *fpl*

regelmäßig I. *adj* régulier, -ière *f* II. *adv* régulièrement

regeln *vt*, *vr*: **|sich| ~ |se|** régler

Regen ['reːgən] <-s, -> *m* pluie *f*

Regenbogen *m* arc *m* en ciel
Regenmantel *m* imperméable *m* **Regenschauer** *m* averse *f* **Regenschirm** *m* parapluie *m*

Regie [re'ʒiː] <-, -n> *f* mise *f* en scène

regieren* [re'giːrən] *vt*, *vi* gouverner

Regierung <-, -en> *f (Kabinett)* gouvernement *m*

Regierungsrat *m* SCHWEIZ Conseil *m* d'État

Region [re'gjo:n] <-, -en> f région f

regnen ['re:gnən] vi: **es regnet** il pleut

regnerisch adj pluvieux, -euse

Reh [re:] <-[e]s, -e> nt chevreuil m

rehabilitieren* [rehabili'ti:rən] vt ① (Kranken) rééduquer; (Behinderten) réinsérer

Reibe ['raibə] <-, -n> f râpe f

reiben ['raibən] irr I. vt frotter; (Möhre, Käse) râper II. vi frotter

reich [raiç] adj riche II. adv (beschenken) richement

Reich [raiç] <-[e]s, -e> nt ① empire m; **das Dritte ~** le III° Reich ② (Königreich) royaume m

reichen ['raiçən] vi ① (Vorräte) suffir ② **es reicht** [mir], **wenn ...** ça [me] suffit si ...

reichlich I. adj (Niederschläge) abondant(e) II. adv (vorhanden sein) en quantité

Reichtum <-[e]s, Reichtümer> m richesse f

reif [raif] adj mûr(e)

Reife <-> f ① maturité f ② **mittlere ~** ≈ brevet m des collèges

reifen vi mûrir

Reifen ['raifən] <-s, -> m pneu m; **den ~ wechseln** changer de roue

Reihe ['raiə] <-, -n> f ① (von Personen) rang m; (von Stühlen) rangée f ② (von Ziffern) série f ③ (Sitzreihe) rang m

Reihenfolge f ordre m

rein¹ [rain] s. **herein, hinein**

rein² I. adj pur(e) II. adv purement

rein|fallen ['rainfalən] vi irr (fam: enttäuscht werden) tomber dans le piège

reinigen vt nettoyer

Reinigung <-, -en> f ① nettoyage m ② (Reinigungsbetrieb) pressing m

Reis [rais] <-es> m riz m

Reise ['raizə] <-, -n> f voyage m

Reisebüro nt agence f de voyages

Reiseführer m guide m **Reisegesellschaft** / voyage m organisé **Reiseleiter(in)** m(f) guide m

reisen vi voyager

Reisende(r) f(m) voyageur m, -euse f

Reisepass m passeport m **Reisescheck** m chèque m de voyage **Reisetasche** f sac m de voyage

reißen ['raisən] irr I. vi (Papier) se déchirer; (Faden) casser II. vt ① (Stoff, Karton) déchirer ② (gewaltsam an sich nehmen) **jdm etw aus den Händen ~** arracher qc des mains à qn

Reißverschluss m fermeture f éclair®

reiten ['raitən] vi irr faire du cheval **Reiter(in)** <-s, -> m(f) cavalier m, -ière f

Reitschule f école f d'équitation

Reiz ['raits] <-es, -e> m ① charme m ② ANAT stimulus m

reizen vt ① (verlocken) attirer ② MED irriter ③ (provozieren) provoquer

reizend adj charmant(e)

reklamieren* [rekla'mi:rən] vt, vi réclamer

relativ [rela'ti:f] adj relatif, -ive

Religion [reli'gjo:n] <-, -en> f religion f

religiös [reli'gjø:s] I. adj (oppr.

weltlich) religieux, -euse **II.** adv *(prägen)* par la religion; *(erziehen)* religieusement

Renaissance [rənɛ'sãːs] <-, -n> f HIST Renaissance f

Rennbahn f *(beim Pferdesport)* hippodrome m; *(beim Motorsport)* circuit m; *(beim Radsport)* vélodrome m

rennen ['rɛnən] vi irr courir

Rennen <-s, -> nt course f

Rennfahrer(in) m(f) ① AUT pilote mf de course ② *(Fahrradrennfahrer)* coureur m, -euse f cycliste

Rennrad nt vélo m de course

renovieren* [reno'viːrən] vt rénover; *(Fassade)* ravaler

Rente ['rɛntə] <-, -n> f *(Altersruhegeld)* pension f de retraite f; **in ~ gehen** prendre sa retraite

Rentner(in) ['rɛntnɐ] <-s, -> m(f) retraité(e) m(f)

Reparatur [repara'tuːɐ] <-, -en> f réparation f

reparieren* [repa'riːrən] vt réparer

Republik [repu'bliːk] <-, -en> f république f

Republikaner(in) [republi'kaːnɐ] <-s, -> m(f) ① *(in den USA)* républicain(e) m(f) ② *(in Deutschland)* membre m ou militant(e) d'un parti d'extrême droite en Allemagne

Reserverad nt roue f de secours

reservieren* [rezɛr'viːrən] vt réserver

Reservierung <-, -en> f réservation f

respektieren* [rɛspɛk'tiːrən] vt respecter

Restaurant [rɛsto'rãː] <-s, -s> nt restaurant m

restaurieren* [rɛstaʊ'riːrən] vt restaurer

restlich adj *(Betrag)* restant(e)

retten ['rɛtən] vt, vr: **[sich] ~** [se] sauver

Retter(in) <-s, -> m(f) sauveur m, -euse f

Rettung <-, -en> f sauvetage m; *(des Gebäudes)* sauvegarde f

Rettungsboot nt canot m de sauvetage **Rettungsring** m bouée f de sauvetage **Rettungswagen** m ambulance f

Revier [re'viːɐ] nt ① *(Polizeidienststelle)* commissariat m ② *(Bezirk)* district m

revolutionär [revolutsjo'nɛːɐ] adj révolutionnaire

Rezept [re'tsɛpt] <-[e]s, -e> nt ① recette f ② MED ordonnance f

Rezeption [retsɛp'tsjoːn] <-, -en> f réception f

R-Gespräch nt appel m en P.C.V.

Rhein [raɪn] <-s> m: **der ~ le** Rhin; **Kehl am ~** Kehl sur Rhin

rheinisch adj rhénan(e)

Rheinland-Pfalz [raɪnlant'pfalts] f la Rhénanie-Palatinat

Rheuma ['rɔɪma] <-s> nt rhumatisme m

Rhythmus ['rʏtmʊs] <-, Rhythmen> m rythme m

richten ['rɪçtən] **I.** vr *(sich orientieren)* **sich nach jdm/etw ~** se conformer à qn/qc **II.** vt ① *(Brief)* adresser; *(Blick)* diriger; *(Finger)* pointer ② *(Heizung)* réparer

Richter(in) ['rɪçtɐ] <-s, -> m(f)

juge mf

richtig ['rɪçtɪç] **I.** adj ➊ (Antwort) bon(ne); **das ist ~** c'est juste; **zur ~en Zeit** au bon moment ➋ (Idiot) vrai(e) **II.** adv ➊ (schreiben) correctement; (verstehen) bien ➋ (stehen) à la bonne place ➌ (fam: wütend) vraiment

Richtige(s) nt (Zusagendes) **das ~/etwas ~s** ce qu'il me/te/... faut

Richtung <-, -en> f (Himmelsrichtung) direction f; **aus östlicher ~** de l'est; **in ~ Bahnhof** en direction de la gare

riechen ['ri:çən] irr **I.** vi (Geruch verströmen) **gut/schlecht/nach Parfüm ~** sentir bon/mauvais/le parfum; **es riecht nach Zitrone** ça sent le citron **II.** vt (als Geruch wahrnehmen) sentir

Riese ['ri:zə] <-n, -n> m, **Riesin** f géant(e) m/f

riesig I. adj (Gebäude) gigantesque **II.** adv (sich freuen) énormément

Rindfleisch nt (viande f de) bœuf m

Ring [rɪŋ] <-[e]s, -e> m ➊ (ringförmiger Gegenstand) anneau m ➋ (Fingerring) bague f; (Ehering) alliance f ➌ (Ringstraße) périphérique m ➍ SPORT ring m

Ringbuch nt classeur m

ringsherum, ringsum, ringsumher adv [tout] autour

Rippe ['rɪpə] <-, -n> f côte f

Risiko ['ri:ziko] <-s, -s> nt risque m

riskieren* [rɪs'ki:rən] vt risquer

Riss [rɪs] <-es, -e> m ➊ (rissige Stelle) fissure f ➋ (beschädigte

Stelle) déchirure f

Ritter ['rɪtɐ] <-s, -> m chevalier m

Ritual [ritu'a:l] <-s, -e> nt rituel m

ritzen vt graver

Roboter ['rɔbɔtɐ] <-s, -> m robot m

Rock [rɔk] <-[e]s, Röcke> m jupe f

rodeln ['ro:dəln] vi faire de la luge

Roggen ['rɔgən] <-s> m seigle m

roh [ro:] adj (Fleisch, Gemüse) cru(e)

Rohkost f crudités f pl

Rohr [ro:ɐ] <-[e]s, -e> nt tuyau m

Röhre ['rø:rə] <-, -n> f ➊ TECH tuyau m ➋ ELEC tube m

Rohstoff m matière f première

Rolle ['rɔlə] <-, -n> f ➊ rouleau m; (Garnrolle) bobine f ➋ (eines Möbelstücks) roulette f ➌ CINE, THEAT, SOZIOL rôle m; **es spielt keine ~, ob** ça n'a pas d'importance que +subj

rollen ['rɔlən] **I.** vi rouler **II.** vt ➊ rouler ➋ (fortbewegen) faire rouler

Roller ['rɔlɐ] <-s, -> m ➊ (Kinderroller) trottinette f ➋ (Motorroller) scooter m ➌ ÖSTERR s. **Rollo**

Rollladen <-s, -läden> m volet m roulant

Rollo ['rɔlo] <-s, -s> nt store m

Rollschuh m patin m à roulette

Rollsplitt m gravillon m

Rollstuhl m fauteuil m roulant

Rollstuhlfahrer(in) m(f) personne f en fauteuil roulant

rollstuhlgängig adj **~er Wagen** (Zug) wagon m aménagé pour handicapés **rollstuhlgerecht** adj aménagé(e) [o équipé(e)] pour handicapés

Rollstuhlkabine f (Schiff) cabine

R

f équipée pour handicapés

Rolltreppe f escalator m

Rom [ro:m] <-s> nt Rome

Roman [ro'ma:n] <-s, -e> m roman m

romanisch adj ❶ LING, ARCHIT, KUNST roman(e) ❷ GEO latin(e)

Romantik [ro'mantɪk] <-> f LITER romantisme m

Römer(in) <-s, -> m(f) Romain(e) m(f)

römisch adj romain(e)

röntgen ['rœntgən] vt faire une radio(graphie)

Röntgenaufnahme f radio(graphie] f

rosa ['ro:za] adj rose

Rose¹ ['ro:zə] <-, -n> f ❶ (Blüte) rose f ❷ (Strauch) rosier m

Rosé² [ro'ze:] <-s, -s> m (vin) rosé m

Rosenkohl m chou m de Bruxelles

rosig ['ro:zɪç] adj rose

Rosine [ro'zi:nə] <-, -n> f raisin m sec

Rosmarin ['ro:smari:n] <-s> m romarin m

Ross [rɔs] <-es, -e> nt ÖSTERR, SCHWEIZ, SÜDD (Pferd) cheval m

Rost [rɔst] <-[e]s, -e> m (Eisenoxyd) rouille f

rosten ['rɔstən] vi rouiller

rot [ro:t] <-er, -este> adj rouge; (Haare) roux, rousse; ~ **werden** rougir

Rot <-s, -> nt rouge m

Röteln ['rø:tln] Pl rubéole f

rothaarig adj roux, rousse

Rotwein m (vin) rouge m

Route ['ru:tə] <-, -n> f itinéraire m

Rübe ['ry:bə] <-, -n> f betterave f

Rubel ['ru:bəl] <-s, -> m rouble m

rüber ['ry:bə] adv (fam) ❶ s. hinüber ❷ s. herüber

Rubin [ru'bi:n] <-s, -e> m rubis m

rücken ['rʏkən] I. vi (wegrücken) se pousser II. vt (Möbelstück) pousser

Rücken ['rʏkən] <-s, -> m dos m

Rückenschmerzen Pl ~ **haben** avoir mal au dos

Rückfahrkarte f (billet m) aller retour m **Rückfahrt** f (voyage m) retour m **Rückfall** m MED rechute f **Rückflug** m vol m retour

Rückgrat <-[e]s, -e> nt colonne f vertébrale

Rückholservice m convoyage m **Rückkehr** f ['rʏkke:ɐ̯] <-> f retour m **Rücklicht** nt feu m arrière

Rucksack [rʊkzak] m sac m à dos

Rückseite f (einer Seite) verso m

rücksichtslos adj sans scrupules **rücksichtsvoll** adj prévenant(e) **Rückspiegel** m rétroviseur m **Rücktritt** m (Amtsniederlegung) démission f

rückwärts ['rʏkvɛrts] adv en arrière

Rückwärtsgang m marche f arrière

rückwärts|gehen vi marcher à reculons

Rückweg m (chemin m du) retour m **Rückzahlung** f remboursement m

Ruder ['ru:de] <-s, -> nt ❶ (Paddel) rame f ❷ (Steuerruder) gouvernail m

Ruderboot nt barque f; SPORT canoë m

rudern vi ramer

Ruf [ruːf] <-[e]s, -e> m ● (Ausruf) appel m ● (Ansehen) réputation f

rufen [ruːfən] irr I. vi appeler; (laut schreien) crier II. vt ● (ausrufen) crier ● (herbestellen) appeler

Rufnummer f numéro m de téléphone

Ruhe [ˈruːə] <-> f ● (Stille) silence m ● (Erholung) repos m ● (Gelassenheit) calme m

Ruhestand m retraite f **Ruhetag** m: **dienstags ~** fermeture f hebdomadaire le mardi

ruhig [ˈruːɪç] I. adj calme; **Sie können ganz ~ sein** vous pouvez être rassuré II. adv tranquillement

Ruhm [ruːm] <-es> m gloire f

Rührei nt œufs m pl brouillés

rühren [ˈryːrən] I. vt ● (Teig) remuer ● (unterrühren) mélanger ● (erweichen) toucher II. vi (umrühren) remuer

rührend adj touchant(e)

Ruhrgebiet nt: **das ~** le bassin de la Ruhr

Rührlöffel m cuillère f en bois

Ruin [ruˈiːn] <-s> m ruine f

Ruine [ruˈiːnə] <-, -n> f ruine f

rülpsen [ˈrʏlpsən] vi (fam) roter

Rum [rʊm] <-s> m rhum m

Rumäne [ruˈmɛːnə] <-n, -n> m, **Rumänin** f Roumain(e) m(f)

Rumänien [ruˈmɛːnian] <-s> nt la Roumanie

rumänisch I. adj roumain(e) II. adv en roumain

Rumänisch <-[s]> nt roumain m

rund [rʊnt] adj rond(e)

Runde [ˈrʊndə] <-, -n> f ● (Gesellschaft) assemblée f ● (Rundgang, Rundfahrt, flug) tour m ● SPORT round m ● SPIEL partie f

Rundfahrt f circuit m

Rundfunk m radio f **rundherum** adv ● (ringsherum) tout autour ● s. **rundum**

Rundreise f circuit m **rundum** adv ● (ringsum) à la ronde ● (zufrieden) tout à fait

Russe [ˈrʊsə] <-n, -n> m, **Russin** f Russe f

russisch I. adj russe II. adv en russe

Russisch <-[s]> nt russe m

Russland [ˈrʊslant] nt la Russie

Rutsch [rʊtʃ] <-es, -e> m ● glissement m (de terrain) ● **guten ~!** (fam) bonne année!

Rutschbahn f ● (Rutsche) toboggan m ● (fam: Eisbahn) patinoire f

rutschen [ˈrʊtʃən] vi ● (ausrutschen) glisser ● (fam: rücken) se pousser ● (herunterrutschen: Brille) tomber ● auf der Rutschbahn benutzen) faire du toboggan

rutschig adj glissant(e)

rütteln [ˈrʏtəln] vt secouer

R

S

S s

S, s [ɛs] <-, -> nt S m/s m

s. *Abk von* **siehe** cf.

S *Abk von* **Süden** S

S. *Abk von* **Seite** p.

Saal [zaːl] <-[e]s, Säle> m salle f

Saarbrücken nt Sarrebruck

Saarland nt: **das** ~ la Sarre

sabbern ['zaben] (fam) vi baver

Sache [zaxə] <-, -n> f ⓵ (Angelegenheit) chose f; **das ist seine** ~ c'est son affaire ⓶ (Zweck) cause f ⓷ pl (Dummheit) **was machst du bloß für** ~**n!** (fam) [mais] qu'est-ce que tu fabriques!

Sachse ['zaksə] <-n, -n> m, **Sächsin** f Saxon(ne) m(f)

Sachsen ['zaksn] nt la Saxe

Sachsen-Anhalt ['zaksn?anhalt] <-s> nt la Saxe-Anhalt

Sächsisch ['zɛksɪç] nt le saxon

Sackgasse f ⓵ cul-de-sac m ⓶ (fig) impasse f

sadistisch adj sadique

Safe [seːf] <-s, -s> m coffre-fort m

Safran ['zafra(ː)n] <-s, -e> m safran m

Saft [zaft] <-[e]s, Säfte> m ⓵ (Fruchtsaft) jus m

saftig adj juteux, -euse

Säge ['zɛːgə] <-, -n> f scie f

sagen ['zaːgən] I. vt dire II. vi: **wie gesagt** comme je viens de le dire; **genauer gesagt** plus précisément

sägen ['zɛːgən] vt, vi scier

Sahne ['zaːnə] <-> f crème f

sahnig adj crémeux, -euse

Saison [zɛ'zõː] <-, -s ÖSTERR -en> f saison f

Saite ['zajtə] <-, -n> f corde f

Salami [za'laːmi] <-, -s> f salami m

Salat [za'laːt] <-[e]s, -e> m salade f

Salatbüfett nt buffet m de salades

Salbe ['zalbə] <-, -n> f crème f; (fettig) pommade f

Salbei ['zalbaj] <-s> m sauge f

Salmonelle [zalmo'nɛlə] f meist Pl salmonelle f

Salmonellenvergiftung f salmonellose f

salopp [za'lɔp] adj (Kleidung) décontracté(e); (Redeweise) léger, -ère

Salz [zalts] <-es, -e> nt sel m

Salzburg ['zaltsbʊrk] <-s, -> nt ⓵ (Stadt) Salzbourg ⓶ (Bundesland) la province de Salzbourg

salzen vt, vi saler

salzig adj salé(e)

Salzkartoffel f pomme f de terre [cuite] à l'eau

Salzstreuer <-s, -> m salière f

Samen ['zaːmən] <-s, -> m ⓵ BOT semence f ⓶ (Sperma) sperme m

sammeln ['zamln] vt ⓵ (Beeren) cueillir; (Pilze) ramasser ⓶ (Briefmarken) collectionner ⓷ (Altkleider) collecter ⓸ (Informationen, Eindrücke) recueillir

Sammlung <-, -en> f collection f

Samstag ['zamstaːk] <-[e]s, -e> m samedi m

Samstagabend m samedi m soir

Samstagmorgen m samedi m matin

samstags adv le samedi

Samt [zamt] <-[e]s, -e> m velours m

Sand [zant] <-[e]s, -e> m sable m

Sandale [zanˈdaːlə] <-, -n> f sandale f

Sandburg f château m de sable
Sandkasten m bac m à sable

sanft [zanft] I. adj ① (Händedruck, Brise) léger, -ère; (Musik, Person) doux, douce II. adv ① (sacht) doucement ② (abfallen) légèrement

Sänger(in) [ˈzɛŋɐ] <-s, -> m(f) chanteur m, -euse f

sanieren* [zaˈniːrən] vt assainir

Sanitäreinrichtungen Pl installations fpl sanitaires

Sanitäter(in) [zaniˈtɛːtɐ] <-s, -> m(f) MED secouriste m

Sankt [zaŋkt] adj: ~ Peter saint Pierre

Sardelle [zarˈdɛla] <-, -n> f anchois m

Sardinien [zarˈdiːniən] <-s> nt la Sardaigne

Sarg [zark] <-[e]s, Särge> m cercueil m

satt [zat] adj rassasié(e)

Sattel [ˈzatal] <-s, Sättel> m selle f

satt|haben <irr> vt: **jdn/etw ~** en avoir marre de qn/qc

Saturn [zaˈtʊrn] <-s> m: **(der) ~** [la planète] Saturne

Satz [zats] <-es, Sätze> m ① phrase f ② (festgelegter Betrag) tarif m ③ SPORT set m

Sau [zau] <-, -en> f truie f

sauber [ˈzaubɐ] I. adj propre; (Luft) pur(e); **jdn/etw ~ machen** qn/nettoyer qc II. adv (sorgfältig) soigneusement; **~ machen** faire le ménage

sauer [ˈzauɐ] adj ① (Frucht) acide; (Wein) aigre; (Drops) acidulé(e) ② (Gurke) au vinaigre; (Hering) mariné(e) ③ (fam): **auf jdn ~ sein** être en rogne contre qn

Sauerei [zauɐˈrai] <-, -en> f (fam) saloperie f

Sauerkirsche f ① (Frucht) griotte f ② (Baum) cerisier m **Sauerkraut** nt choucroute f

Sauerstoff m oxygène m

Sauerstoffgerät nt bouteille f d'oxygène

saufen [ˈzaufən] irr I. vt boire II. vi ① (Tier) s'abreuver ② (fam: Alkoholiker sein) picoler

saugen [ˈzaugən] irr I. vi: **an der Brust ~** (Baby) téter le sein II. vt (Flüssigkeit) aspirer

Sauger [ˈzaugɐ] <-s, -> m (auf Flasche) tétine f

Säugetier nt mammifère m

Saugflasche f biberon m

Säugling [ˈzɔyklɪŋ] <-s, -e> m nourrisson m

Säule [ˈzɔylə] <-, -n> f colonne f

Sauna [ˈzauna] <-, -s o Saunen> f sauna m

S-Bahn [ˈɛsbaːn] f train m de banlieue

Scanner [ˈskɛnɐ] <-s, -> m scanner m

Schach [ʃax] <-s> nt échecs m pl
Schachbrett nt échiquier m

Schacht [ʃaxt] <-[e]s, Schächte>

m a. MIN rante *m*; *(eines Fahr-
stuhls)* cage *f*

Schachtel ['ʃaxtəl] <-, -n> *f* boîte *f*

schade ['ʃaːdə] *adj* dommage

Schädel ['ʃɛːdəl] <-s, -> *m* crâne *m*

schaden ['ʃaːdən] *vi* ❶ nuire
❷ *(fam: verkehrt sein)* **es kann
nichts ~, wenn ...** ça peut pas
faire de mal si ...

Schaden <-s, Schäden> *m*
❶ *(Sachschaden)* dommage *m*;
❷ *(Verwüstung)* dégâts *m pl*

schädlich ['ʃɛːtlɪç] *adj* nocif, -ive

Schaf [ʃaːf] <-[e]s, -e> *nt* mouton *m*

Schäfer(in) ['ʃɛːfɐ] <-s, -> *m(f)*
berger *m*, -ère *f*

Schäferhund *m* berger *m* allemand

schaffen¹ ['ʃafən] *vt irr* réussir;
es ~ y arriver

schaffen² ['ʃafən] *vt irr* créer; *(Frieden)*
faire

Schaffner(in) ['ʃafnɐ] <-s, -> *m(f)*
contrôleur *m*, -euse *f*

Schafskäse *m* fromage *m* de brebis

Schal [ʃaːl] <-s, -s> *m* écharpe *f*;
(aus Seide) foulard *m*

Schale ['ʃaːlə] <-, -n> *f* ❶ *(Eierschale)* coquille *f*; ❷ *(Haut von Obst,
Gemüse)* peau *f*; *(von Orangen, Zitronen)* écorce *f*; *(abgeschält)* pe-
lure *f* ❸ *(Gefäß)* coupe *f*

schälen ['ʃɛːlən] **I.** *vt* éplucher
II. *vr:* **sich ~** *(Haut)* peler

Schallplatte *f* disque *m*

schalten ['ʃaltən] **I.** *vt* ELEC, TELEC
mettre en service **II.** *vi* *(Gang
einlegen)* changer de vitesse; **in**

den zweiten Gang ~ passer la
seconde

Schalter <-s, -> *m* ❶ *(Theke)*
guichet *m* ❷ ELEC, TECH interrupteur *m*

Schaltjahr *nt* année *f* bissextile

schämen ['ʃɛːmən] *vr:* **sich für
jdn/wegen etw ~** avoir honte
pour qn/de qc

Schande ['ʃandə] <-> *f* honte *f*

scharf [ʃarf] <schärfer, schärfste>
I. *adj* ❶ *(Messer)* coupant(e)
❷ *(stark gewürzt)* épicé(e) ❸ *(Kurve)* serré(e) **II.** *adv* ❶ *(würzen)* bien
❷ *(kritisieren)* énergiquement

Schatten ['ʃatən] <-s, -> *m* ombre *f*

Schatz [ʃats] <-es, Schätze> *m*
(a. fam) trésor *m*

schätzen ['ʃɛtsən] *vt* estimer

schauen ['ʃauən] *vi* regarder

Schauer ['ʃauɐ] <-s, -> *m* ❶ *(Regenschauer)* averse *f* ❷ *(Frös-
teln)* frisson *m*

Schaufel ['ʃaufəl] <-, -n> *f* pelle *f*

schaufeln *vt, vi* pelleter; *(Loch)*
creuser *la pelle*)

Schaufenster *nt* vitrine *f*

Schaukel ['ʃaukəl] <-, -n> *f* balançoire *f*

schaukeln *vi* ❶ *(auf einer Schaukel)* faire de la balançoire
❷ *(wippen)* se balancer

Schaum [ʃaum] <-s, Schäume> *m*
❶ mousse *f* ❷ *(Wellenschaum,
Geifer)* écume *f*

schäumen ['ʃɔymən] *vi* mousser

Schauspieler(in) *m(f)* *(Theater-
schauspieler)* comédien(ne)
m(f); *(Filmschauspieler)* acteur
m, -trice *f*

Scheck [ʃɛk] <-s, -s> m chèque m

Scheibe [ˈʃaɪbə] <-, -n> f ⓵ (Fensterscheibe) vitre f; (Windschutzscheibe) parebrise f ⓶ (Brotscheibe) tranche f ⓷ (runder Gegenstand) disque m

Scheibenwischer <-s, -> m essuie-glace m

Scheide [ˈʃaɪdə] <-, -n> f ANAT vagin m

scheiden [ˈʃaɪdn] vt irr (Ehe) dissoudre; **sich von jdm ~ lassen** divorcer de qn

Scheidung <-, -en> f divorce m

Schein [ʃaɪn] <-[e]s, -e> m ⓵ (Anschein) apparence f ⓶ (Banknote) billet m

scheinen [ˈʃaɪnən] vi irr (Sonne, Mond) briller ⓶ (den Anschein haben) sembler

Scheinwerfer m projecteur m; (Autoscheinwerfer) phare m

Scheiße [ˈʃaɪsə] <-> f (fam) merde f

scheißen vi irr (fam) chier

Scheitel [ˈʃaɪtl] <-s, -> m raie f

Schenkel [ˈʃɛŋkl] <-s, -> m cuisse f

schenken [ˈʃɛŋkn] vt offrir

Schere [ˈʃeːrə] <-, -n> f [paire f de] ciseaux m pl

Scherz [ʃɛrts] <-es, -e> m plaisanterie f

scherzen vi plaisanter

scheu [ʃɔʏ] adj timide

scheuen [ˈʃɔʏən] I. vt (Arbeit) reculer devant II. vr: **sich vor etw** (dat) ~ reculer devant qc

scheuern [ˈʃɔʏɐn] I. vt (Topf) récurer; (Fußboden) frotter II. vi (Kragen) gratter

scheußlich [ˈʃɔʏslɪç] adj (Anblick) monstrueux, -euse; (Film) horrible

Schi s. Ski

Schicht [ʃɪçt] <-, -en> f ⓵ couche f ⓶ (Arbeitsgruppe) équipe f

Schichtarbeit f travail m posté

schicken [ˈʃɪkn] vt envoyer

Schicksal [ˈʃɪkzaːl] <-s, -e> nt destin m

Schiebedach nt toit m ouvrant

schieben [ˈʃiːbn] irr I. vt pousser; (Schuld) rejeter II. vi pousser

Schiedsrichter(in) m(f) arbitre mf

schief [ʃiːf] I. adj (Wand) penché(e) II. adv (aufsetzen) de travers

schiefgehen vi (fam) foirer

schielen [ˈʃiːlən] vi loucher

Schienbein nt tibia m

Schiene [ˈʃiːnə] <-, -n> f rail m

schießen [ˈʃiːsn] vt, vi irr tirer

Schiff [ʃɪf] <-[e]s, -e> nt bateau m

Schiffbruch m naufrage m

Schiffbrüchige(r) f(m) naufragé(e) m(f)

Schikoree [ʃikoˈreː] s. **Chicorée**

Schild¹ [ʃɪlt] <-[e]s, -er> nt ⓵ (Verkehrsschild) panneau m ⓶ (Hinweisschild) écriteau m ⓷ (fam: Preisschild) étiquette f

Schild² <-[e]s, -e> m (Schutzschild) bouclier m

schildern [ˈʃɪldɐn] vt décrire

Schildkröte f tortue f

Schimmel [ˈʃɪml] <-s, -> m (Schimmelpilz) moisissure f

schimmeln vi moisir

schimpfen [ˈʃɪmpfn] vi ⓵ (wettern) pester contre qn/qc ⓶ (zurechtweisen) **mit jdm ~** gronder qn

Schịmpfwort <-wörter> nt gros mot m

Schịnken ['ʃɪŋkən] <-s, -> m jambon m **gekochter ~** jambon m cuit [o blanc] [o de Paris] ; **roher ~** jambon mcru

Schịrm [ʃɪrm] <-[e]s, -e> m parapluie m

Schlạcht [ʃlaxt] <-, -en> f bataille f

Schlạchthof m abattoirs m pl

Schlạfanzug m pyjama m

Schlạfcouch f banquette-lit m

Schlạfe ['ʃlaːfə] <-, -n> f tempe f

schlạfen ['ʃlaːfən] vi irr ① **~ gehen** aller se coucher ② (fam): **mit jdm ~** coucher avec qn

Schlạflosigkeit <-> f insomnie f

Schlạfsack m sac m de couchage **Schlạftablette** f somnifère m **Schlạfwagen** m wagon-lit m **Schlạfzimmer** nt chambre f à coucher

Schlạg [ʃlaːk] <-[e]s, Schläge> m ① coup m ② (Hall) bruit m [de choc]

Schlạganfall m attaque f [d'apoplexie] **schlạgartig** adj brusque

schlạgen ['ʃlaːgən] irr I. vt ① **jdn ins Gesicht ~** frapper qn au visage ② (besiegen) battre ③ (Nagel) enfoncer II. vi ① frapper ② (Herz) battre

Schlạger <-s, -> m tube m (fam)

Schlạger ['ʃlɛːgɐ] <-s, -> m (Tennisschläger) raquette f; (Hockeyschläger) crosse f; (Golfschläger) club m; (Baseballschläger) batte f

Schlägerei ['ʃlɛːgəˈraɪ] <-, -en> f bagarre f

Schlạgsahne f (flüssig) crème f fleurette; (geschlagen) [crème f] chantilly f

Schlạgzeug <-[e]s, -e> nt batterie f

Schlạmm [ʃlam] <-[e]s, -e> m boue f

Schlạmpe ['ʃlampə] <-, -n> f (pej fam: liederliche Frau) traînée f

schlạmpig (fam) adj (Arbeit) bâclé(e); (Äußeres) débraillé(e)

Schlạnge ['ʃlaŋə] <-, -n> f ① ZOOL serpent m ② (Warteschlange) queue f – **stehen** faire la queue

schlạnk [ʃlaŋk] adj mince

schlạu [ʃlaʊ] adj astucieux, -euse

Schlạuch [ʃlaʊx] <-[e]s, Schläuche> m ① tuyau m ② (Reifenschlauch) chambre f à air

Schlạuchboot nt bateau m pneumatique

schlẹcht [ʃlɛçt] I. adj ① (nicht gut) mauvais(e) ② (Bezahlung) médiocre ③ (verdorben) **werden/sein** s'abîmer/être avarié ④ (übel) **jdm wird/ist ~** se sent mal II. adv ① mal; **~ gelaunt sein** être de mauvaise humeur ② (negativ) **über jdn denken** penser du mal de qn

schlẹcken ['ʃlɛkən] vt lécher

schleichen ['ʃlaɪçən] irr I. vi se déplacer furtivement II. vr: **sich aus dem Haus ~** sortir de la maison furtivement

Schleier ['ʃlaɪɐ] <-s, -> m voile m

Schleife ['ʃlaɪfə] <-, -n> f ① (Knoten) nœud m ② (Kurve) méandre m

schleifen[1] ['ʃlaɪfən] vt traîner

schleifen² *vt irr (Messer)* aiguiser; *(Edelstein)* tailler

schleppen ['ʃlɛpən] **I.** *vt (schwer tragen)* traîner avec peine **II.** *vr (sich fortbewegen)* **sich zum Telefon ~** se traîner jusqu'au téléphone

Schlepplift *m* téléski *m*, remonte-pente *m*

Schlesien ['ʃleːziən] <-s> *nt* la Silésie

schlesisch *adj* silésien(ne)

Schleswig-Holstein ['ʃleːsvɪçˈhɔlʃtaɪn] <-s> *nt* le Schleswig-Holstein

schleudern ['ʃlɔʏdɐn] **I.** *vt ① lancer ② (Wäsche)* essorer **II.** *vi (Fahrzeug)* déraper

Schleuse ['ʃlɔʏzə] <-, -n> *f* NAUT écluse *f*

schließen ['ʃliːsən] *irr* **I.** *vi ① fermer ② (enden)* terminer **II.** *vt* fermer; *(Konferenz)* clôturer; *(Abkommen)* conclure **III.** *vr:* **sich ~** se fermer

Schließfach *nt* consigne *f* automatique

schließlich *adv ① finalement ② (immerhin)* après tout

schlimm [ʃlɪm] **I.** *adj (Nachricht)* grave; *(Zeit)* difficile; **es gibt Schlimmeres** il y a pire **II.** *adv* mal

schlingen ['ʃlɪŋən] *vt, vi irr* dévorer

Schlitten ['ʃlɪtən] <-s, -> *m* luge *f*; **~ fahren** faire de la luge

Schlittschuh *m* patin *m* à glace; **~ laufen** faire du patin à glace

Schlitz [ʃlɪts] <-es, -e> *m ① (Einsteckschlitz)* fente *f ② (fam: Ho-*

senschlitz) braguette *f*

Schloss [ʃlɔs] <-es, Schlösser> *nt ① (Palast)* château *m ② (Türschloss)* serrure *f*

Schlosser(in) ['ʃlɔsɐ] <-s, -> *m(f)* serrurier m, -ière *f*

Schlucht [ʃlʊxt] <-, -en> *f* gorge *f*

schluchzen ['ʃlʊxtsən] *vi* sangloter

Schluck [ʃlʊk] <-[e]s, -e> *m* gorgée *f*

Schluckauf <-s> *m* hoquet *m*

schlucken ['ʃlʊkən] **I.** *vt ① (hinunterschlucken)* avaler ② *(fam: Ausrede)* avaler **II.** *vi* avaler

Schluss [ʃlʊs] <-es, Schlüsse> *m (Ende)* fin *f*; **zum ~** pour terminer; **~ damit!** ça suffit!

Schlüssel ['ʃlʏsəl] <-s, -> *m* clé *f*

Schlüsselbein *nt* clavicule *f*

Schlüsselübergabe *f* remise *f* des clés

Schlussverkauf *m* soldes *m pl*

schmal [ʃmaːl] <-er, -ste> *adj (Hüfte, Straße, Taille)* mince

Schmalz [ʃmalts] <-es, -e> *m* GASTR saindoux *m*

schmecken ['ʃmɛkən] **I.** *vi:* **es schmeckt** je le trouve bon; **wie schmeckt?** c'est bon **II.** *vt* goûter

schmeicheln ['ʃmaɪçəln] *vi:* **jdm ~** flatter qn

schmeißen ['ʃmaɪsən] *irr (fam) vt* balancer

schmelzen ['ʃmɛltsən] *irr* **I.** *vi* fondre **II.** *vt (Metall)* fondre; *(Eis)* faire fondre

Schmerz [ʃmɛrts] <-es, -en> *m* MED, PSYCH douleur *f*

schmerzen *vi* faire mal

Schmerztablette *f* cachet *m*

S

contre la douleur

Schmetterling [ˈʃmɛtɐlɪŋ] <-s, -e> m papillon m

schmieden [ˈʃmiːdən] vt forger

schmieren [ˈʃmiːrən] I. vt ❶ (Brot) tartiner ❷ (Scharnier) graisser ❸ (pej fam: bestechen) graisser la patte à ❹ jdm eine ~ (fam) en coller une à qn II. vi (fam: Kugelschreiber) baver

schminken vt, vr: **sich** | ~ [se] maquiller

schmollen [ˈʃmɔlən] vi bouder

Schmuck [ʃmʊk] <-[e]s -> m ❶ bijoux m pl ❷ (Verzierung) décoration f

Schmuggel [ˈʃmʊɡəl] <-s -> m contrebande f

schmusen [ˈʃmuːzən] vi (fam): **mit jdm ~** faire des mamours à qn

Schmutz [ʃmʊts] <-es -> m saleté f

schmutzig adj (a. pej) sale; **sich ~ machen** se salir

Schnabel [ˈʃnaːbəl] <-s, Schnäbel> m bec m

Schnake [ˈʃnaːkə] <-, -n> f cousin m

schnappen [ˈʃnapən] I. vi: **nach etw ~** essayer d'attraper qc; **nach jdm ~** (Hund) chercher à mordre qn II. vt (fam: ergreifen) **sich** (dat) **jdn/etw ~** choper qn/qc

Schnappschuss m instantané m

Schnaps [ʃnaps] <-es, Schnäpse> m eau-de-vie f

schnarchen [ˈʃnarçən] vi ronfler

Schnauze [ˈʃnautsə] <-, -n> f ❶ gueule f ❷ **die ~ voll haben** (fam) en avoir ras le bol

Schnecke [ˈʃnɛkə] <-, -n> f escar-

got m

Schnee [ʃneː] <-s -> m neige f

Schneeball m a. BOT boule f de neige **Schneebesen** m fouet m **Schneeflocke** f flocon m (de neige) **Schneemann** <-männer> m bonhomme m de neige **Schneepflug** m chasse-neige m **Schneidebrett** nt planche f à découper

schneiden [ˈʃnaɪdən] irr I. vt ❶ couper; (mit der Schere) découper ❷ (Bart) tailler ❸ (Film) monter II. vr: **sich** ~ se couper

Schneiderin <-, -nen> f couturière f

schneien [ˈʃnaɪən] vi: **es schneit** il neige

schnell [ʃnɛl] I. adj rapide II. adv vite

Schnellimbiss m snack m **Schnellkochtopf** m cocotte-minute® f **Schnellstraße** f voie f rapide

schniefen [ˈʃniːfən] vi renifler

Schnitt [ʃnɪt] <-[e]s, -e> m ❶ a. MED (Einschnitt) incision f ❷ CINE montage m ❸ (von Kleidung) coupe f

Schnittlauch m ciboulette f **Schnittwunde** f coupure f

Schnitzel [ˈʃnɪtsəl] <-s, -> nt GASTR escalope f

schnitzen [ˈʃnɪtsən] vt, vi sculpter **Schnitzerei** [ʃnɪtsəˈraɪ] <-, -en> f sculpture f sur bois

Schnorchel [ˈʃnɔrçəl] <-s, -> m tuba m

schnorcheln [ˈʃnɔrçəln] vi faire de la nage sous-marine

schnüffeln ['ʃnʏfəln] *vi:* **an jdm/ etw ~** flairer qn/qc

Schnuller ['ʃnʊlɐ] <-s, -> *m* sucette *f*

Schnupfen <-s, -> *m* rhume *m*

Schnur ['ʃnuːg] <-, Schnüre> *f* ficelle *f*

Schnurrbart *m* moustache *f*

schnurren ['ʃnʊrən] *vi* ronronner

Schnürsenkel ['ʃnyːgzɛŋkəl] *m* lacet *m*

schockieren* [ʃɔˈkiːrən] *vt* choquer

Schokolade [ʃokoˈlaːdə] <-, -n> *f* chocolat *m*

Schokoriegel *m* barre *f* de chocolat

Scholle ['ʃɔlə] <-, -n> *f* ⓵ *(Fisch)* carrelet *m* ⓶ *(Erdscholle)* motte *f* ⓷ *(Eisscholle)* bloc *m* de glace

schon [ʃoːn] *adv* ⓵ *(bereits)* déjà; **~ immer** toujours; **~ wieder?** encore? ⓶ *(irgendwie)* **es wird ~ klappen** ça va bien marcher ⓷ *(fam: endlich)* **sag ~!** allez, dis!

schön [ʃøːn] I. *adj* ⓵ beau, belle ⓶ *(Abend, Urlaub)* bon(ne) ⓷ *(fam: gut)* **na ~!** c'est bon II. *adv (angenehm)* bien

schonen ['ʃoːnən] *vt* ménager

Schönheit <-, -en> *f* beauté *f*

Schonkost *f* cuisine *f* diététique **Schonzeit** *f* période *f* de fermeture de la pêche

schöpfen ['ʃœpfən] *vt* ⓵ *(Suppe)* prendre ⓶ *(Mut)* reprendre

Schöpfer(in) <-s, -> *m(f)* créateur *m*, -trice *f*

Schöpfkelle *f* louche *f*

Schoß [ʃoːs] <-es, Schöße> *m:*

---

auf dem/den ~ sur les genoux

Schotte ['ʃɔtə] <-n, -n> *m*, **Schottin** *f* Écossais(e) *m(f)*

schottisch *adj* écossais(e)

Schottland ['ʃɔtlant] *nt* l'Écosse *f*

schräg [ʃrɛːk] I. *adj* incliné(e); *(Linie)* oblique; *(Stellung)* penché(e) II. *adv (halten)* de travers; *(verlaufen)* en biais

Schräge <-, -n> *f* ⓵ *(schräge Fläche)* plan *m* incliné ⓶ *(einer Wand)* inclinaison *f*; *(eines Dachs)* pente *f*

Schrank [ʃraŋk] <-[e]s, Schränke> *m (Wandschrank)* placard *m*; *(Kleiderschrank)* armoire *f*

Schranke ['ʃraŋkə] <-, -n> *f* barrière *f*

Schraube ['ʃraubə] <-, -n> *f* ⓵ TECH vis *f* ⓶ NAUT hélice *f*

schrauben *vt:* **etw an/auf etw** *(akk)* **~** visser qc à/sur qc

Schraubenzieher <-s, -> *m* tournevis *m*

Schreck [ʃrɛk] <-s> *m* peur *f*

schrecklich [ʃrɛklɪç] I. *adj* ⓵ terrible ⓶ *(pej fam: Mensch)* affreux, -euse II. *adv* ⓵ *(furchtbar)* horriblement ⓶ *(fam: heiß, einsam)* affreusement ⓷ *(gernhaben)* terriblement

Schrei [ʃrai] <-[e]s, -e> *m* cri *m*

schreiben [ʃraibən] *irr* I. *vt (Text)* écrire; *(Klassenarbeit)* faire II. *vi* écrire III. *vr (korrespondieren)* **sich** *(dat)* **~** s'écrire

Schreibmaschine *f* machine *f* à écrire **Schreibtelefon** *nt* minitel-dialogue *m* **Schreibtisch** *m* bureau *m* **Schreibwaren** *Pl*

[articles *m pl de*] papeterie *f* **Schreibwarengeschäft** *nt* papeterie *f*

schreien [ˈʃraɪən] *vt, vi irr* crier

Schrift [ʃrɪft] <-, -en> *f* ⓵ *(Handschrift)* écriture *f* ⓶ TYP caractères *m pl*

schriftlich I. *adj* écrit(e) II. *adv* par écrit

Schriftsteller(in) <-s, -> *m(f)* écrivain *m*

schrill [ʃrɪl] *adj (Ton)* strident(e)

Schritt [ʃrɪt] <-[e]s, -e> *m* pas *m*

Schrotflinte *f* carabine *f* à plombs

Schrott [ʃrɔt] <-[e]s> *m* ⓵ ferraille *f* ⓶ *(wertloses Zeug)* camelote *f* **Schrotthändler(in)** *m(f)* ferrailleur *m*, -euse *f*

schrumpfen [ˈʃrʊmpfən] *vi (Muskeln)* fondre; *(Frucht)* se ratatiner; *(Vorräte)* se réduire

Schub [ʃuːp] <-[e]s, Schübe> *m* PHYS poussée *f*; MED crise *f*

Schubkarren *m* brouette *f* **Schublade** <-, -n> *f* tiroir *m*

schüchtern [ˈʃʏçtɐn] *adj* timide

Schuh [ʃuː] <-[e]s, -e> *m* chaussure *f*

Schuhbürste *f* brosse *f* à chaussures **Schuhcreme** *f* cirage *m* **Schuhgeschäft** *nt* magasin *m* de chaussures **Schuhgröße** *f* pointure *f*; **ich habe ~ 40** je fais du 40 **Schuhlöffel** *m* chausse-pied *m* **Schuhmacher(in)** *m(f)* cordonnier *m*, -ière *f*

schuld [ʃʊlt]: **an etw** *(dat)* **~ sein** *(Person)* être responsable de qc; *(Sache)* être à l'origine de qc **Schuld** [ʃʊlt] <-, -en> *f* ⓵ *(Ver-*

schulden) culpabilité *f* ⓶ *(Verantwortung)* **an etw** *(dat)* **~ haben** être responsable de qc ⓷ a. FIN *(Verpflichtung)* dette *f*

schulden [ˈʃʊldən] *vt (Geld)* devoir **schuldig** *adj* ⓵ responsable ⓶ JUR coupable

Schule [ˈʃuːlə] <-, -n> *f* école *f* **schulen** *vt (Person)* former **Schüler(in)** [ˈʃyːlɐ] <-s, -> *m(f)* élève *mf*

Schüleraustausch *m* échange *m* scolaire

Schuljahr *nt* année *f* scolaire **Schulkind** *nt* écolier *m*, -ière *f* **Schulleiter(in)** *m(f)* chef *m* d'établissement **schulpflichtig** *adj* d'âge scolaire **Schulranzen** *m* cartable *m* [à bretelles]

Schulter [ˈʃʊltɐ] <-, -n> *f* épaule *f* **Schulung** <-, -en> *f* formation *f* **Schulzeit** *f* scolarité *f*

Schuppe [ˈʃʊpə] <-, -n> *f* ⓵ ZOOL écaille *f* ⓶ *pl (Kopfschuppe)* pellicules *f pl*

Schuppen [ˈʃʊpən] <-s, -> *m* hangar *m*

Schürze [ˈʃʏrtsə] <-, -n> *f* tablier *m*

Schuss [ʃʊs] <-es, Schüsse> *m* ⓵ coup *m* de feu ⓶ *(Munition)* balle *f* ⓷ SPORT tir *m*

Schüssel [ˈʃʏsəl] <-, -n> *f* ⓵ plat *m* creux; *(Salatschüssel)* saladier *m* ⓶ *(Waschschüssel)* cuvette *f*

Schüttelfrost [ˈʃʏtəl-] *m* frissons *mpl*

schütteln [ˈʃʏtəln] *vt, vi, vr:* [**sich**] **~** *se* secouer

Schutz [ʃʊts] <-es> *m:* **~ vor/gegen etw** protection *f* contre qc

Schütze ['ʃʏtsə] <-n, -n> *m*, **Schützin** *f* ① SPORT, JAGD tireur *m*, -euse *f* ② ASTRO Sagittaire *m*

schützen ['ʃʏtsən] *vt*, *vi*, *vr*: **[sich]** ~ **[se]** protéger

Schutzhütte *f* refuge *m*

Schwabe ['ʃvaːbə] <-n, -n> *m*, **Schwäbin** *f* Souabe *mf*

Schwaben ['ʃvaːbən] <-s> *nt* la Souabe

schwäbisch *adj* souabe

schwach [ʃvax] <schwächer, schwächste> I. *adj* ① (Person, *Argument*) faible; (*Herz*) fragile II. *adv* (*duften*) légèrement; (*besucht*) peu

Schwäche ['ʃvɛçə] <-, -n> *f* ① (*geringe Kraft*) faiblesse *f* ② (*Vorliebe*) faible *m*

Schwächeanfall *m* malaise *m*

Schwager ['ʃvaːgɐ] <-s, Schwäger> *m*, **Schwägerin** *f* beaufrère *m*/belle-sœur *f*

Schwalbe ['ʃvalbə] <-, -n> *f* hirondelle *f*

Schwamm [ʃvam] <-[e]s, Schwämme> *m* ① ② a. ZOOL éponge *f* ② ÖSTERR, SCHWEIZ (*Pilz*) champignon *m* [comestible]

Schwan [ʃvaːn] <-[e]s, Schwäne> *m* cygne *m*

schwanger ['ʃvaŋɐ] *adj* enceinte

Schwangerschaft <-, -en> *f* grossesse *f*

Schwangerschaftsabbruch *m* interruption *f* [volontaire] de grossesse

schwanken ['ʃvaŋkən] *vi* ① (*Gerüst*) osciller; (*Preis*) fluctuer ② (*Mensch*) tituber

Schwanz [ʃvants] <-es, Schwänze> *m* queue *f*

schwarz [ʃvarts] <schwärzer, schwärzeste> I. *adj* ① noir(e); **für jdn/etw** ~ **sehen** voir qn mal parti/être pessimiste sur qc ② (*fam: Benutzung*) illégal(e); (*Erwerb*) au noir II. *adv* ① (*gekleidet*) en noir ② (*fam: illegal*) au noir

Schwarzbrot *nt* pain *m* noir

Schwarze(r) *f(m)* noir(e) *m(f)*

schwarz|fahren ['ʃvartsfaːrən] *vi irr* voyager sans billet **schwarzhaarig** *adj* aux cheveux noirs **Schwarzhandel** *m*, **Schwarzmarkt** *m* marché *m* noir **Schwarzwald** *m*: **der** ~ la Forêt-Noire **schwarzweiß** ['ʃvartsˈvaɪs], **schwarz-weiß** *adj* ① (*Zeichnung*) noir et blanc ② CINE, PHOT [en] noir et blanc

Schwarzweißfilm *m* film *m* en noir et blanc

schweben *vi* (*Mensch*) planer

Schwede ['ʃveːdə] <-n, -n> *m*, **Schwedin** *f* Suédois(e) *m(f)*

Schweden ['ʃveːdən] <-s> *nt* la Suède

schwedisch I. *adj* suédois(e) II. *adv*: ~ **miteinander sprechen** parler en suédois

Schwedisch <-[s]> *nt* suédois *m*

Schwefel ['ʃveːfəl] <-s> *m* soufre *m*

schweigen ['ʃvaɪɡən] *vi irr* (*Person*) garder le silence

Schweigen <-s> *nt* ① silence *m*; (*absichtliches Nichtreden*) mutisme *m* ② **jdn zum** ~ **bringen** faire taire qn

S

Schwein [ʃvaɪn] <-s, -e> nt
① cochon m ② (fam: Mensch)
salaud m

Schweinebraten m rôti m de
porc **Schweinefleisch** nt
[viande f de] porc m

Schweinerei [ʃvaɪnəˈraɪ] <-, -en> f
(fam) ① (Unordnung) cochonne-
rie f ② (Gemeinheit) vacherie f

Schweiß [ʃvaɪs] <-es> m sueur f

Schweiz [ʃvaɪts] <-> f: **die ~** la
Suisse; **die deutschsprachige/**
französische/italienische ~ la
Suisse alémanique/romande/
italienne

Schweizer adj suisse; (Hauptstadt)
de la Suisse

Schweizer(in) <-s, -> f(m) Suisse
m, -esse f

schweizerdeutsch I. adj suisse-
allemand(e) **II.** adv en suisse-
-allemand

Schweizerdeutsch nt suisse-
-allemand m

Schweizer Franke m franc m
suisse

schweizerisch s. **Schweizer**

Schwelle [ˈʃvɛlə] <-, -n> f seuil m

schwellen [ˈʃvɛlən] vi irr MED enfler

Schwellung <-, -en> f enflure f

schwenken [ˈʃvɛŋkən] vt ① (Brief)
agiter ② (Kamera) diriger

schwer [ʃveːɐ̯] **I.** adj ① (Gewicht)
lourd ② (Verletzung, Krankheit) grave
③ (hart) dur(e) ④ (schwierig) difficile **II.** adv ① (arbeiten) lourd ②
durement ③ (enttäuschen) profondément; ④ (treffen) durement ⑤
(atmen) difficilement; (hören)
mal ⑥ (sich verletzen) gravement

Schwerbehinderte(r) f(m) handi-
capé(e) m(f) sévère

Schwertfisch m espadon m

Schwester [ˈʃvɛstɐ] <-, -n> f
① a. REL sœur f ② (Krankenschwester) infirmière f

Schwiegereltern [ˈʃviːgɐˌʔɛltɐn] Pl
beaux-parents m pl **Schwieger-**
mutter f belle-mère f **Schwie-**
gersohn m gendre m **Schwie-**
gertochter f belle-fille f **Schwie-**
gervater m beau-père m

schwierig [ˈʃviːrɪç] adj difficile

Schwierigkeit <-, -en> f difficulté
f; **jdn in ~en bringen** mettre qn
en difficulté

Schwimmbad nt piscine f

schwimmen [ˈʃvɪmən] vi irr
① nager ② (treiben) flotter

Schwimmer(in) [ˈʃvɪmɐ] <-s, ->
m(f) nageur m, -euse f

Schwimmflosse f palme f
Schwimmflügel m bracelet m
Schwimmkurs m cours m de
natation **Schwimmring** m
bouée f **Schwimmweste** f gilet
m de sauvetage

Schwindel [ˈʃvɪndəl] <-s> m vertige m

schwindelig s. **schwindlig**

Schwindler(in) <-s, -> m(f)
escroc m

schwindlig adj: **jdm ist ~** qn a le
vertige

schwingen [ˈʃvɪŋən] irr **I.** vt (Fähn-
chen) agiter **II.** vi (Membran, Saite)
vibrer; (Brücke) osciller

schwitzen [ˈʃvɪtsən] vi suer

schwören [ˈʃvøːrən] vt, vi irr jurer

schwul [ʃvuːl] adj (fam) homo

S

schwül [ʃvyːl] *adj* lourd(e)

Schwule(r) *m (fam)* homo *m*

Schwung [ʃvʊŋ] <-[e]s, Schwünge> *m* élan *m*

Schwur [ʃvuːɐ̯] <-[e]s, Schwüre> *m* serment *m*

sechs [zɛks] *num* six

Sechs <-, -en> *f* ❶ *(Zahl, Spielkarte, Augenzahl)* six *m* ❷ *(Schulnote)* ≈ zéro *m* SCHWEIZ ≈ vingt *m*

Sechseck *nt* hexagone *m*

sechseinhalb *num* six ... et demi(e)

Sechser <-s, -> *m (fam)* ❶ *(Schulnote)* bulle *f* ❷ SCHWEIZ *(Schulnote)* ≈ vingt *m*

sechserlei *adj:* **~ Sorten Brot** six sortes de pain

sechsfach *adj, adv* six fois **sechsmal** *adv* six fois

sechst *adv:* **zu ~ sein** être six

sechste(r, s) *adj* ❶ sixième ❷ *(bei Datumsangaben)* **der ~ März** le six mars

Sechstel *nt* sixième

sechzehn [ˈzɛçtseːn] *num* seize

sechzig [ˈzɛçtsɪç] *num* soixante

sechziger *adj:* **die ~ Jahre** les années *f pl* soixante

sechzigste(r, s) *adj* soixantième

Secondhandladen [ˈsɛkəndhɛndlaːdn] *m* friperie *f*

See¹ [zeː] <-s, -n> *m* lac *m*

See² <-, -n> *f* mer *f*

Seegang *m* état *m* de la mer

seekrank *adj:* **~ sein** avoir le mal de mer **Seelachs** *m* colin *m*

Seele [ˈzeːlə] <-, -n> *f* ❶ REL âme *f* ❷ *(Psyche)* psychisme *m*

Seeleute *Pl von* **Seemann**

seelisch *adj* psychique

Seemann <-leute> *m* marin *m*

Seemeile *f* mille *m* marin

Seestern *m* étoile *f* de mer

Seezunge *f* sole *f*

Segel [ˈzeːgəl] <-s, -> *nt* voile *f*

Segelboot *nt* voilier *m* **Segelfliegen** *nt* vol *m* à voile **Segelflugzeug** *nt* planeur *m*

segeln *vi* ❶ *(fahren)* naviguer (à la voile) ❷ *(den Segelsport betreiben)* faire de la voile

Segeltörn <-s, -s> *m* croisière *f* à la voile

Segen [ˈzeːgən] <-s, -> *m* bénédiction *f*

sehbehindert *adj* malvoyant(e) **Sehbehinderte(r)** *f(m)* malvoyant(e) *m(f)*

sehen [ˈzeːən] *irr* **I.** *vt* ❶ voir ❷ *(Fernsehfilm)* regarder **II.** *vi* ❶ voir ❷ *(hinschauen)* **darf ich mal ~?** puis-je regarder? **III.** *vr:* **sich ~** se voir

Sehen [ˈzeːən] *vom* **~ kennen** connaître qn de vue

Sehenswürdigkeit <-, -en> *f* curiosité *f*

Sehne [ˈzeːnə] <-, -n> *f* ANAT tendon *m*

Sehnsucht <-, Sehnsüchte> *f* nostalgie *f*

sehr [zeːɐ̯] <mehr, am meisten> *adv* ❶ *mit Verb* beaucoup ❷ *mit adj, adv* très; **~ viel** énormément

Seide [ˈzaɪdə] <-, -n> *f* soie *f*

Seidenmalerei *f* peinture *f* sur soie

Seife [ˈzaɪfə] <-, -n> *f* savon *m*

Seil [zaɪl] <-[e]s, -e> *nt* corde *f*

Seilbahn f *(auf Schienen)* funiculaire m; *(Drahtseilbahn)* téléphérique m

sein¹ [zaɪn] *irr vi* ❶ être ❷ *(existieren)* exister ❸ *(ergeben)* **2 und 2 ist 4** 2 et 2 font 4 ❹ *(geschehen)* **was ist?** qu'est-ce qu'il y a? ❺ *mit modalem Hilfsverb:* ~ **können/dürfen** être possible; **das muss** ~ c'est indispensable ❻ **es ist schön, dass** c'est bien que +*subj*; **ich bin's!** *(fam)* c'est moi!; **es ist Montag** c'est lundi; **es ist Januar** on est en janvier; **es sei denn ...** à moins que ... III. *aux* ❶ *Zustandspassiv:* **fotografiert worden** ~ avoir été photographié ❷ *Perfekt:* **gefahren/gesprungen** ~ être allé/avoir sauté; **krank gewesen** ~ avoir été malade

sein² *pron* son/sa/ses

Sein nt <-s> *ohne pl* être m

seinerseits ['zaɪnɐzaɪts] *adv* ❶ *(er wiederum)* de son côté ❷ *(was ihn betrifft)* pour sa part

seinesgleichen ['zaɪnəsˈglaɪçən] *pron* ses semblables

seinetwegen ['zaɪnətˈveːɡən] *adv* ❶ *(wegen ihm)* à cause de lui ❷ *(ihm zuliebe)* pour lui

seit [zaɪt] I. *präp* +*dat* depuis II. *konj s.* **seitdem**

seitdem [zaɪt'deːm] I. *adv* depuis [ce moment-là] II. *konj* depuis que

Seite ['zaɪtə] f <-, -n> ❶ côté m; *(eines Würfels)* face f; **etw auf die** ~ **legen** mettre qc de côté ❷ *(Buchseite)* page f ❸ *(beteiligte Partei)* **auf jds** ~ *(dat)* **sein** être du côté de qn ❹ **auf der** ~ ..., **auf der anderen** ~ ... d'un côté ..., de l'autre ...

sek., Sek. *Abk von* **Sekunde**

Sekretär(in) [zekreˈtɛːɐ] <-s, -e> m(f) secrétaire mf

Sekt [zɛkt] <-[e]s, -e> m [vin m] mousseux m

Sekte ['zɛktə] <-, -n> f secte f

Sekundarschule f SCHWEIZ ≈ collège m

Sekunde [zeˈkʊndə] <-, -n> f seconde f

selbe(r, s) ['zɛlbə] *pron* même

selber s. **selbst**

selbst [zɛlbst] I. *pron* ❶ *(an sich)* lui-même/elle-même ❷ *(in eigener Person)* en personne ❸ *(ohne fremde Hilfe)* tout seul II. *adv:* ~ **du** ... même toi, tu ...

selbstständig ['zɛlpʃtɛndɪç] s. **selbstständig**

Selbstständige(r) s. **Selbstständige(r)**

Selbstauslöser m déclencheur m automatique

Selbstbedienung f libre-service m **selbstbewusst** *adj* sûr(e) de soi **Selbstmord** m suicide m

Selbstmordattentat nt attentat-suicide m **selbstsicher** I. *adj (Person)* sûr(e) de soi; *(Art)* plein(e) d'assurance II. *adv* avec assurance

selbstständig I. *adj (Person, Handeln)* autonome; *(Tätigkeit)* indépendant(e) II. *adv (handeln)* de façon autonome

Selbstständige(r) f/m(f) travailleur m, -euse f indépendant(e)

selbstverständlich I. adj tout(e) naturel(le) **II.** adv [bien] évidemment

Sellerie ['zɛlɐri] <-s, -[s]> m céleri m

selten ['zɛltən] **I.** adj rare **II.** adv rarement

seltsam I. adj (Person) curieux, -euse; (Aussehen) bizarre **II.** adv (sich benehmen) bizarrement

Semester [ze'mɛstɐ] <-s, -> nt UNIV semestre m (unité de temps utilisée pour le décompte des années d'études dans les universités allemandes)

Seminar [zemi'naːɐ] <-s, -e o ÖSTERR -ien> nt (Lehrveranstaltung) séminaire m

semitisch adj sémite; (Sprache) sémitique

senden ['zɛndən] irr **I.** vt (Film) diffuser; (Botschaft) envoyer **II.** vi émettre

Sender <-s, -> m ② (Sendeanstalt) station f ② (Sendegerät) [poste m] émetteur m

Sendung <-, -en> f émission f

Senf [zɛnf] <-[e]s, -e> m moutarde f

Senior(in) ['zeːnjoːɐ] <-s, Senioren> m(f) ① (älterer Person) personne f âgée ② pl SPORT **die ~en** les seniors m pl

senken ['zɛŋkən] **I.** vt baisser; (Steuern) réduire; (Fieber) faire baisser **II.** vr: **sich ~** (Grundwasserspiegel) baisser

senkrecht adj vertical(e)

separat [zepa'raːt] adj séparé(e)

September [zɛp'tɛmbɐ] <-[s], -> m septembre m

Serbe <-n, -n> m, **Serbin** f Serbe mf

Serbien ['zɛrbien] <-s> nt la Serbie

serbisch ['zɛrbɪʃ] adj serbe

serbokroatisch [zɛrbokro'aːtɪʃ] adj serbo-croate

serienmäßig I. adj (Herstellung) en série; (Ausstattung) de série **II.** adv (herstellen) en série

seriös [zeri'øːs] adj sérieux, -euse

servieren* [zɛr'viːrən] **I.** vt servir **II.** vi faire le service

Serviette [zɛr'vieta] <-, -n> f serviette f

servus ['zɛrvʊs] interj ÖSTERR, SÜDD salut (fam)

Sessel ['zɛsəl] <-s, -> m fauteuil m

Sessellift m télésiège m

Set <-s, -s> m o nt ① lot m ② (Platzdeckchen) set m [de table]

setzen ['zɛtsən] **I.** vt ① mettre ② (Pflanze) planter ③ (Frist) fixer ④ (Geldsumme) miser **II.** vr: **sich ~** (Person, Tier) s'asseoir; (Vogel) se poser; **sitz!** assis! **III.** vi (wetten) miser

Seuche ['zɔyçə] <-, -n> f épidémie f

seufzen ['zɔyftsən] vt, vi soupirer

Seufzer <-s, -> m soupir m

Sex [zɛks] <-> m sexe m

Sexualität [zɛksuali'tɛːt] <-> f sexualité f

sexuell [zɛksu'ɛl] adj sexuel(le); **~e Belästigung** harcèlement m sexuel

Shampoo ['ʃampu] <-s, -s> nt

shampo|oing *m*

Shorts [ʃoːɐ̯ts] *pl* short *m*

Show [ʃoʊ] <-, -s> *f* show *m*

Siamkatze *f* chat *m* siamois

Sibirien [ziˈbiːriən] <-s> *nt* la Sibérie

sibirisch *adj* sibérien(ne); *(Haupt-stadt)* de la Sibérie

sich [zɪç] *pron* se; *(Höflichkeits-form)* vous

sicher [ˈzɪçɐ] **I.** *adj* ❶ *(gewiss)* certain(e) ❷ *(Arbeitsplatz, Zu-fluchtsort)* sûr(e); **vor jdm/etw ~ sein** *(Person)* être à l'abri de qn/qc ❸ *(höchstwahrscheinlich)* certainement ❹ *(aufbewahren)* en sécurité ❺ *(fahren)* avec sûreté

sicher|gehen *vi irr* prendre ses précautions

Sicherheit <-, -en> *f* ❶ sécurité *f* ❷ *(Gewissheit)* certitude *f* ❸ *(einer Methode)* fiabilité *f* ❹ *(Kaution)* caution *f*; FIN garantie *f* ❺

Sicherheitsabstand *m* distance *f* de sécurité **Sicherheitsgebühr** *f* taxe *f* de sécurité **Sicherheits-gurt** *m* ceinture *f* de sécurité **Sicherheitskontrolle** *f* contrôle *m* de sécurité **Sicherheits-nadel** *f* épingle *f* de sûreté

sicherlich *adv* sûrement

sichern *vt* ❶ *(schützen)* protéger; *(Frieden)* assurer; *(Spuren)* relever; *(Daten)* sauvegarder ❷ *(sich ~)* saisir

sicher|stellen *vt* saisir

Sicherung <-, -en> *f* ELEC fusible *m*

Sicht [zɪçt] <-> *f* ❶ vue *f* ❷ *(Be-trachtungsweise)* vision *f*

sichtbar I. *adj* ❶ visible ❷ *(Fort-*

schritt) sensible **II.** *adv (altern)* nettement; *(sich verschlechtern)* sensiblement

sie¹ [ziː] **I.** *pron pers, nom* elle/il **II.** *pron pers, akk* la/le/lui

sie² **I.** *pron pers, nom* ils/elles **II.** *pron pers, akk* les/leur

Sie *pron* vous

Sieb [ziːp] <-[e]s, -e> *nt (Kü-chensieb)* passoire *f*; *(für Sand)* tamis *m*

sieben¹ *num* sept

sieben² *vt* tamiser

siebeneinhalb *num* sept ... et demi(e)

siebenerlei *adj:* **~ Sorten Brot** sept sortes de pain

siebenfach *adj, adv* sept fois **sie-benmal** *adv* sept fois

siebentägig *adj* de sept jours

siebt *adj:* **zu ~** être sept

siebte(r, s) *adj* ❶ septième ❷ *(bei Datumsangaben)* **der ~ Mai** le sept mai

siebtel *adj* septième

siebzig [ˈziːptsɪç] *num* soixante-dix, septante (BELG, SCHWEIZ)

siebziger *adj:* **die ~ Jahre** les années *f pl* soixante-dix

Siedler(in) [ˈziːdlɐ] <-s, -> *m(f)* colon *m*

Siedlung <-, -en> *f* lotissement *m*

Sieg [ziːk] <-[e]s, -e> *m* victoire *f*

siegen [ˈziːɡən] *vi* ❶ MIL être vainqueur ❷ SPORT gagner

Sieger(in) <-s, -> *m(f)* vainqueur *mf*

siezen [ˈziːtsən] *vt* vouvoyer

signieren* [zɪˈɡniːrən] *vt* signer; *(Schriftsteller)* dédicacer

Silbe ['zɪlbə] <-, -n> f syllabe f
Silber ['zɪlbɐ] <-s> nt (Edelmetall) argent m
silbern adj en argent
Silvester [zɪl'vɛstɐ] <-s, -> m o nt Saint-Sylvestre f
Sinfoniekonzert nt concert m symphonique
singen ['zɪŋən] vt, vi irr chanter
Single¹ [sɪŋl] <-, -s> f 45 tours m
Single² <-s, -s> m célibataire m/f
Singular ['zɪŋgulaːɐ̯] <-s, -e> m LING singulier m
sinken ['zɪŋkən] vi irr ❶ (versinken) couler ❷ (Ballon) descendre ❸ (niedersinken) tomber ❹ (Kurs, Fieber) baisser
Sinn [zɪn] <-[e]s, -e> m sens m
sinnlich adj (Wahrnehmung) sensoriel(le) ❷ (Begierde) sensuel(le)
sinnlos I. adj ❶ (Handlung) absurde ❷ (Anstrengung) vain(e) II. adv ❶ (nutzlos) sans raison ❷ (sich anstrengen) en vain ❸ (hemmungslos) complètement
sinnvoll adj ❶ (zweckmäßig) sensé(e) ❷ (erfüllend) intéressant(e)
Sitte ['zɪtə] <-, -n> f ❶ (Gepflogenheit) coutume f ❷ (Benehmen) manières f pl
Sitz [zɪts] <-es, -e> m siège m
sitzen ['zɪtsən] vi irr ÖSTERR, SCHWEIZ, SÜDD ❶ être assis ❷ (fam: inhaftiert sein) être en taule ❸ (angebracht sein) schief ~ (Krawatte) être de travers; gut ~ (Hose) tomber bien
~ **bleiben** rester assis(e)
sitzen|bleiben vi (Schüler) redoubler

Sitzung <-, -en> f ❶ (Besprechung) réunion f ❷ (Kabinettssitzung) session f
Sizilien [zi'tsiːliən] <-s> nt la Sicile
Skandinavien [skandi'naːviən] <-s> nt la Scandinavie
Skandinavier(in) <-s, -> m(f) Scandinave m/f
Skateboard ['skeɪtbɔːr(d)] <-s, -s> nt planche f à roulettes
Ski [ʃiː] <-s, - o er> m ski m ~ **laufen** skier, faire du ski
Skibindung f fixation f **Skibrille** f lunettes fpl de ski
Skigebiet nt domaine m skiable **Skihose** f pantalon m de ski **Skikurs** m cours mpl [o leçons fpl] de ski **Skiläufer(in)** m(f) skieur m, -euse f **Skilehrer(in)** m(f) moniteur m, -trice f de ski **Skilift** m téléski m **Skistiefel** m chaussure f de ski **Skistock** m bâton m de ski
Sklave ['sklaːvə] <-n, -n> m, **Sklavin** f (a. fig) esclave mf
Sklaverei [sklaːvə'raɪ] <-, -en> f esclavage m
Skorpion [skɔr'pjoːn] <-s, -e> m ❶ scorpion m ❷ ASTRO Scorpion m
Skrupel ['skruːpəl] <-s, -> m scrupule m
skrupellos adj, adv sans scrupules
Skulptur [skʊlp'tuːɐ̯] <-, -en> f sculpture f
Slang [slɛŋ] <-s> m argot m
Slawe ['slaːvə] <-n, -n> m, **Slawin** f Slave m/f
slawisch adj slave
Slip [slɪp] <-s, -s> m slip m

Slipeinlage f protège-slip m

Slowake [slo'va:kə] <-n, -n> m, **Slowakin** f Slovaque mf

Slowakei [slova'kaɪ] <-> f: **die ~** la Slovaquie

slowakisch I. adj slovaque II. adv en slovaque

Slowakisch <-[s]> nt slovaque m

Slowene [slo've:nə] <-n, -n> m, **Slowenin** f Slovène mf

Slowenien [slo've:niən] <-s> nt la Slovénie

slowenisch I. adj slovène II. adv en slovène

Slowenisch <-[s]> nt slovène m

SMS f Abk von **short message service** texto m

Snowboard ['snɔʊbɔːt] <-s, -s> nt snowboard m

so [zo:] I. adv ❶ mit adj, adv si; **~ groß wie ...** aussi grand(e) que ...; **es war ~ kalt, dass ...** il faisait tellement froid que ... ❷ mit Verb: **~ [sehr] lieben** aimer tellement ❸ (auf diese Weise) comme ça ❹ (solch) **~ eine Gelegenheit** une occasion comme celle-là ❺ (solcher-maßen) respektive tout-disant; **es ist ~, wie du sagst** c'est comme tu dis ❻ (gleichsam) **~, als ob ...** comme si ... ❼ (etwa) à peu près; **~ gegen acht Uhr** aux environs de huit heures ❽ **~ oder ~** d'une manière ou d'une autre II. konj ❶ **~ dass ...** à tel point que ... ❷ (wie ... auch) même si III. interj (zusammenfassend) bon; (auffordernd) allez

sobald [zo'balt] konj dès que ...

Söckchen ['zœkçən] <-s, -> nt socquette f

Socke ['zɔkə] <-, -n> f chaussette f

sodass [zo'das] konj à tel point que ...

Sodbrennen ['zo:t-] nt aigreurs fpl d'estomac

Sofa ['zo:fa] <-s, -s> nt canapé m

sofern [zo'fɛrn] konj si; **~ nicht** à moins que +subj

sofort [zo'fɔrt] adv tout de suite

Sofortbildkamera f polaroïd® m

Software ['sɔftwɛːɐ̯] <-> f INFORM logiciel m

sogar [zo'ga:ɐ̯] adv même

Sohle ['zo:lə] <-, -n> f ❶ (Schuh-sohle) semelle f ❷ (Fußsohle) plante f du pied

Sohn [zo:n] <-[e]s, Söhne> m fils m

solang[e] konj tant que ...

Solarium [zo'la:riʊm] <-s, -ien> nt solarium m

solch adj: **~ eine Frage** une question pareille

solche(r, s) adj: **~ Leute** de telles personnes

solidarisch [soli'da:rɪʃ] adj solidaire

Solidarität [zolidari'tɛːt] <-> f solidarité f

Solist(in) [zo'lɪst] <-en, -en> m(f) soliste mf

sollen¹ ['zɔlən] aux irr ❶ (müssen) **er soll zuhören** il doit écouter ❷ (möglich sein) **was soll das heißen?** qu'est-ce que ça veut dire? ❸ (vermuten) **er soll abgereist sein** il paraît qu'il est parti

sollen² vi irr ① *(gehen/kommen müssen)* **du solltest besser ins Bett** tu ferais mieux d'aller te coucher ② *(fam: bedeuten)* **was soll diese Frage?** que veut dire cette question? ③ **was soll's?** *(fam)* et alors?

somit [zo'mɪt] adv par conséquent

Sommer ['zɔmɐ] <-s, -> m été m

Sommerferien Pl SCHULE grandes vacances f pl

sommerlich adj estival(e)

Sommersprosse f tache f de rousseur

Sonderangebot nt offre f spéciale

Sonderfall m cas m particulier

Sondermarke f timbre m de collection

sondern ['zɔndɐn] konj mais

Sonderschule f école f spécialisée *(pour enfants déficients ou inadaptés)*

Sonne ['zɔnə] <-> f ① soleil m ② ASTRO Soleil m

sonnen vr: **sich ~** prendre un bain de soleil

Sonnenaufgang m lever du soleil **Sonnenblume** f tournesol m **Sonnenbrand** m coup de soleil **Sonnenbrille** f lunettes f pl de soleil **Sonnenhut** m chapeau m de soleil **Sonnenöl** nt huile f solaire **Sonnenschirm** m parasol m **Sonnenschutz** m protection f solaire **Sonnenschutzcreme** f crème f de protection solaire **Sonnenstich** m insolation f **Sonnenuntergang** m coucher m de soleil

sonnig adj ensoleillé(e)

Sonntag ['zɔntaːk] m dimanche m

Sonntagabend m dimanche m soir

Sonntagmorgen m dimanche m matin

sonntags adv le dimanche

sonn- und feiertags adv les dimanches et jours fériés

sonst [zɔnst] adv ① *(andernfalls)* sinon ② *(gewöhnlich)* d'habitude ③ *(außerdem)* à part ça; **|darf es| ~ noch etwas |sein|?** et avec ça? ④ indef *(fam)*: ~ **was** n'importe quoi; ~ **wohin** quelque part ailleurs ⑤ *(fam: anders)* **wer |denn| ~?** qui d'autre?

sooft [zo'ɔft] konj tant que ...

Sorge ['zɔrɡə] <-, -n> f souci m

sorgen I. vi: **für jdn ~** s'occuper de qn; **dafür ~, dass** veiller à ce que +subj I. vr **sich ~ um** se faire du souci pour

Sorgerecht nt droit m de garde des enfants

sorgfältig ['zɔrkfɛltɪç] adj soigné(e)

Sorte ['zɔrtə] <-, -n> f sorte f

sortieren* [zɔr'tiːrən] vt trier

Sortiment [zɔrti'mɛnt] <-[e]s, -e> nt assortiment m

sosehr [zo'zeːɐ̯] konj: ~ ... **|auch|** bien que +subj

Soße ['zoːsə] <-, -n> f sauce f

Souvenirladen m magasin m de souvenirs

souverän [zuvə'rɛːn] I. adj ① POL souverain(e) ② *(überlegen)* supérieur(e) II. adv *(überlegen)* suprêmement

soviel konj [pour] autant que +subj; **~ ich weiß** à ce que je sais

soweit konj pour autant que +subj

sowie [zo'vi:] konj ❶ (sobald) aussitôt que ... ❷ (form: und) ainsi que

sowieso [zovi'zo:] adv en tout cas

sowjetisch adj soviétique

Sowjetunion f HIST **die ~** l'Union f soviétique

sowohl [zo'vo:l] konj: **~ ... als auch ~** non seulement ..., mais [encore] ...

sozial [zo'tsja:l] adj social(e) **~er Hilfsdienst** service m d'aide sociale

Sozialamt nt bureau m d'aide sociale **Sozialdemokrat(in)** m(f) social(e)-démocrate m(f) **Sozialhilfe** f ≈ R.M.I. m **Sozialist(in)** [zotsja'lɪst] <-en, -en> m(f) socialiste m(f) **Sozialstation** f centre m social de soins

Soziologe [zotsio'lo:gə] <-n, -n> m, **Soziologin** f sociologue mf

sozusagen [zo:tsu'za:gən] adv pour ainsi dire

Spalte ['ʃpaltə] f ❶ (breiter Riss) fissure f; (eines Gletschers) crevasse f ❷ TYP colonne f

spalten ['ʃpaltən] <-, -n> f ❶ <PP: gespalten> (Holz) fendre ❷ PHYS diviser II. vr (Fraktionen bilden) **sich in zwei Lager ~** se diviser en deux camps

Spanien nt ❶ vt ❷ <PP: gespalten> l'Espagne f

Spanier(in) <-s, -> m(f) Espa-

gnol(e) m(f)

spanisch I. adj espagnol(e) II. adv en espagnol

Spanisch <-[s]> nt espagnol m

spannen ['ʃpanən] I. vt (straffen, aufspannen) tendre; (Muskel) contracter II. vi (Kleidungsstück) serrer trop; (Haut) tirer

spannend adj (Film) captivant(e)

Spannung <-, -en> f ❶ suspense m; (gespannte Erwartung) tension f [nerveuse] ❷ ELEC tension f

Sparbuch nt livret m [de caisse] d'épargne **Sparbüchse** f tirelire f

sparen ['ʃpa:rən] I. vt ❶ (Betrag) épargner ❷ (Zeit) économiser ❸ (unterlassen) **sich** (dat) **einen Ratschlag ~** garder un conseil pour soi II. vi ❶ épargner ❷ (sparsam sein) se montrer économe

Spargel ['ʃpargəl] <-s, -> m asperge f

Sparkasse f caisse f d'épargne

sparsam I. adj (Person) économe; (Motor) économique II. adv (verwenden) avec parcimonie

Spaß [ʃpa:s] <-es, Späße> m ❶ (Vergnügung) divertissement m; (Freude) plaisir m; **viel ~!** amuse-toi/amusez-vous bien! ❷ (Scherz) plaisanterie f

spät [ʃpɛ:t] I. adj ❶ **es ist ~** il est tard; **wie ~ ist es?** quelle heure est-il? ❷ (die Spätphase betreffend) tardif, -ive II. adv tard

später ['ʃpɛ:tɐ] I. adj (Generation) futur(e) II. adv plus tard

spätestens adv au plus tard

Spatz [ʃpats] <-en, -en> m moir:eau *m*

Spätzle [ˈʃpɛtslə] *Pl* GASTR spaetzle *j̇ pl* (spécialité de pâtes alsacienne et souabe)

spazieren* [ʃpaˈtsiːrən] *vi:* ~ **gehen** aller se promener

Spaziergang <-gänge> *m* promenade *f* [à pied] **Spaziergänger(in)** [ʃpaˈtsiːrɡərɐ] <-s, -> *m(f)* promeneur *m*, -euse *f*

SPD [ɛspeːˈdeː] <-> *f Abk von* **Sozialdemokratische Partei Deutschlands** *parti social-démocrate allemand*

Speck [ʃpɛk] <-[e]s, -e> *m* lard *m*

Spedition [ʃpediˈtsi̯oːn] <-, -en> *f* entreprise *f* de transport

Speichel [ˈʃpaiçəl] <-s> *m* salive *f*

Speicher [ˈʃpaiçɐ] <-s, -> *m* IN-FORM mémoire *f*

Speicherkarte *f* carte *f* mémoire

speichern *vt, vi* INFORM sauvegarder

Speisekarte *f* carte *f* **Speiseröhre** *f* tube *m* digestif **Speisesaal** *m* salle *f* à manger **Speisewagen** *m* wagon-restaurant *m*

spenden [ˈʃpɛndən] **I.** *vt* ❶ MED donner **II.** *vi* faire un don

Sperling [ˈʃpɛrlɪŋ] <-s, -e> *m* moineau *m*

Sperma [ˈʃpɛrma] <-s, Spermen> *nt* sperme *m*

sperren [ˈʃpɛrən] *vt* ❶ (Grenze) fermer; (Gebiet) interdire ❷ (Kredit) bloquer; (Telefon) couper ❸ (einsperren) enfermer

Sperrmüll *m* ❶ (Müll) vieux objets encombrants dont on veut se débarrasser ❷ (Sperrmüll-abfuhr) collecte de vieux objets encombrants

spezialisieren* [ʃpetsi̯aliˈziːrən] *vr:* **sich auf etw** (akk) ~ se spécialiser dans qc

Spezialität [ʃpetsi̯aliˈtɛːt] <-, -en> *f* spécialité *f*

speziell [ʃpeˈtsi̯ɛl] *adj* spécial(e)

Spiegel [ˈʃpiːɡəl] <-s, -> *m* miroir *m*

spiegeln I. *vi* ❶ (spiegelblank sein) briller ❷ (reflektieren) miroiter **II.** *vr:* **sich in etw** (dat) ~ se refléter dans qc

Spiel [ʃpiːl] <-[e]s, -e> *nt* ❶ jeu *m* ❷ SPORT match *m* ❸ SPIEL (Partie) partie *f*

Spieldose *f* boîte *f* à musique

spielen I. *vt* jouer; **Fußball/Klavier** ~ jouer au football/du piano **II.** *vi* jouer

Spieler(in) <-s, -> *m(f)* joueur *m*, -euse *f*

Spielfeld *nt* terrain *m* **Spielkamerad(in)** *m(f)* copain *m*, copine *f* (de jeux) **Spielkasino** *nt* casino *m* **Spielplatz** *m* terrain *m* de jeux **Spielregel** *f* règle *f* du jeu **Spielsachen** *Pl* jouets *m pl* **Spielstand** *m* score *m* **Spielwarengeschäft** *nt* magasin *m* de jouets

Spieß [ʃpiːs] <-es, -e> *m* (Braten-spieß) broche *f*; (Fleisch) brochette *f*

Spinat [ʃpiˈnaːt] <-[e]s> *m* GASTR épinards *m pl*

Spinne [ˈʃpɪnə] <-, -n> *f* araignée *f*

spinnen [ˈʃpɪnən] *irr* **I.** *vt* (Netz) filer **II.** *vi* ❶ (am Spinnrad) filer ❷ (fam: verrückt sein) débloquer

Spinner(in) [ˈʃpɪnɐ] <-s, -> m(f) (fam: verrückter Mensch) cinglé(e) m(f)

Spion [ʃpjoːn] <-s, -> m espion m

Spionage [ʃpioˈnaːʒə] <-> f espionnage m

Spionin <-, -nen> f espionne f

Spirituosengeschäft nt magasin m de (vins et) spiritueux

spitz [ʃpɪts] adj pointu(e); (Winkel, Schrei) aigu(ë); (Bemerkung) acéré(e)

Spitze [ˈʃpɪtsə] <-, -n> f **①** (spitzes Ende) pointe f **②** (eines Zugs) tête f **③** TEXTIL dentelle f **~n schneiden** couper les pointes

spitzen vt (Bleistift) tailler

Splitter [ˈʃplɪtɐ] <-s, -> m éclat m; (Glassplitter) éclat de verre

SPÖ [ɛspeːˈʔøː] <-> f Abk von **Sozialistische Partei Österreichs** parti social-démocrate autrichien

spontan [ʃpɔnˈtaːn] adj spontané(e)

Sport [ʃpɔrt] <-[e]s> m sport m

Sportart f discipline f (sportive)

Sportartikel m article m de sport **Sporthalle** f gymnase m; (für Sportveranstaltungen) salle f de sport

Sportler(in) <-s, -> m(f) sportif m, -ive f

sportlich adj (Person) sportif, -ive; (Kleidung) de sport

Sportplatz m terrain m de sport

spotten [ˈʃpɔtn̩] vi: **über jdn/etw ~** se moquer de qn/qc

spöttisch adj (Spruchweisheit) moqueur, -euse

Sprache [ˈʃpraːxə] <-, -n> f **①** langue f **②** (Ausdrucksweise,

Sprachfähigkeit) langage m

Sprachkurs m cours m de langue

sprachlos adj muet(te)

Spray [ʃpreː] <-s, -s> m o nt aérosol m; (Kosmetikspray) spray m

Sprechanlage f interphone m

sprechen [ˈʃprɛçn̩] irr I. vi (reden) parler; **über jdn/etw ~** parler de qn/qc II. vt **①** (Wort) dire; (Nachrichten) présenter **②** (beherrschen) **» Sie Chinesisch?** parlez-vous [le] chinois? **③** (sich unterreden mit) parler à

Sprecher(in) <-s, -> m(f) **①** (Wortführer) porte-parole m **②** (Rundfunksprecher) présentateur m, -trice f

Sprechstunde f consultation f

sprengen [ˈʃprɛŋn̩] vt **①** (mit Sprengstoff zerstören) faire sauter **②** (Versammlung) disperser **③** (Rasen) arroser

Sprichwort [ˈʃprɪçvɔrt] nt proverbe m

Springbrunnen m fontaine f

springen [ˈʃprɪŋn̩] irr I. vi **①** (hüpfen) sauter **②** (Vase) se fendre II. vt (vier Meter) sauter

Spritze [ˈʃprɪtsə] <-, -n> f **①** (Injektionsspritze) seringue f **②** (Injektion) piqûre f

spritzen [ˈʃprɪtsn̩] I. vi **①** (Fett, Wasser) gicler **②** faire une piqûre/des piqûres II. vt **①** (Auto) peindre au pistolet **②** (Rasen) arroser **③** MED injecter

Spruch [ʃprux] <-[e]s, Sprüche> m **①** (Spruchweisheit) dicton m **②** (Bibelspruch) verset m **③** (pej) formule f toute faite

Sprudel [ˈʃpruːdəl] <-s, -> m eau f gazeuse

sprudeln vi ❶ (aufkochen) bouillonner ❷ **aus dem Boden ~** (Quelle) jaillir du sol

sprühen [ˈʃpryːən] I. vt (Flüssigkeit) pulvériser; (Parfüm) vaporiser II. vi (Funken) jaillir

Sprung [ʃprʊŋ] <-[e]s, Sprünge> m (einer Person) saut m

spucken vt, vt cracher

Spülbecken nt évier m **Spülbürste** f brosse f pour la vaisselle

Spüle [ˈʃpyːlə] <-, -n> f évier m

spülen [ˈʃpyːlən] I. vi ❶ (Toilette) tirer la chasse [d'eau] II. vt ❶ (abspülen) laver ❷ (Geschirr) rincer

Spülmaschine f lave-vaisselle m **Spülmittel** nt produit m [pour la vaisselle] **Spültuch** nt torchon m

Spur [ʃpuːɐ] <-, -en> f ❶ trace f ❷ (Fahrbahn) voie f

spürbar adj sensible

spüren [ˈʃpyːrən] vt sentir; (Schmerz) ressentir

St. ❶ Abk von **Stück** pièce f ❷ Abk von **Sankt** Ste/Ste

Staat [ʃtaːt] <-[e]s, -en> m POL État m

staatlich I. adj (Förderung) de l'État; (Einrichtung) public, -ique II. adv (anerkannt) par l'État

Staatsangehörigkeit <-, -en> f nationalité f

Stab [ʃtaːp] <-[e]s, Stäbe> m ❶ (Holzstab) baguette f ❷ (Gitterstab) barreau m ❸ (Gruppe) équipe f

stabil [ʃtaˈbiːl] adj (Möbel) solide;

(Wetterlage) stable; (Beziehung) durable

Stachel [ˈʃtaxəl] <-s, -n> m (eines Igels) piquant m; (eines Insekts) dard m; (einer Pflanze) épine f

Stadion [ˈʃtaːdiɔn] <-s, Stadien> nt stade m

Stadium [ˈʃtaːdiʊm] <-s, Stadien> nt ❶ (einer Entwicklung) phase f ❷ MED stade m

Stadt [ʃtat] <-, Städte> f ❶ ville f ❷ (Stadtverwaltung) municipalité f **Stadtbus** m bus m **Städtepartnerschaft** f jumelage m

städtisch adj municipal m

Stadtmauer f rempart m **Stadtmitte** f centre-ville m **Stadtplan** m plan m de la ville **Stadtrundfahrt** f visite f guidée de la ville **Stadtteil** m quartier m **Stadtzentrum** nt centre-ville m

Stahl [ʃtaːl] <-[e]s, -e> m acier m

Stall [ʃtal] <-[e]s, Ställe> m (Kuhstall) étable f; (Pferdestall) écurie f; (Schweinestall) porcherie f; (Kaninchenstall) clapier m; (Hühnerstall) poulailler m

Stamm [ʃtam] <-[e]s, Stämme> m ❶ (eines Baums) tronc m ❷ (Volksstamm) tribu f

stammen [ˈʃtamən] vi ❶ **aus Spanien ~** être originaire de l'Espagne ❷ (herrühren) **von jdm ~** (Werk) être de qn; **aus dem 16. Jahrhundert ~** dater du 16ième siècle

Stammgast m habitué(e) m(f) **Stammzelle** f cellule f souche

Stand [ʃtant] <-[e]s, Stände> m

① (eines Zählers) niveau m **②** (Zustand) état m **③** (Verkaufsstand) étal m; (Messestand) stand m **▸ zu etw im ~e sein** être capable de qc

Standesamt nt (bureau m de l') état m civil

ständig ['ʃtɛndɪç] **I.** adj **①** (dauernd) permanent(e) **②** (Wohnsitz) fixe **II.** adv (dauernd) continuellement

Standlicht nt feux m pl de position
Standpunkt m point de vue
Stange ['ʃtaŋə] <-, -n> f barre f
Stapel ['ʃtaːpəl] <-s, -> m pile f
stapeln vt, vr: [sich] ~ s'empiler
stark [ʃtark] <stärker, stärkste> **I.** adj **①** fort(e) **②** (Nerven) solide **③** (Motor) puissant(e) **④** (fam: hervorragend) super **II.** adv **①** (sehr) très; (beeindruckt) fortement **②** (intensiv) **~ duften** sentir fort **③** (fam: hervorragend) vachement bien

Stärke ['ʃtɛrkə] <-, -n> f **①** force f **②** (Dicke) épaisseur f **③** (einer Brille) puissance f

stärken vt **①** (Kreislauf) régulariser; (Widerstandskraft) augmenter **②** (verbessern) renforcer

starren ['ʃtarən] vi avoir le regard fixe; **an die Decke ~** regarder fixement le plafond

Start [ʃtart] <-s, -s> m **①** (eines Flugzeugs) décollage m **②** SPORT départ m **③** (Beginn) démarrage m

starten **I.** vi **①** (Flugzeug) décoller **②** SPORT prendre le départ **③** (Tournee) démarrer **II.** vt **①** (Auto) mettre en route; (Com-

puter) mettre en marche **②** (Kampagne) lancer **③** (Programm) démarrer

Starthilfekabel nt câble m de démarrage

Stasi ['ʃtaːzi] <-> f Abk von **Staatssicherheit[sdienst]** abréviation familière pour services de Sécurité de l'ex-R.D.A.

Station [ʃtaˈt͡si̯oːn] <-, -en> f **①** (Haltestelle) station f **②** (einer Reise) étape f **③** MED service m

stationär [ʃtat͡si̯oˈnɛːɐ̯] **I.** adj (Behandlung) à l'hôpital **II.** adv: jdn ~ behandeln hospitaliser qn

Stativ [ʃtaˈtiːf] <-s, -e> nt pied m
statt [ʃtat] **I.** präp +gen à la place de **II.** konj: **~ zu** au lieu de
stattdessen adv au lieu de cela
stattfinden ['ʃtatfɪndn̩] vi irr avoir lieu

Statue ['ʃtaːtu̯ə] <-, -n> f statue f
Stau [ʃtaʊ] <-[e]s, -e> m bouchon m
Staub [ʃtaʊp] <-[e]s, -e> m poussière f

staubsaugen <PP: staubgesaugt> **I.** vi passer l'aspirateur **II.** vt (Zimmer) passer l'aspirateur dans **Staubsauger** m aspirateur m

stauen ['ʃtaʊən] **I.** vt (Wasser) retenir **II.** vr: **sich ~** (Wasser) s'accumuler; (Autos) former un bouchon (fam)

staunen ['ʃtaʊnən] vi: **über jdn/ etw ~** être étonné par qn/de qc

stechen [ʃtɛçn̩] irr **I.** vi **①** (Insekt, Kaktus) piquer; (Sonne) taper **②** SPIEL **mit etw ~** couper avec qc **II.** vt ❷ piquer ❸ SPIEL prendre **III.** vr: **sich an den Dornen ~** se piquer avec les épines

stechend adj (Blick) perçant(e); (Schmerz) lancinant(e)

Stechmücke f moustique m

Steckdose f [de courant]

stecken [ˈʃtɛkən] **I.** vi ❶ **in etw** (dat) **~** (Dorn, Splitter) être enfoncé dans qc; **im Schnee ~** être bloqué dans la neige ❷ (sich befinden) **in Schwierigkeiten** (dat) **~** (Person) avoir de gros problèmes ❸ (verantwortlich sein) **hinter einer Sache ~** être pour quelque chose dans une affaire **II.** vt: **etw in eine Schublade ~** mettre qc dans un tiroir

Stecker <-s, -> m fiche f

Stecknadel f épingle f

Steg [ʃteːk] <-[e]s, -e> m passerelle f

stehen [ˈʃteːən] vi irr ÖSTERR, SCHWEIZ, SÜDD ❶ (Person) être debout; **am Fenster ~** être à la fenêtre; **auf einer Liste ~** être inscrit sur une liste ❷ (Maschine, Uhr) être arrêté ❸ (konfrontiert sein) **vor dem Ruin ~** être au bord de la ruine ❹ (kleidsam sein) jdm [gut] **~** (Frisur) aller [bien] à qn ❺ (unterstützen) **zu/ hinter jdm ~** soutenir qn ❻ (fam: gut finden) **auf jdn/ etw ~** craquer pour qn/être fana de qc ❼ (sein) **offen ~** (Fenster) être ouvert

Stehklosett [-klozɛt] <-s, -e> nt, **Stehklo** nt urinoir m

stehlen [ˈʃteːlən] vt irr voler

steif [ʃtaɪf] adj ❶ (starr) rigide ❷ (Bein) raide; (Gelenk) ankylosé(e)

steigen [ˈʃtaɪgən] irr **I.** vi ❶ monter; **auf einen Berg ~** escalader une montagne ❷ (sich erhöhen) **um drei Prozent ~** augmenter de trois pour cent **II.** vt (Treppen) monter

steigern [ˈʃtaɪgən] vt ❶ augmenter; (Spannung) faire monter ❷ (Adjektiv) mettre au comparatif/superlatif

Steigung <-, -en> f pente f

steil [ʃtaɪl] adj ❶ (Abhang) escarpé(e); (Straße) raide ❷ (fig: Karriere) fulgurant(e) **II.** adv (ansteigen) abruptement; (abfallen) à pic

Stein [ʃtaɪn] <-[e]s, -e> m ❶ pierre f ❷ (Kieselstein) caillou m

Steinbock m ❶ bouquetin m ❷ ASTRO Capricorne m

steinig [ˈʃtaɪnɪç] adj pierreux, -euse

Steiß [ʃtaɪs] <-es, -e> m ANAT coccyx m

Stelle [ˈʃtɛlə] <-, -n> f ❶ endroit m ❷ (Arbeitsplatz) emploi m ❸ (Abteilung) service m **an deiner/seiner ~** (dat) à ta/sa place

stellen [ˈʃtɛlən] **I.** vt ❶ poser ❷ (aufrecht hinstellen) mettre debout ❸ (Wecker) régler **II.** vr: **sich hinter etw** (akk) **~** se mettre derrière qc; **sich jdm ~** (Täter) se livrer à qn

Stellenangebot nt offre f d'emploi **Stellenmarkt** m (Stellenanzeigen) offres f pl d'emploi

Stellung <-, -en> f position f

Stempel ['ʃtɛmpəl] <-s, -> m tampon m

stempeln I. vt (Formular) tamponner; (Briefmarke) oblitérer II. vi tamponner

Sterbehilfe f euthanasie f

sterben ['ʃtɛrbən] vi irr: **an Krebs** (dat) ~ mourir d'un cancer

Stereoanlage f chaîne f stéréo

Stern [ʃtɛrn] <-[e]s, -e> m étoile f **Sternschnuppe** <-, -n> f étoile f filante **Sternwarte** f observatoire m **Sternzeichen** nt signe m astrologique

stets [ʃteːts] adv constamment

Steuer[1] ['ʃtɔye] <-s, -> nt (Steuerrad) volant m (Ruder) gouvernail m

Steuer[2] <-, -n> f impôt m

steuern vt (Fahrzeug) conduire; (Schiff) piloter (regulieren) régler

Stewardess ['stjuːɐdɛs] <-, -en> f hôtesse f de l'air

Stich [ʃtɪç] <-[e]s, -e> m (Insektenstich) piqûre f (Schmerz) élancement m **Stichwort** <-wörter> nt (in Nachschlagewerken) entrée f; (in Registern) mot-clé m

Stickerei [ʃtɪkaˈraɪ] <-, -en> f broderie f

Stiefbruder ['ʃtiːfbruːdɐ] m demi-frère m

Stiefel ['ʃtiːfəl] <-s, -> m botte f

Stiefeltern Pl beaux-parents m pl **Stiefmutter** ['ʃtiːf-] f belle-mère f

Stiefschwester f demi-sœur f **Stiefsohn** m beau-fils m **Stieftochter** f belle-fille f **Stiefvater** m beau-père m

Stiel [ʃtiːl] <-[e]s, -e> m (Griff) manche m; (eines Glases) pied m (einer Blume) tige f; (eines Apfels) queue f

Stier [ʃtiːɐ] <-[e]s, -e> m taureau m ASTRO Taureau m

Stift [ʃtɪft] <-[e]s, -e> m crayon m

stiften ['ʃtɪftən] vt (Preis) offrir (Unfrieden) provoquer

Stiftung <-, -en> f fondation f; (Schenkung) don m

Stil [ʃtiːl] <-[e]s, -e> m style m (Verhaltensweise) genre m

still [ʃtɪl] I. adj calme; **sei ~!** tais-toi! (Leben) tranquille II. adv (lautlos) silencieusement (bewegungslos) tranquillement

Stille ['ʃtɪlə] <-> f calme m

stillen ['ʃtɪlən] vt (Baby) allaiter (Durst) étancher; (Hunger) calmer (Blutung) arrêter II. vi (Mutter) allaiter

Stillleben nt nature f morte

Stillstand m arrêt m

Stimmband <-bänder> nt corde f vocale

Stimme ['ʃtɪmə] <-, -n> f (a. fig) voix f

stimmen ['ʃtɪmən] I. vi (zutreffen) être juste (votieren) voter II. vt MUS accorder

Stimmung ['ʃtɪmʊŋ] f (Laune) humeur f (fam: gute Laune) bonne humeur f; (gute Atmosphäre) ambiance f

stinken [ˈʃtɪŋkən] vi irr ❶ nach Schweiß ~ puer la sueur ❷ fam: Sache) être louche

Stipendium [ʃtiˈpɛndiʊm] <-s, -dien> nt bourse f [d'études]

Stirn [ʃtɪrn] <-, -en> f front m; die ~ runzeln plisser le front

Stirnhöhlenentzündung f sinusite f

Stock [ʃtɔk] <-[e]s, Stöcke> m bâton m

Stockwerk nt étage m

Stoff [ʃtɔf] <-[e]s, -e> m ❶ (Textilmaterial) tissu m ❷ (Thema) matière f ❸ (fam: Rauschgift) came f

Stofftier nt [animal m en] peluche f

stöhnen [ˈʃtøːnən] vi gémir

stolpern [ˈʃtɔlpərn] vi: über etw (akk) ~ trébucher sur qc

stolz [ʃtɔlts] adj fier, fière

Stolz <-es> m fierté f

stopfen [ˈʃtɔpfən] I. vt ❶ bourrer ❷ (Socken) raccommoder ❸ (Ritze) boucher II. vi (Verstopfung verursachen) constiper

stopp [ʃtɔp] interj stop

Stopp <-s, -s> m arrêt m

stoppen vt ❶ (anhalten) stopper ❷ (Zeit) chronométrer

Stoppuhr f chronomètre m

Storch [ʃtɔrç] <-[e]s, Störche> m cigogne f

stören [ˈʃtøːrən] vt, vi déranger

stornieren* [ʃtɔrˈniːrən] vt ❶ (Auftrag) annuler ❷ (Zimmer) décommander; (Fahr, Flugkarten) annuler

Störung <-, -en> f ❶ dérangement m ❷ (technischer Defekt) perturbation f

Stoß [ʃtoːs] <-es, Stöße> m ❶ (Schubs) poussée f ❷ (Aufprall) choc m ❸ (Stapel) pile f

Stoßdämpfer m amortisseur m

stoßen [ˈʃtoːsən] irr I. vt ❶ (schubsen) pousser ❷ (Kugel) lancer II. vr (sich verletzen) sich ~ se cogner III. vi ❶ gegen jdn/etw ~ heurter qn/qc ❷ (finden) auf jdn/etw ~ tomber sur qn/qc

Stoßstange f pare-chocs m

Stoßzeit f heures f pl de pointe

stottern [ˈʃtɔtərn] I. vi bégayer II. vt (Antwort) bredouiller

Str. Abk von **Straße** r[ue]

Strafe [ˈʃtraːfə] <-, -n> f ❶ (Bestrafung) punition f ❷ JUR (Geldstrafe) peine f; (Geldstrafe) amende f

strafen vt punir

straff [ʃtraf] I. adj (Seil) tendu(e); (Haut) ferme II. adv (fest) étroitement

Sträfling [ˈʃtrɛːflɪŋ] <-s, -e> m détenu(e) m(f)

Strafraum m surface f de réparation

Strafzettel m (fam) P.-V. m

Strahl [ʃtraːl] <-[e]s, -en> m ❶ (Lichtstrahl) rayon m ❷ (Flüssigkeitsstrahl) jet m

strahlen vi ❶ (leuchten) briller ❷ (erfreut sein) vor Freude (dat) ~ rayonner de joie ❸ (radioaktiv sein) irradier

strahlend I. adj (Wetter) radieux, -euse II. adv (ansehen) d'un air radieux

Strähnchen [ˈʃtrɛːnçən] Pl mèches fpl

Strand [ʃtrant] <-[e]s, Strände> *m* plage *f* **Strandschuh** *m* chaussure *f* de plage

Straßburg [ʃtraːsbʊrk] <-s> *nt* Strasbourg

Straße [ʃtraːsə] <-, -n> *f* (*in Ortschaften*) rue *f*; (*Landstraße*) route *f*

Straßenbahn *f* tram[way] *m* **Straßenkarte** *f* carte *f* routière

Strauch [ʃtraʊx] <-[e]s, Sträucher> *m* arbuste *m*

Strauß[1] [ʃtraʊs] <-es, Sträuße> *m* bouquet *m*

Strauß[2] [ʃtraʊs] <-es, -e> *m* autruche *f*

Strecke [ʃtrɛkə] <-, -n> *f* ❶ (*Wegstrecke*) route *f*; **auf halber ~** à mi-chemin ❷ (*Entfernung*) distance *f* ❸ (*Eisenbahnstrecke*) ligne *f* de chemin de fer; ❹ (*zurückgelegter Weg*) trajet *m*

strecken [ʃtrɛkən] I. *vt* ❶ (*Arm, Bein*) tendre ❷ (*fam: Suppe*) allonger II. *vr:* **sich ~** s'étirer

streicheln [ʃtraɪçəln] *vt* caresser

streichen [ʃtraɪçən] irr I. *vt* ❶ (*anstreichen*) peindre ❷ (*aufstreichen*) **Butter aufs Brötchen ~** tartiner du beurre sur le petit pain ❸ (*Namen*) rayer; (*Wort*) barrer II. *vi:* **mit der Hand über etw** (*akk*) **~** passer la main sur qc

Streichholz *nt* allumette *f*

Streife [ʃtraɪfə] <-, -n> *f* patrouille *f*

streifen [ʃtraɪfən] *vt* effleurer

Streifen <-s, -> *m* ❶ (*schmale Linie*) rayure *f*; (*breite Linie*) bande *f*; ❷ (*Striemen*) marque *f* ❸ (*Stoffstreifen*) bande *f*

Streik [ʃtraɪk] <-[e]s, -s> *m* grève *f*

streiken *vi* faire grève

Streit [ʃtraɪt] <-[e]s, -e> *m* dispute *f*

streiten [ʃtraɪtən] *vi, vr irr:* **sich mit jdm ~** se disputer/se disputer avec qn

streng [ʃtrɛŋ] I. *adj* ❶ (*unnachsichtig*) sévère ❷ (*Anweisung, Winter*) rigoureux, -euse; (*Diät*) draconien(ne); (*Bettruhe*) absolu(e); (*Geruch*) pénétrant(e) II. *adv* ❶ (*bestrafen*) sévèrement ❷ (*strikt*) strictement

stressig *adj* (*fam*) stressant(e)

streuen [ʃtrɔʏən] *vt* ❶ (*Dünger*) épandre; (*Mehl*) saupoudrer ❷ (*mit Sand/Salz: Straße*) sabler/saler

Strich [ʃtrɪç] <-[e]s, -e> *m* ❶ (*Linie*) trait *m*; (*schräg, senkrecht*) barre *f* ❷ (*fam: Straßenstrich*) quartier *m* chaud; **auf den ~ gehen** faire le trottoir

Strichpunkt *m* point-virgule *m*

stricken [ʃtrɪkən] *vt, vi* tricoter

Strickjacke *f* veste *f* de laine

strikt [ʃtrɪkt] *adj* catégorique

Stroh [ʃtroː] <-[e]s> *nt* paille *f*

Strohhalm *m* paille *f*

Strom [ʃtroːm] <-[e]s, Ströme> *m* ❶ ELEC courant *m* ❷ (*breiter Fluss*) fleuve *m*

stromabwärts *adv* en aval

Stromanschluss *m* prise *f* de courant

stromaufwärts *adv* en amont

Stromausfall *m* panne *f* de courant **Strompauschale** *f* forfait *m* électricité **Stromspannung** *f* voltage *m*

S

Strömung <-, -en> f courant m

Strudel ['ʃtruːdəl] <-s, -> m tourbillon m

Strumpf [ʃtrʊmpf] <-[e]s, Strümpfe> m ① (Kniestrumpf) chaussette f ② (Damenstrumpf) bas m

Strumpfhose f collant m

Stück [ʃtʏk] <-[e]s, -e> nt ① morceau m; **etw in ~e reißen** déchirer qc en mille morceaux ② (einer Schnur, Straße) bout m ③ (eines Textes) partie f ④ (wertvoller Gegenstand, Theaterstück) pièce f

Stück nt pièce f **ein ~ Brot** un morceau de pain

Student(in) [ʃtuˈdɛnt] <-en, -en> m(f) étudiant(e) m(f)

Studie ['ʃtuːdiə] <-, -n> f étude f

studieren* [ʃtuˈdiːrən] I. vi faire des études [supérieures] II. vt étudier

Studio ['ʃtuːdio] <-s, -s> nt studio m

Studium ['ʃtuːdiʊm] <-s, Studien> nt études f pl [supérieures]

Stufe ['ʃtuːfə] <-, -n> f ① (einer Treppe) marche f; (einer Entwicklung) phase f ② (Niveau) niveau m ③ (Haare) in ~n dégradé

stufenlos adj **~er Zugang** accès m sans marche

Stufenschnitt m coupe f en dégradé

Stuhl [ʃtuːl] <-[e]s, Stühle> m ① chaise f ② (Behandlungsstuhl) fauteuil m

Stuhlgang m selles fpl

stumm [ʃtʊm] I. adj ① muet(te) ② (schweigsam) ~ **werden/**

sein se taire/être silencieux II. adv silencieusement

stumpf [ʃtʊmpf] adj ① (Klinge) émoussé(e) ② (Bleistift) usé(e) ③ (Haare) terne

Stunde ['ʃtʊndə] <-, -n> f ① heure f **eine halbe ~** une demi-heure; **bis zur ~** à l'heure qu'il est ② (Unterrichts-) cours m

Stundenkilometer Pl kilomètres-heure m pl

Stundenplan m emploi m du temps

stündlich ['ʃtʏntlɪç] adj toutes les heures

stur [ʃtuːɐ̯] I. adj (dickköpfig) entêté(e) II. adv (uneinsichtig) obstinéato

Sturm [ʃtʊrm] <-[e]s, Stürme> m (starker Wind) tempête f

stürmen ['ʃtʏrmən] I. vi: **es stürmt** la tempête fait rage II. vt: **etw ~** prendre d'assaut qc

stürmisch ['ʃtʏrmɪʃ] I. adj (Tag) de tempête; (Meer) déchaîné(e); (Begrüßung) frénétique II. adv (begrüßen) frénétiquement

Sturz [ʃtʊrts] <-es, Stürze> m chute f

stürzen ['ʃtʏrtsən] I. vi ① (fallen) tomber ② (rennen) bondir II. vt (Regierung) renverser III. vr ① **sich aus dem Fenster ~** se jeter par la fenêtre ② (fig) **sich auf jdn/etw ~** se précipiter sur qn/qc

Sturzhelm m casque m de moto

Stute ['ʃtuːtə] <-, -n> f jument f

stützen ['ʃtʏtsən] I. vt soutenir II. vr: **sich auf jdn/etw ~** (a. fig) s'appuyer sur qn/qc

S

Subjekt [zʊpˈjɛkt] <-[e]s, -e> nt ❶ LING sujet m ❷ (pej: übler Mensch) individu m

subjektiv [zʊpjɛkˈtiːf] adj subjectif, -ive

Suche [ˈzuːxə] <-, -en> f: **auf der ~ nach etw sein** être à la recherche de qc

suchen [ˈzuːxən] I. vt ❶ chercher ❷ **er hat hier nichts zu ~!** (fam) il n'a rien à foutre ici! II. vi chercher; **nach jdm/etw ~** être à la recherche de qn/qc

Sucher <-s, -> m viseur m

Sucht [zʊxt] <-, Süchte> f MED dépendance f; (Rauschgiftsucht) toxicomanie f

süchtig [ˈzʏçtɪç] adj ❶ MED dépendant(e); (rauschgiftsüchtig) toxicomane ❷ (versessen) **~ nach etw sein** être avide de qc

Süchtige(r) f(m) toxicomane mf

Südafrika nt l'Afrique f du Sud **Südafrikaner(in)** m(f) Sud-Africain(e) m(f) **Südamerika** nt l'Amérique f du Sud **Südamerikaner(in)** m(f) Sud-Américain(e) m(f) **süddeutsch** adj de l'Allemagne du Sud **Süddeutschland** nt l'Allemagne f du Sud

Süden [ˈzyːdən] <-s> m sud m

Südeuropa nt l'Europe f du Sud **Südeuropäer(in)** m(f) Européen(ne) m(f) du Sud **Südfrankreich** nt Midi m **südfranzösisch** adj du sud de la France **südländisch** adj méditerranéen(ne)

südlich I. adj du sud II. präp

+gen au sud de

Südosten m sud-est m **südöstlich** I. adj (situé(e) au) sud-est; **in ~er Richtung** en direction du sud-est II. präp +gen au sud-est de **Südpol** m: **der ~** le pôle Sud **Südsee** f: **die ~** les mers f pl du Sud **Südtirol** nt le Tyrol du Sud **Südwesten** m sud-ouest m **südwestlich** I. adj (situé(e) au) sud-ouest; **in ~er Richtung** en direction du sud-ouest II. präp +gen au sud-ouest de

Sülze [ˈzʏltsə] <-, -n> f gelée f

Summe [ˈzʊmə] <-, -n> f ❶ MATH total m ❷ FIN somme f

Sumpf [zʊmpf] <-[e]s, Sümpfe> m marais m

Sünde [ˈzʏndə] <-, -n> f ❶ REL péché m ❷ (Fehltritt) faute f

sündigen vi REL pécher

super [ˈzuːpɐ] (fam) I. adj super II. adv (klingen) super bien

Supermarkt m supermarché m

Suppe [zʊpə] <-, -n> f soupe f

Suppenteller m assiette f creuse

Surfbrett nt surf m; (Windsurfbrett) planche f à voile

surfen [ˈsœːɐfən] vi a. INFORM surfer; (windsurfen) faire de la planche à voile

Surfer(in) [ˈsœːɐfɐ] <-s, -> m(f) surfeur m, -euse f; (Windsurfer) [véli]planchiste mf

süß [zyːs] adj ❶ sucré(e); (Wein) doux, douce ❷ (Kind) mignon(ne) m(f)

süßen vt, vi sucrer

Süßigkeit <-, -en> f sucrerie f

süßsauer ['zy:s'zaʊɐ] *adj* (Speise) aigre-doux, douce

Süßstoff *m* aspartam[e] *m* **Süßwarengeschäft** *nt* confiserie *f*

Swimmingpool *m* piscine *f*

symbolisieren* [zʏmboli'zi:rən] *vt* symboliser

sympathisch [zʏm'pa:tɪʃ] *adj*

sympathique

sympathisieren* [zʏmpati'zi:rən] *vi* sympathiser

Syrien ['zy:riən] <-s> *nt* la Syrie

syrisch *adj* syrien(ne)

Szene ['ʃtse:nə] <-, -n> *f* ❶ (Theaterszene) scène *f* ❷ (Bereich) milieux *m pl*

T t

T, t [te:] <-, -> *nt* T *m*/t *m*

Tabak ['tabak] <-s, -e> *m* tabac *m*

Tabakladen *m* bureau *m* de tabac

Tabelle [ta'bɛlə] <-, -n> *f* tableau *m*

Tablett [ta'blɛt] <-[e]s, -s> *nt* plateau *m*

Tablette [ta'blɛtə] <-, -n> *f* comprimé *m*

Tabu <-s, -s> *nt* (geh) tabou *m*

Tachometer *m* compteur *m*

Tafel ['ta:fəl] <-, -n> *f* ❶ (Wandtafel) tableau *m* ❷ (Gedenktafel) plaque *f* ❸ (rechteckiges Stück) **eine ~ Schokolade** une tablette de chocolat

Tag [ta:k] <-[e]s, -e> *m* ❶ jour *m*; **der ~ X** le jour J; **guten ~!** bonjour! ❷ (Tagesverlauf) journée *f*; **am ~** dans la journée; **den ganzen ~** [lang] toute la journée

Tagebuch *nt* (intime) journal *m* [intime]

tagelang I. *adj* qui dure des jours entiers II. *adv* [pendant] des journées entières

Tagesausflug *m* excursion *f* pour une journée **Tagesgericht** *nt* plat *m* du jour **Tageskarte** *f* GASTR menu *m* du jour **Tagesmutter** *f* nourrice *f* **Tagespass** *m* forfait-journée *m* **Tagestour** *f* randonnée *f* [pour la journée] **Tageszeitung** *f* quotidien *m*

täglich ['tɛ:klɪç] *adj* quotidien(ne)

tagsüber *adv* pendant la journée

Takt [takt] <-[e]s, -e> *m* ❶ MUS mesure *f* ❷ (Feingefühl) tact *m*

taktlos I. *adj* dénué(e) de tact II. *adv* sans le moindre tact

Tal [ta:l] <-[e]s, Täler> *nt* vallée *f*

talentiert [talɛn'ti:ɐt] *adj* qui a du talent

Talstation *f* point *m* de départ du téléski

Tampon ['tampɔn] <-s, -s> *m* tampon *m*

Tank [taŋk] <-s, -s> *m* ❶ (Benzintank) réservoir *m* ❷ (Flüssigkeitsbehälter) citerne *f*

tanken I. *vi* prendre de l'essence II. *vt:* **zehn Liter/bleifrei ~**

prendre dix litres [d'essence]/du sans plomb

Tanker <-s, -> *m* pétrolier *m*

Tankstelle *f* station-service *f* **Tankwart(in)** *m(f)* pompiste *mf*

Tanne ['tanə] <-, -n> *f* sapin *m*

Tannenbaum *m* sapin *m* [de Noël] **Tannenzapfen** *m* pomme *f* de pin

Tante ['tantə] <-, -n> *f* tante *f*

Tanz [tants] <-es, Tänze> *m* danse *f*

tanzen [tantsən] *vt, vi* danser

Tänzer(in) ['tɛntsɐ] <-s, -> *m(f)* danseur *m*, -euse *f*

Tanzfläche *f* piste *f* [de danse] **Tanzkapelle** *f* orchestre *m* de danse **Tanztheater** *nt* théâtre *m* de la danse

Tapete [ta'pe:tə] <-, -n> *f* papier *m* peint

tapezieren* [tape'tsi:rən] *vt* tapisser

tapfer ['tapfɐ] *adj* (Verhalten) courageux, -euse

Tasche ['taʃə] <-, -n> *f* ① (an der Kleidung) poche *f* ② (Tragetasche) sac *m*

Taschenbuch *nt* livre *m* de poche **Taschendieb(in)** *m(f)* pickpocket *mf* **Taschenlampe** *f* lampe *f* de poche **Taschenmesser** *nt* couteau *m* de poche **Taschenrechner** *m* calculette *f* **Taschentuch** *nt* mouchoir *m*

Tasse ['tasə] <-, -n> *f* tasse *f*

Tastatur [tasta'tu:ɐ] <-, -en> *f* clavier *m*

Taste ['tastə] <-, -n> *f* touche *f*

tasten ['tastən] **I.** *vi*: nach etw ~ chercher qc à tâtons **II.** *vt* (Schwellung) sentir en palpant

Taststock *m* canne *f* d'aveugle

Tat [ta:t] <-, -en> *f* ① acte *m* ② (Straftat) délit *m* ③ in der ~! effectivement!

Täter(in) ['tɛ:tɐ] <-s, -> *m(f)* coupable *mf*

tätig ['tɛ:tɪç] *adj* ① als etw ~ sein être employé comme qc ② (Person) actif, -ive

Tätigkeit <-, -en> *f* activité *f*

tätowieren* [tɛto'vi:rən] *vt* tatouer

Tatsache *f* fait *m*

tatsächlich ['ta:tzɛçlɪç] **I.** *adj* (Ereignis) réel (le); (Grund) véritable **II.** *adv* ① (in Wirklichkeit) en réalité ② (wirklich) réellement

Tau [tau] <-[e]s> *m* METEO rosée *f*

taub [taup] *adj* ① sourd(e) ② (Körperteil) insensible

Taube ['taubə] <-, -n> *f* pigeon *m*

taubstumm *adj* sourd(e)-muet(te) **Taubstumme(r)** *fm* sourd-muet *f*/sourde-muette *m*

tauchen ['tauxən] *vt, vi* plonger

Taucher(in) <-s, -> *m(f)* plongeur *m*, -euse *f*

Taucherausrüstung *f* équipement *m* de plongée **Taucherbrille** *f* lunettes *fpl* de plongée

Taufe ['taufə] <-, -n> *f* baptême *m*

taufen *vt* baptiser

tauschen ['tauʃən] **I.** *vt* échanger **II.** *vi* faire un échange

täuschen ['tɔyʃən] *vt, vi, vr:* [sich] täuschen [se] tromper

tausend ['tauzənt] *num* ① mille ② (fam: viele) [tout] un tas de

Tausender <-s, -> *m* ❶ *(fam: Geldschein)* billet *m* de mille ❷ MATH millier *m*

tausendjährig *adj* ❶ *(tausend Jahre alt)* millénaire ❷ *(tausend Jahre dauernd)* de mille ans **tausendmal** *adv* ❶ mille fois ❷ *(fam: vielmals)* des tas et des tas de fois

tausendste(r, s) *adj* millième
tausendstel *adj* millième

Taxifahrer(in) *m(f)* chauffeur *m*, -euse *f* de taxi **Taxistand** *m* station *f* de taxis

Team [ti:m] <-s, -s> *nt* équipe *f*
Techniker(in) <-s, -> *m(f)* technicien(ne) *m(f)*

technisch **I.** *adj* technique **II.** *adv* sur le plan technique

Tee [te:] <-s, -s> *m* ❶ thé *m* ❷ *(Kräutertee)* tisane *f*

Teebeutel *m* sachet *m* de thé **Teekanne** *f* théière *f* **Teelöffel** *m* ❶ petite cuillère *f* ❷ *(Menge)* **ein ~ Zucker** une cuillerée à café de sucre

Teer [te:ɐ] <-[e]s, -e> *m* goudron *m*
Teich [taɪç] <-[e]s, -e> *m* étang *m*
Teig [taɪk] <-[e]s, -e> *m* pâte *f*
Teil¹ [taɪl] <-[e]s, -e> *m o nt* ❶ partie *f* ❷ *(Anteil)* part *f*

Teil² <-[e]s, -e> *nt (eines Geräts)* pièce *f*

teilen **I.** *vt* ❶ *(aufteilen)* partager ❷ MATH **durch vier ~** diviser par quatre **II.** *vr:* **sich ~** se séparer **III.** *vi* partager

teil|haben *vi irr* prendre part **Teilhaber(in)** <-s, -> *m(f)* associé(e) *m(f)* **Teilkasko** [-kasko]

<-, -s> *f* assurance *f* au tiers

teil|nehmen *vi irr* participer, prendre part *(an à)*

Teilnehmer(in) <-s, -> *m(f)* ❶ participant(e) *m(f)* ❷ TELEC abonné(e) *m(f)*

teilweise **I.** *adv* partiellement **II.** *adj* partiel(le)

Telefon [tele'fo:n] <-s, -e> *nt* téléphone *m*

Telefonbuch *nt* annuaire *m* *(téléphonique)*

telefonieren* [telefo'ni:rən] *vi:* **mit jdm ~** téléphoner à qn

Telefonkarte *f* télécarte *f* **Telefonnummer** *f* numéro *m* de téléphone **Telefonzelle** *f* cabine *f* téléphonique

Teleobjektiv *nt* téléobjectif *m*
Teller ['tɛlɐ] <-s, -> *m* assiette *f*
Tempel ['tɛmpəl] <-s, -> *m* temple *m*

Temperatur [tɛmpəra'tu:ɐ] <-, -en> *f a.* MED température *f*

Tempo ['tɛmpo] <-s, -s> *nt* ❶ vitesse *f* ❷ MUS tempo *m*

Tennis ['tɛnɪs] <-> *nt* tennis *m*
Tennisschläger *m* raquette *f* de tennis

Teppich ['tɛpɪç] <-s, -e> *m* tapis *m* **Teppichboden** *m* moquette *f*

Termin [tɛr'mi:n] <-s, -e> *m* ❶ *(Uhrzeit)* rendez-vous *m*; **sich** *(dat)* **einen ~ geben lassen** prendre rendez-vous ❷ *(Datum)* date *f*

Terminal ['tœːminəl, 'tœːeminəl] <-s, -s> *nt* terminal *m*
Terminkalender *m* agenda *m*
Terrakotta [tɛra'kɔta] <-, -kotten>

f terre *f* cuite

Terrasse ['tɛ'rasə] <-, -n> *f* terrasse *f*

terrorisieren* [tɛrori'zi:rən] *vt* terroriser

Tesafilm® ['te:zafɪlm] *m* scotch® *m*

testen ['tɛstən] *vt* tester

Tetanus ['te:tanus] <-> *m* tétanos *m*

teuer ['tɔyɐ] I. *adj* cher, chère II. *adv* cher

Teufel ['tɔyfl] <-s, -> *m* ❶ diable *m* ❷ (böser Mensch) démon *m*

Teufelskreis *m* cercle *m* vicieux

teuflisch ['tɔyflɪʃ] *adj* diabolique

Text [tɛkst] <-[e]s, -e> *m* texte *m*

Thailand ['tailant] *nt* la Thaïlande

Theater [te'a:tɐ] <-s, -> *nt* théâtre *m*

Theatergruppe *f* groupe *m* théâtral **Theaterstück** *nt* pièce *f* de théâtre

Theke ['te:kə] <-, -n> *f* bar *m*; (Ladentisch) comptoir *m*

Thema ['te:ma] <-s, Themen> *nt* sujet *m*

Theologe [teo'lo:gə] <-n, -n> *m*, **Theologin** *f* théologien(ne) *m(f)*

theoretisch [teo're:tɪʃ] *adj* théorique

Therapeut(in) [tera'pɔyt] <-en, -en> *m(f)* thérapeute *mf*

Therapie [tera'pi:] <-, -n> *f* thérapie *f*

Thermalbad *nt* bain *m* thermal

Thermometer [tɛrmo'me:tɐ] <-s, -> *nt* thermomètre *m*

Thermosflasche® ['tɛrmɔsflaʃə] *f* [bouteille *f*] thermos® *f*

Thriller ['θrɪlɐ] <-s, -> *m* film *m* policier

Thron [tro:n] <-[e]s, -e> *m* trône *m*

Thunfisch ['tu:nfɪʃ] *m* thon *m*

Thüringen ['ty:rɪŋən] <-s> *nt* la Thuringe

Thymian ['ty:mia:n] <-s, -e> *m* thym *m*

Ticket <-s, -s> *nt* billet *m*

tief [ti:f] I. *adj* ❶ profond(e); (Schnee) épais(se); **hundert Meter ~** de cent mètres de profondeur ❷ (Temperatur) bas(se) ❸ (Stimme) grave II. *adv* ❶ profondément ❷ (hängen) bas

Tief <-[e]s, -e> *nt a.* METEO dépression *f*

tiefgekühlt *adj* congelé(e) **Tiefkühlkost** *f* [produits *m pl*] surgelés *m pl* **Tiefkühlschrank** *m* congélateur *m* [armoire]

Tier [ti:ɐ] <-[e]s, -e> *nt* animal *m*

Tierarzt *m*, **-ärztin** *f* vétérinaire *m*

Tierheim *nt* refuge *m* [pour animaux]

tierisch I. *adj* ❶ animal(e) ❷ (fam: sehr) terrible II. *adv* (fam) comme une bête; (wehtun) vachement

Tiger(in) ['ti:gɐ] <-s, -> *m(f)* tigre(sse) *m(f)*

Tinte ['tɪntə] <-, -n> *f* encre *f*

Tintenfisch *m* seiche *f*; GASTR calamar *m*

Tipp [tɪp] <-s, -s> *m* (fam: Hinweis) tuyau *m*

tippen ['tɪpən] I. *vi* ❶ (fam: Schreibmaschine schreiben) taper [à la machine] ❷ (fam: vorhersagen) parier II. *vt* ❶ (Text) taper ❷ (wetten) jouer

Tirol [ti'ro:l] <-s> *nt* le Tyrol

Tisch [tɪʃ] <-[e]s, -e> m table f

Tischdecke f nappe f

Tischler(in) ['tɪʃlɐ] <-s -> m(f) menuisier m, -ière f

Tischtennis nt ping-pong m

Tischtuch nt nappe f

Titel ['tiːtəl] <-s, -> m titre m

Toast [toːst] <-[e]s, -e> m toast m

toasten ['toːstn] vt faire griller

Toaster ['toːstɐ] <-s, -> m grille-pain m

toben ['toːbən] vi **①** (wütend) fulminer; (begeistert) être déchaîné **②** (Kinder) se défouler; (Sturm) faire rage

Tochter ['tɔxtɐ] <-, Töchter> f fille f

Tod [toːt] <-[e]s, -e> m **①** mort f **② sich zu ~ e langweilen** s'ennuyer à mourir

Todesfall m décès m

tödlich ['tøːtlɪç] I. adj mortel(le); (Gefahr) de mort II. adv **④** ~ **verunglücken** avoir un accident mortel **②** (fam) à mort

Toilette [toaˈlɛtə] <-, -n> f toilettes f pl, W.-C. m

Toilettenpapier nt papier m hygiénique

toll [tɔl] I. adj (fam) extra; (Idee) super II. adv (fam: wild) de façon débridée

Tomate [toˈmaːtə] <-, -n> f tomate f

Ton¹ <-[e]s, -e> m MINER argile f

Ton² [toːn] <-[e]s, Töne> m **①** son m **②** (fam: Wort) mot m

tönen ['tøːnən] vt (Haare) teindre

Tonne ['tɔnə] <-, -n> f **①** fût m; (Mülltonne) poubelle f **②** (Maßeinheit) tonne f

Tönung <-, -en> f (Farbton) teinte f

Top [tɔp] <-s, -s> nt COUT débardeur m

Topf [tɔpf] <-[e]s, Töpfe> m **①** (Kochtopf) casserole f **②** (Blumen-, Nachttopf) pot m

Töpferei [tœpfəˈraɪ] <-, -en> f (atelier m de) poterie f

Töpferware f poterie f

Tor [toːɐ] <-[e]s, -e> nt **①** porte f **②** SPORT but m pl

Torte ['tɔrtə] <-, -n> f (Obsttorte) tarte f; (Cremetorte) gâteau m

Torwart ['toːɐvart] m, **-frau** f gardien(ne) m(f) (de but)

tot [toːt] adj mort(e)

total [toˈtaːl] I. adj complet, -ète II. adv (fam) totalement

Tote(r) f(m) mort(e) m(f); (Unfallopfer) tué(e) m(f)

töten ['tøːtən] vt tuer

Tour [tuːɐ] <-, -en> f **①** (Reise) excursion f **②** (Fahrt) tournée f **③** pl (Umdrehung) tour m **④** (fam: Vorgehen) magouille f

Tourist(in) [tuˈrɪst] <-en, -en> m(f) touriste mf

Tracht [traxt] <-, -en> f costume m

traditionell [traditsi̯oˈnɛl] adj traditionnel(le)

tragbar adj ~**er CD-Spieler** baladeur m

träge ['trɛːgə] adj mou, molle

tragen ['traːgən] irr I. vt **①** porter **②** (Früchte) donner II. vi (Baum) donner **③** (trächtig sein) être en gestation

Tragflügelboot nt hydroglisseur m

tragisch ['traːgɪʃ] adj tragique

Tragödie [traˈgøːdi̯ə] <-, -n> f tragédie f

Trainer(in) <-s, -> m(f) entraîneur m, -euse f

trainieren* [trɛ'niːrən] I. vt ① (Sportler) entraîner ② (Sportart) s'entraîner à II. vi s'entraîner

Training ['trɛːnɪŋ] <-s, -s> nt entraînement m

Traktor ['traktoːɐ̯] <-s, -toren> m tracteur m

trampeln ['trampəln] vi piétiner

trampen ['trɛmpən] vi faire du stop

Tramper(in) ['trɛmpɐ] <-s, -> m(f) auto-stoppeur m, -euse f

Träne ['trɛːnə] <-, -n> f larme f

Transferbus m navette f

transportieren [transpɔr'tiːrən] vt transporter

Transvestit [transvɛs'tiːt] <-en, -en> m travesti m

Traube ['traubə] <-, -n> f ① (einzelne Traube) grain m ② pl (Weintrauben) raisin m

Traubenzucker m dextrose f

trauen ['trauən] I. vi: jdm ~ faire confiance à qn; einer S. (dat) ~ croire à qc II. vt (Paar) marier III. vr: sich ~ etw zu tun oser faire qc

trauern vi: um jdn ~ porter le deuil de qn

Traum [traum] <-[e]s, Träume> m rêve m

Trauma ['trauma] <-s, Traumen> nt traumatisme m

träumen ['trɔymən] vt, vi (a. fig) rêver; etwas Schönes ~ faire de beaux rêves

traurig ['traurɪç] adj triste

treffen ['trɛfən] irr I. vt ① (begegnen) rencontrer ② (Ziel) atteindre ③ (innerlich berühren) toucher ④ (Maßnahmen) prendre; (Vorbereitungen) faire II. vi ① (das Ziel treffen: Person) atteindre son objectif; (Schuss) toucher sa cible III. vr ① sich ~ (Personen) se rencontrer; sich mit jdm ~ ① rencontrer ② (sich fügen) das trifft sich [gut] ça tombe bien

Treffen <-s, -> nt rencontre f

Treffer <-s, -> m ① (Schuss) coup m réussi ② (Tor) but m; (Boxhieb) coup m de poing

Treffpunkt m [lieu m de] rendez-vous m

treiben ['traibən] irr I. vt ① (a. fig) pousser ② (Handel) faire ③ es mit jdm ~ (fam) baiser avec qn II. vi ① (Boot) dériver ② BOT bourgeonner

Treibstoff m carburant m

Trekkingrad ['trɛkɪŋ-] nt V.T.C. m, vélo m tout chemin **Trekkingschuh** m chaussure f de randonnée [o montagne]

Trend [trɛnt] <-s, -s> m tendance f

trennen ['trɛnən] I. vt ① séparer ② (Wort) couper II. vr: sich ~ se séparer III. vi (unterscheiden) faire la différence

Trennung <-, -en> f ① séparation f ② (Unterscheidung) distinction f

Treppe ['trɛpə] <-, -n> f escalier m

Treppenhaus nt cage f d'escalier

Tresor [tre'zoːɐ̯] <-s, -e> m coffre-fort m

Tretboot nt pédalo m
treten ['tre:tən] irr I. vt ❶ donner un coup de pied à ❷ (Pedal) appuyer sur II. vi ❶ (Person) donner des coups de pieds ❷ (gehen) in/auf etw (akk) ~ (Person) marcher dans/sur qc
treu [trɔy] adj fidèle
Treue <-> f fidélité f
Trick [trɪk] <-s, -s> m truc m
Trickfilm m dessin m animé
Trieb [tri:p] <-[e]s, -e> m impulsion f
trinken ['trɪŋkən] vt, vi irr boire; **auf jdn** ~ boire à la santé de qn
Trinker(in) <-s, -> m(f) ivrogne mf
Trinkflasche f gourde f **Trinkgeld** nt pourboire m **Trinkwasser** nt eau f potable
Tritt [trɪt] <-[e]s, -e> m coup m de pied
Triumph [tri'ʊmf] <-[e]s, -e> m triomphe m
trocken ['trɔkən] adj sec, sèche; (Sekt) brut(e) **-es Haar** les cheveux secs
trocken|legen vt ❶ (Baby) changer ❷ (Sumpf) assécher
trocknen ['trɔknən] vt, vi sécher
Trockner <-s, -> m sèche-linge m
Trödler(in) <-s, -> m(f) brocanteur m, -euse f
Trommel ['trɔməl] <-, -n> f tambour m
Trommelfell nt tympan m
trommeln ['trɔməln] I. vi ❶ jouer du tambour ❷ (klopfen: Person) tambouriner II. vt (Marsch) tambouriner; (Takt) battre

Trompete [trɔm'pe:tə] <-, -n> f trompette f
tröpfeln ['trœpfəln] vi ❶ goutter ❷ **es tröpfelt** il tombe des gouttes
tropfen ['trɔpfən] vi goutter
Tropfen <-s, -> m goutte f
tropisch adj tropical(e)
Trost [tro:st] <-[e]s> m consolation f
trösten ['trø:stən] vt, vr: [sich] ~ [se] consoler
trotz [trɔts] präp +gen malgré
trotzdem adv tout de même
trübe adj ❶ (Flüssigkeit) trouble; (Fensterscheibe) terne ❷ (Wetter) maussade ❸ (Stimmung) sombre
Trüffel ['trʏfəl] <-, -n> f truffe f
trügen ['try:gən] irr I. vt tromper II. vi être trompeur
Trümmer ['trʏmɐ] Pl ruines f pl
Truppe ['trʊpə] <-, -n> f troupe f
Truthahn ['tru:tha:n] m dindon m
Tscheche ['tʃɛçə] <-n, -n> m, **Tschechin** ['tʃɛçɪn] f Tchèque mf
Tschechien ['tʃɛçɪən] <-s> nt la République tchèque
tschechisch I. adj tchèque II. adv en tchèque
Tschechisch <-[s]> nt tchèque m
tschüs[s] [tʃʏs] interj (fam) salut
T-Shirt ['ti:ʃø:et] <-s, -s> nt t(ee)-shirt m
Tuch [tu:x] <-[e]s, Tücher> nt ❶ COUT foulard m ❷ (Putztuch) chiffon m
Tugend ['tu:gənt] <-, -en> f vertu f
Tulpe ['tʊlpə] <-, -n> f tulipe f
Tumor ['tu:mo:ɐ̯] <-s, Tumoren>

m tumeur *f*

Tümpel ['tʏmpəl] <-s, -> *m* mare *f*

tun [tuːn] *irr* I. *vt* ❶ *(machen)* faire ❷ *(fam: legen, stellen)* mettre II. *vr:* **es tut sich etwas** il se passe quelque chose III. *vi (wirken)* **gut ~** faire du bien

Tunesien [tu'neːziən] <-s> *nt* la Tunisie

Tunesier(in) [tu'neːziɐ] <-s, -> *m(f)* Tunisien(ne) *m(f)*

tunesisch *adj* tunisien(ne)

Tunfisch ['tuːnfɪʃ] *m* thon *m*

tunken *vt* tremper

Tunnel ['tʊnəl] <-s, -e> *m* tunnel *m*

Tür [tyːɐ] <-, -en> *f* ❶ porte *f* ❷ *(Fahrzeugtür)* portière *f*

Türbreite *f* largeur *f* de la porte

Türcode *m* code *m*

Türke ['tʏrkə] <-n, -n> *m*, **Türkin** *f* Turc *m*, Turque *f*

Türkei [tʏr'kai] <-> *f:* **die ~** la Turquie

türkis [tʏr'kiːs] *adj* turquoise

türkisch ['tʏrkɪʃ] I. *adj* turc, turque II. *adv* **auf T~** en turc

Türkisch <-[s]> *nt* turc *m*

türkisfarben [-farbən] *adj* turquoise

Turm [tʊrm] <-[e]s, Türme> *m* ❶ *a.* SPIEL tour *f* ❷ *(Glockenturm)* clocher *m*

türmen ['tʏrmən] *vt* empiler

Turnen <-s> *nt* gymnastique *f;* *(Sportunterricht)* E.P.S. *f*

Turnhalle *f* gymnase *m*

Turnier [tʊr'niːɐ] <-s, -e> *nt* tournoi *m*

Turnschuh *m* chaussure *f* de sport

Türschwelle *f* seuil *m*

turteln ['tʊrtəln] *vi* roucouler

Tüte ['tyːtə] <-, -[s]> *f* sac *m; (klein)* sachet *m*

TÜV [tʏf] <-, -[s]> *m Abk von* **Technischer Überwachungs-Verein** centre *m* de contrôle technique

Typ [tyːp] <-s, -en> *m* ❶ individu *m; (Art)* type *m* ❷ *(fam: Kerl)* mec *m*

Typhus ['tyːfʊs] <-> *m* typhoïde *f*

typisch ['tyːpɪʃ] I. *adj* typique *(für* de) caractéristique *(für* de) II. *adv* typiquement

tyrannisieren* [tyrani'ziːrən] *vt* tyranniser

U u

U, u [u:] <-, -> *nt* U *m*/u *m*

U-Bahn ['u:ba:n] *f* métro *m*

übel [y:bəl] **I.** *adj* ❶ mauvais(e) ❷ *(schlecht)* **jdm ist/wird ~** qn a mal au cœur **II.** *adv* ❶ mal ❷ *(riechen, schmecken)* mauvais

Übelkeit <-, -en> *f* nausée *f*

üben [y:bən] **I.** *vt* s'exercer à **II.** *vi* travailler; *(trainieren)* s'entraîner

über [y:bɐ] **I.** *präp* +dat ❶ au-dessus de ❷ *(zusätzlich zu)* par-dessus **II.** *präp* +akk ❶ au-dessus de ❷ *(quer hinüber)* **die Straße gehen** traverser la rue; **~ den Zaun schauen** regarder par-dessus la clôture ❸ *(betreffend)* ❹ *(in Höhe von)* **ein Scheck ~ hundert Euro** un chèque de cent euros ❺ *(durch, mittels)* ❻ *(Dauer)* **~ Ostern verreisen** partir pour Pâques **III.** *adv* de plus de

überall [y:bɐʔal] *adv* partout

überanstrengen* [y:bɐʔanʃtrɛŋən] *vr*: **sich ~** se surmener

überarbeiten* [y:bɐʔarbaɪtən] *vt* remanier

überbacken *adj* gratiné(e)

Überblick *m (Sicht)* **~ über etw** *(akk)* vue *f* d'ensemble de qc

Überdosis *f* surdose *f*; *(bei Drogen)* overdose *f*

übereinander [y:bɐʔaɪˈnandɐ] *adv*: **~ reden** parler l'un sur l'autre

übereinander|legen *vt* entasser

übereinander|liegen *vt* être posés l'un sur l'autre

übereinander|schlagen *vt (Beine)* croiser

überein|stimmen *vi* ❶ convenir ❷ *(sich gleichen)* être conforme

überfahren* [y:bɐˈfa:rən] *vt irr* ❶ écraser ❷ *(Ampel)* brûler

Überfahrt *f* traversée *f*

Überfall *m* ❶ **der ~ auf jdn/etw** l'agression *f* de qn/l'attaque *f* de qc ❷ *(Bank)* hold-up *m*

überfallen* [y:bɐˈfalən] *vt irr (Person)* agresser; *(Bank)* attaquer

Überfluss *m* [sur]abondance *f*

überflüssig *adj* superflu

überfordern* [y:bɐˈfɔrdən] *vt*: **jdn ~** en demander trop à qn; **überfordert sein** être dépassé

überfüllt [y:bɐˈfʏlt] *adj* surchargé(e); *(Gebäude)* bondé(e)

Übergang <-gänge> *m* passage *m*

übergeben* [y:bɐˈge:bən] *irr* **I.** *vt (überreichen)* remettre **II.** *vr*: **sich ~** vomir

überhaupt [y:bɐˈhaʊpt] *adv* ❶ *(eigentlich)* **was fällt dir ~ ein?** qu'est-ce qui te prend? ❷ *(abgesehen davon, zudem)* vraiment ❸ *(ganz und gar)* **~ nicht** [pas] du tout

überholen* [y:bɐˈho:lən] *vt, vi* doubler

U

überladen* [yːbɐˈlaːdən] *vt irr* surcharger

Überlandbus *m* car *m*

überlassen* [yːbɐˈlasən] *vt irr* laisser

über|laufen [yːbɐˈlaʊfən] *vi irr (Flüssigkeit)* déborder

überleben* [yːbɐˈleːbən] *vt, vi* survivre

Überlebende(r) *f(m)* survivant(e) *m(f)*

überlegen* [yːbɐˈleːgən] I. *vi* réfléchir II. *vt*: **[sich** *(dat)***] etw ~** réfléchir à qc

übermäßig I. *adj* extrême II. *adv* trop

übermorgen *adv* après-demain; **~ früh/Abend** après-demain matin/soir

übernachten* [yːbɐˈnaxtən] *vi* passer la nuit

Übernachtung <-, -en> *f*: **~ mit Frühstück** nuit[ée] *f* avec petit-déjeuner

übernehmen* [yːbɐˈneːmən] *irr* I. *vt* ① reprendre ② *(Verantwortung)* assumer; *(Auftrag)* accepter II. *vr*: **sich ~** vouloir trop en faire III. *vi* prendre le relais

überprüfen* [yːbɐˈpryːfən] *vt* ① contrôler; *(Bewerber)* examiner ② *(Angabe)* vérifier l'exactitude de ③ *(Motor)* réviser

überqueren* [yːbɐˈkveːrən] *vt* traverser

überraschen* [yːbɐˈraʃən] *vt* surprendre

überraschend I. *adj* inattendu(e) II. *adv (besuchen)* à l'improviste; *(sterben)* subitement

Überraschung <-, -en> *f* surprise *f*

überreden* [yːbɐˈreːdən] *vt* convaincre

Überreste *Pl* vestiges *mpl*, restes *mpl*

überschätzen* [yːbɐˈʃɛtsən] *vt, vr*: **[sich] ~** [se] surestimer

überschlagen* [yːbɐˈʃlaːgən] *vr irr sich ~* ① *(Fahrzeug)* faire un tonneau ② *(Ereignisse)* se précipiter → *(am: übereifrig sein)* faire du zèle

überschreiten* [yːbɐˈʃraɪtən] *vt irr* ① *(Grenze)* franchir ② *(fig: Fähigkeiten)* dépasser

Überschrift *f* titre *m*

überschütten* [yːbɐˈʃʏtən] *vt (fig)* **mit Geschenken/Vorwürfen ~** couvrir de cadeaux/accabler de reproches

überschwemmen* [yːbɐˈʃvɛmən] *vt a.* COM inonder

übersehen* [yːbɐˈzeːən] *vt irr (nicht sehen)* ne pas voir

übersetzen* [yːbɐˈzɛtsən] I. *vt* traduire II. *vi* faire une traduction

Übersetzer(in) *m(f)* traducteur *m*, -trice *f*

Übersetzung <-, -en> *f* traduction *f*

Übersiedler(in) *m(f)*: immigré(e) [*politique*] *de la RDA en RFA*

überspringen* [yːbɐˈʃprɪŋən] *vt irr* ① franchir ② *(Lektion)* sauter

überstehen* [yːbɐˈʃteːən] *vt irr (Belastung)* surmonter

Überstunde *f* heure *f* supplémentaire

übertragbar [yːbɐˈtraːkbaːg] *adj*

① MED contagieux, -euse **②** *(Ausweis)* transmissible

übertragen*¹ [y:bɛˈtraːgən] *irr* **I.** *vt* **①** RADIO, TV diffuser **②** *(Methode)* appliquer **②** MED etw auf jdn ~ transmettre qc à qn **II.** *vr* MED sich ~ être contagieux; **sich auf jdn ~** se transmettre à qn

übertragen² **I.** *adj (Bedeutung)* figuré(e) **II.** *adv* au *[sens]* figuré

Übertragung <-, -en> *f* **①** *(das Senden)* diffusion *f* **②** *(Sendung)* retransmission *f*

übertreiben* [y:bɛˈtraɪbən] *vt, vi irr* exagérer

überwachen* [y:bɛˈvaxən] *vt* surveiller

überwältigen* [y:bɛˈvɛltɪgən] *vt* maîtriser

überwältigend [y:bɛˈvɛltɪgənt] *adj* grandiose

überweisen* [y:bɛˈvaɪzən] *vt irr (Geld)* virer

Überweisung <-, -en> *f* **①** *(Geldüberweisung)* virement *m* **②** *(eines Patienten)* transfert *m*

überwiegend **I.** *adj* large **II.** *adv* plutôt

überwinden* [y:bɛˈvɪndən] *irr* **I.** *vt* **①** surmonter **②** *(Gegner)* vaincre **II.** *vr:* **sich ~** faire un effort sur soi-même

überzeugen* [y:bɛˈtsɔygən] **I.** *vt* convaincre; **jdn davon ~, dass ...** persuader qn que ... **II.** *vi (Person)* être convaincant **III.** *vr:* **sich von etw ~** s'assurer de qc

Überzeugung <-, -en> *f* conviction *f*

überziehen* [y:bɛˈtsiːən] *vt irr* **①** *(bedecken)* recouvrir **②** *(belasten)* **das Konto um hundert Euro ~** mettre son compte à découvert de cent euros

üblich [ˈy:plɪç] *adj* usuel(le); **wie ~** comme d'habitude

U-Boot [ˈuːboːt] *nt* sous-marin *m*

übrig [ˈy:brɪç] **I.** *adj* **①** *(restlich)* **die ~en Teilnehmer** les autres participants **②** *(übrig bleibend)* **~ sein** rester **③** **im Übrigen** du reste **II.** *adv:* **~ bleiben** rester

übrigens [ˈy:brɪgəns] *adv* **①** *(nebenbei bemerkt)* au fait **②** *(außerdem)* d'ailleurs

Übung [ˈy:bʊŋ] <-, -en> *f* exercice *m*

Ufer [ˈuːfɐ] <-s, -> *nt (Fluss)* rive *f*; *(Meer)* bord *m*, côte *f*

Uhr [uːɐ] <-, -en> *f* **①** *(öffentliche Uhr)* horloge *f*; *(Armbanduhr)* montre *f*; *(Wanduhr)* pendule *f* **②** *(bei Zeitangaben)* **um drei ~** à trois heures; **um zwölf ~ mittags** à midi; **es ist fünf ~ früh** il est cinq heures du matin; **um wie viel ~?** à quelle heure?; **wie viel ~ ist es?** quelle heure est-il?

Uhrmacher(in) *m(f)* horloger *m*, -ère *f* heure *f*

Ukraine [ukraˈiːnə] <-> *f* l'Ukraine *f*

Ukrainer(in) [ukraˈiːnɐ] <-s, -> *m(f)* Ukrainien(ne) *m(f)*

ukrainisch [ukraˈiːnɪʃ] **I.** *adj* ukrainien(ne) **II.** *adv* en ukrainien

Ukrainisch [ukraˈiːnɪʃ] <-[s]> *nt*

ukrainien *m*

Ultraschall *m* ❶ PHYS ultrason *m* ❷ MED échographie *f*

um [ʊm] I. präp +akk ❶ (örtlich) ~ **die Ecke** au coin de la rue; ~ **den Park herum** autour du parc ❷ (ungefähr) environ ❸ (Ausmaß) ~ **zehn Zentimeter größer** de dix centimètres plus long de dix centimètres ❹ (zeitlich) ~ **diese Zeit** à cette heure-ci II. konj: ~ **zu** pour III. adv: ~ **sein** être passé

umarmen* [ʊmˈʔarmən] *vt* serrer dans ses bras

um|bauen [ˈʊmbaʊən] I. *vt* transformer II. *vi* faire des transformations

um|blättern *vi* tourner la page

um|bringen *irr* I. *vt* tuer II. *vr:* **sich ~** se suicider

um|buchen *vt, vi* modifier une réservation

um|drehen I. *vt* ❶ retourner ❷ (Schlüssel) tourner II. *vr:* **sich nach jdm/etw ~** se retourner en direction de qn/qc III. *vi* faire demi-tour

umeinander [ʊmʔaɪˈnandɐ] *adv* (sich kümmern) l'un(e) de l'autre

umfahren* [ʊmˈfaːrən] *vt irr* (Hindernis) contourner; (Stau) éviter

um|fallen *vi irr* tomber; (Baum) se coucher

Umfang <-[e]s, Umfänge> *m* ❶ (einer Kugel) circonférence *f*; (eines Gebietes) superficie *f* ❷ (eines Verlusts) étendue *f*

umfassen* [ʊmˈfasən] *vt* (enthalten) comprendre

Umfeld *nt* milieu *m*

Umfrage *f* sondage *m*

Umgangssprache *f* langage *m* courant; (nachlässige Sprache) langage familier

umgeben* [ʊmˈgeːbən] *vt, vr irr:* **[sich ~]** s'entourer

Umgebung <-, -en> *f* environs *m pl*

um|gehen¹ [ˈʊmgeːən] *vi irr* (behandeln) traiter

umgehen*² [ˈʊmgeːən] *vt irr* (vermeiden) éviter

Umgehungsstraße *f* rocade *f*

umgekehrt I. *adj* inverse II. *adv* (andersherum) dans l'autre sens

Umhängetasche *f* sacoche *f*

um|kehren *vi* faire demi-tour

um|kippen ❶ *vi* (Person) tomber; (Gegenstand) se renverser ❷ (fam: bewusstlos werden) tourner de l'œil ❸ ÖKOL s'asphyxier II. *vt* renverser

Umkreis *m:* **im ~ von zehn Kilometern** dans un rayon de dix kilomètres

Umlaut *m* voyelle *f* infléchie

um|legen *vt* ❶ (Schal) mettre ❷ (fam: umbringen) zigouiller ❸ (Kabel) changer de position

um|leiten *vt* (Verkehr) dévier; (Fluss) détourner

Umleitung <-, -en> *f* déviation *f*

um|rechnen *vt* convertir

um|rühren *vt, vi* remuer

ums [ʊms] = **um das** *s.* **um**

Umsatz *m* chiffre *m* d'affaires

um|schalten *vt* ❶ (Ampel) changer; **auf Grün ~** passer au vert ❷ (den Fernsehsender wech-

seln) changer de chaîne
Umschlag m ➊ (Briefumschlag) enveloppe f ➋ (eines Buchs) jaquette f ➌ MED compresse f
um|schulen vt (beruflich) reconvertir; **sich ~ lassen** se reconvertir
um|sehen vr irr (sich informieren) **sich ~** regarder
um|setzen vt (Erfahrungen) appliquer
umso ['ʊmzo] konj: **~ mehr/weniger** d'autant plus/moins; **~ besser** tant mieux
um|steigen vi irr (den Zug/Bus wechseln) changer de train/bus
um|stellen ['ʊmʃtɛlən] I. vt (Möbelstück) déplacer II. vi: **auf Gas ~** passer au gaz
um|stürzen I. vi se renverser II. vt (Säule) faire tomber
um|tauschen vt échanger; (Geld) changer
Umweg m détour m
Umwelt f ➊ ÖKOL environnement m ➋ (Mitmenschen) entourage m
Umweltaktivist(in) m(f) militant(e) m(f) écologiste
Umweltbelastung f pollution f
umweltbewusst adj, adv écologique **umweltfreundlich** adj écologique **Umweltpapier** nt papier m recyclé
umwickeln [ʊm'vɪkəln] vt: **etw mit Papier ~** entourer qc de papier
um|ziehen irr I. vi déménager II. vr: **sich ~** se changer
Umzug m (Fest~) cortège m

UN [uːˈʔɛn] <-> Pl Abk von **United Nations: die ~** les Nations f pl Unies
unabhängig adj indépendant(e)
unangenehm I. adj désagréable II. adv (riechen) mauvais
unauffällig I. adj discret, -ète II. adv discrètement
unbedeutend I. adj ➊ (Ereignis) insignifiant(e) ➋ (Menge) négligeable II. adv à peine
unbedingt I. adj absolu(e) II. adv absolument; **nicht ~** pas forcément
unbefristet I. adj à durée indéterminée; (Aufenthaltserlaubnis) permanent(e) II. adv sans limitation de durée
unbekannt adj inconnu(e)
unbeliebt adj peu apprécié(e)
unbemerkt I. adj inaperçu(e) II. adv sans être vu(e)
unbequem adj inconfortable
unbeschreiblich ['ʊnbəʃraiplɪç] I. adj indescriptible II. adv (schnell) infiniment; (dumm) extrêmement
unbestimmt adj ➊ vague ➋ LING indéfini(e)
unbewusst I. adj inconscient(e) II. adv inconsciemment
und [ʊnt] konj et; **du ~ ich** toi et moi
unendlich [ʊnˈʔɛntlɪç] I. adj infini(e) II. adv (fam) vachement
unentschieden I. adj SPORT nul(le) II. adv SPORT **~ spielen** faire match nul
unerfahren adj inexpérimenté(e)
unerreichbar [ʊnʔɛɐ̯ˈʀaiçbaːɐ̯] adj

U

inaccessible

unerträglich [ʊnˀɛɐ̯ˈtrɛːklɪç] *adj,*
adv insupportable

UNESCO [uˈnɛsko] <-> *f* Abk von
United **N**ations **E**ducational,
Scientific and **C**ultural **Or**-
ganization Unesco *f*

unfähig *adj* incapable

unfair *adj:* **das ist ~!** *(fam)* ce
n'est pas juste!

Unfall *m* accident *m;* **bei einem ~** dans un accident

unfreundlich *adj* ❶ peu aimable;
~ zu jdm sein ne pas être
aimable avec qn ❷ *(Klima)*
désagréable

Ungar(in) [ˈʊŋɡar] <-n, -n> *m(f)*
Hongrois(e) *m(f)*

ungarisch [ˈʊŋarɪʃ] I. *adj* hon-
grois(e) II. *adv* en hongrois

Ungarisch <-[s]> *nt* hongrois *m*

Ungarn [ˈʊŋarn] <-s> *nt* la Hongrie

ungeduldig I. *adj* impatient(e);
~ werden s'impatienter II. *adv*
impatiemment

ungeeignet *adj* impropre

ungefähr [ʊŋɡaˈfɛːɐ̯] I. *adv* à peu
près; **~ ein Pfund Mehl** environ une livre de farine; **das
könnte ~ stimmen** c'est à peu
près ça II. *adj* approximatif, -ive

ungerade *adj* impair(e)

ungerecht *adj a.* JUR injuste

ungern *adv* ❶ *(nicht gerade gern)*
etw ~ tun ne pas faire qc volontiers ❷ *(widerwillig)* à contrecœur

ungeschickt *adj* maladroit(e)

ungesund I. *adj* malsain(e)

II. *adv:* **~ leben** avoir un mode
de vie mauvais pour la santé

ungewöhnlich *adj* ❶ inhabi-
tuel(le) ❷ *(außergewöhnlich)*
exceptionnel(le)

unglaublich [ˈʊnɡlaʊplɪç] *adj* incroyable

Unglück <-e> *nt* ❶ malheur *m;*
(Zugunglück) catastrophe *f*
❷ *(Pech)* malchance *f*

unglücklich *adj* malheureux,
-euse II. *adv:* **~ aussehen** avoir
l'air malheureux

ungültig *adj (Ausweis)* périmé(e);
(Eintrittskarte) non valable;
~ werden *(Ausweis)* expirer

ungünstig *adj (Zeitpunkt)* mal
choisi(e)

unheilbar [ʊnˈhaɪlbaːɐ̯] *adj* incurable

unheimlich I. *adj* ❶ *(Geschichte)*
macabre; *(Haus)* lugubre
❷ *(fam: Zufall)* pas croyable
❸ *(fam: Angst)* terrible; **es hat
uns ~en Spaß gemacht** cela
nous a énormément plu II. *adv*
❶ *(grauenerregend)* **~ aussehen** être à faire peur ❷ *(fam:
sehr)* vachement

unhöflich *adj* impoli(e)

UNICEF [ˈʊːnit͡sɛf] <-> *f* Abk von
United **N**ations **I**nternational
Children's **E**mergency **F**und
UNICEF *f*

Universität [univɛrziˈtɛːt] <-, -en>
f université *f*

unklar I. *adj* confus(e) II. *adv* de
manière ambiguë

Unkosten *Pl* frais *m pl*

unlogisch *adj* illogique

unmenschlich [ʊnˈmɛnʃlɪç] *adj* ❶ inhumain(e) ❷ *(fam: Schmerzen)* épouvantable

unmittelbar *adj* immédiat(e)

unmöglich [ʊnˈmøːklɪç] **I.** *adj* impossible; **es ist ihm/ihr ~ das zu tun** il/elle est dans l'impossibilité de faire cela **II.** *adv (pej fam):* **~ aussehen** avoir un air pas possible

unnötig *adj* superflu(e)

UNO [ˈuːno] <-> *f Abk von* **United Nations Organization** O.N.U. *f*

unordentlich *adj (Person)* désordonné(e); *(Zimmer)* en désordre

Unrecht *nt* tort *m;* **zu ~** à tort

unregelmäßig *adj* irrégulier, -ière

Unruhe *f* ❶ agitation *f;* (Sorge) inquiétude *f* ❷ *pl (Tumulte)* troubles *m pl*

unruhig *adj* ❶ agité(e) ❷ *(besorgt)* inquiet, -iète

uns [ʊns] *pron* nous

unschuldig *adj* **I.** *adj* innocent(e) **II.** *adv* ❶ à tort ❷ *(arglos)* d'un air innocent

unser [ˈʊnzɐ] *pron* notre/nos

unsereiner, unsereins *pron (fam)* nous [autres]

unsererseits *s.* **unsererseits**

unsererseits *adv* ❶ *(wir wiederum)* de notre côté ❷ *(was uns betrifft)* de notre part

unsretwegen *adv* ❶ *(wegen uns)* à cause de nous ❷ *(uns zuliebe)* pour nous ❸ *(von uns aus)* en ce qui nous concerne

unsers *s.* **unser**

unsicher I. *adj* ❶ peu sûr(e) ❷ *(Person)* qui manque d'assurance ❸ *(Zukunft)* incertain(e)

II. *adv* ❶ *(sich bewegen)* en chancelant ❷ *(fragen)* d'une voix hésitante

Unsinn *m* absurdité *f*

unsinnig *adj* insensé(e)

unsre *s.* **unser**

unsrerseits *s.* **unsererseits**

unsympathisch *adj* antipathique; *(Vorstellung)* désagréable

unten [ˈʊntən] *adv* ❶ *(opp: oben)* en bas; **~ im Koffer** au fond de la valise; **weiter ~** plus bas ❷ *(in einem unteren Stockwerk)* **~ im Keller** en bas à la cave; **nach ~ gehen** descendre; **von ~ kommen** venir d'en bas ❸ *(nachher)* **siehe ~** voir ci-dessous

unter [ˈʊntɐ] **I.** *präp +akk o dat* sous **II.** *adv* de moins de

unterbrechen* [ʊntɐˈbrɛçən] *vt irr* ❶ *(jdn)* couper la parole à; *(Arbeit)* interrompre ❷ *(Leitung)* couper

unter|bringen *vt irr (Person)* loger

unterdrücken* [ʊntɐˈdrʏkən] *vt* ❶ *(Person)* opprimer; *(Gefühl, Unruhen)* réprimer

untere(r, s) [ˈʊntərə] *adj* inférieur(e); *(Wohnung)* d'en bas

untereinander *adv* ❶ *(besprechen)* entre eux/elles/nous/... ❷ *(sich helfen)* mutuellement

unterentwickelt *adj* ÖKON sous-développé(e)

Unterführung *f* passage *m* souterrain

Untergang <-gänge> *m* ❶ *(eines Schiffs)* naufrage *m* ❷ ASTRO coucher *m* ❸ *(eines Reiches)* chute *f;*

U

(einer Kultur) disparition f

unter|gehen *vi irr* ❶ couler ❷ ASTRO se coucher ❸ *(Kultur, Reich)* disparaître

Untergeschoss *nt* sous-sol m

unterhalb I. *präp +gen* au-dessous de II. *adv:* ~ **von etw** au-dessous de qc

Unterhalt <-[e]s> *m* pension f alimentaire

unterhalten *irr* I. *vt (Publikum)* divertir II. *vr* **sich** – ❶ *(sich vergnügen)* s'amuser ❷ *(sprechen)* s'entretenir

Unterhaltung [ʊntɐˈhaltʊŋ] <-, -en> *f* ❶ entretien *m* ❷ *(Zeitvertreib)* distraction f

Unterhemd *nt (Herrenunterhemd)* tricot *m* de corps

Unterhose *f* slip m

unterirdisch I. *adj* souterrain(e) II. *adv* sous terre

Unterkunft [ˈʊntɐkʊnft] <-, -künfte> *f* gîte m; *(für längere Zeit)* logement m

Unterlage *f* document m

unter|legen¹ [ˈʊntɐleːgən] *vt* mettre dessous

unterlegen² *adj* inférieur(e)

Unterleib *m* bas-ventre m

unternehmen* [ʊntɐˈneːmən] *vt irr* entreprendre

Unternehmen <-s, -> *nt* entreprise f

Unternehmer(in) <-s, -> *m(f)* entrepreneur, -euse f

Unterricht [ˈʊntɐrɪçt] <-[e]s> *m* cours m; *(in der Grundschule)* classe f

unterrichten* [ʊntɐˈrɪçtən] *vt, vi* enseigner

unterschätzen* [ʊntɐˈʃɛtsən] *vt* sous-estimer

unterscheiden* [ʊntɐˈʃaɪdən] *irr* I. *vt* ❶ différencier ❷ *(auseinanderhalten)* distinguer II. *vi* faire la différence

Unterschied [ˈʊntɐʃiːt] <-[e]s, -e> *m* différence f

unterschiedlich *adj* différent(e)

unterschreiben* [ʊntɐˈʃraɪbən] *vt, vi irr* signer

Unterschrift *f* signature f

unterste(r, s) [ˈʊntəstə] *adj* Superl von **untere(r, s)**

unterstreichen* [ʊntɐˈʃtraɪçən] *vt irr* souligner

unterstützen* [ʊntɐˈʃtʏtsən] *vt* ❶ soutenir ❷ *(Projekt)* subventionner

untersuchen* [ʊntɐˈzuːxən] *vt* examiner; *(Blut)* analyser

Untersuchung <-, -en> *f* examen m, analyse f

Untersuchungshaft *f* détention f préventive

Untertasse *f* soucoupe f

unter|tauchen *vi* ❶ *(tauchen)* plonger ❷ *(sich verstecken)* **im Ausland** – se réfugier à l'étranger

unterteilen* [ʊntɐˈtaɪlən] *vt* diviser

Untertitel *m* sous-titre m

Unterwalden [ˈʊntɐvaldən] <-s> *nt* l'Unterwald m

Unterwäsche *f* sous-vêtements *m pl*; *(Damenunterwäsche)* lingerie f

Unterwasserkamera *f* caméra f

sous-marine

unterwegs [ʊntɐˈveːks] adv (auf, während der Reise) en cours de route

unterwerfen* [ʊntɐˈvɛrfən] vt, vr irr: **[sich] ~** se soumettre

untreu adj infidèle

untypisch adj inhabituel(le)

unübersichtlich adj confus(e)

ununterbrochen [ʔnʔʊntɐˈbrɔxən] I. adj ininterrompu(e) II. adv sans arrêt

unverantwortlich [ʊnfɐˈʔantvɔrtlɪç] I. adj irresponsable II. adv en personne irresponsable

unverbindlich adj sans engagement

unvergesslich [ʊnfɐˈgɛslɪç] adj inoubliable

unvernünftig adj déraisonnable; **es ist ~, etw zu tun** ce n'est pas raisonnable de faire qc

unverschämt [ˈʊnfɐʃɛːmt] adj éhonté(e)

unverständlich adj incompréhensible

unverzeihlich [ʊnfɐˈtsaɪlɪç] adj impardonnable

unvorsichtig adj imprudent(e)

unvorstellbar [ʊnfoˈʃtɛlbaːɐ] adj inimaginable

unwahrscheinlich adj invraisemblable; **es ist ~, dass** il est peu vraisemblable que +subj

Unwetter nt tempête f

unwichtig adj insignifiant(e), sans importance

unwohl adj: **sich ~ fühlen** (schlecht) ne pas se sentir bien; (unbehaglich) être mal à l'aise

unzertrennlich [ʊntsɐˈtrɛnlɪç] adj inséparable

unzufrieden adj: **mit jdm/etw ~ sein** être mécontent de qn/qc

unzuverlässig adj ❶ pas fiable ❷ (Zeuge) peu crédible

uralt adj (Baum) très vieux, vieille; (Brauch) très ancien(ne)

Urenkel(in) m(f) arrière-petit-fils m/arrière-petite-fille f

Urgroßeltern pl arrière-grands-parents m pl

Uri [ˈuːri] <-s> nt l'Uri m

Urin [uˈriːn] <-s, -e> m urine f

Urkunde [ˈuːɐkʊndə] <-, -n> f document m

Urlaub [ˈuːɐlaʊp] <-[e]s, -e> m congé m; **~ haben** être en congé

Ursache f ❶ cause f ❷ **keine ~!** [il n'y a] pas de quoi!

Ursprung <-s, Ursprünge> m origine f

ursprünglich [ˈuːɐʃprʏŋlɪç] I. adj (Projekt) initial(e); (Absicht) à l'origine II. adv au début

Urteil [ˈʊrtaɪl] <-s, -e> nt ❶ jugement m ❷ (Meinung) opinion f

urteilen vi: **über jdn/etw ~** juger qn/qc

USA [uːʔɛsˈʔaː] Pl Abk von **United States of America**: **die ~** les USA m pl

utopisch [uˈtoːpɪʃ] adj utopique

V

V, v |fau| <-, -> *nt* V *m*/v *m*

vage |'va:gə| *adj* vague

Varieté, Varietee |varie'te:| <-s, -s> *nt* ❶ *(Vorführung)* spectacle *m* de variétés ❷ *(Gebäude)* music-hall *m*

Vase |'va:zə| <-, -n> *f* vase *m*

Vater |'fa:tɐ| <-s, Väter> *m* père *m*

Vaterland *nt* patrie *f*

Vegetarier(in) |vege'ta:riɐ| <-s, -> *m(f)* végétarien(ne) *m(f)*

vegetarisch |vega'ta:riʃ| *adj* végétarien(ne)

Vene |'ve:nə| <-, -n> *f* veine *f*

Ventilator |ventilа'to:ɐ| <-s, -to-ren> *m* ventilateur *m*

verabreden* |fɛɐ'ʔapre:dən| I. *vr:* **sich** ~ prendre rendez-vous II. *vt (Ort, Termin)* fixer

Verabredung <-, -en> *f* rendez-vous *m*

verabscheuen* *vt* détester

verabschieden* *vr:* **sich von jdm** ~ dire au revoir à qn

verändern* *vt, vr:* [**sich**] ~ changer

Veränderung *f* changement *m*

veranlassen* *vt (in die Wege leiten)* faire le nécessaire pour

veranstalten* *vt* organiser

Veranstaltung <-, -en> *f (Ereignis)* manifestation *f*

Veranstaltung <-, -en> *f* manifestation *f*; *(Aufführung)* spectacle *m*

verantwortlich *adj:* ~ **für etw** responsable de qc

Verantwortung <-, -en> *f* responsabilité *f*

verarbeiten* *vt* ❶ *(Rohstoff)* traiter ❷ *(Eindrücke)* assimiler; *(Scheidung)* assumer

Verb |vɛrp| <-s, -en> *nt* verbe *m*

Verband <-[e]s, Verbände> *m* ❶ MED bandage *m* ❷ *(Bund)* association *f*

Verbandskasten *m* trousse *f* de secours

verbergen* *vt, vr irr:* [**sich**] ~ [se] cacher

verbessern* *vt, vr:* [**sich**] ~ [s'] améliorer

verbiegen* *vt, vr:* [**sich**] ~ [se] tordre

verbieten *vt irr* interdire

verbinden *irr* I. *vt* ❶ *(Person)* faire un bandage à; *(Wunde, Arm)* bander ❷ TELEC **jdn mit jdm** ~ passer qn à qn; [**Sie sind**] **falsch verbunden!** vous avez fait un faux numéro! II. *vr (sich zusammenschließen)* **sich mit jdm/etw** ~ s'associer à qn/qc

Verbindung *f* ❶ rapport *m*; **in ~ mit etw** associé·e à qc ❷ *(gedankliche Verknüpfung)* combinaison *f* ❸ *(persönliche Beziehung)* relation *f* ❹ *(Kontakt)* **sich mit jdm in ~ setzen** contacter qn; **mit jdm/etw in ~ stehen** être en relation avec qn/qc ❺ TELEC, AUT liaison *f*

⑤ *(Telefongespräch)* communication *f*

verbleit [fɛɐ̯ˈblaɪt] *adj* contenant du plomb

verblüfft I. *adj* stupéfait(e) II. *adv:* **~ schauen** avoir l'air stupéfait

verboten [fɛɐ̯ˈboːtən] *adj* interdit(e)

verbrauchen* *vt* **①** *(Vorräte)* consommer **②** *(Energien, Geld)* dépenser

Verbrechen <-s, -> *nt* crime *m*

verbreiten* I. *vt* **①** *(Gerücht, Krankheit)* propager **②** *(Entsetzen)* semer II. *vr a.* MED **sich ~** se propager

verbrennen* *irr* I. *vt* **①** brûler **②** *(fam: Toten)* incinérer II. *vr:* **sich ~** se brûler III. *vi* brûler

Verbrennung <-, -en> *f* incinération *f*

verbringen* *vt:* **den Tag mit Lesen ~** passer la journée à lire

Verdacht [fɛɐ̯ˈdaxt] <-[e]s> *m* soupçon *m*

verdächtigen* *vt:* **jdn einer S.** *(gen)* **~** soupçonner qn de qc

verdammt I. *adj* **①** *(fam: widerwärtig)* foutu(e) **②** REL damné(e) II. *adv* *(fam: ärgerlich)* vachement

verdanken* *vt:* **jdm/etw ~** devoir qc à qn/qc

verdauen* [fɛɐ̯ˈdaʊ̯ən] *vt, vi (a. fig)* digérer

Verdauung <-> *f* digestion *f*

Verdauungsstörung *f* trouble *m* digestifs

verderben [fɛɐ̯ˈdɛrbən] *irr* I. *vt*

① *(Charakter)* corrompre **②** *(zunichtemachen)* gâcher II. *vi (Lebensmittel)* s'avarier; *(Sahne)* tourner

verdienen* I. *vt* **①** gagner **②** *(Lob)* mériter II. *vi:* **gut/schlecht ~** gagner bien/mal sa vie

verdoppeln* I. *vt* **①** doubler **②** *(Anstrengungen)* redoubler II. *vr:* **sich ~** doubler

verdorben [fɛɐ̯ˈdɔrbən] *adj* **①** *(faul)* pourri(e); *(Fleisch)* avarié(e); *(Käse)* moisi(e) **②** *(moralisch)* dépravé(e)

verdrehen* *vt* **①** *(Hals)* tourner; **die Augen ~** rouler des yeux **②** *(fam: Sachverhalt)* déformer

verdreifachen* *vt, vr:* **[sich] ~** tripler

verdursten* *vi* mourir de soif

Verehrer(in) <-s, -> *m (f)* admirateur *m*, -trice *f*

Verein [fɛɐ̯ˈʔaɪn] <-[e]s, -e> *m* association *f*; *(Sportverein)* club *m*

vereinbaren* *vt* convenir

vereinfachen* *vt* simplifier

vereinigen* I. *vt* **①** *(Firmen)* fusionner; *(Organisationen)* réunir II. *vr:* **sich ~** s'associer; **sich wieder ~** *(Land)* se réunifier

verfahren* *irr* I. *vi* procéder II. *vr:* **sich ~** se tromper de route

verfallen* *vi irr* **①** *(Gebäude)* se délabrer; *(Mensch)* décliner **②** *(Fahrkarte)* être périmé(e); *(Anspruch)* être déchu

verfassen* *vt (Artikel)* rédiger; *(Buch)* écrire

Verfasser(in) <-s, -> m(f) auteur m, -trice f

Verfassung f ❶ (Befinden) état m ❷ POL constitution f

verfaulen vi ❶ (Gemüse, Obst) se gâter; (Fleisch) s'avarier ❷ (verwesen) pourrir

verfeinern vt améliorer

verflucht (fam) I. adj (Kerl) sale; (Auto) foutu(e) II. adv vachement III. interj: ~! nom d'un chien!

verfolgen vt ❶ (nachsetzen) poursuivre ❷ suivre ❸ (drangsalieren) persécuter

verfügen vi: über etw (akk) ~ disposer de qc

Verfügung <-, -en> f: jdm zur ~ stehen être à la disposition de qn

verführen vt (Mann, Frau) séduire

verführerisch adj séduisant(e)

vergammeln (fam) vi moisir

vergangen [fɛɐˈgaŋən] adj passé(e)

Vergangenheit <-> f passé m

vergeben vi irr pardonner

vergeblich I. adj vain(e) II. adv en vain

Vergebung <-, -en> f pardon m

Vergehen <-s, -> nt délit m

vergessen [fɛɐˈgɛsən] vt irr oublier

vergeuden [fɛɐˈgɔʏdən] vt gaspiller

vergewaltigen vt violer

Vergewaltigung <-, -en> f viol m

vergiften I. vt empoisonner II. vr: sich durch verdorbe-

nen Fisch ~ s'intoxiquer en mangeant du poisson avarié

Vergiftung <-, -en> f empoisonnement m

Vergleich [fɛɐˈglaɪç] <-[e]s, -e> m comparaison f

vergleichbar adj comparable

vergleichen irr I. vt comparer II. vr: sich mit jdm ~ se comparer à qn

vergnügen [fɛɐˈgnyːgən] I. vr: sich mit etw ~ s'amuser en faisant qc II. vt amuser

Vergnügen <-s, -> nt plaisir m

Vergnügungspark m parc m d'attractions

vergolden vt dorer

vergraben vt irr enterrer

vergrößern [fɛɐˈgrøːsən] vt ❶ a. PHOT agrandir ❷ (Abstand) augmenter

Vergrößerung <-, -en> f PHOT agrandissement m

Vergünstigung <-, -en> f ❶ avantage m ❷ (Ermäßigung) réduction f

verhaften vt arrêter

verhalten vr irr: sich ~ se comporter

Verhältnis [fɛɐˈhɛltnɪs] <-ses, -se> nt ❶ im ~ zu jdm/etw par rapport à qn/qc ❷ (Beziehung) ein gutes ~ zu jdm haben avoir de bons rapports avec qn ❸ pl (Zustand) situation f ❹ pl (Lebensumstand) conditions f pl

verhandeln vi: über etw (akk) ~ négocier qc

Verhandlung f ❶ négociation f

❷ JUR audience f

verheimlichen* vt cacher

verheiratet adj marié(e)

verhindern* vt empêcher de

verhören* I. vt interroger II. vr: **sich** ~ entendre de travers

verhungern vi: **am Verhungern sein** crever de faim

Verhütungsmittel nt contraceptif m

verirren* vr **sich** ~ s'égarer

Verkauf m vente f

verkaufen* vt vendre; **zu** ~ à vendre

Verkäufer(in) m(f) vendeur m, -euse f

Verkehr [fɛɐ̯ˈkeːɐ̯] <-[e]s> m circulation f

verkehren vi ❶ circuler ❷ (Gast sein) **bei jdm/in etw** (dat) ~ fréquenter qn/qc

Verkehrsamt nt office m de tourisme, syndicat m d'initiative **Verkehrsmittel** nt moyen m de transport

verkehrt I. adj mauvais(e) II. adv ❶ (erzählen) de travers ❷ (aufmachen) du mauvais côté; ~ **herum** à l'envers

verklagen* vt: **jdn** ~ porter plainte contre qn

verkleiden* vt (kostümieren) déguiser

verkleinern* vt ❶ rapetisser ❷ (Format) réduire

verkörpern* vt incarner

verkraften* vt supporter

verkrampfen* vr: **sich** ~ se contracter

verkürzen* vt ❶ (Schnur) raccour-

cir ❷ (Dauer) réduire

Verlag [fɛɐ̯ˈlaːk] <-[e]s, -e> m maison f d'édition

verlagern* vt déplacer

verlangen* vt ❶ (Geld) réclamer ❷ **das ist ein bisschen viel verlangt!** c'est demander beaucoup!

verlängern* [fɛɐ̯ˈlɛŋɐn] I. vt [r] allonger ❷ (andauern lassen) prolonger II. vr: **sich** ~ se prolonger

Verlängerungsschnur f rallonge f **Verlängerungswoche** f semaine f supplémentaire

verlangsamen* [fɛɐ̯ˈlaŋzaːmən] vt ralentir

verlassen* irr I. vt quitter II. vr: **sich auf jdn/etw** ~ compter sur qn/qc

Verlauf m ❶ tracé m; (eines Flusses) cours m ❷ (Entwicklung) déroulement m

verlaufen* irr I. vi (ablaufen) se dérouler II. vr: **sich** ~ (sich verirren) s'égarer

verlegen* vt ❶ (Schlüssel) égarer ❷ (verschieben) reporter ❸ (legen) poser

verleihen* vt irr ❶ prêter; (gegen Entgelt) louer ❷ (Orden) décerner

verlernen* vt oublier

verletzen* [fɛɐ̯ˈlɛtsn̩] vt, vr: [sich] ~ [se] blesser

Verletzte(r) f(m) blessé(e) m(f)

Verletzung <-, -en> f blessure f

verlieben* vr: **sich in jdn** ~ tomber amoureux(-euse) de qn

verlieren* [fɛɐ̯ˈliːrən] vt irr perdre

Verlierer(in) <-s, -> *m(f)* perdant(e) *m(f)*

verlobt *adj:* **mit jdm ~ sein** être fiancé à qn

Verlobte(r) *f(m)* fiancé(e) *m(f)*

Verlust [fɛɐˈlʊst] <-[e]s, -e> *m* perte *f*

vermehren* *vr* **sich ~** ② se reproduire ② *(zunehmen)* augmenter

vermeiden* *vt irr* éviter

vermieten* *vt, vi* louer

vermindern* *vt* réduire

vermissen* *vt:* **ich vermisse dich** tu me manques

vermitteln* *vt (Stelle)* fournir; *(Arbeitskräfte)* recruter

Vermögen <-s, -> *nt* fortune *f*

vermuten* [fɛɐˈmuːtən] *vt* supposer

vermutlich *adj* probable

vernachlässigen* I. *vt (Kind)* délaisser; *(Kleidung)* négliger II. *vr:* **sich ~** se laisser aller

vernichten* [fɛɐˈnɪçtn] *vt* détruire

Vernunft [fɛɐˈnʊnft] <-> *f* raison *f*

vernünftig [fɛɐˈnʏnftɪç] I. *adj* raisonnable II. *adv (fam: akzeptabel)* convenablement

veröffentlichen* [fɛɐˈʔœfntlɪçn] *vt* publier

verpacken* *vt* emballer

Verpackung <-, -en> *f* emballage *m*

verpassen* *vt (Bus)* rater; *(Chance)* laisser passer

Verpflegung <-, -en> *f* nourriture *f*

verpflichten* I. *vt* obliger II. *vr:* **sich zu etw ~** s'engager à qc

verraten* *vt irr* ① trahir ② *(iron*

fam: sagen) dire

verrechnen* *vr* ① **sich um zehn Euro ~** se tromper de dix euros en comptant ② *(sich irren)* **sich ~** faire une erreur *[dans* ses calculs]

verreisen* *vi* partir en voyage

verringern* [fɛɐˈrɪŋɐn] *vt* réduire

verrosten* *vi* rouiller

verrückt *adj (fam)* ① fou, folle ② *(versessen)* **nach jdm ~ sein** être dingue de qn; **auf etw *(akk)*/nach etw *(dat)*~ sein** raffoler de qc

Vers [fɛrs] <-es, -e> *m* ① vers *m* ② *(Bibelvers)* verset *m*

versagen* *vi* ① échouer ② *(Erziehung)* être un échec ③ *(Alarmanlage)* ne pas fonctionner

versammeln* *vt, vr:* **[sich] ~** [se] rassembler

Versammlung *f* ① réunion *f* ② *(die versammelten Menschen)* assemblée *f*

versäumen* *vt (Termin)* manquer

verschärfen* *vt* ① *(Bestimmung)* renforcer ② *(zuspitzen)* aggraver

verschicken* *vt* envoyer

verschieben* *vt irr* ① *(verrücken)* déplacer ② *(verlegen)* reporter

verschieden [fɛɐˈʃiːdən] *adj* ① différent(e) ② *(Leute)* plusieurs

verschimmeln* *vi* moisir

verschlafen* *irr* I. *vi* se réveiller trop tard II. *vt (fam: vergessen)* oublier carrément

verschlechtern* *vt, vr:* **[sich] ~**

[s']aggraver

verschließen* vt irr ❶ fermer [à clé] ❷ (Flasche) boucher

verschlimmern* vt, vr: [**sich**] ~ [s']aggraver

Verschluss m (eines Glases) couvercle m; (einer Flasche) bouchon m

verschmutzen* I. vt ❶ salir ❷ (Umwelt) polluer II. vi se salir

verschreiben* vt irr prescrire

verschwinden* vi irr disparaître

Versehen <-s, -> nt méprise f

versenken* vt (Schiff) couler

versetzen* I. vt ❷ ADMIN muter ❷ (fam: umsonst warten lassen) jdn ~ poser un lapin à qn II. vr (sich einfühlen) sich in die Lage seines Freundes ~ se mettre à la place de son ami

versichern* I. vt assurer II. vr: **sich gegen etw** ~ s'assurer contre qc

Versicherung <-, -en> f assurance f

versinken vi irr ❶ (Schiff) sombrer ❷ (einsinken) s'enfoncer

versöhnen* [fɛɐ̯ˈzøːnən] vt, vr: [**sich**] ~ [se] réconcilier

versorgen* vt (Person, Tier) s'occuper de

verspäten* vr: **sich** ~ (Person) se mettre en retard; (Flugzeug) être en retard

verspätet adj, adv en retard

Verspätung <-, -en> f retard m

versprechen* irr I. vt promettre II. vr ❶ (erwarten) **sich** (dat) **von einer Reise viel** ~ attendre beaucoup d'un voyage

❷ (sich beim Sprechen vertun) **sich** ~ faire un lapsus

Verstand [fɛɐ̯ˈʃtant] <-[e]s> m raison f

verständigen* I. vt informer II. vr ~ sich ❶ (sich verständlich machen) se faire comprendre ❷ (sich einigen) s'entendre

verstärken* I. vt ❶ (Belegschaft) renforcer ❷ MEDIA amplifier II. vr: **sich** ~ se renforcer

verstaucht adj foulé(e)

verstecken* vt, vr: [**sich**] ~ [se] cacher

verstehen* irr I. vt, vi comprendre II. vr (auskommen) **sich mit jdm** ~ s'entendre avec qn

versteigern* vt vendre aux enchères

verstopft adj (Rohr, Nase) bouché(e)

Verstopfung <-, -en> f constipation f

verstoßen* irr I. vi: **gegen ein Gesetz** ~ transgresser une loi II. vt rejeter

verstreut [fɛɐ̯ˈʃtrɔʏt] adj disséminé(e)

verstümmeln* [fɛɐ̯ˈʃtʏməln] vt (verletzen) mutiler

Versuch [fɛɐ̯ˈzuːx] <-[e]s, -e> m essai m

versuchen* vt ❶ essayer ❷ (Kuchen) goûter

vertauschen* vt ❶ (verwechseln) prendre pour le sien/la sienne ❷ (austauschen) échanger

verteidigen* [fɛɐ̯ˈtaɪdɪɡən] vt, vr: [**sich**] ~ [se] défendre

verteilen* I. vt ❶ distribuer
❷ *(platzieren)* disposer II. vr:
sich ~ se répartir

vertiefen* vt approfondir

Vertrag [fɛɐˈtraːk] m <-[e]s, Verträ-
ge> m ❶ JUR contrat m ❷ POL
traité m

vertragen* vt irr supporter

vertrauen vi ❶ *(glauben)* **jdm ~**
faire confiance à qn ❷ *(sich verlassen auf)* **auf etw** (akk) **~** se
fier à qc

Vertrauen <-s> nt confiance f

vertraulich adj confidentiel(le)

vertreiben* vt irr chasser

vertreten* vt ❶ *(Kollegen)* remplacer ❷ *(Angeklagten)* défendre
[les intérêts de] ❸ *(reprä-
sentieren)* représenter ❹ *(ver-
fechten)* soutenir

Vertreter(in) <-s, -> m (f)
❶ *(Stellvertreter)* remplaçant(e)
m(f) ❷ *(Handelsvertreter)* repré-
sentant(e) m(f)

verunglücken* vi: **mit dem Auto ~** avoir un accident de voiture

verunsichern* vt inquiéter

verursachen* vt provoquer

verurteilen* vt ❶ JUR condamner
❷ *(bestimmen)* **zum Scheitern
verurteilt sein** être voué à
l'échec

vervielfachen* vt, vr: [**sich**] **~** se
multiplier

vervollständigen* vt compléter

verwalten* vt ❶ ADMIN administrer ❷ AGR, FIN, INFORM gérer

Verwaltung f <-, -en> f administration f

verwandeln* vt, vr: [**sich**] **~** [se]
transformer

verwandt [fɛɐˈvant] adj ❶ parent
❷ *(artverwandt)* de la même famille

verwechseln* [fɛɐˈvɛksln] vt
confondre

verweigern* vt refuser

verwenden* vt irr utiliser

verwirklichen* vt, vr: [**sich**] **~** [se]
réaliser

verwirren* vt déconcerter

verwitwet [fɛɐˈvɪtvət] adj *(Mann)*
veuf; *(Frau)* veuve

verwöhnen* [fɛɐˈvøːnən] vt gâter

verwunden* vt irr blesser

verwüsten* vt *(Armee)* ravager;
(Sturm) dévaster

verzaubern* vt ❶ *(verhexen)*
ensorceler ❷ *(bezaubern)* en-
voûter

verzeihen* vt, vi irr pardonner

verzichten* vi: **auf etw** (akk) **~**
renoncer à qc

verziehen* [fɛɐˈtsiːən] irr I. vt
❶ *(Mund)* tordre; **das Gesicht ~** faire une grimace
❷ *(Kind)* élever mal II. vi partir

verzollen* vt dédouaner; **haben
Sie etwas zu ~?** avez-vous
quelque chose à déclarer?

verzweifeln* vi désespérer

Vetter [ˈfɛtɐ] <-s, -n> m cousin m

Video [ˈviːdeo] <-s, -s> nt *(Videofilm)* vidéo f; *(Videoclip)* clip m;
(Videokassette) cassette f vidéo

Videokamera f caméscope m

Vieh [fiː] <-[e]s> nt *(Rinder)* bé-
tail m ❷ *(fam: Tier)* bestiau m

viel [fi:l] **I.** <mehr, meiste> pron ❶ **~ Salz** beaucoup de sel; **so/ zu ~ Arbeit** tellement/trop de travail ❷ substantivisch: **~es** beaucoup de choses **II.** adj beaucoup de ❸ <mehr, am meisten> adv beaucoup

vielfach **I.** adj ❶ **~e Menge** une quantité bien plus grande ❷ (Hinsicht) multiple **II.** adv (häufig) très souvent **Vielfalt** <-, -en> f diversité f

vielleicht [fi'laɪçt] adv ❶ (eventuell) peut-être ❷ (ungefähr) à peu près ❸ (fam: etwa) par hasard

vielmehr [fi:l'me:ɐ] **I.** adv ❶ (im Gegenteil) au contraire ❷ (genauer gesagt) plutôt **II.** konj mais

vielseitig adj (Interessen) varié(e) **Vielzahl** f multitude f

vier [fi:ɐ] num quatre ❶ **auf allen ~en** (fam) à quatre pattes

viereckig adj rectangulaire **viereinhalb** num quatre ... et demi(e)

viererlei adj: **~ Sorten Brot** quatre sortes de pain

vierfach, adj quatre fois **viermal** adv quatre fois

viert adv: **zu ~ sein** être quatre

vierte(r, s) adj ❶ quatrième ❷ (bei Datumsangaben) **der ~ Mai** le quatre mai

viertel ['fɪrtl] adj quart

Viertelfinale nt quart m de finale **vierteljährlich** adj trimestriel(le) **Viertelstunde** f quart m d'heure **Vierwaldstätter See** [fi:ɐ'valtʃtɛtɐ 'ze:] m: **der ~** le lac des Quatre-

-Cantons

vierzehn ['fɪrtse:n] num quatorze

vierzig ['fɪrtsɪç] num quarante

vierziger ['fɪrtsɪɡɐ] adj: **die ~ Jahre** les années f pl quarante

vierzigste(r, s) ['fɪrtsɪçstə] adj quarantième

Vietnam [viɛt'nam] <-s> nt le Viêt-nam

Vietnamese [viɛtna'me:zə] <-n, -n> m, **Vietnamesin** f Vietnamien(ne) m/f

vietnamesisch [viɛtna'me:zɪʃ] **I.** adj vietnamien(ne) **II.** adv en vietnamien

Vietnamesisch [viɛtna'me:zɪʃ] <-[s]> nt vietnamien m

Villa ['vɪla] <-, Villen> f villa f

violett [vio'lɛt] adj violet(te)

VIP-Loge ['vɪplo:ʒə] f loge f V.I.P.

Virus ['vi:rʊs] <-, Viren> nt o m virus m

Visen [vi:zen] Pl von **Visum**

Visier [vi'zi:ɐ] <-s, -e> nt (einer Schusswaffe) viseur m; (eines Helms) visière f

Visum ['vi:zʊm] <-s, Visa> nt visa m

Vitamin [vita'mi:n] <-s, -e> nt vitamine f

Vogel ['fo:ɡəl] <-s, Vögel> m oiseau m

Vogelgrippe f grippe f aviaire **Vogelschutzgebiet** nt parc m ornithologique

Vogelsalat m ÖSTERR mâche f

Vogesen [vo'ge:zən] Pl **die ~** les Vosges f pl

Vokal [vo'ka:l] <-s, -e> m voyelle f

Volk [fɔlk] <-[e]s, Völker> nt

peuple m

Völkerkundemuseum nt musée m ethnologique

Volksabstimmung f référendum m **Volkshochschule** f université f populaire

Volksmusik f musique f folklorique **Volksschule** f ÖSTERR (Grundschule) ≈ école f primaire **Volksstück** nt pièce f populaire

voll [fɔl] **I.** adj ● plein(e); ~ **werden** se remplir ● (Jahr, Monat) entier, -ière **II.** adv ● (ausnutzen) pleinement ● (treffen) très violemment ● (fam: gut) vachement; (doof) complètement

Vollbart m barbe f

vollendet [fɔlˈʔɛndət] adj ● (Kunstwerk) parfait(e) ● (Gastgeber) accompli(e)

voller adj plein(e) de

Volleyball m volley-ball m

völlig ['fœlɪç] **I.** adj total(e) **II.** adv parfaitement

volljährig adj majeur(e)

Vollkasko [-kasko] <-, -s> f assurance f tous risques

voll|kleckern vr (fam): **sich** ~ se faire des taches partout

vollkommen ['fɔlkɔmən] **I.** adj ● parfait(e) ● (Übereinstimmung) total(e); (Katastrophe) complet, -ète **II.** adv (unmöglich) complètement

Vollkornbrot nt pain m complet

Vollmilch f lait m entier

Vollmond m pleine lune f

Vollpension f pension f complète

vollständig adj complet, -ète

voll|tanken vt (Auto) faire le plein de

vom [fɔm] = **von dem** s. **von**

von [fɔn] präp +dat de; ~ **Zeit zu Zeit** de temps en temps

vor [foːɐ] präp +dat ● devant (zeitlich) il y a; ~ **zehn Minuten** il y a dix minutes; ~ **dem Essen** avant les repas

voran [foˈran] adv ● (vorwärts) en avant ● (vorn befindlich) en tête

voran|gehen vi irr ● jdm ~ précéder qn ● (Arbeit) avancer ● **es geht voran** ça avance

voran|kommen vi irr ● (vorwärtskommen) progresser ● (Fortschritte machen) avancer

Voranmeldung f communication f avec préavis, réservation f

Vorarlberg ['foːɐʔarlbɛrk] <-s> le Vorarlberg

voraus [foˈraʊs] adv ● devant ● jdm ~ **sein** avoir de l'avance sur qn; **im Voraus** (bezahlen) d'avance; (wissen) à l'avance

voraus|sagen vt prédire

voraus|setzen vt: **vorausgesetzt, dass** à supposer que +subj

voraussichtlich **I.** adj prévu(e) **II.** adv probablement

vorbei [foˈrbaɪ] adv ● (räumlich) **an jdm/etw** ~ à côté de qn/le long de qc ● (zeitlich) fini

vorbei|gehen vi irr ● (vorübergehen) **an jdm/etw** ~ passer devant qn/qc ● (fam: aufsuchen) **bei jdm** ~ passer chez qn

vorbei|kommen vi irr passer

vorbei|lassen vt irr laisser passer

vor|bereiten* vt, vr: **(sich) ~ (se)** préparer

Vorbild nt modèle m

vordere(r, s) ['fɔrdərə] adj de devant

Vordergrund m: **im ~** au premier plan

vor|drängen vr: **sich ~** passer devant

Vordruck <-drucke> m formulaire m

voreinander [fo:e?ar'nandə] adv: **~ Angst haben** (zwei Personen) avoir peur l'un/l'une de l'autre; (zwei Gruppen) avoir peur les uns/les unes des autres

Vorfahrt f priorité f

vor|führen vt ① (Film) projeter; (Modell) présenter ② (Häftling) amener

vor|gehen vi irr ① (vorausgehen) partir devant ② (zu schnell gehen) **fünf Minuten ~** avancer de cinq minutes ③ (Priorität haben) passer avant

Vorgesetzte(r) f(m) supérieur(e) m(f) [hiérarchique]

vorgestern adv avant-hier; **~ Abend** avant-hier soir

vor|haben vt irr: **~ zu verreisen** avoir l'intention de partir en voyage; **ich habe morgen Abend schon etwas vor** j'ai déjà prévu quelque chose pour demain soir

vorhanden [fo:e'handən] adj (verfügbar) disponible

Vorhang <-s, Vorhänge> m ri-

deau m

vorher ['fo:ehe:e] adv auparavant

vorhin [fo:e'hɪn] adv à l'instant

vor|kommen irr I. vi ① (Fehler) se produire; (Zwischenfall) arriver; **es kommt vor, dass** il arrive que +subj ② (erscheinen) **das kommt mir komisch vor** cela me semble bizarre II. vr: **sich** (dat) **dumm ~** se sentir bête

vorläufig I. adj provisoire II. adv (ausreichen) pour l'instant

vor|lesen vt irr I. vt lire II. vi lire à haute voix

vorletzte(r, s) adj avant-dernier, -ière

Vorliebe f préférence f

Vormittag m matinée f; **am ~** dans la matinée; **heute ~** ce matin

vormittags adv le matin

vorn [fɔrn] adv ① (im vorderen Bereich) devant; **~ im Bus** à l'avant du bus; **nach ~ gehen** s'avancer ② (auf der Vorderseite) devant; **etw von ~ betrachten** regarder qc de face

Vorname m prénom m

vorne s. **vorn**

vornehm ['fo:ene:m] adj distingué(e)

Vorort m faubourg m; **die ~e** la banlieue

Vorrat <-[e]s, Vorräte> m réserves f pl; (Lebensmittel) provisions f pl

vor|rücken vi, vt avancer

Vorsaison [ˈ-zɛzõ:, -zɛzɔn] <-, -s o ÖSTERR -en> f avant-saison f

vor|schieben *vt irr* ① *(nach vorn schieben)* avancer ② *(Riegel)* pousser ③ *(Verhinderung)* prétexter

Vorschlag *m* proposition *f*

vor|schlagen *vt irr* proposer

Vorschrift *f* consigne *f*; **das ist ~** c'est le règlement

Vorschuss *m* avance *f*

vor|sehen *vt irr* **I.** *vr:* **sich vor jdm/etw ~** prendre garde à qn/qc **II.** *vt* prévoir

Vorsicht <-> *f* prudence *f*; **~!** attention!

vorsichtig *adj* prudent(e)

vor|singen *vt irr* chanter

Vorspeise *f (erster Gang)* hors-d'œuvre *m*; *(Eingangsgericht)* entrée *f*

vor|spielen *vt* jouer

Vorsprung *m* avance *f*

vor|stellen **I.** *vr* **sich ~** ① *(sich bekannt machen)* se présenter ② *(vergegenwärtigen)* [s']imaginer **II.** *vt* ① présenter ② *(Uhr)* avancer

Vorstellung *f* ① *(gedankliches Bild)* idée *f* ② *(Theateraufführung)* représentation *f* ③ *(eines Produkts)* présentation *f*

Vorstellungsgespräch *nt* entretien *m* [d'embauche]

vor|täuschen *vt* simuler

Vorteil <-s, -e> *m* ① *(Vorzug)* avantage *m* ② *(Nutzen)* intérêt *m*

Vortrag ['fo:ɛtra:k] <-[e]s, Vorträge> *m (längeres Referat)* conférence *f*

vor|treten *vi irr* [s']avancer

vorüber [fo'ry:bɐ] *adv (zeitlich)* ~ **sein** *(Veranstaltung)* être terminé

Vorurteil *nt* préjugé *m*

Vorverkauf *m* location *f*, réservation *f*

Vorwahl(nummer) *f (Vorwahlnummer)* indicatif *m*

vorwärts ['fo:ɐ̯vɛrts] *adv (nach vorn)* en avant

Vorwärtsgang <-gänge> *m* marche *f* avant

vorwärts|kommen *vi* progresser

vor|werfen *vt irr* reprocher

vor|zeigen *vt* présenter

vor|ziehen *vt irr* ① préférer ② *(früher erfolgen lassen)* avancer

vorzüglich [fo:ɐ̯'tsy:klɪç] **I.** *adj* excellent(e) **II.** *adv (speisen)* merveilleusement

Vulkan [vʊl'ka:n] <-[e]s, -e> *m* volcan *m*

W
W

W, w [veː] <-, -> nt W m/w m

W Abk von **Westen** O

Waage ['vaːgə] <-, -n> f balance f

wach [vax] adj (Person) éveillé(e)

Wachablösung f relève f de la garde

Wachs [vaks] <-es, -e> nt cire f

wachsen ['vaksən] vi irr (Kind) grandir; (Pflanze, Haare) pousser

Wächter(in) ['vɛçtɐ] <-s, -> m(f) surveillant(e) m(f)

wackeln ['vakəln] vi ① (Stuhl) être bancal ② (sich bewegen) vaciller

Wade ['vaːdə] <-, -n> f mollet m

Waffe [vafə] <-, -n> f arme f

Waffel [vafəl] <-, -n> f gaufre f; (Eistüte) cornet f

Waffenstillstand m armistice m

wagen ['vaːgən] vt ① risquer ② (sich getrauen) oser

Wagen ['vaːgən] <-s, - o ÖSTERR Wägen> m ① voiture f; **mit dem ~** la voiture ② ASTRO **der Große ~** la Grande Ourse

Wagenheber <-s, -> m cric m

Wagennummer f numéro m de la voiture

Waggon, Wagon [va'gõː] <-s, -s> m wagon m

Wahl [vaːl] <-, -en> f ① choix m ② (Abstimmung) élection f

wählen ['vɛːlən] I. vt ① (Partei) voter pour; **jdn zum Kanzler ~** élire qn chancelier ② (Telefonnummer) faire ③ (aussuchen) choisir II. vi ① POL voter ② (auswählen) choisir

Wähler(in) <-s, -> m(f) électeur m, -trice f

Wahnsinn m (fam: Unsinn) folie f

wahnsinnig I. adj ① MED fou, folle ② (fam: Hitze) sacré(e) ③ (Sturm) terrible ④ (fam: herrlich) super II. adv (fam) vachement

wahr [vaːɐ] adj vrai(e)

während ['vɛːrənt] I. präp +gen pendant II. konj ① (wohingegen) alors que ... ② (in der Zeit als) pendant que ...

währenddessen [vɛːrənt'dɛsən] adv pendant ce temps-là

wahrhaben vt irr: **etw nicht ~ wollen** ne pas vouloir admettre qc

Wahrheit <-, -en> f vérité f

wahrnehmen vt irr ① (Geräusch) percevoir ② (Gelegenheit) profiter de ③ (Interessen) défendre

Wahrsager(in) <-s, -> m(f) voyant(e) m(f)

wahrscheinlich [vaːɐˈʃaɪnlɪç] adj probable

Währung ['vɛːrʊŋ] <-, -en> f monnaie f

Wahrzeichen nt emblème m

Waise ['vaɪzə] <-, -n> f orphelin(e) m(f)

Wal [vaːl] <-[e]s, -e> m baleine f

Wald [valt] <-[e]s, Wälder> m forêt f; (kleiner) bois m

Walkman® ['wɔːkmən] <-s, -men> m baladeur m

Wallfahrtsort m lieu m de pèlerinage

Wallis ['valɪs] <-> nt: **das** ~ le Valais

Wallone <-n, -n> m, **Wallonin** f Wallon(ne) m(f)

Walnuss ['valnʊs] f ❶ noix f ❷ (Baum) noyer m

Walzer ['valtsɐ] <-s, -> m valse f

Wand [vant] <-, Wände> f (Mauer) mur m

Wanderkarte f carte f de randonnées

wandern ['vanden] vi ❶ faire de la randonnée; **das Wandern** la marche ❷ (Gletscher) se déplacer ❸ (Völker) migrer

Wanderschuh m chaussure f de randonnée [o montagne]

Wanderung <-, -en> f ❶ randonnée f ❷ (von Völkern) migration f

Wanderweg m chemin m de randonnée

wann [van] adv interrog quand

Wanne ['vanə] <-, -n> f (Badewanne) baignoire f

Ware ['vaːrə] <-, -n> f ❶ marchandise f ❷ (Lebensmittel) denrées f pl

warm [varm] <wärmer, wärmste> adj chaud(e); **es ist** ~ il fait chaud; **jdm ist** ~ qn a chaud; **~es Wasser** l'eau chaude

Wärme ['vɛrmə] f chaleur f

wärmen I. vt, vi chauffer II. vr: **sich** ~ se réchauffer

Warnblinkanlage f feux mpl de détresse

Warndreieck nt triangle m de présignalisation

warnen ['varnən] I. vt prévenir II. vi mettre en garde

Warschau ['varʃaʊ] <-s> nt Varsovie

warten ['vartən] I. vi: **auf jdn/etw** ~ attendre qn/qc; **auf sich** (akk) ~ **lassen** se faire attendre II. vt TECH réviser

Wartesaal m, **Wartezimmer** nt salle f d'attente

warum [va'rʊm] adv interrog pourquoi; ~ **nicht?** pourquoi pas?

Warze ['vartsə] <-, -n> f verrue f

was [vas] I. pron interrog ❶ qu'est-ce que; ~ **für ein/eine** ... ? quel(le) ...? ❷ (fam: wie bitte) ~? quoi? II. pron rel: [das], ~ ... ce que ... III. pron indef (fam: etwas) quelque chose

Waschbecken nt lavabo m

Wäsche ['vɛʃə] <-, -en> f ❶ lessive f ❷ (Textilien) linge m

Wäscheklammer f pince f à linge

Wäscheleine f corde f à linge

waschen ['vaʃən] irr I. vt ❶ laver ❷ (fam: Geld) blanchir II. vi faire une lessive

Wäscherei f pressing m, blanchisserie f

Wäscheständer m séchoir m [à linge] **Wäschetrockner** m sèche-linge m

Waschlappen m gant m de toilette **Waschmaschine** f machine f à laver **Waschmittel** nt lessive f **Waschraum** m lavabos mpl **Waschsalon** m laverie f

[automatique]

Wasser [ˈvasɐ] <-s, -> *nt* eau *f*

wasserdicht *adj* étanche

Wasserfall *m* cascade *f* **Wasserglas** *nt* verre *m* à eau **Wasserhahn** *m* robinet *m* **Wasserkanister** *m* bidon *m* d'eau **Wasserkocher** *m* bouilloire *f* électrique **Wassermann** <-männer> *m* ASTRO Verseau *m* **Wassermelone** *f* pastèque *f* **Wasserski** *m* ski *m* nautique **Wasserspülung** *f* chasse *f* d'eau **Wasserverbrauch** *m* consommation *f* d'eau

Watte [ˈvatə] <-, -n> *f* coton *m*

Wattestäbchen *nt* coton-tige *m*

Webcam *f* webcam *f*

Wechsel [ˈvɛksəl] <-s, -> *m* ❶ changement *m* ❷ (Geldwechsel) change *m*

Wechselgeld *nt* monnaie *f*

wechselhaft *adj* instable

Wechselkurs *m* cours *m* de change

wechseln [ˈvɛksln] I. *vt* ❶ changer ❷ (Briefe, Ringe) échanger II. *vi:* **jdm** ~ faire la change à qn

Wechselstube *f* bureau *m* de change **Wechselwirkung** *f* interaction *f*

wecken [ˈvɛkən] *vt* ❶ réveiller ❷ (Interesse) susciter

Wecken <-s, -> *m* ÖSTERR pain *m*

Wecker <-s, -> *m* réveil *m*

weder [ˈveːdɐ] *konj:* ~ ... noch ... ni ... ni ...

weg [vɛk] *adv:* ~ **sein** (abwesend sein) ne pas être là; (weggegangen sein) être parti; (verschwunden sein) avoir disparu

Weg [veːk] <-[e]s, -e> *m* ❶ chemin *m*; (Route) itinéraire *m*; **auf dem** ~ **ins Kino sein** être en route pour le ciné; **sich auf den** ~ **zu jdm machen** partir chez qn; **das liegt auf dem** ~ c'est sur le chemin ❷ (Methode) moyen *m* ❸ **jdm/einer S. aus dem** ~ **gehen** éviter qn/qc; **jdm/einer S. im** ~ **stehen** faire obstacle à qn/qc

wegen [ˈveːgən] *präp* +gen ❶ à cause de ❷ (bezüglich) à propos de

weg|fahren *irr* I. *vi* partir II. *vt* (Fahrzeug) déplacer

weg|gehen *vi irr* partir; **geh weg!** va-t'en!

weg|lassen *vt irr* (fam: auslassen) laisser tomber; (versehentlich) omettre

weg|laufen *vi irr* ❶ (fortlaufen) se sauver ❷ (fam): **von zu Hause** ~ faire une fugue

weg|machen *vt* (fam) enlever

weg|nehmen *vt irr* enlever

weg|schauen *s.* **wegsehen**

weg|schicken *vt* (Brief) envoyer; (Person) renvoyer

weg|sehen *vi irr* détourner les yeux

weg|tun *vt irr* (weglegen) enlever

Wegweiser <-s, -> *m* poteau *m* indicateur

weg|werfen *vt irr* jeter

weg|ziehen *vt* I. *vi* ❶ (fortziehen) déménager ❷ (Vögel) migrer II. *vt* (Hand) retirer

Wehe [ˈveːə] <-, -n> f contraction f

wehren [ˈveːrən] vr: **sich ~** (*sich verteidigen*) se défendre

Wehrmacht f HIST die ~ la Wehrmacht **Wehrpflicht** f: [**allgemeine**] ~ service m militaire obligatoire

weh|tun vi faire mal; **mir tut der Rücken weh** j'ai mal au dos

Weib [vaɪp] <-[e]s, -er> nt (fam) bonne femme f

weich [vaɪç] adj doux, douce; (*Bett*) moelleux, -euse **Weichkäse** m fromage m à pâte molle

weigern [ˈvaɪgərn] vr: **sich ~** refuser

Weihnachten <-, -> nt Noël m; **fröhliche ~!** joyeux Noël! **Weihnachtsmann** <-männer> m père m Noël

weil [vaɪl] konj ① (*da*) parce que ② (*da … nun*) comme

Weile [ˈvaɪlə] <-> f moment m

Wein [vaɪn] <-[e]s, -e> m (*Getränk*) vin m **Weinbau** m viticulture f **Weinberg** m vignoble m **Weinbrand** m cognac m

weinen [ˈvaɪnən] vt, vi pleurer

Weinglas nt verre m à vin **Weinhandlung** f magasin m de vins **Weinlese** f vendanges f pl **Weinrebe** f vigne f

weinrot adj bordeaux **Weintraube** f raisin m

Weise [ˈvaɪzə] <-, -n> f manière f; **auf diese ~** de cette manière

Weisheitszahn m dent f de sagesse

weiß adj blanc, blanche; **~ werden** (*Haare*) blanchir; (*Gesicht*) pâlir

Weißbrot nt pain m blanc **Weißkohl** m, **Weißkraut** nt ÖSTERR chou m blanc **Weißwein** m blanc m, vin m blanc

weit [vaɪt] I. adj ① (*Schuhe*) large ② (*Strecke*) long, longue; **ist es noch ~ bis …?** c'est encore loin jusque …? II. adv ① (*gehen*) loin; ~ **offen** [*stehend*] grand ouvert ② (*in zeitlicher Hinsicht*) so ~ **sein** être prêt; ~ **zurückliegen** être il y a longtemps ③ (*fig*) **es ~ gebracht haben** avoir réussi; **das geht** [**entschieden**] **zu ~!** c'est trop!; **wie ~ bist du** [**gekommen**]? où en es-tu? ④ (*schlechter*) bien [plus]; (*übertreffen*) de beaucoup ⑤ **so ~, so gut** bon, jusque là, tout va

weiter [ˈvaɪtɐ] adv ① ~ **oben** plus haut; ~! on continue! ② (*sonst*) **und ~?** et après? ③ **und so ~** [**und so fort**] et cætera

weiter|arbeiten vi continuer son/le travail

weiter|fahren vi irr continuer sa route **weiter|geben** vt irr (*weiterreichen*) faire passer; (*mitteilen*) transmettre **weiter|gehen** vi irr ① poursuivre son chemin ② (*seinen Fortgang nehmen*) continuer **weiterhin** adv ① (*immer noch*) encore ② (*auch zukünftig*) dans l'avenir ③ (*außerdem*) en outre **weiter|machen** vi (*fam*) continuer

Weizen [ˈvaɪtsən] <-s> m blé m

welche(r, s) [ˈvɛlçə] I. *pron interrog* quel(le) II. *pron indef* **1** en; **brauchst du Streichhölzer? Hier sind ~!** tu as besoin d'allumettes? En voici! **2** *pl* (*fam: einige Leute*) **es gibt ~, die ...** il y en a qui ...

Welle [ˈvɛlə] <-, -n> *f* **1** (*a. fig*) vague **2** PHYS, RADIO onde *f*

Wellenbad *nt* piscine *f* à vagues

Wellness [ˈvɛlnɛs] <-> *nt* bien-être *m*

Wellnesswochenende *nt* weekend *m* bien-être

Welt [vɛlt] <-, -en> *f* (*die Erde*) **die ~** le monde **2 die Dritte ~** le tiers-monde

Weltall *nt* univers *m* **Weltkrieg** *m* guerre *f* mondiale **Weltraum** *m* espace *m* **Weltraumstation** *f* station *f* spatiale **weltweit** I. *adj* mondial(e) II. *adv* (*tätig sein*) dans le monde entier; (*bedeutsam sein*) dans le monde entier **Weltwunder** *nt*: **die sieben ~** les Sept Merveilles *f pl* du monde

wem [veːm] I. *pron interrog* [à] qui II. *pron rel* celui à qui

wen [veːn] *pron interrog* qui II. *pron rel* celui que

Wende [ˈvɛndə] <-, -n> *f* **1** tournant *m* **2** HIST **die ~** le tournant (*désigne la réunification allemande*)

wenden[1] [ˈvɛndən] *vr* **1** sich ~ (*sich drehen*) se tourner **2** (*entgegentreten*) se retourner **3** (*sich richten an*) **sich an jdn ~** s'adresser à qn

wenden[2] *vt* (*Blatt*) retourner

wenig [ˈveːnɪç] I. *adj* **1** peu de; **zu/ein ~** trop/un peu **2** (*nicht viele*) **es kamen nur ~e** peu de gens sont venus II. *adv* **1** (*kaum, nicht sehr*) guère **2** (*selten*) peu

weniger [ˈveːnɪɡɐ] I. *adj*, *pron* moins de/que; **etwas ~** un peu moins; **~ werden** (*Vorräte*) diminuer II. *adv*, *konj* moins

wenigste(r, s) [ˈveːnɪçstə] I. *adj*, *pron* le moins de II. *adv* le moins

wenigstens [ˈveːnɪçstns] *adv* (*mindestens*) au moins **2** (*zumindest*) du moins

wenn [vɛn] *konj* **1** (*falls*) si **2** (*sobald*) dès que

wer [veːɐ] *pron interrog* qui [est-ce qui] II. *pron rel* [celui] qui

Werbung <-> *f* publicité *f*

werden [ˈveːɐdən] *irr* I. *vi* (*seinen Zustand, Status verändern*) devenir; (*krank*) tomber; **schlimmer ~** empirer **2** (*seine Befindlichkeit verändern*) **jdm wird besser** ça se sent mieux **3** (*sich entwickeln*) **aus diesem Jungen wird noch etwas** ce garçon ira loin **4** (*ein Alter erreichen*) **er wird [im Jahre alt]** il va avoir dix ans II. *aux* **1** (*Futur*) **sie wird ihm bald schreiben** elle va lui écrire bientôt **2** (*Passiv*) **gesehen ~** être vu **3** (*Konjunktiv*) **würdest du mir kurz helfen?** tu pourrais m'aider un instant?

werfen [ˈvɛrfən] *vt*, *vi irr* lancer

Werk [vɛrk] <-[e]s, -e> *nt* **1** (*Fabrik*) usine *f* **2** (*eines Künstlers*)

œuvre *f*

Werkstatt *f* (*Schreinerwerkstatt*) atelier *m*; (*Autowerkstatt*) garage *m* **Werktag** *m* jour *m* ouvrable **Werkzeug** <-[e]s, -e> *nt* outil *m*

wert [veːɐ̯t] *adj*: **viel ~ sein** valoir beaucoup

Wert <-[e]s, -e> *m* ❶ valeur *f* ❷ **das hat keinen ~** (*fam*) c'est pas la peine **Wertangabe** *f* déclaration *f* de valeur

wertlos *adj* sans valeur

Wertsachen *Pl* objets *mpl* de valeur

Wesen [ˈveːzn̩] <-s, -> *nt* (*Geschöpf*) créature *f*

wesentlich [ˈveːzn̩tlɪç] I. *adj* essentiel(le) II. *adv* bien plus

weshalb [vɛsˈhalp] I. *adv interrog* pourquoi II. *adv rel*: **der Grund, ~ ...** la raison pour laquelle ...

Wespe [ˈvɛspə] <-, -n> *f* guêpe *f*

Wessi [ˈvɛsi] <-s, -s> *m*, *f* (*fam*) surnom des habitants de l'ex-Allemagne de l'Ouest

westdeutsch *adj* de l'Allemagne de l'Ouest; HIST ouest-allemand(e) **Westdeutschland** *nt* GEO l'Allemagne *f* occidentale; HIST l'Allemagne *f* de l'Ouest

Weste [ˈvɛstə] <-, -n> *f* gilet *m*

Westen [ˈvɛstn̩] <-s> *m* ouest *m*

Western [ˈvɛstn̩] <-[s], -> *m* western *m*

Westeuropa *nt* GEO l'Europe *f* occidentale; POL l'Europe *f* de l'Ouest

Westfale [vɛstˈfaːlə] <-n, -n> *m*, **Westfälin** *f* Westphalien(ne) *m(f)*

Westfalen [vɛstˈfaːlən] <-s> *nt* la Westphalie

westfälisch [vɛstˈfɛːlɪʃ] *adj* de Westphalie

westlich I. *adj* ❶ (*Land*) [situé(e) à l'ouest; (*Wind*) [en provenance] de l'ouest; **in ~er Richtung** en direction de l'ouest; **~ von** à l'ouest de ❷ POL occidental(e) II. *adv* à l'ouest III. *präp* +*gen* à l'ouest de

weswegen [vɛsˈveːgn̩] *s.* **weshalb**

Wettbewerb [ˈvɛtbəvɛrp] <-[e]s, -e> *m* ❶ concurrence *f* ❷ (*Veranstaltung*) concours *m*

Wette [ˈvɛtə] <-, -n> *f* pari *m*

wetten *vt*, *vi* parier

Wetter [ˈvɛtɐ] <-s, -> *nt* temps *m* **Wetterbericht** *m* bulletin *m* météo[rologique], météo *f* **Wettervorhersage** *f* prévisions *fpl* météo[rologiques]

Wettkampf *m* compétition *f*

WG [veːˈgeː] <-, -s> *f Abk von* **Wohngemeinschaft** communauté *f* (*personnes partageant un appartement*)

wichtig [ˈvɪçtɪç] *adj* important(e) **wichtigmachen** *vr*: **sich ~** (*fam*) faire l'important(e)

wickeln I. *vt* (*Baby*) langer II. *vr*: **sich um etw ~** s'enrouler autour de qc

Wickeltisch *m* table *f* à langer

Widder [ˈvɪdɐ] <-s, -> *m* ❶ bélier *m* ❷ ASTRO Bélier *m*

widerlich adj répugnant(e) **widersprechen|widersprechen*** vi irr contredire **Widerstand** m résistance f **widerstehen|widerstehen*** vi irr résister

widmen ['vɪtmən] **I.** vt dédier **II.** vr: **sich jdm/einer S.** ~ se consacrer à qn/qc

wie [vi:] **I.** adv interrog ❶ comment; ~ **bitte?** comment? ❷ (welche Menge) ~ **viel** combien; ~ **oft** ... combien de fois ... ❸ (in Ausrufen) ~ **schön!** que c'est beau! ~ **schade!** comme c'est dommage! **II.** adv rel: **die Art,** ~ ... la façon dont ... **III.** konj ❶ (vergleichend) comme; **er ist so alt** ~ **ich** il a le même âge que moi ❷ (dass) **er sah,** ~ **der Krug umkippte** il a vu la cruche basculer

wieder ['vi:dɐ] adv (erneut) de nouveau; **nie** ~ plus jamais

wieder|beleben* vt (Person) r[é]animer

wieder|holen* [vi:dɐ'ho:lən] vt ❶ (Satz) répéter ❷ (Film) rediffuser ❸ (Klasse) redoubler ❹ (Lektion) réviser

Wiederholung [vi:dɐ'ho:lʊŋ] <-, -en> f ❶ (eines Worts) répétition f ❷ (eines Films) rediffusion f

Wiederhören: [auf] ~! au revoir! **wieder|kommen** vi irr revenir ❷ (Gelegenheit) se représenter **Wiedersehen** <-s, -> nt: [auf] ~! au revoir! **wiederum** ['vi:dɐʊm] adv ❶ (aber-

mals) de nouveau ❷ (dagegen) en revanche

Wiedervereinigung f réunification f

wiegen [vi:gən] vt, vr irr: [sich] ~ [se] peser

wiegen² vt (Kind) bercer

Wien [vi:n] <-s> nt Vienne

Wiener(in) <-s, -> m(f) Viennois(e) m(f)

Wiese [vi:zə] <-, -n> f pré m

wieso [vi'zo:] adv interrog pourquoi

wievielte(r, s) adj interrog: **der Wievielte ist heute?** le combien sommes-nous aujourd'hui? (fam)

wild [vɪlt] **I.** adj ❶ sauvage ❷ (Spekulation) fou, folle ❸ (fam: wütend) furieux, -euse **II.** adv ❶ (in freier Natur) à l'état sauvage ❷ (unkontrolliert) sauvagement

Wildpark m parc m animalier **Wildschwein** m sanglier m

willkommen [vɪl'kɔmən] adj ❶ bienvenu(e) ❷ (Gelegenheit) opportun(e)

Willkommen <-s, -> nt bienvenue f

willkürlich adj arbitraire **Wimper** ['vɪmpɐ] <-, -n> f cil m **Wimperntusche** f mascara m **Wind** [vɪnt] <-[e]s, -e> m vent m **Windel** ['vɪndəl] <-, -n> f couche f

windig adj ❶ (mit viel Wind) venteux, -euse; **es ist** ~ il y a du vent ❷ (fam: Vertreter) pas sérieux, -euse; (Sache) foireux, -euse

Windpocken Pl varicelle f **Windrad** nt éolienne f **Windrichtung**

f direction *f* du vent **Wind-schutzscheibe** *f* pare-brise *m*
Windstärke *f* force *f* du vent
Windstoß *m* bourrasque *f*
windsurfen [ˈvɪntzəːɐfən] *vi* faire de la planche à voile
Winkel [ˈvɪŋkəl] <-s, -> *m* ❶ MATH angle *m* ❷ (Winkelmaß) équerre *f*
winken [ˈvɪŋkən] *vi* faire signe
Winter [ˈvɪntɐ] <-s, -> *m* hiver *m*
Winterreifen *m* pneu *m* neige
Winzer(in) [ˈvɪntsɐ] <-s, -> *m(f)* vigneron(ne) *m(f)*
winzig [ˈvɪntsɪç] *adj* ❶ minuscule ❷ (Menge) infime
wir [viːɐ] *pron* nous
Wirbel [ˈvɪrbəl] <-s, -> *m* ❶ ANAT vertèbre *f* ❷ (fam: Trubel) remue-ménage *m* ❸ (Wasserwirbel) remous *m*; (Luftwirbel) tourbillon *m* ❹ (Haarwirbel) épi *m*
Wirbelsäule *f* colonne *f* vertébrale
wirken [ˈvɪrkən] *vi* ❶ (Substanz) agir; **gut/nicht ~** être efficace/inefficace ❷ (Drohung) faire effet ❸ (Begebenheit) véritable; (Name) vrai II. *adv* ❶ (tatsächlich) réellement; **~ nicht?** vraiment pas? ❷ (aufrichtig, sehr) vraiment
wirklich [ˈvɪrklɪç] I. *adj* ❶ (Begebenheit) véritable; (Name) vrai II. *adv* ❶ (tatsächlich) réellement; **~ nicht?** vraiment pas? ❷ (aufrichtig, sehr) vraiment
Wirklichkeit <-, -en> *f* réalité *f*
Wirkung <-, -en> *f* effet *m*
Wirt(in) [ˈvɪrt] <-[e]s, -e> *m(f)* patron(ne) *m(f)*
Wirtschaft [ˈvɪrtʃaft] <-, -en> *f* ❶ économie *f* ❷ (Gastwirtschaft) bistro[t] *m*
wischen [ˈvɪʃən] *vt* (Fußboden) passer la serpillière sur

Wischmopp [-mɔp] <-s, -s> *m* serpillière *f*
wissen [ˈvɪsən] *irr* I. *vt* (als Kenntnisse besitzen) savoir; (Fakten) connaître; **davon weiß ich nichts** je ne suis pas au courant II. *vi* (sich erinnern) **weißt du/~ Sie noch?** tu te rappelles/vous vous rappelez?
Wissen <-s> *nt* connaissances *f pl*
Wissenschaft <-, -en> *f* science *f*
Wissenschaftler(in) <-s, -> *m(f)* scientifique *mf*
Witwe [ˈvɪtvə] <-, -n> *f* veuve *f*
Witwer [ˈvɪtvɐ] <-s, -> *m* veuf *m*
Witz [vɪts] <-es, -e> *m* ❶ plaisanterie *f* ❷ **das soll wohl ein ~ sein!** (fam) c'est une blague ou quoi?
Witzbold [ˈvɪtsbɔlt] <-[e]s, -e> *m* plaisantin *m*
witzig *adj* amusant(e)
wo [voː] I. *adv interrog* où II. *adv rel* où III. *konj* ❶ (zumal) d'autant que ... ❷ (obwohl) alors que ...
woanders [voˈandɐs] *adv* ailleurs
wobei [voˈbaɪ] I. *adv interrog* comment II. *adv rel* ❶ (bei welcher Sache) au cours duquel/de laquelle ❷ (während welcher Sache) pendant lequel/laquelle ❸ (aber, jedoch) cependant
Woche [ˈvɔxə] <-, -n> *f* semaine *f*
Wochenende *nt* week-end *m*; **am ~** le week-end
Wochenendpauschale *f* forfait-weekend *m*
Wochenkarte *f* carte *f* hebdoma-

daire **Wochenpass** m forfait-semaine

wochentags adv pendant la semaine

wöchentlich [ˈvœçəntlɪç] **I.** adj hebdomadaire **II.** adv chaque semaine

wodurch [voˈdʊrç] **I.** adv interrog comment **II.** adv rel ce qui explique que +subj

wofür [voˈfyːɐ] **I.** adv interrog pour quoi; ~ halten Sie mich eigentlich? pour qui me prenez-vous?; ~ interessieren Sie sich? à quoi vous intéressez-vous? **II.** adv rel pour lequel/laquelle

woher [voˈheːɐ] adv interrog, rel d'où

wohin [voˈhɪn] **I.** adv interrog où **II.** adv rel où

wohl [voːl] adv ❶ (sich fühlen) bien ❷ (gut) jdm ist nicht ~ bei etw qc met qn mal à l'aise ❸ leb ~! adieu!

Wohl [voːl] nt <-[e]s> ❶ bien ❷ (Wohlbefinden) bien-être m; zum ~! à ta/votre santé!

Wohlstand m aisance f

wohltätig adj charitable

wohnen [ˈvoːnən] vi habiter

Wohnheim nt (Studentenwohnheim) foyer m pour étudiants

Wohnmobil [ˈvoːnmobiːl] <-s, -e> nt camping-car m **Wohnort** m, **Wohnsitz** m domicile m

Wohnung <-, -en> f appartement m

Wohnwagen m caravane f **Wohnzimmer** nt [salle f de] séjour m

Wolf [vɔlf] <-[e]s, Wölfe> m ❶ loup m ❷ (Fleischwolf) hachoir m

Wölfin [ˈvœlfɪn] <-, -nen> f louve f

Wolke [ˈvɔlkə] <-, -n> f nuage m

Wolkenkratzer m gratte-ciel m

Wolldecke f couverture f de laine

Wolle [ˈvɔlə] <-, -n> f laine f

wollen [ˈvɔlən] aux, vi, vt irr vouloir

womit [voˈmɪt] adv: ~ sollen wir anfangen? par quoi devons-nous commencer?

womöglich [voˈmøːklɪç] adv peut-être [même]

wonach [voˈnaːx] adv: ~ suchst du? qu'est-ce que tu cherches?

woran [voˈran] adv: ~ denkst du gerade? à quoi penses-tu en ce moment? ❷ (aus welchem Grund, Anlass) ~ ist er gestorben? de quoi est-il mort? ❸ (an dem, an der) das Einzige, ~ ich mich erinnere la seule chose dont je me souviens

worauf [voˈrauf] adv: ~ wartest du? qu'est-ce que tu attends?

Workshop [ˈwɔːkʃɔp] <-s, -s> m atelier m

Wort [vɔrt] <-[e]s> nt ❶ <Wörter o -e> mot m ❷ (Äußerung) parole f; jdn beim ~ nehmen prendre qn au mot ❸ mit einem ~ en un mot

Wörterbuch [ˈvœrtəbuːx] nt dictionnaire m

Wortschatz m vocabulaire m

worüber [voˈryːbɐ] adv ❶ ~ habt

ihr gesprochen? de quoi avez-vous parlé? ❷ *(über welchen/welchem Gegenstand)* ~ **bist du gestolpert?** sur quoi as-tu trébuché? ❸ *(über dem, über das)* **etwas, ~ wir sprechen müssen** quelque chose dont nous devons parler

worum [voˈrʊm] *adv* ❶ **ich habe keine Ahnung, ~ es geht** je n'ai aucune idée de quoi il s'agit ❷ *(um den, um das)* **alles, ~ du mich bittest** tout ce que tu me demandes

wovon [voˈfɔn] *adv* ❶ **ich weiß nicht, ~ du sprichst** je ne sais pas de quoi tu parles ❷ *(von dem, von der)* **dont**

wovor [voˈfoːɐ] *adv:* **~ hat er Angst?** de quoi a-t-il peur?

wozu [voˈtsuː] *adv (warum, wofür)* **~ brauchst du das Geld?** tu as besoin de l'argent pour quoi faire?; **ich weiß nicht, ~ das gut ist** je ne sais pas à quoi ça sert

Wrack [vrak] <-s, -s> *nt* épave *f*

wühlen [ˈvyːlən] *vi (kramen)* fouiller

Wunde [ˈvʊndə] <-, -n> *f* plaie *f*

Wunder [ˈvʊndɐ] <-s, -> *nt* miracle *m;* **es ist kein ~, dass** *(fam)* c'est pas étonnant que +*subj*

wunderbar *adj* merveilleux(-euse)

wundern I. *vt* étonner II. *vr:* **sich über etw** *(akk)* ~ s'étonner de qc

wunderschön [ˈvʊndɐˈʃøːn] *adj* superbe

Wunsch [vʊnʃ] <-[e]s, Wünsche> *m* souhait *m;* **haben Sie sonst noch einen ~?** vous désirez autre chose?

wünschen [ˈvʏnʃən] I. *vr:* **sich** *(dat)* **etw ~** vouloir qc II. *vt* ❶ *(Glück)* souhaiter ❷ *(erhoffen)* ~, **dass** souhaiter que +*subj* ❸ *(Erklärung)* demander III. *vi:* **Sie ~?** vous désirez?

Würde [ˈvʏrdə] <-, -n> *f* dignité *f*

Würfel [ˈvʏrfəl] <-s, -> *m* dé *m*

würfeln *vt* ❶ *(eine Fünf würfeln)* faire un cinq ❷ *(in Würfel schneiden)* couper en dés

Würfelzucker *m* sucre *m* en morceaux

würgen [ˈvʏrgən] *vt* étrangler

Wurm [vʊrm] <-[e]s, Würmer> *m* ver *m*

Wurst [vʊrst] <-, Würste> *f* ❶ *(Wurstwaren)* charcuterie *f* ❷ *(Würstchen)* saucisse *f;* *(geräuchert)* saucisson *m* ❸ **das ist mir/ihm ~** *(fam)* j'en ai/il en a rien à cirer

Würstchen [ˈvʏrstçən] <-s, -> *nt* saucisse *f*

Würzburg <-s> *nt* Wurtzbourg

Würze [ˈvʏrtsə] <-, -n> *f* saveur *f*

Wurzel [ˈvʊrtsəl] <-, -n> *f* racine *f*

würzen *vt* assaisonner

Wüste [ˈvyːstə] <-, -n> *f* désert *m*

Wut [vuːt] <-> *f* rage *f*

wütend *adj* furieux, -euse

X

X, x [ɪks] <-, -> *nt* ❶ X *m*/x *m*
❷ *(fam: unzählige)* trente-six

x-mal [ˈɪksmaːl] *adv (fam)* x fois
plus une

Y

Y, y [ˈʏpsilɔn] <-, -> *nt* Y *m*/y *m*
Yoga [ˈjoːga] <-[s]> *nt* yoga *m*

Ypsilon [ˈʏpsilɔn] <-[s], -s> *nt*
i *m* grec

Z

Z, z [tsɛt] <-, -> *nt* Z *m*/z *m*
Zacke [ˈtsakə] <-, -n> *f* dent *f*
zäh [tsɛː] I. *adj* ❶ *(Fleisch)* dur(e)
❷ *(zähflüssig)* visqueux, -euse
❸ *(hartnäckig)* obstiné(e) II. *adv*
❶ *(schleppend)* péniblement
❷ *(hartnäckig)* obstinément
Zahl [tsaːl] <-, -en> *f* ❶ nombre *m*
❷ *(Ziffer)* chiffre *m*
zahlen [ˈtsaːlən] *vi, vt* payer
zählen [ˈtsɛːlən] I. *vi* ❶ compter
❷ *(zugerechnet werden)* **zu
etw** ~ faire partie de qc II. *vt
(Besucher)* compter
Zähler <-s, -> *m* compteur *m*
zahlreich *adj* de nombreux,
-euses
Zahlung <-, -en> *f* paiement *m*

zähmen [ˈtsɛːmən] *vt* ❶ *(Tier)* ap-
privoiser ❷ *(Neugier)* refréner
Zahn [tsaːn] <-[e]s, Zähne> *m*
dent *f*
Zahnarzt *m*, **-ärztin** *f* dentiste *mf*
Zahnbürste *f* brosse à dents
Zahncreme *f* dentifrice *m*
Zahnfleisch *nt* gencive *f*
Zahnpasta *s.* **Zahncreme**
Zahnradbahn *f* chemin *m* de fer
à crémaillère
Zahnschmerzen *Pl* mal *m* de
dents **Zahnstocher** <-s, -> *m*
cure-dent *m*
Zäpfchen [ˈtsɛpfçən] <-s, -> *nt*
MED suppositoire *m*
zappeln [ˈtsapəln] *vi* gigoter *(fam)*
Zar(in) [tsaːɐ] <-en, -en> *m(f)* tsar

m/tsarine f

zart [tsaːɐt] I. adj ❶ doux, douce ❷ (Gesundheit) délicat(e) ❸ (Fleisch) tendre II. adv tendrement

zärtlich [ˈtsɛːɐtlɪç] adj tendre

Zauberei [tsaubəˈrai] <-, -en> f magie f

Zauberer <-s, -> m, **Zauberin** f (Hexer) magicien(ne) m(f)

zaubern [tsaubɐn] I. vi (Fee) faire de la magie II. vt (fam: kochen) mitonner

Zaun [tsaun] <-[e]s, Zäune> m clôture f

z. B. Abk von **zum Beispiel** par ex.

ZDF [tsɛtdeːʔɛf] <-s> nt Abk von **Zweites Deutsches Fernsehen** deuxième chaîne de la télévision allemande

Zebra [tseːbra] <-s, -s> nt zèbre m

Zebrastreifen m passage m clouté

Zecke [ˈtsɛkə] <-, -n> f tique f

Zeh [tseː] <-s, -en> m, **Zehe** [ˈtseːə] <-, -n> f ❶ ANAT orteil m ❷ BOT gousse f

zehn [tseːn] num dix

zehnerlei adj: ~ Sorten Brot dix sortes de pain

zehnfach adj, adv dix fois

zehnmal adv dix fois

zehnt adv: zu ~ sein être dix

zehnte(r, s) adj ❶ dixième ❷ (bei Datumsangaben) **der ~ März** le dix mars

zehntel adj dixième

Zeichen [ˈtsaiçən] <-s, -> nt ❶ signe m ❷ (Markierung) marque f

Zeichensprache f langue f des signes **Zeichentrickfilm** m dessin m animé

zeichnen [ˈtsaiçnən] vt ❶ dessiner ❷ (erkennbar prägen) marquer

Zeichnung <-, -en> f dessin m

Zeigefinger m index m

zeigen [ˈtsaigən] I. vt ❶ montrer ❷ (im Fernsehen bringen) passer II. vi ❶ (deuten) montrer ❷ (weisen) **nach Norden ~** (Nadel) indiquer le nord

Zeiger <-s, -> m aiguille f

Zeile [tsailə] <-, -n> f ligne f

Zeit [tsait] <-, -en> f ❶ temps m ❷ (Uhrzeit) heure f ❸ (Zeitraum) **in letzter ~** ces derniers jours; **eine ~ lang** un certain temps ❹ (Epoche) époque f

Zeitalter nt époque f **Zeitgenosse** m, **-genossin** f contemporain(e) m(f)

Zeitlupe f ralenti m

Zeitraum m période f **Zeitschrift** f magazine m

Zeitung [ˈtsaitʊŋ] <-, -en> f journal m

Zeitungshändler m marchand m de journaux

Zeitverschiebung f décalage m horaire

Zelle [ˈtsɛlə] <-, -n> f a. BIO cellule f

Zelt [tsɛlt] <-[e]s, -e> nt tente f

zelten vi camper

Zeltstange f piquet m de tente

Zement [tseˈmɛnt] <-[e]s, -e> m ciment m

Zenit [tseˈniːt] <-[e]s> m zénith m

Zensur [tsɛnˈzuːɐ] <-, -en> f ❶ note f ❷ (Kontrolle) censure f

Zentimeter [tsɛntiˈmeːtɐ] *m o nt* centimètre *m*

zentral [tsɛnˈtraːl] **I.** *adj* central(e) **II.** *adv* (liegen) au centre

Zentrale <-, -n> *f* ❶ siège *m* ❷ (Telefonzentrale) standard *m*

Zentralheizung *f* chauffage central *m*

Zentrum ['tsɛntrʊm] <-s, Zentren> *nt* centre *m*

zerbrechen* *irr* **I.** *vt* casser **II.** *vi* ❶ se casser ❷ (fig) se briser

zerbrechlich *adj* fragile

zerknittern* *vt* chiffonner

zerkratzen* *vt* ❶ rayer ❷ (verletzen) griffer

zerlegen* *vt* ❶ démonter ❷ (Gans) découper

zerquetschen* *vt* écraser

zerreißen* *irr* **I.** *vt* déchirer **II.** *vi* se déchirer

Zerrung ['tsɛrʊŋ] <-, -en> *f* ❶ claquage *m* (musculaire)

zerschmettern* *vt* (Schädel) fracasser; (Kiefer) briser

zerstören* *vt* détruire

Zerstörung <-, -en> *f* ❶ (das Zerstören) destruction *f* ❷ (Verwüstung) dévastation *f*

zerstreut *adj* ❶ (unkonzentriert) distrait(e) ❷ (verstreut) éparpillé(e)

zertrümmern* *vt* ❶ (Fensterscheibe) défoncer ❷ (Schädel) fracasser

Zettel ['tsɛtl] <-s, -> *m* ❶ bout *m* de] papier *m*; (mit einer Notiz) note *f* ❷ (Einkaufszettel) liste *f*

Zeug [tsɔyk] <-[e]s> *nt* (fam)

❶ bazar *m* ❷ (Nahrungsmittel) truc *m* ❸ (Unsinn) **dummes ~ reden** raconter des conneries

Zeuge ['tsɔygə] <-n, -n> *m*, **Zeugin** *f* témoin *m*

Zeugnis ['tsɔyknɪs] <-ses, -se> *nt* ❶ (Schulzeugnis) bulletin *m* [scolaire] ❷ (Arbeitszeugnis) certificat *m* de travail

Ziege ['tsiːgə] <-, -n> *f* chèvre *f*

Ziegel ['tsiːgəl] <-s, -> *m* ❶ (Ziegelstein) brique *f* ❷ (Dachziegel) tuile *f*

Ziegenbock *m* bouc *m* **Ziegenkäse** *m* fromage *m* de chèvre

ziehen ['tsiːən] *irr* **I.** *vt* ❶ tirer ❷ (Fäden) retirer; (Zahn) arracher **II.** *vi* ❶ (zerren, beim Rauchen) **an etw** (dat) **~** tirer sur qc ❷ (umziehen) déménager ❸ **es zieht!** il y a un courant d'air!

Ziehharmonika *f* accordéon *m*

Ziel [tsiːl] <-[e]s, -e> *nt* ❶ (Reiseziel) destination *f* ❷ (opp: Start) arrivée *f* ❸ (fig) but *m*

zielen *vi* viser

Zielscheibe *f* cible *f*

ziemlich **I.** *adj* (fam): **eine ~e Entfernung** une bonne petite distance *f* **II.** *adv* assez; **er musste sich ~ beeilen** il a dû pas mal se dépêcher

Ziffer ['tsɪfɐ] <-, -n> *f* chiffre *m*

Zigarette [tsiga'rɛtə] <-, -n> *f* cigarette *f*

Zigarillo [tsiga'rɪlo] <-s, -s> *m* cigarillo *m*

Zigarre [tsi'garə] <-, -n> *f* cigare *m*

Zigeuner(in) [tsi'gɔynɐ] <-s, ->

Z

m(f) tzigane *mf*; *(in Südfrankreich, Spanien lebend)* gitan(e) *m(f)*

Zimmer ['tsɪmɐ] <-s, -> *nt* pièce *f* ➋ *(zum Schlafen)* chambre *f*

Zimmermädchen *nt* femme *f* de chambre **Zimmermann** <-leute> *m* charpentier *m* **Zimmertelefon** *nt* téléphone *m* de la chambre]

Zimt [tsɪmt] <-[e]s> *m* cannelle *f*

Zins [tsɪns] <-es, -en> *m* intérêt *m*

zirka ['tsɪrka] *adv* environ

Zirkus ['tsɪrkʊs] <-, -se> *m* cirque *m*

zitieren* [tsi'tiːrən] *vt* citer

Zitrone [tsi'troːnə] <-, -n> *f* citron *m*

zittern ['tsɪtɐn] *vi* ➊ trembler ➋ *(fam: Angst haben)* vor jdm ~ avoir la frousse de qn

Zivildienst *m* service *m* civil

zögern ['tsøːgɐn] *vi* hésiter

Zoll [tsɔl] <-[e]s, Zölle> *m* ➊ *(Einfuhrabgabe)* droits *m pl* de douane ➋ *(Zollverwaltung)* **der** ~ la Douane

Zollbeamte(r) *m*, **-beamtin** *f* douanier *m*, -ière *f*

Zollerklärung *f* déclaration *f* en douane

zollfrei *adj* exempt de droits de douane; **~er Laden** boutique *f* hors-taxes

Zollgebühren *Pl* droits *mpl* de douane

zollpflichtig *adj* soumis(e) aux droits de douane

Zoo [tso:] <-s, -s> *m* zoo *m*

Zopf [tsɔpf] <-[e]s, Zöpfe> *m*

(Haarzopf) natte *f*; *(klein)* tresse *f*

zornig *adj* en colère

zu [tsu:] **I.** *präp* +*dat* ➊ *(bei Richtungsangaben)* **~m Arzt gehen** aller chez le médecin ➋ *(bei Fristangaben)* **bis ~m 10. März** jusqu'au 10 mars ➌ *(bei Zeitangaben)* **~ Ostern** à Pâques ➍ *(Zweck)* **hast du etwas ~m Schreiben?** tu as quelque chose pour écrire? **II.** *adv* ➊ *(allzu)* trop ➋ *(geschlossen)* **~ sein** *(Tür)* être fermé ➌ *(fam: betrunken)* **~ sein** être raide **III.** *konj* ➊ **sie hat vor ~ kommen** elle a l'intention de venir ➋ *(als Ausdruck des Könnens)* **er ist nicht ~ sprechen** on ne peut pas recevoir ➌ *(als Ausdruck des Müssens)* **ich habe viel ~ tun** j'ai beaucoup à faire

zu|bereiten* *vt* préparer

zu|binden *vt irr* *(Sack)* fermer; *(Schürze, Senkel)* nouer

Zucchini [tsu'kiːni] *f* courgette *f*

zucken ['tsʊkən] *vi* tressaillir; *(Mundwinkel)* frémir

Zucker ['tsʊkɐ] *m* sucre *m*

zuckerkrank *adj* diabétique

zu|decken *vt* couvrir

zu|drehen *vt* ➊ fermer ➋ *(Rücken)* tourner

zueinander [tsu'aiˈnandɐ] *adv:* **nicht ~ passen** ne pas aller ensemble

zuerst [tsu'ʔeːʁst] *adv* ➊ *(als Erster)* le premier/la première ➋ *(erledigen)* en premier ➌ *(anfangs)* d'abord

Zufahrt *f* accès *m*

Zufall *m* hasard *m*

zufällig I. *adj* fortuit(e) II. *adv* par hasard

zufrieden [ˈtsuˈfriːdən] I. *adj* satisfait(e) II. *adv* (lächeln) d'un air satisfait

zufrieden|geben *vr:* **sich mit etw ~** se contenter de qc

zufrieden|lassen *vt:* **jdn ~** laisser qn tranquille

Zug [tsuːk] <-[e]s, Züge> *m* ❶ train *m* ❷ (Inhalieren des Rauchs) bouffée *f* ❸ (lange Kolonne) cortège *m*

Zugabteil *nt* compartiment *m*

Zugang [ˈtsuːgaŋ] *m* ❶ (Eingang) accès *m* ❷ **~ zu etw** accès *m* à qc

Zugänglichkeit <-> *f* accessibilité *f*

zu|geben *vt irr* admettre

zu|gehen *vi irr* ❶ (sich schließen lassen) fermer; (Klappe) se [re]fermer ❷ (zustehen) **auf jdn/ etw ~** s'avancer vers qn/qc

zu|greifen *vi irr* (sich bedienen) se servir

Zugrestaurant *nt* wagon-restaurant *m*

zu|haben *vi irr* (Geschäft) être fermé

Zuhälter(in) [ˈtsuːhɛltɐ] <-s, -> *m(f)* proxénète *mf*

Zuhause [tsuˈhaʊzə] <-s> *nt* maison *f*

zu|hören *vi:* **jdm ~** écouter qn

Zuhörer(in) *m(f)* auditeur *m*, -trice *f*

zu|knöpfen *vt* boutonner

zu|kommen *vi irr* ❶ **auf jdn/ etw ~** venir vers qn/qc ❷ (fig)

alles auf sich (akk) **~ lassen** laisser faire les choses ❸ (bevorstehen) **auf jdn ~** (Aufgabe) attendre qn

Zukunft [ˈtsuːkʊnft] <-> *f* ❶ avenir *m*, futur *m*; **in ~** à l'avenir ❷ LING futur *m*

zukünftig I. *adj* futur(e) II. *adv* à l'avenir

zu|lassen *vt irr* ❶ (dulden) tolérer ❷ (ermöglichen) permettre ❸ (Deutung) autoriser

zulässig [ˈtsuːlɛsɪç] *adj* permis(e)

Zulassung <-, -en> *f* (fam: Fahrzeugschein) carte *f* grise

zuletzt [tsuˈlɛtst] *adv* ❶ (als Letzter) le dernier/la dernière ❷ (zum Schluss) à la fin ❸ (fam: sehen) pour la dernière fois

zum [tsʊm] = **zu dem** s. **zu**

zu|machen *vt, vi* fermer

zumal [tsuˈmaːl] I. *konj* d'autant plus que II. *adv* surtout

zumindest [tsuˈmɪndəst] *adv* ❶ du moins; (wenigstens) au moins ❷ (jedenfalls) en tout cas

zunächst [tsuˈnɛːçst] *adv* ❶ (anfangs) [tout] d'abord ❷ (vorläufig) pour l'instant

Zündkerze *f* bougie *f* [d'allumage]

Zündschlüssel *m* clé *f* de contact

Zündung <-, -en> *f* allumage *m*

zu|nehmen *irr* I. *vi* ❶ (Person) grossir ❷ (Spannung) grandir; (Umweltverschmutzung) augmenter ❸ (stärker werden) gagner en intensité II. *vt* (Kilo) prendre

Zunge [ˈtsʊŋə] <-, -n> *f* langue *f*

zur [tsuːɐ] = **zu der** s. **zu**

Z

Zürcher adj de Zurich

Zürcher(in) <-s, -> m(f) Zurichois(e) m(f)

zurecht|finden [tsuˈrɛçtfɪndən] vr irr s'y retrouver **zurecht|kommen** vi irr **①** s'entendre **②** (klarkommen) s'en sortir

Zürich [ˈtsyːrɪç] <-s> nt Zurich

Zürcher(in) s. **Zürcher(in)**

zu|richten vt mettre dans un état

zurück [tsuˈrʏk] adv **①** (zurückgekehrt) ~ **sein** être de retour **②** (in Bezug auf den Rückweg) **einmal München-Paris und ~, bitte!** un aller et retour Munich-Paris, s'il vous plaît!; ~! demi-tour!

zurück|bekommen* vt irr récupérer **zurück|bringen** vt irr (Person) ramener; (Gegenstand) rapporter **zurück|fahren** irr I. vi **①** repartir **②** (zurückweichen) **vor jdm/etw** ~ reculer brusquement devant qn/pour éviter qc II. vt **①** (Fahrzeug) reculer **②** (Person) reconduire; (Gegenstand) rapporter **zurück|geben** vt irr rendre **zurückgeblieben** adj (Kind) retardé(e) **zurück|gehen** vi irr revenir **zurück|greifen** vi irr: **auf etw** (akk) ~ recourir à qc **zurück|halten** vi, vr irr: **[sich]** ~ [se] retenir **zurückhaltend** adj (reserviert) réservé(e)

zurück|kehren vi revenir **zurück|kommen** vi irr revenir **zurück|nehmen** vt irr **①** reprendre **②** (Vorwurf) retirer **zurück|rufen** vt, vi irr a. TELEC rappeler

zurück|schicken vt (Brief) renvoyer **zurück|spulen** vt, vi rembobiner **zurück|treten** vi irr **①** (zurückgehen) reculer **②** (seinen Rücktritt erklären) démissionner **zurück|zahlen** vt rembourser **zurück|ziehen** vr irr: **sich** ~ se retirer

zu|sagen vt (Einladung) accepter

zusammen [tsuˈzamən] adv **①** ensemble; **mit jdm** ~ **sein** (befreundet sein) être avec qn **②** (zusammengerechnet) au total

Zusammenarbeit f collaboration f; POL coopération f

zusammen|brechen vi irr s'effondrer

zusammen|fassen vt, vi résumer

Zusammenfassung f résumé m

zusammen|gehören* vi (Ehepartner) être faits l'un pour l'autre; (Teile) aller ensemble

Zusammenhang <-[e]s, -hänge> m **①** (Verbindung) rapport m **②** (Kontext) contexte m

zusammen|hängen vi irr avoir un rapport

zusammen|legen I. vt (Wäsche) plier II. vi se cotiser **zusammen|passen** vi **①** (Einzelteile) s'accorder **②** (Personen, Farben) aller bien ensemble

zusammen|schlagen vt irr rouer de coups

Zusammenstoß m choc m, collision f

zusammen|stoßen vi irr (Fahrzeuge) entrer en collision; (Personen) se heurter

zusammen|zählen vt additionner

zusätzlich ['tsuːzɛtslɪç] I. adj (Kosten) supplémentaire II. adv en plus

zu|schauen s. zusehen

Zuschauer(in) <-s, -> m(f) spectateur m, -trice f

Zuschlag m (zum Lohn) majoration f; (zum Fahrpreis) supplément m

zu|schlagen irr I. vt (Tür) claquer; (Buch) refermer II. vi ① (zufallen: Tür) claquer ② frapper

zu|schließen vt, vi irr fermer à clé

zu|sehen vi irr regarder

Zustand <-[e]s, -stände> m état m

zuständig adj compétent(e), responsable

zu|stimmen vi ① (gleicher Meinung sein) être du même avis ② (einverstanden sein) être d'accord

Zutat <-, -en> f ingrédient m

zu|trauen vt: **jdm etw ~** croire qn capable de qc

zu|treffen vi irr être juste; **auf jdn/etw ~** (Beschreibung) correspondre à qn/s'appliquer à qc

Zutritt m accès m

zuverlässig ['tsuːfɛɐ̯lɛsɪç] adj fiable

Zuwanderer m, **Zuwanderin** f immigrant(e) m(f)

Zuwanderung f immigration f

zu|wenden vr irr: **sich jdm ~** se tourner vers qn

zu|ziehen irr I. vt (Schlinge) serrer; (Vorhang) tirer II. vr **sich ~** ① (auf sich ziehen) s'attirer

② (Verletzung) se faire

zwanzig ['tsvantsɪç] num vingt

zwanziger adj: **die ~ Jahre** les années f pl vingt

zwanzigste(r, s) adj vingtième

zwar [tsvaːɐ̯] adv ① (einschränkend) certes ② (präzisierend) **und ~** à savoir

Zweck [tsvɛk] <-[e]s, -e> m ① (Ziel) objectif m, but m; (gut) cause f ② (Sinn) raison f d'être

zwei [tsvai] num deux

Zwei <-, -en> f ① (Zahl, Augenzahl) deux m ② (Schulnote) bonne note située entre quatorze et seize sur vingt SCHWEIZ mauvaise note située entre trois et six sur vingt

Zweibettzimmer nt chambre f double; (im Krankenhaus) chambre à deux lits **zweideutig** adj ① ambigu(ë) ② (Bemerkung) équivoque

zweierlei adj: **~ Sorten Brot** deux sortes de pain

zweifach adj, adv deux fois

Zweifel ['tsvaifl] <-s, -> m doute m

zweifelhaft adj (a. pej) douteux, -euse

zweifeln vi douter

Zweig [tsvaik] <-[e]s, -e> m a. COM branche f

zweihundert num deux cents **zweijährig** adj (Kind) de deux ans **zweimal** adv deux fois **zweisprachig** adj bilingue

zweit adv: **zu ~ sein** être deux

zweitausend ['tsvaitauzant] num deux mille

zweite(r, s) adj ❶ deuxième ❷ *(bei Datumsangaben)* der ~ März le deux mars

zweitens adv deuxièmement

Zweizimmerwohnung [ˈtsvaiˈtsɪmevoːnʊŋ] f deux-pièces m

Zwerg(in) [tsvɛrk] <-[e]s, -e> m(f) *(a. fig, pej)* nain(e) m(f)

Zwiebel [ˈtsviːbəl] <-, -n> f oignon m

Zwilling [ˈtsvɪlɪŋ] <-s, -e> m ❶ jumeau m/jumelle f ❷ ASTRO die ~e les Gémeaux m pl

zwingen [ˈtsvɪŋən] irr vt, vr: |sich| ~ [se] forcer

zwinkern [ˈtsvɪŋkɐn] vi cligner des yeux/de l'œil

zwischen [ˈtsvɪʃən] präp entre

zwischendurch adv ❶ *(gelegentlich)* de temps en temps; *(inzwischen)* entre-temps ❷ *(örtlich)* au milieu Zwischenfall m incident m Zwischenlandung f escale f Zwischenstecker m prise f multiple

zwitschern [ˈtsvɪtʃɐn] vi gazouiller

zwo [tsvoː] num *(fam)* deux

zwölf [tsvœlf] num douze

zwölfmal adv douze fois

zwölffach adj, adv douze fois

zwölft adv: zu ~ sein être douze

zwölfte(r, s) adj ❶ douzième ❷ *(bei Datumsangaben)* der ~ März le douze mars

Zyklus [ˈtsyːklʊs] <-, Zyklen> m a. BIO cycle m

Zynismus [tsyˈnɪsmʊs] <-, -ismen> m cynisme m

Zypern [ˈtsyːpɐn] <-s> nt Chypre f

Zyste [ˈtsystə] <-, -n> f cyste m

Anhang
Annexes

Französische Verben
Verbes français

La conjugaison des verbes terminés en **-er**, **-ir** et **-re** présente des particularités qui se répètent. Le tableau ci-dessous résume ces particularités à l'exemple de 14 verbes modèles. Pour des raisons d'économie de place les verbes sont suivis dans la partie dictionnaire, de chiffres entre chevrons; ces chiffres indiquent le type de conjugaison du verbe et renvoie à l'un des verbes de référence ci-dessous. Les verbes présentant de nombreuses irrégularités sont annotés dans le dictionnaire du symbole *irr.* Vous trouverez ces verbes ordonnés alphabétiquement dans une liste à la suite des 14 verbes exemples.

Innerhalb der Konjugationsmuster für die Verbendungen **-er**, **-ir** und **-re** gibt es wiederkehrende Besonderheiten, die im folgenden an 14 Musterverben dargestellt werden. Aus Platzgründen wurden die Verben im Wörterbuchteil mit Ziffern in Spitzklammern versehen; diese Ziffern zeigen den Konjugationstyp des betreffenden Verbs an und verweisen auf diese Musterverben hier. Verben, die sehr viele Besonderheiten aufweisen, sind im Wörterbuchteil mit *irr* gekennzeichnet. Diese Verben sind im Anschluss an die 14 Musterverben in alphabetischer Reihenfolge aufgeführt.

1 chanter

Indicatif				Subjonctif
Présent	**Imparfait**	**Futur simple**	**Passé composé**	**Présent**
je chante	je chantais	je chanterai	j'ai chanté	que je chante
tu chantes	tu chantais	tu chanteras	tu as chanté	que tu chantes
il chante	il chantait	il chantera	il a chanté	qu'il chante

Indicatif				Subjonctif
Présent	**Imparfait**	**Futur simple**	**Passé composé**	**Présent**
nous chantons	nous chantions	nous chanterons	nous avons chanté	que nous chantions
vous chantez	vous chantiez	vous chanterez	vous avez chanté	que vous chantiez
ils chantent	ils chantaient	ils chanteront	ils ont chanté	qu'ils chantent

2 commencer

Indicatif				Subjonctif
Présent	**Imparfait**	**Futur simple**	**Passé composé**	**Présent**
je commence	je commençais	je commencerai…	j'ai commencé …	que je commence
tu commences	tu commençais			que tu commences
il commence	il commençait			qu'il commence
nous commençons	nous commencions			que nous commencions
vous commencez	vous commenciez			que vous commenciez
ils commencent	ils commençaient			qu'ils commencent

2a changer

Indicatif				Subjonctif
Présent	Imparfait	Futur simple	Passé composé	Présent
je change	je changeais	je changerai …	j'ai changé …	que je change
tu changes	tu changeais			que tu changes
il change	il changeait			qu'il change
nous changeons	nous changions			que nous changions
nous changeons	nous changions			
vous changez	vous changiez			que vous changiez
ils changent	ils changeaient			qu'ils changent

3 rejeter

Indicatif				Subjonctif
Présent	Imparfait	Futur simple	Passé composé	Présent
je rejette	je rejetais …	je rejetterai …	j'ai rejeté …	que je rejette
tu rejettes				que tu rejettes
il rejette				qu'il rejette
nous rejetons				que nous rejetions

Indicatif				Subjonctif
Présent	**Imparfait**	**Futur simple**	**Passé composé**	**Présent**
vous rejetez				que vous rejetiez
ils rejettent				qu'ils rejettent

4 peler

Indicatif				Subjonctif
Présent	**Imparfait**	**Futur simple**	**Passé composé**	**Présent**
je pèle	je pelais …	je pèlerai	j'ai pelé …	que je pèle
tu pèles		tu pèleras		que tu pèles
il pèle		il pèlera		qu'il pèle
nous pelons		nous pèlerons		que nous pelions
vous pelez		vous pèlerez		que vous peliez
ils pèlent		ils pèleront		qu'ils pèlent

5 préférer

	Indicatif			Subjonctif
Présent	**Imparfait**	**Futur simple**	**Passé composé**	**Présent**
je préfère	je préférais …	je préférerai …	j'ai préféré …	que je préfère
tu préfères				que tu préfères
il préfère				qu'il préfère
nous préférons				que nous préférions
vous préférez				que vous préfériez
ils préfèrent				qu'ils préfèrent

6 appuyer

	Indicatif			Subjonctif
Présent	**Imparfait**	**Futur simple**	**Passé composé**	**Présent**
j'appuie	j'appuyais …	j'appuierai …	j'ai appuyé …	que j'appuie
tu appuies				que tu appuies
il appuie				qu'il appuie
nous appuyons				que nous appuyons

Indicatif				Subjonctif
Présent	Imparfait	Futur simple	Passé composé	Présent
vous appuyez				que vous appuyiez
ils appuient				qu'ils appuient

7 essayer

Indicatif				Subjonctif
Présent	Imparfait	Futur simple	Passé composé	Présent
j'essaie/ essaye	j'essayais …	j'essaierai/ essayerai …	j'ai essayé …	que j'essaie/ essaye
tu essaies/ essayes				que tu essaies/
il essaie/ essaye				qu'il essaie/ essaye
nous essayons				que nous essayions
vous essayez				que vous essayiez
ils essaient/ essayent				qu'ils essaient/ essayent

8 agir

	Indicatif			Subjonctif
Présent	**Imparfait**	**Futur simple**	**Passé composé**	**Présent**
j'agis	j'agissais	j'agirai	j'ai agi …	que j'agisse
tu agis	tu agissais	tu agiras		que tu agisses
il agit	il agissait	il agira		qu'il agisse
nous agissons	nous agissions	nous agirons		que nous agissions
vous agissez	vous agissiez	vous agirez		que vous agissiez
ils agissent	ils agissaient	ils agiront		qu'ils agissent

9 devenir

	Indicatif			Subjonctif
Présent	**Imparfait**	**Futur simple**	**Passé composé**	**Présent**
je deviens	je devenais …	je deviendrai	je suis devenu(e) …	que je devienne
tu deviens		tu deviendras	que tu deviennes	
il devient		il deviendra		qu'il devienne
nous devenons		nous deviendrons		que nous devenions

Indicatif				Subjonctif
Présent	**Imparfait**	**Futur simple**	**Passé composé**	**Présent**
vous devenez		vous deviendrez		que vous deveniez
ils deviennent		ils deviendront		qu'ils deviennent

10 sortir

Indicatif				Subjonctif
Présent	**Imparfait**	**Futur simple**	**Passé composé**	**Présent**
je sors	je sortais ...	je sortirai ...	je suis sorti(e) ...	que je sorte
tu sors				que tu sortes
il sort				qu'il sorte
nous sortons				que nous sortions
vous sortez				que vous sortiez
ils sortent				qu'ils sortent

11 ouvrir

	Indicatif			Subjonctif
Présent	**Imparfait**	**Futur simple**	**Passé composé**	**Présent**
j'ouvre	j'ouvrais …	j'ouvrirai …	j'ai ouvert …	que j'ouvre
tu ouvres				que tu ouvres
il ouvre				qu'il ouvre
nous ouvrons				que nous ouvrions
vous ouvrez				que vous ouvriez
ils ouvrent				qu'ils ouvrent

12 apercevoir

	Indicatif			Subjonctif
Présent	**Imparfait**	**Futur simple**	**Passé composé**	**Présent**
j'aperçois	j'apercevais …	j'apercevrai …	j'ai aperçu …	que j'aperçoive
tu aperçois				que tu aperçoives
il aperçoit				qu'il aperçoive
nous apercevons				que nous apercevions

Indicatif				Subjonctif
Présent	**Imparfait**	**Futur simple**	**Passé composé**	**Présent**
vous apercevez				que vous aperceviez
ils aperçoivent				qu'ils aperçoivent

13 comprendre

Indicatif				Subjonctif
Présent	**Imparfait**	**Futur simple**	**Passé composé**	**Présent**
je comprends	je comprenais	je comprendrai	j'ai compris ...	que je comprenne
tu comprends	tu comprenais	tu comprendras		que tu comprennes
il comprend	il comprenait	il comprendra		qu'il comprenne
nous comprenons	nous comprenions	nous comprendrons		que nous comprenions
vous comprenez	vous compreniez	vous comprendrez		que vous compreniez
ils comprennent	ils comprenaient	ils comprendront		qu'ils comprennent

14 vendre

Indicatif				Subjonctif
Présent	**Imparfait**	**Futur simple**	**Passé composé**	**Présent**
je vends	je vendais	je vendrai …	j'ai vendu …	que je vende
tu vends	tu vendais			que tu vendes
il vend	il vendait			qu'il vende
nous vendons	nous vendions			que nous vendions
vous vendez	vous vendiez			que vous vendiez
ils vendent	ils vendaient			qu'ils vendent

Unregelmäßige französische Verben
Verbes français irréguliers

Infinitif	Présent	Imparfait	Futur	Participe passé	Subjonctif présent
abattre *siehe battre*		**abstraire** *siehe extraire*		**accourir** *siehe courir*	
accroître	j'accrois	j'accroissais	j'accroîtrai	accru, e	que j'accroisse
accueillir *siehe cueillir*					
acquérir	j'acquiers	j'acquérais	j'acquerrai	acquis, e	que j'acquière
admettre *siehe mettre*					
aller	je vais	j'allais	j'irai	allé, e	que j'aille
apparaître *siehe paraître*					
asseoir	j'assieds	j'asseyais	j'assiérai	assis, e	que j'asseye
atteindre *siehe peindre*					
avoir	j'ai	j'avais	j'aurai	eu, e	que j'aie
battre	je bats	je battais	je battrai	battu, e	que je batte
boire	je bois	je buvais	je boirai	bu, e	que je boive
bouillir	je bous	je bouillais	je bouillirai	bouilli, e	que je bouille
circonscrire *siehe écrire*		**comparaître** *siehe paraître*		**compromettre** *siehe mettre*	

Infinitif	Présent	Imparfait	Futur	Parti-cipe passé	Sub-jonctif présent
conclure	je conclus	je concluais	je conclu-rai	conclu, e	que je conclue
concourir *siehe courir*					
conduire	je conduis	je condui-sais	je condui-rai	conduit, e	que je conduise
connaître *siehe paraître*		**conquérir** *siehe acquérir*		**construire** *siehe conduire*	
contraindre *siehe craindre*		**contredire** *siehe dire*		**contrefaire** *siehe faire*	
convaincre *siehe vaincre*		**corrompre** *siehe rompre*			
coudre	je couds	je cousais	je coudrai	cousu, e	que je couse
courir	je cours	je courais	je courrai	couru, e	que je coure
craindre	je crains	je crai-gnais	je crain-drai	craint, e	que je craigne
croire	je crois	je croyais	je croirai	cru, e	que je croie
croître	je croîs	je crois-sais	je croîtrai	crû, crue, cru(e)s	que je croisse
cueillir	je cueille	je cueil-lais	je cueille-rai	cueilli, e	que je cueille
cuire *siehe conduire*		**débattre** *siehe battre*		**décrire** *siehe écrire*	
décroître *siehe accroître*		**déduire** *siehe conduire*		**défaire** *siehe faire*	
démettre *siehe mettre*		**dépeindre** *siehe peindre*		**déplaire** *siehe plaire*	

Infinitif	Présent	Imparfait	Futur	Participe passé	Subjonctif présent
desservir siehe servir		**détruire** siehe conduire		**dévêtir** siehe vêtir	
devoir	je dois	je devais	je devrai	dû, due, du(e)s	que je doive
dire	je dis	je disais	je dirai	dit, e	que je dise
disparaître siehe paraître		**dissoudre** siehe absoudre		**distraire** siehe extraire	
dormir	je dors	je dormais	je dormirai	dormi	que je dorme
écrire	j'écris	j'écrivais	j'écrirai	écrit, e	que j'écrive
élire siehe lire		**émettre** siehe mettre			
émouvoir wie mouvoir, Ausnahme: ému, e					
endormir siehe dormir		**enduire** siehe conduire		**enfuir** siehe fuir	
ensuivre siehe suivre		**entrevoir** siehe voir			
envoyer	j'envoie	j'envoyais	j'enverrai	envoyé, e	que j'envoie
équivaloir siehe valoir		**éteindre** siehe peindre			
être	je suis	j'étais	je serai	été	que je sois
exclure	j'exclus	j'excluais	j'exclurai	exclu, e	que j'exclue
extraire	j'extrais	j'extrayais	j'extrairai	extrait, e	que j'extraie
faillir	je faillis	je faillissais	je faillirai	failli	que je faillisse

Infinitif	Présent	Imparfait	Futur	Participe passé	Subjonctif présent
faire	je fais	je faisais	je ferai	fait, e	que je fasse
falloir	il faut	il fallait	il faudra	fallu	qu'il faille
frire	je fris	*fehlt*	je frirai	frit, e	*fehlt*
fuir	je fuis	je fuyais	je fuirai	fui, e	que je fuie
haïr	je hais	je haïssais	je haïrai	haï, e	que je haïsse

inscrire *siehe écrire*   **interdire** *siehe contredire*   **interrompre** *siehe rompre*

introduire *siehe conduire*

Infinitif	Présent	Imparfait	Futur	Participe passé	Subjonctif présent
joindre	je joins	je joignais	je joindrai	joint, e	que je joigne
lire	je lis	je lisais	je lirai	lu, e	que je lise

luire *siehe nuire*

Infinitif	Présent	Imparfait	Futur	Participe passé	Subjonctif présent
mettre	je mets	je mettais	je mettrai	mis, e	que je mette
moudre	je mouds	je moulais	je moudrai	moulu, e	que je moule
mourir	je meurs	je mourais	je mourrai	mort, e	que je meure
naître	je nais	je naissais	je naîtrai	né, e	que je naisse
nuire	je nuis	je nuisais	je nuirai	nui	que je nuise
paraître	je parais	je paraissais	je paraîtrai	paru, e	que je paraisse

parcourir *siehe courir*

Infinitif	Présent	Imparfait	Futur	Participe passé	Subjonctif présent
peindre	je peins	je peignais	je peindrai	peint, e	que je peigne
permettre siehe mettre					
plaindre	je plains	je plaignais	je plaindrai	plaint, e	que je plaigne
plaire	je plais	je plaisais	je plairai	plu	que je plaise
pleuvoir	il pleut	il pleuvait	il pleuvra	plu	qu'il pleuve
poursuivre siehe suivre					
pouvoir	je peux	je pouvais	je pourrai	pu	que je puisse
prédire	je prédis	je prédisais	je prédirai	prédit, e	que je prédise
prévoir wie voir, Ausnahme: je prévoirai					

produire siehe conduire

promettre siehe mettre

rasseoir siehe asseoir

réapparaître siehe paraître

reconduire siehe conduire

reconnaître siehe paraître

reconstruire siehe conduire

recoudre siehe coudre

récrire siehe écrire

recueillir siehe cueillir

recuire siehe conduire

redire siehe dire

redormir siehe dormir

réduire siehe conduire

réinscrire siehe écrire

rejoindre siehe joindre

relire siehe lire

remettre siehe mettre

reparaître siehe paraître

reproduire siehe conduire

Infinitif	Présent	Imparfait	Futur	Participe passé	Subjonctif présent
résoudre	je résous	je résolvais	je résoudrai	résolu, e	que je résolve
retransmettre *siehe mettre*		**revaloir** *siehe valoir*		**revivre** *siehe vivre*	
revoir *siehe voir*		**revouloir** *siehe vouloir*			
rire	je ris	je riais	je rirai	ri	que je rie
rompre	je romps	je rompais	je romprai	rompu, e	que je rompe
satisfaire *siehe faire*					
savoir	je sais	je savais	je saurai	su, e	que je sache
secourir *siehe courir*		**séduire** *siehe conduire*			
servir	je sers	je servais	je servirai	servi, e	que je serve
sourire *siehe rire*		**soustraire** *siehe extraire*			
suffire	je suffis	je suffisais	je suffirai	suffi	que je suffise
suivre	je suis	je suivais	je suivrai	suivi, e	que je suive
survivre *siehe vivre*					
taire	je tais	je taisais	je tairai	tu, e	que je taise
traduire	je traduis	je traduisais	je traduirai	traduit, e	que je traduise
traire	je trais	je trayais	je trairai	trait, e	que je traie

Infinitif	Présent	Imparfait	Futur	Participe passé	Subjonctif présent
transcrire *siehe* écrire		**transmettre** *siehe* mettre		**transparaître** *siehe* paraître	
tressaillir *siehe défaillir*					
vaincre	je vaincs	je vainquais	je vaincrai	vaincu, e	que je vainque
valoir	je vaux	je valais	je vaudrai	valu, e	que je vaille
vêtir	je vêts	je vêtais	je vêtirai	vêtu, e	que je vête
vivre	je vis	je vivais	je vivrai	vécu, e	que je vive
voir	je vois	je voyais	je verrai	vu, e	que je voie
vouloir	je veux	je voulais	je voudrai	voulu, e	que je veuille

Unregelmäßige deutsche Verben
Verbes allemands irréguliers

Die unregelmäßigen Formen der mit *auf-, ab-, be-, er-, zer-* usw. präfigierten Verben entsprechen denen ihrer Grundform. Neben dem Infinitiv wird zusätzlich die 2. Person Singular angegeben, wenn diese gegenüber der Grundform einen Umlaut aufweist oder eine Vokalveränderung erfährt. Ebenso wird zum Partizip Perfekt das Hilfsverb aufgeführt, mit welchem es gebildet wird.

La conjugaison du verbe dérivé à partir des préfixes *auf-, ab-, be-, er-, zer-* etc. correspond à celle du verbe de base. En plus de la forme infinitive, la liste suivante donne la 2ᵉ personne du singulier du verbe si celui-ci prend une inflexion *(Umlaut)* ou change de voyelle. La liste indique aussi pour chaque participe passé l'auxiliaire avec lequel il est formé.

1. Infinitiv	2. Imperfekt	3. Partizip Perfekt	4. Imperativ – Sing/Pl
1. Infinitif	2. Prétérit	3. Participe passé	4. Impératif – sing/pl
backen	backte	hat gebacken	back[e]/backt
befehlen	befahl	hat befohlen	befiehl/befehlt
beginnen	begann	hat begonnen	beginn[e]/beginnt
beißen	biss	hat gebissen	beiß[e]/beißt
bergen	barg	hat geborgen	birg/bergt
bersten	barst	ist geborsten	birst/berstet
bewegen	bewog	hat bewogen	beweg[e]/bewegt
biegen	bog	hat/ist gebogen	bieg[e]/biegt
bieten	bot	hat geboten	biet[e]/bietet
binden	band	hat gebunden	bind[e]/bindet

1. Infinitiv	2. Imperfekt	3. Partizip Perfekt	4. Imperativ – Sing/Pl
1. Infinitif	2. Prétérit	3. Participe passé	4. Impératif – sing/pl
bitten	bat	hat gebeten	bitt[e]/bittet
blasen	blies	hat geblasen	blas[e]/blast
bleiben	blieb	ist geblieben	bleib[e]/bleibt
bleichen	bleichte blich	hat gebleicht hat geblichen	bleich[e]/ bleicht
braten	briet	hat gebraten	brat[e]/bratet
brechen	brach	hat/ist gebrochen	brich/brecht
brennen	brannte	hat gebrannt	brenn[e]/brennt
bringen	brachte	hat gebracht	bring/bringt
denken	dachte	hat gedacht	denk[e]/denkt
dreschen	drosch	hat/ist gedroschen	drisch/drescht
dringen	drang	ist gedrungen	dring[e]/dringt
dürfen	durfte	hat gedurft	
empfangen	empfing	hat empfangen	empfang[e]/ empfangt
empfehlen	empfahl	hat empfohlen	empfiehl/ empfehlt
empfinden	empfand	hat empfunden	empfind[e]/ empfindet
erlöschen	erlosch	hat erloschen	erlisch/erlöscht
erschrecken	erschrak	ist erschrocken	erschrick/ erschreckt
essen	aß	hat gegessen	iss/esst
fahren	fuhr	hat/ist gefahren	fahr[e]/fahrt

1. Infinitiv	2. Imperfekt	3. Partizip Perfekt	4. Imperativ – Sing/Pl
1. Infinitif	2. Prétérit	3. Participe passé	4. Impératif – sing/pl
fallen	fiel	ist gefallen	fall[e]/fallt
fangen	fing	hat gefangen	fang[e]/fangt
fechten	focht	hat gefochten	ficht/fechtet
finden	fand	hat gefunden	find[e]/findet
flechten	flocht	hat geflochten	flicht/flechtet
fliegen	flog	hat/ist geflogen	flieg[e]/fliegt
fliehen	floh	ist geflohen	flieh[e]/flieht
fließen	floss	ist geflossen	fließ[e]/fließt
fressen	fraß	hat gefressen	friss/fresst
frieren	fror	hat gefroren	frier[e]/friert
gären	gor gärte	hat/ist gegoren hat/ist gegärt	gär[e]/gärt
gebären	gebar	ist geboren	gebier[e]/gebärt
geben	gab	hat gegeben	gib/gebt
gedeihen	gedieh	ist gediehen	gedeih[e]/gedeiht
gefallen	gefiel	hat gefallen	gefall[e]/gefallt
gehen	ging	ist gegangen	geh[e]/geht
gelingen	gelang	ist gelungen	geling[e]/gelingt
gelten	galt	hat gegolten	gilt/geltet
genesen	genas	ist genesen	genese/genest
genießen	genoss	hat genossen	genieß[e]/genießt
geraten	geriet	ist geraten	gerat[e]/geratet

1. Infinitiv	2. Imperfekt	3. Partizip Perfekt	4. Imperativ – Sing/Pl
1. Infinitif	2. Prétérit	3. Participe passé	4. Impératif – sing/pl
gerinnen	gerann	ist geronnen	gerinn[e]/ gerinnt
geschehen	geschah	ist geschehen	geschieh/ geschieht
gestehen	gestand	hat gestanden	gesteh[e]/ gesteht
gewinnen	gewann	hat gewonnen	gewinn[e]/ gewinnt
gießen	goss	hat gegossen	gieß[e]/gießt
gleichen	glich	hat geglichen	gleich[e]/ gleicht
gleiten	glitt	ist geglitten	gleit[e]/gleitet
glimmen	glomm	hat geglommen	glimm[e]/ glimmt
graben	grub	hat gegraben	grab[e]/grabt
greifen	griff	hat gegriffen	greif[e]/greift
haben	hatte	hat gehabt	hab[e]/habt
halten	hielt	hat gehalten	halt[e]/haltet
hängen	hing	hat gehangen	häng[e]/hängt
hauen	haute	hat gehauen	hau[e]/haut
heben	hob	hat gehoben	heb[e]/hebt
heißen	hieß	hat geheißen	heiß[e]/heißt
helfen	half	hat geholfen	hilf/helft
kennen	kannte	hat gekannt	kenn[e]/kennt
klingen	klang	hat geklungen	kling[e]/klingt

1. Infinitiv	2. Imperfekt	3. Partizip Perfekt	4. Imperativ – Sing/Pl
1. Infinitif	2. Prétérit	3. Participe passé	4. Impératif – sing/pl
kneifen	kniff	hat gekniffen	kneif[e]/kneift
kommen	kam	ist gekommen	komm[e]/kommt
können	konnte	hat gekonnt	
kriechen	kroch	ist gekrochen	kriech[e]/kriecht
küren	kürte	hat gekürt	kür[e]/kürt
laden	lud	hat geladen	lad[e]/ladet
lassen	ließ	hat gelassen	lass/lasst
laufen	lief	ist gelaufen	lauf[e]/lauft
leiden	litt	hat gelitten	leid[e]/leidet
leihen	lieh	hat geliehen	leih[e]/leiht
lesen	las	hat gelesen	lies/lest
liegen	lag	hat gelegen	lieg[e]/liegt
lügen	log	hat gelogen	lüg[e]/lügt
mahlen	mahlte	hat gemahlen	mahl[e]/mahlt
meiden	mied	hat gemieden	meid[e]/meidet
melken	molk melkte	hat gemolken hat gemelkt	melk[e], milk/melkt
messen	maß	hat gemessen	miss/messt
misslingen	misslang	ist misslungen	
mögen	mochte	hat gemocht	
müssen	musste	hat gemusst	
nehmen	nahm	hat genommen	nimm/nehmt

1. Infinitiv	2. Imperfekt	3. Partizip Perfekt	4. Imperativ – Sing/Pl
1. Infinitif	2. Prétérit	3. Participe passé	4. Impératif – sing/pl
nennen	nannte	hat genannt	nenn[e]/nennt
pfeifen	pfiff	hat gepfiffen	pfeif[e]/pfeift
preisen	pries	hat gepriesen	preis[e]/preist
quellen	quoll	ist gequollen	quill/quellt
raten	riet	hat geraten	rat[e]/ratet
reiben	rieb	hat gerieben	reib[e]/reibt
reißen	riss	hat/ist gerissen	reiß/reißt
reiten	ritt	hat/ist geritten	reit[e]/reitet
rennen	rannte	ist gerannt	renn[e]/rennt
riechen	roch	hat gerochen	riech[e]/riecht
ringen	rang	hat gerungen	ring[e]/ringt
rinnen	rann	ist geronnen	rinn[e]/rinnt
rufen	rief	hat gerufen	ruf[e]/ruft
salzen	salzte	hat gesalzen hat gesalzt	salz[e]/salzt
saufen	soff	hat gesoffen	sauf[e]/sauft
schaffen	schuf	hat geschaffen	schaff[e]/schafft
schallen	schallte	hat geschallt	schall[e]/schallt
scheiden	schied	hat/ist geschieden	scheid[e]/scheidet
scheinen	schien	hat geschienen	schein[e]/scheint
scheißen	schiss	hat geschissen	scheiß[e]/scheißt
schelten	schalt	hat gescholten	schilt/scheltet

1. Infinitiv	2. Imperfekt	3. Partizip Perfekt	4. Imperativ – Sing/Pl
1. Infinitif	2. Prétérit	3. Participe passé	4. Impératif – sing/pl
scheren	schor	hat geschoren hat geschert	scher[e]/schert
schieben	schob	hat geschoben	schieb[e]/ schiebt
schießen	schoss	hat geschossen	schieß[e]/ schießt
schinden	schindete	hat geschunden	schind[e]/ schindet
schlafen	schlief	hat geschlafen	schlaf[e]/schlaft
schlagen	schlug	hat geschlagen	schlag[e]/ schlagt
schleichen	schlich	ist geschlichen	schleich[e]/ schleicht
schleifen	schliff	hat geschliffen	schleif[e]/ schleift
schließen	schloss	hat geschlossen	schließ[e]/ schließt
schlingen	schlang	hat geschlungen	schling[e]/ schlingt
schmeißen	schmiss	hat geschmissen	schmeiß[e]/ schmeißt
schmelzen	schmolz	ist geschmolzen	schmilz/ schmelzt
schnauben	schnaubte schnob	hat geschnaubt hat geschnoben	schnaub[e]/ schnaubt
schneiden	schnitt	hat geschnitten	schneid[e]/ schneidet

1. Infinitiv	2. Imperfekt	3. Partizip Perfekt	4. Imperativ – Sing/Pl
1. Infinitif	2. Prétérit	3. Participe passé	4. Impératif – sing/pl
schreiben	schrieb	hat geschrieben	schreib[e]/ schreibt
schreien	schrie	hat geschrie[e]n	schrei[e]/ schreit
schreiten	schritt	ist geschritten	schreit[e]/ schreitet
schweigen	schwieg	hat geschwiegen	schweig[e]/ schweigt
schwellen	schwoll	ist geschwollen	schwill/ schwellt
schwimmen	schwamm	hat/ist geschwommen	schwimm[e]/ schwimmt
schwinden	schwand	ist geschwunden	schwind[e]/ schwindet
schwingen	schwang	hat geschwungen	schwing[e]/ schwingt
schwören	schwor	hat geschworen	schwör[e]/ schwört
sehen	sah	hat gesehen	sieh/seht
sein	war	ist gewesen	sei/seid
1. Präs Sing bin			
2. Präs Sing bist			
3. Präs Sing ist			
1. Präs Pl sind			
2. Präs Pl seid			
3. Präs Pl sind			
senden	sendete CH sandte	hat gesendet CH hat gesandt	send[e]/sendet

1. Infinitiv	2. Imperfekt	3. Partizip Perfekt	4. Imperativ – Sing/Pl
1. Infinitif	2. Prétérit	3. Participe passé	4. Impératif – sing/pl
sieden	siedete sott	hat gesiedet hat gesotten	sied[e]/siedet
singen	sang	hat gesungen	sing[e]/singt
sinken	sank	ist gesunken	sink[e]/sinkt
sinnen	sann	hat gesonnen	sinn[e]/sinnt
sitzen	saß	hat gesessen	sitz[e]/sitzt
sollen	sollte	hat gesollt	
spalten	spaltete	hat gespalten hat gespaltet	spalt[e]/spaltet
speien	spie	hat gespie[e]n	spei[e]/speit
spinnen	spann	hat gesponnen	spinn[e]/spinnt
sprechen	sprach	hat gesprochen	sprich/sprecht
sprießen	spross sprießte	ist gesprossen ist gesprießt	sprieß[e]/ sprießt
springen	sprang	ist gesprungen	spring[e]/ springt
stechen	stach	hat gestochen	stich/stecht
stecken	steckte	hat gesteckt	steck[e]/steckt
stehen	stand	hat gestanden	steh[e]/steht
stehlen	stahl	hat gestohlen	stiehl/stehlt
steigen	stieg	ist gestiegen	steig[e]/steigt
sterben	starb	ist gestorben	stirb/sterbt
stinken	stank	hat gestunken	stink[e]/stinkt
stoßen	stieß	hat gestoßen	stoß[e]/stoßt

1. Infinitiv	2. Imperfekt	3. Partizip Perfekt	4. Imperativ – Sing/Pl
1. Infinitif	2. Prétérit	3. Participe passé	4. Impératif – sing/pl
streichen	strich	hat gestrichen	streich[e]/streicht
streiten	stritt	hat gestritten	streit[e]/streitet
tragen	trug	hat getragen	trag[e]/tragt
treffen	traf	hat getroffen	triff/trefft
treiben	trieb	hat getrieben	treib[e]/treibt
treten	trat	hat getreten	tritt/tretet
triefen	triefte troff	hat getrieft hat getroffen	trief[e]/trieft
trinken	trank	hat getrunken	trink[e]/trinkt
trügen	trog	hat getrogen	trüg[e]/trügt
tun *1. Präs Sing* tue *2. Präs Sing* tust *3. Präs Sing* tut	tat	hat getan	tu[e]/tut
verbieten	verbot	hat verboten	verbiet[e]/verbietet
verbrechen	verbrach	hat verbrochen	verbrich/verbrecht
verderben	verdarb	hat verdorben	verdirb/verderbt
vergessen	vergaß	hat vergessen	vergiss/vergesst
verlieren	verlor	hat verloren	verlier[e]/verliert
verraten	verriet	hat verraten	verrat[e]/verratet

1. Infinitiv	2. Imperfekt	3. Partizip Perfekt	4. Imperativ – Sing/Pl
1. Infinitif	2. Prétérit	3. Participe passé	4. Impératif – sing/pl
verschleißen	verschliss	hat verschlissen	verschleiß[e]/ verschleißt
verstehen	verstand	hat verstanden	versteh[e]/ versteht
verwenden	verwendete verwandt	hat verwendet hat verwandt	verwend[e]/ verwendet
verzeihen	verzieh	hat verziehen	verzeih[e]/ verzeiht
wachsen	wuchs	ist gewachsen	wachs[e]/ wachst
waschen	wusch	hat gewaschen	wasch[e]/ wascht
weben	wob webte	hat gewoben hat gewebt	web[e]/webt
weichen	wich	ist gewichen	weich[e]/ weicht
weisen	wies	hat gewiesen	weis[e]/weist
wenden	wendete wandte	hat gewendet hat gewandt	wend[e]/wen- det
werben	warb	hat geworben	wirb/werbt
werden	wurde ward	ist geworden	werd[e]/werdet
werfen	warf	hat geworfen	wirf/werft
wiegen	wog	hat gewogen	wieg[e]/wiegt
winden	wand	hat gewunden	wind[e]/windet
wissen	wusste	hat gewusst	wiss[e]/wisset
wollen	wollte	hat gewollt	woll[e]/wollt

1. Infinitiv	2. Imperfekt	3. Partizip Perfekt	4. Imperativ – Sing/Pl
1. Infinitif	2. Prétérit	3. Participe passé	4. Impératif – sing/pl
ziehen	zog	hat ist gezogen	zieh[e]/zieht
zwingen	zwang	hat gezwungen	zwing[e]/zwingt

Zahlwörter
Les nombres

Grundzahlen
les nombres cardinaux

null	0	zéro
einer, eine, eins; ein, eine, ein	1	un, une
zwei	2	deux
drei	3	trois
vier	4	quatre
fünf	5	cinq
sechs	6	six
sieben	7	sept
acht	8	huit
neun	9	neuf
zehn	10	dix
elf	11	onze
zwölf	12	douze
dreizehn	13	treize
vierzehn	14	quatorze
fünfzehn	15	quinze
sechzehn	16	seize
siebzehn	17	dix-sept
achtzehn	18	dix-huit

neunzehn	19	dix-neuf
zwanzig	20	vingt
einundzwanzig	21	vingt et un
zweiundzwanzig	22	vingt-deux
dreiundzwanzig	23	vingt-trois
vierundzwanzig	24	vingt-quatre
fünfundzwanzig	25	vingt-cinq
dreißig	30	trente
einunddreißig	31	trente et un
zweiunddreißig	32	trente-deux
dreiunddreißig	33	trente-trois
vierzig	40	quarante
einundvierzig	41	quarante et un
zweiundvierzig	42	quarante-deux
fünfzig	50	cinquante
einundfünfzig	51	cinquante et un
zweiundfünfzig	52	cinquante-deux
sechzig	60	soixante
einundsechzig	61	soixante et un
zweiundsechzig	62	soixante-deux
siebzig	70	soixante-dix
einundsiebzig	71	soixante et onze
zweiundsiebzig	72	soixante-douze
fünfundsiebzig	75	soixante-quinze
neunundsiebzig	79	soixante-dix-neuf
achtzig	80	quatre-vingt(s)

einundachtzig	81	quatre-vingt-un
zweiundachtzig	82	quatre-vingt-deux
fünfundachtzig	85	quatre-vingt-cinq
neunzig	90	quatre-vingt-dix
einundneunzig	91	quatre-vingt-onze
zweiundneunzig	92	quatre-vingt-douze
neunundneunzig	99	quatre-vingt-dix-neuf
hundert	100	cent
hundert(und)eins	101	cent un
hundert(und)zwei	102	cent deux
hundert(und)zehn	110	cent dix
hundert(und)zwanzig	120	cent vingt
hundert(und)neunundneunzig	199	cent quatre-vingt-dix-neuf
zweihundert	200	deux cents
zweihundert(und)eins	201	deux cent un
zweihundert(und)zweiundzwanzig	222	deux cent vingt-deux
dreihundert	300	trois cents
vierhundert	400	quatre cents
fünfhundert	500	cinq cents
sechshundert	600	six cents
siebenhundert	700	sept cents
achthundert	800	huit cents
neunhundert	900	neuf cents
tausend	1000	mille (1.000)
tausend(und)eins	1001	mille un

tausend(und)zehn	1010	mille dix
tausend(und)einhundert	1100	mille cent
zweitausend	2000	deux mille
zehntausend	10 000	dix mille
hunderttausend	100 000	cent mille
eine Million	1 000 000	un million (1.000.000)
zwei Millionen	2 000 000	deux millions
zwei Millionen fünfhunderttausend	2 500 000	deux millions cinq centmille
eine Milliarde	1 000 000 000	un milliard
eine Billion	1 000 000 000 000	mille milliard

Ordnungszahlen
les nombres ordinaux

(der, die, das) erste	1.	1er, 1ère	premier, ère
zweite	2. 2e	2nd, 2nde	second, e deuxième
dritte	3.	3e	troisième
vierte	4.	4e	quatrième
fünfte	5.	5e	cinquième
sechste	6.	6e	sixième
siebte	7.	7e	septième
achte	8.	8e	huitième
neunte	9.	9e	neuvième
zehnte	10.	10e	dixième

elfte	11.	11e	onzième
zwölfte	12.	12e	douzième
dreizehnte	13.	13e	treizième
vierzehnte	14.	14e	quatorzième
fünfzehnte	15.	15e	quinzième
sechzehnte	16.	16e	seizième
siebzehnte	17.	17e	dix-septième
achtzehnte	18.	18e	dix-huitième
neunzehnte	19.	19e	dix-neuvième
zwanzigste	20.	20e	vingtième
einundzwanzigste	21.	21e	vingt et unième
zweiundzwanzigste	22.	22e	vingt-deuxième
dreiundzwanzigste	23.	23e	vingt-troisième
dreißigste	30.	30e	trentième
einunddreißigste	31.	31e	trente et unième
zweiunddreißigste	32.	32e	trente-deuxième
vierzigste	40.	40e	quarantième
fünfzigste	50.	50e	cinquantième
sechzigste	60.	60e	soixantième
siebzigste	70.	70e	soixante-dixième
einundsiebzigste	71.	71e	soixante et onzième
zweiundsiebzigste	72.	72e	soixante-douzième
neunundsiebzigste	79.	79e	soixante-dix-neuvième
achtzigste	80.	80e	quatre-vingtième
einundachtzigste	81.	81e	quatre-vingt-unième

zweiundachtzigste	82.	82^e	quatre-vingt-deu-xième
neunzigste	90.	90^e	quatre-vingt-di-xième
einundneunzigste	91.	91^e	quatre-vingt-on-zième
neunundneunzigste	99.	99^e	quatre-vingt-dix-neuvième
hundertste	100.	100^e	centième
hundertunderste	101.	101^e	cent unième
hundertundzehnte	110.	110^e	cent dixième
hundertundfünf-undneunzigste	195.	195^e	cent quatre-vingt-quinzième
zweihundertste	200.	200^e	deux(-)centième
dreihundertste	300.	300^e	trois(-)centième
fünfhundertste	500.	500^e	cinq(-)centième
tausendste	1000.	1000^e	millième (1.000^e)
zweitausendste	2000.	2000^e	deux(-)millième
millionste	1 000 000.	1 000 000^e	millionième
zehnmillionste	10 000 000.	10 000 000^e	dix(-)millionième

Bruchzahlen
les fractions

ein halb	$^1/_2$	un demi
ein Drittel	$^1/_3$	un tiers
ein Viertel	$^1/_4$	un quart
ein Fünftel	$^1/_5$	un cinquième
ein Zehntel	$^1/_{10}$	un dixième
ein Hundertstel	$^1/_{100}$	un centième
ein Tausendstel	$^1/_{1000}$	un millième
ein Millionstel	$^1/_{1000000}$	un millionième
zwei Drittel	$^2/_3$	deux tiers
drei Viertel	$^3/_4$	trois quarts
zwei Fünftel	$^2/_5$	deux cinquièmes
drei Zehntel	$^3/_{10}$	trois dixièmes
anderthalb, ein(und)einhalb	$1^1/_2$	un et demi
zwei(und)einhalb	$2^1/_2$	deux et demi
fünf drei Achtel	$5^3/_8$	cinq trois huitièmes
eins Komma eins	1,1	un virgule un

Maße und Gewichte
Poids et mesures

Dezimalsystem
système décimal

Mega	1000000	M	méga
Hektokilo	100000	hk	hectokilo
Myria	10000	ma	myria
Kilo	1000	k	kilo
Hekto	100	h	hecto
Deka	10	da	déca
Dezi	0,1	d	déci
Zenti	0,01	c	centi
Milli	0,001	m	milli
Dezimilli	0,0001	dm	décimilli
Zentimilli	0,00001	cm	centimilli
Mikro	0,000001	µ	micro

Längenmaße
mesures de longueur

Seemeile	1852 m	–	mille marin
Kilometer	1000 m	km	kilomètre
Hektometer	100 m	hm	hectomètre
Dekameter	10 m	dam	décamètre

Meter	1 m	m	mètre
Dezimeter	0,1 m	dm	décimètre
Zentimeter	0,01 m	cm	centimètre
Millimeter	0,001 m	mm	millimètre
Mikron, My	0,000001 m	μ	micron
Millimikron, -my	0,000000001 m	mμ	millimicron
Ångström-einheit	0,0000000001 m	Å	Angstrœm

Flächenmaße
mesures de surface

Quadrat-kilometer	1000000 m²	km²	kilomètre carré
Quadrat-hektometer	10000 m²	hm²	hectomètre carré
Hektar		ha	hectare
Quadrat-dekameter	100 m²	dam²	décamètre carré
Ar		a	are
Quadratmeter	1 m²	m²	mètre carré
Quadrat-dezimeter	0,01 m²	dm²	décimètre carré
Quadrat-zentimeter	0,0001 m²	cm²	centimètre carré
Quadrat-millimeter	0,000001 m²	mm²	millimètre carré

Kubik- und Hohlmaße
mesures de volume

Kubik-kilometer	1000000000 m³	km³	kilomètre cube
Kubikmeter	1 m³	m³	mètre cube
Ster		st	stère
Hektoliter	0,1 m³	hl	hectolitre
Dekaliter	0,01 m³	dal	décalitre
Kubik-dezimeter	0,001 m³	dm³	décimètre cube
Liter		L	litre
Deziliter	0,0001 m³	dl	décilitre
Zentiliter	0,00001 m³	cl	centilitre
Kubik-zentimeter	0,000001 m³	cm³	centimètre cube
Milliliter	0,000001 m³	ml	millilitre
Kubik-millimeter	0,000000001 m³	mm³	millimètre cube

Gewichte
poids

Tonne	1000 kg	t	tonne
Doppelzentner	100 kg	q	quintal
Kilogramm	1000 g	kg	kilogramme
Hektogramm	100 g	hg	hectogramme
Dekagramm	10 g	dag	décagramme

Gramm	1 g	g	gramme
Karat	0,2 g	–	carat
Dezigramm	0,1 g	dg	décigramme
Zentigramm	0,01 g	cg	centigramme
Milligramm	0,001 g	mg	milligramme
Mikrogramm	0,000001 g	mγ, γ	microgramme

Die Uhrzeit
L'heure

12:00	Es ist zwölf Uhr/Mittag.	Il est douze heures (pile)/ midi (pile).
13:00	Es ist dreizehn Uhr/ein Uhr (Punkt) eins.	Il est treize heures/une heure (pile) (de l'après midi).
14:00	Es ist vierzehn Uhr zwei/ Uhr (Punkt) zwei.	Il est quatorze heures/deux heures (de l'après midi).
14:05	Es ist vierzehn Uhr fünf/fünf nach zwei.	Il est quatorze heures cinq/ deux heures cinq (de l'après midi).
14:15	Es ist vierzehn Uhr fünf-zehn/Viertel nach zwei/ *süddt.* viertel drei.	Il est quatorze heures quinze/deux heures et quart (de l'après midi).
14:30	Es ist vierzehn Uhr dreißig/ halb drei.	Il est quatorze heures trente/ deux heures et demie (de l'après midi).
14:35	Es ist vierzehn Uhr fünfund-dreißig/fünfundzwanzig vor drei/fünf nach halb drei.	Il est quatorze heures trente-cinq/trois heures moins vingt-cinq (de l'après midi).
14:40	Es ist vierzehn Uhr vierzig/ zwanzig vor drei.	Il est quatorze heures quarante/trois heures moins vingt (de l'après midi).
14:45	Es ist vierzehn Uhr fünfund-vierzig/Viertel vor drei/ *süddt.* drei viertel	Il est quatorze heures quarante-cinq/trois heures moins le quart (de l'après midi).
00:00	Es ist null Uhr/Mitternacht.	Il est zéro heure/minuit.

Mini-Sprachführer für die Reise
Miniguide de conversation pour le voyage

Inhalt

Contents

Arzt

Médecin

Arzt (für Allgemeinmedizin)

Médecin généraliste

Können Sie mir einen guten Arzt empfehlen?	**Vous pourriez m'indiquer un bon médecin?**
Wo ist seine Praxis?	**Où se trouve son cabinet?**
Was für Beschwerden haben Sie?	**Qu'est-ce qui ne va pas?**
Mir ist oft schwindlig/schlecht.	**J'ai souvent des vertiges/ nausées.**
Ich bin stark erkältet.	**Je suis très enrhumé.**
Ich habe Kopfschmerzen/ Halsschmerzen.	**J'ai mal à la tête/à la gorge.**
Ich bin gestochen/gebissen worden.	**J'ai été piqué/mordu.**
Ich habe mich verletzt.	**Je me suis blessé.**
Ich habe hier Schmerzen.	**J'ai mal ici.**

Zahnarzt

Dentiste

Ich habe (starke) Zahnschmerzen.	**J'ai (très) mal aux dents.**
Dieser Zahn (oben/unten/vorn/ hinten) tut weh.	**Cette dent-là (en haut/en bas/ devant/derrière) me fait mal.**
Ich habe eine Füllung verloren.	**J'ai perdu un plombage.**
Mir ist ein Zahn abgebrochen.	**Je me suis cassé une dent.**
Geben Sie mir bitte eine/keine Spritze.	**Faites-moi une piqûre/Ne me faites pas de piqûre, s.v.p.**

Auto/Motorrad/Fahrrad   Voiture/Moto/Vélo

Wann und wie schnell?

50 km/h in geschlossenen Ortschaften, 90 km/h auf Landstraßen (manchmal sogar 110 km/h) und 130 km/h auf Autobahnen. Wer sich nicht daran hält, muss unter Umständen tief in die Tasche greifen. Selbst wenn man das Tempolimit beachtet, ist Autobahnfahren in Frankreich nicht billig, denn Mautgebühren fallen fast überall an. Man wird rechtzeitig durch ein Schild *péage* (Maut) vorgewarnt und hat noch die Möglichkeit, rechtzeitig die Autobahn zu verlassen. Aktuelle Informationen zum Verkehr und Staumeldungen finden sie unter **www.bison-fute.fr**.

Auskunft	Renseignement
Können Sie mir bitte die Strecke auf der Karte zeigen?	**Pourriez-vous me montrer l'itinéraire sur la carte, s.v.p.?**

Wie weit ist das?	**C'est à combien de kilomètres d'ici?**
Bitte, ist das die Straße nach ...?	**Pardon, Mme/Mlle/M., je suis bien sur la route de ...?**
Wie komme ich bitte zur Autobahn nach ...?	**Pour rejoindre l'autoroute de ..., s.v.p.?**
Immer geradeaus bis ...	**Vous allez tout droit jusqu'à ...**
Dann bei der Ampel links/rechts abbiegen.	**Ensuite, vous tournez à gauche/à droite, au feu.**

Panne	**Panne**
Ich habe eine Panne/einen Platten.	**Je suis en panne./J'ai un pneu crevé.**
Würden Sie mir bitte einen Mechaniker/einen Abschleppwagen schicken?	**Pourriez-vous m'envoyer un mécanicien/une dépanneuse, s.v.p.?**

Parken	**Se garer**
Gibt es hier in der Nähe eine Parkmöglichkeit?	**Est-ce qu'il y a un parking près d'ici?**
Kann ich den Wagen hier abstellen?	**Est-ce que je peux garer ma voiture ici?**
Ist der Parkplatz bewacht?	**Est-ce que le parking est gardé?**

Kostenlos

Oft ist das Parken in der Mittagszeit zwischen 12 und 14 Uhr frei. Schauen Sie daher erst am Parkscheinautomat nach, ob Sie Geld einwerfen müssen! Dieser nette Brauch gilt allerdings nicht in Paris!

Tankstelle — Station-service

Tankstelle	Station-service
Wo ist bitte die nächste Tankstelle?	**Où se trouve la station-service la plus proche, s.v.p.?**
Ich möchte ... Liter.	**... litres, s'il vous plaît.**
Super.	**Du super.**
Diesel.	**Du gas-oil.**
bleifrei/mit ... Oktan.	**Du sans-plomb/... octanes.**
Volltanken, bitte.	**Le plein, s.v.p.**
Prüfen Sie bitte den Ölstand/ den Reifendruck.	**Vérifiez le niveau d'huile/ la pression des pneus, s.v.p.**

Unfall — Accident

Unfall	Accident
Rufen Sie schnell ...	**Appelez vite ...**
... einen Krankenwagen.	**... une ambulance.**
... die Polizei.	**... la police.**
... die Feuerwehr.	**... les pompiers.**
Haben Sie Verbandszeug?	**Avez-vous une trousse de secours?**
Es war meine/Ihre Schuld.	**C'est moi qui suis/vous qui êtes en tort.**
Geben Sie mir bitte Ihren Namen und Ihre Anschrift!	**Donnez-moi votre nom et votre adresse, s.v.p.**
Vielen Dank für Ihre Hilfe.	**Je vous remercie beaucoup de votre aide.**

Unfall ohne Polizei

Zur ständigen Ausrüstung eines französischen Autofahrers gehört neben dem Verbandskasten ein Unfallprotokoll, denn Franzosen sind es gewohnt, ihre Unfälle mit Blechschaden ohne Polizei zu lösen. Die Versicherungen einigen sich dann untereinander. Sollten Sie der französischen Sprache nicht ganz mächtig sein, ist es ratsam, die Polizei zu holen.

Vermietung / Location

Ich möchte für zwei Tage/ eine Woche ... mieten.	Je voudrais louer pour deux jours/une semaine ...
... einen (Gelände-) Wagen/ ein Motorrad/ein Fahrrad	... une voiture (tous terrains)/une moto/un vélo.
Wie hoch ist die Tages-/Wochen-pauschale?	Quel est le tarif à la journée/ à la semaine?
Wie viel verlangen Sie pro gefahrenem km?	Quel est le prix au km?
Ist das Fahrzeug vollkasko-versichert?	Est-ce que le véhicule est assuré tous risques?

Werkstatt / Garage

Mein Wagen/mein Motorrad springt nicht an.	Ma voiture/ma moto ne démarre pas.
Mit dem Motor stimmt was nicht.	J'ai des ennuis de moteur.
Die Bremsen funktionieren nicht.	Les freins ne répondent pas.
... sind defekt.	... sont défectueux.
Der Wagen/das Motorrad verliert Öl.	Il y a une fuite d'huile.
Können Sie mal nachsehen?	Pouvez-vous jeter un coup d'œil?
Wechseln Sie bitte die Zündkerzen aus.	Changez les bougies, s.v.p.
Was wird es kosten?	Combien cela va t'il me coûter?

Bank   Banque

Kreditkarten

Die EC-Karte kann zwar praktisch sein, aber sie wird nicht überall angenommen. Also sollten Sie unbedingt Ihre Kreditkarte mitnehmen – und wissen, dass in Frankreich bei einer Buchung nach dem Gültigkeitsdatum gefragt wird.
Übrigens: Mit *vous payez par carte bleue*? („Bezahlen Sie mit blauer Karte?" ist Ihre Kreditkarte gemeint, selbst wenn diese Rosa sein sollte ...

Wo ist hier bitte eine Bank?	**Pardon, Mme/Mlle/M., je cherche une banque.**
Ich möchte ... in Euro wechseln.	**Je voudrais changer ... en euros.**
Ich möchte diesen Reisescheck/ diese Postanweisung einlösen.	**Je voudrais encaisser ce chèque de voyage/ce mandat.**
Auf welchen Betrag kann ich ihn maximal ausstellen?	**Quelle est la somme maximale que je peux retirer?**
Ihre Scheckkarte, bitte.	**Votre carte (bancaire), s.v.p.**
Darf ich bitte Ihren Pass/Ausweis sehen?	**Puis-je voir votre passeport/ votre pièce d'identité, s.v.p.?**
Würden Sie bitte hier unterschreiben?	**Signez ici, s.v.p.**
Gehen Sie bitte zur Kasse.	**Allez à la caisse, s.v.p.**
Bitte nur Scheine.	**Seulement des billets.**
Auch etwas Kleingeld.	**Un peu de petite monnaie également.**
Geben Sie mir bitte vier 200-Euro-Scheine und den Rest in Kleingeld.	**Donnez-moi quatre billets de deux cents et le reste en petite monnaie, s.v.p.**

Ich habe meine Reisechecks verloren. Was muss ich tun?	**J'ai perdu mes chèques de voyage. Qu'est-ce qu'il faut que je fasse?**

Besichtigung   Visite

Ausflug   Excursion

In welcher Richtung liegt ...?	**Dans quelle direction se trouve ...?**
Kommen wir am/an ... vorbei?	**Est-ce que nous allons passer devant le/la ...?**
Wann fahren wir zurück?	**A quelle heure est-ce que nous repartons?**

Museum   Musée

Welche Sehenswürdigkeiten gibt es hier?	**Quelles sont les curiosités de la ville?**

| Wann ist das Museum geöffnet? | **A quelle heure ouvre le musée?** |
| Wann beginnt die Führung? | **La visite guidée est à quelle heure?** |

Freier Eintritt

Damit Sie in Paris nicht zu viel Geld ausgeben, sollten Sie Ihren Aufenthalt für das erste Wochenende im Monat planen. Dann können Sie den Louvre und einige andere Museen „für umsonst" besuchen. Wann auch immer Sie nach Paris fahren, sollten Sie mit bedenken, dass dienstags manche Museen geschlossen sind.

Einkaufen   Faire des courses

Allgemeines	**Généralités**
Wo finde ich …?	**Où est-ce que je peux acheter …?**
Können Sie mir ein …geschäft empfehlen?	**Pourriez-vous m'indiquer un magasin de …?**

Ich möchte ...	**Je voudrais ...**
Haben Sie ...?	**Vous avez ...?**
Ich nehme es.	**Je le/la/les prends.**
Wie viel kostet es?	**Ça fait combien?**
Nehmen Sie Kreditkarten?	**Vous prenez les cartes de crédit?**

Bis Mitternacht

Grundsätzlich können Sie in Frankreich davon ausgehen, dass jedes Geschäft bis 19 Uhr geöffnet ist, manche sogar bis 19:30, *hypermarchés* meistens bis 22 Uhr. Sonntags werden Sie zumindest bis 12 Uhr noch alles bekommen, was Sie möchten.

Auf dem Markt	**Sur le marché**
Geben Sie mir bitte ...	**Je vais prendre..., s'il vous plaît.**
100 g ...	**100 g de...**
ein Kilo ...	**un kilo de...**
ein Pfund ...	**une livre de...**
zehn Scheiben ...	**dix tranches de...**
ein Stück von ...	**un morceau de...**
Das ist zu viel/Das ist zu wenig.	**C'est trop/C'est trop peu.**
Was ist das?	**C'est quoi ?**
Kann ich es probieren?	**Je peux goûter ?**
Äpfel	**les pommes**
Aprikosen	**les abricots**
aus der Region	**de la région**
Austern	**les huîtres**
Bananen	**les bananes**

Bier	la bière
Bio-	bio
Essig	le vinaigre
Fisch	le poisson
Fleisch	la viande
Gemüse	les légumes
Gurke	le concombre
Hähnchen	du poulet
Kalbsfleisch	du veau
Karotten	les carottes
Kartoffeln	les pommes de terre
Käse	le fromage
Kirschen	les cerises
Knoblauch	l'ail
Konfitüre	la confiture
Kräuter	les herbes
Lammfleisch	de l'agneau
Melone	les melons
Nudeln	les pâtes
Nüsse	les noix
Obst	les fruits
Öl	l'huile
Oliven (grüne/schwarze)	les olives (vertes/noires)
Olivenöl	l'huile d'olive
Orangen	les oranges
Paprikaschoten	les poivrons

Pfirsiche	**les pêches**
Quark	**le fromage blanc**
Reis	**le riz**
Rindfleisch	**du bœuf**
Salami	**le saucisson**
Salat	**la salade**
Schinken	**le jambon**
Schweinefleisch	**du porc**
Tomaten	**les tomates**
Wein (rosé/rot/weiß)	**le vin (rosé/rouge/blanc)**
Wurst	**la charcuterie/la saucisse**
Ziegenkäse	**le fromage de chèvre**
Zitronen	**les citrons**
Zwiebeln	**les oignons**

Apotheke	Pharmacie
Wo ist die nächste Apotheke (mit Nachtdienst)?	**Vous pourriez m'indiquer la pharmacie (de garde) la plus proche?**
Geben Sie mir bitte etwas gegen …	**Donnez-moi quelque chose contre …, s.v.p.**
Dieses Mittel ist rezeptpflichtig.	**Ce médicament n'est délivré que sur ordonnance.**

Eisenbahn　　　　　　Train

Schneller mit der Bahn

Wenn Sie schnell vorankommen wollen, empfiehlt es sich, die Bahn zu nehmen. Der Hochgeschwindigkeitszug TGV macht es möglich, bei Geschwindigkeiten bis zu 300 km/h die Strecke Paris-Marseille (863 km) in 3 Stunden und 10 Minuten zurückzulegen. Man braucht eine Reservierung, diese ist aber bis zu 5 Minuten vor Abfahrt zu bekommen. Schnäppchenangebote sind unter **www.voyages-sncf.com** zu bekommen.

Auf dem Bahnhof	**A la gare**
Eine einfache Fahrt 2. Klasse/ 1. Klasse nach ..., bitte.	**Un aller deuxième/ première classe pour ..., s.v.p.**
Zweimal ... hin und zurück, bitte.	**Deux aller-retour pour ..., s.v.p.**
Gibt es eine Ermäßigung für Kinder/kinderreiche Familien/ Studenten?	**Est-ce qu'il y a des réductions pour les enfants/les familles nombreuses/les étudiants?**
Bitte eine Platzkarte für den Zug um ... Uhr nach ...	**Je voudrais réserver une place dans le train de ... heures pour ...**
Hat der Zug aus ... Verspätung?	**Est-ce que le train de ... a du retard?**
Habe ich in ... Anschluss nach ...?	**Est-ce que j'ai une correspondance pour ..., à ...?**
(Wo) Muss ich umsteigen?	**(Où) Est-ce que je dois changer?**
Von welchem Gleis fährt der Zug nach ... ab?	**Le train pour ... part à quelle voie?**

Im Zug	**Dans le train**
Verzeihung, ist dieser Platz noch frei?	**Pardon, Mme/Mlle/M., est-ce que cette place est libre?**
Darf ich das Fenster öffnen/ schließen?	**Est-ce que je peux baisser/ remonter la glace?**
Entschuldigen Sie, das ist mein Platz. Ich habe eine Platzkarte.	**Je suis désolé, Mme/Mlle/M., mais cette place est réservée. Voilà mon ticket de réservation.**
Entschuldigen Sie, bitte. Dies ist ein Nichtraucherabteil.	**Je suis désolé, Mme/Mlle/M., mais nous sommes ici dans un compartiment « non-fumeurs ».**
Hält dieser Zug in ...?	**Est-ce que le train s'arrête à ...?**
Wo sind wir jetzt?	**Où est-ce qu'on est?**
Wie lange haben wir hier Aufenthalt?	**Le train s'arrête combien de temps?**
Kommen wir pünktlich an?	**Est-ce que nous allons arriver à l'heure?**

Flugzeug   Avion

Verbindungsflüge in Paris

Unterschätzen Sie nicht die Entfernungen und Fahrzeit zwischen den beiden Flughäfen Charles de Gaulle – auch Roissy genannt – und Orly. Sie liegen 45 km voneinander entfernt. Pendelbusse fahren halbstündig. Die Fahrt dauert ca. eine Dreiviertelstunde, aber Staus zu Stoßzeiten können trotz Sonderbussen die Fahrt erheblich verlängern. Daher: großzügig planen oder mit der S-Bahn (RER) fahren.

Abflug	Départ
Wo ist der Schalter der … Fluggesellschaft?	**Où se trouve le guichet de la compagnie …?**
Wann fliegt die nächste Maschine nach …?	**Quand part le prochain avion pour …?**
Ich möchte einen einfachen Flug/ Hin- und Rückflug nach … buchen.	**Je voudrais un aller simple/ aller-retour pour …**
Sind noch Plätze frei?	**Est-ce qu'il y a encore des places libres?**
Ich möchte diesen Flug stornieren/umbuchen.	**Je voudrais annuler/modifier ce vol.**
Wann muss ich am Flughafen sein?	**A quelle heure est-ce que je dois être à l'aéroport?**
Kann ich das als Handgepäck mitnehmen?	**Est-ce que je peux prendre cela en bagage à main?**
Hat die Maschine nach … Verspätung?	**Est-ce que l'avion pour … a du retard?**

Ankunft	Arrivée
Ich finde mein Gepäck/meinen Koffer nicht.	**Je ne trouve pas mes bagages/ ma valise.**
Mein Gepäck ist verloren gegangen.	**Mes bagages ont été égarés.**

| Mein Koffer ist beschädigt worden. | **Ma valise est abîmée.** |
| An wen kann ich mich wenden? | **A qui est-ce que je dois m'adresser?** |

Im Flugzeug | **Dans l'avion**

Was ist das für ein Fluss/See?	**Quel est le nom de cette rivière/de ce lac?**
Was ist das für ein Gebirge?	**Comment s'appelle cette montagne?**
Wo sind wir jetzt?	**Où est-ce qu'on est maintenant?**
Wann landen wir in …?	**A quelle heure est-ce que nous atterrissons à …?**

Internet | Internet

Ich möchte …	**Je voudrais…**
im Internet surfen.	**surfer sur Internet.**
einen Drucker benutzen.	**utiliser une imprimante.**
einen Scanner benutzen.	**utiliser un scanner.**
eine CD brennen.	**graver un CD.**
Kann ich … mit diesem Computer verbinden?	**Je peux brancher… sur cet ordinateur?**
meinen USB-Stick	**ma clé USB**
meine Kamera	**mon appareil photo**
Was kostet …	**Quel est le tarif…**
eine Stunde?	**à l'heure ?**
es pro Seite?	**à la page ?**

Kennenlernen

Faire connaissance

Begrüßung

Salutations

Guten Morgen!	**Bonjour!**
Guten Tag!	**Bonjour!**
Guten Abend!	**Bonsoir!**
Hallo!/Grüß dich!	**Salut!**
Wie ist Ihr Name?	**Comment vous appelez-vous?**
Mein Name ist …/Ich heiße …	**Je m'appelle …**

Die Begrüßung

Grüßen Sie Ihren Feriennachbarn nicht ohne weiteres mit Namen. Es ist in Frankreich unhöflich, jemanden, den man nur flüchtig kennt, mit Nachnamen anzureden. Bleiben sie lieber bei *Bonjour Monsieur, Bonjour Madame*!

Abschied

Prendre congé

Auf Wiedersehen!	**Au revoir!**
Bis bald!	**A bientôt!**
Bis morgen!	**A demain!**
Tschüss!	**Salut!**
Gute Reise!	**Bon voyage!**

Besuch

Visite

Entschuldigen Sie, wohnt hier Herr/Frau X?	**Pardon, Mme/Mlle/M., c'est bien ici qu'habite M./Mme/Mlle X?**
Kann ich mit Herrn/Frau X sprechen?	**Est-ce que je pourrais parler à M./Mme/Mlle X?**
Wann ist er/sie zu Hause?	**Quand est-ce qu'il/elle sera à la maison?**

Kann ich eine Nachricht hinterlassen?	**Est-ce que je peux laisser un message?**
Ich komme später noch einmal vorbei.	**Je repasserai.**
Kommen Sie/Komm herein.	**Entrez./Entre.**
Nehmen Sie/Nimm bitte Platz.	**Asseyez-vous, s.v.p./ Assieds-toi, s.t.p.**
Was darf ich Ihnen/dir zu trinken anbieten?	**Qu'est-ce que je vous/t'offre?**
Auf Ihr/dein Wohl!	**A votre/ta santé! A la vôtre/ tienne!**
Es tut mir leid, aber ich muss jetzt gehen.	**Je regrette, mais il faut que je m'en aille.**

Händeschütteln oder Küsschen?

In Frankreich gibt man sich zur Begrüßung gern die Hand. In der Familie oder unter Bekannten und Kollegen/innen sind Küsse zur Begrüßung üblich – besonders bei Frauen untereinander und zwischen Frauen und Männern. Ob man sich zwei-, drei- oder gar viermal küsst, hängt von der Gegend und den persönlichen Gewohnheiten ab.

Bitte	**Demandes**
Ja, bitte.	**Oui, s.v.p.**
Nein, danke!	**Non, merci!**
Darf ich Sie um einen Gefallen bitten?	**Est-ce que je peux vous demander un petit service?**
Gestatten Sie?	**Vous permettez?**
Können Sie mir bitte helfen?	**Vous pouvez m'aider, s.v.p.?**

Dank	Remerciements
Danke!	**Merci!**
Vielen Dank!	**Merci beaucoup!**
Danke, sehr gern!	**Merci, bien volontiers!**
Danke, gleichfalls!	**Merci, vous de même/ vous aussi!**
Vielen Dank für Ihre Hilfe/Mühe!	**Merci beaucoup de votre aide/obligeance!**
Bitte sehr./Gern geschehen.	**Mais, je vous en prie./De rien.**

Bitte und Dank

Auf *merci* antwortet man im Französischen meistens nicht. Wahrscheinlich fällt es einem schwer, wenn man sein ganzes Leben auf „Danke" mit „Bitte" o. Ä. geantwortet hat …

Entschuldigung	Excuses
Entschuldigung!	**Excusez-moi/Excuse-moi!**
Es tut mir leid.	**Je suis navré/désolé.**
Schade!	**Dommage!**

Verabredung	Rendez-vous
Haben Sie/Hast du für morgen schon etwas vor?	**Vous avez/Tu as des projets pour demain?**
Wollen wir zusammen hingehen?	**On peut y aller ensemble, si vous voulez/tu veux.**
Wollen wir heute Abend miteinander ausgehen?	**On sort ensemble ce soir?**
Wann treffen wir uns?	**On se voit à quelle heure?**
Treffen wir uns um 9 Uhr …	**On se retrouve à 9 heures …**
… vor dem Kino.	**… devant le cinéma.**

... auf dem ... Platz.	... sur la place ...
... im Café.	... au café.
Darf ich Sie/dich nach Hause bringen?	Je vous/te raccompagne?
Ich bringe Sie/dich noch zum Bahnhof/zur Bushaltestelle.	Je vais vous/te conduire à la gare/à l'arrêt de bus.

Rendez-vous

Das Wort *rendez-vous* hat im Französischen keinen Beigeschmack: Geschäftsleute haben ein *rendez-vous* miteinander, und ich habe ein *rendez-vous* mit meinem Bruder oder einer Freundin ...

Verständigung	**Compréhension**
Wie bitte?	Comment?
Ich verstehe Sie/dich nicht. Bitte, wiederholen Sie/wiederhole es.	Je ne vous/te comprends pas. Vous pouvez répéter, s.v.p?/ Tu peux répéter, s.t.p.?
Ich spreche nur wenig ...	Je parle un tout petit peu ...
Was bedeutet das?	Qu'est-ce que ça veut dire?
Wie spricht man dieses Wort aus?	Comment prononce-t-on ce mot?

Vorstellung	**Présentations**
Wie heißt du?	Comment tu t'appelles?
Mein Name ist .../Ich heiße ...	Je m'appelle ...
Darf ich bekannt machen?	Puis-je faire les présentations?
Das ist ... Frau/Herr X.	Madame/Mlle/M. X.
... mein Mann/meine Frau.	Mon mari/Ma femme.
... mein Sohn/meine Tochter.	Mon fils/Ma fille.
Wie geht es Ihnen/dir?	Comment allez-vous/vas-tu?

Danke. Und Ihnen/dir?	**Bien, merci. Et vous-même/ toi?**
Woher kommen Sie/kommst du?	**D'où êtes-vous?/Tu es d'où?**
Ich bin aus Hamburg/Essen.	**Je suis de Hambourg/d'Essen.**
Sind Sie/Bist du schon lange hier?	**Vous êtes/Tu es là depuis longtemps?**
Ich bin seit … hier.	**Je suis là depuis …**
Wie lange bleiben Sie/bleibst du?	**Vous allez/Tu vas rester combien de temps?**
Sind Sie/Bist du zum ersten Mal hier?	**C'est la première fois que vous venez/que tu viens à …?**

Krankenhaus   Hôpital

Wie lange muss ich hier bleiben?	**Combien de temps est-ce que je dois rester ici?**
Ich kann nicht einschlafen. Geben Sie mir bitte eine Schmerz-tablette/Schlaftablette.	**Je n'arrive pas à m'endormir. Donnez-moi un cachet contre la douleur/un somnifère, s.v.p.**
Wann darf ich aufstehen/ ausgehen?	**Quand est-ce que je pourrai me lever/sortir de la cham-bre?**

Nahverkehr   Trafic urbain

Auch mit „Öffis"

Paris lässt sich gut mit öffentlichen Bussen entdecken. Nehmen Sie beispielsweise den Bus 42 vom Gare du Nord Richtung Parc Andre-Citroën. Er fährt an der Oper, der *Madeleine*, der *Assemblée Nationale*, dem *Place de la Concorde*, der *Pont de l'Alma*, der *Avenue Montaigne* (mit den vielen Designer-Boutiquen) und am Eiffelturm vorbei. Billiger können Sie kaum an eine Stadtrundfahrt kommen.

Öffentliche Verkehrsmittel	Transports en commun
Bitte, wo ist die nächste ...	Où se trouve ...
... Bushaltestelle?	... l'arrêt de bus le plus proche?
... Straßenbahnhaltestelle?	... l'arrêt de tram le plus proche?
... U-Bahnstation?	... la station de métro la plus proche?
Welche Linie fährt nach ...?	C'est quelle ligne pour ...?
Wann/Wo fährt der Bus ab?	A quelle heure/D'où part le bus?
Wo muss ich aussteigen/ umsteigen?	A quel arrêt est-ce que je dois descendre/changer?
Wo kann ich den Fahrschein kaufen?	Où est-ce que je peux prendre mon billet?
Bitte, einen Fahrschein nach ...	Un billet pour ..., s.v.p.
Gibt es auch Wochenkarten/ Monatskarten?	Est-ce qu'il y a également des cartes hebdomadaires/ mensuelles?

Taxi	Taxi
Wo ist der nächste Taxistand?	Où se trouve la station de taxis la plus proche?
Zum Bahnhof.	A la gare.

Zum … Hotel.	**A l'hôtel …**
Nach …, bitte.	**A …, s'il vous plaît.**
Wie viel kostet es nach …?	**Il faut compter combien pour aller à …?**
Halten Sie bitte hier.	**Arrêtez-vous ici, s.v.p.**
Warten Sie bitte. Ich bin in 5 Minuten zurück.	**Attendez un instant, s.v.p. Je serai de retour dans cinq minutes.**
Das ist für Sie.	**Voilà pour vous.**

Vorsicht an Fußgängerampeln und Zebrastreifen

Was den öffentlichen Straßenverkehr angeht, so ist es zwar bekannt, aber trotzdem immer wieder verblüffend: Man fährt in Frankreich anders und einige Regeln, die in Deutschland strikt eingehalten werden, haben in Frankreich keine so strenge Gültigkeit. So halten Autofahrer nur in Ausnahmefällen vor Zebrastreifen: für alte Leute und Kleinkinder – und das auch nicht immer. Franzosen warten am Zebrastreifen, bis kein Auto mehr kommt, und sollte wider Erwarten ein Auto halten, bedankt man sich. An Fußgängerampeln lässt sich oft das umgekehrte Verhalten beobachten: die Fußgänger gehen bei roter Ampel forsch über die Straße und die Autofahrer sind sogar relativ tolerant! Seien Sie trotzdem vorsichtig und überlassen Sie diese Angewohnheiten besser den Einheimischen.

Passkontrolle

→ Zoll

Contrôle des passeports

→ **Douane**

Polizei

Wo ist bitte das nächste Polizeirevier?

Police

Où est le commissariat de police le plus proche?

Ich möchte einen Diebstahl/ Verlust/Unfall anzeigen.	**Je voudrais faire une déclaration de vol/de perte/ d'accident.**
Mir ist ... gestohlen worden.	**On m'a volé ...**
... die Handtasche ...	**... mon sac à main.**
... die Brieftasche ...	**... mon portefeuille.**
... mein Fotoapparat ...	**... mon appareil-photo.**
... mein Auto/mein Fahrrad ...	**... ma voiture/mon vélo.**
Mein Auto ist aufgebrochen worden.	**On a fracturé la porte de ma voiture.**
Ich habe ... verloren.	**J'ai perdu ...**
Mein Sohn/Meine Tochter ist verschwunden.	**Mon fils/Ma fille a disparu.**
Können Sie mir bitte helfen?	**Vous pouvez m'aider, s.v.p.?**

Post / Poste

Wo ist das nächste Postamt/ der nächste Briefkasten?	**Où se trouve le bureau de poste le plus proche/la boîte aux lettres la plus proche?**
Was kostet ein Brief/eine Postkarte nach Deutschland?	**Quel est le tarif d'affranchissement des lettres/cartes postales pour l'Allemagne?**
Drei Briefmarken zu ... Euro, bitte.	**Trois timbres à ... euros, s.v.p.**
Diesen Brief per ...	**Je voudrais envoyer cette lettre ...**
... Luftpost.	**... par avion.**
... Express.	**... en exprès.**

Restaurant   Restaurant

Direkt aus Nordafrika

Probieren Sie unbedingt die nordafrikanischen Spezialitäten! *Couscous* ist eines der Lieblingsgerichte der Franzosen – zusammen mit dem *steak-frites* und dem *gigot* (Lammkeule). *Couscous* ist ein Gericht mit vielerlei Gemüse wie Zucchini, Möhren und Kichererbsen, das entweder rein vegetarisch oder zusammen mit Lamm, Rindfleisch oder Hähnchen gekocht wird. Dazu isst man den dampfgegarten Grieß, der mit typischen Gewürzen wie Zimt, Kardamom und Ingwer aromatisiert ist. Das Ganze wird mit einer scharfen *Harissa* Soße gegessen.

Bestellung	Commande
Herr Ober/Bedienung, ...	**S'il vous plaît, ...**
... die Speisekarte, bitte.	**la carte, s.v.p.**
... die Weinkarte, bitte.	**la carte des vins, s.v.p.**
Was können Sie mir empfehlen?	**Qu'est-ce que vous me conseillez?**
Ich nehme ...	**Je prendrai ...**
Wir haben leider kein ... (mehr).	**Nous n'avons malheureusement pas/plus de ...**
Bitte ein Glas ...	**Un verre de ..., s.v.p.**
Bitte eine Flasche/eine halbe Flasche ...	**Une bouteille/Une demi-bouteille de ..., s.v.p.**
Bitte bringen Sie uns ...	**Apportez-nous ..., s.v.p.**

Die Speisekarte	La carte
Vorspeisen und Suppen	**Entrées et potages**
Schalentiere und Fisch	**Crustacés et poissons**
Fleischgerichte	**Plats de viande**

Beilagen	Accompagnements
Käse	Fromages
Desserts	Desserts
Wurstplatte	assiette de charcuterie
Käseauswahl	assortiment de fromages
Apfelbeignets	beignets aux pommes
Steak	bifteck
Flusskrebssuppe	bisque d'écrevisses
geschmortes Rindfleisch in Rotwein	bœuf bourguignon
südfranzösische Fischsuppe	bouillabaisse
Stockfisch mit Knoblauch	brandade de morue
weiße Bohnen mit verschiedenen Fleischsorten	cassoulet
Sauerkraut mit diversen Fleischsorten	choucroute
Hasenpfeffer	civet de lièvre
Spanferkel	cochon de lait
im eigenen Fett gebratene Ente	confit de canard
Hahnragout in Rotwein	coq au vin
Salatteller	crudités
in Folie gebackene Goldbrasse	daurade en papillote
Truthahn mit Trüffeln	dinde truffée
Wiener Schnitzel	escalope panée
gebratene kleine Fische	friture
Lammkeule	gigot d'agneau
Eis	glaces

Grillplatte	**grillades**
Vorspeisenteller	**hors d'œuvre variés**
Kaninchen mit Senf	**lapin à la moutarde**
Miesmuscheln in Weißwein	**moules marinière**
Gans mit Maronenfüllung	**oie aux marrons**
mit Vanilleeis gefüllter, überbackener Eierschnee	**omelette norvégienne**
Bauernpastete	**pâté de campagne**
Kalbsrouladen	**paupiettes de veau**
verschiedene Meeresfrüchte	**plateau de fruits de mer**
Kressesuppe	**potage au cresson**
Brathähnchen	**poulet rôti**
Hechtklößchen	**quenelles de brochet**
südfranzösisches Gemüsegericht aus Tomaten, Paprika, Auberginen und Zucchini	**ratatouille**
Schweinebraten	**rôti de porc**
Obstsalat	**salade de fruits**
Zwiebelsuppe	**soupe à l'oignon**
geschmortes Hammelfleisch	**tajine de mouton**
Erdbeertorte	**tarte aux fraises**
Spargelcremesuppe	**velouté d'asperges**
Getränke	**Boissons**
Bier vom Fass	**bière pression**
Espresso	**café**
Apfelwein	**cidre**
entkoffeiniert	**décaféiné**

¼ Liter Bier	demi
Kräutertee	infusion
Fruchtsaft	jus de fruits
20 bis 50 cl. Rosé	pichet de rosé
¼ Liter Weißwein	quart de vin blanc
Tee (mit Milch/Zitrone)	thé (au lait/citron)
Glas Rotwein	verre de vin rouge

Für weitere Lebensmittel siehe auch **Auf dem Markt**.

Fisch und Meeresfrüchte	**Poissons et fruits de mer**
Aal	l'anguille
Barsch	la perche
Forelle	la truite
Garneles	les crevettes roses
Goldbrasse/Dorade	la daurade

Hecht	le brochet
Hering	le hareng
Jakobsmuscheln	les coquilles Saint-Jacques
Kabeljau	le cabillaud
Karpfen	la carpe
Krabben	les crevettes
Krebs	le crabe
Lachs	le saumon
Makrele	le maquereau
Miesmuscheln	les moules
Schellfisch	le aiglefin
Seelachs	le colin
Seeteufel	la lotte
Seezunge	la sole
Steinbutt	le turbot
Stockfisch	la morue
Tintenfisch	le calamar
Wolfsbarsch	le loup de mèr
Zander	le sandre

Rechnung	Addition
Bezahlen, bitte.	L'addition, s.v.p.
Bitte alles zusammen.	Je paie le tout.
Getrennte Rechnungen, bitte.	Vous faites des notes séparées, s.v.p.
Das ist für Sie.	Voilà pour vous.
Es stimmt so.	Gardez la monnaie.

Reklamation	Réclamation
Hier fehlt ein ...	Je n'ai pas de ...
Haben Sie mein ... vergessen?	Vous pensez à mon ..., n'est-ce pas?
Das habe ich nicht bestellt.	Ce n'est pas ce que j'ai commandé.

Höflich, aber bestimmt!

Wenn Sie etwas zu beanstanden haben, leiten Sie Ihre Beschwerde bitte immer mit einem *Excusez-moi*, z. B.: *Excusez-moi, mais je n'ai pas de pain* ein. Bei der zweiten Beschwerde im selben Lokal dürfen Sie allerdings auf das Excusez-moi verzichten.

Schiff

Bateau

An Bord

A bord

Wo ist der Speisesaal/der Aufenthaltsraum?	Où est la salle à manger/le salon?
Ich fühle mich nicht wohl.	Je ne me sens pas très bien.
Geben Sie mir bitte ein Mittel gegen Seekrankheit.	Donnez-moi un médicament contre le mal de mer, s.v.p.

Auskunft

Renseignement

Wo/Wann fährt das nächste Schiff/die nächste Fähre nach ... ab?	D'où/A quelle heure part le prochain bateau/le prochain ferry pour ...?
Wie lange dauert die Überfahrt?	Combien de temps dure la traversée?
Wann legen wir in ... an?	Quand est-ce qu'on arrive à ...?
Ich möchte eine Schiffskarte nach ...	Je voudrais un billet pour ...

Ich möchte eine Karte für die Rundfahrt um … Uhr.	**Je voudrais un billet pour le départ de … heures.**

Schwimmbad

Piscine

Gibt es hier ein …	**Est-ce qu'il y a … ici?**
… Freibad?	**… une piscine en plein air …**
… Hallenbad?	**… une piscine couverte …**
… Thermalbad?	**… une piscine thermale …**
Nur für Schwimmer!	**Pour les nageurs seulement!**
Hineinspringen verboten!	**Plongeons interdits!**
Baden verboten!	**Baignade interdite!**

Sport

Sport

Welche Sportmöglichkeiten gibt es hier?	**Qu'est-ce qu'on peut pratiquer comme sports ici?**

Gibt es hier einen Golfplatz/ einen Tennisplatz/eine Pferderennbahn?	**Est-ce qu'il y a un terrain de golf/un tennis/un hippodrome ici?**
Wo kann man hier angeln?	**Où est-ce qu'on peut pêcher?**
Kann ich mitspielen?	**Je peux jouer?**
Ich möchte mir das Fußballspiel/ das Pferderennen ansehen.	**Je voudrais assister au match de football/à la course de chevaux.**
Wann/Wo findet es statt?	**Quand/Où est-ce qu'il/elle a lieu?**
Was kostet der Eintritt?	**Combien coûte l'entrée?**
Gibt es in den Bergen gute Skipisten?	**Il y a de bonnes pistes de ski dans les montagnes?**
Um wie viel Uhr ist die letzte Bergfahrt/Talfahrt der Kabinenbahn?	**À quelle heure est la dernière remontée/descente de la télécabine?**
Ich möchte eine Bergtour machen.	**Je voudrais faire une randonnée en montagne.**
Können Sie mir eine interessante Route auf der Karte zeigen?	**Pourriez-vous m'indiquer un itinéraire intéressant sur la carte?**
Wo kann ich ... ausleihen?	**Où est-ce que je peux louer ...?**
Ich möchte einen ...kurs machen.	**Je voudrais prendre des cours de ...**
Welchen Sport treiben Sie?	**Quel sport est-ce que vous pratiquez?**
Ich spiele ...	**Je fais du/de la ...**
Ich bin ein Fan von ...	**Je suis un passionné de ...**

Auch ohne Wasser

Warum nicht einmal eine neue Sportart kennen lernen? Strandsegeln (*faire du char à voile*) ist im Norden Frankreichs auf den langen Stränden der Opalküste (von Le Touquet bis Dunkerque) möglich. Dabei werden Sie sicherlich nicht nass – es sei denn es regnet!

Strand	Plage
Gibt es hier Seeigel/Quallen?	**Est-ce qu'il y a des oursins/des méduses?**
Ist die Strömung stark?	**Le courant est violent ici?**
Ist es für Kinder gefährlich?	**C'est dangereux pour les enfants?**
Wann ist Ebbe/Flut?	**Quand est-ce marée basse/haute?**
Ich möchte ... mieten.	**Je voudrais louer ...**
... ein Boot ...	**une barque.**
... ein Paar Wasserski ...	**des skis nautiques.**
Was kostet es pro Stunde/Tag?	**Quel est le tarif à l'heure/à la journée?**

Urlaubsland Nr. 1

Während ihres Aufenthaltes in Frankreich werden Sie oft mitten unter Einheimischen sein, denn 80 % aller Franzosen verbringen ihren Urlaub im eigenen Land. Da sich allerdings nahezu alle dafür die Ferienzeit Juli oder August aussuchen, sollten Sie bei der Planung Ihrer Reise diese Monate möglichst meiden. Wenn Sie allerdings Paris (fast) ohne Pariser erleben möchten, empfiehlt sich das Wochenende um den 15. August: Erfolg garantiert!

Telefon

Téléphone

Ich möchte nach … telefonieren.	Je voudrais téléphoner en…
Wie viel kostet es pro Minute?	Quel est le tarif à la minute ?
In welche Kabine soll ich gehen?	Je vais dans quelle cabine ?
Ich möchte …	Je voudrais…
eine Telefonkarte.	une carte de téléphone.
ein R-Gespräch führen.	passer un appel en P. C. V.
Handy	le portable
Mein Akku ist leer.	Je n'ai plus de batterie.
Ich möchte meine Karte aufladen.	Je voudrais recharger ma carte.
Mein Provider ist …	Mon fournisseur d'accès est…
Ich hätte gern …, bitte.	Je voudrais…, s'il vous plaît.
ein Handy mit einer Prepaid-Karte	un portable avec carte prépayée
eine SIM-Karte für Ihr Netz	une carte SIM pour votre réseau

Übernachtung

Hébergement

Französisch träumen

Bevor Sie sich für eine der üblichen Hotelketten mit immer gleicher Ausstattung entscheiden, sollten Sie vielleicht einmal nach einem Hotel mit etwas mehr Charakter Ausschau halten.
- *Logis de France* ist ein Zusammenschluss von mehr als 3.000 Hotels mit französischem Flair in allen Kategorien. (**www.logisde-france.fr**)
- Wer lieber in Privatunterkünften übernachten will, wird unter den mehr als 50.000 Übernachtungsmöglichkeiten von *Gîtes de France* sicherlich fündig (**www.gitesdefrance.fr**)

Auskunft	Renseignement
Können Sie mir bitte ... empfehlen?	Pourriez-vous m'indiquer ...
... ein gutes Hotel ...	... un bon hôtel?
... eine Pension ...	... une pension de famille?
... ein Fremdenzimmer ...	... une chambre d'hôte?
Gibt es hier eine Jugendherberge/einen Campingplatz?	Est-ce qu'il y a une auberge de jeunesse/un terrain de camping ici?

Camping	Camping
Haben Sie noch Platz für einen Wohnwagen/ein Zelt?	Est-ce que vous avez encore de la place pour une caravane/une tente?
Was kostet es pro Tag und Person?	Ça fait combien par jour et par personne?
Was kostet es für ...	C'est combien pour ...
... das Auto?	... les voitures?
... den Wohnwagen?	... les caravanes?
... das Wohnmobil?	... les camping-cars?
... das Zelt?	... les tentes?
Wir bleiben ... Tage/Wochen.	Nous pensons rester ... jours/semaines.
Wo sind ...	Où sont ...
... die Toiletten?	... les W.-C.?
... die Waschräume?	... les lavabos?
... die Duschen?	... les douches?

Ferienhaus/Ferienwohnung

Maison/ Appartement de vacances

Ist der Strom-/Wasserverbrauch im Mietpreis enthalten?	Est-ce que l'eau et l'électricité sont comprises dans le prix de la location?
Sind Haustiere erlaubt?	Est-ce que les animaux domestiques sont admis?
Wo bekommen wir die Schlüssel für das Haus/die Wohnung?	A qui faut-il s'adresser pour avoir la clé de la maison/de l'appartement?
Müssen wir die Wohnung vor unserer Abreise noch putzen?	Est-ce que nous devons faire le ménage avant de partir?

Hotel

Hôtel

Anreise

Arrivée

Haben Sie noch ein Zimmer ... frei?	Est-ce que vous avez encore une chambre libre ...
... für eine Nacht ...	... pour une nuit?
... für zwei Tage/eine Woche ...	... pour deux jours/ une semaine?
Nein, wir sind leider vollständig belegt.	Non, nous sommes malheureusement « complet ».
Ja, was für ein Zimmer wünschen Sie?	Oui, qu'est-ce que vous désirez comme chambre?
ein Einzelzimmer	une chambre pour une personne
ein Zweibettzimmer	une chambre pour deux personnes
mit Dusche	avec douche
mit Bad	avec salle de bains
Kann ich das Zimmer ansehen?	Est-ce que je peux voir la chambre?

Dieses Zimmer gefällt mir nicht. Zeigen Sie mir bitte ein anderes.	Cette chambre ne me plaît pas. Vous pouvez m'en montrer une autre, s.v.p.?
Dieses Zimmer ist sehr hübsch. Ich nehme es.	Cette chambre est très jolie. Je la prends.
Können Sie noch ein drittes Bett/Kinderbett dazustellen?	Est-ce que vous pouvez installer un troisième lit/un lit pour enfant?
Was kostet das Zimmer mit ...	Quel est le prix de la chambre, ...
... Frühstück?	... petit déjeuner compris?
... Halbpension?	... en demi-pension?
Ab wann gibt es Frühstück?	À partir de quelle heure peut-on prendre le petit déjeuner?
Bitte lassen Sie das Gepäck auf mein Zimmer bringen.	Vous voulez bien faire monter mes bagages, s.v.p.?
Wecken Sie mich bitte morgen früh um ... Uhr.	Réveillez-moi à ... heures demain matin, s.v.p.
Bitte meinen Schlüssel.	Ma clé, s.v.p.
Wo kann ich ... mieten?	Où est-ce que je peux louer ...?

Abreise — Départ

Ich reise heute Abend/morgen um ... Uhr ab.	Je pars ce soir/demain à ... heures.
Bis wann muss ich das Zimmer räumen?	Je peux occuper la chambre jusqu'à quelle heure?
Machen Sie bitte die Rechnung fertig.	Est-ce que vous pouvez préparer ma note, s.v.p.?
Vielen Dank für alles! Auf Wiedersehen!	Merci pour tout! Au revoir!

Reklamation	Réclamation
Das Zimmer ist nicht gereinigt worden.	**Ma chambre n'a pas été nettoyée.**
Die Dusche/das Licht funktioniert nicht.	**La douche/L'éclairage ne fonctionne pas.**
Die Toilette/Das Waschbecken ist verstopft.	**Les W.-C. sont bouchés/Le lavabo est bouché.**
Das Fenster schließt nicht/geht nicht auf.	**Je n'arrive pas à fermer/ouvrir la fenêtre.**
Der Schlüssel passt nicht.	**Ce n'est pas la bonne clé.**

Jugendherberge

Auberge de jeunesse

Kann ich bei Ihnen Bettwäsche/einen Schlafsack leihen?	**Est-ce que vous pouvez me louer des draps/un sac de couchage?**
Die Eingangstür wird um 24 Uhr abgeschlossen.	**La porte d'entrée est fermée à partir de minuit.**

Pension/ Fremdenzimmer

Pension de famille/ Chambre d'hôtel

→ Hotel

→ **Hôtel**

Unfall

Accident

→ Auto/Motorrad/Fahrrad

→ **Voiture/Moto/Vélo**

Unterhaltung

Bar/Diskothek/Nachtclub

Welche typischen Abendveran-staltungen werden hier geboten?	
Gibt es hier eine gemütliche Kneipe?	
Wo kann man hier tanzen gehen?	
Im Eintrittspreis ist ein Getränk enthalten.	

Theater/Konzert/Kino

Welches Stück wird heute Abend im Theater gespielt?	
Was läuft morgen Abend im Kino?	
Wann beginnt die Vorstellung?	
Wo bekommt man Karten?	

Distractions

Bar/Nightclub

Quelles sont les distractions classiques ici, le soir?

Est-ce qu'il y a un bistrot sympa dans le coin?

Est-ce qu'il y a une boîte/une discothèque ici?

Le billet d'entrée donne droit à une consommation gratuite.

Théâtre/Concert/Cinéma

Quelle pièce est-ce qu'on joue ce soir au théâtre?

Qu'est-ce qu'on joue demain soir au cinéma?

A quelle heure commence la représentation?

Où est-ce qu'on peut prendre les billets?

Im Original

Dass Sie Französisch nicht so gut beherrschen muss nicht unbedingt bedeuten, dass Sie auf Kino verzichten müssen. Gerade in Paris werden relativ viele Filme in Originalfassung gezeigt. Halten Sie einfach in den Veranstaltungsprogrammen wie *Pariscope* oder *L'Officiel des spectacles* nach den beiden Buchstaben V.O. (*version originale*) Ausschau. Dienstag ist übrigens Kinotag, also billiger.

Verkehrsbüro	Office du tourisme
Haben Sie Prospekte von …?	Vous avez des prospectus sur …?
Haben Sie einen Veranstaltungskalender für diese Woche?	Vous avez le programme des spectacles de cette semaine?
Gibt es Stadtrundfahrten?	Est-ce que des tours de la ville sont organisés?

Wetter — Temps

Wie wird das Wetter heute?	Qu'est-ce qu'il va faire comme temps, aujourd'hui?
Es bleibt schön/schlecht.	Le temps restera au beau./ Le mauvais temps persistera.
Es wird wärmer/kälter.	Le temps va se radoucir/ se rafraîchir.

Es wird regnen/schneien.	Il va pleuvoir/neiger.
Es ist kalt/heiß/schwül.	Il fait froid/chaud/lourd.
Wie viel Grad haben wir heute?	Quelle température fait-il aujourd'hui?
Es ist 20 Grad.	Il fait vingt degrés.

Zoll

Douane

Passkontrolle

Contrôle des passeports

Inren Pass, bitte!	Votre passeport, s'il vous plaît.
!hr Pass ist abgelaufen.	Votre passeport est périmé.
Haben Sie ein Visum?	Vous avez un visa?
Kann ich das Visum hier bekommen?	Est-ce que je peux obtenir le visa ici?

Zollkontrolle

Contrôle douanier

Haben Sie nichts zu verzollen?	Vous n'avez rien à déclarer?
Nein, ich habe nur ein paar Geschenke.	Non, j'ai seulement quelques cadeaux.
Muss ich das verzollen?	Il faut le déclarer?

Bildnachweis

S. 628: Dreamstime LLC/Hans Klamm

S. 633: iStock International Inc./Ann Taylor-Hughes

S. 634: iStock International Inc./Dan Moore

S. 647: iStock International Inc./Dan Moore

S. 654: iStock International Inc./Eric Hood

S. 657: iStock International Inc./Nadia Ivanova

S. 666: iStock International Inc./Andreas G. Karelias

Nicht in allen Fällen war es uns möglich, den Rechteinhaber der Abbildungen ausfindig zu machen.

Berechtigte Ansprüche werden selbstverständlich im Rahmen der üblichen Vereinbarungen abgegolten.

Structure des articles allemand-français

A
B
C
D
E
F
G
H
I
J
K
L
M
N
O
P
Q
R
S
T
U
V
W
X
Y
Z

Toutes les **entrées** sont présentées dans l'ordre alphabétique et imprimées en couleur.

Les exposants en chiffre arabe indiquent qu'il s'agit de mots identiques avec des sens différents **(homographes)**.

Le **tilde** remplace l'entrée dans les exemples et tournures idiomatiques.

Les **terminaisons** des substantifs au génitif singulier et au nominatif pluriel sont indiquées entre chevrons.

Les chiffres romains subdivisent une entrée en différentes **catégories grammaticales**. Les chiffres arabes subdivisent une entrée en ses différents **sens**.

De nombreuses **balises sémantiques** permettent de trouver la bonne traduction:

– indication du **domaine**

– **définitions** et **synonymes**, **sujets** et **objets** typiques et autres **explications**

– indication des **régionalismes**

– indication du **niveau de langue**

...ples

...s au génitif
...sont indiquées

...bdivisent une entrée
...**ories grammaticales**.
... subdivisent une entrée
...**s sens**.

...euses **balises sémantiques**
...ent de trouver la bonne traduction:

...indication du **domaine**

– **définitions** et **synonymes**, **sujets** et
   objets typiques et autres **explications**

– indication des **régionalismes**

– indication du **niveau de langue**

Structure des articles allemand-français

Toutes les **entrées** sont présentées dans
l'ordre alphabétique et imprimées en couleur.

Les exposants en chiffre arabe indiquent
qu'il s'agit de mots identiques avec des
sens différents (**homographes**).

Le **tilde** remplace l'entrée dans les exem
et tournures idiomatiques.

Les **terminaisons** des substantif
singulier et au nominatif pluriel
entre chevrons.

Les chiffres romains s
en différentes **caté**
Les chiffres arabe
en ses différent

De nomb
permett

A B C D E F G H I J K L M N O P Q R S T U V W X Y

Inhalt und Aufbau	Deutsch-Französisch

Tüte ['ty:tə] <-, -n> *f* sac *m*; ...
TÜV [tʏf] <-, -[s]> *m* ...

Alle **Stichwörter** sind alphabetisch geordnet und farbig hervorgehoben.

Jura[1] ['ju:ra] <-s> *m* ❶ (*Gebirge*) Jura *m* ❷ (*Kanton*) canton *m* du Jura
Jura[2] (*Rechtswissenschaft*) droit *m*

Hochgestellte arabische Ziffern unterscheiden gleich geschriebene Wörter mit unterschiedlicher Bedeutung (**Homographen**).

Internet ['ɪntɐnɛt] *nt* Internet *m*; **im ~ surfen** naviguer sur Internet

Die **Tilde** ersetzt in Anwendungsbeispielen und Redewendungen das Stichwort.

Januar ['janua:ɐ̯] <-[s], -e> *m* janvier *m*

Bei den Substantiven werden die **Flexionsendungen** in Spitzklammern angegeben: die Genitivform Singular und die Pluralform Nominativ.

scharf [ʃarf] <schärfer, schärfste> I. *adj* ❶ (*Messer*) coupant(e) ❷ (*stark gewürzt*) épicé(e) ❸ (*Kurve*) serré(e) II. *adv* ❶ (*würzen*) bien ❷ (*kritisieren*) énergiquement

Römische Ziffern dienen zur Unterscheidung verschiedener **Wortarten**. Arabische Ziffern kennzeichnen die unterschiedlichen **Bedeutungen** eines Stichworts.

Zahlreiche **Wegweiser** führen zur jeweils treffenden Übersetzung:

Umwelt *f* ❶ ÖKOL environnement *m* ❷ (*Mitmenschen*) entourage *m*

– Angabe des **Sachgebiets**

harmlos ['harmlo:s] *adj* ❶ (*Person, Tier*) inoffensif, -ive; (*Krankheit*) bénin, -igne ❷ (*arglos*) anodin(e)

– **Definitionen** und Synonyme, typische **Subjekte** und Objekte und andere **Erklärungen**

servus ['zɛrvʊs] *interj* ÖSTERR, SÜDD salut (*fam*)

– Angaben zur **regionalen Verbreitung**

tausend ['tauzn̩t] *num* ❶ mille ❷ (*fam: viele*) [tout] un tas de

– Angabe zur **Stilebene**